宋元禅宗史

杨曾文／著

中国社会科学出版社

图书在版编目（CIP）数据

宋元禅宗史/杨曾文著. —北京：中国社会科学出版社，2006.08（2018.9重印）

ISBN 978-7-5004-5764-0

Ⅰ.①宋… Ⅱ.①杨… Ⅲ.①禅宗—佛教史—中国—宋代 ②禅宗—佛教史—中国—元代 Ⅳ.①B946.5

中国版本图书馆CIP数据核字（2006）第088652号

出 版 人	赵剑英
责任编辑	黄燕生
责任校对	韩海超
责任印制	戴 宽

出　　版	中国社会科学出版社
社　　址	北京鼓楼西大街甲158号
邮　　编	100720
网　　址	http://www.csspw.cn
发 行 部	010-84083685
门 市 部	010-84029450
经　　销	新华书店及其他书店
印　　刷	北京明恒达印务有限公司
装　　订	廊坊市广阳区广增装订厂
版　　次	2006年8月第1版
印　　次	2018年9月第2次印刷
开　　本	710×1000　1/16
印　　张	47
插　　页	2
字　　数	795千字
定　　价	198.00元

凡购买中国社会科学出版社图书，如有质量问题请与本社营销中心联系调换
电话：010-84083683
版权所有　侵权必究

目 录

序 …………………………………………………………………………………… (1)

第一章 宋元的社会和佛教、禅宗 …………………………………………… (1)
第一节 宋代的社会和佛教、禅宗 ………………………………………… (1)
一 宋代社会 …………………………………………………………………… (1)
二 宋朝的佛教政策 …………………………………………………………… (2)
 （一）朝廷组织译经及其影响 …………………………………………… (2)
 （二）宋代对僧尼的管理和僧尼数目 …………………………………… (3)
 （三）宋徽宗对佛教的贬斥和恢复 ……………………………………… (4)
三 天台、华严、净土和律宗 ………………………………………………… (4)
四 禅宗概况 …………………………………………………………………… (6)
 （一）延寿和法眼宗 ……………………………………………………… (6)
 （二）云门宗在北宋的兴盛 ……………………………………………… (7)
 （三）临济宗在北宋后期开始走向兴盛 ………………………………… (8)
 （四）曹洞宗在两宋之际兴起 …………………………………………… (9)

第二节 辽、西夏和金代社会和佛教、禅宗 ……………………………… (10)
一 辽 …………………………………………………………………………… (10)
二 西夏 ………………………………………………………………………… (12)
三 金 …………………………………………………………………………… (13)

第三节 元代社会和佛教、禅宗 …………………………………………… (15)
一 元代社会 …………………………………………………………………… (15)
二 元朝的佛教概况 …………………………………………………………… (16)
 （一）蒙古建国至元世祖建立元朝期间（1206—1260） ……………… (16)

（二）元世祖建元之后（1260—1368） ………………………………（17）
　三　元代的禅宗 ……………………………………………………………（19）
　　（一）临济宗 ………………………………………………………………（19）
　　（二）曹洞宗 ………………………………………………………………（21）

第二章　北宋法眼宗的学僧 ……………………………………………（23）
第一节　永明延寿及其著作 ……………………………………………（23）
　一　延寿的生平 ……………………………………………………………（24）
　二　延寿的著作 ……………………………………………………………（25）
　　（一）《宗镜录》，一百卷 …………………………………………………（25）
　　（二）《万善同归集》，上中下三卷 ………………………………………（28）
　　（三）《唯心诀》，一卷 ……………………………………………………（29）
　　（四）《注心赋》，又名《心赋注》，四卷 …………………………………（30）
　　（五）《观心玄枢》，一卷 …………………………………………………（30）
第二节　延寿的心性论 ……………………………………………………（31）
　一　"举一心为宗，照万法如鉴" …………………………………………（32）
　二　真心与妄心，真妄交彻，即众生是佛 ………………………………（33）
　三　心与理、事 ……………………………………………………………（39）
　四　明心见性，"一念成佛" ………………………………………………（43）
第三节　延寿的禅、教会通思想 …………………………………………（48）
　一　将禅宗与奉为"圆教"的华严宗直接结合 …………………………（49）
　二　主张禅、教会通，以各种教法为"助道"法门 ………………………（54）
　三　唯心净土和念佛往生极乐净土思想 …………………………………（59）
　　（一）"唯心净土"思想 …………………………………………………（60）
　　（二）念佛和往生极乐净土的思想 ……………………………………（63）
　四　论佛教与儒教、道教异同和会通 ……………………………………（64）
第四节　道原及其《景德传灯录》 ………………………………………（68）
　一　永安道原 ………………………………………………………………（68）
　二　从《佛祖同参集》到《景德传灯录》 …………………………………（70）
　三　杨亿、李维、王曙对《景德传灯录》的刊削、裁定 …………………（75）
　四　《景德传灯录》的版本 …………………………………………………（78）

五 《景德传灯录》的结构、内容和价值 …………………………… (81)
  (一) 卷一至卷二 ……………………………………………… (81)
  (二) 卷三至卷四 ……………………………………………… (82)
  (三) 卷五 ……………………………………………………… (82)
  (四) 卷六至卷十三 …………………………………………… (83)
  (五) 卷十四至卷二十 ………………………………………… (83)
  (六) 卷二十一至卷二十六 …………………………………… (83)
  (七) 卷二十七至卷三十 ……………………………………… (83)

第三章 北宋云门宗的兴盛 ……………………………………………… (86)
第一节 北宋云门宗的地理分布及早期名僧 ……………………… (86)
一 宋代云门宗的世系和传播区域 ……………………………… (86)
二 北宋初期云门宗的著名禅僧 ………………………………… (88)
  (一) 香林澄远、洞山守初 …………………………………… (89)
  (二) 智门光祚、祥符云豁 …………………………………… (95)
  (三) 筠州洞山晓聪 …………………………………………… (100)

附：云门宗传承世系略表 ………………………………………… (105)

第二节 云门宗的兴盛 ……………………………………………… (105)
一 义怀、居讷、了元及他们与士大夫的交游 ………………… (106)
  (一) 越州天衣寺义怀 ………………………………………… (106)
  (二) 庐山圆通寺居讷 ………………………………………… (109)
  (三) 南康军云居山了元 ……………………………………… (111)
二 在京城传法的云门宗禅僧 …………………………………… (113)
  (一) 十方净因禅寺怀琏 ……………………………………… (114)
  (二) 相国寺慧林禅院宗本 …………………………………… (117)
  (三) 相国寺智海禅院本逸 …………………………………… (122)
  (四) 开封法云禅寺法秀 ……………………………………… (123)
  (五) 开封法云禅寺善本和惟白 ……………………………… (126)
  (六) 开封智海禅寺思慧和宗演 ……………………………… (128)
  (七) 临安府净慈寺道昌和径山能仁院了一 ………………… (129)

第三节 雪窦重显及其禅法 ………………………………………… (131)

  一　雪窦重显的生平 …………………………………………（131）
  二　重显的语录和著作 ………………………………………（136）
   （一）《明觉禅师语录》 ……………………………………（136）
   （二）《雪窦显和尚颂古》 …………………………………（137）
  三　重显的禅法 ………………………………………………（138）
   （一）强调解脱之道的普遍性，说"一切法皆是佛法" …（138）
   （二）所谓"向上一路，千古不传" ………………………（143）
   （三）问东答西，棒喝并用的传法方式 …………………（145）
  四　形式多样的文字禅 ………………………………………（147）
   （一）举古与拈古 …………………………………………（147）
   （二）代语与别语 …………………………………………（149）
   （三）颂古 …………………………………………………（150）
   （四）所谓"绕路说禅" ……………………………………（153）
 第四节　古塔主承古及其禅法 ……………………………………（154）
  一　"古塔主"承古的生平 …………………………………（155）
  二　所谓"参取自己"和"休心"的禅法 ………………（158）
   （一）主张出家人的本分是"参取自己" ………………（159）
   （二）不提倡通过修行追求福慧，提出唯有
     "休心"才能达到解脱 …………………………………（161）
   （三）"悟道见性，不在言句" ……………………………（164）
  三　承古诠释"三玄三要"和惠洪对此的批评 …………（165）
   （一）体中玄 ………………………………………………（166）
   （二）句中玄 ………………………………………………（168）
   （三）玄中玄 ………………………………………………（169）
   （四）惠洪对承古的批评 …………………………………（171）
 第五节　契嵩的生平和著作 ………………………………………（172）
  一　契嵩的生平 ………………………………………………（172）
  二　契嵩的著作 ………………………………………………（176）
   （一）《辅教编》 ……………………………………………（176）
   （二）《非韩》 ………………………………………………（178）
   （三）诠释儒家伦理名教的《皇极论》、《中庸解》

　　　　　和《论原》……………………………………………………（180）
　　（四）考证阐述禅宗传法世系的《传法正宗记》、
　　　　　《传法正宗定祖图》和《传法正宗论》……………………（182）
　第六节　契嵩两次上皇帝书内容略析……………………………………（184）
　　一　说佛教符合于"王道"，可以辅助儒教使
　　　　天下得以治理 …………………………………………………（185）
　　二　佛教教人"正人心"、"兴善止恶"、"省刑罚"、
　　　　"致福却祸"，不应排斥 ………………………………………（187）
　　三　认为儒家的天道、心性等问题可以借助佛教"发明"
　　　　而得到深化 ……………………………………………………（188）
　　四　请皇帝同意推广他重新考订的禅宗祖统说，将《传法
　　　　正宗记》等编入大藏经 ………………………………………（194）
　第七节　契嵩佛学思想综述
　　　　　——以《辅教编》为中心 ……………………………………（196）
　　一　论佛、儒二教虽有不同，但皆本于"圣人之心"，
　　　　"欲人为善" ……………………………………………………（197）
　　二　以佛教五戒、十善比附儒家的五常伦理 ……………………（203）
　　三　会通儒、佛二教的"孝"论 …………………………………（208）
　　（一）论何为孝、孝的本原及其意义 ……………………………（208）
　　（二）既承认儒家之孝，又提出佛教"大孝"之论 ……………（211）
　　（三）强调僧人必须尽孝 …………………………………………（213）
　　四　对儒者排佛的反驳 ……………………………………………（214）

第四章　临济宗的迅速兴起 ……………………………………………（219）
　第一节　宋初的临济宗
　　　　　——从风穴延沼到首山省念 …………………………………（219）
　　一　风穴延沼 ………………………………………………………（220）
　　（一）延沼（匡沼）生平 …………………………………………（220）
　　（二）延沼传禅，所谓"问在答处，答在问处" ………………（223）
　　二　首山省念——"法席之冠，必指首山" ……………………（225）
　　（一）省念生平 ……………………………………………………（225）

（二）省念的禅法，所谓"要行即行，要坐即坐" …………（226）
　附：临济宗传承世系略表之一 …………………………………（233）
第二节　宋代临济宗的振兴
　　　　——省念弟子的活跃 ……………………………………（233）
　一　叶县归省 ……………………………………………………（234）
　二　谷隐蕴聪与弟子金山昙颖 …………………………………（237）
　　（一）蕴聪在襄州石门山、谷隐山传法 ……………………（237）
　　（二）蕴聪的禅法 ……………………………………………（240）
　　（三）金山昙颖与外戚李端懿、李端愿 ……………………（244）
　三　广慧元琏 ……………………………………………………（247）
　四　神鼎洪諲和三交智嵩 ………………………………………（249）
第三节　汾阳善昭及其禅法 ………………………………………（253）
　一　善昭生平 ……………………………………………………（254）
　　（一）家世和游方求师 ………………………………………（254）
　　（二）传法于汾州太子院 ……………………………………（256）
　二　语录和著作 …………………………………………………（260）
　三　善昭的主要弟子 ……………………………………………（263）
　　（一）大愚守芝 ………………………………………………（263）
　　（二）琅邪慧觉 ………………………………………………（264）
　　（三）法华全举 ………………………………………………（265）
　　（四）芭蕉谷泉 ………………………………………………（265）
　四　善昭的禅法 …………………………………………………（266）
　　（一）"道"不可说，"言诠罔及" …………………………（267）
　　（二）人人皆有佛性——"谁人无佛心" …………………（268）
　　（三）强调自修"自见"与精进 ……………………………（271）
　　（四）汾阳门庭 ………………………………………………（273）
　　（五）论禅师的责任 …………………………………………（285）
　五　善昭的文字禅 ………………………………………………（286）
　　（一）善昭的颂古 ……………………………………………（287）
　　（二）善昭以后的颂古 ………………………………………（291）
　附：临济宗传承世系略表之二 …………………………………（292）

第四节　临济宗在南方传播的奠基人——石霜楚圆 …………… (293)
　一　嗣法于汾阳善昭 ……………………………………………… (293)
　二　在袁州及潭州传法及其语录 ………………………………… (294)
　三　楚圆的禅法 …………………………………………………… (296)
　　（一）佛性即"无明实性" ……………………………………… (296)
　　（二）一切虚幻与彼此融通 …………………………………… (298)
　　（三）不执著言句，又不离言句 ……………………………… (299)
　　（四）楚圆的四料简、三玄三要 ……………………………… (301)
　四　楚圆的弟子 …………………………………………………… (305)
　　（一）翠岩可真 ………………………………………………… (305)
　　（二）蒋山赞元与王安石 ……………………………………… (308)

第五节　慧南与临济宗黄龙派 …………………………………………… (312)
　一　黄龙慧南的经历 ……………………………………………… (312)
　二　开堂仪式上为皇帝祝寿为官员祝福 ………………………… (316)
　三　黄龙慧南的禅法 ……………………………………………… (320)
　　（一）"贵在息心" ……………………………………………… (320)
　　（二）所谓"黄龙三关" ………………………………………… (322)
　四　慧南的主要弟子 ……………………………………………… (324)
　　（一）黄龙祖心及其弟子灵源惟清、死心悟新 …………… (324)
　　（二）东林常总 ………………………………………………… (327)
　　（三）真净克文及其禅法 ……………………………………… (330)
　　（四）克文的弟子兜率从悦 …………………………………… (334)
　附：临济宗传承世系略表之三 …………………………………… (335)

第六节　惠洪及其《禅林僧宝传》等著作 ……………………………… (335)
　一　惠洪生平 ……………………………………………………… (335)
　二　《禅林僧宝传》 ……………………………………………… (338)
　三　《林间录》及《林间后录》 ………………………………… (341)
　四　《石门文字禅》 ……………………………………………… (344)

第七节　方会和临济宗杨岐派 …………………………………………… (345)
　一　方会及其嗣法弟子 …………………………………………… (345)
　二　杨岐方会的禅法 ……………………………………………… (348)

（一）"直指人心，见性是佛" …………………………………（348）
　　（二）一切法是佛法，诸佛"总在诸人脚下" …………………（350）
　　（三）说法常用简洁明了的方式 ………………………………（353）
　三　白云守端和保宁仁勇 ……………………………………………（353）
　　（一）白云守端及其禅法 ………………………………………（354）
　　（二）保宁仁勇 …………………………………………………（357）
　四　五祖法演及其禅法 ………………………………………………（358）
　　（一）强调"第一义"不可言说，然而为世、出世
　　　　　一切之本 …………………………………………………（361）
　　（二）将尽"本分事"的修行贯彻到日常生活中 ………………（362）
　　（三）上堂念描景诗偈，富有生活情趣 ………………………（364）
　五　法演弟子和临济宗杨岐派的兴盛 ………………………………（365）
　　（一）佛眼清远 …………………………………………………（366）
　　（二）佛鉴慧勤 …………………………………………………（372）
　　（三）开福道宁 …………………………………………………（374）
　　（四）大随元净 …………………………………………………（375）
　附：临济宗传承世系略表之四 ………………………………………（376）
第八节　圆悟克勤及其禅法 ………………………………………………（376）
　一　南北七处传法，声名显赫丛林之间 ……………………………（377）
　二　克勤的禅法思想 …………………………………………………（383）
　　（一）以心性为本原论证世界万物的起源，烦恼来自
　　　　　形成的人身 ………………………………………………（384）
　　（二）以人人有佛心，"人佛无异"的说法
　　　　　引导信众确立自信 ………………………………………（387）
　　（三）以"无念"、"无心"截断烦恼，直达佛境 ……………（388）
　　（四）主张"禅非意想"及对当时禅风的批评 ………………（391）
第九节　圆悟克勤《碧岩录》的结构与思想 ……………………………（393）
　一　关于《碧岩录》的成书和版本 …………………………………（393）
　二　《碧岩录》的结构与表达方式 …………………………………（397）
　　（一）垂示 ………………………………………………………（397）
　　（二）本则 ………………………………………………………（398）

（三）著语 …………………………………………………………（398）
　　（四）评唱 …………………………………………………………（400）
　　（五）颂古 …………………………………………………………（400）
　三　《碧岩录》思想略析 ……………………………………………（401）
　　（一）对禅宗宗旨的阐释 …………………………………………（401）
　　（二）强调透过前人的语句，领会"明究自己"的道理 …………（402）
　　（三）以活泼的并带有戏谑的笔调解读、评论公案 ……………（410）
　　（四）说禅师应有"扶竖宗教"的气概 …………………………（412）
　四　《碧岩录》的影响和历史地位 …………………………………（414）

第五章　临济宗大慧派和虎丘派 ……………………………………（417）
　第一节　大慧宗杲的坎坷经历及其语录著作 ………………………（417）
　　一　宗杲坎坷的经历 ………………………………………………（418）
　　　（一）出家求师，从文准、克勤受法（1104—1129） …………（418）
　　　（二）遭遇战乱，辗转于赣、闽二地传法（1130—1137） ……（420）
　　　（三）住持径山寺，与张浚、张九成的交往（1137—1141） …（422）
　　　（四）被强制编管于衡州和梅州（1141—1156） ………………（424）
　　　（五）被赦回归，住持阿育王寺、径山寺（1156—1163） ……（425）
　　二　宗杲的语录著作 ………………………………………………（427）
　　　（一）《大慧普觉禅师语录》，简称《大慧语录》，三十卷 ……（428）
　　　（二）《正法眼藏》，三卷或作六卷 ……………………………（428）
　　　（三）《大慧禅师禅宗杂毒海》，简称《禅宗杂毒海》，二卷 …（429）
　　　（四）《大慧普觉禅师宗门武库》，简称《宗门武库》，一卷 …（430）
　第二节　宗杲对"看话禅"的提倡和大慧派 ………………………（430）
　　一　宗杲的禅法思想 ………………………………………………（431）
　　　（一）主张佛道在世间——"即心是佛，佛不远人" …………（431）
　　　（二）"道由心悟，不在言传" …………………………………（434）
　　　（三）大力提倡看话禅 …………………………………………（437）
　　　（四）对默照禅的批评 …………………………………………（443）
　　二　宗杲与士大夫的交往及其三教一致思想 ……………………（447）
　　三　大慧宗杲的法系——大慧派 …………………………………（452）

附：临济宗传承世系略表之五 ……………………………… (456)
　第三节　虎丘绍隆及虎丘禅派 ………………………………… (456)
　　一　虎丘绍隆及其禅法 …………………………………… (456)
　　二　虎丘禅派高僧——应庵昙华、密庵咸杰与松源崇岳、无准师范 … (459)
　　　（一）应庵昙华 ………………………………………… (459)
　　　（二）密庵咸杰 ………………………………………… (460)
　　　（三）松源崇岳及其法系赴日传法僧 ………………… (461)
　　　（四）无准师范 ………………………………………… (463)
　　附：临济宗传承世系略表之六 ……………………………… (465)

第六章　宋代曹洞宗 ………………………………………………… (467)
　第一节　北宋曹洞宗的缓慢兴起
　　　　——从大阳警玄至真歇清了 ……………………… (467)
　　一　警玄及其托法远代找后继传法人 …………………… (468)
　　二　投子义青——宋代曹洞宗振兴的奠基人 …………… (471)
　　　（一）引述华严法界圆融的思想 ……………………… (473)
　　　（二）对曹洞宗"正偏"、"君臣五位"的发挥 ……… (473)
　　三　报恩奉诏在大洪山传法 ……………………………… (475)
　　四　芙蓉道楷及曹洞宗的兴盛 …………………………… (480)
　　　（一）在修行中贯彻空观，提倡所谓"直须旨外明宗，
　　　　　　莫向言中取则" ………………………………… (481)
　　　（二）提倡"自休"、"自歇"，开启默照禅之源 …… (483)
　　五　丹霞子淳及其禅法 …………………………………… (484)
　　六　真歇清了及其"劫外"禅 …………………………… (486)
　　　（一）清了生平 ………………………………………… (486)
　　　（二）关于《劫外录》 ………………………………… (487)
　　　（三）清了的"劫外"禅 ……………………………… (489)
　　　（四）清了与大慧宗杲 ………………………………… (493)
　　附：曹洞宗传承世系略表之一 ……………………………… (494)
　第二节　宏智正觉及其默照禅 ………………………………… (494)
　　一　正觉的生平及其主要弟子 …………………………… (495)

二　正觉的禅法语录 ································ (498)
　　三　以心性为本的宇宙论和天地万物圆融论 ············ (498)
　　　（一）以心性为本原、本体的宇宙论 ················ (498)
　　　（二）天地同根，物我同体的圆融论 ················ (501)
　　四　引导体悟"本来之性"，舍妄归真的"默照禅" ········ (504)
　　　（一）主张人人皆具"本来之性"，可通过"明心"
　　　　　　自己成佛 ································ (504)
　　　（二）"休歇"与默照禅 ·························· (507)
　　　（三）默照也是断除妄念烦恼的过程 ················ (510)
　　　（四）《坐禅箴》与《默照铭》 ···················· (513)

第七章　宋代儒者士大夫和禅宗 ······················ (517)
第一节　宋代儒者士大夫与禅宗 ······················ (517)
　　一　周敦颐与云门宗了元禅师 ························ (518)
　　二　王安石与临济宗僧蒋山赞元、真净克文 ············ (519)
　　三　谢景温、徐禧与临济宗僧黄龙祖心 ················ (523)
　　四　黄庭坚与黄龙祖心及其弟子惟清、悟新 ············ (526)
　　五　张商英与临济宗僧从悦 ·························· (531)
第二节　北宋驸马都尉李遵勖和禅宗 ·················· (536)
　　一　驸马都尉李遵勖 ································ (536)
　　二　李遵勖从石门蕴聪受临济宗禅法 ·················· (537)
　　三　李遵勖与石霜楚圆 ······························ (540)
　　四　编撰灯史《天圣广灯录》 ························ (544)
第三节　北宋文学家杨亿和禅宗 ······················ (547)
　　一　"一代之文豪"杨亿 ······························ (548)
　　二　北宋的译经和杨亿为新译佛经润文 ················ (552)
　　三　杨亿刊定《景德传灯录》后的参禅活动和
　　　　《汝阳禅会集》 ································ (553)
　　　（一）嗣法于临济宗广慧元琏 ······················ (554)
　　　（二）参禅与说法 ································ (556)
　　　（三）编撰《汝阳禅会集》 ························ (558)

　　　　（四）杨亿与汾阳善昭、慈明楚圆 ……………………………（558）
　　　　（五）杨亿与驸马都尉李遵勖 ……………………………（561）
　第四节　苏轼与禅僧的交游 …………………………………………（562）
　　一　步入仕途多坎坷，贬谪南北少平静 …………………………（563）
　　二　苏轼与佛教 ……………………………………………………（567）
　　　　（一）前期："不信"而亲近佛教 …………………………（568）
　　　　（二）后期：自称居士，是"归诚"佛教的儒者 ………（570）
　　　　（三）主张禅教和睦，彼此会通 …………………………（573）
　　三　僧中多知交，往来情谊深 ……………………………………（575）
　　四　苏轼与佛印了元 ………………………………………………（579）
　　五　苏轼参谒庐山东林寺常总 ……………………………………（580）
　　六　与曹溪南华重辩、明禅师 ……………………………………（583）
　　七　诗僧参寥子 ……………………………………………………（586）

第八章　元代的曹洞宗和临济宗 …………………………………（590）
　第一节　元初的临济宗——海云、子聪、妙高与祖钦、
　　　　　清茂、大欣 …………………………………………………（590）
　　一　海云印简及其在元朝初期政教建制中的贡献 ………………（591）
　　二　在元初政制建设中建立功勋的刘秉忠——僧子聪 ………（597）
　　三　径山妙高及其进京与教僧辩论 ………………………………（601）
　　四　雪岩祖钦及其禅法 ……………………………………………（605）
　　　　（一）祖钦的生平 ……………………………………………（606）
　　　　（二）祖钦的禅法 ……………………………………………（608）
　　　　（三）论儒佛二教一致 ………………………………………（612）
　　五　古林清茂、笑隐大欣和《钦定百丈清规》 …………………（614）
　　附：临济宗传承世系略表之七 ……………………………………（618）
　第二节　金末元初曹洞宗万松行秀及其禅法 ………………………（618）
　　一　行秀的生平 ……………………………………………………（618）
　　二　行秀的禅法著作 ………………………………………………（621）
　　　　（一）《从容录》 ……………………………………………（622）
　　　　（二）《请益录》 ……………………………………………（624）

         三　行秀的禅法思想 …………………………………………（625）
           （一）在说法中经常运用和发挥华严宗的圆融思想 ……………（625）
           （二）佛法不离世间，衲僧"不异常途" ……………………（627）
           （三）认为"至道不可形容"，然而可以借助比喻、
                "曲说"表述 …………………………………………（631）
       附：曹洞宗传承世系略表之二 ……………………………………（632）
     第三节　金朝护法居士李纯甫及其《鸣道集说》…………………（632）
       一　护法居士李纯甫的行履 ……………………………………（633）
       二　《鸣道集说》对道学的批评及其儒释道三教会通论 ………（635）
           （一）认为道学是儒释道三教会通，特别是儒家吸收
                佛教思想而形成的 ……………………………………（637）
           （二）以佛教的心性思想评述道学的理气、心性之说 ………（641）
           （三）对道学者批评佛教"自私"、"弃人伦"等的回应 ……（647）
           （四）认为儒释道三教不可去一，提倡三教融合 ……………（650）
     第四节　雪庭福裕、林泉从伦和元前期的佛道之争 ………………（655）
       一　少林雪庭福裕与佛道论争 …………………………………（655）
       二　报恩林泉从伦 ………………………………………………（661）
     第五节　万松行秀的居士弟子耶律楚材 ……………………………（663）
       一　耶律楚材生平 ………………………………………………（663）
       二　《西游录》及其对全真道、"糠禅"的批评 ………………（664）
     第六节　高峰原妙及其参"疑团"的禅法 …………………………（667）
       一　原妙参禅和传法的历程 ……………………………………（668）
       二　原妙参"疑团"的看话禅 …………………………………（671）
           （一）提倡参扣疑团，以达到"人法双忘"的境界 …………（672）
           （二）提出参禅三要——信、志与疑 ………………………（675）
           （三）对当时丛林某些禅风的批评 ……………………………（677）
     第七节　临济宗中峰明本及其禅法理论 ……………………………（678）
       一　明本的生平和著作 …………………………………………（679）
       二　明本的禅法理论 ……………………………………………（683）
           （一）佛、佛法在自身，修行不离现实人间 …………………（684）
           （二）论禅与教——有文字为教，离文字为禅 ………………（688）

（三）对丛林禅风和丑恶现象的批评 …………………………（693）
　第八节　明本的看话禅及其禅净双修、佛儒关系论 …………（696）
　　一　明本大力提倡看话禅 ………………………………………（697）
　　　（一）论看话禅的起源 …………………………………………（697）
　　　（二）论修看话禅的意义 ………………………………………（699）
　　　（三）要求对参禅抱有正确认识，修看话禅必须确立坚定
　　　　　　意志和信心 ………………………………………………（700）
　　　（四）明本提倡看话禅常用的话头 ……………………………（701）
　　　（五）论修看话禅的过程和应注意的问题 ……………………（702）
　　　（六）论修看话禅可以达到的悟境 ……………………………（704）
　　二　所谓《永明四料简》与明本的禅、净双修论 ……………（705）
　　三　论佛、儒二教的关系 ………………………………………（712）
　第九节　天如惟则的"念佛禅" ………………………………（715）
　　一　天如惟则的简历 ……………………………………………（715）
　　二　惟则提倡的净土思想和念佛禅 ……………………………（716）
　　　（一）称净土教门"广大简易"，说《永明四料简》
　　　　　　"深有功于宗、教" ……………………………………（717）
　　　（二）以禅宗的心性理论诠释净土教门，所谓
　　　　　　"唯心净土，本性弥陀" ………………………………（719）
　　　（三）提倡包括称名念佛在内的一切净土法门 ………………（721）
　　　（四）倡导口称念佛的"净土禅"——念佛禅 ………………（723）

参考书目 ……………………………………………………………（727）

序

杨曾文

佛教传入中国以后，经过了一个漫长的与中国传统思想文化和宗教习俗结合的过程，到隋唐时期，形成了带有鲜明民族特色的宗派，标志着佛教民族化阶段的基本完成，此后便进入了中国佛教的持续发展时期。

在隋唐佛教宗派中，禅宗富有鲜明的个性，具有易于适应社会现实，贴近儒教士大夫和普通民众，简单易行的性格，使它得以在唐末五代迅速兴起。进入宋代以后，禅宗进入鼎盛时期，逐渐发展成为中国佛教中的主流派别，对中国思想文化和历史产生了极为深远的影响。正如近现代中国著名高僧、"人生佛教"的倡导者太虚法师（1889—1947）1923年在《黄梅在佛教史上之地位及此后地方人士之责任》中所说："盖中国自晚唐、五代以来之佛教，可谓完全是禅宗之佛教；禅风之所播，不惟遍及佛教之各宗，且儒家宋、明理学，道家之性命双修，亦无不受禅宗之酝酿而成者。故禅宗者，中国唐、宋以来道德文化之根源也。"此后1943年他在《中国佛学》第二章说"中国佛教特质在禅"；第三章说"中国佛法之骨髓，在于禅"。可见，考察和研究禅宗对深刻理解和把握中国佛教史、思想文化史具有特殊的重要意义。

有鉴于此，笔者1999年春在完成《唐五代禅宗史》之后便决定再写一部《宋元禅宗史》，随即开始搜集资料和撰写，2000年5月通过评审得以列为国家社科基金项目，直到2005年12月底笔者刚刚过完66岁生日之际完成。

一

《宋元禅宗史》是一部比较全面、系统地论述两宋和元代禅宗传播和发展的中国禅宗断代史，对这个时期禅宗各个流派的重要代表人物、事件、禅法思想、著述，以及禅宗与儒、道二教的关系等进行介绍和评述。

全书共设置八章：

第一章宋元的社会和佛教、禅宗，从总体上介绍宋、元两代，包括北宋、南宋及长期在北方建国的辽、西夏、金和元朝的社会背景及宗教政策、佛教情况，然后再扼要地介绍这个时期的禅宗传播及其社会影响情况，以便于读者从整体上了解宋元禅宗。本章实际上对全书起到导读的作用。

第二章北宋法眼宗的学僧，有两个组成部分：一是对宋初著名法眼宗禅师、学者延寿的生平、著作及心性论、禅教会通思想等做了全面而深入的论述；二是对道原编撰、杨亿等朝廷官员奉诏最后裁定的禅宗史书《景德传灯录》的内容、版本进行介绍。

第三章北宋云门宗的兴盛，对北宋最盛行的云门宗的地理分布、著名禅僧的生平、著作及思想进行介绍。其中雪窦重显的文字禅、契嵩的著作及其会通佛儒二教等思想是介绍的重点。契嵩的《辅教编》等佛教著作和先后两次向仁宗皇帝的上书，始终以阐述佛教教人为善、有益于国家治理和社会秩序安定、佛教与儒家贯通一致等作为重点。作为禅僧，他编撰《传法正宗记》等订正禅宗祖统世系的书，是希望扩大禅宗的影响，缓和诸宗的批评。他的儒学著作和论及与道学相似的哲学问题，反映了道学正在兴起的时代思潮。

第四章临济宗的迅速兴起，对继云门宗之后迅速兴起的临济宗的代表人物延沼、省念、蕴聪、汾阳善昭、石霜楚圆及黄龙慧南、杨岐方会、圆悟克勤的经历、著作和思想进行考察和介绍。这一部分是全书重点章节，其中关于善昭及其文字禅，楚圆以后临济宗迅速传入南方，惠洪编撰《禅林僧宝传》，临济宗分为黄龙、杨岐两派，克勤及其《碧岩录》等，皆属于中国禅宗史上比较重要的问题，因而在书中做了较详细的论述。

第五章临济宗大慧派和虎丘派，对同属圆悟门下的大慧宗杲及其法系的大慧派、虎丘绍隆及其法系的虎丘派进行介绍。北宋后期和南宋时期，临济宗杨岐派最为兴盛，而在杨岐派中最有影响的是圆悟克勤的法系。克勤弟子大慧宗杲的法系形成大慧派，辗转相承一直到明清时代。另一弟子虎丘绍隆的法系形成虎丘派，一直传到明清以后。宗杲与士大夫的交往是宋代儒、佛交流中的突出事例，对正在形成的理学有一定影响。他提倡的"看话禅"成为宋代以后丛林盛行的主流禅法。本书对宗杲及其禅法以较大篇幅进行了论述。

第六章宋代曹洞宗，对北宋中期开始缓慢兴起的曹洞宗的代表人物投子义青、芙蓉道楷等人，特别对宏智正觉提倡的所谓"默照禅"进行考察、介绍。曹洞宗的"默照禅"与临济宗的"看话禅"是丛林间并行的两大禅法，虽修持方法有别，然而皆以引导修行者达到明心见性为目的。

第七章宋代儒者士大夫和禅宗，对宋代儒者士大夫出入禅宗，与禅僧的交游进行集中介绍。禅宗的盛行，不仅对佛教本身带来极大的影响，对于中国思想文化、理学也有多方面的影响。这与皇帝、士大夫对禅宗的理解和支持是有密切关系的。在皇帝中，真宗、仁宗、高宗、孝宗皆曾亲近禅僧；朝臣士大夫中有不少人亲近或信奉禅宗。本书除在相关章节介绍儒者士大夫与禅僧交往之外，本章集中介绍周敦颐、王安石、谢景温、徐禧、黄庭坚、张商英及杨亿、李遵勖和苏轼等人与禅僧往来和思想交流的事迹。

第八章元代的曹洞宗和临济宗，介绍金末元初及正式建"元"以后的临济宗、曹洞宗代表人物的事迹和禅法。临济宗海云印简、子聪（刘秉忠）在元初政治和政教建设中发挥重要作用。曹洞宗万松行秀是金末元初影响很大的禅僧，所著《从容录》是继宋代克勤《碧岩录》之后另一著名"评唱"颂古的著作，弟子少林福裕、林泉从伦曾在佛教与以全真道为代表的道教的争辩中发挥主导作用。元代临济宗高峰原妙在以往"看话禅"的基础上特别提倡参扣所谓"疑团"的禅法，通过其弟子中峰明本的推广，将"看话禅"推到了一个新的阶段。明本同时站在"唯心净土，自性弥陀"的立场提倡念佛法门。弟子天如惟则对此进一步发挥，将一切净土念佛法门吸收到禅宗之中，促成"念佛禅"的形成和普及。行秀的在家弟子耶律楚材的奉佛事迹及其《西游录》、李纯甫在《鸣道集说》中对理学的批评，在金元佛教史和思想史上都具有特殊意义。

为便于读者阅读，根据引文的情况，对本书各章节加上了详略不同的解释性文字；对涉及人物、事件、历史或教义等难以领会的地方，加边注说明；对宋元州县皆注明其治所在相当现在的地名；全书在相关章节附有云门、临济和曹洞三宗传承世系的略表。

二

笔者在多年从事佛教史研究工作中逐渐形成对历史、文献、思想三者并重的习惯。认为研究任何一个问题，首先应明确其历史背景和脉络，其次必须搜集、考辨并整理第一手相关资料，最后才对该问题进行深入分析思考、概括。我在研究宋元禅宗史中，首先阅读并抄录各类史书、僧传和语录、行状、碑铭等之中的相关资料，然后进行考辨和梳理，将考察的问题置于宋元这一特定历史环境中，联系当时社会、文化和佛教的形势，进行考察，得出结论。

佛教是中国传统文化的组成部分，对丰富和发展中华民族的文化，铸造民族的共同心理和形成民族的强大凝聚力，构建民族的传统伦理，有过重大贡献。因此，笔者在撰写过程中对宋元时期那些对中国历史和宗教、文化做出重要贡献的僧人，以肯定和赞扬的笔调予以表彰。同时，在对佛教、禅宗思想和禅僧修行、悟境等所作的描述中，注意选择适当的措词和用语，尽量防止因表达不当而伤害佛教信众的感情。

通观全书，可以归纳出以下六个主要特色：

其一，在明确禅宗传播和发展所依托的社会环境，理清历史脉络的前提下，对在佛教禅宗史、文化史上占有一定地位的人物、著作和思想等，例如，对宋代云门宗禅僧延寿、重显、契嵩；临济宗禅僧善昭、楚圆、惠洪、克勤、宗杲；曹洞宗禅僧正觉；元代曹洞宗禅僧行秀、临济宗禅僧印简、子聪（刘秉忠）、明本等人；宋代的文字禅；禅法中的"看话禅"、"默照禅"及"念佛禅"；宋元时代儒者士大夫与禅僧的交往，等等，皆置于特定历史环境进行考察，然后努力做出接近符合客观事实的评述。

其二，禅宗注重法系传承，并且是在以皇室、朝廷臣僚、地方官员和各地儒者为重要"外护"支持下发展起来的。因此，笔者在考察宋元禅宗历史过程中，既重视从纵向明确禅宗代表人物的传承法系，又重视从横向介绍他们的社会交往及外护情况，例如，促成云门宗迅速兴起的外护是宋仁宗、驸马都尉张敦礼和越国大长公主等人；临济宗禅僧蕴聪的外护是驸马都尉李遵勖，赞元、克文的外护是王安石，从悦和惠洪的外护是张商英，宗杲的外护是张浚、张九成；元代印简、福裕、子聪的外护是元宪宗、元世祖及某些大臣，等等。对他们进行考察和介绍，既有助于将禅宗史实讲清楚，也可以充实一般的文化史乃至社会史的内容。

其三，在宋代，儒、释、道三教会通和融合已构成时代思潮，对正在兴起的理学产生重大影响。本书在第七章和其他不少章节都对禅僧与士大夫交往的情况做了详略不同的介绍。

其四，佛教思想的核心是关于如何解脱、如何修行等问题的，也包含对适应现实社会等问题的思考，拥有丰富的宗教的和文化的内涵。禅宗作为佛教宗派之一，虽然从根本上看也是这样，然而却更富有现实主义的性格，主张佛与众生、菩提与烦恼、出世与入世是相即不二的，提出"随处作主，立处皆真"，提倡自修自悟，见性成佛。宋元禅宗在禅法上有新的发展，代表性的禅法有"看话禅"、"默照禅"，各有自己的特色，然而在理论和主张上仍未脱离禅宗的根本宗旨；即使是后来兴起的"念佛禅"，也是以"唯心净土，自性弥陀"思想为标榜的。对此，本书在有关章节依据资料做了介绍和评述。

其五，禅宗从标榜"以心传心，不立文字"，到唐末五代形成数量日渐增多的语录，再到宋代盛行所谓"文字禅"，形成体裁多样卷帙浩繁的文字著述，有语录、拈古、颂古、评唱等等。本书在关于善昭、重显、克勤、行秀等禅僧的章节对各种形式文字禅做了重点介绍和评述。

其六，本书利用的资料十分广泛，有正史、编年体史书，还有禅宗语录、多种"灯史"，也有儒者的文集及碑铭和地方志、寺志等。同时也参考国内外发表的相关研究著作和论文。在各章节的注释中对此做了说明，另在书后附有参考书目。

三

本书虽然完成，然而仍感到有所不足之处，有待于今后继续研究加以改进。

其一，禅宗"清规"创于唐代，宋代有《禅苑清规》等清规在丛林间流行。进入元代，元惠宗（顺帝）敕江西百丈山德辉重编，诏大欣等人详加修改，以《敕修百丈清规》名义命天下丛林遵行。笔者原计划辟专节对清规做介绍，然而限于时间和篇幅最后只好在有关章节简单提到。

其二，宋元时代禅宗的各类史书数量很大，本书只比较详细地介绍了《景德传灯录》和《天圣广灯录》及《禅林僧宝传》，对其他史书仅在某些章节简单提到其中一部分。

其三，关于禅宗与宋代理学的关系，在本书不少章节提到，特别在介绍金代李纯甫及其《鸣道集说》的一节中有集中涉及。然而限于笔者的专长和功力，未能就宋儒与禅僧的思想交流、理学与禅宗的相互影响等问题作更多更深入的考察和论述。

其四，宋元时期在著名士大夫中有不少人信奉佛教，有的特别爱好禅宗，与禅僧密切交往甚至参禅，撰写禅偈、文章。本书只对其中极少数人做了介绍，对他们有关禅学著作未能较多涉及。

其五，限于自己的知识和资料，对于北方金代的禅宗，本书介绍得很少；至于西夏，只在第一章做了十分概要的介绍。

笔者1964年8月从北京大学历史系毕业以后，除"文化大革命"时期不能正常开展研究外，一直致力于中日两国佛教史研究。从1995年以后集中主要时间和精力研究中国禅宗史，最初完成的《唐五代禅宗史》已于1999年由中国社会科学出版社出版，刚刚完成的本书也将由中国社会科学出版社出版。在此，向中国社会科学院和世界宗教研究所的领导，向为本书出版给予部分资助的佛教界朋友木鱼长老、觉乘法师，向一切关心和支持笔者撰写本书的朋友表示衷心的感谢。

顺便提到，这次承担本书繁重编辑工作的是黄燕生同志。她原师从笔者，专攻中国佛教史专业，1988年从中国社会科学院研究生院毕业，获硕士学位，此后一直从事编辑工作。任继愈教授主编，杜继文和笔者参加编写的《中国佛教史》第一卷至第三卷就是由她负责编辑出版的。在此，对她多年为佛教专著的出版付出的辛劳和做出的贡献表示衷心的感谢。

本书的出版，并不意味着对宋元禅宗研究的结束，如果读者发现有不足乃至错误之处，诚恳欢迎提出指正，以便笔者今后修改。

2006年1月26日

第一章

宋元的社会和佛教、禅宗

第一节 宋代的社会和佛教、禅宗

一 宋代社会

五代后期,后周逐渐强大,有统一全国之势。然而,在公元960年,掌握后周军权的赵匡胤在陈桥驿(在今河南省开封东北封丘县陈桥镇)发动兵变,废除后周,建立宋朝。

北宋建立后,吸取唐代藩镇割据造成国家衰弱并分裂的教训,解除藩镇兵权,加强以皇帝为首的专制主义中央集权制度,致力恢复和发展农业生产,振兴文教事业,使中国出现继唐朝之后的又一个经济繁荣、文化发达的王朝。

然而,北宋先后面临来自北方兴起的辽、西北的西夏和东北的金三个少数民族地方政权的威胁和军事进逼,朝廷疲于应付。朝廷为保持政权的延续和社会秩序的稳定,每年要花费巨额钱财输送给这些政权,然而在与它们接壤的地方仍经常处于战乱状态。

北宋末年,由于北宋朝廷政治腐败,内争不断,国力急剧衰弱,社会危机四伏。金朝依靠迅速增长的军政实力乘机节节向南进逼。在宋钦宗靖康元年(1126),金兵南下攻入京城开封,次年徽、钦二帝一起被掳。北宋灭亡。

赵构在南京(今河南商丘)称帝,建立南宋,是为宋高宗,迁都于临安(今杭州)。南宋建立后长期面临来自北方金的威胁和侵扰,后又受到新兴起的蒙古族建立的元政权的威胁和侵扰,终于在1279年被元所灭。

在中国文化思想发展史上,宋代是划时期的时代,一直影响到明清的道学就是在这个时期形成的。道学,也称理学,以继承孔孟"道统"自任,探讨"天道"、"性命"之理,借助哲学思辨来论证儒家纲常伦理和名教的合理性,代表人物先后有周敦颐、张载、程颢、程颐、朱熹等人。道学在形成和发展的过程中深受佛教的影响,同时它也反过来对中国佛教的思想和价值取向等方面产生重大影响。宋代的古文运动、文学、史书等都对佛教产生一定影响。

佛教在继唐五代之后于两宋时期继续繁盛,然而情况有所发展变化:一是佛教诸宗中最盛行的是禅宗,其次是天台宗、净土宗;二是诸宗会通融合深入进行,禅宗逐渐成为融合型的中国佛教的主体;三是佛教文教事业空前发展,主要表现为:朝廷主持翻译佛经,诸宗著述特别是禅宗著述数量大增,继续实行和修订丛林清规,编著各类佛教史书,刊印公私版大藏经。

二 宋朝的佛教政策

宋代继隋唐民族化的佛教格局形成之后,进入中国佛教的持续发展时期。总的来说,在北周严加限制佛教之后,宋代历朝皇帝在维持儒家正统地位的同时都对佛教采取信奉和支持的态度。宋赞宁《大宋僧史略》所载宋朝僧道"每当朝集,僧先道后;并立殿廷,僧东道西,间杂副职;若遇效天,则道左僧右",大体反映了宋朝对佛教的态度。按照中国传统,表示吉庆则尚左(东),表示凶丧则以右边(西)为上。看起来宋朝对佛道二教采取对等态度,然而实际是对佛教采取稍为优待的政策的。

两宋皇帝中有不少人撰写文章或诗歌赞颂佛教,甚至注释佛经,提倡三教一致。著名的有宋太宗著《妙觉集》,宋真宗著《崇释论》、《御制释典法音集》、《御注四十二章经》、《御注遗教经》,南宋孝宗撰《原道论》,并注《圆觉经》等,对朝野儒者士大夫的影响是很大的。

(一)朝廷组织译经及其影响

宋代朝廷效仿唐朝将佛经翻译作为国家的事业,在朝廷的直接管理和资助下进行。在唐元和六年（811）译经中断170多年之后，再次在皇帝的名义下设立国家译场翻译佛经。从宋太宗太平兴国七年（982）设立译经院（后称传法院）开始，中经真宗朝，至仁宗朝的景祐四年（1037）的半个世纪是宋代译经最辉煌的时期，译出大小乘佛典243部574卷，此后直到徽宗政和三年（1113）仍陆续有少量佛典译出。除译经外，还据唐代《开元释教录·入藏录》等经录刊印大藏经，并且将新译佛经陆续入藏。

虽然宋代所译佛典仅接近唐代译经的1/4，然而它是构成宋代佛教和社会文化的一个重要方面，对当时社会和后世佛教有一定的影响。重要译经僧有印度僧法天、法护、天息灾（后受赐改名法贤）、施护、法护，较晚的有慈贤，汉僧有惟净、绍德，此外还有西夏僧日称、智吉祥、金总持等人。

宋朝所译佛经虽在佛教史上影响不大，但是任命高官主持译经的做法在社会上却产生很大影响。宋朝译经设置润文官制度，早期只任命朝廷官员担任润文，到宋真宗晚年开始任命身居"宰辅"的高官担任"译经使兼润文"（或称"译经润文使"）的官职，以此显示译经的崇高神圣的地位。润文官是从正四品、从三品最后提高到从二品以上，前后担任润文官者有汤悦、张洎、杨砺、朱昂、梁周翰、赵安仁、晁迥、杨亿、李维、王曙、宋绶、高若讷以及冯京等人。以宰相身份任译经润文使的先后有丁谓、王钦若、吕夷简、章得象、陈执中、庞藉、文彦博、富弼、曾公亮等人。其中晁迥、杨亿、李维、王曙、文彦博、富弼、曾公亮等人，都与佛教发生过密切的关系。在皇权至上，重视师承、门第的氛围中，皇帝重视译经并任命高官主管译经的做法，在客观上增强了佛教的社会地位和在朝野各阶层民众中的影响。

（二）宋代对僧尼的管理和僧尼数目

宋代虽支持佛教发展，然而也有限制。正式剃度受戒须有祠部下发的度牒、空白戒牒，否则只能作为童行（必须于寺院的户籍登记，称系帐童行）或长发沙弥，待朝廷按比例下发州府一定数额的度牒后，通过考试（诵读一定数量的佛经）合格才能正式剃度为僧。

佛教在中央朝廷和地方州府的管辖下设立僧官，管理全国僧尼。京都有左右街僧正、僧录、副僧录、讲经论首座、鉴义等僧职；地方的州府设有僧正、都僧正等职。（详见《宋会要辑稿·道释》）

据《宋会要辑稿·道释》，宋真宗天禧五年（1021）全国有僧397615人，尼 61239 人，约占当时总人口 2.3%。①

（三）宋徽宗对佛教的贬斥和恢复

宋代虽没有发生如同历史上"三武一宗"那样的灭佛之举，然而发生过宋徽宗时短期尊崇道教贬斥佛教的事件。

宋徽宗在政和六年（1116）听信道士林灵素编造的虚妄神话，称徽宗是"上帝之长子"神霄玉清王下凡，号"长生大帝君"，翌年下诏全国改天宁万寿宫为神霄玉清万寿宫，在殿上设长生大帝君像，自称"教主道君皇帝"；重和元年（1118）诏宰相蔡京、枢密使童贯等人为神霄玉清万寿宫使，同时大兴道经之学。宣和元年（1119）甚至正式下诏废佛，改佛为大觉真仙，菩萨为大士或仙人，僧改称德士、尼称女德士，改变服饰，寺改为宫，院改为观。此年十一月林灵素骗局败露，遭到罢斥流放，接着被赐死，这场闹剧才得以收敛。

宣和二年（1120）六月、九月先后下诏恢复寺额、僧称，然而宋徽宗称教主道君皇帝、祠神霄宫如故。② 六年后金兵攻下京城开封，翌年宋徽宗与刚即位不久的钦宗一同被金兵俘虏北去，死于东北黑龙江畔。

宋徽宗贬斥佛教时间很短，对佛教的传播和发展没有造成很大损害。

三 天台、华严、净土和律宗

宋代佛教大致可分为禅、教、律三教，宋人也称之为"三宗"。"禅"是禅宗，最为流行，有云门、临济、曹洞三宗；"教"指禅宗外诸宗，主要有天台宗、华严宗和净土宗（作为净土信仰寓于诸宗之中）；律是律宗，实为律学。寺院也大致分为禅寺、教寺和律寺。然而，由于佛教各宗互相会通融合，在实际上彼此之间并非壁垒森严。

天台宗自唐末以来虽然日渐衰落，然而在五代时期的江南吴越统治地区，因为得到皇室的支持，也有新的发展。北宋时期，在江浙一带仍相当盛行。宋仁宗时，诏许天台宗典籍入大藏经，对保存和流通天台宗有很大帮助。

宋代天台宗由于先后从日本、高丽传入已经佚失的教典，对天台宗的中兴

---

① 《文献通考》卷十一载，天圣七年（1029）全国主客户人口为 26054238 人。
② 参考《宋史·徽宗纪》、《续资治通鉴》卷九十二至卷九十三、《佛祖统纪》卷四十六。

有一定影响。另外，由于发生所谓山家、山外之争，对天台宗的教理发展有很大促进。天台宗第十四祖高论清竦的门下有两大弟子：一是螺溪羲寂，一是慈光志因。在羲寂的法系出了四明知礼（960—1028）和慈云遵式（964—1032）。知礼是山家派的代表人物，著有《十不二门指要抄》等，有《四明尊者教行录》传世。此外，他的法系的著名人物有尚贤、本如、梵臻、继忠、从义、如湛、宗晓等人。在志因法系出了慈光晤恩、奉先源清、灵光洪敏、梵天庆昭、孤山智圆等人，是山外派的代表人物。

原来隋代智顗口述，由门人灌顶笔录的《金光明经玄义》有两卷（载《大正藏》卷三十九），为天台五小部之一，是对北凉昙无谶所译《金光明经》所作注释，论说其玄义，共立释名、出体、明宗、论用、教相五重。然而，自五代末年以来，此书出现广、略两种。广本在释名下有"观行释"，而略本则无。宋代慈光晤恩撰《金光明经玄义发挥记》对略本进行注释，称广本是后人伪作，然而遭到山家的反对。由此开山家、山外两派论诤之端。此外。尚有洪敏《金光明经玄义义记》、智圆《金光明经玄义表微记》等。山家派首领知礼撰《金光明经玄义拾遗记》六卷，对山外派之说表示反对。此外，两家还围绕知礼《十不二门指要抄》、智圆《请观音经疏阐义抄》、知礼《观无量寿经疏妙宗抄》等进行争论。从教理上看，山家派维护传统天台宗教义，主张性具善恶、（理）具三千、相即不二，所观之境是"妄心"（第六识）等教义，反对山外派接受华严宗的教理，主张真如缘起（性起），所观之境是"真心"（清净真如之心）。从发展趋势看，最后以山家派占了优势。

唐代在宗密之后，华严宗长期传承不明。宋代，在北方出现著述《金师子章注》的五台承迁，南方有长水子璇著《起信论笔削记》，其弟子晋水净源著《仁王经疏》、《华严疏注》等，宋末出现道亭、观复、师会、希迪四家，撰述《集成记》、《复古记》、《义苑疏》、《折薪》等，使华严宗一时出现振兴的景象。有人认为，宋代华严宗的振兴也许是受到天台宗山外派的影响。[①]

宋代的律宗也有振兴的景象。自道宣南山律宗成为中国律学正统后，深入研究者并不多。到宋代，在江浙地区出现了如元照、允堪这两位著名律僧。他们与天台宗都有较深的关系。元照以天台宗旨注释道宣《四分律删繁补阙行事

---

① 以上主要据笔者特请在日本的大学任教的林鸣宇博士所写的《宋代天台宗和华严宗》，顺致谢意。关于日本对华严、天台二宗的研究，请参阅林鸣宇《日本的宋代华严、天台二宗研究概况》，载中国佛教文化研究所2003年《佛学研究》总12期。

钞》,撰《四分律行事钞资持记》;允堪注释并发挥道宣律学著作,撰《会正记》、《发挥记》、《正源记》等十二部。南宋时敕将南山律宗道宣的三大部及元照的《资持记》等入藏流通。

宋代天台宗与禅宗虽有争论,但也相互吸收。从发展趋势看,最后禅宗成为佛教主流派。天台宗、禅宗与净土宗(净土信仰)关系也很密切。天台宗高僧在江南发起念佛结社,受到僧俗信众的欢迎。诸宗会通,特别是禅、净二宗的融合在不断进行着,有的禅僧在"唯心净土,本性弥陀"的口号下将净土念佛法门吸收到禅宗修行方法中。

四 禅宗概况

宋初佛教界最有影响的是华严宗、法相宗和律宗,禅宗尚未盛行。宋仁宗庆历七年(1047年,或谓皇祐元年至1049年),太监李允宁奏请将自己在京城的第宅改建为禅寺。宋仁宗有意扶助禅宗在京城传播,赐此寺名"十方净因禅寺",批准欧阳修奏请召请云门宗圆通居讷入京任住持。居讷以疾辞,改由怀琏代替。由于皇室和儒者士大夫的理解和支持,禅宗在京城和北方开始兴盛起来。

此后,宋神宗元丰三年(1080)下诏将相国寺六十四院改建为八院:二禅院、六律院。这两所禅院是慧林禅院、智海禅院,是相国寺东西两序寺院中最大的寺院。宋仁宗诏云门宗僧宗本为慧林禅院住持,临济宗僧常总为智海禅院住持,但常总以年老辞不奉诏,后诏云门宗僧本逸为智海禅院住持。英宗的三女、神宗之妹历封冀国、秦国、越国大长公主,与驸马都尉张敦礼在元丰五年(1082)奏请建成法云禅寺,神宗诏云门宗僧法秀入住传法。

此后,禅宗越加兴盛,并且逐渐发展成为中国佛教中的主流派。在禅门五宗中,沩仰宗在宋代以前已经衰微不传。进入宋代后,相继传播的禅宗派别是法眼宗、云门宗、临济宗,最后是曹洞宗。现略加介绍。

(一) 延寿和法眼宗

在唐末五代先后成立的禅门五宗当中,法眼宗成立最晚。法眼宗创始人文益在立宗传法过程中得到南唐国主的大力支持,在门下弟子中最有名并且影响最大的是天台德韶。德韶受到吴越国主钱弘俶的崇信,被封为国师,门下有著名弟子49人，其中最著名的是永明延寿。

延寿生活在五代后期和宋初，禅宗在南北方十分盛行。延寿是法眼宗的学僧，对禅宗发展不同阶段的传法特点和当时禅林已经出现的各种弊病是十分了解的。他虽然在接引教导弟子时仍经常采取回避正面说法和回答的做法，然而，同时也撰述了篇幅很大的《宗镜录》和《万善同归集》、《心赋注》等从正面阐述禅法的著作。在这些著作中，他一方面系统论述以南宗为主体的所谓"以心传心，不立文字"，"直指人心，见性成佛"的禅宗宗旨，同时又详细引述其他宗派的心性理论和修行方法，主张将两者结合，做到禅教会通，理事双修。

重视考察和论证心性问题是两宋社会的时代思潮。延寿的心性论在两宋佛教史上占有重要地位，影响较大，同时也为两宋儒道学者考察心性问题提供便于查阅的思想资料。延寿关于心性问题的论述是带有综述性的，当然他的分析和论述是在奉禅宗为基本宗旨的前提下进行的。宋代也是佛教诸宗融合和三教会通、互相吸收进入更高阶段的时期。延寿继承唐代宗密的思想，强调以禅、华严二宗的心性理论为基础会通禅、教，并且也笼统地提出三教会通的思想，应当说也是时代思潮的反映。

另外，德韶的弟子之一是苏州承天道原，以编著《景德传灯录》著称于世。在法眼下三四世之后，法眼宗逐渐在社会上湮灭无闻。

（二）云门宗在北宋的兴盛

云门宗由五代时期韶州云门寺（在今广东乳源县）的文偃创立，因为得到十国之一的以广州为都的南汉政权的支持，曾十分兴盛，门下弟子和参禅者有时达千人之多。

进入宋代以后，云门宗传播迅速，到云门下四、五、六三世的时候，大体相当于仁宗朝中期至徽宗朝初期（约11世纪中叶至12世纪初），得到空前的发展，著名禅僧有属于云门下四世的佛日契嵩、天衣义怀、圆通居讷、育王怀琏、居山了元（1032—1098）；五世慧林宗本、法云法秀；六世法云善本、法云惟白。他们或在州县形胜之地的寺院传法，或奉诏入京在皇家寺院担任住持，与当时在中央或地方担任军政要职的儒者士大夫有着密切的交往，经常就天道、性命等问题进行对话，并且发挥寺院具有的多种宗教文化的功能继续在普通民众中扩大影响，从而使云门宗进入极盛的时期。

进入南宋以后，禅宗传播中心南移，随着临济宗的兴盛，云门宗逐渐衰微，趋于消亡。

（三）临济宗在北宋后期开始走向兴盛

在禅门五宗当中，临济宗成立最早，在进入北宋以后曾与云门宗相并盛行，而且一直流传至今，对中国历史文化的影响也较大。

临济宗的创始人是义玄（？—866），长期在镇州（治今河北正定）临济院聚徒传法。临济宗主要是通过弟子兴化存奖的法系而流传繁衍后世的。

存奖（830—888）以魏府兴化寺为传法中心[①]，有弟子慧颙，生活在唐末五代，在汝州（在今河南汝州）宝应寺（南院）传法；延沼上承慧颙，生活在五代末和宋初，在汝州风穴寺传法；延沼的弟子中以省念最有名。首山省念先后在汝州首山、广教寺、宝应寺传法，门下著名弟子有汾阳善昭、叶县归省、谷隐蕴聪、广慧元琏、三交智嵩等人。他们属于临济下五世，主要活动在宋真宗和仁宗初期。当时社会相对稳定，经济文化日趋繁荣，佛教在中央朝廷和各州县政府的支持下比较盛行。他们多数在北方传法，迅速将临济宗推向振兴之路。然而到他们弟子的时候，即临济下六世时，已有很多禅师到南方传法，将临济宗传播范围迅速扩大到全国。

在省念的弟子中汾阳善昭的影响最大。善昭在传法中重视语言文字的运用，不仅经常引述以往禅师的语录，而且有时以所谓代语、别语、诘语等禅语表达形式加以评论和发挥，还从流传于丛林之间的禅语公案中选择出一百则以偈颂的形式加以评述，编撰成《颂古百则》，对宋代文字禅的发展影响极大。他培养出十几位才智出众的弟子相继传法于大江南北。自从进入北宋后期以后，传布于各地的临济宗几乎皆属于善昭的法系。

在善昭弟子石霜楚圆以后，临济宗分为黄龙派和杨岐派。从此，佛教史书往往将禅宗派别统称为"五家七宗"，即：临济宗、沩仰宗、曹洞宗、云门宗、法眼宗和临济宗的黄龙派和杨岐派。

临济宗黄龙派在黄龙慧南下的二三世是最繁盛的时期，慧南弟子晦堂祖心、东林常总、真净克文；祖心的弟子灵源惟清、死心悟新及草堂善清，克文的弟子兜率从悦、泐潭文准及惠洪等人，都是在丛林乃至社会上十分活跃的著名禅

[①] 关于兴化存奖，请见拙著，中国社会科学出版社1999年出版的《唐五代禅宗史》第八章之二。

师，极大地推进了临济宗在江南的传播，与他们有密切交往的王安石、谢景温、苏轼、黄庭坚、张商英等士大夫，都是或在政治上，或在文学上有较大影响的人物。由此也可以说，北宋后期临济宗黄龙派在中国佛教史、文化史上写下了色彩斑斓内容丰富的一章。

临济宗黄龙派兴盛虽比杨岐派略早，然而到杨岐方会下二世五祖山法演以后，杨岐派迅速兴起，法演弟子圆悟克勤、佛眼清远、佛鉴慧勤、开福道宁、大随元静等禅师生活在北宋末期至南宋初期，在相当于现在的河南、安徽、江苏、湖南、四川等地传法，将临济宗杨岐派推向各地。他们在禅法上主张佛性本有，见性成佛，提倡修行不离生活日用，传法方式生动活泼。随着黄龙派的逐渐衰微，杨岐派成为临济宗的主流。南宋后期，临济宗几乎全属杨岐派，其中最有影响的是属于圆悟克勤弟子大慧宗杲和虎丘绍隆的两大法系。

（四）曹洞宗在两宋之际兴起

在禅门五宗中，曹洞宗是仅次于临济宗的一个流传范围广和影响大的宗派。

曹洞宗在进入五代之后直到宋初，教势长期不振，可谓不断如缕。宋初洞山下五世大阳警玄（真宗时因避讳改警延）传曹洞宗，到年老甚至找不到继承人。他在死前托付临济宗省念下三世浮山法远的弟子投子义青代为传曹洞禅法。宋代曹洞宗以随州大洪山（在今湖北随州市）为基地得到很大发展。义青弟子大洪报恩为大洪山第一世，此后是义青另一弟子芙蓉道楷，对曹洞禅法有较大发展。道楷的弟子中以丹霞子淳最有名，门下出了宏智正觉，生活在北宋末南宋初，提倡默照禅，有《宏智广录》传世；另一弟子是真歇清了，三传至长翁如净，在天童寺传默照禅，有《如净和尚语录》传世。日本道元入宋求法，回国创立日本曹洞宗。

由于宋代朝廷重视译经并委派高官参与译经，积极扶持佛教，在朝野上下儒者士大夫中形成尊重佛教、探究佛教和接近乃至信奉佛教的风气。在著名的儒者士大夫中，曾经拜相和出任执政（枢密使、参知政事）的高官如吕蒙正、富弼、赵抃、范仲淹、王随、张方平、王安石、吕惠卿、张商英、李纲、张浚，及朝廷大臣杨亿、李维、王曙、李遵勖、杨杰、苏轼、苏辙、黄庭坚、徐俯、张九成等人，都曾与佛教有密切关系，有的甚至是居士，其中有不少人与禅僧保持密切的交往。儒者与佛教、禅宗的交往和在佛教义理、传统文化领域的互相切磋交流，对正在形成发展中的理学产生很大影响，同时对佛教适应时代发展也有推动作用。

第二节 辽、西夏和金代社会和佛教、禅宗

北宋长期与北方契丹族建立的辽，河西党项羌族建立的西夏两个王朝对峙；金灭辽、北宋之后，占据北方大部分地区，经常进犯南宋；北宋、南宋对辽、西夏和金，交替以和、战对策应付它们的威胁，以求得社会安宁，然而，彼此之间也保持在经济、政治和文化、宗教上的往来。

为叙述方便，这里将辽、西夏和金代的社会和佛教、禅宗一起作简要介绍。

一 辽

契丹族六七世纪兴起于北方潢河（西拉木河）和土河（老哈河）流域（在今内蒙古自治区东部），贵族耶律阿保机（辽太祖）10世纪初统一契丹各部，于五代后梁贞明二年（916）称帝，建立契丹国，此后迅速向外扩张，在从五代后唐河东节度使石敬瑭手中割取燕云十六州后，加强了对中原威胁的实力。后晋开运三年（946）契丹主耶律德光（辽太宗）率兵大举南犯，翌年初攻陷后晋都城开封，后晋灭亡。耶律德光在开封即帝位，改国号为辽。然而在各地涌起的汉族起义军反抗围攻之下，耶律德光率契丹兵被迫北撤，死于归途。辽建都皇都（后改上京临潢府，今内蒙古巴林左旗东南波罗城），另有中京大定府（今内蒙古宁城西）、东京辽阳府（今辽宁辽阳市）、南京析津府、西京大同府（今山西大同市）。辽在1125年为金所灭。

辽吸收汉族文化建立政教制度，发展经济、文化，并引入和扶持佛教。早在契丹、辽建国初期，契丹统治者就致力引进和推广佛教，建寺安置在对汉地攻掠战争中俘获的僧人，让他们弘传佛教，以安抚大量被掳掠来从事生产的汉人和其他信奉佛教的民众。在上京临潢府除建孔子庙外，还建造寺院、道观。此外，在中京大定府、西京大同府、南京析津府等地也相继建寺。辽帝经常举办法会、度僧及各种法事活动，并经常举办有成千上万僧人

参加的饭僧斋会。至辽景宗（969—982年在位）时佛教已有较大发展，命僧昭敏任"三京诸道僧尼都总管"管理佛教事务，并授予"侍中"的官位。辽圣宗通达佛、道二教，在位（982—1030）近50年期间继续尊崇佛教，到处幸寺礼佛，举办推荐战争阵亡者的慰灵法会，为防止僧尼过度膨胀下令禁止私度僧尼。此后，辽兴宗、道宗继续崇佛兴佛，佛教得到空前发展。辽兴宗甚至亲自受具足戒，他与道宗甚至授予僧人以司徒、司空等高官之位并令兼政事。

辽的佛教比较重视营造寺塔、度僧、饭僧和各种祈福消灾的法事活动，在佛教文化方面兴办的最大事业，一是于辽兴宗开始雕印至道宗五年（1059）完成的《契丹藏》，收录《开元释教录·入藏录》以及《续开元录》、宋代《开宝藏》天禧本新译经，而且增收流传于辽的经论和辽人的著述，共有1373部6006卷，分为579帙。二是辽圣宗、兴宗和道宗三朝继隋唐之后在今北京南边房山县云居寺大规模雕造石经。

辽代佛教在义理方面重视华严宗、密教。在佛教著述方面，华严著述有辽道宗著《大方广华严经随品赞》、鲜演著《华严玄谈决择》；密教著述有精通华严教理的觉苑撰《大日经义释演密钞》、小五台山（在今河北蔚县）金河寺道殿著《显密圆通成佛心要集》，皆以华严宗圆融思想会通密教，提倡显密教双修；净土宗著作有非触编著《随愿往生集》，又著《三宝感应要略集》。此外，考释佛经字义音韵方面著作有：幽州僧行均编撰《龙龛手鉴》、燕京崇仁寺希麟编撰《续一切经音义》。①

禅宗在辽占领地区不太流行。高丽王朝文宗的第四子、僧统义天（1055—1101），在宋哲宗元祐元年（1086）入宋求法，再次将天台宗传入朝鲜。他在宋代看到天台宗僧戒珠写的论禅教关系的《别传义》（后人称《飞山别传义》，戒珠葬于飞山）十分欣赏，特为写跋，其中提到："近者大辽皇帝诏有司，令义学沙门诠晓等再定经录，世所谓《六祖坛经》、《宝林传》等皆被焚，除其伪妄条

---

① 请详见陈述著《辽代宗教史论证》，载《纪念陈垣诞辰百周年·史学论文集》，北京师范大学出版社1981年版；日本野上俊静著《辽朝与佛教》、《辽代的佛教研究》，载其《辽金的佛教》，日本平乐寺书店1952年版；镰田茂雄著《新·中国佛教史》，大东出版社2001年版。关于道殿《显密圆通成佛心要集》，参考蓝吉富著《"显密圆通成佛心要集"初探》，载杨曾文、方广锠编《佛教与历史文化》，宗教文化出版社2001年版。

例，则《重修贞元续录》三卷中载之详矣。"①从时间上推测，他所说的"大辽皇帝"应是辽道宗。既然禅宗中被奉为经典的《六祖坛经》及记述被禅宗奉为西土东土列祖的传法世系和事迹的《宝林传》等皆被焚毁，可以想见禅宗在辽土是不可能盛行的。

二 西夏

公元8—9世纪，约当唐的中后期，原居于今四川西部边境地带的党项羌族受到吐蕃侵逼被迫向河西走廊一带迁移，其中拓跋氏一支移到夏州（今陕西横山县境）定居，在唐末因出兵帮助唐王朝围攻黄巢起义军有功，其酋长被赐李姓并封为夏国公，并据有河套以南五州之地。宋初，辽为联合党项对抗宋朝，与党项首领李继迁结亲并封他为夏国王。此后党项对外扩张，攻占灵州（治今宁夏灵武）并在此建都，后迁都兴庆府（在今宁夏银川东南）。元昊（西夏景宗）即位后，逐渐攻占今甘肃和内蒙古部分土地，1038年正式称帝，改国号大夏。西夏仿照宋制完善军政体制，建立年号，并且制定文字。西夏境内有汉人、党项人和吐蕃人、回鹘人等。西夏1227年为蒙古所灭。

西夏接受唐宋文化，也扶持佛教传播发展。关于西夏佛教情况，因为资料匮乏长期以来鲜为学者问津。史金波教授利用中外收藏和新发现的大量西夏文献和文物资料对西夏佛教进行了长期研究，1989年出版了《西夏佛教史略》，对西夏佛教做了较详细的论述。据此，党项在流迁和居住河西、建立政权过程中已经接受佛教，并且从宋朝一再求得佛经。元昊称帝以后便组织力量用西夏文翻译佛经。他与以后诸帝皆致力建寺、度僧、礼佛，举办种种佛事活动，还刻印流通用西夏文、汉文和吐蕃文的佛经。西夏还设置佛教管理机构：和尚功德司、出家功德司和护法功德司，加强对佛教僧尼和佛教事务的管理。

从佛教义理方面看，西夏曾流行多种宗派，其中有华严宗、净土宗、天台宗、禅宗，也有密教，在各地收藏和新发现的西夏文佛典中有不少这些宗派所依据的经典和著作。在发现的禅宗文献中，有接近20世纪20年代从敦煌文献中发现的《六祖坛经》的西夏文写本残页，有宗密论禅教会通的《禅源诸诠集都

---

① 宋代宗鉴编《释门正统》卷八，亦载《佛祖统纪》卷二十四，《大正藏》卷49，第223页下。

序》等西夏文译本和《禅源诸诠集都序之解》、《禅源诸诠集都序择炬记》等西夏文著作，还有汉文《中华传心地禅门师资承袭图》、《坐禅仪》等。[①] 在 20 世纪从黑水城（今内蒙古额济纳旗东黑城）发现的源自西夏的汉文文献中，有北宋初道原编撰《景德传灯录》，还有曹洞宗僧水歇清了的《劫外录》等。[②] 由此可以想见，禅宗在西夏是相当流行的。

三　金

11 世纪，原生活在东北黑龙江和松花江流域及长白山麓一带的女真族迅速兴起，在完颜部酋长的统率下逐渐实现了内部的统一，并进行反抗辽残暴统治的斗争，向外不断扩张。1115 年，女真族在完颜部酋长阿骨打（金太祖）的带领下正式建立金国，率兵连续打败辽军，先后占领辽的中京大定府、西京大同府和南京析津府（后改燕京）等，在 1125 年俘获辽的天祚帝，辽亡。此后，金出兵节节进犯，威逼宋朝，在宋徽宗靖康元年（1126）攻破京城开封，翌年带着俘获的宋徽宗、钦宗二帝和大量珍贵财宝器物北归。由此北宋灭亡。

金朝曾长期占有淮水以北广阔的领土，与南宋对峙。金太宗、熙宗开始接受汉族文化，对佛教采取支持政策。熙宗因怀念太子早逝，在上京宫侧建大储庆寺。为控制僧尼规模，下令禁止私度僧尼。海陵王完颜亮杀金熙宗即位，将都城从上京会宁府（今黑龙江省阿城县南之白城）迁至燕京，并改称中都。此后即位的金世宗重视文教，在提倡儒家思想的同时，也保护佛教、道教的传播。他建造的规模较大的寺院有燕京大庆寿寺、昊天寺、燕京西山的仰山栖隐寺，皆赐田度僧。据《金史》卷十〈章宗纪〉，金章宗加强对佛道二教的管理，明昌元年（1190）下令禁止私度为僧尼道士，规定三年一会试；二年（1191）下令

---

① 请详见史金波《西夏佛教史略》，宁夏人民出版社 1988 年版。关于西夏文《六祖坛经》，请见罗福成《六祖大师法宝坛经残本释文》，载 1930 年《北平图书馆馆刊》四一三西夏文专号；日本川上天山《西夏语译六祖坛经》，载 1938 年《支那佛教史学》二一三，另附录在柳田圣山主编，日本中文出版社 1976 年出版《六祖坛经诸本集成》。日本龙谷大学收藏西夏文《六祖坛经》残叶一件，据考证与北京图书馆所藏叶片相接，其图片见法藏馆 1961 年出版《西域文化研究》第四图版四一。史金波《西夏文六祖坛经残页译释》，载世界宗教研究所《世界宗教研究》1993 年第 3 期，对此有全面综述。

② 请参考本书后面介绍道原《景德传灯录》及曹洞宗水歇清了的章节。

禁止僧尼、道士出入亲王及三品官之家，后又下令僧尼须拜父母并行丧礼。鉴于战争频繁，弥补军需不足，章宗在承安二年（1197）恢复金世宗曾废止的卖空名度牒、紫衣及师号的做法。①

金代在解州（治今山西解州）天宁寺由民间组织雕印的《金藏》（因1933年在赵城县发现也称《赵城藏》）十分有名，是基本按照宋代蜀版《开宝藏》覆刻的，元初有补刻本。迄今陆续发现5100卷，是中华书局出版的《中华大藏经》所据主要底本。②

据现存资料，金代著名僧人有熙宗（1135—1148年在位）时住持上京大储庆寺的禅僧海慧、清慧，担任"中都右街僧录"的律僧悟铢，世宗（1161—1189年在位）时住持燕京潭柘寺的临济宗僧圆性，先后住持燕京大庆寿寺、仰山栖隐禅寺开山的玄冥颢公③，还有最著名的曹洞宗僧万松行秀等人。

宋代曹洞宗自曹洞下第七世芙蓉道楷（1013—1118）以后逐渐振兴。他的法系在后世最有影响的有丹霞子淳与鹿门自觉两个法系。在丹霞弟子中，天童正觉（宏智正觉）、真歇清了最为有名。据现存资料，这两支在金、元两代传承不明。在金、元两代比较有影响的曹洞宗属于鹿门自觉的法系。

鹿门自觉（？—1117）属曹洞下第八世，传普照一辨，然后是大明宝——王山体。金末元初万松行秀师事的雪岩满禅师是王山体禅师的嗣法弟子，属于芙蓉道楷下第五世，行秀属于芙蓉下第六世。

万松行秀（1166—1246），生活在金后期和元初，因受宋代临济宗圆悟克勤的影响编撰《从容录》，对天童正觉的《颂古百则》进行评述和提倡，又编撰《请益录》对正觉的九十九则拈古作评述和提倡。他虽上承曹洞宗的法系，然而在禅法上并非局限于曹洞一系，而是会通禅门五宗和吸收五宗的长处。在说法中善于发挥华严宗的圆融思想，认为物我一体，处处可以入悟，强调佛法在人间，不怎么提倡"默照禅"。

李纯甫（1182—1231），号屏山居士，是万松行秀的在家弟子，精通儒学和佛教，所著《鸣道集说》是对集录宋代道学家周敦颐、张载、程颢、程

---

① 参考日本野上俊静《金帝室和佛教》，载《辽金的佛教》，日本平乐寺书店1953年版。
② 童玮编《二十二种大藏经通检》《汉文大藏经简述》，中华书局1997年版。
③ 详见明如惺《大明高僧传》卷七、明明河《补续高僧传》卷十七、卷十二、元念常《佛祖历代通载》卷二十相关传记或记载。

颐、谢良佐、杨时以及朱熹等人语录的《诸儒鸣道集》的217种观点的评述或批驳。他在书中表示，道学虽以发扬"圣人之道"为标榜，然而实际上是吸收佛教思想重新诠释儒、道二教思想而形成的；李纯甫主要发挥佛教的心性学说对道学的理气、心性之说及对佛教的批评进行评述或批驳，指明道学的不足及错误之处；又以华严圆融的思想来弥合乃至消融儒、释、道三教之间的差异和矛盾，主张三教和谐相处。

辽和西夏、金是宋代长期在北方的三个王朝。佛教在这三个王朝的广泛传播，对契丹、党项与女真及境内其他少数民族吸收汉族文化，沟通各民族之间的感情，进而促进各民族的融合，应当说是起到重要作用的。

第三节　元代社会和佛教、禅宗

一　元代社会

11—13世纪，蒙古族在北方逐渐兴起。1206年成吉思汗统一蒙古族各部，建立蒙古国，此后连年对外用兵，远至中亚、欧洲地区，期间灭西辽、西夏，并不断进攻以燕京为都的金，迅速形成以和林（在今蒙古国鄂尔浑河上游的哈尔和林）为国都的横跨欧亚的辽阔的汗国。在金宣宗贞祐二年（1214）蒙古兵围攻金都燕京，金被迫迁都开封。翌年，蒙古兵攻占燕京，并相继攻占黄河以北大部分地区。1227年成吉思汗率西征军东返，死于六盘山，由窝阔台（元太宗）继承大汗之位，1233年灭金。此后蒙古一再出兵侵扰、攻占南宋统治地区，蒙哥（元宪宗）在即位后的第三年（1253），派忽必烈攻占大理、吐蕃（今西藏自治区）。

在蒙哥死于进攻四川的战阵的第二年，即1260年，忽必烈即位于开平城（今内蒙古正蓝旗东闪电河北），是为元世祖，建元"中统"。至元八年（1271）他接受僧子聪（刘秉忠）的建议定国号为元，正式建立元朝，改中都（原燕京，现北京）为大都，并建都于此。元世祖在至元十三年（1276）攻占临安，十六年（1279）灭南宋，统一中国。自元世祖开始经历十一帝，至1368年朱元璋率兵攻入大都推翻元朝，前后经过98年。

元朝大体继承宋金政治制度，同时也有创新。在中央设中书省统管全国行政，置中书（今宰相）及左右丞相等官；设枢密院掌管军事，置枢密使、枢密副使等；设御史台管监察。并且设置宣政院（一度改为总制院）管宗教及兼管西藏政务，规定正使以下以僧为副使。在元攻占临安（今杭州）之后，在那里设立"释教总统所"，直属宣政院，任命"江南释教总统"，管辖江南佛教事务。在河南、陕西……江浙、江西、湖广等路设立"行中书省"（简称"行省"、"省"），置行中书省丞相，掌地方军政。

元世祖收拢汉人学僧、儒者担当政治顾问、助手，例如，僧子聪（刘秉忠）、儒者赵璧、姚枢、许衡、张文谦、王恂、张易、郭守敬等人，都在建元过程中或以后的政治、文教乃至天文、历法等方面发挥重要作用。然而，元朝同时执行严厉残酷的民族歧视和民族压迫政策，在统一全国后，将居民分为四等：蒙古人地位最高，其次是所谓色目人，即原来西夏人、回回及来自西域、欧洲的居民；第三是汉人，包括原来的契丹人、女真人和在金统治下北方的汉人；第四是南人，即原来生活在南宋的汉人和其他民族的居民，地位最低。在政府机构中掌握重大权力的是蒙古人和色目人，其次才是汉人。元朝借此分化和压迫民众，以巩固统治。

元朝任用汉儒发展文教事业，提倡程朱理学。元世祖任赵复、王恂、姚枢、许衡等儒者，在兴文教、办太学、推行理学教育中贡献很大。元代继宋之后，在杂剧、书法、绘画等方面也有新的成就。

二 元朝的佛教概况

元朝对各种宗教采取比较宽容的政策，流行的宗教有佛教、道教和伊斯兰教、基督教（也里可温教），以及民间宗教白莲宗、白云宗等。

元朝的佛教有汉传佛教和藏传佛教，传播情况大致经历两大阶段：

（一）蒙古建国至元世祖建立元朝期间（1206—1260）

蒙古建国后不断向南扩展，先攻占金朝占据的黄河以北地区，后扩展到江北广大地区。蒙古统治者开始对佛教并不太了解，在成吉思汗西征过程中，从在河北的"太师、国王"木华黎派人送的报告中得知将禅僧海云印简及其师中观沼禅师安置赤城，并请示如何处理时，立即传旨，说他们"实是告天的人，好与衣粮养活者，教作头儿，多收拾那般人在意，告天不拣阿谁，休欺负"（《佛祖历代通载》卷二十一）①，命令好好照顾他们，并给予"达里罕"（享有免罪及受优遇特权）的封号。

在定宗、太宗二朝，任命印简（1202—1257）主管全国佛教事务。此后，蒙古贵族对佛教逐渐有了更多的认识，对佛教，特别是禅宗表示理解和支持。原在金朝燕京传法的曹洞宗禅师万松行秀受到元朝廷重视，他的弟子雪岩福裕（1201—1275）被召到和林，继印简之后担任"僧都"、"总领释教"，致力恢复佛教，并奏告道教伪造经典，诽毁佛教，强占寺院等不法事实，奉旨组织僧人与道教进行辩论。

在和林建有太平兴国禅寺、北少林寺等，在燕京承自金朝的大庆寿寺、仰山栖隐禅寺、报恩洪济寺等。在福裕主管佛教事务后，在各地修复废寺237所，安置僧众管理寺院，开展法务活动，对战乱后汉传佛教的恢复和发展有很大推动作用。

（二）元世祖建元之后（1260—1368）

忽必烈在元宪宗三年（1253）底攻占大理后迅速北归，令部将兀良合台继续征服未附诸部，并分兵招抚吐蕃（分布在今西藏自治区和青海、四川部分地区）的部分部落。吐蕃藏传佛教萨迦派第五代法王八思巴（1235—1280）②前往开平会见忽必烈，受到尊崇，被尊为师。中统元年（1260）忽必烈即位，尊他为国师，赐予玉印，命主持宣政院，掌管全国佛教和西藏军政事务。八思巴在至元七年（1270）奉诏制蒙古新字颁行全国，被尊升"大宝法王"。他为太子真金讲述佛教的宇宙观、社会历史观和佛法基本知识，此即《彰所知论》③。八思巴去世后，据《元史》卷二〇二〈释老传〉记载，直至天历二年（1329）藏传佛教僧人相继任帝师者有9人。帝师权力很大。宣政院的副使必须由帝师推荐的僧人担任，"总其政于内外者，帅臣以下亦必僧俗并用，而军民统摄。于是帝师之命与诏敕并行于西土。百年之间，朝廷所以敬礼而尊信之者，无所不用"。

---

① 《大正藏》卷49，第703页上。
② 若据《佛祖历代通载》卷二十一所载八思巴卒于至元十七年（1280）十一月二十二日，年四十二岁来推算，应当生于1239年，但按藏传资料，是生于1235年。见王森《西藏佛教发展史略》第五篇，中国社会科学出版社1987年版。
③ 在《佛祖历代通载》卷一载有沙罗巴译《彰所知论》的〈器世界品〉、〈情世界品〉，据说还有道、果、无为三品。

皇帝、后妃、公主、太子皆要从帝师受戒，对他顶礼膜拜。帝师在朝廷各种场合受到特别尊崇。

元朝出于笼络西藏贵族和民众的需要，特别扶持藏传佛教，使藏传佛教在都城和内地得到迅速传播。然而同时，鉴于佛教在汉民族文化传统和日常生活中具有重大影响，并且由于建元前后在朝廷政教建设和处理日常政教事务中发挥重要作用的居士耶律楚材、僧人印简、福裕、子聪（刘秉忠）等人的解释和引导，元朝对汉传佛教也予以支持。因此，虽然在藏传佛教僧人（喇嘛）中确实存在飞扬跋扈、仗势欺人的现象，然而，从整体上看，汉传佛教与藏传佛教之间没有发生严重的冲突。[①]

元建国初期，以丘处机（1148—1227）及其弟子李志常（1193—1256）为首的全真道在元朝廷的支持下急剧发展，伪造《混元上德皇帝明威化胡成佛经》（简称《老子化胡经》）和《老子八十一化图》贬低和攻击佛教，美化道教。甚至屡屡侵占佛教寺院和财产，遭到佛教方面强烈反对。在元宪宗和元世祖时期，佛教与以全真道为首的道教之间进行过激烈斗争，双方在皇帝、朝廷高官的直接参与和主持下进行过三次辩论，以佛教得胜而告终。

元世祖至元二十八年（1291）全国有户籍的人口59848964人、"游食者"429118人，共有佛寺42318所，僧尼213148人（《元史》卷十六〈世祖纪〉）。据此，僧尼约占有户籍人口的0.36%。

元代的汉传佛教有禅宗、天台宗、华严宗、法相宗和净土宗（寓于各宗）。

天台宗僧中著名的有玉冈蒙润（1275—1341），出家后从古源永清法师、竹堂传法师学习天台止观（隋智顗《摩诃止观》等）、湛然《金刚錍论》、《十不二门论》等，先后住持海盐当湖德藏寺、杭州南天竺演福寺，宣讲《法华经》及天台宗教义，晚年退至龙井风篁岭的白莲庵专修念佛，著有《四教仪集注》等。

华严宗僧中著名的有文才（1241—1302），自幼学习儒家经史，尤精理学，出家后深究华严之学，曾说："学贵宗通，言必会意。"（《佛祖历代通载》卷二十二）[②] 奉元世祖之诏住持洛阳白马寺，学者云集门下。元成宗大德五年（1301），经帝师迦罗斯巴推举，诏命任新建五台山大万圣佑国寺第一代住持，赐予"真觉国师"号。师居岁余去世。著有《悬谈详略》、《肇论略疏》、《惠灯

[①] 请参考日本野上俊静《关于元代佛教的一个问题——喇嘛教和汉人佛教》，载其《元史释老传的研究》，野上俊静博士颂寿纪念刊行会1978年版。

[②] 《大正藏》卷49，第725页中。

集》等。弟子中了性最有名。

了性（1271—1321），出家后遍游北方各地访师问学，然而最钦敬并从学最久者是精通华严之学的文才法师，说："佛法司南，其在兹乎？"在文才奉诏住持五台山大万圣佑国寺时，他随侍前往。文才死后，他北游蓟燕，隐于京城。元成宗大德九年（1305）在京城建成大天寿万宁寺，命他住持。元武宗至大四年（1311）皇太后在五台山所建大普宁寺完工，奉诏出任第一代住持，在此十年而殁。为人刚毅，虽居官寺，但不取悦巴结权贵。《佛祖历代通载》卷二十二载："时国家尊宠西僧，其徒甚盛，出入骑从，拟迹王公，其人赤氊峨冠，岸然自居。诸名德辈，莫不为之致礼，或磬折而前，抠衣接足，丐其按顶，谓之摄受。"[①] 然而他遇见藏僧，仅作长揖而已，绝不做屈膝诣佞之事。

法相宗僧英辩（1247—1314），年二十五师事柏林寺谭法师，后住持秦州（治今甘肃天水市）景福寺，弘传唯识之学，为人慈善，常将所受施舍用来建寺和救济贫困之人。元世祖曾降旨嘉奖。

元世祖至元（1264—1294）年间降诏组织学僧在弘法寺刻印《弘法大藏经》，期间对汉藏佛经同异进行比较，由庆吉祥撰成《至元法宝勘同总录》。在史书方面，著名的有念常编的编年体佛教史书《佛祖历代通载》、觉岸编《释氏稽古略》；清规方面有东阳德辉奉诏编《钦定百丈清规》、省悟编《律苑事规》、自庆编《增修教苑清规》。

三 元代的禅宗

元代佛教诸宗中以禅宗最有影响。禅宗分临济宗和曹洞宗。

（一）临济宗

宋代临济宗从汾阳善昭—石霜楚圆的法系形成黄龙慧南的黄龙派和杨岐方会的杨岐派两大禅系。前者虽曾盛极一时，然而在进入南宋后逐渐衰微，而杨岐派迅速发展为临济宗内的主流禅派。宋末元初在社会上最有影响的是出自杨岐派三世五祖山法演门下弟子的两个法系：一是天目山齐（或作"济"，全名不

[①] 《大正藏》卷49，第733页下。

详）禅师的法系，二是圆悟克勤禅师的法系。

天目齐禅师下五世有中和璋，在燕京传法，弟子海云印简曾受到蒙古朝廷的尊崇，在元定宗贵由、元宪宗蒙哥时两度受命主管佛教事务。在元世祖建元前后，刘秉忠（1216—1274）作为他的得力军政顾问，在元朝政治体制建设中发挥重要作用。他长期保持僧人的身份，史书称之为"僧子聪"，原在印简身边任侍者，在法系上也属于临济宗。

在圆悟克勤的法系，最有影响的是大慧宗杲和虎丘绍隆两大法系。大慧下四世有径山妙高（1219—1293），元初曾进京代表禅宗与教僧辩论；五世有笑隐大欣（1284—1344），文宗时受封大中大夫，后加封"释教宗主兼领五山寺"，奉诏校正裁定江西百丈山东阳德辉所编《钦定百丈清规》。虎丘绍隆传应庵昙华，应庵传密庵咸杰，门下有松源崇岳，松源下三世有古林清茂（1262—1329），撰《宗门统要续集》。

密庵咸杰的再传弟子中以无准师范最有名。无准的弟子中有雪岩祖钦（约1218—1287），雪岩门下有在杭州附近天目山传法的高峰原妙和高峰的弟子中峰明本，都是元代活跃于江南的著名禅僧。松源和无准两法系中有不少人在宋末元初东渡日本传临济宗。

高峰原妙（1238—1296）在元代禅宗史上占有重要地位。他的禅法改变以往看话禅着重参扣赵州和尚"狗子还有佛性也无？无"中的"无"字话头，特别提倡参究以往公案中某一问话所引发"疑团"的看话禅，在丛林间影响很大。

原妙弟子中峰明本（1263—1323）继续提倡参究"疑团"的看话禅，同时倡导以"唯心净土，本性弥陀"思想为前提的禅净双修，将净土念佛引入禅宗修行之中。弟子很多，其中有的来自回鹘，有的来自云南，将临济宗传到云南，也有的来自日本。

明本弟子中有天如惟则（？—1354），继承明本禅法思想和风格，提倡看话禅，教参禅者从所参话头上起疑情，说"大疑大悟，小疑小悟，不疑不悟"；所著《净土或问》对明本提倡的禅净双修思想作了较大发展，将包括口称念佛在内的一切净土念佛法门吸收到禅宗之中，形成所谓"净土禅"或"念佛禅"，在当时和后世有较大影响。

中国明清以后的临济宗主要出自圆悟克勤弟子大慧宗杲和虎丘绍隆两大法系，而雪岩祖钦—高峰原妙—中峰明本—千岩元长这一支，可以说是虎丘法系中流传时间最长和最有影响的法系。

（二）曹洞宗

元代曹洞宗中最有影响的是金末元初万松行秀的法系。行秀的嗣法弟子中以元初雪庭福裕、林泉从伦等禅师以及士大夫耶律楚材最有名。

福裕（1201—1275），号雪庭，经印简和万松行秀的推荐，住持嵩山少林寺，因应请为忽必烈举行规模盛大的资戒法会，受到元朝廷的器重，奉诏北上在蒙古上都和林建北少林寺并任住持，自称"和林上都北少林寺嗣祖雪庭"。印简去世以后，元宪宗命福裕继任"僧都"，主管佛教事务。在元初佛教与以全真道为首的道教之间进行的三次辩论中，福裕是前两次辩论的主要组织者和参加者之一。福裕的弟子很多，曹洞宗正是由少林福裕—嵩山文泰这一法系传到明清以后的。

从伦在正式建元的第二年（1261）被召入大都入宫为元世祖说法，国师八思巴在座。他讲"禅为万德之源"、"众生迷悟之源"及理、事等道理，对元世祖、八思巴等了解禅宗，扩大禅宗在朝廷的影响有积极作用。元宪宗八年（1258）在和林举行的佛道二教的辩论中，佛教代表有17人，其中就有从伦。他是以燕京药师院长老的身份应召参加的。元世祖至元十八年（1281），有人上告道教没有遵照朝廷指令焚毁"伪经板本、化图"，世祖敕佛道领袖集中大都长春宫（今白云观）辨别真伪道教经书，后下令除保留《老子》外，其余文字及板本化图，一律集中悯忠寺（今法源寺）焚毁。从伦又是奉命点火焚烧道书者之一。从伦著有《空谷集》，是对宋代曹洞宗僧投子义青颂古百则所作的评唱；又著《虚堂集》，对丹霞子淳的颂古百则进行评唱。

耶律楚材（1190—1244），号湛然，出身辽朝贵族，在金朝官至开州同知、留守燕京尚书省左右司员外郎。元太祖成吉思汗十年（1215）攻陷燕京，投降元朝，后随成吉思汗西征，担任占星、司医等事。在元太宗朝，官至中书令（相当宰相之位），在制定规章制度、恢复社会生产、发展文教等方面，建树很多。耶律楚材尊万松行秀为师，虔诚学佛参禅，认为三教一致，主张以儒家之道治天下，以老子之道养性，以佛教之道修心，对于佛教中出现的"异端"、"邪教"教派采取坚决批判态度，并且反对全真道侵占寺院、侵犯佛教利益的做法。现存《湛然居士文集》及记述随元太祖西征经历的《西游录》。

在元代与宋代一样，不少儒者士大夫喜欢接近禅宗，与禅僧保持密切的往来。

元代佛教、禅宗对促进入住内地的蒙古族接受汉人文化，加深各兄弟民族彼此之间的理解、沟通和融合，进一步充实丰富和发展中华民族文化起到了积极的作用。

第 二 章

北宋法眼宗的学僧

第一节 永明延寿及其著作

法眼宗是禅门五宗中成立最晚的一个宗派,创立人文益及其弟子因为受到五代时期南唐李氏和吴越钱氏政权的优遇和支持,曾在南方显赫一时。

吴越国是五代的十国之一,唐末由镇海、镇东节度使钱镠(死谥武肃王)建国,以杭州为国都,占据今江苏部分和浙江地区。后经三主,至钱俶(原名弘俶,忠懿王)时对宋称臣纳贡,太平兴国三年(978)降宋,国除,但此后被宋封为"汉南国王"、"南阳国王"、"邓王"等。吴越国主亦尊崇佛教。文益的嗣法弟子中以天台德韶(890—971)最有名。德韶受到吴越王钱俶的特别尊崇,被尊为国师。据《景德传灯录》卷二十六和《天圣广灯录》卷二十七,德韶的嗣法弟子至少有52人,著名的有永明延寿、五云志逢、永安道原等人。

延寿生活在五代末宋初,在其《宗镜录》、《万善同归集》等中对禅宗的心性论和解脱论作了比较全面的总结,并且站在禅、教一致论的立场,依据大量佛教经论和各宗著作提出系统的禅、教会通融合的理论。他深入阐述的心性思想,应当说是开宋代社会思想史上心性论的先河。

一　延寿的生平

延寿（904—975），俗姓王，祖籍丹阳，生于钱塘。幼年开始信仰佛教，二十八岁以后不食荤腥，经常阅读《法华经》。年二十八为吴越国华亭的镇将，负责督纳军需。当时雪峰义存的弟子永明令参禅师[①]在杭州龙册寺弘传禅法，声望很高。吴越文穆王钱元瓘知延寿希望出家，便表示同意。延寿便舍弃家室前往龙册寺礼令参为师剃度出家，为其弟子，时年三十四岁。他在寺院"执劳供众，都忘身宰"，"朝供众僧，夜习禅定"。[②]

此后，延寿出游，在天台山静居修习禅定，长达九旬。参谒在天台山传法的法眼文益弟子德韶，呈己见解，得到印可，从受禅法。德韶曾对他表示，他与元帅钱弘俶（后即位为吴越王）有缘，将有机会大兴佛法。

延寿后到明州雪窦山（后为资圣寺，在今浙江省奉化县溪口镇）传法，逐渐闻名，前来参谒者很多。他曾上堂说："雪窦这里，迅瀑千寻，不停纤粟；奇岩万仞，无立足处。汝等诸人，向什么处进步？"以雪窦山面临高悬的瀑布，险峻的山岩来比喻自己禅法非同一般，问前来参学者打算如何修行。有僧站出来问："雪窦一径，如何履践？"他答："步步寒华（花）结，言言彻底水。"似乎是以花之"寒"，水之"彻"来表示自己禅法的峻烈高洁。

宋建隆元年（960），吴越忠懿王钱弘俶请延寿至杭州灵隐山新建的寺院任第一代住持，并赐予"智觉禅师"之号；翌年又请他到钱塘永明大道场（在今杭州南屏山，南宋时改名净慈寺）担任第二代住持。延寿门下弟子曾多达二千余人。有僧问："如何是永明妙旨？"延寿不正面回答，说："更添香著。"意为再添香点。大概是说，对于自己的禅法（永明妙旨）是不能借助语言讲述清楚的。此僧似乎当即领悟，立即表示感谢。延寿曾自己作谒：

　　欲识永明旨，门前一湖水，

[①] "永明"是师号。因曾在明州（治今浙江宁波）翠岩寺传法，因此也称翠岩令参。参见《景德传灯录》卷十八〈令参章〉。

[②] 分别引自《景德传灯录》卷二十六〈延寿传〉（载《大正藏》卷51，第421页下）、宋元照重编《永明智觉禅师方丈实录》。后者为北京图书馆收藏的刻印于南宋绍兴三十年的残本，缺后面部分。《实录》后面有延寿《注心赋》卷四的一部分。此为日本学者斋藤智宽发现并复印提供给笔者的，在此致谢。

日照光明生，风来波浪起。①

湖水迎日有光，遇风起浪，偈颂含有"自然"、"随缘"的意思，向人暗示这就是他的禅法宗旨。

延寿在永明寺居住传法15年，度弟子1700余人。宋开宝七年（974），他到天台山为万余人授戒。延寿与其他禅僧不同，一生广读佛教经论，对儒道二教方面的书也十分熟悉。他经常读的佛经是《法华经》。《景德传灯录》卷二十六〈延寿传〉说他："行道余力，念《法华经》一万三千部"；《宋高僧传》卷二十八的〈延寿传〉说："诵《法华》计一万三千许部"。这里的"部"大概是指遍数，是说他一生读一部八卷的《法华经》一万三千遍。② 此外，他也常读《华严经》、《摩诃般若经》、《楞严经》、《维摩经》、《仁王般若经》、《阿弥陀经》等。③

延寿于宋开宝八年（975）去世，时年七十二岁。

二　延寿的著作

延寿的著作很多，据《智觉禅师自行录》，他一生撰述各类著作达61种197卷。其中现存最重要的有《宗镜录》、《万善同归集》、《唯心诀》、《注心赋》、《观心玄枢》等。他的《宗镜录》等书也传到海外。《景德传灯录》卷二十六〈延寿传〉记载，高丽国王（当是高丽光宗）"览其言教，遣使赍书，叙弟子之礼，奉金线织成袈裟、紫水精数珠、金澡罐等；彼国僧三十六人亲承印记，前后归国，各化一方"。④

现将延寿的重要著作略作介绍。

（一）《宗镜录》，一百卷

署名"大宋吴越国慧日永明寺主智觉禅师延寿集"。"智觉"是延寿的号。

---

① 以上引文，皆见《景德传灯录》卷二十六〈延寿传〉，《大正藏》卷51，第421页下。

② 唐智升《开元释教录》的〈入藏录〉收录全部经论集传1076部5048卷。此为历代编印大藏经的基本依据。据此，延寿不可能读佛经一万三千部，只能理解为是读《法华经》的遍数。至于是否真的读这么多遍，那是另一个问题了。

③ 参考宋元照重编《永明智觉禅师方丈实录》。

④ 《大正藏》卷51，第421页下。关于延寿生平，也可参考《宋高僧传》卷二十八〈延寿传〉（载《大正藏》卷50，第887页中）、宋惠洪《禅林僧宝传》卷九。

《宗镜录》开始称《心镜录》，延寿的《心赋注》卷三提到"余曾集《心镜录》一百卷"，然而在其他地方的引用中则多用《宗镜录》之名，何时改为《宗镜录》，不详。

书前有"天下大元帅吴越国王俶制"的序。据《十国春秋》〈吴越世家〉记载，钱俶在五代后周时前后被封"天下兵马元帅"、"天下兵马都元帅"；宋朝建国的建隆元年（960），授他为"天下兵马大元帅"，至乾德二年（964）又改授原称"天下兵马都元帅"。钱俶此序称自己为"天下大元帅"，当写于宋建隆元年至乾德二年（960—964）之间，由此可证明《宗镜录》当最后完成于北宋正式建国之初。序谓天下有三教，"正君臣，亲父子，厚人伦，儒，吾之师也。寂兮寥兮，视听无得，自微妙升虚无，以止乎乘风驭景，君得之则善建不拔，人得之则延龀无穷，道，儒之师也。四谛、十二因缘、三明、八解脱[①]，时习不忘，日修以得，一登果地，永达真常，释，道之宗也。"是说他尊奉儒教，而儒教曾师学于道教，道教又尊崇佛教，实际是说儒、释、道三教同源、一致，而佛教最优越[②]。他又说，"唯此三教，并自心修。"认为通达三教应当通过"心"的修行。这大概是受到禅宗的影响。他对《宗镜录》介绍说："《心镜录》者，智觉禅师所撰也，总乎百卷，包尽微言。"钱俶之所以称《宗镜录》为《心镜录》者，也许用的是最初的名称；大概是遵照作者对"宗"（"立心为宗"）的解释。

延寿在自序中对编撰此书的旨意作了说明。意谓轮回于生死苦海中的众生根机不同，便有不同的教法与之适应，"约根利钝不同，于真如界中开三乘（按：声闻、缘觉、菩萨三种教法）、五性（按：唯识宗所说五种性，其中有无种性众生永远不能觉悟解脱），或见空而证果，或了缘而入真，或三祇（按：三阿僧祇，意为无量时间）熏炼，渐具行门，或一念圆修，顿成佛道。"然而，从

---

① 四谛，指苦（生命过程皆苦）、集（苦因——贪嗔痴）、灭（断除烦恼，达到涅槃解脱）、道（八正道）；十二因缘，构成生命过程的十二个环节：无明—行—识—名色—六处—触—受—爱—取—有—生—老死，由无明（痴）为根本原因，造成生死轮回不已。三明，佛教认为佛、罗汉具有的三种神通：知道众生过去世的宿命明、知道众生未来世生死的天眼明、体悟四谛等真理达到解脱的漏尽明。八解脱，八种对治和断除对色、无色贪欲的禅定，也叫八背舍。

② 在南北朝至唐代的三教争论中，佛教方面常据《礼记》、《吕氏春秋》等所载孔子曾问礼于老子的记载说老子是孔子之师；又据伪经《老子西升经》、《西升玄经》、《符子》等说老子称释迦牟尼佛为师。请参见北周道安《二教论》（载《广弘明集》卷八）、唐玄嶷《甄正论》（《大正藏》卷五十二）、徐岱《唐故招圣寺大德慧坚禅师碑铭并序》（中华佛教文化研究所1978年《佛学研究》第7期载杨曾文〈神会塔铭〉和〈慧坚碑铭〉的注释）。吴越王对三教关系的见解，当即以此为根据。

第一谛来说，所谓"穷微洞本，究旨通宗"，则一切皆空寂无实，"唯一真心"而已，对此领悟，则为"见道之人"，不悟则沉沦生死。最高的佛法，莫过于教人"反境观心"，体悟自性，使人"了万物由我，明妙觉在身"，说"斯乃曹溪一味之旨，诸祖同传；鹄林（按：释迦佛入灭之地）不二之宗，群经共述。可谓万善之渊府，众哲之玄源"。实际是指禅宗和说心性教义的大乘教法。世界万有和各种教法，不出"自心"体（理）、用（事）二门，既然"一心"为万法之本，则以心为镜可以明照一切，"无一法以逃形，则万差而普会"；以"一心"为"正宗"而综述佛法，则可引导众生把握众多教法的要义而体悟自性。他说："编罗广义，撮略要文，铺舒于百卷之中，卷摄在一心之内，能使难思教海，指掌而念念圆明；无尽真宗，目睹而心心契合。"

自序最后说："今详祖佛大意，经论正宗，削去繁文，唯搜要旨，假申问答，广引证明。举一心为宗，照万法如镜。编联古制之深义，撮略宝藏之圆诠，同此称扬，称之曰录。分为百卷，大约三章：先立正宗，以为归趣；次申问答，用去疑情；后引真诠，成其圆信。"其中的"一心"虽具有真如、佛性、自性等义，实际是指禅宗和被称为法性宗的华严宗的心性理论，以此为标准观察评述和引申全部佛法，此即所谓"举一心为宗，照万法如镜"。

全书分三部分：

第一部分，标宗章，从卷一至卷六十一中，论述禅宗的"以心传心"和"即心是佛"的基本宗旨，并从禅教一致的观点，广引佛教经论和华严宗、天台宗、唯识法相宗的著述，论述"三界唯心，万法唯识"，"心"为解脱之本，若悟自性，即众生是佛。

第二部分，问答章，从卷六十一中至卷九十三，以问答的形式，对自己为什么一反以往禅宗"不立文字"并且对广引经论和各宗教理论阐述解脱之道的做法进行解释，认为这样做并未违背禅宗宗旨，可以引导一般人通过"佛语"领悟自性，并围绕心性、解脱和各种教义，广引经论进行答释。

第三部分，引证章，从卷九十四至结束，说"引大乘经一百二十本、诸祖语一百二十本、贤圣集六十本，都三百本之微言，总一佛乘之真训"。所引大乘经论中主要有《般若经》、《华严经》、《法华经》、《大集经》、《宝积经》、《圆觉经》、《首楞严经》等；所引"诸祖语"是佛偈和禅宗所奉的历代禅师的语录，有过去六佛的偈颂、西天二十八祖和东土自菩提达磨至慧能六祖的传法事迹、语录和"传法偈"，还有南岳怀让（让大师）、青原行思（吉州思和尚）及马祖、石头、牛头等众多禅师的事迹和语录；所引"圣贤集"是各种论书，有《大智度论》、《毗婆沙论》、《摄大乘论》、《显扬圣教论》，乃至华严宗和天台宗的著作。

宋惠洪（1071—1128）《禅林僧宝传》卷九〈永明智觉禅师传〉记载：延寿"以一代时教，流传此土，不见大全，而天台、贤首（按：华严宗）、慈恩（按：法相宗）性相三宗，又互相矛盾，乃为重阁，馆三宗知法比丘，更相设难，至波险处，以心宗旨要折中之。因集方等秘经（按：大乘诸经）六十部，西天此土圣贤之语三百家，以佐三宗之义，为一百卷，号宗镜录。天下学者传诵焉"。[①] 延寿认为，当时人们对佛教没有全面整体的了解，而在社会上相当流行的天台宗、华严宗和法相宗在教义上彼此有矛盾，为了促使这三宗思想的沟通和协调他们之间的关系，他特地请三宗学僧聚会一起，请他们就各自的教义进行交流和辩论，对争论中难以达成共识的问题，他便以禅宗的宗旨（"心宗旨要"）进行折中调和。此后他收集和参考大乘佛经和中印两国的论著，并吸收三宗教义，编撰《宗镜录》一百卷。这个说法真实性如何，无法深究，仅录此以供参考。

《宗镜录》由吴越王钱俶作序之后，长期秘藏内库外人少知。北宋神宗元丰（1078—1085）年间由皇弟魏端献王（按：英宗子赵颢死后封魏王，谥端献，徽宗时改封益王）主持雕印分赠诸寺，但"四方学者，罕遇其本"。礼部员外郎护军杨杰在东都（开封）得到"钱唐新本"。这是由吴人徐思恭请法涌、永乐、法真等校勘，然后雕印的。杨杰应请为写序文（《宗镜录》卷首所载杨杰序）。参考上引《禅林僧宝传》〈延寿传〉中的"天下学者传诵焉"来看，《宗镜录》曾在北宋风行一时。

现在国际学术界常用的《宗镜录》是取自《高丽藏》的《大正藏》本。《高丽藏》实际是高丽高宗时的再雕本。此藏包括据《开元录》等〈入藏录〉雕印的"正藏"和在经录〈入藏录〉中尚未录目的典籍"副藏"。《宗镜录》被收在"副藏"，据书中卷后刊有"丙午岁"、"丁未岁"、"戊申岁"、"分司大藏都监开板"来看，是雕印于高宗三十三年至三十五年（1246—1248）。

（二）《万善同归集》，上中下三卷

全书以问答体论述奉行禅宗"即心是佛"、"无念"、"唯心净土"等宗旨，

[①] 此亦载惠洪《林间录》卷下，说他曾游东吴，寓居西湖净慈寺，寺中一位老衲告诉他此事。

并不意味着在修行中要废除"六度"(布施、持戒、忍辱、精进、禅定、智慧)、各种善行,总的观点是:"心虽即佛,久翳尘劳,故以万行增修,令其莹彻;但说万行由心,不说不修为是。又万法即心,修何阂心?"意为虽说心即是佛,但人们生来秉承的佛性(自心、自性)早已被情欲烦恼污染,必须通过各种修行清除烦恼尘垢,使它清净的本性显现,这样才能达到解脱;禅宗历代祖师虽说"万行由心",但并没有说废除修行是正确的;此外,说"万法即心",难道修行会对心性解脱有所妨碍吗?正是从这种观点,延寿从性与相、理与事、体与用、真与俗、本与迹、有与无等不同方面,大量引用大乘经论和华严宗等宗的思想来论证这些前后对立的双方是彼此相辅相成、圆融无碍的,以此说明:若要达到觉悟,必须见性与修善并行,"理事双行","理事兼修",结论是:"因缘不具足,不能成佛。"

书名《万善同归》,意为修持各种善行,是殊途同归。按延寿的解释,从其包含的意义来说也可名为"理事无阂"、"权实双行"、"二谛并陈"、"性相融即"、"体用自在"、"空有相成"、"正助兼修"、"同异一际"、"修性不二"、"因果无差"。

卷首有北宋曾任司农少卿的沈振在熙宁五年(1072)写的序。据此可知,此书比《宗镜录》较早雕印并在社会上公开流行。

(三)《唯心诀》,一卷

延寿站在禅宗立场首先对作为世界万有本原、本体的"心"进行论证,说"心"虽不是语言文字所能完全表述的,然而诸佛菩萨为普度众生仍"随顺机宜"对它有不同表述,所谓"一法千名,应缘立号",在佛经中它还有"一乘"、"平等如如"、"纯真法界"、"实相"、"真际"、"理"等不同名称。它也是众生解脱之道的本源,"是真法要",悟之为佛,迷之为众生。延寿对自认为是违背禅宗见性解脱宗旨的所谓"邪宗"的一百二十种见解提出批评,从内容上看,主要是批评禅宗以外奉行"教乘"、"权教"的修行者的做法,也有相当部分是批评被认为是片面理解禅宗宗旨的做法,如说"或弘禅观,而斥了义之诠";"或住本性清净,而执药成病";"或废说起绝言之见";"或守任真无事,而沉慧解"等。认为这些见解都违背了"法性融通,一旨合会"的道理,是"迷宗背旨,失湛乖真"的,不能使人达到解脱。

（四）《注心赋》，又名《心赋注》，四卷

延寿利用赋这种文体，对"心"既是世界万有的本原和本体，又是众生生来秉有的清净本性，达到觉悟解脱的内在依据，从不同的方面作演绎论述，并且以注释的形式，对赋中论述的问题加以详细补充说明。在赋的开头，他说："觉王（按：佛）同禀，祖（按：禅宗祖师）胤亲传。大开真俗（按：真谛、俗谛）之本，独标天地之先。常为诸佛之师，能含众妙；恒作群贤之母，可谓幽玄。灵性有殊，该通匪一，千途尽向于彼生，万象皆从于此出……"运用前后对仗工整的语句，对禅宗和华严宗所赋予心性的特性和功能，在修行解脱中的作用等，作了概括说明。在对其中"祖胤亲传"所作的注释中说："此土初祖达摩大师云：以心传心，不立文字。又云：直指人心，见性成佛。亦云：默传心印，代代相承迄于今日。"此后人们常用"以心传心，不立文字，直指人心，见性成佛"来作为禅宗的基本宗旨。从引证的书来看，除了大量的大小乘佛经外，还有华严宗、天台宗、法相唯识宗等的著述，并且引用佛教史传及佛教以外的书籍。在论述中虽将禅宗宗旨置于中心地位，但同时广泛吸收诸宗特别是华严宗的教义思想。从他引用宗密的《禅源诸诠集都序》（称《禅源集》）等著作相关思想来看，他的会通和融会禅、教的思想是深受宗密的影响的。在宋代的禅宗著作中，像《心赋注》这种用较大篇幅从正面集中论述心性的著作是绝无仅有的。现在被国际学术界常用的《心赋注》是日本《续藏经》本，此本源于明代崇祯七年（1634）刊本。台湾蓝吉富主编《禅宗全书》第三十九册收有此书的复印本。

（五）《观心玄枢》，一卷

指出"心"在佛经中有种种不同的名称，认为所谓"大乘"、"佛性"、"中道"、"般若"、"一乘"、"如来藏"、"法性"、"自性清净心"等，皆是"心"的异名。说心是万法之本，解脱之源，只有通过"观心"深入思考才能体悟三界唯心，心性与万法圆融无碍的道理，断除一切烦恼，达到觉悟解脱。在论述中，对所谓"观心"在修行中的重要性作了无限的发挥，声称实践施舍、持戒、忍辱、精进、禅定、般若"六度"必须观心，即使其他种种修行，乃至护法、弘法、忏悔、灭罪、报恩及最后达到觉悟解脱，皆须通过观心才能完成。这种观心既不同于天台宗以观空、假、中三谛为中心的观心，也与早期禅宗观空观净的观心有所不同，是引导修行者借观心静思来领悟"心"作为世界本原和解脱之本的道理，由此断除世俗思维和烦恼，达到解脱。现在通用日本《续藏经》所收本，是据日本平安时代后期治历五年（1069）的写本刊印的，开头部分已佚失。蓝吉富主编《禅宗全书》第三十九册也收有此书的复印本。

此外，在《大正藏》本《唯心诀》之后，还附有延寿著的《定慧相资歌》、《警世》。前者以偈颂体讲定慧不二，理事双修；后者说人身难得，劝人"行善修心"，体悟"三界唯心"的道理，在"谛了自心"上下功夫，以此达到正觉。

禅宗标榜"不立文字，教外别传"，但在进入宋代以后禅宗内部论述禅法和历史的著述有日渐增多的趋势，体裁形式也各种各样，其中以语录和以记载语录为重点的"灯史"数量最大，然而，像延寿这样大量引用经论史书从正面系统地论述禅法和解脱之道的并不多见。

第二节 延寿的心性论

在中国禅宗发展史上，仅从禅宗的传法内容和方式来说，大体经历了三个阶段：

第一个阶段：禅宗初创期（624—674），包括道信、弘忍的"东山法门"和北宗，针对传统佛教重视读经、讲经和积累功德的佛事活动，强调坐禅观心和觉悟自性。

第二个阶段：南北宗并立期（676—796），以慧能及其弟子为代表的南宗针对北宗重视坐禅观心看净，渐修渐悟的做法，提出"定慧不二"、"无念为本"和"直了见性"的"顿教"禅法，主张禅定没有特定的形式和程序，寄坐禅于日常生活之中，并且更加提倡不执著于经书文字。然而这个时期不少禅僧仍经常正面向弟子说法，论述心性和解脱问题。

第三个阶段：南宗独盛期（796年以后），特别在马祖、石头二系的三四代以后，很多禅僧一反从正面说法的做法，盛行以答非所问、反诘语、动作，乃至棒喝交驰的做法来启示门下学人自己识心见性，而对有利于教团正常存在发展和与信徒保持密切联系的读经、禅观、持戒、念佛、忏悔、礼佛等修行佛事活动，往往采取贬低和排斥的态度。由此在禅宗丛林产生不少弊病。

在延寿生活的时代，南宗已经成为中国禅宗的主体，并且相继成立五宗，在南北方十分盛行。延寿是法眼宗的学僧，对禅宗发展不同阶段的传法特点和当时禅林已经出现的各种弊病，应当说是十分了解的。从《景德传灯录》卷二十六、《禅林僧宝传》卷九〈延寿传〉所载篇幅不大的他的传法语录来看，他虽然在接引教导弟子时仍经常采取回避正面说法和回答的做法，然而同时也撰述了篇幅很大的《宗镜录》和《万善同归集》、《心赋注》等从正面阐述禅法的著作。在这些著作中，他不仅系统论述以南宗为主体的所谓"以心传心，不立文字"，"直指人心，见性成佛"的禅宗宗旨，而且又详细引述其他宗派的心性理论和修行方法，主张将两者结合，做到禅教会通，理事双修。

重视考察和论证心性问题是两宋社会的时代思潮。延寿的心性论在两宋佛教史上占有重要地位，影响较大，同时也为两宋儒道学者考察心性问题提供便于查阅的思想资料。

宋初，佛教在中国流传已经将近千年，不仅来自印度的论述心性问题的佛教经论已经全部译出，而且成立于中国本土的佛教诸宗关于心性问题的理论已经在佛教界广为流传。延寿对此是十分熟悉的。因此，他关于心性问题的论述是带有综述性的，当然，他的分析和论述是在奉禅宗为基本宗旨的前提下进行的。

一 "举一心为宗，照万法如鉴"

延寿编撰《宗镜录》百卷，在自序中称"举一心为宗，照万法如镜"。

那么，延寿所奉为"宗"的"心"具有怎样的含义呢？在自序中他也将心称之为"真源"、"觉海"、"真心"、"真如"、"法性"等；在卷四十二，他说：

> 宗本无异，因人得名。故云：祖师顿悟直入名禅宗，诸佛果德根本名佛性，菩萨万行原穴名心地，众生轮回起处名识藏，万法所依名法性，能生般若名智海。不可定一执多，生诸情见。[1]

因为禅宗"以心传心"，故赋予"禅"以心的意义。此外大乘佛教所说的佛性（亦称法身）、菩萨之心地、导致众生轮回的主体的识藏（阿赖耶识）、心识

---

[1] 《大正藏》卷48，第663页中。

的智慧功能，也属于心的范畴。

延寿在《宗镜录》的序中说，"心"是本来清净、空寂无相的，它随缘形成世界万有和有情众生。众生因心性受"无明贪爱"掩覆，轮回于三界生死之流。然而，人们如能"反境观心"，体悟本有的清净真心，便可达到觉悟解脱。他说这一观心见性的道理，所谓"穷心之旨，达识之诠，言约义丰，文质理诣"，是"曹溪一味之旨，诸祖同传；鹄林（按：佛陀逝世于娑罗双树林称鹄林）不二之宗，群经共述，可谓万善之渊府，众哲之玄源"。意为不仅禅宗以此为根本宗旨，历代相传，就是记载佛的言教的众多经典也讲述这个道理，依此宗旨修行可以修得万善，得到一切智慧。

延寿的"以心为宗"，也就是以心为"尊"，为"体"，为"智"（《宗镜录》卷一）。这里有两层意思：一是尊奉大乘佛教的佛性学说为标准观察和评述世界万物、人类社会以及众生烦恼生死和解脱问题；二是以禅宗的心性论为中心，综合评述大小乘教法和诸宗的教义。认为这样做能够对世界、社会、人生和全部佛法、菩提解脱之道等做出清晰的认识和判断，故喻之为"照万法如镜"。

二 真心与妄心，真妄交彻，即众生是佛

中国佛教界在南北朝之后很重视对心性问题的探讨，大体上将大乘佛教所说的"心"分为两种。《大乘起信论》中关于"心真如门"和"心生灭门"的论述是当时和以后佛教界学者最重视的说法。

《大乘起信论》说："依一心法有二种门，云何为二？一者心真如门；二者心生灭门。是二种门，皆各总摄一切法。是义云何？以是二门不相离故。"[①] 以"心真如门"作为心的"体"，以"心生灭门"作为心的"相、用"。前者纯净无染，相当于《楞伽经》所说的如来藏和《摄大乘论》所说的无垢识（九识）；后者相当于具有染净两种成分的阿赖耶（或阿梨耶）识，实指现实的精神主体的功能。前者为体，意为后者所依止的本体；后者为外相和作用，其所藏的精神性的种子（精神功能）具有变现世界一切有生有灭的现象的功能（生灭心），故它"能摄一切法，生一切法"；从其所含的清净种子来说，具有"觉"的意义，而从其含有染、妄种子来说，意味着"不觉"，人们经过舍妄返净的修行，才可

---

① 《大正藏》卷32，第576页上。

"得见心性"，达到觉悟。华严宗创始人法藏在《大乘起信论义记》中对"一心法有二种门"的解释中说，"如来藏心"有二义，从"约体绝相"的意义来说，它是真如门，是非染非净，不生不灭，不动不转，是没有任何差别的，是"染净通相"；从"随缘起灭"的意义来说，它是生灭门，是"随熏转动"而形成染净诸法，是"染净别相"①。真如是"泯相显实门"，虽泯相而不坏相，示现"理实"本体；生灭是"揽理成事门"，不坏理而成事相。从基本意义上说，前者即为真心，后者相当于妄心。在两者的关系中，后者摄于前者，因为"生灭起必赖于真"的缘故。

延寿反复强调的"以心为宗"中的"心"，是真心（真如之心）还是妄心（生灭之心或平常心）呢？

他在《注心赋》卷二曾对此作过说明。他说：

《宗镜录》中立真心为宗，祖佛同证，即不立众生缘虑妄心。此心无体，诸经所破。然此妄心，无体即真，故不用破。以众生执实，故须破之。《宗镜录》云：心有两种：一、随染缘所起妄心，而无自体，但是前尘，逐境有无，随尘生灭。唯破此心。虽法可破，而无所破，以无性故。……二、常住真心，无有变异，即此心为宗镜。②

在这里，虽说以真如之心为宗，但同时又说妄心是虚妄没有自体的，实际是以真心为体。从这种意义上说，真心与妄心是相即不二的，妄心也就是真心。

在《宗镜录》卷三对真心与妄心的关系有比较详细的论述。延寿引《首楞严经》说众生有两种根本：一是"无始生死根本"，二是"无始菩提涅槃元清净体"，并借用唯识宗的教理进行解释。他说前者即"根本无明"，是具有"缘虑"功能的妄心，是真心最初"随染不觉，不守自性"，而变成"微细业识"、"转识"（即阿赖耶识），然后外现境界和众生自己的识身，有了"能变"的三识（异熟识——阿赖耶识；思量识——末那识；了别识——前六识），便"起内外攀缘，为心自性，因此生死相续，以为根本"。是说此种妄心的特性就是不断进行思虑分别的精神活动，产生情欲烦恼，于是便使众生轮回于生死苦海。后者

---

① 《大正藏》卷44，第251页中。
② 蓝吉富主编《禅宗全书》第39册所收《注心赋》是取自日本《续藏经》本。这段引文载此书第703页上。

所谓"无始菩提涅槃元清净体",即是真心,也叫自性清净心、清净本觉,"以无起无生,自体不动,不为生死所染,不为涅槃所净,目为清净",是一切心识的根本(精元)。但因为"不受自性"而随缘,便变成具有生灭作用的阿赖耶识,产生"见、相二分",心与境互生。可见,真心与妄心从根本上是相即不二的。如果将真心比做是水,那么妄心就是波,水与波是不可分离的。延寿引经指出,众生对于妄心所依据的"真心性净明体"不了解,只是迷执妄心,所以不能超脱生死轮回。他说:

> 唯一真心,周遍法界;又此心不从前际生,不居中际住,不向后际灭,升降不动,性相一如。则从上禀受,以此真心为宗。[1]

所谓前、中、后际也就是过去世、现在世、未来世。这就是说,虽然作为万有本体的真心显现于世界的一切事物现象之中,但它却永恒不生不灭,保持本来的实相。延寿称,禅宗历代祖师秉承佛祖的旨意,就是奉此真心为宗。

延寿《宗镜录》卷四以回答"云何是心,云何是心法"的形式,运用法相唯识、华严诸宗的理论对心作了进一步的论述。他说,从心识能够"了尘通相"(了别境物并且通贯世界万有)的根本性质来说被称为"心王",因为"其本一心,诸法之总原";从其"取尘别相"(了别境物并分别取相)的现实性来说,称之为"心法","良因根本无明,迷平等性故也"。实际上"心王"也就是"心法",即法相宗所说的八识:眼耳鼻舌身意六识和末那、阿赖耶二识。这里是将八识的整体与性质称为心王,它的分别组成与功能则为心法。当然广义的心法,也包括心的作用——"心所法"。他进而从整体上对心法做出分析,说:

> 心法总有四义:一是事,随境分别见闻觉知;二是法,论体唯是生灭法数。此二义,论俗故有,约真故无;三是理,穷之空寂;四是实,论其本性,唯是真实如来藏法。

是谓心识从其能够缘随境物产生具体感觉和认识的功能,并且这些心识功能本身是属于有生灭的现象(生灭法)来说,可称之为"事"与"法",皆属于

---

[1] 以上仅述大意,详见《宗镜录》卷三,载《大正藏》卷48,第430—433页。

俗谛的范畴，从真谛的角度来看是空寂无实的；若从心识整体毕竟空寂之理和真实本性来说，则属于真谛，是属于统一的"如来藏"，即处在烦恼（缠）之中的法身（法性）。延寿借问者的名义指出：前述心法的四义当中，前二义就是"缘虑妄心"，后二者则是"常住真心"，"约真心则本性幽玄，穷理空寂，既无数量，不更指陈；只如妄心，既涉见闻，又言生灭"。①

延寿在对"一心"所作的进一步解释中，引述古来对心的解释，说：

> 古释有四：一、纥利陀耶，此云肉团心。身中五藏（按：脏）心也，如《黄廷经》（按：当为《黄庭经》，道教经典）所明。二、缘虑心，此是八识，俱能缘自分境故。色是眼识境；根身、种子、器世界是阿赖耶识之境。各缘一分，故云自分。三、质多耶，此云集起心，唯第八识，积集种子，生起现行。四、乾栗陀那，此云坚实心，亦云真实心，此是真心也。

> 然第八识无别自体，但是真心，以不觉故，与诸妄想有和合不和合义。和合义者，能含染净，目为识藏；不和合义者，体常不变，目为真如。都是如来藏。……四种心本同一体，但从迷悟分多。……前三是相，后一是性，性相无碍，都是一心。即第四真心以为宗旨。

> 又古德广释一心者，望一如来藏心含于二义：一、约体绝相义，即真如门，谓非染非净，非生非灭，不动不转，平等一味，性无差别。众生即涅槃，不待灭也。凡夫弥勒同一际也。二、随缘起灭义，即生灭门，谓随熏转动，成于染净，染净虽成，性恒不动。②

中国古代佛教所说的心，在含义上一般包括现在所说的中枢神经系统和全身感觉细胞系统及其功能。延寿引证古人对心的四种解释中，第一所谓"肉团心"相当于现在所说的心脏，并不属于神经系统，然而长期被误认为具有思维的功能。第二所谓"缘虑心"，即八识，除去包含的宗教意义和认为有变现外境的意义外，大体相当现在所说的整个神经感觉系统及其精神功能。其中的第八阿赖耶识被认为具有精神主宰作用，既承载前世善恶因种实现现世果报，为世界（器世间）和自身生命之源，诸识依之为体产生现行活动，又不断集聚由自

---

① 以上见《大正藏》卷48，第433页下至第434页上。
② 此处引文及下面说明，皆据《大正藏》卷48，第434页下至第436页下。

身七识熏习而形成的善恶因种，决定能否解脱及继续轮回生死。第七末那识大体具有主体意识和思维功能的含义。第六意识是具有协调各种感觉器官作用的神经功能。至于前五识：眼耳鼻舌身识，是五种感觉功能和作用。阿赖耶识虽然是诸识的本体和本源，但它与诸识同为一个整体，是不一不异的。第四所说的"坚实心"，即真心，又称如来藏自性清净心，是佛教赋予心识的清净本体，被认为是阿赖耶识内的清净无染部分，认为与佛的法身相通，是世界本体、本源，也是众生觉悟解脱的基因。然而，它被认为与阿赖耶识也是相即不二的。阿赖耶识是如来藏"为无始虚伪恶习所熏"，与"诸妄想"和合而显现的一种状态。从如来藏作为超越染净、生灭的本体，即与诸烦恼妄想脱离的状态来说，它是真如门，即前面所引《大乘起信论》所说的真如之心，而从它随缘虑妄因素成为阿赖耶识来说，它则是生灭之心。

从上面论述中可以看到，真心和妄心虽意义不同，但二者又相即不二，统称"一心"。说"凡圣二法，染净二门，无非一心"。延寿在对《华严经》、《十地经论》中所说的"三界虚妄，但是心作"、"三界虚妄，但是一心作"的解释中，从性相、体用、本末等不同角度对三界唯心进行说明。

延寿论述真心、妄心的目的是为了借助"真如随缘"的理论来说明佛道不离世俗社会，佛与众生没有根本差别，继续发挥禅宗的"即众生是佛"的主张。在这方面，他充分运用华严宗的一真法界缘起和圆融的思想。他说，由于清净的真如（真心）法界随于"染缘"，便形成"十法界"中的"六凡法界"：天、人、修罗、地狱、饿鬼、畜生；而随于"净缘"，便形成"四圣法界"：声闻、缘觉、菩萨、佛。此十法界虽成因层次不同，但皆以"一真法界"为本源。若以华严宗的"四法界"道理来表述，理法界相当于心之性、体（真心），事法界相当于心之相、用（包含妄心及其所谓显现之万有），不仅理与事二法界互相圆融，任何的事法界之间也圆融无碍。于是，理与事，真与妄，事与事，一切法界之间融通交彻，"重重无尽"。①

延寿还引用古人运用法相宗的"三性"（遍计所执性、依他起性、圆成实性）的理论对真妄交彻的思想进行解释的说法。法相宗以"遍计所执性"来说明世俗认识是虚妄无实的，所谓"情有理无"；所谓"依他起性"是指一切事物和现象皆是依心识变现而成，幻化不真，为"非有似有"；"圆成实性"，是指通

---

① 主要参考《宗镜录》卷四有关段落，载《大正藏》卷48，第435页下至第438页。

过认识依他（心识）而生起的一切现象空寂无实，达到契悟唯识"真性"的精神境界。（参考《成唯识论》卷八）

《宗镜录》卷五载：

> 古师广释真妄交彻之义云：夫真妄者，若约三性，圆成是真，遍计为妄，依他起性，通真通妄，净分通真，染分为妄。约遍计为妄者，情有即是理无，妄彻真也；理无即是情有，真彻妄也。若染分依他为妄者，缘生（按：缘起，依他而起）无性，妄彻真也；无性缘成，真彻妄也。若约随俗说真妄者，真妄本虚，则居然交彻；真妄皆真，则本来一味。故知真妄交彻，亦不坏真妄之相。

在这段文字之后，又从真如、生灭二心和真如随缘的方面论述真妄交彻的思想，说：

> 此一心常具真如、生灭二门。又真、妄各有二义：一、真有不变、随缘二义；二、妄有体空、成事二义。由真不变故、妄体空，为真如门；由真随缘故，妄识成事，为生灭门。以生灭即真如故，诸经说无佛无众生，本来涅槃，常寂灭相。又以真如即生灭故，经云：法身流转五道（按：天、人、地狱、饿鬼、畜生），号曰众生。既知迷悟、凡圣在生灭门，今于此门具彰凡圣二相。①

这里不想就上述引文的论证推理所根据的理由、逻辑进行评述，只就其结论指出：延寿的本意不过是说，世界上一切事物和现象、社会人生的一切事情，皆是真如（真心）"随缘"显现的，所谓菩提解脱之道，也在世俗生活之中，甚至说"一切诸法，即是佛道"②。同样，体现"真"的佛与处于"妄"的众生也本来没有差别，从根本上来说，"当凡心而是佛心"③，佛即众生，众生即佛。然而，从现实性来看，如同真与妄有区别一样，佛与众生也有差别，关键在于能

---

① 以上见《大正藏》卷48，第443页下。
② 《宗镜录》卷十四，载《大正藏》卷48，第492页下。
③ 《宗镜录》卷三，载《大正藏》卷48，第433页下。

否体悟心性的道理，悟则为佛，迷则为众生，所谓"若顿见真性，即一念成佛"[①]。然而，延寿作为禅僧自然特别强调的是前者。这种说法可以促使信徒对修行和解脱建立自信。

三 心与理、事

延寿认为在隋唐时期成立的佛教宗派中，唯有华严宗的教理与禅宗最为一致。他在自己的著作中除通过论述真如"一心"缘起和真妄交彻来说明佛性是世界的本体，烦恼与菩提、解脱的彼岸与世俗的此岸、众生与佛是互为容摄，相即不二之外，还运用华严宗的理事圆融的理论，来进一步论证这个问题。

延寿在《宗镜录》等著作中引用最多的华严宗著述有：唐法藏《华严探玄记》、《华严经指归》、《修华严奥旨妄尽还源观》（《还源观》）、《华严策林》；澄观《华严经疏》（《清凉疏》）、《华严经疏随疏演义钞》（《华严演义》）、《华严法界玄镜》；李通玄《新华严经论》（《华严论》、《李长者论》）等。

法藏（643—712）在《华严经探玄记》卷一认为，《华严经》以"因果缘起、理实法界以为宗"，将"法界"置于华严宗教理体系的中心地位。何为法界？法藏在论述中特别强调法界所包含的真如、法性的意义，在论证中贯彻着真如随缘和不变的观点。他在《华严五教章》卷四利用真如随缘不变和法相宗的"三性"的理论论述法界缘起重重无尽和圆融无碍的思想。澄观（738—839）继法藏之后对华严宗教理有很大发展。他受时代风尚的影响，将禅宗的心性学说引用到华严宗。他在《华严经演义钞》卷一、《华严经行愿品疏》等著作对法界所作的解释中特别强调它所具有的心性意义，将法界的总体直接解释为"一心"、"心体"、"心性"。因此，他所说的法界缘起实际就是心性缘起、"一心法界"的缘起。澄观应召入宫向唐宪宗说法，明确地说法界就是"一切众生身心之本体"（《法界宗五祖略记》）。李通玄（635—730）《新华严经论》以利用《周易》五行阴阳学说解释唐译《华严经》著称。

从延寿的著作看，他在对法界的解释中受澄观的影响最为显著，认为法界的总体意义就是"心"、"一心"或"真心"。《宗镜录》卷二十五引澄观《华严

[①] 《宗镜录》卷十七，载《大正藏》卷48，第504页下。

经疏》说:"统唯一真法界,谓总该万有,即是一心也。"① 让我们看看延寿是怎样发挥华严宗的理、事法界缘起圆融的理论来论述"一心"法门的。

首先,何为理、事,它们与心是什么关系? 延寿在《宗镜录》卷十二引不知作者的对唐代杜顺《华严法界观门》的"理事无碍观"中的"理遍于事门"的解释中说:

> 一多、内外,相遍相在,而无障碍,唯是一心圆融故。寄理、事以彰之:以体寂边,目之为理;以用动边,目之为事。以理是心之性,以事是心之相,性相俱心,所以一切无碍。如上无边分限差别之事,唯以一理性熔融,自然大小相容,一多即入……以理性为洪炉,熔万事为大冶,则销和万法,同会一真。②

意为世界上万事万物都是"一心"缘起而成,因为皆以心为本体,所谓彼此融通无碍。如果用理、事来表示,心的体、性、寂(静止、不变)的方面为理,而心的用(功能、作用)、相、动(运动、随缘)的方面则为事。理表现为事,事体现理,皆属一心,所以世界万有"一切无碍"。

既然如此,在延寿看来,华严宗用来表述理、事圆融无碍的理论都可以引证。他多次引证的华严宗的理论有:

(一)法藏《华严经探玄记》所说的"十玄门":同时具足相应门、广狭自在无碍门、一多相容不同门、诸法相即自在门、隐密显了俱成门、微细相容安立门、因陀罗网法界门、托事显法生解门、十世隔法异成门。(《宗镜录》卷二十八,卷三十八所引则为智俨《华严经搜玄记》的十玄门、《注心赋》卷三,次序文字稍有不同)

(二)六相圆融论,法藏《华严经探玄记》及《华严五教章》中所载一样,即:总相、别相、同相、异相、成相、坏相。(《宗镜录》卷四十六、《注心赋》卷三等)

(三)四法界论,澄观《华严法界玄镜》是对杜顺《华严法界观门》的注释,他在杜顺原来的三观三法界之前增加"事法界"成四法界,即:事法界、

---

① 《大正藏》卷48,第556页下。
② 同上书,第482页下。

理法界、理事无碍法界、事事无碍法界。(《宗镜录》卷四、卷三十五等)

延寿在不同的地方引证华严宗的教理，主要是说明以下三个问题：

第一，"总该万有，即是一心"①。此心（亦称真心、真如、法性、佛性）性、相虽以理、事不同形态表现在自然、社会、人事等各个方面、各种现象之中，但它们彼此之间相即相入，圆融无碍。从空间来说，广狭、大小相即无碍，于一微尘容得下无量佛国世界，无量世界可入一毛孔之中；从时间来说，一念即无量劫，无量劫在一念；从数量上看，一即一切，一切即一，其他如总体与部分、同与异等等也无不是相即圆融无碍。从生命世界来说，凡与圣，众生与佛、菩萨，解脱的彼岸与此岸，烦恼与菩提，无一不相即圆融。原因是"事虚揽理，无不理之事；理实应缘，无碍事之理"②。通过这种理事关系的论证，延寿得出的结论是："一心即万法，万法即一心"（《注心赋》卷三）。这为他奉"一心为宗"撰写《宗镜录》，劝人信奉"以心传心"的禅宗，并主张吸收华严宗系统的心性缘起的理论以及其他宗派的心性理论，提供依据。

第二，通过理事、事事之间圆融无碍的论证，可以进一步说明上述"真妄"二心交彻的道理。真心为体，为理，妄心为相为用，随缘成事，那么理与事，事与事之间相即相入，圆融无碍，也就是真心与妄心之间相即相入，圆融无碍。由此在逻辑上可以得出，"众生一念无明心，即是如来心"；"凡圣一如，本无迷悟"；"若约事备陈，则凡圣无差而差；若就理融即，则生（按：众生）佛差而不差，俱不离真如之体"③。延寿甚至在《宗镜录》卷二十五说："修此法者，现世成佛。"④他在《注心赋》卷一说："禅宗门下，从上已来，但了即心是佛，便入祖位，即坐道场。但信之，凡圣不隔一念；若不信，天地悬殊。"本来禅宗就是以引导人人确立成佛的自信为根本宗旨，对于佛具有什么形象和神通，怎样才算是成佛，并不关心。

第三，为理事双修、禅教会通提供理论根据。既然理、事互相圆融，那么自悟心性与修持诸种教法也应并行无碍，以"传心"、"见性"为宗旨的禅宗和其他教门诸宗也应当会通。延寿引用华严宗澄观的一段话：

---

① 《宗镜录》卷三十七，载《大正藏》卷48，第635页下。
② 《宗镜录》卷二十引澄观《华严经疏》之语，《大正藏》卷48，第527页下至第528页上。
③ 以上分别引自《宗镜录》卷二十五（《大正藏》卷48，第557页上）、《注心赋》卷三、《宗镜录》卷十六（《大正藏》卷48，第499页下）。
④ 《大正藏》卷48，第558页中。

> 凡圣交彻，即凡心而见佛心；理事双修，依本智而求佛智。
> （此引自《华严经疏演义钞》卷一）

然后引"古德"的解释并加以评说：

> 禅宗失意之徒，执理迷事，云：性本具足，何假修求？但要亡情，即真佛自现。法学（按：此指禅宗之外依经教的诸宗）之辈，执事迷理，何须孜孜修习理法。合之双美，离之两伤。理事双修，以彰圆妙。
>
> 休心绝念名理行，兴功涉有名事行。依本智者，本觉智（按：指佛性，相当所谓"真如"之心），此是因智。此虚明不昧名智，成前理行，亡情显理。求佛智者，即无障碍解脱智（按：即无碍智，佛的智慧），此是果智，约圆明决断为智，成前事行，以起行成果故。此则体性（按：谓心之体、性，指本智——理）同故，所以依之；相用（按：心之相、用，指修证佛智——事）异故，所以求之。但求相用，不求体性。
>
> 前亡情理行，即是除染缘起，以显体性。兴功事行，即是发净缘起，以成相用。……无相宗云：如上所说，相用可然，但依本智，情亡则相用自显，以本具故，何须特尔起于事行。圆宗云：性诠本具，亡情之时但除染分相用，自显真体；若无事行，彼起净分相用，无因得生。如金中虽有众器，除矿但能显金，若不施功造作，无因得成其器。……若亡情则不假事行，佛令具修，岂不虚劳学者？……是知果佛，须性相具足，因行必须事理双行。依本智如得金，修理行如去矿，修事行如造作，求佛智如成器也。

他又引澄观《华严经疏演义钞》卷一的另一段话说：

> 若执禅者，则依本智性，无作无修，镜本自明，不拂不尘。若执法者须起事行，求依他（按：指佛）胜缘，以成己德，并为偏执。故辩双行。
>
> 依本智者，约理，无漏智性本具足故；而求佛智，约行，无所求中，吾故求之。心镜本净，久翳尘劳，恒沙性德并埋尘沙烦恼。是故须以随顺法性，无悭贪等，修檀等六波罗蜜故。诸佛已证，我未证故。又理不碍事，

不妨求故;事不碍理,求无求故。若此之修,修即无修,为真修矣。

如上开示,本末无遗,理备行周,因圆果满……方能入此一乘,归于宗镜。[1]

延寿借引用华严宗澄观的话指出当时佛教界存在的两种倾向:

(一) 有些禅宗僧人因为片面强调"见性",仅修持"理行",不注重事的修行,认为人人生来就具有成佛的本性(成佛的可能性、佛性、本觉性),它常清净,只要"休心绝念","无作无修",做到断除世俗情欲,便可使本性具有的与无差别、无障碍境界相契合的佛的最高智慧和功能显现出来。

(二) 依据经论立宗的"教门"诸宗,只重视事行,即唯注重从事各种有阶次、有形相的修行和功德事业("兴功涉有"),向外求佛求法,希望依靠佛的神威加持,使自己达到解脱,而忽略旨在自悟自性的理行。

延寿认为,上述禅僧没有正确理解空宗(无相宗或破相宗)的理论,只是片面相信自性具有的本觉之智,排斥通过各种具体修行体现的事行。如果按照华严宗(称圆宗)的教理,不仅需要断绝妄情,使真如清净本性显现,而且要通过修持种种积功累德的修行(六度万行),使自己获得佛的至上无碍的智慧和功德圆满的境界。延寿据此认为两者应当结合,既然理事无碍,何妨理事双修,这样可使修行者达到"理备行周"的完美境界。他比喻说,相信并依靠自性的本觉之智好像是发现金矿,修持理行好像是去掉矿石使金显现,修持事行如同制作金器的劳动,追求佛的无碍之智如同做成精美的金的器皿,前后各种环节皆有自己的价值,不应废弃其中任何一个环节。

四 明心见性,"一念成佛"

人们常以"明心见性"来概括禅宗的宗旨。"明心"这一用语最早神会说过,《景德传灯录》卷二十八载〈洛京荷泽神会大师语〉中有"千经万论,只是明心"的语句[2],然而将它与"见性"连用是由延寿开始的。"明心"、"明心见性"的说法与慧能的"识心见性",神会的"直了见性"没有根本差别,都是指

---

[1] 《宗镜录》卷三十三、《万善同归集》卷中,分别载《大正藏》卷48,第605页中下、第973页中下。

[2] 《大正藏》卷51,第439页下。

领悟自己具有与佛一样的本性,是禅宗所说的自悟的标志。那么,延寿对"明心见性"是如何讲的呢?

《宗镜录》卷一引马祖弟子鹅湖大义应诏入京城期间,曾向众僧问何为"道"。有的以"知见"为道,也有的以"无分别"为道,他皆不认可;唐顺宗问他"如何是佛性",他答:"不离陛下所问。"延寿评述说:

> 是以或直指明心,或破执入道,以无方之辩,袪必定之执,运无量之智,屈有量之心。

"直指明心"是直接宣述觉悟自性之旨。

延寿在《宗镜录》卷三十四谈到编撰此论的宗旨时说:

> 此论见性明心,不广分宗判教,单提直入,顿悟圆修,亦不离筌蹄而求解脱。

意为他编《宗镜录》不受南北二宗判教的影响,直示觉悟心性的宗旨,论述顿悟圆修的教义,不离弃阐述心法的文字表述(《庄子》"得鱼忘筌"之"筌"与"得兔忘蹄"之"蹄")。

他在论述不要被经典文字、语言束缚,应透过文字体悟一切皆是"即心自性"之显现,明了"境智融通,色空俱泯","镜净心明,本来是佛",然后提到不可以"常见"和"断见"来看待文字,或执文字有相,或执文字无相,皆非究竟认识。他说:

> 若明宗达性之者,虽广披寻,尚不见一字之相,终不作言诠之解;以迷心作物者,生斯纸墨之见耳。

在《宗镜录》中的不少场合"宗"具有"心"的意思。这里的"明宗"与"迷心"相对,显然是与"明心"含义相同。"明宗达性"也就是"明心达性"。引文是说,领悟自性的人,虽广读经典,但只是领悟文字背后的道理,而不执著于文字;相反,没有觉悟自性的人,却对文字产生执著,不能看到文字背后的道理。

《宗镜录》卷二有一段话：

> 顺佛旨而报佛恩，无先弘法；阐佛日而开佛眼，只在明心。①

意为要报佛恩，最好是传法；但使佛性显现，具有佛的智慧，只有达到悟心见性才可。

根据以上所引，在延寿那里，"明心"与"见性"、"明宗"、"达性"是一个意思，都是说觉悟自性的意思，即认识佛在自心，应具有成佛的自信。

延寿在自己的著作《宗镜录》等中虽以论述禅教一致和禅教会通为重点，但却奉禅宗为基本宗旨。他在介绍奉菩提达磨为祖师的禅宗宗旨时，使用了以下的说法：

> 西天释迦文佛云：佛语心为宗，无门为法门。此土初祖达磨大师云：以心传心，不立文字。则佛佛手授，授斯旨；祖祖相传，传此心。
> 即同初祖，直指人心，见性成佛。
> 释迦文佛，开众生心，成佛知见。达磨初祖，直指人心，见性成佛。
> 问：从上宗乘，唯令绝学，单刀直入，教外别传……答：……发菩提之者，不生断灭之心，若能直了自心，即是单刀直入，最为省要。以一解千从，摄法无余故，亦是教外别传，离此无别奇特。②

后世概述禅宗宗旨的"不立文字，教外别传，直指人心，见性成佛"，在上面引文中全有。当然，类似的说法早在唐希运《传心法要》、宗密《圆觉经大疏钞》卷三之下中已经出现。延寿认为禅宗的传心宗旨与某些大乘经典（《楞伽经》、《法华经》）中所载释迦牟尼佛强调的重视众生心性开悟的语句是完全一致的。他称教内传承释迦佛所讲的心性之旨的是"法性宗"（《华严经》和华严宗），认为它与继承达磨"以心传心"的禅宗宗旨完全一致。

在延寿的著作中最引人兴趣的是对众生契悟真如自性"一念成佛"的论述。他虽然主张禅教会通，禅僧不仅应修持"理行"，还应修持种种"事行"，但同

---

① 以上分别见《大正藏》卷48，第419页上下、第614页上、第420页上、第423页上。
② 《宗镜录》卷一、三、十四、四十一，载《大正藏》卷48，第417页下、第431页下、第488页下、第660页上中。

时发挥华严宗"圆融"顿教思想，认为一旦领悟真如自性，便可当即觉悟解脱，"悟心成祖"，"一念成佛"。他说：

> 是故今从十住（按：华严四十一菩萨阶位中最初的"十住"位）初位（按：发菩提心），以无作（按：意为无生灭）三昧，自体应真，烦恼客尘，全无体性，唯真体用，无贪嗔痴，任运即佛。故一念相应，一念成佛；一日相应，一日成佛。何须数劫（按：劫，可概释为极长时间），渐渐而修，多劫积修三祇（按：三阿僧祇，不可计量的时间）至果。心缘劫量，见障何休？诸佛法门，本非时摄。计时立劫，非是佛乘。
>
> 悟心成祖，先圣相传。故达磨大师云：明佛心宗。了无差误，行解相应，名之曰祖。①

是谓发起成佛之念，即与真如佛性之体相应，烦恼空寂，贪嗔痴无体，一切不过是真如之体的作用，随即成佛。一念与真如之心相应，一念成佛；一日与真如之心相应，一日成佛。从一实佛乘来说，成佛与时间没有必然的联系，岂可说经过无量时间才能成佛？这里贯彻着理、事（包括时间的一念、无量劫）的圆融无碍的思想。既然真如之理体现在处处事事，佛与众生相即不二，一多相即，无量劫在一念，岂不可以说初发心即是成佛？觉悟真心，便与祖师无别。

《宗镜录》卷十五论述所谓"神通作用"时，延寿认为按照真实佛乘的道理，既然众生身具佛的体性，岂可说众生没有"神通"。这是从另一角度论述众生具有佛性，与佛无别的问题。延寿说：

> 夫言真实神变者，无非演一乘门，谈无生理。一言契道，当生死而证涅槃；目击明宗，即尘劳而成正觉，刹那而革凡为圣，须臾而变有归空。如此作用，岂非神变耶！
>
> 灭道（按：四谛中的灭谛、道谛）本自无修，无造无作，化诸群品，如幻住世。性绝无明，即是佛故。一念相应一念佛，一日相应一日佛，何若死要三僧祇？但了三界业，能空业处，任运接生，即是佛也。②

---

① 《宗镜录》卷十四、三，分别载《大正藏》卷48，第491页上、第428页中。
② 《大正藏》卷48，第497页上和下。

"一乘"是引导众生成佛的教法,《法华经》、《华严经》皆可称为一乘教法,宗派中的天台宗、华严宗也可自称一乘教法,当然禅宗也自称最上一乘教法。引文认为按照一乘教理,众生可以通过"一言契道"、与真如实相"一念相应",了悟三界之业空幻无实,自然自在地接化众生,即为顿悟心性之理,超凡入圣而成佛。所谓神变或神通,不过如此。

然而,仔细品味原文,这主要是从众生具有与佛一样的本性,从众生皆具有立即成佛的可能性讲的。在这一点上,延寿与以往禅宗历代祖师的见解没有大的差别。这种说法旨在鼓励弟子和信徒建立自修自悟的信心。此外,延寿还从现实性上强调成佛还需要修持六度万行,经历若干阶位。这是以往禅宗没有提到的。延寿是借用华严宗的"行布门"来说修行阶位的。《宗镜录》卷二十三载有一段问答,现摘取部分:

问:此一心宗成佛之道,还假历地位修证不?

答:此无住真心(按:所谓真如之心,心之体),实不可修,不可证,不可得。何以故?非取果,故不可证;非著法,故不可得;非作法,故不可修。以本净非莹,法尔天成。若论地位,即在世谛,亦不失理。以无位中论其地位,不可起决定有无之执。经明十地(按:菩萨成佛经过十个阶位)差别,如空中鸟迹。若圆融门,寂灭真如,有何次第?若行布门,对治习气,升进非无。又染净阶位,皆依世俗名字分别,则似分阶降,不坏一心……①

从真谛来说,众生本具真如之心(理想的心体),即心是佛,体如空寂实相,是不可修证的,是没有阶位升降可言的。但从世俗的角度来说,相应对治烦恼的程度而设置升降阶位和修行要求是必要的。延寿又补充说,从根本上看也应把这些高低的阶位皆看作是一心之理的显现。当然,按照前面所述理事圆融的理论,既然事不碍理,并且事事圆融无碍,从事各种等级层次的修行,是有助于达到明心见性的。

延寿在《万善同归集》卷一说:

夫万善是菩萨入圣之资粮,众行乃诸佛助道之阶渐。若有目而无足,

---

① 《大正藏》卷48,第543页下至第544页上。

岂到清凉之地？得实（按：实指禅宗和华严宗）而忘权（按：禅、华严之外诸宗），冥升自在之域？是以方便、般若，常相辅翼；真空、妙有，恒共成持。《法华》会三归一（按：声闻、缘觉、菩萨三乘，皆归一佛乘），万善悉向菩提。[1]

这一点是延寿禅法的特点之一。延寿在《万善同归集》和《注心赋》等当中，对此有详细论述。

综上所述，延寿的心性论是在继承禅宗的"以心传心、见性成佛"和"即心是佛"、自修自悟思想的基础上，广泛吸收华严宗和其他宗派的心性思想而建立的，虽依据"理事圆融"、"真妄交彻"的理论提出"一念成佛"的说法，但同时又主张理事双修，认为渐次修持六度万行有助于达到明心见性。

第三节 延寿的禅、教会通思想

禅宗在唐末五代迅速发展，逐渐成为中国佛教的主流。禅宗标榜"不立文字"、"教外别传"，重视体悟自性，不太注重文字说教和传统的修行做法，与重视读经、讲经和修持六度（布施、持戒、忍辱、精进、禅定、智慧）等传统修行的其他宗派形成鲜明对照，两者经常发生矛盾和争论。唐代宗密（780—841）在《禅源诸诠集都序》中就提到这种情况：

> 修心者以经论为别宗，讲说者以禅门为别法。
> 今讲者偏彰渐义，禅者偏播顿宗。禅讲相逢，胡越之隔。
> 顿渐门下，相见如仇雠；南北宗中，相敌如楚汉。[2]

"修心者"、"禅者"是禅宗，说他们提倡顿教；"讲说者"、"讲者"就是禅宗以外诸种教派，认为他们只是主张渐次修行达到觉悟。他们之间的关系十分疏远，甚至互相敌视。即使在禅宗内部也有南宗、北宗等禅派，围绕顿渐问题

---

[1] 《大正藏》卷48，第958页下。
[2] 同上书，第400页中、第399页下、第402页中。

以及要不要读经，保留传统修行做法，也有争论。

宗密主张禅、教会通，所撰《禅源诸诠集都序》说："经是佛语，禅是佛意。诸佛心口，必不相违"[1]，调和禅宗和其他教派。他以禅宗三宗：息妄修心宗（北宗）、泯绝无寄宗（石头希迁、牛头慧融及其法系）、直显心性宗（神会的荷泽宗与江西马祖法系），对应三教：密意依性说相教（简称相教，小乘及法相宗）、密意破相显性教（大乘破相教，般若中观学说及三论宗）、显示真心即性教（一乘显性教、法性宗，指《华严经》、《法华经》、《大涅槃经》及华严宗、天台宗），认为三教与三宗虽存在明显的差别，但从会通的角度来看，它们都是佛法，是彼此印证，互相契合，并且是相辅相成的。然而，宗密对禅门诸宗，对三教，绝不是等同看待的。他禅奉荷泽宗，以荷泽宗为禅门正统，禅法最妙；教奉华严，认为华严教理最高。他会通禅教，在最高层次上自然是会通荷泽宗与华严宗。

延寿比宗密晚100多年，佛教界不仅存在禅、教关系紧张的问题，而且在禅宗内部对于要不要修持传统佛教的种种修行方法也有争论。这在延寿的《宗镜录》、《万善同归集》等自设答问的对话中可以清楚地看到。他在观察和论证禅宗与其他教派的关系时，特别继承了唐代宗密在《禅源诸诠集都序》等著作中论述的禅教一致和会通的思想。延寿主张的禅教一致、禅教会通，大致具有两重意思：一是将《华严经》、《大乘起信论》等大乘经典和华严宗奉为圆教，直接将它们的心性缘起和圆融思想与禅宗相结合；二是主张禅宗不仅应当注重明心见性，而且应当读经和修持六度等各种教法。

一 将禅宗与奉为"圆教"的华严宗直接结合

在延寿生活的时代，不少禅僧将禅宗与注重经论的宗派对立起来，认为阅读佛经和从事其他修行有碍于达到"见性"、"明心"。有的禅僧认为，即使要解释禅宗的宗旨，也只应纯按禅宗历代祖师相传的意旨来做，不应当广引"诸佛、菩萨言教以为指南"。他们对于延寿援引广博的资料编写《宗镜录》阐释禅宗的思想，很不以为然，说这样做"只成文字圣人，不入祖位"[2]。

---

[1] 《大正藏》卷48，第400页中。
[2] 《宗镜录》卷一，载《大正藏》卷48，第418页上。

对此，延寿从禅、教一致的观点来加以解释。他认为禅宗与佛教经论并非互不相容，历代"宗门"祖师并非"一向不许看教"，只是担心有人对"佛语"（佛经）含义不理解，"随文生解，失于佛意，以负初心"，所以才特别强调"直了佛心"，然而并非反对人们阅读佛经。他举石头希迁的弟子药山惟俨"一生看《大涅槃经》，手不释卷"；又举禅宗所奉西天二十八祖以下至中土六代祖师，皆是"佛弟子"。既然如此，引证"本师之语，训示弟子，令因言荐道，见性知宗，不外驰求，亲明佛意，得旨即入祖位，谁论顿渐之门！见性亲证圆通，岂标前后之位"！认为这样做没有任何过错。

他接着又引证洪州马祖、南阳慧忠、鹅湖大义、思空山本净等人为例，指出他们都"博通经论，圆悟自心"。他对这些著名禅僧能够依据佛教经论教示门下弟子表示赞许，说：

> 所有示徒，皆引诚证，终不出自胸臆，妄有指陈。是以绵历岁华，真风不坠。以圣言（按：佛祖之语）为定量，邪伪难移；用至教为指南，依凭有据。①

是说他们在向弟子传授禅法时，都有可信凭的经典做依据，不是出自胸臆，所以他们的禅风虽历年久远，但仍被人传颂。结论是：以佛祖的言教为标准、指南来传法，就能够做到有根有据地传播正法。

在延寿引用的资料中，特别值得注意的是他对唐代宗密《禅源诸诠集都序》的重视和引证。他引圭峰和尚（宗密）在此文中的话说：

> 谓诸宗始祖，即是释迦。经是佛语，禅是佛意，诸佛心口，必不相违。诸祖（按：此指禅宗历代祖师）相承根本，是佛亲付。菩萨造论始末，唯弘佛经。况迦叶乃至毱多，弘传皆兼三藏；（按：中间删去宗密原文部分字句）及马鸣、龙树，悉是祖师，造论释经数十万偈。观风化物，无定事仪。（按：原文有"未有讲者毁禅，禅者毁讲"）。
>
> 所以凡称善知识，法尔须明佛语，印可自心。若不与了义一乘圆教相

---

① 以上见《宗镜录》卷一，载《大正藏》卷48，第418页上中。

应，设证圣果，亦非究竟。①

宗密认为，无论禅宗还是其他宗派，皆奉释迦佛为始祖，诸宗传"佛语"，禅宗传"佛意"，两者本来是不应有矛盾的，两者皆传佛法。即使禅宗所奉的历代祖师当中，像迦叶、优波毱多等在传心的同时也弘传经、律、论三藏，像马鸣、龙树等都撰述大量解释佛经的论书。适应社会风尚传法，本来是没有固定的做法的。延寿据此认为，禅师传法必须既理解佛经，又能从自心得到印证，如果不能与具有完备教义的"一乘圆教"（《华严经》、《法华经》等）相应，即使有所觉悟，也非达到究竟境界。

延寿继承宗密所谓三教的说法。三教是法相宗（密意依性说相教）、破相宗（密意破相显性教）、法性宗（显示真心即性教）。同宗密一样，延寿也特别推崇和尊奉华严宗。他所说的"一乘圆教"或"法性宗"、"性宗"，除指《华严经》、《法华经》及《大乘起信论》等大乘经典外，在不少场合是指华严宗。他大量引用华严宗的著作和思想，企图以此来充实和丰富禅宗。在《宗镜录》卷五有这样一段问答：

问：若言有真有妄，是法相宗；若言无真无妄，是破相宗。今论法性宗，云何立真立妄，又说非真非妄？

答：今《宗镜》所论，非是法相立有，亦破相归空，但约性宗圆教以明正理，即以真如不变，不碍随缘是其圆义。若法相宗，一向说有真有妄；若破相宗，一向说非真非妄。此二门，各著一边，俱可思议。今此圆宗，前空有二门俱存，又不违碍。此乃不可思议。

引文中的"真"，是真心、真如，即《大乘起信论》中的"真如之心"，与法相宗的圆成实性，破相宗（空宗、般若空义）的真谛、真如实相、毕竟空，华严宗的真心、一真法界、如来藏、法界等，虽说法不同，但含义基本相同。所谓"妄"，是妄心，即《大乘起信论》中的"生灭之心"，广义的"妄"也包括所谓烦恼、世俗世界、万有万物。按照大乘佛教真如缘起论的世界观，"真"（或解释为心之性）为本体、本源；"妄"（或解释为心之相）为相、用，既是真

---

① 《宗镜录》卷一，载《大正藏》卷48，第418页中。

如之心"随缘"显现并发生作用，也包括由此变现的一切物质的和精神的现象。据称，真如的本体是空寂清净的，是"不变"的，但它"不守自性"，在受到"无明"烦恼影响时而"随缘"显现并发生作用，变现万事万物。"缘"有净有染，随染缘、净缘便显现出"迷、悟"的不同的境界，或为六道中的"六凡"：地狱、饿鬼、畜生、阿修罗、天、人，或为"四圣"：声闻、缘觉、菩萨、佛。按照华严宗的心性论来表示，真如是心之性，是理的范畴；随缘发生作用之心是相，它与随缘变现的万有皆属"事"的范畴。理事之间相即相入，圆融无碍。延寿认为，法相宗既说真，也说妄（遍计所执性）；破相宗讲一切皆空，既否定真（《般若经》讲空亦空，佛、菩萨也空），也否定妄（诸法性空），二者仅认识到片面的真理。只有法性宗既说非真非妄，又讲即真即妄，即烦恼是菩提，即众生是佛。意谓：真如虽"不变"，但随缘变现万有，"不染而染"，"法身流转五道，如来藏受苦乐等"，此为真即妄，理即事；但真如"随缘"，本性不变，"染而不染"，"烦恼终尽，方名妙觉"，此为妄即真，事即理。从心的性相同为一体来说，"真妄俱寂，理事皆如"，故可以说非真非妄，亦真亦妄，真妄相即，理事圆融无碍。这在一般人看来难以理解，故称之为"不可思议"，延寿称之为"圆义"，义为圆满的教义。①

延寿认为，在三教中，唯有属于法性宗的《华严经》等经和华严宗与禅宗一致，可以直接用来充实和丰富禅宗。《宗镜录》卷三十四载：

  问：佛旨开顿渐之教，禅门分南北之宗。今此敷扬，依何宗教？
  答：此论（按：《宗镜录》）见性明心，不广分宗判教。单提直入，顿悟圆修，亦不离筌蹄而求解脱，终不执文字而迷本宗。若依教是华严，即示一心广大之文；若依宗即达磨，直显众生心性之旨。如宗密禅师立三宗三教，和会祖（按：禅宗）、教（按：佛的言教、禅宗外诸宗），一际融通。……②

此外，延寿在《万善同归集》卷一说：

---

① 以上引文及解释，载《大正藏》卷48，第440页。
② 《大正藏》卷48，第614页上。

是。又，万行即心，修何阂心？①

其中的"实相"、"一如"、"真际"、"法界"、"真"、"心"大体是一个意思，皆是真如、法性、法身、佛性的不同说法。大意是说，真如法性既是万有之源，也是众善万行最终的归宿。只要自心与真如契合，便具有各种功德。心性与万法互不妨碍，明心与各种修行，也互不妨碍。既然理事相即不二，圆融无碍，那么修禅明心之理行与修众善彰理之事行也是相辅相成的。禅宗僧人中那种认为"万法皆心"，放弃修持万行，无为放任即可成佛的观点是不可取的。虽说即心是佛，但因此心长期以来已被情欲烦恼污染，必须通过各种修行才能使其恢复光泽。如果承认万行即心，理事无碍，也就应当明白修持万善众行对见性明心是没有妨碍的。

当年慧能曾向唐中宗的使者说过："善恶都莫思量，自然得入心体。"（此语原出《曹溪大师传》）有人以此为根据，反对勤修各种善行。对此，延寿表示：

> 若禅宗顿教，泯相离缘，空有双亡，体用俱寂。若华严圆旨，具德同时，理行齐敷，悲智交济，是以文殊以理印行，差别之义不亏；普贤以行严理，根本之门靡废。本末一际，凡圣同源。不坏俗而标真，不离真而立俗。……夫万善是菩萨入圣之资粮，众行乃诸佛助道之阶渐。若有目而无足，岂到清凉之地？得实而忘权，奚升自在之域？是以方便、般若，常相辅翼；真空、妙有，恒共成持。《法华》会三归一，万善悉向菩提；《大品》一切无二，众行咸归种智。②

大意是，禅宗虽属顿教，强调空义，但如果按照"圆教"的理事圆融的教理，从事各种积善累德的修行，并不妨碍禅宗强调的见性顿悟之旨。本具之性与诸善德、理与事行、普度众生之悲与智慧，本来是可以同时互相并存的。凡与俗、真与俗等，也是彼此无碍的。既然如此，就应当认识修持万善众行，与禅宗的顿教宗旨并不矛盾，都有助于引导修行者达到觉悟解脱。可见，延寿是以华严宗的理论为其禅、教会通和结合的主张提供依据的。

---

① 《大正藏》卷48，第958页。
② 《万善同归集》卷上，载《大正藏》卷48，第958页下。

那么，延寿讲的能够"助道"的"万善"、"众行"到底包括哪些方面的内容呢？大乘佛教引导人们修持"菩萨行"或"菩萨道"，主要是修行"六度"（六波罗蜜）。六度是布施、持戒、忍辱、精进、禅定、般若（智慧）。延寿是如何来看待六度呢？《宗镜录》卷八十一有一段很长的问答。这里仅择取其中的大意。

> 夫真如一心，平等法界，众生不了，妄受沉沦。今悟此宗，欲入圆觉位，于六度万行庄严门中，以何法助道保任，速得成就？
>
> 答：若论庄严，无非福、智二业。于六波罗蜜中，前五是福德业，后般若是智慧业。前五福德业中，唯禅定一门最为枢要。……此《宗镜》所集禅定一门，唯约宗说，于诸定中而称第一，名王三昧，总摄诸门，囊括行原，冠戴智海；亦名无心定，与道相应故；亦名不思议定，情智绝待故；亦名真如三昧，万行根本故；亦名一行三昧，一念法界故……亦名法性三昧，恒无变易故。诸佛智光明海，无量观行，皆从此生。若不体此理，非佛智故……此理即是一心，总该万有，顿悟渐修，更无渐次。①

是说众生因为未能了悟"真如一心"，所以不能超脱生死轮回。如果要见性成佛，应于六度法门中首先修持禅定。然而他在这里所说的禅定不是传统佛教的禅定，而是禅宗重新诠释的禅定（慧能："外离相即禅，内不乱即定"，"心地无乱自性定"——敦煌本《坛经》），是总括一切法门的禅定，是与所谓真如、法性、道相应，相契合的禅定。从延寿的表述来看，此禅定亦即六祖慧能当初所说的"无念"、"一行三昧"的禅法，虽具有修行方法的含义，也是修行追求的最高目标。实际是说，禅也就是心。因为有这样的含义，所以后面接着说佛智"从此生"，称之为"此理"，又说"此理即是一心"等。在这一点上，说明延寿是奉禅宗为正宗的。

然而，延寿并不排斥禅定之外的其他五度：布施、持戒、忍辱、精进、般若，前四项与禅定为"福德业"，后一项般若是"智慧业"。他说：

---

① 《大正藏》卷48，第862页中。

须先入《宗镜》，达一心万行根本，然后福、智庄严，则不枉功程，永无退转。得其旨，则大智圆明；得其事，则大用成就。①

是谓应当先修禅明心，体悟一心是"万行根本"，然后再修持禅定之外的其他教法。

关于这一点，在《万善同归集》等著作中有详细论述。在延寿对以六度为代表的"万行"的论述中，虽首先重视禅宗所诠释的禅定，但对传统的禅定禅观也不排斥，说初修行者也不妨修不净观、数息观。其次是通过各种方法修持智慧（般若），指出"般若能导万行，若无万行，般若何施？……但行般若，不行余法，则功德不具足"，"若与五波罗蜜和合，则功德具足"。② 再其次是六度中的布施、持戒、忍辱、精进等行。如果对此再加以细分可以包含许多修行做法。延寿在《万善同归集》中特别提到的有读经、念佛、持戒、兴建塔庙、造像、供养、护法、持斋吃素，乃至在唐代已被义净在《南海寄归内法传》中批评的烧身供养。

对此主张，延寿也从天台宗的佛性论中找到根据。佛性论是中国各个宗派都比较重视的理论，但说法不一。天台宗提出"三因佛性"，即：正因佛性（众生生来具备的佛性——中道实相之理）、了因佛性（体悟佛性之理的智慧）和缘因佛性（有助于增进智慧的诸种善行），称前者是先天的性德，后者是后天修行得到的修德，根据其中道理论，认为"修性不二"。③ 延寿在《万善同归集》卷下将一切"善法"略分为理、事二类，然后加以说明，说：

一、理善，即第一义（按：真如佛性）；二、事善，即六度万行。今时多据理善。若是理善，阐提亦具（按：谓指极恶的人也有佛性），何不成佛？是以须行事善，庄严显理，积大福德，方成妙身（按：成佛）。……凡曰有心，正因悉具，未得缘、了（按：缘因、了因），法身不成；了因，智慧庄严，正解观察；缘因，福德庄严，妙行资发（按：意为妙善的修行可以助发智慧）。三因具足，十号昭然（按：佛有十大名号，此意为成佛），自利利他，理穷于此。

---

① 《大正藏》卷48，第863页上。
② 《万善同归集》卷中，载《大正藏》卷48，第973页上。
③ 请参考智顗《四教义》卷十一。

他还说：

> 自有修、性二德，内、外二缘。若性德本具，如木中火，不成事用，须假修德，如遇因缘，方能显现。是以因修显性，因性成修，若本无性，修亦不成。修、性无二，和合方备。又内有本觉，常熏圣种，外仗善缘，助开觉智。有内阙外，菩提不圆。……是以若修万善，则顺法性，以净夺染，性德方起。凡夫虽具，以造恶违性，本性不显，不成妙用。①

以上引文主要有两层意思：

（1）一切能够导致众生达到觉悟解脱的善法，从大的方面来分不外有"理"与"事"两大类。理，属于第一义谛，即人人生来具有的佛性、真如之心，或称自性、本性，从它是觉悟基因来说，它也就是《大乘起信论》中讲的"本觉"。事，即各种佛法，包括六度和其他种种教法，有的可以使人产生智慧，有的可以积累各种善的功德。从所具功能讲，称前者为性德，后者则为修德。"德"意为"得"，意为前者从本性而得，后者从修持而得。从理与事皆是导致成佛的原因来说，它们都可称之为佛性。按照天台宗的"三因佛性"来说，理善属于正因佛性，事的善法当中有的属于了因佛性，有的属于缘因佛性。

（2）众生，包括极恶的人（一阐提）在内，都有佛性（理善、性德），皆有成佛的可能性。禅宗内部有很多人仅根据这一点，片面强调见性禅法，而忽视或放弃修持各种的修行。延寿认为，虽然人人皆具佛性，但实际上并非人人可以实现成佛。关键是能否修持事的善法——六度万行，增长智慧，积累各种善的功德，以促使本有的清净佛性显现，达到解脱。此即"因修显性，因性成修"。如果按照"三因佛性"来说，只有正因佛性、了因佛性和缘因佛性同时具备，才可成佛。

以上就是延寿针对禅宗界不重视严格修行的倾向所提出的"理事融通"、"理事双修"的主张。《万善同归集》书名中的"万善同归"，意为修持各种善行，殊途同归，皆可使人达到觉悟。延寿为解释这个书名而开列10个项目：理事无阂、权实双行、二谛并陈、性相融即、体用自在、空有相成、正助兼修、

---

① 以上两段引文，载《大正藏》卷48，第986页上、第984页上。

同异一际、修性不二、因果无差，解释的大意未出这个意思。

三 唯心净土和念佛往生极乐净土思想

在延寿倡导禅僧应当修持的众多善行中，对念佛净土法门最为提倡。综观延寿的净土思想，虽然将禅宗的"唯心净土"置于最高地位，但着眼点却是便于为一般民众接受的传统的阿弥陀佛西方净土信仰的念佛法门。仅此一点，与当时社会上十分流行的净土宗没有多大差别。因此，在南宋志磐《佛祖统纪》卷二十六〈净土立教志〉中，将延寿奉为继慧远、善导、承远、法照、少康之后的净土宗六祖。这一说法，直到后世净土宗继承。

在佛教中，"念佛"虽也包括坐禅观想佛的形象或没有具体形象的"实相"，但在一般的场合是口称念佛，即专念某某佛的名号。其次，"念佛"并非局限于如同《无量寿经》、《阿弥陀经》、《观无量寿经》等佛经中提倡的念阿弥陀佛的名号，实际包括念佛教所奉的一切佛的名号，如念释迦牟尼佛、阿閦佛、药师佛等的名号，然而最盛行的是念阿弥陀佛的名号。《万善同归集》卷上载，有禅僧表示，"唱他佛号，广诵余经"会对修行禅定发生妨碍，不利自悟见性。对此，延寿发挥华严宗法界缘起论和天台宗的三谛（空假中）圆融的思想解释说，"声为众义之府，言皆解脱之门，一切趣声，声为法界"，"一言音中，包罗无外，十界（按：天、人、修罗、地狱、饿鬼、畜生、声闻、缘觉、菩萨、佛）具足，三谛理圆"，意为事事皆为法界，声也是法界；念佛之声包含一切，也包含一切善法，念佛与禅定同样可以"助道"。他说：

> 未必息念消声，方冥实相。是以庄严门内，万行无亏；真如海中，一毫不舍。且如课念尊号，教有明文，唱一声而罪灭尘沙，具十念而形栖净土（按：意为佛国），拯危拔难，殄障消冤。非但一期暂拔苦津，托此因缘，终投觉海（按：成佛）。①

意为坐禅与念佛、其他各种佛事——万行，都可以与真如实相契合；念佛不仅可以消除罪业，还可以使人死后往生净土，并且由此达到最高觉悟。这里

---

① 《大正藏》卷48，第962页上。

所说的念佛并非特指称念阿弥陀佛的名号，是一般意义上的念佛。

延寿净土思想由两部分组成：

（一）"唯心净土"思想

这是从慧能（638—713）以来一些禅宗僧人提倡的净土思想，前提是主张佛在自性，并且又从《维摩诘经》中找到根据。此经〈佛国品〉有："欲得净土，当净其心，随其心净，则佛土净。"意为只要"心净"，所在之处就是净土（佛国）。慧能当年应请在韶州大梵寺说法结束之时，应韶州刺史韦琚之问对何为西方净土作了说明，其中说"随其心净则佛土净"，"若悟无生顿法，见西方只在刹那；不悟顿教大乘，念佛往生路远，如何得达？"（敦煌本《六祖坛经》）意为领悟"无念"禅法，做到"识心见性"，西方净土就在眼前。这里已经包含"唯心净土"的思想。慧能的再传弟子马祖（709—788）、石头（700—791）主张"即心是佛"；马祖又说"立处即真"，石头以"谁垢汝"的反诘语回答"如何是净土"之问①，表明他们也是主张"唯心净土"的。马祖弟子慧海说："若心清净，所在之处皆为净土……发心向佛道，是生净佛国；其心若不净，在所生处皆是秽土。净秽在心，不在国土。"② 否定另有与心完全脱离的佛国净土，而认为关键是修行者之心是否清净，如果达到心净，所在之处也就是净土佛国。可以说这是禅宗内占主流的净土思想。

延寿在理论上仍承认"唯心净土"思想在禅宗内的主流地位，但他同时也承认念佛法门的地位。《宗镜录》卷十七载：

> 问：……佛外无心，心外无佛，云何教中更立念佛法门？
> 答：只为不信自心是佛，向外驰求。若中下根，权令观佛色身，系缘粗念，以外显内，渐悟自心。若是上机，只令观身实相，观佛亦然。③

意为禅宗相信即心是佛，当然信奉"唯心净土"，不更立念佛法门，但有的人并不相信"佛外无心，心外无佛"，于是"教门"特地为这些人立念佛法门。

---

① 参见《景德传灯录》卷二十八〈道一禅师语〉、卷十四〈石头传〉（分别载《大正藏》卷51，第440页上、第309页中）

② 《大正藏》卷51，第443页下。

③ 《大正藏》卷48，第506页上。

其中素质高的"上根"(或称"上机")人可以修"实相"念佛,"中、下根"的一般人则可信奉阿弥陀佛,通过念佛往生被认为有方位、形质的西方"极乐"(或译为"安乐"、"安养")净土。从文字看,这里所说的"上机"、"中下根"虽是指"教门"的三个层次的人,实际并不这样严格。延寿旨在会通禅、教,把诸教的大量教法吸收到禅宗之内,认为一般禅宗僧俗(所谓"初学"、"观浅"者等)也应当修持念佛法门。《万善同归集》卷上载有一段问答:

> 问:唯心净土,周遍十方,何得托质莲台(按:此指《无量寿经》、《阿弥陀经》等经所说坐在莲华台的阿弥陀佛),寄形安养,而兴取舍之念,岂达无生之门?欣厌情生,何成平等?
>
> 答:唯心净土者,了心方生。《如来不思议境界经》云:三世一切诸佛,皆无所有,唯依自心。菩萨若能了知诸佛及一切法皆唯心量,得随顺忍(按:相当菩萨修行过程"十地"中的四、五、六地,接近体认无生之理的阶位),或入初地,舍身速生妙喜世界(按:《维摩经》所说维摩诘居士原居之佛国),或生极乐净佛土中。故知识心方生唯心净土,著境只堕所缘境中。既明因果无差,乃知心外无法。又平等之门,无生之旨,虽即仰教生信,其乃力量未充,观浅心浮,境强习重,须生佛国,以仗胜缘,忍力易成,速行菩萨道。

延寿假托的问者身份应是禅僧,所问话的大意是:既然讲"唯心净土",周遍十方一切佛与净土不离自心,那么如何又说有西方安养(安乐、极乐)世界的阿弥陀佛呢?劝人厌弃现实人间,往生极乐世界,岂不违背大乘佛教的一切诸法空寂无实,无有生灭和平等不二的道理吗?延寿借答语表示,"唯心净土"只有对达到识心见性(了心,即心是佛)的人才存在,如唐实叉难陀译《如来不思议境界经》所说,如果修行者体认诸佛和一切事物皆是心性显现,就可立即进入菩萨十地中较高阶位,最后将达到佛的境地;但如果心中对佛的净土有特定追求("著境"),便可往生妙喜世界或极乐净土等。修行者如果对诸法平等、无生之理虽然相信,但尚未完全体悟,容易取相执著,如果往生佛国之中,可以凭借那里的优越条件迅速完成菩萨道的修行。

概言之,延寿这里所说的"唯心净土"有两点:一是认识心为万法及佛之本源,必定成佛,进入净土;二是有此认识,但却有特定追求,即可往生所向往的净土，二者皆由自心决定。这种解释与《维摩经》和以往禅僧所说的净土脱离修行阶段、具体方位的说法是有所区别的。

延寿也提出"唯心念佛"和心净则随处"化生"净土的思想。《万善同归集》卷上载：

> 唯心念佛，以唯心观，遍该万法。既了境唯心，了心即佛，故随所念无非佛矣。①

以万法唯心所造的观点来观想一切，观想佛，如果领悟一切外境、佛皆是心，那么随心念之所至，到处有佛，无一不是佛。

他还说，"六道"众生差别的形成，全是由心决定的：一念之中有嗔、恚、邪淫之心，便形成下地狱的业因；如此类推，有悭贪不施舍、愚痴暗蔽、傲慢自大之心，则形成生为饿鬼、畜生、修罗之业因；坚持五戒为生为人的业因，精修十善则为生到天界的业因。如果证悟人空之理则为声闻业，认识因缘性空即为缘觉业，六度齐修为菩萨业，"真慈平等即佛业"，接着说：

> 若心净，即香台宝树净刹（按：佛国净土）化生，心垢则丘陵坑坎秽土禀质。皆是等伦之果，能感增上之缘。是以离自心源，便无别体。《维摩经》云：欲得净土，但净其心，随其心净，即佛土净。又经云：心垢故众生垢，心垢故众生净。……故知一切归心，万法由我，欲得净果，但行净因。②

在禅宗那里，"心净"意味着体认诸法性空，没有分别、取舍之心，也就是做到"见性"。据称，达到这一境地，遍地香台宝树的极乐世界便会在眼前显现，而如果相反"心垢"，则所处是丘陵遍布坎坷不平的污秽之地。认为"一念心"之因，便产生相应的果，或为"六道"，或为"四圣"；心之净垢，便招致或为净土或为秽土的显现，结论是："一切归心，万法由我"。

延寿"唯心净土"和"唯心念佛"的思想基本上仍遵循了禅宗的注重转变

---

① 《大正藏》卷48，第967页上。
② 《万善同归集》卷上，载《大正藏》卷48，第968页下至第969页上。

心性，自修见性的宗旨。

（二）念佛和往生极乐净土的思想

在中国净土信仰发展史上，东晋慧远（334—416）最早提倡念佛法门，被后世奉为净土宗初祖。此后，东魏昙鸾（476—542）撰《往生论注》等，用"难行道"（净土教以外的教法）、"易行道"（净土教）、"自力"（净土以外法门）、"他力"（净土法门）的概念构建净土教的判教学说，在提倡观想念佛之外还提倡口称念佛。隋代天台宗创始人智𫖮（539—598）撰《观无量寿经疏》及《净土十疑论》（含有后世增加的内容）等，也提倡念佛法门。唐代道绰、善导正式创立净土宗。道绰（562—645）撰《安乐集》，在继承昙鸾净土学说的基础上对净土念佛思想有进一步的发展。善导（618—681）撰《观无量寿经疏》，特别提倡口称念佛，称之为"正定之业"，认为一切人，乃至罪恶重的人，只要口称念佛，皆可往生极乐净土。此外有善导弟子怀感撰《释净土群疑论》，对净土念佛法门有系统论释，以引证唯识学说解释净土思想和批评三阶教的理论最具特色。

延寿在《万善同归集》中讲述净土念佛思想时除引用很多有关大乘经典外，还引用智𫖮《净土十疑论》、怀感《释净土群疑论》及《安国钞》（作者不详，也许是安国寺僧彻[①]）等，但从其没有提到或引用昙鸾、道绰、善导的名字和著作来看，似乎没有直接受到他们的影响。

延寿的净土念佛思想大致有以下几点：

（1）认为对心性之理"正解了然"者可以修"唯心念佛"，以证"无生"达到解脱，但对于那些"信心初具，忍力未圆"或"初心菩萨"，即普通的修行者，可以发愿往生净土，修持念佛法门。引经典说："生安养者，缘强地胜，福备寿长，莲华化生，佛亲迎接，便登菩萨之位，顿生如来之家，永处跋致（按：不退转）之门，尽受菩提之记"，意为通过往生极乐净土，必然最后达到最高觉悟。又引《安国钞》、《释净土群疑论》宣传净土的种种安乐和利益。[②]

（2）认为不论是坐禅观想念佛，例如，按照《观无量寿经》所说的观想西

[①] 《宋高僧传》卷六〈京兆大安国寺僧彻传〉载，僧彻为其师知玄所撰《大无量寿经疏》著《法灯》二卷以解释发挥。载《大正藏》卷50，第744页下。

[②] 《万善同归集》卷上，载《大正藏》卷48，第967页中下。

方净土的日、水、地、树……无量寿佛、九品（九个等级的众生）往生的景象等十六个方面（十六观），还是在坐禅以外时间（处于"散心"的状态）称念佛的名号，皆可往生。《万善同归集》卷下说：

> 九品经文，自有升降，上下该摄，不出二心：一、定心，如修定习观，上品往生；二、专心，但念名号，众善资薰，回向发愿，得成末品，仍须一生归命，尽报精修，坐卧之间，常面西向，当行道礼敬之际，念佛发愿之时，恳苦翘诚，无诸异念，如就刑戮，若在狴牢，怨贼所追，水火所逼，一心求救，愿脱苦轮，速证无生，广度含识，绍隆三宝，誓报四恩（按：父母恩、国主恩、众生恩、三宝恩），如斯志诚，必不虚弃。……如要临终十念成就，但预办津梁，合集功德，回向此时，念念不亏，即无虑矣。①

是说按照《观无量寿经》中描述"九品"人往生的经文，可知往生净土者生前或修禅观，或专心念佛，同时还修持其他善行（读经、持戒、孝养父母等），只要心意专诚，就能够在死后往生净土；如果平时积功累德，有往生之愿，临死前哪怕称念十声佛号，也能往生净土。可见，延寿的净土念佛思想基本上仍沿袭传统佛教的净土法门，既劝导信徒坐禅观想念佛，也提倡口称念佛，并且劝人广修功德。这与善导法系特别提倡口称念佛是有区别的。

禅宗的"唯心净土"、"唯心念佛"与念佛往生极乐净土的思想在理论上本来是互不相容的，但在延寿的禅、教会通结合的理论体系中，硬将两者结合起来。这是延寿净土思想的特色。这一思想对宋代以后的佛教界影响较大。宋代以后中国盛行的实际是以禅宗为主体的融合型佛教，在净土信仰方面既主张"唯心净土，自性弥陀"，又提倡观想念佛、口称念佛和往生极乐净土，认为二者并行不悖。② 应当说，在这方面延寿是先行者。

四 论佛教与儒教、道教异同和会通

在延寿著作中对三教的比较和评论是很有意思的。唐代华严宗澄观在《华

---

① 《大正藏》卷48，第968页下。
② 请参考日本柴田泰《宋代的净土思想》，载杨曾文、日本镰田茂雄合编，中国社会科学出版社1997年出版的《中日佛教学术会议论文集》。

严经疏演义钞》、宗密在《华严原人论》中都对三教同异有过比较和评论，虽对老庄道教、儒家都有批判，认为佛教中的华严宗教理最高最圆满，但从法界缘起圆融无碍的角度又承认佛教各宗、佛教与儒、道二教可以会通，同归"真性"之源。延寿对三教的评述显然也受到他们的影响，但也具有自己的特色。

延寿以"一心为宗"，认为这就是禅宗、华严宗的根本宗旨。心或真如、佛性、法性既是世界本源和本体，又是众生生来秉有的心性，个人心性的染净决定能否达到觉悟解脱。延寿认为这种说法比儒家以"元气"、道教以"自然"为本源、本体的说法优越。《宗镜录》卷七十七有一段问话：

问：三界初因，四生（按：佛教对众生的分类，有胎生、卵生、湿生、化生）元始，莫穷本末，罔辩根由。庄老指之为自然，周孔名之为浑沌。最初起处，如何指南？

答：欲知有情身土真实端由，无先我心，更无余法。谓心法刹那自类相续，无始时界，展转流来，不断不常，凭缘凭对，非气非禀，唯识唯心。《肇论钞》云：老子云：无名天地始，有名万物母。若佛教意，则以如来藏转变为识藏，从识藏变出根身、器世间、一切种子。推其化本，即以如来藏性为物始也。[①]

道家和道教认为，天地万物源于道或自然。《老子》第四十二章曰："道生一（按：道始于一，或谓浑沌之气），一生二（按：阴阳二气），二生三（按：阴阳和合之气，或谓天、地、人），三生万物。"第二十五章曰："人法地，地法天，天法道，道法自然（按：道以自然为法则）。"引文所引庄老的"自然"也就是"道"，因为按《老子》的原意，道的本性是自然而然的，无所效法者。儒家认为元气是世界本源。引文所说周孔的"浑沌"，当是取自《易纬》〈乾凿度〉，说天地之形成经历未有气的"太易"、开始有气的"太初"、似将生物的"太始"三个阶段后，进入"太素"阶段，此时"气似质具而未相离，谓之浑沌"，大概是指天地未开辟之前的"元气"。延寿不同意这些说法，认为"心"为万物的本源，此"心"即是《楞伽经》等经所说的"如来藏"，由于受到"无明"烦恼污染，便成为"识藏"（阿梨耶或阿赖耶识），然后从中

[①] 《大正藏》卷48，第842页中。

变现出众生的身体、世界和隐藏于心识之中的能够继续变现万物、发生作用的精神功能（"一切种子"）。对此，延寿根据法相宗的唯识理论在书中作了详细的论证。

其次，他认为，在三教各自遵循的根本宗旨也有差别。他引澄观《华严钞》（《华严经疏演义钞》）说："缘起深义，佛教所宗。自古诸德多云：三教之宗，儒则宗于五常，道宗自然，佛宗因缘……"（取自《演义钞》卷六十四）① 认为道教以"虚无自然"为宗旨，儒家以五常伦理（仁、义、礼、智、信）为宗旨，而佛教以因缘为宗旨。延寿在论述中是以华严宗教理为最高准则的，他说佛教的"因缘是所宗"，实际就是以华严宗所说的"一心缘起"为宗。华严宗的因缘观就是"一心缘起"论，认为一心法界缘起重重无尽，理事、事事圆融无碍。

延寿认为，在三教中佛教最高，甚至利用社会上流行的伪书来证明儒、道二教原本出自佛教。《万善同归集》卷下载有一段问答。有人问：儒道二教虽然尊重佛教，为什么后代有人"毁谤不信"？延寿以答者的身份回答说，"儒、道先宗，皆是菩萨，示劣扬化，同赞佛乘"，然后引证伪经《西升经》、《符子》和《列子》中孔子答商太宰嚭关于"西方圣人"的话，说老子曾尊佛为师，孔子尊佛为圣人；又引现存《吴书》所未有的阚泽答孙权谓佛教比孔老优越的话称："孔老设教，法天制用，不敢违天；诸佛设教，诸天奉行，不敢违佛。"又引伪经《起世界经》说，佛曾派二位菩萨到震旦（中国）传法，一位是老子，原本是"迦叶菩萨"；一位是孔子，原本是"儒童菩萨"。延寿发挥说，自古凡"有利益于人间者，皆是密化菩萨"。他以此说明儒、道二教原本出自佛教。他批评说，现在儒道二教的人对此不知，竟反对佛教。他说道教的人只知道每日画符炼丹、醮祭拜神；儒教的人"志乖淳朴，意尚浮华"，卖弄文才，"此皆违背先德，自失本宗"，他们毁谤佛教的目的是为了显示自己高深。然后说：

> 佛法如海，无所不包。至理犹空，何门不入？众哲冥会，千圣交归。真俗齐行，愚智一照。开俗谛也，则劝臣以忠，劝子以孝，劝国以绍，劝家以和。弘善，示天堂之乐；惩非，显地狱之苦。不惟一字以为褒，岂止

---

① 《大正藏》卷48，第819页上中。

五刑而作戒？敷真谛也，则是非双泯，能所俱空，收万象为一真，会三乘归圆极，非二谛之所齐，岂百家之所及？①

是说佛教内容广泛，无所不包，拥有很多贤圣，从其俗谛来讲，不仅包括儒教的忠孝纲常名教，而且它的天堂地狱的因果说教对于弘善止恶也可发挥作用；从其真谛来讲，认为世界万有空寂，原是真如之心的显现，在教法上三乘会归圆教（与下面的"圆教一乘"一样，在延寿心目中实指华严、禅二宗），是超越百家中任何一家的。

他在《宗镜录》卷三十三还引"古释"来论证三教会通，说：

百家异说，岂文言之能惑者？此明于三教不惑，各立其宗。儒有二十七家，若契五常之理，即无惑也。黄老有二十五家，若契虚无，亦无惑也。释有十二分教，若了本心，亦无惑也。然则三教虽殊，若法界收之，则无别原也。若孔、老二教，百氏九流，总而言之，不离法界，其犹百川归于大海。若佛教圆宗一乘妙旨，别而言之，百家犹若萤光，宁齐巨照？如大海不归百川也。②

是说儒教以五常为宗旨，道教以虚无为宗旨，而佛教以本心为宗旨。三教各自虽有不同派别，但只要与本教的根本宗旨相契合，就无所惑。认为儒、道二教及百家之说，虽不能与佛教的"圆宗一乘"相比，然而从"一心"法界是万法之本来说，它们毕竟也是"一心"的产物，三教百家也是可以会通的。应当指出的是，延寿心目中的会通，实际是在奉所谓"圆教一乘"为最高地位的前提下，将儒、道及百家置于佛教的某个范围（俗谛）而已。然而这种观点毕竟不是将儒、道二教与佛教绝对对立起来，是有利于佛教与儒、道二教的和平相处，彼此交流的。

宋代是佛教诸宗融合和三教会通、互相吸收进入更高阶段的时期。延寿继承唐代宗密的思想，强调以禅、华严二宗的心性理论为基础会通禅、教，并且也笼统地提出三教会通的思想，应当说是反映了时代思潮的。

---

① 《大正藏》卷48，第988页上中。
② 同上书，第608页中。

第四节　道原及其《景德传灯录》

在 20 世纪二三十年代先后从朝鲜发现久佚的《祖堂集》，在山西赵城发现《金藏》和日本发现《宝林传》之前，宋道原《景德传灯录》是盛行于世的最早的一部禅宗灯史。此后相继出世的灯史有：北宋临济宗居士李遵勖撰《天圣广灯录》、云门宗惟白撰《建中靖国续灯录》、南宋临济宗悟明撰《联灯会要》、云门宗正受撰《嘉泰普灯录》，史称五灯；南宋普济将五灯删繁就简，编为《五灯会元》。

禅宗标榜直承佛、西土诸祖直至菩提达磨及中土列祖之法，师师相传，"以心传心"；灯能照暗，以法喻灯，谓代代传法如同传灯，故称这类史书为"灯史"；又因以记述语录为主，也可称之为"灯录"。这种史书与以往的梁慧皎《高僧传》、唐道宣《续高僧传》和宋赞宁《宋高僧传》等分类编撰僧人传记体史书不同，一是只收编禅宗僧人的传记和语录，二是严格按照禅法世系编录，可以称之为以记言为主的谱录体禅宗史书。

《景德传灯录》三十卷的作者道原，也作道源、道元，属法眼宗，是上承法眼文益的天台德韶的弟子之一。

一　永安道原

在唐末五代先后成立的禅门五宗当中，法眼宗成立最晚。法眼宗创始人文益（885—958）在立宗传法过程中得到南唐国主的大力支持，门下的得力弟子有 60 多人，其中最有名并且影响最大的是天台德韶（890—971）。德韶受到吴越国主钱弘俶的崇信，被封为国师，门下有著名弟子 49 人，其中最著名的是以撰《宗镜录》、《万善同归集》著称的永明延寿。道原作为法眼宗的禅僧，在《景德传灯录》第二十五卷至第二十六卷中对法眼宗法系的禅僧的传记语录作了最大篇幅的记述，然而在德韶的嗣法弟子中却找不到他的名字。为什么呢？看来他是遵照中国古来修史的传统，在自撰的史书中不为自己立传。

在《景德传灯录》出世 20 多年之后，李遵勖编撰的《天圣广灯录》卷二十七载有"台州天台山德韶国师法嗣"五人传录，其中载有道原的传录。全文不长，转录如下：

> 苏州承天寺永安院道原禅师
>
> 上堂。有僧问：如何是佛？师云：咄，者（这）游陀罗。进云：学人初机，乞师方便。师云：汝问什么？学云：问佛。师云：咄，者游陀罗。
>
> 又僧问：如何是佛法道理？师云：与蛇画足，为鼠穿逾（按：当为穴）。进云：还报国恩也无？师云：不唯负国，兼乃谤吾。
>
> 又僧问：如何是祖师西来意？师云：问者如牛毛。进云：请师答牛毛之问。师云：师（狮）子咬人不逐块。进云：怎么即学人造次也。师云：一等学问，罕有阇梨。
>
> 问：莲花未出水时如何？师云：馨香菡萏。进云：出水后如何？师云：绝消息。
>
> 问：如何是学人自己？师云：十字街头寻不见，乐桥亭下问船翁。进云：怎么即一切皆是也。师云：演若（按：《楞严经》卷四所载狂走寻找己头的演若达多）之狂未是狂。
>
> 问：承古有言，向上一路，千圣不传。如何是向上一路？师云：盘山太无端。进云：未审千圣还垂慈也无？师云：也与盘山不较多。

这里记述的全是语录，看不到道原的生平事迹，自然也没有记载他曾编撰《景德传灯录》。然而可以明白无误地知道道原上承法眼宗的天台德韶，传法的地方是苏州承天寺永安院。在北宋云门宗僧契嵩（1007—1072）所编撰的《传法正宗记》卷八记载大鉴（慧能）之十一世"天台山德韶国师"的法嗣弟子五十一人，最后一位是"苏州承天道原"。

上面所引就是他与参禅者之间关于禅法的问答。在禅宗南宗盛行后，各大丛林盛行参禅问道，禅师与参禅僧众之间通过各种机智的问答表述对空与有、真谛与俗谛、烦恼与菩提、修行与解脱、众生与佛等的见解。然而，禅宗认为引导达到解脱的至高真理和觉悟境界是不能用语言文字正面表达的。禅师对于诸如上引"如何是佛"、"佛法道理"、"祖师西来意"、"学人自己"（本来面貌）、"向上一路"（菩提之道）等问题，一般都不作正面回答，往往采取回避，或用问东答西、反诘语来搪塞过去，甚至以棒喝等动作来应付，目的是启示参禅者自修自悟。道原对弟子的提问也是这样对待的。

正是这位道原禅师，是《景德传灯录》的真正作者。

二 从《佛祖同参集》到《景德传灯录》

《景德传灯录》书名中的"景德"是取自宋真宗的年号，自公元 1004 年至 1007 年。此书卷三、卷四所载"东土六祖"的传录在记述他们去世的年代之后，都特别注明此时至"皇宋景德元年甲辰"的年数，例如在菩提达磨传后载："师自魏丙辰告寂，迄皇宋景德元年甲辰得四百六十七年矣"，在慧可、僧璨、道信、弘忍、慧能传录之后皆有类似记述。因此一般皆以景德元年（1004）作为《景德传灯录》的编撰年代。然而从实际情况考虑，全部《景德传灯录》的最后完成应在此年之后。

自唐朝以来，佛教图书只有得到朝廷批准才能在社会上合法流行。自从宋太宗太平兴国七年（982）在太平兴国寺置译经院（后改传法院）以来，组织翻译佛经成为朝廷的一项重大事业，任命大臣担任润文官，后以宰辅为译经使兼润文官主持译经事务，按期将新译佛经及中国佛教撰述呈献皇帝，然后才诏编入藏。道原在完成《景德传灯录》之后，便将此书进献朝廷。

此书在刚刚完成时并非称《景德传灯录》，而是称《佛祖同参集》。[①] 杨亿《佛祖同参序》说，随着禅宗的盛行，"诸方大士各立宗徒，互显师承，迭存语录"，唐代圭峰（"圭山"）、宗密曾"合会众说"，撰写《禅源诸诠集》（《禅诠》），融通诸家，然而此书久已遗失，仅存《禅源诸诠集都序》。在这种情况下，道原出来编撰《佛祖同参集》，书成之后请杨亿写序。序谓：

> 东吴道原禅师，乃觉场之龙象，实天人之眼目。慨然以为，祖师法裔，颇论次之未详；草堂[②]遗编，亦嗣续之孔易。乃驻锡辇毂，依止王臣，购求亡逸，载离寒暑，自饮光尊者（按：迦叶），迄法眼之嗣，因枝振叶，寻波讨源，乃至语句之对酬，机缘之契合，靡不包举，无所漏脱，

[①] 日本石井修道，大东出版社 1987 年出版的《宋代禅宗史的研究》第一章"《景德传灯录》的历史性格"第二节"《佛祖同参集》与《景德传灯录》"，对杨亿《景德传灯录序》和《佛祖同参集序》两文做了对比，指出二者的相异相同的部分，探讨改编后的《景德传灯录》与《旧录》《佛祖同参集》侧重点的差异及其原因。笔者参考了此书。

[②] 草堂指宗密，他曾住圭峰下草堂寺。"草堂遗编"自然是指《禅源诸诠集》。

孜孜纂集，成二十卷。理有未显，加东里①润色之言；词或不安，用《春秋》笔削之体。或但存名号而蔑有事迹者，亦犹乎《史记》之阙文；或兼采歌颂，附出编联者，颇类夫载籍之广记。大矣哉，禅师之用心，盖述而不作者矣。②

大意是说，道原认为以往的禅宗史书对历代相承的祖师传记的论述和编次不够周详，宗密的《禅源诸诠集》（此当指仅存的《都序》）在记述师资传法世系上也过于简单，于是便居留京城，在王公大臣的支持下，购求亡逸典籍资料，编撰《佛祖同参集》，记述从迦叶开始的西土列祖至东土历代祖师，直到法眼文益的法系，广泛收录历代禅师的机缘语句，该润色的润色，该简略的简略，没有机缘语句者仅录其名，还收录偈颂箴歌之类编于书后，共二十卷。这里是说"二十卷"有两种可能：或是"三十卷"之误，或许原书本有二十卷，在进献朝廷前后改编为三十卷。

《景德传灯录》前所载宋杨亿的序，与前序相应的部分是：

有东吴僧道原者，冥心禅悦，索引空宗，披奕世之祖图，采诸方之语录，次序其源派，错综其辞句，由七佛以至大法眼之嗣，凡五十二世，一千七百一人，成三十卷，目之曰景德传灯录，诣阙奉进，冀于流布。③

说道原参阅历代祖师世系，采集诸方语录，按照禅宗派系，编录传法语句，从过去七佛、西土二十八祖、东土六祖（菩提达磨为西土二十八祖兼东土初祖）、曹溪慧能下一世南岳与青原、青原下十一世（法眼文益下三世），共五十二世，1701人，书成30卷，奉献朝廷。应当说，此书就是前面提到的《佛祖同参集》，大概在进献朝廷前才改名为《景德传灯录》。杨亿等奉真宗诏对此书加以"刊削"、"裁定"，序称此书为"旧录"。杨亿此前已看到道原《佛祖同参集》并且应请作序，也许道原向朝廷献书是由杨亿引荐的。

《景德传灯录》是道原所撰的最有力的旁证是由宋真宗钦定的经录《大中祥

---

① 东里，是地名，春秋时郑国子产居此，负责为国书辞令润色。《论语·宪问》："子曰：为命，禅谌草创之，世叔讨论之，行人子羽修饰之，东里子产润色之。"
② 杨亿《武夷新集》卷七，台湾商务印书馆出版的《四库全书》第1086册集部25。
③ 《大正藏》卷51，第195页下。

符法宝录》。此录由译经僧惟净等多人编于大中祥符四年至八年（1011—1015），而署名"奉敕编修"的是当时的兵部侍郎、译经润文官赵安仁、翰林学士杨亿。此录在社会上早已佚失，1933年在山西赵城广胜寺发现《金版大藏经》时，从中也发现此录和北宋另两个经录《天圣释教总录》、《景祐新修法宝录》的残卷，后被收入《宋藏遗珍》之中。近年由中华大藏经局编纂的《中华大藏经》第73册也收有《大中祥符法宝录》。此录卷二十〈东土圣贤著撰二之三〉在提要介绍《景德传灯录》三十卷各卷内容之后说：

  右此录者，诸祖分灯，随方化导传法徒侣，记诸善言也。谈无遣有，焕乎方便之奥枢；即色明空，寂尔灵源之妙指。纪斯法印，以示禅流。
  有东吴僧道原，采摭成编，诣阙献上。乃诏翰林学士左司谏知制诰杨亿、兵部员外郎知制诰李维、太常丞王曙同加刊定，勒成三十卷。大中祥符四年诏编入藏。

这与《景德传灯录》前面所载杨亿撰写的序完全一致，并且提供此书是在宋真宗大中祥符四年（1011）编入大藏经的信息。

直到宋徽宗崇宁三年（1104）云门宗僧惟白编撰《大藏经纲目指要录》时，对于道原是《景德传灯录》的作者没有提出任何异议，卷八录目《景德传灯录》三十卷，谓：

  东吴僧[1]道原集录上进真宗皇帝，敕翰林学士杨亿作序，入藏流通，赐逐年圣节（按：皇帝生日）度僧一名，今苏州承天寺永安院恩泽是也。[2]

这里又提供一个新的信息：道原献书之后，宋真宗赐他原在的苏州承天寺永安院每年可以度僧一人。

然而此后经过不到30年，有人公开对此提出异议。后世最流行的源于元延祐三年（1316）刻本《景德传灯录》的后面，附有南宋绍兴壬子（绍兴二年，公元1132）郑昂写的跋，称：

---

[1] 僧，《大正藏》本作"传"。前引杨亿的两个序皆称道原是"东吴僧"，可见"传"乃"僧"之误。
[2] 《昭和法宝目录》第二册，第768页中。

  右《景德传灯录》，本住湖州铁观音院僧拱辰所撰。书成，将游京师投进。途中与一僧同舟，因出示之。一夕，其僧负之而走，及至都，则道原者已进而被赏矣。此事与郭象窃向秀《庄子注》同[1]。拱辰谓：吾之意欲明佛祖之道耳。夫既已行矣，在彼在此同，吾其为名利乎！绝不复言。拱辰之用心如此，与吾孔子"人亡弓，人得之"[2]之意同。其取与必无容私。又得杨文公（按：杨亿谥号）具择法眼以为之删定，此其书所以可信。[3]

意谓《景德传灯录》作者是湖州拱辰，在携书进京的途中与道原同舟，道原将书窃走先行到京进献朝廷受赏，拱辰不与计较，从此世上认定道原是《景德传灯录》的作者。这一说法曾产生实际影响。[4]
然而此跋所说没有事实根据，是不足凭信的。
首先让我们将其中涉及的人物和事实搞清楚。陈垣在《中国佛教史籍概论》中提出：

  拱辰者，金山昙颖之嗣，李遵勖之侄禅师也。金山颖、西余辰之名，始见《建中靖国录》四及八。道原之名见《天圣录》，又见《传法正宗记》，先于《建中靖国录》者凡八十年。《景德录》十三、《正宗记》八，记临济之嗣，皆止于拱辰之前二代，尚未有金山颖之名，拱辰更无论矣。

  道原、拱辰确实卒年无考，然两家先世卒年幸存，亦略可比较。韶国师卒于开宝五年壬申，年八十二，道原当生于五代之时。金山颖卒于嘉祐五年庚子，年七十二，后韶之卒，凡八十九年。则辰与原实不相接，何由

---

[1] 此出自《世说新语·文学篇》。据《晋书·向秀传》，郭象《庄子注》是以向秀注为基础又加以发展的。
[2] 此语出自《公孙龙子·迹府第一》，谓楚王丢失弓，左右人打算寻找，楚王止之，说："楚人遗弓，楚人得之，又何求乎？"孔子听说后认为楚王尚未达到仁义境界，说："人亡弓，人得之而已，何必楚。"
[3] 《大正藏》卷51，第465页中。
[4] 陈垣《中国佛教史籍概论》曾举出《四部丛刊》三编本张菊翁跋谓："著此书者名道原，而实拱辰也。"又，近代出版《频伽大藏经》在总目《景德传灯录》下特注："旧题宋道原纂。"石井修道《宋代禅宗史》的研究第一章第三节举出日本圣仆义谛撰《禅籍志》卷上引郑昂之说，以为《景德传灯录》为拱辰撰。

有同舟相遇之事乎！①

事实已经清楚，这里想再稍加说明。

郑昂跋中所谓与道原同舟的湖州西余山拱辰，属临济宗禅僧，著有《祖源通要》（也称《禅源通录》）三十卷（《五灯会元》卷十二）。其师是达观昙颖（989—1060），上承首山省念—石门蕴聪的法系，曾著《五家宗派》，在宋惠洪《禅林僧宝传》（1116年成书）卷二十七有其传，明确记载他"年十三依龙兴寺为大僧"，时间应是公元1001年，即宋真宗咸平元年；十八九岁游京城，此后参谒曹洞宗大阳明安（警玄，943—1027），然后到襄州石门山参蕴聪禅师，并为其弟子。他此时当在二十岁以上，时间在宋真宗大中祥符元年（1008）之后。拱辰为其弟子，再早也不会早于此时。然而道原编撰《景德传灯录》是景德年间（1004—1007）在京城（杨亿《佛祖同参集序》所谓"驻锡辇毂"）完成的，既不可能与拱辰同舟，甚至也不可能与他会面。

陈垣在《中国佛教史籍概论》中还指出，郑昂可能听信当时的谣传才在跋文中说道原窃取拱辰的书稿的。造谣者出于宗派之见，看到拱辰撰有《祖源通要》三十卷与《景德传灯录》"体制相类"，便造出此谣以攻击法眼宗。现在已发现新的资料可以对此完全澄清。

宋神宗时曾任参知政事的张方平（1007—1091），自称"乐全居士"，在熙宁四年（1071）为拱辰所撰《禅源通录》二十四卷撰序。序文中说：

> ……自宾钵罗窟诸圣贤众相结集多罗等藏②，其纪述之来尚矣。至于中华，则有萧梁《续法》，元魏《付法藏传》，以至于唐《宝林》、《心要》、《祖堂》等集，国朝《传灯录》，时代师承，本末详备。近吴兴有具寿僧拱辰，道意纯熟，禅寂为乐……阅上以来诸传集录，正其差讹，揽其精要，推明统本，总括横枝，若网在纲，条目不紊……彻照今古，乃无尽灯。又续法眼之后，至治平（按：宋英宗年号，1064—1068）之末，达磨法嗣通十有九世，凡二十四卷，题曰禅源通录。③

---

① 陈垣《中国佛教史籍概论》，中华书局1962年版，第97页。
② 此指佛教史上在释迦牟尼去世后在王舍城毕钵罗窟由弟子大迦叶主持，阿难等比丘参与的佛经结集。"多罗"，即"修多罗"，是佛经梵文的音译。
③ 张方平《乐全集》卷三十三，台湾商务印书馆出版《四库全书》第1104册集43。

序中提到的佛教史书有：《续法》，是梁宝唱撰《续法轮论》[①]；《付法藏传》，传为北魏吉迦夜与昙曜共译；唐代《宝林》，即智炬编《宝林传》，久佚，20世纪30年代先后从日本、中国赵城《金藏》中发现七卷残本；《心要》，当为唐裴休集编黄檗希运的语录而成的《传心法要》；《祖堂》即五代南唐静、筠二禅僧编《祖堂集》，中国久佚，20世纪20年代从朝鲜发现；国朝《传灯录》自然是指道原编撰《景德传灯录》。序文最后提到的是拱辰编撰的《禅源通录》。因为此书是收集以往"诸传集录"，"揽其精要"而成，所以也被称为《禅源通要》，原有二十四卷，大概以后才扩展为三十卷。[②] 可见，拱辰的《禅源通录》或《祖源通要》与道原的《景德传灯录》完全是两回事。

据以上所述，郑昂跋文所谓道原窃书之说可以永远休止了。

三 杨亿、李维、王曙对《景德传灯录》的刊削、裁定

道原编撰的《景德传灯录》在进献朝廷后，真宗诏翰林学士左司谏知制诰杨亿、兵部员外郎知制诰李维、太常丞王曙同加刊削裁定，编为三十卷，直到大中祥符四年（1011）才诏编入大藏经，得以流传全国。

下面，先将他们的生平略作介绍。

杨亿（974—1020），字大年，自幼善诗文，淳化（990—994）年间命试翰林，赐进士第，迁光禄寺丞、直集贤院，后迁著作佐郎。真宗即位，拜左正言，历任左司谏、知制诰、判史馆。景德三年（1006）十一月召为翰林学士。大中祥符初（1008）加兵部员外郎、户部郎中。七年（1014），以秘书监任汝州知州，官至工部侍郎。以善文史，娴习典章制度著称，并"留心释典禅观之学"。大中祥符四年至八年（1011—1015），杨亿与兵部侍郎、译经润文官赵安仁奉敕编修《大中祥符法宝录》。杨亿在知汝州期间常参问临济宗首山省念弟子广慧元

[①] 据唐道宣《续高僧传》卷一〈宝唱传〉。另，宋契嵩《传法正宗记》卷五"评曰"谓他"少闻耆宿云：尝见古祖图引梁宝唱《续法记》所载，达磨至梁当普通元年（按：520年）……"此仅为传闻，不可信。

[②] 日本石井修道最早注意到张方平撰《禅源通录序》，曾撰《宋代禅籍逸书序跋考》（载1977年10月《驹泽大学佛教学部论集》第八号）予以介绍，在《宋代禅宗史的研究》第一章第三节〈关于永安道原〉中又引述此文，认为据此可以解决以往对《景德传灯录》作者的疑问。

琏（951—1036）。杨亿承赵安仁担任润文官之后，在天禧四年（1020）与丁谓先后被任为润文官。著有《杨文公谈苑》、《武夷新集》、《西昆酬唱集》等。年四十七卒，谥曰文。（《宋史》卷三百五〈杨亿传〉、《景祐新修法宝录·总录》等）①

李维，举进士，真宗时宰相李沆之弟，历任户部员外郎、中书舍人、兵部员外郎、知制诰、翰林学士、史馆修撰，仁宗时迁工部尚书。曾出使契丹，并多次受诏接待契丹使者。以文章知名，参与编修《真宗实录》、《续通典》、《册府元龟》和修订《七经正义》。（《宋史》卷二八二〈李维传〉）在天禧三年（1019）宰相丁谓任译经使兼润文时，李维与晁迥同为润文官；在乾兴元年（1022）再任润文官；天圣二年（1024）宰相王钦若任译经使时仍任润文官。与杨亿友善，曾劝杨亿留心佛教，"勉令参问"，在杨亿知汝州时曾致书给他述其师承广慧元琏禅师的始末。②

王曙，真宗咸平（998—1003）年间经举贤良方正科策试中式入仕，历任太常丞、尚书工部员外郎、龙图阁待制、以右谏议大夫为河北转运使、权知开封府。其妻是寇准之女，景德三年（1006）二月寇准遭贬罢相，他也受牵连一再遭贬。仁宗时召为御史中丞兼理检使，在玉清宫遭火灾后奏请不再修复，并请罢诸祷祠，以尚书工部侍郎参知政事，因疾请罢，改户部侍郎、资政殿学士，知陕州、河南府，再经吏部侍郎至枢密使、拜同中书门下平章事。"喜浮屠法，斋居蔬食，泊如也。"与曹洞宗大阳警玄（943—1027）有交往，警玄（避讳改警延）死前寄给他一首偈，曰："吾年八十五，修因至于此，问我归何处，顶相终难睹。"（《禅林僧宝传》卷十三〈大阳延禅师传〉）王曙有文集40卷，撰《周书音训》、《唐书备问》、《庄子旨归》、《列子旨归》及编《两汉诏议》等。（《宋史》卷二八六〈王曙传〉）据《景祐新修法宝录·总录》，景祐元年（1034）诏吕夷简任译经使兼润文，王曙同润文。

可见杨亿、李维与王曙三人虽经历不同，但都与佛教有着不解之缘，对佛教都有相当的造诣。他们奉诏刊定《景德传灯录》的时间，应在景德三年（1006）十一月杨亿任翰林学士之后。据杨亿序文"迄兹周岁，方遂终篇"，当在景德四年（1007）底或大中祥符元年（1008）完成。然而据南宋李焘《续资

---

① 关于杨亿，本书第七章设专节介绍。
② 《天圣广灯录》卷十八、《五灯会元》卷十二。杨亿致李维的信，被元延祐本《景德传灯录》附于书后。

治通鉴长编》卷七十一记载,直到宋真宗大中祥符二年(1009)正月庚辰(二十四日),经杨亿等人上书,才"刻板宣布"。

此后三人都曾担任译经润文官,参与过佛经翻译。杨亿虽与僧人有广泛接触,但最后师承临济宗的广慧元琏禅师。李维、王曙对禅宗也有相当了解。从他们的经历看,可能杨亿、李维二人始终参与裁定《景德传灯录》的工作,王曙因岳父寇准在景德三年遭贬而未能参加到底。

那么,杨亿等人是如何刊定《景德传灯录》的呢?下面根据杨亿的序加以说明。

首先,杨亿等人对原著的基本宗旨和风格表示赞赏,在这方面没有什么变动。序谓:"考其论撰之意,盖以真空为本,将以述曩圣入道之因,标昔人契理之说。机缘交激,若拄于箭锋;智慧发光,旁资于鞭影。诱导后学,敷畅玄猷。"是说《景德传灯录》以禅宗主要依据的融会大乘空有理论的"真空妙有"思想为本,揭示以往圣贤达到觉悟的原因,载录前人契合菩提之道的语句,记述禅师学人之间针锋相对的问答,通过实例表明引发智慧需要师友的启示和鼓励,以此来诱导后学,弘扬玄奥的佛法。

其次,认为书中记述历代禅师开示禅法的语录,既有不少糟粕,也有精华可寻,虽学人理解不同,但皆可从中得到启发,为保持原来语句的宗旨和风格,皆一仍其旧,不再加以润色。序谓:"捃摭之来,征引所出,糟粕多在,油素可寻。其有大士示徒,以一音而开演,含灵耸听,乃千圣之证明,属概举之是资,取少分而斯可。若乃别加润色,失其指归。既非华竺之殊言,颇近错雕之伤宝。如此之类,悉仍其旧。"

他们对原书("旧录")所做的刊削、修改主要体现在以下几个方面:

(1)为使全书叙述连贯,语句通畅雅致,所载人物事迹翔实,对原书中前后记述矛盾之处和表述粗俗的语句,所载儒臣居士的问答语句和他们的姓氏爵位有不符合历书纪年和史书者,皆加以删除。所谓:"事实纪实,必由于善叙;言以行远,非可以无文。其有标录事缘,缕详轨迹,或辞条之纷纠,或言筌之猥俗,并从刊削,俾之纶贯。至有儒臣居士之问答,爵位姓氏之著明,校岁历以愆殊,约史籍而差谬,咸用删去,以资传信。"

(2)为别于以往以记述僧人传法感应事迹和参游经历为主的"僧史"(《唐高僧传》、《宋高僧传》等)和唐宗密的《禅源诸诠集》,强调突出以"传灯"为喻的本书宗旨,着重记述历代禅师如何因材施教,以巧妙而凌厉的机锋语句,开示学人领悟自己本有的清净真心，阐释佛法中"苦、空"之深理的；保留"旧录"记述的传法世系，以标明师承关系；对于因取舍失当，未能将精善部分收录的内容，只要其他文集、史书有记载，则广加搜寻予以补充。所谓："自非启投针之玄趣，驰激电之迅机，开示妙明之真心，祖述苦空之深理，即何以契传灯之喻，施刮膜之功？若乃但述感应之征符，专叙参游之辙迹，此已标于僧史，亦奚取于禅诠。聊存世系之名，庶纪师承之自。然而旧录所载，或掇粗而遗精，别集具存，当寻文而补阙，率加采撷，爰从附益。"

（3）为防止书后附编过于冗长，原书所载录序、论及非古代高僧之文，皆予以削除。所谓："逮于序论之作，或非古德之文，间厕编联，徒增楦酿，亦用简别，多所屏去。"①

可见，杨亿等人为刊削、修订《景德传灯录》也付出艰辛努力，是功不可没的。

四 《景德传灯录》的版本

大藏经也称"一切经"，是总汇佛教典籍的丛书，原来是用手抄写，在北宋开宝四年（971）开始用木版雕印，太平兴国八年（983）完成，称《开宝藏》，此后陆续有增补和修订。宋真宗大中祥符四年（1011）下诏将《景德传灯录》编入大藏经，此后历代刻印的大藏经，例如，宋代的私版《崇宁藏》、《毗卢藏》、《碛砂藏》，元代的私版《普宁藏》，金朝的私版《赵城藏》（广胜寺本），明代的官版《洪武南藏》、《永乐南藏》、《永乐北藏》、私版《嘉兴藏》，清代的官版《龙藏》，近现代的《频伽藏》、《普慧藏》等，皆收编此书。此外，日本的《弘教藏》、《大正藏》等也收编此书。② 此外还有一些《景德传灯录》的单行本。

在这些大藏经所收编的《景德传灯录》中，以宋本为主流，其次是源于元代延祐三年（1316）湖州道场禅幽庵的刻本（简称延祐本）。

现存金《赵城藏》（部分残缺）基本是以宋《开宝藏》（包括增补）为底本刻印的。近年由以任继愈教授为首的中华大藏经编辑局编纂，中华书局出版的《中华大藏经》就是以《赵城金藏》底本，以《高丽藏》、《房山石经》、《资福

---

① 以上所引杨亿序文，皆载《大正藏》卷51，第196—197页。个别字据《普慧藏》本加以校正。
② 童玮编《二十二种大藏经通检》第372页，中华书局1997年版。

藏》、《碛砂藏》、《普宁藏》、《永乐南藏》、《龙藏》等藏校补完成的。其第74册所收《景德传灯录》除卷四、十四、二十一、二十三、二十六是补自《碛砂藏》本外，皆是《赵城藏》本，可以认为它基本保留了道原、杨亿旧本的原貌。全书分为"三帙"，每帙十卷，每帙前均有目录一卷，称"上帙目录"、"中帙目录"（今缺）、"下帙目录"，分别置于卷一、卷十一、卷二十一之前。这与《大中祥符法宝录》所载此书有目录三卷是一致的。此书卷首有杨亿写的〈刊修景德传灯录序〉，卷一题"僧道原纂"，卷末没有任何附录。此后明、清诸藏所收《景德传灯录》没有单列三卷目录，只在每卷首部刊载本卷目录，无杨亿序，每卷末有"音释"，其他基本相同。

此外，商务印书馆1936年编印《四部丛刊》三编所收《景德传灯录》据称是影印三种宋本合成，卷首增有〈西来年表〉（菩提达磨来华年表），据陈垣考证，此本已非道原、杨亿旧本。理由有二：一是其中记事以宋契嵩《传法正宗记》所记达磨来华和示灭年代为证，而契嵩此书完成于嘉祐六年（1061）；二是宋在景德年间撰《册府元龟》时纪年尚以南朝宋、齐、梁、陈为闰位，而以北朝为正统，直到司马光在光丰七年（1084）编出《通鉴》才改过来，然而此表纪年已同《通鉴》，故为后出。①

据俄国孟列夫《俄藏敦煌汉文写卷叙录》卷上记载，俄罗斯科学院东方研究所圣彼得堡分所收藏的汉文写经中有抄写于11世纪的《景德传灯录》第十一卷（首缺），云是"黑水城（按：今内蒙古额济纳旗东黑城）遗物"。书后附有此卷尾部的照片，在〈筠州末山尼了然章〉的正文间有小注："禾山代云：争得到者里。"② 禾山即唐代禾山无殷（？—960）是青原下六世，上承石霜庆诸。在小注中记载唐代禅僧的代语、别语等，是宋本的特色之一。

现在最流行的版本是源于元延祐三年刻本。19世纪80年代日本编印《弘教藏》（也称《缩刷藏》），所收《景德传灯录》为元延祐本。1913年上海频伽精舍以日本《缩刷藏》为底本刊印《频伽藏》，其《景德传灯录》自然也是元延祐本。此后日本编印《大正藏》所收《景德传灯录》直接取自《弘教藏》本，自然也是元延祐本。近代以来这些版本比较常见，被佛学界广泛使用。延祐本卷

---

① 陈垣《中国史籍概论》第95页。
② 孟列夫（Л. Н. 缅希科夫）主编《俄藏敦煌汉文写卷叙录》上、下册，上海古籍出版社1999年版。

首是杨亿的序，其次是〈重刊景德传灯录状〉，叙述元延祐三年（1316）湖州道场山护圣万岁禅寺僧希渭募捐将湖州路天圣禅寺所藏"庐山稳庵古册"（当为宋本的一种）重刊发行。此后是〈西来年表〉。正文三十卷，每卷前有目录，书后附有杨亿在知汝州任内"叙其始末师承"致李维的书信（出自《天圣广灯录》第十八卷）、元延祐三年希渭于道场禅幽庵重刊后记、南宋绍兴壬子（二年，1132）郑昂为福州大中寺知藏僧正再刊写的跋、天童宏智和尚为僧思鉴再刊写的疏、绍兴四年（1134）左朝奉大夫刘棐为思鉴再刊写的后序。可见，《景德传灯录》在元延祐本之前在民间已经有多次重刊。

从现存各种《景德传灯录》来看，应当说各种刊本对三十卷正文没有什么改动，它们的差别除表现在前面提到的或增加〈西来年表〉，或增加重刊序跋文字之外，还表现在各卷正文行间的小注方面。根据陈垣《中国佛教史籍概论》的提示，及笔者对全书小注作进一步的考察，得知本书小注有三种情况：

（1）道原、杨亿旧注，此占绝大部分，除解释性的注文外，有补充性的，如卷三〈菩提达磨章〉后面有："别记云：师初居少林寺九年，为二祖说法，只教曰：外息诸缘……更勿疑也。"还有大量禅话代语别语等，如卷六〈道一章〉载道一答某僧问，"乃画地一画云：不得道长短，答汝了也。"下有小注："忠国师闻，别云：何不问老僧。"[①] 再如卷十二〈义玄章〉的小注中载有很多沩山与弟子仰山禅语问答，等等。

（2）宋刻本附注，如载录东西诸祖的传录中小注中，多引契嵩《传法正宗记》以纠正《宝林传》纪年之误，卷三〈达磨章〉后面小注在考证达磨入灭年代等后说："凡此年代之差，皆由《宝林传》错误，而杨文公不复考究耳。"[②]

（3）元延祐本附注，如卷六〈慧海章〉后注："此下旧本有洪州百丈山惟政禅师章，今移在第九卷〈百丈山海和尚章〉下。"对所作改动进行说明。在卷十四〈天皇道悟章〉后小注大篇引宋代寂音惠洪《林间录》，谓据昙颖《五家宗派》引丘玄素碑等，认为有两个道悟，一为俗姓张氏的荆州天皇寺道悟，嗣石头；一为俗姓崔氏的荆州天王寺道悟，嗣马祖，其法系出了云门宗、法眼宗，称"今妄以云门、临济二宗竞者，可发一笑……"反映了注者欲以马祖—临济

---

① 《大正藏》卷51，第119页下至第220页上、第246页中。

② 同上书，第220页中。

法系兼并石头—云门法系的宗派之见。

《普慧藏》所依据的底本是民国八年（1919）常州天宁寺刻本，从全书校注看可能是源于某一宋本，而校之以上海涵芬楼影印宋本、宋碛砂藏本、金藏本《传灯玉英集》、元延祐本，明嘉兴藏本、清《龙藏》诸本，相当精审。

五 《景德传灯录》的结构、内容和价值

在中国禅宗发展史上，《景德传灯录》是中国第一部经皇帝钦定由国家发布流行的禅宗灯史。然而在它之前，已存在由民间禅僧编撰的禅宗灯史。唐代北宗禅僧净觉《楞伽师资记》、杜胐《传法宝纪》以及成都保唐禅派的《历代法宝记》，已初具禅宗灯史的性质，但篇幅较小，也很朴素，记述或以北宗为正统，或以成都保唐禅派为正统，后来随着这些禅派的消亡它们也从社会上迅速消失。以慧能为祖的南宗在8世纪后期迅速兴起，而马祖的法系和石头的法系在唐后期发展迅速，并且成为禅宗的主流派，到五代时从中形成禅门五宗。9世纪以后由这两大法系的禅僧撰写的灯史有智炬《宝林传》、玄伟《圣胄集》、惟劲《续宝林传》和五代静、筠二禅僧编撰的《祖堂集》等，是中国禅宗深刻演变历史的生动写照。《宝林传》现只存残本，《圣胄集》、《续宝林传》现已不存，《祖堂集》虽国内早已失传，但20世纪在韩国发现，现在国内也有印本。[①] 从《景德传灯录》的结构和内容来看，它在编撰过程中特别是吸收了《宝林传》、《圣胄集》和《续宝林传》的内容。

《景德传灯录》是以记言为主的谱录体禅宗史书，共三十卷，记述从佛教所尊奉的七佛到南宗慧能法系的后裔法眼法嗣，共52世（代）1701人的传承简历和语录。全书基本结构如下：

（一）卷一至卷二

过去七佛：毗婆尸佛、尸弃佛、毗舍浮佛、拘留孙佛、拘那含牟尼佛、迦叶佛、释迦牟尼佛；

天竺二十七祖：从第一祖摩诃迦叶至第二十七祖般若多罗，还包括二祖阿难旁出末田底迦、第二十四祖师子尊者旁出达摩达等22人，共50祖师。

[①] 详见拙著《唐五代禅宗史》第九章，中国社会科学出版社1999年版。

七佛名称、从毗婆尸佛至迦叶佛的偈颂，释迦牟尼佛传法于大迦叶时的偈颂（传法偈）、从大迦叶到般若多罗的二十七祖名称和传法偈等与《祖堂集》相同。虽然现在难以证明《景德传灯录》编撰者知道和参阅过《祖堂集》，但参照现在残存《宝林传》（前六佛缺），可以看出这部分是源自《宝林传》的。《宝林传》所编造的西天二十八祖传承世系、"佛祖传法偈"及"谶偈"等，为《祖堂集》、《景德传灯录》等共同继承。《景德传灯录》卷二〈第二十四祖师子比丘章〉原注："事具《圣胄集》及《宝林传》。"也是证明。

（二）卷三至卷四

天竺第二十八祖兼中华初祖菩提达磨；中华二祖（统称第二十九祖）慧可至五祖（第三十二祖）弘忍。在六祖慧能之前，一代只正传一人，其他弟子称为"旁出"。著录从达磨至弘忍历代的旁出203人之名，实际仅载录其中31人的传记语录，其他皆以"无机缘语录"不录。[①] 以牛头宗创始人法融作为四祖道信的旁出弟子，载录从法融至慧忠六世及其法系的禅师传录。以北宗神秀作为五祖弘忍的旁出弟子，载至五世相承传录。中华五祖传录也有不少内容取自《宝林传》。从中国禅宗发展史来说，从达磨至四祖僧璨是禅宗的史前期，而至四祖道信、五祖弘忍时才正式形成作为隋唐佛教宗派之一的禅宗。

（三）卷五

中华第六祖（统称第三十三祖）、南宗创始人慧能及其法嗣43人，载录其中19人。慧能传录的资料或出自《六祖坛经》，或出自《曹溪大师传》，也有的可能出自《宝林传》（今残本中缺此部分）。在慧能传录后面，编撰者说："得法者除印宗等三十三人各化一方，标为正嗣。其外藏名匿迹者，不可胜纪，今于诸家传记中略录十人，谓之旁出。"[②] 可见，这里所说的"正嗣"已经不限于一人，而是拥有自己的寺院传法于一方者，其中有广州印宗、青原行思、南岳怀让、温州永嘉玄觉、司空山本净、婺州玄策、曹溪令韬、西京慧忠、荷泽神会等。"旁出"是姓名事迹不显者，有西印度堀多三藏、韶州法海、吉州志诚、江

---

① 此据《大正藏》本，下同。《大中祥符录》卷二十在《景德传灯录》项谓旁出216人，有17人"不出世"（未任寺院住持传法）不录，在录199人，与此差距甚大。"不出世"即未任寺院住持传法，《景德传灯录》称"无机缘语句"者。

② 《大正藏》卷51，第237页上。

西志彻等人。

（四）卷六至卷十三

慧能弟子南岳怀让九世相承及慧能别出二世474人，载录222人，252人不录（仅在目录中载其名而不载其传录）。①《景德传灯录》实际以南岳、青原二支作为曹溪慧能的正嗣法系，而将神会、慧忠等人的二世以下皆作为"曹溪别出"的法系。南岳—马祖法系的禅师的传录集中载录于此八卷。唐后期马祖的法系兴盛，二三传后出了临济宗、沩仰宗。

（五）卷十四至卷二十

慧能弟子吉州青原（或作"清源"）行思六世相承376人，载录260人，116人不录。②《景德传灯录》编撰者道原属于青原—石头法系，记述这一法系的篇幅最大，这七卷所载录的是第一部分。自石头下经过二、三代至洞山良价、曹山本寂以及雪峰义存时，石头法系迅速兴盛。洞山、曹山法系形成曹洞宗。雪峰门下繁盛，一世嗣法弟子占卷十八、十九两卷，其中有云门宗创始人文偃。卷十九有雪峰弟子惟劲的传录，谓他撰《续宝林传》四卷，记贞元（785—804）之后"禅门继踵之源流"，又著《南岳高僧传》"皆流传于世"。可见《景德传灯录》也取材于这两种书。

（六）卷二十一至二十六

青原行思第七世至十一世相承507人，载录377人，130不录。③雪峰下二世的传录占卷二十一至卷二十二两卷，从罗汉桂琛门下出了法眼文益，其法系为法眼宗；云门二世人才济济，多达60多人。这一部分最后二卷所载是青原九世至十一世的传录，是法眼下一世至三世，皆属法眼宗。

（七）卷二十七至卷三十

记述历代有神异传闻和在禅法上有所造诣的僧人和居士的事迹，如南朝梁神僧宝志、善慧（傅大士）、陈南岳慧思、隋天台智𫖮、唐僧伽、五代布袋和尚

---

① 《大中祥符录》卷二十谓有513人，278人不录，载录135人。
② 《大中祥符录》卷二十谓379人，116人不录，载录263人。
③ 《大中祥符录》卷二十谓有546人，132人不录，载录414人。

等人的传记；著名的有代表性禅师的语录、公案；在丛林间被广泛引用的偈颂、歌赞等。《大中祥符录》卷二十说："或举事照理，或接物随机，启迪初心，流传来裔，乃禅悦之香饭，法乐之正性也。"

综上所述，《景德传灯录》既重传法世系，又重传法语句，主要内容包括：记述中国禅宗所尊奉的佛祖传承世系、祖师传说与事迹；唐代禅宗南宗的形成并发展为主流；唐五代禅师简历与传法语句；五宗形成与禅法。所依据的资料除前面提到的外，主要是流传于丛林间的语录、文集，还有历代禅师的行录、碑文、塔铭等。

《景德传灯录》因为由宋真宗降诏由身居高位的著名儒臣杨亿、李维、王曙详加刊定，最后又诏入大藏经流通全国，影响很大。

在《景德传灯录》出世后 24 年，即宋仁宗景祐元年（1034），吏部侍郎、知枢密院事王随将此书删节编为《传灯玉英集》十五卷，进呈仁宗，不久降敕入藏，由印经院雕版刊行，并受到奖谕。王随，《宋史》卷三一一有传，官至门下侍郎、同中书门下平章事（宰相），"性喜佛，慕裴休之为人"。《嘉泰普灯录》卷二十二载，他曾参谒临济宗首山省念禅师，据称"得言外之旨"。现残存赵城金藏本《传灯玉英集》卷十五有他写的后序，其中称《景德传灯录》是"圣代之奇书，为真乘之妙教，垂千劫而不朽，度群品而有赖"，并说：

> 臣早已余暇，恭披是录，精究义谛，偶达宗旨，而又顾绳縢之重，卷帙稍广，谅参学之者，津携颇难。因思佛门律论，尚资纂钞；儒家史传，具存纪略，遂择乎精粹，撮其机要，删为十五卷，题之曰传灯玉英集。①

可见王随鉴于《景德传灯录》分量太重（当时为卷子本），卷帙过大，不便携带参阅，便删繁就简，编为原书一半篇幅的《传灯玉英集》。

此外，据宋代晓莹《罗湖野录》卷上所载，宋神宗曾任参知政事的赵抃（1008—1084）参谒云门宗天钵重元，得受禅法，曾致书富弼，并送节本十卷。

两宋期间，李遵勖编《天圣广灯录》、惟白编《建中靖国续灯录》、悟明编

---

① 此书金藏残本收录于 1935 年上海出版的《宋藏遗珍》。蓝吉富编，台湾文殊出版社出版的《禅宗全书》第 3 册为此书复印本。

《联灯会要》、正受编《嘉泰普灯录》以及普济编《五灯会元》等灯史的相继出现,莫不受《景德传灯录》的影响。续编灯史和简编《传灯录》的现象,反映了宋代在进入宋真宗、仁宗二朝及其以后,禅宗在社会上广为盛行的事实。

第 三 章

北宋云门宗的兴盛

第一节 北宗云门宗的地理分布及早期名僧

一 宋代云门宗的世系和传播区域

云门宗由五代时期韶州云门寺（在今广东乳源县）的文偃（864—949）创立，因为得到十国之一的以广州为都的南汉政权的支持，曾十分兴盛，门下弟子和参禅者有时达千人之多。[①] 文偃的嗣法弟子很多，据《景德传灯录》卷二十二至卷二十三的记载有 61 人，后来《天圣广灯录》卷载有 37 人，但其中有 10 人已经载录《景德传灯录》。北宋云门宗名僧契嵩所著《传法正宗记》晚出，其卷八载文偃的嗣法 88 人。

自然，这 88 位不可能是文偃嗣法弟子的全部，应当是其中比较著名者，绝大多数人有在某一寺院担任住持的经历。从这些弟子名字前面所冠的地名，可以大体推测出云门宗在五代后期和宋初的地理分布。按现在的省份来看，其中分布在广东的人最多，有 32 人，仅在韶州（治所在今广东韶关）就有 24

---

① 详见拙著《唐五代禅宗史》第八章第四节，中国社会科学出版社 1999 年版。

人；其次是江西，有12人，分布在庐山、信州（治今江西上饶市西北）；再次是湖南，有11人，分布在潭州（治今长沙）、岳州（治今岳阳）等地；湖北也有11人，分布在郢州（治今钟祥市）、襄州（治今襄樊市）等地。此外，安徽有7人，四川有5人，江苏、陕西、山西各有1—2人。他们是云门下一世，生活在五代后期到北宋太祖、太宗朝。在云门宗发展史上影响较大的有在益州青城香林院的澄远（908—987），在襄州的洞山守初（910—990），在鼎州（治今湖南常德）德山的缘密，在随州（治今湖北随州市）双泉山的师宽、仁郁，在韶州白云山的子祥等禅师。

云门之下二三世时，云门宗得到迅速发展，而到云门之下四五世时（从仁宗至哲宗朝，1023—1101年）是云门宗在北宋最为兴盛的时期。在禅宗史书中，编著于南宋宝祐元年（1253）的《五灯会元》是汇集"五灯"而成，除继承各禅史按南岳、青原二系编排传录外，并按各个宗派分叙，便于查阅。现据此书卷十五、十六载录的云门宗传记语录，略述从云门下二世以后云门宗著名禅师传法的地理分布[①]。

云门下二世52人，在湖南、湖北各有12人，广东有8人，江西有5人，四川有4人，此外在河北、浙江、安徽、陕西等地也有一二位禅师。对后世较有影响的禅师有蕲州（治今湖北黄梅县）五祖山的师戒，是双泉师宽的弟子；随州（治今湖北随州市）智门寺的光祚（？—1031），是香林澄远的弟子；吉州（治今江西吉安市）西峰祥符寺的云豁（942—1011），是金陵（今南京）清凉院智明禅师的弟子。

云门下三世42人，在湖北有10人，湖南有9人，江西有8人，浙江有6人，另外河南、四川、广东、福建等地也有一二位禅师。此时云门宗开始向江浙一带扩展，著名禅师有筠州（治今江西高安市）洞山晓聪（？—1030），是鼎州文殊院应真的弟子；明州（治今浙江宁波）雪窦寺的重显（980—1052），是智门光祚的弟子；饶州（治今江西波阳）荐福寺承古（970—1045），虽自以承嗣云门文偃自任，但实际是潭州（治今湖南长沙）福岩寺良雅的弟子。

云门下四世44人（不包括居士，下同），浙江有16人，江西有9人，湖南有4人，福建有4人，此外在广东、安徽、湖北、河南、山东等地也有一二位禅

[①] 此书所载禅师中有少数人仅录其名而没有章次，也有的没有介绍传法地方，因此下面仅依据载录传法地方的多数人的传记考察。

师。此时云门宗在江浙地区广泛传播，并应朝廷招请入京传法，在朝野士大夫当中迅速扩大影响。著名禅师有越州（治今浙江绍兴）天衣寺的义怀（993—1064），是雪窦重显的弟子；庐山圆通寺居讷（1010—1071），是襄州延庆山子荣的弟子；在明州育王山寺传法的怀琏（1009—1090），是洪州（治今江西南昌）泐潭寺怀澄的弟子；钱塘（杭州）佛日禅院的契嵩（1007—1072），是洞山晓聪的弟子；南康军（治今江西南昌）云居山了元（1032—1098），是庐山开先寺善暹的弟子。

云门下五世60人，在浙江有20人，福建有11人，江西有8人，江苏有7人，安徽有4人，河南（皆在京城）有4人，此外在河北、山东、四川等地也有传法者。云门宗进入极盛时期。著名禅僧有在东京（今河南开封）慧林寺的宗本（1020—1099），法云寺的法秀（1027—1090），他们皆是天衣义怀的弟子。

云门下六世49人，在浙江有10人，江苏有7人，安徽有6人，河南有6人，湖南有3人，另外在湖南、湖北、陕西、山东、河北也有传法者。有影响的禅师有东京法云寺的善本（1035—1109），是慧林宗本的弟子；东京法云寺惟白，是法云法秀的弟子。

云门下七世46人，在浙江有20人，江苏有7人，河南有7人，福建有5人，安徽有3人，此外在湖南、山东也有传法者。云门宗开始衰落。著名禅僧有福州雪峰山寺思慧（1071—1145），是法云善本的弟子；福州雪峰山寺宗演，是卫州（治今河南卫辉市）元丰院清满的弟子。

1125年金灭辽国以后，举兵南下侵犯宋土，在攻入开封掳获徽、钦二帝北归的当年（1127），宋朝旧臣拥戴赵构为帝成立南宋。此后禅宗的传播中心南移，而随着临济宗的兴盛，云门宗后继无人，迅速走向衰微，并趋于消亡。

云门下八世19人，在浙江有8人，福建有3人，江西有2人，另外在湖南、江苏等地也有禅师传法。著名禅僧有在临安净慈寺的道昌（1089—1171），径山能仁院的了一（1091—1155），二人皆是雪峰思慧的弟子。

云门下九世5人，在临安有2人，另外在江西、湖北、山东各1人；云门下十世1人，在临安。

二 北宋初期云门宗的著名禅僧

云门文偃之下的第一世弟子中有不少人生活到宋统一王朝建立之后。他们在适应新的社会环境中积极开展传法活动。至云门下二三世时，大体相当于从宋太宗至仁宗前期的五六十年之间，由于朝廷有意扶持禅宗的传播，云门宗得以迅速发展，为以后云门宗的兴盛打下基础。

这里仅对其中影响较大的云门下的一世香林澄远、洞山守初；二世智门光祚、祥符云豁；三世洞山晓聪，进行概要介绍，而对属于云门下三世的承古、重显将设专节详加介绍。

（一）香林澄远、洞山守初

益州香林禅院澄远

澄远（908—987），汉州绵竹县（在今四川省）人，俗姓上官，在成都真相院出家，十六岁受具足戒后，先游访今陕西一带地方，后转至今湖南潭州（今长沙），到龙牙山法济禅寺参谒曹洞宗居遁（835—923）。当时还是五代十国时期。马殷（852—930）占据湖南，建立楚国，以潭州为长沙府，迎请居遁到潭州龙牙山传法。澄远在居遁门下对禅宗开始有所了解。后南越五岭，到韶州云门寺师事文偃禅师十八年，受学云门禅法。

此后，澄远回到四川成都。当时占据四川的是由孟昶为王的后蜀国，宋太祖乾德三年（965）出兵灭后蜀，才将四川复归统一。澄远先是应请住入导江县迎祥寺（时称水精宫）天王院，在后蜀广政二十四年（北宋乾德二年，公元964年）经嘉王奏请，任香林禅院的住持。据《宋史》卷四七九〈西蜀孟氏传〉，嘉王是孟昶之弟孟仁操，"尤奉释氏，深究其理"。后蜀灭亡后，宋太宗雍熙四年（987）二月，知府宋珰（《宋史》卷二七六有传）奏请澄远住入成都普安院。澄远在当月遍向众官辞行，说是要"行脚去"，此后召集弟子说："老僧四十年来不能打成一片。"言毕坐逝，年八十岁。知府宋珰主持葬礼，将他的遗体安葬在香林院方丈之北。（《建中靖国续灯录》卷一〈澄远章〉）

澄远继承自慧能以来提倡的"识心见性"的禅法，引导弟子在"悟道见性"上下功夫。自唐期以来，禅宗界盛行四处行脚访师参禅之风，然而不少人忘记自悟自性的根本宗旨。当年义玄、文偃等禅师对此都有过批评。澄远上堂提醒门下说：

是汝诸人，尽是担钵囊向外行脚，还识得性也未？若识得，试出来道看；你若不识得，只是被人热瞒将去。且问你诸人：是你参学，日夕用心，扫地煎茶，游山玩水，你且钉钉，唤什么作自性？诸人且道：始终不变不移，无高无下，无好无丑，不生不灭。究竟归于何处？诸人还知得下落所在也未？若于这里知得所在，是诸佛解脱法门。悟道见性，始终不移不虑，一任横行，一切人不奈你何。（《建中靖国续灯录·澄远章》）

意为出外行脚参禅，应时刻将体认自性置于心头，不仅应当知道自性具有"不变不移"等特质，同时还应当知道此性最后归到何处。做到这点，就好像买地同时得到"元本契书"（地契）一样，可以放心主动地去参禅学道。

他所说的"性"、"自性"自然是指佛性、法身，禅宗根据大乘佛性学说认为人人生来具有。那么，性最终到底归于何处？澄远虽没有明确回答，然而在他向弟子的言谈中实际是认为性体空寂，没有形体，它在一定情况下"假借父母胞胎、地水火风、五谷气味资持，随阴阳成长，有一个形体"，但在百年五十年之后，又回归四大（地水火风），根本没有凡夫性与圣人性的区别。他说："还实有舍凡夫位，入圣人位么？若言有，头上按头；若言无，斩头觅活。"是说性虽没有凡、圣之别，然而对于性的自身是既不可言有，又不可言无的。

尽管如此，当有人向他请教："法身极则处，请师一言。"他回答："出入自在。"（《建中靖国续灯录·澄远章》）意为自性法身可以自由出入人的身体，看来也将自性当作寄附在肉体上的灵魂。这使人想起临济义玄当年以"无位真人"比喻自性，说它可以从人们的"面门"自由出入的话。[①]

同云门文偃及其他禅师一样，对于诸如何为"道"、"心"、"祖师（菩提达磨）西来意"等回避作正面回答的。他有时用暗示、比喻，如有人问，如何"保任"自性？他答："亲自闻知。"意为对此问题应当自己体认。有人问："如何是祖意？"他答："灵机自照。"也是启示他自己思考。禅宗不提倡执著文字语言，以超言绝相的真如佛性为第一义谛，相当于"主"。有人问："但有言句尽是宾，如何是主？"他答："长安城里。"问："如何领会？"他答："千家万户。"（《景德传灯录》卷二二〈澄远章〉）[②] 因长安曾是帝都，故以此比喻真如佛性是

[①] 请参见《临济录》，并可参考拙著《唐五代禅宗史》第八章第一节，中国社会科学出版社1999年版。

[②] 《大正藏》卷51，第387页上。

万物主宰（本体），又进而表示人人皆有此主宰，意为人人皆有佛性。有时的回答不着边际，如有人问："大道真源，如何得到？"答："问者是谁？"也有时回答含糊，可以做出不同解释。如有人问："如何是祖师西来意？"答："觌面相呈，更无余事。"有时用反诘语、问东答西等。（以上除引出处外，皆见《建中靖国续灯录·澄远章》）

澄远的弟子以随州（在今湖北）智门寺光祚最有名，北宋名闻一时的雪窦重显就出在他的门下。

襄州洞山守初

守初（910—990），俗姓傅，凤翔（在今陕西）良原人，年16辞母在渭州（治今甘肃陇西东南）崆峒山依沙门志谂剃发出家，后至泾州（治今甘肃泾川县北）舍利寺从净圆受具足戒，学习戒律学。他对律学不感兴趣，常执卷坐睡，后离开此寺，周游今陕西、湖北，辗转至湖南长沙报慈寺，夏安居结束，起程到韶州云门寺参谒文偃禅师。文偃问："近离何处？"他回答："查渡。"又问他在哪里过的夏安居，他答在湖南报慈寺。又问他何时离开此寺的。他答："八月二十五。"这都是些常见的问答。然而文偃忽然对他说："放汝三顿棒！"他一时罔然，不知所措。待了很久，才上前询问：自己的回答并没有错误，为什么要用棒打他呢？文偃呵斥他说："饭袋子！江西、湖南，便尔商略①。"据载，守初由此"大悟"，认为这是启示他今后的去向和如何处世。他立即表示："他日正当于无人烟处，不畜粒米，饭十方僧。"② 既然没有人烟，又无一粒米可以下锅，如何接待十方僧？这里包含着某种禅机，也许是表示将到一个清净处所传法，以般若空寂无相思想来教示前来参禅者？

他离开云门寺后，往北到了襄汉（汉水、襄河流域，这里当特指襄州，治今湖北襄樊市），在五代后汉乾祐元年（948）应请到洞山寺担任住持。此寺原为律寺，他改为禅寺。北宋太宗太平兴国六年（981），经尚书"石公"（当为石

---

① 宋本《景德传灯录》卷二十三〈守初章〉作"便怎么去"。（据普会藏本校注）《五灯会元》卷十五〈守初章〉同。

② 《大正藏》本《景德传灯录》（元本）〈守初章〉载为："从今已去，向十字街头，不畜一粒米，不种一茎菜，接待十方往来一个个，教伊拈却臢脂帽子，脱却鹘臭布衫，教伊洒洒落落地作个明眼衲僧，岂不快哉！"《古尊宿语要》卷四〈洞山初语录〉载守初上堂说法中也讲过这段话，其中"臢脂"作"炙脂"，"臢脂帽子"当为染有油脂污垢的帽子。鹘，是一种鸟，羽毛青黑色。这里用以喻布衫之色。"鹘臭布衫"当指黑色脏臭的布衫。守初以污秽衣帽比喻十方游脚僧的执著见解和身心烦恼。

熙载①）、襄州知州"赵公"上奏朝廷，认为守初"有道行，化于此邦，辅助圣化"，太宗下旨赐予文慧禅师号及紫袈裟予以表彰。守初在洞山寺传法40余年，于淳化元年（990）去世，年八十一岁。（以上主要引自《禅林僧宝传》卷八〈洞山守初传〉）

守初上堂说法、平时引导弟子和参禅者的禅语，在南宋赜藏主编的《古尊宿语要》卷四，后世几经改订增补于明初刊印的《古尊宿语录》卷三十八的〈襄州洞山第二代初禅师语录〉（以下简称《守初语录》）皆有记载，二者除个别字外完全相同。现主要依据前者对守初禅法略作介绍。

守初在多次上堂说法中对禅宗丛林间盛行的以种种语言、手势动作传法的形式主义做法表示不满，引导弟子自修自悟。他一次上堂，对参学者说：

楚南北面，汉水南江，击法鼓而会禅徒，举宗风而明祖道。若以扬眉瞬目，竖拳竖指，謦欬咳嗽，是厨中拭钵帛；道什么会也无，也是衲僧破草鞋；者（这）瞎汉，者漆桶，是个弄精魂鬼；总与么，总不与么，是东司头厕筹子。以此称提从上来事，尽是邪魔所作，谤大乘，灭胡种，与你天地悬殊。

若开口动舌，说向上向下，这边那边，玄会妙会，道出道入，君臣父子（按：曹洞宗的门庭施设中的"君臣五位"、"五位王子"），明体明用，尽是谤般若，埋没宗风，不识好恶，尿床鬼子，带累后人，无有了期，拽下绳床，趁出三门⋯⋯

第一段引文的前四句是说守在洞山聚徒传授禅法，此后所举的"扬眉瞬目"直至"总与么，总不与么"等，是列举禅宗丛林盛行的以眼神、动作和种种骂语、教示等来接引参学者的做法，他认为皆与真正的菩提之道没有关系，斥之为擦饭钵的帛、破草鞋、弄精魂鬼、东司（禅宗寺院负责事务的东序诸职）用来简单计数的筹牌，说用这种种方法来表达如何觉悟解脱的道理，无异于引人走邪道的魔法，实是在毁谤大乘，断绝佛的后代，是不可能引导参学者达到觉悟的。第二段引文是批评一些禅师讲述何为解脱（向上），何为轮回（向下），

---

① 据《宋史·宰辅表》，太平兴国六年石熙载迁户部尚书、枢密使。石熙载，《宋史》卷二六三有传。

引导参学者明辨空有、体用之道的做法，说这些做法不符合般若思想，并且是埋没宗风的。

守初对弟子说，个人与周围环境、生活日用的事情是密切结合在一起的，应当善于在这从中认识自己，体悟自己。他说："洞山不惜眉毛，打葛藤去也。葛藤之事，只在目前，万象森罗，乾坤大地，百千诸佛，日月星辰，地狱三途，起心动念，每日经历，皆是诸德自己。何不向这里体？当寻觅看，蓦然觑得，倜傥分明，不虚行脚，也自得个安乐田地。"禅宗称语言文字为葛藤，这里似乎是指周围环境和诸种事物。"打"当是指接触、辨析的行为，"打葛藤"是指以这种行为达到超脱的做法。守初认为自我与万物同体，要求参学者在日常生活中，在接触周围事物中来体悟"自己"（自性、本性），由此而达到觉悟解脱。那么，他说的觉悟自己是什么意思？在语录中他很少正面阐述，但从他的偈颂中可以大体了解。他在《随物通真颂并序》中说"至大莫若于道，至广莫若于法，无言表而不显于道，无物象而不出于法"，意为道、法（所谓"真"、真如、佛性）虽至大且广，但并非脱离万物和言语，因此人们应当在生活日用中体悟道、法，此即"随物通真"。他说：

> 现在目前，何易何难。将何指陈，表法无言。物之有物，言之有言，明明无碍，了了无边。见之成道，不用再三。物物是我，河沙体全；法法无法，言无可言。眼见耳闻，白日晴天，东西南北，竺土大仙（按：佛），印之可印，灯之灯传（按：灯史语录），著衣吃饭，文殊普贤……

另有《明道颂》说：

> 大道坦然①，廓落无边，了了虚彻，寂然何安？含容妙用，随物方圆。自本心法，众生迷源。道无别道，玄无别玄。向说不信，须要攀缘。识心是佛，了即是安。心将何识？识者何心？心识两亡，见道在先。从古至今，体自如然。凡圣共有，沙界同源。前贤后哲，悟此而传。著衣吃饭，语默言诠，不是别物，是个痴顽。快须提取，勿放狂颠。……人迷逐物，切要自看。自看得力，诸圣准则。行住坐卧，皆承恩力，成佛作祖，越此不得。

---

① 原作"怛然"，于意不通，此据《古尊宿语录》卷三十八〈守初语录〉改。

大意是说，真如佛性之道、法具有普遍性的性质，它无所不在，具有无穷的作用；是世界万有的本原，也体现在人们的日常生活之中，"随物方圆"。它虽从根本上说是超言绝相的，然而又不是说是离开言诠的。因为物我同体，从圆融的角度也可以说物物是我，如同河沙数量的现象本来是一个整体。因此，所谓菩提解脱之道，就在身边，行住坐卧，目睹耳闻，吃饭穿衣，无非是道。在没有体认它时，它是"痴顽"（根本烦恼），使人的言行受愚痴情欲牵引；而如果人们能够认真对待，"自看得力"，便可体悟自性，于是即烦恼是菩提，无须离开自然人间便可成菩萨成佛。

守初如同禅宗其他禅师一样，对于弟子或参禅者提出的何为佛性、佛法、心？何为道？何为佛？怎样达到解脱？何为达磨祖师西来意？……认为不可能用语言文字可以表达清楚，所以一般不作正面回答，或以他辞推开，或所答非所问，或对之以反诘语。有人问："如何是佛？"他答："麻三斤。""麻三斤"可以解释为麻有三斤，也可以解释为用三斤麻织成的布可以做一领衣衫①，等等，这些都是明明白白的事实，与"佛"可以说是不沾边的。然而，在这里是包含着禅机的，大概是说：佛是个名称，可以做出种种解释；佛就体现在平常不被人注意的各种事实之中。又有人问同样问题，他答："灼然谛当。"虽没有正面回答，但也包含审实不虚的意思。问："如何是清净法身？"他答："酱瓮里蛆儿。"可能是说法身无所不在，所以讲酱瓮里的蛆。有人问："如何是道？"他答："头不梳，面不洗。"也有人问同样问题，他答："还我话头来。"有人问："祖师西来意，请师直指。"他答："小儿不著鞋。"有人问："如何是心？"答："燕子不入楚。"……在这些回答中，有的虽含有"无为自然"等意思，然而也完全可以做出其他解释。

这种种看似不着边际的禅语，守初称之为"活句"，而如果语句的含义清楚明确，人们一听就理解，则是所谓"死句"。他一次上堂对弟子说：

　　语中有语，名为死句；语中无语，名为活句。诸禅德，作么生是活句？到者里（按：这里）实难得人。（《古尊宿语要》〈守初语录〉）

　　语中有语，名为死句；语中无语，名为活句。诸方只具啐啄同时，眼

---

① 详见日本人矢义高《麻三斤》，载日本《禅学研究》第 62 号，1983 年。

不具啐啄同时用到①。此实难得。人但爱不动一尘，不拨一境，见事便道②。若此辈，东西南北不知其数，要得脱落窠臼，活人眼目，不道都无，但可言少。皆坐不达根源，落在阴界，妄以为安，不知陷在死水……（《禅林僧宝传》〈守初传〉）

世上哪里有"语中无语"的语句？可以认为，所谓活句，实际是对某种问题不作正面解释，从中找不到与所问相对应内容，从而可以给人种种联想的余地；相反则是死句。引文"诸方"以下语句皆是对当时各地丛林一些禅师的批评。大意是说，他们对参学对象不做观察，不明根底，只是轻率地向参学者回答或解释禅法问题，没有切中问题的根本，不可能引导参学者体悟菩提之道，摆脱生死。那么，前面引述的他上堂正面讲述的语句和他的偈颂中的语句是死句活句？恐怕这不属于他说的死句活句的范围，仅限定在师徒禅法问答的场合。守初重视运用巧妙的语句启发门下弟子，曾说："九丹一颗，点铁成金；至理一言，转凡成圣。"说明他并非主张废弃语言。

当年马祖的弟子怀海曾提出死语、生语的提法，认为如同"即心即佛"等语是死语，属于"不了义教语"；"非心非佛"等则为活语，虽属"了义教语"、"生语"，然而也没有达到至高境界，只有彻底超越"语句"，"不著文字"，"割断两头句"（不执著两边），才是最高境界。（《古尊宿语录》卷一怀海〈广录〉）看来与守初所讲死句活句含义不同。

守初的弟子有潭州（治今湖南长沙）福严寺的良雅、荆州府（治今湖北江陵）开福寺的德贤等人。

（二）智门光祚、祥符云豁

随州智门寺光祚

光祚，俗姓、籍贯不详，嗣法于香林澄远禅师，先后传法于随州（治今湖北随州市）双泉寺、智门寺、复州（治今湖北天门市）崇胜院。现存《智门祚

---

① 引文中的"啐"原意为尝、饮；"啄"指鸟吃食。这里对守初语句试作解释。引文前面的"啐啄同时"，当是指禅师应参学者提问（啐）的及时答问（啄）；后面的"眼不具啐啄同时"，当是指禅师未能做到用眼神对参学者的疑意（啐）做出相应的示意（啄）。

② 尘即境，有六尘，指与六识相对的色声香味触法。所谓"不动一尘，不拨一境，见事便道"，不观察周围环境，不看对象，轻易地按自己的臆想或现成公案回答参学者的提问。

禅师语录》（下简称《光祚语录》）载《古尊宿语要》卷四，前有弟子雪窦重显写于宋仁宗天圣九年（辛未岁，公元 1031 年）蕤宾月（五月）五日的序。重显写此序时其师光祚大概已经去世，谓光祚"韶阳（按：韶州云门文偃）的孙，香林嗣子，辟天人之深域，振今古之洪谟，建化度门，高运寰海"。此序在后出的《古尊宿语录》卷三十九被置于卷后。此外，《天圣广灯录》卷二十二、《建中靖国续灯录》卷三、《联灯会要》卷二十七也载有光祚的传录。

上述灯史和语录很少记述光祚的生平事迹，但《光祚语录》提到：

> 因李都尉奏师紫衣，到日上堂。僧问：皇恩远降，紫服新披，未审师今将何报答？师云：头戴天，脚踏地。进云：恁么则知恩报恩也。师云：你也是老鼠吃盐。

据此，光祚是经过李都尉的奏请得到皇帝赐的紫袈裟，为此曾特地上堂说法。那么，这位李都尉是谁呢？当是李遵勖（？—1038）。他在宋真宗大中祥符（1008—1016）年间被召对便殿，娶真宗妹万寿长公主，授左龙武将军、驸马都尉，仁宗时官至宁国军、镇国军节度使，"通释氏学"，著有《间宴集》、《外馆芳题》，并编撰禅宗灯史《天圣广灯录》三十卷，受到仁宗的嘉奖并为其作序。（《宋史》卷四六四〈李遵勖传〉并《景祐新修法宝录·总录》）

下面据《光祚语录》对光祚的禅法略作介绍。

在光祚语录中虽也有很多语意含糊，令人难以捉摸的语句，然而有两点比较突出。

第一，他在说法中提醒门下弟子和参禅者注意把握中道、不二的思想。他曾上堂说：

> 汝若进一步，即迷其理；若退一步，又失其事；若也寂然地，又同无性。作么生免得其过？所以古人道：明知与么，故合不犯；正当与么时，切忌倾倒著。

所谓"理"，是指隐藏在世界万物背后、深处的含有本体意义的法性、佛性或真如；"事"是世界上千差万别的事物和现象。光祚主张修行者在言论和行为中对这两个方面皆不应迷失，对于诸如有与空（有时称为"无"）、色与心、烦恼与菩提、众生与佛、生活日用与究竟解脱等等对立的两个方面，皆应从它们之间存在的统一性上加以把握，能够真正体现中道、不二的精神。例如，就万法与真如来说，如果过于强调万法（世界一切事物和现象）的方面，便陷于事相，而对万法所依据的属于"理"的真如发生迷惑；然而如果不看万法的方面，只强调真如之理的方面，便对眼前属于"事"的万事万象茫然无知。如果不从中道、不二的角度把握事物，片面强调"空寂"的方面，既否定思虑，又拒绝一切行为，那就把自己等同于没有情识（无性）的东西。光祚认为正确的态度和做法是应当懂得上述中道不二的道理，注意使自己的思虑和行为不离开这个原则。

有一次他对弟子说："一法若有，毗卢佛（按：毗卢遮那佛，法身佛或报身佛）堕在凡夫；万法若无，普贤失其境界。正当与么时（按：意为正当此时），文殊向什么处出头（按：意为选择什么做法、出路）？若也出头不得，金毛师子腰折。"大意是，既不能片面强调"有"，也不能片面强调"无"（空）。如果是前一种情况，佛便不成其为佛；如果是后一种情况，作为体现一切修行法门的普贤菩萨便失去存在的价值。对于在这种情况下文殊的选择，光祚虽然没有正面回答，但已经暗示只能选择中道、不二的做法。

第二，强调自然、"无心"。他上堂说：

> 凡人见水是水，天人见水是琉璃，鱼龙见水是窟宅，饿鬼见水是火。你衲僧家唤作什么？你若唤作水，又同凡夫见；若唤作琉璃，又同天人见；若唤作窟宅，又同鱼龙见；若唤作火，又同饿鬼见。是你寻常还作么生（按：意为怎么着，如何办）？所以道：若是得底（按：的）人，道火不烧口，道水不溺身。你每日吃饭，还少得一粒吗？又古人道：终日著衣吃饭，未曾咬着一粒米，未曾挂著一缕线。虽然如此，又须实到这里始得。若未到这田地，且莫掠虚（按：食人余唾，没有自见）。

谓众生（佛教讲有三界不同生命体）从不同的地位和角度看待同样的事物可以得出不同的结论，例如面对同样的水，可以给予它不同的名称，或称水，或称琉璃，或称窟宅等等。这里的前提是观察者皆站在特定的立场。按照光祚的说法，在这种场合应当基于一切皆空幻不实和语言文字皆无实义的见解，采取相对主义的无所谓（无心或无念）的立场，称作火或水等，然而并不将它们与特定的属性相联系。观察事物如此，对每天穿衣吃饭也不认真计较。这就是

"得底人，道火不烧口，道水不溺身"，"终日著衣吃饭，未曾咬着一粒米，未曾挂著一缕线"。所称的"古人"可能是指唐朝的禅僧黄檗希运。据《传心法要》记载，黄檗曾说："终日吃饭，未曾咬着一粒米；终日行，未曾踏着一片地。与摩时（按：此时）无人我等相，终日不离一切事，不被诸境惑，方名自在人。更时时念念，不见一切相。"① 意为每日吃饭，行路，时时念念不停，虽没有脱离日常生活，但因为能在体认诸法性空的前提下舍弃是非、前后、好恶和取舍等分别之心，便在日常生活中达到了解脱。这种说法实际是沿袭了慧能当年所说"自性起念，虽即见闻觉知，不染万境，而常自在"（敦煌本《六祖坛经》）的"无念"禅法的路数。

光祚因为驸马都尉李遵勖的举奏，皇帝赐给他紫衣。对此紫衣，穿还是不穿？他曾上堂说："斯日皇恩，且道自何而降？老僧本志，弊衣遮幻质（按：虚幻的身体），粝食补饥疮。无何都尉闻天，荣颁紫报。着即又违本志，不着又负天心。挂不挂且致（按：当作'置'字），你道祖师挂什么衣？若也委悉（按：意为知道），许上座终日着衣，未曾挂着一缕丝；终日吃饭，未曾咬着一粒米。若不委悉，看老僧今日披衣去也。"于是披上钦赐袈裟。光祚是说，应当以"无心"或以"平常心"来看待钦赐紫衣，这样，虽穿上此衣也没有与穿普通僧衣不同的感觉。若有人知道这个道理，便可以这样做；不懂这个道理，可以从他的做法中得到启示。

基于这种见解，对于修行也应采取"无心"的态度，不设定某种目标而刻意地追求。他曾上堂说："若欲多求，恐妨于道。只如诸上座，还得道业成办也未？若也未办，千般巧说，不益其心；万种思量，是何道理？所以古人道：你若无心，我也休。晴乾不肯去，须待雨霖头。"意为到处求佛求法，听人百般讲说，自己反复苦思冥想，对于达到解脱（"道业成办"）并没有帮助，提示弟子将自然"无心"（无念）的原则贯彻到日用和修行当中。

经过唐末五代到宋初，禅僧在各大丛林之间行脚参禅之风盛行不衰，禅师传法授徒和接引参禅者的方式也风格迥异，形成不同的门风或"门庭施设"。《光祚语录》记载一段光祚上堂说法中提到这种情况的有趣的文字：

上堂云：诸上座，且得秋凉，正好进道决择。还有疑情，出来对众，

---

① 《大正藏》卷48，第384页上。

大家共你商量，理长处就。所以赵州（按：唐代禅僧赵州从谂）八十尚自行脚，只是要饱丛林，又且不担板。若有作者（按：这里包括参与决择禅法的禅师及参禅者），但请对众施呈。忽有骑墙察辨，呈中藏锋，忽棒忽喝，或旋圆相，忽象王（按：原意大象，这里比喻参与禅法决择的人）回旋，忽师子返掷，忽大作师子吼，忽拗折拄杖，忽掀倒禅床，但请施设。还有么？众无对。

表示门下徒众可以当众提出自己在修行中碰到的疑难问题，以求解答；也可以像当年赵州和尚等人那样到各地游方，访师参禅。他顺便提到丛林禅师传授禅法时的种种做法，或暂时察言观色不置可否，或巧妙表述心中禅机，或施用棒喝，或画圆相示意，或以回转身体的动作来暗示，或仿狮子回头顾视，或大声吼叫，或将夺折对方的拄杖，或将禅师的禅座推倒等。这些描述使我们对当时丛林间通行的传禅和参禅的情景有一个生动的了解。

在《光祚语录》后面载有光祚著有《纲宗歌》、《三巴鼻》、《示众》等。弟子中最著名者有明州雪窦寺的重显，宋代云门宗的兴盛就是从他开始的。《建中靖国续灯录·光祚章》说：光祚"出为师表，缁素咸宗。啐啄迅机，应酬飞辨。门下嗣法，悉世宗匠。都尉李侯，奏赐章服。坐灭虽远，道风益扬。法子法孙，愈久愈昌。"反映的是光祚法系（属于云门下三至五世）自仁宗朝至神宗朝的兴盛的情况。

吉州西峰祥符寺云豁

云豁（942—1011），吉州（治今江西吉安市）永和人，俗性曾，自幼弃儒出家为僧，后至金陵（今南京）清凉院参谒智明禅师，问："佛未出世时如何？"智明答："云遮海门树。"又问："出世后如何？"答："擘破铁围山。"据载，他当下大悟，并受到师的印可。此后回到吉州，在西峰宝龙寺居住传法，门下弟子渐多。

宋真宗大中祥符二年（1009）召请云豁入京进宫向他"访问宗要"，留止上苑，赐予"圆净"之号。不久，云豁执意辞归，真宗从其愿，给予丰厚赏赐，他皆不受；诏加侍者4人，赐给袈裟，并度其弟子4人；赋诗奖颂之。大中祥符四年（1011）诏改宝龙寺为祥符寺。去世之夜，鸣鼓集众，说偈曰："天不高，地不厚，自是时人觑不透，但看腊月二十五，依旧面南看北斗。"死时年七十。

在现存云豁的语录中仅存一段他回答"《易》中要旨"的话。他认为《周易》中借助卦象推演的道理与佛教是一致的，所谓：

> 夫神生于无形，而成于有形，从有以至于无，然后能合乎妙圆正觉之道。故自四十九衍，以至于万有一千五百二十①，以穷天下之理，以尽天下之性，不异吾圣人之教也。

意谓《周易》所谓阴阳不测的神妙变化起始于无形的状态（此当指《周易·系辞上传》所谓"易有太极，是生两仪"中的"太极"），然而由阴阳"两仪"产生形形色色的万物，最后再归于无形，运用卦爻数象推究天地变化之理、万物之性，与佛教的"妙圆正觉之道"是没有根本差别的。这是宋代禅僧迎合重视探究天理性命的社会思潮，在说法中强调儒佛会通的一个例子。

（三）筠州洞山晓聪

晓聪（？—1030），俗姓杜，韶州曲江（在今广东省韶关），幼年在离家不远的云门寺出家，博读佛典，离寺到今湖南、湖北一带地方游历，与僧众一起食宿，人无识者。后到位于今江西永修县西南的云居寺（今名真如禅寺）居住修行。

唐朝中期，有位来自葱岭以北的何国（碎叶国东北，当在今吉尔吉斯斯坦北部托克马克附近一带）的僧人名叫僧伽，辗转到达泗州临淮县（在今江苏泗洪县东南），乞地建普照王寺，以"神异"著称，唐中宗曾召请他入宫，以巧于预言、占卜而受到中宗敬信，敕名其寺为普光王寺。僧伽死于景龙四年（710），年八十三岁。僧伽在唐五代被看作"观音菩萨化身"、"泗州大圣"，受到民众广泛的信仰，认为他没有真死，社会上常有他在寺塔顶上和各地显灵的传闻。宋初太宗时，敕重修普光寺的僧伽塔，改寺旧名，赐额普照王寺。②

晓聪在云居寺时，一天寺僧传闻僧伽和尚到达扬州，议论纷纷。他们看到

---

① 神，《周易·系辞上传》谓："阴阳不测之谓神。"又引孔子语曰："知变化之道者，其知神之所为乎！"关于"四十九衍"、"万有一千五百二十"，同书同章谓："大衍之数五十，其用四十有九"；"二篇（指上下两篇）之策，万有一千五百二十，当物之数也"。大意是讲运用卦爻之数象以推究天下变化的道理。

② 《宋高僧传》卷十八〈僧伽传〉，载《大正藏》卷51，第822—823页。

晓聪，便向他问："既是泗州僧伽，因什么扬州出现？"晓聪从容回答："君子爱财，取之有道。"从一般意义来说，奉行道德的君子虽爱钱财，然而钱财必须通过正当途径和方法取得，含有伦理意味；稍加推演也可以说，只要取之有道，不管何处的钱财皆可谋而取之。如果从所谓禅机来说，既然说僧伽是观音菩萨的化身，是以救济众生苦难为己任的，那么，凡有众生之地皆是他化现之所。晓聪没有扣紧问话直接回答，是所谓"活句"，对此也可做出其他解释。僧众听到他的答语，报之以会心的笑。据载，在天台山莲华峰的祥庵主按辈分是晓聪的师叔，他听到此话后十分惊喜，说："云门儿孙犹在耶！"从此，晓聪在丛林间出名。

此后，晓聪到了筠州洞山（位于今江西省宜丰县），投到诠禅师（全名不详）门下。宋真宗大中祥符二年（1008），诠禅师移住栖贤寺，让晓聪继位在洞山领众传法。然而他以鼎州（治今湖南常德）文殊山的应真禅师作为传法之师。① 应真上承云门一德山缘密的法系。晓聪在洞山传法，逐渐远近出名。有僧前来问法，他常怒目对他喊："我击虎术，汝不会，去！"然而，据《天圣广灯录》卷二十二〈晓聪章〉来看，他也经常上堂说法，回答弟子和参禅者的提问。晓聪在洞山东岭植松达万株，常一边植松，一边念诵《金刚般若经》。因此山中人便称东岭为"金刚岭"。

宋比部郎中许式出守南昌，访天台莲华峰时，祥庵主告诉他晓聪在江西，并且赞誉说："此僧，人天眼目也。"后听闻他传法的风格，作诗寄之曰：

> 语言浑不滞，高蹑祖师踪。夜坐连云石，春栽带雨松。
> 镜分金殿烛，山答月楼钟。有问西来意，虚堂对远峰。

看来这位许式对禅宗是相当了解的，对晓聪在洞山传禅和生活的意境表示赞赏。

晓聪于宋仁宗天圣八年（1030）六月病重，集僧俗弟子近前，宣布由自宝禅师继任住持，随后述《法身颂》曰：

> 参禅学道莫忙忙，问透法身北斗藏。

---

① 以上主要据宋惠洪《禅林僧宝传》卷十一〈洞山晓禅师传〉。

> 余今老倒尪羸甚，见人无力得商量。
> 只有锄头知我道①，种松时复上金刚。

言毕而逝。弟子将遗体火化，收其遗骨（舍利）在西岭建塔安葬。

惠洪在《禅林僧宝传·聪禅师传》后面的"赞"中说，晓聪有《语要》一卷，"载云水僧楚圆请益，杨亿大年百问语，皆赴来机，而意在句语之外"。"云水"是指僧人行脚游方。楚圆，即慈明楚圆（986—1039），属临济宗，嗣法于汾阳善昭。杨亿（974—1020），字大年，历任左司谏、知制诰、判史馆、翰林学士，大中祥符初（1008）加兵部员外郎、户部郎中，以善文史，娴习典章制度著称，并"留心释典禅观之学"，曾奉诏参与修订道原撰《景德传灯录》，又与兵部侍郎、译经润文官赵安仁奉敕编修《大中祥符法宝录》。著有《谈苑》、《武夷新集》、《西昆酬唱集》等。② 据此，晓聪生前与临济宗僧楚圆、文人杨亿也有来往。他接引参禅者的禅语因人而异，蕴含启示的旨趣超出言语之上。

《天圣广灯录》卷二十三〈晓聪章〉记载晓聪的一部分语录。他在传禅说法中特别强调两个方面：

（1）"心地法门"、菩提解脱之道绝非语言文字能够完全表达

他开堂示众说：

> 举扬宗旨，意密难明；心地法门，岂从语路？只为众生日用而不知，背觉合尘，狂迷诸趣，遂有诸佛出现于世，转大法轮（按：意为说法），随根引逗。若也全举提倡，曹溪一路平沉，更乃坐断十方忙忙者匝地普天，咸皆无措。

是说禅师上堂总要向门下宣说禅门的宗旨，然而实际上对其深刻地意蕴是难以解释清楚的，因为自佛祖一脉相承的"心地法门"本来就是超言绝相，非语言文字可以表达的。众生虽生来具有"心要法门"（佛性），但是他们日用而不知，诸佛不得已出世，适应众生不同的根机进行说法教化。如果因此

---

① 《五灯会元》卷十五〈洞山晓聪章〉"道"作"意"。
② 《宋史》卷三〇五〈杨亿传〉等。

而提倡一味地引证经典、公案来传禅说法，或提倡禅僧到处游方，寻找安静之处坐禅，那么，自曹溪慧能以来的禅法势必走上没落，修行者也不能由此而达到解脱。

他某次上堂说：

> 问话且置，问答也无了期。古人云：问在答处，答在问处。言多去道转远。只可以"言语道断，心行处灭"。若也葛藤去（按：用语言加以说明），举足下足，皆是道场；动静去来，无非佛事。若于纳僧下一言相契，天地悬隔。岂况叨叨①转无所益。

意为问与答本为一体，问答越多，离解脱之道越远；最高境界应如经典所说的那样既无言语，又不思虑。如果不得已借助语言提示你：你所在的任何一处皆是道场，任何行为皆是佛事，即使你从我的话中得到启示，那也与真正达到解脱相差遥远，又何况话多唠叨呢。

晓聪有位弟子晓舜（后一度还俗称"舜老夫"），奉师命到武昌乞食，先到刘居士家乞。居士提出，他如果能回答好他的问语，即可施舍，否则请他归山。于是问："古镜未磨时如何？"答："黑似漆。"问："磨后如何？"答："照天照地。"显然这是扣紧问话直接回答的，然而按照禅宗的说法此属"死句"，居士便不客气地请他归山。晓聪听他回来叙述，便告以应以"此去汉阳不远"回答第一句问；以"黄鹤楼前鹦鹉洲"回答第二句问。② 晓聪是以不着边际的所谓"活句"话来回答问语的。"古镜"也可以是借喻佛性，磨与磨后，可以借来说明修行与断除烦恼。然而如果将这类问题作为禅语提出，被认为是不能用语言正面回答的。

（2）佛即自身，修行不离日常生活

晓聪一日上堂先念诵南朝傅大士的一首颂：

> 夜夜抱佛眠，朝朝还共起，
> 起坐镇相随，如形影相似，

---

① "叨叨"，原作"切切"，从前后意看，应为"叨叨"，意为话多、唠叨。
② 《禅林僧宝传·聪禅师传》并参考《五灯会元》卷十五〈云居晓舜章〉。

>　　欲识佛去处，只者语声是。

　　大意是佛即是自身，时刻与自己形影不离。然后说："玄沙道：大小傅大士，只认得个昭昭灵灵（按：心性作用，指自性）；九峰禅师道：大小傅大士，于一法中而无异见。九峰即不然，夜夜困即睡，朝朝觉即起。[①]洞山（按：晓聪自谓）道：九峰禅师是人人言不虚设，语不浪施。师（按：语录中对晓聪的称呼）云：洞山道：困来即便眠，觉来即便起，不可须待夜便眠，早便起。"看来晓聪虽同意傅大士偈颂中所蕴含的佛即自身的思想以及玄沙、九峰的评论，然而对此尚不满足，进而借不待夜才睡，待晨才起的说法，强调应当更加随意自然一些。这种思想在他的一首《早参颂》中说得更清楚：

>　　太平时代不思议，佛法无悟亦无迷，
>　　困来打睡饭来吃，学禅学道大愚痴。

　　晓聪在说法和回答门下禅问时经常使用十分精妙的诗偈，例如，有僧问："师唱谁家曲，宗风嗣阿谁？"这是丛林间参禅常用的询问禅师传承法系的话。对此晓聪也不正面回答，报以偈句"竹锡（按：竹子锡杖）挑擎千界月，钵囊盛贮五天云"，内含云游四海，漂泊无定的意思。问："古圣说不到处，请师举。"答："寒星明月夜，寂寂万家门。"展现一幅夜阑人静的画面。上堂说："相见不扬眉，君东我亦西。红霞穿碧海，白日照须弥。"又说："春寒凝冱，夜来好雪。还见么：大地雪漫漫，春风依旧寒，说禅说道易，成佛成祖难。"这些诗偈形象生动，寓意深刻，可以给人以丰富的联想。宋代日益发展的文字禅虽带来某些弊病，然而也给文学乃至书画以新的刺激，注进了新的血液。

　　晓聪的弟子中以杭州净居寺佛日契嵩最有名。

[①] 玄沙，玄沙师备（835—908），石头系雪峰义存弟子。九峰禅师，唐宋间称九峰者有多人，此也许是石头系石霜庆诸的弟子九峰道虔。上引语录出处不明。

云门宗传承世系略表

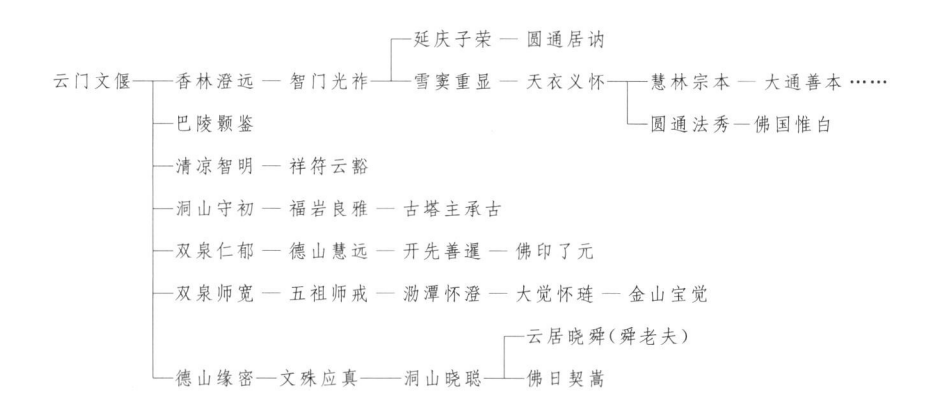

```
云门文偃┬─香林澄远──智门光祚┬─延庆子荣──圆通居讷
        │                    └─雪窦重显──天衣义怀┬─慧林宗本──大通善本……
        ├─巴陵颢鉴                              └─圆通法秀──佛国惟白
        ├─清凉智明──祥符云豁
        ├─洞山守初──福岩良雅──古塔主承古
        ├─双泉仁郁──德山慧远──开先善暹──佛印了元
        ├─双泉师宽──五祖师戒──泐潭怀澄──大觉怀琏──金山宝觉
        │                              ┌─云居晓舜（舜老夫）
        └─德山缘密──文殊应真──洞山晓聪┴─佛日契嵩
```

第二节 云门宗的兴盛

宋初在北方地区的佛教界以法相宗、华严宗和律宗的教法最有影响，在最高僧官机构——左右街僧录中担任僧官的也多是这些宗派的义学高僧。然而，由于这些宗派的理论或是名相繁多、义理高深玄奥，或是注重细密的禁戒条规和日常起居威仪，在士大夫中影响甚微。正如《佛祖统纪》卷四十五引《欧阳外传》所说："士大夫聪明超轶者皆厌名相之谈。"[1] 然而，此时天台宗、禅宗正在江浙一带迅速兴起。禅宗以注重自修自悟的"识心见性"的教说和独特的参禅传法方式吸引了众多信徒，特别受到越来越多的儒者士大夫的欢迎。经过杨亿、李维、晁迥等人的提倡和宋真宗、仁宗先后的支持，在京城和士大夫阶层当中引起更多人对禅宗的兴趣和关注。这种情况为禅宗向更大范围的传播带来新的机遇和广阔的空间。

北宋云门宗在宋初经过云门之下二、三世的迅速传播，至云门下四、五、六三世的时候，大体相当于宋仁宗朝中期至徽宗朝初期（约11世纪中叶至12世纪初），得到空前的发展，著名禅僧有属于云门下四世的佛日契嵩、天衣义怀、圆通居讷、育王怀琏、居山了元（1032—1098）；五世慧林宗本、法云法秀；六

---

[1] 载《大正藏》卷49，第412页中。

世法云善本、法云惟白。他们或在州县形胜之地的寺院传法，或奉诏入京在皇家寺院担任住持，与当时在中央或地方担任军政要职的儒者士大夫有着密切的交往，经常就天道、性命等问题进行对话，并且发挥寺院具有的多种宗教文化的功能继续在普通民众中扩大影响，从而使云门宗进入极盛的时期。

在此之后，云门宗逐渐走向衰微，比较有名的禅僧有七世雪峰思慧、雪峰宗演等人。

本书将设专节对契嵩详加介绍，对其他人仅作概要介绍。

一 义怀、居讷、了元及他们与士大夫的交游

（一）越州天衣寺义怀

义怀（993—1064），俗姓陈，出生在温州乐清（在今浙江省）的一个渔民家庭。年龄稍长，不愿随父捕鱼为生，决定出家。曾在婺州（在今浙江省义乌县）双林寺听僧讲《金刚经》，当听到"应无所住而生其心"文句时，便起问："既无所住，何处生心？"僧不能答，告诉他这不是"义学"僧能够回答的，劝他投靠禅宗（米芾《天衣怀禅师碑》）[①]。他便到京城的景德寺出家为童行（未正式剃度受具足戒者）。宋仁宗天圣（1023—1031）年间，通过试经，得度受戒。当时有位以言行"不测"引世人注目的禅僧，名志言，据说因读《云门录》得悟，常诵《法华经》，因此被人称为"言法华"。他一日看到义怀，抚着他的背说："临济、德山去！"临济义玄、德山宣鉴是唐代两位著名禅僧。言法华是启示义怀参谒禅宗名师。义怀听从其言，先到荆州（治今湖北江陵）金銮寺参谒善禅师，未能契悟，又到汝州叶县（在今河南）广教院参谒临济宗归省禅师，亦未契悟。（惠洪《禅林僧宝传》卷十一〈义怀传〉）

此后，义怀东游，至苏州翠峰寺参谒云门宗重显禅师，虽曾多次入室参问，但皆不被印可遭打。一次，重显问："恁么（按：这么、这样）也不得，不恁么也不得，恁么不恁么总不得。"他正要开口议论，又被打出门。他便在寺院承做炊事担水等杂务。一日正在担水，扁担忽折，由此得悟，作偈曰："一二三四五

[①] 米芾（1051—1107），官至礼部员外郎、知淮阳军，以书画著称。此碑载其《宝晋英光集》卷七，台湾商务印书馆版的《四库全书》别集二·1116—91。

六七，万仞峰头独足立，骊龙颔下夺明珠，一言勘破维摩诘。"偈境险峻，含有从要害处领悟禅机，像《维摩诘经·不二法门品》中文殊菩萨以"善哉，善哉！乃至无有文字语言，是真入不二法门"的妙语，点破维摩诘菩萨以"默然无言"作答那样。重显看到此偈，拍案称善。（正受《嘉泰普灯录》卷二〈义怀章〉）

此后，义怀先后在无为军（治今安徽无为县）的铁佛寺、舒州（治今安徽潜山县）投子山寺、楂林寺、广教院、池州（治今安徽贵池市）景德寺、越州（治今浙江绍兴）天衣寺、常州荐福寺担任住持。这些寺院原来皆地处荒凉，破旧不堪，在他任住持期间皆获重建。宋代云门宗至义怀之时而迅速兴盛。义怀所至之处，盛传禅法，名闻遐迩，门下培养出不少著名弟子，其中有到京城开封传法的惠林寺宗本、法云寺法秀、慧林寺若冲等，影响很大。

杨杰，无为人，自号无为子，举进士，宋神宗元丰（1078—1084）年间数任太常寺官，常参与朝廷礼乐之议，哲宗元祐（1086—1093）为礼部员外郎，出知润州（治今江苏镇江），除两浙提点刑狱，年七十岁去世。著有《乐记》、《高僧诗》等。（《宋史》卷四四三〈杨杰传〉及《宋史·艺文志》）杨杰一生喜与禅僧交往，在与义怀的交游中，义怀常引用唐代庞蕴居士的禅诗让他参究。庞居士有诗曰："有男不肯婚，有女不肯嫁，父子自团栾，共说无生话。"（《庞居士语录》卷下）杨杰后奉诏到泰山祠天，黎明听见鸡叫，"睹日如盘涌"，忽然大悟，于是将庞居士的诗稍作改动，曰："男大须婚，女长须嫁，讨甚闲功夫，更说无生话？"把原诗歌颂出家修行，改为称颂人间正常生活。书写送义怀，受到称赞。死前著《辞世偈》曰："无一可恋，无一可舍，大虚空中，之乎者也。将错就错，西生极乐。"（《嘉泰普灯录》卷二十二〈杨杰章〉）

晚年住池州（治今安徽贵池）杉山庵，在杭州的弟子智才把他迎接到自己住持的佛日寺侍养。义怀于宋英宗治平元年（1065）九月去世，年七十二岁。生前集古今禅师契悟事迹撰为《通明集》，曾盛行于世。

义怀的传法语录散见于《建中靖国续灯录》卷五、《嘉泰普灯录》卷二及宋晦堂师明《续古尊宿语要》卷二、普济《五灯会元》卷十六等的〈义怀章〉。

他在说法中要求弟子确立自信，并发挥般若空的思想引导他们消除烦恼。一次上堂，他说：

> 宗师提谈祖道，有自受用三昧，有他受用三昧。若论自受用三昧，三世诸佛立在下风，文殊提鞋，普贤擎杖，未为分外。放一线道，说他受用

三昧，一尘一佛土，一叶一释迦，重重楼阁，无尽善财（按：善财童子），眠底（的）是眠底弥勒，立底是立底释迦，所以病有千差，药与万种。（《建中靖国续灯录·义怀章》）

所谓"自受用身"是指佛的法身，这里是指法性、佛性，认为每人皆生来具有佛性、法身，与佛在本质上没有差别，所以从这一角度来说，三世佛与你同列，菩萨应为你服侍。然而，从另一角度来说，有成佛的可能性并非等于成佛。所谓"他受用三昧"一般是指佛的报身，是佛教所说具有自己佛国的报身佛（菩萨经过无数劫修行所得到回报——万德圆满之佛身），如同《华严经》中所描述的那样，不仅有报身卢舍那佛（新译《华严经》作毗罗遮那佛），还有无数化身释迦佛、菩萨，适应无量众生，予以对应的教化，好像应病施药一样。义怀虽讲的含蓄，意在启示门下参禅学人不仅要自信，还要参究自己应当怎样达到解脱。

他曾上堂说：在二千年前，在灵山（灵鹫山）会上，具有禅定经验和神通的五百比丘，以"宿命智"看见过去世自己犯下"杀父、杀母、杀阿罗汉"等重罪，心中各怀疑虑，充满烦恼。在这种情况下，释迦佛示意文殊菩萨手持利剑刺向释迦，于是佛对文殊说："住！住！不应作逆，勿得害我。我必被害，为善被害。文殊师利，从本已来，无有我人，但以内心见有我人。内心起时，我必被害，即名为害。"于是，这五百罗汉皆从中受到启示，"各各自悟本心，如梦如幻，于梦幻中，无有父母能生，乃至杀阿罗汉等"。因为体悟到一切空寂无实，他们便立即消释了烦恼和罪恶感，坚定了解脱的信念。他们同声赞颂文殊菩萨具有很高智慧，"深达法源"。[①] 义怀讲述这段经文是启发弟子以诸法空寂的思想清除心中的诸种烦恼和杂念，使自性达到清净。

义怀自认为与其他禅师执意引导参学者断除任何追求、欲望不同，说他们的方法如同"夺耕夫之牛、饥人之食"（原自《临济录》），而他更主张对采取放任的态度，让他们顺从自然。他说：

老僧亦不夺耕人之牛，饥人之食。何谓耕人之牛，我复何用？饥人之

[①] 出自隋达摩笈多译《大方等善住意天子所问经》，唐代被编入《大宝积经》第三十六会，称〈善住意天子会〉。语录引文与原文稍有差异。

食，我复何餐？我也不握土成金，也不变金作土。何也？金是金，土是土，玉是玉，石是石，僧是僧，俗是俗。古今天地，古今人伦，古今日月。虽然如此，打破大散关，几个迷逢达磨？（《建中靖国续灯录·义怀章》）

在现存他的语录中，很少有正面讲述修行、解脱道理的说教，大部分是语意不明朗的比喻、经文、偈颂等。

义怀有些说法十分讲究雕文琢句，有些语句对仗工整。例如，他曾上堂说：

雁过长空，影沉寒水，雁无遗踪之意，水无留影之心。
云生谷口，水滴悬崖，猿啸孤峰，雁横碧落。（《建中靖国续灯录·义怀章》）
微言滞于心首，恒为缘虑之场；实际居于目前，翻成名相之境。（《续古尊宿语要·天衣怀和尚语》）

寓意空义、无念和顺从自然等。宋代禅宗的语录、偈颂包含不少富于文学色彩的成分。

（二）庐山圆通寺居讷

居讷（1010—1071），字中敏，俗姓蹇，梓州中江（在今四川省）人。年十一到汉州什邡（在今四川省）竹林寺跟元昉学习佛法，十七岁时经试《法华经》合格得度为僧，从颖真律师受具足戒。精研佛法，以讲学闻名于两川，"出语成章，落笔盈卷"（《建中靖国续灯录》卷五〈居讷章〉）。后来从一位来自南方的"禅者"听说天下禅宗盛行，当年马祖即是什邡人，蜀地的通晓佛教经论的"亮公"、"鉴公"皆放弃所学，或隐居深山，或焚所著疏抄，以为"滴水莫敌巨海"。居讷听闻禅宗方兴未艾，便问何为禅宗宗旨？禅者回答不出，劝他自己出访考察。

于是，居讷离开四川，游历今湖北、湖南一带，在襄州洞山住了十年之久，因读唐代李通玄的《新华严经论》中所说："众生有能于一切法无思无为，即烦恼自然枯竭，尘劳成一切智之山，烦恼成一切智之海……若更起心思虑，即有攀缘，即尘劳愈高，烦恼愈深，不能至诸佛智顶"[1]，得到启悟。这种说法与禅

---

[1] 此出自《新华严经论》卷二十三，字句稍有差异。

宗主张的"无念"、"无住"禅法是一致的。居讷前往襄州延庆山，参云门下三世子荣禅师，得到契悟，并嗣其法。此后，应南康军太守（知军）程师孟的邀请，住入庐山归宗寺，后又入圆通寺担任住持，逐渐有名。①

欧阳修（1007—1072），字永叔，庐陵（在今江西吉安）人，号醉翁，晚年又号六一居士。自进士入仕，仁宗庆历三年（1043）知谏院，擢知制诰，支持范仲淹、富弼等推行"庆历新政"。庆历四年（1044）任河北都转运使，翌年因受诬告左迁，出知滁、扬、颍州，后复学士，留守南京（今河南商丘县南），在外十余年，期间因母去世曾回乡庐陵守丧。服除被召回朝廷，官至枢密副使、参知政事。奉诏修《唐书》（《新唐书》），撰《五代史记》，死谥文忠，有《欧阳文忠集》行世（《宋史》卷三一九〈欧阳修传〉）。欧阳修曾撰《本论》三篇，批评佛教为"中国患"，认为儒家的礼义为"胜佛之本"。南宋志磐《佛祖统纪》卷四十五大段引述蜀沙门祖秀《欧阳文忠公外传》称，庆历四年六月欧阳修左迁滁州，第二年归庐陵途经九江时，曾入庐山东林圆通寺参谒居讷禅师，与他"论道"。居讷"出入百家而折衷于佛法"，对唐代韩愈和欧阳修"攘斥佛老"提出批评，最后告诉他说："佛道以悟心为本，足下屡生（按：意为一再轮回）体道，特以失念，生东华为名儒，偏执世教，故忘其本。诚能运圣凡平等之心，默默体会，顿祛我慢，悉悔昨非，观荣辱之本空，了死生于一致，则净念当明，天真独露，始可问津于此道耳。"据称欧阳修"肃然心服"。② 这一记载是否可信呢？从时间来看，欧阳修是在庆历五年八月从河北都转运使左迁知滁州而不是四年；从情节上看，欧阳修在左迁知滁州之际，回庐陵探亲途经九江入庐山会见居讷，彼此就佛法、儒学进行讨论也是可能的，然而是否如《佛祖统纪》所记载的那样居讷连珠炮似地严厉斥责韩愈、欧阳修的排佛，颂扬佛法，是大有疑问的。清康熙二十二年刊《南昌通志》卷二十五记载，居讷后来为纪念与欧阳修的通宵达旦之谈，曾修建"夜话亭"，时已圮废。据说此后欧阳修与居讷仍保持着联系。

眉州眉山（属今四川）苏洵（1009—1066）在庆历五年赴汴京举进士不中，回途经浔阳入庐山，也曾参谒居讷谈论佛法。苏轼在入庐山时特地到圆通寺参访，在《初入庐山三首》的诗后记述说："圆通禅院，先君旧游也。"并说寺中有蜀僧宣逮见过他父亲。③ 宋代文人学士与僧人交往是十分普遍的现象。

---

① 以上除注明出处者外，皆据《禅林僧宝传》卷二十六〈居讷传〉。
② 《大正藏》卷49，第410—412页。
③ 《佛祖统纪》卷四十五，《大正藏》卷49，第411页中；《东坡集》卷十三。

宋仁宗在京城建十方净因禅寺，下诏请居讷入住传法，他以目疾婉辞，举荐与自己同辈的怀琏"禅学精深"在己之上，请朝廷改召怀琏前往。

居讷在庐山圆通寺任住持20多年，后来移住黄梅（属今湖北）四祖寺、开元寺，年老退居于宝积岩。宋神宗熙宁四年（1071）三月去世，年六十二岁。

（三）南康军云居山了元

了元（1032—1098），俗姓林，字觉老，号佛印，饶州浮梁（在今江西景德镇市）人，家世业儒。据宋惠洪《禅林僧宝传》卷二十九〈了元传〉记载，他从二岁开始读《论语》，五岁时能诵诗三千首，年稍长随师读五经，略通大义。后因在竹林寺读《楞严经》，产生出家的念头，在征得父母允许之后到宝积寺师事僧日用。宋朝规定出家者先要通过由官府主持的考试，才能正式剃度受戒。[①]了元参加考试，以诵《法华经》及格，正式剃度受具足戒成为僧人。

此后他到庐山开先寺礼云门下三世善暹禅师为师，因问答敏捷受到赏识。年十九岁时又到庐山圆通寺参谒居讷禅师，因欣赏他的文笔"骨格已似雪窦（按：重显）"，居讷让他接替原由怀琏担任的书记职位。在江州（治今江西九江）承天寺住持职位空缺时，经居讷推荐了元前往就任。了元在此后40年间历任淮山的斗方寺、庐山的开先寺、归宗寺，丹阳的金山寺、焦山寺（皆在今镇江），江西的大仰山寺担任住持，并且四次任南康军云居山真如寺（在今江西永修县五垴峰顶）的住持，在广大僧俗信徒当中拥有很高的声誉，与著名士大夫周敦颐和苏轼、苏辙兄弟及秦观等也有密切交往。

周敦颐（1017—1073），是宋代道学创始人，程颢、程颐从他受业。大约在周敦颐任南昌知县时候曾在庐山莲花峰下筑屋居家，以故乡的"濂溪"命名屋前之溪，世人以此为其号称之。在这期间，他与住在鸾溪上游的了元"为方外交"，彼此经常对天道性命等问题进行交谈，是宋代儒佛交流的著名事例之一。（详见后节）

苏轼（1037—1101）在元丰二年（1079）底被贬为黄州团练使、通判，在此达5年之久。黄州（治所在今湖北黄冈）与庐山隔江斜向相对。在了元任庐山归宗寺住持时，与苏轼互有书偈往来。后住持金山寺，苏轼奉命离开黄州到阳羡、常州治所途中，曾特地到金山寺拜访。从此，苏轼与了元建立了深

[①] 关于宋朝的佛教剃度受戒制度，请详见《宋会要辑稿·道释》诸章。

厚的情谊。

苏辙（1039—1112），字子由，苏轼之弟，元祐六年（1091）拜尚书右丞，翌年进门下侍郎。大概就在此后不久，他因故经过金山寺想参谒了元，先寄予偈颂，曰："粗沙施佛佛欣受，怪石供僧僧不嫌，空手远来还要否？更无一物可增添。"了元即以偈回赠，曰："空手持来放下难，三贤十圣聚头看，此般供养能歆享，木马泥牛亦喜欢。"表示对他不带任何礼物来访也欢迎。了元在寺内接待苏辙过程中，二人或以动作，或以诗偈，互相表达禅机，可见二人的情谊是很深切的。

王韶（1030—1081），字子纯，江州德安（在今江西）人，第进士，神宗熙宁元年（1102）进京上朝廷《平戎策》，主张要取西夏，必先收复河州（治今宁夏临夏）、湟州（治今青海乐都），为此应当首先降服诸羌，收服吐蕃（唃厮罗）。受到神宗的赏识，任以"管勾"（主管）秦凤经略司机宜文字（经略安抚使属官），因功历任知通远军事、知熙州、礼部侍郎、资政殿、观文殿学士、枢密副使等，熙宁十年（1077）以观文殿学士、户部侍郎知洪州，不久落职知鄂州，元丰二年（1079）复知洪州。王韶在征战西北期间战杀羌人很多，甚至纵部下"杀降羌老弱予以首为功级"。（《宋史》卷三二八〈王韶传〉）

然而他在晚年出守洪州南昌时，对自己的"滥杀罚"感到不安，于是"留心空宗（按：此指禅宗），祈妙语以澡雪之"。当时了元恰至此地。王韶便特地请他到上蓝的寺院按禅宗程式说法。了元在拈香致词中毫无顾忌地说："此香为杀人不眨眼上将军、立地成佛大居士……"在场听众一时哗然，然而王韶却"悠然意消"。（《禅林僧宝传·了元传》）宋代士大夫信奉佛教，崇奉禅宗的情况是各种各样的。王韶出于忏悔的动机想借助禅僧的说法来消除罪责，减轻心理压力。

朝鲜在新罗王朝时期已经从唐传入天台宗，宋哲宗元祐元年（1086）高丽王朝高僧义天入宋求法，再次将天台宗传入朝鲜。义天（1055—1101），名王煦，高丽文宗的第四子，自幼承父命出家，居灵通寺，号"祐世僧统"，广学大小乘经论及华严宗典籍，并学习儒家经书。他在宋京都汴京（今开封），受到朝廷很高的礼遇。义天经奏请哲宗，到钱塘慧因寺从净源法师受华严教义，又在钱塘天竺寺师事慈辩，从学天台宗教义，从律僧元照受学戒法。沿途由宋礼部员外郎杨杰陪同，受到各地寺院隆重接待。然而在义天造访金山

义。"于是,有与会僧人出来问法,怀琏回答。接着,怀琏用修饰严整的字句说:

> 古佛堂中,曾无异说;流通句内,诚有多谈。得之者,妙用无亏;失之者,触途成滞。所以溪山云月,处处同风;水鸟树林,头头显道。若向迦叶(按:禅宗奉摩诃迦叶为西土初祖)门下,直得尧风荡荡,舜日高明,野老讴歌,渔人鼓舞。当此之时,纯乐无为之化,焉知有恁事。

大意是说,古佛的最高意旨(第一义谛)是不通过语言表述的,但在佛法向世俗社会流通过程中,是有各种义理宣述的。能够从中得到解脱要旨者,妙用无穷;如果相反,则受语言的束缚。山河大地,自然万物,无一不是真如之道的显现。如果禅林到处沐浴在如同尧舜时代太平静谧的氛围,天下民众生活安乐,实现无为而治,那么,还有什么事可做呢?在这里,一是借此说法歌颂仁宗以仁道治天下;二是在说法中蕴含禅宗提倡的即事而真和自然无为的思想。

仁宗大悦,赐号大觉禅师。此后他对禅宗的这种说法产生浓厚兴趣,经常与怀琏有问答诗颂往来,并亲手书其中十七篇赐给他。① 据载,仁宗曾读石头法系的投子大同(819—914)的语录,至"僧问:如何是露地白牛?投子连叱"②,由此"得悟",便作《释典颂》十四首,其首篇是:"若问主人公,真寂合太空,三头并六臂,腊月正春风。"意含自性连通虚空并且具有神通的意思。他书写赐怀琏,怀琏和之曰:"若问主人公,澄澄类碧空,云雷时鼓动,天地尽和风。"仁宗读后,派人赐送龙脑钵,然而在他谢恩后竟予以焚毁,说:"吾法以坏色衣,以瓦铁食,此钵非法。"仁宗不仅未怪他,反而赞赏他的为人。至和二年(1055)怀琏上奏偈颂请求归山,意谓在帝都传禅已经六年,两度奉诏入金殿说法,希望归隐青山,随身只将御制偈颂带回。③ 仁宗以颂和之,意为不许,其中有:"青山般若如如体,御颂收将甚处归?"说青山就是空寂无相的般若真如之体,禅师归向何处呢?④

---

① 以上主要据《禅林僧宝传》卷十八〈怀琏传〉并参考觉洪《林间录》卷下。
② 此见《古尊宿语录》卷二十八〈投子和尚语录〉。"露地白牛"原出自《法华经·比喻品》,比喻佛乘、最高佛法。投子和尚对此问,连声"叱!叱!"是拒绝回答的表示。
③ 颂曰:"六载皇都唱祖机,两曾金殿奉天威,青山隐去欣何得,满箧唯将御颂归。"
④ 以上据《禅林僧宝传·怀琏传》,偈颂据南宋晓莹《罗湖野录》卷上。

宋英宗至平三年（1066）怀琏再次上表乞归，英宗挽留不住，赐予手诏允其所请，其中特别写明："凡经过小可庵院，随性住持。或十方禅林，不得抑逼坚请。"怀琏虽携此东归，但不愿炫耀，生前未将此诏示人，直到死后从其箧笥中发现。（南宋晓莹《罗湖野录》卷上）怀琏路经金山（在今江苏镇江西北）、西湖等地稍事停留，便应请到四明的阿育王山广利寺（在今浙江宁波鄞县）任住持。当地人出资兴建大阁将他带回的仁宗所赐诗颂等文书收藏，名为宸奎阁。苏轼（1037—1101）在哲宗元祐四年（1089）以龙图阁学士知杭州。他在京城时常与怀琏交游，到任不久应怀琏的弟子之请撰《宸奎阁碑》，介绍怀琏在京传法事迹，并且提到京城新建宝文阁，诏制取宸奎阁的文献副本收藏。①

此碑介绍，在怀琏到京城之前，"北方之为佛者皆留于名相，囿于因果，以故士之聪明超轶者皆鄙其言，诋为蛮夷下俚之说"。这里所说为一部分士大夫诋为蛮夷之说的，自然是指禅宗之外的诸宗，参考《佛祖统纪》卷四十五所引《欧阳外传》是指律宗、华严宗和法相宗等"义学"。碑称怀琏"独指其妙与孔老合者，其言文而真，其行峻而通，故一时士大夫喜从之游，遇休沐日，琏未盥漱而户外之履满矣"。是说怀琏所宣述的禅宗的"无念"与心性之说与儒、道有共通之处，他本人又持戒精严，因而受到士大夫的欢迎。可见，怀琏在京城传法是有很大影响的。

云门宗名僧，与怀琏属于同辈的杭州灵隐寺契嵩在仁宗嘉祐六年（1061）进京上仁宗皇帝书，乞将所著《传法正宗记》、《辅教篇》等编入大藏经，诏允准其请并赐予"明教大师"号。契嵩在京住留活动的场所就是十方净因禅寺，在回杭州时怀琏特写诗《白云谣》赠他。②

孙觉，字莘老（1028—1090），少学于宋代理学先驱之一的胡瑗，登进士第，在仁宗嘉祐（1056—1063）年间以"名士"被招选编校昭文馆书籍，进馆阁校勘。神宗时任右正言，历知谏院等，因反对青苗法被贬知广德军，徙知湖、庐等州，移知应天府。哲宗时官至吏部尚书、御史中丞。著有《春秋经解》、《文集》等。（《宋史》卷三四四〈孙觉传〉）

这样一位名士，曾给怀琏写信问何为"宗教"（这里是指佛教）。怀琏以书答之。大意是说：圣人将妙道之意寓寄于《易经》，至周衰，先王之法坏，礼义

---

① 碑名《宸奎阁碑》，载《东坡集》卷三十三及《东坡续集》卷十二。
② 《佛祖统纪》卷四十五，《大正藏》卷49，第415页上下；《传法正宗记》卷首，《大正藏》卷51，第716页上。

亡，然后各种"奇言异术"相继出世乱俗；佛教传入中国，以"第一义示人"，同时"以慈悲以化众生，亦所以趣时也"。他以四季循环比喻不同时代的文教的兴替，说古代民人纯朴，于是有"简而素"的三皇之教，此为春；此后民人"情窦日凿"，便有"详而文"的五帝之教，此为夏；"时与世异，情随日迁"，故有"密而严"的三王之教，此为秋；秦汉之后，世风日下，于是有佛教倡导的"性命之理，教之慈悲之行"，此为冬。结论是：

> 天有四时，循环以成万物，而圣人之教，迭相扶持，以化成天下，亦犹是而已矣。至其极也，皆不能无弊。弊迹也，道则一耳，要当有圣贤者世起而救之也。自秦汉至今千有余岁，风俗靡靡愈薄，圣人之教，裂而鼎立，互相诋訾，不知所从。大道寥寥莫知返，良可叹也。（《禅林僧宝传·怀琏传》及惠洪《林间录》卷上）

认为佛教是在上承远古、先秦及秦汉之后，在民人道德、社会风俗日益低下的情况下传入中国并盛行的，以"性命之理"和"慈悲之行"教化民众。然而他同时认为各种文教、学说虽然存在差异，但都是"圣人之教"，皆为"一道"的体现。这里蕴含有佛、儒、道等诸教一致的思想，应当说是时代思潮的反映。他的以四季循环比喻不同的文教适应时代而兴替的说法是有其合理性的。可惜，无从得知孙莘对这一说法做出何等反应。

怀琏的语录现存不多，宋惟白编《建中靖国续灯录》卷六〈怀琏章〉所载的语录比较集中，可以参考。

怀琏于哲宗元祐五年（1090）年去世，年八十二岁。[①] 怀琏弟子有杭州佛日寺戒弼、福州天宫寺慎徽。

（二）相国寺慧林禅院宗本

宗本（1021—1100），号圆照，俗姓管，常州无锡人。年十九岁，到苏州承天寺永安院师事道升禅师，每日弊衣垢面做些担水、舂米、做饭等杂活，到夜间才入室参究禅道。道升看他每日辛苦做事，曾问他是否疲劳。他答："若舍一

[①] 《禅林僧宝传·怀琏传》等书虽讲怀琏寿八十二岁，但皆缺载卒年，唯明代觉岸《释氏稽古略》卷四〈大觉琏〉章载为哲宗元祐五年，今从之。

法，不名满足菩提，实愿此生身证。其敢言劳！"道升听他能做出这样的回答感到惊奇。十年后，宗本才剃度受具足戒，成为正式僧人。他在道升门下又服勤三年，便到处游方。

按照宋朝的佛教制度，虽出家而未得到官府下达的指标正式剃度受戒的人，被称为"童行"或"沙弥童行"。如果尚未剃发，称"沙弥长发未剃度者"。经政府批准并经过试经及格才能正式剃度并受戒，然后得到由地方官授权僧官授予的由祠部下发的度牒、戒牒。① 否则属于不合法的"私度"。像宗本这样先做沙弥童行，等了十年后才有机会正式剃度受戒的情况，在宋代是很多的。

宗本游方至池州（治今安徽贵池）景德寺，参谒云门下四世、雪窦的弟子义怀禅师，听义怀启示而得悟，受到器重。义怀迁居越州（治今浙江绍兴）天衣寺、常州荐福寺的过程中，他皆跟随。宋英宗治平初（1064），义怀退居于苏州吴江（在今江苏）的圣寿院，"部使者"（监司）李复圭拜访义怀，说瑞光寺住持之位空缺，希望他推荐有道行的僧人就任。宋代州或军的大寺多为官寺，地方官掌握着地方僧官和官寺住持的任命之权。宗本经义怀推荐便被任为瑞光寺住持。

宗本到瑞光寺之后，名声日著，寺众达到五百多人。知杭州官员陈襄慕名想迎请宗本到杭州担任承天寺、兴教寺二寺的住持，然而受到苏州官府和信众的坚决阻拦。陈襄又提出请他入住杭州的净慈寺，并且恳切承诺："借师三年，为此邦植福，不敢久占。"苏州人看到宗本有意前往，便没再阻止。宗本到净慈寺后，寺众竟达千人之多。九年后，苏州官府与信众决定请宗本回来任万寿、龙华二寺的住持，派千人前往迎请，提出："始借吾师三年，今九载矣！义当见还。"甚至想强力夺归。杭州知州派县尉率兵卒护卫，苏州人没能夺成。神宗元丰五年（1082），宗本将寺交付弟子，退居于瑞峰庵。苏州人听说又谋划将宗本夺归。当时正在苏州的待制曾孝序过去曾向宗本参问过道，他们便请他前往拜谒宗本，在辞归趁宗本上舟为他送行的时候，"语笑中载而归"。苏州人将宗本安置到穹窿山福臻院。从这一事实，反映了宋代地方官和佛教信徒对有名望的禅僧是非常欢迎的，为得到一位这样的禅僧担任地方寺院住持甚至不惜彼此发生争夺。（《禅林僧宝传》卷十四〈宗本传〉）

---

① 关于宋朝的佛教制度，请参考《宋会要辑稿·道释一》。

开封相国寺的慧林禅院建成之后，元丰六年（1083）宗本应神宗的召请入京担任住持。一到开封，神宗派使者前来劳问，三日后在慧林院开堂说法，会众很多。据《建中靖国续灯录》卷九〈宗本章〉记载，在开堂之日，神宗皇帝派中使前来降香，宗本谢恩后升座拈香为皇帝祝寿，由十方净因寺净照神击槌，然后按照南方禅寺的程式开始说法，其间有问有答。他说："今朝开堂演法，上祝皇帝陛下圣躬万岁，伏愿尧天永覆，舜日崇明，福海等于沧溟，寿山高于嵩华，护持三宝，安御万方，弥增玉叶（按：皇胤）之昌，益广萝图（按：帝祚）之茂。"在这种庄严肃穆的说法场合是不会出现呵佛骂祖、棒喝交驰的场面的。

开堂的翌日，神宗在廷和殿召见他，"喻以方兴禅宗，宜善开导之旨"。（《禅林僧宝传·宗本传》）此后他在慧林禅院传法，并且与朝中权贵官员和众多僧俗信徒密切交往，从而使禅宗在京城进一步扩大影响。据现存慧辩录《慧林宗本禅师别录》（下简称《宗本录》）记载，宗本曾赠朝廷很多官员（姓后以官位相称）偈颂，有李宫保、李御带、李观察、李朝奉、李通直、梁昭宣、刘郡主、间丘教授、陈宣义、吕六主簿、吕太师，等等，还有很多称为"化主"、"长老"、"首座"的高僧。其中有的是他退居苏州灵岩寺时写的。他《寄李观察》的偈是："劝君修道莫因循，迅速光阴不待人，须向时中频觉察，今生成取释迦身。"是劝他勤于修行省察自己，以求今生成佛。在《吕六主簿求因缘以颂示之》中说："即心是佛祖师言，古圣从来不异传。"在《送周长老住临安功臣》中说："随缘任运不须忙，万事无心是妙方，闲坐寂寥人莫测，自然脑后放神光。"是劝他无心、任运自然。在《寄刘郡主》中说："卓庵堂后近如何，想得看经念佛多，日久岁深功自胜，何须更羡赵州婆[①]。"可见他也赞成读经念佛。据《禅林僧宝传·宗本传》，他还与驸马都尉李遵勖之子、武康军节度使李端愿对谈佛教所说的"无为"问题。李端愿醉心禅宗，曾师事临济宗的达观昙颖（985—1050）。

神宗皇帝即位后不久即任用王安石变法，在位十八年，元丰八年（1085）三月年仅三十八岁去世，哲宗即位。四月十日，是神宗诞辰，哲宗宣宗本、法云寺法秀等僧入宫，在福宁殿的神宗灵座前按禅宗仪式升座说法，为神宗祈祷

[①] 赵州婆，即凌行婆，出自《景德传灯录》卷八〈浮杯和尚〉，说她禅机非凡，不仅"摧折"浮杯和尚，甚至不把南泉普愿、赵州从谂禅师放在眼里。见《大正藏》卷51，第262页下。

冥福。为使读者了解宋代禅僧在这种特殊场合的说法情景，不妨将《宗本录》记述的文字作部分摘录：

>　　为神宗皇帝灵驾前升座。师谢恩罢，乃升座、拈香，示众云：福宁殿上祝名香，圣主令开选佛场，此是灵山亲付嘱，臣僧今日代宣扬。还有共相著力者么？
>　　时有僧问：弥勒阁中谈妙法，琉璃殿上演真宗，未审是一是二？
>　　师云：两彩一赛。①……
>　　进云：只如圣上荐严大行皇帝仙驾向什么处去？
>　　师云：不离当处常湛然。
>　　进云：此方身已谢，净国九莲开。
>　　师云：已在言前。……
>　　此日今上皇帝，恭为大行皇帝降生之辰，斋僧一千员，特宣臣僧升座，举扬般若，所集功德，上资仙驾大行皇帝，恭愿净域超升，灵光不昧，金沙池畔，受生报化之身；宝阁门开，面睹弥陀之相，亲承佛记，决证菩提。
>　　今上皇帝，恭愿御宇享转轮之福，延龄臻拂石之期②，万国均休，三宫茂庆。
>　　太皇太后、皇太后、皇太妃，并愿福逾沧海，寿等南山，安居坤极之尊，永受普天之养。
>　　久立，圣慈。伏惟珍重。

宗本的说法及与弟子的问答不外是说，哲宗宣召他来举行追荐法会，代佛宣扬佛法，如同开设"选佛"道场，虽在皇宫，却无异于《华严经·入法界品》所说弥勒菩萨在重重无尽的宝阁宣说妙法；神宗皇帝虽身离此世，但灵魂已入佛国净土；郑重申明自己是代新即位的哲宗，恭祝神宗皇帝往生于西方阿弥陀佛极乐净土，并将再生为报、化佛身；并祝哲宗皇帝、太皇太后、太后等福寿无量。

---

① 彩，是赌胜得的利、彩头。此句当谓，一局两胜或两赢，指弥勒阁中说法与琉璃殿上法会各有千秋。
② "拂石之期"，意为无限长时。据唐道宣《释迦氏谱》序，如果有一块方四十里的磐石，有位"长寿天"每三年用轻衣拂一下，"石虽磨尽，劫时未尽"。是用来比喻难以计算的久远时间。

法会之后，哲宗赐宗本以圆照禅师之号，请皇叔荆王赵頵将此号送给他。他作颂表示感谢。颂曰："乾坤之力莫能穷，政化无私孰有功。释子蒙恩何以报？白檀炉上祝尧风。"（《宗本录》）

中国古代封建社会拥有强大的以皇帝为首的专制主义中央集权制度，佛教要存在并发展，必须承认这个客观现实，并且主动地依附于服务于这个社会。从宗本和其他禅僧在开堂说法的仪式中，在应召为死去的皇帝举行的追荐法会中，以及从当时的禅寺清规规定每逢皇帝生日等节日要为皇帝祝寿祈福的事例，不仅使人看到皇室是如何对待佛教、禅宗的情景，也使人再次看到中国佛教是在适应皇权至上和尊崇忠孝名教的特有的社会环境当中存在与发展的。

元丰八年（1085）七月，高丽王子、僧统义天来华求法到达开封，在中书舍人范百禄、礼部郎中苏轼的陪同下到慧林寺①，以师礼参拜宗本。宗本经问得知他在国内对《华严经》有深入研究，便用禅宗的思想和参究方式与他讨论华严法界理论，实际包含贬抑"教门"而显扬禅宗的意思。宗本认为《华严经》义理是"称性极谈"，如果没有"亲证悟解"是难以明白它所讲的法界妙理的，问义天是否有"悟入处"？义天答："昭昭于心目之间，而相不可睹。"这里引证的是唐代裴休为宗密《注华严法界观门》写的序中的话，意为虽心里明白，但不可表述。宗本问这句话是什么意思？义天答："森罗与万象，一法之所印。"也是引语，出自唐代法藏《修华严奥旨妄尽还源观》或澄观《华严法界玄镜》，意为世界万有不过是"心"（一法）的产物，有意昭示一个"心"字。后来又补充说此"无下口处"，意为无法表达。然而，宗本表示他所说的没有超出"文字语言"，还没有真正悟解，告诉他禅宗宗旨是"直指人心，见性成佛，见即便见，不在思量，不历文字，不涉阶梯。"当宗本问他何为"自心"时，义天又引宗密《禅源诸诠集都序》中所介绍神会的主张"知之一字，众妙之门"。宗本紧追不舍，又问，对此如何理解？义天表示自己"未曾参禅"。于是，宗本便说，此一"知"字，既不可简单地解释为"禅"，又不可解释为"道"。当范百禄插话说"目击道存"，而道又"不可措口"时。他批评这是"断见"，如果真正否定语言表述，哪里还有诸佛说的众经呢？言下之意是既可言又不可言，应遵循"不二"中道。他希望义天"不可到宝山，空牛而回"，是劝他在宋期间也学学

---

① 《慧林宗本禅师别录》载："元丰八年七月二十八日，高丽僧统义天同伴使范舍人、苏郎中入慧林。"据《宋史》卷三三七〈范百禄传〉载："哲宗立，迁中书舍人。"卷三三八〈苏轼传〉，哲宗立之时复为朝奉郎，知登州，召为礼部郎中。

禅宗。此后，义天又特地到慧林寺拈香，请宗本升堂说法。(《宗本录》)

元祐元年（1086）三月，宗本请归，哲宗允准，并且敕各处不得勉强他出任寺院住持，听任他随意云游。宗本晚年便归住苏州灵岩山寺，元符二年十二月（已进入公元 1100 年）索笔写"后事付守荣"毕去世，年八十岁。嗣法弟子很多，最著名的有开封法云寺善本等。宋惠洪在《禅林僧宝传·宗本传》中说："雪窦道法，至本大盛。"实际上岂止是雪窦法系，甚至可以说整个云门宗的极盛也应以宗本在京城传法为标志的。

（三）相国寺智海禅院本逸

本逸，俗姓彭，福州人，九岁出家，后经过考试剃度为僧，嗣法于云门下三世、庐山开先寺善暹禅师，与了元为师兄弟，曾在饶州荐福寺担任住持。京城相国寺西厢的智海禅院建成后，应神宗之召请入京任此寺住持，赐正觉禅师号。

开堂说法仪式与前述慧林禅院由宗本主持的仪式大体相同。首先由神宗派来的使者降香，然后本逸谢恩升座，拈香为皇帝祝寿，在十方净因禅寺净照击槌后，开始说法。有僧站出来问："慧林才盛，匝地垂阴；智海既通，将何接引？"是问在慧林寺刚刚兴起，智海寺应当如何传法接引学人？本逸答："言犹在耳。"实际回避做出正面回答。在这种皇家寺院，禅僧在说法中是将为皇帝祈祷祝寿和歌功颂德作为重要内容的。让我们看一段本逸与弟子之间有趣的答问：

> 问：入门问讳即且致（置），入国观光事若何？师（按：本逸）云：一逢天子圣，总是太平年。僧曰：太平后如何？师云：梯山航海，纳璧献琛（按：珍宝）。僧曰：皇风荡荡，帝道平平。师云：老僧不如。上座问：三千里外蒙丹诏，未审将何报国恩？师云：作驴作马。僧曰：粉身碎骨未足酬，一句了然超百亿。师云：牵犁拽把。

在说法仪式将近结束时，本逸又恭敬致词："臣僧奉敕开堂，举扬宗旨。伏愿皇帝陛下位齐北极，寿比南山，邦歌有道之君，民贺无私之化。久立，众慈。伏惟珍重！"

本逸有一次上堂说："翻手为文，覆手为武，且执单刀，阶墀伏事。（按：这是指朝廷文武百官）不翻不覆，文武双全，坐筹帷幄之间，决胜千里之外

（按：这是指皇帝及宰辅）。无明罗刹（按：意为无明烦恼之鬼），活抓生擒；生死魔军，冰消瓦解，直得皇风荡荡，帝道平平，统三界（按：佛教说的欲界、色界、无色界，概指一切生命及其生存空间）以为家，作四生（按：胎生、卵生、湿生、化生，概指一切众生）之怙恃。（按：此指佛及其教法教化）正当此时，且道功归何处？"良久，自答："大勋不立赏，柴扉草自深。"认为佛教（禅宗）能够引导民众净化心灵，促成国家长治久安，功勋是盖世无比的。（《建中靖国续灯录》卷六〈本逸章〉）

宋代禅僧自称"臣僧"，他们认为可以"密资天子之道德"，"与天下助教化"，从而招致天下太平。[①] 从以上所述，既可以想象禅僧入居皇家寺院必须经常为皇室祈祷的无奈境况，同时也可以感到他们对自己传法事业所怀有的强烈的自信心与宗教责任感。

有位签判（签书判官厅公事）刘经臣，经临济宗东林常总的指点开始醉心于禅宗，后又参问开封慧林禅院的若冲、洛阳的韶山果（或作"杲"字）禅师，对禅宗有进一步了解。他到京城后又到海智禅院参问本逸，本逸以"平常心是道"、"见性是佛"等语句来启发他，于是据称有所领悟，乃著《发明心地颂》八首，又写《明道谕儒篇》以警世，其中说，"明道在乎见性。余之所悟者，见性而已"；引《孟子》所说口目耳鼻四肢，对于味、色、声、臭（嗅）、安逸的需要就是性；《杨子》（《法言》）所说视听言貌思，为"性所有"的语句，然后得出"道不远人"，"犹鱼之于水"；"唯其迷己逐物，故终身由之而不知。佛曰大觉；儒曰先觉，盖觉此耳"；佛儒所说之道无异，然而"此道唯可心传，不立文字"……（《嘉泰普灯录》卷二十二〈刘经臣章〉）通过禅僧的传法，儒者的参问，促进了儒、佛两教的交流与会通，是促成宋代新儒学——道学或理学成立的重要社会原因。

本逸的卒年不详，弟子中有瑞州黄檗寺志因、福州大中寺海印。

（四）开封法云禅寺法秀

法秀（1027—1090），俗姓辛，号圆通，秦州陇城（在今甘肃秦安县东北）人。从三岁起由麦积山应乾寺鲁和尚收养，自此以鲁为姓。年十九试经及格，

[①] 此引自云门宗僧契嵩《万言书上仁宗皇帝》，载其《镡津文集》卷八，《大正藏》卷52，第688页下。

出家受戒为僧，学习因明学及《唯识论》、《百法明门论》、《金刚经》、《圆觉经》、《华严经》等经论，深究义理，善于讲论，在京洛一带逐渐出名。

法秀讲《华严经》时，常依据唐代圭峰宗密（780—841）的华严著述进行发挥，然而却对宗密学习禅宗表示不满。他虽敬佩在北京（大名府，在今河北大名县东）传法的被称为"元华严"的禅师，但又对他非难传统佛教和禅宗以外的诸宗（所谓"教"）重视佛经讲授的做法而表示遗憾。他说：

> 教尽佛意，则如元公者不应非教；禅非佛意，则如圭峰者不应学禅。然吾不信世尊教外别以法私大迦叶（按：禅宗的祖统说以大迦叶为上承佛的心法的第一祖）。

可见法秀原来重视讲述经教，对标榜"以心传心，教外别传"的禅宗持反对态度。他后来决心南下实地考察禅宗，并加以抨击，对同学说："吾将穷其窟穴，搜取其类抹杀之，以报佛恩乃已耳！"（《禅林僧宝传》卷二十六〈法秀传〉）口气不谓不大。由此事例可以看出宋代佛教内部禅、教之间仍存在尖锐斗争。

他到随州（治今湖北随州市）护国寺参访时，看到《净果禅师碑》上写着："僧问报慈，如何是佛性？慈曰：谁无？又问净果，果曰：谁有？其僧因有悟。"净果是唐代护国寺禅师，名守澄，嗣法于曹洞宗创始人洞山良价的弟子疏山匡仁。报慈是潭州报慈寺藏屿禅师，嗣法于良弟子龙牙居遁。他们是以"相即不二"的中观理论来论佛性的，是慧能以来禅宗内部常见的说法。然而法秀站在传统佛教的立场对此很不理解，看后大笑，表示：岂敢对佛性说有说无？况且又称"因有悟哉"！

然而在法秀到无为（在今安徽）铁佛寺参谒云门下四世、雪窦弟子义怀禅师以后，逐渐改变对禅宗的看法，并且成为他的嗣法弟子。开始他看见义怀"貌寒危坐，涕垂沾衣"的样子，颇不以为然。义怀问他讲何经，他答《华严经》；又问："此经以何为宗？"答："以心为宗。"义怀紧接着问："心以何为宗？"他回答不出。义怀对他说："毫厘有差，天地悬隔。"华严宗创始人法藏是以"法界"为《华严经》之宗（根本宗旨），到澄观、宗密时更多地强调"法界"所具有的"心"、"心性"的意义。[①] 法秀的回答当是依据澄观或是宗密的观

[①] 详拙著《澄观及其四法界论》，载中国佛学院1999年《法源》总17期。

点，在理论上与禅宗并无根本差异。然而对于义怀最后一问，他却不知所措，不由得对义怀肃然起敬。其实，按禅宗的参禅惯例，义怀所问"心以何为宗"是不允许正面回答的，即使做出任何回答也要遭到斥责，这是用以表示"心"、"心性"等非文字语言可以表述的。

自此，法秀拜义怀为师，在义怀辗转池州、吴（江浙一带）诸寺任住持时他皆跟在身边，达十年之久。[①] 据《建中靖国续灯录·法秀章》，法秀一天听到位僧人举白兆（唐代安州山志圆）问报慈（潭州报慈寺藏屿）："情未生时如何？"据《五灯会元》卷十三〈藏屿传〉，前面尚有"情生智隔，想变体殊"，意思是产生情欲将障隔智慧，形成妄想则污染心体。对于此问，报慈仅用"隔"一字答之。法秀听完此段公案，忽然大悟，立即将自己的悟境到方丈告诉义怀，受到印可。

法秀离师后游历江淮，最早在龙舒（今安徽舒县西南）的四面山传法，后移住庐山栖贤寺。神宗熙宁九年（1076）宰相王安石（1021—1086）于被罢为镇南军节度使、同平章事、判江宁府；翌年改集禧观使，封舒国公，长住江宁（在今南京）。他自年轻时期就信奉佛教，与蒋山（即今南京的钟山）的临济宗僧赞元有深交。他此时听闻法秀之名，请他住持蒋山。[②] 王安石为子王雱之死痛悼不已，舍自住地建保宁禅寺[③]，请法秀任住持。法秀后又应请到真州（治今江苏仪征市）长芦崇福寺。

元丰七年（1084），经越国大长公主与驸马都尉张敦礼上奏神宗，召请法秀任法云寺住持。法秀入京，奉诏入宫为神宗、两宫说法，神宗赐圆通禅师号。法云寺开堂日，神宗派使者降香并赐袈裟以表"重法"，皇弟荆王赵頵出席法会。在十方净因禅寺净照禅师击槌后，法秀开始说法。从禅法来看，所说内容并无新意。他在法会将结束之时说："即此举扬，上扶帝祚，仰冀聪明元首，芬芳万国之春；忠节股肱，弼辅千年之运。"元丰八年（1085）四月十日是刚去世不久的神宗的诞辰日，法秀与慧林寺宗本等僧奉诏进宫在神宗灵位前升座说法，

---

① 以上主要据《禅林僧宝传》卷二十六〈法秀传〉并参考《建中靖国续灯录》卷十〈法秀章〉。

② 《禅林僧宝传·法秀传》载蒋山赞元殁，王安石（舒王）请法秀嗣其席，法秀后因与王不契，离去到真州为长芦寺住持。然而据此书卷二十七〈赞元传〉，赞元死于哲宗元祐元年（1086），是在法秀到开封之后，故法秀嗣其席的说法不可信，兹不取。

③ 王安石舍半山园宅建保宁禅院，是取自《续资治通鉴》卷七十七元丰七年记事；其〈考异〉谓据《宰辅编年录》引《丁未录》。

为神宗祈祷冥福。法会结束前说："臣僧早窃传灯，今蒙睿旨，升此广座，举扬般若，上严神宗皇帝仙驾，伏愿神游净域，不昧正因，为帝为王，随方化物。"（《建中靖国续灯录·法秀章》）

法秀在京城与士大夫多有交游。宰相司马光（1019—1086），尊崇儒学，"惟不喜释、老，曰：其微言不能出吾书，其诞吾不信也"。（《宋史》卷三三六〈司马光传〉）法秀曾对司马光说："相公聪明，人类英杰，非因佛法不能尔。遽忘愿力乎！"是说他之所以为今世英杰，是前世奉佛为善的报应，难道现在忘记佛的誓愿（弘扬佛法，普度众生之类）了吗？司马光虽不信奉佛教，但对他这样虔诚禅僧的说法也不介意。法云寺成为"士大夫日夕问道"的另一个佛教文化场所，士大夫中包括娶英宗第二女蜀国长公主的驸马都尉王诜等人。画家李公麟善画马，法秀诃斥之，劝他多画观音菩萨像，说："汝士大夫以画马名，矧又画马，期人夸以为妙。妙入马腹中，亦足惧。"竟说画马将招致死后托生为马。黄庭坚（1045—1105），字鲁直，号山谷，哲宗时官至起居舍人，受苏轼影响较大，与张耒、晁补之、秦观为"苏门四学士"。善诗文，所著诗文甚受世人喜爱，法秀称之为"艳语"加以斥责。黄庭坚笑说："又当置人于马腹中耶！"他答说，岂止是马腹，恐怕将下地狱。法秀的说法似乎近于拘板，不近人情，但也许是和这些儒者文人开玩笑。我们从这些零星记载中，不是可以看到法秀与当时士大夫交游的密切程度吗？

元祐五年（1090）法秀病，哲宗诏御医给他治疗，他拒绝，说"求治之，是以生为恋"，表示对生、死与梦三者无须做出选择。死前召集弟子嘱咐，说："……来时无物去时空，南北东西事一同，六处住持无所补。"最后说："珍重！珍重！"端坐而逝。惠洪在他死后不久曾参访法云寺，见到他的画像，说他"面目严冷，怒气噀人，平生以骂为佛事，又自谓丛林一害"[①]。

（五）开封法云禅寺善本和惟白

善本与惟白是云门之下六世，继法秀之后前后在开封法云禅寺担任住持。

善本

善本（1035—1109），号大通，俗姓董，祖籍在太康仲舒村，因祖、父皆在颍州（当今安徽阜阳市）为官，遂为颍州人。自幼丧父，由母亲寄养于叔祖之

[①] 以上主要据《禅林僧宝传·法秀传》，并参考《建中靖国续灯录》卷十〈法秀章〉。

家，年龄稍长，博学多识，在母亲去世后，没有仕宦之意，曾学道辟谷（道家、道教的避食五谷的修炼方法），后与弟相伴到京城显圣寺师事辑上人，并编籍于此（实为该寺童行），经考试合格成为正式剃度为僧，从师于圆成律师，学习戒律及《华严经》（《杂花》）等。

此后南下访师问道。当时云门下五世宗本禅师在苏州瑞光寺，名声远扬。善本便投到宗本门下为徒，"默契宗旨，服勤五年，尽得其要"。他又敬重法秀，视之为"季父"。法秀也是云门下五世，在庐山栖贤寺传法时，善本常去请教。善本曾在浮山太平岩隐居，后出任婺州（治今浙江义乌）双林寺住持，逐渐出名，继宗本之后任钱塘净慈寺（在今杭州）住持。法秀在开封法云寺去世之后，哲宗诏善本进京继任住持，时间当为元祐六年或七年（1090或1092）。经越国大长公主上奏哲宗，受赐大通禅师之号。在开堂仪式上，先由慧林禅寺的觉海（若冲，云门下五世）击槌，然后善本说法，其间以不同言辞为皇帝祝寿颂德。据《禅林僧宝传》卷二十九〈善本传〉记载："王公贵人施舍，日填门；厦屋万础，涂金镂碧，如地涌宝坊。"法云寺在名义上是为外戚所建，实际是准皇家寺院，受到王公贵族的巨资捐助是理所当然的事。

善本在京城八年，告老退居杭州南山，徽宗大观三年（1109）去世，年七十五岁。[①]

惟白及其《建中靖国续灯录》

惟白，号佛国，初在泗州（治今安徽盱眙县）的龟山传法，大概在善本离开开封法云寺之后应诏继任法云寺住持。在宋哲宗于元符三年（1100）正月去世后的"五七"（第三十五天）、"百日"；建中靖国元年（1101）正月皇太后去世后的"五七"，惟白皆奉诏进宫在他们灵位前升座说法为他们祈祷冥福，在他编纂的《建中靖国续灯录》第十七卷中对此有详细的记载。

如果将这些语录与前述宗本和法秀在为神宗追荐冥福法会上的说法内容对照来看，可见这类法会已经程式化。禅僧说法的内容大体包括：一是祝已死皇帝（大行皇帝）、太皇（大行皇太后）往生极乐净土、成佛或生到天界，并颂扬他们在世时的功勋；二是祝当朝皇帝（今上皇帝）长寿，甚至称他们具有"如来"的佛身，能使天下长治久安，并祝皇后、皇室安康多福，早日觉悟；三是祈愿佛教禅宗得到皇帝朝廷的支持，"使禅流则举唱宗乘，法师则阐扬教义"或

[①] 以下主要据《禅林僧宝传》卷二十九〈善本传〉，并参考《建中靖国续灯录》卷十五〈善本章〉。

"金轮与法轮齐转,帝道与祖道光辉";四也宣述一些禅宗的道理,如"言下明心,句中见性"或"顿悟自心,顿证本性"之类的话,其间还夹杂一些问答、偈颂,很多是含义模糊和带有象征意义的语句。这种法会因为是在深宫举行的,不仅普通民众无缘接触,就是朝廷中的一般士大夫也难以了解,对社会虽没有直接影响,然而却可以换取皇帝、皇室和朝廷对佛教禅宗的欢心和支持。

惟白继法秀、善本之后为法云寺第三代住持,与创立此寺的越国大长公主及其夫集庆军节度观察留后上柱国驸马都尉张敦礼有着密切的关系。惟白继道原编《景德传灯录》三十卷、驸马都尉李遵勖编《天圣广灯录》三十卷之后,编纂《建中靖国续灯录》三十卷,着重编录自宋仁宗天圣元年(1023)之后近80年间南岳、青原二系禅师的事迹语录,其中以云门宗、临济宗的禅僧最多,反映了这两宗在北宋盛行的情况。惟白通过驸马都尉张敦礼将《建中靖国续灯录》及上皇帝书一封转呈徽宗,请徽宗赐序,并敕编入大藏经流行,以佛法禅宗"光明而无尽",使"圣祚国祚"久远无穷。在徽宗准其奏请之后,惟白特地举行法会谢恩说法,其中说佛将佛法"付授国王,嘱以威德护持,使之流布沙界",称颂徽宗皇帝聪明睿哲,为大千世界之尊,百亿四洲之主,"是真菩萨,现为明君,故能顿悟佛心,顿明祖意,顿圆知见,顿彻性源,运大等慈,不忘授记,降圣文于觉苑,洒宸翰于禅河,诏行续灯,助明国祚,非谓释门一时之幸,实为禅宗万古之光"。将徽宗描绘成既是达到最高觉悟境界的佛、菩萨,又是国之明君,反映了佛教对皇权的依附。

(六)开封智海禅寺思慧和宗演

思慧(1071—1145),云门下七世,号妙湛,俗姓俞,钱塘人,跟善本出家,据载读《圆觉经》的"知幻即离,不作方便;离幻即觉,亦无渐次"语句时,豁然自悟。此后曾投至临济宗的真净克文(1025—1102)门下修习三年,又回到善本身边。先在湖州寺院任住持,后到径山(在今杭州)任净慈寺住持。大约在徽宗大观元年或二年(1107或1108)应诏入京任智海禅寺住持。[①] 此后又到建州显亲寺、福州黄檗寺、雪峰寺任住持。

宋钦宗靖康元年(1126)金军分两路南下攻破开封,翌年俘虏徽、钦二帝

---

① 据南宋孙觌《径山照堂一公塔铭》(载其《洪庆居士集》卷三十二),了一(1091—1155)在16岁(大观二年)时从广寿寺梵光学天台宗,当时妙湛思慧住相国寺知(智)海院。可知思慧应诏入京应在此前。

及皇族、贵戚三千多人并掠取大量珍宝钱财北归。从此北宋灭亡。康王赵构即位于归德，改元建元，南宋成立，是即南宋高宗。就在高宗即位改元之际，思慧上堂祝福，说："天地大德曰生，圣人之大宝曰位，今上皇帝践登宝位，万国归仁，草木禽鱼，咸被其德。"思慧于绍兴十五年（1145）去世，年七十五。（《嘉泰普灯录》卷八〈思慧章〉）弟子中以在临安府（今杭州）净慈寺传法的道昌、径山能仁院的了一比较有名。南宋晦堂师明《续古尊宿语要》卷二〈妙湛慧和尚语〉载其语录。

宗演，恩州（治今广东阳江县）人，师事云门下六世卫州（治今河南卫辉市）元丰院的清满，后传法于福州鼓山寺、雪峰寺。上堂说："遣迷求悟，不知迷是悟之钳锤（按：用钳子夹着赤热的铁敲打成器具）；爱圣憎凡，不知凡是圣之炉鞴（按：鼓风吹火器），只如圣凡双泯，迷悟俱忘。"是说迷、凡是达到悟与圣不可逾越的阶段，劝人以"无念"的原则对待迷悟、凡圣。（《嘉泰普灯录》卷九〈宗演章〉）宗演曾对唐代临济宗创始人义玄的语录《临济录》、云门宗创始人文偃的语录《云门录》重新加以校勘出版。[①]

（七）临安府净慈寺道昌和径山能仁院了一

南宋建炎三年（1129）升杭州为临安府，为朝廷临时所在地，绍兴八年（1138）正式定都于此。在此传法的云门宗著名禅僧有云门下八世、杭州净慈寺道昌和径山寺能仁院了一等人。

道昌

道昌（1090—1171），号佛行，又自号月堂，湖州（在今浙江）宝溪人，俗姓吴，六岁到鹿苑寺从师于澄法师，十三岁剃发受戒为僧，从十五岁开始四处访师问道。妙湛思慧禅师在湖州道场山传法，名闻四方，他便前往参谒受法，并受印可。此后与同伴嗣宗、明辩[②]等人游历淮楚、湖湘等地的名山大寺，访师参禅。宋代禅宗以云门宗、临济宗、曹洞宗比较流行，但各宗禅僧彼此仍有密切往来，互相交流。道昌曾到开封天宁寺参谒临济宗黄龙派的长灵守卓（临济

[①] 请见日本延德三年（1491）刊本《临济录》卷后题："住大名府兴化嗣法小师存奖校勘，住福州鼓山圆觉苾刍宗演重开。"《云门录》卷后题："住福州鼓山圆觉宗演校勘。"分别载于《大正藏》卷47，第 506、576 页下校注。

[②] 嗣宗，后为洞山下十世，在明州雪窦寺传法，号明庵，称"明庵宗"，也称"翠岩宗"；明辩，后为临济下十一世，在安吉州道场寺传法，号正堂，称"正堂辩"，也称"何山辩"。

下十世），又到金陵保宁寺参谒过临济宗黄龙派的圆玑（临济下八世），并且曾师事临济宗杨岐派的圆悟克勤，克勤请他留在身边担任记室，他拂衣而去。自此出名，各地请他任住持的很多。

道昌先应湖州信徒之请任何山寺住持。当时正值北宋末期，叶梦得住在湖州卞山，与道昌过往密切，"渔鼓相从，伊蒲共馔①，说甚深法，约为方外忘形之交"。叶梦得（1077—1148），原为苏州吴县人，迁居湖州乌程，登进士第，徽宗时累迁翰林学士，帅颍昌府，南宋高宗建炎三年（1129）迁中大夫、尚书左丞，绍兴（1131—1162）初任江东安抚制置大使兼知建康府、行宫留守，致力抗金防务及筹军饷，官终知福州兼福建安抚使。（《宋史》卷四四五〈叶梦得传〉）道昌经他推荐，出任平江（今苏州）瑞光寺住持，又迁住穹窿山寺、四明育王山寺（在今宁波鄞县）、龟山寺。叶梦得知建康府时，见蒋山寺已被战火焚毁殆尽，奏请由道昌来此寺任住持，经过数年，寺院恢复旧观。道昌此后到卞山，与叶梦得"朝夕游处"，又继同学了一之后，任径山寺住持，接着任临安灵隐寺、净慈寺住持，受朝廷赐佛行大师号。南宋乾道七年（1171）去世，年八十二岁。嗣法弟子有20多人。②弟子正受（1136—1208）依照他的建议编撰禅史五灯之一《嘉泰普灯录》三十卷，不仅收录禅僧的行迹语录，也将在家的帝王士大夫的奉禅事迹语录收录。③

道昌生前以复兴云门宗自任，常对弟子说："吾欲得真实慕道之士，令大彻大悟，起云门一派，俾天下向吾教者，知有此宗，则人自然如水赴壑，岂为枉道涉丛林耶！"④然而到他这一代，云门宗衰微趋势已成，难以挽回。

了一

了一（1091—1155），号照堂，俗姓徐，明州奉化县（在今浙江）人，年十四在大云寺出家受戒，16岁到广寿寺跟梵光法师学习天台宗教义，在读了数万言佛典之后，感到"如来最上乘"并非仅依文字可以得到，说："吾所读者，古

---

① 伊蒲塞，居士的音译。"伊蒲共馔"，指一起举行斋戒吃素，当取自《后汉书》卷四十二明帝给楚王英的诏书："楚王诵黄老之微言，尚浮屠之仁祠，洁斋三月，与神为誓，何嫌何疑，当有悔吝？其还赎，以助伊蒲塞、桑门（按，沙门）之盛馔。"
② 以上主要据南宋曹勋《净慈道昌禅师塔铭》，载其《松隐集》卷三十五，并参考《嘉泰普灯录》卷十二〈道昌章〉。
③ 黄汝霖《雷庵受禅师行业》，载《嘉泰普灯录》卷首。
④ 《净慈道昌禅师塔铭》。

人之糟粕而已!"当时思慧正在开封相国寺智海禅院任住持,名声很高,前往参学者常达数百人。了一也来此参谒思慧,从学数年。此后游历淮、吴、浙、闽等地,游访天台山、雪峰寺。在思慧到福州黄檗寺(在今福建福清县)任住持时,他又投到门下。先应福州长官之请任石泉寺住持,三年后任圣泉寺住持,在叶梦得知福州后,迎请他继任黄檗寺住持,前后达15年。此后任雪峰寺,云门寺、法石寺住持,老归杭州西湖电(雷?)峰庵。南宋高宗绍兴二十四年(1154)诏了一任径山能仁院住持,慕名来参学者达千人之多。了一于翌年去世,年六十四。

在金军侵犯攻北方各地、攻占开封的过程中,不少寺院被焚毁,加上伴随金军南犯所带来频繁战乱和社会动荡不安,对丛林生活日趋安逸、传法愈益程式化的禅宗有不少打击。《嘉泰普灯录》卷十二〈道昌章〉所谓"绍兴之来,丛林殆欲委地"就多少反映了这种情况。虽然以江浙为中心的广大南方地区佛教寺院没有受到损坏,然而,随着开封和广大北方地区被金占领,长期在开封十方净因禅寺、相国寺的慧林禅寺、智海禅寺以及法云禅寺有着较大势力的云门宗所受到的打击尤大。云门宗在进入云门之下第八世之后迅速衰微,到第十世(约13世纪初)以后便传承不明了。

第三节 雪窦重显及其禅法

禅宗虽标榜"不立文字,教外别传",然而在传播发展过程中不仅不能离开文字,而且越来越重视巧妙地运用语言文字进行表述,不仅陆续出现了大量记载历代各地禅师传法的语录,而且产生了丰富多彩的用以表达禅的意境、启示解脱之道的文字形式,经过唐末五代至北宋正式形成所谓"文字禅"。宋代的著名禅师几乎都有大量的语录、偈颂等行世。雪窦重显在向门下僧众的传法过程中十分重视引述和发挥前人的语录公案,是文字禅的著名代表人物之一。

一 雪窦重显的生平

重显是云门下三世,惠洪《禅林僧宝传》卷十一载有其传记,宋英宗治平二年(1065)尚书度支员外郎吕夏卿撰写的《明州雪窦山资圣寺第六祖明觉大师塔铭》(以下简称《雪窦塔铭》)也较详记载他的传记①。下面主要据这两种资料对重显生平作综合介绍。

重显(980—1052),字隐之,号明觉,遂州(治今四川遂宁市)人,俗姓李,自幼读书善于抓住要点,下笔敏捷。在成都普安院从僧仁铣剃发出家受戒,到大慈寺听元莹讲唐代宗密的《圆觉经略疏注》,对其中"心本是佛,由念起而漂沉"语句(出自宗密的序)产生疑问,反复质询元莹,但对师所答不感满意。元莹劝他南下向禅僧请教释疑。于是,重显离开四川后先游历今湖北地区,曾在郢州(治今湖北钟祥)的大阳山寺担任知客,与来挂单的一位禅僧议论当年法眼宗文益与赵州和尚的侍者关于"柏树子"公案的一段对话,认为文益肯定赵州侍者所说"先师无此语"是有道理的,说:"宗门抑扬,那有规辙乎!"受到旁边一位被称为"韩大伯"的禅僧的讥笑,认为他"智眼未正,择法不明",并撰偈表述己意,受到重显的器重,由此二人结为知交。

重显仰慕唐末五代能书善画的禅月贯休(832—912)②,也学会巧用笔墨,善著诗文。他南游庐山栖贤寺参谒法眼宗僧澄湜(法眼下二世),因见他为人倨傲而且拘板不喜与人交往,用寺后师(狮)子峰为题写诗以讥之,曰:"踞地盘空势未休,爪牙安肯混常流,天教生在千峰上,不得云擎也出头。"(《禅林僧宝传·重显传》)此后与齐岳结伴过江到黄梅(在今湖北)五祖山参访云门下二世师戒,然而他自己没有入寺,请齐岳进去试探,因"机语不契",他也就没有入寺参谒。

临济下五世蕴聪(965—1032)嗣法于首山省念,在宋真宗景德三年(1006)开始在襄州(治今湖北襄樊)城外石门山(乾明寺)传法,名声渐著,丛林称之为"石门聪禅师"。③重显闻名前来参谒,居留三年,机缘不契,蕴聪劝他参访云门下二世光祚。

重显到复州(治今湖北天门市)北塔崇胜院参谒云门下二世光祚,礼拜为

---

① 收录于六卷本《雪窦语录》之后,载《大正藏》卷47,第712—713页。
② 贯休(832—912),唐末五代僧,俗姓姜,金华兰溪人,以诗画著称,善绘佛像,尤工水墨罗汉,擅篆隶草书,世人喻为唐之怀素,其诗亦为士林称誉。曾受到吴越王钱镠敬重,后入蜀受到前蜀王王建、王衍父子的优遇,赐号禅月大师。有《禅月集》行世。参考《宋高僧传》卷三十〈贯休传〉并《释氏稽古略》卷三有关记载。
③ 参考《天圣广灯录》卷十七〈蕴聪章〉、明代如卺续补《缁门警训》卷六〈慈照聪禅师住襄州石门请查待制为撰僧堂记〉,载《大正藏》卷48,第1072页中。

师，在他身边修学五年。某日晚，他向光祚提问："古人不起一念，云何有过？"光祚前后两次用拂子击他，他由此得悟。(《雪窦塔铭》)

重显离开光祚之后，先到庐山罗汉寺参谒法眼宗行林禅师（法眼下二世），在此居住一段时间。后到池州（治今安徽贵池）景德寺担任首座，曾为众僧讲解后秦僧肇的《般若无知论》。儒者曾会是他的幼年旧友，天禧（1017—1021）年间任池州知州，曾引用儒家《中庸》、《大学》并引证《楞严经》中与禅宗相似的语句询问重显。重显对他说：禅宗与"教乘"（传统佛教和禅宗以外诸宗）尚且不一致，何况《中庸》、《大学》！曾会希望他给以启示。重显弹指一下说："但怎么荐取！"据说曾会立即省悟。重显后来打算游历在今浙江境内的钱塘、西兴、天台山、雁荡山，但曾会建议他到杭州灵隐寺，并且为他写给当寺住持、法眼宗延珊禅师（法眼下四世）一封推荐信。重显到达灵隐寺后，却没有向住持延珊出示曾会的推荐信，在普通僧众中修持了三年。后来曾会奉使浙西，特地到灵隐寺访重显，竟在上千禅僧中才查找到他，对他甘于寂寞的风格表示敬重。

苏州吴江太湖有座小岛名洞庭山（现称西洞庭山），那里有座寺院叫翠峰禅寺，当时正缺住持。经曾会推荐，当地迎请重显前往担任住持，在此近三年时间。

宋仁宗天圣初年（1023），曾会出知明州（治今浙江宁波），派专使携带疏书到苏州吴江洞庭迎请重显赴任雪窦山资圣寺住持。吴江洞庭的信众不愿重显走，与明州专使发生争执。为此重显升座普告大众，说"僧家也无因无必，住则孤鹤冷翘松顶，去则片云忽过人间，应非彼此殊源，动静乖趣"，表示既不忘洞庭信众的信任和照顾，又应顾念明州太守（知州）千里遣使相迎的诚意，"且佛法委自王臣兼住持"，希望洞庭的信众能够谅解。[①] 宋代类似事例很多，反映当时各地竞相迎请著名禅师担当寺院住持的社会风尚。

雪窦寺在今浙江省奉化市，原是宋初法眼宗僧、《宗镜录》作者延寿（号智觉）开创并住持的寺院。延寿上承属于雪峰义存法系的玄沙师备—罗汉桂琛—法眼文益—天台德韶，属雪峰之下第五世，因此《雪窦塔铭》称重显为"雪窦山第六世祖"。

[①] 《雪窦语录》卷一，载《大正藏》卷47，第674页上、中。关于重显与曾会的关系，请参考《嘉泰普灯录》卷二十二〈修撰曾会〉。

吕夏卿《雪窦塔铭》罗列禅宗的世系是：圆觉（菩提达磨）—大祖（慧可）—鉴智（僧璨）—大医（道信）—大满（弘忍）—大鉴（慧能）—大慧（南岳怀让）—大寂（马祖），称天皇（道悟）、龙潭（崇信）、德山（宣鉴）、雪峰（义存）、香林（澄远）、智门（光祚）皆出自这一法系。按照这一说法，禅门五宗中不仅临济宗、沩仰宗出自南岳—马祖的法系，连云门宗、法眼宗也出自这一法系。这显然是受到传为唐丘玄素所撰伪碑《天王道悟碑》（载《佛祖历代通载》卷十五）的影响，以所称荆州天王寺的道悟上承马祖，有弟子龙潭崇信继后，于是将其下的德山、雪峰及其法系的云门、法眼二宗皆归属南岳—马祖的法系①，并以重显为"大寂（马祖）九世之孙"。《建中靖国续灯录》卷三〈重显章〉大概受此塔铭的影响也称重显是"大寂九世之孙"。笔者不取这种说法，仍遵照《景德传灯录》所定的传法世系，以云门、法眼二宗属青原—石头法系，重显属云门宗，是青原下九世、云门下三世。

重显住持雪窦寺之后，实行禅寺仪轨，重整寺众参禅修行和生活规范，并且清理周围环境，使寺院面貌发生巨大变化，远近禅僧前来参谒和受法者日多。《禅林僧宝传·重显传》称："宗风大振，天下龙蟠凤逸衲子争集座下，号云门中兴。"

曾会对禅宗抱有浓厚的兴趣，曾与"清长老"（当为云门下三世、天童寺怀清）参究唐代赵州和尚"勘破婆子"的公案，重显到雪窦寺后曾会又将此公案向重显请教，重显予以巧妙点示。重显一日入城化缘，想到州府拜曾会，看门人以公文规定"止绝僧道投刺"为由将他拦阻。重显不得已以偈相寄，曰："碧落烟凝雪乍晴，住山情绪寄重城，使君道（按：此道是指曾会所奉为政之道）在未相见，空恋甘棠（按：甘棠借喻地方官，此指曾会）影里行。"后来，曾会回偈曰："劳劳世务逐浮沉，一性澄明亘古今，目击道（按：此道是指佛教所说真如佛性之道）存无阻隔，何须见面始知心。"可见二人是彼此敬重并且互相理解的。此后曾会派人请重显相见，以带有禅机的语言问他："道存无阻（按：真如、真心无所不在），因甚入来不得？"重显大概想到曾会是破例接见像他这样的僧人，于是请他以后不要将自己入府拜访的事告诉别的长老。在曾会离任赴

---

① 宋惠洪《林间录》卷上最早提出两个道悟的问题，此后《五灯会元》卷七〈道悟传〉后注、元念常《佛祖历代通载》卷十五"论曰"等皆提出这个问题，认为马祖下有荆州天王寺道悟（俗姓崔），有龙潭崇信继后，与荆州天皇寺道悟（俗姓张）继承石头有别，然而，《五灯会元》编排人物仍按照《景德传灯录》认定的禅门传承法系。关于这个问题，陈垣《清初僧诤记》卷一论证十分清楚，兹无需详述。

越州新职之时，重显一直相陪送到越州，并且在那里住了数日才辞归，表示今后即使"千里万里"还能相见。① 重显有明州地方长官曾会作外护，应当说对他在明州雪窦寺传法、扩大云门宗的影响是帮助很大的。

重显一生担任住持31年，仅在雪窦寺就长达29年，名闻遐迩。经驸马都尉李遵勖（？—1038）的奏请，仁宗皇帝赐予紫衣。又经贾昌朝（998—1065）的奏请，敕赐明觉大师之号。② 重显在得到敕授师号时，特地集僧上堂说法，表示：

> 道无不在，谁云间然。故天有道以轻清，地有道以肃静，谷有道以盈满，君有道以敷化。故我今上皇帝，金轮（按：战车的神化，印度佛教神话中手执金轮宝平定天下的圣王称金轮王）统御，睿泽滂流，草木禽鱼，无远不及，岩野抱疾之士，俄承宠光。此生他生，无以云报。贤守司封，高扶尧舜，下视龚黄（按：龚黄是指汉代的良吏龚遂、黄霸），袭（按：原误作"龚"字）千载之雅风，锁万邦（按：原误作"那"字）之春色。伫当明诏，别振休声，贰车屯田（按：贰车是指副位，贰车屯田当是屯田副使，一般由知州兼任），诸厅朝宰，不敢饰辞褒赞。仲尼言云：吾祷久矣。（《雪窦语录》卷一）

其激动感恩之情溢于言表。其中的"道无不在"思想很明显是受到《老子》的影响，"天有道以轻清"以下四句大体取自《老子》三十九章的"天得一以清，地得一以宁，神得一以灵，谷得一以盈，万物得一以生，侯王得一以为天下贞"。"一"即为"道"。他曾上堂说："天得一以清，地得一以宁，衲僧得一无风浪起。尔若辩得，祸不入慎家之门。"（《雪窦语录》卷二）③ 意为禅僧体悟"道"便能够止息"无明"烦恼的"风浪"，达到解脱。可以认为，他所说的

---

① 曾会，《宋史》无传。以上据《雪窦语录》卷二，载《大正藏》卷47，第678页上中；《嘉泰普灯录》卷二十二〈修撰曾会〉。

② 吕夏卿《雪窦碑铭》谓"侍中贾公又奏，加明觉之号"。贾昌朝，《宋史》卷二八五有传，参《宋史·宰辅表》，于宋仁宗庆历五年至七年为宰相，宋仁宗嘉祐元年（1056）封许国公，兼侍中，为枢密使。此碑铭撰于宋英宗治平二年（1065），贾昌朝于此年卒。也许是在贾昌朝任宰相之时为雪窦请赐号，碑铭是追述此事，用的是后授的"侍中"之位。

③ 以上所引两段语录，分别载《大正藏》卷47，第673页中下、第682页上。

"道无不在"的思想是蕴含沟通世与出世、佛法与王法的伸缩空间的。

重显于宋仁宗皇祐四年（1052）六月十日去世，年七十三岁。雪窦重显的弟子很多，《雪窦塔铭》谓有150人，《五灯会元》卷十六载录著名弟子11人，其中最有名并且影响大的是在越州天衣寺传法的义怀禅师，在北宋中后期著名的云门宗禅僧中有很多人出自重显—义怀的法系。

二　重显的语录和著作

重显在向弟子和参禅者说法中虽一再申明禅法要义、解脱之道等非语言文字能够完全表达，但如同任何一位禅师一样，他不仅经常在不同场合说法，而且在说法中还经常引述前人的语录（公案）借以向门下僧众提示某些佛法道理，还撰写了很多偈颂等。他的弟子在他生前已经开始把他的不少说法记录下来并加以整理，作为他的传法语录流传于世。下面将现存重显的语录及著述加以简单介绍。

（一）《明觉禅师语录》

简称《雪窦语录》，六卷，分为三大部分：

（1）卷一至卷三是语录。卷一署名"参学小师惟盖竺编"，前半部分是〈苏州洞庭翠峰禅寺语〉，记载重显应请到苏州吴江洞庭岛上的翠峰万寿禅寺[①]之后在开堂仪式及日常上堂说法的部分语录，也包括在这期间应请在杭州灵隐寺的说法语录，还有〈拈古〉（拈古、举古等解释详后）共16则；〈室中举古〉11则；〈勘辩〉，"勘辩"也作"勘辨"，勘是勘察、试探，辩或辨是察辨、辩明，是指参禅过程中禅师与学人之间通过语句、动作互相勘验对方的见解、悟境及禅法的邪正；重显写的《雪峰和尚塔铭并序》。卷一的后半部分是〈住明州雪窦禅寺语〉，是记载重显到雪窦山资圣寺之后的开堂、平日上堂的说法语录，包括重显接受明州知府疏书之日上堂的说法及赴明雪窦途中应请在苏州万寿寺、秀州嘉禾寺、杭州灵隐寺、越州承天寺的升座说法的语录。

卷二署名"门人轸等编"，包括〈举古〉7则；〈勘辩〉；〈歌颂〉，收偈颂13

---

① 据语录第一段"师在万寿，开堂日……"所述内容与《天圣广灯录》卷二十三〈冲（重）显章〉："苏州洞庭翠峰冲显禅师，初开堂日……"所述内容一致，可见翠峰禅寺即翠峰万寿禅寺。苏州府所在地另有万寿寺，语录记述重显离开翠峰到明州途中，"师到万寿"当指到苏州城内的万寿寺。

首;〈明觉禅师后录〉,补记重显在雪窦寺的说法语录。

卷三署名"参学小师允诚等编",包括〈拈古〉(先举后拈)98则,大概也是重显在雪窦寺说法时举述的语录及评述的语句。

(2)卷四是〈明觉禅师瀑泉集〉,简称〈瀑泉集〉,署名"参学小师圆应编",据小序是编于宋仁宗天圣八年(1030),是记载重显的"垂带自答及古今因缘,朝暮提倡,辞意旷险而学党未喻,复致之请益,师盖不获已,随所疑问,以此以彼,乍放乍收,或抑或扬,或代或别,近百五十则"。着重记述重显某些上堂作简短说法,虽提出问题,然而并不让弟子或参禅者回答,由自己代答(代语形式之一);也有的是引述古人或今人某段语录,其中虽有答语,然而他对此不满意,在此答语后另作答语,此为文字禅中的"别语";还有直接与弟子或参禅者之间的答问,有时伴之以动作、棒喝;还收录〈真赞〉——应请为某些禅师画像所作的偈赞,有8首。

(3)卷五、卷六是〈明觉禅师祖英集〉,简称〈祖英集〉,署名"参学小师文政编",序谓编于天圣十年(1032),收录重显在住持翠峰、雪窦禅寺期间写的诗偈、赞铭,共220首。最后附录署名"尚书度支员外郎直秘阁兼充史馆检讨赐绯鱼袋吕夏卿"撰的《明州雪窦山资圣寺第六祖明觉大师塔铭》。

(二)《雪窦显和尚颂古》

简称《雪窦颂古》,一卷,是重显选录唐宋丛林间流传的语录(相当于"举古")100则,在有的语录后面还有重显加的"著语"(评述性的语句,相当于"拈古");每则语录结尾之处加"总结"两字,然后是重显针对这段语录所作的偈颂(颂古)。偈颂文体活泼,语句多寡不一,音韵谐美,虽是围绕所引语录而作,然而含义笼统模糊,可以做出意义不同的解释。从内容考察,重显所选语录或取自《景德传灯录》,或直接取自唐五代以来的禅宗各派著名禅师的语录。

宋临济宗杨岐派禅僧克勤(号圆悟,1063—1135)常对弟子讲解雪窦《颂古》,并加以发挥。弟子将他的语录分类编录,以雪窦《颂古百则》中心,把他对每则或二则三则前人的公案语录的总评作为小序,称之为"垂示";并以夹注的形式把他对语录、偈颂词句的简评标出,称之为"著语";把他对本则语录、颂古所作总的解释和评述,分别置于本则、颂古之后,称之为"评唱",统编为《碧岩录》(也称《碧岩集》)十卷,是宋代文字禅的代表著作之一,长期以来在禅宗界十分盛行。

三 重显的禅法

现存雪窦重显的禅法语录虽然数量不算少，然而其中从正面论述佛法道理和禅法意义的却很少。不用说这是拘于禅宗认定的语言文字不足以表达禅法和解脱之道的见解。尽管如此，如果仔细阅读和玩味重显的语录，仍可以大体探究出他的真正的禅法主张。下面扼要地介绍重显的禅法见解、传法方式及其文字禅。

（一）强调解脱之道的普遍性，说"一切法皆是佛法"

佛法也称为佛道，在佛教内部不同派别可以做出不同的解释，然而无论怎样解释，皆具有佛的说教，引导信众达到觉悟解脱（"成佛"）的道理的意思。唐末五代兴起的禅宗，对佛法的解释更加灵活，在有的场合它也就是禅法、心法，有时甚至也被赋予与被作为世界本原、本体和解脱内在根据的真如、佛性等相通的含义。在各地丛林中的参禅过程中，经常有人问："如何是佛法大意？"这与问"如何是佛"、"如何解脱"等没有根本差别。在一般情况下，禅师对此是不做正面回答的，认为用任何语言文字解答都不完全，最好的回应是沉默无语；有时不得已便借用某些不相关的话或做出某个动作来搪塞过去。

雪窦重显传播禅法的最突出的特点是对有关修行和解脱成佛问题几乎都回避作正面解释，虽撰述大量文字，但也很少直接明快地宣述佛法内容。尽管如此，我们仍可以透过他在各地寺院上堂说法的言词大体探测出他的禅法主张。

重显曾上堂说：

> 一切法皆是佛法。瞒瞒顸顸，非为正观，一切法即非佛法。赏个名，安个是，立个非，向什么处见释迦老子。还会么？

然后以拄杖卓地一下，说："各请归堂。"

佛教所说的"法"意为一切事物和现象，既包括物质现象也包括精神现象、语言概念，其中自然包括一切文化形态、各种思想学说。重显所谓"一切法皆是佛法"，就是说自然、社会和身边一切东西皆是佛法。他在这个场合似乎不是强调世界一切皆是真如、佛性或心性的显现，而是侧重强调人们可以通过观察和参究自然界和社会、日常生活、自己身边的一切事物，达到觉悟解脱。从这个意义上说，一切法皆是佛法。同时他又提出，如果"非为正观"，即没有树立正确的见解，大概如同唐代义玄《临济录》所说的"真正见解"，那么，对这种人来说，一切法就不是佛法。何谓"正观"，他没有说，按照禅宗的一般说法，不外是持有诸法空寂、不二思想和"无念"、不执著语言文字等观念。他特别提出，如果认为周围事物是实有的，并且有所执著，进行思虑分辨活动，用语言文字进行描述（"赏个名"），进而判断有无与是非等，就离开真正的佛法了。他质问说：如此则向哪里寻找释迦佛呢！最后他询问门下弟子是否懂得其中的道理。

既然一切法皆是佛法，佛法无所不在，那么在逻辑上就给禅师传授禅法带来极大的自由，既可以说，也可以沉默，还可以借用动作以至棒喝来代替说法。这种做法，便给门下弟子及参禅者领悟佛法提供很大的想象空间和回旋的自由。从马祖、石头到他们的著名弟子，乃至五宗创始人临济义玄、沩山灵祐和仰山慧寂、洞山良价和曹山本寂、云门文偃、法眼文益等人，虽然传法方式不尽相同，然而皆以这种理论为前提来传授禅法，以灵活形式接引学人，即所谓"大机大用"，语默并用，棒喝交驰。

重显说法方式有些像云门文偃，正面说法极少，对于诸如"如何是佛法大意"、"如何是祖师西来意"、"如何是教外别传"、"如何是佛"等问题，几乎都回避正面回答，只是据场合随意答之。

重显在苏州时，有僧问："如何是佛法大意？"他答："龙吟雾起，虎啸风生。"问："如何是祖师西来意？"他答："山高海阔。"问："如何是教外别传一句？"答："看看腊月尽。"有人问："如何是和尚家风？"他答："客来须看。"[①]……可以说他的这些答语与弟子的问话皆不扣题，然而如果依照"一切法皆是佛法"的前提，又不能不说一切回答是沾边的。

重显说法经常引用云门文偃的语录。一次他上堂举云门的语录："尔若不相当，且觅个入头处，微尘诸佛在尔舌头上，三藏圣教在尔脚跟底，不如悟去好。还有人悟得么？[②] 出来对众道看。"然后加以评量（"拈语"），说："然则养子之

[①] 所引语录见《雪窦语录》卷一〈住苏州洞庭翠峰禅寺语录〉，载《大正藏》卷47，第669页下及第670页下。

[②] 《雪窦语录》卷二〈明觉禅师后录〉，《大正藏》卷47，第682页中下。《嘉兴藏》本与《大正藏》本中的两个"悟"字分别作"悮"和"误"。此据《云门语录》卷中改。

缘，争（怎）奈压良为贱。其间忽有不甘底（的）出，掀倒绳床，岂不是大丈夫！然虽如此，且问据个什么？"（《雪窦语录》卷二〈明觉后录〉）① 云门原意是据大乘佛教所说佛、佛国无量无边，并且佛与众生、世与出世、理与事彼此圆融的理论，说无数诸佛就在你自己的舌头上，三藏佛法就在你身边，如果你自己尚未觉悟，就应从参究自己身边的事做起。重显对此是同意的，然而他大概同时又认为，按照一切法皆为佛法的道理，也可以不做这种表述。所以他说，如果有人听完云门的话，可以起来将云门坐的禅床推倒。不过又提出，若这样做必须有个前提，即自己要有根据，懂得这个道理。

大乘佛教的佛（法身佛）、真如、法性、佛性的普遍性思想，特别受到中国佛教学者的重视和发挥，以天台、华严、禅三宗为代表的最富有民族特色的宗派对此有不少论述。雪窦在说法中一般对此不再作新的论证，而是直接以此理论为前提传授禅法。他某日上堂，对僧众说：

粪扫堆上现丈六金身，遇贱则贵；赤肉团（按：指心）上壁立千仞，遇明则暗。鼻孔辽天底（的）衲僧，试辩雪窦为人眼。

说在粪堆上显现的丈六佛身，虽所在的地方污秽卑贱，然而它本身是高贵的；重重欲望烦恼和妄念充斥在心性之中（"赤肉团上壁立千仞"），虽处在清净之地，也是黑暗的。重显让弟子们对此作出判断，辨明他讲此话的用意。他在这里是发挥了大乘佛教的佛身无时不在、无所不现的思想。

他曾举其师智门光祚的语录：

僧问智门：如何是佛？云：踏破草鞋赤脚走。僧云：如何是佛向上事（觉悟成佛之事）？云：拄杖头上挑日月。

意为佛就是穿着草鞋到处行脚的僧人，也是普通的众生；修行成佛之事不离日日月月的寻常生活。重显以"千兵易得，一将难求"对此话表示赞赏。②

在《雪窦颂古》第十二则公案是宋代云门宗禅僧洞山守初一段语录：有人

---

① 《大正藏》卷47，第682页中下。
② 《雪窦语录》卷三〈拈古〉，载《大正藏》卷47，第687页中。

问洞山："如何是佛？"洞山答："麻三斤。"既然麻三斤（三斤麻织成的布可以做一领衣衫）可以是佛，又何物不是佛。对此，重显作颂曰：

> 金乌（按：日）急，玉兔（按：月）速，善应何曾有轻触，展事投机见洞山，跛鳖盲龟入空谷。花簇簇，锦簇簇，南地竹兮北地木。因思长庆、陆大夫，解道合笑不合哭。①

大意是，日月迅速，应善于顺乎自然地生活修行，如果想效仿当年参谒洞山问法那位禅僧，想从别人那里求得什么是佛的答案，那便好像是跛鳖盲龟进入山谷那样无所适从。花拥锦簇，南方长竹，北方生木，是天然自成。想当年，陆亘大夫（曾任宣歙观察使）曾向南泉普愿问法而得悟，福州长庆院大安禅师作"代语"表示：得悟是应当哭还是不哭呢？重显认为应当笑而不应当哭（"合笑不合哭"）。可见，重显对于诸如佛是麻三斤之类的说法是很欣赏的。

对禅僧来说，佛法无所不在，重要的是意味着作为佛性、自性的心法无所不在，在自己身上有无佛性，能否成佛。唐代有篇假托《肇论》作者后秦僧肇名义伪造的《宝藏论》，在宋以后禅宗丛林很有影响。此论发挥大乘般中观和佛性思想并吸收道家特别是《老子》的思想和论证模式，将具有本体、本原意义的道、真际与法性、法身、真如、佛性、法界、虚空、如来藏、真一等概念融通使用，统称为"宝藏"；说天地万物和社会君臣、父子、尊卑等级及相关伦理皆起源于非空非有的真际、真一或道，亦即佛性等；一切众生皆具此真性；又以法性空寂和"佛性平等"、"佛性普遍，无有凡圣"及真妄不二为根据，反对"修身心而觅道"，舍妄求真，称"圣人不断妄，不证真，可谓万用而自然矣"。②

重显在说法中一再引用《宝藏论》，然而却从不标明出处。他一日上堂说：

> 古人道：其为也形，其寂也冥，转变天地，自在纵横，河沙而用，混

---

① 唐宣歙观察使陆亘向普愿问：如果在一个瓶中养大了一只鹅，如何能在不打破瓶的情况下将鹅取出？南泉叫了他一声，陆亘答应。南泉说：鹅已经出来了。据载，陆亘由此"开解"。在南泉去世时，陆亘虽前往吊唁而不哭。院主问他为何不哭。他让院主说出应哭的理由，院主无言。后来福州长庆院大安祖师作代语曰："合哭不合哭？"事载《景德传灯录》卷十〈陆亘章〉。《大正藏》卷51，第279页中。

② 《宝藏论》由〈广照空有品〉、〈离微体净品〉、〈本际虚玄品〉三品组成。载《大正藏》卷45，第143—150页。

沌而荣，谁闻不喜，谁闻不惊。如何以不价之宝，隐在阴入（按：指五阴、十入，此指众生之身心、人）之坑。（《雪窦语录》卷二〈明觉后录〉）

然后以拄杖击地一下，说："打破了也，宝在何处？"所引"古人曰"即《宝藏论》的话。大意是：非有非空的真道、佛性，虽无形无相，然而是造就有形的天地万物的本原；虽本性空寂，但作用自在无穷；就众生而言，天生秉有此无价之宝。重显在引述此语后，以动作和问话来提示弟子直探心源，省悟自性。然而表示如果有人执意地要以道或佛性为禅观的对境，他也不赞成。他曾上堂引《宝藏论》中"乾坤之内，宇宙之间，中有一宝（按：此指佛性或称道、理）"的话之后，接着说："挂在壁上，达磨九年不敢正眼觑著，如今衲僧要见，劈脊打！"（《雪窦语录》卷二〈明觉后录〉）[①] 传说当年菩提达磨在嵩山少林寺九年"面壁而坐"，"端坐面墙"，使心与外界完全隔绝，凝心入定，通过"舍伪归真"使心"与理冥符"（"理入"）。[②] 然而重显解释说，达磨壁观不是以理、道或佛性为对境，执著地观想，奉劝弟子也要如此。这实际是依据了禅宗南宗的"无念"禅法，似乎也受到《宝藏论》所说只有无取、无舍、无修、无证才能"契会"真理的思想的影响。

唐代临济宗创始人义玄曾对弟子说，每人的心中（"肉团心"）都有一位"无位真人"，经常在脸面（"面门"）自由出入。当有弟子问这位无位真人是什么时，他答："无位真人是什么干屎橛！"（《临济录》）他实际是用无位真人比喻每人的精神、灵魂（神明），认为这就是大乘佛教所说的每人先天所秉有的佛性；又认为它是不能用任何语言完全表述的，如果非要问它是什么，也不妨称之为干屎橛。当年雪峰义存听说此话，用戏谑的语言说："临济大似个白拈贼！""白拈贼"原意是光天化日之下的劫贼，义存以此来称赞义玄的禅机超凡。重显某日向门下僧众引述（"举"）这段公案之后，说：

[①] 以上重显语录载《大正藏》卷47，第682页下、第683页下。原语皆出自《宝藏论》的〈广照空有品第一〉，引文不全有异。原文是："……其为也形，其寂也冥，本净非莹，法尔圆成，光超日月，德越太清，万物无作，一切无名，转变天地，自在纵横，恒沙妙用，混沌而成。谁闻不喜，谁闻不惊。如何以无价之宝，隐在阴入之坑。"第二段引文中的"乾坤之内"，原文是"天地之内"。载《大正藏》卷45，第145页中下。

[②] 见《景德传灯录·达磨章》及《二入四行论》。请参考杨曾文《唐五代禅宗史》第二章第三节，中国社会科学出版社1999年版。

> 夫善窃者，神鬼莫知，既被雪峰觑破，临济不是好手。

当日又特地召集僧众，郑重地对他们说：

> 雪窦今日换尔诸人眼睛了也。尔若不信，各归寮舍，自摸索看。①

虽指出义玄的禅机被雪峰看破，然而却也同意义玄比喻中深含的思想，让弟子自己体悟其中的道理，增强对解脱的自信，转变视角对待修行问题。

(二) 所谓"向上一路，千古不传"

雪窦重显虽然声称一切法皆是佛法，解脱之道无所不在，但又认为对于什么是道，如何达到觉悟解脱这类问题是不能借助语言文字正确表述的，表示上堂说法是出于不得已。

唐代丛林经常流行的一句禅语是："如何是向上一路？"意为什么是成佛解脱之道。最早提出这个问题的是马祖的弟子，在幽州盘山传法的宝积禅师。他曾说：

> 道本无体，因道而立名；道本无名，因名而得号。若言即心即佛，今时未入玄微；若言非心非佛，犹是指踪之极则。向上一路，千圣不传。学者劳形，如猿捉影。夫大道无中，复谁先后，长空绝际，何用称量？空既如斯，道复何说？②

大意是作为世界本体、本原的道，本来是超言绝象，无体可见，无名可称的；说它有体有名，皆是人们出于某种需要和方便用语言文字为它起的；不管是说即心即佛，还是说非心非佛，都不能完全表达心与佛的关系；解脱的道理、

---

① 《雪窦语录》卷二〈举古〉，《大正藏》卷47，第676页下。原文："临济示众曰云：有一位无位真人，常在汝等面门出入，初心未证据者看看。时有僧问：如何是无位真人？临济下禅床擒住，者（这）僧拟议。济托开云：无位真人是什么干屎橛！"此当为摘录大意，与《临济录》、《景德传灯录》卷十二〈义玄章〉有关语录稍异。
② 《景德传灯录》卷七〈宝积章〉，《大正藏》卷51，第253页中。另参考《祖堂集》卷十五〈宝积传〉。

修行的方法，自古诸佛从来没有传授过，因此任何说法，皆为徒劳。这与《金刚经》中所说"若人言如来有所说法，即为谤佛……说法者，无法可说"是一致的，是以诸法性空为依据，强调的是并非面向一般民众场合的"圣义谛"（第一义谛）。如果从俗谛来讲，浩如烟海的佛经（一切经、大藏经）还是被承认的。然而在参禅的场合，禅师对所谓"如何是向上一路"却回避作正面回答，据《景德传灯录》有关传记记载，对此的回答五花八门，有"一口针三尺线"，有"明镜当台请一鉴"，"脚下底"，也有的"举衣领示之"。①

重显到达苏州应请到万寿寺上堂说法。有僧问："向上一路，千圣不传。和尚从何而得？"（《雪窦语录》卷一〈住苏州洞庭翠峰禅寺语〉）② 在这一问话中含有一个埋伏：如果说自己的禅法是从佛经上得或从师傅处得，皆与问语中的"千圣不传"矛盾；然而如果说从自心悟得，那又必须证明自己所悟得的是真正佛法，令人信服。在这种场合，最好的回应就是不回答。于是重显说："将谓是衲僧。"意为本来还以为你是位真正的僧人，却原来……以带有失望的语气表示对此不屑回答。

重显到雪窦寺，在开堂仪式上首先环顾在场的僧俗众人，然后郑重表示："若论本分相见，不必高升宝座。"接着用手一指说："诸人随山僧手看，无量诸佛国土一时现前，各各仔细观瞻，其或涯际未知，不免拖泥带水。"意为请诸位观悟一切佛、净土皆在每人的眼前，如果对此未能晓悟，才有听人说法（《六祖坛经》所说的"示道见性"）的必要。他接着说：

> 人天普集，合发明个什么事？焉可互分宾主，驰骋问答，便当宗乘去？广大门风，威德自在，辉腾今古，把定乾坤。千圣只言自知，五乘莫能建立。所以声前悟旨，犹迷顾鉴之端；言下知宗，尚昧情识之表，诸人要知真实相为，但以上无攀缘，下绝己躬，自然常光见前，个个壁立千仞。还辨明得也无？未辨辨取，未明明取，既辨明得，能截生死流，同蹐祖佛位，妙圆超悟，正在此时，堪报不报之恩，以助无为之化。（《雪窦语录》卷一〈住明州雪窦禅寺语〉）③

---

① 请见《景德传灯录》卷十〈长沙景岑章〉、卷十六〈韶山寰普章〉、卷二六〈雍熙辩隆章〉、卷十九〈洞岩可休章〉等。
② 《大正藏》卷47，第669页中。
③ 同上书，第674页上。

他对禅宗丛林参禅过程中互立宾主，彼此激烈答问的方式表示反对，并且认为传统的大小乘教义（五乘，概指大小乘一切佛法）原也不是古代诸佛有意借助语言文字建立的。认为不管是通过禅师的动作（哪怕是以面目）的示意，还是通过语言的提示，都不能引导达到真正的觉悟。最好的办法是修持"无念"（止息"攀缘"）禅法，做到无所好恶、取舍，使自己清净的心性显现，达到解脱，从而摆脱生死轮回。

重显曾告门下，"三世诸佛不能宣传"。某次甚至宣称："三世诸佛说梦，六代祖师说梦，翠峰今日说梦。还有梦见底（的）么？"当无人回答时，他代答："掀倒禅床！"（《雪窦语录》卷四）① 意为佛、禅宗所奉历代祖师以及自己的一切言教、说法皆如同梦幻，甚至做这种表白也是多余。然而，重显虽一再贬斥语言文字，贬斥说法，还是经常在不同场合说法。他这样做，别的禅师也这样做。这是禅宗永远解决不了的矛盾。

（三）问东答西，棒喝并用的传法方式

既然认为语言不能完全表述解脱之道、修行方法，那么，对于任何提问既可以拒绝回答，也可以问东而答西，甚至以棒喝示意。应当说重显在这方面没有什么创造，一切是继承前人的做法。这里仅简要举例说明。

有人问："如何是祖师西来意？"是问达磨来中国的用意是什么？对于这个丛林间重复上亿次的提问，从来没有人做正面回答的。重显的回答也有多种，有"迢迢十万余"，"山高海阔"，"点"，"三十年后"等。对于"如何是教外别传一句？"重显或答"看看腊月尽"，或答"三生六十劫"，"好问"等。②

对于"如何是和尚为人一句"，则答"量才补职"。有人问："师唱谁家曲，宗风嗣何谁？"意为他继承哪个禅门，传授谁家的禅法。他答："分明记取"，回避回答。有人问："佛法大意"，他答："龙吟雾起"。③

那么，这些回答中哪个是确切答语？应当说所有回答皆不对题。然而，据认为其中皆含有禅机，因为都启示学人不要从语言及字面寻求真理妙义，而应

---

① 《大正藏》卷47，第693页上。
② 皆见《雪窦语录》，现仅标明在《大正藏》卷47的页数：第675页中、第669页下，第675页上中、第669页下、第674页下、第676页上。
③ 《雪窦语录》，《大正藏》卷47，第669页上下。

当直探心源，自己觉悟。

他偶尔也用棒喝启发门下及参禅者。例如，有僧问："古人一喝不作一喝用，是否？"他答"是"。僧便喝，他便打，此僧于是无语。弟子义怀初见重显，重显问他姓名，又问行脚穿破过多少双鞋。义怀感到纳闷，说："和尚莫瞒人好。"他说："我也没量罪过，你作么生？"义怀无语，他便打。一日他问门下听道者："久参事作么生？"答："青天白日。"他又问："乱走作什么？"听道者便喝，他说："吃棒！"对方也抬手要打，他立即用坐具甩过去，说："尔看者（这）瞎汉乱与！"① 这一喝一棒里包含着什么禅机？笔者不好猜测。

这样一来，禅寺的上堂说法简便灵活多了，既可以多说，也可以少说；可以说说这个，也可以说说那个；可以自说，也可以唱偈颂，或举评古人公案语录。现列举几段：

> 上堂云：日日日东上，日日日西没，循环三百六十，几个解知窠窟？放开精精冥冥，把定恍恍惚惚，君不见毗耶离城，彼上人（按：维摩诘菩萨）一室，寥寥是何物？师召大众云：高著眼。便下座。
>
> 上堂云：黄金为地，金银为壁，释迦老子，不合向者（这）里屙。师以拄杖拨一下云：看看，落尔诸人头上。
>
> 上堂云：三千剑客今何在，独许庄周致天下。便下座。
>
> 上堂云：春山叠乱青，春水漾虚碧，寥寥天地间，独立望何极。便下座。却顾谓侍者云：适来有人看方丈么？云：有。师（按：重显）云：作贼人心虚。
>
> 上堂，众方集定。师云：勘破（按：辨明、理会）了也。便下座。
>
> 上堂云：垂丝千尺，意在深潭，离钩三寸，钓得一个是好手。良久曰：负命者上钩来。
>
> 上堂云：春力不到处，枯树亦生华，九年人不识（按：此当指达磨当年面壁九年），几度过流沙。便下座。

从这里面能够发现什么禅机奥义？对此是可以作出各种猜测和多种解释的，

---

① 《雪窦语录》，《大正藏》卷47，第670页上、第673页上、第677页中。

也许对于那些到处行脚参禅的僧人来说由于每人经历不同，从中可以得到某种启示。如前所述，最起码的启示不外是体悟时时处处皆有佛法，佛法是一切法，应当自修自悟自性。然而这种做法对禅宗来说也潜伏一种危机，如果过于强调一切法皆为佛法，过于贬损语言文字，上堂随意，也会导致"狂禅"。

四 形式多样的文字禅

文字禅是指重视运用文字表述禅法主张的形式和传法风尚。文字禅的表述形式有多种，有语录、举古、征古、拈古、代语、别语、颂古、偈赞、诗歌、法语、杂著、碑铭、序跋等。语录伴随禅宗的产生而形成并传播，即使某位禅师生前反对弟子为他抄记整理语录，也不能避免他仍有语录流传于世。例如，临济义玄、云门文偃生前皆反对别人抄写语录，但他们都有语录传世。因此，仅凭一个人是否有语录还看不出他是否积极运用和提倡文字禅，语录不是文字禅的主要标志。构成文字禅主要标志的是所谓举古、拈古、代语、别语和颂古等文字表达形式和利用这些形式传法的做法。虽然这些形式在唐末五代已经出现，例如《祖堂集》所载唐五代不少禅师的传记中附有用小字记载的代语、别语等，但它们却是在进入宋代以后才被在更大范围推广并且兴盛起来的。法眼宗的永明延寿（904—976）、临济宗的汾阳善昭（947—1024）以及雪窦重显等人，都是早期文字禅的著名代表人物。道原编撰的《景德传灯录》卷二十七特别载有〈诸方杂举征拈代别语〉，选载摘自佛经和唐五代一些禅师的语句，后面用小字附录某些著名禅师的征（征问）及代别语等，对推动文字禅起到很大作用。

现将重显的文字禅主要著述简单举例加以介绍。

（一）举古与拈古

举是举例，选取古代禅师公案（禅宗史书、语录中记述的语句或禅僧修悟事例）中的语句、事例，或详举，或略举，在方丈室或法堂说法的场合向门下弟子和参禅者宣示，以便启示他们领悟修行和达到解脱的道理。《雪窦语录》有〈室中拈古〉、〈举古〉。拈古，也称拈提、拈则，是在举出古人公案之后加以简单评量、论议。在禅宗灯史或语录记述中，或加"师拈曰"，或只用"师云"。举古与拈古经常结合使用，先举而后拈。例如：

> 举：赵州云：至道无难，唯嫌拣择。才有语言，是拣择，是明白？老僧不在明白里，是尔作么生护惜？时有僧问：既不在明白里，护惜个什么？州云：我亦不知。僧云：和尚既不知，为什么道不在明白里？州云：问事即得。师（按：重显）拈云：赵州倒（原作"到"字）退三千。

所举的是唐代赵州从谂（778—897）的语录。赵州引用传为三祖僧璨撰述的《信心铭》中的头两句话，意为"至道"（佛性、自性）平易，然而非可思量和用语言表述。然后提出，如果想用语言，是属于拣择呢，还是属于明白？他表示自己属于不明白。对此，弟子提出质询，既然不明白，又让弟子护惜什么？如果不知，如何自称不明白？赵州用"提问一下就行了"来加以搪塞。重显对此加以拈语是说赵州倒退了三千里。

> 举：邓隐峰在襄州，破威仪堂，只着衬衣，于砧椎边举椎云：道得即不打。于是大众默然。隐峰便打一下。师拈云：果然，果然。

邓隐峰是唐代马祖的弟子。重显所举这段公案不见于《景德传灯录》卷八〈邓隐峰章〉。重显所引这段文字，是谜语般的禅话。邓隐峰让众僧说出道理，众僧没有回应，便将手中的椎落下。对此，重显作出"果然，果然"的拈语。

> 上堂举：雪峰示众云：尽乾坤是个解脱门，把手拽不肯入。一僧云：和尚怪某甲不得。一僧云：用入作什么！师云：三个中有一人受救在，忽若总不辩明，平地上有甚数？便下座。①

雪峰义存（822—908）是石头下四世，他说"尽乾坤是个解脱门，把手拽不肯入"，意为天地之间处处可以使人达到解脱，彼岸即此岸，然而有的人却死也不信，好像解脱门就在眼前，但怎么拽他，他也不入。有一僧提出没有理由怪他，另一僧表示根本没有入这个解脱门的必要。重显所说也是拈语，意为雪峰与僧二人中只有一人可以救，然而如果不理解语句中的道理，也就不好说大

---

① 以上所引载《雪窦语录》卷一、卷二，《大正藏》卷47，第671页下、第682页中。

地上有什么数了。"数"指什么？不好断明。

(二) 代语与别语

《汾阳无德（善昭）禅师语录》卷中说："室中请益，古人公案未尽善者，请以代之；语不格者，请以别之，目之为代、别。"① 是说禅师在室中指导教诲弟子（从弟子角度称此为请益）的过程中，对所举公案语录中某些表达不完善者，可代之以自己的语句；而对于语句意境不正不高者，则另外（别）提出自己对应的语句。前者是代语，后者则是别语。然而这里对"代语"的解释，参照《汾阳语录》所载善昭的代语以及与其他人语录中的代语，似乎不很贴切。代语一般有两种情况：一是指在引述的前人公案中虽有问语，但没有答语回应的，而由自己代为回答；二是本人在说法中向弟子或参禅者提出问题，而没有立即得到回应，便自己做出回答。

下面先对重显的语录的代语作介绍。

> 裴相公（按：唐代裴休）捧一尊佛像于黄檗前跪云：请师安名。檗云：裴休！师（按：重显）代相公，当时便喝。

这是举古人的公案。如果全引语录，在"代相公"前应有"相公无对"的字样。重显认为，代裴休的回答应当是大喝一声。

> 宋太宗皇帝因事六问，当时无人奏对。因入寺，见僧看经。问云：看什么经？对云：《仁王经》。帝云：既是寡人经，为什么在卿手里？代云：皇天无亲，唯德是辅。

这是举当代人的公案。宋太宗在不同场合所问六事，在《雪窦语录》卷四有载，上引是第一则：寺中问僧读什么经。后来《嘉泰普灯录》卷二十二记载此事，在宋太宗问语之后有"僧无对"三字。重显的代语，并没有正面回答问题，然而却包含有相关意思：经是皇帝的经，但皇天是无私的，皇帝是天子，为什么有德的和尚不能持经？

---

① 《大正藏》卷47，第615页下。

龙光问僧：名什么？云：自观。光云：自观见什么？代云：有误龙光。

唐五代有多位号龙光的和尚，不知这位是谁。他用一位僧人的名字——"自观"的意思问他观什么，此僧茫然无对。重显代之答："有误龙光。"

一日云：千兵易得，一将难求。上将来也，三军在什么处？代云：退后退后。

这是自问而无人回应，便自己代答。
下面介绍几则重显的别语。

僧问归宗：如何是佛？宗云：我向你道，还信么？云：和尚言重，争（怎）得不信？宗云：只汝便是。别云：侍者寮里吃茶去！

归宗智常是马祖弟子。重显也许认为他对僧的回答还不够含蓄，便说了一句与原问毫不沾边的话来作别语。

国师问座主：读什么经？云：《金刚经》。国师云：最初是什么字？座主云：如是。国师云：是什么？别云：以拄杖便打。

国师是指慧能弟子南阳慧忠，唐肃宗、代宗时为国师。《金刚经》开头是"如是我闻"。因此此僧的回答是对的，但在慧忠看来似乎不能直接回答，所以又重问伏以无心为宗，非一毫之可一句。重显认为这还不足以使此僧醒悟，别语之意是慧忠当年应当用拄杖打他。

（三）颂古

颂古是在引述古人或别人的语录公案之后，以偈颂文体对语录蕴含的禅机妙义或悟境加以表述，或四言、五言、七言、或相杂，甚至杂有一言、三言，由四句、六句、八句或多句组成，一般是隔行押韵，结构活泼，形式多样。宋代大慧宗杲和竹庵士珪编，后经东吴沙门净善增补重修的《禅林宝训》卷三载竹庵士珪的话，说禅门祖师的玄言妙语，流传丛林之间。

互相酬唱，显微阐幽，或抑或扬，佐佑法化，语言无味，如煮木札羹，炊铁钉饭，与后辈咬嚼，目为拈古。其颂始自汾阳，暨雪窦宏其音，显其旨，汪洋乎不可涯。后之作者，驰骋雪窦而为之，不顾道德之奚若，务以文彩焕烂相鲜为美，使后生晚进，不克见古人浑谆大全之旨。

先解释拈古，说拈古的内容对前人语录有褒有贬，语言乏味，自宋汾阳善昭又兴起颂古，由雪窦重显发扬光大，由此后世竞相效仿撰写颂古，文风务求华美，内容已失淳朴之旨。善昭撰颂古百则，重显也撰百则，此后不少名僧也撰有颂古。现存有临济宗的圆悟克勤、佛眼清远、大慧宗杲、虚堂智愚，曹洞宗的投子义青、丹霞子淳、宏智正觉等人的颂古。

雪窦重显的百则颂古称《雪窦颂古》，后来圆悟克勤以此为基础编著《碧岩录》盛行于禅林与社会，从而更加有名。《雪窦颂古》的单行本很少见。明代道霖编《棃榐老人天奇直注雪窦显和尚颂古》（简称《雪窦颂古直注》，载《续藏经》第二编・甲・第二十二套第三册）所用《雪窦颂古》除十几则的次序与《碧岩录》的底本稍有不同外，其他皆同。下面仅据《大正藏》卷四十八所载《碧岩录》中的《雪窦颂古》，选取包括"本则"（举古，有的也有拈古）、"颂古"在内的几段加以介绍。

第一则：举：梁武帝问达磨大师：如何是圣谛第一义？磨云：廓然无圣。帝曰：对朕者谁？磨云：不识。帝不契。达磨遂渡江至魏。帝后举问志公（按：宝志和尚）。志公云：陛下还识此人否？帝云：不识。志公云：此是观音大士，传佛心印。帝悔，遂遣使去请。志公云：莫道陛下发使去取，阖国人去，他亦不回。

颂云（《雪窦颂古直注》作"总结"）：圣谛廓然，何当辨的？对朕者谁？还云不识。因兹暗渡江，岂免生荆棘。阖国人追不再来，千古万古空相忆。休相忆，清风匝地有何极？

师顾视左右云：这里还有祖师么？自云：有，唤来与老僧洗脚。

"举"后是举古，所引述内容大体取自《宝林传》（现仅有残本）和《景德传灯录》的达磨章，虽不可看作历史事实，因为在南朝宋末来华的菩提达磨是不可能见到梁武帝和宝志和尚（418—514）的，[①] 但它作为禅宗长期传说的公案却是真实的。意思是说梁武帝对于佛教的至高真理——第一义谛（圣谛）并不理解，达磨以站在一切皆空和平等不二的立场，否则凡与圣、人与我的差别，受到梁武帝的冷落，不得不离南方渡江到北魏传法。当听说宝志和尚说达磨是观音菩萨，"传佛心印"时，后悔派人去追，但已经来不及了。重显的颂是围绕这个公案写的，前面四句简单重复公案大意，又以禅宗特有的笔触表述达磨渡江也许是为了避免在身边产生猜忌与麻烦，然而他一走却引起江南长久的忆念；接着笔锋一变，谓莫要空想忆，清风永无休止地吹拂大地，引人反思：为什么不着眼自我解脱的大事呢？最后是以"还有祖师么"为拈语（这里也可称为征语），"自云"之后为代语："有，唤来与老僧洗脚"，表示对外在的祖师也不必执著，觉悟靠自己。

第三则：举：马大师不安。院主（按：寺主或称监事）问：和尚近日尊候如何？大师云：日面佛，月面佛。

颂云：日面佛，月面佛，五帝三皇是何物？二十年来曾苦辛，为君几下苍龙窟。屈堪述，明眼衲僧莫轻忽。

马大师是唐南宗洪州宗创始人马祖，曾以"即心是佛"，"非心非佛"，"不是心，不是佛，不是物"接引学人。公案讲述马祖病时，院主问病，马祖以日日月月面观佛作为回答，意为自己一直没有离过佛。重显的颂是假托以自己的经历说起，虽天天面佛，然而却曾多年参究身外世事，想从中得到省悟，如同为得明珠几下苍龙深窟一样，其艰辛难以复述，寄语明眼禅僧莫要轻忽领悟即心之佛。"五帝三皇"原指中国古史传说中的人物，说法不一，或以天皇、地皇、人皇为三皇，以黄帝、颛顼、帝喾、唐尧、虞舜为五帝。据克勤在《碧岩录》卷一的解释，其中的"五帝三皇是何物"是取自五代禅僧禅月贯休《题公子行》诗："锦衣鲜华手擎鹘，闲行气貌多轻忽，稼穑艰难总不知，五帝三皇是何物？"这里当是用来表示外在世事。

[①] 关于菩提达磨的生平，详见拙著《唐五代禅宗史》第二章第一节，中国社会科学出版社1999年版。

第三十七则：举：盘山垂语云：三界无法，何处求心？

颂云：三界无法，何处求心？白云为盖，流泉作琴。一曲两曲无人会，雨过夜塘秋水深。

幽州的盘山宝积是马祖的弟子，曾对僧众说："三界无法，何处求心？四大（按：地水火风）本空，佛依何住？璇玑（按：原指星斗，这里喻指时间）不动，寂止无痕，觌面相呈，更无余事。"（《碧岩录》卷四）是立于般若空义，主张既不执意求心，又不于外求佛，唯处之以自然无为。重显的颂是进一步发挥此意，描述"白云为盖，流泉作琴"的自然境界，然而其中妙趣无人理解，唯见秋夜雨后塘水深。颂的意境突出崇尚自然，无所追求的思想。

第八十二则：举：僧问大龙：色身败坏，如何是坚固法身？龙云：山花开似锦，涧水湛如蓝。

颂云：问曾不知，答曾不会。月冷风高，古岩寒桧。堪笑路逢达道人，不将语默对。手把白玉鞭，骊珠尽击碎。不击碎，增瑕纇，国有宪章，三千条罪。

五代鼎州大龙山智洪，是雪峰下二世，有僧问："如何是佛？"答："即汝便是。"上引语句的前提是肉身能坏灭，法身（佛性、本心）不坏。对于僧的问话，大龙智洪不予正面回答，只是以描绘山花、涧水的诗句回应，意谓对于法身这样的至高本体本原，虽不能用语言表述，但它显现于一切自然现象之中。重显的颂用另一种词语发挥此意，说对此类问题不能通过问或答来表述。"月冷风高，古岩寒桧"，自然如此。"路逢达道人，莫将语默对"，原出自唐代沩山灵祐弟子香严智闲的偈（载《景德传灯录》卷二十九），意为路逢悟道之人，不应以语言或沉默相对。重显前加"堪笑"二字，意思有变，也许是说如果路逢悟道者而执意不以语默相对，也是可笑的。贵在自然。又说应将人间珍贵的国宝骊珠一鞭打碎，否则日久必增加瑕纇，违背国法条例。这里大概以骊珠比喻对世俗见解的执著，以国法比喻禅法宗旨，借以示意禅僧应当彻底断除己见，否则有违禅宗宗旨。

(四) 所谓"绕路说禅"

克勤在《碧岩录》卷一第一则雪窦的颂后的评述中说：

> 大凡颂古，只是绕路说禅；拈古大纲，据款结案而已。

是说颂古不正面讲述、诠释禅法，而是采取迂回的绕弯子的方式来表述禅法，至于拈古，则是对所引公案所做的概要结语。其实，不仅颂古是"绕路说禅"，拈古以及代语、别语也同样如此；再引而申之，在慧能之下三四代以后，各地著名禅师说法也经常采取"绕路说禅"的方法。然而，不管谁，采取何种方式"绕路说禅"，毕竟还要表露自己的禅法主张，即：人人是否生来具有与佛一样本性——佛性；达到觉悟解脱是靠自己体悟自性，还是向外求佛求法；此岸与彼岸关系如何，修行是否离开生活日用；佛法、菩提之道与语言文字的关系；自修要否读经、坐禅，等等。然而由于是"绕路说禅"，怕陷于所谓"死句"，所用以表达的语言十分晦涩、笼统、不着边际，有时是问东答西，谈天说地，用反诘句，并且夹杂不少借喻隐喻，只有将前后左右语句仔细分析才能大体看出个端倪。我们从以上对雪窦重显的拈古、代别语及颂古的介绍，是不难看出这一点的。

综上所述，雪窦重显是宋代云门宗的一个重要的承上启下的人物。他的法系从其弟子天衣义怀之后流布于大江南北，其中不少禅师应请到京城的皇家、外戚寺院传法，推动了禅宗在宋代的传播。他继临济宗汾阳善昭之后，对文字禅特别是颂古的创作与推广起到很大示范作用。重显的《颂古百则》不仅是禅法著作，而且也属于文学作品，由于被克勤收入《碧岩录》而得到更广泛的流传，对中国佛教乃至文学都有不少影响。

第四节 古塔主承古及其禅法

中国禅宗在北宋进入鼎盛时期，在禅门诸宗中云门宗与临济宗、曹洞宗最有影响。

云门宗是由五代时期韶州云门寺（在今广东乳源县）的文偃（864—949）创立的，因为得到十国之一的以广州为都的南汉政权的支持，发展迅速，弟子和参禅者有时达千人之多。从云门下二世以后，云门宗发展十分迅速，到云门下三世至五世时（相当宋仁宗至哲宗朝，1023年至1101年）是云门宗在北宋最兴盛的时期。

饶州荐福寺承古禅师虽属于云门下的第三世，然而由于他生前认定自己直承云门文偃的法系，所以在《景德传灯录》直至《五灯会元》等禅宗灯史皆把他作为云门的嗣法弟子。他在传法中强调"参取自己"，要求弟子通过"休心"、"无心"以达到解脱，反对借助大量语言文字"说佛说法"，并且对源自临济义玄的"三玄三要"做出独特的解释，在宋代禅宗史上有较大影响。

一 "古塔主"承古的生平

承古（970—1045），西州[①]人，姓氏不详。少为书生，以博学知名，至壮年，经州府考试合格被推举到礼部参加省试，因与主持考试的官员议论不合，官员将其冠撕毁。从此无意功名，四处游历山水。在潭州（治今湖南长沙）的了山，遇到大光寺敬玄禅师，便随他出家。此后南游，在南岳衡山的福岩寺参谒云门宗的良雅禅师，被收为入室弟子。良雅是洞山守初的嗣法弟子，属云门下第二世。

然而，他对前后师事的两位禅师皆不满意，说敬玄"只是个草里汉"，意谓禅境不高，而良雅的禅风虽相当卓越，但所达境界也有限，说他"只是个洒脱衲僧"。此后经常探究前人的语录、公案，一日因读云门文偃的语录，"忽然发悟"，说："却较些子！"意谓这还差不多。由此决定自己直接上承云门并作为他的嗣法弟子。[②] 承古不求名闻，在游历庐山后，到达云居山（在今江西永修县），看到安葬唐代曹洞宗弘觉（道膺）禅师的塔所十分幽静，便向有关方面请求在此居住修行，严格秉守清规，受到时人的尊敬，丛林称他为"古塔主"。此后他到芝山，开始聚徒说法。[③] 北宋仁宗景祐四年（1059）十月，知饶州军事范仲淹闻说承古的名声，亲自率领四众（比丘、比丘尼和男女居士）到芝山迎请他入

[①] 唐代以高昌为西州（治所在今新疆吐鲁番东南），北宋时在此地有回鹘的一支建立的政权，史称西州回鹘。承古的籍贯西州恐不在此。日本忽滑谷快天著，朱谦之译自其《禅学思想史》中国部分的《中国禅学思想史》（上海古籍出版社1994年版）第四编第八章〈荐福承古之异彩〉谓西州是陕西汉中府沔县。查《宋史·地理志》，汉中在宋为利州路兴元府，所辖县四，其中有西县，即明汉中府之沔县，今陕西勉县。然而，说西州即是西县，不知所据。

[②] 此据宋惟白《建中靖国续灯录》卷二〈承古章〉，并参考悟明《联灯会要》卷二十六〈承古章〉。

[③] 以上除注明出处外，主要见宋惠洪《禅林僧宝传》卷十二〈荐福承古传〉。

居本州的荐福寺。

范仲淹（989—1052），字希文，苏州吴县（今属江苏）人，举进士。仁宗初年章献太后听政，范仲淹任秘书校理，天圣七年（1029）上疏请太后还政，为此出判河中府。太后死（1033年），仁宗亲政，召为右司谏，不久因谏止废郭皇后，被贬官知睦州、苏州、明州，后召还，迁国子监、吏部员外郎，权知开封府。因反对宰相吕夷简任用亲信并与他议政不和，景祐三年（1036）五月被贬知饶州，景祐四年十二月徙润州，又徙越州。西夏李元昊称帝（1038年）后，陕西一带形势紧张，被召还知永兴军、陕西转运使、户部郎中兼知延州等，庆历二年（1043）因功召拜枢密副使，不久改拜参知政事，与富弼、欧阳修等推行"新政"，因权贵谤谗，庆历四年（1044）自请罢参知政事，出为陕西四路安抚使、知邠州。（《宋史》卷三一四〈范仲淹传〉并参考《续通鉴》有关记载）

范仲淹任饶州知州有一年多时间。他请承古住持的寺院是官寺，当在治所鄱阳（今江西波阳）。现存署名"豫章参学门人文智"编的《荐福承古禅师语录》（以下简称《承古语录》）[①]，载有范仲淹作的请承古开堂的疏文，曰：

> 伏以无心为宗，非一毫之可立；有言即病，徒万法之强名。然则病非医而曷求，宗因师而乃证。
>
> 古师和尚净行无垢，孤风绝攀，法鼓一鸣，有闻皆耸，神珠四照，无隐不彰，群愿斯归，正乘可示，大众瞻仰，即同如来。谨疏。
>
> 龙图阁待制知饶州军事范仲淹疏

时间是景祐四年（1059）十月九日。意谓禅法虽以"无心为宗"，语言表述不过是为教化众生的权宜施设，然而如同有病须求医生那样，修证禅法又必须得到禅师的指导；承古禅师德行卓越，众望所归，可以期待能为信众宣示正法。

范仲淹是北宋著名的政治家，以天下为己任，日夜谋虑兴致太平，一篇《岳阳楼记》传诵千古。为什么他被贬饶州一年多时间之后能亲自率众迎请承古禅师入住荐福寺？这其中是有时代的原因的。宋朝从太祖开始比唐朝更加尊崇佛教，太宗时设译经院（后改传法院）翻译佛经，规定每逢皇帝生日必进新经

[①] 载《续藏经》第二编甲第31套第3册。蓝吉富主编《禅宗全书》第40册有此复印本。

祝寿；译经僧进经奏文称颂皇帝"尊齐释梵，道迈羲农，多能彰天纵之才，十善运神明之化"等[①]；在皇帝生日的前两日，需先将新经陈列于堂，宰相、枢密院二府的官员前来观经，谓之"开堂"；从真宗天禧五年（1021）十一月开始以宰辅为译经使兼润文官。[②] 受此影响，奉佛礼僧之风迅速风靡社会。从唐代以来，各地大的寺院不仅是宗教中心，也发挥着文化中心的作用。范仲淹按照当时风尚在任期内率众礼请承古进州府所在地有名的寺院任住持是可以理解的。

在承古进住荐福寺的开堂升座仪式上，首先有人宣读知州范仲淹的"请疏"，然后承古升座，在拈香之后说：

> 且道，这一瓣香为甚么人？山僧初行脚时，先参见大光敬玄和尚。这和尚坐在荒草里。后参见南岳福岩寺良雅和尚。这和尚又只是个脱洒底（的）衲僧。这一瓣香，不为大光和尚，亦不为福岩和尚，大众记取：唯有韶州云门山匡真大师，稍些子。这一瓣香，且为云门山匡真大师烧也。

承古在此隆重场合，向僧俗二众明确宣示自己既非承嗣敬玄，也非朗雅，而是去世已经100多年的云门宗创始人文偃。接着他结跏趺坐，维那（寺院僧职之一，执掌礼仪）击槌，对众说："法筵龙象众，当观第一义"。然后承古开始对僧俗信众说法，并应答在场禅僧的提问，最后郑重宣示：

> 伏承郡待制（按：原文在此后有一空格）、提点度支、诸位官僚，宠赐文疏，令开堂演法。所生钧祉[③]，上祝今圣皇帝（按：原文"今圣皇帝"另起一行，前有若干空格），山岳为寿，日月齐明；文武官僚，高登禄位。诸院尊宿、僧正名员，洎诸檀信，元相辅会，敢绥敷宣，久抑尊官，伏惟珍重。

北宋禅宗寺院的住持开堂升座仪式逐渐形成通行的程式，大体上是先由州府的僧正（地方僧官）或本人宣读、展示州府官员的"请疏"（有的甚至是皇帝

---

① 所摘文句见《中华大藏经》第73册载《大中祥符录》卷三、卷十三等，类似语句甚多。
② 关于宋代译经，请看拙著《宋代的佛经翻译》，载杨曾文、方广锠编，宗教文化出版社2000年出版的《佛教与历史文化》。
③ "钧祉"，意为洪大福祉，原文误作"均祉"，不通。

的敕书），然后新住持升座，先拈香为皇帝祝寿，为州县官和地方祝福，向自己认定的传法师傅谢恩，在寺院维那或首座击槌宣语之后，住持说法。[①] 当然，形式也会因人因地有别。承古是先拈香向自己选定的承嗣师云门谢恩，在说法结束时再为皇帝、州府官员祝寿祝福。

据《承古语录》，承古平时在寺院通过"上堂"、"早参"、"晚参"、"小参"等场合向门下弟子或参禅者说法。按照宋代禅寺的规程，"上堂"是住持上法堂说法，有种种，一般是指在每月初一（旦）、十五日（望）住持披挂袈裟上堂说法，回答禅僧的提问等，也称"大参"。与此相对有"小参"，没有固定场所，在寝室或方丈等处升座说法，说法内容包括法语、讲解经典、答问等。后来在旦望之外，于每年的"四节"：四月十五日的结制（所谓坐夏、夏安居）、七月十五日的解制（结束坐夏，安居日）、冬至、除夕，上法堂说法，也称小参。至于"早参"、"晚参"是在早晚举行的小参。[②] 承古传法情况除《承古语录》有记载外，他还著有《知见谣》、《牧牛歌》、《与范文正公》、《辞世偈》等偈颂。

承古的生年，据《承古语录》记载，他某次上堂曾对弟子说："若到诸方，有人问荐福和尚如何？上座怎么通吐？莫道庚午生人，今年七十一么。"可知他生于宋太祖开宝三年（970）。去世前著有《辞世偈》，曰："天地本同根，鸟飞空有迹。雪伴老僧行，须弥撼金锡。乙酉冬至四，灵光一点赤。珍重会中人，般若波罗蜜。"据"乙酉冬至四"句，时间当为宋仁宗庆历五年（1045），享年七十六岁。承古的嗣法弟子当中，著名的有和州（治今安徽和县）净戒寺的守密。

二 所谓"参取自己"和"休心"的禅法

承古自以云门弟子自许，从他向门下徒众说法所常提到的人名和引用的语句来看，他的禅法深受慧能、马祖道一、临济义玄、赵州和尚、云居道膺等唐代禅师以及他特别尊崇的云门宗创始人文偃的影响。他要求弟子时刻不要忘记出家人的"本分"，不提倡为追求福慧而刻意地修行，强调只有"休歇身心"、"休心"和"无心"才能使自己的精神状态与本来的"自己"（实指自性、佛性）

---

① 参见《汾阳无德语录》、《黄龙慧南语录》、《杨岐方会语录》、《法演语录》及《圆悟佛果语录》、《大慧普觉语录》等。

② 请参考《敕修百丈清规》卷二、《祖庭事苑》卷八等。

相应，达到解脱。他虽然不提倡通过语言文字"说佛说法"，反对执著语录公案，然而却对实际是临济义玄提出的所谓"三玄三要"进行近于牵强的解释。

（一）主张出家人的本分是"参取自己"

承古在刚进入荐福寺举行的开堂仪式上，就提出出家人应有出家人的"眼目"，每人应当知道"自己分上是个甚么门风，是个甚么体格"。此后，他用不同语言反复讲述和发挥这个思想。他说：

> 诸仁者，一等是学，离却文字知见，参取自己事。
> 诸人分上事，全在日用中。若也见得，全同诸佛无漏（按：没有烦恼）智用；若也不见，便是凡夫颠倒妄想。
> 诸仁者，古人分明向汝道：三界唯心，万法唯识。何得不会？又云：诸法所生，唯心所现，乃至日月星辰、森罗万象，皆不出你自心。诸仁者，何不将每日缘驰世间杂事底（的）身心，体究取这般事。……出家人若此事不明，去他出家大远在。……自己事如未明白，且莫学佛去。①

是说出家人应当将参究、体悟自己的事当作自己的本分。所谓自己的事，不在"文字知见"中，而就在日常生活和周围环境之中。为什么呢？他援引佛典上和前人的话说，既然世界上一切皆是你"自心"所变，那么通过日用及周围的任何一事一物皆可体悟到"自性"，进而认识自己与佛并无差别，自己"本来是佛"。他批评有的出家人没有认识诸法空寂，"本来无物可得"，却被"名相"迷惑，对于所谓"三世诸佛、八万法门、百千三昧、有佛有众生"等名相的真实意义不理解，便"起心动念"，产生种种"异见"，结果不能"见性悟道"，最终免不了轮回生死。

承古严厉批评有些出家人只是追求知解、巧于禅句问答，而忘记自己的本分。他说这种人

> 不知有本来自己，不知有向上一路（按：指通往解脱之道）事，却于文字语言上，学问学答，有甚么交涉？三册五册，抄取记取，到处尊宿会

---

① 《承古语录》。以下凡不注明出处，皆引自此录。

下，经冬过夏，一一从头请益，便说向上向下，照用纵横，做个洒洒地（的）纳僧，不依倚一物；道我已事明白也，蕴在胸襟以为极则，遂乃欲人称我是禅师，为后人开眼目。多少埋没上祖，错指后人。将这般事拟抵他生死，还得也无？纵你便得大省大悟，说得如云如雨去，只是赢得一声口滑，去道转远。

为了学会如何上堂说法，如何回答参禅者的提问，熟悉更多的公案、语录，便到处行脚访师参禅，三册五册地抄写语录，于是便自认为学会了如何讲述达到解脱的道理，能够适应场合察言观色用不同方式接引学人，自己感觉自由潇洒得很，自称已经领悟自己的事，并且以自己的见解衡量事物，喜欢别人称自己为禅师。承古表示，这种做法无益于达到解脱，即使自称大彻大悟，也不过是巧于言辞而已。他说正是这种人使祖传的禅法遭到埋没，又误导了后学。在有的场合，他甚至骂这种人是"老秃奴"，将人引到"荒草里"。

承古所说的"自己"虽然不过是禅僧经常提到的自性，然而他又有自己独特的说法。据《禅林僧宝传·承古传》，他提出有两种自己：

众生久流转生死者，为不明自己。欲出苦源，但明取自己。自己者，有空劫[①]时自己，有今时日用自己。空劫自己是根蒂，今时日用自己是枝叶。

认为如果体悟自己是怎么一回事，便可摆脱生死苦源。所谓"自己"，有作为自己生命之本的"空劫时自己"，它在天地万物形成之前已经存在；有作为生命外现形式的"日用自己"，它就是生活在现实之中的自我。前者是清净的、永恒的；后者是污染的、暂时的和无常的。在这里，所谓"空劫时自己"不过是大乘佛教所说具有世界本体、本原意义的真如、佛性的一个变相说法而已；在有的场合，也可称之为"自性"、"心"、"本心"或"一真法界"，它是空寂无相的。有的禅僧称此为自己的"本来面目"。

承古经常督促门下弟子经常参究自己。《禅林僧宝传·承古传》记载，他某

[①] 佛教认为世界按"四劫"循环不已。四劫是：成劫、住劫、坏劫、空劫。空劫，谓此时世界已坏灭。禅宗所说的空劫一般是指世界未形成以前万物未生的时期，相当于中国古代传说中的盘古开天辟地之前的时期。

次夏末上堂对僧众说：

> 一夏将末，空劫已前事还得相应也未？若未得相应，争奈永劫轮回，有何什么心情学佛法？广求知解，被知解风吹入生死海。若是知解，诸人过去生中总曾学来多知多解，说得慧辩过人，机锋迅疾，只是心不息，与空劫已前事不相应，因兹恶道轮回，动经尘劫……

是说参究自己不是广求种种知解，增长慧辩技巧，善于应对，而是休息自心，以与本来的空寂无为的自己相应，以永远摆脱生死轮回。

（二）不提倡通过修行追求福慧，提出唯有"休心"才能达到解脱

承古提出参取自己，领悟两种自己，知道自己的生命之本（根蒂）是所谓"空劫时自己"之后，应当通过自己"休心"、"无心"来与自己的"空劫时自己"——自性取得相应。他有时也称这种做法是"扣己而参"，即紧紧扣紧自性而参究。

在当时情况下，承古提倡的"休心"，首先是针对出家人热心追求"利养"、"作福"、"修慧"，而忘记出家人的本分，放松自己内心觉悟的风气的。他曾说，出家人应当以弘扬圣道，誓度一切人为宗旨，"终不以利养为务"。出家不外三个原因，一是为了自己摆脱生死轮回；二是为"绍隆三宝，令佛法久住世间"；三是为一切众生得到解脱。他批评出家人忘记自己的使命，上负四恩（父母恩、众生恩、国王恩、三宝恩），下辜三有（欲界、色界、无色界）。他说如果要做到既自利，又利他人，就应当学会正确的修行。他特别提醒说："若也用心修行，或则堕在邪宗；或入三乘圣位（按：大小乘的修行阶位），皆非究竟。"实际是针对传统佛教和禅宗以外的诸宗的修行方法而说的，认为皆不能引导人们达到"见性悟道"。

他主张的禅法是"休心"、"无心"，说：

> 所以常劝诸人，且于空劫以前体取当人（按：自己），自会修行去。若要体取空劫以前自己事，直须休心。若得无心，轮回永断。若得无心即是佛，佛即是法，法佛和合名为僧，当体即是常住三宝（按：佛法僧）。虚空有变，此法常存。故知无心，方能延得佛法寿命。若得无心，照见法界众生齐成正觉，度一切有情。于修行门中，休心最为第一。所以三世诸佛，

皆于无心路上，方得见性。任你经三无数劫，修六度万行，终不见性。若得无心，始得悟道。故知无心，是三世诸佛所行径路。今时出家人，莫学佛法，但学休心，即是行诸佛路。

承古把休心禅法提高到见性成佛的唯一途径，认为通过休心，达到无心即可与"空劫以前自己"相应，达到成佛解脱，从而使佛法得以长存，一切众生得以超度。

佛教的基本教义之一，对僧俗信徒影响最大是因果报应和三世轮回的理论，认为生前的善恶行为，将招致来世的六道（地狱、畜生、饿鬼、人、天、阿修罗）轮回和来世福祸、贫富、寿夭的报应。佛教内部虽有大小乘的不同派别，但一般都要求僧俗信徒通过行善（布施、持戒、修禅、念佛，乃至建造寺塔、造佛像、念佛等），积累功德，以培植福业，以求得来世好的报应；并且提倡通过读诵经典、禅观等修行方法增长智慧（有各种不同层次的智慧）。前者是"作福"，后者是"修慧"。禅宗在面对一般信徒的场合并不完全否认这些，然而禅师在丛林接引导参禅学人时往往对此加以排斥。承古鉴于当时出家人热衷于此，而忽视见性，特别提出：

彼此出家人，且作么是出家眼？如未具出家眼，且依了义教，莫依不了义教①。如何是不了义教？谈因说果，有圣有凡，福、慧二严，缺一不可。此为对盲俗说，为他不知有出世之道，且令修禅学道，免他失却人天二路②。若是我沙门释子，不可依从，被福、慧系死在生死界中，如长绳系鸟足，无有脱期。

如何是了义教？福不可作，慧不可修，只要诸人见性悟道。若要见性悟道，一切佛法不可学，三乘圣行不可修，福不可作，慧不可学。所以道：

---

① 南本《涅槃经》卷六等载有大乘"四依"：依法不依人、依了义经不依不了义经、依义不依语、依智不依识。其中所谓"了义"，意为所说道理正确透彻，原指中道佛性的教义；"不了义"，所说道理浅显和不完备，原指小乘。承古仿此改为"了义教"和"不了义教"，并作出新的解释。

② 大乘佛教提出一切佛法从内容说包括五种，称之为五乘。一是人乘，修持"五戒"，谓在来世可以生在人间；二是天乘，修持"十善"，可以死后生到天界。这二乘即引文中所说的"人天二路"，被认为是佛法中最低的层次，是对普通的在家信徒讲的。其他即所谓"三乘"，是声闻、缘觉（二者是小乘）、菩萨。

一切无心道合同。自己一身解脱犹闲，法界有情，齐成正觉。

可见在承古那里，僧众经常奉行并且经常向信徒宣传的因果报应，超凡入圣，积累功德以造福，勤勉修行以增长智慧的做法，皆属于"不了义教"；认为这些只是为引导普通信徒初步了解佛教的道理，坐禅修行，修持五戒、十善，以求得来世生为人或往生天界。对于出家禅僧来说，应当修持所谓"了义教"，既不造福，也不修慧，只是扣紧"见性悟道"，通过休心、无心，达到解脱成佛。

承古在各种场合，特别在"小参"的场合甚至不厌其烦地反复讲述"休心"的道理。他说：

> 大凡参学，但且扣己而参，体取本来无一物①，体取目前亦无一物。一一体取了，表里尽情，己见亦忘，便谓之忘己之士。所以古人道：而今天下忘心能几人？如此之人最难得。千人万人学，无一人两人得。未得如此，但且忘心息见，如愚如痴。一二十年，守取一悟。
>
> 出家人为无为法。无为法中，无利益，无功德。近来出家人，贪著福慧，与道全乖。若为福慧，须至用心；若要达道，无汝用心。所以常劝诸人，莫学佛法，但自休心。利根者画时解脱；钝根者，或三五年，远不过十年。
>
> 如今生出头来得个人身，在袈裟之下，依前广求知解，不能息心，未免六趣轮回，动经尘劫。何不休心去，如痴如迷去，不语三五年去，以后佛也不奈何你何。
>
> 达磨从西国来，既到此土，九年面壁，不措一词。如今诸人拟作么解会？诸仁者，除是息心，别无你著力处。诸人若能无心去，使与诸佛齐肩。佛即是个无心底人。

所谓"休心"或"息心"、"忘心"是在体认"诸法性空"、"本来无一物"的前提下舍弃我他、是非、善恶、取舍等等意念，抑制自己的欲望，停止各种

---

① 敦煌本《坛经》所载慧能的呈心偈中有"佛性常清净，何处有尘埃"。北宋惠昕本《坛经》改为"本来无一物，何处有尘埃"。前者侧重讲心性本来清净，没有污染；后者认定身心无实，一切皆空，没有染净可言。

追求，达到如愚如痴的境地，由此进而达到彻底断除一切情欲烦恼和各种差别观念的"无心"境界，成佛解脱。

承古所说的"休心"、"无心"禅法实际是对自慧能以来的"无念为宗"所做的新的发挥。在他之前，唐代的黄檗希运、德山宣鉴、雪峰义存等人提倡过"无心"，临济宗创始人临济义玄特别提倡"休歇身心"，含义大体一样。

(三)"悟道见性，不在言句"

禅宗，特别是南宗的禅师，在说法中强调语言文字的相对性，甚至否认语言文字对佛教真理、解脱之道、世界本体、至高精神境界具有表述功能，应当说是十分普遍的现象，然而在实际中又不断运用语言文字，甚至相继形成大量文字著作、语录，也是事实。承古在说法中也强调见性悟道，不靠语言文字，反对禅僧抄写语录，推敲言辞。

承古在荐福寺开堂说法中说："衲僧相见，不涉言诠；争奈俗士在筵，又须开一线道。"是说出家僧人见面应当不借助语言表述，但有在家俗人在会场，不得不开口说法。他在应施主请求举行的晚参上说：

> 自从行脚以来，未曾似今岁被人逼令开堂作长老。此是衲僧第一不著便处。……又被俗士请令晚参，不免为他说佛说法，或则毁佛谤法，可谓剜肉作疮，笑破衲僧口。

他在多次上堂说法中向弟子反复申明在他那里"不立文字"，说法不如沉默。例如：

> 若也谈玄说要，大似含血噀人；问答往还，如同魔娆。
> 十语九中，不如一默。
> 老僧只以本分事接人。若是诸方，有语言文字教诸人用心学得。若是山僧，此间不立文字语句，用心学不得，无你栖泊处。四方学者望涯而退。若要见本分事，便须一切佛法不用学，一切言句不要参，罢却学心，忘却知见，如枯木石头，有少相应之分；若不如是，与道悬殊。

他认为出家人以见性悟道为自己的"本分事"，最终不是借助语言文字"用心"可以达到的，只有修持他主张的"休心"、"忘却知见"，才有可能达到。

他针对丛林间盛行"言句、棒喝"而忽略引导学人见性的宗旨的风气，指出：

> 一切言句棒喝，以悟为则。但学者下劣，不悟道，但得知见。知见是学成，非悟也。所以认言句，作无事，作点语，作纵语，作夺语，作照作用，作同时不同时语。此皆邪师过谬，非众生咎。学者本意，只欲悟道见性。为其师不达道，只将知见教渠。故曰：我眼本正，因师故邪。（《禅林僧宝传·承古传》）

意为禅师以言句乃至棒喝来接引参学者，是以启示他们见性为目的的，然而参学者只是从中学习到用语言表述的知识见解，并没有真正觉悟。承古将"知见"与见性悟道做出区别，认为前者可以用心学到，后者是学不到的。他批评一些禅师以种种言句、动作接引学人，却将见性的本分事丢开的做法，斥责他们是"邪师"，误导学人。

然而，承古与其他很多著名禅师一样，不仅没能离开言名，而且他竟用大量语句来对所谓"三玄三要"做出自以为是的解释。

三　承古诠释"三玄三要"和惠洪对此的批评

唐代临济宗的创始人义玄在曾向弟子开示说：

> 一句语须具三玄门，一玄门须具三要，有权有用。汝等诸人，作么生会？

然而义玄自己没有并进行解释。如果按字面解释：一句语具有三玄门，每一玄门具有三要，那么一句语共有九要。按照义玄的禅法，是不能作这种机械的理解的。据《临济录》的基本思想，义玄的本意当是说：说法时应力求每句话都抓住要点，切中要害，使人能迅速领悟"真正见解"。在这个场合，"三"表示多，非一；"玄"意为深邃、奥妙，非一般文字能够表达的道理；"要"是要点。"一句语须具三玄门，一玄门须具三要，有权有用。"其中"一句话"是比方，未必特指一句话，是指讲授禅法；"三玄"、"三要"是递进语，"要"是"玄"之要，是强调说法应有深妙内容，并且要句句突出重点。

后世不少禅师对三玄三要作了引用，但很少作具体解释。宋代临济宗僧汾阳善昭（947—1024）"举扬宗乘渠渠，惟以三玄三要为事"，在说法和所作偈颂中有不少引述，曾说："三玄三要事难分，得意忘言道易亲，一句明明该万象，重阳九日菊花新。"①

承古虽否认三玄三要最早出自义玄，但对此十分重视并对其中三玄作了详细解释。《禅林僧宝传·承古传》记载他曾说：

> 古德云：一句语之中须得具三玄，故知此三玄法门是佛知见。诸佛以此法门度脱法界众生，皆令成佛。今人却言三玄是临济门风，误矣。

可见他将此三玄法门置于很高的地位，认为众生可借修此法门而达到解脱。

接着，他在引录前述善昭对三玄三要所作的偈颂之后，对其中三玄进行诠释。按照他的解释，善昭偈中的"三玄三要事难分"是对三玄的总的概括；"得意忘言道易亲"是"玄中玄"；"一句明明该万象"是"体中玄"；"重阳九日菊花新"是"句中玄"，于是将三玄明确地标明为"玄中玄"、"体中玄"和"句中玄"。

现据《禅林僧宝传·承古传》将他对三玄的解释语句摘录如下，并加简单说明。

（一）体中玄

有僧问："依何圣教参详悟得体中玄？"是问体悟体中玄应当参考佛教中的什么教义，承古答：

> 如肇法师云：会万物为自己者，其唯圣人乎！又曰：三界唯心，万法唯识。又曰：诸法所生，唯心所现。一切世间因果，世界微尘，因心成体。六祖云：汝等诸人自心是佛，更莫狐疑。外无一法而能建立，皆是自心生万种法。又云：于一毫端现宝王刹，坐微尘里转大法轮。如此等方是正见，

---

① 此引《古尊宿语录》卷十〈汾阳昭禅师语录〉。

才缺纤毫,即成邪见,便有剩法,不了唯心。

他引僧肇《肇论》、慧能及表述华严、唯识经典思想的语句[1],作为回答。他所引证的语句都是对大乘佛教的至高概念真如、法性、佛性(或称真心、心)的描述的,大意不外是真如佛性是世界万物的本体、本原,一切现象唯心所造,物我一体,事事圆融,自心是佛。可见承古所说的体中玄是对真如佛性及其所蕴含的本体性、普遍性意义的认识。

僧又问:"如何等语句及时节因缘是体中玄?"是问佛典中哪些语句、哪些禅语公案是体现体中玄的。承古答:

> 佛以手指地曰:此处宜建梵刹。天帝释将一茎草插其处曰:建梵刹竟。佛乃微笑。水潦(按:应作"水老")被马祖一踏踏倒,起曰:万象森罗,百千妙义,只向一毫上便识得根源。僧问赵州:如何是学人自己?州对曰:山河大地。此等所谓合头语,直明体中玄。

引文第一段出处不详,是讲天帝释(忉利天之主)以插一根草象征建寺;第二段出自《景德传灯录》卷八,水老和尚问马祖何为祖师西来意,被马祖用脚踏倒,水老起来后说了那一番话;第三段不载现存《景德传灯录》及《古尊宿语录》中的赵州语录,赵州从谂以"山河大地"来回答门下所问何为"自己"。这里面贯穿着世界一切事物彼此圆融无碍的思想。一茎草是寺的一部分,也可以说是寺的整体;达磨西来之意不必问,从身边任何一物可能参究得来;物我一体,自性也体现在山河大地。承古称此为"合头语",也许是指承发问(合头)而作回答,所答语句虽与问话不直接对应,但从法界圆融的角度来说,所蕴含的意思还有相应之处。他认为上述的问答是体现体中玄的。

---

[1] 肇法师是指后秦僧肇,引语出自《肇论·涅槃无名论》;"万法唯识"二句,所表述的是华严、唯识经典中常讲的思想,禅宗中最早将两名连引是慧能弟子慧忠(《祖堂集》卷三),此后有黄檗希运弟子陈尊宿,文益曾作《三界唯心偈》,分别见《景德传灯录》卷十二、二十九(载《大正藏》卷51,第292页上、第454页上);六祖慧能的话出自《景德传灯录》卷五〈慧能章〉,载《大正藏》卷51,第236页上;最后一段话见《楞严经》,五代时福州观音院清换上堂也曾说:"以一毛端里,有无量诸佛转大法轮,于一尘中现宝王刹。"载《景德传灯录》卷二十一,《大正藏》卷51,第376页。

(二) 句中玄

僧问：如果已经晓悟体中玄，"所有言句事理俱备"，为何还要句中玄？承古说：

> 体中玄，临机须看时节，分宾主。又，认法身法性能卷舒万象，纵夺圣凡，被此解见所缚，不得脱洒，所以须明句中玄。若明得，谓之透脱，一路向上关棙。又谓之本分事，祗对（按：对应询问）更不答话。
>
> 但体得体中玄，未了句中玄，此人常有佛法知见。所出言语，一一要合三乘，对答句中须依时节，具理事，分宾主，方谓之圆。不然，谓之偏枯。此人以不忘知见，故道眼未明，如眼中有金屑，须更悟句中玄乃可也。

如果只体悟体中玄，具备对法性、法身等的总体认识，而没掌握句中玄，那么"道眼"还有不明之处，便会被所谓"佛法知见"束缚，还应当进而通晓句中玄，懂得在说法谈禅时须适应对象和时节、场合，具理事，分宾主，进行灵活发挥，以不陷于被动。他还表示，在某些场合对于问话可以"不答语"为答。

既然如此，什么是句中玄呢？承古举例说：

> 如比丘问佛：说甚法？佛云：说定法。又问：明日说甚法？佛云：不定法。曰：今日为甚定，明日为甚不定？佛曰：今日定，明日不定。僧问思和尚：如何是佛法大意？答：庐陵米作么价？又，僧问赵州：承闻和尚亲见南泉来是否？镇州出大萝卜头。又问云门：如何是超佛越祖之谈？答：糊饼。如何是向上关棙？曰：东山西岭青。又问洞山：如何是佛？答：麻三斤。若于此等言句中，悟入一句，一切总通。

引文第一段出处不明，谓佛对比丘最后所问不作回答；第二段举青原慧思提出与问话毫不相干的事作反问以作回答；以下三段举唐代赵州从谂、云门文偃、宋代洞山守初皆所答非所问。[1] 所举的这些禅师的回答皆与问话不沾边，也可称之为"不答语"。由此可见，承古所谓的句中玄，就是禅师在接引参禅学人时运用巧妙言辞应对有关佛、佛法、法性、菩提之道之类的提问的原则和技巧，用以避免出现"死句"，陷于被动。洞山守初曾说："语中有语，名为死句；语中无语，名为活句。"（《古尊宿语要》卷三十八〈守初语录〉）看似不着边际的禅语，守初称为"活句"，而如果答问前后呼应，语句的含义清楚明确，则是所谓"死句"。

承古认为仅领悟体中玄、句中玄，而未体悟玄中玄，还是没达到圆满境界，说这种人仍存在"见解"，没有完全"悟道"，"心外有境"，有人、我之见和爱憎感情，难免执著"言句"。他还不客气地指出：云门、临济二宗的人多如此。

（三）玄中玄

那么，什么是玄中玄呢？承古说，天下丛林间盛行以言句作"不答语"，使祖风遭到败坏，"若要不涉言句，须明玄中玄"。

> 僧问：何等语句、时节因缘是玄中玄？
> 古（按：承古）答：如外道问佛：不问有言，不问无言。世尊良久。外道曰：世尊大慈，开我迷云，令我得入。[2] 又僧问马大士：离四句，绝百非，请师直指西来意。[3] 答：我今日无心情，但问取智藏。僧问藏，藏曰：我今日头痛，问取海兄（按：怀海）。又问海，海曰：我到遮（这）里却不会。又临济问黄檗：如何是佛法的的大意？三问三被打。此等因缘，方便门中以为玄极，唯悟者方知；若望上祖初宗，即未可也。

---

[1] 所引诸禅师的言句分别见《景德传灯录》卷五，《大正藏》卷51，第240页下；《古尊宿语录》卷十三〈赵州语录〉、卷十五〈云门广录上〉、卷三十八〈守初语录〉。

[2] 当引自《祖堂集》卷一〈释迦牟尼佛传〉。

[3] 引自《景德传灯录》卷七〈西堂智藏章〉，《大正藏》卷51，第252页上。"四句"，通常指有、无、亦有亦无、非有非无等四句；百非，指百种否定，如非有、非无、非有为、非无为、非有漏、非无漏，乃至非过去、非未来、非现在等。两者皆为借助语言概念所进行的判断。所谓"离四句绝百非"，是不使用语言概念。

所引第一段是说佛以沉默应对外道的问话，外道从无言中得到启悟；第二段说有僧请马祖不使用语言来解答达磨西来的用意，马祖托故让他找弟子回答，智藏、怀海皆回避回答；第三段讲义玄当年向黄檗希运问佛法时，三度遭打。① 这三个事例的共同点是：对于涉及佛法、解脱之道等问语，皆不回答，或以沉默，或以语言、动作（棒打）示意不可说。他进而指出，这些在一般传法的场合（方便门）可以算得上是体悟玄中玄（玄极）的表现，然而从更高层次（上祖初宗，佛祖的第一义谛）来说，还未达到究竟。那么，到底什么是玄中玄呢？承古并没有讲清楚，从他前后论述来看，他实际是以超言绝象（"不涉言句"）的真如（或"真如之心"）、佛性当作玄中玄。

承古认为，这三玄应当"一时圆备"。有僧提问：有三玄三法门，然而语句各各不同，怎么可以说"一句之中之须具三玄三要呢"？首先，承古只是诠释了三玄，而从未解释三要；其次，他虽引证《金刚经》、《楞严经》等佛典的很多语句进行回答，然而并没能将此问题讲解清楚。他说的大意是：真如空寂法界（理、性），虽然无为，但它"随缘应现，无所不为"，世界上的阴阳四时、森罗万象的事物、凡圣众生、五教三乘、外道典籍、世与出世，等等（事），皆是从它产生的，并且理事圆融，事事无碍，"参而不杂，混而不一，何疑一语之中不具三玄三要耶！"然而，作为现实的人，怎样才能做到在"一句语中"具备上述他所诠释的三玄呢？他回避作具体解答。

尽管如此，他又从更大范围对三玄意义做出论断。他说：

> 三世诸佛所有言句、教法，出自体中玄；三世祖师所有言句并教法，出自句中玄；十方三世佛之与祖，所有心法，出自玄中玄。

如果按照上面对承古所谓三玄所作出的解释：体中玄是对真如佛性及其所蕴含的本体性、普遍性意义的认识；句中玄是运用巧妙言辞应对有关佛、佛法之类的提问的原则和技巧；玄中玄是指超言绝相的真如（或"真如之心"）、佛性，就会发现承古所说的三世诸佛的教说（佛经、佛法）、三世祖师（此当指禅宗所奉印度、中国的历代祖师）的教法语句、十方三世佛祖的心法（实指禅法）分别出自三玄的说法，不仅与传统佛教，就是与禅宗的一般说法之间也存

---

① 后两段引文见《景德传灯录》卷七、卷十二，《大正藏》卷51，第252页上、第290页上。

在极大差异，难免给人以十分勉强之感。

承古对三玄的诠释仅载于《禅林僧宝传·承古传》而不见于《承古语录》。曾在承古门下参学的文智所编《承古语录》，只是记载承古到饶州荐福寺之后的语录，以极大的篇幅记载承古讲述"休心"、"无心"禅法，从内容上看是反对繁琐的名相诠释和论证的。承古在小参的场合劝弟子"忘心息见"，曾说："且如老僧自前在众里（按：未任住持时）三四十年，到处尊宿会下，例皆推穷言句，或说照用纵横，后来自家觑得破了，如此之类，在衲僧分上，谓之杂毒食，险被赚过一生。所以，老僧在众里不教兄弟学事，纵有知见解会，到这里切须净吐却使得，若有纤毫在心，便是虚生浪死。"（《承古语录》）据此使人怀疑：惠洪《禅林僧宝传·承古传》中所记载承古对三玄的诠释，难道是他早年做出的？

（四）惠洪对承古的批评

惠洪（1071—1128），属临济宗黄龙派法系，是宋代知识渊博的禅僧之一，按年龄后于承古一代。他在《禅林僧宝传·承古传》后面的〈赞〉中提出承古的说法有三失，其中第一失就是对三玄的解释：将本来是临济义玄的"三玄三要"断为玄沙师备（835—908）所立，但又不明说根据何在，"不然则是臆说，肆为臆说则非天下之达道也"；虽将三玄诠释为体中玄、句中玄、玄中玄，然而对于三要却未作解释。又批评当时学者溺于"知见"，然而自己在解释"一句之中具三玄三要"时，反而引《金刚经》、《楞严经》等义，以理事圆融之义进行论证。

惠洪反问：这种"叙理叙事，岂非知见？"既然"教乘"（禅宗外诸宗）已经早具此义，那么何需另立"宗门"（禅宗）呢？批评承古"以气盖人，则毁教乘为知见，自宗不通，则又引教乘以为证"。惠洪在其《石门文字禅》卷二十五〈题古塔主论三玄三要法门〉中也作了类似的批评，其中说承古"方呵知见，而自语相违，可笑也"。在其《临济宗旨》中说："临济但曰：一句中具三玄，一玄中具三要，有玄有要而已，初未尝自为句中玄、意（按：原文如此）中玄、体中玄也。古塔主者，误认玄沙三句为三玄，故但分三玄而遗落三要，丛林安之，不以为非，为可太息。"

此外，惠洪还批评承古怪罪云门文偃弟子巴陵颢鉴"只悟得言教，且未悟道见性"，不懂得何为"活句"，是没有根据的；批评承古立两种自己是"不知圣人立言之难"，谓佛虽讲心（指唯识经典所说的第八阿赖耶识）有真、非真（妄）两面，但不能于"一法中生二解"，将一心分为两种，从而建立两种自己，"疑误后学"。

惠洪在《石门文字禅》卷二十五〈题古塔主两种自己〉的最后，甚至斥责承古是"吾法（按：禅宗）中罪人，而自以能嗣云门，其自欺欺人之状，不穷而自露也。"可以说是相当严厉的。

然而承古毕竟是在中国禅宗史上有影响的人物。在文智编《承古语录》的卷首载有临济宗黄龙派灵源惟清（？—1117）写的序，给予承古很高的评价，说他"净行无垢，孤风绝攀，名重当年，诚非虚得。垂机接物，深指悟中，语直标宗，世多参究"；同时也指出："然判两种（原误作'两篇'）自己，列三要三玄，类聚因缘，品题缁素，与夫不见云门而公称嫡嗣。情猜之士，或致讥评"，然而又说如果深加思虑，承古的说法也不无道理。

唐宋以至以后，佛教各宗派之间，各派内部，经常出现各种不同意见的争论。实际上，这种彼此比较、争论，对佛教继续发展是起到促进作用的。

第五节　契嵩的生平和著作

一　契嵩的生平

契嵩（1007—1072），俗姓李，字仲灵，自号寂子、潜子，藤州镡津（今广西藤县）人。年十三出家，翌年受具足戒，十九岁到各地游方，参访名师，曾游历湖南沅湘、南岳衡山一带地方。

契嵩到潭州（治今湖南长沙）时，曾到神鼎寺参谒临济宗禅僧洪諲。洪諲是临济下四世首山省念的弟子，洪諲与他对话，感到他思维敏捷，非同一般人。然而，契嵩在此无所契悟，转而游历江西袁、筠二州（分别治今江西宜春、高安）之间，在高安县的洞山投到云门下三世晓聪（？—1030）门下受传云门宗禅法，得悟，受到师的印可。据载，契嵩每夜顶戴观世音菩萨之像并念诵其号十万遍，长年坚持广读佛教经典，并且也钻研世间儒道经史著作。

契嵩在宋仁宗庆历（1041—1048）年间入吴（治苏州，此指江浙一带），至钱塘（在杭州），爱此地的湖水山色，便居入灵隐寺的永安院修行和传法。

唐代政治家和文学家韩愈（768—824），著《原道》、《原性》，并著《论佛骨表》等，弘扬儒家仁义道德的名教，提出自尧、舜、禹，经周文王、武王、周公，直到孔子、孟子的儒家"道统"说，严厉批判佛教和道教，并且提倡古文运动，在中国文化思想史上影响很大。至北宋，虽然皇帝尊崇佛教，在京城设译场翻译佛经，任命大臣担任润文官，乃至命宰相任译经使兼润文官[①]，并采取相应措施扶持佛教，对佛教在社会上的广泛传播起到极大推动作用，然而在儒者当中，对佛教持怀疑乃至反对态度人仍然很多。他们对韩愈提倡"先王之道"，排斥佛老的思想和雄辩厚重的文风表示钦敬，其中有的人也仿效撰文批判佛教。著名的有仁宗时任翰林学士、枢密副使、参知政事的欧阳修（1007—1072），在庆历三年（1043）撰写《本论》；任国子监直讲的石介（1005—1045），撰有《怪说》、《中国论》等，皆排斥佛、老，提倡儒学，振兴儒家"礼义"。在契嵩居住的江浙一带，有章表民、黄聱隅、李泰伯等儒士竞相仰慕韩愈文章，尊孔而批评佛教。

在这种形势下，激发了契嵩深入钻研儒家经典，比较研究儒、佛异同，会通佛、儒二教的热情，同时与儒者士大夫也常有往来，相与探讨儒家学问和儒佛关系问题，并将自己的研究心得写成书。在他的著作中最有代表意义的是论佛、儒一致的《辅教编》，还有大体以儒家观点撰写的《皇极论》、《中庸解》及《论原》等论文。皇祐年间（1049—1053），契嵩曾一度游历南岳，回来后针对诸宗僧人对禅宗祖统说的批评，参考并校核相关史书撰写了论述自释迦牟尼佛、大迦叶至菩提达磨二十八祖、东土六祖的传法世系和传记的《传法正宗记》、《传法正宗论》和《传法正宗定祖图》等。[②]

契嵩虽身在杭州，但总在寻找机会将他的论佛、儒一致论和佛教有益于国家治理的著作带到京城呈交执掌朝政的宰相、大臣，以至皇帝，以取得朝廷对佛教的支持。据现存他的书信内容分析，他曾在嘉祐三年（1058）托担任"主簿"的关景仁（字彦长）、崔黄（字太博）、某僧，利用进京的机会分别给宰相韩琦、富弼，三司使、端明殿学士张方平，枢密使田况、参知政事曾公亮，还有赵内翰（御史中丞赵概？）、吕内翰（殿中侍御史吕晦？）上书，并赠自撰《辅

[①] 请参考拙著《宋代的佛经翻译》，载杨曾文、方广锠编，宗教文化出版社2000年出版的《佛教与中国历史文化》。

[②] 本文有关契嵩的生平事迹，除注明者外，主要据《镡津文集》卷首所载宋陈舜俞（字令举）于熙宁八年（1075）撰写的《镡津明教大师行业记》、惠洪《禅林僧宝传》卷二十七〈契嵩传〉。

教编》、《皇极论》等刻印本，希望他们对他阐释"发明""圣人之心"、佛教的"性命之说"、儒佛会通的道理能够理解，并请求他们通过自己的权位扶持佛教传播，使佛教得以与"儒并化天下"。①

契嵩也将《辅教编》送给当时具有太尉、观察使头衔的李某。李某读了此书十分赞赏，回信说："读其《辅教编》之书，知其学与存诚有以服人者也。"并特地上奏仁宗皇帝赐给契嵩以紫衣，通过杭州知府面授契嵩，可谓风光一时。契嵩特地上书（《谢李太尉启》）表示感谢，内有"伏惟太尉，才识器韵，乃时英豪，门阀高华，为帝家至戚"，可见，这位李姓是位外戚，很可能就是驸马李遵勖（？—1038）之子李端懿或李端愿。②

嘉祐六年（1061），契嵩五十五岁，决定亲自进京向朝廷进献自己的《传法正宗记》等著作，呼吁皇帝、公卿支持佛教发展，采纳自己著书对禅宗祖统所做的梳理修正，平息佛教诸宗对禅宗的怀疑和质难。他到了开封之后，首先向担任宰相的韩琦、曾公亮分别上书，申明自己进京的意愿，希望他们拨冗接见听他面陈，希望他们奏明皇帝能将他著的《传法正宗记》等书编入大藏经，流通天下。例如，他在进京后一月给宰相韩琦上书（《再上韩相公书》）中表白："某之出山也，盖欲贡其所著之书十余万言，其书乃补其教法之阙正，吾佛氏之乃祖乃宗，赖天子垂于经藏之间，以息乎学佛者疑诤，使百世知其所统也。"在曾公亮的上书（《上曾相公书》）中说："然某所来，本以吾佛氏之教，其祖其宗，暧昧不甚明，适抱其书曰《传法正宗记》十余万言，与其所谓《定祖图》者，一面欲赖圣明垂于大藏，传之以正，夫吾教三学佛子，使其万世知其所统也。"③ 态度虔诚，语意是十分恳切的。

契嵩到京城之后，曾先后两次向仁宗皇帝上书。第一次所上的书较长，没

---

① 《书启上韩相公书》、《上富相公书》、《上张端明书》、《上田枢密书》、《上曾参政书》，参考《宋史》及《续资治通鉴》相关人物的官职传记记载，可以确定契嵩所上书的人是韩琦、富弼、张方平、田况、曾公亮，时间是嘉祐三年（1058）。然而《上赵内翰书》、《上吕内翰书》，是上给谁的书，不好确定，也许是赵概、吕晦。这些书信载《镡津文集》卷九，并参考卷十《与关彦长秘书书》，《大正藏》卷52，第691—697页下。

② 《宋史》卷四六三至四六五是〈外戚传〉，外戚中李姓只有真宗时尚万寿长公主的李遵勖和仁宗生母章懿皇太后之弟李用和两家。从时间讲，契嵩可能赠书给李遵勖之子李端懿、李端愿，或是李用和之子李璋、李玮，传中皆载他们有过"观察使"头衔，但皆无"太尉"之称。然而据南宋悟明《联灯会要》卷十三〈襄州石门慈照禅师法嗣〉，临济宗僧县颖对李端懿、李端愿皆称为"太尉"。

③ 《大正藏》卷52，第692页下、第696页中下。

有标明时间，文集所收本题为《万言书上仁宗皇帝》。既然称庙号"仁宗"，表明题目是在仁宗死后增加的。此书是经谁上呈仁宗的，史书缺载。据载，仁宗读到"谋道不谋身，为法不为名"，深为感动。① 第二次上书是在嘉祐六年十二月六日（已经进入公元1061年），连同《传法正宗记》和《传法正宗论》十二卷、《传法正宗定祖图》并《辅教编》一部三册一起请当时龙图阁直学士、权知开封府王素（字仲仪）② 上奏进献宋仁宗。仁宗读后，对其奏书表示赞许，翌年三月十七日诏转中书府（宰相府），经审阅后送传法院编入大藏经目录并刻印流通天下。仁宗还赐予契嵩以明教大师之号。在这个过程中，宰相韩琦、参知政事欧阳修等人对契嵩的奏文和著作表示赞赏，欧阳修曾对韩琦说："不意僧中有此郎也！"他们先后接见过契嵩，当面给以嘉勉。③

朝廷虽想留契嵩住京城悯贤寺为住持，但他辞谢不受，坚持回归杭州。宋英宗治平二年（1065），蔡襄（字君谟，1012—1067）以端明殿学士知杭州④，请契嵩住入钱塘佛日禅院，对他十分尊敬。因此契嵩也以"佛日"为号。虽然契嵩的《传法正宗记》等书以皇帝钦准的形式颁发天下，然而禅宗的祖统世系和"教外别传"的说法仍受到禅宗外不少僧人的反对和非难。为此，契嵩"攘袂切齿"，怀着激愤的心情，"博引圣贤经论，古人集录为证"，又撰写文章几万言进行驳斥和说明。

宋神宗熙宁五年（1072），苏轼（1037—1101）因对王安石变法提出异议，被贬官任杭州通判，三年后移知他州。苏轼来时契嵩尚在，并且曾见过他，说他与当地担任州"都僧正"的海月慧辩的风格形成鲜明对照，说"契嵩禅师常嗔人，未尝见其笑；海月慧辩师常喜人，未尝见其怒"（《东坡后集》卷二十载〈南华长老重辩师逸事〉）。大概契嵩晚年表情严肃，经常与反对其说者发生争论吧。陈舜俞《镡津明教大师行业记》记载，当时甚至是契嵩的朋友也有点怪他

---

① 《镡津文集》卷十九载〈又序〉，《大正藏》卷52，第747页下。
② 王素，在陈舜俞《镡津明教大师行业记》中作"府尹龙图王仲义"，据《宋史》卷三二〇〈王素传〉，其字应为王仲仪，曾两次出任开封知府。
③ 《镡津文集》卷十九《又序》；卷九《重上韩相公书》、《上欧阳侍郎书》，分别载《大正藏》卷52，第747页下、第692—693页上、第696页中。
④ 宋惠洪《禅林僧宝传》卷二七〈契嵩传〉谓："嵩居钱塘佛日禅院，应密学蔡公襄所请也。""密学"即枢密直学士的简称，蔡襄此前确实曾受此称，但在任杭州知州前已改拜端明殿学士。参《宋史》卷三二〇〈蔡襄传〉和《续资治通鉴》相关记载。

"犹恨其不能与众人相忘于是非之间"。①

契嵩在此年六月四日去世，年六十六。有弟子慈愈、洞清、洞光等人。

二 契嵩的著作

契嵩生前共有著作百余卷，总共 60 多万字，按著作年代以宋仁宗的年号"嘉祐"（1056—1063）、宋英宗的年号"治平"（1064—1067）为序，编为《嘉祐集》、《治平集》。契嵩死后，这些著作由其外甥、僧法澄②慎重保管收藏。然而后来这些著作逐渐散存于姑苏（今苏州）一带的诸寺院中，还有的流传到其他州县，有的逐渐流失。

南宋释怀悟经过长期搜求和校勘整理契嵩的著述，在绍兴四年（1134）编为《镡津文集》二十卷约 30 万字。结构是：卷首是陈舜俞《镡津明教大师行业记》；卷一至卷三是《辅教编》，除原有《原教》至《坛经赞》的五篇外，增加《真谛无圣论》；卷四至卷十五是从《论原》至写的各种赞辞，以上是原《嘉祐集》的部分；卷十六至卷十八是《非韩》；卷十九至卷二十是古律诗及山游唱酬诗。③ 日本《大正藏》本的原本是明代刻本，仅有十九卷，从内容看，缺少原编从卷四至卷十五当中的二卷，增加一卷《附录诸师著述》作为第十九卷。

（一）《辅教编》

契嵩最重要的著作是《辅教编》由五篇论文（称"五书"）组成，共三卷。书中广博引证佛、儒以及道家的经论和史书，着重论述佛儒二教的起源和异同，以佛教的五戒、十善等教义比附儒家的五常名教，说二者虽迹异而体同，皆源于"圣人之心"，同属"圣人之道"，旨在引导天下民众为善去恶，使天下得到治理，劝儒者不要看到佛教有与儒家教说不同之处便加以排斥，应当理解和支持。

契嵩在皇祐二年（1050）写《原教》，旨在推求"教"的本源，《辅教编要

---

① 《大正藏》卷 52，第 648 页下。
② 《大正藏》本《镡津文集》卷首陈舜俞《镡州明教大师行业记》作"法灯"，但卷十九释怀悟之〈序〉及惠洪《禅林僧宝传》卷二十七〈契嵩传〉皆作"澄"，此从之。
③ 《镡津文集》卷十九，载《大正藏》卷 52，第 746—747 页。

义》谓"欲推本先圣设教之所以然也"。所谓"教",是指"世间教"和"出世教"。世间教是指儒、道二教、"百家"(诸子)学说;出世教是佛教,包括大乘、小乘及顿教、渐教、权教、实教等教说。说圣人(此指佛)为引人超脱生死,根据众生不同根机创立"五乘"之教:人乘(修五戒)、天乘(修十善)、声闻乘、缘觉乘、菩萨乘。后面三乘是引导人们出世之教,而以前面的人乘、天乘是教人"修善去恶",以求死后再生为人或生到天界。认为此二乘与儒家的"五常仁义"是"异号一体"的,可以致天下以太平。结论是:佛、儒二教皆为圣人之教,但儒为"治世"之教,佛为"治出世"之教。

皇祐五年(1053)写《孝论》十二章,既阐释佛教"大孝之奥理密意",又会通儒家之说,对孝作了系统的论述。

至和元年(1054)契嵩据当时流行的《六祖坛经》撰写《坛经赞》,说《坛经》是宣述自佛、大龟氏(大迦叶)至三十三世的大鉴"所传之妙心",可用以指导修心、崇德辨惑、出世、治世等,并对"定慧为本"、"一行三昧"、"无相为体"、"无念为宗"等要点进行解释。吏部侍郎郎简认为当时流行的《坛经》"为俗所增损,而文字鄙俚繁杂,殆不可考",看到契嵩的《坛经赞》,便请他订正,表示愿出财雕印使广为流传。契嵩以搜寻到的一"曹溪古本"进行校勘,二年后改编成三卷本《坛经》。此当即元代德异、宗宝先后改编《坛经》所依据的底本。[①]

嘉祐元年(1056)契嵩又撰写《广原教》,对《原教》所论的旨趣加以发展。《广原教·叙》说:"余昔以五戒十善,通儒之五常为《原教》,急欲解当世儒者之訾佛。若吾圣人为教之大本,虽概见而未暇尽言,欲待别为书广之。"此书特别对所谓"圣人为教之大本"、"圣人之心"作进一步探讨和论述。

大约在写《广原教》后不久,又著《劝书》三章,劝导并希望帮助世人,特别是儒者应当"自信其心",理解并信奉佛教,不要排佛。契嵩根据禅宗的教理,认为人人具有清净之心,此心为"本觉之灵源",为"三教圣人所立道与义之根本"。他批评儒者对自己之心不了解,而拘于儒教之名分进行排佛。

契嵩撰写以上五书后,按某位朋友的建议,按照《原教》、《劝书》、《广原

[①] 郎简《六祖法宝记叙》,载《镡津文集》卷十一。关于契嵩本《坛经》,参考杨曾文校写,宗教文化出版社2001年出版的《新版·敦煌新本六祖坛经》附编二《〈坛经〉敦博本的学术价值和关于〈坛经〉诸本演变、禅法思想的探讨》。

教》、《孝论》和《坛经赞》①的顺序编印为《辅教编》三册。此书经仁宗皇帝钦准编入大藏经之后，曾广为流行。契嵩为了使一般人容易理解，晚年对此书作了详细注解，撰写了《辅教编要义》（也称《夹注辅教编》）十卷②，卷一解释"辅教"的意思是"辅弼吾佛出世之教也"。可见契嵩是为维护、支持佛教的传播和发展而撰写此书的。

现存释怀悟所编《镡津文集·辅教编》在《坛经赞》之后增加一篇《真谛无圣论》，谓真谛（第一义谛，法身、真如）是绝对的超言绝相的，"廓然无圣"，然而却是心之本原、"众圣之实际"，启示世人从"言相之表"体悟言外的解脱之道。

契嵩称《辅教编》等专从佛教立场写的书为"吾所为之内书"。此外，他还针对韩愈的30多篇文章的观点进行批驳，写出《非韩》30篇。

(二)《非韩》

全称《非韩子》，30篇，约3万字。据《非韩》第三十篇的自述，契嵩是在五十岁时写完此书的，时值宋仁宗嘉祐元年（1056），正是他将《原教》、《广原教》等五篇文章编为《辅教编》之年。

这三十篇论文是对唐代韩愈三十四篇文章所做的批评，大多篇是集中批评一篇文章，个别篇是批评一篇以上的文章，其中着力最大的是对韩愈鼓吹儒家道统、仁义、性情和批评佛教的《原道》、《原性》、《原人》、《论佛骨表》等文章的批判。《非韩·叙》说："非韩子者，公（按：此指韩愈）非也质于经，以天下至当为之是非，如俗用爱恶相攻。必至圣至贤，乃信吾说之不苟也。"认为韩愈不是根据经典，以天下的公正之理为标准来论是论非，而如同世间俗人那样从个人的好恶感情出发来攻击别人（此特别指排佛）。契嵩在《非韩》第三十篇批评韩愈的文章未能达到"古之圣贤从容中道"的境界，他只是个"文词人

---

① 关于五书撰写的时间，《原教》、《广原教》、《孝论》三篇，据《广原教·叙》及《孝论·叙》可以推论得知；《坛经赞》可据郎简《六祖法宝记叙》推测得出；《劝书》从其"幸视吾《广原教》者可详"可知它作于《广原教》之后。日本椎名宏雄为东洋文库收藏的原东禅寺藏五山版《夹注辅教编》写的〈解题〉归纳日本已有的研究成果，介绍五书写作年代是：《原教》，皇祐二年（1050）；《劝书》，嘉祐元年（1056）；《广原教》，嘉祐元年（1056）；《孝论》，皇祐五年（1053）；《坛经赞》，至和元年（1054）。

② 此书在北京大学图书馆仅藏有其第一卷，题为《夹注辅教编原教要义第一》。现日本东洋文库藏有原东福寺藏的五山版本，此外还有1915年东京禅学大系出版局出版的铅印本等。

耳"；又批评世间学者不看韩愈文章是否符合道理，竟"斐然徒效其文而讥佛教圣人大酷"，他因为感到不公平，才奋然提笔以"圣贤之大公者辩而裁之，以正乎天下之苟毁者"。可见契嵩是出于对韩愈提倡儒家道统，激烈排斥佛教的不满，才下功夫对韩愈文章进行批评的。他甚至也希望有人能把此书进献朝廷，以将他所辩之理公之于天下。

契嵩在《非韩》行文中尽力利用儒家的观点批评韩愈，在论述中经常引证儒家经史典籍。概而言之，主要有以下几点：

（1）认为韩愈在《原道》中所说"仁与义，为定名；道与德，为虚位"等，目的在于将佛老排斥于仁义之外，而认为这种说法不符合事实，首先如果说道为虚位，则道不可"原"；又"圣人之道"不仅是仁义，还有三皇五帝以来相传的"大中之道"、"皇极"、"诚明"等；既然如此，自商汤、周文武王、周公至孔、孟所传承的不应仅是仁义，而应包括"中道"、"皇极"在内的传承。

（2）说韩愈的知识及其所论没有超越于"人伦天常与儒治世之法"，未能探究圣人之道中的更深奥的"性命"之说的部分。例如，在《原性》中所说的性三品、对孔子"惟上智与下愚不移"的解释，皆不符合圣人之意（引《论语》、《乐记》中孔子言性之文）；说仁义等五常与所谓"七情"一样，皆属于"情"而不是"性"，是"性之所出"；人人性相同，说上智（圣人）、下愚（小人）本来性同，只是因为上智"苟不为不善之习所移易"，下愚"不为善习而痤易"，圣人才说"不移"的话。批评韩愈为表明自己"异乎佛老"，竟"乱乎圣人之道"。

（3）针对《原道》中"古之为民者四（按：士农工商），今之为民者六（按：加佛、老）。古之教者处其一（按：儒），今之教者处其三（按：儒、佛、老）"的排斥佛、老的说法，说"教"并无定数，佛教、道教与儒教"是亦圣人适时合宜而为之"，意为诸教是顺应时势出世，以助天下治理的，并结合历史上兴佛的事例来批评韩愈的排佛之说。批评《论佛骨表》以佛教传入后帝王寿祚短是由事佛造成的说法没有道理，指出"圣人为教为法，皆欲世之为善而不为乱，未必在其寿祚之短长也"。

（4）举出韩愈《祭湘君夫人文》、《柳州罗池庙碑》（此庙祭祀柳宗元）、《鳄鱼文》、《送穷文》等，批评韩愈竟信世俗传说，"好怪"，祭祀鬼神，乃至以祭文驱逐鳄鱼，是有违于圣人不信"怪力乱神"之教的。还批评韩愈在科举后三次上书宰相自举求仕为"不能守道而贵义"；被贬至潮州时竟上表劝皇帝封禅，是"欲媚人主以自苟解免",不合中庸之道。批评韩愈既然撰文称赞马汇(马府君)生前曾为其亡父(马燧)刺臂写佛经,又在潮州时礼访禅僧大颠并称赞其道,然而却不改排佛的态度。此外,《非韩》在多处批评韩愈文章经常前后说法不一致。

契嵩以这样长的篇幅撰文专门批评韩愈,古来僧人中没有第二个人。这是一份不可多得的文献资料,对我们了解古代佛僧对排斥佛教的儒者的真实看法,对研究二教的关系,有十分重要的历史价值。

(三)诠释儒家伦理名教的《皇极论》、《中庸解》和《论原》

作为一个禅僧,契嵩与别人特别不同的地方还表现在从儒者的视角,基本运用儒家的观点对儒家经书、史事、政治、伦理、名物、典章制度等进行阐释和发挥,撰写了《皇极论》、《中庸解》五篇、《论原》四十篇①,还有杂著十二篇②。

他的视野很广,论及原出自《五经》之一的《尚书·周书·洪范篇》中的"皇极"概念的意义;探讨自韩愈弟子李翱撰《复性篇》以来受到重视,并为宋代理学特别推崇的《四书》之一的《中庸》;对儒者探究纲常伦理、治国安民及推行教化时经常涉及的礼乐、大政、赏罚、教化、刑法、兵道、王道、霸道、性德、善恶、师道、性命之说、存心、治心、诚、天道,等等,都有论述,还有是对历史人物事迹、言论的评论。他对天道性命的论述,与同时代儒者的言论有十分相似之处,反映了进入北宋以后道学正在兴起的时代思潮。

值得注意的是契嵩对生活于陈、隋之际的儒者文中子特别崇敬,多次引用《文中子中说》的话,并且写有《文中子碑》、《书文中子后》。文中子,是王通(580—617)弟子对他的私谥之号,传说他的弟子中有不少人成为唐初的功臣③,

---

① 这四十篇的题目是:礼乐、大政、至政、赏罚、教化、刑法、公私、论信、说命、皇问、问兵、评让、问霸、异说、人文、性德、存心、福解、评隐、喻用、物宜、善恶、性情、九流、四端、中正、明分、察势、刑势、君子、知人、品论、解讥、风俗、仁孝、问经、问交、师道、道德、治心。

② 杂著十二篇是:纪复古、文说、议旱对、夷惠辨、唐太宗述、易术解、逍遥篇、西山移文、哀屠龙文、记龙鸣、寂子解、寂子解傲。

③ 契嵩《书文中子后》(《镡津文集》卷十三,《大正藏》卷52,第718页下)据王通之弟王绩《东皋子集》,谓房玄龄、杜如晦、李靖、董常、温彦博、魏徵、薛收、杜淹等是王通的弟子。但据近人研究,此不可全信,至少其中的魏徵、房玄龄、李靖,不可能是他的弟子。请见尹协理、魏明著,中国社会科学出版社1984年出版的《王通论》。

协助唐太宗治天下。契嵩称他远继孔孟之后行"圣人之道","续孔子六经",为当时天下学士只重韩愈之文("宗韩")而不重文中子而鸣不平。

契嵩在这些著作中几乎没有引用佛教经论,甚至也很少引述佛教的教理,而是大量引用儒家的经典。然而,他毕竟是一位虔诚的佛教高僧,在其中两篇文章中表明自己信奉佛教,说自己所服膺的教理虽从大的方面说与儒、道相同,但也有更深妙的不同之处;然而他表示对这些不想在这类文章中详述。

其一,《论原·治心篇》的记载:提出"治心以全理"的命题,说心即是理,通过治心、全理"以正人道";又说:"理至也,心至也,气次也。乘心,心乘气,故心动而气以之趋。"通过治心而不受外物纷扰,达到"全理"。这与道学的观点没有什么差别。于是有人提出:你所说的与子思之言、老子之言是否相同?他回答:"大较同,而穷神极化异也。"当问他是根据什么时,他回答:"吾正之之于吾师古圣人之说者也。"不用说这里的"吾师古圣人"就是佛。对方请求他详加说明时,他表示难以详述,只是笼统地说,此说"通生死之变,超天地之故,张之则俗必大怪而相訾也。"是谓佛教义理通达生死之变化,超越天地的常理,如果在俗人中敞开来说必然引起惊怪和非议。他建议对方详看他写的"内书",即看他著的《辅教编》等着重论述佛教义理的书。

其二,在《寂子解》中所述,说自己学佛,"以其所得之道寂静奥妙"故自称寂子,既学佛,"又喜习儒,习儒之书,甚而乐为文词",因此引起学佛者和儒者两方的非议。前者说他不能"专纯其道",后者说他"非实为佛者也,彼寄迹于释氏法中耳"。他辩解说,自己之所以学习儒书,是因为要搜寻儒家与佛教相一致的东西,例如,儒之仁义礼智信与佛教的慈悲、布施、恭敬、无我慢、不妄语、不绮语等,虽名目有异,但"其所以立诚,修行,善世,教人"是一致的;二教皆"圣人之教",儒以有为治世,佛教以无为治心,二者相辅相成。有人希望他将自己信奉的佛教教理详细宣示于世,他表示"难言",谓:"言乎迹,则常不可极;言乎远,而常自得。存乎人,通乎神,达乎圣,历乎死生变化而不失,未易一一与俗人语也。诚欲求之,当探寂子所著之内书。"说佛教的至极之理(真如、佛性)是近吧,又常难以把握言诠;说它远吧,它又常在你身边随时可得;存于人,与心神相通,能使人达到觉悟而成佛;虽随众生轮回于生死之间而不灭。契嵩说这个道理一般人难以接受,因此劝对方详看他写的专论佛教的内书。

契嵩既然称自己专论佛教的书为"内书",那么他着重论述儒家思想的书自然也就归于"外书"一类了。

（四）考证阐述禅宗传法世系的《传法正宗记》、《传法正宗定祖图》和《传法正宗论》

自唐末五代以来，以慧能为创始人的南宗为主体的禅宗迅速流传全国，至北宋时更加盛行。在禅门五宗中，沩仰宗早已消亡，曹洞宗曾长期不振，唯有云门宗、临济宗和法眼宗最为盛行。在禅宗以外诸宗中，天台宗、法相宗以及律宗比较流行，在社会和佛教界有相当大的影响。

禅宗标榜"不立文字，教外别传"，认为直接传承自释迦牟尼佛以来的微妙"正法"、"涅槃妙心"，经佛的弟子大迦叶、阿难，传至印度商那和修……第二十八祖菩提达磨来到中国，递相传授慧可、僧璨、道信、弘忍，直至慧能及其法系的弟子，一直是"以心传心"的，引导世人"见性"以成佛。唐后期智炬编撰《宝林传》，五代南唐静、筠二禅僧撰写《祖堂集》，北宋道原编，经真宗钦准编入大藏经流布天下的《景德传灯录》等禅宗"灯史"，皆载录自过去七佛（第七佛为释迦牟尼佛）之后，自大迦叶、阿难直至菩提达磨的二十八祖事迹、语录及彼此传授法的"传法偈"。然而，此前中国佛教界讲佛灭之后佛法代代传承的经典，是传为北魏昙曜、吉迦夜译的《付法藏因缘传》，记述从佛、大迦叶、阿难……直到第二十四祖师子尊者，然而说师子尊者被外道国王所杀，"相付法人，于是便绝"。天台宗三大部之一的《摩诃止观》卷一虽引此传列出二十四祖的名字，但说本宗是以其中的第十三祖龙树为"高祖"。禅宗以自己的二十八代祖统说为依据，标榜传承"佛心"，引起天台宗和其他宗派的质疑以至驳难。他们据《付法藏因缘传》质难："传所列但二十四世，至师子祖而已矣"，认为禅宗所奉的菩提达磨不可能上承师子尊者，所谓二十八祖的祖统法，不过是后人的编造"曲说"。禅宗的人虽引《宝林传》来加以证明，然而，因为此为禅宗自家的著作，不被质疑者认可，而且此书以至继承此书的《景德传灯录》中所载二十八祖的部分，在年代、事迹情节等方面存在明显的错讹，更被反对者执为批评的口实。[①]

对此，契嵩对《宝林传》，并对照《付法藏因缘传》进行考察，认为《付藏

[①] 请参考契嵩《佛法正宗记·第一篇》及《再上皇帝书》等。

因缘传》所载列祖"师资授受与其所出国土姓氏"前后失序,问题很多,甚至认为"始乱吾宗祖,荧惑天下天下学者",莫过于此书,虽认为《宝林传》存在不少"错误差舛"之处,然而所载列祖姓名、传承事迹等是可信的。于是,他以《宝林传》以及《景德传灯录》中所载二十八祖世系和传记为基础,参考东晋时佛陀跋陀罗译的《禅经》(《达摩多罗禅经》)、庐山慧远的序、南朝宋慧观的序(《修行地不净观经序》)、北宋赞宁《宋高僧传》、李遵勖《天圣广灯录》以及大量其他佛教文献和史书资料,对两书原载的二十八祖的付法传记中自认为"差误"不当的地方进行校正修改,并列出慧能法系的传法世系,撰写出《传法正宗记》九卷、《传法正宗论》二卷和《传法正宗定祖图》一卷,共十二卷。

《传法正宗记》卷一是以〈始祖释迦牟尼佛表〉的标题记述释迦牟尼佛的出世传说和传法事迹;卷二至卷五是以"传"的形式记述从大迦叶至第二十八祖菩提达磨的传记;卷六是从第二十九祖慧可至三十三祖慧能的传记;卷七至卷八是〈正宗分家略传〉,记述大鉴慧能的弟子及以南岳怀让、青原行思两大法系十几代的传承世系,共列出禅师1304人;卷九的前面是〈旁出列传〉,是记载从印度二祖阿难至二十八祖达磨,以及中国自二祖慧可至五祖弘忍的旁出弟子205人;后面是〈宗证列传〉,是为被认为曾讲述过或记载过列代祖师事迹者所作的传记,有10人。此书在某些传的后面附加〈评曰〉,对某人或事,进行评论。

《传法正宗论》由四篇组成,是契嵩对撰写《传法正宗记》,编述禅宗列代祖师传承世系、事迹的根据和理由的说明,特别对《付法藏因缘传》所讲师子尊者死后,为什么有从婆舍斯多至菩提达磨五代祖师的传承?他论述列祖事迹是根据的什么书,这些书为什么可信,进行说明;甚至也针对其他宗派对禅宗的疑问,论述禅宗"以心传心","不立文字,直指人心"的宗旨。他在论述中对《禅经》及慧远、慧观二序、梁僧祐《出三藏记集》所载〈萨婆多部相承传目录记〉的重视,认为西土前二十五祖传记取自三国时来华的天竺僧支疆梁楼所译《续法传》,二十七祖至二十八祖传记是取自北齐译经僧那连耶舍译的《续法传》等,是很独特的值得注意的内容。[①]

[①] 契嵩考证及所依据资料从总体上没有超越《宝林传》、《景德传灯录》的水平。据近代以来的中外禅宗研究,所谓支疆、耶舍译《续法传》等等说法是难以成立的。请参考拙著《唐五代禅宗史》第九章第一节。

《传法正宗定祖图》是作于仁宗颁布《祖师传法授衣图》之后。契嵩受此启发，并附会朝廷的意旨，特地将《传法正宗记》的释迦牟尼佛及从大迦叶至慧能三十三位祖师、曾讲述或记述祖师事迹的"素有证据者"竺大力、佛陀跋陀等十人的事迹分别概述，在每段文字后面绘制他们的图像。现存《碛砂藏》等藏经版本仍保留此绘像。

此外，他还写有《武林山志》及大量的书信、叙、记、传、赞、碑、铭等，内容涉及方面很多。

第六节　契嵩两次上皇帝书内容略析

在中国佛教史上，作为一个出家僧人两次向皇帝上书，并且亲自请求将自己的著作以钦准的名义编入大藏经流行天下，除了宋代云门宗禅僧契嵩之外，没有第二人。

契嵩在所上宋仁宗的两书中，针对自唐代韩愈以来儒者竞相效仿排斥佛教，佛教受到社会人们误解，致使正常传播受到严重影响的情况，将佛、儒二教进行对比并且列举历史事实，详细论证佛教的基本教义与儒家的伦理名教是一致的，不仅不危害社会秩序与民生，而且对维护国家长治久安是十分有利的；并且请求将他的既为了扩大禅宗影响，又企图缓和其他教派对禅宗祖统说的批评而考核订正的禅宗传承法系的著作《传法正宗记》、《传法正宗论》和《传法正宗定祖图》，以及论佛、儒思想一致的《辅教编》，同时编入大藏经。

契嵩在宋仁宗嘉祐六年（1061）从杭州进京，先后两次向仁宗上书。现存《镡津文集》卷八载《万言书上仁宗皇帝》是第一次上书，是站在佛教整体的立场请求皇帝理解佛教与王道、儒家纲常名教一致，以朝廷的权威扶持佛教传播和发展；卷九及《传法正宗记》卷所载《再书仁宗皇帝》（或《上皇帝书》），是十二月六日上的书，着重从禅宗的立场论述自己重新编著禅宗传法世系的必要，并按照道原《景德传灯录》、王随《传灯玉英集》的前例，也将他的《传法正宗记》等及《辅教编》编入大藏经。两篇奏书是呈给掌握生杀予夺大权的皇帝，契嵩是抱着"不避死亡之诛"、"谋道不谋身，为法不为名"的心情上奏的，是倾注自己全部精力将以往长期对佛、儒二教反复进行比较研究和对世事的深入思考的结果，以最精炼并且经过再三斟酌推敲的文字写给仁宗皇帝的。

契嵩在上仁宗皇帝书中对佛儒一致、佛教有有益于社会治理的论述，对于我们了解和研究中国古代佛教是如何适应以儒家为正统思想，以皇帝为最高统治者的中央集权的封建国家，以及中国封建社会佛、儒二教的关系，有着重要的历史的和学术的意义。

下面大体按照二书表述的层次加以概要介绍。

一 说佛教符合于"王道"，可以辅助儒教使天下得以治理

契嵩在第一次上书中先从整体上向仁宗表述佛教与儒家、治理天下的王道是一致的，从根本上说皆属"中道"，是三代之后适应"天时"而传入中国的，无论从理论上还是以往历史上看，佛教以教人行善为使命，是辅助儒家治理天下的。他说：

> 若今文者皆曰：必拒佛。故世不用，而尊一王之道，慕三代之政。是安知佛之道与王道合也。夫王道者，皇极也。皇极者，中道之谓也。而佛之道亦曰中道。是岂不然哉？然而适中与正，不偏不邪，虽大略与儒同，及其推物理而穷神极妙，则与世相万矣。[①]

其中"今文者"是指儒家某些学者。"一王之道"，即王道，一代君王治国之道，是古代理想帝主治理国家的基本原则，儒家称以仁义治国为王道，与"霸道"相对。"三代之政"是夏、商、周的政治。"皇极"原出自《尚书·洪范篇》，据称是箕子告诉周武王九种治国方略之一。《十三经注疏》〈尚书正义〉卷十二载汉孔安国注"建用皇极"说："皇，大；极，中也。凡立事常用大中之道。"（按：明清学者考证所谓孔注是伪托）唐孔颖达疏："施政教，治下民，当使大得其中，无有邪僻。故演之云：人君为民之主，当大自立其有中之道，以施教于民。"可见"皇极"和所谓"大中"，是不偏不倚的极为中正的意思，被认为是帝王治国的最理想的原则。儒家的"中"和"中道"（《孟子·尽心下》有此语），也是中正的意思，与"中庸"大体同义，是儒家侧重用来强调伦理的

[①] 《大正藏》卷52，第687页上。以下除大段引文注明出处外，个别字句引用不再加注，皆见《大正藏》卷52，第687—691页。

最高道德原则的。

　　契嵩在上段引文中说，当时儒者极力排斥佛教，而专尊所谓"王道"，只推崇夏商周三代的政治，然而，他们哪里知道佛教本来是与王道一致的。所谓王道，不就是"皇极"吗？皇极就是中道，佛教也主张"适中"与"正"，此与儒家的中道并无二致。然而，他又表示：虽然佛、儒二教从大的方面讲相同，但佛教在论述万物之理、心性的奥义方面，与世俗（儒家）的道理又有很多差别。

　　佛教有小乘的中道和大乘的中道。小乘的中道即"八正道"，是既区别于在家享受世俗安乐，又区别于外道所修的苦行。大乘的中道，一般是基于诸法性空的般若理论所讲的不生不灭，不常不断，乃至非色非空，等等，被认为是超越于各种"边见"、"邪见"的至高的认识原则和精神境界。在不少场合，中道甚至被赋予与佛性、诸法实相等概念同等的含义。契嵩虽认为佛教的中道与儒家侧重讲治国、伦理的中道确实有一致的地方，然而，从它具有的宗教哲学的意义上来说，又有很大的不同。为了争取皇帝的理解和认同，他只着重强调佛教同王道、儒家的中道一致的方面。

　　契嵩进一步就佛教进行介绍，说佛教有"随欲"、"随宜"、"随对治"、"随第一义"四个特点。第一，"随欲"，他没有解释（"姑勿论"），大概是讲佛教对世俗社会是采取适应的态度，并不反对世人的正当欲望需求，大乘佛典有"即烦恼是菩提"的说法。第二，"随宜"是"凡事必随其宜而宜之也"，意为随应时间条件，做应当做的，不取拘泥态度而无所事事。第三，"随对治"是说"善者则善治之，恶者则恶治之"，认为与朝廷的王法以奖赏鼓励为善，以刑罚惩治作恶是一致的。第四，"随第一义"，也就是以中道为行为准则。

　　契嵩针对一些儒者从自己的好恶出发攻击佛教的现象，有意强调："佛心大公，天下之道，善而已矣。不必己出者好之，非己者恶之。"然后笔锋一转，根据法身佛可以随时显化世间救济众生的大乘说法（"圣人必神为之"），说怎么能够知道古代三皇（或指伏羲、女娲、神农）、尧舜二帝不是佛的变现呢？佛难道不是"二帝三皇之本（按：本体）耶"？然后赞颂仁宗皇帝是帝王中的"真主"，以皇极治理天下，任用贤才，赏罚分明，号令必信，制度适宜，具有尧舜的道德；并且说这些表现体现了佛道（"则佛氏之道，果在陛下之治体"）。事物有"迹"有"体"，迹是表现、现象，是教；体是本体、本质，是道。契嵩认为虽佛、儒二教不同，然而，其体——道、大中之道是一致的。因此，一些儒者排斥佛教是不对的。

唐代韩愈《原道》说"古之为民者四（按：士农工商），今之为民者六（按：加佛、老）；古之教者处其一（按：儒），今之教者处其三（按：加佛、老）"，竭力排斥佛教、道教。这种说法也是宋儒排佛的借口之一，认为三代"独用一教"而天下治理。对此，契嵩从"天人之际"，即天时、民心的角度加以说明，说三代之时"其民宜一教治之"，所以只有一教；三代之后，"其民一教将不暇治"，才有佛教出世辅助儒教"相与共治"。以往佛教传播的千年历史可以证明，"凡所教者，皆古圣人顺天时，适民所宜而为之，以救世者也"。既然佛教与儒教如古书上所说"为善不同，同归于治"，那又为什么要排斥佛教呢！

二 佛教教人"正人心"、"兴善止恶"、"省刑罚"、"致福却祸"，不应排斥

为了争取仁宗对佛教的同情和支持，契嵩又从四个方面说明佛教是如何"弘益天下"，如何协助皇帝"坐致太平"的。

第一，"佛法大要在人正其心"，如果心得以正，则必然有至高的道德。他说：

> 陛下以太和养诚，以仁恩礼义怀天下，虽其盛美已效，苟以佛法正心，则其为道德益充益茂矣。经曰：妙净明心性一切心。此之谓也。①

他是说，仁宗仅以儒家提倡的"太和"（原出《周易》，原自阴阳交会谐和的状态，也谓道）修养道德，以仁义、恩礼善待天下，这还不够，如果再采取佛教的心性学说来"正心"，肯定可以使道德臻于至善。他举唐代玄宗，乃至南北朝的梁武帝，皆吸收佛教的无为"见性"思想修养道德，故导致天下大治，享国多年。他进而建议仁宗"诏以示学者，使其知佛之法有益于帝王之道德者如此也"。

第二，佛教"以兴善止恶为其大端"，有益于民众教化。契嵩说朝廷在各州县设置学校，以"诗书礼义"教化民众，为了使其为善不为恶；又有地方官员宣政化，从而致使文教昌盛超过前代。然而，在那些偏远的"里巷乡墅之家"，

---

① 《大正藏》卷52，第688页上。

有很多民众从未听闻过诗书礼义的说教，只是因为信奉佛教的"为善致福，为恶致罪"和因果报应的教义，便能够自觉地行善止恶，"为仁，为慈，为孝，为廉，为恭，为顺，为真，为诚"。虽然某些行为、做法"与儒不同，至于入善成治，则与夫诗书礼义所致者"没有区别，"所谓最益陛下之教化者，盖此之谓也"。

第三，佛教以五戒（不杀生、不偷盗、不邪淫、不妄语、不饮酒）和十善（不杀生、不偷盗、不邪淫、不妄语、不两舌、不恶口、不绮语、不贪、不嗔、不痴）教导广大僧俗信众。他说修持五戒来世可以再生为人，修持十善来世可以生到天界；如果不修持二者，死后不仅不能生为人、天，而且将遭到极恶的报应。契嵩强调，现在全国修持五戒、十善的佛教徒很多，"循善则无恶，无恶则不烦刑罚"，于是便有利于社会安定，正如南朝宋何尚之对宋文帝所说的，"能行一善则去一恶，去一恶则息一刑，一刑息于家，万刑息于国"，则可"坐致太平"。

第四，从佛教的祭祀祈祷功能说的，说佛与世所说的圣人不同，具有"神灵睿知"，超越生死，"其为法为言，乃能感天地而鬼神幽冥"，通过诵经祈祷佛，能解救人的苦难，予人以福祥，这与皇帝祭祀天地、社稷，祈祷鬼神而"与民为福"有什么不同呢？

契嵩的结论是：

> 若今佛法也，上则密资天子之道德，次则与天下助教化，其次则省刑狱，又其次则与天下致福却祸。以先王之法裁之，可斥乎？可事乎？然儒者以佛道为异端，恶其杂儒术以妨圣人之道行，乃比杨墨俗法而排之。是亦君子之误也。[①]

这既是对仁宗皇帝的恳切直谏，也是对儒者排佛言论的回应和措辞委婉的批驳。

三 认为儒家的天道、心性等问题可以借助佛教"发明"而得到深化

宋代道学或称理学，是儒学发展的新形态，成为中国封建社会后期占主导

[①] 《大正藏》卷 52，第 688 页下。

地位的意识形态。仁宗庆历四年（1044）以后在京城复立太学，采纳胡瑗在苏、湖二州时施行的立"经义"和"治事"两斋的分科教育方法，又诏各州县办学院，促进了对儒学义理的研究，从而对以往阐释较少的性与天道等哲学问题的关心和探讨成为时代思潮。道学经宋初胡瑗、孙复、石介"三先生"肇始，中经周敦颐、张载、程颢程颐兄弟的发展，至南宋朱熹、张栻而完成；陆九渊又创立道学的另一支——心学。道学以概括封建伦理至高准则的抽象哲学理念——"理"或"心"作为世界永恒的本原，认为人人生来皆具此天理或此心，主张通过所谓"格物致知"、"持敬"或"发明本心"等自我认知方法来体认此理此性，循照此理此心以修身、行事、治国，提倡"存天理，灭人欲"。道学家一般通过论证宇宙生成论、本体论和心性论、认识论、道德修养论等来阐述自己的思想，重要的概念范畴有道、太极、理、气、性、心、命、诚、情等。道学在它形成过程中大量吸收了佛教、道教的思想成分。佛教的心性论、本体论、修行解脱论和思辨方法，都对道学体系的形成和充实发生极大影响。

契嵩岁数比"宋初三先生"稍后，而与周敦颐、邵雍、张载等人接近。长年潜心进行佛、儒二教对比研究的契嵩，对儒学界的思想动向自然是熟悉的。因此，他在向仁宗第一次上书中自然也接触了这些哲学问题。契嵩说：

> 若夫儒经有与佛经意似者数端含而蕴之，若待佛教而发明之，然意密且远，而后儒注解牵于教，不能远见圣人之奥旨。岂非传：夫子之文章可得而闻也，夫子之言性与天道，不可得而闻也。（按：《论语·公冶长》子贡语）今试校之，亦幸陛下垂之学者。①

是说儒家经典中包含一些与佛经内容相似的思想，如果借助佛教而加以阐释发挥，一定能够使这些思想具有更加深刻、深远的意义；然而现在的儒者在注释儒家经典时由于受到己教的局限，不能洞悉其中包含的圣人的深奥之旨。正如《论语》所记载那样，孔子的弟子能够得悉他的文章，然而却不能听到他讲授关于性与天道的道理。他想对此作比较说明，并希望通过仁宗皇帝将他的见解垂示于天下学者。他在以下所列举并加以阐释的问题，主要是围绕心性与天道这一中心。

---

① 《大正藏》卷52，第689页上。

下面分段先列出契嵩所引证的儒家经典中的语句,稍加解释,然后极为概略地介绍契嵩发挥佛教义理所做的比附和诠释。

(1)《中庸》曰:自诚明谓之性,自明诚谓之教。

是岂不与经所谓实性一相者似乎?《中庸》但道其诚,未始尽其所以诚也。及乎佛氏演其所以诚者,则所谓弥法界,遍万有,形天地,幽鬼神而常示,而天地鬼神不见所以者。此言其大略耳,若其重玄叠妙之谓,则群经存焉。①

《中庸》中的"诚"既指人先天具有的真实无伪的道德属性,也指后天的真诚正直的道德境界;"性"指人生来具备的本性。这两句话的大意是:由真实无伪(诚)的状态而发生自然审虑明辨(明,或释为发扬光大)的功能是先天的"性",通过自觉地择善审思明辨而达到真诚道德境界的过程是后天的"教"。

契嵩仅对所引"自诚明谓之性"中的"性"作解释,认为《中庸》讲的性,与佛经讲的实相(一相,即空寂无相),即法性、佛性十分相似。但《中庸》只讲先天本性的真实无伪(诚),而没有讲它为什么是真实的;佛教不仅讲实性、佛性,而且说它是世界的本原、本体,虽显现于宇宙万有,无所而不在,然而却是空寂无相的。这是自然而然的,真实无疑,岂不是真实的"诚"吗?

(2)惟天下至诚,(为)能尽其性。能尽其性,则能尽人之性;(能)尽人之性;则(能)尽物之性,以至与天地参耳。(按:也出自《中庸》,未引全,在"以至"的位置应是"则可以赞天地之化育;可以赞天地之化育,则可以")

是盖明乎天地人物其性通也。岂不与佛教所谓万物同一真性者似乎?《中庸》虽谓其大同,而未发其所以同也。及佛氏推其所以同,则谓万物其本皆一清净,及其染之,遂成人也,物也,乃与圣人者差异。此所谓同而异,异而同者也。明其同,所以使其求本以修迹,趋乎圣人之道也;明其异,所以使其修迹而复本,不敢滥乎圣人之道也。②

---

① 《大正藏》卷52,第689页上。
② 同上。引文括弧中的字是据宋元人注《四书五经》本(中国书店1984年版)所做的校补。以下引文同。

《中庸》认为，人与物、社会与自然，具有同一的真实之性，循此本性审思之、明辨之便是受教和道德修养的过程；能使自己真诚的本性得到充分发挥就是尽性，而尽自己之性与尽人之性相通，这也就是尽天地万物之性，由此可以辅助天地化育万物，与天地相并参与到天地化育万物的运动之中。

契嵩指出，《中庸》所说的道理与佛教所说的万物具有共同的"真性"（真如佛性）是相似的。然而《中庸》只讲到这点为止，没有进一步发挥。佛教虽讲万物皆具清净本性，然而又讲如果本性受到烦恼染污者，便成为普通的人、物，与本性没有受到染污者的圣人（佛菩萨）是有差别的。强调一切人本性相同，是为了启发人们体悟自己的清净本性，注意修行，正确遵循"圣人之道"（大乘佛法）；指出凡俗与圣人的差别，是为了激励人们发奋修行，断除烦恼，恢复本性，不致使"圣人之道"失实。

> （3）至诚无息，不息则久，久则徵，徵则悠远，以至悠久，所以成物。……博厚配地，高明配天，悠久无疆。如此者不见而章，不动而变，无为而成。天地之道，可一言而尽矣。（《中庸》）
> 岂不与佛所谓法界常住，不增不减者似乎？《中庸》其意尚谦，未逾其天地者也。及佛氏所论法界者，谓其广大灵明，而包裹乎十方者也。其谓博厚高明，岂止与天地相配而已矣。①

《中庸》讲天地之道真诚无伪，运动永不停息，如此则长久，表现的征象无际而久远，形成万物；其德既博厚又高明，与天地相比配；虽不见，而自彰明；不动，而自变化，一切表现为无为自然。《中庸》主张万物一体，天人合一，所以所讲的天地之道，也就是所谓"圣人之道"。

对此，契嵩认为这就是佛教讲的法界（法身、法性、真如、心、性）常住，不增不减的道理。按照这一理论，法界有理、事法界等，彼此为缘，缘起（根据场合而聚散、生灭）无尽，圆融无碍，以华严宗所阐释的缘起理论最为详尽。契嵩说《中庸》讲的"至诚"作用的范围尚未超越于天地，而佛教讲的法界是既广大，又有"灵明"的特性，是包裹十方世界在内的。

---

① 《大正藏》卷52，第689页上。

(4) 其为物不贰，则其生物不测，天地之道博也，厚也，高也，明也，悠也，久也。今夫天，斯昭昭之多，及其无穷也，日月星辰系焉，万物覆焉，以至（《四书五经》本此二字作"今"）夫地，一撮土之多，云云。（"云云"是"及其广厚，载华岳而不重，振河海而不泄万物载哉……"的省略）

是岂不与佛教所谓世界之始，乃有光明风轮，先色界天，其后有安住风轮，成乎天地者似乎？《中庸》虽尊其所以生，而未见其所以生也。及佛氏谓乎天地山河之所以生者，其本由乎群生心识之所以变，乃生此诸有为之相耳。故经曰：想澄成国土，知觉乃众生。孔子所谓其为物不二，其生物不测者，似此而不疑，亦以分明者也。①

《中庸》所说天地至诚的本性，专一地神妙地生成万物；天地之德博厚而高明、悠久，例如天，广阔无垠，附丽日月星辰，覆盖万物；地，广阔深厚，负载山岳河海……

契嵩认为此与佛教讲的世界产生之初先有风轮，然后形成色界天，再有天地万物的说法是相似的，并认为《中庸》讲的还不透彻，没讲天地所以生的道理。按照佛教的说法，世界万有是由心识所生，如《楞严经》的偈所说的那样："想澄成国土，知觉乃众生"（出自卷六），国土众生不过是心识变现的产物。

(5) 若《洪范》五福、六极之说者，此儒者极言其报应者也。

尝窃考之，其意微旨，若关乎佛氏所云其三界者也。注疏者亦牵于教，不复能远推之，岂为然也。其一曰：凶短折寿；其五曰：恶恶丑也。若有殇子者，才生则死，岂亦恶政所加而致凶短折耶？盖人生其相状妍丑者，乃父母所生，其形素定，岂必谓当世恶政而致之乎？然圣人含其意而未发者，岂不以人情便近而昧远，未即以他生语之疑，其亦有所待者也。及乎佛教，谓人生之美恶，适以其往世修与不修致如此也；此世修与不修，则其美恶之报复在其后世耳。②

---

① 《大正藏》卷52，第689页中。
② 同上。

在《尚书》的〈洪范〉篇中,箕子告诉周武王九种治国应当采取的方略,最后一种就是"向用五福,威用六极",意为上天以寿、富、康宁、好德、正常命终等人所向往的"五福"来进行劝勉为善,以夭折、疾病、忧愁、贫穷、丑恶、软弱的厌恶等人所厌恶的"六极"来惩戒为恶,示意武王取法上天设置适宜的赏罚来治国。

契嵩认为,这里所说与佛教的三界轮回有关系。他说儒者的注疏因为受己教的局限,没能联系到这点。他指出,人的长相的俊丑,人生的贫富、寿夭,与时政没有关系,而是由其前生的行为(业)决定的。前世修善(包括修行),便有好的报应;前世没有修善,将决定后世的境况的好坏。他说,这是以往圣人尚未提出而留待佛教加以阐释的。

(6) 若《系辞》曰:原始要(《四书五经》本"要"作"反")终,故有(《四书五经》本"有"作"知")死生之说,精气为物,游魂为变,是故知鬼神之情状。(《系辞》是《周易》中的一篇,此出自其"上传")

是岂不与佛氏所谓生死者,皆以神识出没诸趣者似乎?孔子略言,盖发其端耳。及佛氏所明夫生死变化者,非谓天地造化自然耳。盖生死者,各以其业感,为人为鬼神为异类,而其生死变化之所以然者,于此不亦益明乎。[①]

《周易》所说大意是,通过观察阴阳二气的前后变化,可以知道死生的道理,阴(精)阳(气)和合产生万物,游魂也属于阴阳的变化,进而知道鬼神的情状。

契嵩说这与佛教说的神识(灵魂)轮回诸趣(天、人、修罗、畜生、饿鬼、地狱)之间的情况是相似的。然而,孔子作《系辞》只是发端略说此事,而佛教则认为生死变化不属于天地的自然造化现象,是由人们前世的业因(行为)的感应决定的,善恶业因不同,便有轮回为不同的众生,或为人,或为鬼神、畜生等等。他是据佛教的善恶报应和三世轮回的教义进行说明的。

(7)《诗》曰:神之格思,不可度思,矧可射思。(出自《诗经·大

---

① 《大正藏》卷52,第689页中下。

雅・荡之什》)《书》曰：兹致（据《四书五经》本"致"应作"殷"）多生（《四书五经》本无此"生"字）先哲王在天。(《尚书・召诰》)

是不唯圣人但欲致敬于鬼神耳，亦意谓人之精明不灭，不可不治之也。此与佛教人人为德为善，资神以清升者何以异乎？孔子但不显说耳，及佛氏则推而尽之矣。①

《诗经・大雅》中的诗提到：神何时来，难以猜度，岂可怠慢厌倦祭祀的事情。("思"，语助词)《尚书・召诰》谓：商纣将灭之际，商的先王很多神灵虽在天上，但不能相救。

契嵩据此认为，古代圣人也有致敬鬼神之意，并且也意味着承认灵魂不死，这与佛教教人修德行善，以便死后神识生天、往生没有什么差别，只是当时孔子没有明说，而待佛教对此做出透彻阐述。

以上几点，涉及道学中的本体论、心性论、道德修养论等，并且根据佛教教理进行发挥，简单提到道学虽也涉及然而并没有展开论证的灵魂不灭论及在道学所没有的三世轮回论等。契嵩认为，以上几点虽"造其端于儒"，但是由佛教加以推演深化的。

契嵩还引《列子》中所载据称是孔子说的话："西方之人有圣人者焉，不治而不乱……"认为这里提到的西方圣人就是佛。又说，儒家以仁义礼智信"五常"教化世人，然而此五常与佛教的五戒、十善的"人天乘"是相同的。

契嵩接着向仁宗表示，皇帝的"圣祖"(宋太祖)信奉提倡佛教，"先皇帝"(宋真宗)还特作《崇释论》加以推广，希望仁宗"正夫儒佛二圣人之道，断天下之疑"，采纳他的见解，使"儒者儒之，佛者佛之"，二教并行传播，共同辅助国家的治理和教化。

四 请皇帝同意推广他重新考订的禅宗祖统说，将《传法正宗记》等编入大藏经

禅宗经唐末五代的发展，进入宋代以后特别盛行，但它只是社会上流行的佛教宗派之一。禅宗自认为接受从释迦佛、大迦叶直至菩提达磨的一脉相承的

---

① 《大正藏》卷52，第689页下。

心法，所谓"以心传心，教外别传"，《宝林传》、《景德传灯录》等所谓"灯史"都记载西土二十八祖的传承世系的传记，以标示禅宗超越于各宗之上。这不能不引起诸宗的非议和反对。契嵩写成《传法正宗记》等，并且奏请皇帝降旨将此书编入大藏经，一是为了减少诸宗借以批评的口实，扩大禅宗在佛教界和社会上的影响；二是借重皇帝的至高权威平息诸宗的不满和非议，以造成佛教界内部关系谐调的局面。

契嵩第二次上书主要是围绕这个问题。他对仁宗说：

> 能仁氏（按：释迦牟尼）之垂教，必以禅为宗，而佛为其祖。祖者，乃其教之大范；宗者，乃其教之大统。大统不明，则天下学佛者不得一其所诣；大范不正，则不得质其所证。夫古今三学（戒、定、慧）辈，竞以其所学相胜者，盖由宗不明，祖不正，而为其患矣。然非其祖宗素不明不正也，特后世为书者之误传耳。又后世学佛者不能尽考经论而校正之，乃有束教者不知佛之微旨妙在乎言外；语禅者，不谅佛之所诠概见乎教内，虽一圆颅方服之属，而纷然自相是非。如此者，古今何尝稍息。①

契嵩认为造成佛教界内部长期"自相是非"的重要原因是因为对于佛教的宗、祖的认识不一致。他说，佛教应以禅为统一的宗旨，以佛（实际也包括佛以后历代著名祖师）作为具有师范意义之祖。如果对前者不明确，全国学佛者将不能沿着一致的目标修持佛法；后者不规正，则不能以佛祖为表率对自己的修行境地进行验证。然而，长期以来，佛教内部因为对史书之误传没能订正，以致出现"宗不明，祖不正"的情况。此外，"束教者"（禅宗以外的诸宗）不了解佛传授的深奥妙旨存在于言教之外，而"语禅者"（禅宗僧）不知道佛对教理的诠释存在于言教之内。因此，造成禅、教之间互相指责，争论不已。契嵩在这里尖锐地指出在佛教界明确"宗、祖"的重要性和迫切性。应当指出，契嵩虽兼顾佛教一般的立场，但主要是站在禅宗的立场阐述自己的看法的。

契嵩接着说自己早就想促使天下学佛者对"宗、祖"的统一认识，平息纷争，为此查阅大藏经，考校经论、史传中的有关记载，"校验其所谓禅宗者，推正其所谓佛祖者"，该择取的择取，该舍弃的舍弃，终于编成十余万言的《传法

---

① 《大正藏》卷52，第691页中。

正宗记》、《传法正宗论》并编录绘制《传法正宗定祖图》，共十二卷，认为此举可以"补先圣教法万分之一"。他说：

> 陛下以至道慈德治天下，天地万物和平安裕，而佛老之教得以毗赞大化。陛下又垂神禅悦，弥入其道妙，虽古之帝王更百代，未有如陛下穷理尽性之如此也。是亦佛氏之徒，际会遭遇陛下之一时也。①

在赞扬之后，请求皇帝将他的书与图"垂于大藏与经律偕传"。如前所述，仁宗钦准了他的奏请，降旨中书（宰相府）将他的书送传法院编入大藏经刻印流布天下。

契嵩在二次上书中还提到其他问题，例如，他还建议朝廷稍加调整对佛教的政策，不要严格限制非到二十岁不得出家，精选优秀之僧担任州的僧正（僧官），以督导僧众遵守戒律，少犯过错。

综上所述，契嵩是北宋时代一位杰出的禅僧，他的《辅教编》等佛教著作和二次向仁宗上书，始终以佛教教人为善、有益于国家治理和社会秩序安定、佛教与儒家贯通一致等作为重点；同时作为禅僧，编撰《传法正宗记》等订正禅宗祖统的书，希望扩大禅宗的影响，缓和诸宗的批评。他的儒学著作和论及的与道学相似的哲学问题，反映了道学正在兴起的时代思潮。

第七节　契嵩佛学思想综述
——以《辅教编》为中心

契嵩对佛教的见解，集中反映在《辅教编》。《辅教编》原由《原教》、《劝书》、《广原教》、《孝论》及《坛经赞》组成，后人又增加《真谛无圣论》。契嵩晚年所著《辅教编要义》对此作了详细注释。契嵩《与石门月禅师》中自谓："志在《原教》，而行在《孝论》也。"可见其中这两篇文章在契嵩心目中的分量。此外，契嵩两次上仁宗皇帝书（后面将专论）、致宰相大臣和其他人的书启状、多种志记碑铭等文章，也记载了他在不同场合表述的佛教主张。至于其

---

① 《大正藏》卷 52，第 691 页下。

"杂著"乃至大体以儒家观点写的《皇极论》、《中庸解》及《论原》等文章对佛教也少有涉及,然而对天道、心性问题则有较多的论述。

契嵩是鉴于儒者竞效唐代韩愈著文排佛才发奋潜心比较研究儒、佛二教,撰写会通二教的文章的。他论证儒、佛一致的方式是:一是通过追溯"教"的本源,证明佛儒二教皆出自"圣人之心";二是从佛教的教人为善的社会功能上,强调佛教中流行最广的五戒十善等教理与儒家的五常名教是一致的,可以与儒家并行对民众教化,辅助朝廷治理天下。契嵩深受正在兴起的理学思潮的影响,在论述中经常借题对心性问题进行阐释和发挥,认为佛教的心性论可以补儒家"性命"理论的不足。

一 论佛、儒二教虽有不同,但皆本于"圣人之心","欲人为善"

契嵩所称的"圣人",虽也包括儒家所说的三皇、五帝及夏禹、商汤、周文王与武王、周公及孔子、孟子等人,但在他的所谓"内书"(《辅教编》等专论佛教的书)中却经常是指佛,有时是混而称之,以便会通佛、儒二教的思想。他的理论框架是:圣人(佛)因观悟"性情"之理,创立佛教;适应众生浅深不同的素质(根机),创立小乘与大乘(统为五乘教)、渐教与顿教、权教与实教;说儒家的仁义等五常名教,相当于佛教中小乘的人乘与天乘,属于渐教与权教;二教皆出自"圣人之心",皆教人为善。

《原教》开宗明义,说:

> 万物有性情,古今有死生。然而死生、性情,未始不相因而有之。死固因于生,生固因于情,情固因于性,使万物而浮沉于死生者,情为其累也。
>
> 有圣人者大观,乃推其因于生之前,示其所以来也;指其成于死之后,教其所以修也。故以其道导天下,排情伪于方今,资必成乎将来。夫生也既有前后,而以今相与,不亦为三世乎。以将来之善成,由今之所以修;则方今穷通,由其已往之所习,断可见矣。情也者,发于性皆情也。苟情习有善恶,方其化也则冥然,与其类相感而成。其所成情习有薄者焉,有笃者焉;机器有大者焉,有小者焉。圣人宜之,故陈其法为五乘者,为三藏者,别乎五乘又歧出,其繁然殆不可胜数。上极成其圣道,下极世俗之为农者、商者、技者、医者、百工之鄙事,皆示其所以然。然与五乘者,

皆统之于三藏。①

这里所称的"万物",着眼点是人。契嵩作为想直接与儒者对话的禅僧,所说的"性"既是指真如佛性、自性,也有意混同于儒家所说人的本性,如他经常引证的《论语》中的"性相近"、《礼记·中庸》中的"天命之谓性,率性之谓道"、《礼记·乐记》中的"人生而静,天之性也"中的"性";"情"是指情欲、好恶、烦恼,认为是后天接触外界事物而产生的。他在本文及《非韩·第三》批判韩愈的《原性》时连儒家的仁义五常也归之于情的范畴,谓之"情之善者"。

以上引文大意是说人人皆有性有情,情是从性发生的,由于有情欲,或为善或为恶,于是招致不同的善恶报应,便有前世、今世、来世"三世"的"六道"轮回(或生为人,或生为畜生等;生为人又有"穷、通"之别)。此即引文中所谓的"浮沉于生死者"。圣人(佛)基于对性情、善恶业报和三世生死轮回的观察,创立了佛教,引导世人了解生死轮回的教理,修善止恶;因为世人的根机有浅深的差别,所以建立的教理也有浅有深;这些不同的教理统为"五乘"(详后),记载五乘的文字皆收在"三藏"(经、律、论)之中。其中高级的教说是引导人成圣(罗汉、辟支佛、菩萨或佛),是指小乘的"声闻乘"、"缘觉乘"和大乘的"菩萨乘";低级的教说是面对普通民众,既有修持五戒以求再生为人的"人乘"、修持十善以求死后生到天界的"天乘",是以善恶因果报应为基本教义,以教人行善为基本宗旨。

契嵩表示,正是佛教中层次较低的容易为世人普遍接受的旨在教人为善的人乘和天乘,与儒家的五常仁义是"异号而一体"的。《辅教编·原教要义第一》说:

> 二教圣人设教,恢廓开张,各有事宜。若儒急欲治民于当世,则宜为法教人只在乎一世也。佛欲救人轮回于生死,则宜为法教人修正精诚,当指因缘业果,在其死生前后际也。

谓圣人因为适应不同的情况,所设置的教法必有不同。儒教重在治理当世

---

① 《镡津文集》卷一,《大正藏》卷52,第648页下至649页上。

民众，只教人现世做人的道理（当特指儒家纲常伦理），所说未超出一世；佛教教人超脱生死轮回，就必须教人正确修治心性，所说必涉及三世。因此可以说圣人施教虽有不同，但皆教人为善。

契嵩比喻说，诸教如同涉水过河，有的仅提衣即可过（"揭"），有的竟水没过腰（"厉"），深浅有别，"儒者，圣人之治世者也；佛者，圣人之治出世者也"。言下之意，儒家为"治世"之教，教浅；佛教是"治出世"之教，教深。契嵩在《寂子解》中有一段话，可以看作是对此所做的发挥，曰：

> 儒、佛者，圣人之教也。其所出虽不同，而同归乎治。儒者，圣人之大有为者也；佛者，圣人之大无为者也。有为者以治世，无为者以治心。治心者不接于事；不接于事，则善善恶恶之志不可得而用也。治世者宜接于事；宜接于事，则赏善罚恶之礼不可不举也。其心既治，谓之情性真正；情性真正，则与夫礼义所导而至之者，不亦会乎？儒者欲人因教以正其生；佛者欲人由教以正其心。心也者，彻乎神明；神明也者，世不得闻见。故语神明者，必谕以出世。今牵于世而议其出世也，是亦不思之甚也。故治世者，非儒不可也；治出世，非佛亦不可也。①

是说儒、佛二教皆为"圣人之教"，皆有助于社会的治理。儒是有为的"治世"之教，必须设置赏善罚恶的礼教与法律，引导世人行为端正；佛教是无为的"治心"之教，不参与世间事务，要人不念善恶，不求取舍，使心性清净。因为心通于神明（佛性、真如之心），超乎世人耳目，所以要讲关于神明的道理，必须涉及出世的教义。批评世间儒者议论出世的事是轻率的做法。契嵩由此强调提出：由儒家负责治世，佛教负责治出世，是不可改变的。

契嵩后来对《原教》所论感到仍不尽意，便写《广原教》作深入发挥。开头模仿《中庸》的"天命之谓性，率性之谓道，修道之谓教"的语句，说：

> 惟心之谓道，阐道之谓教。教也者，圣人之垂迹也。道也者，众生之大本也。甚乎群生之谬其本也久矣。圣人不作，而万物终昧，圣人所以与万物大明也。心无有外，道无不中，故物无不预道。圣人不私道，不弃物，

---

① 载《镡津文集》卷八，《大正藏》卷52，第686页中。

道之所存，圣人皆与。……教者，圣人明道救世之大本也。①

这里所说的"心"是什么意思？据《辅教编·广原教要义第一》的解释，是"真实心"、"一切众生清净本觉，亦名佛性"。此心是"道"，对此道的阐释是"教"，是佛的教示，属于行迹；而道是众生赖以解脱之根本。此心此道，为万物的本原、本体，无所不在；佛亦无所不在，向众生施教，以引导众生悟道（所谓"识心见性"、"明心"），救度他们超脱生死轮回。

契嵩还说："教也者，圣人乘时应机不思议之大用也。"接着对所谓"乘时应机"进行说明：对于具有高素质的人（"机大者"），教以顿法；对低素质的人，教以渐法。又说，渐就是"权"，意为"乘时应机"的权宜的灵活的教法，指小乘；顿就是"实"，是真实的教法，指大乘。说圣人设置渐、权之教，目的是借此引导众生最后通往顿教、实教，即大乘。

契嵩为了会通佛儒二教，又进一步提出独特的所谓"显权"、"冥权"的说法：

> 权也者，有显权，有冥权。圣人显权之，则为浅教，为小道（按：小乘），与夫信者为小息之所（按：出自《法华经·化城喻品》，原意为路途中的暂短休息之处，比喻小乘）也。圣人冥权之，则为异道，为他教，为与善恶同其事，与夫不信者，预为其得道之远缘也。显权可见，而冥权不测也。实也者，至实也。至实则物我一也，物我一，故圣人以群生而成之也。语夫圣人之权也，则周天下之善，遍百家之道，其救世济物之大权也乎？语夫圣人之实也，则旁礴法界，与万物皆极其天下穷理尽性之大道乎？
>
> 圣人者，圣人之圣者也。以非死生而示死示生，与人同然，而莫睹其所以然。岂古神灵献智博大盛备之圣人乎？故其为教，有神道也，有人道也，有常德也，有奇德也，不可一概求，不以世道拟议，得在于心通，失在于迹较。②

所谓"显权"，是对已经信奉佛教但素质较低的人说的法，是小乘，其中包

---

① 《镡津文集》卷二，《大正藏》卷52，第654页中下。
② 同上书，第654页下。

括人天乘；"冥权"，是佛以不同的化身（转世、显化为适当形象，如教主、国王）为尚未信奉佛教的外道、异教徒用他们便于接受的方式、教法进行教化，为他们最后"得道"创造条件。契嵩《辅教编·广原教要义第一》在解释中引证伪经《立天地经》（按：应为《须弥四域经》）所载"宝应声菩萨"化为伏牺；《清净法行经》谓摩诃迦叶生到震旦（中国）名为老子，光净童子（应为"儒童"）生为仲尼（孔子）[①]。实际是说，即使不是佛教的圣人，也可能是佛（法身）的转世、化身。并且又说，此"冥权"与"显权"不一样，非普通人可以推测和想象。至于"实教"，是指大乘，宣述以心为"本"的缘起，由此缘起便成万物一体、物我一体；引导众生（群生）"穷理尽性"（原出《周易·说卦》）以成佛。按照这种说法，世上一切教法，乃至礼制、法制，皆可解释为佛教的"权教"，皆是佛为应机"救世济物"而采取的权宜说教和施设。于是，从表现形式（"迹"）上看，佛创立的"教"，既有"神道"，也有"人道"（五戒、十善及儒家仁义礼智信五常）；既可达成"奇德"（超越人间之德，佛菩萨、圣人之德），也能达成"常德"（修持五戒、十善及修仁义五常之德）。

契嵩在第一次上仁宗皇帝书中也提到类似于上述"冥权"的想法：

　　然圣人者，必神而为之，而二帝三皇，庸知其非佛者之所变乎？佛者非二帝三皇之本耶？
　　又闻佛谓于其道未有了者，谓之权教，于其道了然者谓之实教。实者受（授）人以顿，权者受（授）人以渐。所谓人天乘者，盖其渐之渐者也。今以儒五常之教较之，正与其五教（按：即五戒）十善人天乘同也。岂儒之圣人不亦以佛之权者而教人以渐乎？佛经所谓孔子乃是昔儒童圣人焉，或其然也。[②]

契嵩引证伪经《清净法行经》等证明，中国古代的圣人也许就是佛、菩萨

[①] 佛教的疑伪经多是在南北朝时佛教与道教的斗争中产生的。《须弥四域经》、《清净法行经》的经名最早载隋法经《众经目录》卷二"众经伪妄"中；唐智升《开元释教录》卷十八载入"疑惑再详录"中。据唐道宣《广弘明集》卷八所引伪经《须弥四域经》谓"宝应声菩萨，名曰伏牺；宝吉祥菩萨，名曰女娲；《清净法行经》谓佛派三弟子到震旦教化，儒童菩萨称孔丘，光净菩萨称颜渊，摩诃迦叶称老子。"

[②]《镡津文集》卷八，《大正藏》卷52，第687页中、第689页下。

的显化,既然儒家的五常之教与佛教权教"渐教"中最浅显的"人天乘"相同,那么圣人孔子也许就是当年佛派到中国的弟子儒童菩萨的化身。

契嵩借此宗教论证所表达的真正意思不外是:佛既创立了大小乘佛教,而且也创立了形式多样、功能各异的诸教。因此,佛不是一般的圣人,是"圣人之圣者"。此与下面所说"圣人所履之谓道,道有大者焉,有小焉者;心有善者焉,有恶者焉;善恶有厚薄,大小有渐奥,故有大圣,有次圣,有小圣"是一致的,意为佛所依据的是"大道",佛是一切圣人中的"大圣"。这样,契嵩虽强调佛、儒二教一致,然而骨子里是佛教比儒家更优越,甚至示意儒家之教也来自佛教。

契嵩将佛教所说的清净佛性与儒家主张的善良人性加以混同,既称此为"心",也称之为"道",诸教以此为本源为根本,自然教人为善。他说:"夫圣人之教,善而已矣。夫圣人之道,正而已矣。其人,正人之;其事,善事之。不必僧,不必儒,不必彼,不必此。彼此者,情也;僧儒者,迹也。圣人垂迹,所以存本也。圣人行情,所以顺性也。"教人透过"迹"而体认于"本",循顺"性"而不被"情"(善恶情欲与分别之心)迷惑,超越于佛、儒门户之见,以共同携手致力于社会教化。

契嵩在《广原教》的最后得出以下结论:

> 古之有圣人焉,曰佛,曰儒,曰老(按:"老",《大正藏》本作"百家"),心则一,其迹则异。夫一焉者,其皆欲人为善者也;异焉者,分家而各为其教者也。圣人各为其教,故其教人为善之方,有浅有奥,有近有远,及乎绝恶,而人不相扰,则其德同焉。中古(按:夏商周三王)之后,其世大漓,三者(按:"三者",原作"佛者",同上)其教相望而出,相资以广天下之为善,其天意乎?其圣人之为乎?不测也。方天下不可无儒,不可无老(按:"不可无老"原作"无百家者"),不可无佛,亏一教则损天下之一善道;损一善道,则天下之恶加多矣。夫教也者,圣人之迹也。为也(按:"也"原作"之")者,圣人之心也。见其心,则天下无有不是;循其迹,则天下无有不非。是故贤者贵知夫圣人之心。①

---

① 《大正藏》卷52,第660页上。引文四处据《辅教编·广原教要义第二十九》做了校改,括弧中是笔者加的校注。

意为佛、儒、道三教皆为圣人之教，皆出自圣人之心，虽教人的方法深浅不同，但皆教人为善，可以并化天下，不可缺一，并且示意儒者不要着眼佛、儒二教的相异点（"其迹则异"）而排斥佛教。

二 以佛教五戒、十善比附儒家的五常伦理

何为五乘？佛教经典虽对五乘的说法不完全相同，然而到隋唐时期中国佛教学者的著述中对五乘的解释基本趋于一致。这里据人们引用较多的宗密《盂兰盆经疏》卷上的记载略加解释：（1）人乘，谓修持五戒，能使众生在死后的轮回中超越畜生、地狱、饿鬼三道，生而为人；（2）天乘，谓修持十善及四禅八定，使众生死后生到天界；（3）声闻乘，修持苦、集、灭、道四谛，超越三界，成阿罗汉；（4）缘觉乘，修持十二因缘，超越三界，成辟支佛；（5）菩萨，修持六度，达到无上觉悟，修成菩萨或成佛。[1] 可见，五乘是五种层次不同的五种教法，修持此五种教法会达到五种不同的境界。人、天二乘，是佛法中最基本的最容易为一般信徒理解并修持的教义，属于小乘，是要求在家信徒遵照实行的，然而关于死后灵魂轮回生为人，生到天的成分，是佛教特有的。后三乘是出家僧人修持的小乘与大乘教法。

契嵩在自己的很多文章中都提到五乘，但特别着重前面的人乘、天乘，以二乘的五戒、十善比附儒家的五常伦理。应当指出，以五戒比附五常的做法，早在南北朝时已相当流行，目的是调和佛、儒二教的矛盾，并争取统治者对佛教的好感和支持。契嵩的论述带有时代特色，一是回应儒者鼓吹以兴"仁义"、"礼义"来排斥佛教，而用这种比附来说明佛、儒二教"同于为善"，"同归于治"；二是在具体比附之后强调佛、儒二教所依据的"理"、"道"、"心"相同，不同者为"迹"，带有更多哲学色彩。

首先，请看他在《辅教编·原教》中对人乘五戒的解释：

> 人乘者，五戒之谓也。一曰不杀，谓当爱生，不可以已辄暴一物，不止不食其肉也；二曰不盗，谓不义不取，不止不攘他物也；三曰不邪淫，谓不乱非其匹偶也；四曰不妄语，谓不以言欺人；五曰不饮酒，谓不以醉

---

[1] 参见《大正藏》卷39，第506页中。

乱其修心。

　　天乘者，广于五戒谓之十善也。一曰不杀。二曰不盗。三曰不邪淫。四曰不妄语。是四者其义与五戒同也。五曰不绮语，谓不为饰非言。六曰不两舌，谓语人不背面。七曰不恶口，谓不骂，亦曰不道不义。八曰不嫉，谓无所妒忌。九曰不恚，谓不以忿恨宿于心。十曰不痴，谓不昧善恶。

　　然兼修其十者，报之以所以生天也。修前五者，资之所以为人也。脱天下皆以此各修，假令非生天，而人人足以成善。人人皆善而世不治，未之有也。①

在这些解释中，有的不但从否定的方面解释不应当做些什么，而且同时从正面告诉应当做些什么，例如，不杀，不仅不应当杀动物及吃它的肉，而且要爱护一切生命。有的解释带有时代色彩，例如，不盗，增加"不义不取"，《辅教编·原教要义第一》解释："凡于他人之物，若在义理不当取者，而辄取之，皆为偷盗也。"不饮酒，解释为不因饮酒扰乱"修心"。不骂，以"不道不义"解释。其中联系到"义"、"修心"所做的解释，可以说是带有时代的烙印。

契嵩还有意指出，佛教虽说修持五戒生人，修持十善生天，然而即使没有轮回生为人天的事，如果人人按照五戒十善去做，也定可以造成人人为善，社会治理的局面。

契嵩在《原教》中还说：

　　以儒校之，则与其所谓五常仁义者，异号而一体耳。夫仁义者，先王一世之治迹也。以迹议之，而未始不异也；以理推之，而未始不同也。迹出于理，而理祖乎迹。迹，末也；理，本也。君子求本而措末可也。……然圣人为教，而恢张异宜。言乎一世也，则当顺其人情，为治其形生之间；言乎三世也，则当正其人神，指缘业乎死生之外。神农志百草虽异，而同于疗病也；后稷标百谷虽异殊，而同于膳人也。圣人为教不同，而同于为善也。②

---

①《镡津文集》卷一，《大正藏》卷52，第649页上。
② 同上。

《原孝章第七》说：

> 夫不杀，仁也；不盗，义也；不邪淫，礼也；不饮酒，智也；不妄语，信也。是五者，修则成其人，显其亲，不亦孝乎？[1]

契嵩认为，佛教人天乘的五戒十善与儒家的五常名教虽名称、表述不一样，但却是异名同体的。他解释说，儒家的仁义是先王治理天下采取过的做法（比喻为"迹"、脚印；末、枝叶）。既然是做法，便可以有种种不同，儒家讲的是一世之教，五常名教是为配合现实社会的治理而施设的；佛教讲的是三世之教，教人正确修心以求得摆脱生死轮回，达到解脱。然而，二教所依据的"理"（本、根本）是一样的。

那么，这个"理"是什么呢？这里没有明说。参考契嵩其他文章，理也就是"道"，就是"心"。《广原教》所谓"惟心之道，阐教之谓教。教也者，圣人之垂迹也；道也者，众生之大本也"，与这里所说的"理"是"教"之本的意思不是相通的吗？《广原教》又说："夫心与道岂异乎哉？以圣人群生，姑区以别之曰道曰心也。心乎，大哉至也矣！幽过于鬼神，明过于日月，博大包乎天地，精微贯乎邻虚……圣人以此难明难至也，乃为诸教，言之义之，谕之正之，虽夥然多端，是皆欲人之不谬也。"[2] 可见，契嵩所说的"心"，正是大乘、禅宗所说的佛性、本性。既然以此心、此道、此理为"本"，那么天下"诸教"虽异而异中有同。所同之点是什么呢？是"同于为善"，"欲人之不谬"。契嵩《上吕内翰书》中说："今天下所谓圣人之教者至焉，虽其名不类，考其理而皆欲人趋善，则其理未尝异。"[3] 这是契嵩在自己的著作中，在给周围儒者、朝中大臣甚至上奏皇帝的书中反复申明的意思。

从实际上考察，儒家五常名教与佛教五戒十善之间是否有相同，可以会通的地方？儒家的五常是指仁、义、礼、智、信，从孔子提倡，经孟子发挥，再经汉儒训释，内涵越来越丰富，几乎包容了封建社会一切道德观念和行为规范。特别是其中的仁与义，经常被作为封建伦理道德的总体概念，含义极广。仁，即使按照孔子所说，"爱人"、"博施于民而能济众"、"孝悌"是仁，忠、恕、

---

[1] 《镡津文集》卷三，《大正藏》卷52，第661页下。
[2] 《镡津文集》卷二，《大正藏》卷52，第654页中、第655页中。
[3] 《镡津文集》卷九，《大正藏》卷52，第696页上。

恭、宽、信、敏、惠等也都是仁；而君王行善政，可以说是实行"仁政"。至于"义"，本义是"宜"，凡思想行为符合一定的标准、道理，皆可称之为义，在处理或适应君与臣、父与子、夫与妇、朋友之间的关系中，思想行为能够做到符合自己的地位和身份，履行相应的道德规范，就是义。孟子常将"仁义"连称而与"利"（利益、功利）相对。唐代韩愈《原道》说："博爱之谓仁，行而宜之谓义"；因为看到佛、道二教较少使用仁义的概念，所以为了强调儒家的仁义，特别提出"仁与义，为定名；道与德为空名。故道有君子小人，而德有凶有吉"，目的在于提出排斥佛、道二教的主张。至于"礼"，是指礼仪，进而泛指维护封建等级制度的社会的和道德的规范。欧阳修《本论》认为"礼义"是"胜佛之本"，主张以修礼义来逐渐排斥佛教。"智"，是明辨是非、不惑。"信"，诚实，不欺，《论语》中常与"忠"连用为"忠信"。儒家的道德名教，其内容大体可用五常概括，而又以忠君、孝亲作为最重要的道德要求。按照儒家伦理学说，符合上述道德规范的行为就是善的，就是有道德的；否则就是恶的，不道德的。

与佛教的五戒十善相比，儒家的五常名教着眼于维护现世社会的上下等级秩序和协调上下左右的人际关系，以期造成君仁臣忠，父慈子孝，夫唱妇随，兄义弟悌，朋友交往以信的理想社会局面。儒家的五常名教不仅与五戒十善的含义不完全相同，而且在处理人际关系方面具有更积极的意义，与宗教意义上的善恶因果报应和三世轮回也没有关系。尽管如此，五常名教在教人仁爱、忠恕、诚信，遵守公德和法制，与人为善等方面，确实与五戒十善有相近和交叉的地方。此即契嵩所说的佛、儒二教"同与为善"，"欲人趋善"。

契嵩以五戒十善比附五常名教，指出二者皆教人为善的同时，又强调皆可有利于社会治理，民人安乐，以争取儒者士大夫和朝廷对佛教的理解和支持。南朝宋文帝读到颜延之、宋炳二人写的批驳慧琳《白黑论》、何承天《达性论》的文章[①]及宗炳深入阐释佛教义理的《明佛论》，十分欣赏，对佛教表示好感，对侍中何尚之说："若使率土之滨皆纯此化，则吾坐致太平，夫复何事！"何尚之在回答中举出自晋代以来信奉佛教的官僚士族的名字，认为佛教有助于治理

[①] 颜延之《释何衡阳达性论》、宗炳《答何承天书难白黑论》及其《明佛论》，分别载《弘明集》卷四、卷三及卷二。

社会，说：

> 百家之乡，十人持五戒，则十人淳谨矣。千室之邑，百人修十善，则百人和厚矣。传此风训以遍宇内，编户千万，则仁人百万矣。此举戒善之全具者耳。若持一戒一善，悉计为数者，抑将十有二三矣。夫能行一善，则去一恶；一恶既去，则息一刑。一刑息于家，则万刑息于国。……即陛下所谓坐致太平者也。（《弘明集》卷十一载〈何令尚之答宋文皇帝赞扬佛教事〉）①

契嵩对这一典故非常赞赏，在《原教》中较详地引述这段话后，接着说："斯言得之矣。"在后来进京第一次上仁宗皇帝书中又简略地引述这段话，以作为历史证明：五戒十善既然能使人为善，那么"循善则无恶，无恶则不烦刑罚；今以戒善而不烦陛下刑法者，天下岂谓无有益也"？"佛法能与陛下省其刑狱，又如此也"。②

不仅如此，契嵩在《寂子解》中向人表白自己既学佛又喜习儒的原因时，称他之所以喜欢读儒书，是因为看到儒家学说中有与佛教相一致的东西，说：

> 儒所谓仁义礼智信者，与吾佛曰慈悲，曰布施，曰恭敬，曰无我慢，曰智慧，曰不妄语绮语，其为目虽不同，而其所以立诚修行，善世教人，岂异乎哉？圣人之为心者，欲人皆善……又吾佛有以万行而为人也。今儒之仁义礼智信，岂非吾佛所施之万行乎？

这样，不仅将所谓人天乘的五戒十善与儒家五常名教会通，而且也将大乘佛教的以六度（布施、持戒、忍辱、精进、禅定、智慧）为中心的各种修行法门（万行）与儒家名教会通。

然而，应当指出，契嵩的会通只是强调佛、儒二教之间在含义、宗旨、社会功能等方面存在的某些相似、相同的地方，而不是从根本上取消它们之间的差别——如他所说的佛教作为"治心"、"治出世"之教与儒家作为"治世"之

---

① 《大正藏》卷52，第69页中、下。
② 同上书，第688页中。

教的根本差别。

三 会通儒、佛二教的"孝"论

孔门后学所著《孝经》有十八章，称"孝"是传自先王的"至德要道"，说："孝，德之本也，教之所由生也。"孝是天经地义的最基本的也是最高的道德规范；一个人从"事亲"开始，中经"事君"，到最后"立身"都应贯彻孝的原则。自汉朝以来《孝经》受到统治者和儒者士大夫的推崇，被作为儒家的重要经典。至唐，玄宗为之作注，邢昺作疏，宋代被收到《十三经注疏》之中。儒家批评佛教时经常举出僧尼离开父母，剃发出家为不孝。

然而，契嵩解释，佛教不仅讲孝，而且所提倡的孝比儒家的孝的意蕴更加深广，称之为"大孝"。他在《孝论·叙》中回忆了自己自七岁遵父命出家，母亲顺从其志并予以鼓励的往事，说："生我父母也，育我父母也，吾母又成我之道也。昊天罔极，何以报其大德？"至皇祐三年（1053）因有所感，"遂著《孝论》十二章，示其心也。其发明吾圣人（按：此处指释迦佛）大孝之奥理密意，会夫儒者之说，殆亦尽矣"。可见，《孝论》既阐释释迦佛孝行的意义，又会通儒家对孝的理论。此后，他在《与石门月禅师》书中说："近著《孝论》十二章，拟儒《孝经》，发明佛意，亦似可观。吾虽不贤，其为僧为人，亦可谓志在《原教》，而行在《孝论》也。"

通观《孝论》，主要论述了以下三个问题：

（一）论何为孝、孝的本原及其意义

契嵩既然论孝，自然要承认儒家对孝的基本定义，然而，作为禅僧，又必须兼顾佛教的立场，于是将孝与戒、佛道密切结合起来。

《孝论》的〈明孝章〉引大乘戒律《梵网经》所说的"孝名为戒"[①]，然后加以发挥，说：

> 盖以孝而为戒之端也。……夫孝也者，大戒之所先也；戒也者，众善之所以生也。为善，微戒，善何以生？为戒，微孝，戒何自耶？故经曰：

[①] 《梵网经》卷下原文："孝顺父母、师僧、三宝，孝顺至道之法。孝名为戒，亦名制止。"

使我疾成无上正真之道者，由孝德也。

说佛教的戒的一个重要含义就是孝，大乘戒是以此为始的。无孝便谈不上修持众善，也不可能有什么戒律。《睒子经》载，释迦佛向弟子说法，称自己前世曾是睒子，孝顺双目失明的父母，感动了天地，自己之所以能成佛正是由于往世的"孝顺之德"，让弟子告诉民人："人有父母，不可不孝，道不可不学。"① 契嵩引此经是为了证明：持戒修行，最后达到觉悟是不可离开孝的。

契嵩还根据《梵网经》论证，大乘佛教的孝是以孝顺父母、师僧和孝顺"至道之法"为内容的。他说，天下一切有生灭的事物以"生"为盛，而我的生命来自父母，故应先尊于父母；天下使人懂得道德（明德）的，没有胜于教导的，而我受教于我师，所以应先尊于师；天下的玄妙事物，没有比真如之道更玄妙的，而我据此妙道而修心修身，所以应先尊于道。因此，他的结论是：道是"神用"（神理作用）之本，师是"教诰"之本，父母是"形生"之本。强调说：

是三本者，天下之大本也。白刃可冒也，饮食可无也，此不可忘也。吾之前圣也后圣也，其成道树教，未始不先此三本者也。②

佛教的戒，是维护教团正常运作，保证僧俗信徒按照佛法修行，并且为谐调信徒之间及与社会民众、政府之间的关系而制定的禁条和规定，不少重要戒条如五戒、十戒等本身就具有道德规范的意义。然而，戒是一个包含范围很广的范畴，本身并不等于孝。契嵩据《梵网经》将戒直接称之为孝，实际是用的引申之义，意为守戒有益于修行能为父母、教团带来好的影响，不就是孝吗？至于说除孝父母外，尚需孝师僧、佛道，正是对佛教的孝所做的定义，与儒家讲的以孝顺父母的孝，有明显区别。他说，三者是"天下之大本"，要达到觉悟和建立教法必须依靠"三本"，是强调信徒修孝道的必要性。

契嵩论证问题，总爱上升到哲学的高度，论孝也是这样。他在《孝论·原孝章》说，孝有的可见，有的不可见；可见的是"孝之行"，不可见的是"孝之

---

① 《孝论》载《镡津文集》卷三。上段引文载《大正藏》卷52，第660页中，其中所引佛经是西晋失译本《睒子经》，但引文是摘取大意。请见《大正藏》卷三，第438页上。

② 《大正藏》卷52，第660页中，解释参考了《辅教编·孝论要义第八》。

理"。所谓"孝之理"就是孝的依据,既可以解释为儒家所说天生的善性,又可以与佛教的佛性相通,而"孝之行"自然是孝的表现。契嵩认为,如果只修孝行而不从内心修其孝理,那么就缺乏发自内心的深情,对人施惠也没有诚意。如果相反,能从内心修孝理,"岂惟事父母而惠人,是亦振天地而感鬼神也"。为什么呢?他说:"天地与孝同理也,鬼神与孝同灵也。"这样便赋予孝以不只局限于人间而带有宇宙普遍性的精神原则了。他说:

> 佛曰:孝顺至道之法。儒曰:夫孝置之而塞乎天地,普之而横乎四海,施之后世而无朝夕。故曰:夫孝天之经也,地之义也,民之行也。至哉大矣,孝之为道也夫。是故吾之圣人欲人为善也,必先诚其性而后发诸其行也。孝行者,养亲之谓也。行不以诚,则其养有时而匮也。夫以诚而孝之,其事亲也全,其惠人恤物也均。①

是说,既然孝是充塞宇宙的,"天经地义"的至高的原则,那么就是世人必须遵守的道德。然而行孝道必先"诚其性",即自觉体认孝之理,然后才会有名副其实的孝行,做到真诚地孝亲、惠人。

契嵩在《孝论·必孝章》又提出:

> 圣人之道,以善为用;圣人之善,以孝为端。为善而不先其端,无善也;为道而不在其用,无道也。用所以验道也,端所以行善也。行善而其善未行乎父母,能普善乎?验道而不见其道之普善,能为道乎?是故圣人之为道也,无所不善。圣人之为善也,未始遗亲。亲也者,形生之大本也,人道之大恩也。惟大圣人为能重其大本也,报其大恩也。②

这里的"圣人"、"大圣人"都是指释迦佛,说佛之道就是教人行善,而行善是以行孝为先,如果行善而却不能对父母行孝,那么,这如何能对一切众生普遍行善呢?又如何能弘扬佛道呢?父母是生身之"大本",是人道中的大恩,唯有佛能孝父母,报其大恩。契嵩此后还结合佛的传记进行了解说。

---

① 《大正藏》卷52,第660页下。其中"佛曰"引自《梵网经》;"儒曰"引自《礼记·祭义》;"故曰"引自《孝经》。
② 《大正藏》卷52,第661页上。

(二) 既承认儒家之孝，又提出佛教"大孝"之论

契嵩《孝论·叙》明确表示，他写此论要"发明吾圣人大孝之奥理密意，会夫儒者之说"，是以会通佛、儒二教的孝道学说为目的。因此，他必然以承认儒家的孝道为前提，然后才以佛教的所谓"大孝"加以比较和会通。

那么，何为"大孝"？是以灵魂不死、三世轮回为前提，孝亲的范围达到"七世"，并且将人世之孝推广到一切众生。《孝论·评孝章》说：

> 圣人以精神乘变化而交为人畜，更古今混然茫乎，而世俗未始自觉，故其视今牛羊，唯恐其是昔之父母精神之所来也。故戒于杀，不使暴一微物，笃于怀亲也。谕今父母则必于其道，唯恐其更生而陷于异类也。故其追父母于既往，则逮乎七世，为父母虑其未然，则逮乎更生。虽谲然骇世，而在道然也。天下苟以其不杀劝，则好生恶杀之训，犹可以移风易俗也；天下苟以其陷神为父母虑，犹可以广乎孝子慎终追远之心也。况其于变化而得其实者也，校夫世之谓孝者局一世而暗玄览，求于人而不求于神，是不为远，而孰为远乎？是不为大，而孰为大乎？经曰：应生孝顺心，爱护一切众生。斯之谓也。①

是说佛看到人死之后灵魂通过轮回或生为人，或生为畜生，古今循环不已，而世人对此不知。现在生为牛羊的或许就是往昔父母的转生。不杀生也是出于对以往亲人的怀念，以此也喻示现在的父母应当遵守善道，以防来生轮回为畜生。追念父母，则达到七世，预想到他们未来可能的转生。这些，虽听起来有些诡谲，骇人听闻，然而却符合于佛道。契嵩认为，借这种说法可以教人不杀生，遵循好生恶杀的古训，并且使人经常想到自己的父母也有转生异类的可能，便可起到移风易俗的作用，加深世上孝子慎终追远（慎于操办父母丧事和祖先祭祀）之心。他认为佛教对于三世轮回变化的说法是真实的，与世上儒家的局限于一世并且求人不求神的孝相比，佛教的孝是更加深广远大的。

对于佛、儒二教之孝的不同，在《辅教编·孝论要义》的解题中，契嵩概

---

① 《大正藏》卷52，第660页下至第661页上。引的经文出自《梵网经》，原文是："菩萨应起常住慈悲心、孝顺心，方便救护一切众生。"

括说：

> 夫儒佛二教，教人敦修百行万行，虽皆以孝为宗本，然而宗其所以为孝者，亦各不同。夫儒教以人之禀生一世，皆自其父母之所生育，而父母恩德，在乎生人为最大者，必致孝乎一世父母。故儒以一世之孝为宗也。佛教以灵识不绝，依身而现，其身虽生而复灭，灭而复生，世复一世，生生前后相续，浩然无有穷尽。则其生生育己者，皆其父母，至于鬼神，亦有父母，必致孝其生生父母，生生世数，积多不可得而遍匝，且指七世为限。故佛以七世之孝为宗也。

说儒家之孝以一世之孝为宗，"致孝乎一世父母"，是否符合事实？是否儒家不承认"灵识（灵魂）不绝"？看来并非如此。《礼记》有〈丧服小记〉、〈祭法〉、〈祭统〉等篇，不仅记有祭祀父母，也有祭祀先祖，乃至祭祀天地鬼神的内容；即使《孝经》中也包含致敬宗庙，祭祀祖先的内容。然而有一点是清楚的，即佛教的善恶因果报应，三世轮回的教义，确实是儒家所没有的；建立在这一基础上的"七世"孝论和认为畜生中可能有自己生身父母的"爱护一切众生"论，儒家也是没有的。

契嵩针对世人认为只有儒家讲孝，佛教不讲孝；佛教对孝道没有什么新的发展的说法，《原孝·广孝章》指出：

> 嘻！是见儒而未见佛也。佛也极焉，以儒守之，以佛广之；以儒人之，以佛神之，孝其至且大矣。[①]

是说佛教不仅承认和遵守儒家处世的孝道，而且还以佛教的"大孝"之理、神明之义加以发展。

那么如何修行佛教的大孝呢？据《孝论》的〈戒孝章〉、〈孝出章〉、〈德报章〉、〈孝行章〉、〈孝略章〉、〈终孝章〉等，主要有三点：（1）修持五戒，说五戒中既有儒家五常的道德含义，又有超出五常的意蕴；修此五戒可以"显其亲"，便是行孝；如此行孝，也是持戒，将给人以福。（2）应面向一切众生行

[①] 《大正藏》卷52，第661页中。

善,和平处世,以慈悲之心普度众生,所谓"故其为善,则昆虫悉怀;为孝,则鬼神皆劝。资其孝而处世,则与世和平而亡忿争也;资其善而处世,则与世大慈而劝其世也"。(3)不仅应奉养父母,父母去世时以哀致丧,而且要"以德"、"以道"来报答父母,以佛教的"备万善,被幽被明"之德、"妙神明,出死生"之道来超度父母。

可见,契嵩所说佛教的"大孝",虽有与儒家的孝相同、相近的内容,然而,其特有的宗教色彩也是很鲜明的。

(三) 强调僧人必须尽孝

儒家批评佛教的理由之一就是僧人离亲出家,不能事亲行孝。一些僧人也以皈依佛门为由不重视对父母的孝行。契嵩写《原孝》的重要目的之一是劝导僧人不要因为自己出家而忘记父母,不对父母尽孝。《原孝·明孝章》提到,有两三位出家僧人,听到父母召唤探视,竟以自己是"佛子"而拒绝前往。于是他提醒他们不要忘记佛说过的"孝名为戒"的话,并对此加以说明。他据《梵网经》提出僧人应遵守佛的教导,真诚地孝顺父母、自己的师僧和"至道之法"。对于佛教界不孝顺父母的现象,他提出批评,说:

> 今夫方为其徒,于圣人(按:指佛)则晚路末学耳,乃欲不务为孝,谓我出家专道。则我岂敢也。是岂见出家之心乎?夫出家者,将以道而普善也。普善而不善其父母,岂曰道耶?不唯不见其心,抑亦辜于圣人之法也。经谓:父母与一生补处菩萨等。故当承事供养。故律教其弟子得减衣钵之资,而养其父母。父母之正信者,可恣与之;其无信者,可稍与之。

既然出家为僧是为了向一切众生行善,那么不向父母为善尽孝,哪里有佛道可言?岂不辜负佛法?《增一阿含经》说父母如同最高位的菩萨(一生后成佛),应当供养;《摩诃僧祇律》甚至规定僧人可以用节省下来的衣钵之资赡养父母,如果父母是信奉佛教的,便可以随意给;如果不信,则可以适当地给。[①] 契嵩还举出历史上很多以对父母尽孝闻名的僧人,赞扬他们"不遗其亲",是符

---

① 《大正藏》卷52,第661页上中。引文中的"辜",原作"孤"字,据《辅教编·原孝要义·必孝章》改。解释也参考了此书。

合圣人之意的。

在中国佛教史上，像契嵩这样专门撰文强调僧人必须孝顺在家的父母，是十分罕见的。

四　对儒者排佛的反驳

宋代排佛的儒者以欧阳修、石介最有代表性。欧阳修著《本论》三篇，其中、下两篇集中排斥佛教，谓"佛法为中国患千余岁"，主张通过修王政、兴礼义来逐渐取替佛教，此所谓"修其本以胜之"。① 石介撰《怪说》三篇，说"夫中国，圣人之所常治也，四民之所常居也，衣冠之所常聚也，而髡发左衽，不士不农，不工不商，为夷者半中国，可怪也；夫中国，道德之所治也，礼乐之所施也，五常之所被也，而汗漫不经之教行焉，妖诞幻惑之说满焉，可怪也"。② 从契嵩在文章的引述来看，还有的儒者批评佛教怪诞难信，虽言性而"无用"于世，不婚不嫁有反人伦等。契嵩在《辅教编》及其他文章中对此皆有回应，除从正面论证佛儒二教的异同并加以会通外，还在不少段落用语气缓和而词意明确的方式集中加以反驳。

有的儒者以"佛为害于中国"为由排斥佛教。这种说法与欧阳修的"佛法为中国患"是一个意思。对此，契嵩以佛法教人为善，有益于世来辩驳。这方面的论述很多，前面已经讲到，这里仅再作补充。他在《劝书第二》中说：

  自三代其政既衰，而世俗之恶滋甚，礼义将不暇独治，而佛之法乃播于诸夏，遂与儒并劝，而世亦翕然化之。其迁善远罪者有矣。自得以正乎性命者有矣。而民至于今赖之。故吾谓三教（按："三"，原作"佛"字）者，乃相资而善世者也。但在冥数自然，人不可得而辄见，以理校之，无不然也。故佛之法为益于天下，抑亦至矣。今日佛为害于中国，斯言甚矣。……今佛法入中国垂千年矣，果为害，则天人安能久容之如此也。③

谓在夏商周三代之后，世风转恶，仅靠儒家礼义难以为治，在这种形势下

---

① 欧阳修《本论》中、下，载《欧阳文忠集》卷十七；《本论》上，载卷五十九。
② 石介《怪说》上、中、下三篇，载《徂徕集》卷五。
③ 《大正藏》卷52，第653页上。括弧中的按语是据《辅教编·劝书要义第三》作的校注。

佛教应运而传入中国，与儒家相并进行教化，有不少人由此而行善远恶，有的通过修心而体悟自性，证明佛法有益于天下，与儒、道二教"相资而善世"，尽管其中的道理一般人还难以理解，然而这是事实。

契嵩接着引述唐代大量的信奉佛教人物的事迹加以证明。他引唐太宗为玄奘译经写《大唐圣教序》，房玄龄协助玄奘译经，此外，公卿大臣杜如晦、宋璟、裴度、崔群、颜真卿、元德秀的奉佛事迹，说他们"皆其君臣之甚圣贤者也，借使佛之法不正而善惑，亦乌能必惑乎如此之圣贤也？"又引儒者隋朝的王通（文中子），唐朝的元结、李华、梁肃、权德舆、裴休、柳宗元、李观八人之名，说他们皆"不诟佛为不贤耳，不可谓其尽不知古今治乱成败与其邪正之是非也"。①

契嵩在嘉祐三年（1058）请人携书进京上参政知事曾公亮，针对当时儒者"以文而排佛，谓无益于治"，辩驳说：

> 佛教之为善世也，固其广大悉备矣。其所谓施之于善人而益善，施之于不善人而亦为善。古今吾教之所劝不及，刑法之所禁不得阴谋心欺，虽匹夫匹妇之愚，闻某所谓为善有福，为恶有罪，罕不减恶迁善矣。苟家至户到而按之，恐十之八九。而天下若此也，后世益薄，而其乱遂少，孰知非因佛教阴助而然也。②

此说可以说是符合事实的。佛教传入中国以来以其善恶因果报应之教义，劝人行善去恶，对于维护历代国家的安定和封建等级的秩序是起到很大作用的。

针对有人提出佛是"西方圣人"，其教法"宜夷而不宜中国"的说法，契嵩反驳说，有道者才是圣人，世上哪有圣人之道在有的地方行不通的呢？如果说一个人出生在夷地而拒绝其道，那么舜生于东夷，文王生于西夷，"而其道相接绍行于中国"，难道能说他们是夷人而拒绝他们的道吗？③

有人提出，僧人遍布天下，而不编录于士、农、工、商之籍，只是依靠传布施、报应等教义，靠民众的施舍为生，"不为困天下亦已幸矣，又何能补治其世，而致福于君亲乎"？对此，契嵩反驳说，"先王"对于论"道义"本来是不

---

① 《大正藏》卷52，第653页上、中。
② 《镡津文集》卷九，《大正藏》卷52，第695页。
③ 《原教》，《镡津文集》卷一，《大正藏》卷52，第651页上。

计什么"工力"的，为防止世民混乱难治，便将民人分"四民"编制，并不禁止人们"以利而与人为惠"，而世上的佛僧，"默则诚，语则善，所至则以其道劝人舍恶而趋善"，衣食是取之别人的施舍，虽然其中有个别僧人做出格的事，然而这只是他们自己的罪恶，不能怪罪整个佛教。当年孟子曾说不能只尊于从事工艺的工匠而轻视有仁义孝悌道德的人。尧舜之时也不是只有农工，然而，没听说食用不足；周平王之时虽井田制虽没有废，然而民众已经困乏；到秦时并没有佛、老之教加到四民之中，然而，社会已经扰乱，难道这能够怪佛老吗？所谓佛教衣食取用于民是困天下的说法，是"为世之忧太过，为人之计太约（按：简约）"。至于报应，儒家有"休证咎说，积善有庆，积恶有殃"的说法；布施则相当于儒家的"博施于民"等。然而，佛教主张对人施惠必须出于善心，这样才有好的报应。契嵩指出，按儒家的礼，祭祀天地鬼神前必须数日致斋以诚其心洁其身，而佛僧"其为心则长诚，斋戒则终身"，以此报"君王父母之恩"，所致之福也必大。①

  契嵩常表示，佛教的心性论可以补充儒家心性道德学说的不足。然而有的儒者表示怀疑，说："佛止言性，性则《易》与《中庸》云矣，而无用佛为。"契嵩辩驳，此不尽然。他说："吾佛之言性，与世书一也，是圣人同其性矣。"既然相同，又何必排斥？如果对同己者排斥，那对于异者又该如何呢？正确的态度是，对于同者应积极吸收，如水积深而成河海，土积高而成山岳，"大人多得其同，则广为道德"。意为如果儒家对佛教的心性思想有所吸收，将丰富自己的心性学说。②

  契嵩论述心性的言论很多，认为佛教在阐释心性问题上比儒家深刻。他在《劝书第三》说："夫先儒不甚推性命于世者，盖以其幽奥，非众人之易及者也。未可以救民之弊，姑以礼义统乎人情而制之。若其性与神道，恐独待乎贤者耳。"③是说儒家以心性问题不易为民众理解，所以只教人以礼义控制人情而治世，对于"性与神道"这种深奥问题，恐怕是有意留待后世贤者解决。这里说的还比较含糊，在《非韩第一》批评韩愈《原道》的文字中明确地说：

    儒书之言性命者，而《中庸》最著。孔子于《中庸》特曰：质诸鬼神

---

① 《原教》，《镡津文集》卷一，《大正藏》卷52，第651页上、下并《辅教编·原教要义第二》。
② 同上书，第651页上。
③ 《镡津文集》卷一，《大正藏》卷52，第654页上。

而不疑，百世以俟圣人而不惑。……是必俟乎大知性命之圣人，乃辨其《中庸》幽奥而不惑也。然自孔子而来将百世矣，专以性命为教，唯佛者大盛于中国。孔子微意，其亦待佛以为证乎？[①]

是说儒家虽有论性命之书《中庸》，然而，孔子也期待通晓心性之理的圣人来解惑，而这一圣人正是佛，因为佛是"专以性命为教"的。契嵩在进京向仁宗皇帝第一次上书中也表示，佛教可以"发明"儒家以往关于"性与天道"的没能深刻阐明的问题。《劝书第一》记载，有人对他说，儒者中也有论心性之书，例如，唐代李翱撰写《复性书》，对心性"益自发明，无取于佛也"。对此，契嵩据《宋高僧传》指出，李翱曾向禅僧惟俨听法，而其《复性书》"微旨诚若得于佛经，但其文字与援引为异耳"，认为他的性说是取自佛教。[②]

有人问，"男有室，女有家，全其肤发以奉父母之遗体，人伦之道也"，而僧人与此相反，出家修行，"超然欲高天下"，然而又有什么结果呢？契嵩回答，僧人斋戒修心，不为义利，连姓名也忘，而修行好的"通于神明"（此指达到觉悟解脱），达到很高的道德境界，以佛道与人为善，以道德报父母之恩，虽自己不婚，然而以自己所修的功德报答父母亲人。既然古有周泰伯为避王位而逃到"荆蛮"（吴越）断发文身（"亏形"）；商亡，伯夷、叔齐"义不食周粟"，宁可不娶而长住山林，最后饿死，都受到圣人的称赞。那么，为什么只是对僧人剪发出家提出责难呢！即使个别僧人有表现不好的，也"不可以人而废道"。[③]

此外，契嵩还对儒者批评佛教所说的表示时节久远之"劫"的概念、世界无穷、佛有化身等是虚诞的说法，做了辩驳。契嵩在对儒者批评的辩驳中，既摆理由，又列举历史事实，希望比较容易地打动当政的士大夫之心。

在原编《辅教编》的最后是《坛经赞》，是对记载慧能传记和语录的《六祖坛经》的赞颂。称慧能是"至人"，《坛经》是传自佛至慧能一脉相传的"妙心"的，所传之法属于"圆顿教"、"最上乘"、"如来之清净禅"、"菩萨藏之正宗"，并对《坛经》中的重要禅法命题或概念"定慧为本"、"一行三昧"、"无念为

[①]《镡津文集》卷十五，《大正藏》卷52，第725页下至第726页上。
[②]《万言书上仁宗皇帝》载《镡津文集》卷八；《劝书第一》载卷一，引文分别载《大正藏》卷52，第688页至第689页上、第652页下。
[③]《原教》，《大正藏》卷52，第651页中、下。泰伯与伯夷、叔齐的事，分别参见《史记》〈周本纪〉和〈伯夷叔齐列传〉。

宗"、"无相戒"、"无相忏"等作解释和赞颂,说"《坛经》之宗举,乃直示其心,而天下方知即正乎性命也"。①

综上所述,契嵩《辅教编》等著作的佛学思想,突出特点是会通佛、儒二教,强调佛教教人为善,有助于社会治理,希望以此争取朝廷和士大夫对佛教的理解和支持。

---

① 《镡津文集》卷三,载《大正藏》卷52,第664页上。

第 四 章

临济宗的迅速兴起

第一节 宋初的临济宗
——从风穴延沼到首山省念

在禅门五宗当中，临济宗成立最早，在进入北宋以后曾与云门宗相并盛行，而且一直流传至今，对中国历史文化的影响也较大。

临济宗的创始人是义玄（？—866），长期在镇州（治今河北正定）临济院聚徒传法，得到镇守成德镇的节度使王氏政权的大力支持。据《景德传灯录》卷十二，义玄有嗣法弟子22人，著名并且有语录传世的有16人，其中著名的有鄂州（治今湖北武汉市武昌）灌溪志闲、幽州（治今北京西南）谭空、镇州三圣慧然、魏府（今河北大名东北）大觉、魏府兴化存奖等人，以在长江以北地区传法的人居多。从临济宗的发展来看，它主要是通过兴化存奖这一支而流传繁衍后世的。

存奖（830—888）以魏府兴化寺为传法中心①，有弟子慧颙，生活在唐末五代，在汝州（在今河南汝州）宝应寺（南院）传法；延沼上承慧颙，生活在五代末和宋初，在汝州风穴寺传法；延沼的弟子中以省念最有名，北宋初长期在汝州的首山传法，培养弟子，临济宗开始从衰微不振的局势中摆脱出来；弟子

---

① 关于兴化存奖，请见拙著，中国社会科学出版社1999年出版的《唐五代禅宗史》第八章之二。

善昭，在汾阳（在今山西）太平寺太子院传法，门下出了不少优秀弟子，逐渐使临济宗兴隆于天下。

唐末五代以来，禅师传禅和弟子参禅经常围绕着解脱之理难以用语言表述、佛与众生无根本差别、修行不离生活日用等问题而展开，然而对这些问题表达的方式却五花八门，或用语言，或用眼神动作，甚至棒喝交驰。虽然临济义玄生前以"喝"著名，然而，他也经常从正面讲述禅法进行引导。到他的后世的弟子时，传禅方式的重大改变就是极少正面说法，而经常是说些含义模糊，乃至不着边际的话，或是问东答西，用反语，或一喝再喝，施之以棒，虽有诱导、启示学人自悟的意义，然而，对丛林禅风带来负面影响。

下面仅对在临济宗发展史上占有重要地位的延沼、省念的生平及他们的禅法作概要介绍。

一　风穴延沼

（一）延沼（匡沼）生平

延沼（897—973），经历唐末、五代至宋初，俗姓刘，禅宗史书皆作余杭（在今浙江省余杭县南）人。然而据现存河南省临汝县城东北千峰山麓的风穴寺"中佛殿"的五代后汉乾祐三年（950）虞希范撰《风穴七祖千峰白云禅院记》，延沼原名匡沼，是浙东处州（治今浙江丽水县西）松阳县人。据此，后世通行的延沼，当是宋代为避太祖赵匡胤之讳，将其名匡沼中的"匡"改为"延"而成此名的。[①] 笔者为便于读者参考通行禅史有关记载，仍袭用延沼之名。

延沼自幼博读群书，然而无经世之志，父兄虽强劝他走仕进之路，但他一入京即东归，从本州开元寺智恭律师剃发受具足戒，后历游各地诸寺听讲佛法，习天台宗教典《法华玄义》，修持止观，名声渐著。

当时雪峰义存弟子道怤（864—937）在越州（治今浙江绍兴）镜清寺传法，延沼前往参谒，因机语不契，便离开，传而北游襄沔（此指今湖北襄樊一带），住入华严寺。一日，华严寺主升座说："若是临济、德山、高亭、大愚、乌窠、

---

① 请见温玉成《碑刻资料对佛教史的几点重要补正》及附录《风穴七祖千峰白云禅院记》，载《中原文物》1985年特刊。

船子①下儿孙，不用如何若何，便请单刀直入。"有位禅师名守廓，刚从汝州南院慧颙禅师处来，从众中站出大喝一声，华严寺主也喝，于是守廓礼拜，用手指着寺主对僧众说："这老汉一场败缺！"接着，又喝了一声，便回到众中。在这以喝对喝的动作中是包含着禅机的，也许是借以回避用语言来表达自己的悟境。守廓与慧颙皆是临济下二世，上承临济义玄的禅风，而义玄是以"喝"启示门下著称的。延沼看到这一情景，感到十分好奇，便结交守廓为友，向他了解临济禅的奥秘，领悟临济宗的"三玄"的要旨。此后接受守廓的建议，到汝州去参谒慧颙。（宋惠洪《禅林僧宝传》卷三〈延沼传〉）②

慧颙，嗣法于临济义玄的弟子兴化存奖，俗姓和生卒年月不详，在汝州的宝应寺（也称南院）传法，宋道原《景德传灯录》卷十二、李遵勖《天圣广灯录》卷十四等皆载有他的语录。禅僧在传法中用各种语言启示门下：人人生来皆具有佛性。当年义玄曾说："赤肉团（按：指心）上有一位无位真人，常从汝等诸人面门出入"，是借用形象的比喻向人表示，这位寄住于人心之上的"无位真人"（实指人的意识、感觉和一切精神作用）就是人人生来具有的并且与日常生活密不可分的自性，也就是佛性。慧颙某日上堂示众，也借用这个说法宣称："赤肉团上，壁立千仞。"意为在人心之上有尊高大伟岸的佛，像拔地千仞（七八尺为一仞）的山峰。时有僧站出来请慧颙确认此话"岂不是和尚道？"他答是。此僧便将慧颙坐的禅床掀倒，他大声喊："遮（这）瞎驴！"用棒便打。③一日，有僧问："如何是佛？"慧颙答："如何不是佛？"此僧想再说，他用棒便打。有僧问："从上诸圣向什么处去？"他答："不上天堂，即入地狱。"（《天圣广灯录》卷十四〈慧颙章〉）从这些引述中可以看到，慧颙继承了临济禅法中的以喝、棒打及反诘语等启示门下参禅者的做法，然而从现存他的语录中，却很少有如同当年义玄那样的正面传授禅法的内容。

延沼到达汝州宝应寺参拜慧颙后，立即问："入门须辨主，端的请师分。"慧颙用手拊其左膝，延沼见了便喝；慧颙又拊其右膝，延沼亦喝。可能是表示既不认可以左膝为"主宾"之主，又不认可右膝为主。于是慧颙问：先不说左

---

① 这些禅师是：临济义玄、德山宣鉴、汉南高亭和尚（嗣归宗法常）、高安大愚禅师（同上）、鸟窠道林（嗣径山道钦）、船子道诚（嗣药山惟俨），分别载《景德传灯录》卷十二、十五、十、四、十四。

② 另有清代果性《汝州风穴延沼禅师塔铭并序》，附于《佛祖正传古今捷录》之后，可以参考。

③ 《景德传灯录》卷十二〈汝州宝应和尚〉，载《大正藏》卷51，第298页中，并参考《天圣广灯录》卷十四〈慧颙章〉。

边的一拍，那么右边的一拍是什么意思？对此，延沼应对说："瞎！"慧颙抄起拄杖要打，延沼笑着说："盲枷瞎棒，倒夺打和尚去！"慧颙倚着拄杖说："今日被黄面浙子（按：指出身浙东的延沼）钝置！"承认在延沼面前未能显露凌厉的机锋。此后延沼便在慧颙身边为弟子，从受禅法。某日，慧颙问他："汝闻临济将终时语不？"他答："闻之曰：临济曰谁知吾正法眼藏（按：概指正法、正法秘要的总汇），向这瞎驴边灭却。① 渠平生如师（按：狮）子，见即杀人（按：意为机锋锐利，善于拆服参禅者），及其将死，何故屈膝妥尾如此？"慧颙答："密付将终，全主（按：此当指心神、灵魂）即灭。"慧颙又问他："三圣（按：玄义弟子慧然）如何亦无语乎？"他答："亲承入室之真子，不同门外之游人。"慧颙对他的应答十分满意。此后，慧颙还举出临济义玄的"四料简"、"三句"等"门庭施设"② 探测延沼的悟性。延沼在答语中表示：

> 凡语不滞，凡情即堕，圣解学者大病。先圣哀之，为施方便，如楔出楔。

意为在参禅中如果不能将世俗的语言中断，就会被世俗的情欲引入迷误之境，这正是借助言教悟解的人的弊病，"先圣"临济有感于此，特提出"四料简"等来加以方便启示。

延沼甚受慧颙的器重，认为他可以"支临济，幸不辜负兴化先师所以付托之意"。延沼在慧颙门下六年，五代后唐长兴二年（931）到汝州城东北千峰山的风穴寺居住传法。（以上主要据《禅林僧宝传》卷三〈延沼传〉）

据前引虞希范撰《风穴七祖千峰白云禅院记》，风穴寺原建于北魏，隋代曾称千峰寺，经唐末战乱已经荒废。《禅林僧宝传·延沼传》记载，延沼初到此寺时，只见依山有草屋数间，"如逃亡人家"，问周围农民，告之此为古风穴寺，原是律寺，住持僧去世，又逢饥馑，其他僧众弃寺而去，然而，留有佛像、钟鼓。延沼独自一个人便在此荒寺住了下来，生活靠到附近村落乞食，在信徒的援助下七年后将此寺扩展为一个较大的寺院。五代晋天福二年（937）汝州刺史

---

① 三圣慧然所集《临济录》记载："师临迁化时，据坐云：吾灭后，不得灭却吾正法眼藏。三圣出云：争敢灭却和尚正法眼藏。师云：已后有人问你，向他道什么？三圣便喝。师云：谁知吾正法眼藏，向这瞎驴边灭却！言讫，端然示寂。"

② 关于临济宗的门庭施设，请参考拙著《唐五代禅宗史》第八章第一节。

（《风穴七祖千峰白云禅院记》谓"前郡守陇西李公"）闻其声望，按照当时的礼仪请他开堂说法，他在说法中表示自己上承南院慧颙的法系。

五代汉乾祐二年（949）这位州刺史转任郢州（治今湖北钟祥），延沼为"避寇"[①]与弟子到郢州投奔他。"寇平"之后，汝州某"宋太师"[②]将自己的邸宅施舍为寺，称为新寺，请延沼入居传法，前来投到他门下参禅者很多。五代周广顺元年（951）赐此寺名广慧寺。延沼在此寺居住传法22年。宋开宝六年（972）六月去世，年七十八岁。

（二）延沼传禅，所谓"问在答处，答在问处"

延沼传禅的语录在《景德传灯录》卷十三、《天圣广灯录》卷十五及《禅林僧宝传》卷三〈延沼传〉、《五灯会元》卷十一、《古尊宿语录》卷七等中有详略不同的记载，这里仅作极其简要的介绍。

延沼在进住新建广慧寺的开堂升座的说法中说：

> 先师曰：欲得亲切，莫将问来问，会么？问在答处，答在问处。虽然如是，有时问不在答处，答不在问处。汝若拟议，老僧在汝脚跟底。
>
> 大凡参学眼目，直须临机大用现前，勿自拘于小节。设使言前荐得，犹为滞壳迷封；句下精通，未免触途狂见，应是向来依他作解。明昧两歧，与汝一切扫却，直教个个如师子儿，吒呀地对众证据，哮吼一声，壁立千仞，谁敢正眼？觑着觑着，即瞎却渠眼。（《禅林僧宝传·延沼传》）

这是告诉门下弟子和参禅者应当如何参禅。意谓参禅时不要以问话来向禅师提问，应尽量做到问中有答，答中有问，问答相即不二，然而有时也做不到

[①] 《五灯会元》卷十一〈延沼传〉谓"因本郡兵寇作孽"，当是指汝州发生兵变的情况。

[②] 前引温玉成《碑刻资料对佛教史的几点重要补正》附录《风穴七祖千峰白云禅院记》之注，据碑文中所载："太保、汝南公"有尊佛之举，便断定此即"宋太师"，并且是《旧五代史》卷一、二、三所载的宋彦筠。笔者编校，中州古籍出版社2001年出版的《临济录》附录二：《临济义玄和〈临济录〉》在介绍存奖的法系的部分吸收了这种看法。然而仔细考察，《旧五代史》宋传中记宋彦筠是雍丘（属陈州）人，汉初"授太子太师致仕"，周初"拜左卫上将军"。世宗嗣位，复为太子太师致仕，显德四年（957）冬，卒于西京（按：洛阳）之私第"，没有讲他曾任"太保、汝南公"；另外，碑文中未载那位太保姓宋，也没有记述舍宅建寺的事。因此，笔者这里既不取以"宋太师"为宋彦筠，也不取将他看作碑文中的"太保、汝南公"说法。

这样。又说，在参禅时，可以灵活地表现自己的意境，不必顾及小节。对于用言语、文字表述的道理应如何对待呢？如果"言前"（相当"言下"）悟得，这仍是对心性之外的形式（壳与封）的执著；如果通过文字典籍来精通解脱之理，也难免产生狂妄之见。他提出，应当断除求明与守昧的两个对立的意向，使自己的精神达到自由的境界，好像立在高峰上的狮子那样自在威风。

怎样理解延沼的所说的意思呢？如果按照他对参禅时"问"与"答"的说法，势必使师徒间的对话失去确定性而变得模棱两可；如果接受他对语言文字的见解，就必然使人莫知所从，又从何晓悟修行与解脱之道呢？

让我们根据《天圣广灯录·延沼章》看看延沼是如何传禅说法的。有人问："如何是佛？"他答："如何不是佛？"又一日有人问同样的话，他答："嘶风木马元无绊，背角泥牛痛下鞭。"再有人问，他答："杖林山下竹筋鞭。"在这里，无论选择哪一种说法，皆没有从正面回答什么是佛的问题，然而都在暗示对于什么是佛的问题是不能用语言表述的。

学僧希望知道自己如何立身修行，特地问延沼："如何是学人立身处？"他却答："井底泥牛吼，林间玉兔惊。"实则井底既不可能有泥牛，有泥牛也不可能会吼，又何有玉兔惊之事？这是回避回答。当有人直接挑明观点问："不修禅定，为什么成佛无疑？"他答："金鸡专报晓，漆桶夜光生。"在此偈句中暗含着对此问话的肯定。

延沼有时对某些问题似乎有意给人以启示。如果有人问："如何是道？"对这样的提问虽然可以用任何话语搪塞过去，然而他某日却答："五凤楼前。"五凤楼属皇宫建筑，唐、五代梁在洛阳皆建有五凤楼。延沼以"五凤楼前"为"道"，是引人想象道在朝廷。接着问："如何是道中人？"他答："问取皇城使。"意为在皇帝身边的"皇城使"（当指宫廷内官）知道什么是"道中人"（体现道的人）。再问："道与道中人相去几何？"他答："月似罗中镜，星如雾里灯。"表示十分相似，却又不同。延沼是在什么场合作这种回答的，史书没有明记，也许是回答某位儒者或官员之问。应机说法，灵活答问，是禅师高明敏捷的表现，而顺应皇权名教是佛教在古代适应社会的一个重要方面。

对于佛法与王法延沼还有一些说法。有人问："王道与佛道相去几何？"他答："刍狗吠时天地合，木鸡啼后祖灯辉。""刍狗"出自《老子》"天地不仁，以万物为刍狗；圣人不仁，以百姓为刍狗。"一说是以草结扎的狗，供祭祀用的。"木鸡"出自《庄子·达生》，以木鸡"不动不惊，其德全具"。延沼所讲的

"刍狗吠"、"木鸡鸣"皆为不可能的事，以此表示对王道与佛道差别的问题是不能回答的。一日，延沼在汝州府衙上堂，有僧出来问："人王与法王（按：指佛）相见时如何？"他答："大舞绕林泉，世间无忧喜。"在另一个场合，有人问同样的问题，他答："紫陵岩畔千华秀，白雪楼前万姓歌。"皆描述的是一片太平景象。他之所以如此措词示意，是因为他确实是想使人相信佛教与君权王法是一致的。这是东晋庐山慧远以来佛教界最通行的观点。

可见，在上述延沼的说法中对于问与答、语句与实际含义之间，经常是不一致的，含混的。延沼只是把语言文字当作一种符号，重视向门下弟子和参禅者启示某种如何自悟解脱的道理。他教导弟子不执著语言文字也许正是出于这种原因。

延沼弟子有在汝州首山传法的省念、汝州广慧寺真禅师、凤翔府（治今陕西凤翔县）长兴院满禅师、潭州（治今湖南长沙）灵泉院和尚，其中以省念最著名。

二 首山省念——"法席之冠，必指首山"

（一）省念生平

宋代临济宗从沉寂中复苏，获得新的转机，应当说是从首山省念开始的。

省念（926—994），俗姓狄，莱州（在今山东）人，幼年至南禅寺出家，为人简重，曾专修头陀行（佛教的一种苦行），常诵《法华经》，丛林称他为"念法华"。省念后到延沼担任住持的汝州风穴寺，每天随寺众进止，没有特地向延沼提出参问，内心一直怀疑是否存在所谓"教外别传"之法，然而始终没有将这种想法对人表露出来。传说唐代仰山慧寂曾预言临济宗将"至风而止"。延沼经常担心临济宗断送到他这一代，留心寻找能够胜任传法的继承者。他发现门下弟子中只有省念能够担当此任，便有意加以考验和诱导。

一日，延沼升座说："世尊以青莲目顾迦叶[①]，正当是时，且道个什么？若

[①] 关于禅宗所传释迦佛在灵山会上拈花示众，迦叶破颜微笑，受佛传法之说，大概兴起于北宋之后，在早期禅宗史书《宝林传》、《祖堂集》、《景德传灯录》中虽有佛向迦叶传授"清净法眼，涅槃妙心，实相无相，微妙正法"等记载，然而皆无这种记述。如果这里所记属实，恐怕这在禅林是最早的用例，此后在记载楚圆（986—1039）语录《慈明录》、方会（992—1049）语录《杨岐录》、法演（？—1104）语录《法演录》等中及灯史《天圣广灯录》、《建中靖国续灯录》、《联灯会要》、《五灯会元》等中皆有记载。

言不说而说，又成埋没先圣。"是问当年佛以莲花向迦叶示意是传递的什么意思？如果认为是以"不说"来表示"说"，则意味着将先圣的真正旨趣埋没。省念在座下听后什么也没说，稍稍地离开法堂而去。延沼对侍者表示，省念已经晓悟其中的奥妙了。第二天省念与真上座一起到方丈，延沼问真上座："如何是世尊不说（之）说？"他答："勃姑（按：当是鹁鸪鸟）树头鸣。"是以鸟的自然鸣叫来表示佛的拈花无言传法，受到延沼的批评。延沼又问省念，省念以唐代智闲的偈句为答："动容扬古路，不堕悄然机。"也许是表示佛虽巧借拈花示意迦叶弘传古道，然而却与悄然无言有别。据载，他的回答立即得到延沼的认可。从此省念声名逐渐远扬。

省念后来离开风穴寺到达汝州城外比较荒僻的首山传法，投到他门下的弟子渐渐多了起来，虽"皆丛林精练衲子"，然而省念又一一加以考核，仅留下20余人，"然天下称法席之冠，必指首山"。晚年先后应请到宝安山广教禅院、宝应禅院担任住持和传法。宋太宗淳化四年十二月初四（已进入公元994年）作偈辞众，曰："白银世界金色身，情与无情共一真，明暗尽时都不照，日轮午后示全身。"享年六十八岁。（以上据《禅林僧宝传》卷三〈省念传〉）

（二）省念的禅法，所谓"要行即行，要坐即坐"

现存记载省念禅法的史书有《景德传灯录》卷十三、《天圣广灯录》卷十六、《五灯会元》卷十一及《禅林僧宝传》卷三的〈省念传〉等皆有记载，然而在南宋赜藏主《古尊宿语录》卷八〈汝州首山念和尚语录〉（下简称《省念录》）中的记载比较详细，包括首念在首山、宝安山广教寺、宝应寺说法的语录，后面还附有他为五代景清（雪峰弟子越州景清寺道怤）十二问答所作的"代语"、〈勘辨语〉及偈颂。

省念虽远承临济义玄的禅法，然而与其师延沼一样，在向弟子和门下参禅者传禅时却很少正面说法，不仅常用不着边际的话、日常客套话、反话和问东答西等方式来暗示某种禅机，而且也常用棒喝的手段来提示学人。下面主要根据《古尊宿语录·省念录》对省念的禅法略作介绍。

让我们先看看他初到首山开堂时是如何说法的。

> 入院，上堂云：佛法付与国王大臣、有力檀那，令其佛法不断绝，灯灯相续，至于今日。大众，且道续个甚么？良久云：今日须是迦叶兄始得。

时有僧问：灵山一会，何异今朝？师云：堕坑落堑。僧云：为什么如此？师云：瞎！僧问：师唱谁家曲，宗风嗣何谁？师云：少室岩前亲掌示。僧云：更请洪音和一声。师云：如今也要大家知。问：如何是和尚家风？师云：一言截断千江口，万仞峰前始得玄。……

在首山开堂之日，除僧众外，大概还有当地官员、有财势的儒者、绅士。省念首先引佛经中佛以"正法"付嘱国王、大臣、宰相等的说法（原文载《大涅槃经》卷三），又特别增加"有力檀那"，表示自己希望得到他们的支持，在此地得以顺利弘扬禅法，然后以问话的形式提出：代代灯灯相续，相续个什么？他说此事如果由在灵山（灵鹫山）亲自接受释迦佛付法的迦叶来回答最好。此时有僧站出来问：佛付法的灵山之会难道与今天的法会有什么差别吗？他以"堕坑落堑"作答，大概意为传承正法的道路已不平坦。当此僧问原因时，他喝一声"瞎！"意为难道你看不见。有僧问他是传承谁家之法时，他示意自己传承的是少林寺（在少室山麓）的法脉。此僧请他高声传法，他表示大家对他的传法应予理解。僧问他的"家风"（禅风）是什么时，他用"一言截断千江口，万仞峰前始得玄"来作答。这句话包含什么意思呢？大概是说自己要用精练的令人醒悟的语句来截断参禅者的万般妄念，引导他们内省自性而得悟①。然而，他有时也用"无丝傀儡有人牵"来形容自己的"家风"，既然是无丝傀儡，就无人能牵，这里也许是表示自己禅法是主张独立自由。

在这次说法中，省念也向僧众强调确立"自信"的重要性，引导他们自求觉悟，达到解脱。他说：

> 诸上座，佛法无多子，只是你诸人自信不及。若也自信得去，千圣出头来你面前，亦无下口处。何故？只为你自信得及，不向外驰求，所以奈何不得。直饶释迦老子到这里，也与三十棒。然则如此初心后学，凭个什么道理？且问你诸人，还得恁么也未？……若得恁么，直须恁么。

"佛法无多子"意为佛法也没有什么更多深奥的东西。他说的大意是：如果

---

① 前面提到，延沼之师南院慧颙曾说："赤肉团上，壁立千仞。"意为在人心之上有尊高伟岸的佛。

一个人能够确立自悟成佛的信念，不向外求佛求法，即使有佛菩萨出来也无须为他说法；其中的道理需自己思考解决；如果想通了，就应这样去做。这里所表达的正是禅宗的见解，也是自临济义玄以来特别强调的观点。

大乘佛教所说的菩萨，除了指修行达到很高境界接近佛的阶位者外，也尊称修行大乘佛法的修行者。有人问省念："菩萨未成佛时如何？"他答："众生。"又问："成佛后如何？"他还答："众生，众生！"意为众生、菩萨与佛没有根本差别。既然佛、菩萨在众生之中，所以求佛、求法、求解脱，一切不必离开现实社会。在这里可以看出他是继承了临济义玄当年主张的求佛求法而不求出离"三界"的思想。①

然而，省念如此正面说法很少，经常讲些令人难以准确把握的话，对于门下弟子的问法，经常是问东而答西，并且经常是棒喝交驰。这里仅举几个例子。

"如何是佛"是禅门经常参问的话题。对此，省念的回答是五花八门，有"苦"；"新妇骑驴何家牵？""会么？""朝看东南，暮看西北。"有人问："如何是古佛心？"他答："三个婆婆排班拜。"问："如何是清净法身？"他答："新罗人不裹头。"

有人问："如何是道？"省念答："炉中有火无心拨，处处无踪任意游。"在另一个场合，有人也问这个问题，他答："脚下深三尺。"有人问："如何是道中人？"答："坐看烟霞秀，不与白云齐。"

省念甚至可以用同一句话回答不同的提问。例如，对于"离凡离圣，请师一句"；"佛未出世时如何"；"有问有答，皆落唇吻；无问无答，请师道看"，他皆以"不可错怪老僧"这样一句不相干的话来回答。

在这些回答中，能得出明确的解释吗？他的弟子或参禅者能够理解吗？实际上，他用这些不同的回答不过是暗示对于什么是佛，什么是法身佛、古佛心之类及什么是道等问题是绝不能用语言文字加以表述的。

初出家人问如何修行，什么是自己的本分，佛法大意是什么，等等，是十分正常的。然而对于这些问题，省念的回答也是不一样的。有位新僧问："学人乍入丛林，乞师指示。"省念说："阇黎（按：原意为导师，此为对僧的尊称）到老僧会里得多少时？"僧答："经冬过夏。"他接着说："莫错举似（按：似，此处意为于、与）人。"这是回避作回答。又有人问："如何是学人亲切处？"省

---

① 请参考拙著《唐五代禅宗史》第八章第一节四之（四）。

念答:"五九(按:阴历冬至后第五个九日)尽日又逢春。"又一日,有人问:"如何是正修行路?"他答:"贫儿不杂食。"有僧问:"如何是学人用心处?"他答:"要行即行,要坐即坐。"问:"十二时中,作何行业即免生死?"答:"你唤什么作生死?"……对在这些回答中,既有暗示,从中也许可以做出某种解释,如"五九尽日又逢春"可以解释为冬去春来,苦尽甘来,修行会有好报;也有的是表述修行不必拘守特定程序和方法,如答"要行即行,要坐即坐";也有反诘语,而更多的是用不相干的话语搪塞。

省念有些禅语在一般人看来可以说是骇人听闻的。例如,有人问:"作何行业,报得四恩(按:父母恩、众生恩、国王或国土恩、三宝恩)、三有(按:欲界、色界、无色界)?"省念竟答:"杀人放火。"难道是教人杀人放火吗?当然不是,也许是以此话启示修行者应断除"我见"及各种情欲烦恼。又有人问:"大悲千眼(按:指千手千眼观音菩萨造像),那个是正眼?"他答:"即便戳瞎。"实际是表述观音菩萨是没有特种形象的,又从何下手戳他的眼。

省念在说法中经常提到"德山棒,临济喝",对此是很了解的。他本人也常用棒喝来启示参禅者。某日,有僧问:"德山棒,临济喝,未审明得什么边事?"省念说:"汝试道看。"是让他解释唐代德山宣鉴用棒、临济用喝启示学人的用意。此僧未答,却大喝一声。省念便回了一声:"瞎!"此僧又喝。省念说:"这瞎汉只管乱喝作什么?"僧想礼拜,他便抄拄杖要打。此僧止住说:"莫乱打人好!"于是他放下拄杖说:"明眼人难瞒。"僧说:"草贼大败!"此僧没有按照省念的指示解释"德山棒,临济喝",只是喝了一声,应当说是符合丛林对这类问题的应对惯例的,最后得到省念"明眼人"的赞赏。

在《古尊宿语录·省念录》的〈勘辨语〉中有这样一段记载:

> 僧一日入室,师云:且去,别时来。僧应诺,师便打。
>
> 师每见僧来,便云:怎么来者是谁?僧云:问者是谁?师云:是老僧。僧便喝。师云:向道是老僧,又恶发作什么!僧又喝。师云:恰遇棒不在。僧云:草贼大败。师云:得便宜,是落便宜。
>
> 有僧入室,师便喝。僧亦喝,师又喝。僧礼拜,师便打,云:"伏惟尚向。"
>
> 一日,因僧入室,师唤僧名。僧应诺。师云:错!僧云:某甲有什么

败阙处？师云：错！

在这种师徒的日常交往中，似乎也要彼此试探禅机。于是，问也不是，答也不是；应诺也错，不应诺也错；如果是错，又得不到师的明示……既吆喝，又棒打。在这里，能看出谁的悟境高，谁的悟境低吗？

这种做法至少孕育着两个危险倾向：一是给评价禅机、禅的悟境的高低带来随意性，师徒乃至每个人都可自认为禅机高妙，得入悟境，从而为丛林出现受到世人讥讽、厌恶的"狂禅"提供条件；二是将参禅中师徒间的答问、勘验，简单地混杂到日常生活之中，必然会影响到丛林修行和生活的正常秩序，损害它作为宗教场所的庄严性和神圣性。

省念在上堂说法中，在回答学人的询问中，经常运用词藻华美，对仗讲究，意境玄幽的诗偈句。这里仅举几例：（1）省念在首山时，有僧问："如何是迦叶门前一盏灯？"他答："孤峰朗月连天照，性似寒泉彻底清。"僧又问："劳而无功时如何？"答："日轮当午无私照，自是时人见有移。"（2）他在广教寺时，有僧问："如何是超佛越祖之谈？"他答："塞北风霜紧，江南雪不寒。"（3）他住宝应寺时，有位安员外问："弟子不会，请师垂示。"他说："水急浪开渔父见，锦鳞透过碧波中。"这些答语富于诗情画意，至于其中蕴含的禅机，在不同人那里是完全可以做出不同的解释的。

省念作为临济宗的禅师，对于"临济门庭"是相当熟悉的，经常套用"三句"、"四照用"、"四宾主"、"四料简"等形式来表述禅法旨意，然而从中很难说有什么新意。

唐末以来，随着丛林间抄录和传阅语录之风的盛行，表述禅意的文字形式越益丰富，或在说法中引述某位禅师的语录并作评述——拈古，或对某项公案语录以偈颂加以赞颂——颂古，或对以往语录中的禅问作代答——代语，或对已有的答语之外另作答语——别语。五代时在先后在越州（治今浙江绍兴）镜清寺和杭州天龙寺、龙册寺传法的道怤（864—937）嗣法于雪峰义存，曾名闻远近丛林，语录被传抄不胫而走。[①]《古尊宿语录·省念录》记载，省念抄录镜清道怤的十二则问答，每一则皆附有雪峰另一弟子翠岩令参的答语，省念在此之外又加三则答语，称"代三转"（实际此处应称别

[①] 道怤的传录，请参考《景德传灯录》卷十八、《五灯会元》卷七。

语)。现仅介绍三例:

第二则:问:"尽乾坤不出一刹那,今时人向什么处辨明?"镜清云:"共语商量。"翠岩云:"向你道什么处辨明。"省念代云:"不问他别人。"又云:"明眼人笑你。"又云:"用辨即非。"佛菩萨具有神通,刹那间游遍乾坤的,今人从何处可以得到证明?三人的回答皆未作明确答复。

第五则:问:"明知生是不生之相,为什么却被生之所流。"镜清云:"明知无力。"翟岩云:"不关老兄事。"省念代云:"自领过。"又云:"唤什么作生死?"又云:"争(按:怎)得不知有?"按照般若理论,生即不生(《中论》:"诸法不自生,亦不从他生,不共不无因,是故知无生"),然而不生又体现(流转)于生之中,为什么?同样,三人的回答也知所云。

第十则:问:"无形本寂寥,为什么有物先天地?"镜清云:"宝公曲尺,志公宝刀(按:宝、志二公实指南北朝时梁朝僧宝志一人)。"翠岩云:"领过得也未?"省念代云:"欺他作什么?"又云:"阿谁与么道?"又云:"不是阇黎置问。"按,《老子》中有:"有物混成,先天地生。寂兮寥兮,独立不改,周行而不殆,可以为天下母。吾不知其名,字之曰道,强为之名曰大。"老子认为道虽无形寂寥,但却是先天地而生的世界万物的本原。这里虽问话十分明确,然而三人的含混回答却都是有意回避问题的。

临济下十世圆悟克勤(1063—1135)在《碧岩录》卷一第一则雪窦颂之后的评述中说:"大凡颂古,只是绕路说禅。"是说颂古不正面讲述、诠释禅法,而是采取迂回的绕弯子的方式来表述禅法。其实所谓代语、别语,同样也是"绕路说禅",既然是绕路,自然对于所问的答语不贴切,乃至有意答不对题。这虽然可以给人以无限联想的空间,然而,同时也因混淆问与答之间的界限,践踏了语言的相对确定性。

在《古尊宿语录·省念录》的附录中还有省念作的《四宾主颂》:

> 悟了却从迷里悟,迷悟从来无差互。
> 始知本末至于今,今古相承无别路。
> 无别路,莫问人。说今古,问来事,元是主。
> 从他人,问宾主,识得宾,全是主。
> 主中宾,宾中主,更互用,无差互。
> 宾中宾,主中主,两家用,莫让主。

把定乾坤大作主，不容拟议斩全身，始得名为主中主。

当年临济义玄将丛林参禅过程中禅师、参禅者之间互相问答的情况，根据彼此悟境的高低分为四种情况：参禅者高明的"宾看主"，禅师占上风的"主看宾"，彼此悟境皆高妙的"主看主"，彼此皆迷的"宾看宾"。风穴延沼也讲四宾主，然而却是"宾中宾"、"宾中主"、"主中宾"、"主中主"，从答语来看意思不明，也许就是上述的四宾主的另一种表述方法。另有曹洞宗所谓"四宾主"，是用来表述真如佛性、理（体）与其显现、作用（用）的关系的，所谓"主中宾"是指真如显现的万物，"宾中主"是万物体现的本体，"宾中宾"是指万物相互作用，"主中主"是指超越时空、物我、内外的法性、法身。①

省念此颂所述当为曹洞宗的"四宾主"。引文中的"差互"意为彼此相间有别，"无差互"大体相当于"不二"、"融通"；"不容拟议"意为超越语言，《临济录》有"三要印开朱点侧，未容拟议主宾分"之句；"斩全身"，当是从整体上领悟世界的本来面貌（真如、理）。他表示，所谓悟来自于迷，二者相对而互相依存，从根本上来看是彼此融通不二的；本与末，古与今，主与宾也是这样；主（真如之理）显现为宾（事），宾体现主，主宾彼此圆融无碍，然而主毕竟是主；如果修行者能够独立自主地"把定乾坤"，超越语言的局限而领悟宇宙真理，达到最后解脱，可以称为主中之主。

首山省念先后在汝州首山、广教寺、宝应寺的传法，培养了很多弟子，为临济宗在宋代的振兴发展注入新的活力。省念弟子很多，著名者有汾阳（在今山西）太子院的善昭，汝州叶县广教院的归省，先后在襄州（治今湖北襄樊）石门山、谷隐山传法的蕴聪，汝州广慧院的元琏，并州（治今山西太原）承天院的智嵩，忻州（在今山西）铁佛院的智嵩等人。从此，临济宗进入迅速振兴和传播的时期。

---

① 请参见拙著《唐五代禅宗史》第八章第一节五之（五）、第三节五之（三）。

临济宗传承世系略表之一

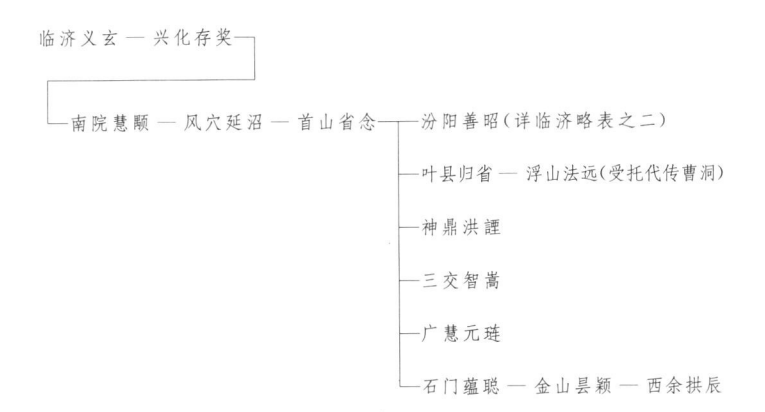

```
临济义玄 ── 兴化存奖
         ├── 南院慧颙 ── 风穴延沼 ── 首山省念 ──┬── 汾阳善昭（详临济略表之二）
         │                                    ├── 叶县归省 ── 浮山法远（受托代传曹洞）
         │                                    ├── 神鼎洪諲
         │                                    ├── 三交智嵩
         │                                    ├── 广慧元琏
         │                                    └── 石门蕴聪 ── 金山昙颖 ── 西余拱辰
```

第二节　宋代临济宗的振兴
────省念弟子的活跃

　　首山省念先后在汝州首山、广教寺、宝应寺担任住持和传法，门下培养出不少弟子，其中著名的有汾阳善昭、叶县归省、谷隐蕴聪、广慧元琏、三交智嵩等人。他们属于临济下五世，主要活动在宋真宗和仁宗初期。当时社会相对稳定，经济文化日趋繁荣，佛教在中央朝廷和各州县政府的支持下比较盛行。由于皇室和士大夫的有意提倡，禅宗发展迅速，其中以云门宗、临济宗最有影响。省念的主要弟子多数在北方地区积极传法，将临济宗推向振兴和迅速发展之路，正如信奉禅宗的驸马都尉李遵勖所说的那样："南宗之旨，北土大兴。"（《古尊宿语录》卷十〈智嵩语录〉）然而到他们的弟子的时候，即临济下六世时，已有很多禅师到南方传法，将临济宗传播范围迅速扩大到全国。

　　在省念的弟子中，汾阳善昭的影响最大，在中国禅宗发展史上占有重要地位，门胤隆盛，后世临济宗的门流几乎全出自他的法系，本书将设专节详加介绍。这里仅概要介绍省念的其他几位弟子。

一 叶县归省

归省，冀州（治今河北冀州市）人，俗姓董，年二十在易州（治今河北易县）保寿院出家，受具足戒后到各地游方，到汝州首山参谒省念。

省念见他来，举起手中的竹篦子说："不得唤作竹篦子，唤作竹篦子即触，不唤作竹篦子即背，唤作什么？"这里的"触"大概意为"触误"、"触犯"，违犯事先定的不许称竹篦之规约；"背"是违背常理。那么，离此两种情况，应当如何称竹篦呢？归省拿起竹篦就扔在地上，反问："是甚么？"省念大声喊道："瞎！"据载，归省一听，"豁然顿悟"。他到底顿悟的什么？用禅宗常用的一句话，那就是"如人饮水，冷暖自知"，外人是无从知晓的。归省在省念左右数年，后离开到同属汝州的叶县（在今河南省）广教寺传法。（《天圣广灯录》卷十六〈归省章〉）

南宋赜藏主《古尊宿语录》卷二十三所载智亲重录的〈汝州叶县广教省禅师语录〉（下简称《归省录》），记述了归省在叶县广教寺传法的语录、行录和偈颂。此外，宋李遵勖《天圣广灯录》卷十六、晦翁悟明《联灯会要》卷十二、普济《五灯会元》卷十一等的〈归省章〉对归省传法的情况也有简略记载。

在现存宋代禅僧语录中，最早较详记述禅师到一个新寺院开堂说法时拈香（或作"捻香"）为皇帝、大臣百官（有时包括地方官）祝福的就是归省和洪諲的语录。归省应请到广教寺，在最初开堂说法之日，有地方僧俗信众和政府官员到场。归省首先拈香祝福示众。他说：

> 此一瓣香不从他方得，即汝州水土。然愿皇帝万岁，重臣千秋，文武百僚常居禄位。但某道薄人微，触事荒琐。谢郎中、巡检、司徒、诸官员等，光扬佛日。……两院主首、街市檀越、堂内僧众，请某开堂。说个什么即得？若说三乘（按：声闻、缘觉、菩萨三种教说）、五性（按：唯识学派主张的不定性、无种性、声闻性、缘觉性、菩萨性）来，又有经律论座主宣扬；若说仁义礼智信，又有夫子。夫子是儒童菩萨，入廛化俗。若是阐扬宗旨，又有诸方宿德和尚穿凿了也。（《归省录》）

归省拈香只为皇帝、大臣官员等祝福，而到洪諲及其他禅僧还为自己嗣法师祝福以报"法乳之恩"。这种做法在宋代逐渐成为禅林的定制。他谦恭地表示，自己既不说传统的佛教教理，也不说儒家的纲常名教，甚至也不说禅宗的旨义，据称都有人说了。他还依据佛教的伪经《清净法行经》说孔子是佛派往中国传法的"儒童菩萨"。然而，实际上他此后的答问都属于说法。其他禅僧开堂说法，也有这种情况。从这段引文也可窥测到当时寺院开堂仪式的隆盛。

归省的禅法语录虽与其他禅师一样包括很多语义多歧、答非所问的语句，然而也有几段正面说法。他曾上堂示众说：

夫行脚禅流，直须著忖：参学须具参学眼，见地须得见地句，方始有相亲分，始得不被诸境惑，亦不落于恶道。毕竟如何委悉？有时句到意不到，妄缘前尘，分别影事；有时意到句不到，如盲摸象，各说异端；有时意句俱到，打破乾坤界，光明照十方；有时意句俱不到，无目之人纵横走，忽然不觉落深坑。（《归省录》）

是告诉门下弟子，行脚访师参禅，必须了解：参禅应具备参学的见解，有了见解还必须选择能够确切表达这种见解的语句，这样才能从参禅中得到收益，并且不被面临的各种境象迷惑，避免被"恶道"（按：错误见解或"外道"）俘虏。如何详知参禅的各种境况？不外如下四种情况：有时虽有佳句，但却没有可以表述的意境，只是胡乱应付眼前的场面，分辨现象；有时虽然有了高妙意境，然而却一时找不到相应的语句表达，不得已如瞎子摸象，想到什么语句就用什么语句；有时既有意境又有佳句，便立即取得非凡效应，如同打破乾坤，光明四射；有时意句皆无，那真像瞎子随意走，难免陷落深坑之中。看来归省十分重视语句与禅悟意境的搭配，对其中第三种"意句俱到"情况予以高度赞扬。

那么，归省心目中的禅悟意境是什么呢？据《天圣广灯录·归省章》，他曾说过这样一段话：

达磨西来，法传东土，直指人心，见性成佛，独标万德，物外宣扬。悟之者，纤毫不隔；迷之者，背觉合尘。中下之机，也须仔细，莫虚过时光，各各有之。况以西来的意，教外别传。道契一言，纵横自在，打破髑髅，揭却脑盖，岂不快哉！

唐末以来丛林间对问"何为祖师西来意",一般是不做正面解释或回答的,像归省这样的解释是十分罕见的。他说,菩提达磨来到中国,就是为了弘传"直指人心,见性成佛"的独特宗旨。能达到觉悟者,与所悟的佛性契合一如;迷误者,则背离觉悟而迎合于尘世。具有中下素质的人,应当珍惜时光,在领悟自性上下功夫。如果能够体悟"教外别传"的要义,便可超脱烦恼,获得自由解脱。由此可见,前面引文中的"参学眼"、"见地"和所谓"意",即禅悟意境,不外是对自性(真如、佛性)以及与它相应的诸如"无念"、"无相"、非语言可表等的认识。

归省在说法中也常讲一些骇人听闻的语句,绝非局外人可以理解。《归省录》记载,有弟子问:"如何是和尚四无量心?"所问的"无量心",是佛教禅法之一,包括观想慈、悲、喜、舍四个方面,是对治嗔恚等烦恼的。归省对于此问,竟从反面回答:"放火杀人。"弟子立即质疑:"慈悲何在?"他答:"遇明眼人举似。"意为今后碰到高明者可以提出此话来请教。某日上堂,他说:"宗师血脉,或凡或圣。龙树、马鸣、天堂、地狱、镬汤、炉炭、牛头、狱卒,森罗万象,日月星辰,他方此土,有情无情。"然后用手比划了一下说:

> 俱入此宗。此宗亦能杀人,亦能活人。杀人须得杀人刀,活人须得活人句。作么生是杀人刀①、活人句?道得底(的)出来对众道看。若是道不得,即辜负平生。

他是说,在传承佛心的宗师中有凡也有圣,一切有情识的众生和无情的自然界的万物,皆可归属于"此宗"(佛心宗、禅宗)之中;此宗既能"杀人",亦能"活人",然而"杀人"须有"杀人刀","活人"需有"活人句"。他让门下弟子出来回答何为"杀人刀",何为"活人句",并解释其中的道理。然而当时无人出来回答。

那么,归省讲的所谓"杀人"、"活人"及"杀人刀"、"活人句"是什么意思呢?早在唐末五代,丛林已有"杀人刀"、"活人剑"(原不作"活人句")的

---

① 《续藏经》本《天圣广灯录》缺"杀人刀",据南宋正受《联灯会要·归省章》补。

说法。①虽然从来没人对此进行具体解释,然而从相关语录内容分析,它们皆是对参禅过程中禅师启示学人巧妙运用语句的比喻,归省将"活人剑"改为"活人句"是有道理的。所谓"杀人",也许是禅师制止或打断参禅学人的提问或解释,用以中断他原来的被认为没有摆脱"妄念"、"邪见"的思路,而这时禅师所使用的语句就是"杀人刀";所谓"活人",是禅师选择适当的时机,按照参禅学人的解悟情况给予方便提示、引导,促使他体悟自性,这种场合所用的语句就是"活人剑"或"活人句"。

归省还曾说:"广教有验人关、截人机、活人句。"(《归省录》)对此也没有解释。恐怕"验人关"是指他本人面对参禅者如同关口一样,可以检验参禅学人的机锋高低和悟境;"截人机"意同"杀人刀",意谓能截断学人的世俗妄念;"活人句"意同"活人剑",皆比喻自己禅风的峻烈。

归省的弟子有舒州(治今安徽潜山县)浮山的法远、汝州宝应寺的法昭、唐州(治今河南泌阳)大乘寺的慧果等人。法远后来从曹洞宗的大阳警玄(943—1027)受法,曾代传曹洞宗的禅法,使曹洞宗得以传承下去。(详后)

二 谷隐蕴聪与弟子金山昙颖

(一) 蕴聪在襄州石门山、谷隐山传法

关于蕴聪的生平,因为《天圣广灯录》作者、驸马都尉李遵勖曾礼他为师,学习禅法,故其书卷十七〈蕴聪章〉对他的事迹记载较详,也较可信。现先主要根据此书对他事迹作简略介绍。

蕴聪(965—1032),号慈照,南海(今广州)人,俗姓清河,出家后于学法修道之余,爱好行书。初到洪州新吴百丈山(在今江西奉新县)参谒法眼宗创始人文益的弟子道恒(?—991)。在结夏(夏安居结束)仪式上,道恒上堂说法,说:"正觉(按:佛)无名相,随缘即道场。"蕴聪站出来问:"如何是正

---

① 据《景德传灯录》卷十六〈岩头全豁章〉载,石头下三世夹山善会(805—881)曾说:"石霜(按:石头下三世石霜庆诸)虽有杀人刀,且无活人剑。"卷十九载雪峰弟子安国弘瑫语录,记有人问他"如何是活人之剑"、"杀人之刀"。《联灯会要》卷二十三载罗山道闲(德山下二世,嗣岩头全豁)语录,道闲曾说:"大凡唱教,须会目前生死,意句杀活,方可褒扬,杀人刀,活人剑,上古之机锋,亦是今时之枢要,摧魔破执,不得不有,直露真诠……"宋克勤《碧岩录》第十二则引用了其中的语句。然而皆没有正面解释。

觉无名相？"道恒没有回答，反问："汝还见露柱么？"他接过原话反问了一句，道恒答："今日结夏。"他在此没有契悟，于是离开百丈山，到汝州首山参谒省念。①

蕴聪在省念门下时，曾参问："学人亲到宝山，空手回时如何？"省念答："家家门前火把子。"这句话到底蕴含什么奥义？难道是说家家都准备好了火把要去宝山寻宝，还是家家都有祖上秘藏的珍宝须自己持亮仔细搜找？不得而知。据载，蕴聪一听，立即"大悟"，并且写偈颂表达自己的悟境，曰："我今二十七，访道曾寻觅，今朝喜得逢，要且不相识。"从此颂看，他所理解的意思也许是后者，意为自己过去到处行脚访解脱之"道"，今日方知"道"在自心，只是还不相识而已。然而当他将此偈颂上呈省念看时，不但没受到称赞，反而遭到呵叱，竟在三五天之间不正面看他。尽管如此，他仍每天在省念身边服侍，直到几年后省念去世（按：公元994年），才南行游方，寻师参禅。

蕴聪先到襄州（治今湖北襄樊市）参谒云门宗洞山守初。守初（910—990）是云门文偃弟子，五代末至宋初在襄州的洞山寺传法。蕴聪一见守初，便以临济宗的"三玄三要"向他提问，说："三玄有句，事上难分，不落是非，请师便道。"既要他说明"三玄"，又要做到不涉事相和是非，实际上是要他不用语言表述。这是不可能做到的。守初对此是清楚的，于是回答："待汝哑得洞山口，即向汝道。"意谓等到你把我弄哑了，我再向你说，正是有意绕开回答。蕴聪接着说："怎么即解'行险蠟路，不在系行缠'？"守初答："砖堆里倒地。"所谓"行缠"即缠腿的布，俗称裹腿。蕴聪说，听您讲的意思，也就容易理解走危险的路不一定非缠上裹腿不可。然而守初连这句解释也避开，竟说在砖堆里倒在地上。

蕴聪接着到郢州（治今湖北钟祥市）大阳山参谒曹洞宗的警延。警延（943—1027），原名警玄，宋真宗大中祥符（1008—1016）年间因避所谓赵氏始祖"玄朗"的名讳改警延，是洞山下五世。警延见蕴聪前来，问："近离甚么处？"答："近离襄州。"又问："作么生（按：怎样、如何）是不隔底（的）句？"他避开所问，反问："和尚住持不易。"警延便说："且坐吃茶。"警延的侍者不解蕴聪所说"住持不易"所蕴含的"意旨"，在请示其师后向蕴聪请教，蕴

---

① 北宋惟白《天圣广灯录》卷十七〈蕴聪章〉。"道恒"中的"恒"，原作"常"，当是避宋太祖之父赵弘殷之讳而改，《景德传灯录》卷二十五〈道常章〉之道常即道恒。"正觉无名相"中的"无"，原作"死"字，据南宋普济《五灯会元》卷十一〈蕴聪章〉语句改。

聪告诉他："真鍮不博金。"意为不可能用天然的黄铜换取黄金，实际也没有针对问话做出回答。

蕴聪又到随州（治今湖北随州）参谒智门山的戒禅师，戒禅师问："承闻老兄亲见作家（按：意为卓越的禅师、大家），是否？"他不回答，竟大喝一声。戒禅师说："棒上成龙梭（按：原作'浚'字）①。"便先抄起棒子打，后又请他吃茶。蕴聪解释说，不要怪他刚才轻易地应对和尚之问。戒禅师却说："不然，却是老僧造次。"

蕴聪所行脚的范围没有出今天的湖北省，从他参访几位禅师的过程，可以大体了解当时丛林参禅情况的一斑。从入寺院参拜禅师，到彼此问答，几乎没有多少切题的话语。在这一过程中主宾两方的动作与语句虽被认为蕴含某些禅机妙义，然而到底是什么？也许只有他们自己知道。

此后蕴聪回到襄州。宋真宗景德三年（1006），知州查道请他任石门寺住持。查道，《天圣广灯录·蕴聪章》作"杳道"，参考明代如卺续补《缁门警训》卷六所载〈慈照聪禅师住襄州石门请查待制为撰僧堂记〉，应为查道。查道（955—1018），《宋史》卷二百九十六有传，年轻时以孝闻名，曾刺血写佛经祈母病愈，游五台山时想落发为僧，后举进士高第为官，真宗咸平六年（1003）拜工部员外郎、充支度副使，参考《续资治通鉴》卷二十四，在景德元年（1005）罢职，出知襄州。据前面提到他撰的《僧堂记》，当时的寺名应为乾明寺，"石门"是旧称，距州城百里，在蕴聪之前的住持名守荣，自宋太宗雍熙五年（988）参访至此，发愿重建僧堂，至景德三年始告竣工，凡五间十一架。然而查道就是在这一年离开襄州回到京城的。大概就在查道回京前不久，或许是因守荣去世，或许是因其年老，他聘请蕴聪担任乾明寺住持。查道《僧堂记》，是大中祥符二年（1009）蕴聪派人到京城请他撰写的，其中还简单记述了蕴聪的前任守荣的事迹。②

宋代大慧宗杲《宗门武库》谓咸平（998—1003）年间蕴聪"住襄州石门，一日太守（按：应是知州）以私意笞辱之，暨归，众僧迎于道左……"③根据上述蕴聪到石门寺时间来看，此事是不可能的。如果有，也是发生在其他时间。

---

① "龙梭"即织布用的梭，传说晋陶侃少时从雷泽钓鱼时得梭挂于壁上，后变龙而乘空飞去，后称梭为龙梭。见《晋书》卷六六本传。
② 《缁门警训》载《大正藏》卷48，有关记述见第1072页中。
③ 《大正藏》卷47，第945页上。

蕴聪在石门寺传法近14年，天禧四年（1020）夏竦任知州，请他到襄阳东南传说是晋习凿齿隐居之地①的谷隐山太平兴国禅院任住持。夏竦（985—1051），通晓经史、百家并佛老之书，景德四年（1007）举贤良方正科，擢光禄寺丞，通判台州，召直集贤院，为国史编修官、礼部郎中。因贬官先后到黄州、邓州及襄州为知州。仁宗即位（1023），回京迁户部郎中，官至枢密使，封英国公、郑国公。死谥文庄，有文集百卷。（《宋史》卷二百八十三〈夏竦传〉）据现存《景祐新修法宝录》，夏竦自仁宗天圣四年（1026）至明道元年（1032）任译经润文官。他知襄州约3年期间，大概与蕴聪有较密切交往，《嘉泰普灯录》卷二十二、《五灯会元》卷十二皆把他作为蕴聪的嗣法居士，说他"契机于石门慈照蕴聪禅师"。

蕴聪在谷隐山太平寺居住传法约7年，天圣四年（1026）从方丈席上退位。驸马李遵勖尊崇禅宗，慕其高名，派人把他接进位于开封东边神冈的资圣寺。天圣十年（1032）蕴聪在此寺去世，年六十八。死前作偈曰："故疾发动不多时，寅夜宾主且相依，六十八岁看云水，云散青天月满池。"

蕴聪的主要弟子有润州（治今江苏镇江）金山寺的昙颖、苏州洞庭翠峰寺的慧月、明州（治今浙江宁波）仗锡山的修己、唐州大乘山的德遵、安吉州（治今浙江安吉北）景清院的居素等人。

（二）蕴聪的禅法

蕴聪在石门山（乾明寺）、谷隐山太平寺传授禅法的情况，从《古尊宿语录》卷九所载的《石门山慈照禅师凤岩集》、《次住谷隐山太平寺语》，可以得到大体的了解。

（1）开堂表明法嗣，祝国泰民安。宋代禅僧被地方官聘请入住一个大的寺院，要举行庄严的开堂仪式。在这个仪式上，在一般情况下他要以明确的语言或以暗示的方式表明自己的法嗣，还要拈香祝愿国泰民安。《古尊宿语录》中的蕴聪语录虽然比较简要，但也有这个内容。他在石门寺（乾明寺）的开堂仪式上，拈香说："西天二十八祖，唐土六祖，过去圣人尽得传衣付法。至唐代六祖之后，得道者如稻麻竹苇，不传其衣，只传其法，皆以香为信。今日一瓣香为什么人通信？某甲虽不言，大众已委悉爇此一炷香也。"意为自六祖慧能以后，

---

① 宋王象之《舆地纪胜》卷八十二〈京西南路〉。

传法于弟子不再以传袈裟作为凭信了，而是以一切弟子为嗣法者。弟子出世，以拈香报师恩，表明自己嗣法于何人。他的授法师是汝州首山省念。他认为众人早已知道，于是说他为谁烧香，大众是会想到的。接着有僧出僧列问："师唱谁家曲，宗风嗣阿谁？"要他回答传承何宗、嗣谁的法？他以"山连嵩岭，地近洛川"作答，暗示自己远承菩提达磨，近承濒临洛水而在汝州的首山省念。又有人问他，"先将何法报君恩？"他答："撑天拄地。"口气不谓不大，反映了对自己传法将有利于社会的信心。

（2）主张对于初学禅法的人，"须藉言语显道"。蕴聪虽曾对门下表示：

> 拟心即差，动念即乖。不拟不动，正在死水里作活计。作么生是衲僧转身处？只如古人与么道：还有为人处也无？若言为人，依言缚杀你。若言不为人，意在什么处？所以道：涅槃心易晓，差别智难明。
>
> 知见立，知即无明本；知见无见，斯即涅槃。若向这里明得去，未具衲僧眼，直须仔细。

"拟心即差，动念即乖"是唐宋丛林间十分流行的话，与"无念"相对，意为产生任何分辨的念头，有任何想法都是错的，都有碍于达到觉悟解脱。然而蕴聪虽也举这句话，却又反对"不拟不动"，认为那如同生活在死水里。那么出家人应当秉承怎样的做人宗旨呢？他说如果有文字条规，肯定束缚人；如果没有，又当如何呢？他说"涅槃心"（可理解为解脱之道）本来是容易理解的，然而人为的"差别之智"（分辨有无、是非、凡圣等差别观念）却是难明的。这种"差别之智"也就相当后面讲的"知见"，认为此为"无明"（"愚痴"）之本。那么，到底应当如何做才好呢？他说，如果能够以自然的态度，把"知见"作为"无见"，就达到了涅槃解脱。他这里讲的与慧能的"无念"——"于念而不念"是一致的，也可以理解为就是马祖的"平常心是道"。

然而，在一次的上堂说法中，他明确地讲：

> 朝朝击鼓，夜夜钟声，聚集禅流，复有何事？若言无事，屈延诸德；若言有事，埋没从上宗乘。开口动舌，总没交涉。虽然如是，初机后学，须藉言显道。作么生是显道底（按：的）？

待了一会，他自己答："林中百鸟鸣，柴门闲不启。"

从上面引文，可见禅宗寺院每天要早击鼓、晚鸣钟，在禅僧聚集之后，方丈上堂说法。面对这一天天重复的事实，难道能说每天无事吗？如果硬要说无事，岂不是有屈前来参禅的学人？如果说有事，那又意味着背离以"无念、无相、无住"为宗旨，倡导"无事"①的禅宗——祖传的"宗乘"。据认为，解脱之道从根本上来说是与言语没有必然关系的。尽管如此，他还是认为对刚刚出来参禅学道的人来说，除了借助语言向他们表述觉悟解脱的道理之外是没有其他办法的。在他的提问何为"显道"之后，自己用偈句作答，其中蕴含着"自然，无事"的意境，示意即使借助语言"显道"也应自然而然地进行。

（3）对临济门庭中的"四照用"、"四料简"等的运用和不着边际的解释。当年义玄用"四照用"来引导弟子破除对"人我"（执著有主体之我、人执）、"法我"（执著构成主体和环境的物质的、精神的因素，法执）。有四种对待方法：①"先照后用"，即先打量观察一下他的知解情况，然后再用语言或动作予以引导、启示，常用来接引"人执"重的人；②"先用后照"，即先向对方提出问题，或向他做出某种动作，看他有什么反应，然后对他作出判断，适当地加以指导、教诲，多用于"法执"重的人；③"照用同时"，即一边用语句或动作进行试探，一边予以相应的引导、教诲，用于二执皆重的人；④"照用不同时"，即根据学人的情况和参禅的时间、场所，或是"先照后用"，或是"先用后照"。所谓"四料简"也是为了对治具有我、法二见的学人的方法，义玄曾说："有时夺人不夺境，有时夺境不夺人，有时人境俱夺，有时人境俱不夺。"并且用偈句进行解释，虽也有艰涩难懂的地方，但蕴含的意思毕竟是清楚的。②蕴聪虽也套用"四照用"、"四料简"的形式，然而所作解释可以说是不着边际，不知所云。请看他对"四照用"的解释：

> 问：如何是先照后用？师云：外头月明屋里黑。云：如何是先用后照？师云：屋里月明外头黑。云：如何是照用同时？师云：今日好寒。云：如何是照用不同时？师云：吃棒了呈款。

---

① 临济义玄曾说："佛法无用功处，只是平常无事，屙屎送尿，著衣吃饭，困来即卧。"提倡"休歇无事"。载《临济录》，《大正藏》卷47，第498页上、第500页下。

② 详见拙著《唐五代禅宗史》第八章第一节有关部分。

他对"四料简"的解释：

> 问：如何是夺人不夺境？师云：岘山亭边好用功。云：如何是夺境不夺人？师云：雪消流水涌。云：如何是人境俱夺？师云：霜结满亭寒。云：如何是人境俱不夺？师云：放你一线道。

对此，虽也可以勉强加以猜测一番，但怎样解释才符合他的意愿呢？恐怕只有他自己知道。然而按照丛林参禅惯例，对此只能心会而不可言传。对我们来说，这反映了宋代一些禅僧为了避免"死句"而故弄玄虚的现象。

（4）作惊人之语，所谓"杀人放火"、"杀却父母"之类。蕴聪在石门寺时，有位弟子请他指条如何修行的道路，他竟答："杀人放火。"这位弟子十分惊奇，立即问大家都在修行，为什么却如此说？他答："果然不修行。"可以说是对这位弟子前面询问的否定。

又有一次，他上堂郑重其事地说：

> 诸上座，休向途中，直须归家。若得归家，直得亲于父母，不得教生其恩爱，直须杀却父母。既杀却父母，便须出家。既然出家，便能亲于佛祖。虽然如是，须去却佛祖始得。既杀却父母，去却佛祖，方可有纤粟衲僧见解，犹未得衲僧全体作用。

这里讲的"杀人放火"、"杀却父母"自然不是真的叫人去杀人放火，杀死自己的父母，都是具有特殊的象征意蕴的：前种场合讲的"杀人放火"，当是用极端出格的话启示问者不要执著自己的修行；后者的"杀却父母"，是要门下弟子（尊称"诸上座"）在感情上隔断与父母的联系。至于所说的"去却佛祖"，大概是要禅僧不要一味地追求外在的佛祖，而应直探心源，领悟自性。应当指出，早在临济义玄时已有这种呵佛骂祖、杀父杀母的说法，蕴聪这样做也许是受到义玄的影响。公正而论，这种做法也许在特定场合可以起到某种启发作用，然而它所带来的负面影响也是不小的。

（5）所谓"石门家风"。禅寺有自己的组织机构、寺规、修行和生活制度，还有在方丈直接指导下所奉行的禅法。这些统合起来便自然形成自己的风格，即所谓"家风"。向方丈（堂头和尚）询问家风，也是丛林参禅过程中常见的现象。对于这个问题，一般很少有明明白白地回答的。然而蕴聪在一次上堂说法中，却公开向门下宣示："石门家风，朝朝举唱。问答宾主，甚是分明。棒喝临机，谁人同道？若是同道者，对众证据。"待会自语："霜天冷彻骨，雪路少人行。"有人出来问："如何是石门境？"他答："一任众人看。"……这里说得还比较清楚：每天早晨集会参禅，有问有答，临机（适应不同素质）说法，或棒或喝。他的偈句，描写的是一幅霜雪天冷，路少人行的清寂景色，也蕴含"自然"的韵致。

在首山省念的弟子中，蕴聪的影响仅次于汾阳善昭。

（三）金山昙颖与外戚李端懿、李端愿

昙颖（989—1060），号达观，钱塘人，俗姓丘，是谷隐蕴聪的弟子，因长期在润州（治今江苏镇江）金山传法，被称为金山昙颖。

昙颖的传录，在《建中靖国续灯录》卷四、《禅林僧宝传》卷二十七有载，《联灯会要》卷十三的记载略有不同，可以互作补充；《五灯会元》卷十二〈昙颖章〉是综合各书内容，但稍微简略一些。这里着重介绍昙颖生平和禅法语录中比较富于个性的部分。

昙颖出家后除广读佛典外，还博涉儒家经典，先后到郢州大阳山参谒曹洞宗的警延（警玄），未能契悟，改而到襄州石门山参谒蕴聪，在蕴聪的启导下得悟。此后30年间曾先后在润州因圣寺、太平州（治今安徽当涂县）隐静寺、明州雪窦寺、金山龙游寺五所大寺担任住持，名闻远近，与士大夫也保持密切交往，其中有在仁宗时官至宰相的王曙、枢密使的夏竦；他特别受到显贵外戚驸马都尉李遵勖之子李端懿、李端愿的信敬。昙颖与他们经常有禅语答问，当时有人将此编录为《登门集》。昙颖还自著《五家宗派》（今皆不存）。①

在一个开堂日，有僧站出来刚要发问，他大喝一声说："汝拟夺我法席那？"此僧想申辩，他喊："出去！"在这一反常的动作里，大概也蕴含着什么禅机。又有僧出来问："塞却咽喉唇吻，请师道。"这位禅僧是套用唐代马祖弟子怀海的话②，似乎是在给昙颖出难题：既然任何语言都不能表达菩提之道或禅趣，那么，请禅师堵塞咽喉闭上嘴唇说话？对此，昙颖不作正面应对，却说："是我咽

---

① 《禅林僧宝传》卷二十七〈昙颖传〉、《联灯会要》卷十三〈昙颖章〉、《建中靖国续灯录》卷四〈昙颖章〉，关于昙颖撰《五家宗派》，请参考惠洪《林间录》卷上。

② 《景德传灯录》卷六〈怀海章〉，原语："并却咽喉唇吻，速将道来！"载《大正藏》卷51，第249页下。

喉唇吻，汝作么生塞得？"此僧立即认错，说："恁么则学人罪过。"他还不饶，大声说："若不是藏院和尚在此，烂（按：当作'乱'字）槌一顿！"

某日上堂，对弟子说："才涉唇吻，便落意思，并是死门，故非活路；直饶透脱，犹在沉沦。莫教辜负平生，虚度此世。要得不辜负平生么？"拿起竹拄杖戳地一下，说："须是莫被拄杖谩始得。看看拄杖子，穿过汝诸人髑髅，踏跳入鼻孔里去也。"又用拄杖戳地一下。他所说的大意是，凡是用嘴说出来的（话语），便已经具有特定意思，属于"死门"（所谓"死句"），堵塞了禅悟之路；即使表达得透脱，也终究摆脱不了死后的轮回。他教导门下的人要珍惜此生，不要虚度。那么，怎样才能不辜负平生呢？他没有直接讲，只是用拄杖戳地，说些与此无关的话而已。如果严格地按照他所说的去做，只有每天沉默不语。前面弟子的提问："塞却咽喉唇吻，请师道。"可以说是套用其说将了他一军。

昙颖一日上堂说，自己平生喜好相扑（摔跤），只是没有对手，今日要与首座搭对。说着，就卷起袈裟下座邀首座相扑。首座刚站出，他便说："平地上吃跤。"回归方丈。这真是一场奇特的上堂说法场面。

昙颖有时也骂佛并贬斥经典。他曾说："三世诸佛是奴婢，一大藏教是涕唾。"待了一会儿又自问说："且道三世诸佛是谁奴婢？"乃将手持的拂子画了一画说："三世诸佛过遮（按：这）边，且道一大藏教是谁涕唾？"接着自己唾一唾。意为三世诸佛是自己的奴婢，大藏经是自己的涕唾。有人问他："和尚还曾念佛也无？"他答："不曾念佛。"当问为什么不念时，他竟答："怕污人口。"大概他与禅宗的很多禅师一样，认为真正的佛、经教皆在自己心中，其他所谓的佛、经教，是外在虚假的偶像，顶多是符号，因此采取这种看似亵渎佛教的说法来破除人们对佛、经教的执著，引导他们直探心源，体悟自性。（以上引文据《建中靖国续灯录·昙颖章》）

昙颖于宋仁宗嘉祐五年（1060）去世，享年七十二岁。主要弟子多在南方传法，有润州普慈院的崇珍、金山寺怀贤、太平州瑞竹寺的仲和、越州（治今浙江绍兴）石佛寺的怀贤、杭州净住院的居说及在湖州（南宋改称安吉州，治今浙江安吉北）西余山传法的拱辰等人。拱辰著有《祖源通要》三十卷。（《五灯会元》卷十二）

李端懿，驸马都尉李遵勖的长子，喜好学问，颇通阴阳、医术、星象、地理之学，曾任蔡州、华州观察使、镇国军节度观察留后，官至宁远军节度使，知澶州。（《宋史》卷四百六十四〈李端懿传〉）他在与昙颖交游中，曾提了一个当时佛教信徒经常关心的问题："西方净土，如何得到？"昙颖答："即今坐却雕梁画栋，却要生西方净土，是好假，不好真。"意为你现在住豪华邸宅，过着富贵生活，竟也相信虚假的西方净土，岂不是好假而不好真吗？李端愿感到奇怪，因为西方阿弥陀佛净土教说是出自佛经的，于是立即问："佛岂是妄也？"他解释，佛不妄，而是"太尉妄"。为什么呢？他解释说："大凡净土者，是清净之性。西方者，日落之处，令人作归投处耳。知归投处，即是西方净土极乐世界。"是说，佛经上讲的净土不在身外，而在自性；所谓"西方"只是日落之处，启示人找未来的归宿之处。如果你知道了归宿之处（当指体悟自性），也就找到了"西方净土极乐世界"。昙颖所讲的是禅宗主张的佛在自性，"唯心净土"的观点。（《联灯会要》卷十三〈李端愿章〉）

李端愿（？—1091），是李遵勖的次子，历任邢州观察使、镇东军留后，官至武康军节度使、知相州，神宗时以太子少保致仕。（《宋史》卷四百六十四〈李端愿传〉）他在童年时常阅读禅书，长大后为官，仍倾心禅宗。在自己的后园筑一个类似兰若之室，请昙颖禅师入住并师事之，早晚前来参谒，谈到投机时竟废寝忘食。

一日李端愿问昙颖："天堂地狱毕竟是有是无？请师明说。"他答："诸佛向无中说有，眼见空华。太尉就有里寻无，手搊水月。堪笑眼前见牢狱不避，心外闻天堂欲生。殊不知忻怖在心，善恶成境。太尉但了自心，自然无惑。"昙颖虽然没有正面回答，但意思还是清楚的：诸佛虽说天堂与地狱，但所说的是假有；你是向虚假影像处寻有寻无，如同水中捞月。可笑对于自己的生死大事还不明白，面临死后入地狱的危险不避，却听信有天堂而想往生。他认为，欣喜与恐怖在于自心，天堂地狱实由善、恶显现，并不在心外。他要李端愿在了悟自心上下功夫，便可解除疑惑。李端愿听后立即问："心如何了？"他用当年六祖慧能答中使薛简的话[①]回答："善恶都莫思量。"李端愿接着问："不思量后，心归何所？"他转话题，说："且请太尉归宅。"然而李端愿紧追不舍，问："只如人死后，心归何所？"他用《论语》中孔子的话作答："未知生，焉知死。"李端愿讲自己已经知道生。他反问："生从何来？"李端愿一时回答不出。于是昙颖便走到他的面前，用手拍一下他的胸脯说："只在这里，更拟思量个甚么？"

[①] 慧能原话："一切善恶都莫思量，心体湛寂，应用自在。"见《曹溪大师传》，载杨曾文校编，宗教文化出版社2001年出版的《新版敦煌新本·六祖坛经》附编一，第126页。

意为生从心来，是心决定自己的生，不必再怀疑了。据载，李端愿立刻表示自己晓悟了。他说自己过去是"只知贪程，不觉蹉路"。承认自己走错路了。他写偈表达自己的悟境，曰："三十八岁，懵然无知，及其有知，何异无知。滔滔汴水，隐隐隋堤。即其归矣，箭浪东驰。"①

三 广慧元琏

元琏（951—1036），泉州晋江（在今福建）人，俗姓陈。年十五出家为僧，师事泉州招庆寺真觉禅师，开始担当烧饭杂务，经常抓时间读经。有一天读经时被真觉看见，问他读何经，他答读《维摩诘经》。真觉立即问："经在这里，维摩在甚么处？"他茫然无对，不觉流下眼泪，感到十分惭愧。自此先后参访闽中丛林的五十几位禅师，但仍未契悟。②

后来，他北上汝州首山参谒省念禅师，问："学人亲到宝山，空手回时如何？"看来对自己能否契悟仍没有信心。首念没有直接回答，只说："家家门前火把子。"前述首念接引蕴聪也用此语，似乎也是暗示放弃向外追求，应在觉悟自性上下功夫。据载元琏当即"大悟"，被任为寺的首座。在宋真宗景德元年（1004），他应请到汝州的广慧寺担任住持。

《联灯会要》卷十二〈元琏章〉记载，元琏上堂示众说：

> 佛法本来无事，从上诸圣，尽是捏怪（按：大概相当于现在的"捏造"），强生节目，压良为贱，埋没儿孙。更有云门、洞山、临济，死不惺惺，一生受屈。老僧这里则不然。便是释迦老子出来，也贬向他方世界，教伊绝迹去。何故如此，免虑丧我儿孙。老僧恁么道，汝等诸人作么生会？若向这里会得去，岂不庆快，教伊脱却毛衫，作个洒洒落落地衲僧去。更若不会，来年更有新条在，恼乱春风卒未休。

从他说的字面意思看，是以"本来无事"为禅法最高宗旨为前提，因此将以往祖师的说法、参禅规则以及门庭施设等都说成是故意"捏怪"，强生枝节；

---

① 主要依据《嘉泰普灯录》卷二十二〈李端愿章〉，并参考《禅林僧宝传·昙颖传》。
② 载南宋晓莹《罗湖野录》卷下〈慧琏传〉。此传实为补惠洪《禅林僧宝传》卷十六〈广慧琏禅师传〉之缺而作，对研究元琏很有参考价值。

认为这些有屈禅僧的自然本性，会"埋没儿孙"。他还惋惜唐五代以来的云门文偃、洞山良价、临济义玄等禅师至死对此也不醒悟，受束缚一生。他甚至发誓，即使释迦佛出来，他也要将他排斥绝迹。难道这是他的真意吗？他刚说完就下座，就有僧出来问："和尚适来道：便是释迦老子出来，也须贬向他方世界……"他还没有说完，元琏便打断他的话说："汝若恁么会，入地狱如箭射。"此僧是按字面本来意思理解后并得出发问的，然而，元琏却说这样理解就会很快下地狱。此僧立即问：应当如何理解呢？元琏不答，动手就打，同时问他："会么？"此僧仍不理解，他于是说："山僧今日不避诸方检责，为汝注破：将此深心奉尘刹，是则名为报佛恩。"① 他以引述《楞严经》中的两句偈颂做出解释（"注破"、点破）。此经卷三记载，阿难等人听佛说如来藏"觉明真识"的道理，认识到"一切世间，诸所有物，皆即菩提妙明元心，心精遍圆，含裹十方"，于是作偈赞佛，其中的两句是"将此深心奉尘刹，是则名为报佛恩"，意思是将自己的全心敬奉无数世间的众生，以此报答佛恩。可见，元琏没有针对此僧之问作答，而是将问题引向另一方面，引导他领悟自性，全心投入到慈济解脱众生的事业之中。元琏暗示，如果对此不晓悟，今后还会有条条框框产生，使人恼乱不已。

元琏于宋景德三年（1006）去世，享年八十六岁。主要弟子有东京（开封）华严寺道隆、临江军（治今江西临江县西南）慧力寺慧南等人。

元琏生前与士大夫王曙、许式、丁谓以及杨亿曾有往来。宋代晓莹《罗湖野录》卷上〈广慧琏章〉对此有所介绍。

王曙（？—1034），以给事中兼郡牧使，其妻是宰相寇准女，在真宗景德三年（1006）二月因寇准罢相，他亦遭贬知汝州。王曙"喜浮屠法"，平时吃素。仁宗时，官至参知政事、枢密使，拜同中书门下平章事。（《宋史》卷二百八十六〈王曙传〉）王曙在知汝州时与元琏交往密切。一日，元琏入州府，见王曙正在办公务，便问："作么生是郡主一管笔？"王曙答："来者便判。"意为有事即办。他又问："忽然总不恁么来时，如何？"王曙做出掷笔的姿势。这一问一答并且加比划的阵势，大概也蕴含着某种禅机。

丁谓（966—1037），是宋真宗时权臣之一，在寇准罢官之后从枢密使升任

---

① "将此深心奉尘刹"中的"深"，《续藏经》本《联灯会要·元琏章》原作"身"字，现据所引《楞严经》卷三偈颂改。

宰相，封晋国公。(《宋史》卷二百八十三〈丁谓传〉) 他什么时候与元琏结识不得而知。丁谓曾派人赠送给他来自皇帝赏赐的"红绡封龙字茶"，并送偈曰："密缄笼焙火前春，翠字红绡慰眼新，品字至高谁合得？只林树下上乘人。"

郎中许式，《宋史》无传，《嘉泰普灯录》卷二十二〈许式章〉说他知隆兴（这是用南宋的地名，治今江西南昌）时嗣法于云门宗洞山晓聪。在他担当"漕西蜀"（当为成都府转运使）时途经汝州，特地到广慧寺参谒元琏。许式进入佛殿便问："先拜佛，先拜长老？"元琏以禅语答："蛤蟆吞大虫。"许式按照自己的理解立即问："怎么总不拜去也。"元琏却说："运使话堕！"意为他理会错了，应当负输。许式表示认输，以衣补袖便拜。"蛤蟆吞大虫"到底含有怎样的奥妙？连许式也猜不透，笔者这里也只好阙疑。

宋代晓莹《罗湖野录》卷上〈广慧琏章〉在介绍了元琏与王曙等三人交游的情况后，评论说："景德间，宗师为高明士大夫歆艳者，广慧而已。"意为在宋真宗景德（1004—1007）年间，元琏最受士大夫的钦敬，与他们保持最密切的关系。

同时，元琏也有如同翰林杨亿那样的在家嗣法弟子。笔者拟在后面设专节介绍。

四 神鼎洪諲和三交智嵩

在省念弟子中，潭州神鼎寺的洪諲和并州三交寺的智嵩也比较有名。

洪諲，襄水人，俗姓扈。他在访师参禅到达汝州首山参谒省念，成为他的嗣法弟子。后南下至南岳衡山，隐于三山藏，有位潭州（治今湖南长沙）的富人来游，看到他的"气貌闲静"，居室仅有一钵挂壁，顿时产生敬仰之心，当下邀请他到自己的故乡潭州的神鼎山居住传法。洪諲笑而答应。他到神鼎山之后，经过约十年的经营，建成具有相当规模的禅寺。

关于洪諲在神鼎山传法的情况，《古尊宿语录》卷二十四载有《潭州神鼎山第一代諲禅师语录》（下简称《洪諲录》）及《联灯会要》卷十二、《五灯会元》卷十一的〈洪諲章〉等。

洪諲在神鼎寺的开堂法会上，升座后首先拈香为皇帝、州府官员及嗣法师首山省念祝福。他说："此一炷香，奉为今上皇帝圣寿无疆。第二炷香，为府主学士、合郡尊官，伏愿长光佛日，永佐明君。第三炷香，此香不是戒定慧香，亦非旃檀沉水，只是汝州土宜。"接着将香点着，祝说："供养首山和尚，以酬法乳。"这种开堂升座程式的形成，应当说是禅宗适应和迎合中国封建社会的以皇帝为首的专制主义中央集权体制的表现。

他上堂曾向弟子述说自己行脚参禅的经历。他说，当年出门行脚参访，也没有打定主意要"参禅学道"，只是想到东京（开封）听人讲一两本经论，"以资平生"，后来偶尔来到汝州的首山，在参谒首山老和尚（省念）时，"被他劈头一锥，直得浃背汗流，不觉礼他三拜"。他到底从省念那里听到什么，不得而知，然而可以想象他当时是从省念的禅语或动作中得到启悟，并拜他为师。然后他接着用禅宗特有的表达方式宣称："而今悔之不及。大众，且道悔个甚么？悔不拽下绳床，痛与一顿。虽然如是，官不容针，私通车马。"所悔者是当时没有将省念拉下禅床，痛打一顿。大概是想以此表示自己已经契悟，如同当年义玄得悟后在大愚禅师胸下打三拳，又回到黄檗用掌打希运禅师一样。"官不容针，私通车马"原出《临济录》所载仰山慧寂之语，原意是在公开场合严格得连针一样的回旋余地也不给，然而在私下却无不通融。在这里似乎是说：话虽这么说，现在想起也只好罢了。

洪諲还对弟子说过这样一段有趣的经历：他曾与几位上了岁数的禅僧结伴游衡山（《洪諲录》作"游襄沔间"），其中有一僧对禅宗旨趣的理解十分"敏捷"，在山野的饭店准备吃饭时仍夸夸其谈。洪諲问："三界唯心，万法唯识。唯识唯心，眼声耳色。是甚么人说？"此僧立即答是法眼（文益）的话。洪諲又问他："其义如何？"僧答："唯心，故根、境不相到；唯识，故声、色纵然。"意思是说，三界既然是"唯心"所造，那么人的六根（眼耳鼻舌身意六种感觉或认识的精神功能）便与六境（与六根相对应的色声音味触法）不相接触作用；然而因为一切是"唯识"所现，故不妨包括声、色在内的虚假万象存在。洪諲对这种好谈名相的做法表示不满，问他："舌、味是根、境否？"对方答："是。"他即用筷子夹起菜放到嘴里，一边大嚼，一边问："可谓相入耶？"意为舌在尝菜味，岂能说根与境不相交涉？听了此话，满座惊奇。洪諲说："路途之学，终不到家，见解入微，不名见道。参须实参，悟须实悟。阎罗大王，不怕多语。"是对那位爱谈名相之僧的批评。据他的这番话，他是反对脱离常识而套用佛教理论的，表现出他作为一个禅僧所具有灵活机辩。（《联灯会要·洪諲章》并参考《洪諲录》）

智嵩，明圆极居顶的《续传灯录》卷一载为范阳人，俗姓各灯录皆无载。

长期在并州承天院传法,禅史多称之为"三交嵩",也有的场合称"唐明嵩"。按照唐代丛林的惯例,"三交"、"唐明"也可能是寺、庵名,借以为号。《联灯会要》卷十二、《五灯会元》卷十一有他的传录,《古尊宿语录》卷十载有〈并州承天嵩禅师语录〉(以下简称《智嵩录》)。

智嵩参谒首山省念时问:"如何是佛法的的(按:明明白白的,真正的)大意?"省念答:"楚王城畔,汝水东流。"楚王城也称楚城,一般认为在今河南信阳长台关西北,战国时楚襄王曾定都于此,汉为成阳县治所,隋以后废。然而此地无汝水,城外有浉水。省念所说的楚王城不会是此地,当是指汝州的襄城,为旧汝州城,楚襄王因避难曾居此城,可能因此称楚王城。城外一里有汝水东流。① 省念说的楚王城边有汝水东流的答语看起来与佛法无关,然而描述却是个事实,蕴含着"本来如此"的意味。言外之意是:佛法不就是这样吗?智嵩"言下大悟",并且作偈三首表达自己的悟境。

其一:"得用直须用,心意莫定动,三岁师子吼,十方绝狐种。"

其二:"我有真如性,如同幕里隐,打破六门关,显出毗卢印。"

其三:"真骨金刚体可夸,六尘一拂永无遮,廓落世界空为体,体上无为真到家。"

三首偈围绕禅宗所强调的心性的体、用和觉悟解脱问题。第一偈是讲心性的功能无穷,随时作用显现,然而却应保持"无念"、"平常心";做到如此,自然增长心智神威("三岁狮子"正是健猛之时),断绝一切烦恼邪见。第二偈讲自己本有真如佛性,然而被"无明"烦恼遮蔽("幕里隐"),待到体悟自性,突破"六识"局限,便可使自己的佛性(毗卢,即毗卢遮那,是法身佛)显现。第三偈是描述自己设想的至高觉悟境界:如同"金刚"的自性,一旦超脱"六尘"(对应眼耳鼻舌身意六根的色声香味触法六境)的掩蔽,便可契悟空廓无限的法身,达到至高的清净无为的精神境界。据载,省念听完这三偈后,请他吃茶,实际是表示印可。②

智嵩向弟子传法时经常提示人人具有佛性,并且以各种方式提倡自然无为。他说:

---

① 参考唐李吉甫撰《元和郡县图志》卷六〈河南道二·汝州〉及谭其骧主编,地图出版社1982年出版的《中国历史地图集》第六册〈京西北路〉。

② 主要据《联灯会要》卷十二〈智嵩章〉,并参考《古尊宿语录》卷十〈智嵩录〉。

全众生之佛性，寂寂涅槃，便得心心寂照，法法虚融，物物是道，佛佛密契，祖祖潜通，三世坦然，十方不泯。只为众生不了，迷己认他，便乃尘劳扰扰，妄想攀缘，即相离真，迷己逐物。都为一念不觉，便见空里花生，不觉眼中有翳。……诸上座，何不外遗于法界，内脱于身心。心不系身，身如虚空；身不系心，心同法界。且道唤作虚空即是，唤作法界即是？若唤作虚空，又不与诸人说话；若唤作法界，三界无法，何处求心？衲僧分上怎生得？若于本分，犹是葛藤。(《智嵩录》)

"涅槃"的本意是"寂灭"、"灭度"，是佛教所追求的断除烦恼，永不轮回生死的精神境界，大乘佛教又将它赋予与真如实相、佛性、法身等同的意义。"葛藤"是禅宗用来借喻语言文字的用语。智嵩说，一切众生所具有的佛性，虽然空寂无相，却体现在世界种种现象之中；佛佛祖祖，无有不与佛性相契融通的；佛性历经"三世"、"十方"永不断灭。然而，众生对此不晓悟，将自己本有佛性认作他物，到处求佛求法，从而离开真谛更远，产生种种幻觉。他以般若空义教导弟子，要他们既不追逐外境，也不受自心束缚，使身与心皆自由解脱。同时又告诫弟子不要执意分别与试图表述这些，否则就是没有意义的文字游戏。

有弟子问："如何是学人的的用心处？"他答："着衣吃饭自家事。"有时对这同一问题，他也答："光剃头，净洗钵。"皆暗示修行不离生活日用。又有僧问："十二时中如何用心？"他答："鸡寒上树，鸭寒下水。"天冷了鸡爱向树上飞，鸭子跳下水，答语含有自然而然的意思。问："如何是学人行履处？"答："僧堂前，佛殿后。"意为修行实践就在日常居住活动的场所。有僧问："如何是承天（按：承天寺）家风？"他答："胡饼日日新鲜，佛法年年依旧。"是说在他的寺院佛法年年依旧，没有更新。①

智嵩与翰林杨亿、驸马都尉李遵勖也有交往，《古尊宿语录·智嵩录》记载了他们与智嵩之间的禅语问答。这里仅择取一小段。

问：风穴提印，南院传衣。昭公演化于西河，嵩师领徒于并垒。南宗之旨，北土大兴。且道二师承谁恩力？师云：不入莲池浴，懒向雪山游。

---

① 本段的引文皆见《智嵩录》。

杨云：清凉山里万菩萨。师云：维摩会中诸圣集。李云：背负乾薪遭野火。师云：口是祸门。①

从这段文字的前后可以得知，问者应是李遵勖。他的问话向我们提供了在宋真宗至仁宗初期（11世纪前期）临济宗在北方振兴，在相当现在的河南、湖北和山西一带流行的情况：由于汝州的风穴寺延沼的提倡，经其弟子后南院（宝应寺）省念的大力传法，对临济宗的复兴推动极大，出现善昭在西河（此特指汾州）传法，智嵩在并州培养弟子，从而使南宗禅法在北方大兴的局面。对于"二师（善昭、智嵩）承谁恩力"之问，三人的回答联句，皆与所问不贴边。智嵩的"口是祸门"，是表示语言不仅有碍解脱，也可能招致烦恼。

省念的弟子中还有一位叫智嵩的禅师，因为在忻州（在今山西）铁佛院传法，便以"铁佛"为号，称"铁佛智嵩"。

综上所述，属于临济下五世——首山省念法系的弟子，包括汾阳善昭（后面专节介绍）在内，主要在北方传法，而到他们的弟子——临济下六世时，不少禅师到南方传法，他们相继培养弟子，并且善于与儒者士大夫广交朋友，努力扩大社会影响，从而迅速地将临济宗推向振兴和迅速发展之路。

第三节　汾阳善昭及其禅法

北宋临济宗的振兴始于首山省念及其弟子，省念的弟子中尤其以汾阳善昭的影响最大。善昭在传法过程中很重视语言文字的运用，不仅经常根据场合引述以往禅师的语录，而且有时以所谓代语、别语、诘语等禅语表达形式加以评论和发挥，还从流传于丛林之间的禅语公案中选择出一百则以偈颂的形式加以评述，编撰成《颂古百则》。善昭生前已有语录文集传抄于丛林之间，对宋代文字禅的发展影响极大。他培养出十几位才智出众并且具有很高活动能力的弟子，相继传法于大江南北。可以说，自从进入北宋后期以后，传布于各地的临济宗几乎皆属于善昭的法系。

北宋临济宗分为黄龙派和杨岐派，是中国禅宗史也是中国佛教史上的重要

---

① 李遵勖、杨亿与智嵩的问答亦载《联灯会要·杨亿章》。

事件。这两个派别就是从善昭的弟子楚圆的门下产生的。此后，中国佛教史书往往将禅宗派别统称为"五家七宗"，即：临济宗、沩仰宗、曹洞宗、云门宗、法眼宗和临济宗的黄龙派和杨岐派。然而实际情况是，以后的临济宗已经不再单独存在，不是属于黄龙派就是属于杨岐派了。

一　善昭生平

(一) 家世和游方求师

善昭（947—1024），俗姓俞，太原人。自幼聪敏，喜欢自学，不由师训。年十四，父母相继去世。因为感到在生活孤独和世间苦恼，便剃发出家，受具足戒后，四处游方参禅。他与其他游方僧不同，不喜观赏名胜，游览山水。有人为此讥讽他粗俗缺少雅兴，他感叹说："是何言之陋哉！从上先德行脚，正以圣心未通，驰驱决择耳，不缘山水也。"认为行脚参禅，是以求得通达"圣心"（佛心、佛性）为目的，与观赏山水无关。（《禅林僧宝传》卷三〈善昭传〉）

善昭到处访师问道，先后参访了71位禅师，虚心学习他们各自传授的不同流派的禅法。在当时流传的禅门诸宗中，他曾特别喜爱曹洞宗"偏正五位"的"门庭施设"，对从理与事的圆融关系上论证禅宗的心性理论的形式十分赞赏。石门慧彻，洞山下三世，从襄州（治今湖北襄樊）石门寺献蕴嗣法后仍在此寺传法，名闻丛林。善昭在游方过程中曾到襄州石门寺参谒慧彻，为表达对曹洞宗禅法"五位君臣"的赞赏，曾作《五位偈》（详后）。据载，慧彻看了此偈，拍手称善。然而，善昭最后并没有嗣曹洞宗的法，而是辗转到汝州首山参谒临济下四世省念禅师并成为他的弟子，继承临济宗的禅法。

据《禅林僧宝传·善昭传》，善昭参谒省念时，正值省念上堂，他走向前问："百丈卷席，意旨如何？"百丈是唐代马祖的弟子怀海，《景德传灯录》卷六〈怀海章〉记载，某日马祖上堂，大众云集，在马祖尚未开口说法之际，怀海却把用来礼拜的席子卷起拿走。马祖随之下堂。① 这是禅林常被人提起的公案之一。马祖上堂说法不外是启发弟子认识佛在自性，应当自修自悟。怀海认为自

---

① 《大正藏》卷51，第249页下。

性、佛及菩提解脱之道从根本上来说是不能借助语言来表述的。他为了向马祖与诸僧表达自己的这一见解，便破例地在马祖说之前将席子卷走。虽然这一公案经常被各地禅师提起，然而对这一公案的含义却皆不说破。省念对善昭这一提问也未作正面回答，却以与此不相关的"龙袖拂开全体现"作答。省念的答语中隐含着一个典故。据《景德传灯录》卷十二〈兴化存奖章〉记载，临济义玄的弟子兴化寺存奖（830—888）为庄宗之师，一天庄宗对他说："朕收得一颗无价明珠，未有人酬价。"师曰："请陛下珠看。"帝以手舒开幞头脚。师曰："君王之宝，谁敢酬价？"后唐庄宗夺取河南，以为已经取得帝位，自谓得到一颗无价宝珠，当兴化和尚要看时，他略微撩开幞头（按：头巾）的一角，兴化立即明白他的意思，说君王之宝是无价的。顺便提到，这位后唐庄宗之师兴化和尚，不可能是义玄的弟子存奖。[①] 省念所说的"龙袖拂开全体现"正是说的此事，"全体"这里当指皇帝的本来面目。然而，当时善昭听了并不明白其意，接着问："师意如何？"省念答："象王行处绝狐踪。"象王，既指象群之头象，也可能是对佛（乃至佛性、真如）的比喻。因为据佛本生故事，佛在无数的前世曾转生为鸽子、乌鸦、兔子、牛及鹅王、鹿王、猴王、象王等。省念的答语按字面的意思是大象经过之处狐狸望风而逃。两句皆蕴含一个尊严无上威武无比的意思，如果用到善昭的问话"百丈卷席，意旨如何"中来，就含糊地表示这一举动的含义——心性、佛与菩提之道不是一般的东西，正好像当年庞居士问马祖提问的"不与万法为侣者"那样，是不能以普通语言表述的。据载善昭听省念说完，立即大悟，礼拜后提起坐具，以两句偈表示自己的悟境，曰："万古碧潭空界月，再三捞摝始应知。"古潭印月，岂可捞而得之？可见善昭所理解的正是"空寂"二字。一切皆空寂无相，即使真如、佛性、解脱之道，也具有空寂的本性，岂能以语言文字完全表达？这里贯彻着般若空义，也含有中道不二的思想，潭月虽空，毕竟具有假象，二者不可分离。当时归省在首山担任首座，曾私下问善昭刚才在堂上"见个甚么道理"便做出那样的表示？善昭没有详答，

[①] 据公孙亿《奖公塔碑》（《文苑英华》卷八六八），存奖死于唐僖宗文德元年（888）七月，年五十九。《旧五代史·唐书·庄宗纪》记载，后唐庄宗李存勖（885—926）在唐天佑五年（908）即位，天佑十二年（915）占领魏博，八年后即称帝，改元同光，夺取大梁（汴城，今河南开封）。可见，存奖与后唐庄宗没有直接发生关系。这里所称的"师"当是继住兴化寺的另一位和尚，也称兴化和尚，而后人把他与存奖混为一人。

只说："正是我放身命处。"此后便正式礼省念为师，在他身边服侍多年后才离开。①

（二）传法于汾州太子院

善昭离开首山后，先往南方游历于湘江衡山之间，潭州知州张茂宗听闻善昭之名，请善昭从州内四所大寺中自由选择一寺担任住持。然而善昭笑而谢绝，趁夜间悄悄离开此地。他北上渡江到达襄州，住在白马山。善昭之师省念禅师于宋太宗淳化四年十二月（已进入公元994年）去世，门下弟子对振兴临济宗感到责任重大。

至道元年（995），刘昌言（942—999）自同知枢密院事以给事中罢免，出知襄州，翌年徙知荆南府。②当时襄州的洞山、谷隐两处山寺皆缺方丈，当地僧俗信众提议聘请善昭前来继席。知州刘昌言在任期间听说善昭有名望，亲自到白马山拜谒，请他从两寺中任选一寺担任方丈。善昭表示难以应请，说："我长行粥饭僧，传佛心宗，非细职也！"知州前后八次派人相请，他皆不应允。

此后不久，汾州僧俗千余人联名写信，并特请善昭的同学契聪禅师携信到襄州白马山迎请善昭到汾州大中寺太子禅院担任住持并传法。③在契聪到时，善昭竟闭门高卧。契聪推开门闯进去，大声斥责他说："佛法大事，静退小节。风穴惧应谶，忧宗旨坠灭，幸而有先师。先师已弃世，汝有力荷担如来大法者。今何时？而欲安眠哉！"④据载，当年延沼在汝州风穴寺传法时，总是担心丛林间传说的"大仰"（唐代仰山慧寂）曾有谶（预言）谓："临济一宗，止风而止。"⑤担心临济宗到自己这一代就结束了。后看中前来参禅的省念，便有意培

---

① 参考《联灯会要》卷十一〈善昭章〉。
② 《宋史》卷二百一十〈宰辅表〉载：至道元年（995）正月，"刘昌言自同知枢密院事以给事中免"。卷二百六十七〈刘昌言传〉载，"以给事中罢，出知襄州"，至道二年，徙知荆南府。他聘请善昭之举，只能在这期间。
③ 《汾阳无德禅师语录》前载杨亿的序及惠洪《禅林僧宝传·善昭传》皆以淳化四年（993）作为善昭赴汾州之年。既然刘昌言在襄州的时间是至道元年至二年（995—996），善昭到汾州的时间不能早于此。
④ 以上除引出处外，主要据《禅林僧宝传·善昭传》，并参考杨亿《汾阳无德禅师语录序》（《大正藏》卷51，第595页上中）、《古尊宿语录》卷十〈善昭语录〉。
⑤ 惠洪《禅林僧宝传》卷三〈省念传〉。此当为惠洪采集自丛林间的传说。南宋惠杉《丛林公论》引其《寂音尊者智证传》（已佚）亦载此事。

养省念为自己信任的嗣法弟子。契聪责备善昭,埋名隐居属于小节,而传布佛法是大事,应当想到自己有继承延沼祖师、省念先师弘扬临济宗的使命,怎么可以在此时而安心高卧呢!听了此话,善昭猛然醒悟,深感自己责任的重大,立即起来准备好行装出发。

善昭在向汾州进发的途中,经过华县和坦县时,皆受当地寺僧的邀请上堂说法。到达汾州后,便住入大中寺(后称太平寺)太子禅院担任方丈。此时他47岁。汾州,治所在西河县,后改称汾阳县(在今山西)。善昭在太子禅院居住传法约达三十年,逐渐名扬远近,丛林间常尊称他为"汾州"、"汾阳";因寺院门口置有石刻狮子,又因他禅风峻烈,他甚至也被人喻为"西河师(狮)子"。惠洪《禅林僧宝传·善昭传》说他在太子院"宴坐一榻,足不出阃者三十年"。这当是个概数。如果善昭是在至道元年(995)到达西河,那么,到他去世的天圣元年(1023)首尾只有29年。

郑文宝(953—1013),宋太宗、真宗时,数任陕西转运使,熟悉西北山川形势,上献《河西陇右图》,反对弃灵州,在抵御西夏的多次战役中立功,官加工部员外郎,至兵部侍郎。他先后在真宗咸平五年(1002)、景德元年(1004)两度短期出任河东转运使。[①]他在河东路(治今山西太原)任期内,曾造访过汾阳大中寺太子禅院。《汾阳语录》卷上所载"河东运使郑工部入院相见次"中的"郑工部",当即郑文宝。他在寺壁上用篆书写偈一首:"黄纸休遮眼,青云自有阴,莫将间(按:当为'闲'字)学解,埋没祖师心。"意为不应以世间普通的学识来理解禅宗的宗旨。他对善昭表示要以此偈来"验天下长老"。二人还彼此问答,互斗禅机。最后善昭应请口述偈一首,曰:"荒草劳寻径,岩松迥布阴。几多玄解客,失却本来心。"[②]对郑文宝特地来访表示欢迎,对他禅悟境界表示认可,说其他不少解释禅宗的人忘掉的恰恰是自己的本心。可以想象,善昭得到最高地方长官的理解和支持,对他在汾阳传法是十分有利的。

大约在宋真宗景德元年(1004)或稍后,法眼宗禅僧道原编撰禅宗灯史《景德传灯录》,进献朝廷。宋真宗诏翰林学士左司谏知制诰杨亿、兵部员外郎知制诰李维、太常丞王曙同加刊定,在景德四年(1007)或大中祥符元年(1008)完成,统编为三十卷,大中祥符四年(1011)下诏将此书编入大藏经刻

[①] 《宋史》卷二七七〈郑文宝传〉,并参考《续通鉴》卷二十三等。
[②] 《大正藏》卷47,第599页下。

印流行。①《景德传灯录》下载有善昭上堂说法的语录，其中提到"三玄三要"、"四照用"和"四宾主"等。

当新刊《景德传灯录》传到汾州西河，善昭看到自己的名字及语录，兴奋之余，乃撰写赞并序。其赞曰：

> 大庆汾阳，请我何当。三千里外，始建道场。传灯续焰，法继饮光（按：禅宗所奉二十八祖之初祖大迦叶的意译名）。一十八载，果熟道香。圣君亲录，《景德》传芳。闻名见面，获福无疆。瞻礼供养，人王法王。千古万古，不泯不藏。金文玉轴，永劫清凉。赞不可及，孰辨孰□，□□□（按：原本缺）瑞，国泰民康。②

其中所说"一十八载"，若善昭在至道元年（995）到达汾州，那么到大中祥符五年（1012）正有18年。因此可以断定，在宋真宗下诏将《景德传灯录》编入大藏经的第二年，此书已经刻印并且流传各地了。善昭在欣喜之际，既瞻礼"圣君"、"人王"的皇帝，又礼拜供养佛，反映了中国僧人所怀抱的伦理价值观念。此外，他还撰写颂两首。

西河信众听说此事，也特地举办斋会庆祝，并且请善昭上堂说法。《汾阳无德禅师语录》卷上记载：

> 师（按：善昭）云：此日声钟击鼓，祷祝焚香，圣凡共集，释梵同臻。僧俗目前，更无别说，意为国恩，所以开演一乘，引导群迷，直言问答，只有如今。还有请问者么？
>
> 邑人问：大达传灯光接续，展舒不断法中王，一句玄谈今古外，三玄三要藏中藏。如何是第一玄？师云：亲嘱饮光前。
>
> 如何是第二玄？师云：绝相离言诠。
>
> 如何是第三玄？师云：明鉴照无偏。
>
> 怎么则三玄□□□□□九天皆唱太平歌？师云：杲日舒光无□□□□尽耀豁乾坤。

---

① 详见杨曾文《道原及其〈景德传灯录〉》，载《南京大学学报》2001年3月第38卷第3期。
② 《汾阳无德禅师语录》卷上，《大正藏》卷47，第603页上。

问：人王法王事如何？师云：有道无机。

未审人王事如何？师云：皇风歌美化。

未审法王事如何？师云：无私导有缘。

……

谢师亲示离言旨，阖国皆贺太平年。师云：多语切切，少言易会。大家听取一颂：

明王治化洽乾坤，景德亲宣烛佛灯。

佛日长辉开佛眼，愿将此善福吾君。

可见，这一庆祝集会带有热烈的喜庆气氛。无论是善昭说法，还是信众提问，虽也蕴含着玄妙深奥的禅机，然而同时也含有一种轻松的乐观情调，并且时时提到人王、法王，歌颂天下太平，佛法长存。这从另一个角度反映了禅宗所具有的贴近现实社会生活的性格。

大中祥符七年（1014），翰林学士杨亿以秘书监的身份出知汝州（治今河南汝州市），翌年归京，官至工部侍郎。杨亿在汝州期间，与首山法系的广慧元琏禅师等人有密切交往，常有禅语问答。他将这些禅语随时编录，最后加以扩展，编为《汝阳禅会集》。[①] 善昭此时已六十八岁，得知杨亿到汝州为官，立即派弟子携带书信前来致意。（《汾阳无德禅师语录·杨亿序》）

据《天圣广灯录》卷十六〈善昭章〉记载，驸马都尉李遵勖特地派人到汾州请善昭到潞州的承天禅院担任方丈，开堂说法。[②] 消息传开，汾州官民纷纷出来挽留。在善昭表示同意前往之后，地方人士设宴饯行。善昭让李遵勖派来的人先去用餐，然后同行。然而此人饭后去请善昭时，发现他已于座上去世。[③] 本书及其他灯史皆未记载善昭死时的年月，《禅林僧宝传·善昭传》仅载他"阅世七十有八，坐六十五夏"。但据元代念常《佛祖历代通载》卷十八载，善昭死于

---

① 《罗湖野录》卷下〈杨亿章〉。

② 据《宋史》卷四六四〈李遵勖传〉，李遵勖曾任泽州防御使，未载知潞州之事。宋代诸州"防御使"无职事，为寄禄官，不住本州。泽州治今山西晋城，与治今山西长治的潞州相邻。李遵勖是以何种身份，直接地还是间接地通过地方官派人请善昭住潞州住承天禅院的，不好确定。

③ 《禅林僧宝传·善昭传》亦载此事，谓龙（隆）德府（宋徽宗时改潞州为隆德府）尹李侯（李遵勖）与善昭有旧交，三度派人请他去承天寺，善昭皆不答应，最后虽答应，在尚未成行之际于进食时去世。相比之下，因为《天圣广灯录》为李遵勖编著，应当更加可信。

宋仁宗改元天圣之后的甲子年，即天圣二年（1024）。今从之。[①]

善昭培养出很多弟子，最著名的有楚圆、守芝。他们后来分别到潭州（治今湖南长沙）石霜山、瑞州（治今江西高安市）大愚山传法。此外有滁州（治今安徽滁州市）琅邪山慧觉、舒州（治今安徽潜山县）法华院全举、南岳（湖南衡山）芭蕉庵谷泉等人。从此，临济宗不仅在北方，而且在江南也得到迅速传播。

二 语录和著作

前面提到，在善昭生前已经有他的语录集传世。这一语录集在他死后由弟子楚圆增补修订，题《汾阳无德禅师语录》（下简称《汾阳语录》）三卷，署名"门人住石霜山慈明大师楚圆集"。"慈明大师"之号是以皇帝名义所赐，不知下赐于何时。楚圆先后住持袁州南源山广利禅院、潭州道吾山兴化禅院、潭州石霜山崇胜禅院、潭州南岳山福岩禅院。可知楚圆最后集编《汾阳语录》是在他住石霜山的时候。

据现存《汾阳语录》最后所载北宋建中靖国元年（1101）正月由比丘守中写的题记，此录旧版原在汾州（此当特指州治所在地西河），因岁久侵蚀，字多脱落，南方少见，于是集资刻版于洪州（治今江西南昌）重印，由庐山圆通寺崇胜禅院住持圆玑校勘。元朝至大四年（1311）因此书已经难寻，天台山比丘木石子聪募金重加刊印。日本藏经书院从1905—1912年编印的所谓《大日本续藏经》（简称《卍字续藏》、《续藏经》）的第二编第二十五套第一册所收的《汾阳无德禅师语录》即是以此为底本排字刊印的。《大正新修大藏经》卷四十七所收本又以《续藏经》本为底本刊印。

现将这一《汾阳语录》的结构作简单介绍：

卷首载有杨亿写的序；

卷上主要记载善昭在汾州大中寺太子禅院说法的语录，有一小部分是善昭在襄州白马山接受汾州聘请北上经过华县及坦县时应当地寺僧邀请上堂说法的语录；

[①] 陈垣《释氏疑年录》卷六谓："《佛祖通载》作天圣二年甲子卒，《禅灯世谱》、《佛祖正传》作天圣元年甲子卒，天圣元年非甲子，《五灯全书》作乾兴元年壬午卒，今定为天圣初。年岁据《禅林僧宝传》三。"

卷中载有：

（1）《颂古百则》，是善昭选择自唐代以来流传于丛林间的公案语录一百则，然后加上自己写的带有转述、赞颂、评论性质的诗偈100首。所选公案语录多是唐五代时期著名禅师的，只有一则是其师宋代首山省念的。诗偈多为七言四句，有83首；七言六句14首，七言八句2首，五言四句1首。最后载有〈都颂〉曰：

先贤一百则，天下录来传，难知与易会，汾阳颂皎然。空花结空果，非后亦非先。普告诸开士，同朋第一玄。①

从词句口气看，像是编者楚圆的。因为"汾阳"是世人对善昭的尊称，"汾阳颂皎然"不可能出自善昭自己之口。"开士"指菩萨，亦可用来尊称大乘修行者、高僧。"第一玄"是指超言绝象的真如佛性、自性。〈都颂〉的大意是说公案语录有难有易，然而善昭诗偈所表达的意境皆清晰明白，既然诸法毕竟空寂，便不存在先后古今之别，借此昭示天下修行的同仁，从中参悟自性——"第一玄"。

（2）《诘问一百则——逐一代之于后》，现只存99则。是据佛经、古来语录、日常参禅中经常接触的道理，提出一百个问题，然后逐一回答。因为是假设问者向另外的人提出问题，而由自己代为回答，故称"代"（代语）。现仅举其中四则。第三则："水无筋骨，为什么能持大地？代云：柔弱胜刚强（按：此引《老子》语）。"第十九则："一切众生，本来成佛，地狱众生，因何受苦？代云：知恩者少。"第四十四则："僧依法出家，为什么法因僧说？代云：莫谤如来。"第八十九则："无情为什么有佛性？代云：知。"② 可见，代语并不是完全针对问语做出意义明确的回答，而是以含糊的可以做出各种解释的语句来作答，亦即避免用"死句"，而选用所谓"活句"。后面有编者加的颂："诘问一百则，从头道理全。古今如目睹，有口不能诠。"言外之意是：既然不能表诸语言，那么所做的代语也只能具有象征意义。

（3）代语与别语，共103则，其中别语仅有4则。前加编者按语曰：

---

① 《大正藏》卷47，第613页下。
② 同上书，第613页下、第614页上下、第615页中。

> 室中请益，古人公案，未尽善者，请以代之；语不格者，请以别之，故目之为代、别。①

从所列代语的实际情况来看，有如下两种情况：一是在所举公案中有问语而本来就没有答语的场合，代为回答。例如，第63则："僧问六祖：黄梅意旨，什么人得？祖云：会佛法者得。（僧曰：）和尚还得么？祖云：我不得。（僧曰：）和尚为什么不得？祖云：我不会佛法。"②此原出《祖堂集》卷二〈慧能传〉，慧能答后，此僧无语。善昭所加的代语是："方知密旨难传。"另一种情况是：原来有答语被认为不够"尽善"而未予引述，以自己的答语取代。例如，第72则："僧问长庆：如何是文彩未生时事？师云：尔先举，我后举。汝作么生举？"此则原出《景德传灯录》卷十九〈长庆慧棱章〉，在长庆问后，此僧答："某甲截舌有分。"③然而，善昭未引这一答语，而以己语代之曰："合伸请益。"相比而言，前一情况最为普遍。

至于别语，字面意思是"另作答语"的意思，是在所举的公案中虽有答语并且已予以引述，然而被认为不够理想、不够满意，另外做出回答，称之为别语。例如，第13则："马鸣问迦毗摩罗：汝有何圣？云：我化大海，不足为难。又问：汝化性海，得否？云：若化性海，我当不得。"此大体取自《宝林传》卷三〈第十三祖毗罗尊者章〉。善昭在迦毗摩罗答语之后另加别语曰："许即不让。"再如，第19则："王问尊者曰：师得胜法否？云：已得。王曰：于生死有惧否？云：已离生死。（王曰：）既离生死，可施我头。师曰：身非我有，岂况施头。"此取自《宝林传》卷五〈第二十四祖师子比丘章〉。"王"是北天王弥罗崛，"师"是师子比丘。善昭在师子比丘答语后又加别语曰："识头么？"④

代语与别语是表达禅悟意境的两种语言表达形式，与禅师上堂说法一样，所表达的意思并不十分确定，目的是为了给人以很大的想象空间。

此外，在卷中还载有善昭为首山省念的一首颂所作的简注，编者题为《师注首山念禅师颂》。

---

① 《大正藏》卷47，第615页下。
② 同上书，第617页下至第618页上。
③ 第72则载《大正藏》卷47，第618页上。源自《大正藏》卷51，第348页中。
④ 《大正藏》卷47，第616页中。《宝林传》有《宋藏遗珍》本，《禅宗全书》第一册载其影印本，另可参考日本驹泽大学禅宗史研究会《译注〈宝林传〉卷三》、《译注〈宝林传〉卷五》。

卷下载录善昭作的《参学仪》、《略序四宗顿渐义》等短文,以及《行脚歌》、《不出院歌》、《自庆歌》、《十二时歌》等歌,《证道颂》、《七祖颂》、《三玄三要颂》等偈颂。所著《广智歌——一十五家门风》以偈颂体概述唐五代禅宗的十五家宗风。到底是哪十五家,分辨不出。据其夹注,仅有马祖宗派、洞山宗派、石霜宗派、沩仰宗派、石头药山宗派、地藏至雪峰宗派、云门宗派,此外还有德山临济宗派。这种分法与传统上对宗派的说法不同,根据何在,值得玩味。

《古尊宿语录》卷十也载有善昭的语录,题为《汾阳昭禅师语录》,未题集录者,内容比上述楚圆集《汾阳语录》篇幅小很多,除个别段落外,其他内容在楚圆集《汾阳语录》皆可找到。

此外,在《景德传灯录》卷十三、《天圣广灯录》卷十六、《联灯会要》卷十一、《五灯会元》卷十一、《续古尊宿语要》卷一,也载有善昭的语录,篇幅长短不同。

三 善昭的主要弟子

善昭培养出很多弟子,最著名的有楚圆、守芝。他们后来分别到潭州石霜山、瑞州大愚山传法。此外,有滁州琅邪山慧觉、舒州法华院全举、南岳衡山芭蕉庵谷泉。关于楚圆,后面设有专节,这里仅对其他四位作简要介绍。

(一) 大愚守芝

守芝(?—约1056),俗姓王,太原人。幼年在潞州(治今山西长治)承天寺通过考试《法华经》得以出家为僧,以讲《金刚经》出名。后闻善昭之名,前往投师,并受印可。

守芝后来南下渡江,先后在瑞州高安县(在今江西)大愚山兴教寺、洪州南昌(在今江西)西山翠岩寺担任住持传法,世称大愚守芝或翠岩守芝。他在某次说法中对弟子说:"僧俗中皆有奇人",以举杨亿为证,赞扬他的一首偈:"八角磨盘空里走,金毛师子变作狗。拟欲将身北斗藏,应须合掌南辰后。"他说这首偈传播四方,"塞断衲僧口",没有人可以应对。他批评当时一些禅僧满足于少知寡闻,赞扬善昭提出的"十智同真",然而却没有作解释。他又批评"后生晚学"一个劲地"向言句里贪著义味,如驴舐尿处,棒打不回",认为是他们不广求参访名师，遍历门风才这样的。对善昭作的《十五家宗风歌》（即《汾阳语录》卷下〈广智歌〉）十分赞扬，并且逐段指出所概括的宗风是哪家的。他所指明前七个宗派与《汾阳语录》所载《广智歌》的夹注几乎完全相同。[①]

守芝于宋仁宗嘉祐之初（元年是1056年）去世。弟子中以雪峰文悦（997—1062）比较有名，先后在南昌翠岩寺、南岳（衡山）雪峰寺住持传法，《禅林僧宝传》卷二十二有传，《古尊宿语录》卷四十有其语录。

（二）琅邪慧觉

慧觉，或作惠觉，西洛（当为西京洛阳之略）人，俗姓不详。《建中靖国续灯录》卷四〈惠觉章〉载其父曾任"衡阳太守"（宋代人常称知州为太守，也许是衡州知州），在父病亡后扶棺回洛安葬途中，走到澧阳药山古刹时，有旧地重游之感，便产生出家念头。在出家后游历各地过程中，参访善昭，从他受法。此后到滁州（在今安徽省）琅邪山开化寺住持传法，逐渐出名，与当时云门宗的雪窦重显禅师名闻远近，丛林间称之为"二甘露门"。

慧觉主张应在现实生活中传法，在说法中明确地要求弟子："一、不得向万里无寸草处去；二、不得孤峰独宿；三、不得张弓架箭；四、不得物外安身；五、不得滞于生杀。何故？一处有滞，自救难为。五处若通，方名禅师。"（《古尊宿语录》卷四十六〈慧觉语录〉）表示反对禅僧到远离民众的偏僻地方传法，禁止从事射猎活动。最后的"不得滞于生杀"，或是指在特殊场合可以开杀戒，如大乘瑜伽菩萨戒那样；或是比喻参禅中的灵活问答为生与杀（灯史中有所谓"杀人刀"、"活人剑"的说法），要求灵活掌握。

他经常运用正反两面、既肯定又否定的对比说法，讲述禅法，让门下通过想象熟悉相即不二的思辨方法。他曾说：

> 奇哉十方佛，元是眼中花；欲识眼中花，元是十方佛。欲识十方佛，不是眼中花；欲识眼中花，不是十方佛。
>
> 见闻觉知，俱为生死之因；见闻觉知，正是解脱之本。（《建中靖国续灯录》卷四〈惠觉章〉）

[①] 主要见《禅林僧宝传》卷十六〈守芝传〉，另在《建中靖国续灯录》卷四、《五灯会元》卷十二有其传录。

禅宗发挥大乘佛教般若理论，认为一切皆空寂如幻，佛也一样，如同眼中幻花；然而，佛又是真实存在，或称真如、法性，或称法身，或指报身、化身，意义不全相同。禅师在不同场合交替运用，目的是引导学人破除对有或空的执著。至于人的"见闻觉知"（正常感觉与认识），既认为是一切烦恼的根源，又认为解脱不离人的见闻觉知，如慧能所说："虽即见闻觉知，不染万境，而常自在"（敦煌本《六祖坛经》），表达了禅宗的现实主义风格。从这个意义上说，"见闻觉知"又是解脱之本。慧觉之所以这样说，是因为看中里面蕴含的禅宗要义。

慧觉的弟子有在苏州定慧院传法的超信、在洪州泐潭山传法的晓月、在秀州长水寺传法的子璇等人。

（三）法华全举

全举，俗姓、籍贯不详。从善昭受法后，行脚各地访师参禅，先后参谒过很多禅师，其中比较著名的有云门宗禅僧荆南福昌、蕲州五祖寺师戒、明州雪窦寺重显，临济宗潭州石霜山楚圆、瑞州大愚山守芝，法眼宗庐山栖贤寺证諟等禅师，因其"饱参"受到善昭的称赞。先后在舒州（治今安徽潜山县）龙舒法华院、白云山海会寺担任住持传法。

全举在参禅问答中爱用偈句，例如，他参谒公安远禅师时，远问："作么生是伽蓝？"他答："深山藏独虎，浅草露群蛇。"又问："作么生是伽蓝中人？"他答："青松盖不匝，黄叶岂能遮？"他参谒重显时，重显问："牛吃草，草吃牛？"他答："回头欲就尾，已隔万重关。"惠洪在《禅林僧宝传》卷十五〈全举传〉中称赞他"举机辩如电砰雷射，不可把玩，诸方畏服"。[①]

（四）芭蕉谷泉

谷泉，泉南（福建泉州）人。自幼聪明，然而经常不守礼节，大言不惭，受到周围人的厌恶，便出家为僧。出家后又置戒律于不顾，"任心而行"，所至丛林不受欢迎。他对此也不介意。到汾阳从善昭受法后，回到南方，流转于湖南一带。

谷泉听说师兄楚圆在道吾山传法，便前往参谒。楚圆问："白云横谷口，道

---

① 全举，另在《建中靖国续灯录》卷四、《五灯会元》卷十二载有传录。

人何处来？"他看了一下左右，答："夜来何处火，烧出古人坟。"意为自己是古人再世。楚圆呵斥说："未在更道！"他竟学虎叫声。楚圆将坐具甩过去，他接住，顺势扔到绳床上。于是楚圆也学虎叫。在这一问一答和动作中，是蕴含什么禅机的，看来楚圆对他的表现是满意的。

后来，谷泉先后在衡山顶上灵峰寺的懒瓒岩、芭蕉庵、保真庵居住传法。离开芭蕉庵时，在墙壁上用大字写道："予此芭蕉庵，幽占堆云处。般般异境未暇数，先看矮松三四树。寒来烧枯杉，饥餐大紫芋。而今弃之去，不知谁来住。"看来他居住的所谓庵，是临时建造的简陋小屋，食用取之于山林。他到衡山县城，向屠夫乞肉，以杖背着大酒瓢（酒葫芦）往来山中。人问瓢中何物，他答是"大道浆"。经常醉卧山路之中。自己作偈曰："我又谁管你天，谁管你地？著个破纸袄，一味工打睡。一任金乌（按：太阳）东上，玉兔（按：月亮）西坠，荣辱何预我，兴亡不相关。一条挂杖一胡芦，闲走南山与北山。"表现他无拘无束、逍遥自在的情况。他庵中有奴名调古，为他栽植蔬菜、紫芋，打柴做饭。谷泉尽管住在深山，与石霜楚圆、黄龙慧南、雪峰文悦等禅师常有书偈往来。①

谷泉在宋代禅僧中是一位少有的个性突出，不拘小节，甚至置戒律于不顾，随意喝酒吃肉的人。嘉祐（1056—1063）年间，有个叫作冷清的人，因妖言惑众被官府处死。因他曾在保真庵住过，谷泉受到牵连，被决杖发配到郴州牢城，在苦役之中死去。

善昭的弟子中，还有在潭州石霜山的法永、蕲州黄梅龙华寺的晓愚、安吉州天圣寺的皓泰、唐州龙潭寺的智圆、舒州投子山的圆修、汾州太子院的道一等人。从此，临济宗不仅在北方，而且在江南也得到迅速传播。

四　善昭的禅法

善昭是临济下五世，清代临济宗纪荫《宗统编年》把他奉为临济宗第六世祖。他基本上传承义玄以来的禅法，然而，在传法中也表现出自己的特色，除强调众生与佛没有根本差别，教导弟子自修自悟外，在传法方式上经常运用临

---

① 此据《禅林僧宝传》卷十五〈谷泉传〉。在《联灯会要》卷十三、《五灯会元》卷十二皆载有谷泉的传录，但没有他喝酒吃肉的内容。

济宗的"四料简"、"三玄三要"等"门庭施设"作新的发挥,并且借助"文字禅"的形式,即通过撰写"颂古"诗偈以及歌词、短文,在引述前人语录之后加以"代语"、"别语"等形式来表达自己的禅学见解。

下面主要根据《大正藏》第47卷所载楚圆所集《善昭语录》对善昭的禅法作概要介绍。

(一)"道"不可说,"言诠罔及"

何为道？在禅宗的语汇中,道与大乘佛教理论体系中的至高概念真如、法性、佛性等是同等的概念。《景德传灯录》卷二十八〈江西道一禅师语〉中的"道不用修,但莫污染","平常心是道"、"道即是法界,乃至河沙妙用,不出法界";黄檗希运《宛陵录》中的"道在心悟,岂在言说"、"大道本来平等"①,等等,其中的"道"与佛性、本心等大体同义。道虽有世界本体、本原的意义,然而在一般的场合,特指人所具有的成佛解脱的内在可能性。在不少场合,道也指引导修行者达到成佛解脱的方法、教法,如敦煌本《六祖坛经》中的"示道见性"、"修道"、"学道"、"佛道",《临济录》中的"学禅学道"、"访道参禅"②,等中的"道",就具有这种含义。

在丛林参禅的场合,无论是哪种意义上的道,都被认为不能直接地用语言表述。一些禅师在说法中往往用比喻,乃至用不相干的话来启示或暗示。尽管如此,他们在向门下说法的过程中仍难免直接阐述他对道的理解。有僧问善昭:"如何是道？"他答:"虚空无障碍,来往任纵横。"此僧表示谢意。善昭却反过来问他:"尔唤什么作道？"此僧不知如何回答。善昭说:"只解骑虎,不解下虎。"③ 善昭对道的解释,大体是将道作世界万物的本体讲的,道无形无相,无所不在,体现在万事万物之中,与《老子》中的道相似。在这种场合,道与所谓的真如、法性、佛性等相同。又有僧问:"如何是道？"善昭答:"共汝大家行。"④ 在这里,道是佛道、菩提之道的意思。善昭告诉门下弟子,道是大家应当遵循修行的教法、准则。

---

① 道一语录,载《大正藏》卷51,第440页上；希运《宛陵录》,载《古尊宿语录》卷三。
② 参见杨曾文校,宗教文化出版社2001年出版的《新版敦煌新本·六祖坛经》。《临济录》载《大正藏》卷47,所引见第497页下、第500页中。
③ 《大正藏》卷47,第595页下。
④ 同上书,第600页中。

善昭对道虽有上述的说法，然而又告诉门下，从根本上说，道是不可用语言表述的。他在某日上堂对弟子说：

　　大道之源，言诠罔及。祖印相传，迷情岂测？当台秦鉴，好丑俱分。鸭类鹅王，水乳自辨。如今还有辨得底么？拈出来看。

"大道之源"也就是大道，亦即禅僧经常说的自性、佛性，是世界一切的本原。"秦鉴"，即题为汉刘歆撰《西京杂记》卷三所记秦宫原藏的方镜，据称它"表里有明"，可以照到人的肠胃五脏及疾病所在、心术邪正。善昭的意思是说，作为世界本原的大道是不能用语言表述的，只可通过历代祖师心心相传，绝非普通人的心识可以理解。人生来秉有的清净自性如同当年秦宫的宝镜，可以照见行为的好丑善恶。人们只有通过自己直探心源才能体悟道、自性，终究不能通过别人语言传授得到，如同鸭、鹅在水中自己辨别水与乳一样。

这是善昭在日常说法中经常不正面讲述何为佛道？何为禅宗要旨？以及如何修行，如何成佛的道理的理论根据。

因此，对于同样是"如何是大道之源"的提问，他也曾答："掘地觅天。"此僧又问："何得如此？"他答："不识幽玄。"[①] 很清楚，"掘地觅天"意为不可能，借以启示此僧，对于何为是道这个问题，是不能正确回答的；并告诉他，对于道所蕴含的幽玄深义是难以认识的。对这个问题，他也回答："行之不在天。"意为实践大道不在天上而应在人间。问者会意，接着问："恁么则更不寻山旁涧也。"是问，难道为了修道不应到处于山水之间清净的地方吗？善昭回答："既能明妙用，切忌倚林峦。"是表示认可。"倚林峦"，是在人迹罕至的山林的地方隐居和修行。[②] 敦煌本《六祖坛经》载慧能的偈说："法元在世间，于世出世间，勿离世间上，外求出世间。"在人间传法，在人间求得觉悟，是自慧能以来禅宗的基本主张。

（二）人人皆有佛性——"谁人无佛心"

大乘佛教的佛性论是禅宗依据的重要理论之一，它的心性论和解脱论就是

[①]《大正藏》卷47，第595页下。
[②] 引文见《大正藏》卷47，第595页下、第599页下。

建立在这一理论的基础上的。所谓佛性就是佛的本性、成佛的可能性和内在依据,有时与真如、法性、法身同义。禅师在传法的时候用不同的语言、比喻和动作来启示门下弟子和参禅者,人人皆有与佛一样的本性,要达到成佛解脱的目的不必外求,而应当向内体悟本有的清净的自性,如同唐代慧能所说:"识心见性,自成佛道。"(敦煌本《坛经》)临济宗创始人义玄将佛性理解为人的心识、精神,为了让僧众形象地理解这个道理,曾在传法中将佛性比喻为"无位真人"、"无依道人",说它可以从每个人的"面门"自由出入,时刻不离人的左右。

善昭在某日小参时,向弟子讲述自己当年参谒曹洞宗石门慧彻时的一段经历。他说,慧彻曾上堂说:"一切众生本源佛性,比如,朗月当空,只为浮云翳障,不得显现。为明为照,为道为路,为舟为楫,为依为止,一切众生本源佛性,亦复如是。只为烦恼重云之所掩蔽,不得显现,鉴照分明。"善昭听到此话,十分赞赏,立即站出来用偈颂提问:"朗月海云遮不住,舒光直透水精宫时如何?"暗含着烦恼毕竟遮盖不住清净的佛性,它的光芒无所不照,正如同明月之光可以透过海水照射进海底的水精宫那样。虽是提问,却已将自己的见解含蓄地表达出来。慧彻表示认可,并且用偈颂作答:"石壁山河非障碍,阎浮(按:此泛指人间)界外任升腾。"意为佛性不仅遍布于人间世界,即使在人间之外也无所不在。善昭接过来说:"恁么则千圣共传无底钵,时人皆唱太平歌。"祖祖相传之钵既然无底,可以解释为此钵无限之大;"时人皆唱太平歌"是表示人人充满自信,天下祥和。慧彻又答:"太平曲子作么生唱,不堕五音,非关六律。"向他指出,这种太平歌不是人间可以用五音六律表示的曲目,也许是指是心的和谐自信的状态。最后,慧彻劝大家"善自保任",在观悟和保持心性清净上下功夫。

善昭在介绍完这段经历之后,问门下弟子:"且问诸上座,还有人和得太平曲子么?若也和得去,上座即是老僧;若和不得,上座不可无分也。"当是示意门下弟子体悟自己的"本源佛性"并建立自修自悟的信心。他大概担心弟子不理解,又明白指出:

孰人无佛,谁佛无心。直饶见佛明心,犹是眼中尘翳。[①]

[①] 以上引自《汾阳语录》卷上,《大正藏》卷47,第602页中下。

无论什么人的自身都有佛，任何佛都有心。然而他点出这个意思还没有把问题说完，接着又以禅宗特有的见解指出：即使为了觉悟解脱，有意识地"明心"（断除烦恼，显现佛性）也会适得其反，有碍解脱。他实际是将有意追求"明心"看作是一种执著，比喻为眼中的尘翳。这与唐代神会所说"心闻说菩提，起心取菩提；闻说涅槃，起心取涅槃；闻说空，起心取空；闻说净，起心取净；闻说定，起心取定。此皆是妄心，亦是法缚，亦是法见。若作此用心，不得解脱，非本自寂静心"（《南阳和上顿教解脱直了性坛语》）① 是一致的。因为从慧能以来，禅宗历代著名禅师虽教导弟子体悟自性，然而又提倡"无念为宗"、"无心"，认为把自性看作一个实在的东西，把"识心见性"当作追求的目标，不能以"平常心"看待这一切，也是违背般若中观的理论和"无念"、"无心"的宗旨的。

慧彻所讲"本源佛性"的话似乎在善昭心中留下深刻印象，他某日上堂用此话教导弟子说："一切众生本源佛性，譬如朗月当空，只为浮（按：此处误作'净'字）云翳障，不得显现。"有僧站出来问："朗月当空，却被片云遮时如何？"是以比喻的方式表达自性只被少许烦恼遮盖时怎么办？善昭对于这一问题却回避回答，立即改变话题，竟说："老僧有过，阇梨须知。"竟承认自己有错，让这位僧自己考虑。然而当此僧表示："恁么则分明辨的。"认为可以清楚辨明这个问题时，善昭却以"退后莫思量"来表示反对他认真思虑这个问题。② 在他看来，对于如何解脱这个问题既不能以语言讲述清楚，也是不应该思虑的。

善昭在《见性离文字》的偈颂中说："见性非言说，何干海藏（按：比喻佛经之多）文。举心明了义，不在广云云。"（《汾阳语录》卷下）③ 是说见性解脱与经文、说法无关。这实际是从"第一义谛"来说的，从"俗谛"来说，如果什么也不说，弟子、信众如何了解佛法？各丛林的禅师总是在这不可说，又不可不说的两难的夹缝中维持每日上堂，聚徒说法的局面。

善昭写有《直指本心》偈，曰："众生少信自心佛，不肯承当多受屈。妄想贪嗔烦恼缠，都缘为爱无明窟。"是用偈颂的形式告诉世人应相信佛在自心，如果对此不认识，就会被情欲烦恼缠绕不得自由，不能摆脱生死之苦。这样，自

---

① 杨曾文编校，中华书局1996年出版的《神会和尚禅话录》第8页。
② 引文见《大正藏》卷47，第600页下。
③ 《大正藏》卷47，第628页中。

心有佛，也有无明烦恼，他称之为"魔"。他在《顿渐俱收》颂中说："识心心是佛，不识即魔王。魔佛一心作，佛真魔即狂。"（《汾阳语录》卷下）① 告诉人们如果能够体悟本有的清净自心（自性、佛性），此心就是佛；如果不认识这点，自心就是妄心、充满烦恼的心，就会如同魔那样让人做出种种邪恶的事；佛是真善的，魔是狂暴害人的。这不外是借此劝喻人们应勤于自修，领自性悟。

（三）强调自修"自见"与精进

任何禅师，不管怎样表示不愿讲述修行的道理，也总要不断地接触这点，否则就无从传法，培养弟子。善昭在说法中尽管也经常躲躲闪闪，然而也多次告诉弟子如何修行，如何行脚。善昭一日上堂对弟子说：

> 千说万说，不如自见。若得自见分明，当下超凡入圣，不被众魔惑乱，唤作大事已办。但有来者，到尔面前，一个伎俩用不得。所以赵州（按：唐代赵州从谂和尚）云：老僧只管看这底（按：的），不是个择法眼。释尊唤作妙明真性，不假庄严会取，免得妄认缘尘，虚过时光。（《汾阳语录》卷上）②

意为听别人说千遍万遍，不如自己领会契悟自性，如果做到这一步，便立即达到所谓"超凡入圣"的境界，再也不会受到各种情欲烦恼的迷惑，便是大事已办，不管任何人前来扰乱、引诱，皆不起作用。"自见分明"是体悟自性分明。谓释迦佛称这一自性为"妙明真性"③，认为不应依赖于外在的什么形式（指语言、说法）去契悟自性，否则就受到外物迷惑，虚度时光。

善昭重视自修自悟，认为企图依赖别人的讲授、接引达到觉悟是不可能的。他曾对弟子说：

> 诸方老宿，事不获已，东语西语。尔等将谓合怎么地广陈词说，各竞聚头，不眠不睡，道我参寻。尔拟向那里参！古人云：向外作功夫，总是

---

① 两偈载《大正藏》卷47，第628页下、第628页中。
② 《大正藏》卷47，第598页上。
③ 此当出自《楞严经》，此经多处以"妙明"描述清净自性，称为"妙明真心"（卷二）；也称自性为"真性"。

痴顽汉。快须信取，不用久立。(《汾阳语录》卷上)①

他首先说各地禅寺的有声望的老禅师每天上堂说法，是出于不得已，然后批评门下弟子竟认为这样"广陈词说"是应当的，竞相游方相聚，日夜寻师，参禅问道。他大声斥问：你们想到哪里参！古人早已说过：任何向外追求解脱的修行做法，都是愚痴顽固表现。

尽管如此，善昭并不反对行脚游方，他自己早年就参访过70多位禅师。那么，应当如何看待行脚访师，参禅问道的做法呢？他告诉弟子：

> 古德已前行脚，闻一个因缘，未明中间，直下饮食无味，睡卧不安。火急决择，将莫为小事。所以大觉老人（按：指佛）为一大事因缘，出现于世。想计他从上来行脚，不为游山玩水，看州府奢华，片衣口食，皆为圣心未通，所以驱驰行脚，决择深奥。传唱敷扬，博问先知，亲近高德，盖为续佛心灯，绍隆祖代，兴崇圣种，接引后机，自利利他，不忘先迹。(《汾阳语录》卷上)②

是希望弟子学习古代祖师的刻苦求知的精神，为了明白一个事理，不惜日夜参究。《法华经·方便品》说佛出世是为了一件大事："令众生开佛知见"，"示众生佛之知见"，"悟佛知见"、"入佛知见"。善昭想象，佛当年入悟之前也有过艰苦的行脚经历，在行脚过程中不是为了欣赏山水之美，也不是观赏州府城镇的繁华景象，衣食仅维持温饱，一心为求觉悟，到处寻师，探究奥义。他告诉弟子，现在传法，参问禅法，参拜高德，目的只是为了传承佛法，发扬先祖神圣事业，培养后继人才，是既自利又利他的行为。

善昭认为，在参禅问道过程中，跑上几千里的路，将自己疑难的问题参究明白，是值得高兴的事，劝弟子不要混日子，虚度光阴。他说："好东问西问，忽然言下省悟去，岂不庆快也。不枉废时光。尔看古人，为一个因缘未明，三千五千里地往返，□□辛苦决择，要明斯事。汝等诸人，事须向前，莫逐日过时，有甚了益！比来行脚，拟图个什么？只如百千诸佛出现世间，盖为一大事

---

① 《大正藏》卷47，第598页中。
② 同上书，第597页上。

因缘故。诸人分上可不知,有老宿上座相共证明。"(《汾阳语录》卷上)①

善昭劝勉门下弟子不要懒惰,要努力精进。他在回答弟子询问时说:

> 如何是诸佛行李处?对他道:直下无生路,行时不动尘。且问诸上座,既是无生路,且作幺进步?诚进看,若不进步,不可有自然释迦、天然弥勒。所以发足超方(按:当作"凡"字)入圣阶梯,精进为务。若不精进,无有是处。故经云:未曾有一法,从懒惰懈怠中得。精进犹如牛二角,习学日久,身心纯熟,正念现前,舒卷自在。所以无功之功,其功大矣。志公(按:南北朝时梁朝僧宝志)云:勇猛精进成懈怠。且问诸上座,既是精进,为什么却成懈怠?若久参先德,不在此限。晚学初心,也须子细。大众既精进,专(按:当为"某"字)甲不懈怠。言多则去道远矣。(《汾阳语录》卷上)②

大乘佛教所说的佛有无数之多,简称"诸佛",认为他们在成佛前都有长期修行的经历,有过智能功德的积累。这大概就是善昭所讲的"诸佛行李处"。随后他对此解释:他们当初向超越生死的道路直进,却又不显形迹,是在暗示他们自然无为。然而能因此说他们不精进、未曾努力吗?他肯定地表示,任何佛都是不断精进的结果,超凡入圣必须以精进为前提,怠惰是办不成任何事的。善昭又从禅宗所奉的"无念"宗旨的角度加以提醒,虽说要精进,然而如果执著于精进,反而会转为"懈怠",也许是对直深心源的懈怠吧。

(四) 汾阳门庭

唐代临济宗创始人义玄在接引、教诲弟子和来自各地的参禅者进程中,形成一套独特的方式方法,有所谓四宾主、三玄三要、四料简、三句等,禅宗史书称之为"临济施设"、"临济门庭"。进入宋代以后,经风穴延沼、首山省念和汾阳善昭在传法中大力举扬,这些传授禅法的方式方法甚至被看作是临济禅法的主要标志了。曹洞宗、云门宗也有自己的门庭施设。

汾阳善昭在传法中不仅借用临济宗的四宾主、三玄三要等来发挥自己的禅

---

① 《大正藏》卷47,第603页上。
② 同上书,第601页下。

法见解，并且也借用曹洞宗的门庭施设"偏正五位"来进行发挥，表现出他对禅门诸派禅法的兼容并蓄的风格。同时他还提出所谓四转语、十智同真等新的提法。我们不妨将这些统称之为"汾阳门庭"吧。

无论是临济义玄提出四宾主、三玄三要等，还是洞山良价提出偏正五位等，都没有作确定而详细的解释，人们只是凭借他们用以表述的含糊语句窥测其意思。善昭在运用这些禅语形式时更是如此，虽然透过他的表述仍可大体猜测出他的意思，然而也有一些表述语句过于笼统，使人捉摸不透，应当说这也是丛林禅风开始脱离社会现实和日常生活的一种反映。

下面让我们举例说明。

1. 四宾主

临济义玄的四宾主是从师徒、主宾对问题答问的意境高低分为宾看主、主看宾、主看主、宾看宾。善昭运用最多的是四宾主。但他所说的四宾主与义玄的提法不同，称之为宾中宾、宾中主、主中宾、主中主，单从名称上看与曹洞宗的四宾主相似。

然而曹洞宗用四宾主来表述真如佛性、理（体）与其显现、作用（用）的关系。参照《人天眼目》卷三的解释："主中宾，体中用也"，当指真如显现的万物；"宾中主，用中体也"，是万物体现的本体；"宾中宾，用中用，头上安头也"，指万物相互作用，缘起无尽；"主中主，物我双亡，人法俱泯，不涉正偏位也"，指超越时空、物我、内外的法性、法身。此与临济宗的四宾主显然不同。

善昭讲的四宾主从内容上看仍属于临济宗的。他所讲的宾中宾，亦即宾看宾；宾中主，即宾看主；主中宾，即主看宾；主中主，即主看主。[①]

现将《汾阳语录》卷上所载善昭三次讲到的四宾主引述如下，并试作解释。

> 问：如何是宾中宾？师（按：善昭）云：合掌庵前问世尊。
> 如何是宾中主？师云：对面无人睹。
> 如何是主中宾？师云：阵云横海上，拔剑搅龙门。
> 如何是主中主？三头六臂擎天地，愤怒那咤扑帝钟。
> 问：如何是宾中宾？师云：终日走红尘，不信自家珍。

[①] 详见拙著《唐五代禅宗史》第八章第一节、第三节有关段落介绍。

如何是宾中主？师云：识得衣中宝，端坐解区分。
如何是主中宾？师云：金钩抛四海，玉烛续灯明。
如何是主中主？师云：高齐日月光寰宇，大阐鸿音唱祖歌。
问：如何是宾中宾？师云：师云：清净道者解求真。
如何是宾中主？师云：万象纵横都不顾。
如何是主中宾？师云：横身当古路。
如何是主中主？师云：坐断毗卢顶，不禀释迦文。①

我们从这些前后毫不相同的答语中，能大体看到表示参禅场合中禅师与学人的见解高低的情况吗？它们与当初临济义玄以含糊的语句表达的四宾主有相似之处吗？

（1）宾中宾，义玄原来是以此表示禅师与学人双方皆迷于真见而又自以为正确的场面。前引善昭的第一段中的答语"合掌庵前问世尊"与第三段答语"清净道者解求真"，表示自己无知，而外求指教真理的情况。第二段的答语"终日走红尘，不信自家珍"，以批评的口吻说他们终日在世间，不相信自家藏有珍宝（指自性、佛性）。在这三种场合，虽没有提示出主客双方，然而皆以形象的语句表达出不知、求问的意思。应当说，能够大体看出原"宾看宾"的意思。

（2）宾中主，义玄原以此表示学人表现出高明见解，禅师陷于被动的情景。关引第一段中的答语"对面无人睹"，描述面对学人的禅师对学人熟视无睹，亦表示对其见解不赏识。第二段答语"识得衣中宝，端坐解区分"，表示学人体悟自性，可以从容地表述自己见解。第三段的"万象纵横都不顾"，反映学人置身于以堂头禅师为中心的说法参禅局面时表现出高度的自信。这三句答语，也大体符合原"宾看主"的意思。

（3）主中宾，原是表示禅师见解高明，处于主动地位，学人迷惑，处境尴尬的情况。前引第一段中的答语"阵云横海上，拔剑搅龙门"，表现出阵势可观，主动出击的样子。第二段的"金钩抛四海，玉烛续灯明"，描述的是垂钓四海，坐等鱼上金钩的情景。第三段的"横身当古路"，也许是表示一人当关，万夫莫开的意思。三段语句，大致暗含着主动出击或坐镇待敌的意思。应当说，

---

① 三段分别见《大正藏》卷47，第598页上、第600页中下、第604页上。

语句含义虽模糊，但也大体反映出原"主看宾"的意思。

（4）主中主，原是表现参禅的禅师、学人主客双方皆有见解，悟境旗鼓相当。前引第一段的"三头六臂擎天地，愤怒那咤扑帝钟"，从字面意思上说，是毗天王的太子那咤三头六臂，顶天立地，正愤怒扑向帝释天王之钟，典故不明，但表现出威风凛凛，气吞山河的阵势。第三段中的"高齐日月光寰宇，大阐鸿音唱祖（按：佛、祖）歌"，表示朗朗乾坤，佛法昌盛的景象。第三段的"坐断毗卢（按：毗卢遮那佛，法身佛）顶，不禀释迦文（按：即释迦牟尼佛）"，有只依持法身佛，不秉释迦佛的意思，也许是用心表述已经契悟（坐断）自性（与法身相通），超越于言教的境界。尽管这三段语句背后到底蕴含什么意思，有令人难以捉摸之处，然而仍可用来勉强表述原"主看主"的那种伴随"双赢"而带来的彼此自负、喜庆和充满信心的气氛。

2. 三玄三要

《古尊宿语录》卷十〈善昭语录〉记载，善昭"举扬宗乘渠渠（按：意为勤勉），惟以三玄三要为事"，虽不足以全面反映善昭传法的情况，然而善昭对此十分重视是事实。他在日常说法中经常提到三玄三要，并且还专门为此写颂。他说："一句中有三玄三要，宾主历然，平生事辨，参寻事毕。所以永嘉云：粉身碎骨未足酬，一句了然超百亿。"[①] 有人问"如何是和尚家风"时，他说："三玄开正道，一句破邪宗。"[②] 都说明他对三玄三要的重视。那么，什么是三玄三要呢？

唐代临济义玄告诉弟子："一句语须具三玄门，一玄门须具三要，有权有用。汝等诸人，作么生会？"（《临济录》）[③] 然而义玄自己没有对此作具体解释。参照《临济录》基本思想可以推测，义玄的本意是要求弟子在参禅辨道的场合，说话要抓住要点，切中要害，使人能迅速理解自己的"真正见解"。在这个场合，"三"表示多，"玄"意为深邃，非普通语言可以表述的道理；"要"是要点。所谓"一句话"是比方，未必特指一句话；"三玄"、"三要"是递进语，"要"是"玄"之要，强调说法应有深妙内容，并要句句突出重点。从义玄一贯反对"认名作句"，执著文字来看，他不可能提倡每句话包含三个"玄"，每个玄有三个"要"。从实际情况考虑，谁也办不到。

---

① 此出自永嘉玄觉《永嘉证道歌》。
② 两段引文分别见《大正藏》卷47，第598页下、第605页下。
③ 《大正藏》卷47，第497页上。

善昭虽然一再强调三玄三要，然而同样也没有作明晰的解释。下面引述他比较集中讲三玄三要的几段，然后试作简单说明。《汾阳语录》卷上载：

> 如何是学人着力处？师云：嘉州打大像。如何是学人转身处？师云：陕府灌铁牛。如何是学人亲切处？西河弄师子。
>
> 师云：若人会得此三句，已辨三玄，更有三要语在，切须荐取，不是等闲。与大众颂出：三玄三要事难分，得意忘言道易亲，一句分明该万象，重阳九日菊花新。①

善昭所说的"着力处"、"转身处"、"亲切处"应是一个意思，皆指修行者平时应当抱定的宗旨和注意的地方。嘉州在四川，治今乐山市，境内凌云山有唐中期凿造的高70多米的大弥勒佛像。"打"当是凿造、刻造的代称。"打大像"，即凿造大佛像。陕府，指陕州治所，在今河南陕县。"灌铁牛"，当为铸造铁牛。西河即汾阳。"弄师子"，当指民间表演艺术狮子舞。善昭告诉门下参禅学人，修行并不脱离日常生活，如果能从嘉州凿造大佛像，陕府灌铸铁牛，西河舞弄狮子中悟出个道理，就可以说已经辨悟三玄。善昭的四句偈可以做出不同的解释，现试作解释。第一句是说三玄与三要难以区分；第二句也许可以理解为真如佛性或悟道（佛性、理）的至高境界，得意而忘言；第三句描述的当是"理"——佛性、自性，理显现为事，统摄万象；第四句说的是"事"，事体现理，千差万别，如金秋重阳日菊花争艳。如果以上解释大体接近善昭的本意，他实际是借此教导学人修行应立足于现实生活，从平凡事物中体悟其中蕴含的性相融通、理事圆融的道理。

比善昭稍后的云门宗僧荐福承古（970—1045）对此提出解释。据《禅林僧宝传》卷十二〈承古传〉记载，他在引述善昭对三玄三要的偈颂之后解释说，"三玄三要事难分"是对三玄的总的概括；"得意忘言道易亲"是"玄中玄"；"一句明明该万象"是"体中玄"；"重阳九日菊花新"是"句中玄"，于是将三玄明确地标明为玄中玄、体中玄和句中玄。按他的理解，善昭的三要就是三玄。从他以例句和评述对这三玄所做的解释中，大体可以看出，他是以超言绝象（"不涉言句"）的真如（或"真如之心"）、佛性当作玄中玄；以对真如佛性的体

---

① 《大正藏》卷47，第579页中。

悟为体中玄；以灵活运用言辞对心性、菩提之道等进行表述为句中玄。然而这毕竟是承古的意思，恐怕不能表达善昭的本意。北宋惠洪《临济宗旨》批评说："临济但曰：一句中具三玄，一玄中具三要，有玄有要而已，初未尝自为句中玄、意（按：原文如此）中玄、体中玄也。"

善昭还就"三玄旨趣"作颂，让弟子"决择分明"。颂曰：

> 第一玄，法界广无边，参罗及万象，总在镜中圆。
> 第二玄，释尊问阿难，多闻随事答，应器量无边。
> 第三玄，直出古皇前，四句百非外，闾氏问丰干。①

"古皇"是佛教所说的过去佛。"闾氏问丰干"，传说唐代闾丘胤将赴丹丘② 为官之时，"忽患头痛，医莫能愈"，有天台山僧丰干（或作"封干"）上门以"净器咒水喷之"，闾丘病愈，便问自己到任后安危吉凶如何？丰干只叫他到任后礼拜文殊、普贤，并说他们就是在天台山烧饭洗碗的寒山、拾得二僧。丰干与寒山、拾得都被世人看作是"神异僧"。③ 善昭所说的第一玄是讲法界（真如、佛性、一心）无边，表现为世界万物，然而皆如镜中影像；第二玄是讲佛法应机，形式多样，法门无限；第三玄是讲佛法真谛（真如、佛性或理）自古永恒存在，超言绝象，正如当年闾丘氏问神僧丰干，所得到的回答只能从言表之外寻思。三玄未必有固定的前后次序。

在《汾阳语录》卷下载有善昭写的《三玄三要颂》，曰：

> 第一玄，照用一时全，七星常灿烂，万里绝尘烟。
> 第二玄，钩锥利似尖，拟拟穿腮过，裂面倚双肩。
> 第三玄，妙用且方圆，随机明事理，万法体中全。
> 第一要，根境俱亡绝朕兆，山崩海竭洒飏尘，荡尽寒灰始为妙。
> 第二要，钩锥察辨呈巧妙，纵去夺来掣电机，透匣七星光晃耀。

---

① 《大正藏》卷47，第597页下。
② 丹丘，今河北曲阳县西北。但据《新唐书》卷五十九〈艺文三〉载《对寒山子诗》注，闾丘胤是台州刺史，并据《景德传灯录》卷二十七〈丰干传〉，他到任即到天台山访寒山、拾得，可知此丹丘当指台州（治今浙江临海市）。
③ 关于丰干与寒山、拾得的神异传说，《景德传灯录》卷二十七及《宋高僧传》卷十九有传。

第三要，不用垂钩不下钩，临机一曲楚歌声，闻了尽皆悉返照。

三玄三要各句意思前后不联贯，让我们先从各句的字面含义进行解释，然后试指出内含禅的意趣。

第一玄中的"照"指打量、观察，也指认识；"用"是适应对象情况所作出的反应，或示之以语句，或示之以动作。一般用在禅师接引学人的场合，禅师先观察学人的禅机、见解，此为照；然后再根据情况加以教导或启示，此为用。临济义玄有"四照用"。"七星"，一般指北斗七星。第一玄讲照用同时，双方满意，于是星斗灿烂，天下太平。以夸张的语句，表示参禅场面的最理想的境界。

第二玄中的"钩"与"锥"是用来捕鱼或狩猎的利器。"拟拟"可能是对着，比划着。"拟拟穿腮过，裂面倚双肩"，是描述打鱼者或狩猎者用钩锥引线将捕获的鱼或小兽从腮穿过的情景。将这句用在参禅的场合，可能是比喻禅机锋利，所向披靡。

第三玄是讲禅师善于接引学人，通过随机说法或启示，宣明理事圆融的道理，使人体悟万法在自性。

此后的第一要中的"根境"是六根（眼耳鼻舌身意）对六境（色声香味触法），概释为主体与外境。既然根境皆亡，按照大乘佛教的教理，是契悟佛性，达到最高涅槃境界，回归法身。"山崩海竭洒飏尘，荡尽寒灰始为妙"中表达一个"空"字，最高解脱境界是空寂无相，超言绝象的。

第二要中的"钩锥"是比喻禅机锐利的。"察辨"是禅师观察探测学人，或参禅双方互相观察探测。"掣电机"，是禅机灵敏，如闪电。"钩锥察辨呈巧妙，纵去夺来掣电机"，是比喻参禅双方问答得体，应对巧妙。"透匣七星光晃耀"，宝剑透过匣壁射出七色光芒，形容这一境界光彩夺目。

第三要中的"垂钩"、"下钩"当指钓鱼。"临机"，是禅师面对参禅学人，他们的禅机（禅悟素质）有高低。"楚歌"，源自楚汉相争的最后一场战役中汉兵唱楚歌以动摇楚军之心。从禅宗语录来看，禅师常把与参禅者之间的答问比做作战，在对方语句显出破绽时，戏称之为"草贼大败"，自己不行则称为"失利"或"大败"。这里也许借用"楚歌"表示对自己禅机高妙的信心。"不用垂钩不下钩，临机一曲楚歌声"，是从站在禅师的角度，认为自己禅机纯熟可以从容面对参禅学人，即使不用特别锐利的机锋就可以启发学人信服。"闻了尽皆悉返照"，正是学人信服的表现。他们从禅师的话语或动作的提示中领悟返观自性以求解脱的道理。

从当年义玄只提出"一句语须具三玄门，一玄门须具三要"，到后世临济宗禅师提出何为三玄三要，应当说是"临济门庭施设"的发展。然而后世临济禅师只是利用三玄三要的形式，甚至也可以说只是名称，而在思想内容上是彼此差异，各有千秋的。对这些本来"只可心会，不可言传"的语句，到底应如何具体解释才符合作者的原意？笔者没有把握。如果上述解释能够做到大体上接近善昭原意的话，那么可以归纳出以下几点：所谓三玄三要是以参禅这种特殊场合作为背景提出的，提倡禅语问答应当围绕禅宗的宗旨（玄、要）进行，所说的"玄"与"要"没有严格区别，并非要求做到每一句话具备三玄，每一玄有三要，正如惠洪所理解的，做到"有玄有要而已"；不同的禅师，甚至善昭个人，所说的三玄、三要未必都一个模式，语句前后也未必有固定的程序，不存在如云门宗承古所说的体中玄、句中玄与玄中玄之类；善昭重视三玄三要，是想借助这种表达形式向弟子和参禅学人表述禅宗的佛在自心、见性成佛和理事圆融、不可执著语言文字等道理。

3. 论述"五位"及其《五位颂》

善昭不仅继承并发挥临济宗的禅风，也借用曹洞宗的"正偏五位"来表述自己的见解。

"正偏五位"（或称"君臣五位"）是曹洞宗的"门庭施设"之一，既是用来观察世界与思考修行问题的程序和方法，也是用来评价禅僧的禅悟意境的标准。据传源自石头下二世云岩昙晟而后世称为洞山良价着的《五位君臣偈》及曹山本寂的《五位君臣旨诀》，五位及象征的意义大体是：（1）正—君—空—理—本来无物；（2）偏—臣—色—事—万有形象；（3）偏中至—偏中正—臣向君—舍事（色）入理（空）；（4）正中来—正中偏—君视臣—背理（空）就事（色）；（5）兼带—君臣道合—冥应众缘……虚玄大道，无着真宗。这实际是从理与事的关系上来说明世界万事万物的本体、本原是真如佛性，然而理、事之间，真如本体与世界万有之间又是彼此融通的，色空相即，理事无间的，借以引导学人达到世界万事万物之间相即圆融和无碍的至高认识境界。①

前面提到，善昭早年游方至襄州石门寺参谒慧彻时曾作《五位偈》。偈曰：

---

① 请参见拙著，中国社会科学出版社1999年出版的《唐五代禅宗史》第八章第三节之五。

五位参寻切要知，纤毫才动即差违，
金刚透匣谁能晓，唯有那咤第一机。
举目便令三界静，振铃还使九天归。
正中妙挟通回互，拟议锋芒失却威。（《禅林僧宝传·善昭传》）①

"五位"即曹洞宗的"五位君臣"；"金刚"大概是比喻"五位君臣"蕴含的禅机如同金刚宝剑那样的锋利；那咤，又作那咤天王、那拏天、那罗鸠婆等，是佛教所奉的"四天王"之一的毗沙门天王的太子，是佛教的护法善神，形象为手执棒戟，眼观四方，日夜守护国王大臣及僧俗民众。善昭此偈的前两句是说参究曹洞宗的"五位君臣"时绝不能以世俗的意识去分别或揣度；第二至第六句是说，对于具有金刚宝剑那样锋利禅机的"五位君臣"，只有拥有如同那咤那样勇猛和智能的人才能晓悟其妙义，并称那咤能举目而使三界肃静，摇铃而使所有的天界归依；最后二句中的"正中"也许是"五位"中的"正中来"（或"君视臣"，从真如到万有，是所谓"背理就事"），"妙挟"也许是指"兼带"（或"君臣道合"，意为理与事、事与事圆融无碍），是想象参悟"五位君臣"所能达到的至高精神境界，又表示对这一境界绝非语言可以表述。

善昭到汾州后的传法过程中，也运用"偏正五位"来宣述禅法。他对此评价甚高，说"言之玄也，言不可及；旨之妙也，旨不可归"，"实人天之龟鉴，为出要之津梁"。有僧问："如何是正中来？"曹洞宗的"正中来"是"君视臣"位，表示真如显现为万法，静中有动。然而善昭答："旱地莲花朵朵开。"僧又问："开后如何？"他答："金蕊银丝承玉露，高僧不坐凤凰台（按：在今南京）。"旱地不可能有莲花，后面两句也说的是不可能的事。僧问："如何是正中偏？""正中偏"为君位，意为真如即万法，平等理体中有差别现象。善昭答："玉兔（按：指月）既明初夜后，金鸡须报五更前。"这两句所说属于常识。又问："如何是偏中正？""偏中正"是臣位，表示万法是真如，差别现象中有平等理体。善昭却答："毫末成大树，滴水作江河。"是从小看大，着眼的是发展趋势。又问："如何是兼中至（按：当为'偏中至'）？""偏中至"是"臣向君"，意为万法体现真如，动中有静。善昭答："意气不从天地得，英雄岂藉四时推。"

---

① 此偈亦载《汾阳语录》卷上，《大正藏》卷47，第605页中下。

强调意气本有，英雄本是。僧问："如何是兼中到？""兼中到"是"君臣道合"，表示真如与万法相即不二，理事融通，动静一如。善昭答："玉女抛梭机轧轧，石人打鼓响咚咚。"美女穿梭织布，石匠打鼓。① 从以上善昭的答语中，能够清晰地看出他的意思吗？难。虽然也可超越字面含义勉强做出一些解释，然而却很难与曹洞宗原来设定的"五位"接上轨。如果一定说其中蕴含什么禅旨的话，那就是表示"五位"既非语言可以表述，又是什么不相关语句皆可表述。这样才是丛林中所说的"活句"。

与上述答问对"五位"的不着边际的说明不同，善昭作的另一首《五位颂》对"五位"的描述接近曹洞宗原定的模式。《汾阳语录》卷上记载：

> 正中来，金刚宝剑拂天开，一片神光横世界，晶辉朗耀绝尘埃。
> 正中偏，霹雳锋机着眼看，石火电光犹是钝，思量拟拟隔千山。
> 偏中正，看取轮王行正令，七金千子总随身，途中犹自觅金镜。
> 兼中至（按：当为偏中至），三岁金毛牙爪备，千邪百怪出头来，哮吼一声皆伏地。
> 兼中到，大显无功休作证，木牛步步火里行，真个法王妙中妙。②

其中的"轮王"即转轮圣王，佛经中所说最理想的国王。"七金"，也许应是"七宝"，即：轮宝（战车的神化）、象宝、马宝、珠宝、女宝、主藏臣宝、主兵臣宝。"大显"当指自然造化恢宏无限。"法王"指佛。从上引语句可以大致推测善昭对"五位"的解释：以金刚宝剑、神光和晶辉表示横贯宇宙的真如佛性，此为"正中来"；即使有最敏锐的机智和眼光，也不能对真如佛性进行观察和描述，表示"正中偏"；以理想国王出世，统一天下，然而仍在寻找金镜，比喻在现象的背后仍有珍宝，此为"偏中正"；以鬼怪虽多，震慑于幼狮之一吼，比喻宇宙万象，皆以真如佛性为本原本体，此为"偏中至"；自然造化无为无功，木牛为因缘所造，入火化为永久，借以表示色空交彻，理事融通，为佛的最高境界，此为"兼中到"。

笔者的解释也许有勉强之处，但从此颂可以看出善昭仍沿着曹洞宗原来设

---

① 以上所引原文载《大正藏》卷47，第605页中下。
② 《大正藏》卷47，第605页下。

定的"五位"的路数走,既不运用佛教特有的概念、术语,也不借助比较严格的逻辑论证,只是堆砌一些生动形象并含有音韵的偈颂语句,希望学人通过联想、比附来领会蕴含在这些偈颂语句中的意境,进而理解心与物、理与事的圆融关系。

4. 所谓"四转语"和"十智同真"

善昭在继承临济宗原有的禅门施设并吸收曹洞宗的"偏正五位"之外,自己还提出所谓"四转语"和"十智同真"的施设让门下参究。

四转语是四句答语,其中的"转"字是参禅过程中对提问的回答。《汾阳语录》卷上记载:

> 僧问:如何是接初机底句?师云:汝是行脚僧。
> 如何是辨衲僧底句?师云:西方日出卯。
> 如何是正令行底句?师云:千里持来呈旧面。
> 如何是立乾坤底句?师云:北俱卢洲长粳米,食者无贪亦无嗔。[①]

"初机",又称为初学,或初发心,意谓初学之人,与"久参上士"相对。"卯"是十二时辰中的卯时,相当早晨五至七时。《汾阳语录》卷下载有善昭《十二时歌》,其中有:"日出卯,不用思量作计较。"[②]"正令",将堂头禅师主持参禅比做行军令。"北俱卢洲",佛教所说的四洲(或称"四天下")之中最优胜的洲。以上四句问话,都是参禅学人提出的:禅师应用什么语句接引初学者?什么是辨明禅僧的话语?怎样引导学人参究禅话?用什么语句启示学人达到解脱而昂立于天地之间?然而善昭的四句答语没有一句是从正面做出回答的,只是用看似无关的语句让对方自己想象。然而仔细琢磨,其中也蕴含一些禅意。你是行脚僧,点明对方的身份,提醒他不要忘记参师问道;清晨日出,告诉禅僧新的一天开始,不可虚度日月;离别日久千里来参,场景未变,颜面依旧,表示参禅程序依旧;以吃北俱卢洲的米便断除贪嗔烦恼,来鼓励学人自修自悟达到解脱。善昭说,他是以此"四转语"来"验天下衲僧的"。验什么呢?检验他们的禅机利钝,悟境的高下。

[①] 《大正藏》卷47,第597页上中。
[②] 同上书,第629页中。

丛林参禅是在禅宗相当盛行之后才兴起的，并且是以参禅者对佛法有一定的了解为基本前提的，所以禅师可以较少采取正面说法，而更多以问东答西及暗示、比喻、动作等方式接引学人。

善昭主张禅师应当具备"十智同真"。他说：

> 夫说法者，须具十智同真。若不具十智同真，邪正不辨，缁素不分，不能与人天为眼目，决断是非，如鸟飞空而折翼，如箭射的而断弦。弦断故射的不中，翼折故空不可飞，弦壮翼牢，空的俱彻。

"十智"是在对待十个方面问题时所表现出的智能。"真"，这里是与"伪"相对的"真"，意为正确，当然从道理上来说应符合禅宗的宗旨。善昭是从说法禅师的角度说的，认为做一个能够判断是非、邪正、僧俗的禅师，在处理十大问题时必须采取正确原则，否则如同鸟欲飞而翅折，射欲箭而弦断。

他接着说：

> 作么是十智同真，与诸上座点出：一、同一质；二、同大事；三、总同参；四、同真志；五、同遍普；六、同具足；七、同得失；八、同生杀；九、同音吼；十、同得入。

他为了让人理解，便以询问的口气稍作解释，说：

> 与什么人同得入？与谁同音吼？作么生是同生杀？什么物同得失？阿那个同具足？是什么同遍普？何人同真志？孰能总同参？那个同大事？何物同一质？
>
> 有点得出底吗？点得出者，不吝慈悲；点不出者，未有参学眼在，切须辨取，要识是非面目见在。①

善昭只是提出问题，并没有解答问题，而希望学人自己思考回答。主体是

---

① 《大正藏》卷47，第596页中下。其中十之"同得入"，原作"同得失"，与七同，参考后面"与什么人同得入"之句及《禅林僧宝传》卷十六〈守芝传〉所引之文校改。

"我",那么应当与之"同"的对象是什么呢?可分为两类:除了第一项的"质"外,其他各项皆指的是人。第一项"同一质"中的"质",是本质,是提出来让学人考虑自己应与什么同一本质。虽然我们可以猜想他是启示学人应取法真如之心(佛性、自性),然而他并没有明说。其他几项也是让学人自己考虑应与什么人同大事?与什么人共同参究、同一真志、共同推广教化、一同具足、同得失、生杀与共(此当指参禅,丛林常将禅锋锐利比做杀人刀、活人剑)、共同说法、同时悟入?这里有个标准,有个选择的问题。

善昭要求禅师乃至参禅学人应当依据符合禅宗宗旨的正确标准,做出选择。这个选择的过程,也就是修行、参究的过程。所以,他说:知道者应"不吝慈悲"告诉别人;不知道者是功夫不到,应当继续参究,学会辨别是非。《汾阳语录》卷下所载善昭的《是非歌》说:"要分明,辨根带,晓个是非真有地,更有人来说是非,向道余今识得尔。"在《十二时歌》中说:"晡时申,万别千差识取真,一正百邪俱不起,十力(按:指佛的十种无限的智能力)圆通号世尊。"①说明他对禅僧提高是非辨别能力的重视。

(五)论禅师的责任

自从禅宗兴起之后,善昭是第一个从正面论述禅师的责任的。《汾阳语录》卷下载有他的《略序四宗顿渐义》,对佛教的律师、法师、论师、禅师的分工和责任作了概略论述。简单说来,律师弘传戒律,教人持戒;法师登座说二空理,开顿渐门;论师擅长论辩,临机纵夺,破斥邪见,而关于禅师,他用较大篇幅论述,说:

> 夫禅师者,元真一气,坚固三空,行住怡然,语默憺静。携金刚之智印,传诸佛之心灯。照积劫之昏衢,烛多生之暗室。截众流于四海,了万法于一言。直指人心,见性是佛。同师子而哮吼,大阐玄旨。震龙猛之天雷,直明妙智。皆是悬通佛记,须知宿植胜因。若非洞贯天机,那得安禅静虑。识心达本,冥契诸缘。悟性无生,顿超事理。当得续焰传灯,光辉三界,佛日长明者也。②

---

① 《大正藏》卷47,第622页中、第629页中。
② 同上书,第620页上。

这里所说的禅师不是泛指佛教的一切禅师，而实际只是指禅宗的禅师。第一，具有卓越的气质和风范，谓他们秉持原本真心，体悟我空、法空和我法俱空，行为自然，语默安详；第二，具有非凡智能，以传佛心法为己任，引导信众断惑解迷，如同四海容纳百川那样，以心法统无量法门，"直指人心，见性是佛"；第三，传法灵活，方式多样，或以言宣阐扬玄旨，或以机锋启示妙智，说他们皆先天受佛嘱托，肩负使命；洞达天机，善于禅观；第四，致志于识心见性，领悟心、色相应，理事不二的中道的修行；第五，以弘传禅法，光扬佛教为毕生使命。

五 善昭的文字禅

禅宗虽标榜不立文字，然而又确实不离文字。随着禅宗的兴起，文字禅也在逐渐形成。所谓文字禅是借助文字表达禅宗旨意、禅修见解、禅悟意境乃至禅宗历史等内容的各种文体形式。文字禅的早期阶段主要形式是语录和偈颂。从慧能开始，禅宗历代祖师、著名禅师几乎都有语录。既然是语录，自然不是他们自己作的，而是由弟子将他们的说法记录整理成的。即使像临济义玄、云门文偃等人反对门下抄写语录，他们也同样有语录传世。至于偈颂，《六祖坛经》中所载神秀、慧能的"心偈"，慧能弟子司空本净、永嘉玄觉，石头的弟子丹霞天然，马祖的弟子庞蕴居士，沩山的弟子香岩智闲等都有较多偈颂传世。进入唐末五代，以对语录再审视、再评量的"举古"、"拈古"、"代语"、"别语"及系统论述禅宗宗旨的论著、记述禅宗传法世系的灯史的相继涌现[①]，极大地丰富了文字禅的形式和内容，并且促进了文字禅的迅速发展。应当说这也是中华民族注重文史的传统在佛教界的一种反映。

宋代是禅宗兴盛时期，也是文字禅的发达兴盛时期。汾阳善昭则是宋代早期文字禅的代表人物之一。在他之后，云门宗的雪窦重显、佛日契嵩、临济宗的觉范惠洪、圆悟克勤、大慧宗杲等人都在北宋文字禅的发展史上占有重要地

---

① 从《临济录》某些段落所引沩山、仰山二人评议的语录；《云门录》中有〈垂示代语〉；《祖堂集》的洞山、曹山及马祖、南泉等人传记及宋、元版《景德传灯录》各卷正文行间的夹注中、卷二十七〈诸方杂举征拈代别语〉载录大量唐代很多禅师的评议语录来看，"举古"、"拈古"、"代语"、"别语"等形式在唐后期已经产生。论著方面，五代时期有法眼文益的《宗门十规论》、延寿的《宗镜录》等。灯史有唐后期的《宝林传》、《续宝林传》及五代的《祖堂集》等。

位。他们或以颂古著称，或以评唱颂古出名，或以撰述会通儒佛的论书名显当代，或以精通禅宗典故史实和擅长撰述闻名……宋代文字禅除上面提到的那些体裁之外，还利用什么形式？宋代惠洪所着《石门文字禅》的总目中列有古诗、排律、五言律诗、七言律诗、五言绝句、六言绝句、七言绝句、偈、赞、铭、词、赋、记、序、记语、题、跋、疏、书、塔铭、行状、传、祭文。应当说，这些既是一般文学的体裁，也是用来表述禅意的文字禅的体裁。

前面已经介绍，善昭著有《颂古百则》、《诘问一百则》，另有代语、别语共103则，其中以《颂古百则》最有名，也最有影响。应当指出，善昭并非颂古的肇始者。在唐末五代丛林间已经有颂古出现。① 善昭之师首山省念也写有颂古，《古尊宿语录》卷八载有他的《灵云见桃花》、《玄沙云谛当谛》② 两首颂古。

（一）善昭的颂古

这里仅选择《颂古百则》中的六则进行介绍，所引每一则的前段是公案语录，后一段是善昭的颂古。

第二则：

> 六祖问让和尚：甚么处来？嵩山安和尚处来。祖云：甚么物怎么来？说似一物即不堪。祖云：还假修征也无？修征即不无，污染即不得。祖云：只此不污染，是诸佛之护念。汝善护持。
>
> 因师顾问自何来，报道嵩山意不回。
> 修征即无不污染，拨云见日便心开。

前面引的公案出自《景德传灯录》卷五〈怀让章〉。③ 怀让（677—744）先

---

① 马祖弟子石巩慧藏出身猎人，后传法常以弓箭示意。（《景德传灯录》卷六）三平义忠初参慧石巩时他扣弓弦三下。（《景德传灯录》卷十四）唐末五代，德山下三世灌州灵岩曾撰偈"颂石巩接三平"。（《景德传灯录》卷二十三）五代法眼宗天台德韶弟子瑞鹿本先写颂三首，其一是写六祖慧能"非风幡动仁者心动"。（《景德传灯录》卷二十六）此皆属颂古。分别见《大正藏》卷51，第248页中、第316页中、第393页下、第426页上。

② 灵云是福州灵云寺志勤，唐沩山灵祐弟子，据《景德传灯录》卷十一〈志勤章〉记载，他因观桃花"悟道"，所作偈中有："自从一见桃花后，直至如今更不疑。"夹注引雪峰义存的弟子玄沙师备的话中有"谛当甚谛当，敢保老兄犹未彻。"（《大正藏》卷51，第285页上）

③ 《大正藏》卷51，第240页下。

到嵩山参谒慧安禅师，慧安劝他到曹溪参谒慧能。他到曹溪参礼慧能之后，慧能问他从什么地方来？他说从嵩山来。又问："什么物恁（按：恁，《祖堂集》作'与'字）么来？"意为如此来者是什么人？他巧妙地回答："说似一物即不中（按：善昭引文作'堪'字）。"告诉他来的是与身体相俱的心性，用任何语言都不能准确表达。慧能又问：这个心性能否修证呢？怀让在回答中却表示，虽然不能放弃修证，然而它本来却是清净无染的。慧能对此表示认可，并且提醒他，正是人的这种不污染的本性，是诸佛和从事修行者应当着力加以"护念"的，意为应把注意力放在直探心源上面。此后怀让便成为慧能的弟子。

善昭的颂古是七言四句偈，是用偈颂的形式概述前述公案大意，并且以"拨云见日便心开"的语句，表示断除心中的烦恼便可使自性显现，达到解脱，如同乌云散尽朗日复出一样。第三句中的"即无"疑为"非无"之误，全句应为"修证非无不污染"。

第十九则：

> 药山手中书佛字，问道吾：是什么字？吾云：佛字。山云：这多口阿师！
> 道吾忽尔见先师，问字开拳显妙机，
> 对佛是真真是佛，药山为破句中疑，
> 狂风才起香林动，正是波中拾砾时。

唐代沣州药山惟俨（751—834），是石头希迁弟子。弟子道吾即圆智，后因在潭州道吾山传法，便以道吾为号。前引公案出自《景德传灯录》卷十四。[①] 按照禅宗南宗的理论，对于佛、佛法、真如、佛性等概念，是用任何语言文字都难以表述的，在参禅答问的场合经常回避正面表述。药山为试探道吾的禅机，在手中写个"佛"字问他是什么字。道吾脱口而出说是个"佛"字，药山斥责他多嘴。

善昭以七言六句偈赞诵此事，先叙事情经过，说药山伸开拳头向道吾问字，里面含有微妙深义，道吾的回答是"佛"字虽是对的，然而未能理解其中隐藏的玄机，药山一句"多口阿师"便是为道吾破疑而发，最后以风吹花林动之际，

[①] 《大正藏》卷 51，第 312 页上。

也正是沙尘落入水中之时的偈颂,称赞药山对道吾的斥责,也正是为了启发他破除执著的教诲。

第二十二则:

> 僧问宝应念和尚:如何是祖师西来意?念云:风吹日炙。
> 日炙风吹不计年,行人尘路辨应难。
> 拟心已早深千尺,更教谁问个中玄。

宝应念和尚,即汝州宝应寺的省念,曾在同州的首山住持传法,也称首山省念(926—994),是善昭之师。这段语录在《古尊宿语录》卷八〈省念语录·次住宝应语录〉中有载。禅宗认为菩提达磨西来华夏传法,怀抱玄妙旨趣,绝不是用语言可以表达清楚的,甚至认为对"祖师西来意"作任何表述都是对祖师的亵渎,因此历来禅师都拒绝正面解答。省念以日常的风吹日晒来作提示,难道禅师西来是要人离开自然又自然的现实吗?

善昭的颂古,意谓日照风吹年复一年,然而世上修行者好像路上的行人,经常难辨前进的道路,他们如果产生有所追求或弃舍(所谓"拟心")的念头,便会带来各种烦恼,如同走路陷入深坑一样,怎能再向人问解脱的玄妙深义呢?他以此启发门下弟子体会达磨禅师西来的本意。

第四十五则:

> 南泉,两堂争猫儿,泉见遂提起云:道得即不斩。众无对。泉便斩却后,举问赵州。州脱草鞋于头上戴出。泉云:子若在,却救得猫儿。
> 两堂上座未开盲,猫儿各有我须争。
> 一刀两段南泉手,草鞋留着后人行。

南泉寺在池州(治今安徽贵池市)。马祖的弟子普愿在此住持传法,人称南泉。上引公案出自《景德传灯录》卷八〈普愿章〉。[①] 南泉寺的东西两堂禅僧为争一只猫而发生争执,南泉为提醒他们不要忘记自己的身份,便提住猫作要杀的样子,让他们做出表示,然而众僧不知如何答对才好,南泉便将猫杀死。此

---

① 《大正藏》卷51,第258页上。

后,他将此事告诉门下弟子赵州和尚(名从谂,后到赵州传法,人称赵州和尚),看他的反应。赵州和尚听后什么话也没说,竟将草鞋脱下戴在头上要走。南泉满意,说如果当时他在场,便不会杀猫。鞋本来是应穿在脚上的,赵州和尚却戴在头上,以此表示两堂禅僧忘记自己的本分——不一心修行,却为不相干的猫发生争执。

善昭的偈颂批评南泉的两堂僧众眼睛瞎,竟彼此争猫,对南泉斩猫所要提示的奥秘皆不理解,认为赵州和尚将草鞋戴在头上的妙举,有为后世修行者指点迷津的意义。

第七十五则:

> 药山看经次,僧问:和尚寻常不许人看经,为什么却自看?山云:我只要遮眼。云:某甲学和尚得么?山云:汝若看,牛皮也须穿。
>
> 彻底更何疑,觑穿会者稀。
>
> 叮咛犹付嘱,句句是玄机。

前引公案,出自《景德传灯录》卷十四。[①] 药山惟俨平时教导弟子直探心源,不提倡读经,然而自己却常读经。弟子提出疑问,他答是为"遮眼"。当弟子表示要效仿时,药山告诉他,如果他读经,"牛皮也须穿",意谓即使将牛皮看穿,也不一定悟解。

善昭以五言四句偈颂表示,药山不许弟子读经的用意本来是十分清楚的,然而这位弟子却有疑问,古来对药山看经,却说弟子看经牛皮也要看破所蕴含的禅机,理解者很少,实际这既是药山对弟子出于爱护的叮咛,又是寄予希望的付嘱,句句含有深奥玄机。

第九十四则:

> 沩山与仰山行次,鸦衔一红柿落。仰山捧上沩山。沩云:甚处得来?仰云:是和尚道德所感。沩云:子也不得空然。遂分一半。
>
> 鸦衔柿子落师前,献问何来事皎然。
>
> 各分一半甜似蜜,如今不会更何年。

[①]《大正藏》卷 51,第 312 页中。

沩山名灵祐（771—853），百丈怀海弟子，在潭州大沩山住持传法。弟子仰山慧寂（807—883）在袁州仰山传法。师徒之间情同父子，经常一起评论丛林流传的公案禅语。这段公案出自《景德传灯录》卷十一〈慧寂章〉，仅个别文字有差异。[①] 意思十分清楚，是表示师徒二人十分密切，互相体贴，连偶尔拾到的一个柿子也彼此分享。

善昭的颂古没有更多新义，最后一句"如今不会更何年"是富有深情地表示，至今也不知道此事经过了多少年月，仍使人感动。

从这六则并参考其他颂古，大体可以了解颂古这种禅语形式具有以下的几个主要特色：（1）运用的是偈颂体或诗偈体，或四言、五言、七言，或四句、六句、八句，其中以七言四句最为多见；（2）颂古的内容或是佛、菩萨行迹，或是大乘佛经部分语句，或是禅宗所奉祖师机缘（事迹及禅法、禅机），其中以祖师机缘最多；（3）颂古虽被用来表述禅法见解，然而在多数场合，不是正面地直接地表明作者的见解，而是如同北宋圆悟克勤《碧岩录》卷一所说的那样："大凡颂古，只是绕路说禅"[②]，采取迂回的、暗示的、间接的形式进行表述；（4）在引述公案（事项）语录之后，或对其内容或复述，或以画龙点睛之笔指明要点，或以欣赏的语气予以赞诵，或以含糊的语句、描述性的形象词语婉转地提出自己的见解，乃至用疑问句提出质疑，以起到画外之音的功效。

（二）善昭以后的颂古

汾阳善昭的文字禅中以颂古对后世的影响最大。在善昭之后的著名禅师几乎皆撰有颂古。两宋时期撰写颂古超过 50 则的禅师有云门宗雪窦重显、临济宗圆悟克勤、大慧宗杲、龙门清远、虚堂智愚，曹洞宗投子义青、丹霞子淳、天童正觉。其中云门宗重显（980—1052）是云门下三世，撰颂古百则；临济宗宗杲（1089—1163）是汾阳下六世，撰颂古 117 则；智愚（1185—1269）是汾阳下十一世，有颂古百则；曹洞宗义青（1032—1083）是洞山下七世，子淳（1064—1117）是义青的再传弟子，各撰颂古百则；正觉（1091—1157）是子淳的弟子，选择公案二百则，撰颂古、拈古各百则。其中以重显、义青、子淳、

[①] 《大正藏》卷 51，第 282 页下。
[②] 《大正藏》卷 48，第 141 页上。

正觉四人的颂古最有名。

　　进入南宋以后,开始形成颂古总集。南宋孝宗淳熙二年(1175),池州报恩寺禅僧宝鉴法应编成《禅宗颂古联珠集》,载录公案(机缘)325则,122人针对这些公案撰写的颂古2100首。元代延祐五年(1318),钱唐鲁庵普会在此基础上又加补充,编成《禅宗颂古联珠通集》四十卷,载录公案493则,426人为之撰写的颂古3050首。清代集云堂编《宗鉴法林》七十二卷(目录一卷),在收录公案2720则之后,既收拈语,也收颂古,如果参照前述宋元两种颂古总集中公案与颂古的比例推算,收录颂古估计达一万六千多首。

　　北宋临济宗汾阳下五世圆悟克勤(1063—1135)对雪窦重显的颂古百则进行评释、唱颂,以"绕路说禅",撰成《碧岩录》十卷。此后,这种评唱颂古的体裁相当流行。元代曹洞宗僧万松行秀(1166—1246)评唱天童正觉的颂古百则,撰《从容录》六卷;又评唱其拈古百则,撰《请益录》二卷。其弟子林泉从伦评唱投子义青的颂古百则,撰《空谷集》六卷;又评唱丹霞子淳的颂古百则,撰《虚空集》六卷。

　　文字禅的迅速兴起,各种体裁文字作品的大量增加,既反映了禅宗的兴盛,也标志着禅宗原来所蕴含的活泼生机的逐渐丧失。

临济宗传承世系略表之二

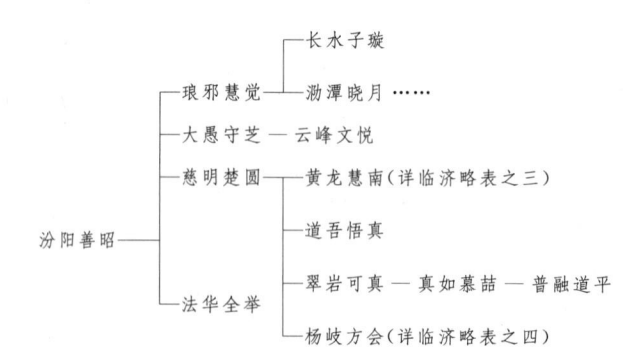

```
                    ┌─ 长水子璇
          ┌─ 琅邪慧觉 ─┤
          │          └─ 泐潭晓月 ……
          │
          ├─ 大愚守芝 ─ 云峰文悦
          │
          ├─ 慈明楚圆 ─ 黄龙慧南(详临济略表之三)
          │
汾阳善昭 ─┤         ┌─ 道吾悟真
          │          │
          │          ├─ 翠岩可真 ─ 真如慕喆 ─ 普融道平
          ├─ 法华全举 ─┤
          │          └─ 杨岐方会(详临济略表之四)
```

第四节 临济宗在南方传播的
奠基人——石霜楚圆

在北宋临济宗振兴和迅速发展的过程中，石霜楚圆是继其师汾阳善昭之后十分重要的人物，是临济宗在江南传播的奠基人。临济宗发源于北方，是逐渐传播到南方的。如果据出书较后的《五灯会元》卷十二的记载，善昭11位弟子中有5人到南方传法，而楚圆的16位弟子皆在南方传法，其中慧南、方会分别是进入北宋后期以后构成临济宗两大派系的黄龙派和杨岐派的创始人。从此，临济宗的传播重心从北方转移到南方，直到宋元以后，临济宗的法系不是黄龙派就是杨岐派，皆可追溯到楚圆。

现存有关楚圆的资料，重要的有：宋代惠洪《禅林僧宝传》卷二十一〈楚圆传〉、南宋惟白《建中靖国续灯录》卷四、《联灯会要》卷十二、普济《五灯会元》卷十二的〈楚圆章〉，还有楚圆弟子慧南重编的《石霜楚圆禅师语录》（以下简称《楚圆录》）、南宋师明《续古尊宿语要》卷一〈慈明圆禅师语〉（以下简称〈慈明语〉）、赜藏主《古尊宿语录》卷十一〈慈明禅师语录〉（以下简称〈慈明录〉）等。

下面参考这些资料对楚圆的事迹和禅法作概要介绍。

一 嗣法于汾阳善昭

楚圆（986—1039），俗姓李，全州清湘（今广西全州县）人。少为书生，年二十二在城南湘山隐静寺出家，尊从母言出外游方，所至丛林常常忽略规矩，受到年长禅僧的批评，称之为"少丛林"。在寺院经常从事打柴等杂务，感到难以忍受，便外出游历襄沔（即今湖北襄樊至武汉一带）诸寺，后与守芝、谷泉结伴至洛中，听说在汾阳传法的善昭道望为"天下第一"，便一起前往投奔。[①]他们辗转北上经今陕西，路过龙州（当今陕西靖边县），然后进入河东，到达汾

[①] 《禅林僧宝传》卷二十一〈楚圆传〉所载："时朝廷方问罪河东，潞泽皆屯重兵，多劝其无行……"不知所指。如果是指北宋攻灭据守河东的北汉的事件，那么应是太宗太平兴国四年（979），当时楚圆尚未生。

阳参谒善昭。

然而在两年之间,善昭并未允许他入室受法。善昭每次见到楚圆参问,必痛骂一顿,或指使他做事,或是在他面前批评丛林诸种现象,即使有所教诲,也净说些"流俗鄙事"。楚圆某晚对他倾诉说:"自至法席,已再夏,不蒙指示,但增世俗尘劳。念岁月飘忽,己事不明,失出家之利。"话未说完,善昭用眼盯着他,骂他是"恶知识",竟敢惹他发怒,并拿起拄杖将他赶到室外。楚圆正要申辩,善昭立即用手掩住他的口,他当下大悟,说:"乃知临济道出常情!"大概是领悟到临济宗的宗旨不过是出于日常情理之中。他在善昭门下参学七年,然后辞别,前往并州(今山西太原)投靠在唐明寺传法的智嵩禅师。①

智嵩是首山省念弟子之一,与善昭是师兄弟,可能也曾在三交寺传法,故史书也称"三交嵩"。智嵩与翰林杨亿(字大年)、驸马都尉李遵勖都有交往。经他介绍,楚圆先结识杨亿,又经杨亿介绍认识李遵勖,从此楚圆经常出入杨亿与李遵勖之门,彼此"以法为友",是宋代禅宗史上禅僧与儒者士大夫密切交往的一段佳话。②

楚圆平生常以"事事无碍"的观点看待一切,在室内打坐,将刀置于水盆之上,旁边放一双草鞋,让来参者下语,然而他对任何答语未曾满意过。宝元二年(1039)楚圆迁住潭州兴化禅院,正月初五去世(已进入公元1040年),年五十四岁。

二 在袁州及潭州传法及其语录

楚圆在并州唐明寺住了一段时间,因母老南归。先至筠州(治今江西高安县)洞山,在曹洞宗禅僧晓聪门下担任首座三年,又到袁州(治今江西宜春市)仰山。因杨亿的推荐,袁州知州黄宗旦聘请楚圆到南原(或作"南源")寺担任方丈。楚圆开始做出推辞的姿态,不久却主动拜访知州,表示愿意就任。知州感到奇怪,他解释说:"始为让,今偶欲之耳!"他在此住持了三年,在回家探望母亲时用白金祝寿,母亲对他严厉斥责,并将白金掷于地上。他此后到潭州

---

① 以上据《禅林僧宝传·楚圆传》。
② 关于楚圆与杨亿、李遵勖的交往情况,请详见本书第七章第一、二节。

（治今湖南长沙）神鼎山参谒师伯洪諲禅师。洪諲在丛林声望很高。然而楚圆让人通报他要参见时，"发长不剪，弊衣，楚音"，自称"法侄"，引起僧众大笑。洪諲先派童子出来打听他的来历，然后出来相见，问："汾州有西河师子是否？"楚圆竟指着他的背后喊："屋倒矣！"童子仓皇跑回，洪諲也急忙回头张望，楚圆却坐在地上脱去一只鞋闲看着，然后慢慢地站起来离开，且行且语说："见面不如闻名。"言下之意是洪諲是名不符实。他是以谎称房屋倒塌来探视洪諲的胆识的，对洪諲的仓促表现颇不以为然，于是毅然离去。洪諲派人追他，已经来不及了，却对他十分赞赏，向人称赞他"可兴临济"。自此楚圆之名"增重丛林"。

在潭州（治今湖南长沙）道吾山兴化禅院缺住持时，楚圆被人推荐给知州，受请任此寺住持。此后先后任潭州石霜山崇胜禅院、南岳福严禅院、潭州兴化禅院担任住持。

楚圆到每一座寺院都是按照已经成为定制程式的禅寺规矩，举行庄重的开堂升座仪式，除当地信众外，一般还有地方官员出席。在这些仪式上，先由当地僧官当众宣布聘任楚圆担任住持的"请疏"（相当聘书），然后楚圆升座，分别拈香为皇帝、地方官员和自己的师父祝寿祝福。请看《慈明录·袁州录》对楚圆在袁州崇胜禅院开堂升座法会上的描述：

> 师在崇胜院开堂。大众迎至法座前。僧官宣疏罢，遂升座拈香云：此一炷香，奉为今上皇帝，伏愿龙图永固，玉叶弥芳。又拈香云：此一炷香，奉为知郡郎中及诸官僚，福星高照，圣泽长临。又拈香云：此一炷香为我汾州太子禅院无德禅师（按：善昭）。且问诸人，还识无德禅师么？若也不识，炉香起处，一任观看。师遂就座。

以上意思十分清楚。为皇帝、地方官拈香祝福，从一个侧面反映了中国佛教是在顺从和适应以皇帝为首的封建专制主义中央集权的政治体制中生存和发展的。在此之后才为师善昭拈香报恩。在维那击槌宣说："法筵龙象众，当观第一义"以后，楚圆开始为众人说法，在此过程中有僧出来提问，楚圆灵活回答，气氛热烈而活泼，呈现出禅宗特有的色彩。

楚圆十分重视具有政治势力的士大夫"外护"对自己顺利传法的重要意义。他一再表示："佛法委付王、臣、有力檀越，若非此人，不能建立。""佛法委付国王、大臣，以至今日，乃子乃孙，有兹尘忝，咸沐阖郡尊官，诸院尊宿，街市檀越……"① 应当说，他的闻名丛林，在各地寺院盛传禅法，得力于杨亿、李遵勖推奖，各地官员的支持甚大。

　　楚圆的弟子先后将他在各地禅院的重要说法分别整理成语录。在他生前，宋仁宗天圣五年（1027）已经有他的语录行世，智度山定林禅寺本延为此写序，称"方今河东有昭，湖南有圆。昭即玉振于首山，圆乃珠生于汾水"。然而实际上此时汾阳善昭已去世三年了。这一语录当未包括楚圆一生住持五寺的语录。在他去世后，由弟子、黄龙派创始人慧南在此基础上增加楚圆晚年在其他寺院的说法语录，重编为《慈明禅师五会住持语录》（下简称《慈明录》）。后来此录与杨岐方会、白云守端、五祖法演三人的语录被合编雕版刻印，相当流行。南宋绍兴二十三年（1153），道场寺辨公禅师鉴于旧版已废，重加刊印，题为《慈明四家录》。卷首载有泰州通判章倧的序，称："临济宗风，特盛于天下。盖其儿孙，皆鹰扬虎视。唯慈明负卓绝逸群之韵，气吞佛祖，槌拂之下，锻炼凡圣，机用超脱，诸方未有出其右者，临济之道恢廓焉。"② 杨岐派经白云守端、五祖法演而法系繁盛，至南宋成为临济宗的主流。

三　楚圆的禅法

　　从现存资料来看，楚圆并未在禅法理论上有什么创新，甚至也很少正面论述禅法问题。《慈明录》记载楚圆在袁州、潭州五处禅寺传法的语录，从中可以看到他虽在说法中涉及的问题很多，但前后不连贯，极不系统。尽管如此，从中仍可以大体看出他关于修行、解脱、传法等的禅法主张。

（一）佛性即"无明实性"

　　禅宗受中国儒家人性论思维模式的影响，在向僧俗信众传法过程中反复提示人人皆有与佛一样的本性——佛性，正是这种佛性是一切人达到觉悟解脱的内在依据。楚圆在说法中也多次论述到佛性问题。按照佛教的传统教义，无明

---

① 分别见《慈明录》的〈袁州录〉和〈潭州兴化录〉。
② 《慈明四家录》，载《续藏经》一·二·甲第25套第1册。

与佛性是泾渭分明，彼此分离的。无明，或作痴，意为不明佛理——人生真谛，被认为是一切烦恼的根本，在解释众生生死轮回的因果关系的"十二因缘"中被置于首位。人之所以不能解脱，轮回于生死，从根本上说来是由无明决定的。然而楚圆沿着从慧能、临济义玄以来的思想路数，强调佛性不离无明，佛性也就是无明的"实性"（无明的本体）。在他的表述中，无明实际也就是普通人现实的精神功能，相当于《大乘起信论》所谓的"生灭之心"，或马祖所说的"平常心"。

楚圆在潭州道吾山说法时说：

> 无明实性即佛性，幻化空身即法身。（按：二句出自唐代玄觉《永嘉证道歌》）诸仁者，若也信得去，不妨省力。可谓善财入弥勒楼阁①，无边法门悉皆周遍，得大无碍，悟法无生，是为无生法忍（按：体悟无生灭、性空的精神境界）。无边刹境，自他不隔于毫端；十世古今，始终不离于当念。且问诸人，阿那个是当念？只如诸人无明之性，即汝之本觉妙明之性。盖为不了生死根源，执妄为实，随妄所转，致堕轮回，受种种苦。若能回光返照，自悟本来真性不生不灭，故曰：无明实性即佛性，幻化空身即法身。……不能了知五蕴（按：色受想行识，也合指人的身体）本空，都无所实，逐妄受生，贪欲所拘，不得自在故。所以世尊云：诸苦所因，贪欲为本。若灭贪欲，无所依止。汝等若能了知幻身虚假，本来空寂，诸见不生，无我、人、众生、寿者，诸法皆如。故曰：幻化空身即法身。法身觉了无一物，唯有听法说法，虚玄大道，无着真宗。故曰：本源自性天真佛。（《慈明录·道吾山录》）

他表示，如果能够真正体认《永嘉证道歌》中所说"无明实性即佛性，幻化空身即法身"，将使认识达到很高境界，可以领悟到一切事物空寂无实，不生不灭的道理，也能够晓悟无量无边的事物在空间上时间上彼此圆融的关系，宇宙万有、往古来今就在每个人的当下一念。何为当下之一念？就是无明之心，即为每个人尚未断除情欲烦恼的平常心。然而这一平常心赖以依存的

---

① 善财童子，出自《华严经》，据载曾参问五十三位善知识（师友）。卷七十九载善财童子参谒弥勒菩萨，请求入观楼阁，既入，见其楼阁广阔无边，如同虚空。

本体是"无明之实性",也可简称"无明之性"。佛与一般众生是不同的,佛性与无明之心也不同,然而他们的空寂无相的本体是一样的,既可称之为实性,也可称为法性、佛性、真如等。如果能够认识一切空寂虚幻,体认诸法的"真性"或"实性",不再使自己的无明之心贪着与追求外在的事事物物,那样便可达到解脱。如果理解佛性、无明之性等同,空寂虚幻与真实之性融通的道理,自然容易接受"无明实性即佛性,幻化空身即法身"的说法,也会承认自己的本性自性便是先天的佛——天真佛。虽然他的表述有含混的地方,但意思还是清楚的。

(二)一切虚幻与彼此融通

楚圆在说法中经常提示门下弟子和参禅者:宇宙万物,包括天上人间、佛国净土,一切众生,乃至佛、菩萨、禅宗历代诸祖,都是彼此融通的,你中有我,我中有你,你就是我,我就是你。他经常提起自己的拄杖向众人点示,上下左右的一切事事物物皆在他的拄杖上面,彼此没有间隔。他在袁州南源山广利禅院时,有僧问:"如何是佛?"他答:"莲花棒足。"接着竖起拄杖说:

> 过去诸佛,现在诸佛,未来诸佛,西天二十八祖,唐土六祖,天下老和尚,总变成南源拄杖去也。你等诸人向什么处安身立命,看看拄杖子,穿过你等诸人骷髅里去也。

在其他场合他又竖起拄杖说:

> 恒沙诸佛,恒沙国土,被南源拄杖子一时吞却。其中众生不觉不知,你纳僧鼻孔在什么处?若也知得,横担竹杖,目视云霄;若也不知,长连床上有粥有饭。(《慈明录·南源山录》)

楚圆入住潭州道吾山之后,曾说:"心随万物转,转处实能幽。随流认得性,无喜亦无忧。"然后竖起拄杖说:

> 者(这)个是道吾竹杖,阿那个是诸人心。恒沙国土,恒沙诸佛,西

天二十八祖,唐土六祖,尽在道吾拄杖头上,转大法轮。汝等诸人还见么?若也见得去,朝游西天,暮归唐土;若也不见,晨朝有粥,斋时有饭。(《慈明录·道吾山录》)

他在入住潭州石霜山崇胜禅院时说:"一切有为法(按:有生灭变化的事物),如梦幻泡影。"然后竖起拄杖继续说:

阿那个是有为法?西天二十八祖,唐土六祖,恒沙国土,恒沙诸佛,尽在拄杖头上说佛说法。被须菩提一喝,一场忙乱,在东还东,在西还西,在南还南,在北还北。你诸人还知么?若也知去,可谓人天交接,两得相见(按:此两句出自《法华经》卷四〈五百弟子受记品〉);若也不知,君圣臣贤,歌谣满路。(《慈明录·石霜山录》)

拄杖成了楚圆说法的道具。既然广阔的宇宙中一切事物彼此融通、等同,如《华严经》反复所说的十方无数佛国可以显现在一个细小的"毛孔"里,佛可在一个毛孔中演说无量妙法,化度众生,那么,为什么不能说"过去诸佛,现在诸佛,未来诸佛,西天二十八祖,唐土六祖,天下老和尚,总变成南源拄杖"或"恒沙国土,恒沙诸佛,西天二十八祖,唐土六祖,尽在道吾拄杖头上,转大法轮"呢?也可以说佛祖在他拄杖头上说法。于是一切地方皆为道场,皆能够引人体悟自性,达到解脱("随流认得性")。

楚圆用这种说法方式引导弟子理解宇宙万物皆彼此圆融,随处可得解脱的道理。他还特别说明,对此能够理解固然可以使精神进入超脱境界,即使还不理解,也没有关系,社会照旧运转,所谓"君圣臣贤,歌谣满路",僧人照常有饭吃,有粥喝。

(三) 不执著言句,又不离言句

禅宗标榜"不立文字,教外别传",认为佛法真谛、解脱成佛之道,绝不是通过语言文字可以表达的。禅师在说法中经常提醒弟子不可执著于言句,不可迷信言教。然而既然说法,传播佛法,又不可能离开言句文字。楚圆对此的主张也大体如此,没有新意。

他说：

> 若向言中取则，埋没宗风。直饶句下精通，敢保此人未悟。所以道：山青水绿，雀噪鸦鸣，万派同源，海云自异。未来诸佛，口似灯笼；过去诸佛，应病施方；现在诸佛，随坑落堑。不落凡圣一句，作么生道？（《慈明录·南源录》）

是说如果从言句中探求解脱的道理，是对禅宗宗旨的违背，即使精通言句、文教，也不能说已经达到觉悟。众流同源，然而海云的形态各异。三世诸佛宣示佛法的方式也各别，未来佛是口吐光明，似有所说；过去佛已经适应众生情况进行宣示；至于现在佛，则引导你自己探测解脱之道。他让门下考虑：如果在言辞中不涉及普通众生与佛菩萨的含义，怎样讲才好呢？楚圆像其他禅师一样，在说法中也评说前人，以此表明自己的见解。他曾说：

> 马大师即心即佛，人未悟。盘山非心非佛，只成戏论之谈。雪岭辊球，谁唬小儿之作。云门顾鉴，笑煞旁观。少室自伤，一场大错。德山入门便棒，未遇奇人。临济入门便喝，太煞轻薄。黄梅呈颂，人我未忘。更言祖祖相传，递相诽谤。到者（这）里，须是个人始得。所以道，鹰生鹰子，鹘生鹘儿。（《慈明录·南源录》）

这里提到早期禅宗的很多著名禅师：马大师即马祖道一（709—788），曾说："即心即佛"，也说过"非心非佛"；盘山宝积是马祖的弟子之一，说过："若言即心即佛，今时未入玄微；若言非心非佛，犹是指踪之极则，向上一路，千圣不传"；雪岭即雪峰义存（822—908），石头下四世，德山宣鉴的弟子，为检验弟子玄沙师备的悟性，曾抛出三个木球看他的反应；云门宗创始人文偃（864—949），"每顾见僧，即曰鉴，咦，而录之者曰顾鉴咦。"少室是指慧可，传说为向菩提达磨表示求法的真诚，乃于雪中断臂；德山宣鉴（782—865）是石头下三世，常以棒打启示弟子；临济创始人义玄（？—866）则以喝（吆喝）著称，后世称"德山棒，临济喝"；"黄梅呈偈"当指六祖慧能在黄梅东山向五祖弘忍呈"菩提本无树"的偈颂，然后从弘忍受法南归。① 仅从这段说法来看，楚圆将以往一些著名禅师，甚至包括被奉为二祖的慧可、六祖的慧能，也都被置于批评之列，似乎只有他自己最高明。然而，从他的用意来看，是向弟子示意：从第一义谛的标准来看，不仅不应借助语言文字表达菩提之道、解脱之理，即使利用动作、棒喝来暗示禅机也属"戏论"、游戏之举，不值得提倡。他说"更言祖祖相传，递相诽谤"，连代代相传的祖师悟道机缘也予以否定，更不用说是灯史之类的史书了。《金刚经》中有："若人言如来有所说法，即为谤佛。"楚圆这样大胆讲的根据也许就是佛经中的这类记载。

实际上既要说法，岂能废除语言文字？楚圆不仅在日常说法，写诗歌、偈颂时要运用语言文字，即使在口头上有时也是承认的。他曾说：

> 法本无言，因言而显道；道本无说，假说而明真。所以诸佛出世，善巧多方，一大藏教，应病与药。三玄三要，只为根器不同；四拣四料，包含万象。你道海纳百川一句作么生道？还有人道得么？设使道得，偶傥分明，未梦见衲僧、沙弥、童行脚根在。且道衲僧、沙弥、童行有什么长处？（《慈明录·福岩录》）

他说，佛法、解脱之道，只有以通过人运用语言文字才能让世人了解和接受，引导僧俗信众遵照去修行。他又表示，诸佛出世，灵活运用一切方法教化众生，众生情况虽有不同，然而皆可从记述佛的教法的佛经总汇——大藏经中找到适合自己的教法，引导自己达到解脱。临济宗的门庭施设"三玄三要"、"四料简"（或作四料拣）也都是适应学人不同情况提出的。

（四）楚圆的四料简、三玄三要

楚圆作为临济宗的一代传人，对于本宗的所谓"门庭施设"应当说是熟悉的。他在传法中也常用四宾主、三玄三要、四料简、四照用等形式表达禅法见解，启发学人。总的来看，他在这些形式中运用的语句够不上谐美，表达的思

---

① 以上事迹，马祖与盘山，见《景德传灯录》卷六、卷七〈马祖章〉、〈宝积章〉，《大正藏》卷51第46页上、第253页下；雪峰，见《五灯会元》卷七〈义存传〉；云门，见《禅林僧宝传》卷二〈云门传〉；少室慧可，见《景德传灯录》卷三〈慧可章〉，《大正藏》卷51，第219页中；德山，见《景德传灯录》卷十五〈宣鉴章〉；临济，同上卷十二及《临济录》；黄梅呈偈，同上卷五及各本《六祖坛经》。

想也相当隐晦。当然，如果强加解析，从中也能多少看出他的禅法主张。

这里仅试作解释他写的稍有特色的一则三玄三要和一段四料简的文字。

在《慈明录》的最后载有楚圆的偈颂，其中有《三玄三要》，曰：

> 第一玄，三世诸佛拟何宣，垂慈梦里生轻薄，端坐还成落断边。
> 第二玄，灵利衲僧眼未明，石火电光知是钝，扬眉瞬目涉关山。
> 第三玄，万象森罗宇宙宽，云散洞空山岳静，落花流水满长川。
> 第一要，岂话圣贤妙，拟议涉长途，抬眸七颠倒。
> 第二要，峰顶敲椊召，神通自在来，多闻门外叫。
> 第三要，起倒令人笑，掌内握乾坤，千差都一照。

首先应当指出，楚圆讲的三玄三要与义玄当年讲的三玄三要在意思上是不同的。① 按字面意思，第一玄是说三世诸佛要说何法呢？他们垂怜众生生活在如同梦境之中，还贪图安乐，即使出家坐禅，也未摆脱断见和边见。第二玄说机灵的僧人见解不明彻，虽能看到燧石之火和雷电之光，在知解上却是迟钝的，只会观望关隘与群山。第三玄是说，宇宙浩瀚，万象森罗，天晴山静，水流落花，自然界一片盛春景象。下面的第一要是说，不要议论圣贤高妙，对这个话题是难以讲清楚的，稍不留意就会犯七颠倒的错误。所谓七颠倒是指对世间之想、见、心、无常、苦乐、不净、无我所产生的颠倒见解，形成非理之想、邪见、妄心、以无常为常、以苦为乐、以不净为净、以无我为我，被认为是七种妄见（《瑜伽师地论》卷八②）。第二要讲述佛入灭后以弟子大迦叶为首的五百比丘在王舍城郊外山上的七叶窟结集佛经的故事，大迦叶开始未让"多闻第一"的阿难参加，阿难在断除烦恼后以神通力乘空到达七叶窟外唱偈叫开门，参加结集。（《摩诃僧祇律》卷三十二③）第三要是讲产生颠倒是可笑的，其实乾坤掌握在个人之手，世界千万种差别如同月映万川那样，不过是一心之映象。

如果上述解释大体把握了楚圆原意，那么他讲的这些到底蕴含什么禅旨呢？首先，此三玄三要的前后没有必然的逻辑，看不出有云门宗禅僧荐福承古强加解释的那种"句中玄、体中玄、玄中玄"的意义；其次，如果从中找出所蕴含

---

① 详见拙著，中国社会科学出版社1999年出版的《唐五代禅宗史》第八章第一节五之2。
② 《大正藏》卷30，第314页中。
③ 《大正藏》卷22，第489页下至第493页上。

的禅法要义，那就是：提示人们应当断除断见（执著绝对空）与边见（违背中道之见）、颠倒的妄见，而树立正见，并且崇尚自然，强调心是世界的唯一本原。

至于楚圆的四料简，以其形象的表述而别有特色。

> 问：朝凡暮圣即不问，如何是夺人不夺境？
> 师（按：楚圆）云：神会曾磨普寂碑。
> 进云：如何是夺境不夺人？
> 师云：须信壶中别有天。
> 进云：如何是人境两俱夺？
> 师云：寰中天子，塞外将军。
> 进云：如何是人境俱不夺？
> 师云：明月清风任去来。（《慈明录·潭州兴化录》）

当初临济义玄提出四料简的本意，是表示自己将根据弟子或前来参禅者的情况进行启示：对于迷执"人我"（认为我实在，自身的主体真实）的学人，夺（否定，启示对方舍弃）其人我而不夺其境；对迷执"法我"（认为五阴及其所造）的人夺其境而不夺其人；对于既迷执人我又迷执法我的人，是两者俱夺；而对于两者皆不迷的人，则两者俱不夺。义玄当时也曾以偈颂进行表述。然而比较而言，楚圆的表述更加形象。

为了解楚圆对四料简的解释，让我们先将其中两处涉及的事加以解释。据敦煌写本《菩提达摩南宗定是非论》记载，神会批评北宗普寂派人到曹溪将原刻慧能的碑文磨去，改刻上以神秀为六祖的内容。然而楚圆所谓"神会曾磨普寂碑"则出处不明，按字面意思是说神会将北宗神秀的弟子普寂造的碑文磨去，刊刻上自己撰写的文字。"壶中别有天"是说小小的壶中别有天地。出自道教的《云笈七签》卷二十七引〈云台治中录〉，谓有名张申者，常背一壶，如五升器大，"变化为天地，中有日月如世间"，夜宿其内。

楚圆在回答四料简的言句是比较形象地将人、境表示出来，然后分别点出夺人、夺境的情景。所谓"神会曾磨普寂碑"，是夺人（普寂碑文中关于神秀为六祖的内容）不夺境（保留原碑）；壶中别有天地，人宿其内，岂不是夺境（壶外天地）不夺人？皇帝统摄天下，塞外将军独当一面，号令一切，比喻既夺人，又夺境；明月当空，清风徐吹，无关人与境，是人境俱不夺。

此外在《慈明录》后面的偈颂中有〈三决三句〉，还有仿照曹洞宗"五位"作的〈五位〉、〈都颂五位〉，语句艰涩，很难看出新意，这里不再介绍。

他写有颂古 14 则，这里仅介绍两则。

第一则：

> 云门法身。
> 南北东西万万千，乾坤上下广无边。相逢相见呵呵笑，屈指抬头月半天。

"云门法身"是引的前人语录公案，也简称"古则"。云门宗创始人文偃在说法中经常谈到法身，虽认为从根本上来说不可用语言描述，然而又表示，一切无非法身。曾说："一切声是佛声，一切色是佛色，尽大地是法身。"①

七言四句偈是颂古，是解释和发挥前面引述的公案的。前两句在意思上诠释云门文偃的话，意为法身充塞于宇宙的十面八方，后两句是表示，自由自在地乐观地生活就是符合真如法身的状态。

第七则：

> 汝是慧超。
> 僧问如何是佛？师云汝是慧超。礼拜近前叉手，思量十万迢迢。

古则公案是出自《景德传灯录》卷二十五〈归宗策真章〉。策真原名慧超，师事法眼文益（净慧）时曾问："如何是佛？"文益告诉他："汝是慧超。"② 这里包含三个意思：一是法身不可表述；二是法身只不过是个符号，就好像你叫慧超一样；三是佛体现于世界一切事物之中，你慧超也可以称之为佛。

将古人得悟的语录公案用偈颂加以表述，可以使参禅学人对其中蕴含的道理加深认识，也便于人们记诵。

楚圆写的《赞诸方尊宿》，对唐五代以来的十四位禅师的禅法特色用简练的

---

① 《大正藏》卷 47，第 559 页上。
② 《大正藏》卷 51，第 417 页上。

四言偈颂概括出来，别有风格。请看：

> 法眼、法灯，问答精进，箭锋相拄，耀古腾今；
> 云岩、洞山，金锁玄关，五位回互，洞水逆还；
> 雪峰、玄沙，宗匠难加，白纸为信，今古无瑕；
> 沩山、仰山，明暗方圆，多闻广解，巧语难宣，三十六势，应病施权；
> 石霜、道吾，父子相呼，三门五路，广诱初徒，君臣和合，岂话有无；
> 睦州、云门，掣电来风，泥牛哮吼，黯黑乾坤，现成公案，不打好人；
> 临济（按：原作"临际"）、德山，棒喝齐行，或逆或顺，或暗或明，师子一吼，百兽潜形。（《慈明录·偈颂》）

这里提到的十四人的名字是：法眼文益及其弟子法灯泰钦，云岩昙晟及其弟子洞山良价，雪峰义存及其弟子玄沙师备，沩山灵祐及其弟子仰山慧寂，石霜庆诸及其师父道吾圆智，睦州陈尊宿及云门文偃，临济义玄及德山宣鉴。至于他们的禅法特色，绝非几句话可以解释清楚，这里从略。

此外，楚圆作的《牧童歌》、《十二时歌》，也饶有情趣，可以赏析。

四　楚圆的弟子

弟子中最著名的有黄龙慧南、杨岐方会、翠岩可真、蒋山赞元等。对慧南、方会将专节介绍，这里仅简略介绍可真与赞元二位禅师。

（一）翠岩可真

洪州上蓝翠岩寺可真（？—1064），籍贯、俗姓不详，"好暴所长以盖人，号真点胸"（《禅林僧宝传》卷二十五〈慕喆传〉）；或谓"以遍参自负，丛林号为真点胸"（《嘉泰普灯录》卷三〈可真章〉）。他在参谒禅楚圆之后，曾前往荆州金銮寺与被称为"善侍者"的禅师一起坐夏（夏安居）。他认为自己已经亲自拜见过楚圆，不把别的禅师放在眼里。这位善侍者是楚圆的另一位弟子，禅机敏锐，甚至也受到同学悟真、方会的钦佩。然而，他与可真接触交谈后，认为可真尚未彻悟。某天二人在山上一边行走，一边论议，善侍者从地上捡起一片瓦砾对可真说："若向这里下得一转语，许你亲见慈明。"意为如果能以此瓦砾为题提出一个语句，我就承认你曾亲见过慈明楚圆禅师。他一时答不上来，受到善侍者的训斥，说他"情识未透"。可真迅速回到石霜山。楚圆斥责他在解夏不久就匆匆回来，破坏丛林规矩。他将自己在善侍者处遭遇的窘况告诉了楚圆，承认自己"大事未透脱"。于是，楚圆问他："汝以何为佛法要切？"他答："无云生岭上，有月落波心。"立即遭到斥责，说他年老尚作这种见解，怎能摆脱生死？可真恳求楚圆帮他决疑。楚圆让他用同样的话问自己。他问完后，想不到楚圆也说："无云生岭上，有月落波心。"据载，听了此话，可真豁然开悟。[①] 他到底悟到什么？那真是"如人饮水，冷暖自知"了。

此后，可真曾到庐山归宗寺在慧南的下面担任首座，后到洪州上蓝的翠岩山广化寺担任住持。他向门下传授的禅法虽没有什么新意，然而也以其奇特禅语闻名丛林。北宋著名文学家黄庭坚在为可真的语录写的序中，将楚圆比做"三角虎"，说慧南是"捋其须而得道"；可真是"履其尾而得道"，他的"金章玉句，具在可知"，"今坐镇诸方，龙吟虎啸者（按：比喻禅林著名禅师），无不称翠岩（按：指可真）室中之句"。[②]

在一次说法中，有僧问："如何是佛？"他答："同坑无异土。"暗含着佛不异于众生。又问："如何是祖师西来意？"是问达磨祖师来中国的用意是什么。他答："深耕浅种。"大概含有深植根基，培育新生禅者的意思。问："如何是佛法大意？"他答："五通贤圣。"五通是指达到佛菩萨或罗汉境界者所具有的五种超自然的神奇功能：天眼通、天耳通、他心通、宿命通、身如意通，在身体动作、智慧、力量等方面无所不能，无所不知。难道具有神通的圣贤就是佛法吗？此僧表示尚未理解，他立即回答："舌至梵天。"原来佛经所说佛具有的"三十二相"中，有一相是"广长舌相"，说佛的舌不仅可以覆面上至发际，而且可以"遍覆三千大千国土"，常在说法之际现此奇相[③]。所以，"舌至梵天"可以表示为佛的一切说法。虽是暗示，但意思还是清楚的。此僧又问："如何是学人转身处？"意为如何才能跨越迷误之境达到解脱呢？他回答："一堵墙，百堵调。"字面意思大概是说，虽然砌造一堵墙，却应考虑与很多堵墙协调的问题，示意应从多方面努力。又问："如何是学人着力处？"意为怎样修行才好。他答："千日斫柴一日烧。"启示只有日积月累，才能达到顿悟。问："如何是学人亲切处？"

---

① 宋惠洪《林间录》卷下，另《禅林僧宝传》卷二十一〈楚圆传〉、《五灯会元》卷十二〈可真传〉。
② 宋明堂师明《续古尊宿语要》卷一〈翠岩真禅师语·序〉。
③ 小乘经《中阿含经》卷十一〈三十二相经〉等，大乘经《摩诃般若经》卷一等。

答："浑家送上渡头船。"僧人没有妻室，何来"浑家"？这里是比喻，意为学人对菩提之道的感情应当如同世间妻子对丈夫那样亲切。有僧问："机锋才展，四海来投，向上宗乘，请师举唱。""向上宗乘"是指引导人们觉悟的宗旨，指禅宗。他说："西天此土。"意为西天佛国，即在现实人间。① 从他的说法，可以看出他并没有随便回答学人的提问，而是经过斟酌巧妙地遣词用句的，虽非直接，却又蕴含着使人可以猜测的空间。

他大概受楚圆的影响，在说法中经常借助拄杖作各种比喻。有时，拄杖是某一事项，有时代表广阔的世界与万物，有时拄杖是代表某种意向等。现引几段语录：

> 上堂，众生为解碍（按：解悟有障碍），菩萨常觉不住（按：经常处于觉悟状态）。拈起拄杖云：拄杖子是碍，那个是觉？若也会去，解碍为碍不自在；若也不会，归源性无二，方便有多门。
>
> 不见一法（按：过于强调空义）是大过患。山河大地，日月星辰，色空明暗，不是一法（按：强调现象事物多样性）。拈起拄杖云：凡夫见拄杖，唤作拄杖；声闻人见拄杖，认得顽空，拨无拄杖；菩萨人见拄杖，几曾挂着牙齿。饥来吃饭，困来打睡，寒来向火，热则乘凉。不见道：一切智智清净。恁说话，笑破土地鼻孔。卓拄杖，下座。
>
> 云藏谷口，水注沧溟，万法本然，而人自闹。于此之外，复且如何？拈拄杖云：拄杖子蹦跳上三十三天，筑着帝释（按：天帝释）鼻孔，地神恶发，奏与空神，空神奏上天神，如今却在上蓝（按：以所在地名自称）手中，诸人还见么？若也见去，"随方毗尼"（按：指某些戒条可随地方风俗民情斟酌增减）；若也不见，一任蹦跳。②

引文第一段中的拄杖代表众生的不悟（解碍），然后让门下指出哪个是菩萨的觉悟（常觉、觉），如果谁这样严格分别，就被认为没有领悟即烦恼是菩提、即众生是佛、菩萨的道理，是一种"不自在"；如果尚未作出这种见解，那么，他告诉你：从根本上说一切众生本性（佛性）是一样的，然而达到解脱的途径

---

① 以上据《建中靖国续灯录》卷七〈可真章〉。
② 引自《续古尊宿语要》卷一〈翠岩真祖师语〉。

未必是等同的。

第二段是反对过于强调一切皆空，认为这样便是"顽空"（属于断见）；世界现象的多样性是不能笼统地在"一法"名义下加以否定的。他以拄杖表示世界万物，指出普通人仅看到万物有的一面；小乘人只看到万物空的一面，予以否定；大乘菩萨贯通空有，自然地对待一切，"饥来吃饭，困来打睡，寒来向火，热则乘凉"，反映具有超越小乘人的至高智慧。

第三段是说天地、山水与万物本来是自然而然的，只有人有所作为。他大概是以拄杖代表人的自由行为，认为人虽可有这种或那种作为，但最终受个人制约。如果能够达到这种认识，便可以随应地方民情斟酌增减某些戒条；如果得不到这种理解，那就随顺自然好了。

到底可真用这样的说法方式传达什么思想，门下弟子或参禅者能够理解多少，今天是难以证实的。以上笔者的解释也只是属于猜测而已。

可真于英宗治平元年（1064）去世，死前病状痛苦。弟子慕喆侍旁垂泣说："平生呵佛骂祖，今何为乃尔？"受到可真的斥责。（《嘉泰普灯录·可真章》）

慕喆后在潭州大沩山传法，门下有僧二百，"人人自律"。宋哲宗绍圣元年（1094）奉诏入京任大相国寺智海禅院住持，闻名一时。（《禅林僧宝传》卷二十五〈慕喆传〉）慕喆在说法中的著名语句有：以"万人丛里不插标"（混在众人之中）答："如何是城里佛"；以"泥猪疥狗"为"村里佛"；以"绝人往还"为"山里佛"。（《五灯会元》卷十二〈慕喆传〉）

（二）蒋山赞元与王安石

赞元（？—1080），字万宗，号觉海，俗姓傅，婺州（治今浙江金华）义乌人，传为南朝傅大士的后裔。他与别的僧人不同，三岁出家，七岁就受具足戒成为大僧。年十五出外游方，至潭州石霜山参谒楚圆，在寺中从事帮厨、劈柴等杂务约十年。楚圆移居南岳福岩寺时，他也跟随同往。在楚圆去世后，参与安葬他的遗骨于石霜山，并为墓地营造林木八年。此后，到蒋山投止于同学保心住持的寺院，以兄事之。保心去世后，由他继位担任寺院住持。（《禅林僧宝传》卷二十七〈赞元传〉）赞元在此后的传法生涯中与王安石的结识和交往值得一提。

王安石（1021—1086），字介甫，抚州临川人，是北宋著名政治家、改革家，也是著名的文学家。他在宋仁宗晚年时举进士高第，从知鄞县、常州开始，逐渐知名天下，在任知制诰官位时，因母去世辞官服丧，服除后，于英宗朝（1064—1066）累召为官不赴。神宗即位（1006），除知江宁府，召为翰林学士，不久任右谏议大夫、参知政事，受诏成立三司条例司，着手对政治、经济进行变法革新，熙宁三年（1070）拜礼部侍郎、同中书门下平章事（宰相）。王安石的变法虽对整顿弊政、富国强兵带来积极影响，然而同时也招致朝野强烈的反对。熙宁七年（1074），王安石避位知江宁府，第二年复为相，子雱死，悲伤不已，求解政务。九年（1076）罢为镇南节度使、同平章事、判江宁府，翌年封舒国公。元丰二年（1079）复拜尚书左仆射、观文殿大学士。三年加授特进，改封荆国公，退居金陵。哲宗即位，封司空，翌年，即元祐元年（1086）去世，年六十六，赐谥曰文。（《宋史》卷三百二十七并王偁《东都事略》卷七十九〈王安石传〉）

在王安石为母服丧期间，曾在蒋山读书，与赞元结识，彼此亲如兄弟。一天，王安石向赞元问禅宗的宗旨。赞元开始不予回答，然而在王安石的再三叩问的情况下，不得已答之。他说："公般若有障三，有近道之质一，一两生来，恐纯熟。"意思是王安石对接受大乘佛教的智慧（般若，这里特指禅宗宗旨），存在三个障碍，然而却具备一个接近佛道的品质。如果经过一两次的转生，就能够达到纯熟了。对此，王安石不理解，请他加以解释。赞元出于对他的观察和了解，说出如下一番话：

> 公受气刚大，世缘深。以刚大气，遭世深缘，必以身任天下之重。怀经济之志，用舍不能必，则心未平。以未平之心，持经世之志，何能一念万年哉？又多怒而学问，尚理于道，为所知愚，此其三也。特视名利如脱发，甘淡泊如头陀，此为近道。且当以教乘滋茂之可也。（《禅林僧宝传·赞元传》）

大意是说，王安石秉先天"刚大"之气而生，与世上的缘分很深，必然承受天下的重任。然而，第一，虽怀有济世治国的志向，但并非自己所要实行的要废止的都能如愿，这样必然使自己的心难以平静；第二，在心未平的情况下，就很难实现治理天下之志，如何能将自己的理念化为永久呢？第三，性格多怒，又好学问，崇尚理道，意谓他的天然的自性被这种世俗的知识迷惑。这就是前面赞元提到的"般若有障三"，认为他由此三点是不能接受禅宗的般若之智的。然而同时又指出，他不重名利，生活甘于淡泊，却是易于接近佛道的品质。赞元建议他先从"教乘"（指禅宗以外的佛教诸派）入手学习佛教。赞元的话可谓词意凝重，意味深长。据载，王安石再拜受教。

在王安石受到神宗赏识重用，为参知政事及拜相之后，几乎每月都给赞元书信，然而赞元从未打开来看。王安石曾为赞元奏请章服和禅师号。

赞元平时待人不讲客套，对周围事物充耳不闻，即使寺院起火，有僧被杀也漠然置之，任凭执事僧处理。王安石之弟王平甫，平时表现出豪纵之气，来拜见赞元，一再请问"佛法大意"。赞元不得已对他说：

> 佛祖无所异于人。所以异者，能自护心念耳。岑楼之木，必有本，本于毫末。滔天之水必有原，原于滥觞。心中无故动念，危乎发哉，甚于岑楼；浩然横肆，甚于滔天。其可动耶？佛祖更相付授，必丁宁之曰：善自护持。

是提醒王平甫行为应当善自检点，别逞意乱为，招致灾祸。王平甫听后不理解，问："佛法止于此乎？"赞元告诉他："至美不华，至言不烦"，关键在是否实行。（《禅林僧宝传·赞元传》）

元丰之初（1078）王安石罢归金陵，舟至石头，夜进山拜父母坟，前来拜谒的士大夫的车骑塞满山谷。王安石到达寺院时已经二鼓。赞元出迎，一揖之后立即回方丈入寝。王安石对他并不怪罪。此后，王安石在定林隐居，往来山中，与赞元交往密切。他写诗给赞元，曰：

> 往来城府住山林，诸法翛然但一音。不与物违真道广，每随缘起自禅深。
> 舌根已净谁能坏，足迹如空我得寻。岁晚北窗聊寄傲，蒲萄零落半床阴。（《王安石集》卷十七〈北山三咏·觉海方丈〉）

其中既有对赞元无为随缘、六根清净的赞赏，也表达了自己离开都市退隐山林，能与赞元于林下交游的恬适心情。他还写了《白鹤吟示觉海元公》、《北山道人栽松》、《与北山道人》等诗。写的时间不好确定。①

赞元于元丰三年（1080）去世，王安石于九月三日设馔祭祀，致词曰："自我壮强，与公周旋，今皆老矣，公弃而先。逝孰云远，大方现前。馔陈告违，世礼则然。尚飨。"②王安石还为赞元的画像题词，曰：

> 贤哉人也！行厉而容寂，知言而能默。誉荣弗喜，辱毁不戚。弗矜弗克，人自称德。有缁有白，自南自北，弗句弗逆，弗抗弗抑。弗观汝华，唯食已食。孰其嗣之，我有遗则。③

寥寥数言，把一位严肃而和蔼、智慧而寡语、为人宽厚略带木讷、讲究实际的禅师的形象描绘于纸端。

在《建中靖国续灯录》卷七、《五灯会元》卷十二载有赞元的语录。在回答学人问法中令人警醒的语句有："问：如何是道？师云：南通州，北入县。僧曰：如何是道中人？师云：驴前马后。问：如何是佛？师云：眼皮拖地。僧曰：如何是诸佛出身处？师云：驴胎马腹。……如何是大善知识？师云：屠牛剥羊。僧曰：为甚么如此？师云：业在其中。"只不过在表示，对于诸如道、佛、修行等问题，不可能用语言正确表述，应当自己去体悟。尽管如此，他在上堂说法中有时非常重视词语的和谐和对称。例如，他曾说："风息浪平，雨余山翠。樵歌越岭，渔唱湘湾。声声互答韵清闲，一曲中含千古意。"然后拍手下去。

赞元有弟子法雅、应悦，分别在明州雪窦寺、邵州丞熙寺传法。

据《五灯会元》卷十二所载楚圆的17位弟子中，除一位未载录不详外，其他人皆在南方传法。慧南在隆兴府黄龙山，方会在袁州杨岐山，政禅师在瑞州武泉山，省回禅师在南岳，道宽在洪州，悟真在潭州道吾山，保心在蒋山，惟政在洪州百丈山，蕴良在明州香山，惟广在苏州，德乾在潭州大沩山，本言在全州灵山，源禅师在安吉州，德章在杭州，分布在今江西、湖南、江苏、浙江

---

① 《王安石集》卷二、卷二十八、卷三十等。

② 王安石〈祭北山元长老文〉，载《王安石集》卷八十六，祭祀日期是元丰三年九月四日。九月四日虽不一定是赞元去世的日期，然而他去世于元丰三年应当是没有问题的。宋代惠洪《禅林僧宝传·赞元传》记载赞元死于元祐元年，误。王安石卒于此年。

③ 〈蒋山觉海元公真赞〉，载《王安石集》卷三十八。《禅林僧宝传·赞元传》、《建中靖国续灯录》卷七〈赞元章〉亦有载，但个别字有异。

一带地方。至于他们弟子的传法中心也多在南方。可以说，从此临济宗的传播重心从北方转移到了南方。

第五节　慧南与临济宗黄龙派

中国禅宗在真宗、仁宗时期（11世纪前半叶）迅速走向兴盛。临济宗继云门宗有后来居上之势，特别是在石霜楚圆之后，在南方传播非常迅速。楚圆门下出了不少著名禅僧，在丛林间影响很大。其中慧南与方会创立临济宗黄龙派、杨岐派，将临济宗推向一个新的时期。从此，禅宗有了"五家七宗"之称。"五家"是禅门五宗：临济宗、沩仰宗、曹洞宗、云门宗、法眼宗，外加临济宗的黄龙派和杨岐派成"七宗"。然而，这一称法只是表示历史上曾经出现过禅门五家、七宗的情况，并非表示它们一直同时存在。因为其中有的禅派早已消亡，有的是稍后衰微并消亡，到中国近代以后只有临济宗杨岐派、曹洞宗存在，其他禅派法系已经失去传承了。

下面先对慧南及其重要弟子、临济宗黄龙派进行介绍。

一　黄龙慧南的经历

有关黄龙慧南的传记、语录，载于宋惠洪《禅林僧宝传》卷二十二〈慧南传〉、《黄龙慧南禅师语录》（《黄龙四家录》之一，简称《黄龙录》）、惟白《建中靖国续灯录》卷七、悟明《联灯会要》卷十三、正受《嘉泰普灯录》卷三、普济《五灯会元》卷十七等。

黄龙慧南（1002—1069），也作惠南，因曾在黄龙山传法便以黄龙为号。俗姓章，祖籍信州（治今江西上饶县）玉山，年十一离家，在怀玉定水院师事智銮，十九岁剃发受具足戒，此后游方。前往庐山，先在归宗寺跟自宝禅师学坐禅；又至栖贤寺师事法眼宗的澄諟禅师（按：原作諟禅师，法眼下二世），澄諟临众"进止有律度"，便按其规范约束自己。三年后辞别，渡淮河，依蕲州三角山怀澄禅师。

怀澄是云门宗五祖师戒的弟子，属云门下三世，是当时著名禅师之一，后至洪州靖安县泐潭宝峰寺传法，故史书也称泐潭怀澄。① 怀澄见到慧南，十分赏识，在移居泐潭时慧南也跟随前往，便让慧南在他门下担任首座，有时代他向弟子说法。在南昌传法的文悦禅师，嗣法于善昭的弟子大愚守芝。每见到慧南，感叹他投师不当，某次同游西山的时候，告诉他说，怀澄虽是云门文偃之后，然而其禅法与云门有异，"云门如九转丹沙，点铁作金；澄公药汞银，徒可玩，入煅即流去"。慧南听后大怒，然而，此后文悦又借机对他表示："云门气宇如王，甘死语下乎！澄公有法授人，死语也。死语其能活人哉？"② 是说云门当年具有非凡气概，绝不容忍死语；而怀澄经常向人传授禅语，然所传不过是死语而已。云门下一世洞山守初（910—990）曾说："语中有语，名为死句；语中无语，名为活句。"所谓活句实际是对某种问题不作正面解释，从中找不到与所问相对应内容，从而可以给人种种联想的余地；相反则是死句。死句也就是死语。守初还曾说："九丹一颗，点铁成金；至理一言，转凡成圣。"（《古尊宿语要》〈守初语录〉）文悦不满意怀澄运用比较明确的语言说法的方式，称之为死语，借用当年守初的话来启示慧南不要过于相信怀澄的禅法，并且劝他改投石霜楚圆的门下。慧南听从了他的规劝，决定投师楚圆。然而听说楚圆每日不正经处事（"不事事"），又常轻慢丛林中的后辈僧，又感到后悔。

此后他与人结伴到了南岳衡山福岩寺，在一位据称嗣法于曹洞宗大阳明安（警延）禅师的绰号为"贤叉手"老宿门下担任书记。不久这位老宿去世，知州请楚圆任此寺方丈。楚圆到寺之后，慧南见他仪态严肃，在说法中经常对各地丛林提出批评，而他所称之为"邪解"者多是指泐潭怀澄所密传之旨，于是决定入室问法。然而楚圆以他已经领徒并且"名闻丛林"，在开始并不想立即接纳他，邀他一起谈谈再作决定。《禅林僧宝传》卷二十二〈慧南传〉这样记载：

> 慈明（按：楚圆）曰：书记学云门禅，必善其旨，如曰：放洞山三顿棒。洞山于时应打不应打？公（按：慧南）曰：应打。慈明色庄而言：闻三顿棒声便是吃棒，则汝自旦及暮，闻鸦鸣鹊噪、钟鱼鼓板之声，亦应吃棒。吃棒何时当已哉？公瞠而却。慈明云：吾始疑不堪汝师，今可矣。即使拜。慈明理前语曰：脱如汝会云门意旨，则赵州尝言：台州婆子，被我

---

① 关于法眼宗澄諟，请见《天圣广灯录》卷二十七；云门宗怀澄，见《天圣广灯录》卷二十三，并《五灯会元》卷十五。

② 以上关于慧南的经历主要据《禅林僧宝传》卷二十二〈慧南传〉。

勘破。试指其可勘处？公面汗下，不知答。趋出，明日诣之，又遭诟骂。公惭见左右，即曰：政以未解求决耳，骂岂慈悲法施之式？慈明笑曰：是骂耶？公于是默悟其旨，失声曰：泐潭果是死语。献偈曰：

杰出丛林是赵州，老婆勘破没来由。

而今四海清如镜，行人莫以路为仇。

慈明以手点"没"字顾公，公即易之，而心服其妙密。留月余，辞去。

楚圆在接纳慧南为弟子的过程中是力求做到让他心服。他说，既然你曾学云门禅，对云门禅一定十分熟悉，那么，当年云门对洞山守初来参时说要打他"三顿棒"，是否真的要打他？慧南说要真的打他。① 这一下被楚圆抓住破绽，反过来质问：你每天听到种种声音是否意味着一定要吃棒呢？慧南瞠目结舌而退。楚圆立刻表示，现在他才自信可以收他为弟子。接着又让他参唐代赵州和尚所说"勘破"五台山路边一位婆子的话。② 他反复思虑，不知如何答对，每次见到楚圆都被骂一顿。他想不通便问：难道骂人也是教导弟子的方法吗？楚圆反问，这是骂吗？他立即大悟，并且写偈表明自己的悟境。楚圆只示意第二句的"没"字还须推敲，他立即将此字更改。据《黄龙录·偈颂》所载〈赵州勘破〉，是将"没"改"有"，此句改后为："老婆勘破有来由"。③ 此年，慧南三十五岁，应是仁宗景祐三年（1036）。

楚圆在会见与接纳慧南为弟子中，是站在主动地位勘验慧南对禅法的理解

---

① 据《禅林僧宝传》卷八〈洞山守初传〉，原文是："（文）偃问：近离何处。对曰：查渡。又问：夏在何处？对曰：湖南报慈。又问：几时离。对曰：八月二十五。偃曰：放汝三顿棒。初罔然。良久，又申问曰：适来祗对，不见有过，乃蒙赐棒，实所不晓。偃呵曰：饭袋子，江西湖南，便尔商略。初默悟其旨。"云门对洞山守初对问话作正面回答，没有任何禅的意境表示不满。大概此即所谓的死语。

② 《景德传灯录》卷十〈赵州和尚章〉载："有僧游五台。问一婆子云：台山路向什么处去？婆子云：蓦直怎么去。僧便去。婆子云：又怎么去也。其僧举似师。师云：待我去勘破遮婆子。师至明日便去问：台山路向什么处去。婆子云：蓦直怎么去。师便去。婆子云：又怎么去也。师归院谓僧云：我为汝勘破遮婆子了也。"（《大正藏》卷51，第277页中）勘破，意为看透、认清；这里的勘破，相当于查验清楚。路边老妪告诉问僧，到五台山应一直走，一会又说可往那边走。这本来没有什么，但通过言传，倒把问题弄糊涂了。赵州和尚经亲自查验，便把事情弄清楚了。然而这里是包含着禅机的，古来丛林虽多引用，但皆不正面解释。笔者认为其中蕴含的意思是：通往五台山的路不止一条，同样，对解脱之道也可以有不同的解释。

③ 《大正藏》卷47，第634页下。

和临机应对的机敏程度。在他看来,语言在丛林说法和参禅的场合只是个方便的施设,没有特定的含义,当年云门问洞山从何而来和说要打他三顿棒的话,赵州的所谓勘破婆子,他对慧南的斥骂,只不过是蕴含某种禅机的动作、符号罢了,岂可执著!重要的是应透过这些语句动作领悟其中的禅机奥妙。看来慧南当时所悟的,也不过如此。因此他才相信泐潭怀澄的禅语是死语,并且在描述自己悟境的偈中回避对上述任何问题做出具体解释,只是有意强调世间清平,行人自择道路,路路相通。从这里也反映宋代不同禅法流派之间存在分歧的情况。

此后,慧南访问在南岳传法的楚圆弟子芭蕉谷泉(泉大道),又参荆州(治今湖北江陵)金銮寺,在这里遇到当初劝他投师楚圆的文悦相见,向他致谢。他一度回到洪州泐潭,然而与旧师怀澄的关系已经疏远。

慧南在参访建昌县的云居山寺(在今江西永修县西)之后,到了同安崇胜禅院。住持神立禅师已老,赏识慧南的人品道行,决定将寺相让,经请示州府,聘请慧南担任此寺住持。慧南在开堂仪式上拈香示众中,正式表示自己嗣法于石霜楚圆。消息传到泐潭,怀澄门下不少人纷纷离去。

此后,慧南应请到庐山归宗寺任住持,其间因寺失火一度入狱。后又应请到高安县黄檗山(在今江西宜丰县西)任住持,在溪边建积翠庵为传法和养老之地。① 他在此寺时间最长,参考《禅林僧宝传》中所载他的一些弟子的传②,他最晚在宋仁宗庆历六年(1046)已来此,约到治平二年(1065)以后才迁往分宁县(今江西修水县)城西边的黄龙山寺任住持。③ 慧南在这三个地方传法,逐渐名声远扬,江湖闽粤慕名前来他门下参禅受法者络绎不绝。他的法系成为临济宗黄龙派。

临济宗禅僧宋惠洪在《禅林僧宝传·慧南传》中说慧南"住黄龙法席之盛,追媲泐潭马祖、百丈大智",认为慧南门下僧众之盛可以与唐代的马祖(马祖晚年曾在泐潭传法而且墓葬在此)、在百丈山的怀海相比。比喻是否恰当暂且不

---

① 据南宋王象之《舆地纪胜》卷二十七〈江南西路——瑞州·景物下〉,黄檗山在新昌县(今宜丰县)西一百里,唐黄檗(希运)禅师曾在此传法。

② 主要参见卷二十三〈祖心传〉、〈克文传〉、卷二十四〈常总传〉等。

③ 分宁县在唐贞元十六年(800)前属武宁县。据《舆地纪胜》卷二十六〈江南西路——隆兴府·景物下〉,黄龙院在分宁县西140里,谓驸马都尉王诜曾参禅于此,又载黄山谷(庭坚)诗,有"幕阜峰前对落晖"之句。另,参考江西省测绘局编,中国地图出版社1996年出版的《江西省地图册》。

论，不过临济宗黄龙派在北宋后期十分兴盛的确是事实。

慧南在宋神宗熙宁二年（1069）三月于黄龙寺去世，年六十八。死前上堂辞众，说：

> 山僧才轻德薄，岂堪人师？盖不昧本心，不欺诸圣。不免生死，今免生死；未出轮回，今出轮回；未得解脱，今得解脱；未得自在，今得自在。所以大觉世尊于然灯佛所，无一法可得；六祖夜半于黄梅又传个什么？

从他临终的话可见他是充满自信的：已经摆脱生死轮回，已经解脱得到自在，然而语气一转，又表示自己如同传说中释迦佛从给他授记（预言他未来成佛）的然灯佛处没得一法，慧能从五祖弘忍处未得一法那样，自己一生也未得一法。

他又写辞世偈曰：

> 得不得，传不传，归根得旨复何言。
> 忆得首山曾漏泄，新妇骑驴阿家牵。①

这实际是以未得为得作为最高的智慧境界，以不传为传是传佛心的妙法，体现出自慧能以来禅宗奉般若中观为重要指导思想的传统观念。

宋徽宗大观四年（1110）追谥慧南以普觉禅师之号。

二 开堂仪式上为皇帝祝寿为官员祝福

中国佛教是在适应以皇帝为首的封建主义中央集权体制的过程中传播和发展的。作为中国佛教宗派之一的禅宗，自然也是如此。然而将新任住持拈香为皇帝祝寿，为地方官祝福，向师父报恩的完整礼仪纳入寺院开堂仪式程序的，是宋代的禅宗。在现存宋代禅僧语录中，汝州叶县归省、潭州神鼎洪諲的语录对此有最早的较详记述，他们二人都是首山省念的弟子。此后，这种做法日渐

---

① 《建中靖国续灯录》卷七〈慧南章〉。首山省念曾以"新妇骑驴阿家牵"回答"如何是佛"之问，载《联灯会要》卷十一〈省念章〉。

普及。在楚圆及其弟子慧南、方会、克文等人的语录中也有这种记载，看来这已经成为禅宗丛林的一种定制。

在宋代，一位禅师到一所重要的官寺任住持（也称方丈），一般先由一位或几位禅师向地方官——知州或知军推荐，然后由地方官签发"请疏"（相当聘书）派人去请。在为这位禅师进入寺院举行升座仪式前，还要写请疏请他开堂说法。按照惯例，请疏要请地方僧官当众宣读，接着禅师拈（或作"捻"）香祝圣，说法。[①] 慧南前后在四所寺院任住持，现存《黄龙录》中虽然只有初住高安县同安崇胜禅院语录中有开堂祝圣的记载，然而他在平时的说法中也常为皇帝、地方官祝福，也构成他说法的一种特色。请先看《黄龙录》中所载他在建昌县同安崇胜禅院开堂升座仪式上祝圣的情况：

> 开堂日，宣疏罢，师拈香云：此一炷香，为今上皇帝圣寿无穷。又拈香云：此为知军郎中、文武寀僚，资延福寿；次为国界安宁，法轮常转。又拈香云：大众且道，此一炷香，当为何人？多少人卜度，未知落处。今日为湖南慈明禅师，一炷爇却，令教充遍天下丛林，与一切衲僧为灾为祸去。
>
> 维那白槌云：法筵龙象众，当观第一义。师噫云：好个第一义，幸自完全，刚被维那折作两橛。还有人接续得么？遂左右顾视大众，乃云：若接续不得，同安今日拈头作尾，拈尾作头去也。有问话者，切须著眼。时有僧问：宝座已登于凤岭，宗风演唱嗣何人？师画一圆相。进云：石霜一派进入江西也。师云。杲日当天，盲人摸地。[②]

建昌县在北宋属南康军（治今江西星子县），长官为知军（职权略等于知府、知州）。慧南提到的"知军郎中"，当是带有尚书省及所属各级官衔的人担当知军。寀（原指采地，也意为官）僚，即官僚。在开堂升座仪式上，慧南待有人宣读他任同安寺住持的请疏之后，首先拈香为皇帝祝寿，为知军及其属下官僚祝福，并且祝国家安宁，佛法永在，最后拈香祝师慈明楚圆的法系昌盛。在维那击槌告白"法筵龙象众，当观第一义"之后，开始说法，中间穿插禅僧

[①] 实际上更多的情况是各地寺院自己为新住持举办开堂升座仪式，情况与此有异。请参考元代《敕修百丈清规》卷三〈请新住持〉。

[②] 《大正藏》卷47，第629页下。

站出来问法，他作回答，所说的内容未必答如所问，有时也用反语、转语等。

在碰到皇帝生日（圣节）的时候，慧南也上堂为皇帝祝寿。《黄龙录》记载他在同安寺、筠州黄檗山寺两次为皇帝祝寿的语录。从他的经历推断，当时的皇帝为仁宗。他在归宗寺上堂为皇帝祝寿时说：

> 今日皇帝降诞之辰，率土普天祝延圣寿即不无。诸仁者，还识王子也未？若人识得，尽十方微尘刹土，皆属上座，更非他物，便坐涅槃城里，端坐无为，统三界以为家，作四生之依怙；若也未识，佛殿时里烧香，三门头合掌。①

这里是以"王子"比喻佛性、自性，意为在因位的佛。他借为皇帝祝寿之机，引导门下体认自己本性——"王子"，说能够体悟自性，便可涅槃成佛，与十方三界统为一体，否则，还是在寺院烧香礼拜的普通僧。

在黄檗山上堂为皇帝祝寿时说：

> 斯晨今上皇帝庆诞之日，普天皆贺，率土钦崇，尧天舜德，同日月以齐明；玉叶金枝，共山河而永固。恩怜万国，泽降他邦。狱无宿禁之囚，马共牛羊之洞。修文偃武，罢息干戈，万民凿井而饮，百姓自耕而食。家国晏然，事无不可。②

说完下座。在这里除了歌颂仁宗的德政、社会安定之外，没有接触任何禅法。

慧南在庐山归宗寺（在今江西星子县）上堂说中说：

> 昨蒙本郡（按：此应指南康军）殿丞、判官、秘书特垂见召。然部封之下，不敢不来。方始及门，便有归宗之命。进退循省，深益厚颜。此乃殿丞、判官，曩承佛记，示作王臣，常于布政之余寅，奉觉雄（按：指佛）之教，欲使慧风与尧风并扇，庶佛日与舜日同明。苟非存意于生灵，何以

---

① 《大正藏》卷 47，第 630 页下。
② 同上书，第 633 页中。

尽心之如此。是日又蒙朝盖光临法筵，始卒成襚，良增荣荷。昔日裴相国（按：唐裴休）位居廊庙，黄檗受知；韩文正公（按：韩愈）名重当年，大颠得主。以今况古，有何异哉！①

大意是他奉命到南康军府，受命任归宗寺住持，在入寺说法之时，军府官员又特地前来听法，他在感激之余，表示军府官员是前世得到佛的授记（预言）来人间为王臣，从政之余还信奉佛法，想使佛法与王法共相辉映，庇佑生灵，最后以唐代裴休与黄檗希运、韩愈与大颠和尚的关系来比喻军府长官对自己的理解和护持。

宋代负责各路司法刑狱、巡察盗贼的官署名提刑司，其官称提点刑狱同事，简称提刑。南康军在北宋一直属江南西路，也有此官。某日，提刑官员到庐山入归宗寺，慧南上堂说法，在说法中以生动的语言对禅宗传承、禅法要旨略作说明，其中说：

是法非有作思惟之所能解，非神通修证之所能入，不可以有心知，不可以无心得，悟之则顿超三界，迷之则万劫沉沦。只如今日，王官普会，僧俗同筵，坐立俨然，见闻不昧。为是迷耶悟耶？于此见得，不待三祇劫满，万行功圆，一念超越，更无前后。

此日山寺多幸，伏蒙本路提刑都官、提刑舍人，亲垂朝盖，光饰荒蓝，经宿而来，起居万福。况二尊官，凤植德本，现宰官身，以慈惠临民，代今天子宵旰之急，若僧若俗，若贵若贱，悉皆受赐其福其寿，可胜道哉！既沐光临，且宽尊抱。②

慧南是主动还是应请上堂说法虽不清楚，然而这种做法本身是表示对提刑一行官员的隆重接待，在说法中对禅宗不重言教而重自性觉悟的宗旨以十分简洁的语言交代清楚，并且用动听的语言对他们作一番赞美，自然会使他们对自己、对禅宗产生好感。

应对时势，为生存和发展创造好的条件，在佛教来说是与"般若"（智慧）

---

① 《大正藏》卷47，第631页中。
② 同上书，第631页下。

并称之的"方便"、"智巧"。在宋代封建专制主义中央集权和以纲常名教为中心的儒家学说空前发展的情况下，禅宗高僧通过开堂、上堂说法对皇帝祝寿，对地方官员祝福，祈祷天下太平，并且按丛林礼仪广泛地结交儒者士大夫，可以看作是对时势的顺应，是为了取得以皇帝为首的统治阶级理解和支持而采取的措施。这种做法在流行中成为丛林定制，甚至元代《钦定百丈清规》把它作为丛林清规固定下来。宋以后禅宗的兴盛，甚至占据中国佛教的主体地位，除其禅法主张等原因之外，应当说与它的丛林清规和寺院运营方式有很大关系。

三 黄龙慧南的禅法

慧南原属云门宗，后来投到临济宗石霜楚圆的门下，在禅法上继承自临济义玄以来特别是汾阳善昭、楚圆的禅法。现存相关资料不多，从中看不出他有什么大的创见。这里仅简单介绍两点。

（一）"贵在息心"

自从慧能提出"无念为宗"的禅法之后，历代禅师在不同的场合用不同的语句宣述这种禅法。"无念"，也称"无心"、"息心"、"息想"，意为虽按常人照常生活在现实的社会环境之中，一样地不间断思念，照常从事各种活动，然而要求对任何事物、任何对象都不产生贪取或舍弃的念头，没有执意的好恶、美丑的观念。慧南有时称此为"息心"、"一念常寂"。他在黄檗山上堂说法中说：

> 道不假修，但莫污染；禅不假学，贵在息心。心息，故心心无虑；不修，故步步道场。无虑，则无三界可出；不修，则无菩提可求。不出不求，由（按：此应是"犹"）是教乘之说。若是衲僧，合作么生？良久云：菩萨无头空合掌，金刚无脚谩张拳。①

第一句"道不假修，但莫污染"是取自马祖的语录，下面是他的发挥。引文是说，无须修菩提之道，也不必学禅，然而应当做到使自性不受到污染，使自心停止向内外的任何追求。这样才能使心安静、清净，无处不是入悟的道场，

---

① 《大正藏》卷47，第632页下。

哪里有三界可出,菩提可求呢!然而对此借助语言表述的"不出不求"的道理,他认为已经是属于"教乘"(禅宗之外的言教,俗谛)的范畴,还是多余的,更高的境界是绝非一般人意念、语言可以表达的,以所谓"菩萨无头空合掌,金刚无脚漫张拳"来加以比喻。然而从现实来讲,他还是提倡所谓的"息心"的。

他在同安寺时,某年初一上堂,有僧问:"不求诸圣,不重己灵,未是衲僧分上事。如何是衲僧分上事?"他以"三十年来罕闻此问",表示问题提得好。他在说法中对于日月更替,除旧布新,人们在此日彼此祝贺,各叙往来之礼,表示不以为然。他说:

> 真如境界,且非新旧之殊。何故?岂不见道:一念普观无量劫,无去无来亦无住。既绝去来,有何新旧?既非新旧,又何须拜贺,特地往来?但能一念常寂,自然三际杳忘,何去来之可拘?何新旧之可问?故云:如是了知三世事,超诸方便成十力(按:佛教谓佛有十种非同一般的力,此指成佛)。①

是说站在真如实相——毕竟空的高度,宇宙间的一切是融通无间的,既无空间范围,又无时间往来,超绝思惟分别。从这个角度来看,世间人们的送旧迎新、贺岁拜年的礼仪便没有意义。如果进而将这种认识运用到修行上,取法于真如空寂,则应"一念常寂"、无念,于是便会万法圆融的道理,达到佛的境界。在这里运用的是大乘佛教真俗二谛的思想和相对主义的圆融道理,从心寂无念的真谛角度否定俗谛,以诸法圆融的思想批评执意分别。

慧南在黄檗山一次说禅中说,到处行脚参禅属于外求,若"以毗卢自性(按:指佛性)为海,般若寂灭智为禅名为内求",向外求是"走杀汝",向自身中内求是"缚杀汝",要求禅僧"非内非外,非有非无,非实非虚",表示一切"内见外见皆错,佛道魔道俱恶"②,蕴含要求禅僧做到"息心",做到无所思虑,无所分别,无所欲求。

应当说,在现实的丛林生活中是难以做到这点的,有谁能做到绝对无念、

---

① 《大正藏》卷47,第630页上。佛之十力:知觉处非处智力、知三世业报智力、知诸禅解脱三昧智力、知诸根胜劣智力、知种种解智力、知种种界智力、知一切至所道智力、知天眼无碍智力、知宿命无漏智力、知永断习气智力。

② 《大正藏》卷47,第633页下。

息心呢？如同前人一样，慧南的说法只是提供一个最高的修行目标。从现实来说，怎样引导门下修行呢？当代沩山灵祐曾说："凡圣情尽，体露真常，理事不二，即如如佛。"① 意为无论是凡是圣，只要将情欲烦恼完全断除，心体的清净真如本性就会显现，体悟理事不二，达到佛的境界。慧南在说法中也一再引用这段话，然而却改变了部分内容。他说：

> 云凡圣情尽，体露真常，但离妄缘，即如如佛。虽是古人残羹馊饭，有多少人不能得吃。黄龙与么举，失利也不少。还有人检点得出么？若检点得出，便识佛病祖病；若检点不得，陕府铁牛吞乾坤。②

他将"理事不二"改为"但离妄缘"，增加了可实践性。"妄缘"范围很广，一切内在外在的能够给人带来情欲烦恼的东西都可以称为"妄缘"。既然范围广泛，也给人以可根据时机条件选择的自由伸缩性。然而他接着以下面的话表示对此也不可执著，似乎是说解脱的道理以此表述也是多余的。后两句似乎是说：能找出这种语言表述的局限，便识得所谓"佛病祖病"；分辨不出，也无碍于陕府铁牛与乾坤浑然融通的自然状态。

（二）所谓"黄龙三关"

慧南出名之后，门下弟子逐渐增多。他除了上堂说法外，平常还以三句话勘验弟子或参禅者，称之为"黄龙三关"，凡回答得出便得到他的默认，意为过关；回答不出自然得不到他的印可，便不算过关。据《建中靖国续灯录》卷七〈慧南章〉记载：

> 师室中常问僧出家所以，乡关来历。复扣曰：人人尽有生缘处，那个是上座生缘处？又复当机问答，正驰锋辩，却伸手云：我手何似佛手？又问诸方参请宗师所得，却复垂脚云：我脚何似驴脚？三十余年示此三问，往往学者多不凑机。丛林目为三关。

---

① 《景德传灯录》卷九〈沩山灵祐章〉，载《大正藏》卷51，第265页上。
② 《大正藏》卷47，第632页中、第634页下。

第一问是从佛教的生死轮回思想提出的：人人都是据前世的行为业因转生来的，那么你的前世和业因是什么呢？对这个问题恐怕任何人也回答不出。按照禅宗的宗旨，对此也是不能正面回答的，大概可以不答为答，可提出反问，也可以般若空义笼统地回答。第二问是从佛与众生相即不二的角度提出的：我的手与佛的手没有根本差别，是相似。然而，对此也不能正面回答似与不似，可以用不相干的话搪塞过去。第三问是从众生平等的角度提出的：既然人与驴、其他动物都属于众生，都不能超脱善恶、生死的因果律的制约，那么，我的脚与驴脚又区别在什么地方呢？对此，同样也不能按照原问回答。

《禅林僧宝传》卷二十五〈庆闲传〉记载一段慧南与门下弟子庆闲（后来住庐陵的隆庆寺）关于"三关"的对话（慧南问，庆闲对答），可以作为生动的例证：

  问：如何是汝生缘处？对曰：早晨吃白粥，至今又觉饥。又问：我手何似佛手？对曰：月下弄琵琶。又问：我脚何似驴脚？对曰：鹭鸶立雪非同色。

这三个回答，没有一处是正面回答问题的。对这种回答，慧南虽然没有明显表示肯定，然而从称他为"伶俐衲子"来看，还是认可的。[①]

在丛林间，对这类禅问的回答本来是没有客观标准的，带有很大的随意性，关键在于禅师是否认可。这从灯史记载一些禅师动辄批评古代禅师的禅语，或同代禅师经常互相批评的事例可以得到证明。因此，所谓三十年来很少有人能过此三关的说法，是可以理解的。

"黄龙三关"也就是慧南的门庭施设。据《禅林僧宝传·慧南传》记载，对于慧南的三问，即使"脱有酬者（按：其回答被认可者），公（按：慧南）无可否，敛目危坐。人莫涯其意，延之又问其故。公曰：已过关者，掉臂径去，安知有关吏。从吏问可否，此未透关者也。"慧南即使对那些回答认可者也沉默不语，认为对这种充满自信的人已经无关可言；那些对自己回答没有自信的人，才会向他问这问那。

慧南继承南宗禅法，落脚点还是引导弟子体悟自性，所谓"向和泥合水处，

[①] 关于禅僧对黄龙三关的回答，尚可参考惠洪《林间录》卷上的记载。

认取本来面目",是要求弟子在现实的日常生活中领悟自性;又说:"人人尽握灵蛇之珠,个个自抱荆山之璞,不自回光返照,怀宝迷邦……"① 是说人人都具有像灵蛇之珠、荆山之璞玉那样的清净佛性,而如果不能直探心源,就无异于"怀其宝而迷其邦"(语出《论语·阳货》),不能体悟自性,摆脱生死。应当说,类似的意思早已丛林间常谈的禅话了。

四 慧南的主要弟子

北宋惟白《建中靖国续灯录》卷十二、卷十三记载慧南有弟子76人,其中最著名并且对后世影响较大者有:黄龙祖心、东林常总、真净克文、宝峰洪英、云居元祐、云盖守智、仰山行伟、黄檗惟胜、惠林德逊等人。他们在相当现在的江西、湖南一带传法,有的也应朝廷之请到京城传法,迎来临济宗兴盛的新时期。限于篇幅,这里主要介绍前面三位禅师和他们的主要弟子。

(一) 黄龙祖心及其弟子灵源惟清、死心悟新

祖心(1025—1100),因住黄龙山及晚年退住晦堂,故也以黄龙、晦堂为号,死谥宝觉之号。俗姓邬,南雄州始兴(在今广东)人。年十九出家为行童,第二年参加为得度的试经,他不试经而献诗,被破格允准剃度为僧,参访丛林,先参谒在南岳衡山云峰寺传法的临济宗大愚守芝的弟子文悦(997—1062),留止三年,不契,告辞想到别处,文悦劝他到高安县黄檗山师事慧南。他在黄檗山四年,无所契悟,又回云峰寺,此时文悦已去世,便前往石霜山,试读《景德传灯录》,见其中记载有僧向杭州多福和尚(按:马祖下三世)提问:"如何是多福一丛竹?福曰:一茎两茎斜。僧曰:不会。福曰:三茎四茎曲。"② 何为多福寺的一丛竹?多福和尚以竹子的自然形态回答,没有外添成分。祖心读此忽然有所契悟,便急忙回到黄檗山,便立即得到慧南的印可,成为他身边的弟子。

此后祖心到洪州西山翠岩寺依止楚圆弟子可真禅师(?—1061)二年,在可真去世后又回到黄檗山,担任首座,有时受慧南之命分座说法接引学众。在

---

① 两句话分别引自《建中靖国续灯录》卷七〈慧南章〉、《续古尊宿语要》卷一〈黄龙慧南传〉。
② 原文稍异,出自《景德传灯录》卷十一,载《大正藏》卷51,第287页下。

慧南迁住黄龙山时，他到靖安县泐潭宝峰寺参谒晓月。晓月嗣琅邪慧觉，以精通经论著称，因病寓居章江（此指章水，即豫章水、赣水，这里当指豫章——南昌）①。担任转运判官的夏倚对禅宗有兴趣，从杨杰处听说祖心之名，特地请见。二人在论及《肇论》中"会万物为己者"②及有情与无情一体的时候，正好有只狗伏在香桌下，他便用尺子打狗一下，又敲香桌一下，接着解释说："狗有情即去，桌无情自住。情与无情，何得成一体？"夏倚不知如何应对。祖心便告诉他："才入思惟，便成剩法。何曾会万物为己哉？"③意为通过思惟不能真正认识真谛，又何有物我一体之说！他实际是从禅宗不提倡借助语言文字思惟的角度，对前代丛林禅师经常引用的这段话加以否定的。

慧南在熙宁二年（1069）去世之后，祖心继任黄龙山住持，逐渐声名远扬，前来投师和参学者很多。十二年后，主动请求卸任，退居于西园的堂舍，以晦堂为额。他特地在堂门张榜，提示门下学人："要穷此道，切须自看，无人替代"，通过昼夜"克己精诚，行住观察，微细审虑，别无用心"，体悟"离言之道"；如果不能这样，不如"看经持课，度此残生"；表示对修行有所"发明"者，可以入室请教，否则只在每月初一、十五才对僧众开示。④

随着禅宗的迅速传播，儒者士大夫对禅宗发生兴趣乃至信奉者增多。祖心也受到他们的欢迎，《禅林僧宝传·祖心传》说他"于四方公卿，合则千里应之；不合则数舍亦不往"。他曾与归乡居丧的黄庭坚有密切交往。知潭州的谢景温曾邀请赴潭州任大沩山住持，他力辞不赴，他表示："愿见谢公，不愿领大沩也。马祖、百丈以前无住持事，道人相寻于空闲寂寞之滨而已，其后虽有住持，王臣尊为天人师。今则不然，挂名官府如有户籍之民，直遣伍伯（按：此借指地方最底层的官吏）追呼之耳。"（《禅林僧宝传·祖心传》）后来只是应邀前往潭州为谢景温说法。他在入京观光时，外戚驸马都尉王诜特在城外设庵接待；回来路经九江受到知江州的彭汝砺的接待。祖心在晚年离群住入通过栈道与外连接的庵室，谢绝一切来访者达二十年，哲宗元符三年（1100）去世，年七十

---

① 《禅林僧宝传·祖心传》作"漳江"，此不太可能。此据黄庭坚《黄龙心禅师塔铭》（载《黄庭坚文集·正集》卷三十二）。

② 《肇论·涅槃无名论》中有曰："会万物以成己者，其唯圣人乎？"意为万物以法性为体，故天地同根，物我一体。

③ 以上据《禅林僧宝传》卷二十三〈祖心传〉。

④ 南宋晓莹《罗湖野录》卷下。

六岁。弟子建塔丧于慧南塔之东，惟清为写《行状》，后又提供此行状请黄庭坚撰写《黄龙心禅师塔铭》（载《黄庭坚文集·正集》卷三十二）。现存祖心的侍者子和辑录的《黄龙晦堂和尚语录》，为《黄龙四家录》之二。

祖心的弟子中著名的有继任黄龙山的灵源惟清、死心悟新，在洪州靖安县泐潭寺的草堂善清，此外有吉州青原山的惟信、潭州夹山的晓纯等人，多在南方。

惟清（？—1117），字觉天，自号灵源叟，皇帝赐号佛寿，俗姓陈，南州武宁（在今江西）人，从黄龙祖心受法得悟，先应淮南转运使朱京之请任舒州（治今安徽潜山县）太平寺住持，在祖心晚年应江西转运使王桓之请回黄龙山任住持。然而在祖心去世后不久，为摆脱寺内杂务，称病退居昭默堂，但仍传法接引禅者，禅语清丽，富有意蕴，名扬远近。

上堂说诗偈曰："江月照，松风吹，永夜清宵更是谁？雾露云霞遮不得，个中犹道不如归。复何归？荷叶团团团似镜，菱角尖尖尖似锥。"（《嘉泰普灯录》卷六〈惟清章〉）将他携徒夜游江边饱览秋光月色的情景描绘尽致，并蕴含崇尚自然的禅机。他曾对门下开示说，今之修学者之所以不能摆脱生死，就是因为"偷心（按：指仍有欲望，有好恶、爱恨之心）未死"，责任在其师；古人能够超脱生死，是因为做到"偷心已死"。政和四年（1117）去世。死前作《无生常住真归告铭》，称自己是释迦佛下的第四十八世、临济下九世之孙，尊奉传心之旨，"标清净法身，以遵教外别传之宗"，说"今宗教衰微"，唯有临济、云门二宗尚传播于世，并教导弟子在他死后不要求人写"铭志"，以虚誉污染于他。[①]

弟子有长灵守卓、上封本才等人。至慧南下七世、惟清下五世虚庵怀敞（约1187—1191年间）住持天童寺（在今浙江鄞县）期间，日本僧荣西（1141—1215）前来求法，将临济宗黄龙派传入日本。

悟新（1043—1115）[②]，自号死心，韶州曲江县（今广东韶关）人，从祖心受法，在他身边服侍十八年，后离黄龙，历参丛林名师，机语超绝。宋哲宗元

[①] 《禅林僧宝传》卷三十〈惟清传〉，并可参考《嘉泰普灯录》卷六〈惟清章〉。
[②] 关于悟新生卒年，南宋庆老《补禅林僧宝传·悟新传》、正受《嘉泰普灯录》卷六〈悟新章〉皆载卒于政和五年（1115），年七十二，然卒年与后者所载生于庆历三年（1043）不相应。陈垣《释氏疑年录》据清超永《五灯全书》卷三十八作"政和甲午十二月十三日"卒。甲午是政和四年，公元1114年。然而，据《补禅林僧宝传·悟新传》，悟新死于此年十二月十五日，据气象出版社1994年出版《中华两千年历书》，已是公历1115年1月12日。故生卒年应为公历1043—1115年。

祐七年（1092）出住分宁县云岩禅院，于寺设立经藏①。绍圣四年（1097）迁住洪州西山（在今江西新建县）翠岩寺，期间毅然废毁寺域旧有的以酒肉祭祀以求禳灾祛祸的"淫寺"。宋徽宗初（1111）到黄龙任住持，参学者闻风而至，后因病退居晦堂。

上堂曾说："清珠下于浊水，浊水不得不清。念佛投于乱心，乱心不得不佛。佛既不乱，浊水自清；浊水既清，功归何所？"着眼点是引导学人澄净自心，看来他也不反对念佛，认为念佛有澄心的作用。然后又说偈句："几度黑风翻大海，未曾闻道钓船倾。"大概是借喻有道行之人不会由于环境恶劣而迷失本性。（《嘉泰普灯录》卷六〈悟新章〉）有人向他乞"末后句"，他赠偈曰："末后一句子，直须心路绝，六根门既空，万法无生灭。于此彻其源，不须求解脱。平生爱骂人，只为长快活。"（《补禅林僧宝传·悟新传》）现存有《死心悟新禅师语录》，是《黄龙四家录》之三。其中记载，他要求弟子"须参活句，莫参死句"。宋代丛林的禅师上堂很少正面说法，所根据的道理是任何语言都不能完整准确地描述诸如真如、佛性及解脱之类的概念，越正面描述离题越远。所谓活句是指不从正面阐释或回答禅法问题的语句，可以给人以想象和发挥的更大空间，上面引的偈颂的比喻就属于活句的用例；死句是正面引导、教诲或解答问题的语句。然而实际上，任何禅师在说法和日常生活中又不可绝对避免讲死句。否则就意味着取消与周围的人乃至社会的交往。悟新还针对当时盛行通过从官府买度牒然后出家的做法，称这种人为"奴狗"，说这种人剃头穿袈裟"奴郎不辨，菽麦不分，入吾法中破坏吾法"。

悟新在政和五年（据《五灯全书》应为四年）十二月十三日（已进入公历1115年）先为在默照堂的法弟惟清置食，然后巡寮并小参，遗偈："说时七颠八倒，默时落二落三，为报五湖参客，心王自在休参。"（《嘉泰普灯录·悟新章》）二日后去世，年七十二岁。弟子有禾山慧方等人。

祖心与其弟子惟清、悟新在儒者士大夫中很有声望，与谢景温、徐禧和黄庭坚等人有着密切的交往。②

（二）东林常总

在慧南去世不久的时候，在他的弟子中名声最高的是常总。

---

① 黄庭坚《洪州分宁县云岩禅院经藏记》，载《黄庭坚全集·正集》卷十七。
② 详见本书第七章第一节。

常总（1025—1091），广惠、照觉皆受自皇帝的赐号，俗姓施，剑州尤溪县（在今福建省）人。年十一出家，八年后在剑州（治今福建南平市）大中寺跟契恩律师受具足戒，身材伟岸，相貌出众。

初至吉州（治今江西吉安市）禾山师事禅智材禅师，不久因仰慕慧南之名到庐山归宗寺礼慧南为师，然而在他的门下久无所得，离去。慧南在遭遇归宗寺失火的灾厄之后，南下至石门（此当在洪州靖安县石门山）南塔住持传法时，常总又前往从学。此后，慧南自石门迁高安县的黄檗山积翠庵、分宁县黄龙山寺时，常总都跟随在他身边。据载，他与慧南关系最为密切，"二十年之间凡七往返"，受到慧南的称赞，在丛林间逐渐出名。宋神宗熙宁三年（1070）慧南去世的第二年，他应知洪州的荣修撰聘请为靖安县泐潭禅寺的住持，此寺的信徒称之为"马祖再来"，"道俗争愿见"。（《禅林僧宝传》卷二十四〈常总传〉）

宋神宗继仁宗、英宗之后也扶持禅宗传播。元丰三年（1080）四月经提点寺务司①官员的上奏，决定将相国寺的东西两序的院舍统合改建为八区，以其中六区为律院，东西两区为禅院，并赐祠部牒200份和改建经费。同年，降诏洪州，命将庐山原属律寺的东林寺改为禅寺。当时知洪州的是观文殿学士王韶（1030—1081），原想请已退居黄龙晦堂的祖心出任东林寺住持。然而祖心推辞，推举常总代任。常总得讯后连夜逃走，王韶下令各地必须将他找到，最后在新淦县的一个山谷中将他找到，他便应请到东林寺任住持。寺众称他是东晋慧远灭后700年变东林寺为禅寺的菩萨。（《禅林僧宝传·常总传》）

元丰六年（1083）七月，相国寺改建完成，诏赐在东侧的禅院为慧林禅院，西侧的为智海禅院。尚书礼部官员命开封净因禅院住持道臻负责在全国丛林中为这二寺选择住持，他推举苏州瑞光寺宗本（云门下五世）、东林寺常总分别为慧林、智海寺住持。然而常总以病辞不赴，诏"勿夺其志"②，并赐给袈裟和"广惠"的师号。常总在丛林中威望很高，远近前来投师者很多，门下弟子常达700多人。

宋神宗元丰七年（1084）四月，宋代著名政治家、文学家苏轼奉诏从贬所黄州移知汝州，顺路到庐山游玩，最后参访东林寺，与常总彻夜谈论佛法，彼此结下深厚友谊，甚至被看作是常总的在家嗣法弟子，传为千秋佳话。③

---

① 据《宋史》卷一六五〈职官五〉，在鸿胪寺下设在京寺务司及提点所，掌管诸寺葺治之事。
② 以上据黄庭坚《江州东林寺藏经记》，载《黄庭坚全集·正集》卷十七。
③ 详见本书第七章第四节。

宋哲宗元祐三年（1088），经徐王赵颢奏请，赐常总以"照觉禅师"之号。常总住持东林寺长达12年，在僧俗信众的大力支持下将寺院进行扩建，并设置经藏，从此东林寺成为庐山最大一座规模宏伟、轮奂庄严的禅寺。《禅林僧宝传·常总传》描绘说："厦屋崇成，金碧照烟云，如夜摩、睹史（按：佛教所说的夜摩天、兜率天）之宫从天而坠，天下学者从风而靡，丛席之盛，近世所未有也。"

常总禅法语录主要载《建中靖国续灯录》卷十二〈常总章〉。常总在东林寺的开堂说法的仪式上，有僧问："为国开堂于此日，师将何法报君恩？"他没有正面回答，说："白云封岳顶，明月映天心。"以常见的山覆白云、月映天心的夜景作答，似乎蕴含他用以报皇恩的禅法本来就在自然之中。他某日上堂说："天启圣嗣，祥开庆时，紫盖盈庭，神光照室，见感真人之应运，爰丁大圣以临民，数越尧年，道光舜日，万邦乐业，四海歌谣。此乃十地满心大乘菩萨之所应现，为人王帝王之宝位。且道有何表证？"然后自答："是处山呼万岁声。"从他所处的时代看，他当是为宋哲宗即位祝贺。哲宗于元丰八年（1085）即位，翌年改元元祐。由此可见，常总在说法中也很注意适应社会，迎合皇权，以便取得朝廷的好感和支持。

常总平时很少从正面讲述禅法，然而有时也从原则上向弟子传授禅宗的宗旨。他曾说：

　　……直饶问极西旨之源，答尽南宗之要，犹是化门，未为臻极。何为至道渊旷？大法冲虚，非言象之所诠，非文墨之能解，弥纶三有，囊括大千，性一切心，印诸法相。盖众生迷不自觉，至人（按：佛）愍此，出兴于世，张皇教网四十九年，三藏圆修，五乘（按：人、天、声闻、缘觉、菩萨五乘，泛指一切佛法）顿备，功成果满，欲致（按：从意思看当为"置"字）言诠，乃告人天大众云：吾有正法眼藏，涅槃妙心，付嘱摩诃迦叶。后五百岁，西天二十八祖，唐土六祖，佛佛授手，祖祖传灯。曹溪老卢法道盛行天下，遂有五宗之说。若乃统宗会元，饮光悟拈花而微笑，庆喜倒刹竿以忘言，神光断臂传心，卢老舂糠为道。[①] 盖投机自得，遇缘即

[①] 四句皆讲心法妙道不是可以通过语言佛教表述的。饮光即摩诃迦叶，庆喜即阿难，神光即慧可，卢老是慧能。关于佛以正法默传迦叶，及阿难以宝盖坠地的梦境向阿阇世王显示他将入灭，慧可在达磨前断臂求法，慧能在东山碓房舂米的典故，请看《景德传灯录》卷一、卷三、卷五有关章节。

宗。……向上一路，千圣不传，学者劳形，如猿捉影。（《建中靖国续灯录·常总章》）

他主要是说：（1）凡是借助语言表述的佛法皆属"化门"，即向世人说教的法门，不是最高的佛法——"臻极"、"大法"，最高的佛法是超言绝相的；（2）这种最高的佛法实际指真如、佛性，认为虽非语言可以表述，然而却体现于三界万有现象之中，是宇宙一切事物的"心性"；（3）因为众生对此不了解，所以释迦佛才出现于世，以大小乘佛法应机进行教化，最后以"拈花微笑"的方式将无言的心法（"正法眼藏，涅槃妙心"）传授摩诃迦叶，才有世世代代以心传心的禅宗的流行；（4）从终极的意义来说，"向上一路"——成佛解脱的最高真理，是没有语言文字的传授的，如果执意地想求佛求法，那是徒劳无功的。他这样讲的目的是引导门下弟子和参禅者在参扣和自悟本性上下功夫。

常总曾上堂说："乾坤大地，常演圆音；日月星辰，每谈实相。"（《建中靖国续灯录·常总章》）这种说法的理论根据是《华严经》等经典中所表述的佛身普现宇宙，万物一体的思想。既然佛身无所不在，所以天地日月和万物皆可宣述佛法。此与慧能的弟子南阳慧忠当年所说"无情说法"的思想是一致的。[①]

元祐六年（1091）九月，常总令人鸣鼓集众，结跏趺坐说偈曰："北斗藏身未是真，泥牛入海何奇特，个中消息报君知，扑落虚空收不得。"[②] 言毕溘然而逝，年六十七。弟子将他的全身安葬于雁门塔之东。

（三）真净克文及其禅法

真净克文（1025—1102），陕府（陕州，治今河南陕县）阌乡人，俗姓郑。真净是经王安石奏请神宗所赐的号，也以居处以泐潭、云庵为号。自幼学习儒书，因经常受到后母羞辱，接受亲友劝告出外游学，在复州（治今湖北天门市）北塔寺从归秀法师门下为童学习佛法，年二十五受试为僧，翌年受具足戒，此后游历开封、洛阳等地，深入学习华严宗、法相宗的典籍，逐渐出名。在龙门山的殿庑间见到雕造的比丘像闭目好像入定的形象，忽然联想到自己过去所修

[①] 对此这里不拟详加解释，请参考拙著，中国社会科学出版社1999年出版的《唐五代禅宗史》第五章第三节之四。

[②] 《建中靖国续灯录》卷十二〈常总章〉。

习的佛法如同这些造像一样，没有生气，对同伴说："我所负者，如吴道子画人物，虽尽妙，然非活者。"于是弃旧所学，转而南下参访禅宗寺院。宋英宗治平二年（1065）在潭州（治今湖南长沙）大沩山听一僧诵云门文偃以"清波无透路"回答某僧"佛法如水中月是否"之问，心中有悟。

此时，慧南禅师在高安县黄檗山寺的积翠庵传法，克文慕名前往投师，在慧南门下参禅，曾与首座洪英齐名，人称"文关西"。慧南到黄龙山后，他也随往。在慧南死后，他曾到仰山担任首座。宋神宗熙宁五年（1072），他到筠州（治今高安县）大愚寺任住持，后应知州钱弋之请住持圣寿寺、洞山普和禅院，先后十二年。元丰八①年（1085）克文取水路到东吴（今江苏省江南一带）游历，至金陵（今南京）时，往钟山定林庵拜谒王安石，应请住持王安石在江宁府上元县自宅刚改建成的报宁寺。经王安石奏请，神宗赐他以紫袈裟及"真净大师"之号。他在报宁寺时间不长。由于王安石、王安礼兄弟声势显赫和克文声望很高，前来参禅听法的信众和士大夫很多，他为了摆脱纷扰，便辞别王安石回到高安，居于在九峰山下新建的投老庵。②

宋哲宗绍圣元年（1094）御史黄庆基知南康，请克文住持庐山归宗寺。三年后，张商英知洪州，请克文到靖安县的泐潭宝峰寺任住持，不久他退居于云庵，于徽宗崇宁元年（1102）十月去世。死前，弟子请他说法，他说偈曰："今年七十八，四大相离别，火风既分散，临行休更说。"③

现存克文的禅法语录全称《宝峰云庵真净禅师语录》，包括住筠州圣寿寺语录、住洞山语录、住金陵报宁寺语录、住庐山归宗寺语录、住宝峰禅院语录及他著的偈颂等，共四卷。南宋赜藏主编《古尊宿语录》将王安石、王安礼请克文住金陵报宁寺的疏文、苏辙序、程衮序置于全书卷尾，而明《嘉兴藏》本则将王安石兄弟的请疏置于卷首，后面附录载有克文的弟子惠洪的《云庵真净和尚行状》及其《祭云庵和尚文》、《云庵真赞》等文，没有苏辙、程衮二序。

据苏辙之序，苏辙在元丰三年（1080）"以罪来南"（指因兄苏轼的诗受牵连谪监筠州盐酒税），与克文一见如故，此后克文之徒以其语录相示，请他写

---

① 以上据惠洪《禅林僧宝传》卷二十三〈克文传〉，并参考惠洪《云庵真净和尚行状》，载《嘉兴藏》本《云庵真净禅师语录》的附录。
② 关于王安石与真净克文之间的交往和谈禅情况，请见本书第七章第一节。
③ 惠洪《云庵真净和尚行状》。

序。苏辙在序中说克文"幼治儒业，弱冠出家，求道得法于黄龙南公，说法于高安诸山，晚居洞山"。可见苏辙所序的克文语录还没有包括他后来住金陵报宁、庐山归宗、石门宝峰三寺的语录。

关于克文的禅法，这里仅概要介绍最具有特色的三点。

1. 强调人人可以自悟成佛，人人是佛

克文在向弟子和信众说法中，用十分明确的语言表述人人都有佛性、佛心，都可以成佛。他在筠州圣寿寺某日上堂说，他自己不会禅，也不会道，然而会"解粘去缚，应病与药"，要他们自己回去"识取自家城郭"，说在此城中"自有法王尊"，需要自己"省觉"。类似的说法他在不同场合一再重复。他在洞山对门下弟子说："何不拨开自己心地灵源，放出神通光明，滔滔流注，成办佛事。"（《古尊宿语录》卷四十二）他应王安石兄弟之请住持金陵报宁寺，在开堂说法仪式上，他郑重地向出席法会的僧俗信众说：

> 大众，今日一会要知么？是大众成佛时节，净缘际会。大丞相荆国公及判府左丞施宅舍园林为佛刹禅门，固请大善知识开演西来祖道。所以教外别传，直指大众即心见性成佛。大众信得及么？若自信得及，即知自性本来作佛。纵有未信，亦当成佛。……一切禅道，一切语言，亦是善知识自佛性中流出建立。……直是达磨西来，亦无禅可传，唯只要大众自悟，自成佛，自建立一切禅道。（《古尊宿语录》卷四十三）

所说的重点是说一切人，甚至也包括不信奉禅宗的人，皆有佛性，"自性本来作佛"，应当自悟成佛，在自性外没有真正的禅道。

克文甚至也宣称人人当下即佛。他在洞山示众说："古人只解杀人，不解活人。何不道佛法二字，一一现成。诸禅德，欲知佛么？只诸人是。欲知法么？只诸人日用者是。"这里的"古人"是指过去某些禅师；"杀人"、"活人"是指使参禅者陷于困境，或使其悟解掌握主动的情况。克文认为，从本来意义上说，佛法就在人们的日常生活之中，佛也就是现实生活中的人。他针对"说禅说道易，成佛作祖难"的说法，说："洞山则不然，而今坐立，一一成佛成祖，何更有难有易？"他在金陵报宁寺说法中不仅讲人人成佛作祖，甚至连草木等无情识之物也可成佛。他说："尽十分世界，若凡若圣，若僧若俗，若草若木，尽向拂子下成佛作祖，无前无后，一时解脱。"①

实际上，如果把人人看成是佛，并且认为佛法就是生活日用，势必将佛教所具有的宗教特色淡化，甚至化解佛教在社会中原有的地位。然而，从克文语录整体看，他并非真正主张将佛法还原为世法，取消佛教特有的宗教性质，只是借用上述容易引人发醒的语句强调佛不离众生，佛法不远离社会而已。

2. 一字关和巧用诗偈

宋代丛林的禅师上堂说法越来越讲究修辞、表达形式，追求词句的精巧，诗偈意境的玄远，以便让人警醒，打断正在进行的思路，并且引人超脱语言文字的局限，直探心源，把对外的追求转向领悟自性。

五代南汉云门宗的创始人文偃常用一字回答门下弟子的禅问，例如有人问："如何是云门剑？"文偃答："普。"问："如何是祖师西来意？"答："师。"问："如何是心？"答："心。"等，丛林称此为"一字关"。克文也常用这种方式回答门下的询问，如在筠州圣寿寺开堂法会上有僧问："此日人天普集，太守（按：知州）临筵，祖意西来，乞师端的。"他答："的。"此僧又问："一句已蒙师指示，向上宗乘事若何？"他以反话作答："向下底。"又问："若不登楼望，焉知沧海深？"他答："过。"僧又问："四众沾恩，学人礼谢。"师云："犹欠一著在。"僧说："旁观者丑。"他则说："放。"（《古尊宿语录》卷四十二）在以上问答中，能从语言的正面意思看出其中的禅旨吗？可以说是不能的。如果要了解其中的意思，只有联系语言的相关意思加以猜测。其中的"的"、"过"、"放"是所谓一字关，在这种场合也许是：的，目标、宗旨，提醒不要忘记禅宗基本宗旨；过，过错、失误，立足点低看不到远处，故误；放，放过、听任，对于是非、美丑不必计较。

克文在说法中经常用意境清幽、玄远而且富有哲理的诗偈，例如，"浪尽还归水，月落不离天"；"云散家家月，春来处处花"；"青山绿水不能住，白日红尘却自归"；"流水下山非有意，片云归洞本无心"；"千江有水千江月，万里孤舟万里身"；"月色和云白，松声带露寒"；"夜静水寒鱼不食，满船空载月明归"，等等。在参禅过程中使用这些诗偈，可以把人带到一个广阔的想象空间，会因个人的处境做出不同的理解。

---

① 《古尊宿语录》卷四十二、四十四。

(四) 克文的弟子兜率从悦

据惟白《建中靖国续灯录》卷二十三目录，克文有著名弟子17人，其中有传录传世者有8人；正受《嘉泰普灯录》卷七目录，载其弟子33人，有传录者20人；普济《五灯会元》卷十七载其弟子19人。主要弟子有兜率从悦、泐潭文准、黄檗道全等人。宋代著名学者型禅僧惠洪也是他的弟子。《嘉泰普灯录》将王安石也作为他的弟子。

从悦（1044—1091），俗姓熊，虔州（治今江西赣州）人。十五出家，翌年受具足戒，此后行脚，先到潭州参谒云盖山守智，听他建议到洞山参谒克文，从受禅法。后在长沙鹿苑寺得见楚圆弟子清素。清素虽在楚圆身边门下当侍者十三年，然而长期隐居，不与人交往。他见从悦为人真诚，帮助他理清禅法，并予印可，然而嘱咐他以后切勿以他为嗣法之师，又郑重叮咛：克文所传"皆正知正见"。哲宗元祐元年（1086），从悦在庐山栖贤寺任首座。熊本知洪州，请从悦到分宁县住持兜率寺，前来投师者很多。[①]

后来当上宰相的张商英到兜率门下参禅及其与从悦之间的交往，是中国禅宗史上一段佳话。禅宗史书也把张商英看作是从悦的弟子。[②]

从悦于元祐六年（1091）十一月去世，年仅四十八。张商英在宋徽宗大观四年（1110）拜相，奏请皇帝赐从悦以"真寂"的谥号。

从悦的禅法语录在《建中靖国续灯录》卷二十三、《联灯会要》卷十五、《嘉泰普灯录》卷七及《五灯会元》卷十七的〈从悦章〉有详略不同的记载。

临济宗黄龙派在慧南下的二三世是最繁盛的时期，慧南弟子晦堂祖心、东林常总、真净克文；祖心的弟子灵源惟清、死心悟新及草堂善清，克文的弟子兜率从悦、泐潭文准及惠洪等人，都是在丛林乃至社会上十分活跃的著名禅师，极大地推进了临济宗在江南的传播，与他们有密切交往的王安石、谢景温、苏轼、黄庭坚、张商英等士大夫，或是在政治上，或是在文学上，都是有较大影响的人物。由此也可以说，北宋后期临济宗黄龙派在中国佛教史、文化史上写下了色彩斑斓内容丰富的一章。

[①] 以上据《联灯会要》卷十五、《嘉泰普灯录》卷七所载〈克文章〉介绍。《五灯会元》卷十七〈克文章〉对此作了归纳，可以参考。熊本，字伯通，《宋史》卷三三四有传。

[②] 关于张商英与从悦的关系，请看本书第七章第一节。

临济宗传承世系略表之三

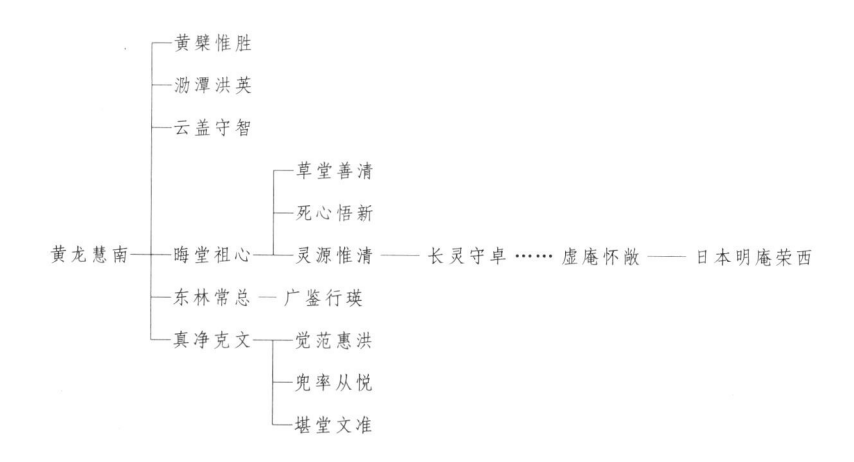

```
                  ┌─ 黄檗惟胜
                  ├─ 泐潭洪英
                  ├─ 云盖守智
                  │           ┌─ 草堂善清
                  │           ├─ 死心悟新
                  ├─ 晦堂祖心 ─┤
 黄龙慧南 ────────┤           └─ 灵源惟清 ── 长灵守卓……虚庵怀敞 ── 日本明庵荣西
                  ├─ 东林常总 ── 广鉴行瑛
                  │           ┌─ 觉范惠洪
                  └─ 真净克文 ─┤
                              ├─ 兜率从悦
                              └─ 堪堂文准
```

第六节　惠洪及其《禅林僧宝传》等著作

在真净克文的弟子中，惠洪是最有才气，著作最为丰硕的一位学问型的禅僧。宋徽宗时官至宰相的张商英（1043—1122）曾跟克文的另一位弟子从悦受法，他称惠洪为"天下之英物，圣宋之异人"。[①]

一　惠洪生平

惠洪（1071—1128），真名应为德洪，字觉范，自称寂音尊者，俗姓喻[②]，筠州新昌县（今江西宜丰县）人。年十四，父母双亡，出家依三峰靓禅师为童子，十九岁时到京城通过试经，假借原编籍天王寺的僧人"惠洪"之名剃度受戒为僧，此后便以惠洪为名。此后跟宣秘深律师学习《成唯识论》等，并广读

[①] 南宋祖琇《僧宝正续传》卷二〈明白洪禅师传〉（以下简称〈德洪传〉）之"赞曰"引。

[②] 此据南宋祖琇《僧宝正续传》卷二〈明白洪禅师传〉（以下简称〈德洪传〉）。然而，《嘉泰普灯录》卷七、《五灯会元》卷十七〈慧洪章〉、明代觉岸《释氏稽古略》卷四等皆作姓彭，元念常《佛祖历代通载》卷十九作姓俞。然而惠洪《石门文字禅》卷二十四所载自传《寂音自序》作"新昌喻氏子"，今从之。

子史之书，以善诗文受到京城士大夫的称赞。四年后南归，在庐山归宗寺归依真净克文，参究禅法。大概在这期间曾到过黄龙山，参谒过灵源惟清，并作《禅和子十二时偈》。① 在克文应请到洪州泐潭寺时，他也随往，担任记室，在克文身边七年，逐渐有名。

惠洪在二十九岁时，行脚东吴，游历沅湘，访南岳衡山，参访各地禅寺。一日读汾阳善昭的语录，有所省悟。他与在朝廷任右司员外郎兼权给事中的陈瓘（字莹中）有深交。《冷斋夜话》卷四〈梦中作诗〉记他在崇宁元年（1102）正月初一与陈瓘在大风中同渡湘江，梦中作诗的事。此年十月真净克文在泐潭去世，翌年惠洪回来拜师塔，并为写《行状》。此后陈瓘因与宰相曾布不和，先后被谪到袁州（治今江西宜春县）、廉州（治今广西合浦）、郴州（在今湖南）。惠洪出于友情，曾不惮山水阻隔与他保持往来。② 崇宁五年（1106）显谟阁待制朱彦（字世英）知洪州，大观元年（1107）惠洪应请住持临川之北的北景德禅寺，称其所居之室为"明白庵"。张商英被贬安置于峡州（治今湖北宜昌）之时，曾邀请惠洪到峡州天宁寺③传法。惠洪先以六首诗表示婉绝，此后却拄杖前往峡州善溪谒见，因解答张商英提出的禅问受到赏识。张商英在自己珍藏的克文画像上题词赠送给他，把他与从悦相比，称他们是当今的融、肇（后秦鸠摩罗什的弟子僧融、僧肇）。④

他此后到金陵，应转运使吴正仲之请住持金陵清凉寺。但未到一月，有僧告他冒名用他人的度牒剃度，同时告他犯有讪谤罪。为此，他被捕入狱一年，并以冒名惠洪之罪被迫还俗。大观四年（1110）张商英担当宰相，惠洪穿儒者之服入京登门拜会。经张商英特奏，他再次剃度为僧，改名德洪，并且经宋徽宗亲信的方士、官拜定康军节度使的郭天信的奏请，得赐紫衣和"宝觉圆明"四字的师号。

据《宋史》卷四六二〈郭天信传〉的记载，郭天信原是占卜吉凶的方士，

---

① 惠洪《林间录》卷上、卷下有关记载。庐山离分宁县黄龙山不远，惠洪参黄龙山当在此时。
② 陈瓘遭贬之地，据《宋史》卷三四五〈陈瓘传〉。南宋晓莹《云卧纪谈》卷上〈寂音尊者〉条谓陈瓘编管连州，当是廉州之误。
③ 《石门文字禅》卷十五〈无尽居士以峡州天宁寺见邀作此辞免六首〉作"天宁寺"，然而据卷二十九〈上张无尽居士退崇宁书〉，则为崇宁寺。
④ 关于惠洪到峡州见张商英，《嘉泰普灯录·慧洪章》谓崇宁二年（1103）。查《宋史》及《续资治通鉴》有关章节，张商英在峡州时间应是大观元年（1107）。惠洪的六首诗，见《石门文字禅》卷十五。

隶属太史局，在徽宗即位前为端王时曾秘密对他说"王当有天下"，在徽宗即位后受到宠信，官至枢密承旨、节度观察留后、定康军节度使。他对蔡京乱国不满，在张商英出任宰相前后暗中给予支持。张商英也想借助他在徽宗身边的影响加强自己的地位，常通过惠洪与他传话联系。蔡京党羽抓住把柄告张商英勾结郭天信，"漏泄禁中语言……窥伺上旨"。于是，张商英、郭天信都遭贬谪。惠洪不仅受到牵连，而且蔡京党羽还怀疑他参与了左司陈瓘准备上进皇帝的《尊尧录》的写作，在政和元年（1111）十月被削除僧籍，发配在海南岛的崖州三年。

政和三年五月，惠洪被赦免，翌年四月回筠州，在荷塘寺、石门寺住过短暂时期，政和四年（1114）至衡山，五月被捕送到并州太原监狱受审，至第二年夏出狱，然后南归至新昌县的度门寺，此后往来于九峰、洞山之间，身穿俗服，以文章自娱。他本想入湖南投靠教内朋友，然而想到年老便退居于分宁县云岩寺。不想有道士诬告他是以邪教密谋造反的张怀素的同党，于是被捕入南昌狱，百余日后才被查清赦免。大约在宣和元年（1119）他到湘西（衡山）的南台禅寺居住，将自己所居之室仍命名为"明白庵"，并为写铭，其序说自己"好论古今治乱、是非成败，交游多讥诃之"，最初在临川以"明白"为庵名时就"欲痛自治"，然而没有见效，又连连得罪，"出九死而仅生，恨识不知微，道不胜习"，铭中有"万机俱罢，随缘放旷"，"一庵收身，以时卧起，语默不昧，丝毫弗差"之句。①

惠洪在南台寺前后达七年之久，期间深入研究佛教经论并且撰写禅宗史书。宣和七年（1125）打算携书北上入京，年底抵达襄阳。当时金兵日渐南侵，社会动荡，政局不稳，徽宗让位于钦宗。钦宗即位后罢免、贬斥蔡京、童贯及其党羽，废除对所谓"元祐党人"及其学术之禁，等等，并追赠张商英以太保之号。朝廷也准予惠洪重新剃度，恢复旧名。南宋高宗建炎元年（1127）底，惠洪经黄梅、庐山、钟山等地，迁回南归。建炎二年（1128）二月，在同安（治今安徽潜山县）去世，年五十八岁。②

祖琇《僧宝正续传·德洪传》称他有卓越的才华，"落笔万言，了无停息。其造端用意，大抵规模东坡，而借润山谷。至于出入禅教，议论精博，其才实

---

① 《石门文字禅》卷二十〈明白庵铭〉。
② 以上主要据《石门文字禅》卷二十四〈寂音自序〉、《僧宝正续传》卷二〈德洪传〉、《嘉泰普灯录》卷七〈慧洪章〉，并参考《石门文字禅》卷二十至卷二十七所载有关的铭、记、序、题、跋等。

高。圆悟禅师以为笔端具大辩才，不可及也。与士大夫游，议论衮衮，虽稠人广座，至必夺席。"其中东坡即苏轼，山谷是黄庭坚，圆悟是临济宗杨岐下三世克勤（1063—1135）。惠洪推崇黄庭坚，并且十分敬仰苏轼，从《石门文字禅》、《冷斋夜话》的大量诗文是可以看到的。据黄庭坚和惠洪的经历来看，惠洪只可能在黄庭坚晚年仕途遭遇坎坷的时候见到他。① 《僧宝正续传·洪禅师传》说惠洪最初在湘西（湘水之西，也特指衡山）结识黄庭坚，并有诗赠之，其中有"不肯低头拾卿相，又能落笔生云烟"之句。黄庭坚在宜春看见他写的诗《竹尊者》，十分赞赏。② 然而，惠洪一直未能见到苏轼。

惠洪著作很多，《僧宝正续传·德洪传》载目有：《林间录》二卷、《禅林僧宝传》三十卷、《高僧传》（据《石门文字禅》卷二十五〈题修僧史〉当为《僧史》）十二卷、《智证传》（《丛林公论》所引书名为《寂音尊者智证传》）十卷、《志林》十卷、《冷斋夜话》十卷、《天厨禁脔》一卷、《石门文字禅》三十卷、《语录偈颂》一编（当即《嘉泰普灯录·慧洪章》中的《甘露集》三十卷）、《法华合论》七卷、《楞严尊顶法论》十卷、《圆觉皆证义》二卷、《金刚法源论》一卷、《起信论解义》二卷，另有《易注》三卷。

现仅对现存《禅林僧宝传》、《林间录》、《石门文字禅》作简单介绍。

二 《禅林僧宝传》

传记体禅宗史书。作者有意补以往《景德传灯录》、《天圣广灯录》等"灯录"记言体史书注重记载禅僧语录，很少记述他们事迹的缺欠，既记禅宗僧人的事迹，又选载其具有代表性的语录。

惠洪在《题佛鉴僧宝传》、《题珣上人僧宝传》等（载《石门文字禅》卷二十六）中说：唐宋僧史皆出于"讲僧"之笔，唐道宣（作《续高僧传》）虽精于

---

① 参考《黄庭坚全集》后附年谱，黄庭坚在建中靖国元年（1098）从谪地四川戎州至峡州，四月至江陵，然后曾至宜春、萍乡、筠州、江州、太平州（治今安徽当涂县）等地。另，崇宁三年（1104）在他再次被贬至宜州，曾路过潭州（治长沙）、衡山。惠洪《石门文字禅》卷二十七载《跋与法镜帖》，谓"山谷作黄龙书时，与予同在长沙"；《冷斋夜话》卷八〈梦游蓬莱〉说黄山谷"顷与予同宿湘江舟中"，亲自向他讲元祐年间梦游蓬莱的事。

② 《僧宝正续传·德洪传》。《黄庭坚全集》〈正集〉卷五载黄庭坚在元符二年（1099）于戎州（治今四川宜宾）作《题也足轩》；卷二十三载《觉范师种竹颂》，皆为"简州景德寺"或"简池觉范道人"在寺的东轩种竹而作。简州治今四川简阳西，境内有简池。此觉范不可能是惠洪。

律，但"文词非所长"，所写禅僧之传如同"户婚按检"；宋赞宁（作《宋高僧传》）虽博学，但见识不明，既分类欠当，又因是聚集碑文撰禅僧传的，故全书风格非"一体"；鉴于《宋高僧传》没有为云门文偃立传，以往史书皆不知曹山本寂真名是耽章，又有很多禅僧事迹史书失载，于是产生编撰禅僧传记的念头，游历各地过程中将发现的"博大秀杰之衲、能祖肩以荷大法者"的传录笔录收藏，在30年的时间里陆续编撰有百篇之多，然而因为中间"以罪废逐，还自海外，则意绪衰落"，或忘或失近半，宣和元年（1119）夏在湘西（衡山）南台（有的地方称谷山）整理旧藏得70多篇，然后扩编成《禅林僧宝传》。

全书30卷，收载禅宗名僧81人，以宋代禅僧最多，也有少数唐末五代的禅僧。其中除宋代禅僧2人法系不明者外，属于禅门五宗成立前的禅僧皆是青原—石头法系的禅僧，有11人，此外皆属禅门五宗的禅僧：属于沩仰宗1人，临济宗32人，曹洞宗11人，云门宗19人，法眼宗5人。临济宗在宋代从石霜楚圆下分出黄龙、杨岐二派，本书所载临济宗32人中有黄龙派13人，杨岐派2人。① 为便于读者查阅，现按禅系将81人列表如下：

从本书的编录可以大体推测北宋时期禅宗各派传播发展的形势：最有影响的是云门宗、临济宗，在北宋中期临济宗形成黄龙、杨岐二派后，开始以黄龙派最有影响，至于杨岐派的兴盛是在进入南宋以后。

在惠洪以前已有道原《景德传灯录》、李遵勖《天圣广灯录》及惟白《建中靖国续灯录》的灯录流行，丛林间也传抄不少禅法语录。据惠洪《僧宝传序》，嘉祐（1056—1063）中达观昙颖（临济宗石门蕴聪弟子）曾撰《五家传》，但仅记载禅师的"机缘语句"，而没有将他们的"世系、入道之缘、临终明验之效"作详细介绍。他说："听言之道以事观，既载其语言，则当兼记其行事"，意为编撰禅宗史书中事迹与语录两者不可偏废，从而创立了禅宗史书新的体裁。于是他"博采别传遗编，参以耆年宿衲之论，增补之。又自嘉祐至政和之初，云门、临济两宗之裔卓然冠映诸方者，特为之传，依仿史传，各为赞辞，统八十有一人，分为三十卷。"（载《石门文字禅》卷二十三）据此，惠洪编撰《禅林僧宝传》虽利用了昙颖的《五家传》，然而无论在体裁上还是在篇幅内容上都做了很大修补才完成。

---

① 陈垣《中国佛教史籍概论》卷六介绍《禅林僧宝传》之章说："今此八十一人中，除未详所属者数人外，属青原者十一人，曹洞十人，临济十七人，云门、黄龙各十五人，法眼五人，沩仰一人，杨岐四人，足见当日云门、临济之盛。"说云门、临济二宗盛是事实，然而统计禅宗法系的人数不完全正确。

禅系		法名及卷数（1, 2, …）	人数
五宗前青原—石头系		师备4、桂琛4、庆诸5、普闻5、道虔5、无殷5、元安6、缘德8、志端10、道诠10、行崇14	11
沩仰宗		光涌8	1
临济宗		延沼3、省念3、善昭3、洪諲14、谷泉15、全举15、元琏16、守芝16、法远17、端师子（净端）19、道隆20、楚圆21、文悦22、慕喆25、道臻26、赞元27、昙颖27	17	32
	黄龙派	慧南22、祖心23、克文23、行伟24、常总24、元祐25、庆闲25、守智25、慧元29、德普29、洪英30、圆玑30、惟清30	13
	杨岐派	方会28、守端28	2
曹洞宗		本寂1、道膺6、通玄7、居遁9、道简9、智晖10、幼璋10、慧忠10、警延13、义青17、道楷17	11
云门宗		文偃2、守初8、自严8、竟钦10、晓聪11、重显11、义怀11、承古12、惟善13、宗本14、怀琏18、绍铣18、居讷26、法秀26、法安26、契嵩27、倚遇28、善本29、了元29	19
法眼宗		文益4、德韶7、道齐7、本先7、延寿9	5
法系不明宋僧		政黄牛19、言法华20	2

书中所载禅僧传记长短不一，有的卷只载一人，有的则载二至四人。在每篇著名禅僧的传记之后或每卷之后，仿照以往史书皆加有"赞曰"，对禅僧事迹、禅法语录进行评论，所谓"使学者概其为书之意"。(《石门文字禅》卷二十六〈题佛鉴僧宝传〉)唐宋著名僧人死后，弟子往往根据他们生前事迹自己或找人撰写行录、行状、传记或是碑文。惠洪撰写《禅林僧宝传》也利用了这类资料。例如，卷十一〈天衣义怀传〉当主要取自米芾《天衣怀禅师碑》(《宝晋英光集》卷七)；卷二十三〈黄龙宝觉祖心传〉、卷二十六〈延恩法安传〉，很明显是取自黄庭坚所写《黄龙心禅师塔铭》、《法安大师塔铭》(载《黄庭坚全集·正集》卷三十二)；卷二十三〈泐潭真净克文传〉则取自他自己写的《云庵真净和尚行状》(《石门文字禅》卷三十)。他在编撰中也利用了此前他编的《林间录》中的部分资料。此外，他利用了当时丛林间辗转传抄的禅法语录。自然他也利用了自己在参访各地过程中的见闻和辛勤搜集来的资料。如他所说，本书着重

增补自仁宗嘉祐至徽宗政和年间（自公元1056—1118年）的禅师，特别最盛行的云门、临济二宗的禅僧的传记，他与其中不少人生前有过交往。

此书一出世，就立即受到丛林的重视，据《石门文字禅》卷二十六所载，从宣和元年书成至宣和五年（1119—1123），就有佛鉴净因、谊叟、长汀珣上人、东瓯宗上人、临川圆上人、福唐太淳、福唐季芳、临川端上人、九嶷道隆、福唐季休、南海惠英等人抄录出十一部，皆请惠洪题记，然后流传到各地。可想而知，其辗转传抄者更多。

虽然此书出世后也遭到来自不同方面的批评。例如陈垣《中国史籍概论》（中华书局1962年版）卷六〈禅林僧宝传·僧宝传之体制体及得失〉，虽引前人批评，指出"传多浮夸，赞多臆说"，"多失事实"等，却很少指出具体内容。据笔者在使用中发现，此书某些传记中的年代、事实确实有错，例如，卷八〈自严传〉将诏请自严之师云豁入京的真宗写成太宗，卒年"大中祥符乙卯"误作"淳化乙卯"；卷二十一〈楚圆传〉提到楚圆欲往汾阳参谒善昭，竟称"时朝廷方问罪河东"——宋灭北汉，时为太平兴国四年（979），楚圆尚未生；谓李遵勖死前邀请楚圆入京时间的"康定戊寅"乃"宝元戊寅"之误，等等。至于传后的"赞曰"的评论属于见仁见智的性质，不可能得到一切人的赞同。公平而论，任何史书难免有错，并且由于作者所持见解持论不可能与别人皆同，因此一部书遭到批评是正常的。

《禅林僧宝传》是在旧有灯录之外别撰记载禅门五宗著名禅师"前言往行"的新型禅宗史书，不仅为丛林说法参禅提供前代的事例、可以用以启示学人的公案语录，而且由于记载了很多活跃于晚唐至北宋社会著名禅僧的传记及他们与士大夫之间密切交往的事迹，为后世了解当时社会文化也提供了极为珍贵的历史资料。

三 《林间录》及《林间后录》

《林间录》的全名是《洪范林间录》，笔记体禅宗史书。卷首载宋大观元年（1107）十一月临川谢逸之序，说：

> 洪觉范得自在三昧于云庵老人，故能游戏翰墨场中，呻吟謦欬，皆成文章。每与林间胜士抵掌清谈，莫非尊宿之高行，丛林之遗训，诸菩萨之

微旨，贤士大夫之余论。每得一事，随即录之，垂十年间得三百余事。从其游者本明上人，外若简率，而内甚精敏，燕坐之暇，以其所录析为上下帙，名之《林间录》。因其所录有先后，故不以古今为诠次，得于谈笑，而非出于勉强，故其文优游平易，而无艰难险阻之态。人皆知明之有是录也，所至之地，借观者成市。明惧字画漫灭而传写失真，于是刻之于板，而俾余为序，以寿后世焉。

谓惠洪嗣法于云庵克文禅师，善著诗文，在长年与各地丛林禅师的交往言谈中，经常听闻禅林高僧的事迹、禅语、佛法要义和出入禅门的士大夫的妙论，随手记录下来，共达三百余项。本明禅师经常在他身边，便将这些记事按听闻先后编为上下帙，名之为《林间录》，出于对保护原著及流传的需要，刻版印行。谢逸，字无逸，号溪堂，临川人，平生不仕，善诗文，著有《谢逸集》二十卷、《溪堂诗》五卷及《溪堂师友尺牍》等。他是应本明之请撰写此序的。从惠洪经历来看，大观元年（1107）惠洪应知洪州朱彦之请住持临川北景德禅寺。

此书所载各项多属丛林禅师的事迹、禅法语录，有的是引经论或前人著作中语句加以评论。所载人物事迹语录，可以与惠洪的《禅林僧宝传》及灯史《景德传灯录》、《天圣广灯录》、《建中靖国续灯录》、《联灯会要》、《嘉泰普灯录》等所记载的唐宋有关禅师的传录可以互补，而且有许多重要内容是其他灯史所没有记载或记述不详的。这里仅举几例：

（1）在禅宗各派中，云门宗在北宋最为盛行。本书对活跃于仁宗至哲宗之间的云门宗禅僧雪窦重显、天衣义怀、大觉怀琏、云居晓舜（舜老夫）、佛日契嵩、佛印了元等人的事迹都有介绍，特别对怀琏应仁宗之诏入京传法，在宫中按禅宗仪规上堂说法的描述，怀琏给孙莘老（孙觉）的信，以四季比喻三皇、五帝、夏商周三王、秦汉以后的风俗政治日衰，论佛教"趋时"而出，以"性命之教"、"慈悲之行"进行教化；契嵩对僧人称臣的见解，入京献书，晚年隐居永安兰若的情景等等，都有参考价值。

（2）临济宗在进入仁宗朝以后迅速兴起，逐渐有压倒云门宗之势。在楚圆法系形成黄龙、杨岐二派之后，黄龙派在初期比较盛行。《林间录》中记述临济宗禅僧中以黄龙派人最多，载录创始人慧南、他的弟子晦堂祖心、真净克文（云庵和尚）以及灵源惟清等人较多的事迹和禅语，可以补充相关禅史的记载。据本书三项记述，惠洪曾在黄龙山住过一段时间，与祖心有密切交往，克文又是他的师父，因此可以认为这些记载是比较可信的。此外，对江东转运使朱彦向云庵（克文）问佛法大旨、王安石罢相归老钟山潜心探究佛学的记载，也提供宋代士大夫奉佛参禅的。

（3）在对唐末五代禅僧的记述中，指明曹山本寂名为耽章，介绍他从洞山良价处得授传自云岩昙晟的"宝镜三昧"、"三种渗漏"、"纲要三偈"、"三种堕"等，参照灯史和《禅林僧宝传》的本寂传记和语录，对了解曹洞宗的禅法有参考意义。此外，有关云门文偃反对弟子抄写语录的有趣记述，对法眼宗永明延寿的事迹及撰《宗镜录》以禅宗心性论会通诸教的思想的多项记述，也有参考价值。

本书确实也有记载失实的地方。宋晁公武《郡斋读书志》（袁本）卷三下就《林间录》中谓杜祁公（杜衍）与张安道（张方平、文定公）"皆致政居睢阳里巷"不可信，指出"祁公庆历六年致仕，治平中薨；安道元丰末始请老，盖相去二十年矣"。陈垣《中国史籍概论》卷六据《宋史》、《五朝名臣言行录》、《欧阳文忠集》等，就此进一步修正，说二人致仕相去不是二十年，而是四十年。

惠洪自视甚高，好发议论，然而观点未必确当公允。唐末五代南宗石头弟子张姓道悟的法系形成云门、法眼三宗。宋初道原《景德传灯录》是这样记载的。然而临济宗达观昙颖著《五家宗派》据唐丘玄素之碑，以崔姓"道悟"嗣马祖为理由，将云门、法眼二宗列于马祖的法系，以与临济宗同系。惠洪似乎同意这种观点，又引唐归登之碑、宗密答裴休之问为据，证明道悟嗣马祖，说"今妄以云门、临济二宗竞者，可发一笑"。然而，一个人到底嗣法于谁，并非简单地取决于曾向谁受法，还有其他因素。① 编撰史书只应尊重各宗已有的传承来写，必要时加以说明，而无须从外强加判断。然而在他晚年撰《禅林僧宝传》后写的序文中，明确地表示临济、沩仰二宗"宗于马祖"，云门、曹洞、法眼三宗皆"宗于石头"。（《石门文字禅》卷二十三）此外，他认为唐道宣《续高僧传·僧可传》中载慧可被贼砍臂的说法是"暗于辨是非"，应按灯史所载是为向达磨表达求法诚意而自断左臂的；又根据禅林所传五祖弘忍是"栽松道者"投胎而生，没有生父的传说（《建中靖国续灯录》卷一已载），批评赞宁《宋高僧传·弘忍传》中说他出身周姓之家，有生父的说法是"叙事妄诞"，从而贬低此

---

① 请参考拙著《唐五代禅宗史》第七章第一节后部的有关解释。

书。与道宣、赞宁相比，惠洪的这种见解确实有点迂腐。

尽管如此，《林间录》的禅史价值仍不可低估，并且因为文笔流畅生动，自古以来在丛林和社会相当流行，甚至与《罗湖野录》、《丛林盛事》、《枯崖漫谈》、《云卧纪谈》、《山庵杂录》、《人天宝鉴》相并被称为"禅门七部书"。

《林间后录》，全称《新编林间后录》，是收录惠洪所著26则像赞及经赞，并以唐"神异"僧万回及药山五位禅僧为题的六首诗偈，当是后人选自《石门文字禅》卷十七至卷二十的部分文字而成。

四 《石门文字禅》

也称《筠溪集》，三十卷，是惠洪的弟子觉慈集惠洪的著作而编。"石门"是取自惠洪曾信住过的筠州石门寺，也称石门精舍，他从海南回归后在此曾住过一个时期[①]，惠洪有时也以"石门"为号。据蓝吉富主编，中华佛教百科全书文献基金会1994年出版的《中华佛教百科全书》的统计，卷一以下八卷收古诗400余首；卷九收排律及五言律诗；卷十以下的四卷载录七言律诗400余首；卷十四以下的三卷载录五言、六言及七言绝句；十七卷是偈；卷十八以下的三卷辑录赞、铭、词及赋；卷二十一以下四卷收录载记、序及记语；卷二十五以下到卷二十八，分别辑录题、跋、疏；卷二十九编录书及塔铭；卷三十除收载云庵真净、泐潭文准、花药进英禅师的行状，以及十世"观音应身"僧慧宽、钟山道林直觉大师（宝志）传之外，另收有祭文24种。[②]

此书有明万历二十五年（1597）刊本，清康熙二十年（1681）重刊本。蓝吉富主编的《大藏经补编》第二十一册所据底本是1921年常州天宁寺刻本，《禅宗全书》第九十五册所收为据清《四库全书·集部》本的影印本。

《四库全书·石门文字禅·提要》引北宋许𫖮诗话（按：《彦周诗话》）的语句，称惠洪颇能诗，"著作似文章巨公"；又引陈振孙《书录解题》，称赞"其文

[①] 筠，即筠州，治今江西高安县。《石门文字禅》卷十八载惠洪《六世祖师画像赞序》中有"余窜海上三年而还馆于筠之石门寺"之语；卷二十六《题华光梅》后题"政和五年十一月十二日夜石门精舍题"。

[②] 蓝吉富主编，中华佛教百科全书文献基金会1994年出版的《中华佛教百科全书》第4册，第1836页。

俊伟，不类浮屠氏语"。虽也引述前人批评惠洪人品之语，然而评其诗"边幅虽狭，而清新有致，出入于苏（按：苏轼）、黄（按：黄庭坚）之间，时时近似在元祐、熙宁诸人后，亦挺然有以自立，固未可尽排也"。可以说评价是相当高的。

此书的赞、铭、记、序及题、书、塔铭、行状等部分中，载有很多对了解和研究宋代佛教、禅宗史以及文学、艺术史的宝贵资料。例如对北宋临济宗黄龙派著名禅僧晦堂祖心、灵源悟新、死心惟清，惠洪之师云庵克文、泐潭文准等人的事迹；士大夫苏轼、黄庭坚及张商英结交禅僧，寄情于诗文的传闻；宋代丛林流行的文书——请疏，惠洪写有多种；关于《禅林僧宝传》的撰述和初传情况，其他禅史的编撰；惠洪自己的坎坷经历等，都具有重要参考价值。

第七节　方会和临济宗杨岐派

石霜楚圆的弟子中，慧南的法系成为临济宗黄龙派，方会的法系成为临济宗杨岐派。比较而言，黄龙派兴盛在前，然而流传时间较短，大体在进入南宋以后便逐渐走向衰微，而杨岐派虽兴盛在后，却一直流传至今，对后世影响也大。

为使读者对临济宗杨岐派的形成和初期发展情况有个整体的认识，现将方会及其主要弟子作详略不同的介绍，对杨岐下三世圆悟克勤、四世大慧宗杲等人，将另设专门章节介绍。

一　方会及其嗣法弟子

方会的传记和语录，主要载于《禅林僧宝传》卷二十八、《建中靖国续灯录》卷七、《联灯会要》卷十三、《嘉泰普灯录》卷三、《古尊宿语录》卷十九、《五灯会元》卷十九等。

方会（992—1049），俗姓冷，袁州宜春（为袁州府治，在今江西）人。少年时机警而幽默，成年后不喜欢从事文墨，曾担当官府向商贾征税的事务，因失职将受罚，趁夜晚逃走。在到达筠州（治今江西高安县）九峰寺游访时，忽产生旧地重游之感，便流连忘返，在此地剃发出家。① 此后经阅读佛经，听闻佛法，到各地参谒禅师，变得与以前判若两人。

方会听说慈明楚圆禅师在袁州南源山寺传法，前往投师，自请担任监院，负责处理寺院日常事务。楚圆迁住潭州浏阳道吾山时，他跟随前往，仍任监院，以善于独断处理事务著称。据《嘉泰普灯录》卷三〈方会章〉记载，直到此时，方会尚未入悟。他每次到楚圆室内参谒求教，楚圆皆托词："库司事繁，且去！"对他不予理会。

在寺院附近居住一位老妪，或许是楚圆的一位亲戚，因为楚圆经常前往拜访，人称之为"慈明婆"。方会某日特地在楚圆前往老妪居处的小路上等候，见楚圆到来，忽然跳出来拦住他，问他每次到老妪处做什么。楚圆说："监寺知这般事便休。"方会听到此话后"大悟"，便跪在泥地礼拜，并问："狭路相逢时如何？"楚圆让他翌日再问。然而待楚圆回归方丈室，方会整理服装前去礼谢时，楚圆却对他说他并未入悟。一日粥后，僧众集会准备参禅之际，却发现楚圆没有在寺。方会便到老妪处去找，看见楚圆正在帮助老妪烧火做饭。方会催促他快归，可是楚圆却让方会"下得一转语"，否则不归。方会没有说话，只是"以笠子盖头上，行数步"。楚圆看了大喜，便随方会回寺院主持参禅。从此，每当晚参时楚圆出外不归，方会便击鼓催他回来。楚圆曾为此生气，方会便解释这是遵循当年汾阳善昭为晚参立下的规矩。后世即使在每月"三八"念诵日②也坚持晚参的做法，据说就是源于方会。③

那么，从前述的描写中，方会两次入悟是悟到什么呢？对此可以作各种猜想。第一次也许是悟到楚圆虽为坐镇一方丛林的高僧，但仍不忘亲情，进而含有佛法不离人间之意；第二次是以动作代替语言，表示楚圆是一寺之长，如同斗笠戴于头顶，应当归位向众僧开示。楚圆看到他的举动，高兴地拔步就走，意味着对他入悟的印可。

在宋仁宗宝元二年（1039），楚圆迁住潭州兴化寺④，方会与师告别，回到

---

① 此据《禅林僧宝传》卷二十八〈方会传〉。若据《建中靖国续灯录》卷七〈方会章〉，方会在潭州浏阳道吾山出家。

② 据《敕修百丈清规》卷二〈念诵〉，古以每月初三、十三、二十三、初八、十八、二十八等六日；元代以后以每月初八、十八、二十八等三日，禅寺在佛殿举行念诵仪式。逢上八、中八时念帝道遐昌，法轮常转等，下八则令众念无常等。

③ 《嘉泰普灯录》卷三〈方会章〉。

④ 据《禅林僧宝传》卷二十一〈楚圆传〉，楚圆在李遵勖去世的翌年，即宝元二年（1039）受请住持潭州兴化寺。

筠州九峰山寺，萍实（当即今江西萍乡市）的僧俗信众请他住持杨岐山寺（在萍乡市北部）。按照当时丛林的规矩，他在接受疏书后披法衣，升座说法。当时任九峰山寺住持的勤和尚本来不知道方会也会说禅，在方会上堂说法结束时，上前把住方会说："今日喜得个同参！"方会问他此话何意，他用禅语解释说："杨岐牵犁，九峰拽耙。"是以耕田时二人合作牵引犁、耙来耕田比喻"同参"之意。然而方会不肯，反而问他："正与么时，杨岐在前，九峰在前？"这位勤和尚一时不知如何回答。于是，方会推开他的手说："将谓同参，元来不是。"认为自己的禅悟境界和机锋超越于他，不能与他并为同参。

然后，方会到达杨岐山寺，现存《袁州杨岐山普通禅院会和尚语录》和《杨岐方会后录》记载了方会入寺开堂的隆重仪式和说法语录。他大约在此传法七年，庆历四年（1046）应请到潭州云盖山兴化海会寺任住持，现存《后住潭州云盖山海会寺语录》记载了他入寺开堂仪式和此后的说法语录。①

他到袁州杨岐山寺时，知州应是王化成。据《袁州志》，王化成从宝元元年至康定二年（1038—1041）知袁州。在方会传记和语录中，虽记载了方会上堂拈香祝皇帝"圣寿千秋，永日佛日"，也拈香为"州县官僚"祝福，然而没有提到州官的头衔，也许王化成没有到场。方会到潭州云盖山寺举行的开堂升座仪式上，在为皇帝拈香祝"圣寿无疆"后，特别拈香祝"知府龙图驾部诸官"，"常居禄位"，然后才拈香报师楚圆"法乳之恩"。那么，这位冠有龙图官衔的知府又是谁呢？应当是刘夔。宋李焘《续资治通鉴长编》卷一五七，"刘夔为龙图阁直学士、荆湖南路安抚使、知潭州。"②刘夔，《宋史》卷二九八有传，建州崇安县（今福建武夷山市）人，以工部侍郎知福州时，曾"请解官入武夷山为道士"，朝廷不许，老年以户部侍郎致仕，著有《武夷山记》。从他亲自参加方会入住云盖山寺的升座仪式来看，也许对禅宗是怀有好感的。

方会与官员也有往来。一日他访一位在比部（属刑部，掌核查宫廷内外账目等）任职的官员（也许是比部郎中，姓名不详）。这位官员正忙于审理公务，对未能及时接待方会表示歉意。方会说："此是比部愿弘深广，利济群生。"孙比部对此不理解，他便以偈颂解释说："应现宰官身，广弘悲愿深，

---

① 《大正藏》卷47载有这三篇语录，可以参考。
② 两位州官的考证，据李之亮《宋两江郡守易替考》、《宋两湖大郡守臣易替考》，巴蜀书店2001年版。

为人重指处，棒下血霖霖。"是肯定他的职务，说他是以官员的身份转世的菩萨[1]，以深广的悲愿济度众生，即使察出有人犯罪给予严惩，也未违背济度之意。据载，孙比部当下有所省悟，接着问，自己"每日持斋吃素，还合诸圣也无？"方会立即以偈颂赞许说："孙比部，孙比部，不将酒肉污肠肚，侍仆妻儿浑不顾。释迦老子是谁做？孙比部，孙比部。"甚至说正是他这样持斋寡欲的人才有资格成佛。由此可见，方会也善于灵活地运用易于士大夫接受的内容和方式传法。[2]

据《嘉泰普灯录·方会章》，方会于宋仁宗皇祐元年（1049）去世，年五十八岁。

方会的嗣法弟子，在他死后约半个世纪成书的《建中靖国续灯录》载名10人，有传录者6人；然而130多年后成书的《联灯会要》载录白云守端、保宁仁勇二人；150多年后成书的《嘉泰普灯录》载录守端、仁勇二人外，增加前述"比部孙居士"一人。可见，在方会的嗣法弟子中，对后世影响最大的是守端、仁勇二人，而实际将杨岐法系传至后世的是守端。守端的下一世有五祖山法演（五祖法演）；二世有圆悟克勤、佛鉴慧勤、龙门清远、开福道宁、大随元静等人；三世中有克勤的弟子大慧宗杲，创大慧派，另一弟子虎丘绍隆创虎丘派，从此使临济宗杨岐派盛行于天下，与此同时，黄龙派走向衰微。

二 杨岐方会的禅法

方会在禅法上继承南宗，特别是临济宗的禅法，然而在向门下传授过程中带有自己的特色。他特别强调佛在自心，"见性是佛"，并且运用华严宗的诸法圆融的思想，说佛法遍在一切事物之中，所谓"一切法是佛法"，在修行上引导弟子在自己"脚下"下功夫，经常以极为简洁洗练的语汇来表述禅理。

（一）"直指人心，见性是佛"

禅宗以启发人们觉悟自性为根本宗旨，慧能所谓"识心见性"，神会与马

---

[1] 取自《法华经·观世音普门品》，谓观世音菩萨可以现化三十三种应身随机教化众生，其中包括"宰官身"。

[2] 《大正藏》卷47，第648页下。

祖的"即心是佛",义玄的"无位真人"等,皆是表达这一宗旨的说法。马祖的弟子汾阳无业(709—788)在说法时,有弟子出来提问:"云何祖师(按:菩提达磨)东化,别唱玄宗,直指人心,见性成佛?岂得世尊说法,有所未尽?"是将禅宗宗旨概括为"直指人心,见性成佛",然后与传统佛教相对加以比较的。对此,无业既反对执著名言,又表示达磨祖师"唯传心印,指示迷情"。① 汾阳善昭曾写《略序四宗顿渐义》,对佛教的律师、法师、论师、禅师的分工和责任作了概略论述。说禅师的责任是启发学人断除杂念,领悟自性,所谓"截众流于四海,了万法于一言。直指人心,见性是佛。同师子而哮吼,大阐玄旨。"②

方会是善昭下二世,自然是继承他的禅法的。他在杨岐山寺的开堂仪式上说:

> 诸供养中,法供养最为胜。……百千诸佛、天下老和尚出世,皆以直指人心,见性成佛。若向者(这)里明得去,尽与百千诸佛同参。若向者里未能明得,杨岐未免惹带口业。况诸人尽是灵山会上,受佛付嘱底人,何须自家退屈。还有记得底人么?尔且道:灵山末后一句,作么生道?如无,杨岐今日败阙。以方会俾欲深云隐拙,随众延时。岂谓郡县官僚,洎诸檀信,共崇三宝,续佛寿命,令法久住,俾令山僧住持此刹,亦非小缘。所有一毫之善,上祝皇帝万岁,家宰千秋。大众且道:今日事作么生?(良久云)来年更有新条在,恼乱春风卒未休。(《杨岐方会和尚后录》)③

自进入宋代之后,禅宗在唐《宝林传》所记释迦牟尼佛临终前向摩诃迦叶嘱咐:"吾以清净法眼,涅槃妙心,实相无相,微妙正法,将付于汝"(残本《宝林传》卷一)的传说基础上,增加新的情节,谓佛以拈花默传心法。据《联灯会要》卷一〈释迦牟尼佛章〉记载,佛在灵山(灵鹫山)说法,拈着金色波罗花示众,众皆默然,唯迦叶破颜微笑,佛云:"吾有正法眼藏,涅槃妙心,实相无相,微妙法门,不立文字,教外别传,付嘱摩诃迦叶。"这个说法一经传

---

① 《汾州大达无业国师语》,载《景德传灯录》卷二十八,《大正藏》卷51,第444页中、第445页上。
② 《汾阳无德禅师语录》,载《大正藏》卷47,第620页上。
③ 《大正藏》卷47,第646页中。

世，传播很广。① 方会也多次引用释尊"拈花"付嘱的说法。

上面所引主要有三个意思：

（1）佛与历代祖师皆以"直指人心，见性成佛"来教导弟子和信众。如果能够领会其中的道理，便成为与百千诸佛处在同等地位的参修者；如果对此不理解，那么他的说法不仅毫无意义，而且犯下口业。

（2）在场的僧众、官员和百姓，实际都是当年在灵山会上接受佛的心法咐嘱的人，在地位上是平等的，应当具有自悟的信心。所谓"灵山末后一句"，大概指的就是"不立文字，教外别传"，意为主张"见性成佛"的禅法。

（3）他本人承蒙郡县官员和信众的支持，得以住持此寺，愿今后以崇奉佛法的功德祝皇帝万岁，群臣千秋。

五代时期在明州奉化（在今浙江省）传法的契此和尚（？—917），形体肥胖，常背布袋子出入街市乞食，人们以神僧视之，死后被认为是弥勒佛化身，受到崇敬。《景德传灯录》卷二十七也载录了他的传和他生前说的偈。② 方会在向门下说法中也常引用契此的偈颂。他在杨岐山寺，某日上堂，用手拍禅床一下说："只个心心心是佛，十方世界最灵物。释迦老子说梦，三世诸佛说梦，天下老和尚说梦。且问诸人：还曾作梦么？若也作梦，向半夜里道将一句来。"③ 他说的前两句就是契此和尚的偈，原偈下面两句是："纵楷妙用可怜生，一切不如心真实。"意为心具有种种神奇变化妙用，是宇宙间一切事物中最真实的。方会引用"心心是佛"等两句来引导弟子和信众相信自心是佛，心最为灵妙神奇，然后说世间的一切，乃至佛法、禅法也包括在内，皆虚幻如梦不真实，不值得眷恋。

（二）一切法是佛法，诸佛"总在诸人脚下"

华严宗主要以阐释《华严经》建立自己的教理，最有影响的是其法界圆融的思想，进一步推演便是理与事、事与事圆融无碍，一即一切，一切即一的理论。唐末五代以来，禅门五宗几乎皆将华严宗的思想运用到自己的禅法中，鼓

---

① 这一说法大概在宋中期已经形成，禅宗史书中最早用其说者为《建中靖国续灯录》，此后才是《联灯会要》。《佛祖统纪》卷五引《梅溪集》，谓王安石曾问佛慧泉禅师世尊拈花的出典，泉禅师答"藏经所不载"。王安石说他在"翰苑"（翰林院）见过一部《大梵王问佛决疑经》三卷有此内容。此经今在，被认为是伪经。载《大正藏》卷49，第170页下。

② 《大正藏》卷51，第434页上中。

③ 《杨岐方会和尚后录》，载《大正藏》卷47，第640页下。

吹心与诸法，佛与众生互相不一不异，彼此圆融无碍。方会在传法中也自觉不自觉地以这种思想来强调一切法是佛法，在在处处有佛，人人皆可达到觉悟。

方会曾向门下说："一切法皆是佛法。佛殿对三门，僧堂对厨库。若也会得担取钵盂拄杖，一任天下横行；若也不会，更且面壁。"（《杨岐方会和尚后录》）[1] 意为佛法就在人们的身边，一切东西无非是佛法，从佛殿至三门（山门）、厨库，也属于佛法。如果有人能够从这些平日熟视无睹的事物中领悟这点，此人便达到解脱的境界，可以云游天下而在精神上无所滞碍；否则，就须从头面壁坐禅。

在这种说法中蕴含着佛是心，心是万法的意思。既然万法是心是佛，自然通过体悟眼前的任何事物便能够达到解脱。方会某日上堂，有僧出来问："如何是佛？"丛林中对于这个问题一般是不正面回答的。方会用反语回答："贼是人做。"暗示既然贼是人做，与贼同为众生的佛岂不是人做。他接着解释：

> 万法是心光，诸缘惟性晓，本无迷悟人，只要今日了。山河大地，有什么过？山河大地，目前诸法，总在诸人脚跟下。自是诸人不信，可谓古释迦不前，今弥勒不后。杨岐与么，可谓买帽相头（按：意为先后颠倒，本末倒置）。（《杨岐方会和尚后录》）[2]

他是说一切现象和事物（万法）皆是心的作用和显现（心光），说到底只有自性（心）能够晓悟周围的一切（诸缘）；从根本上来看，人也没有迷悟之分，对于这个道理现在就应当了悟。山河大地，一切事物，每天都展现在人们眼前，在每人的身边脚下，就连释迦佛与弥勒菩萨也如同诸法一样，不离每人的前后。他有时甚至说"释迦老子在尔脚跟下"，"举步也千身弥勒，动用也随处释迦"[3]。然而，对此道理，并非人人皆信。方会表示，他这样唠叨讲述也许有点不合时宜。

方会住持杨岐山时，有人问：这里的景致如何？这就是所谓"杨岐境"和"境中人"。对于前者，他的回答是："独松岩畔秀，猿向山下啼。"是说孤松高

---

[1] 《大正藏》卷47，第646页下。
[2] 同上。
[3] 分别见《杨岐方会和尚后录》、《杨岐方会和尚语录》，载《大正藏》卷47，第646页下、第641页下。

耸云端，猿声回荡山谷。后者是"贫家女子携篮去，牧童横笛望源归。"描述的是山寺附近农家田园生活，路上有贫女提篮行走，田畔有骑牛吹笛归村的牧童。那么，寺中的禅法如何呢？方会激情地说：

> 雾锁长空，风生大野，百草树木作大师（狮）子吼（按：师子吼，喻佛说法），演说大般若，三世诸佛在尔诸人脚根下转大法轮。若也会得，功不浪施；若也不会，莫道杨岐势险，前头更有最高峰。（《杨岐方会和尚语录》）①

所说内容与前述一切法皆是佛法，处处有佛的思想相通。自然界无论有风有雾，遍田间山岭的草木无时无刻不在说法，演说《大般若经》；三世诸佛都在你身边宣说佛法。如果人们对此如果领悟，表明我一片苦心没有白费，如果不理解，杨岐山前边更有艰险的路程要走（比喻参禅的心路历程）。这是基于真如佛性是宇宙万有本体的理论提出的"无情说法"的思想，唐代南阳慧忠、宋代临济宗的东林常总等人，都曾宣说这种思想。

既然佛法体现在一切事物上，佛在每人身边，那么，寻求觉悟解脱就不必离开周围环境，离开自身到远处去求。方会一日上堂说："坐断乾坤，天地暗黑，放过一著，雨顺风晴。然虽如是，俗气未除在。"意思是说，相信坐禅，一个劲地坐下去，直坐到天昏地暗，对解脱也没有用；如果对此不执著，换个做法，就会进入另一顺畅的境界。然而，即使如此，仍不能去掉身上的俗气。有僧站出来问："欲免心中闹，应须看古教。如何是古教？"他的意思是说，听说退治心中的烦恼，应当读经看教，那么什么是"古教"呢？方会没有从正面否定这一说法，而是在回答中将"古教"的含义作了改变。他说："乾坤月明，碧海波澄。"所谓古教就是天地、明月、碧海，就是大自然，同样贯彻着佛法遍在万有的思想。此僧不甘心又问："未审怎么生看？"既然古教就是自然界，那么如何来看呢？方会回答："脚根下。"（《杨岐方会和尚语录》）② 这不外是引导弟子从自己身边事做起，要他们在参悟自性上下功夫。

方会传法也深受其师楚圆的影响，在说法中常挥动拄杖，说一切佛菩萨、

---

① 《大正藏》卷47，第640页中。
② 同上书，第640页下。

佛法皆在他的拄杖上。一日上堂，对弟子说："一即一切，一切即一。"然后拈起拄杖说："吞却山河大地了也！过去诸佛，未来诸佛，天下老和尚，总在拄杖头上。"(《杨岐方会和尚后录》)① 这种天地同源，万物一体，佛与众生乃至万物一体的思想，正是华严宗的法界圆融的思想。

（三）说法常用简洁明了的方式

方会虽然很少向门下正面说法，然而有时运用十分简洁犀利的语言向门下宣示禅法，也可以算是他说禅的一个特色吧。且看下面所引的几段：

> 上堂：杨岐一要，千圣同妙，布施大众。拍禅床一下云：果然失照。
> 上堂：杨岐一言，随方就圆，若也拟议，十万八千。下座。
> 上堂：杨岐一语，呵佛叱祖。明眼人前，不得错举。下座。
> 上堂：杨岐一句，急着眼觑，长连床上，拈匙把箸。下座。
> 上堂：杨岐无旨地，栽田博饭吃。说梦老瞿昙（按：释迦牟尼佛），何处觅综迹。喝一喝，拍禅床一下。参！②

第一段大体是说，诸佛皆以微妙心法施于众生，然而并非为人人体认；第二句谓自己传授禅法是因人而异，经常是点到为止，不求繁琐；第三段表示自己虽也有时呵佛骂祖，然而在悟解禅法人的面前，却不随意乱举；第四段意为寄坐禅于生活之中，虽眼看有人在既可睡觉又可坐禅的"长连床"上吃饭，也不嗔怪他；最后一句是表明自己没有特别禅旨，也不过是遵循自然，种田吃饭，在杨岐见不到有像佛那样说法（称之为说梦）的人。他让弟子参究其中的道理。可以理解，采取这种简单的上堂说法的做法，是以门下对前述他所讲的道理有所了解为前提的。

三 白云守端和保宁仁勇

在方会的弟子中以白云守端、保宁仁勇二人最有名。

---

① 《大正藏》卷47，第647页下。
② 前四段载《建中靖国续灯录》卷七〈方会章〉，后一段载《杨岐方会和尚语录》，《大正藏》卷47，第640页下。

（一）白云守端及其禅法

守端（1025—1072），俗姓葛①，衡阳（在今湖南）人。自幼善书墨，不愿处俗，投至茶陵县（在今湖南）郁禅师门下剃度为僧，20多岁时往潭州云盖山寺师事颙禅师。颙禅师去世后，庆历四年（1044）方会来此寺继任住持。方会一见守端便产生好感，常与他谈论终夕。一日问他授业师是谁，守端回答是郁禅师。方会说，他过去听说郁禅师因踏桥过溪跌倒有所省悟，曾作偈一首，意境十分新奇，问他是否记得？守端便将此偈背诵出来，曰：

我有神珠一颗，日夜被尘羁锁，
今朝尘尽光生，照破青山万朵。②

偈意是说，自己秉有的佛性清净得如同神珠，然而久被烦恼尘污遮蔽，今日忽然开悟，好像染污神珠表面的灰尘一时脱落，立即光照大地山河。很清楚，此偈是郁禅师对自己体悟自性境界的描述。

在守端诵出此偈之后，不想方会站起来大笑而去。守端愕然不知所以，竟彻夜不眠，第二天入方丈室请方会开示。当时正是大年初一。当地民间风俗，在新年到来之际举行驱逐疫鬼的赛会，有人化装成鬼狐被人追赶。方会便联系此事问他：“汝见昨日作野狐者乎？”③意为你看见昨天赛会上装扮成野狐的人吗？他答见。方会对他说，你的表现还不如他呢（"汝一筹不及渠"）。他惊讶不知所指。方会解释说："渠爱人笑，汝怕人笑。"意谓：扮演野狐者坦然地喜欢人家笑，而你虽然诵的偈意境很好却听见我大笑便惊恐得不知如何是好。守端听后立即大悟。他悟到了什么呢？也许从方会的话里得到的是一种自信：如果确立了自修自悟的信心，就不必顾及周围的动静和反应。

---

① 《建中靖国续灯录》卷十四、《联灯会要》卷十五的〈守端章〉皆作姓周；《禅林僧宝传》卷二十八〈守端传〉谓姓葛，又注"或云周氏"；《嘉泰普灯录》卷十四、《五灯会元》卷十九的〈守端章〉作姓葛。今依后三种书。

② 此据《禅林僧宝传·守端传》。《联灯会要》、《嘉泰普灯录》及《五灯会元》的〈守端章〉，第二句作："久被尘劳关锁"，第四句是"照破山河万朵"。

③ 此据《禅林僧宝传·守端传》。《联灯会要·守端章》作"汝见昨夜胡者乎？"《嘉泰普灯录·守端章》作"汝见昨日打驱傩者么？"按："傩"，驱鬼仪式，扮演鬼神者有的要戴面具；"打驱傩"，驱逐瘟疫鬼神的民间赛会。

宋仁宗嘉祐四年（1059），守端游访庐山，在圆通寺参谒云门宗居讷禅师。居讷（1010—1071）是云门下四世，当时著名禅师之一。居讷在与守端接触中，"自以为不及"，特地向州官推荐让他住持江州承天寺。守端在此寺名声日著。此后，居讷又主动将圆通寺让给他住持，而自己居于东堂。① 守端严于律己，"敬严临众，以公灭私，于是宗风大振"。然而后来居讷不耐寂寞，在知州因故到寺时，婉转提出再任住持之意，知州微笑以目向守端示意，守端表示理解。守端在第二天升座说法，引五代南唐法眼文益禅师的禅语："难难难，是遣情难，情尽圆明一颗寒；方便遣情犹不是，更除方便太无端。"意为世上断除贪欲之情最难，如果能使贪欲之情断除，清净本性自然显现；既然借助修行（方便）"遣情"入悟犹不算究竟，那么不通过修行又如何能臻此境界呢？最后一句实是对居讷的讥讽——出让寺院不是出于修行"遣情"后的无私，而是一时感情的冲动。引述之后，问僧众："大众且道，情作么生遣？"然后大喝一声下座，背起背包就离寺而去。

守端北上渡江到黄梅县五祖寺的闲房暂住，后来应舒州（治今安徽潜山县）长官之请任宿松县法华寺住持。慕名前来参谒者很多，寺小难容，后来迁住白云山（在今安徽太湖县城东）海会寺。守端于宋神宗熙宁五年（1072）去世，年四十八岁。弟子中以长期在黄梅县五祖寺传法的法演最有名，后世临济宗杨岐派几乎全出自于他的法系。

守端说法基本上承临济宗和其师方会的禅法，虽有自己独特说法，但从大的方面说也没有什么特别新鲜之处。这里仅简单介绍两点：

1. 人人的自性皆有"正法眼藏"

他在法华寺上堂示众说：

> 昔日灵山会上，世尊拈花，迦叶微笑。世尊道：吾有正法眼藏，分付摩诃大迦叶，流传无令断绝。至于今日，若是正法眼藏，释迦老子自无分，将甚么分付？甚么流传？诸人分上，各各自有正法眼藏。每日起来，是是非非，分南道北，种种施为，正是正法眼藏之光影。此眼开时，乾坤大地、日月星辰、森罗万象，只在目前，不见有丝毫之相。此眼未开时，尽在诸人眼睛里。已开者不在此限；未开者，山僧为诸人开此正法眼藏看。

---

① 守端游历庐山的时间，据《嘉泰普灯录·方会章》为嘉祐四年（1059），年龄当为三十四岁，在担任承天寺之后住持圆通寺时，年龄应更大。但《禅林僧宝传·守端传》谓此时年为二十八岁，不足凭信。

说着用竖起两指继续说：

> 看看，若也见得，事同一家。其或未然，不免重说偈言：诸人法眼藏，千圣莫能当，为君通一线，光辉满大唐，须弥走入海，六月降严霜。法华虽怎么，无句得商量。既满口说了，为甚么却道无句得商量？（《联灯会要》卷十五〈守端章〉）

何为"正法眼藏"？按字面意思是"正法眼"之藏，为一切正法、正见的总汇，被认为是禅宗历代祖师前后传承的心、禅法。然而在这里，守端是将真如自性解释为"正法眼藏"。他说，当年释迦牟尼佛在灵山（灵鹫山）会上以拈花暗示方式将此心法传给摩诃迦叶，让他传至后世。然而今天所说的"正法眼藏"（佛性、心），实际与外在的释迦佛无关，是人人生来的自性皆具有的，每人日常一切思惟动作皆属于它的作用。如果能够领悟此正法眼藏（"眼开"），虽面对世界万法，却不执迷于万有的外相，唯见一切皆空。守端表示，如果有人对此不认识，他可以启示他"开"眼。他又以偈颂表示：每人的正法眼藏须自己体悟，佛菩萨代替不了；只要稍有省悟，就会彻见世界万有彼此融通无碍，万物一体，不妨说须弥山入海，盛夏降霜。他从禅宗所传的佛拈花传心，说到人人具有佛性，最后暗示诸法性空，万有融通。对于最后这点，他还提到"无边刹境，自他不隔于毫端；十世古今，始终不离于当念"，"佛身充满于法界"，"尽十方世界，无不是自己"（同上）等说法。

2. 呵佛骂祖与修行不离日用

守端与过去临济宗的很多禅师一样，有时在说法中也呵佛骂祖，用意是表示人们用以表述佛、佛法、祖师（菩提达磨）西来意等的语言的相对性，言外之意是：佛、佛法等是不能用语言表述的，因此认为对用语言文字表述的佛、佛法也不必执著。有人问："如何是佛？"他答："镬汤无冷处。"以锅里的开水没有冷处来比喻佛，虽语句欠敬但却是隐喻佛的真实性。问："如何是佛法大意？"答："水底按葫芦。"意为佛法如同用手按在水中的葫芦可上可下，有它的随机灵活性。问："如何是祖师西来意？"答："鸟飞兔走。"（《嘉泰普灯录·守端章》）大概意为不可把握。有人问："如何是清净法身？"他竟答："屎臭薰天。"（《联灯会要·守端章》）此与当年云门文偃说佛是"干屎橛"没有大的差别。

自慧能提出寄修禅于日常生活之中以后，历代禅宗禅师对此有不少发挥。

守端针对大乘佛教菩萨道的"烦恼无边誓愿断,法门无边誓愿学,众生无边誓愿度,无上菩提誓愿成"的四弘誓愿,提出自己的"四弘誓愿",所谓:

> 饥来要吃饭,寒来要添衣,
> 困来伸脚睡,热处要风吹。(《联灯会要·守端章》)

可以引申为,菩萨之道就在日用之中,难道修行意味着要离开吃饭穿衣和睡觉、乘凉吗?应当说,这与临济宗创始人义玄所说"佛法无用功处,只是平常无事,屙屎送尿,著衣吃饭,困来即卧"(《临济录》)的用意是相同的。然而如果由此认为可取消佛法,当然也不符合他们的本意。

(二) 保宁仁勇

仁勇,俗姓竺,明州(治今浙江宁波)人。自幼出家,学习天台宗教义,后到雪窦寺参谒云门宗重显禅师,因不满意重显讥诮他为"殃祥座主",发愤下山。在山下面向山寺展开坐具,致三拜之礼,然后发誓说:"我此生行脚参禅,名不过如雪窦,誓不归乡!"投奔潭州云盖山礼方会为师,"发明心地",成为方会身边的弟子之一,现存《袁州杨岐山普通禅院会和尚语录》就是他编的。在方会去世后,仁勇跟随师兄守端参修一个时期,后来应请到金陵(今南京)保宁寺担任住持,连任一次。

仁勇的禅法语录在《联灯会要》卷十五、《嘉泰普灯录》卷四〈仁勇章〉中有载,没有特别新颖之处。仅举一例:

一次上堂发挥般若空义,以空扫相,说:"释迦老子四十九年说法,不曾道着一字;优婆毱多丈室盈筹,不曾度得一人;达摩不居少室;六祖不居曹溪,谁为后昆?谁为先觉?既然如是,彼自无疮,勿伤之也。"[①]然后拍自己膝一下说:"且喜天下太平。"

大乘般若类经典从一切皆空的立场提出诸佛不说一法,如《金刚般若经》所说"无法可说,是名说法",甚至说"若言如来有所说法,即为谤佛";早期唯识经典《楞伽经》卷四也说:"我等诸佛及诸菩萨,不说一字,不答一字……

---

① 释迦是释迦牟尼佛,据记载生前传法49年;优婆毱多是禅宗所奉的西土第四祖,据《景德传灯录》卷一〈优婆毱多章〉,他善于传法,度弟子很多,凡有一人归依便用一筹作记,室内置筹无数;达摩是菩提达磨,在少室山少林寺传法;六祖是慧能,在韶州曹溪传法。

言说者，众生妄想故。"①仁勇为使门下不再执著于经文和祖师入悟的传说，引导他们着眼于觉悟自性，才说释迦牟尼佛在世49年没有说一字，又哪里有众多佛经？从《金刚般若经》的"实相者，则是非相"，"一切诸相，即是非相"的观点来说，西土四祖优婆毱多度人便是没有度人，达磨未曾在少室山待过，六祖慧能也未在曹溪居住，既然如此，哪里有他们的后世弟子，又谁是先觉呢！接着话头一转，又提醒说他们也没有"疮"（不好之处），不必伤害他们。

他还作颂一首，表明自己对修行的见解，谓："要眠时即眠，要起时即起，水洗面皮光，啜茶湿却嘴。"（《联灯会要》卷十五〈仁勇章〉）无非是表示修行不脱离、不改变日常生活，佛法在生活之中，基本是继承义玄以来的临济宗禅法主张。

仁勇在金陵保宁寺传法20多年，最后在此去世，卒年不详。

四 五祖法演及其禅法

杨岐下二世、白云守端的弟子法演在中国禅宗史上具有特殊的地位。如果说宋代临济宗从汾阳善昭开始走上兴盛的话，那么在临济宗的黄龙、杨岐两派中，自法演开始杨岐派迅速超越于黄龙派而走上兴盛的道路。

法演（1025年之前至1104年），因晚年住持黄梅县五祖寺，被世人尊称为五祖法演。俗姓邓，绵州巴西（在今四川省绵阳市东）人。自幼出家，曾在成都学习《百法论》（当为《百法明门论》）、《唯识论》（当为《成唯识论》），深究法相唯识义理，然而后来对此感到厌倦，将此推到一边，说："胶柱安能鼓瑟乎？"意为如同瑟之弦被胶粘在弦柱上不能演奏，唯识理论拘泥名相也不能使人解脱。②

法演此后出外四处游方，在十五年间先后参谒过四位禅师，最后在舒州白云山守端禅师门下得悟。他晚年到黄梅五祖寺担任住持，在隆重的开堂升座仪式上曾回顾过这段经历。他说：

> 某十五年行脚，初参迁和尚，得其毛；次于四海参见尊宿，得其皮；

---

① 两段引语分别载《大正藏》卷8，第751页下；卷16，第506页下。
② 南宋庆老《补禅林僧宝传》〈法演传〉。

又到浮山圆鉴老处，得其骨；后在白云端和尚处，得其髓，方敢承受与人为师。(《法演祖师语录·黄梅东山演和尚语录》)①

他大体借用传说当年菩提达磨对四位弟子道副、尼总持、道育、慧可各言"所得"的评价中的得其皮、肉、骨、髓的说法②，分别套用于他所参谒过的四位禅师，表明自己最后从白云守端得法。第一二位的迁和尚、四海尊宿不知所指。第三位是浮山圆鉴名法远（991—1067），在舒州（治今安徽潜山县，浮山在枞阳县）传法，原是临济下六世，后受曹洞宗僧大阳警玄的委托代传曹洞宗的法。《补禅林僧宝传·法演传》记载，法演投到他的门下，久无所得。法远表示自己已老，劝法演到白云山寺参谒守端。他听从劝告，直奔白云山。守端初见，知他为四川人，称他为"川蕰苴"（蕰苴，不成熟、粗糙），意为来自四川的幼稚学人。法演自此成为守端的弟子。

某日，法演提出唐代终南山师祖问南泉普愿"摩尼珠"的公案③，请守端解答。没想到遭到守端的斥责，法演却从这斥责中得到启悟，一时竟汗流全身。悟后献偈曰：

山前一片闲田地，叉手叮咛问祖翁，
几度卖来还自买，为怜松竹引清风。④

此偈的字面意思不难理解：山前那块自家祖传的闲地，虽几经卖出，但一次次地又被买回来，只是因为舍不得上面长的苍松青竹被清风吹拂的情景。法

---

① 《大正藏》卷47，第662页下。
② 《景德传灯录》卷三〈菩提达磨章〉载，达磨"命门人曰：时将至矣，汝等盖各言所得乎？时门人道副对曰：如我所见，不执文字，不离文字，而为道用。师曰：汝得吾皮。尼总持曰：我今所解，如庆喜见阿閦佛国，一见更不再见。师曰：汝得吾肉。道育曰：四大本空，五阴非有，而我见处，无一法可得。师曰：汝得吾骨。最后慧可，礼拜后依位而立。师曰：汝得吾髓。"载《大正藏》卷51，第219页中下。法演所引去掉"汝得吾肉"，前面加上"得其毛"。
③ 《景德传灯录》卷十载，终南山云际寺的师祖是南泉弟子，他在南泉门下时曾问"摩尼珠，人不识"，那么什么是如来藏的"藏"呢？南泉答与他"来往者"和"不来往者"皆属于"藏"。又问什么是"珠"，南泉喊他名字，他应喏，暗示应喏他的就是"珠"。载《大正藏》卷51，第276页。南泉是马祖弟子，继承"平常心是道"的禅法。南泉实际是告诉师祖，自己的平常心、日常支配行动的心识就是如来藏，也就是佛性。
④ 在《法演禅师语录》卷下载有此偈，题目作《投机》。《大正藏》卷47，第66页上。

演此偈是描述自己的悟境，还是另有所寄托？不得而知。如果说当年师祖从南泉答语中悟到人的平常之心就是"如来藏"、佛性，具有晶莹明亮的宝珠（摩尼珠）那样的体性，那么，法演从守端斥责他提问这段公案中也许悟到的是贵在自然，重在自悟。据载，守端看了法演的偈表示认可，说："栗棘蓬禅，属子矣！"栗、棘、蓬三种植物皆有刺，守端大概是以戏谑口吻预言法演的禅法非同一般。

法演此后在白云山寺掌磨（南宋守颐《禅苑清规》载有"磨头"之职），负责淘麦磨面等活。在禅寺，僧众日常生活中也常互逗禅机。有僧指着急转的磨问法演："此神通耶？法尔（按：自然而然）耶？"法演没有回答，只是提着衣服围着磨走了一圈，让他自己体会。守端曾向门下问："古人道：如镜铸像，像成后，镜在什么处？"意谓将铜镜熔化改铸成像后，原来的铜镜到哪里去了呢？弟子有不少回答，他皆不认可。法演从外化缘回来，守端又问他，他只答："也不争多。"守端表示赞许，称他是"道者"。那么，法演的答语是什么意思呢？也许是说，从现象看，铜镜铜像是二，然而从本质看，二者同为一体（皆为铜），岂可强分镜之与像！蕴含的禅意或是般若空义：万法一相，所谓无相——空，本来没有"多"相；或是表示诸法皆真如、心性的显现，万有是幻象。

法演在离开守端后，先后在舒州住持四面山寺（在今太湖县东北）、太平寺（在今安徽潜山县城北）、白云海会寺，长达27年，晚年应请到蕲州黄梅县（在今湖北省）住持被禅宗奉为五祖的唐代弘忍曾居住传法的东山寺，宋代一般称五祖寺，直到宋徽宗崇宁三年（1004）去世，年80多岁。

法演在这四个寺院的传法语录现有三卷，卷上至卷中载有：（1）《舒州白云山海会演和尚初住四面山语录》，题"参学才良编"；（2）《次住太平语录》，题"参学清远集"；（3）《次住海会语录》，即在白云山海会寺的语录，题"参学景淳集"；卷下所载是《黄梅东山演和尚语录》，题"门人惟庆编"。语录后面附有三篇序文，只尊称法演为"白云"或"海会"，未提到"东山"或"五祖"，第二篇序文还提到是"勤上人录其语要，俾之赞扬"，可以断定前两卷所载的三篇语录是最早的法演语录，皆是他的弟子克勤在法演住持白云山海会寺时据法演其他弟子集录的语录编纂的；既然称"语要"，自然是作了删节。最后一篇语录，是在法演住持东山寺后由弟子编录的，后来与前三篇语录被合编为《法演祖师语录》，后附偈颂70首。

现存法演语录的篇幅虽不算小，然而可称之为自己特色的东西不多。这里仅择取三点略加介绍。

(一) 强调"第一义"不可言说，然而为世、出世一切之本

禅宗沿袭大乘佛教的教理，称真如、法性、佛性等概念为真谛或第一义，认为语言文字难以完整确切地表述。禅宗经常用以代表佛性使用的自性、本性、自心，乃至某些场合使用的"空"、"道"、"理"等，也自然属于所谓第一义。禅师向僧俗信众说法时，经常用不同的方式和语言对自性、第一义等进行阐释。禅师到一所新寺院担任住持，在升座仪式上由维那击槌，高声唱言："法筵龙象众，当观第一义"，主旨就是引导信众在体悟第一义上下功夫。法演在入住白云山海会寺的升座仪式上，特别围绕第一义进行说法。他说：

> 况第一义，本来清净，不受诸尘，如何说得？同道方知，今日放过一著，向建化门中，别作个解会。是以绍先圣之遗踪，称提祖令，为后学之规范，建立宗风。若非当人，曷能传授？(《法演语录》卷上)①

意为作为第一义的佛性、自性，清净无染，虽说不可述诸言语，然而从教化方面来说，还是可以作出理解的，因此才有佛祖禅门宗旨的传授，为后学规范，宗风绵延不断。

法演与其他禅师一样，对于诸如"如何是佛"、"如何是道"等问题，不轻易作正面回答，经常以表面看来毫不相干的话加以搪塞，暗示学人自己领会。例如，他对"如何是佛"？就曾用释迦牟尼佛出家前为太子时的名称"悉达太子"、"口是祸门"、"许多时向什么处去来"等回答；对"如何是道"？回答"治平郡"②。他曾说："即心即佛亦不得，不即心即佛不得。若怎么说话，敢称禅客。"(《法演语录》卷上)③ 他以此表示作为第一义的佛、道是难以用语言表达清楚的。

尽管如此，他有时在上堂说法中也用含糊的语言向弟子对第一义作一些解释。例如他说："世有一物，亦不属凡，亦不属圣，亦不属邪，亦不属正，万物

---

① 《大正藏》卷47，第654页上。
② 《法演语录》卷中、卷下，载《大正藏》卷47，第654页中、第660页上、第662页上及第657页上。
③ 《大正藏》卷47，第651页上。

临时,自然号令。抵死要知,换却性命。"(《法演语录》卷下)① 这正是中国佛教学者理解的真如、佛性,也就是第一义,认为它虽是佛的法身、万有的本原,然而从根本上看是超越于凡圣、邪正的。对它的任何描述,皆属于无常、空幻的世俗范畴。所以,他说:"真如、凡圣,皆是梦言;佛及众生,并为增语。"(《法演语录》卷上)②

在宋代的思想文化界,继续探索通贯于人、社会和宇宙之间的共同本体本原的问题。儒家如此,表现为道学的形成;佛教也如此,特别表现在禅宗对心性论的发挥上。比法演稍前的云门宗僧契嵩在上仁宗皇帝书及《辅教篇》等文章中论证佛教的实相、佛性与儒家的天道、人性等意义相通,大力鼓吹儒佛一致论。法演在黄梅五祖寺升座法会上对第一义的论述也很有时代特色。他说:

> 当观第一义。只如第一义,且作么生观?要会么?三世诸佛,若无第一义,将什么化度有情?西天四七(按:二十八祖)、唐土二三(按:六代祖师),乃至天下老和尚,若无第一义,将什么建立宗风?只如当今圣帝,若无第一义,将什么统御天下?知郡学士、知县宣德、合座尊官,若无第一义,将什么为民父母?乃至在会施主,若无第一义,将什么崇敬三宝?然虽如是,也须各各自悟始得。(《法演语录》卷下)③

他认为僧俗、儒佛、一切人皆离不开这个"第一义",它既是诸佛教化众生所依据的根本,也是禅宗历代祖传授禅旨之本,并且也是皇帝治国之本,百官施政为民之本,信众信奉佛教之本。他虽然没作详细论证,然而也可推测出他是将所谓的"第一义"看作是与"道"、"理"、"心性"相通的概念,认为是佛法、社会政治设施、人伦道德和宗教信仰的普遍性基础。他这种想法虽表达得简单粗糙,然而却是迎合了当时的社会思潮的。

(二)将尽"本分事"的修行贯彻到日常生活中

按照法演认为第一义不能表述的观点,不说法,不有意地教导如何修行,岂不是符合逻辑的结论?然而真正这样做,也就意味着取消自己的宗教职能,

---

① 《大正藏》卷47,第663页下。
② 同上书,第651页中。
③ 同上书,第662页。

失去存在价值。

实际上禅师们虽经常否认正面说法，但并不是无所事事，他们仍然坚持上堂说法，做法事。在某些节日或皇帝生日（圣节），还要特地为皇帝祝寿。法演也是如此。他住持白云山寺期间，曾在端午节上堂说：

> 今日端午节，白云有一道神符也，有些小灵验，不敢隐藏，举似诸人：一要今上皇帝、太皇太后圣躬万岁；二要合朝卿相、文武百官、州县寀寮常居禄位；三要万民乐业雨顺风调。（《法演语录》卷中）①

从这段语录看，此时属哲宗朝的前期，皇帝是哲宗，太皇太后是英宗宣仁高皇后，是哲宗祖母，在哲宗即位后曾垂帘听政，直到元祐八年（1093）去世。此后，法演住持黄梅五祖寺期间，为哲宗生日上堂说：

> 十二月初八日（按：《宋史·哲宗纪》是初七日），今上皇帝降诞之辰，不得说别事，乃高声云："皇帝万岁，皇帝万岁！"（《法演语录》卷下）②

法演既为皇帝、太皇太后和朝中大臣、地方官员祝寿祝福，又祝万民安乐。这是宋代禅寺重要法事活动。

法演在白云山寺时，有人问："如何是本分事？"即问自己应当如何修行。法演答："结舌无言。"然而又接着说：

> 每日起来，挂却临济棒，吹云门曲，应赵州拍，担仰山锹，驱沩山牛，耕白云田，七八年来渐成家活。更告诸公：每人出一只手，共相扶助，唱归田乐，粗羹淡饭，且怎么过。何也？但愿今年蚕麦熟，罗睺罗儿（按：释迦佛在俗时之子，后出家）与一文。（《法演语录》卷中）③

表示在寺院的日常的佛事、听法、耕田农事活动和过着粗茶淡饭的生活中，自然就接触到了临济宗、云门宗、赵州禅、沩仰宗等的禅风，也就尽到"本分

---

① 《大正藏》卷47，第661页上。
② 同上书，第663页中。
③ 同上书，第659页下。

事",达到修行的要求。

他曾说过:"但看今日明朝,说甚祖师西来意?翻思黄面老人(按:指佛),谩道灵山授记,直饶大地山河借我鼻孔出气,不如放下身心,自然仁义礼智。"(《法演语录》卷上)① 意为达磨祖师西来传法之意不可说,佛在灵山默授迦叶心法也不可尽信,纵然将大地山河说尽,也不如休歇身心;休歇身心自然达到仁义礼智。从这里看,法演对于儒家的伦理——仁义礼智也是接受的,信众可以做个世间的贤者。在四面山某次小参,有僧问:"施主远趋于丈室,请师一句利于人。"他回答:"教天下人成佛去!"(《法演语录》卷上)② 法演作为禅师,当然还是以引导信众见性成佛为己任的。奇怪的是,在现存法演的语录中,他直接向门下讲见性成佛的内容很少。

(三) 上堂念描景诗偈,富有生活情趣

法演经常上堂说些平常事,有时结合时节诵些蕴含优美意境的诗偈,然后下座。现摘引几首如下:

二月春将半,相呼同赏玩。寒食近清明,百花开烂熳。或上白云峰,或游赤水畔。野外标坟人,路傍酒醉汉。半笑半悲啼,真诚堪赞叹。人人谓我泄天机,子细分明与批判。看!看!五湖禅客莫轻酬,记取今朝者(这)公案。(《法演语录》卷上)

二月中春物象鲜,尽尘沙界一般天。苍苔雨洗去冬雪,野火风飘昨夜烟。危岭乍闻猿啸日,长江时见客乘船。人生几度逢斯景,好是诚心种福田。(《法演语录》卷中)

时候季秋霜冷,皎洁银河耿耿。秋窗一炷炉香,颇释吾家好景。

媚景中春暖色暄,尽尘沙界一般天。林峦蓊郁争苍翠,花柳芬芳斗色鲜。蝶弄牡丹飞势紧,蜂游芍药谩迟延。人生几度逢春景,何不于中种福田。(《法演语录》卷下)③

这些诗偈的意思十分清楚,富有韵味,很难看出与禅法、修行有什么密切

---

① 《大正藏》卷47,第653页下。
② 同上书,第650页下。
③ 上引分别载《大正藏》卷47,第655页上、第661页上、第664页上、第665页中。

关系。上堂念诵诗偈是宋代丛林中常见的做法，反映了禅宗说法的灵活性和富有生活情趣。然而从法演语录看，他的表现是十分突出的。当然，除了这类着重描写景物的诗偈之外，还有很多诗偈是杂有公案、佛教说教或禅法启示之类的内容。

法演还用诗偈描述禅寺的修行活动。例如，每年从阴历四月十五"结夏"至七月十五"解夏"的三个月间是夏安居，僧人集中在寺院安心修行。夏安居结束标志僧龄（戒腊）增加一岁。法演也用诗偈描述夏安居的情景，现仅选录他在白云山寺上堂念诵的两首。

结夏上堂……乃云：

此夏居白云，禅人偶聚会。三月九旬中，尊卑相倚赖。粥饭与茶汤，精粗随忍耐。逐意习经书，任运行三昧。彼此出家儿，放教肚皮大。

解夏上堂云：

一尘起，大地收。一叶落，天下秋。金风动处，警砌畔之蛩吟。玉露零时，引林间之蝉噪。远烟别浦，行行之鸥鹭争飞。绝壁危峦，处处之猿猱竞啸。又见渔人举棹，樵子讴歌。数声羌笛牧童戏，一片征帆孤客梦。

可以发挥祖道，建立宗风。九旬无虚弃之功，百劫在今时之用。如斯话会，衲子攒眉。不见道：一尘不立（按：指心除烦恼）始归家，若有纤毫非眷属。（《法演语录》卷上）①

法演在首诗偈中将白云山海会寺夏安居的修行生活、周围幽美的山色秋景、禅僧在安居期间修行的心得描绘得有声有色，这对我们了解宋代丛林生活很有参考价值。

五　法演弟子和临济宗杨岐派的兴盛

法演弟子比较多，据《联灯会要》载录主要弟子4人，稍后的《嘉泰普灯录》载录弟子18人，其中有传录者12人，《五灯会元》仅载录前书有传录的弟子12人，可以想见未被载录的弟子仍有很多。他们的传法中心分布于相当现在

---

① 《大正藏》卷47，第654页中下。

的安徽、河南、湖南、湖北、江西、四川等地。在这12位弟子中，最著名并影响较大者有：曾在开封天宁寺传法的圆悟克勤①、舒州龙门山佛眼清远、舒州太平寺佛鉴慧勤、潭州开福寺道宁、彭州大随山元静等人。

克勤下一世有大慧宗杲、虎丘绍隆。大慧的法系形成大慧派，连续四五世门胤繁盛；虎丘的法系形成虎丘派，其下二世有密庵咸杰，门下出了松源崇岳、破庵祖先，法系都很兴盛。破庵一支经无准师范的法系，一直传到后世，直到于今。关于克勤及其法系，将设专节介绍。下面仅对清远、慧勤、道宁、元静的事迹作概要介绍。

（一）佛眼清远

清远（1067—1120），佛眼是号，因曾住持舒州龙门寺，也称龙门清远。俗姓李，四川临邛县（今邛崃）人。自幼出家，年十四受具足戒，先从师学戒律，因读《法华经》中"是法非思量分别之所能解"之句（出自该经〈方便品〉），难以理解，便请师解释此句含义，师不能回答。清远从此认为："义学名相，非所以了生死大事。"于是舍弃旧学，南游江淮之间，历访丛林参禅问道。

他听说在舒州太平寺传法的法演为海内"宗师第一流"，便前往投奔。法演见他之后，对他也很赏识，认为能够接受深造。清远在法演门下前后七年，平时不多语，某日因拨炭灰见火星，忽然有悟，作偈述其悟境说："深深拨，有些子，平生事，只如此。"大概是从拨灰见到火星而认识到，人的清净自性虽埋藏很深，平时难以被人察觉，然而加以深思还是可以体悟到的，其他事物在表层之后也往往潜藏深意。据说此后清远好像变了个人，"洞彻超诣，机辩峻捷"，名声渐闻远近，前来从师者日多。

清远先在太湖县东北的四面山隐居一段时间。大约在宋徽宗崇宁元年至二年（1102—1103），王涣之知舒州期间，请他住持州府所在地的崇宁寺。②他在

---

① 圆悟克勤影响最大，先后在七寺传法。七寺是：成都昭觉寺（曾改名崇宁万寿寺）、澧州夹山灵泉寺、潭州长沙道林寺、江宁蒋山寺、开封天宁寺、金山龙游寺、南康军建昌县云居真如寺，晚年又回成都昭觉寺。

② 南宋祖琇《僧宝正续传》卷三〈清远传〉载："舒守王涣之迎师住持。"李之亮著，巴蜀书社2001年出版的《宋两淮大郡守臣易替考》，据《宋会要辑稿·职官六七》，谓王涣之知舒州的时间在崇宁元年至三年（1002—1004）之间。《宋史》卷三四七载〈王涣之传〉，官至吏部侍郎，以宝文阁待制知广州，因被告与所谓"元祐党人"有牵涉，在崇宁初"解职知舒州，入党籍，寻知福州"。可见，在舒州时间不长，也许就在崇宁一二年时间。

此不久便辞去，应请到本州龙门山寺任住持，在此传法十二年，扬名于丛林之间，来自四方的弟子云集于门下。宋徽宗政和八年（1118）九月，清远奉旨移住和州（治今安徽和县）褒禅山寺，仅居一年余，便以病辞退，寄住于与自己情谊深厚的师兄克勤住持的江宁蒋山寺的东堂。

清远平时操守严正，淡泊寡言，不轻易印可弟子证悟，不事杂务，常说："长老端居丈室，传道而已。"与士大夫虽有交游，但不为名利所牵，"道合"则交往，否则避之。经枢密使邓洵武（字子常）[①] 的奏请，受赐紫衣和佛眼师号。宣和二年（1120）冬至前一日整衣趺坐合掌，安然去世，年五十四。门人在龙门山建灵兴塔安葬其遗骨。[②] 据《嘉泰普灯录》卷十六目录，他的主要弟子有18人，其中有传录者13人，有温州龙翔士圭、南康军云居善悟、遂宁府西禅文琏、潭州大沩法忠、衢州乌巨道行等。

清远与佛果克勤、佛鉴慧勤是五祖山（东山）法演门下三位最著名的弟子，世称"东山二勤一远"，临济宗杨岐派通过他们盛传于世。清远是宋代禅师中流传后世语录比较多的一位，《古尊宿语录》卷二十七至卷三十四载有其嗣法弟子善悟编的《舒州龙门佛眼和尚语录》（以下简称《佛眼录》）八卷，其中第四卷是偈颂、真赞，第五卷是小参语录，第六卷至第七卷是普说语录，最后一卷载有他撰写的"颂古"、"室中垂示"、"垂代"、《示禅人心要》、《三自省察》、《诫问话》，后附宋代徐俯（字师川）、冯楫的序及李弥远撰述的《宋故和州褒山佛眼禅师塔铭》。

宋代禅宗丛林住持不仅开堂升座要为皇帝祝寿，而且在皇帝生日也要为皇帝祝寿，已经成为定制。清远开始应聘到舒州天宁寺（当为崇宁寺原名）任住持，在开堂仪式上，具有"提刑、学士、权郡、承议"官衔的州官先上香并将请疏递给清远，清远在维那击槌表白后依次拈香祝皇帝"龙图永固，凤历长新"，祝以州官为首的地方官福祥，并向师父报法乳之恩，然后才说法。在他入住龙山寺后，值逢徽宗生日时上堂说：

　　皇帝以天下为家，兆民为子。父子一体，天下一家。王爱于民，民敬

[①] 据《宋史·宰辅表》，邓洵武自大观元年（1107）为枢密使加中书侍郎，同年以本官知随州，直至宣和三年（1121）去世。

[②] 以上主要据《僧宝正续传》卷三〈清远传〉、《佛眼语录》及其后附李弥远《宋故和州褒山佛眼禅师塔铭》。

于王。爱敬既同，王道无外。所以佛言：如民得王；又云：如民之王。且王外无民，民外无王。王在民外，民不受赐；民在王外，王道不广。如何曰民，无知曰民。① 如何曰王，圣神曰王。今上皇帝至神至圣，为民父母。天宁（按：宋徽宗生日称天宁节）降诞之节，日月星辰连珠合璧，江河淮济激浊扬清，乾坤造化，草木虫鱼呈祥瑞，显奇特，皆皇帝至德之所感致也。伏愿南山比寿，北岳齐龄，永永万年，无穷无极。

他说完从禅床上下来，作舞蹈动作说："会么，山僧舞蹈扬尘，万岁万岁，万万岁！"② 我们从这里可以形象地看到当时丛林依附、迎合于朝廷、皇帝和官府的情景。

清远继承临济宗杨岐派的禅法，特别强调"凡圣不二"，人人皆可成佛，不求"会解"，倡导在自然而然中达到解脱的思想。现作简要地介绍。

1. "凡圣不二"，人人皆可成佛

主张人人皆有佛性，皆可成佛，淡化佛菩萨与众生的界限，是大乘佛教的重要思想。禅宗对此有新的发挥，然而各个禅师对此的表述往往是各具特色的。清远在说法中常向门下说，佛教中的圣者——佛、菩萨，与平凡的民众、众生，并没有严格的界限，甚至说"凡人法即是圣法"。他曾上堂说：

祖师云：亦莫爱圣憎凡③。会得凡夫法，便是圣人法；识得圣人法，即是凡夫法。尽知道凡圣不二，为什么凡夫漂流，诸圣解脱？又道：亦莫抛迷就悟④。如今悟的，是向来迷底；如今迷底，是向来悟底。尽知道迷悟不二，为什么迷者依前壅塞，悟者依旧惺惺？诸人还辨明得么？凡圣悟迷如透了，洞然明见本来人。（《佛眼录》之一，载《古尊宿语录》二十七）

---

① 以为民无知，反映了某些禅僧思想的时代局限性。此在儒家著作中常见，《论语》郑氏注谓："民，冥也，其见人道远。"西汉董仲舒《春秋繁露·深察名号第三十五》以"瞑"训"民"，谓"士不及化，可使守事从上而已。"《十三经注疏》中的《周礼注疏》、《礼记注疏》中也多以"瞑"解释"民"。冥、瞑，意为暗、晦、不明，对人来讲是懵懂无知。

② 《佛眼录》之一、之二，载《古尊宿语录》卷二十七、卷二十八。

③ 此语出自《临济录》，原句是"尔若爱圣憎凡，生死海里沈浮。烦恼由心故有，无心烦恼何拘？不劳分别取相，自然得道须臾。"载《大正藏》卷47，第500页上。

④ 此句出自《景德传灯录》卷三《菩提达磨章》，达磨说偈颂中有："亦不睹恶而生嫌，亦不观善而勤措，亦不舍智而近愚，亦不抛迷而就悟。"载《大正藏》卷51，第220页上。

在这段话中贯彻着迷与悟的问题，如果能够领悟凡夫的道理，便从而体悟圣人的道理；领悟何为圣人，也就领悟了凡夫的道理。虽然从根本上来说凡夫与圣人相即不二，然而在实际生活中，迷者与悟者表现不同，或"壅塞"迷惑，或"惺惺"明悟，如果有谁洞悉其中的道理，便表明已经体悟自性，所谓"明见本来人"。然而对于如何领悟所谓凡圣所蕴含的道理，达到什么地步才是领悟，他没有解释，只是提示门下自己去领会。

从清远宣述禅法总的倾向来看，他更多地发挥般若性空和相即不二的思想，不仅说凡夫众生可以成佛，而且强调凡夫本来未迷，凡夫即是圣人。他应一位姓吴的居士请求，上堂说法，说："身是佛身，须信六根（按：眼耳鼻舌身意）清净；行名佛行，故知三业（按：身、语、意）圆明。身净则垢无所生，行明则暗无所起。垢生由乎迷净，净作垢而莫觉莫知。暗去必由得明，明即暗而难信难解。所以诸圣常加被，群生自弃遗……是知明暗共体，垢净同源。凡夫有成佛之期，大士有度生之分。"（《佛眼录》之二，载《古尊宿语录》卷二十八）说一般人的身体和行为虽然与佛没有不同，本来明净，然而人们仅对于烦恼（垢）产生是由于迷惑清净自性，达到自性明净才能断除心中烦恼的道理容易了解，对于垢与净、暗与明二者相即不二的道理却难以理解，所以才需要佛菩萨（诸圣）济救，而众生则往往自我遗弃。实际上，明与暗、垢与净，烦恼与菩提是同源的，凡夫可以成佛，佛菩萨有济度众生的责任。清远在《动静不二》（《佛眼录》之四，载《古尊宿语录》卷三十）的偈中说：

本自未常迷，何劳今日悟。守住寂寞城，知君还错误。
从前诸圣人，元是凡夫做。岂有别路歧，教人离忧苦。
只者（这）生死中，即是佛法处。有人忽踏着，选甚净秽土。
一向不回顾，唤之亦不顾。千圣不奈何，可可省言语。
了却贪嗔痴，即是诸佛母。

侧重表达的是凡圣不二，即烦恼是菩提，修行解脱离不开日常生活的思想。

2. 无须借助语言文字的"会解"，应在日常生活中"息见"入悟

清远要求门下弟子和信徒，"须是自尊，自贵，自成，自立始得。若能如此，方有个休歇处。"他虽然对此没有作解释，然而从他其他语录来看，是要他们相信自己具有佛一样的本性，皆可成佛，不必到处求佛求法，从而在自然而

然的日常生活中通过"无念"、"息见"等做法休歇身心，达到解脱。

他某日上堂说："我此宗门，只论证悟，不论会解。"意为禅宗虽提倡证知入悟，然而并不提倡致力于借助语言文字的会解（领会和理解）。他接着批评有的人实际不是求解脱，而是"为生死"求亲证，到处搜寻与自己的会解相似的语句，找人印证，然后又以入悟者自居，"胡乱教坏人家男女"。[①]

怎样达到自悟？他提倡但向自求，不向外求，在参究自己"本分事"——自性上下功夫。现引他的一部分语录。

> 山僧将你本分事举似你：诸人何不于你本分事上识取！
>
> 道源不远，性海非遥。但向己求，莫从外觅。觅即不得，得即不真。……因成四偈：思无思思，万邪一正，不识玄旨，徒劳念静；作无作作，贯色通声，水中盐味，不见其形；言无言言，不费唇舌，未说之法，林中之叶；龙门（按：清远以龙门为号）潦倒，告报诸人，既然如是，何故因循？（《佛眼录》之二）
>
> 《示道三偈并叙》：百千三昧，岂在外求！若认语言，即名邪解。
>
> 《标指六偈并叙》：诸佛出世，无法示人。祖师西来，无道可指。唯谈自悟，是谓顿门。
>
> 《入道》：心外无法，法外无心。心法齐照，境智甚深。心忘照灭，境智同歇。一道通同，十方俱摄。生死涅槃，元无两般。（《佛眼录》之四）[②]

何为本分事？可以认为，参究上面引文中的所谓"道源"、"性海"、"心"等，实际上就是参究自性、本心、自己本具的佛性，都归为"本分事"。他认为通过参究体悟自性，领悟自性空寂清净，便可以在思想上泯灭主体与客体、观照之智与观照之境的对立差别，达到"心忘照灭"的境地，然而达到这样一种精神境界并不意味着离开现实人间，只是彻悟烦恼与菩提、生死与涅槃等对立的两极本来是相即不二的。所谓参究，也不是执意地去钻研、会解，而是进行所谓的思无思之思，作无作之作，言无言之言，是要求在思惟、行动、说话中贯彻"无所住"的精神，大概是不以特定内容为思虑内容，不以特定目标为行

---

① 据《佛眼录》之一，载《古尊宿语录》卷二十七。
② 以上载《古尊宿语录》卷二十八、卷三十。

动目标，不限于以遣词造句的话语为言语，无预定的求取与舍弃，不外是从禅宗六祖慧能以来提倡的"于念而不念"，"即见闻觉知，不染万境"的"无念"、"无住"禅法而已。

清远对于"无念"、"息见"做过多种说明，现举几段：

> 三祖大师道：不用求真，唯须息见。又道：才有是非，纷然失心。（按：两句出自传为僧璨所著《信心铭》）……你见他道"不用求真"，便道更不须求也。此便是见不息，是非纷然，终不到无求心，只成见解。……要得无求心么？但莫生种种诸见，非、是冥然，百不会，唤作无求。（《佛眼录》之五）
>
> 大凡修行，须是离念。此个门中，最是省力。只要离却情念，明得三界无法，方解修行。
>
> 须是不离分别心，识取无分别心；不离见闻，识取无见闻底。不是长连床上闭目合眼，唤作无见。须是即见处，便有无见。所以道：居见闻之境，而见闻不到，居思议之地，而思议不及。
>
> 参学门中，唯以忘缘自虑为要。者（这）个是从上宗旨，祖不云乎以"无念为宗，无相为体"。（《佛眼录》之六）①

第一段，他虽同意相传是禅门三祖僧璨写的《信心铭》中的"息见"等语，然而又批评那些执意不求真的做法，认为这本身就是有是非的见解，没有真正做到"息见"，真正的"无求"和"息见"应从不二的角度来加以把握，使是与非冥通，对一切事物不做分辨会解。此外三段，是讲真正的修行是不离日常生活，在保持正常的见闻、思辨的精神活动中，做到无念、离念。这种无念和离念，实际上是要求做到没有特定意念和目的的追求、舍弃，实际上是要求在精神上达到某种自然而然的境界。

他批评当时丛林间的一些人到处参请，"依言起解"，或是一个劲地钻研语录，认为这些皆属于"驰求"的做法。他说："思惟道理也是驰求，看古人公案也是驰求，看禅册子也是驰求，假饶静坐，念念不住，亦是驰求。"那么是要做到完全不从事这些"驰求"吗？他并不如此主张，而要求做到"你那驰求便是

---

① 分别载《古尊宿语录》卷三十一、卷三十二。

不驰求"。虽对此没有清楚解释，但从他相关语录来看，他不是简单地要求取消这些做法，而是要求以不二的思想来把握、对待这些修行做法，在没有特定追求的意境下从事修行。

在清远的再传弟子中，南宋僧挺守赜编撰《古尊宿语录》四十八卷，石室祖琇编撰禅宗僧传《僧宝正续传》七卷、记述东汉至南宋孝宗时佛教史书《隆兴佛教编年通论》二十九卷。

（二）佛鉴慧勤

慧勤（1059—1117），原作慧懃，或惠懃，舒州桐城人。出家受具足戒后，到舒州（治今安徽省潜山县）太平寺参谒法演禅师，与克勤二人是法演门下最有声望的弟子。法演后迁任黄梅县五祖寺住持，临济宗黄龙法系的灵源惟清前来住持太平寺。慧勤被任命为首座，自此逐渐出名。

在惟清回黄龙山寺任住持之后，知舒州长官张叔夜[①]命慧勤出任太平寺住持，在此传法前后八年，"宗风大振"。宋徽宗政和二年（1112），慧勤奉诏进京担任智海禅院的住持。开封智海禅院是著名的相国寺二禅院之一，属于皇家寺院。慧勤得以住持此寺，在当时是很荣耀的。

他的开堂升座仪式在相国寺三门举行，徽宗派中使降香，鸿胪少卿持疏。慧勤在说法中着重宣讲心性的道理，说：

> 祖师心印，诸佛本源，千圣悟由，群生性命。非中非外，不灭不生，在圣在凡，无增无减，弥纶天地，混茫太虚而不知其大；鼓爕阴阳，陶铸万物而不宰其功。浩浩然不可以语言造，昭昭然不可以寂默通。语言求之翻成诤论，寂默求之堕于断灭。到此，唯圣与圣乃能共知。以何为证？岂不闻我大宋仁宗皇帝有《修心偈》曰：
>
> 初祖安禅在少林，不传经教但传心，后人若悟真如理，密印由来妙理深。
>
> 敢问诸人，如何是真如之性？如何是密印妙理？假使目连、鹙子（按：舍利弗）无碍辩才，到此也须亡锋结舌。唯有山僧，今日幸逢快便，为国开堂，得路便行。岂畏旁观笑怪？

[①] 他在住持智海禅院前在太平寺八年，可以推算他担任太平寺住持应在崇宁四年（1105）。李之亮著，巴蜀书社2001年出版的《宋两淮大郡守臣易替考》第437页据《宋史》卷三五三〈王涣之传〉，谓此时的知州是张叔夜。

然后他举起拂子说:"看看,岂不是诸人真如之性?"又竖起两指说:"岂不是诸人密印妙理?于斯荐得,同报国恩,其或未然,别容理论。"①

这段说法比较集中地反映了慧勤禅法的要点:

(1)佛性、真如之性,既是世界万物的本体和本原,调协阴阳,构成万物,弥漫于天地之间;又是众生性命的主宰,觉悟之因的本心,凡圣相同,是"非中非外,不灭不生"的。

(2)这样一种心性,既不可通过语言表述,又不是绝对地排斥语言,否则或将招致无益的争论,或是堕入违背中道的"断灭"之见。

(3)只有达到圣人境地才能晓悟和证知这个心性之理、解脱之道,而所谓圣人,既有诸佛菩萨,也有人间皇帝。例如宋仁宗曾撰《修心偈》将他领悟到的心性之理加以表述:自从初祖菩提达磨在少林寺传授安心禅法,"不传经教但传心"以来,凡是入悟真如之性者,都在内心印证到了这一真如之理的奥妙。

(4)然而"真如之性"、"密印妙理",并没有远离人们现实的日常生活,它就在人们的周围,拂子、手指,生活中的一切,可以说处处在在皆是,皆可为人们提供入悟的门路。

慧勤郑重表示,如果通过他的说法,人们能够理解这些道理,他就尽到了"报国恩"的责任,否则,他还要借助别的因缘、说法再做引导。

从宋代思想文化界的总体形势来看,重视心性,将心性与天地万物的本体沟通,强调即心即理,可以说是时代思潮的反映,而将佛菩萨与皇帝等同视之,是源自东晋南北朝以来佛教界常见的说法,然而所引宋仁宗表述见性境界的诗偈,则确实是宋代经皇帝提倡禅宗臻入昌盛的产物。

慧勤传授禅法,形式相当活泼,而且喜欢运用诗偈。临济义玄创立的门庭施设在流传中越来越失去正面显示的意义。慧勤某日上堂横着拄杖说:"先照后用。"然后竖举拄杖说:"先用后照。"倒转一下说:"照用同时。"将拄杖直立于地说:"照用不同时。"② 在这里,还能看到临济宗"四照用"原来的意蕴吗?

慧勤在开封智海禅院传法三年,政和五年(1115)上表请辞归山。经正奉

---

① 《嘉泰普灯录》卷十一〈慧勤章〉。
② 同上。

大夫知枢密院事邓洵武的奏请，受赐紫衣及"佛鉴禅师"之号。此后应请赴江宁府蒋山寺担任住持，政和七年十月去世，年五十九岁。[①]

据《嘉泰普灯录》卷十六目录，慧勤的主要弟子有十七人，有传录者心道、知昺、智才、守珣、宝峰等十人，南宋时期在江南的常德府、韶州、潭州、庆元府、湖州、隆兴府、台州、吉州等地传法，分布于相当现在的湖南、广东、浙江等省。

（三）开福道宁

道宁（1053—1113），歙州（治今安徽歙县）人，俗姓汪，以未正式剃度的"头陀"行者（此指行脚乞食修苦行的未出家者）身份投入禅林，被人称为"宁道者"。曾在崇果寺执供僧洗浴的杂务。一日正要洗脚，偶尔诵读《金刚经》至"于此章句，能生信心，以此为实"的句子时，忽有所悟。此后在江宁蒋山寺泉禅师门下剃度受戒[②]，接着到各地丛林参访名师，在雪窦老良禅师门下二年，又参谒涌泉诚、子湖觉、开先暹、罗汉英等禅师，师事太平清、钟山佛惠、圆通法镜诸禅师，晚年至白云山海会寺参谒法演，听他在说法中举唐代南阳慧忠"古佛净瓶"和赵州和尚的"狗子无佛性"[③]的公案得悟。

在宋徽宗大观二年（1108）应潭州（治今湖南长沙）知州席震之请住持开福寺[④]，禅僧争投门下，"法席遂为湖湘之冠"。（《僧宝正续传》卷二〈道宁传〉）政和三年（1113）11月去世，年六十一岁。弟子中有名的有在沩山传法的善果。

---

① 以上据南宋祖琇《僧宝正续传》卷二〈惠勤传〉、正受《嘉泰普灯录》卷十一〈惠勤章〉。二书虽皆记慧勤于政和七年去世，然而皆未写其寿年，陈垣《释氏疑年录》据《嘉泰普灯录》卷十六所载慧勤的弟子〈守珣章〉的"先师只年五十九"，推算出慧勤生于1059年。今从之。

② 此据《嘉泰普灯录》卷十一〈道宁章〉。关于道宁出家，《僧宝正续传》卷二〈道宁传〉记载有异，谓他被泉禅师派到广州城化缘，认识一位居士，资助他正式出家受戒。

③ 据《景德传灯录》卷51〈慧忠章〉，唐肃宗问："如何是十身调御（按：佛）？"慧忠站起来说："还会么？"答："不会。"慧忠让人拿过净瓶，暗示不可以语言描述佛。载《大正藏》卷51，第244页下。赵州和尚讲的狗子无佛性的话，见《赵州语录》（《古尊宿语录》卷十三）。

④ 李之亮编，巴蜀书店2001年版《宋两湖大郡守臣易替考》据《乾道临安志》卷三，以席震于大观二年接王涣之知潭州，翌年二月改知杭州。

（四）大随元净

元净（1065—1135），阆州（治今四川阆中）玉山人，大儒赵约仲之子。十岁病重，母亲因感神异梦境，让他出家。他在宋哲宗元祐三年（1088）经试经，得度正式为僧，研读佛典多年，留意讲诵。后来出外游方，参禅访师，在五祖法演门下得悟，名声日著。应成都长官席旦之请住持嘉祐寺，不久迁住昭觉寺、彭州（治今四川彭县）大随山寺。

据《嘉泰普灯录》卷十一〈元静章〉，他曾在一次上堂说法中，向门下弟子传授参禅的要诀，称之为"纲要"，教他们以此"各各印证自心"。共有十项：一须相信"教外别传"；二须知有"教外别传"；三须悟解"有情说法与无情说法"是"无二"的；四须"见性如观掌中之物，了了分明"；五须"具择法眼"（以辨明正理实相的智慧）；六须"行鸟道、玄路"（洞山良价之语，意为体认空义、见性解脱之道）；七须"文武兼济"；八须"摧邪显正"；九须"大机大用"（运用各种手段示道传法）；十须"向异类中行"（实践菩萨道，普度众生）。

从这里我们可以看到宋代临济宗禅僧在传法中经常考虑的几个方面。可以认为，正是这些方面构成了他们禅法的重要内容。

元净于南宋高宗绍兴五年（1135）七月去世，年七十一岁。《嘉泰普灯录》卷十七目录载录主要弟子12人，其中有传承者胜禅师、师远、堂悟、自回、居静、师远、绍悟7人，分别在南宋的简州、常德府、嘉州、合州、彭州等地传法，分布于相当现在的四川、湖南等省。据《嘉泰普灯录》卷二十三、《五灯会元》卷二十，工部尚书莫将、龙图阁学士王蕃，在四川为官时也曾向元静问法。

临济宗杨岐派与黄龙派皆继承汾阳善昭—石霜楚圆的法系。黄龙派兴盛虽比杨岐派略早，然而至方会下二世五祖山法演以后，迅速兴起，法演弟子圆悟克勤、佛眼清远、佛鉴慧勤、开福道宁、大随元静等禅师生活在北宋末期至南宋初期，在相当于现在的河南、安徽、江苏、湖南、四川等地传法，将临济宗杨岐派推向各地。他们在禅法上主张佛性本有，见性成佛，提倡修行不离生活日用，传法方式生动活泼。他们的弟子活跃于南宋江南的广大地区，随着黄龙派的逐渐衰微，杨岐派成为临济宗的主流。

临济宗传承世系略表之四

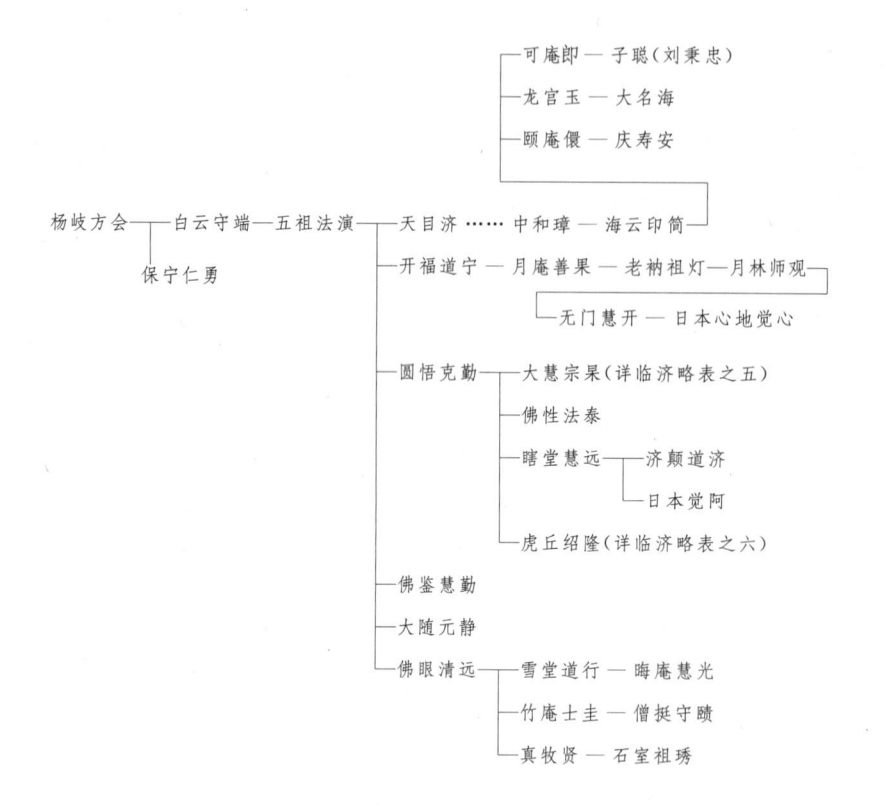

```
                                    ┌─可庵即 — 子聪(刘秉忠)
                                    ├─龙宫玉 — 大名海
                                    ├─颐庵儇 — 庆寿安
                                    │
杨岐方会──白云守端──五祖法演──┬─天目济……中和璋 — 海云印简
  │                              ├─开福道宁 — 月庵善果 — 老衲祖灯 — 月林师观
  保宁仁勇                       │                                      │
                                  │                                      └─无门慧开 — 日本心地觉心
                                  │
                                  ├─圆悟克勤──┬─大慧宗杲(详临济略表之五)
                                  │           ├─佛性法泰
                                  │           ├─瞎堂慧远──┬─济颠道济
                                  │           │           └─日本觉阿
                                  │           └─虎丘绍隆(详临济略表之六)
                                  │
                                  ├─佛鉴慧勤
                                  ├─大随元静
                                  │
                                  └─佛眼清远──┬─雪堂道行 — 晦庵慧光
                                              ├─竹庵士珪 — 僧挺守赜
                                              └─真牧贤 — 石室祖琇
```

第八节 圆悟克勤及其禅法

　　临济宗杨岐派从杨岐下二世黄梅东山五祖寺法演之后开始兴盛。法演弟子中以圆悟克勤最为有名，其次是佛鉴慧勤、佛眼清远，被并称为"东山二勤一远"。克勤先后在成都昭觉寺、澧州夹山灵泉寺、潭州长沙道林寺、江宁蒋山寺、开封天宁寺、金山龙游寺、南康军建昌县（今江西永修县）云居真如寺传法，所到之处受到儒者士大夫的欢迎，得到他们的支持，在南北宋之际为推进杨岐派向社会的传播，发挥了很大的作用。

　　在宋代文字禅方兴未艾的形势下，他除有弟子记录整理的《圆悟佛果禅师语录》（下简称《圆悟录》）二十卷之外，还有自己以云门宗雪窦重显的《颂古百则》为基础而编撰的《碧岩录》十卷，以其禅思深刻、格调清新和文笔优美而在宋代文字禅的发展史上占有重要地位。此外，还有《佛果击节录》二卷，是对雪窦为所举百则公案（"举古"）所加的"拈古"，一一加上著语和评唱，形式与《碧岩录》的相似。一百则雪窦的拈古，基本取自现存《明觉语录》的第三卷的部分。所谓"击节"，意为是附和雪窦拈古的节拍加上著语和评唱的。

下面依据南宋孙觌（1081—1169）《圆悟禅师传》[①]、祖琇《僧宝正续传》卷四〈克勤传〉及《联灯会要》卷十六、《嘉泰普灯录》卷十一〈克勤章〉，以及《圆悟录》等，对克勤生平及其禅法进行介绍，并对《碧岩录》作较详论述。

一 南北七处传法，声名显赫丛林之间

克勤（1063—1135），号佛果、圆悟，俗姓骆，彭州（治今四川彭县）崇宁人，依妙寂院自省法师出家，在受具足戒后到成都，跟文照法师学佛经，又从圆明院敏行法师学习《楞严经》等，已达到较高造诣。他犹以为不足，特地到真觉寺[②]跟胜禅师参问心法，对禅宗提倡的心性学说颇有体会。

此后，克勤出蜀到各地游方参禅，先后到荆州（治今湖北江陵）参谒玉泉寺承皓禅师、金銮寺信禅师、潭州大沩山真如寺慕喆禅师、洪州黄龙山晦堂祖心禅师、庐山东林寺常总禅师。在这些人中，除金銮寺信禅师情况不明外，承皓是云门宗师戒下二世，慕喆是临济宗楚圆下二世，祖心和常总皆是临济宗黄龙慧南的弟子。克勤以其机辩敏捷受到他们的赏识，晦堂祖心禅师甚至对他说："他日临济一派属子矣！"（《嘉泰普灯录》卷十一〈克勤章〉）在这期间，克勤还遇到一位被认为是"饱参"丛林尤其通晓曹洞宗禅法宗旨的"庆藏主"（在某寺院担任知藏的庆禅师），便主动与他接近，几乎把他掌握的禅法全学到手。

克勤此后到舒州白云山寺（在今安徽太湖县城东）参谒杨岐下二世法演禅师[③]，在参禅答问中表现出争胜好辩颇为得意自负的样子，立即受到法演的讥讽，对他说："汝欲了生死大事，何以意气得耶?"（《嘉泰普灯录》卷十一〈克

[①] 载孙觌《鸿庆居士集》卷四十二，台湾商务印书馆影印《文渊阁四库全书》别集二，1135册。
[②] 《僧宝正续传·克勤传》中"真觉"作"昭觉"，但孙觌《圆悟禅师传》也作"真觉"，兹依之不改。
[③] 《僧宝正续传·克勤传》谓到太平寺访法演。法演先在舒州太平寺（在今安徽潜山县城北），后到白云山海会寺任住持。

勤章〉）他听后不悦，掉头便下山离去，到了苏州定慧寺。在此得了一场大病几乎死去，病中回忆自己以往在各地参禅访师的情景，意识到唯有法演对自己说的话是出自肺腑。病刚好，便回到白云山再次参谒法演。法演对他的回归表示欢迎，让他在自己身边任侍者。某日，有位原籍四川的州府官员陈某在解职归乡前特地到寺院向法演辞行，在交谈之际向法演问佛法大意。法演没有正面解释何为佛法，却意外地引述一首"小艳诗"（意涉男女爱情内容的诗）的句子："频呼小玉元无事，只要檀郎认得声。"①这位陈姓官员听后茫然不解，而站在一旁的克勤却豁然大悟。他在此后向法演报告自己的悟境说："今日去却膺中物，丧尽目前机！"大意是：胸中的谜团消除干净，自我根机发生了完全的变化。法演表示印可，说："佛祖大事，非小根劣器所能造诣，吾助汝喜！"并且作偈曰："金鸭香囊锦绣帏，笙歌丛里扶醉归；少年一段风流事，只许佳人独自知。"（《嘉泰普灯录·克勤章》）克勤从此担任首座。法演到黄梅东山住持五祖寺，他跟随前往主持寺务。一日，为建造东厨需伐院中一棵大树，法演坚持不伐，然而克勤将法演的表示看作是对他禅机的勘验，便毅然伐之，法演举杖要打他，他夺过其杖，并且大喝："老贼，我认得你也！"法演不仅不生气，反而大笑而去。按照禅宗以动作勘验禅悟境界的做法，这是对克勤的印可。从此，法演让克勤分座说法。克勤在丛林间逐渐远近闻名。

克勤一生主要在七处寺院传法。现按照时间顺序进行介绍。

宋徽宗崇宁（1102—1106）年间，克勤回乡探亲，受到僧俗两众的欢迎。当时翰林郭知章任成都知府，请他住持成都六祖禅院，在升座仪式说法"词义卓然"，僧俗悦服。不久，他被迎请到成都昭觉寺任住持。此寺后改称崇宁万寿禅寺。克勤在此传法长达八年时间。

张商英（1043—1122）因与宰相蔡京不合，一再遭贬，在崇宁五年（1105）知鄂州，第二年以散官安置归、峡二州，直到大观三年（1110）以龙图阁学士知杭州时为止。就在张商英被安置归、峡二州（治今湖北宜昌）时，克勤出蜀到荆南（治今湖北江陵）与他相见。张商英兼通儒佛，尤其崇奉禅宗，嗣法于临济宗黄龙下二世兜率从悦，喜与禅僧谈禅。克勤向他讲述华严宗圆融思想，

---

① 小玉原是春秋时吴王夫差之女的名字，唐以后多用来称侍女；檀郎，晋朝潘岳小名檀奴、檀郎，因其仪容秀美，后用作美男子、情郎代称。原意大概是说：我频呼侍女小玉之名本来无事，只是希望檀郎记得我的声音，听见我喊小玉之声如同见到我一样。法演也许以频呼小玉的我比喻自性，以檀郎比为现实中的自我，借此诗句表达自性本来清净，人们要善于从日常生活中体认自性。

"逞辞婉雅，玄旨通贯"，受到张商英的称赞。当张商英认为华严宗的空性圆融境界与禅宗"玄趣"一样时，他予以否定，告诉他："古云：不见色（按：空），始是半提（按：半提祖令，指没有完全表达禅门祖师传承宗旨）；更须知有，全提时节，若透彻，方见德山、临济用处。"（《僧宝正续传·克勤传》）是提醒他要把握空有不二的道理。然而实际上，华严宗的理事圆融思想本来是包含空有不二的内容的。据载，张商英听后欣然表示同意。张商英在大观四年（1111）二月从知杭州任上回京都拜中书侍郎，六月拜尚书右仆射（宰相）。可以想见，克勤与张商英这段谈禅的经历对他以后在丛林中声望的提高有很大关系。后来他住持开封天宁寺期间曾在张商英的忌日上堂说法，回忆与张商英相见说禅的往事，称张商英"一言契证，表里一如。居士功业书于竹帛，遗德在于生民"。（《圆悟录》卷五）①

克勤在江陵期间住暂住公安县天宁寺，在与张商英见面不久，接受澧州（治今湖南澧县）知州的邀请到夹山灵泉禅院担任住持。夹山寺在今湖南省石门县城东南的三板桥，周围山水环绕，唐代石头下三世善会（805—881）禅师曾住持此寺，有僧问如何是"夹山境"，他以"猿抱子归青嶂里，鸟衔华落碧岩前"的优美诗句回答。②克勤在升座仪式的说法中也提到此句，谓："衔华鸟过，抱子猿归。"（《圆悟录》卷二）③他还特地将诗中"碧岩"二字题写在方丈匾额上，并且在上堂说法中常以"碧岩"自称。克勤在住持夹山寺期间经常阅读、讲述云门宗雪窦禅师的《颂古百则》，然后加上注语或赞语（著语）、评唱，集编成书，以"碧岩"为名，称《碧岩录》。

此后，克勤应潭州周姓长官的邀请住持道林寺。从他在小参中所说"麓峰头倒卓，石笋暗抽枝"来看，道林寺也许就在岳麓山下。在这期间，经枢密使邓洵武的奏请，皇帝赐给他紫衣和"佛果"之号。顺便提及，克勤的师兄弟慧勤的"佛鉴"之号、清远的"佛眼"之号，都是经这位邓洵武奏请赐予的。邓洵武（1055—1119），成都人，字子常，经史馆编修、刑部侍郎、尚书左丞、中书侍郎等职，曾大力推荐蔡京为相，政和六年（1116）任枢密使，晚年官拜少保。④

---

① 《大正藏》卷47，第735页中下。
② 《景德传灯录》卷十五，载《大正藏》卷51，第324页中。
③ 《大正藏》卷47，第721页上。
④ 《宋史》卷三二九〈邓洵武传〉及《宋史·宰辅表》。

大约在政和末年（1116年或1117年），克勤应请到江宁府住持蒋山寺。蒋山本名钟山，三国时孙权为避祖讳改名蒋山。据载，南朝梁时带有神异色彩宝志和尚曾住此山。北宋时王安石为母居丧曾在此山读书，晚年又退居于此，与住持蒋山寺的赞元禅师（楚圆下二世）结为林下之交。因此在克勤在升座时说："宝公道场，梁时示化；舒王（按：王安石）福地，圣世重兴，宏开选佛场，宣唱大般若。"东南的禅僧闻名，纷纷前来投至门下问学参禅。

宋徽宗在政和六年（1116）听信道士林灵素编造的虚妄神话，称徽宗是"上帝之长子"神霄玉清王下凡，号长生大帝君，翌年下诏全国改天宁万寿宫为神霄玉清万寿宫，在殿上设长生大帝君像，自称教主道君皇帝；重和元年（1118）诏宰相蔡京、枢密使童贯武等人为神霄玉清万寿宫使，又大兴道经之学；宣和元年（1119）甚至正式下诏废佛，改佛为大觉真仙，菩萨为大士或仙人，僧改称德士、尼称女德士，改变服饰，寺改为宫，院改为观。直到此年十一月罢斥流放林灵素之后，这场闹剧才有所收敛；宣和二年（1120）六月、九月先后下诏恢复寺额、僧称，然而宋徽宗称教主道君皇帝、祠神霄宫如故。[①]

克勤住持蒋山寺期间正赶上这个事件。他在宋徽宗降诏恢复寺额、僧称和"披剃"服饰之后上堂谢恩，然后称颂说："天中之天，圣中之圣，处域中之大，超方外之尊，执宝箓以临民，覆金轮而御极，廓清六合，停毒（按：当为'亭毒'，意为成就）万方，聿降纶言，重兴佛法，遂使普天释子复换僧仪，归本笏于裴相公（按：唐代裴休，意指儒装），纳冠簪于傅大士（按：南朝傅翕，作道士装），重圆应真（按：应真为罗汉，此指僧人）顶相，再披屈昫田衣（按：袈裟），俄顷之间，迫还旧观。皇恩崇重，倍万丘山。"当年十月十日在为宋徽宗"圣节"（生日，称天宁节）的上堂说法中也大加颂扬，称："神霄降庆，真主示生，倾万国丹心，祝一人圣寿"；在结束"圣节"上堂又说："神霄真人降驾，长生帝君御极，神灵开旦，夷夏钦风，万瑞咸臻，千灵拥佑。……林下禅人如何图报？共持清净无为化，仰祝吾皇亿万春。"（《圆悟录》卷四）[②]

宋代禅僧在开堂升座和皇帝生日时为皇帝祝寿已经成为定制，反映了禅宗对以皇帝为首的封建中央集权的适应，然而有的禅僧表现过分，对皇帝过于迎合和赞颂。克勤对宋徽宗诏复寺僧旧称及其自称天神降世的过分奉承和颂扬，

---

① 参考《宋史·徽宗纪》、《续资治通鉴》卷九十二至卷九十三、《佛祖统纪》卷四十六。
② 《大正藏》卷47，第730页中、第731页中。

应当说有违于佛教禅宗的宗旨，在态度上也不能说是端庄的。

克勤的名声迅速传到京城开封。在宣和六年（1124）四月十九日，他奉诏到开封住持天宁万寿寺，曾受到宋徽宗召见。当时金国在北方兴起，翌年九月灭辽，年底分兵两路南下攻宋。宋徽宗让位于其子赵桓，即宋钦宗。靖康元年（1126）春，金兵攻至开封城下，怯懦的宋朝最高统治集团背离正在奋起抗金的民众，同意金军割地赔款的要求。金人虽暂时退兵，然而由于北方民众的激烈反抗而达不到割地的目的，又南下攻宋，年底攻破开封，掳宋徽宗、钦宗并抢掠大量财物，于第二年北归。

克勤在这约三年时间里住持开封天宁寺。现存克勤语录也许只是记载他前二年部分说法，尚无金兵攻灭北宋的内容。他在天宁寺开堂仪式上先拈香"恭为今上皇帝，祝严圣寿万岁万万岁，伏愿圣明逾日月，睿算等乾坤，空芥城而有余，拂劫石而弥固"，又拈香祝愿"中宫天眷、宰执诸王、少师相公、节使太尉、阖朝文武、在筵勋贵……高扶圣日，永佐尧明，寿算等松椿，福禄齐江海"，然后拈香申明自己嗣法于五祖法演，报法乳之恩。在朝廷节日上堂说法外，还经常应请为皇亲国戚、朝臣权贵等上堂说法，向他们讲述修持禅法、明心见性等道理。正如孙觌《圆悟禅师传》所说"一时王公贵人、道德材智、文学之士，日造其室，而车辙满门，虽毗耶城听法（按：指《维摩诘经》所说毗耶离城人听维摩诘居士说法情景），殆不能过也"。据《圆悟录》卷五、卷六记载，有乔贵妃、王贵妃、大内庆国夫人、郓国大王、莘王、济王、李典御、郑太师、知省太尉等人曾请克勤上堂说法，有的还特设斋会，反映了北宋末年权贵阶层佛教信仰的情况。

他曾应在藩邸时的"今上皇帝"（赵构，即宋高宗）之请三次上堂说法。据《圆悟录》卷二十载，他以诗偈向赵构表示：

> 善因招善果，种粟不生豆。大福德人修，大福德人受。八万四千波罗蜜，一毫头上已圆成。
>
> 至简至易，至尊至贵，往还千圣顶宁头，世出世间不思议，弹指圆成八万门，一超直入如来门。[①]

[①] 《大正藏》卷47，第805页中下。

意为修善得福报，佛法虽简易而尊贵，若修得大的福德，便可从任何一点上入悟，直达如来境界。

在金军北撤，宋军与民众于各地开展抗金的斗争中，靖康二年（1127）五月宋徽宗第九子、任兵马大元帅的赵构在南京宋城（今河南商丘南）即位，改元建炎，是为宋高宗。宋高宗任命主张抗金的李纲为相，积极组织军民抵抗金军收复失地的战斗。然而不久李纲与其他主张抗战的人物遭到罢免，投降派逐渐得势，十一月将朝廷从宋城迁往扬州。此后，金兵一度打过长江，直到建炎四年（1130）金军北撤，宋高宗再至杭州（已改称临安），并将朝廷置于此地，从此开始了南宋长达100多年的偏安局面。

大概在开封城陷落之际，克勤离开京城到了高邮（在今江苏）暂住乾明寺，建炎元年经宰相李纲的奏请，到金山（在今江苏镇江市）龙游寺担任住持。《圆悟录》卷六记载："师在高邮乾明受敕，拈起示众云：……九重天上降来，宰相手中亲付。"他在升座拈香为皇帝祝寿时词中有："夺少康复禹迹之功，成宣光汉室之业[1]，万邦尽圣化，八表偃干戈"，是对高宗抗金恢复宋朝疆土的期望，带有明显的时代特色。克勤在金山龙游寺期间，因为接近南宋临时朝廷所在地，经常接待臣僚士大夫，《圆悟录》卷六提到的有钱二学士、黄运使、郑龙学（龙图阁学士）、吕左丞[2]、耿左丞（耿南仲）、陈大夫等。建炎元年十一月十七日，高宗曾召见克勤至"行朝"，向他问"西竺道要"（印度佛法要旨）。他回答说："陛下以孝心理天下，西竺法以一心统万殊。真俗虽异，一心初无间然。"高宗大悦，赐以"圆悟禅师"之号[3]。他乘机向宋高宗提出移住云居山真如寺的请求，次日敕下，准予他前往云居山。克勤于镇江雍熙寺受敕并举行升座仪式。在拈香为皇帝祝寿时除了"上祝今上皇帝圣寿万岁"之外，还祝"二圣（按：宋徽宗、钦宗）早还玉驾，万国俱贺升平，永息干戈，四民乐业"（《圆悟录》卷六），[4] 反映了他对时局扭转的热切期望。

---

[1] 少康，夏王，传说他起兵杀寒浞，恢复夏王朝；"宣"是西汉宣帝，致汉中兴；"光"是东汉光武帝，在西汉末年以恢复汉室为号召，消平群雄，建立东汉政权。

[2] 高宗即位之初，吕好问任尚书右丞而非左丞，"左丞"也许是"右丞"之误。

[3] 《僧宝正续传·克勤传》、《佛祖历代通载》卷二十〈克勤传〉（《大正藏》卷49，第687页）。然而在记载克勤的话之后皆作"太上大悦"。此时的"太上"宋徽宗已被金军掳到北方，故"太"字当误加，应是宋高宗。孙觌《圆悟祖师传》载为："车驾幸维扬（按：扬州），召诣行在，入对殿庐，赐号圆悟祖师。"

[4] 载《大正藏》卷47，第741页中下。

云居山真如寺在南康军建昌县（在今江西省永修县），是宋代著名禅寺之一。克勤到寺之后，按惯例举行开堂升座仪式，他在为皇帝拈香祝寿致词中，祝愿"奋宣光之中兴，复大禹之旧迹"；在为朝廷、地方官员的祝福中，愿他们"乃忠乃孝，为国为民，为圣主之股肱，作明时之柱石。"（《圆悟录》卷七）[1] 致词中蕴含着忠君为民的情怀。

克勤在云居山约有两年时间，在建炎四年（1130）回归四川，成都知府王似[2]请他再住昭觉寺。南宋绍兴五年（1135）八月病逝，年七十三岁。死前弟子请他留颂，他索笔书曰："已彻无功，不必留颂，聊尔应缘，珍重珍重！"高宗赐"真觉禅师"之谥号，塔额"寂照"。（《僧宝正续传·克勤传》）

圆悟克勤生前传法地域遍布相当现在的四川、湖南、江苏、河南、江西诸省，曾受到上至皇帝、皇亲国戚、大臣权贵，下至普通儒者、僧俗信众的信奉或支持，声名卓著，弟子很多。孙觌《圆悟禅师传》说克勤"度弟子五百人，嗣法得眼领袖诸方者百余人，方据大丛林，领众说法，为后学标表，可谓盛矣！"在克勤的弟子中，对后世影响最大的是大慧宗杲、虎丘绍隆二人。他们二人的法系分别形成临济宗大慧派和临济宗虎丘派，传播时间长，影响也大。此外，育王端裕、大沩法泰、护国景元、灵隐慧远等人也比较有影响。

二 克勤的禅法思想

克勤先后在南北七处大寺传法，皆有上堂说法的语录传世，另外还有在七寺的"小参"[3] 法话、法语[4]、拈古、颂古及其他偈颂、杂著等，最后由弟子虎丘绍隆等人合编为《圆悟佛果禅师语录》二十卷。他自己还编撰《碧岩录》十卷。

克勤在说法中虽也有很多问东答西、不着边际的内容，然而与同时代其他

---

[1] 载《大正藏》卷47，第742页中。

[2] 《宋史》卷二十六，建炎四年（1130）二月，张浚承制以陕西制置使王似知成都府。据李之亮《宋川陕大郡守臣易替考》，王似任成都府直至绍兴五年（1135）。据此，《僧宝正续传·克勤传》中迎克勤住持昭觉寺的"蜀大帅王伯绍"即是王似，伯绍应是他的字。

[3] 丛林间上堂说法称"大参"，"小参"则没有固定场所，日暮鸣钟，方丈在寝堂、法堂、方丈等处升座说法，内容包括法语、宗要及针对修行、生活中的问题而加以训示，至南宋发展成定期的说法仪式。

[4] 禅寺将祖师、当代禅师对弟子、信徒的教示、引导开示之语称为法语，在形式上有对众多弟子而说者，也有对个别请教者所做的开导；文字既有弟子记录者，也有禅师自己书写赠人者。

禅师相比，不仅经常在所谓法语中围绕何为佛法、如何达到解脱等问题展开正面说教，而且在上堂说法中也有很多正面阐释佛法、禅法的内容；此外，他很少直接引用佛经，却更多地引用和发挥历代禅宗祖师的公案语录。

下面，从五个方面对克勤的禅法作概要介绍。

（一）以心性为本原论证世界万物的起源，烦恼来自形成的人身

宋儒为论证封建纲常伦理的永恒性和神圣性，借助并发展了秦汉以来的世界生成论和宇宙本体论。道学的奠基人之一周敦颐（1017—1073）在《太极图说》中提出由"太极"产生阴阳，由阴阳产生"五行"（金木水火土）、"四时"（春夏秋冬），然后产生天地万物、人类。在道学的发展中，经邵雍、程颢程颐兄弟到南宋朱熹等学者的论证，将这种世界本原的"太极"也解释为"道"、"理"，并作为世界万物、人类伦理道德乃至社会制度的本原和本体。[①] 宋代禅僧受时代思潮的影响，在说法中以自己独特的心性（也称佛性、清净法身、真如之心、自性、本心等）思想来考察世界本原和本体问题，并将这一考察与禅宗的修行解脱论密切结合起来。在这方面，克勤的一些论述很具典型意义。

现摘录几段克勤在上堂说法中的语录，然后稍加评述。

> 灵光未兆，万汇含太虚；一气既彰，华开世界起。过去诸佛、现在诸佛、未来诸佛，皆同个中出现。若人、若天、若群生，无不从是中流出，以一处明，百处千处光辉，一转机，千机万机历落。所以道，净法界身本无出没，大悲愿力示现受生……（《圆悟录》卷五）

> 佛祖大机，人天正眼，朕兆未分时，无许多事。及至一气已分，便有生住异灭、春夏秋冬……（《圆悟录》卷九）

> 还有一法与他为伴侣么（按：他指真如佛性、自性，出自唐代庞居士问马祖"不与万法为侣者是什么人"）？所以道：他能成就一切法，能出生一切法，一切诸佛依之出世；一切有情因他建立，六道众生以他为本；只如诸人，即今在此座立，悉从他光中显现。还见得他么？若也见得，直下无一丝发隔碍，无一丝毫道理……（《圆悟录》卷八）

[①] 对此，这里不拟详加介绍，请参考任继愈主编，人民出版社 1964 年出版的《中国哲学史》第三册及侯外庐、邱汉生、张岂之主编，人民出版社 1984 年出版的《宋明理学史》上卷有关部分。

法法圆融，心心虚寂，大包无外，文彩已彰；细入无间，眼莫能观。所以道，万法是心光，诸缘唯性晓。（《圆悟录》卷八）①

先将几个词语作解释。"灵光未兆"，相当于禅宗所说的"威音王前"、"威音那畔"，是指原初宇宙的一无所有，绝对空寂的状态，也就是下面讲的"太虚"。②"万汇"指万有万物；"一气"本来是道家的用语，即元气、阴阳天地的根本，这里当是指心、本性、佛性。按《楞伽经》、《大乘起信论》的说法，如来藏自性清净心受"无明"之风吹动便成为有动有静的"阿梨耶识"（生灭心），可以产生无量内外差别境界。"华开"，据智𫖮《法华玄义》卷七下，是天台宗的比喻，以莲比喻"一佛乘"的"真实"之法（本、实），以花比喻"三乘"诸法（迹、权），华开则莲现，以开权法显示实法，此则表示天地万物形成是心性的显现。

综合以上引语，大意是说：

（1）真如之心、自性，从其大处来说，可说大到极大；从其小处来说，可说小到极小，它是无形无状的，然而却是宇宙万物的本原。

（2）空寂清净的真如之心受"无明"熏染，开始有动有静，从中形成天地万物；季节的春夏秋冬、万物的生住异灭的变化，由此而形成；三世诸佛、一切众生也从中而产生。

（3）此心是世界万有之本原和本体，"能成就一切法，能出生一切法，一切诸佛依之出世；一切有情因他建立，六道众生以他为本"，既然如此，一切可以说都是它的作用，是它光辉的显现。

强调真如、心是世界万物的本原、本体，并且是诸佛、众生的根本，是为了让人重视本心、自性，在认识体悟本心、自性上下功夫。这里蕴含着一个问题：既然佛与众生皆以心为本原，那么为什么佛是清净的，众生是污染的呢？

克勤在一次上堂说法中运用佛教的投胎出生的思想解释说：

父母未生已前，净裸裸，赤洒洒，不立一丝毫，及乎投胎既生之后，

---

① 分别载《大正藏》卷47，第736页上、第754页上、第750页中、第748页中下。

② "威音王"原是《法华经》卷六〈常不轻菩萨品〉中所说过去庄严劫最初的佛，禅宗常以"威音王前"、"威音那畔"表示"天地未开以前"原初宇宙的绝对空寂无象的状态，有时也称入悟自性境界——"本来面目"、"本地风光"为"威音那畔"。

亦净裸裸，赤洒洒，不立一丝毫。然生于世，堕于四大（按：地水火风——色）、五蕴（按：色受想行识）中，多是情生瞖障，以身为碍，迷却自心。若是明眼人，明了四大空寂，五蕴本虚，知四大五蕴中有个辉腾今古，迥绝知见底一段事，若能返照，无第二人根脚下净裸裸，赤洒洒；六根门头亦净裸裸，赤洒洒，乃至山河大地，穷虚空界，尽无边香水海，亦净裸裸，赤洒洒……（《圆悟录》卷十二）[①]

这是说，一个人未生之前及刚生下来，他的心是清净的，处于没有任何污染的空寂状态，然而在由肉体与精神组成的人体接触现实世界之后，便产生感情、欲望、烦恼，使原有的清净自心受到污染——"迷却自心"。如果有人认识到自己本来具有清净的永恒的自性，进行反观领悟，便可以使自己回归原来的心性清净的境地，甚至由此可以感觉到连自己周围的环境、整个宇宙也变得空寂清澈。前一种状态的人属于普通的众生，后一种状态的人已经进入佛的境地，众生与佛的界线只在迷、悟之间——迷于自性还是觉悟自性。

虽然是日常说法，缺乏严密的逻辑论证，然而也能大体看出：真如之心、自性、本心，作为世界的本原、本体——本、体、本来面目，它是空寂的、清净的，然而作为体现它的天地万物、众生——末、用、相，却是污染的，与烦恼相俱。众生要达到觉悟解脱，就是从后一种状态向前一状态回归，返染还净，"解粘去缚"，使自性再现"本来面目"。

那么，禅宗为什么又说佛即众生，众生即佛呢？原来禅宗并不是把互相对立的双方看成是固定的，彼此不可逾越的，而是以般若中观和华严宗的相对主义的圆融思想来解释千差万别的世界，来论证众生与佛、世法与佛法的，认为从根本上看众生与佛是相即不二的。这方面的论述可谓举不胜举，如："群灵一源，假名为佛，体竭形销而不灭，金流朴散而常存，于一现一切而普该，于一切现一而无刹不通，同古同今，契物契我"；"一即一切，实际理地。一切即一，本来无物"；"圆融无际，应用无差"；"同法性，等太虚，尘尘刹刹，千佛放光，如理如事，十方普应"；"世法佛法打成一片"，等等。[②]

---

① 《大正藏》卷47，第768页下、第769页上。
② 分别见《圆悟录》卷四、卷一、卷五，载《大正藏》卷47，第731页上、第716页下、第728页下、第734页下、第733页上。

(二) 以人人有佛心，"人佛无异"的说法引导信众确立自信

禅宗自马祖之后，几乎每一个有名的禅师都用类似于"即心是佛"的语句教导信众，然而在具体的说法上可以说是各具千秋。克勤经常用诸如"全心是佛"、"人人皆有佛心"之类的语句启发门下和参禅者，激发他们确立解脱的信心。

克勤在《示李嘉仲贤良》的法语中说：

> 全心即佛，全佛即人，人佛无异，始为道矣。此谛实之言也。但心真则人佛俱真，是故祖师直指人心，俾见性成佛。然此心虽人人具足，从无始来清净无染，初不取著，寂照凝然，了无能、所，十成圆陀陀地，只缘不守自性，妄动一念，遂起无边知见，漂流诸有……（《圆悟录》卷十五）①

这是从本源上讲的，心佛（按：佛性、法身）本来为一，人也就是佛，心与人、佛本来皆真实纯净，所以祖师提倡修行从体悟自性入手。然而，原初之心受世间熏染，产生妄念，便不断形成种种见解，遂使烦恼相继，使人轮回于生死，不得解脱。他在下面讲到通过领悟自性，便可达到解脱，与佛同体同证。

类似的话语很多，例如，他还说："从本已来，元自具足妙元真心，触境遇缘，自知落著，便乃守住，患不能出得，遂作窠臼"；"各各悉禀此心，若能返照回光，便是毗卢（按：法身佛）正体"；"知幻即离，不作方便；离幻即觉，亦无渐次。释迦老子，三世诸佛，心髓一时顿现，便怎么承当。全心即佛，全佛即心，心佛无二，更疑个什么？"② 意谓人人本具清净自性，然而被世间烦恼（境缘皆虚幻不真）遮蔽，若能直探心源，觉悟自性，便立即与佛无异。

克勤对自己与佛无异也充满信心。当有弟子问："圆悟如来无上知见，未审禅师与佛相去多少？"他坦然回答："不隔一丝毫。"（《圆悟录》卷六）因此在他那里，将禅宗的宗旨表达得十分鲜明清楚，他说：

> 佛祖以神道设教，唯务明心达本。况人人具足，各各圆成。但以迷妄，

---

① 《大正藏》卷47，第785页中。
② 分别见《圆悟录》卷十四、卷五、卷六，载《大正藏》卷47，第779页中、第737页中、第740页下。

背此本心，流转诸趣，枉受轮回，而其根本，初无增减。诸佛以为一大事因缘而出，盖为此也。祖师以单传密印而来，亦以此也。(《圆悟录》卷十四〈示吴教授〉)

达磨西来，不立文字语句，唯直指人心。若论直指，只人人本有，无明壳子里，全体应现，与从上诸圣不移易一丝毫许，所谓天真自性，本净妙明。(《圆悟录》十四〈示禅人〉)

此个大法，三世诸佛同证，六代祖师共传，一印印定，直指人心，见性成佛，不立文字语句，谓之教外别行，单传心印。若涉言诠露布（按：露布原指檄文、布告之类，此指文字记录等），立阶立梯，论量格内格外，则失却本宗。(《圆悟录》十四〈示谐知浴〉)[①]

大意是说：禅宗的根本宗旨是引导众生直接体悟自己清净的本性，达到成佛解脱，而不是热衷执著于文字语言和修行阶次。他认为，这一宗旨与三世诸佛出世的本怀完全相同。

(三) 以"无念"、"无心"截断烦恼，直达佛境

虽然克勤一再讲"直指人心，见性成佛"，然而同时又教导门下弟子以"无念"、"无心"，"脱却尘缘"来断除情欲烦恼，以达到解脱。

"无念"源自慧能禅法，《六祖坛经》中讲"无念为宗"。克勤常讲"一念不生"，以使自心进入空寂的境界。他曾在说法中要求弟子做到：

外不见有一切境界，内不见有自己，上不见有诸圣，下不见有凡愚，净裸裸，赤洒洒，一念不生，桶底剔脱，岂不是心空？到个（按：意为"这"）里还容棒喝么？还容玄妙理性么？还容彼我是非么？……(《圆悟录》卷八)

只为起见生心，分别执著，便有情尘烦恼扰攘。若以利根勇猛，身心直下顿休，到一念不生之处，便是本来面目。所以古人道：一念不生全体现，六根才动被云遮。(《圆悟录》卷十六〈贵妃乔氏求法语〉)[②]

[①] 分别见《大正藏》卷47，第776页上、第779页上下。
[②] 同上书，第749页上、第787页下。

达到无念，便使心空寂，没有一切分别之心，没有追求和弃舍的念头，称此即为自己的"本来面目"，自然也就是佛的境界。在不少场合，克勤也用"无心"来表示无所取舍的心境。他说：

> 虽然鞫其至趣，初无如许多事，唯直下明妙一切无心而已。苟能弃去学解执著，放教闲闲地，圣谛亦不为，自然契合从上来纲宗，便可入此选佛场中，转度未度，转化未化，得不是再来人间世，不依倚一物，无为绝学，真正出格大道人耶。(《圆悟录》卷十六〈示杨无咎居士〉)
>
> 道贵无心，禅绝名理。唯忘怀泯绝，乃可趣向，回光内烛，脱体通透，更不容拟议，直下桶底子脱，入此大圆寂照胜解脱门，一了一切了。(《圆悟录》卷十六〈示成都府雷公悦居士〉)①

无念、无心，也就是教人去掉"知见"、一切"情识"、"妄想执著"。克勤在这方面论述很多。这里仅择取一段：

> 若能退步就己，脱却情尘意想，记持分别、露布言诠、闻见觉知、是非得失，直下豁然瞥地，便与古佛同一知见，同一语言，同一手作，同一体相；非唯与诸圣同，亦乃与历代宗师、天下老和尚同。(《圆悟录》卷八)
>
> 所以佛祖出世，只要教尔歇却知见，打并教丝毫尽净，且道怎么生歇？直下如悬崖撒手，放身舍身，舍却见闻觉知，舍却菩提涅槃、真如解脱，若净若秽，一时舍却，令教净裸裸，赤洒洒，自然一闻千悟，从此直下承当。却来返观佛祖用处，与自己无二无别，乃至闹市之中，四民浩浩，经商贸易，以至于凤鸣鸟噪，皆与自己无别。然后佛与众生为一，烦恼与菩提为一，心与境为一，明与暗为一，是与非为一，乃至千差万别，悉皆为一，方可搅长河为酥酪，变大地作黄金，都卢混成一片，而一亦不立，然后行是行，坐是坐，著衣是著衣，吃饭是吃饭，如明镜当台，胡来胡现，汉来汉现，初不作计较，而随处见（现）成。(《圆悟录》卷十三)②

---

① 《大正藏》卷47，第788页上中。
② 同上书，第750页上、第773页中。

这是教人静下心来断除一切感情、是非得失以及各种知识见解和意向，不管是对于菩提涅槃或真如解脱的追求，还是对于生死烦恼的厌弃，也许还包括如同唐代神会所说的"细妄"、"粗妄"在内，统统予以舍弃，便可使心达到彻底清净（"净裸裸，赤洒洒"），据称由此便"一闻千悟"，达到佛的境界，进入广阔的无分别无所得的精神境界，不仅感到自身与佛无别，甚至也感到与周围的人群、事物乃至山河大地都打成一片，然而同时却没有改变普通的穿衣吃饭的日常生活。在这里，我们不难看到，克勤所说的佛是他想象中的在精神上无所分别、不计较是非好恶的浑然平等的境界，而所说的解脱，也是不脱离现实社会和日常生活的。应当说，这与唐代以来南宗禅法的主张是一致的。

在克勤以无念、无心禅法断除情欲烦恼过程中，始终贯穿着大乘般若空的思想，简言之，是教人以"空"扫相，以"空"断除对各种"有"的执著和烦恼，所谓"截断"生死根源。现引两一段他的话：

> 当阳举照，直截根源，贯古通今，超情离见。（《圆悟录》卷十）
> 若能内忘己见，外了法空，内外一如，虚凝澄寂，则全心是佛，全佛即心，与诸佛把手共行，与祖师同得同用。（《圆悟录》卷七）①

同样，他所说的佛，也没有超出精神的范围，是精神达到空寂状态的理想境界。

在克勤的语录中提到屠夫放下屠刀，立地成佛的问题。原来在《大涅槃经》卷十二卷记载，在波罗奈国有位以杀羊为职业的屠儿叫广额，他后来跟佛的弟子舍利弗受八戒，于是死后得到善报，成为北天王毗沙门之子；后来佛教界传广额屠儿成为贤劫（现在劫）千佛之一。克勤在上堂说法中曾说，"大道"、"至真"虽不能用中道、边见等语言表达，并且"诸佛莫能提，祖师莫能传"，然而却到处显现，只有具有大丈夫气概的人才能领悟。他甚至说："灵山会上，广额屠儿放下屠刀云：我是千佛一数。……所以道：杀人不眨眼底，立地成佛；立地成佛底，杀人不眨眼"；还说："顶门阐金刚正眼，始辨大机；杀人不眨眼底汉，立地成佛，方明大用。"（《圆悟录》卷六）另有偈曰："立地可成佛，杀人

---

① 《大正藏》卷47，第756页下、第745页中。

不眨眼,碎生死窠窟,要个侗傥汉。"(《圆悟录》卷二十)[1] 克勤是运用振聋发聩的语言表明能够透过语言、现象领会佛道的玄机妙用者,具有非同一般的机质,像杀人不眨眼的将军、屠夫,或是头顶长眼的金刚力士,从中也透漏出一切人甚至恶人也能顿悟成佛的意思。

(四) 主张"禅非意想"及对当时禅风的批评

宋代禅宗丛林继承唐五代以来上堂说法和参禅的风习,著名禅师门下不仅有本寺的禅僧,也有从四面八方前来参禅问道的禅僧以及信奉禅宗的儒者士大夫。然而不仅禅门五宗各有自己的"门庭施设",而且即使同一禅派的禅师对禅的理解、引导参禅的做法也并非一致。

那么,克勤作为临济宗杨岐派的禅师,他对禅、参悟禅法是持什么态度呢?除上面提到的以外,他还有专门概括性的说明。他告诉一位姓曾的有"待制"职衔的官员说:

> 禅非意想,道绝功勋[2],若以意想参禅,如钻冰求火,掘地觅天,只益劳神。若以功勋学道,如土上加泥,眼里撒沙,转见困顿。倘歇却意识,息却妄想,则禅河浪止,定水波澄。去却功用,休却营为,则大道坦然,七通八达。
>
> 是故,僧问石头:如何是禅?头云:碌砖。僧云:如何是道?头云:木头。此岂意想功勋所能辩哉?除非直下顿领,截流使透,则禅道历然。才拟作解,则千里万里。要是向来世智辩聪,顿然放却,消遣令尽,自然于此至实之地,自证自悟,而不留证悟之迹。翛然玄虚,通达乃善。(《圆悟录》卷十五〈示曾待制〉)[3]

他表示,若以为修禅学道,达到觉悟解脱,可以借助意识的意相思虑,通过自浅至深的次第的修行的阶段达到,是一种不可能的妄想,犹如钻冰取火,

---

[1] 《大正藏》卷47,第738页上、第739页下至第740页上及第809页上。

[2] 功勋,指禅修过程中达到的阶段,如在曹洞宗门庭施设中有功勋五位,包括所谓"向、奉、功、共功、功功"五个阶次。

[3] 《大正藏》卷47,第783页下、第784页上。所谓"禅非意想"等是克勤对自己禅法主张的重要说明,类似语句还载录于第719页中、第744页中。

掘地见天，适得其反；正确的方法是实践无念禅法，超越语言文字的局限，"歇却意识，息却妄想"，"世智辩聪，顿然放却，消遣令尽"，取消一切追求，便可自然体悟自性，达到解脱。

克勤因此对当时丛林间流行的一些做法、禅风提出批评。他说：

> 近世参学，多不本其宗猷，唯务持择言句，论亲疏，辩得失，浮沤上作实解，夸善淘汰多少公案，解问诸方五家宗派语，一向没溺情识，迷却正体，良可怜愍。有真正宗师，不惜眉毛劝令离却如上恶知恶见，却返谓之心行移换，摆撼锻炼，展转入荆棘林中。（《圆悟录》卷十五）

> 若是宿昔蕴大根利智，便能于脚跟直下承当，不从他得，了然自悟。廓彻灵明，广大虚寂，从无始来亦未曾间断，清净无为妙圆真心，不为诸尘作对，不与万法为侣……离见超情，截却生死浮幻，如金刚王坚固不动，乃谓之心即佛，更不外求，唯了自性，应时与佛祖契合，到无疑之地，把得住作得主，可不是径截大解脱耶？……多见参问之士，世智聪明，只图资谈柄，广声誉，以为高上趣向，务以胜人，但胜益我见，如以油投火，其炎益炽，直到腊月三十日，茫然缪乱，殊不得纤毫力。良由最初已无正因，所以末后劳而无功。（《圆悟录》卷十四〈示吴教授〉）①

他批评当时丛林间的参禅学道者只是重视搜求五家禅派的公案语录，着力从中辨别何者与己亲与己疏，何种见解为得何种见解为失，把本来虚假的施设或现象看作是实有的东西而加以执著，从而忘掉禅宗祖师"唯了自性"而不外求的教导，又不听真正禅师的劝告提示，结果使自己永无解脱之日。他还批评儒者士大夫中的参禅者，只求寻示公案语句以资清谈，借以扩大声誉，博得清高的虚名，说这样做是劳而无功，反而增长"我见"烦恼，离解脱更远。

总之，克勤认为，清净的心性是世界万物的本原，同时也是人人解脱的内在依据；然而在现实社会中人的自性受到"无明"烦恼的污染，难免轮回于生死长河，如果要达到解脱，只有依照禅宗的宗旨以"无念"、"离见超情"，自悟本性，截断生死根源，才能达到解脱。这种禅法应当说既源自慧能以来的南宗禅法传统，然而，在强调"禅非意想"等说法形式上也带有时代的特色，是其

---

① 分别载《大正藏》卷47，第776页上下、第781页上。

弟子大慧宗杲提倡的"看话头"的理论依据。

第九节　圆悟克勤《碧岩录》的结构与思想

禅宗标榜"不立文字",然而禅师上堂说法,引述历代祖师或前人公案,撰写"颂古"诗偈,以及弟子集编语录等,皆不能不用语言文字,所以又"不离文字"。禅宗进入宋代以后臻于极盛,在与社会各阶层特别是儒者士大夫的密切交往中促成文字禅的发达,诸如拈古、代语、别语、颂古、公案、语录和评唱等各种形式的文字禅,盛行于各地丛林之中。圆悟克勤的《碧岩录》属于文字禅的"评唱",是在云门宗禅僧雪窦重显《颂古百则》的基础上编成的,是宋代具有代表性文字禅著作之一,曾流行一时,并传到朝鲜、日本,影响深远。

一　关于《碧岩录》的成书和版本

克勤(1063—1135)一生在七处寺院住持传法:宋徽宗崇宁(1102—1106)年间,在成都先后住持六祖禅院、昭觉寺;大约在崇宁六年(1106)之后克勤出蜀,住持荆南公安县天宁寺;此后应请到澧州(治今湖南澧县)住持夹山灵泉禅院;又应请到潭州住持道林寺;在政和末年(1116年或1117年),应请到江宁府住持蒋山寺;宣和六年(1124)应诏到开封住持天宁万寿寺;建炎元年(1127)住持金山(在今江苏镇江市)龙游寺;不久移住云居山真如寺,二年后回归成都再住昭觉寺,直到去世。

克勤在这些地方传法时,除引证古来禅师的公案、语录外,还经常引述雪窦重显的《颂古》百则加以解释和发挥,阐述自己的禅法主张。

雪窦重显《颂古百则》,即《雪窦颂古》,一卷。重显选录唐宋丛林间流传的语录(相当于"举古")100则,在某些语录后面加上"著语"(评述性的语句,相当于"拈古");又在每则语录结尾之处加"总结"两字,然后针对这段语录撰写偈颂——颂古。偈颂文体活泼,语句多寡不一,音韵谐美,虽是围绕所引语录而作,然而含义笼统模糊,可以做出意义不同的解释。从内容考察,重显所选语录或取自《景德传灯录》,或直接取自唐五代以来的禅宗各派著名禅师的语录。

克勤的弟子将他对雪窦《颂古》的讲解和评论加以分类编录，以雪窦《颂古百则》中心，把他对每则或二则三则前人的公案语录的总评作为小序，称之为"垂示"；并以夹注的形式把他对语录、偈颂词句的简评标出，称之为"著语"；把他对本则语录、颂古所作总的解释和评述，分别置于本则、颂古之后，称之为"评唱"，统编为《碧岩录》十卷。原书题目为《佛果圆悟禅师碧岩录》（也称《碧岩集》），其中"佛果"是宋徽宗赐的号，"圆悟"（或作圜悟）是宋高宗所赐的号。书名"碧岩"取自夹山灵泉禅院（简称夹山寺）方丈室匾额上的题字。

夹山寺在今湖南省石门县城东南的三板桥，周围山水环绕，唐代石头下三世善会（805—881）禅师曾住持此寺，有僧问如何是"夹山境"，他以"猿抱子归青嶂里，鸟衔华落碧岩前"的优美诗句回答。（《景德传灯录》卷十五）[①] 克勤从荆南公安县天宁寺应澧州知州邀请来此寺担任住持，在升座仪式的说法中也提到此句，谓："衔华鸟过，抱子猿归。"（《圆悟录》卷二）[②] 他特地将诗中"碧岩"二字题写在方丈匾额上，并且在上堂说法中常以"碧岩"自称。克勤在住持夹山寺期间经常阅读并讲述云门宗雪窦禅师的《颂古百则》，后由弟子集编成书，以"碧岩"为名，称《碧岩录》。

关于《碧岩录》正式成书年代，此书后附关友无党在宣和乙巳（七年，公元1125年）写的后序说：

> 雪窦《颂古百则》，丛林学道诠要也。其间取譬经论或儒家文史，以发明此事。非具眼宗匠时为后学击扬剖析，则无以知之。圆悟老师，在成都时，予与诸人请益其说，师后住夹山道林，复为学徒扣之。凡三提宗纲，语虽不同，其旨一也。门人掇而录之，既二十年矣，师未尝过而问焉。流传四方，或致舛驳。诸方且因其言以其道不能寻绎之，而妄有改作，则此书遂废矣。学者幸谛其传焉。[③]

是说雪窦《颂古》被丛林奉为学习禅法要旨之书，内容既取佛教经论作比喻，又广采儒家经史，十分难懂，须具有深学博识的宗师解释才能理解。圆悟

[①] 《大正藏》卷51，第324页中
[②] 《大正藏》卷47，第621页上。
[③] 《大正藏》卷48，第224页中。

在成都时常应门下弟子之请进行讲解,后来住持夹山寺时又为门人宣讲,前后三度,虽表述有异,然而主旨相同。门人相继记录集编成书,已二十年了,然而圆悟从未过问。在流传四方中字句已有舛化,或有人因为读不懂,擅自加以修改。学者应对流传的本子慎加甄别。

据此,在此前二十年,应是克勤最初住持成都昭觉寺最后二年,即崇宁四年(1105),已经有《碧岩录》的辑录本流行,此后有的弟子又据夹山寺的抄录加以补充,还出现有人妄加改动的情况。

然而,据二年后,即建炎戊申(二年,公元1128年)克勤的弟子普照为《碧岩录》所写的序,此书最初成型于夹山。此序说:

> 粤有佛果老人,住碧岩日,学者迷而请益,老人愍以垂慈,剔决渊源,剖析底理,当阳直指,岂立见知。百则公案,从头一串穿来;一队老汉(按:指前代禅师),次第总将按过。须知赵璧本无瑕颣,相如谩诳秦王(按:此引战国时赵国蔺相如出使秦国,机智地要回和氏璧的故事);至道实乎无言,宗师垂慈救弊。倘如是见,方知彻底老婆(按:谓克勤希望人人彻悟,怀有如同老妇人那样仁慈之心)。其或泥句沉言,未免灭佛种族。普照幸亲师席,得闻未闻。道友集成简编,鄙拙叙其本末。①

据此,《碧岩录》的基本内容与形式在克勤住持夹山灵泉禅院时初步形成,而在普照写此序之前,已由克勤的弟子正式集编成书,并且开始流传。此时克勤已六十六岁,是在他去世前七年,当在他住持云居山真如寺的时候。

综合以上所说,《碧岩录》主要编录了克勤住持成都昭觉寺、荆南天宁寺及澧州夹山灵泉禅院期间讲解雪窦《颂古百则》的语录,并且以在夹山寺的语录为主。在《碧岩录》题目后所署副题:"师住澧州夹山灵泉禅院评唱雪窦和尚颂古语要",也大体反映了这种情况。当然,此书在后来流传中又有所修改和补充。

据《大正藏》本《碧岩录》卷首所载元代大德四年(1300)方回万里序、大德九年(1305)周驰序、大德八年(1304)三教老人序,以及卷末所载的重刊疏和元代延祐四年(1317)希陵后序、冯子振后序,《碧岩录》成书后曾相当

---

① 《大正藏》卷48,第239页上。

流行，然而至他弟子大慧宗杲时，因为看到门下弟子迷执此书言句，溺心文字公案，"专尚公案，以图口捷"，便将此书焚毁。从元代大德四年（1300）直至延祐四年（1317），嵎中（当在浙江湖州武康县，今德清县）居士张炜（字明远），偶获《碧岩录》写本后册，又得雪堂刊本、蜀本，便加以校勘刊印，使此书重流行于世。[①] 在宋以后刊印的大藏经中只有《嘉兴藏》、《清藏》[②] 收有此书，然而两本首尾仅有普照的序和关友无党的后序，并且在目录中一百则皆有相同的标题，也许属于蜀本而不属于张炜重刊本系统。正文题目左下侧有"秣陵远庵吴自弘校，天界比丘性湛阅"。秣陵、天界寺皆有今南京，然而所署的二人情况不明。

日本曹洞宗创始人道元（1200—1253）最早将此书传入日本，题目称《佛果碧岩破关击节》，传说道元一夜写出，故称"一夜本"，岩波书店1942年出版铃木大拙校刊本。此外，著名注释书有两种：室町时期岐阳方秀（1361—1434）的《碧岩录不二钞》及大智实统的《碧岩录种电钞》，分别以早已失传的福州本和蜀本为底本。《碧岩录种电钞》的一百本则各有标题，如"武帝问达磨"、"赵州至道无难"，等等[③]，与《嘉兴藏》、《清藏》本的标题相同。然而日本的通用本几乎全属元代张炜刊印本的系统。日本《大正新修大藏经》第48卷所载的《碧岩录》是以大谷大学收藏的属于张炜重刊本系统的1677年刊本为底本，校之以其他刊本而成。1962年伊藤猷典以《佛果碧岩破关击节》为底本，校之以属于张炜刊印本系统的流通本，对每则重加标题，以《碧岩集定本》的书名出版。

日本学者近年对《碧岩录》进行集体研究，从1992—1996年岩波书店先后出版了由入矢义高、沟口雄三、末木文美士、伊藤文生译注的《碧岩录》，所用底本是属于张炜本系统的五山版的瑞龙寺刊本，校本置于每页上部，日译文字

[①] 日本五山版之一的瑞龙寺版《碧岩集》扉页上载有张炜的刊记："《碧岩集》标的宗门，真雾海之南针，夜途之北斗也。一炬之后，善刻不存。今多方寻访，得成都大圣慈寺白马院赵大师房真本，与江浙诸禅刹所藏本参考无讹，敬绣梓以寿其传。得于希有，发于久秘。圆悟心法了然目前，向上机关头头是道。具眼幸鉴。"摘自末木文美士《关于碧岩录的诸本》，载1992年5月30日《禅文化研究所纪要》第十八号。

[②] 载于台湾新文丰出版公司出版《嘉兴藏》第22册；《清藏》雁字，台湾影印《清藏》第143册；中华书局《中华大藏经》第82册收有影印《清藏》本《碧岩录》，无校。

[③] 参见日本岩波书店1992年出版入矢义高等人译注《碧岩录》上册所载沟口雄三《解说》、2001年出版末木文美士编《现代语译碧岩录》上册之序。

在下部，注释置于每一大段之后。此后，由末木文美士主持的《碧岩录》研究会又以此为基础，对原文用日本现代语重新作了翻译，注释更加详细，从2001—2003年分三册出版。这两种校译本反映了日本学者的最新成果，即使对于中国学者也有参考价值。

二 《碧岩录》的结构与表达方式

如前所述，《碧岩录》十卷，每卷收录10则，每则由垂示、本则、著语、颂古和评唱组成，而以本则（公案）为中心。所谓"公案"是指祖师或前人参禅入悟的事例或语录，比之为官府判断是非、罪情轻重的案例，意谓可用来审量、判断迷悟。《碧岩录》卷首载元代三教老人之序说："祖教之书谓之公案者，倡于唐而盛于宋，其来尚矣，二字乃世间法中吏牍语。"[①] 现举例略加介绍。

(一) 垂示

上对下称"垂"，"垂示"是弟子对禅师开示的敬称。克勤弟子集编他对雪窦《颂古》的评解，敬称为"垂示"。例如，第六十二则：

> 垂示云：以无师智发无作妙用，以无缘慈作不请胜友。向一句下，有杀有活；于一机中，有纵有擒。且道什么人曾恁么来，试举看。[②]

"垂示云"后面皆是克勤的话。"无师智"，意为自然秉承之智、无师自悟之智，实指佛性。"无作妙用"，指没有设特定外缘、对象的巧妙启示、指点。"无缘慈"，是立于空义，取消主客、内外的慈悲，如无施者与受者的施舍称无缘施舍。大意是说，禅师应立足于般若空观和心性论，担当学人的自然师友，以灵活手段随机启示他们参悟自性，在说法中应蕴含引导他们参扣的巨大空间，既可从中得悟——活，也可能仍执迷而不觉——杀；于同一禅机（具有启示入悟意蕴的动作或语句）中有放有收。

垂示原是克勤为引导弟子理解他要列举的公案而先作的提示说明。

---

① 《大正藏》卷48，第139页上。
② 同上书，第193页下。

(二) 本则

《碧岩录》中的百项本则全来自雪窦《颂古》中所引用的前人公案。因为雪窦是云门宗禅僧,所以引用云门宗创始人文偃的公案语录最多,有 14 则;其次是赵州从谂的公案语录,有 12 则;此后南泉普愿、雪峰义存,各有 3 则。此外,南阳慧忠、马祖道一、百丈怀海、云岩昙晟、镜清道怤、巴陵颢鉴、风穴延沼各两则,其他人各一则。

在每一公则前有一"举"字,是以此举例之意,有的还有他作的简评、论议,称之为"雪窦著语"、"雪窦云",相当于文字禅形式之一的"拈古"或"拈提"、"拈则"。例如,第六十二则的本则是:

举:云门示众云:乾坤之内,宇宙之间,中有一宝,秘在形山。拈灯笼向佛殿里,将三门来灯笼上。①

这段公案是当初雪窦引自《云门录》的一段话,所谓"乾坤……秘在形山",取自署名后秦僧肇的《宝藏论》,是说真如(心性)隐藏于宇宙万有之中。后面两句是云门文偃发挥万物融通无间的思想,谓不同事物彼此圆融无碍。

第三十一则的本则是:

举:麻谷持锡到章敬,绕禅床三匝,振锡一下,卓然而立。敬云:是,是。雪窦著语云:错!……

麻谷宝彻、章敬怀晖皆是马祖道一的弟子,麻谷参访章敬,以振手中的锡杖表示某种禅机,章敬以"是"表示正面肯定。然而雪窦在举此公案后,加简评予以否定。他说的"错"就是著语,也相当拈语。

(三) 著语

著语不是克勤的发明,早在雪窦《颂古百则》中已经有"著语"的用例。

---

① 《大正藏》卷 48,第 193 页下。

因为雪窦《颂古》中的本则（包括所举公案及雪窦的拈语）是其弟子集编的，所以称雪窦的著语为"师著语云"或"师云"。①《碧岩录》虽继承这部分内容，然而改"师著语"、"师云"为"雪窦著语"、"雪窦云"。所谓著语，前面已经提到，是一种三言两语的简评，也相当于拈古、拈语。虽有时也带有一些解释的意思，但在一般情况下不从正面对公案中的语句作对应说明，是将自己对所举公案的态度、见解用十分笼统的，乃至不着边际的语言表达出来。用禅宗的话说，是埋藏某种"禅机"（禅悟启示、意蕴）的。可以想象，克勤在向弟子讲解雪窦《颂古百则》时，是一边对照原文或读或讲，一边加以评论的。弟子将他的评论集编出来，就是所谓著语。他们将这些著语用小字置于本则及颂古，颂古与结尾的语句之间，形式像是夹注。

例如，第二则中，"举：赵州示众云"之后，著语是："这老汉作什么？莫打这葛藤。"下句"至道无难"之后，著语是："非难非易"；"唯嫌拣择"之后著语是："眼前是什么？三祖犹在（按：三祖僧璨）"；"才有语言，是拣择是明白？"之后的著语是："两头三面，少卖弄。鱼行水浊，鸟飞落毛。"在"老僧不在明白里"之后，著语是："贼身已露，为老汉向什么处去？"在"是汝还护惜也无"之后，著语是："败也！也有一个半个。"……从这些著语中能够清楚地了解克勤的见解吗？赵州和尚引的"至道无难，唯嫌拣择"是传为禅宗三祖僧璨《信心铭》中的话，意为解脱之道不难理解，然而最忌讳的是对它作思虑分别。克勤的著语断断续续，大意是笑赵州和尚不必作此唠叨（称之为"打葛藤"），解脱之道应是非难非易的，虽不思虑分别，然而心目中有三祖在，再也无须摆出一副面孔再提出问题；自称不在明白里，岂不是败露自己已经拣择？问人应当不应当护惜自性，岂不是多此一问？……实际是通过这种俏皮话、笑骂之语，引导弟子领会赵州和尚语录中包含的禅意。对雪窦颂古的语句的著语也这样，很难找到语意明白的解释。

当然也有正面解释的著语，如第十八则是举唐代肃宗皇帝问南阳慧忠禅师何为"无缝塔"的语录。在"肃宗皇帝"后加的著语是"本是代宗，此误"。据史传，他的订正是正确的。另，第二十则在"如何是祖师西来意"后加的著语是"诸方旧话"，也是解释。然而这种情况极少。

---

① 请参见明代道霖编《雪窦颂古直注》，载《续藏经》第二编·甲·第二十二套第三册，《禅宗全书》第94册。

(四) 评唱

品评与倡导、对应宣示的意思。与著语相比，是用较大篇幅对本则、雪窦的颂古作评述、解释。虽然对于本则中的语句也不做出十分对题的解释，然而对于本则所举公案涉及的人物、背景常作说明，并且也批评前人或别人的相关解释。

例如，第七则是举慧超（归宗策真）问法眼："如何是佛？"法眼回答："汝是慧超。"克勤的评唱指出："此个公案，诸方商量者多，作情解会者不少。"他举出有三种解释：有人解释："慧超便是佛，所以法眼恁么答。有者道：大似骑觅牛。有者道：问者便是。"从法眼的回答语句含义来看，他告诉慧超，无须问别人什么是佛，你应当先认识自己，启发他别向外求佛。这与他举的第一种解释相似。然而，克勤对这种解释完全否定，谓："有什么交涉？"认为这是"情解"，"不惟辜负自己，亦乃深屈古人"。可是，他虽列举了很多，却没有从正面对这则公案蕴含的禅旨进行明白交代，只是一再教人离开语句、不依靠思量从内心体悟自性，所谓"超声越色，得大自在"。

《碧岩录》中的评唱篇幅长，而且经常大段大段地解释本则公案的背景、过去丛林中相关的事例，例如，第十一则对颂古的评唱引《续咸通传》，介绍唐宣宗为避武宗加害曾为僧逃至香岩智闲门下；第十八则的评唱说唐肃宗、代宗与南阳慧忠曾有密切往来；第三十四则的评唱介绍北宗禅僧衡山懒瓒（明瓒）和尚不受德宗召请的事迹，等等，都有一定史料价值。

(五) 颂古

《碧岩录》中的颂古全是雪窦《颂古》中原有的，是用诗偈的形式对所举公案进行评论和发挥，然而因为是"绕路说禅"，所以很少有对公案语句作正面解释的。例如对前面所引第七则法眼回答慧超问"如何是佛"的公案，雪窦颂古曰："江国春风吹不起，鹧鸪啼在深花里。三级浪高鱼化龙，痴人犹戽夜塘水。"雪窦的偈颂是说在春色正浓的季节，原在池塘的鱼已跳过龙门成龙腾空而去，但痴人还想戽空塘水捉鱼呢！

参照明代道霖编《雪窦颂古直注》可以看到，雪窦原来的《颂古》在本则结束的地方有"总结"二字，然后是他的颂古。说明他有意以诗偈的形式将所举的公案做一总结。《碧岩录》对此稍有改变，将"总结"改为"试举看"，或

"一颂出","看取雪窦颂","所以颂出","便颂出","雪窦拈出令人看","看取雪窦颂云",及"颂曰"、"颂云",等等。同时在颂古字句间加上著语。

三 《碧岩录》思想略析

克勤在《碧岩录》第一则的评唱中说:"大凡颂古,只是绕路说禅;拈古大纲,据款结案而已。"谓颂古是巧妙运用语言以迂回的方式来说禅法,拈古是根据情节所做的断语。从实际看,无论是颂古还是拈古,大部分是不正面解释所举公案语句的,即使有正面解释的语句,表达也十分笼统。尽管如此,我们仍可以从《碧岩录》的闪烁其词的垂示、著语、评唱的语句中大体勾勒出圆悟克勤对禅宗基本宗旨、语言观、参扣公案、禅师责任等方面的主张。

(一) 对禅宗宗旨的阐释

宋代盛行的禅宗是慧能开创的南宗,基本宗旨虽然没有超越《六祖坛经》的禅法主张,然而在表述中带有自己时代的特色。从唐后期以来丛林盛传的所谓"单传心印","不立文字,教外别传","直指人心,见性成佛"等明快的语句,成为表述禅宗宗旨的常见用法。圆悟克勤在各地寺院传法过程中,也经常这样向弟子、参禅者表述禅宗宗旨。在《碧岩录》卷一第一则所谓"梁武帝问达磨"的评唱中,记载克勤曾这样说过:

> 达磨遥观此土有大乘根器,遂泛海得得而来,单传心印,开示迷途,不立文字,直指人心,见性成佛。若恁么见得,便有自由分,不随一切语言转,脱体现成,便能于后头与武帝对谈,并二祖安心处①,自然见得,无计较情尘,一刀截断,洒洒落落。何必更分是分非,辨得辨失?②

《碧岩录》卷二第十四则的评唱有曰:

---

① 达磨与梁武帝对谈,见《碧岩录》第一则:武帝问何为第一义,达磨答:"廓然无圣。"……达磨与二祖慧可"安心",原载《景德传灯录》卷三,意为慧可初见达磨,说自己"心未宁",请与他安心。达磨对他说:"将心来与汝安。"慧可答:"觅心了不可得。"于是达磨说:"我与汝安心竟。"(《大正藏》卷51,第219页中)《碧岩录》第九十五则、第九十九则的评唱中皆提到这一公案。

② 《碧岩录》第一则评唱,《大正藏》卷48,第140页中。

> 禅家流，欲知佛性义，当观时节因缘，谓之教外别传，单传心印，直指人心，见性成佛。①

另，卷八第七十四则评唱说：

> 今人殊不知，古人意在言外。何不且看祖师当时初来底题目道什么？分明说道：教外别传，单传心印。古人方便，也只教尔直截承当去。后来人妄自卜度，便道那里有许多事。②

综合以上所引文，克勤将禅宗的宗旨归纳为：（1）"教外别传，单传心印"，是说在以文字语言记述的经教之外，历代祖师单独相传佛心要旨；（2）"不立文字，直指人心，见性成佛"，意为所传佛心，不依附于语言文字，而是启示学人直观心源，体悟自性达到觉悟；（3）为此应当将自己的"情尘"烦恼、分别计较是非得失和"妄自卜度"之心，统统断除，才能彻悟自性而达到解脱。

克勤用来表述禅宗宗旨的用语是从唐代南宗兴起后逐渐在丛林中形成的，然而经他比较集中地反复地表述，后来人们便以"不立文字，教外别传，直指人心，见性成佛"来概括禅宗的宗旨。从实际情况来看，应当说这些词语尚不足于表达禅宗的宗旨，然而却可生动鲜明地突出禅宗重视心性觉悟的特色。

（二）强调透过前人的语句，领会"明究自己"的道理

在禅宗弘扬的禅法中，对于语言文字、经典的见解是其重要组成部分。正如元代三教老人为张炜刊印《碧岩录》写的序中所说，禅宗虽标榜"单传心印，不立文字"，然而，禅宗传法的实际情况是"不在文字，不离文字"。意为禅宗着眼于领悟自性而不执迷文字，然而又离不开文字，"无文字无以传"。以下据《碧岩录》，从四个方面对克勤对语言、公案及经典的看法进行解释。

1. 克勤的语言观

克勤作为宋代临济宗杨岐派的禅僧，对语言的观点带有一定代表性。他认

---

① 《大正藏》卷48，第154页下。
② 同上书，第202页上。

为，大乘佛教借助佛、真如、实相、佛性、真心等概念表现的至高觉悟境界、最高真理，即所谓"真谛"或"圣谛"、"第一义谛"，从根本上来说是超越于语言文字的；一旦借助语言文字表述，就不再是原来意义上的真谛了。在这点上有些像《老子》中的"道可道，非常道"。综合来看，克勤对语言观点包括以下三个层次：

第一层是圣谛超越语言，不可表述。《碧岩录》第一则公案讲的是达磨见梁武帝，武帝先后问他何为"圣谛第一义"及"对朕者谁"，达磨以"廓然无圣"及"不识"回答。对此，克勤虽说南朝佛教界的"真俗不二，即是圣谛第一义"见解是"教家极妙穷玄处"，然而并不认可，大概是因为仍遵循正面表述（"真俗不二"）的路数的缘故。他对达磨的"廓然无圣"、"不识"的回答给予称赞，认为达磨这种表述是意味着："与他一刀截断"。那么，所谓"截断"是截断什么？想必是打断他借助语言的分别推断和逻辑思惟。这也许相当于云门宗"三关"中的"截断中流"。他批评："如今人多少错会，却去弄精魂，瞠眼睛云：廓然无圣。"① 是说如果执著于"廓然无圣"词语本身来捉摸、猜想，是毫无意义的。他表示，如果参透这样一句，"千句万句一时透"。按照这种逻辑，问东答西、反诘、棒喝等，皆可作为表达"圣谛第一义"的绝妙手段。

对于如何达到解脱，如何成佛这样的道理，克勤认为是"千圣不传"的。第三则公案是讲马祖有病，院主（监院）问候近日如何？马祖答："日面佛，月面佛。"从本来的意蕴来看，是说自己时刻没有离开佛（自性、本心）。丛林也有种种解释。然而克勤不同意对此作正面解释，称任何正面解释为"有什么交涉"！他说："向上一路，千圣不传。学者劳形，如猿捉影。只这日面佛，月面佛，亦是难颂。"② 既然称佛祖"传心"，为什么又说"千圣不传"？这里自然是指借助语言文字表述的成佛解脱的道理是千圣不传的。既然千圣不传，学者的任何思虑、参扣毕竟难以体悟入悟的真谛的。在对第七则公案加以垂示中，说：

> 声前一句，千圣不传，未曾亲觐，如隔大千。设使向声前辨得，截断天下人舌头，亦未是性燥汉。所以道：天不能盖，地不能载，虚空不能容，

---

① 《大正藏》卷48，第142页中。
② 同上书，第142页下。

日月不能照。无佛处独称尊，始较些子。其或未然，于一毫头上透得，放大光明，七纵八横，于法自在自由，信手拈来，无有不是。①

所称"声前一句"应当是"圣谛第一义"的另一种说法；"性懆汉"，是指心忧的男子；"截断天下人舌头"，意为钳制住人的嘴，使人无从开口。引文是说，千圣未曾传授第一义的圣谛，有谁能够把握？假设想不通过语言体悟真如实相，达到使人心服口服，也不能被看作是心忧多虑之人。圣谛之心性无所不在，并非局限天地虚空。如果能够体认性空之理，在"无佛"处称佛，那就差不多了。若不这样，能从任何一种现象、语句上参透，也能够达到自由解脱。

千圣——佛、菩萨和祖师不传的是"言教"之理，然而却"教外别传，单传心印"，强调直探心源，体悟自性，反对执著语句，反对在"卜度"、"情解"、"情尘意见"上追究不已。正如第七十四则评唱所说："今人殊不知古人意在言外。何不且看祖师当时初来底题目道什么？分明说道：教外别传，单传心印。古人方便，也只教尔直截承当去。后来人妄自卜度，便道那里有许多事：寒则向火，热则乘凉，饥则吃饭，困则打眠。若恁么以常情义解诠注，达磨一宗，扫土而尽。"② 在这里连以往禅师以"寒则向火"、"饥则吃饭"等日常生活来解释佛法、菩提之道的说法，也给以批评，认为是"妄自卜度"的产物，是以"常情义解诠注"。既然圣谛不能以语言表达，于是克勤便直截了当地说："开口便错，拟议即差。"③

第二层是传播禅法必须借助语言。克勤虽反对执著语句，然而又认为，启迪后学离不开语言和文字的言教。第九则的评唱说："古人方便门中，为初机后学未明心地，未见本性，不得已而立个方便语句。如初祖西来，单传心印，直指人心，见性成佛，哪里如此葛藤（按：指言句、言教）？须是斩断语言，格外见谛，透脱得去，可谓如龙得水，似虎靠山。"对于学人来说，如果"见而未透，透而未明"，应当请益；而一旦达到这点，还要请益下去，"却要在语句上周旋"，便有害无益了。第九十八则评唱说："古人事不获已，对机垂示，后人唤作公案。"④ 认为禅师的语言开示，是出于不得已，是为了启示学人明心见性，

---

① 《大正藏》卷48，第147页上。
② 同上书，第202页上。
③ 同上书，第211页中。
④ 同上书，第149页上中、第221页中。

并不是要人迷执言句，而要透过语言体悟真谛。他们的开示流传到后世便是公案。

第三层是倡导透过经典、公案语录的语言之外领悟解脱的道理。克勤认为，学道追求觉悟，虽然不能离开言语，然而又不能执迷于语言。第八十九则是讲唐代云岩昙晟问道大悲菩萨（观音菩萨）用许多手眼作什么……道吾最后的答语是：如同人"通身是手眼"。在克勤的评唱中，批评人们对此公案的种种解释，说："如今人多去作情解道：遍身底不是，通身底是，只管咬他古人言句，于古人言下死了。殊不知，古人意不在言句上。此皆是事不获已而用之……须是绝情尘意想，净裸裸，赤洒洒地，方可见得大悲情。"然而在对第九十则颂古的评唱中，又说："古人意虽不在言句上，争（按：怎）奈答处有深深之旨。"① 大意是引导学人只是将古人的言句当作没有既定意义的符号，不要用普通人的常识、情理去理解公案、语句，要善于透过言句，超出言句，体悟古人的意趣和暗示的解脱道理。他提醒学人不要"寻言逐句"，要善于"言中透得言，意中透得意，机中透得机"。② 可见，是要学人透过古人和前人的言、意、机，体悟超越它们的言、意、机。佛道不在言句，又不离言句，《碧岩录》对此有不同说法。第四十九则公案举的是赵州和尚对"万法归一，一归何处"的回答："我在青州作一领布衫，重七斤。"克勤在评唱中说："佛法省要处，言不在多，语不在繁……若向语句上辨，错认定盘星；不向语句上辨，争奈却怎么道？"③ 确实，如果从赵州和尚讲的布衫重七斤本身，是找不出佛法道理的。然而离开此语，也不理解赵州和尚启示什么。原来赵州和尚是告诉问者，对于作为万法本原的真如佛性的归处，是难以正面用语言表达的。这不在赵州和尚的言句之外吗？

2. 所谓"死句"与"活句"

在《碧岩录》中反复出现诸如死句、活句及杀人刀、活人剑之类的词句。这是克勤语言观的一种表现形式。那么，它们蕴含什么意思呢？书中对此虽没有做出明确解释，然而根据语句前后的意思，大体可以了解它们的含义。

在宋代最早提出死句、活句两个概念的是在襄州洞山寺传法的云门文偃的弟子守初（910—990）。他以"麻三斤"回答"如何是佛"之问而名扬丛林。他

---

① 《大正藏》卷48，第214页上、第215页中。
② 《碧岩录》第二十一则的评唱，《大正藏》卷48，第162页上。
③ 《大正藏》卷48，第181页下。

在一次上堂说法中说："语中有语，名为死句；语中无语，名为活句。"①他将丛林参禅答问中那些对问题不作正面解释，看似不着边际，然而可以引发学人种种联想的禅语，称之为活句，相反的则是死句。然而这是从禅师对学人提问而说的，是不对问话做出相应的明确的回答。例如宋代云门宗洞山晓聪的弟子晓舜（舜老夫）到汉阳乞食，某居士问："古镜未磨时如何？"他明确地答："黑如漆。"又问："磨后如何？"答："照天照地。"受到这位居士的讥讽。他回去告诉师父晓聪，晓聪便以与问话不相干的"此去汉阳不远"和"黄鹤楼前鹦鹉洲"的回答代前二语。②晓舜的回答就属于死句，而其师晓聪的代答属于活句。然而对于参禅者来说，任何禅语（公案语句）都具有死句、活句两种功能，主要看参禅者的态度。《碧岩录》继承雪窦《颂古》，自然将前人公案（"本则"）中的禅语当作"活句"典范看待的，然而对于参禅学人来说，如果不能透过语句体悟禅旨，那么前人的任何言句皆成为死句。

克勤在《碧岩录》评唱中反复告诫学人应当参活句，不参死句。第二十则公案是讲龙牙居遁问翠微无学"如何是祖师西来意"，不管翠微如何回答，龙牙皆以"要切无祖师西来意"。克勤在评唱中肯定龙牙的回应，说：

> 只如这僧问祖师西来意，却向他道：西来无意。尔若恁么会，堕在无事界里。所以道：须参活句，莫参死句。活句下荐得，永劫不忘；死句下荐得，自救不了。龙牙恁么道，不妨尽善。古人道：相续也大难。他古人一言一句，不乱施为，前后相照，有权有实，有照有用，宾主历然，互换纵横。③

对于"何为西来意"的任何回答的语句，皆不能从语句原有含义去理解，否则对这样理解的人来说，原句就成为死句。如从"西来无意"本身来理解，就陷于绝对"无事"的"断见"中，属于参死句，由此得不到解脱——"自救不了"；如果体悟超越语句之外的禅旨，才叫作参活句，将永远不忘。克勤称赞古人的禅语前后照应，具足丰富的内涵和空间，权实、照用、宾主具备，自然属于活句。

---

① 《古尊宿语要》〈守初语录〉。
② 《禅林僧宝传》卷十一〈晓聪传〉。
③ 《大正藏》卷48，第161页上。

有时克勤把古人在参禅中用以表示禅机的动作也称之为参活句。第四十八则公案讲五代时闽国的王太傅（当指王延彬）入招庆寺，朗上座（报慈慧朗）与明招（德谦）正在煎茶，一下子把茶铫子弄翻了，茶水洒入炉中。太傅问："茶炉下是什么？"答："捧炉神。"太傅责问："既是捧炉神，为什么翻却茶铫？"慧朗答："仕官千日，失在一朝。"意为不小心将茶铫子弄翻的。太傅拂袖而去。明招说："朗上座吃却招庆饭了……"对于这段蕴含禅机的对话，雪窦的著语是："当时但踏倒茶炉。"克勤的评唱表示："若论此事，不在言句上，却要向言句上辨个活处。所以道，他参活句，不参死句。"又说："活句下荐得，永劫不忘。朗上座与明招语句似死，若要见活处，但看雪窦踏倒茶炉。"他批评慧朗与明招正面回应王太傅的问话像是死句，而称雪窦提出的"踏倒茶炉"这一动作属于活句。第六十三则是著名的南泉斩猫的公案。马祖弟子南泉普愿看见寺中两堂争一只猫，他让双方说出个道理，他们说不出来，于是把猫斩为两段。第六十四则记述南泉就此事问赵州和尚，赵州和尚听后，脱下草鞋戴在头上，大概以此批评两堂禅僧争猫是忘记自己的本分，立即受到南泉称赞。对于赵州和尚这个动作，克勤在评唱中予以认可，称之为："他参活句，不参死句，日日新，时时新，千圣难易一丝毫不得。"①

3. "杀人刀"与"活人剑"

公案语录蕴含的意境五花八门，表达的方式各种各样，意境或隐或显，或语意多歧，或描述动作，或形容声音。禅师引导弟子透过语句参究其中蕴含的深层次的入悟启示（禅机），如果能由此入悟，可以达到解脱；如果执著语句，则永远迷于自性不能解脱。可见，同样的语录公案既可以使人入悟，可以使人执迷不悟，好像药草一样，"亦能杀人，亦能活人"②。克勤将前一种情况下的语录公案比之为"活人剑"，后一种情况下的语录公案比之为"杀人刀"。

在克勤之前，雪窦已经用过"杀人刀、活人剑"的词句③，然而并没有加任何解释。克勤用得较多，《碧岩录》中引用他不少关于活人剑、杀人刀的语句。

---

① 这两段公案及相关评唱，见《大正藏》卷48，第194页下至195页上。
② 《碧岩录》卷九第八十七则评唱载："文殊一日令善财去采药云：不是药者采将来。善财遍采，无不是药，却来白云：无不是药者。文殊云：是药者采将来。善财乃拈一枝草度与文殊。文殊提起示众云：此药亦能杀人，亦能活人。此药病相治话，最难看。"《大正藏》卷48，第212页中。
③ 《明觉语录》卷二，载《大正藏》卷47，第689页中。

例如，卷八第七十五则公案的垂示说："灵锋宝剑，常露现前，亦能杀人，亦能活人。在彼在此，同得同失。"① 这是将语录公案比之为最锐利的宝剑，说它既可以杀人，也可以使人得救不死。现再从《圆悟录》、《碧岩录》中引几段，以便加以说明：

上堂云：杀人刀、活人剑，上古之风规，亦是今时之枢要。言句上作解会，泥里洗土块；不向言句上会，方木逗圆孔。未拟议，已蹉过；正拟议，隔关山。击石火，闪电光，构得构不得，未免丧身失命。（《圆悟录》卷二）

进云：只如蕴定乾坤谋略，有盖世英雄，具杀人刀，秉活人剑，还有佛法道理也无？师云：有。进云：如何是佛法道理？师云：直是天下无敌。（《圆悟录》卷四）

杀人刀，活人剑，乃上古之风规，亦今时之枢要。若论杀也，不伤一毫；若论活也，丧身失命。（《碧岩录》卷二第十二则的垂示）

杀人刀，活人剑，须是本分作家（按：有智慧的高明禅师）。（《碧岩录》卷四第三十一则的评唱）

点化在临时，杀人刀，活人剑，换却尔眼睛了也。（《碧岩录》卷六第六十则语录"云门以拄杖示众云"下的著语）②

原意含混，现强作解释为三点：（1）对待语录公案，既不能拘泥于语句进行理解，又不能完全离开语句；议论也不是，不议论也不是，它蕴含的禅机如石火电光，难以把握，稍纵即逝。（2）语录公案同时具有杀、活两种功能，古来禅师以此规诫，亦为今时禅师所重。迷执公案陷于困境，即所谓被"杀"，不是指伤人肉体；透过公案入悟，可谓得"活"，是意味着从世俗烦恼的境遇中达到超脱，在这种场合也用反义语称之为"丧身失命"。（3）高明的禅师点化学人，善于使学人眼界明亮，透过公案从中得"活"（悟），而不是执迷遭"杀"（不悟）。

严格地说，用"杀人刀"、"活人剑"、"杀人"、"活人"等语句来传授禅法，虽在特定场合可以起到振聋发聩的效果，然而毕竟是比喻，含义也十分不确切，

---

① 《大正藏》卷48，第202页中。
② 分别载《大正藏》卷47，第720页中、第730页下；卷48，第152页下、第170页中、第192页中。

如果传到社会上去甚至会引起误解，带来负面影响。后来丛林间这种用法并不是很多。

4. 透过语句，参取自己

克勤认为，诸如真如、佛性、本性及解脱之道等虽然不是语句文字可以完全地准确地表达的，然而诚如古人所说"道本无言，因言显道"，佛道又必须借助语言加以表述，让人理解和接受。但是，任何语句只是表达佛道的工具，一旦透过语句领会解脱的道理，就不应再执著语句，而须参究自己，领悟自己的本性。《碧岩录》记载他在这方面的表述很多，这里仅选取一部分。

> 大凡参禅问道，明究自己，切忌拣择言句。何故？不见赵州举道：至道无难，唯嫌拣择。（卷一第九则的评唱）
>
> 言语只是载道之器。殊不知古人意，只管去句中求，有什么巴鼻（按：理由或根据、道理）？不见古人道：道本无言，因言显道；见道即忘言。（卷二第十二则的评唱）
>
> 古人一问一答，应时应节，无许多事。尔若寻言逐句，了无交涉。尔若能言中透得言，意中透得意，机中透得机，放令闲闲地，方见智门（按：本则语录中提到的宋代智门兴祚禅师）答话处。（卷三第二十一则的评唱）
>
> 自古及今，公案万别千差，如荆棘林相似。尔若透得去，天下人不奈何；三世诸佛，立在下风。（卷六第五十一则评唱）
>
> 诸佛不曾出世，亦无一法与人。祖师不曾西来，未尝以心传授。自是时人不了，向外驰求。殊不知自己脚跟下一段大事因缘，千圣亦摸索不著。只如今见不见，闻不闻，说不说，知不知。从什么处得来？若未能洞达，且向葛藤窟里会取。（卷六第五十六则的垂示）
>
> 此事不在眼上，亦不在境上，须是绝知见，忘得失，净裸裸，赤洒洒，各各当人分上究取始得。（卷九第八十则的评唱）
>
> 万法皆出于自心。一念是灵，既灵即通，既通即变。古人道：青青翠竹，尽是真如，郁郁黄花，无非般若。若见得彻去，即是真如。忽未见得，且道作么生唤作真如？（卷十第九十七则的评唱）[1]

---

[1] 引文分别见《大正藏》卷48，第149页上、第153页上、第162页上、第186页下、第190页上、第211页中、第220页下。

大意是说：(1) 学人参禅问道虽然要行脚访师，阅读佛经，然而必须明确自己的根本着眼点是参究自己("自己脚根下"、"各各当人份上")，直探心源，体悟自性，而不是整日埋头于经典、语录当中，热衷于考究、钻研语句，忘记根本。(2) 语言是"载道之器"，虽然佛道须借助语言才能为人了解、接受，但是一旦透过语言掌握佛道旨意，就应当丢弃语言，不应当加以执著。(3) 古人的公案有千差万别，皆是因机缘而发，如果有人能够透过公案的语句参悟其中蕴含的玄妙禅机，进而体悟自性，那么他的精神境界绝不在天下任何禅师乃至诸佛之下。(4) 从根本上来看，世上的一切皆空寂无实，甚至可以说"诸佛不曾出世，亦无一法与人。祖师不曾西来，未尝以心传授"。按照这种观点，岂止是语言，对世上的一切皆不应执著，应当"绝知见，忘得失"。然而一般人没有这种认识，总是向外追求不已。(5) "万法皆出于自心"，世界万有皆是真如佛性的显现。因此眼前任何事物、现象皆可成为体悟的切入点，一悟一切悟，"一念是灵，既灵即通，既通即变"，达到最高精神境界。

克勤虽回避正面讲述道理，但无论使用什么语句，目的毕竟是为引导弟子修持禅法的，而他主张的禅法就是参悟自性，其他皆为辅助手段。

(三) 以活泼的并带有戏谑的笔调解读、评论公案

古来《碧岩录》在丛林乃至儒者士大夫之间受到欢迎，除从中可以简便地读到雪窦重显的颂古诗偈、古来多种反映入悟机缘的公案外，它的语言生动活泼是重要原因之一。在《碧岩录》中对雪窦百则颂古所加的垂示、著语、评唱的篇幅有长有短，有相当于文字禅的拈语、代语、别语，也有相关公案的历史背景、人物、传说的介绍，还有的类似于禅师的上堂说法，有不少地方语言十分生动，相当精彩。当然，因为是弟子将克勤长期间在几个地方的讲述整理成的，并且一再修补，所以在文字上难免前后有重复的地方。然而，瑕不掩瑜，这并不影响它的流传。

这里先选录《碧岩录》中以活泼的并带有戏谑的笔调解读、评论公案的部分语句，然后略加介绍。

卷四第三十二则公案(本则)记述定上座向临济义玄问"如何是佛法大意"，临济不回答，反而打他一掌，"旁僧云：定上座何不礼拜?"克勤在此句下著语曰："冷地里有人觑破，全得他力。东家人死，西家人助哀。"本则接着记述"定方礼拜"，克勤下加著语曰："将勤补拙。"本则接着说定上座"忽然大

悟"，克勤著语："如暗得灯，如贫得宝，将错就错。且道定上座见个什么便礼拜？"

卷三第二十四则公案记述一位绰号叫刘铁磨的尼僧到沩山参谒灵祐的事。克勤在"刘铁磨到沩山"之下著语曰："不妨难凑泊，这老婆不守本分。"沩山云："老㸬牛（按：母牛），汝来也？"克勤著语曰："点，探竿影草，向什么处见声讹？"刘铁磨云："来日台山大会斋，和尚还去吗？"著语曰："箭不虚发，大唐打鼓，新罗舞，放去太速，收来太迟。"……克勤有评唱中评论说：

> 刘铁磨（尼也），如击石火，似闪电光，拟议则丧身失命。禅道若到紧要处，那里有许多事？他作家相见，如隔墙见角，便知是牛；隔山见烟，便知是火，拶着便动，捺着便转。……

雪窦的颂古对刘铁磨在参禅中表现出来的"机锋峭峻"表示称赞，把她比做将军。第一句是"曾骑铁马入重城"，克勤加的著语是："惯将作家，塞外将军，七事（按：包括三衣，钵，香合，拂子，尼师檀，纸被，浴具）随身"；第二句是"敕下传闻六国清"，著语曰："狗衔敕书，寰中天子，争奈海宴河清。"……克勤在评唱中称赞在雪窦百则颂古中，这一颂"最具理路，就中极妙贴体，分明颂出"。

卷五第四十九则："举，三圣（按：义玄弟子三圣寺慧然）问雪峰，透网金鳞未审以何为食？"克勤著语："不妨纵横自在。此问太高生，尔合只自知，何必更问？"雪峰云："待汝出网来，向汝道。"著语曰："减人多少声价！作家宗师，天然自在。"三圣云："一千五百人善知识，话头也不识。"著语曰："迅雷霹雳可杀惊群，一任蹦跳。"雪峰云："老僧住持事繁。"著语曰："不在胜负，放过一着。此语最毒。"

卷六第五十五则公案载："道吾与渐源（按：道吾圆智嗣药山惟俨，渐源仲兴嗣道吾）至一家吊慰。源拍棺云：生邪死耶？"克勤著语曰："这什么？好不惺惺！这汉犹在两头。"道吾云："生也不道，死也不道。"著语曰："龙吟雾起，虎啸风生，买帽相头，老婆心切。"渐源云："为什么不道？"著语曰："错过了也。果然错会。"吾云："不道，不道！"著语曰："恶水蓦头浇，前箭犹轻后箭深。"

卷九第八十五则公案记载："僧到桐峰庵主（按：义玄弟子）处便问：这里

忽逢大虫时又作么生？"克勤著语曰："作家弄影汉，草窠里一个半个。"庵主便装虎声大吼，此僧装出害怕的样子。克勤著语曰："两个弄泥团汉，见机而作。似则也似，是则未是。"公案记述："庵主呵呵大笑。"著语："犹较些子，笑中有刀，亦能放，亦能收。"此僧见庵主笑，云："这老贼！"克勤著语："也须识破。败也，两个都放行。"①

仅从以上所引，可以看出克勤对于雪窦的《颂古》中的公案、偈颂所加的著语、评唱，遣词随意，可谓嬉笑怒骂皆成妙语，然而如果将它们前后连接起来看，却极少意思连贯，有的是前后不搭界；虽很少作正面肯定或否定，然而从他的简单带有倾向的词语中，大体可以窥测到他的意向所在，例如对刘铁磨参禅机智、雪峰答语的称赞，对桐峰庵主与问事僧双方的认可等等。

克勤在著语和评唱中也常用笑骂之语，如"自屎不觉臭"、"咬猪狗底手脚"，"可杀有禅作什么"，"这老贼，教坏人家男女"，"龙头蛇尾汉"等等，好像自己直接与古来丛林禅师交往，与他们谈禅说道，从而使"评唱"这种说禅文体更具有生动活泼的特色。

（四）说禅师应有"扶竖宗教"的气概

禅宗虽标榜"直指人心，见性是佛"，然而特别重视禅师的指点、启示，因此盛行行脚四方，访师问道。当年慧能就曾说过："各自观心，令自本性顿悟。若不能自悟者，须觅大善知识示道见性。……解最上乘法，直示正路，是大善知识，是大因缘。"（敦煌本《六祖坛经》）宋初临济宗的汾阳善昭曾作《略序四宗顿渐义》，其中就谈到禅师的责任，第一应具有卓越的气质和风范，所谓"元真一气，坚固三空，行住怡然，语默憺静。携金刚之智印，传诸佛之心灯"，意为秉持原本真心，体悟我空、法空和我法俱空，行为自然，语默安详，以非凡智慧传佛心灯；第二需具有非凡智能，以传佛心法为己任，引导信众断惑解迷，如同四海容纳百川那样，以心法统无量法门，"直指人心，见性是佛"②。

克勤也向门下教导如何才能成为一个出色的禅师。

第一，必须怀有"扶竖宗教"的使命感，具有胜任宗师的高明眼光，善于识别学人的素质，因机施教，接引手段多种多样，能够真正发挥宗师的作用。

---

① 以上分别见《大正藏》卷48，第171页中下、第165页上中、第184页下、第189页上、第210页中。
② 《汾阳语录》卷下，载《大正藏》卷47，第620页上。

他说：

> 大凡扶竖宗教，须是有本分宗师眼目，有本分宗师作用。（卷六第十则的评唱）（《大正藏》）
>
> 大凡扶竖宗教，须是辨个当机，知进退是非，明杀活擒纵。若忽眼目迷黎麻罗，到处逢问便问，逢答便答，殊不知鼻孔在别人手里。（卷六第五十一则的评唱）①

第二，应当聪明机警，体认理事圆融无碍的道理，在参禅和传授禅法的过程中，善于洞察机微，巧妙地适应时机和对象做出反应，或观察，或接引、启示，能实能权，能"见到，说到，行到，用到"，以锐利的语句机锋，引导学人解除对言教的迷执，所谓"解直下截断葛藤"。他用容易引人警醒的语句称这种人具有"杀人不眨眼底手脚"，能够"立地成佛"。《碧岩录》记载：

> 垂示云：大凡扶竖宗教，须是英灵底汉。有杀人不眨眼底手脚，方可立地成佛。所以照用同时，卷舒齐唱，理事不二，权实并行，放过一著，建立第二义门，直下截断葛藤，后学初机，难为凑泊。昨日怎么，事不获已；今日又怎么，罪过弥天。若是明眼汉，一点谩他不得。其或未然，虎口里横身，不免丧身失命。（卷一第五则）
>
> 看他古人，见到，说到，行到，用到，不妨英灵。有杀人不眨眼底手脚，方可立地成佛；有立地成佛底人，自然杀人不眨眼，方有自由自在分。（卷一第四则颂的评唱）②

第三，引导学人断除烦恼和对言教的执著，所谓"解粘去缚，抽钉拔楔"，以相即不二的观点灵活地应对参禅者的质询，虽自己具有高峻的机锋，然而又可随应机宜以活泼灵巧的语句动作教诲学人。《碧岩录》记述：

> 垂示云：斩钉截铁，始可为本分宗师。避箭隈刀，焉能为通方作者。

---

① 《大正藏》卷48，第150页中、第186页上。
② 同上书，第144页下、第144页中至第144页下。

针札不入处则且置，白浪滔天时如何。（卷二第十七则）

　　大凡作家宗师，要与人解粘去缚，抽钉拔楔，不可只守一边，左拨右转，右拨左转。（卷四第三十一则的评唱）

　　大凡宗师为人，抽钉拔楔。若是如今人便道，此答不肯，他不领话。殊不知，个里一路生机处，壁立千仞，宾主互换，活鱍鱍地。雪窦爱他此语风措，宛转自在，又能把定封疆。（卷七第七十则的评唱）①

克勤讲述的语句是分散在对不同公案语录的评唱之中，前后不连贯紧凑，然而主要意思还是清楚的。他向门下弟子讲解评论《碧岩录》，自然是希望他们从前人的公案语录中，从对不是一种类型的人的入悟事例中，得到如何体悟自性，并且也学习如何成为善于接引和启示学人的出色宗师。

四　《碧岩录》的影响和历史地位

克勤《碧岩录》出世后，曾广为流传。如前所述，据《大正藏》本《碧岩录》前面所载元代方回万里、周驰、三教老人三序及卷末所载的重刊疏及净日、希陵、冯子振三人的后序，在克勤死后，弟子大慧宗杲担心门下执著言句，竟将此书焚毁，至在元代大德四年（1300）以后，嵎中张炜（字明远）搜寻旧版重新校订刻版印行。

那么，宗杲是在什么时候，什么地方焚毁《碧岩录》刻版的呢？

由南宋妙喜普觉、竹庵士圭原作，南宋净善重编的《禅林宝训》载录宋代临济宗黄龙慧南至十六世佛照拙庵等禅师的遗教训诫三百则，卷四记载临济宗黄龙下四世心闻昙贲②《与张子韶书》曰：

教外别传之道，至简至要，初无他说。前辈行之不疑，守之不易。天禧间，雪窦以辩博之才，美意变弄，求新琢巧，继汾阳为颂古，笼络当世学者，宗风由此一变矣。逮宣政间，圆悟又出己意，离之为《碧岩集》。彼时迈古淳全之士，如宁道者、死心、灵源、佛鉴诸老，皆莫能回其说。于

---

① 《大正藏》卷48，第157页上、第170页下、第199页下。
② 《五灯会元》卷十八及《续传灯录》卷三十三有传。

是新进后生珍重其语，朝诵暮习，谓之至学，莫有悟其非者。痛哉！学者之心术坏矣。绍兴初，佛日入闽，见学者牵之不返，日驰月骛，浸渍成弊，即碎其板，辟其说。以至祛迷援溺，剔繁拨剧，摧邪显正。特然而振之，衲子稍知其非而不复慕。然非佛日高明远见，乘悲愿力救末法之弊，则丛林大有可畏者矣。①

大意是说，禅宗一直崇尚简要，然而至宋天禧（1017—1021）年间雪窦重显继汾阳善昭之后编撰颂古，广行于世，从而使禅宗风气为之一变。到政和（1111—1117）、宣和（1119—1125）年间，圆悟克勤又编撰《碧岩集》，尽管当时有主张保持淳简禅风的开福道宁、黄龙悟新（号死心）、黄龙惟清（号灵源）、佛鉴慧勤等禅师出来劝谏，然而未能改变他的主意。于是此书风行丛林之间，受到学人的欢迎，"新进后生珍重其语，朝诵暮习，谓之至学"，对禅僧"心术"影响极大。他的弟子大慧宗杲（先后从朝廷受赐号佛日、大慧，1089—1163）在绍兴四年至七年（1134—1137）曾入闽（福州、泉州）传法，看到很多禅僧迷执此书，即将此书刻版焚毁以警示学人，消息传出，宗风为之一振。

从这段话可以了解《碧岩录》继善昭、重显之后，在宋代文字禅的发展中占有重要地位，并且对禅宗界的禅风的确造成很多的影响。据此也可以了解，宗杲焚毁《碧岩录》雕版时间在南宋的初期，具体时间当在他的师父克勤去世（1135年）之后，地方是在今福建境内。

既然宗杲焚毁《碧岩录》刻版是在福州一带地方进行的，自然不能将流传各地的《碧岩录》全部搜集加以焚毁。据《碧岩录》后附元延祐丁巳（四年，1317）径山住持希陵的后序，张炜最先寻获《碧岩录》写本的后册，此后又得到雪堂刊本及蜀本，然后才校订讹舛，重新刊印。可见，《碧岩录》不仅未在世上绝迹，而且长期间内仍在世流传。所谓"雪堂本"中的雪堂，也许是元代刻印《临济录》的雪堂普仁禅师。据《临济录》前载元贞二年（1296）曹洞宗林泉从伦的序和大德二年（1298）郭天锡、五峰普秀三人的序，普仁是临济义玄法系的十八代孙，属琅琊慧觉

---

① 《大正藏》卷48，第1036页上。

法系第十世的禅师①，"王臣尊礼，缁素向慕，是亦僧中之龙象尔"，传法场所应在大都（今北京）。如果雪堂本《碧岩录》就是雪堂普仁刻印的，那么，早在张炜重刊印《碧岩录》之前，世上已有雪堂本流传了。

克勤《碧岩录》开启以评唱体评述颂古的做法。受他影响，金元之际著名曹洞宗禅师万松行秀（1166—1246）应"中书令"耶律楚材（湛然居士）之请将宋代曹洞宗禅僧天童正觉（1091—1157）的百则颂古加上"示众"、"著语"和"评唱"编撰《万松老人评唱天童觉和尚颂古从容庵录》（简称《从容录》）六卷。他在癸未年（元太祖十八年，1223年）写给耶律楚材的信中就《从容录》介绍说："窃比佛果《碧岩集》，则篇篇皆有示众为备。"② 他说的"示众"就相当于《碧岩录》中每则前面的"垂示"。《从容录》受《碧岩录》影响很大，书中多处引用克勤的《碧岩录》的词句。此后，其弟子林泉从伦评唱曹洞宗禅僧投子义青（1032—1083）的颂古百则，撰《空谷集》六卷；又评唱义青的再传弟子丹霞子淳（1064—1117）的颂古百则，撰《虚空集》六卷。

《碧岩录》直到清代在丛林间还是流行的，在明清之际雕印的《嘉兴藏》、清代雕印的《龙藏》中皆收有此书。

此书在南宋时代就传入日本。南宋时期日本禅僧道元最早将《碧岩录》带到日本，题目称《佛果碧岩破关击节》（《一夜本》）。在镰仓（1192—1333）后期至室町时期（1336—1573），禅宗十分盛行，禅僧多精于汉学，以所谓"五山"（五所禅宗官寺）为中心的禅寺盛行汉诗汉文章，深入研究和雕印汉泽佛典，《碧岩录》也十分受欢迎，有五山版刊行。五山版中最流行的《碧岩录》是属于元代张炜重刊本的瑞龙寺版，题目称为《圆悟碧岩集》，扉页上面横书的字为"宗门第一书"。可见此书在五山禅僧心目中的地位。据永久俊雄译注，日本鸿盟社1983年出版《碧岩集》的第四版书前所列未注明年代的"注解书目"，有《碧岩集种电钞》、《碧岩录不二钞》、《碧岩录讲话》等注释书达21种之多。《碧岩录》传入朝鲜，也有刊本流行。③

---

① 《临济录》卷前载五峰普秀之序说："琅琊觉传泐潭月，月传毗陵真，真传白水白，白传天宁党，党传慈照纯，纯传郑州宝，宝传竹林藏、庆寿亨、少林鉴。庆寿亨传东平汴、太原昭。少林鉴传法王通，通传安闲觉，觉传南京智、西庵斌。南京智传élève峰湛。西庵斌传雪堂仁。雪堂乃临济十八世孙也。莫不门庭孤峻，机辩纵横，俱是克家子孙。灯灯续焰，直至如今。可谓源清流长，此之谓也。"
② 《大正藏》卷48，第227页上。
③ 参考末木文美士《关于碧岩录的诸本》，载1992年5月30日《禅文化研究所纪要》第十八号。

第五章

临济宗大慧派和虎丘派

第一节 大慧宗杲的坎坷经历及其语录著作

宋代临济宗从衰微走向兴盛的过程中，首山省念及其弟子汾阳善昭起到奠基的作用，至善昭弟子石霜楚圆及其两大弟子黄龙慧南、杨岐方会之时走向振兴，此后经四代至大慧宗杲时达到极盛。

宗杲嗣法于圆悟克勤，在继承临济禅法的基础上提出聚精会神"看话头"的禅法，将临济禅法推向一个新的阶段。他一生中虽因受到牵连有过被迫还俗编配到边远地方的经历，然而由于在丛林间和士大夫中拥有巨大的声望，身边追随他的弟子一直很多，所到之处仍受到教内外僧俗信众的欢迎，将他的禅法传到各地。晚年由于受到朝廷大臣乃至皇帝的支持，他的地位十分显赫，门下繁盛，从而为他的禅法向更加宽广的范围传播提供了方便的条件。

在现存的佛教史传资料中，记载大慧宗杲生平和语录的资料最多。大体按编著年代排列，主要有如下几种：（1）南宋孝宗即位初丞相张浚撰《大慧普觉禅师塔铭》（简称《大慧塔铭》），载《大慧语录》卷六末；（2）宗杲弟子祖咏编《大慧普觉禅师年谱》（简称《大慧年谱》），附录于《嘉兴藏》本《大慧语录》

卷末[①]；(3) 南宋祖琇编撰《僧宝正续传》卷六〈宗杲传〉；(4) 南宋悟明编撰《联灯会要》卷十七〈宗杲章〉；(5) 南宋正受编撰《嘉泰普灯录》卷十五〈宗杲章〉；(6) 南宋普济编撰《五灯会元》卷十九〈宗杲传〉。此外，在《大慧语录》中也有大量记述宗杲事迹的资料。

一　宗杲坎坷的经历

宗杲 (1089—1163)，俗姓奚，宣州宁国县（在今安徽）人。号妙喜、字昙晦，皆张商英所赠；佛日之号是钦宗所赐，大慧是死后孝宗所赐谥号。从临济宗的法系来说，他属于临济下十一世、杨岐下四世。

宗杲的一生大体经历了五个阶段：出家求师，从文准、克勤受法；辗转于赣、闽二地传法；住持径山寺；编配到衡州和梅州；住持阿育王寺、径山寺。

(一) 出家求师，从文准、克勤受法 (1104—1129)

宗杲自幼对佛教怀有好感。十三岁入乡校，一次因与同学玩耍扔砚台误中老师的帽子，以钱偿还后休学回家，受到父亲责备，遂萌发不读"世间书"而出家的念头，三年后得到父母亲的同意到宁国县东山慧云院投慧齐法师出家，翌年受具足戒。他此后对禅宗产生兴趣，爱读丛林流传的各种禅门语录，尤其喜欢云门文偃的语录和睦州道踪（陈尊宿）的语录。此后到各地参谒名师，先后师事云门、临济、曹洞诸宗的禅师。在参谒曹洞宗芙蓉道楷的弟子洞山道微期间，对他所传授的曹洞宗"功勋五位"、"偏正回互"、"五王子"等门庭施设表示不满，离弃而去。

徽宗大观三年 (1109)，宗杲到泐潭宝峰山（在今江西靖安县）礼湛堂文准禅师为师。文准上承临济宗黄龙慧南—真净克文的法系。文准先派宗杲到宣州化缘（任化主）一年，此后让他担任身边的侍者。据《大慧年谱》记载，文准曾告诉宗杲，他在自己身边什么都能学会，"与你说时便有禅，才出方丈，便无了"；《僧宝正续传·宗杲传》记载，文准明白地提示他尚未入悟，"病在意识颂

[①] 日本石井修道据日本东京立正大学图书馆收藏的宋宝祐元年 (1253) 刊本，校之以我国台湾省的《中华大藏经》第二辑所收嘉兴藏本等，对《大慧年谱》作了细致的研究，整理为《大慧普觉禅师年谱研究》，将年谱分段、标点、校勘、日译和按年对涉及的人物、事件及著作等进行注释，分为上、中、下三部分先后于1979 年、1980 年、1982 年发表在《驹泽大学佛教学部研究纪要》第 37 号、38 号和 40 号，值得参考。

解,则为所知障"。宗杲深受启发,曾表示:"道须神悟,妙在心空,体之不假于聪明,得之顿超于闻见。"宗杲以后的禅法就是以此为中心的。当地名士李彭(字商老)对这种见解十分赞赏,从此二人成为"方外"之交。

政和五年(1115)文准去世。在病危之际,应宗杲之问,他建议宗杲以后师事四川的圆悟克勤(川勤),以成就弘法大事。文准生前虽常对弟子说法,然而不许他们记录。在他死后,宗杲根据自己的记忆将他的语录整理出来,随身携带去参谒师叔、文准的师兄惠洪(德洪觉范),请他为文准语录题词。惠洪当时尚穿俗服,往来于江西新昌(今宜丰县)一带的禅寺之间,想不到师弟文准尚有语录传世,在所撰写的跋文中表示感叹,说:"云庵(按:克文)余波,乃发生此老种性耶!"意为在真净克文的法系竟出现如同文准这样的老禅师。二年后,宗杲将自己参访丛林得到大宁道宽禅师(嗣法于石霜楚圆)的语录刻印,再次找到惠洪,请他撰序。(《大慧年谱》)

张商英(1043—1122)曾与文准的同学从悦过往密切,喜好临济禅法,在徽宗大观四年(1110)出任过丞相,政和元年(1111)因受蔡京党羽排斥被贬知河南府,又改知邓州,不久谪贬衡州。宗杲在政和六年(1116)受文准弟子所托,带着文准的行状到荆南(今湖北江陵)找到在此居留的张商英,请他为文准写塔铭。张商英开始表示拒绝,后又提出条件:如果宗杲能回答出他提出的问题,他才撰写塔铭。张商英问:文准遗体火化时,"准老眼睛不坏是否?"宗杲答是。张商英改问:"我不问这个眼睛……问金刚眼睛。"宗杲机智地回答:"若是金刚眼睛,在相公笔头上。"张商英听了十分满意,说:"老夫为他点出光明,令教照天照地去也!"便迅速将塔铭写完。张商英与宗杲交谈之间,对他的机智和富有禅趣的回答十分欣赏,赠他以"妙喜"为号,"昙晦"为字。宣和二年(1120),宗杲再一次到荆南拜谒张商英,在愉快的气氛中交谈禅法,张商英表示愿意帮助他见到圆悟克勤。然而就在二人分手后不久,张商英去世。(《大慧年谱》)

宗杲在文准去世后曾到今江西、湖北、河南一带的禅寺参谒名师,然而皆不中意。宣和六年(1124),圆悟克勤奉诏从蒋山到开封住持天宁万寿寺。翌年四月,对克勤仰慕已久的宗杲便到开封投到他的门下。克勤升座说法,举:"僧问云门:如何是诸佛出身处?门云:东山水上行。"克勤接着自称"天宁"表示:"天宁即不然。如何是诸佛出身处?熏风自南来,殿阁生微凉。"宗杲听后,豁然顿悟,感到"前后际断"。然而克勤对他达到的境界,尚不印可,说他"不疑语句是为大病"，是在提示他不要迷信语句公案。此后让他担任不承担杂务的侍者（"不厘务侍者"），专在"择木堂"接待造访的士大夫。

自唐末以来，禅师说禅常引用古人公案，克勤也是这样。唐代百丈怀海的弟子大安长期与灵祐在沩山传法，曾上堂说："有句无句，如藤倚树。"① 后来被丛林间广泛引用，白云守端说法引用过此语。克勤在向来访的士大夫说法中，也经常引用此语让他们参究。宗杲对此也曾提出解释，然而皆没有得到克勤首肯。《大慧年谱》记载，一日宗杲问克勤说：听说您在五祖山时用此语问过法演禅师，能否告诉我他的答语。克勤笑而不答，在他追问之下才说：当时法演听到此问，回答："描也描不成，画也画不就。"又问："忽遇树倒藤枯时如何？"法演答："相随来也。"宗杲立刻表示自己已悟，克勤于是举出一些语句问他，他"出语无滞"，流利地作了回答。克勤对他十分赏识，授予他自撰《临济正宗记》②，让他担任执掌寺院文疏翰墨的书记之职，并且命他"分座训徒"。宗杲常手握竹篦传禅点示，从此声名远扬丛林，士大夫也竟相与他交游。

在当时金兵南侵，社会纷扰之际，宣和七年（1125）底钦宗即位，靖康元年（1126）右丞吕好问（字公舜）③ 上奏朝廷，赐宗杲以紫衣及"佛日大师"之号。金朝向宋提出选送十名禅师到金地传法，其中原有宗杲之名，此后因故获免北行。在金兵攻破开封，掳徽、钦二宗北归，南宋政权成立之际，克勤先后到金山（在今江苏镇江市）龙游寺、建昌县云居山真如寺居住传法，宗杲相随担任首座，直到建炎四年（1130）克勤回归四川，他才从克勤身边离开。

（二）遭遇战乱，辗转于赣、闽二地传法（1130—1137）

宗杲辗转赣闽两地（相当现在的江西、福建）传法的时候，正是金兵大举侵扰南方，民众苦于战乱的时候。由于宗杲的声望，在他身边经常聚集很多来自各地拜他为师的弟子和参禅者，因而推动了临济宗向各地的传播。

宗杲在南宋建炎四年（1130）春到海昏县（此为古名，宋称建昌县，在今

---

① 此句在各种灯史大安传中无载，《五灯会元》卷十三〈疏山光仁传〉谓是大安之语。
② 此句即《圆悟语录》卷十五的〈示杲书记〉，其中有："本色宗风，迥然殊绝，不贵色略，只钦他眼正。要扶荷正宗，提挈宗眼，须是透顶透底，彻骨彻髓，不涉廉纤，迥然独脱，然后的的相承，可以起此大法幢，然（燃）此大法炬，继他马祖、百丈、首山、杨岐，不为忝窃尔。"载《大正藏》卷47，第783页下。
③ 吕夷简之孙，《宋史》卷三六二有传，他实际在南宋高宗建炎元年（1127）任尚书右丞。

江西永修县）的云门庵（也称古云门寺）居住传法，有道谦、悟本等二十余人跟随。九月，因盗贼猖獗，师徒相携暂时避地湖湘，先到长沙谷山参访同学佛性法泰，后转仰山（在今江西宜春）参访清远弟子东林士圭，绍兴二年（1132）二月又回到云门庵。士圭来访，二人各著颂古一百一十则。① 期间抚州（治今江西临川）知州曾纡请他住持广寿寺，他婉绝不赴。他与居士韩驹（字子苍）、吕本中（字居仁，吕好问之子）等士大夫保持密切联系。

从绍兴四年（1134）开始，宗杲与弟子作"七闽"（指今福建省）之行。先到长乐住于广因寺，后有司法林适可居士在福州洋屿为他建庵，请他入住传法。宗杲当时已名重丛林，除原有相随他来的弟子外，在当地传法的昙懿、遵璞、弥光等人也前来投到他的门下，共达53人。据《大慧年谱》记载，在前后50天内"得法者"有13人。当时丛林间盛行否定语句提示，强调摄心坐禅以"休歇"身心的"默照禅"。宗杲著《辨正邪说》，向热衷此道的居士郑昂等进行解释，称默照禅为邪道，"拨置妙悟"，"向黑山鬼窟里坐地，先圣诃为解脱深坑"。②

第二年春，宗杲应郎中蔡枢（字子应）之请携弟子赴莆阳入住天宫庵，不久应在泉州的给事中江常（字少明）之请，迁住小溪的云门庵。宗杲在此上堂说法，引导学人参禅，投到他门下的禅僧日多，一年后在此过夏安居者达200人。宗杲在各地传法很重视并善于与儒者士大夫交往。他在云门庵传法时，"从游士大夫，一时名士"有参政李汉老（名邴）、给事中江少明、郎中蔡枢、储惇叙（字彦伦）、李文会（字瑞友）、蔡春卿等人，"咨问扣击，拳拳不倦"。（《大慧年谱》）他们是宗杲在闽地传法的得力外护，在《大慧语录》中收录不少宗杲向他们说法、通信的内容。宗杲指导他们如何在日常生活中参禅，特别提倡看活禅，让他们参究赵州和尚的"狗子无佛性"中的"无"字等话头，并且经常批评默照禅。

圆悟克勤于绍兴五年（1135）于成都昭觉寺去世，然而一年后宗杲才得到讣告，立即召集弟子举行追悼法会。宗杲的拈香悼词蕴含"骂祖"的意味，很有特色。他拈香指着悬挂的圆悟画像说："这个老和尚，一生多口，扰拢丛林，近闻已在蜀迁化了也，且喜天下太平。云门（按：宗杲自称）昔年虽曾亲近，

---

① 现存由宗杲弟子悟本录《东林和尚、云门庵主颂古》，载《古尊宿语录》卷四十七。
② 《大慧年谱》，并参考《大慧语录》卷十七〈钱计议请普说〉。

要且不闻他说着个元字脚（按：'元'字脚是古'儿'字，象形为'人'字；这里也许是指言句）。所以今日作一分供养，点一盏茶，烧此一炷香，熏他鼻孔，即非报德酬恩，只要辱他则个。"不过，他在祭文中深情回顾自己从圆悟受法之恩和殷切嘱托，说圆悟希望他带出一个半个嗣法弟子，"恢张临济已坠之宗，开凿后昆眼目"。然而在当天晚上的小参中，他自设答问，说："今日或有人问云门：圆悟老师迁化向甚么处去？即向他道：入阿鼻大地狱去也。未审意旨如何？饮洋铜汁，吞热铁丸。或问：还救得也无？云：救不得。为甚么救不得？是这老汉，家常茶饭。"①也许如同说法一样，既然一切空幻无实，佛祖"无相"，可以呵佛骂祖，那么，对自己敬重的师父也可以说从他那里未曾得到一法，甚至也可以对他的去世笑骂一番，蕴含斩断一切世间情念，然而从祭文却可以看到他对师怀有的真实情感。

（三）住持径山寺，与张浚、张九成的交往（1137—1141）

身居丞相之位的张浚，因公在四川时曾见过圆悟克勤，受他之托有意扶持宗杲。绍兴七年（1137），通过泉州知州刘彦修敦请宗杲到径山能仁禅院担任住持。径山能仁禅院，简称径山寺。径山属南宋临安府，在今余杭县西北，唐代牛头宗法融下第六世道钦"国一大师"曾在径山寺传法。

宗杲在七月到达临安（今杭州），在二十一日于明庆寺开堂，二十七日到径山入院。宗杲在径山四年，是他一生中第一次弘法昌盛时期。他刚到时，径山有僧三百人，此后各地仰慕他的声望前来学法者日增，在绍兴八年（1138）僧众已达一千余人，次年在径山过夏安居的禅僧达一千七百余人。寺院原有二座僧堂，因为人多住不下，又增建千僧阁。宗杲除自己上堂说法外，还让弟子悟本、道颜二位首座"分座训徒"。据《大慧年谱》称，"由是宗风大振，号临济再兴"，可见影响之大。

宗杲因其知识渊博，又善于结交儒者士大夫，与朝野不少高官及名士保持密切的联系，经常通过上堂说法或写信的方式向他们传法，解答他们的疑问。他与张浚、张九成等人建立深厚的情谊。

张浚（1097—1164），字德远，号紫岩居士，汉州绵竹（在今四川）人，为南宋初主张抗金派领袖之一。建炎三年（1129）因平定苗傅、刘正彦之乱，勤

---

① 《大慧年谱》，拈香悼词、小参语录亦载《大慧语录》卷八，载《大正藏》卷47，第844页下。

王迎高宗复辟有功，受到重用，受任川陕宣抚处置使，力保东南不受金兵侵扰，绍兴五年（1135）除右仆射、同中书门下平章事（丞相）兼知枢密院事，支持韩世忠、岳飞等将领抗金。然而在绍兴八年（1138）秦桧任丞相后，他被排斥在外近20年，先后以观文殿大学士提举江州太平兴国宫、知福州等，绍兴十二年（1142）封和国公，此后以提举江州太平兴国宫，居连州（治今广东连县），又徙永州（在今湖南）等。秦桧死后六年，即绍兴三十一年（1161）金兵又大举南下，张浚重被起用抗金，孝宗隆兴元年（1163）十二月再次任丞相兼知枢密院事、都督，封魏国公，然而翌年四月终因受主和派的排斥罢相，不久去世。①

在圆悟克勤住持开封天宁寺时，张浚已经结识克勤、宗杲师徒，经略川陕时在成都与克勤也有来往。在宗杲的传法生涯中，张浚是他的得力外护之一。张浚之兄张滉，字昭远，绍兴十五年（1145）曾以"右朝奉郎、直徽猷阁、权发遣永州军州事"②，与圆悟及宗杲也有交往，在《大慧语录》中称之为"徽猷"者就是他。张浚兄弟的母亲秦国夫人也虔信佛教。

宗杲住持径山寺的第三年，张浚已从丞相位去职。宗杲得知张浚兄弟在吴的四安，曾特地前往拜访，并请张浚为师圆悟撰写塔铭。

张九成（1092—1159），字子韶，号横浦居士、无垢居士，钱塘（今杭州）人，曾从程门弟子杨时学儒学，儒学横浦学派创始人。经进士入仕，官至权礼部侍郎、权刑部侍郎，主张抗金，受到秦桧猜忌，予以排斥。《宋史》卷三七四〈张九成传〉记载："先是径山僧宗杲善谈禅理，从游者众，九成时往来其间，桧恐其议己，令司谏詹大方论其与宗杲谤讪朝政，谪居南安军（按：治今江西大余县）。"直到十四年后秦桧死，才被起用知温州。

张九成参禅及与宗杲的交往的情形，在《联灯会要》卷十八〈张九成章〉、《大慧年谱》、《五灯会元》卷二十〈张九成传〉有较详记述。张九成在认识宗杲以前就喜参禅，先后参谒过杭州净慈寺楚明禅师（嗣云门宗法云善本）及善权清、法印一、明静庵惟尚等禅师，因读《大慧语要》对宗杲禅法发生兴趣，想见其人。绍兴十年（1140），张九成与状元汪应辰（1119—1176，字圣锡）登径山，在谈论"格物"的道理时，宗杲忽然插话说："公只知有格物，不知有物

---

① 《宋史》卷三六一〈张浚传〉及卷二一三〈宰辅表〉。
② 昌彼得等编《宋人传记资料索引》第三册第2292页，中华书局1988年影印我国台湾省鼎文书局本。

格。"在询问之后，宗杲以"小说"中所传安禄山反叛时，有个曾任阆州太守（刺史）的人跟着作乱，唐玄宗避难入蜀见其像，令侍臣用剑击之，此人正在陕西，忽然头落。宗杲以此寓意"物格"。对此，张九成表示理解，写偈颂曰："子韶格物，杲晦物格，欲识一贯，两个五百。"此后二人经常来往，宗杲告诉张九成不仅要能够"入佛"，也要学会"入魔"，也饶有兴趣地谈论过临济宗的门庭施设"四料拣"、"四照用"等。此后，张九成认为自己"了末后大事，实在径山老人处"，尊宗杲为师。

绍兴十一年（1141）四月十四日，张九成父亲去世，到径山请宗杲举行追荐法会，并设斋饭僧，十八日下山。宗杲在升座说法中，说圆悟当年曾称张浚之兄张昭远（张滉）是"铁铲禅"，他"却以无垢禅如神臂弓"，接着说偈曰："神臂弓一发，透过千重甲，仔细拈来看，当甚臭皮袜。"次日上堂说法，又说偈："神臂弓一发，千重关锁一时开；吹毛剑一挥，万劫疑情悉破之。""神臂弓"是当时杀伤力很强的弓，无垢居士是张九成的号。不管当时宗杲是怎样想的，他的这种说法和偈蕴含对主张抗金的张浚兄弟、张九成的赞颂之意。此话很快传到秦桧及其党羽那里，遭到他们的忌恨，便以皇帝的名义，以"坐议朝廷除三大帅事"，"径山主僧应而和之"的罪名，在五月二十五日敕命张九成在家居丧持服，服满另作安置；追缴宗杲的度牒，迫令穿俗服，强制编管于衡州。（《大慧年谱》）

"三大帅"是指当时担任将帅的韩世忠、张俊和岳飞，其中韩、岳二人是主张抗金的将领。秦桧先罢枢密院的军权，然后借朝廷名义任命韩、张二人为枢密使，岳飞为枢密副使。实际上，罢除这三人军权的时间是四月壬辰（二十四日），张九成早已下山。[①] 可见，加给张九成和宗杲的罪名纯粹是诬陷。

（四）被强制编管于衡州和梅州（1141—1156）

衡州在南宋属荆湖南路，治所在衡阳。宗杲及追随他弟子在绍兴十一年（1141）七月到达衡阳。当时张滉正在抚州（治今江西临川）任知州。宗杲一到衡阳，便送张滉偈戏之曰："小郡知州说大禅，因官置到气冲天，常携铲子勘禅客，谁知不值半分钱。"仍有戏谑他的禅是"铁铲禅"的意思，并称颂小郡因他的到任而气象非凡。张滉回偈答之曰："小庵庵主放憨痴，爱向人前说是非，只

---

① 参考《宋史·高宗纪》及《续资治通鉴》卷一二四。

因一句臭皮袜，几乎断送老头皮。"

衡阳知县廖季绎，号等观居士，安置宗杲一行住在他家的西园。远近慕宗杲之名前来学法者络绎不断，因宗杲居处狭小居住不下，他们分住于当地的花药、开福、伊山等寺院。在逢小参、入室等聚会时，宗杲搭乘篮舆前往各处，说法接引学人。宗杲与佛教界各地的高僧、信奉佛教的士大夫保持联系。他将各地寺院道友赠给他的钱物，派人捐赠给附近衡山、沩山等地的寺僧。临济宗黄龙派的草堂善清（黄龙下二世，1057—1142）从江西宝峰寺托人送信表示慰问，希望他以后回归"传扬正法，心契佛祖"。他立即回信问候。此外，他给远近向他问法的很多士大夫回信解答他们的问题（所谓"答……问道书"），并应请撰写大量的偈、赞、题、序、跋等。这样一来，衡阳无异成为临济宗又一个传法中心。

宗杲曾对别人为自己的画像作赞自嘲曰："身著维摩裳，头裹庞公帽。资质似柔和，心中实躁暴，开口便骂人，不分青白皂。编管在衡阳，莫非口业报。"（以上据《宗杲年谱》）流露对自己因口招祸，身著俗服，编配衡阳遭遇的痛苦和不满的心情。

宗杲在衡阳继续与朝野士大夫交往的消息传到秦桧党羽那里，引起他们的猜疑，在绍兴二十年（1150）六月通过朝廷命宗杲移往梅州编置。梅州在今广东省的东部，毗邻福建。宗杲一行取道郴州、韶州、广州、罗浮山，然后到达梅州。在经过韶州时特地参拜六祖慧能真身像。《大慧年谱》说梅州是"南方烟瘴之郡，医药绝少"，真实地反映了当时的情况。随从宗杲到梅州的弟子约有一百多人，然而六年后在他回归时，因患病死在当地的达六十三人。

宗杲在梅州如在衡阳一样，日常从事传法训徒，并与各地僧人、士大夫保持联系。

（五）被赦回归，住持阿育王寺、径山寺（1156—1163）

绍兴二十五年（1155）十月秦桧死，十二月有诏解除对宗杲编管。翌年初，宗杲与其弟子取道福建路的汀州，经水路至赣州（治今江西赣县）。此时，编管在南安军横浦的张九成也被解除编管，奉诏北上赴知温州（治永嘉，今温州市）之任。他按事先之约在赣水船上与宗杲相会。二人阔别十七年，相见不胜感慨，一起溯水行舟，沿途游山玩水，写诗题词。经庐陵（治今江西吉安市），北至临江军的新淦（今江西新干）。三月十一日，知县黄元绶遵从朝廷旨意在东山寺举行仪式为宗杲恢复僧装。[①] 宗杲应请为寺僧说法。宗杲与张九成相伴直到清江（临江军治所）才分手。张九成赠别诗曰："相别十七年，其间无不有，今朝互相见，对面成老丑。人生大梦耳，是非安足究，欲叙拳拳怀，老大慵开口。公作湖南行，我赴永嘉守，重别是今日，南北又奔走，已猷相过盟，长沙不宜久。"彼此挚情之深，溢于言表。

此后，宗杲西行至宜春（在今江西），栖止光孝寺。张浚此时居住长沙，在病重的母亲秦国夫人身旁服侍。秦国夫人因曾从宗杲受法，认为有"私恩未报"，希望见到宗杲。张浚为此三次派人到宜春促宗杲到长沙。待宗杲兼程到达长沙时，秦国夫人已经去世。张浚告诉宗杲，按照母亲遗愿希望供养宗杲一年，现既然因故难以做到，至少应接受供养一夏。宗杲应请住到七月，待张浚奉母灵归蜀，他才经荆南东下赴故乡之行，沿途应地方官员之请到府第或寺院说法，也有请他住持寺院的，他皆婉绝。十月到达故籍宣城。明州（治今浙江宁波）育王寺专使奉朝旨请宗杲任育王寺住持，受命后，先回故乡宁国看望故旧，然后回宁波，在光孝寺举行开堂仪式，然后入阿育王寺就任方丈。从此开始了他弘法的第二个昌盛时期。

阿育王广利禅寺，简称阿育王寺、育王寺。宗杲名声很大，前来育王寺问道参禅者达一万二千人。因寺在山上，为供水又开凿二泉，分别以"妙喜"、"蒙"为名。请张九成为妙喜泉作铭，自己作蒙泉铭。又陈请官府同意，在海边为寺开田千顷。先率八万四千人举行般若法会，募集资金用于开垦土地及建筑。

育王寺，靠近天童寺。提倡默照禅的宏智正觉禅师（1091—1157）就在天童寺任住持。宗杲虽反对默照禅，然而在个人关系上与正觉情谊很深。宗杲担任阿育王寺住持就是他向朝廷推荐的。宗杲到后曾到天童寺拜访过正觉。翌年十月正觉去世，是由宗杲出面主持丧礼的。

绍兴二十八年（1158），宗杲七十岁。正月奉旨住持径山寺。二月在临安举行开堂仪式，然后进山入院，当年在此坐夏的僧众有千人。径山寺尊神龙为护法神，称之为孚佑王，塑像建殿供奉。宗杲重修此殿，并且在殿的西厢塑造苏东坡像供奉。九月殿成，他特地派人到零陵（永州治所）请张浚撰写《孚佑王殿记》（在《大慧年谱》中简称《殿记》）。进山第二年，他向朝廷上表请求退位，但是临安府尹张偁出面挽留。他在再上径山说法中，有"重理旧词连韵唱"

---

① 参考《大慧语录》卷十八载有宗杲在新淦县东山寺的"普说"。《大正藏》卷47，第883页下。

之句。

宋孝宗不是高宗亲子，此时受封为普安郡王，七月派内都监上山请宗杲举行般若法会。宗杲特作偈颂献上，曰："大根大器大力量，荷担大事不寻常。一毛头上通消息，遍界明明不覆藏。"蕴含期待他君临天下之意。普安王看后十分高兴。绍兴三十年（1160）他被立为皇子，封为建王，又派内都监上山供养五百罗汉，并请宗杲上堂说法。宗杲说偈以献，其中有"既作法中王，于法得自在"的语句。建王回赠以手写"妙喜庵"三字，并在宗杲画像上写赞。宗杲将此四句推衍为四偈。① 这为以后孝宗即位后宗杲受到特别恩宠创造了条件。

绍兴三十一年（1161），宗杲退位，住入新建养老之居"明月堂"。次年，在金兵大举南侵之际，张浚重又起用，判建康府（治今南京）兼行宫留守，高宗也一度北上至镇江、建康府。在这期间，宗杲曾到建康会见张浚。他流着泪告诉张浚，自己先人不幸无后，请求借重张浚的地位找一位继承者。张浚奏举他的族弟奉其亲后。在张浚撰写的《大慧普觉禅师塔铭》中提到此事时这样评价宗杲："师虽为方外，而义笃君亲，每及时事，爱君忧时，见之词气。"②

孝宗即位后，派人向宗杲问"佛法大意"，并赐予"大慧禅师"之号。隆兴元年（1163）三月，宗杲听说王师凯旋，作偈曰："氛埃一扫荡然空，百二山河在掌中，世出世间俱了了，当阳不昧主人公。"并出己衣钵之资在径山举办华严法会，祝"两宫圣寿，保国康民"。由此可见他怀抱的忠君爱国和忧民之情。八月初病重，知自己不久人世，向孝宗上亲笔遗奏，又给在外地的张浚写信，给丞相汤思退写信嘱做"外护"。死前在弟子要求下写偈曰："生也只怎么，死也只怎么，有偈与无偈，是甚么热大。"③ 然后投笔安详去世，年七十五岁。寺僧将他遗体葬于明月堂之后，孝宗诏以明月堂为妙喜庵，赐谥"普觉禅师"，塔名"宝光"。

二 宗杲的语录著作

大慧宗杲生前辗转南北传法，身边弟子都有记录，有相当数量被整理为语录。此外，他撰写了大量的赞、颂古、序、跋，并且还向各地的道友、求法的儒

---

① 参《大慧语录》卷十一，载《大正藏》卷47，第856页中；《嘉泰普灯录》卷十五〈宗杲章〉。
② 《大正藏》卷47，第837页上。
③ 《大慧语录》卷十二，载《大正藏》卷47，第863页上。

者士大夫写信回答他们的问题。这些大部分被弟子收录在他的语录当中。现存他的语录著作有以下几种：

（一）《大慧普觉禅师语录》，简称《大慧语录》，三十卷

径山能仁禅院慧日蕴闻编集，并于孝宗乾道七年（1171）上进朝廷，请求编入大藏经刊行以广流通，孝宗诏命福州知府交给正在刊印《毗卢大藏经》的东禅报恩光孝寺编入藏经刻板，翌年正月刊行。据蕴闻上进《奏札》，他此前已将宗杲"平日提倡语要"整理成书，有《大慧广录》三十卷，所上进者为《大慧语录》十卷；又据福州东禅报恩禅寺住持德潜题记："承知府安抚大观文公文备准御批降《大慧禅师语录》十卷……谨刊为经板，计三十卷，入于毗卢大藏。"可见，所刊印者不是原三十卷的《大慧广录》，而是十卷的《大慧语录》，是福州东禅寺刻印为三十卷的。明代《嘉兴藏》本最为流行，日本《大正藏》本基本取自此本，然而在卷末没有附录《大慧年谱》。

卷首有蕴闻上进《奏札》和福州东禅寺住持德潜的题记。卷一至卷四是宗杲第一次住持径山能仁禅院时期的语录；卷五是住持育王广利禅寺的语录；卷六是再住径山寺的语录，卷末有张浚撰写的《大慧普觉禅师塔铭》；卷七是住持江西云门庵语录；卷八是住持福州洋屿庵和泉州小溪云门庵语录；卷九是在云居山圆悟门下担任首座时秉拂说法语录；卷十收录颂古117则；卷十一至卷十二是偈、赞；卷十三至卷十八是普说——〈大慧普说〉；卷十九至卷二十四是接引教示僧俗弟子或参禅问道者的法语——〈大慧法语〉；卷二十五至卷三十是书信——〈大慧书〉，收录62封信，其中60封是给包括丞相、执政在内的40位士大夫的信，2封是给僧人的信。

《大慧语录》在未入藏以前各卷当署有编录者名字，例如，日本发现五山版的《大慧普觉禅师住径山能仁禅院语录》一册，题道谦录，净智居士黄文昌重编。再如，《大慧书》有单行本，前面署慧然录，净智居士黄文昌重编；后面有黄文昌的后序[①]。

（二）《正法眼藏》，三卷或作六卷

冲密、慧然编录，载录唐宋以来禅宗语录614则，在有的语录后面加以

[①] 有《高丽藏》本及日本五山版本。请参考日本荒木见悟著《禅的语录17·大慧书》，东京筑摩书房，1969年；柳田圣山《禅籍解题》，载西谷启治、柳田圣山编《禅家语录Ⅱ》，筑摩书房，1974年。

"妙喜曰"附录宗杲对这则语录的评述性的文字（相当"拈古"），卷末"妙喜示众曰"，是记载宗杲一次上堂说法，比较集中地对当时丛林流行的禅风流弊、所谓"窠臼"的批评。

宗杲在第一则"琅邪和尚"语录之后的"妙喜曰"中提到此书的编录，说他"因罪居衡阳，杜口循省外，无所用心，间有衲子请益，不得已与之酬酢。禅客冲密、慧然随手抄录，日月浸久，成一巨轴……欲昭示后来，使佛祖正法眼藏不灭，予因目之曰正法眼藏。即以琅邪为篇首，故无尊宿前后次序、宗派殊异之分，但取彻证向上巴鼻，堪与人解黏去缚，具正眼而已"。宗杲说法，经常引用《景德传灯录》及其他语录中记载的自唐代以来丛林间流行的语录，然后加以发挥。此书是集编宗杲被编管衡阳时期说法时引用的语录和他的评述。

书成之后，宗杲分赠各地友人。张九成看到此书后，写信提出增临济弟子语录，称南阳慧忠禅语是"老婆禅"，建议删去。宗杲回信表示，人的根机不同，所适应的禅法也未必相同，无意采纳他的增删意见，说此书"不分门类，不问云门、临济、曹洞、沩仰、法眼宗，但有正知正见，可以令人悟入者，皆收之"。[①]

《续藏经》所收为明代万历年间重刊本，卷首载有圆澄《重刻正法眼藏序》、李日华《题刻大慧禅师正法眼藏》，并收录《大慧语录·书》中的《答张子韶侍郎书》。

（三）《大慧禅师禅宗杂毒海》，简称《禅宗杂毒海》，二卷

法宏、道谦等人编，南宋孝宗淳熙元年（1174）刊行。现存《续藏经》所载本有两部分：卷上是《大慧普觉禅师语录》，收录宋代禅师语录114则（段），其中也有宗杲的语录，称"师云"、"师……"卷下辑录的内容有：（1）亲近宗杲的士大夫为此书写的跋和题记，有18篇；（2）宗杲去世后士大夫的祭文，有31篇；（3）宗杲"赞方外道友"，有69首；（4）宗杲"赞佛祖"，有64首。至明清时，先后出现此书的增编本。

宗杲弟子云卧庵主晓莹《感山云卧纪谈》卷下载《云卧庵主书》谓，宗杲至梅州时凡有说法，法宏记录，"自大吕申公（按：吕蒙正）执政，至保宁勇禅师四明人，乃五十五段"，以宗杲在福州洋屿庵众寮门榜上的"兄弟参禅不得，

[①]《答张侍郎》，载《大慧语录》卷二十九，《大正藏》卷47，第937页中下。

多是杂毒入心"中的"杂毒"作书名。据此，最早法宏编录的《杂毒海》仅收语录五十五则，原本现已不存，也许此后被并入今本《大慧普觉禅师语录》之中了。

（四）《大慧普觉禅师宗门武库》，简称《宗门武库》，一卷

题道谦编。收录宋代禅宗公案语录114则。据《感山云卧纪谈》卷下载《云卧庵主书》所说，宗杲初住径山期间，弟子信无言等人在绍兴十年（1140）将其师"语古道今"的语录编集成书，福州福清寺的真禅师以《晋书·杜预传》中的"武库"二字题名。宗杲直到被编管衡阳时才从某僧手中看到此书，表示今后要补说加以补充，改换书名。①

现流通本有《续藏经》所载本，前有南宋孝宗淳熙十三年（1186）李泳的序。全书从内容看，与《禅宗杂毒海》上卷的《大慧普觉禅师语录》大部分相同，只是排列次序及少量语录不同。也许由信无言等人编的《宗门武库》早已无存，道谦另作补充改编，并吸收了法宏所编《禅宗杂毒海》的部分内容。

第二节 宗杲对"看话禅"的提倡和大慧派

宗杲在上堂说法、小参等不同场合向弟子和参禅者说法中，虽然也经常回避正面说法，然而与同时代其他禅师相比，正面说法还是比较多的，特别是通过当面教诲开示、通信的方式传法时，有更多从正面阐释自己禅法主张的内容。

应当说，提倡"看话禅"是宗杲禅法的重要特色，然而宗杲的禅法并非局限于看话禅。从宗杲的看话禅所蕴含的内容来看，它实际是建立在宗杲对佛道、修行和禅法的整体见解的基础上。宗杲继承自慧能以来的南宗顿教禅法，特别是临济宗的心性思想和修行主张，认为佛道不离现实人间，然而要真正达到解脱成佛必须通过自心觉悟，而不在于记诵和理解多少佛典、语录。他特别提倡，为摆脱来自身心内外各种困扰烦恼，最好的方法是集中精力看

---

① 原句为："绍兴庚午在衡阳见一道者写册，取而读，则曰：其间亦有是我说话，何得名为武库？遂曰：今后得暇说百件，与丛林结缘，而易其名。"

（参究）一个没有任何语境意义的"话头"，借此使心绪渐渐平静下来，然后达到豁然开悟。

现据上述《大慧语录》等资料，对宗杲禅法作概要介绍。

一　宗杲的禅法思想

（一）主张佛道在世间——"即心是佛，佛不远人"

觉悟成佛是大乘佛教的最高理想，然而在如何修行成佛，佛在遥远的彼岸还是在现实人间等问题上，各个不同派别的主张是不一样的。在隋唐成立的带有中国民族特色的佛教宗派对此也见解各异。在这些宗派中，特别强调佛在人间，佛与众生没有根本差异的有禅宗和密宗，然而，禅宗与密宗主张的"即身成佛"重要区别是主张"即心是佛"，更强调人的自心觉悟，正如禅宗六祖慧能所说的"识心见性，自成佛道"（敦煌本《六祖坛经》）。后世禅宗虽产生不同分派，提出不同的禅法主张，然而在这一点上可以说没有根本差别。

宗杲在不同场合向门下的说法中，也主张佛与众生没有根本差别，佛道在现实人间，佛在众生之中。《大慧语录》记载，他上堂对门下说：

> 即心是佛，佛不远人。无心是道，道非物外。三世诸佛，只以此心说法，只以此道度生。以此道度生，无生可度；以此心说法，无法可说。无法可说，是真说法，无生可度，是真度生。当知三世诸佛亦如是，现前大众亦如是。（卷二）
>
> 即心是佛，更无别佛。即佛是心，更无别心。如拳作掌，似水成波。波即是水，掌即是拳。此心不属内外中间，此佛不属过未现在。既不属内外中间，又不属过未现在，此心此佛悉是假名。既是假名，一大藏教所说者，岂是真耶？既不是真，不可释迦老子空开两片皮掉三寸舌去也。毕竟如何？但知行好事，休要问前程。（卷三）
>
> 僧问：心佛俱亡时如何？师云：卖扇老婆手遮日。乃云：心佛不二，物我一如，若实得一如，则不见有物我之名；若实得不二，则不见有心佛之相。既不见有心佛之相，则全心即佛，全佛即心。既不见有物我之名，则全物即我，全我即物。苟于日用二六时中，如是证入，则若心若佛，若

我若物，七颠八倒，悉得受用。便能拈一茎草，作丈六金身；将丈六金身，却作一茎草。（卷四）①

上引三段话的内容，虽然意思含糊，前后也缺乏严密的逻辑论证，然而从大体内容来看，三段皆依据般若性空的思想发挥"即心是佛"的思想。概括起来有以下四点：（1）既然即心是佛，自然"佛不远人"，佛就体现于人的本心、自性之中，佛从未离开过人；如果人的精神达到无所取舍的"无心"境界，就与佛道相契合，于是可以说佛道就是"无心"，作为揭示万物"性空"本质的佛道也未曾脱离万物；（2）心与佛，好像水与波、掌与拳那样的关系，是相即不二的，并且从本质上来说是空寂无相的，是超越于时间与空间的，人们平常所说的"佛"只是用来方便表示假象的"假名"；（3）从世界万物性相空寂这个根本意义来说，佛法佛道、大藏经，皆为虚幻的"假名"，可以说既无佛法可说，也无可化度的众生；（4）如果达到一切皆空的道理，体认"心佛不二，物我一如"，在心中就不再存在佛与心、物与我等差别观念，在精神上达到一种飞跃，进入物我一体——"全物即我，全我即物"的佛的精神境界。

宗杲以上推理是依据两大前提：一是各类《般若经》讲的"诸法性空"，一是禅宗南宗反复强调的"即心是佛"，在丛林禅师的说法中被认为是无须再加以证明的真理。因此，宗杲在不同场合的说法中虽一再借此推演发挥这两个思想，却从不进行论证。

如果说佛与众生没有差别，那么在日常生活中为什么却看不到这点？对此，宗杲是从人的"迷、悟"的角度来讲的，说众生与佛的差别仅在迷与悟之间。他说："佛与众生，本无异相，只因迷悟，遂有殊途。"这与《六祖坛经》所载慧能所说"迷即佛众生，悟即众生佛"、"故知不悟，即佛是众生；一念若悟，即众生是佛"是一致的。但为了使所持的般若空义贯彻到底，他又说，即使迷与悟也是相对的，所谓："虽曰殊途，且迷时，此个不曾迷；悟时此个不曾悟。"（《大慧语录》卷四）② 这样讲的目的，大概是防止对迷悟两端的执著，并且也是贯彻禅宗强调的不二思想的要求。

不二，是对"中道"的遮诠表述，有空有不二、常断不二、烦恼与菩提不

---

① 分别载《大正藏》卷47，第819页中、第822页中、第825页上。
② 载《大正藏》卷47，第826页下。

二等。宗杲在应请为魏矼侍郎举行的追荐先父的法会上说法,讲到日常烦恼与菩提解脱是相即不二的。他说:

> 要识佛法么?真如佛性、菩提涅槃是;要识病么?妄想颠倒、贪嗔邪见是。虽然如是,离妄想颠倒,无真如佛性;离贪嗔邪见,无菩提涅槃。且道分即是,不分即是?若分,存一去一,其病益深;若不分,正是颟顸佛性,儱侗(按:同"笼统")真如。毕竟作么生说个除病不除法底道理?有般汉闻恁么说便道:即法是病,即病是法,但有言说,都无实义。顺真如,则颠倒妄想、贪嗔邪见悉皆是法;随颠倒,则真如佛性、菩提涅槃悉皆是病。(《大慧语录》卷三)①

宗杲首先从一般的意义(俗谛)上将佛法与"病"——可以理解为世俗生活及情欲烦恼观念等,作了明确区分:佛法是指真如、佛性等,而病是妄想、贪嗔痴等,二者可谓泾渭分明;其次,他从中道(属于真谛范畴)的角度讲,二者是相即不二的,二者相对存在,彼此不可分;再次,从修行的角度,又绝不可将二者混同看待,轻易说什么"即法是病,即病是法",称此为"颟顸佛性,儱侗真如"的说法,正确的做法是:随顺(相信、悟解)真如佛性等佛理,则必将化妄想、贪嗔痴等世俗情欲烦恼等为佛法;如果相反随顺颠倒邪见,即使真正佛法也变成了束缚自己的病、烦恼。在这里,强调的是个人主观态度的重要性,是选择真如解脱呢,还是沉溺于世俗情欲烦恼呢?他反对将烦恼简单地等同于菩提的说法,认为不利于修行。

宗杲讲不二是为了向人们提示佛法不离人间,修行不必脱离日常生活。在他向儒者士大夫说法中尤其突出这个内容。现举两段他的语录:

> 先德所以指示:一切人脚跟下,无不圆成,无不具足,故有父不可以传子,臣不可以献君之说。盖使自证自悟,非从人得,所以不坏假名而谈实相。(《大慧语录》卷十八)

> 不坏世间相而谈实相,佛佛授手,祖祖相传,无差无别。……如何是不坏世间相而谈实相?妙喜为尔说破:奉侍尊长,承顺颜色,子弟之职当

---

① 载《大正藏》卷47,第821页上。

做者，不得避忌，然后随缘放旷，任性逍遥，日用四威仪内，常自检察，更以无常迅速，生死事大，时时提撕，无事亦须读圣人之书，资益性识。苟能如是，世出世间俱无过患矣。(《大慧语录》卷二十二〈示曾机宜〉)[1]

引文第一段是讲人人具有佛性，佛在自身（脚跟下），不在身心之外，然而在现实达到觉悟，则必须通过自修自悟，别人代替不了。这是一种"不坏假名而谈实相"，意为不离世俗人间而修证佛道。第二段侧重讲修行悟道，不必远避社会责任和伦理，在家尽孝，奉事父母，乃至做好其他职责，读诵圣贤之书，然后随缘自在，并以佛法经常参扣生死无常的道理。这种兼顾世间与出世间的做法也是"不坏假名而谈实相"。宗杲在说法中曾说，驸马都尉李遵勖（李文和）、翰林杨亿（杨文公）、徽宗时担任过丞相的张商英（张无尽）三人，还有苏东坡（苏轼），都属于"不坏假名而谈实相"的榜样人物。他们悟道，"何曾须要去妻孥，休官罢职，咬菜根，苦形劣志，避喧求静，然后入枯禅鬼窟里作妄想，方得悟道来！"[2]

正因为宗杲主张佛在人间，修行不必远离生活日用，所以他的禅法不仅在禅林产生重大影响，而且受到儒者士大夫的欢迎，在朝野得到不少得力的外护和追随信奉者。

(二)"道由心悟，不在言传"

宗杲继承禅宗的语言观，认为禅宗的根本宗旨是上承佛心，中经西土、东土诸祖相承"单传心印"，不是任何语言文字可以表达的，所谓"以心传心"，"直指人心，见性成佛"。他在这方面有不少阐述，同时对当时丛林间和僧俗信众中盛行的热衷读经、语录的风气进行批评，认为这无助于达到入悟解脱。这里仅选取几段他的语录：

（释迦牟尼佛）末后临般涅槃，于人天百万众前拈华普示，唯金色头陀破颜微笑。遂云：吾有正法眼藏，涅槃妙心，分付于汝。自是西天四七（按：西土二十八祖）、东土二三（按：东土六祖）、天下老和尚，各各以心

---

[1] 分别载《大正藏》卷47，第888页中、906页下至907页上。
[2] 据《大慧语录》卷二十一〈示徐提刑〉、卷十八〈孙通判请普说〉，分别载《大正藏》卷47，第899页下至第900页上、第888页下。

传心，相续不断。若不识其要妙，一向溺于知见，驰骋言词，正法眼藏流布，岂到今日。(《大慧语录》卷一)

从上诸圣无言语传授，只说以心传心而已。今时多是师承学解，背却此心，以语言传授，谓之宗旨。为人师者，眼既不正，而学者又无决定志，急欲会禅，图口不空，有可说耳，欲得心地开通，到究竟安乐之处，不亦难乎！(《大慧语录》卷十九〈示智通居士〉)

此事(按：入道解脱)决定不在言语上。所以从上诸圣，次第出世，各各以善巧方便，切切怛怛，唯恐人泥在言语上。若在言语上，一大藏教五千四十八卷，说权说实，说有说无，说顿说渐，岂是无言说？因甚么达磨西来却言：单传心印，不立文字语言，直指人心，见性成佛；因何不说传玄传妙，传言传语，只要当人各各直下明自本心，见自本性。事不获已，说个心说个性，已大段狼藉了也。(《大慧语录》卷十六)[①]

第一段所说释迦牟尼佛在入灭之前于灵山会上拈花示众，在场的人不理解其意，唯有"金色头陀"迦叶破颜微笑，以此作为迦叶从佛受传正法妙心证明的传说，是继承唐代《宝林传》所载释迦牟尼佛传法说发展而来，然而其中的"拈花"情节在宋真宗时道原编撰《景德传灯录》时尚未出现，大概形成于北宋的中期[②]，杨岐方会(992—1049)在说法中已经引用。禅宗史书中最早载其说者为徽宗时惟白编撰《建中靖国续灯录》(成书于1101年)，此后是南宋悟明编撰《宗门联灯会要》(成书于1183年)。这段传说成为宋代以后禅宗所称本宗禅旨是直接承自佛祖，是"以心传心"的重要根据。

宗杲引证这个传说的目的是向门下说明禅宗的根本宗旨，所谓"以心传心"，"单传心印，不立文字语言，直指人心，见性成佛"，告诉他们达到觉悟应在领悟自性——"明自本心，见自本性"上下功夫，不应当执迷于语言文字，受经教、语录等的束缚，指出"溺于知见，驰骋言词"、"传玄传妙，传言传语"，皆无助于达到解脱。并对丛林间一些禅师"师承学解，背却此心，以语言传授，谓之宗旨"等现象提出批评。

[①] 《大正藏》卷47，第813页上中、第892页下、第880页中。
[②] 据《佛祖统纪》卷五引《梅溪集》，王安石(1021—1086)曾问佛慧泉禅师世尊拈花的出典，泉禅师答"藏经所不载"。王安石说他在"翰苑"(翰林院)见过一部《大梵王问佛决疑经》三卷有此内容。此经现存，被认为是伪经。

在不少场合，宗杲与其他禅师一样也用简单否定，乃至近似粗鲁的语句极力贬低语言文字的功能。《大慧语录》卷四记载他一次上堂说法的情景：

> （大慧）乃云：古人道，我宗无语句，实无一法与人。恁么道，早是通身浸在屎窖里了也，那堪更踏步向前。如之若何？
> 问：向上向下、三要三玄、银碗里盛雪、北斗里藏身，意旨如何？岂不是屎窖旁边更掘屎窖？
> （答：）虽然如是，若于屎窖中知些气息，方知三世诸佛、历代祖师、天下老和尚、古往今来一切知识，尽在屎窖里转大法轮；其或未然，切忌向屎窖里著到。[①]

不仅否定说禅的语句，连古人所说禅宗以语句传法的话也予以否定，将这种说法比喻为身体浸在屎窖里，甚至连临济义玄的"三要三玄"、洞山良价"银碗里盛雪"、云门文偃"向上向下"、"北斗里藏身"等公案名句，也通通置于否定之列，同意问者所说的在"屎窖旁边更掘屎窖"，然而又表示，如果能从接触被比喻为"屎窖"的语句中有所体会（"知些气息"），便可理解他说的意思：三世诸佛、历代祖师以语句说法，好像是"在屎窖里转大法轮"。

那么，禅宗历代禅师留下那样多的语录、偈赞、颂古和其他形式的文字著作，对此又应作怎样的解释？他说：

> 道由心悟，不在言传。近年以来学此道者，多弃本逐末，背正投邪，不肯向根脚下推穷，一味在宗师说处着到，纵说得盛水不漏，于本分事上了没交涉。古人不得已，见学者迷头认影，故设方便诱引之，令其自识本地风光，明见本来面目而已，初无实法与人。（《大慧语录》卷二十三〈示妙明居士〉）

> 黄面老子（按：指佛）曰：不取众生所言说，一切有为庄严事。虽复不依言语道，亦复不著无言说。（《大慧语录》卷二十五〈答李参政〉）

> 佛说一切法，为度一切心；我无一切心，何用一切法。当知读经看教，博极群书，以见月亡指，得鱼忘筌为第一义，则不为文字所转，而能转得

[①] 《大正藏》卷47，第826页中，另见《联灯会要》卷十七。

语言文字矣。(《大慧语录》卷二十四〈示莫宣教〉)①

可见,他虽然认为从根本上说"道由心悟,不在言传",但又认为对于那些对禅旨、解脱之道不了解的人,或对迷于自性者,还是有必要借助"方便"之道,运用经教、语言加以启示和引导的,好像向人指天上之月的手指、用以捕鱼的器具筌那样,只是一种方便手段,而如果对这些说教语句加以执著,而不在参悟自性上下功夫,那就是"弃本逐末,背正投邪"了,必然离解脱之道越来越远。因此,宗杲本人一生不仅没有闭口无言,而且经常向门下及参禅者谈禅说法,有大量语录著述传于世间。

宗杲也用禅宗惯用的不二思想来解释语句在理解佛道、领悟自性和达到解脱中的作用。他曾说:"佛法要妙,离言说相,离文字相,离心缘相,不可以有心求,不可以无心得,不可以语言造,不可以寂默通。"(《大慧语录》卷五)②意谓佛法的要旨——真如、实相、佛性等属于"第一义谛"(圣谛)的道理,或解脱之道,虽然从根本上来说是超越于语言文字和知见之上,不能靠语言领悟,然而又不可离开语句以"寂默通"。他以此启示门下应理解语句只是入悟的手段。

《大慧语录》卷二十载宗杲〈示真如道人书〉说:"佛只说因语入义(按:了义、佛道),不说因义入语。禅家千差万别,种种言句,亦如是。"他批评当时的僧俗中通行两种"大病":一种是"多学言句,于言句中作奇特想";第二种是"不能见月忘指,于言句悟入,而闻说佛法禅道不在言句上,便尽拨弃,一向闭眉合眼,做死模样,谓之静坐,观心默照"。③ 他所说的第一种,正是对热衷于读语录、经教,钻研义理的批评;第二种是对所谓"默照禅"的批评。那么,如何能够避免这两种"大病"呢?他开出的药方是修持他的看话禅。

(三)大力提倡看话禅

宗杲尽管认为修行解脱不离世间,然而,同时认为,造成人生痛苦和轮回生死的根本原因是由"心意识"引起的种种"妄念"、贪嗔痴等情欲,如果不能将这些情欲烦恼制服断除,是难以达到觉悟解脱的。他说:

---

① 三段引文分别载于《大正藏》卷47,第910页上、第919页下、第913页中。
② 《大正藏》卷47,第829页中下。
③ 同上书,第895页中。

众生无始时来，为心意识所使，流浪生死，不得自在，果欲出生死，作快活汉，须是一刀两段，绝却心意识路头，方有少分相应。故永嘉云：损法财，灭功德，莫不由兹心意识。岂欺人哉！（《大慧语录》卷二十九）

心意识乃思量分别之窟宅也，决欲荷担此段大事因缘，请猛著精彩，把这个来为先锋，去为殿后底（的）生死魔根，一刀斫断，便是彻头时节。正当怎么时，方用得口议心思著。何以故？第八识既除，则生死魔无处栖泊；生死魔无栖泊处，则思量分别底（的）浑是般若妙智，更无毫发许为我作障。所以道：观法先后，以智分别，是非审定，不违法印。得到这个田地了，尽作聪明，尽说道理，皆是大寂灭、大究竟、大解脱境界，更非他物。故盘山云：全心即佛，全佛即人是也。（《大慧语录》卷二十）①

引文中的"心、意、识"在小乘只是指六识（眼耳鼻舌身意）中的意识。大乘唯识学派主张八识说，以第八识阿赖耶识为心，末那识为意识，前六识为识，而以阿赖耶识为根本识，不仅是产生其他七识，而且是自身，乃至万有的本源。宗杲运用大乘的说法，以第八识（阿赖耶识）为根本识，认为心、意、识是"生死魔根"，不断引发各种妄念和烦恼，招致生死轮回；如果能够将第八识断除，便可得般若妙智，"尽作聪明，尽说道理"的大解脱境界。那么如何将心意识"一刀两段"而达到这一境界呢？宗杲认为最简捷的方法就是修看话禅。

看话禅也叫看话头、参话头，简单地说，就是聚精会神地参究一段语句，乃至语录中一个字，在参究中又必须超越语句或字的任何含义，将参究的语句或字仅仅当作克服"妄念"和"杂念"，通向"无念"或"无心"的解脱境界的一种手段或桥梁。

唐宋以来的禅门语录，既然是用语言文字表达的，自然皆蕴含一定的意义，虽可做出不同的解释，但并不能改变其固有的字面意义。然而进入唐末五代以后，禅师正面说法较少，并且也回避从正面解释前人语录的原有的意义。在宗杲之师圆悟克勤编撰的《碧岩录》中，虽然也在多处解释前人的语录，然而却经常批评别人对语录所做的解释，称之为"没交涉"，"错作解会"，"向情解上

---

① 两段语录分别载《大正藏》卷47，第934页中、第896页上。

作活计"、"参死句"等，说："殊不知宗师家说话，绝意识，绝情量，绝生死，绝法尘，入正位（按：指体认空、实相、理），更不存一法，尔才作道理计较，便缠脚缠手……"（《碧岩录》卷九）① 按照他的说法，既然古人是超绝意识、情量、生死宣说禅法的，对他们的语句自然不能以常情道理加以解释。

宗杲的看话禅，实际就是沿着这个思路发展来的。《大慧语录》卷十三记载，宗杲曾举马祖"不是心，不是佛，不是物"的公案让弟子参，而且叮咛："不得作道理会，不得作无事会，不得作击石火闪电光会，不得向意根下卜度，不得向举起处承当。"② 如果照此参究这段话，那就只有超越语句含义，把它当作吸引自己心神的没有任何意义的对境、符号，借以中断思惟分辨，达到"无念"、"无心"境界。这种修持做法就是看话禅。

宗杲初次住持径山期间，派弟子道谦到长沙给张浚送信。张浚的母亲计氏，法名法真，朝廷赠秦国夫人之号，虔信佛教四十多年，日常看佛经，听说宗杲到径山，曾施舍钱财请宗杲上堂普说，"举扬般若"。张浚与兄张滉（语录称"徽猷"——直徽猷阁）请道谦留下伴陪老母修行，说话，半年后始得归。据《联灯会要》卷十七〈道谦章〉记载，某日，秦国夫人问道谦："径山和尚寻常如何教人参禅？"道谦告诉她：

  和尚令人摒去杂事，唯看：僧问赵州狗子还有佛性也无？州云：无；又僧问云门：如何是佛？门云：干屎橛。但一切时、一切处，频频提撕（按：提醒、提示）看，以悟为则。国太欲办此事，宜辍看经，专一体究始得。

在《大慧语录》卷十四〈秦国夫人请普说〉中，宗杲详细提到此事：

  （夫人）一日问谦：径山和尚寻常如何为人？谦云：和尚只教人看狗子无佛性话、竹篦子话，只是不得下语，不得思量，不得向举起处会，不得去开口处承当。狗子还有佛性也无？无。只怎么教人看。渠遂谛信，日夜体究，每常爱看经、礼佛。谦云：和尚寻常道：要办此事，须是辍去看经、礼佛、诵咒之类，且息心参究，莫使工夫间断；若一向执著看经礼佛，希

---

① 《大正藏》卷48，第209页上。
② 《大正藏》卷47，第865页下。

求功德，便是障道。候一念相应了，依旧看经礼佛，乃至一香一华、一瞻一礼，种种作用，皆无虚弃，尽是佛之妙用，亦是把本修行，但相听信，决不相误。渠闻谦言，便一时放下，专专只是坐禅，看狗子无佛性话。闻去冬，忽一夜睡中惊觉，乘兴起来坐禅举话，蓦然有个欢喜处。近日谦归，秦国有亲书并作数颂来呈山僧，其间一颂云：逐日看经文，如逢旧识人，勿言频有碍，一举一回新。

两段引文提到三则公案：一是唐代赵州从谂和尚答语的"无"，有人问赵州"狗子还有佛性也无"时，回答："无。"二是五代南汉云门宗创始人文偃的"干屎橛"，有人问："如何是释迦身？"答："干屎橛。"三是宋代临济宗首山省念的"竹篦子"，他手拿竹篦子问归省："不得唤作竹篦子，唤作竹篦子即触，不唤作竹篦子即背，唤作什么。"① 这三段公案中的"无"、"干屎橛"、"竹篦子"，都有十分明确的字面含义，然而，这些禅师将它们运用到参禅答语或提问中时，却不要求弟子按词语原有的意思理解，暗示他们只是将这些词语当作一种超越具体意蕴的符号，用以启示他们体认真如佛性、至高佛法不是词语可以表达的，引导他们自修自悟。

看话禅在此基础上又有所发展。第一，不管看赵州的"无"，还是看云门的"干屎橛"、首山的"竹篦子"，应当在一切时间、一切场合，连续不断地看、参究；第二，对所参究的语句"不得下语，不得思量，不得向举起处会，不得去开口处承当"，即不得从它们原来所蕴含的意义上去理解、回答和思考，也不要理会原来的问话，或试图做出解释，参究过程中好像嘴里含着个没滋味的铁橛一样；第三，可以采取坐禅方式，也可以在行住坐卧的其他任何方式进行；第四，除此之外不须看佛经、礼佛和诵咒；第五，在参究中如果达到"一念相应"、即宗杲在其他场合讲的"一念缘起无生"（《大慧语录》卷二十〈示廓然居士〉）②，"有个欢喜处"，便意味着入悟；第六，入悟以后，可以"依旧看经礼佛，乃至一香一华、一瞻一礼，种种作用，皆无虚弃，尽是佛之妙用"，此时看佛经，好像会见旧朋友一样，可谓达到了解脱自在的境地。

据笔者初步统计，在《大慧语录》中，提到看话禅的地方多达26处，反映

---

① 三则公案分别见《古尊宿语录》卷十三〈赵州语录〉；《云门录》卷上，载《大正藏》卷47，第550页中；《天圣广灯录》卷十六〈归省章〉。

② 《大正藏》卷47，第896页下。

宗杲对看话禅的重视程度。然而其中最多的场合是对儒者士大夫讲的，也许他的出家弟子对此已经掌握，所以对他们说法时不再强调。他举的话头最多的是赵州的狗子无佛性的"无"，此外，还有云门"干屎橛"、"露"字、赵州"庭前柏树子"、马祖的"即心是佛"等。为了使读者对宗杲看话禅有更多了解，下面再引几段具有代表性的语录：

妄念起时，亦不得将心止遏，止动归止，止更弥动。只就动止处，看个话头，便是释迦老子、达磨大师出来也。只是这个僧问赵州：狗子还有佛性也无？州云无。尔措大家，多爱穿凿说道：这个不是有无之无，乃是真无之无，不属世间虚豁之无。怎么说时，还敌得他生死也无？既敌他生死不得，则未是在。既然未是，须是行也提撕，坐也提撕，喜怒哀乐时，应用酬酢时，总是提撕时节。提撕来，提撕去，没滋味，心头恰如顿一团热铁相似。那时，便是好处，不得放舍，忽然心华发明，照十方刹，便能于一毛端，现宝王刹，坐微尘里，转大法轮。（《大慧语录》卷十七〈钱计议请普说〉）

僧问赵州：柏树子还有佛性也无？州云：有。僧云：几时成佛？州云：待虚空落地。僧云：虚空几时落地？州云：待柏树子成佛。看此话，不得作柏树子不成佛想，虚空不落地想。毕竟如何？虚空落地时，柏树子成佛；柏树子成佛时，虚空落地。定也思之。（《大慧语录》卷十九〈示妙证居士〉）

行住坐卧，造次颠沛，不可忘了妙净明心之义。妄念起时，不必用力排遣，只举僧问赵州：狗子还有佛性也无？州云：无。举来举去，和这举话底亦不见有，只这知不见有底亦不见有，然后此语亦无所受，蓦地于无所受处，不觉失声大笑，一巡时便是归家稳坐处也。（《大慧语录》卷二十一〈示妙净居士〉）

常以生不知来处，死不知去处二事，贴在鼻孔尖上，茶里饭里，静处闹处，念念孜孜，常似欠却人万百贯钱债，无所从出，心胸烦闷，回避无门，求生不得，求死不得，当怎么时，善恶路头相次绝也。觉得如此时，正好着力，只就这里看个话头：僧问赵州：狗子还有佛性也无？州云：无。看时不用博量，不用注解，不用要得分晓，不用向开口处承当，不用向举起处作道理，不用堕在空寂处，不用将心等悟，不用向宗师说处领略，不用掉在无事甲里，但行住坐卧，时时提撕：狗子还有佛性也无？无。提撕得熟，口议心思不及，方寸里七上八下，如咬生铁橛没滋味时，切莫退志，得如此时，却是个好底消息。(《大慧语录》卷二十一〈示吕机宜〉)

疑情未破，但只看个古人入道底话头，移逐日许多作妄想底心来话头上，则一切不行矣。僧问赵州：狗子还有佛性也无？州云：无。只这一字，便是断生死路头底刀子也。妄念起时，但举个无字，举来举去，蓦地绝消息，便是归家稳坐处也。(《大慧语录》卷二十二〈示妙心居士〉)[①]

对这五段引文，笔者不拟再作全面解释，仅引其中部分语句对宗杲所描述的看话禅的顿悟解脱境界略作介绍。引文中的"忽然心华发明，照十方刹，便能于一毛端，现宝王刹，坐微尘里，转大法轮"，是借助华严圆融思想描述达到成佛解脱后的精神境界；"蓦地于无所受处，不觉失声大笑，一巡时便是归家稳坐处也"，"蓦地绝消息，便是归家稳坐处也"，也是对顿悟境地的描述，所谓"无所受处"、"绝消息"，蕴含着"无念"、"无生"的意思。

宗杲认为记述前人入悟因缘的公案语录，对于参禅修行具有指导和借鉴的意义，并且要修看话禅，也必须先熟悉古人的语录公案，然后才能选择适宜自己参究的话头。宗杲说："近世丛林，邪法横行，瞎众生眼者不可胜数。若不以古人公案举觉提撕，便如盲人放却手中杖子，一步也行不得。"(《大慧语录》卷十九)[②] 正因为他重视古人和当代人的语录，所以在说法中大量引用语录，并留有由弟子集编的《大慧语录》及《正法眼藏》、《禅宗杂毒海》传世。

宗杲还主张，看话禅既要以达到觉悟为要则，又不能总是有意识地抱着追求觉悟的念头、目的。他在给丞相汤思退(字进之)的信中说：

丞相既存心此段大事因缘，缺减界中虚妄不实，或逆或顺，一一皆是发机时节。但常令方寸虚豁豁地，日用合做底事，随分拨遣，触境逢缘，时时以话头提撕，莫求速效，研穷至理，以悟为则。然第一不得存心等悟，若存心等悟，则被所等之心障却道眼，转急转迟矣。但只提撕话头，蓦然向提撕处，生死心绝，则是归家稳坐之处，得到怎么处了，自然透得古人

---

① 以上五段引文，分别载《大正藏》卷47，第886页上、第893页下、第901页上、第901页下至第902页上、第903页中至下。

② 《大正藏》卷47，第892页上。

种种方便，种种异解自不生矣。（《大慧语录》卷三十〈答汤丞相〉）[1]

既要达到觉悟，又不有意追求等待觉悟，是引导他以平常心来修持看话禅，在无意识地参话头过程中自然而然地达到觉悟。

重视公案语录在禅修中的指导和借鉴意义、主张禅修"以悟为则"两点，被宗杲认为是自己的禅法与默照禅的重要区别所在。

（四）对默照禅的批评

在现存宗杲的语录和书信中，对所谓"默照禅"的批评占有相当大的篇幅。从宗杲的一生经历来看，他是在入闽传法以后开始对默照禅进行批评的，直到去世前几乎没有停止过，经常在宣传看话禅的场合或多或少附带地批评默照禅。这一方面反映了默照禅在当时具有较大社会影响，同时也反映宗杲对默照禅对看话禅可能带来威胁的担心，表示他对批评默照禅的重视。

那么，他所批评的默照禅是一种怎样的禅法？是不是与他同时代的曹洞宗宏智正觉禅师所主张的默照禅？下面让我们先引他批评默照禅的六段语录，然后加以分析说明。

> 今时学道人，不问僧俗，皆有二种大病：一种多学言句，于言句中作奇特想；一种不能见月亡指，于言句悟入，而闻说佛法禅道不在言句上，便尽拨弃，一向闭眉合眼，做死模样，谓之静坐观心默照，更以此邪见诱引无识庸流曰：静得一日，便是一日工夫。苦哉！殊不知尽是鬼家活计。去得此二种大病，始有参学分。……语默二病不能除，决定障道，不可不知；知得了，始有进修趣向分。（《大慧语录》卷二十〈示真如道人〉）

> 而今诸方有一般默照邪禅，见士大夫为尘劳所障，方寸不宁，怗便教他寒灰枯木去，一条白练去，古庙香炉去，冷湫湫地去，将这个休歇人。尔道，还休歇得么？殊不知这个獦狚子不死，如何休歇得！来为先锋，去为殿后底不死，如何休歇得。此风往年福建路极盛。……（《大慧语录》卷十七）

> 谓佛法禅道不在文字语言上，即一切拨置，噇却现成粥饭了，堆堆地

---

[1] 《大正藏》卷47，第941页下至第942页上。

坐在黑山下鬼窟里，唤作默而常照，又唤作如大死底人，又唤作父母未生时事，又唤作空劫已前事，又唤作威音那畔消息，坐来坐去，坐得骨臀生胝，都不敢转动，唤作工夫相次纯熟，却将许多闲言长语，从头作道理商量，传授一遍，谓之宗旨，方寸中依旧黑漫漫地。本要除人我，人我愈高，本要灭无明，无明愈大。(《大慧语录》十九〈示东峰居士〉)

近年以来有一种邪师，说默照禅，教人十二时中是事莫管，休去歇云，不得做声，恐落今时。往往士大夫为聪明利根所使者，多是厌恶闹处，乍被邪师辈指令静坐，却见省力，便以为是，更不求妙悟，只以默然为极则。某不惜口业，力救此弊，今稍有知非者。(《大慧语录》卷二十六〈答陈少卿〉)

近世丛林有一种邪禅，执病为药，自不曾有证悟处，而以悟为建立，以悟为接引之词，以悟为落第二头，以悟为枝叶边事。自己既不曾有证悟之处，亦不信他人有证悟者，一味以空寂顽然无知唤作威音那畔空劫已前事。逐日噇却两顿饭，事事不理会，一向嘴卢都地打坐，谓之休去歇去；才涉语言，便唤作落今时，亦谓之儿孙边事。将这黑山下鬼窟里底为极则，亦谓之祖父从来不出门，以己之愚返愚他人。(《大慧语录》卷二十一〈示吕机宜〉)

近年丛林有一种邪禅，以闭目藏睛，嘴卢都地作妄想，谓之不思议事，亦谓之威音那畔（按：禅宗以《法华经》中的威音王之时表示遥远古代）空劫已前事，才开口便唤作落今时，亦谓之根本上事，亦谓之净极光通达，以悟为落第二头，以悟为枝叶边事。盖渠初发步时便错了，亦不知是错，以悟为建立，既自无悟门，亦不信有悟者。这般底谓之谤大般若，断佛慧命。(《大慧语录》卷二十九〈答曹太尉〉)[1]

从以上引文，可以看到宗杲所批评的所谓默照禅的主要特征是：（1）与"多学言句"，执著文字经教相对，认为既然"禅道不在言句上"，便否定一切经教和前人公案语录，只是教人每天吃过饭便什么事也不管，什么事也不做，只是一直地闭目静坐下去，说是休歇身心，渐渐地使自己的心静寂得如"寒灰枯木"，洁净得如"一条白练"，冷清得如"古庙香炉"，身心状态简直像个死人一

---

[1] 这六段语录分别载《大正藏》卷47，第895页中、第884页下至885页上、第892页上、第923页上、第901页下、第939页上。

引他如下一段语录：

> 近年以来，禅有多途：或以一问一答，末后多一句为禅者；或以古人入道因缘，聚头商榷云：这里是虚，那里是实；这语玄，那语妙，或代或别为禅者；或以眼见耳闻和会，在三界唯心，万法唯识上，为禅者；或以无言无说，坐在黑山下鬼窟里，闭眉合眼，谓之威音王那畔，父母未生时消息，亦谓之默而常照为禅者。……此辈名为可怜愍者，教中谓之谤大般若，断佛慧命人，千佛出世，不通忏悔。虽是善因，返招恶果。（《大慧语录》卷二十〈答张舍人状元〉）①

宗杲在《正法眼藏》的最后所载"上堂示众"中也有一段话比较集中地对当时各种禅风提出批评，有的内容与这段引文相近，并且对人们分类解释临济宗"三玄"、云门宗"三句"和曹洞宗"偏正五位"等门庭施设的做法提出怀疑和批评。限于篇幅，这里不再引证。

二　宗杲与士大夫的交往及其三教一致思想

宗杲幼年上过乡校，读过儒书，在开封天宁寺圆悟克勤门下时曾在"择木堂"负责接待造访的士大夫，后来辗转各地传法乃至被编管衡阳、梅州时，一直与士大夫保持密切的交往，在士大夫中有不少弟子或朋友。

据《大慧年谱》，在儒者士大夫中，曾从宗杲虔诚参禅，有所体验或证悟，所谓"恪诚扣道，亲有契证"者，有参政知事李邴（字汉老）、礼部侍郎曾开（字天游）、侍郎张九成、吏部郎中蔡枢（字子历）、给事中江安常（字少明）、提刑吴伟明（字元昭）、给事中冯楫（字济川）、中书舍人吕本中（字居仁）、参政刘大中（字立道、仲懿）、宝文阁学士刘子羽（字彦修）、中书舍人唐文若（字立夫）、御带黄彦节（字节夫）、兵部郎中孙大雅、编修黄文昌（字世永）、楞伽居士郑昂（字尚明）以及秦国夫人计氏法真、幻住道人智常、超宗道人普觉，共18人；曾与宗杲真诚交往并热心问道，所谓"抠衣与列，佩服法言"者，有汪藻（字彦章）、参政知事李光（字泰发）、知枢密院事富直柔（字季

---

① 《大正藏》卷47，第941页下至第942页上。

申)、侍郎刘岑（字季高）、礼部侍郎曾几（字吉甫，曾开弟）、侍郎徐林（字雅山）、签书枢密院事楼炤（字仲晖）、吏部尚书汪应辰（字圣锡）、左丞相汤思退（字进之）、侍郎方滋（字务德）、提举李琛（号清净居士）、侍郎荣薿（字茂实）、尚书韩仲通、内都知昭庆军承宣使董仲永（字德之）、成州团练使李存约、安庆军承宣使张去为、开府保信军节度使曹勋（字公显）、中书舍人张孝祥（字安国）、御带宁远节度使黄仲威、直殿邓靖（字子立）、无住居士袁祖岩，有21人，以上两项共39人。此外，所谓"空而往，实而归"者更多。①《联灯会要》以张九成为宗杲在家嗣法弟子；《嘉泰普灯录》以张九成、李邴、刘彦修、吴伟明、黄彦节、秦国夫人计氏法真、黄文昌为宗杲在家嗣法弟子。

在这些士大夫中，官至丞相的张浚、礼部侍郎张九成，是宗杲的至交，即使彼此遭遇患难时也保持真挚深切的情谊。李邴、曾开、曾几、吕本中、刘子羽、汪藻、李光、富直柔、楼炤、汪应辰、汤思退，以及《大慧语录》所载宗杲示以法语或与之有书信往来者，如兴化军通判刘子翬（字彦冲，刘子羽之弟）、吏部侍郎向子諲（字伯然）、太常少卿陈桷（号无相居士）、中书舍人张孝祥（字安国）等人，都曾身居高位，与宗杲也有较深的交往，在朝廷和社会上具有相当的影响，《宋史》中皆有传。

有的还在宋代儒学史上占有一定地位。明代黄宗羲《宋元学案》卷四十四〈赵张诸儒学案〉记载张浚的传记，其子张栻别创南轩学派。卷四十载〈横浦学案〉，张九成曾师事程门四大弟子之一的杨时（字龟山），为横浦学派的创始人。据卷二十六〈廌山学案〉，吕本中师承程门四大弟子之一的游酢（字定夫）之学，开创紫微学派；曾开也师承游酢之学；卷四十三〈刘胡诸儒学案〉载有刘子翬传记；卷四十六载〈玉山学案〉，汪应辰是玉山学派创始人。这些人可谓是宋代的大儒。他们并没有鄙视僧人，都与宗杲保持比较亲近的关系，有时向他询问禅宗的宗旨和修证方法。

宗杲在与他们接触和传法谈禅的过程中，自然要受到他们的影响，并且在自觉不自觉之中将从他们那里得来的东西吸收到他的禅法思想之中。在现存宗杲的语录和著作中记载他向士大夫谈佛教与儒、道二教一致的思想，可以说是他适应当时社会环境向儒者士大夫传法的表现，是宋代三教会通的时代潮流的

---

① 石井修道《大慧普觉禅师年谱研究（下）》（载1982年《驹泽大学佛教学部研究纪要》第四十号）对宗杲僧俗弟子的生平有简单考证，并附有据其他史书考证出的嗣法弟子74人，可以参考。

反映。

宗杲针对有的儒者士大夫批评佛教只是"空寂之教",不愿意接近。宗杲在《示张太尉》中针对这种看法加以解释。他先引证佛语:"不坏世间相而谈实相",意为佛教并非要人离开现实社会去修佛法;接着又引传为后秦僧肇所作的《宝藏论》:"寂兮寥兮,宽兮廓兮,(分兮别兮),上则有君,下则有臣,父子亲其居,尊卑异其位。"以此证明佛教与儒家一样主张忠君孝亲,上下尊卑有序,也在有力地"助扬至尊圣化",并非只谈空寂。他提出:

> 三教圣人立教虽异,而其道同归一致,此万古不易之义。(《大慧语录》卷二十二)①

意为佛教与儒、道二教虽然立教存在种种不同的地方,然而所依据基本原则——"道"上是一致的。为什么这样说呢?宗杲在《示成机宜》的长篇法语中对此有集中的解释。他说:

> 三教圣人所说之法,无非劝善诫恶,正人心术。心术不正,则奸邪,唯利是趋。心术正,则忠义,唯理是从。理者,理义之理,非义理之理也。(《大慧语录》卷二十四)②

这是从三教的功能,也可以说是从三教的目的的角度讲的。他认为,三教(他主要讲佛、儒二教)皆教导人们行善戒恶,进行道德修养,使人心正直,履行忠义,唯理是从。他特别强调:"理者,理义之理,非义理之理"。大概是说,这个"理"是与佛教讲的世界万有的本体、本源"真如"、"实相"、"佛性"或"本心"相一致的理,是三教一致的"理义"之理,而不是儒家经常讲的"义理"之理。古人常以"宜"解释"义",意谓处在不同地位奉行不同的伦理、礼节为宜,为义。韩愈《原道》说:"博爱之谓仁,行而宜之之谓义。"臣对君尽忠,子对父母尽孝为义。然而这在佛教看来不是从根本的实相之"理"衍生出来的义,此"义"之理自然不是真如实相之"理"。

---

① 《大正藏》卷47,第906页上中。
② 同上书,第912页中。

宗杲在《答汪状元》的信中还从"性"、"道"更深的层次论述他对三教一致、学儒与修佛道（"为学为道"）一致的见解。他说儒者往往以"仁义礼智信"（五常）为学，而将所谓"格物、忠恕、一以贯之之类"[①]为道，认为这有点像瞎子摸象的寓言所说的那样，"各说异端"，不得要领。宗杲引西汉儒者扬雄《法言·学行章》的话："学者所以修性。"然后加以发挥，说扬雄所说的"性"就是道，与佛所说的"性成无上道"是一致的。他认为，儒家的五常名教皆源自这个根本的"性"或"道"，是它在某一方面的表现。他说：

> 仁乃性之仁，义乃性之义，礼乃性之礼，智乃性之智，信乃性之信，义理之义亦性也。作无义事，即背此性，作有义事，即顺此性。然顺背在人，不在性也。仁义礼智信在性，不在人也。人有贤愚，性即无也。若仁义礼智信在贤而不在愚，则圣人之道，有拣择取舍矣，如天降雨择地而下矣。所以云：仁义礼智信在性，而不在人也。贤愚顺背在人，而不在性也。

他认为，世人不分贤愚，本性皆具有仁义礼智信五常，世上之所以存在或贤或愚的差别，是由人们顺应还是违背自己的本性决定的，能够顺应本性者成为贤人，违背者则成为愚人。他的结论是：

> 若识得仁义礼智信之性起处，则格物、忠恕、一以贯之在其中矣。……所以云：为学为道一也。
> ……菩提心则忠义心也，名异而体同。但此心与义相遇，则世出世间一网打就，无少无剩矣。（《大慧语录》卷二十八）[②]

从宗杲前后的语句来看，所谓"识得仁义礼智信之性"，就是禅宗所说的体悟自性，达到解脱。他认为，如果到此境界，儒家所说的格物致知、"一以贯之"的忠恕之道也就全实现了，也就意味着成为圣贤。因此，佛教所说的发"菩提心"（觉悟心），也就是儒家的求忠义心，只要此心与先天本具之性相契合，达到解脱，便自然进入超越于世出世之上的精神境界。

[①] 《大学》说"致知在格物"，此后才可能诚意、正心、修身、齐家、治国、平天下。《论语·里仁章》载曾子曰："夫子之道，忠恕而已矣。"

[②] 两段引文皆载《大正藏》卷47，第932页下。

宗杲在劝士大夫修习他的看话禅时，经常提到"为学为道一也"的观点。他认为，在修持佛法过程中，"心意识之障道，甚于毒蛇猛虎"，应当截断心意识的分辨、思虑进程，断除围绕个人得失及求取富贵、快乐的念头，只是在一切时间和场合专心致志地摒弃三教圣贤所斥责的，领会思悟他们所提倡赞颂的，便可自然而然地达到圣贤境地。如他在《示罗知县》中所说：

> 将先圣所诃者，如避毒蛇猛虎，如经蛊毒之乡，滴水莫教入口。然后却以三教圣人所赞者，茶里饭里，喜时怒时，与朋友相酬酢时，侍奉尊长时，与妻儿聚会时，行时住时坐时卧时，触境遇缘，或好或恶时，独居暗室时，不得须臾间断。若如此做工夫，道业不成办，三教圣人皆是妄语人矣。（《大慧语录》卷二十）①

不仅如此，他还进一步直接建议士大夫借修持看话禅达到通达三教真理的觉悟境界。他在《示成机宜》中劝成机恭机宜修持看话禅，看当年云门文偃对僧回"杀父杀母，向佛前忏悔，杀佛杀祖时，却向甚处忏悔"所做的回答的"露"（原意当为表露，对众忏悔）字。他说：

> 若有决定志，但只看个露字，把思量分别尘劳中事底心，移在露字上，行行坐坐，以此露字提撕，日用应缘处，或喜或怒，或善或恶，侍奉尊长处与朋友相酬酢处，读圣人经史处，尽是提撕底时节。蓦然不知不觉，向露字上绝却消息。三教圣人所说之法，不著一一问人，自然头头上明，物物上显矣。（《大慧语录》卷二十四）②

在《答汪状元》（二）中劝汪圣锡状元看赵州和尚的"狗子无佛性话"，说：

> 赵州狗子无佛性话，左右如人捕贼已知窝盘处，但未捉着耳。请快著精彩，不得有少间断，时时向行住坐卧处看，读书史处，修仁义礼智信处，侍奉尊长处，提诲学者处，吃粥吃饭处，与之厮崖，忽然打失布袋，夫复

---

① 《大正藏》卷47，第897页下。
② 同上书，第912页上。

何言。(《大慧语录》卷二十八)①

按照宗杲的说法,通过修看话禅,不管是看"露"字,还是看"无"字的话头,皆可进入与无念、无生相契合的精神境界,不仅能够顿悟自性、佛道达到解脱,同时也意味着洞晓三教圣人所说之法,所谓"自然头头上明,物物上显"。他甚至说,如果一旦到此境地,便可进入精神高度圆融和自由解脱的佛(法王)的境界,如他在《答汪状元》(一)中所说:"儒即释,释即儒,僧即俗,俗即僧,凡即圣,圣即凡,我即尔,尔即我,天即地,地即天,波即水,水即波,酥酪醍醐搅成一味,瓶盘钗钏熔成一金。在我不在人。得到这个田地,由我指挥,所谓我为法王,于法自在,得失是非,焉有罣碍。"(《大慧语录》卷二十八)② 然而他虽提出这一结论,却没有进行深入细致的说明。

三 大慧宗杲的法系——大慧派

宗杲僧俗弟子很多,据《大慧年谱》记载,有度门弟子(当指直接从他出家者)净初等84人;嗣法弟子有110多人,其中著名的有泉州教忠寺弥光、福州西禅寺鼎需、福州东禅寺思岳、饶州荐福寺悟本(或作道本)、温州能仁寺祖元、庐山东林寺道颜、福州西禅寺守净、明州育王寺遵璞、建宁府开善寺道谦、衡山伊山寺冲密、潭州沩山寺法宝、福州雪峰寺慧日蕴闻、温州净居寺妙道、平江资寿寺妙总(尼僧,哲宗时丞相苏颂之孙女)等人。南宋悟明《联灯会要》卷十七、卷十八目录载宗杲嗣法弟子14人,前面未提到的出家弟子2人:明州阿育王寺佛照德光、建宁府竹原庵宗元。南宋正受《嘉泰普灯录》卷十八目录载其嗣法弟子75人,在正文载录者仅27人,其他以"无机语"皆未收录。大慧的弟子及其法系形成临济宗的大慧派,长期主要遍布于南方广大地区,一直传承到明清时期以后。

现仅对鼎需、德光及晓莹三人进行介绍。

鼎需(1092—1153)是宗杲在福建收的弟子之一,长期在福建传法。俗姓林,福州长乐人。长期习儒学,因偶尔读《遗教经》对佛教产生信仰,出家行

---

① 《大正藏》卷47,第933页上。
② 同上书,第31页中。

脚参禅，遍历湖湘丛林，"眼空四方，无可意者"，回到故乡结茅庵于羌峰独自修禅，后接受黄龙惟清的弟子佛心本才禅师的劝告，放弃"厌喧求静，独善其身"的想法，在大乘寺任首座。宗杲入闽，在洋屿庵传法，弥光约他前往参谒，听宗杲上堂说法，衷心叹服，成为弟子。一日宗杲问："内不放出，外不放入，正怎么时如何？"鼎需正要回答，被宗杲用竹篦连打脊二下，"于此大悟"。（《联灯会要》卷十七〈鼎需章〉）鼎需长期在福州西禅寺传法，有《懒庵需禅师语》传世①。弟子有鼓山安永、龙翔南雅、天王志清等人。安永的弟子晦翁悟明编撰禅宗史书"五灯"之一《宗门联灯会要》三十卷行世。大慧派中正是鼎需这一支传到明清以后。

德光在宗杲身边虽然不过一年多的时间，然而由于后来受到孝宗的崇信，影响很大。

佛照德光（1121—1203），俗姓彭，临江新喻（今江西新余）人。名德光，佛照是南宋孝宗所赐之号。幼年父母双亡，靠伯父母养育，年二十一岁从本郡南山光化寺普吉禅师②出家，曾随师入闽参学。他先后参谒临济宗杨岐派法演下二世月庵善果、三世应庵昙华及百丈震禅师，皆未契悟，听说宗杲从梅州北归住持明州天童寺，便前往参谒。宗杲手持竹篦子以当年首山省念勘验归省的禅语让他答，所谓："唤作竹篦则触，不唤作竹篦则背，不得下语，不得无语，不得意根下卜度，不得向举起处承当，速道速道！"意为称竹篦则违犯参禅不得正面回应的规约；不称竹篦则背于常理，既不许回答，又不许不回答，不得以自心揣度，也不许从提问处考虑。德光机智地绕开这个话题，采取讥讽的口吻说："杜撰长老，如麻似粟。"宗杲反问："你是第几个？"他答："今日捉败这老贼。"他的机敏反应得到宗杲的赞许，便成为宗杲弟子。（《古尊宿语录》卷四十八载《佛照禅师奏对录》）第二年涅槃日（阴历二月十五日），德光在参究"佛常住法身，何有生灭"的话头中"忽然契悟"，并得到宗杲的印可。在宗杲第二次住持径山寺时，他应请到径山度过一个夏安居。此后，德光曾到蒋山看望应庵昙华，昙华对他很赏识，并把他介绍给侍郎李浩③。孝宗乾道三年（1167）李浩知台州

---

① 参《五灯会元》卷二十〈鼎需传〉及《续古尊宿语要》卷五。
② 此据《古尊宿语录》卷四十八所载《佛照禅师奏对录》。《联灯会要》卷十八及《五灯会元》卷二十所载〈德光传〉谓"吉禅师"。《佛祖历代通载》卷二十〈德光传〉（载《大正藏》卷49，第694页）谓"光化禅院主僧足庵"。足庵也许是号，与普吉当是同一人。
③ 李浩，《宋史》卷三八八有传。

（治今浙江临海县），礼请德光住持天台山的鸿福寺、台州的天宁寺，四方学人投到他门下的很多。

宋孝宗尊崇佛教，爱读《楞严经》、《圆觉经》，曾诏宗杲再度住持径山，并派人向宗杲问"佛法大意"，赐予"大慧禅师"之号。淳熙三年（1176）春，孝宗诏德光到临安住持灵隐寺，派使者参加德光开堂升座的仪式并降香，当年冬召请德光入宫，让他住在观堂，连续五天请他说法谈禅，赐以自作偈颂及"佛照禅师"之号。此后，德光先后住持育王寺、径山寺，四次应诏入宫说法。在这期间，德光向孝宗进献自著《宗门直指》介绍禅宗。孝宗在绍熙元年（1190）让位于光宗自为太上皇之后，又两次请德光入宫说法。《古尊宿语录》卷四十八所载的《佛照禅师奏对录》，记载在这十七年期间德光七次应诏入宫与孝宗谈论佛法的内容。主要有以下几点：

（1）德光应孝宗之问，介绍自己的求法修学经历；

（2）德光称颂孝宗是菩萨"乘愿力而来，示现帝王身"，借向他介绍和解释古今著名有趣的公案，对禅宗的基本宗旨，如即心是佛，见性成佛，着重心悟而不重文字等，进行简单通俗地说明，以引起孝宗对禅法的兴趣，并且劝他"念念扣己而参"，"直至成佛，永无退转"；

（3）孝宗向德光讲述自己对佛法禅宗的理解，例如，用偈颂来对禅宗语句"即心即佛，非心非佛"的意思进行阐释，曰："欲言心佛难分别，俱是精微无碍通，跳出千重缚不住，天涯海角任西东。"他曾表示，自古帝王英雄信奉佛教者少，"秀才家多不信佛法"；又说"自古帝王无悟道者"，实际以自己悟道自任。他在最后一次召请德光入宫说法时，甚至能够对佛法进行归纳，说："佛法无多子，一言以蔽之：但无妄念而已；若起妄念，则有生灭。"可见他对佛法有了相当的了解。

孝宗在淳熙八年（1181）著《原道论》，认为唐代韩愈的《原道》批评佛法的说法是"文烦而理迂"，而以佛教的五戒比附儒家的五常——仁义礼智信，提出儒释道三教并用，所谓"以佛修心，以道养生，以儒治世"。[①] 可以认为，孝宗对佛教的态度及对三教功能的看法，是深受宋代三教会通思潮的影响的。

德光在多次应诏入宫说法过程中，得到皇帝、大臣的很多赏赐，有金玉器具、缯彩，计三万缗。他全用来为育王寺买田地，每年"增谷五千（斗？）"。国

---

① 载《佛祖统纪》卷四十八，《大正藏》卷49，第429页下至第430页上。

史修撰陆游曾记其事。德光在宁宗庆元元年（1195）从径山寺退位，居于东庵，嘉泰三年（1203）去世，年八十三。死前作偈曰："八十三年，弥天罪过，末后殷勤，尽情说破。"宁宗赐谥"普惠宗觉大禅师"，塔号曰"圆照"。①

据明居顶《续传灯录》卷三十五记载，德光有嗣法弟子14人，其中有传录者6人，主要的有灵隐寺之善、净慈寺居简、径山寺如琰、天童寺派禅师等。径山如琰下一世晦岩智昭撰《人天眼目》，二世普济编撰《五灯会元》；净慈居简下三世是元代名僧笑隐大欣、奉敕重修《百丈清规》的东阳德辉、撰《佛祖历代通载》的梅屋念常、编撰《释氏稽古略》的觉岸宝洲。

宗杲另一嗣法弟子晓莹，因著《罗湖野录》和《云卧丛谈》而著名后世。字仲温，"云卧"是以庵名为号。历参丛林，后投到大慧宗杲门下学法，在丛林和社会上有一定名望，晚年归罗湖之上，杜门极少与世人交往。

晓莹具有文才，勤于写作。他将生平在丛林间所见闻的著名禅师提唱的语句、士大夫参禅及他们与禅僧交往的佚事，以及他与友朋之间有关佛教禅法的谈论，或从残碑蠹简得来的佛教史事，荟萃成编，题名《罗湖野录》。此外，晓莹在南宋绍兴二十五年（1155）住感山（在今江西丰城县）时，根据以往自己在丛林及士大夫中的见闻，编撰《感山云卧丛谈》。二书出世以来皆受到丛林禅僧及士大夫的欢迎。②

《罗湖野录》、《云卧丛谈》现存，皆二卷，对我们了解和研究宋代佛教禅宗历史很有参考价值。

总之，宗杲是临济宗继汾阳善昭、石霜楚圆、黄龙慧南、杨岐方会及圆悟克勤之后，声望最高的一位禅师，他不仅在佛教界拥有较大影响，在当时儒者士大夫中的影响更大，对宋代佛、儒二教的会通起到很大的推动作用。宗杲在继承以往禅宗重心性自悟和反对执著语句的禅法基础上提出看话头的禅法，不仅为他的弟子直接继承，而且成为禅宗中占主流地位的禅法，一直流传到明清时代，在流传中也有人将它与净土念佛法门相结合。宗杲的僧俗弟子之多和影响之大，是自北宋以来未曾有过的，可以说是临济宗达到极盛的表现。

---

① 德光生平，主要据《佛祖历代通载》卷二十〈德光传〉，并参考《古尊宿语录》卷四十八载《奏对录》等。

② 据如惺《大明高僧传》卷八〈晓莹传〉、《佛祖历代通载》卷二十二，分别载《大正藏》卷50，第933页中与《大正藏》卷49，第688页中。

临济宗传承世系略表之五

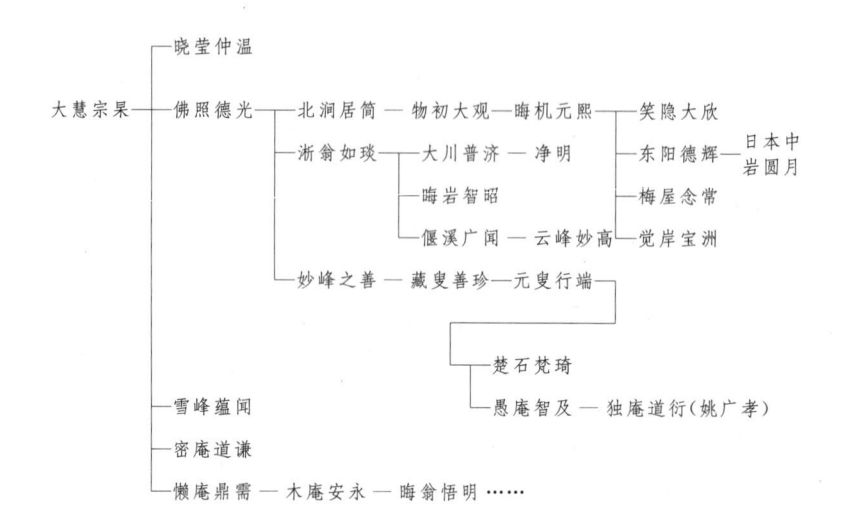

```
          ┌─ 晓莹仲温
          │
          │                ┌─ 北涧居简 ─ 物初大观 ─ 晦机元熙 ─ 笑隐大欣
          │                │
          ├─ 佛照德光 ─────┤                                        ┌─ 日本中
          │                ├─ 浙翁如琰 ─ 大川普济 ─ 净明              │   岩圆月
大慧宗杲 ─┤                │                        ─ 东阳德辉 ──────┤
          │                │           ─ 晦岩智昭    
          │                │                        ─ 梅屋念常
          │                └─ 偃溪广闻 ─ 云峰妙高 ─ 觉岸宝洲
          │
          │                                         ┌─ 楚石梵琦
          ├─ 妙峰之善 ─ 藏叟善珍 ─ 元叟行端 ────────┤
          │                                         └─ 愚庵智及 ─ 独庵道衍（姚广孝）
          │
          ├─ 雪峰蕴闻
          │
          ├─ 密庵道谦
          │
          └─ 懒庵鼎需 ─ 木庵安永 ─ 晦翁悟明……
```

第三节 虎丘绍隆及虎丘禅派

北宋后期和南宋时期，临济宗杨岐派最为兴盛，而在杨岐派中最有影响的是圆悟克勤的法系。克勤弟子大慧宗杲的法系形成大慧派，辗转相承一直到明清时代。另一弟子虎丘绍隆的法系形成虎丘派，一直传到明清以后。

本节对虎丘绍隆及其法系作概要介绍。

一 虎丘绍隆及其禅法

绍隆（1077—1136），俗姓不详，和州含山（在今安徽）人。九岁离开父母到本县佛慧禅院出家，六年后正式剃度受具足戒，年二十一岁出外行脚，在长芦参谒净照禅师，对禅宗宗旨有所领会，偶尔读到圆悟克勤的语录，很受启发，叹曰："想酢（醋）生液，虽未能浇肠沃胃，要且使人庆快，第恨未亲聆謦欬尔！"于是决定前往克勤所在之处参谒。先到渤潭宝峰寺参谒黄龙下二世湛堂文准，在他门下一年，然后到黄龙山参谒死心悟新。悟新问："是甚么僧？"他答：

"行脚僧。"问："是何村僧，行什么驴脚马脚？"因悟新是韶州（今广东韶关）人，他便大声喊："广南蛮，道甚么？何不高声道？"悟新对他这种反应表示赞赏，认为"却有纳僧气息"！他在此参禅，度过一夏。悟新对他很器重。他听说克勤在夹山传法，便出发前往。途经潭州（治今湖南长沙）龙牙山，会见石霜楚圆下二世宗密（嗣泐潭应乾），彼此研推古今，十分投机。

此后到夹山灵泉寺。正逢克勤迁住潭州长沙道林寺，他也相随而往。某日，克勤对他说："见见之时，见非是见，见犹离见，见不能及。"然后竖起拳头问："还见么？"绍隆答："见。"克勤曰："头上安头。"据载，绍隆此有省悟。克勤紧跟着问："见个什么？"他巧妙地答："竹密不妨流水过。"

克勤的问话大概意为：见（视觉）所见的对象时，见不是所见的对象，既然见离开所见的对象，那么见是不能真正反映所见对象的。这里似乎是以含糊的语言运用般若空观思想，既然事物从本质上说是空寂无相的，那么人的视觉便不能认识。绍隆如果顺着克勤逻辑回答"不见"，那么按照参禅成规就会被看作是参"死句"受到斥责，所以他竟反其意而答"见"。然而毕竟还是使用了语言作答，没有以沉默表示，所以克勤怪他是"头上安头"。绍隆由此得悟。当克勤再问他见个什么时，他便以不相干的话搪塞过去，于是得到克勤的印可，让他担任知藏（掌管佛典图书）。有人对他能否胜任此职提出疑问，克勤称他是"瞌睡虎"，放心任用。（《续传灯录》卷二十七〈绍隆章〉）

此后，绍隆不离克勤身边长达20年，对克勤的禅法完全掌握。此后，为服侍年老的双亲回归故乡，先居褒禅山，后应请住持和州开圣寺、宣州彰教寺，逐渐出名。大约在绍兴四年（1134）应请到虎丘住持云岩禅寺，当时克勤早已归蜀，四方参禅学人很多投奔到他的门下。他应机接引门下弟子和参禅者，发扬克勤的禅法，名声大振，四方丛林称"圆悟之道，复大播于东南"。绍兴六年（1136）有病，嘱咐让首座宗达继承方丈，经寺众请示州府得到同意。绍隆在临终前索笔大书曰："无法可说，是名说法。所以佛法，无有剩语。"[①]

绍隆在和州、宣州和虎丘三处说法，有参学弟子嗣端等人编的《虎丘隆和尚语录》传世。仅从这本语录来看，他在说法中对于以心性（也称道、理）为世界万有的本原和本体的思想讲得比较多。据载，有僧问他："如何是大道真

---

① 以上除注明出处外，主要据南宋左朝奉司农少卿徐林撰《宋临济正传虎丘隆和尚塔铭》，载《虎丘隆和尚语录》卷后。《佛祖历代通载》卷二十四〈绍隆传〉完全取自本塔铭。其他如《联灯会要》卷十七、《嘉泰普灯录》卷十四、《五灯会元》卷十九、《续传灯录》卷二十七〈绍隆传〉等也可以参考。

源?"他回答说：

> 大道只在目前，要且目前难睹。欲识大道真体，不离声色言语。风吹不入处，和泥带水；和泥带水处，风吹不入。如今不免又头上安头。(《宣州彰教禅院语录》)

他说，作为万物本原、本体的大道，就在每个人的眼前，并且不离每人自身的形象和言语。它与一切万物和合在一起，如同风吹不进的"和泥带水"（相当理事圆融）之物。大道本来超言绝象，对它的任何描述都是多余的。

他还说过：

> 目前无法，万象森然。意在目前，突出难辨。不是目前法，触处逢渠。非耳目之所到，不离见闻觉知。虽然如是，也须是踏着它向上关捩子始得……(《宣州彰教禅院语录》)

绍隆依据般若空观和不二思想，以看似矛盾的语句来表述世界的现象和本质：从本质看，眼前空虚无物，然而从所谓假象看，到处无非森然万物。从本原之心（意识）来说，它虽在眼前，然而却无形无象。虽然如此，到处都能看到它（渠）的显现，可以说是既非人的耳目所见，又不离人的见闻觉知。他提示门下，如果想要达到入悟解脱，就应当掌握这当中蕴含的要旨。

绍隆认为，如果能够体悟心性之道与宇宙万物彼此交会，互相圆融无碍的道理，就可以达到至高的物我一体、心物一如的认识境界。他曾借描述某处临湖的自然风光，对这种精神境界进行描述：

> 豁开户牖，万里不挂片云；杲日腾空，四顾清风满座。湖光浩渺，野色澄明，万象森罗，全彰海印[①]。直得头头妙用，物物真机，心境一如，纤尘不立。正恁么时，万机休罢，千圣不携，坐断毗卢顶，不禀释迦文，婢视声闻，奴呼菩萨。德山、临济，直得目瞪口呆；有棒有喝，一点也用不

[①] 海印，指海印三昧，是华严总三昧（定）。据称，佛入此三昧，心平静得如同风止波静的大海，无边万象无不印现海面那样，宇宙森罗万象一时皆在心中印现。

得。(《住和州开圣禅院语录》)

意谓至此境界，心中空寂，没有凡圣之别，再也无须致力于外在的坐禅、奉佛，便能超越于大小乘的圣贤阶位，自然一切棒喝再也就用不着了。

他在说法中经常发挥华严理（心、一、无）、事（物、一切、有）圆融无碍的思想，用以启示弟子抓住身边任何机会或事物作为觉悟的切入点。他曾说："佛语心为宗（按：《楞伽经》的语句），一切即一；无门为法门；一即一切。"然后问门下到各地行脚参禅，是否理解和遵循（"踏着"）了这一理事圆融的法门呢？如果能够体悟并遵循这一法门，便可达到精神自由，无为而无不为的境界。他甚至还把这一法门看作是贯通于自然与社会之间的至高真理。他说：

若也踏着此门，年年是好年，月月是好月，日日是好日，时时是好时。明如杲日，宽若太虚。三世诸佛以此门生凡育圣，广利群品；历代祖师以此门以心契心，流通正续；天下宗师以此门揭示人天眼目，提持向上一路；乾坤以此门为覆藏，日月以此门为照临，四时以此门为寒暑，国王以此门治天下，百官以此门尽忠孝，庶人以此门治生产，衲僧以此门拨转天关，掀翻地轴。

没有具体论证，大意不过是说这一法门效能无限，法力无边。

二 虎丘禅派高僧——应庵昙华、密庵咸杰与松源崇岳、无准师范

虎丘绍隆有弟子六十多人，其中对后世最有影响者是明州天童寺昙华。昙华传密庵咸杰，咸杰弟子中最著名的有松源崇岳、曹源道生和破庵祖先，法裔繁盛。破庵祖先的弟子中有无准师范，法裔最为繁盛，经元明清，一直传至现代。

（一）应庵昙华

应庵昙华（1103—1163），应庵是号，俗姓江，蕲州黄梅（在今湖北）人，十七岁在黄梅东禅寺出家，受具足戒后到各地游方参禅。建炎二年至建炎四年（1128—1130），圆悟克勤在南康军建昌县（在今江西省永修县）云居山真如寺传法期间，昙华前往参谒，从受禅法。克勤在入蜀之际，让他到宣州彰德寺师

事绍隆。在绍隆应请到平江府（治今江苏苏州）虎丘住持云岩禅寺时，他侍从前往。半年后得悟，在丛林逐渐出名，先后受请住持处州（治今浙江丽水市）妙岩禅院、衢州（在今浙江）明果寺、蕲州（在今湖北）德章安国禅寺、饶州（治今江西波阳县）报恩光孝禅寺、荐福禅寺、宝应禅寺、庐山归宗禅寺、婺州（治今浙江金华市）宝林禅寺、江州（治今江西九江市）东林太平兴龙禅寺、建康府蒋山太平兴国禅寺、平江府光孝禅寺，最后住持庆元府（治今浙江宁波）天童山景德禅寺。

南宋绍兴二十年（1150）大慧宗杲受命迁往梅州编置。昙华此时正在庐山住持归宗寺，有僧将他上堂说法的语录带到梅州给宗杲看，宗杲看了赞赏不已，写偈寄给他说："坐断金轮第一峰，千妖百怪尽潜综，年来又得真消息，报道杨岐正脉通。"称赞他禅机高妙峻烈，对临济宗杨岐一系的禅法兴隆抱有希望。按辈分，宗杲是昙华的师叔。宗杲在绍兴二十八年（1158）被赦解除编管，受命再度住持径山寺，后因年老退居"明月堂"。此时昙华住持天童寺，叔侄相望，门下禅僧往来于两寺，被丛林称为"二甘露门"。昙华于南宋隆兴元年（1163）去世，年六十一岁。门下建塔葬全身于本山，左承议郎太常丞兼权尚书吏部郎官李浩（1116—1176）撰写塔铭。昙华的弟子中著名的有庆元府天童寺密庵咸杰禅师、衢州光孝寺百拙善灯禅师等人。

应庵昙华的语录及著述，载于守诠等人编《应庵昙华禅师语录》十卷之中。①

（二）密庵咸杰

密庵咸杰（1118—1186），密庵是号，俗姓郑，福州福清县人。自幼出家，受具足戒后，行脚各地丛林参禅问道。应庵昙华在衢州住持明果寺期间，咸杰前往参谒。虽屡次遭到昙华的呵责，然而求道初心不退，终于受到印可。先后应请住持衢州西乌居山乾明禅院、大中祥符禅寺、建康府（治今南京）蒋山太平兴国禅寺、常州无锡县华藏禅寺。南宋孝宗淳熙四年（1177）奉旨住持临安府（治今杭州）径山兴圣万寿禅寺。期间孝宗召他入宫，在选德殿向他问佛法大意。淳熙七年（1180），咸杰奉诏住持灵隐禅寺，孝宗亲写书翰向他问法，后

---

① 以上主要据《庵昙华禅师语录》后附南宋李浩撰《应庵禅师塔铭》，并参考明圆极居顶编《续传灯录》卷三十一、清代自融编《南宋元明禅林僧宝传》卷三所载昙华传记。

又派侍臣问《圆觉经》中提到的"四病"①。一时之间，声名显赫。晚年住持天童禅寺。平时应机接物，威仪峻整，戒行高洁，严于律众。淳熙十三年（1186）去世，年六十九。门下建塔葬之山的中峰，南宋正议大夫刑部尚书侍书兼太子詹事葛泌（约1131至约1196）撰写塔铭。

咸杰的弟子很多，著名的有夔州卧龙山破庵祖先禅师、临安府灵隐松源崇岳禅师、饶州荐福曹源道生禅师、明州天童枯禅自镜禅师、杭州净慈潜庵慧光禅师、太平府（治今安徽当涂县）隐静万庵致柔禅师、杭州灵隐笑庵了悟禅师、金陵蒋山一翁庆如禅师、苏州承天铁鞭允韶禅师等人。

密庵咸杰的说法语录及撰述，载于弟子崇岳、了悟等人编《密庵咸杰禅师语录》二卷之中。②

（三）松源崇岳及其法系赴日传法僧

松源崇岳（1132—1202），松源是号，俗姓吴，生于处州龙泉县（在今浙江）的松源，因以松源为号。二十三岁时离家，在当地大明寺受五戒为居士，出外参访名师。

在大慧宗杲奉诏住持径山寺期间（在1137—1141年之间），应庵昙华在建康府蒋山太平兴国禅寺传法。崇岳先到径山寺参谒宗杲。宗杲某日上堂说法，称赞昙华"为人径捷"。他听后立即往赴蒋山太平寺去参谒昙华。

崇岳虽为居士，然而有面见昙华参问的机会。他昼夜参究赵州和尚"狗子无佛性"的语句，一日自认为有悟，向昙华述说，昙华未予印可，提示说："世尊有密语，迦叶不覆藏。"大概是说佛在灵山会上表面上是以莲华示众，然而却有密语传授；迦叶以"破颜微笑"表示的本身，未曾隐藏佛的任何传授。对此，崇岳以含有禅机的语句回答："钝置和尚！"意为"不回应和尚"。昙华听后厉声一喝，心里对他有赞赏之意。从此，崇岳得以朝夕参问，昙华认为他是"法器"，便用偈颂劝他剃发正式出家，以兴隆禅宗。

南宋孝宗隆兴二年（1164），崇岳在临安西湖白莲精舍剃度出家，此后游历各地丛林参禅问道。他到福州鼓山参谒大慧下二世木庵安永禅师，在彼此参扣

---

① 《圆觉经》中所谓四病是：作病，有意造作之病；任病，任缘无所作为之病；止病，执意止妄之病；灭病，欲灭烦恼以求圆觉之病。经谓圆觉（成佛）非是通过这四种做法可以达到的。
② 主要据《密庵咸杰禅师语录》后附葛泌《天童密庵禅师塔铭》，并参考《续传灯录》卷三十五、《南宋元明禅林僧宝传》卷五所载咸杰传记。

之间，表现机敏。在离开时，安永表示自己出语比不过他，但同时提醒他："开口不在舌头上。"不外是说：按照禅宗"不立文字，教外别传"的宗旨，道理未必需要语言表述。然而崇岳当时并未能理解此话的意思。

崇岳后游方至衢州西山乾明寺礼密庵咸杰为师，对咸杰的任何提问皆迅速回答，然而咸杰皆不予印可，戏称他为"黄杨禅"。黄杨木虽坚密，然而生长缓慢，咸杰大概以此喻崇岳虽是法器，然而磨炼成熟尚须时间。崇岳专心参禅，甚至到废寝忘食的地步。咸杰住持蒋山太平兴国寺、无锡华藏寺、临安径山寺时，他皆侍从。某日咸杰举马祖的"不是心，不是佛，不是物"的语句问某僧，他听后豁然大悟，至此才理解木庵安永所说"开口不在舌头上"的意思。在咸杰住持灵隐寺时，他担任首座。

崇岳应请先后住持平江府阳山澄照禅院、江阴军（治今江苏江阴市）君山报恩光孝禅寺、无为军（治今安徽无为县）冶父山实际禅院、饶州荐福禅院、明州香山智度禅院、平江府虎丘山云岩禅院，名高远近丛林，投至门下参禅者很多。南宋宁宗庆元三年（1197），崇岳奉敕到临安府出任景德灵隐禅寺住持。在此六年，前来受法者日众，门下盛况为一时之冠。崇岳于嘉泰二年（1202）八月去世，年七十一岁。门下建塔葬全身于北高峰之原，由太中大夫宝谟阁待制致仕、著名诗人陆游撰写塔铭。[①]

崇岳生前说法的语录及著述，载于弟子善开、光睦等人编集的《松源崇岳禅师语录》二卷之中。

崇岳门下著名弟子有宁波府天童寺灭翁天目文礼禅师、温州龙翔寺石岩希琏禅师、明州雪窦寺大歇仲谦禅师、杭州净慈寺谷源道禅师、湖州道场寺运庵普岩禅师、镇江府金山寺掩庵善开禅师、平江府寿宁万岁禅寺无明慧性禅师等人。

松源崇岳的法系不仅在中国有名，在中日佛教交流史上也很有影响。崇岳下一世无明慧性的弟子兰溪道隆；下二世石溪心月弟子大休正念、日本僧无象静照；下二世虚堂智愚弟子日本僧南浦绍明；下二世石帆惟衍弟子西涧子昙；下三世虎岩静伏弟子明极楚俊，再传弟子日本僧愚中周及；下三世古林清茂弟子日本僧月林道皎、石室善玖、竺仙梵仙，他们或到日本，或归日本，皆传临

[①] 崇岳生平主要据《续藏经》本《松源崇岳禅师语录》后附陆游《塔铭》，并参考《续传灯录》卷三十五及《南宋元明禅林僧宝传》卷六所载咸杰传记。咸杰卒年据后二书，《塔铭》作"嘉定二年"（1209），应为误刊。陆游死于嘉定三年（1210），然而《塔铭》讲："塔成之四年"（咸杰去世后四年），咸杰弟子香山派侍者来请他撰写塔铭。时间应为1212年或1213年，当时陆游已去世。

济宗，皆在日本佛教史乃至文化史上占有重要地位。其中兰溪道隆（1213—1278）到日本后受到镰仓幕府的尊崇，先后在镰仓常乐寺、建长寺等寺传法，被后世奉为日本二十四派中的大觉派之祖。[①]

（四）无准师范

无准师范（1177—1249），无准是号，俗姓雍，四川梓潼县人。九岁出家，南宋光宗绍熙五年（1194）受具足戒。此后游历外地寻师，请益禅法。他来到禅宗兴盛的江浙一带，先后参谒的名师有阿育王寺的大慧宗杲的弟子佛照德光、在灵隐寺的松源崇岳等人，嗣法于密庵咸杰弟子破庵祖先（1136—1211）。

南宋宁宗嘉定十三年（1220），师范应请到庆元府（治今宁波）住持清凉禅寺。在此三年，名声日著。此后，住持镇江府焦山普济禅寺一年，住持庆元府雪窦山资圣禅寺、阿育王山广利禅寺各三年。大约在南宋理宗绍定元年（1228），师范奉命到临安府（今杭州）住持相当于皇家寺院的径山兴圣万寿禅寺。他在此传法长达二十年。在这期间，寺院两度遭火灾焚毁，在他主持下并得到来自朝廷和荆、湘、蜀等地士大夫、僧俗信众，乃至海外日本佛教寺院的援助，两次得到修复，并且比原来有所扩大。因为四方来参禅者人多，他在寺外四十里建造上百间房屋作接待之处，理宗赐额"万年正续院"。在旁边又建珍藏皇帝所赐书翰的"归藏所"，开辟东西室奉祀寺院祖师及自己的祖先，理宗赐名为"圆照庵"。

绍定六年（1233）七月十五日中元节，师范应诏入宫在修政殿受到理宗的接见。师范捧香祝皇帝"万岁万岁万万岁"，感谢朝廷为修复径山寺先后赐予度牒一百五十道，称径山寺是"高宗皇帝临幸之地，朝廷第一祈祷去处"，然后发挥禅宗的心性思想，说皇帝的"广大圣心……不离日用，游刃万机，区别邪正，剖决是非，丝毫无隐，如明镜当台，物来斯照，无一法不从心之所现"。又说：

> 陛下全此心以活天下，天下咸服；广此心以化万邦，万邦来朝；推此心以崇佛法，佛法乃兴；纯此心以行仁孝，仁孝乃至。此臣僧区区效野人之芹，所陈若此。

[①] 请详见拙著《日本佛教史》第三章第五至六节，浙江人民出版社1995年版。

师范借此机会劝皇帝以"圣心"、如同明镜一般的清净之心来治理天下，崇兴佛法，推行仁孝之教。

此后，他还应召至供奉已故恭圣仁烈皇太后灵位的慈明殿，升座与弟子以禅宗惯用的问答式的方式说法，为皇太后荐福。理宗垂帘听法。嘉熙三年（1239）理宗赐以"佛鉴禅师"之号及缣帛钱财等。

师范于理宗淳祐九年（1249）三月去世。终前书偈曰："来时空索索，去也赤条条，更要问端的，天台有石桥。"皇帝派中使前来降香赐币，门下建塔葬全身于万年正续院之侧，塔号"圆照"。

师范生前说法的语录、撰述载于弟子宗会、智折等人编《佛鉴禅师语录》六卷之中。①

师范主要弟子有：袁州（治今江西宜春市）仰山雪岩祖钦禅师、杭州净慈断桥妙伦禅师、台州（治今浙江临海市）国清灵叟源禅师、明州天童别山祖智禅师、福州雪峰环溪惟一禅师、明州天童月坡明禅师、明州雪窦希叟绍昙禅师、杭州灵隐退耕宁禅师、福州雪峰绝岸可湘禅师、明州天童西岩了慧禅师、越州（治今浙江绍兴市）光孝石室辉禅师等人。其中雪岩祖钦的法系，经高峰原妙，传中峰明本—千岩元长，再经八代是明代幻有正传，一直传到清代以后。

师范弟子中的兀庵普宁（1197—1276）、无学祖元（1226—1286）在南宋末应邀东渡日本传法，普宁在日本仅六年便回国。二人分别被奉为后世日本临济宗二十四派中的宗觉派、佛光派之祖。此外，师范另有弟子日本僧圆尔辨圆（1202—1280），回日本后长期在京都东福寺传法，对日本天皇、朝廷影响较大，对推动禅宗和以程朱理学为代表的宋学在日本的传播，做出不少贡献。②

明末天台宗僧如惺编撰《大明高僧传》卷五收有〈绍隆传〉，作者在传后加的"系曰"评述说：

> 北宋三佛（按：佛果克勤、佛鉴慧勤、佛眼清远）并唱演公（按：五祖山法演）之道，惟佛果得其髓也，而入佛果之室，坐无畏床师子吼者又不下十余人，独后法嗣之绳绳直至我明嘉隆（按：明世宗嘉靖年间与明穆宗隆庆年间，1522—1572）犹有臭气，触人巴鼻者，妙喜（按：宗杲）与

---

① 以上主要据《佛鉴禅师语录》后附糜无文撰《径山无准禅师行状》，参考《五灯全书》卷第四十八、《南宋元明禅林僧宝传》卷七所载师范的传记。

② 详见拙著《日本佛教史》第三章第五至六节。

瞌睡虎（按：绍隆）之裔耳。他则三四传，便乃寂然无声。然此二老，可谓源远流长者也。当时称二甘露门，不亦宜乎。①

临济宗传承世系略表之六

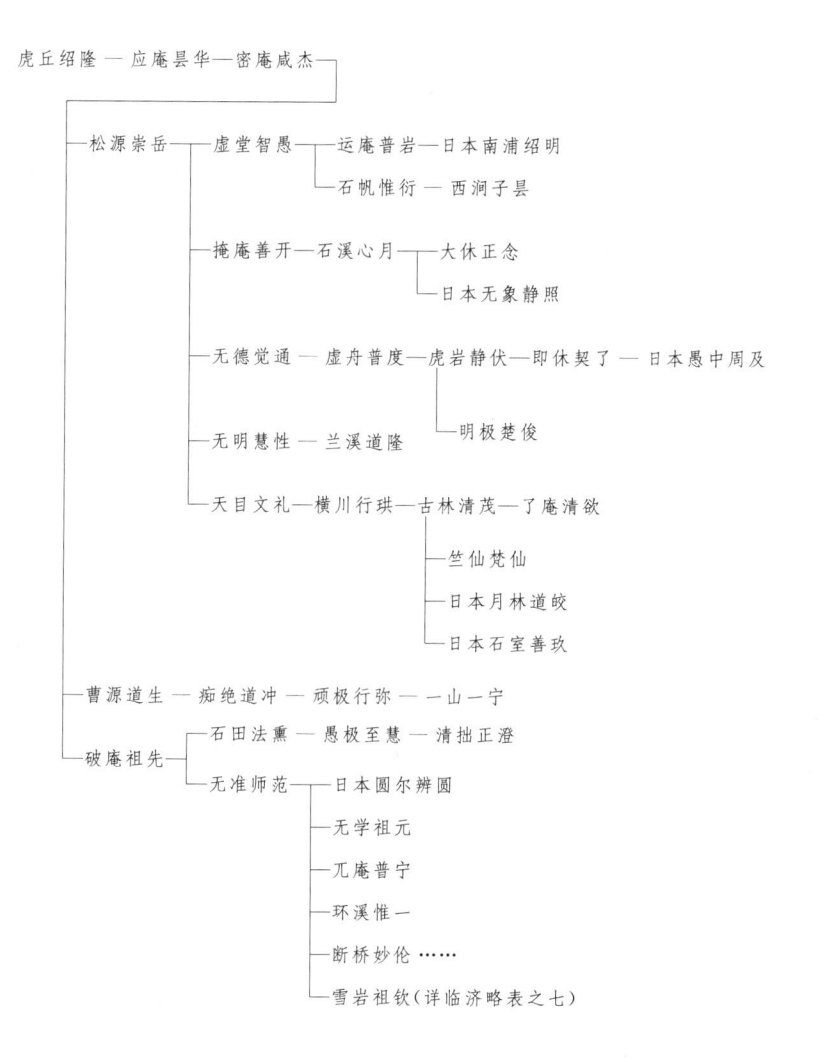

```
虎丘绍隆 — 应庵昙华 — 密庵咸杰 ─┐
┌─────────────────────────────────┘
├─松源崇岳─┬─虚堂智愚─┬─运庵普岩 — 日本南浦绍明
│          │          └─石帆惟衍 — 西涧子昙
│          │
│          ├─掩庵善开 — 石溪心月─┬─大休正念
│          │                     └─日本无象静照
│          │
│          ├─无德觉通 — 虚舟普度 — 虎岩静伏 — 即休契了 — 日本愚中周及
│          │                                └─明极楚俊
│          │
│          ├─无明慧性 — 兰溪道隆
│          │
│          └─天目文礼 — 横川行珙 — 古林清茂 ─┬─了庵清欲
│                                              ├─竺仙梵仙
│                                              ├─日本月林道皎
│                                              └─日本石室善玖
│
├─曹源道生 — 痴绝道冲 — 顽极行弥 — 一山一宁
│
└─破庵祖先─┬─石田法薰 — 愚极至慧 — 清拙正澄
            ├─无准师范─┬─日本圆尔辨圆
            │          ├─无学祖元
            │          ├─兀庵普宁
            │          ├─环溪惟一
            │          └─断桥妙伦……
            └─雪岩祖钦（详临济略表之七）
```

中国禅宗在进入宋代后臻于极盛。临济宗虽比云门宗兴起稍晚，但却是后

---

① 《大正藏》卷50，第916页中下。

来居上。临济宗自汾阳善昭以后迅速兴起，从石霜楚圆的法系分出黄龙、杨岐二派，黄龙派先盛，杨岐派急起直追，发展为临济宗的主流派。在临济宗杨岐派传播发展史上，五祖法演及其门下、特别是圆悟克勤的法系占据重要地位，至其两大嗣法弟子虎丘绍隆、大慧宗杲之时，可以说临济宗已进入极盛时期。

第 六 章

宋代曹洞宗

第一节 北宋曹洞宗的缓慢兴起
——从大阳警玄至真歇清了

曹洞宗由唐代洞山良价（807—869）和他的弟子曹山本寂（840—901）相继成立。唐末在江浙两湖一带曾相当盛行，然而进入五代以后逐渐衰微。北宋时期，在禅宗中最早兴盛的是云门宗，其次是临济宗，最后才是曹洞宗。

据《景德传灯录》卷十七记载，洞山良价有嗣法弟子26人，主要分布在现在的江西、湖南、浙江一带，有较大影响的有抚州曹山本寂、洪州云居山道膺、洞山二世道全、湖南龙牙山居遁、京兆华严寺休静、洞山三世师虔、抚州疏山光仁、澧州钦山文邃等。曹山本寂长期以江西临川（即抚州）荷玉山曹山寺（在今江西宜黄县北）为中心传法，因为受到江西藩镇钟传（？—906）的支持，一度影响很大，有嗣法弟子14人，著名的有抚州荷玉匡慧、衡州育王山弘通、抚州曹山慧霞等。然而对后来曹洞宗传播和发展影响更大者是道膺的法系。道膺（？—902）长期在江西云居山传法，因为受到藩镇钟传和荆州藩镇成汭的尊奉和支持，门下弟子很多。据《禅林僧宝传》卷六〈云居道膺传〉记载，道膺在云居寺"住持三十年，道遍天下，众至千五百人"。《景德传灯录》卷二十载道膺有嗣法弟子28人，著名的有杭州佛日、苏州永光院真禅师、洪州同安道丕禅师、庐山归宗寺淡权、云居道简等。曹洞宗在本寂、道膺之时曾相当盛行，然而本寂法系在传承三四代之后便衰微不传，而将曹洞宗传至后世的是道膺——同安道丕的法系。

下面结合对曹洞宗的代表人物大阳警玄、芙蓉道楷及丹霞子淳的事迹和禅法的考察，对宋代曹洞宗的兴起过程作概要介绍。

一　警玄及其托法远代找后继传法人

关于北宋初期的曹洞宗，在禅宗史书《天圣广灯录》及《建中靖国续灯录》中记载很少，编撰于南宋的《宗门联灯会要》及《嘉泰普灯录》中篇幅有较大增加，而作为统合汇编"五灯"的《五灯会元》一书，记载比较集中，使用也方便。北宋惠洪《禅林僧宝传》对北宋曹洞宗几位代表人物的事迹记述较多。下面对宋初曹洞宗的介绍主要依据《禅林僧宝传》、《五灯会元》的资料，并参考其他史书的记载。

从现存禅宗史书来看，记述洞山下三世、四世禅师的事迹极少，几乎全是语录，从一个方面反映了曹洞宗不振的史实。这段时间正值五代至宋初。在鼎州（治今湖南常德）梁山寺传法的缘观禅师，属于洞山下四世，生平不详，上承云居道膺—同安道丕—同安观志的法系。[①] 弟子大阳警玄生活在五代末至北宋仁宗初，比较有名，然而生前竟没有找到嗣法弟子，不得已托临济宗的浮山法远代找嗣法弟子，生动地说明曹洞宗在社会上极为衰落的情况。

大阳警玄（943—1027），在大中祥符五年（1012）因避宋真宗所奉"天尊"、"圣祖"赵玄朗之名讳，改名警延。俗姓张，江夏（在今湖北武昌）人。其叔为僧，名智通，住持金陵崇孝寺。警玄前往归依，十九岁受具足戒。一次听某僧讲《圆觉经》，他提出何名"圆觉"？讲者说："圆以圆融有漏为义，觉以觉尽无余为义。"他反问："空诸所有，何名圆觉？"这是便从一切皆空的角度提出问题的。看来他对般若空的思想已经有所了解。于是受到讲者的赞服。

此后，警玄按照其叔智通的指示，出外游方，到鼎州梁山寺投到缘观的门下学法。他问缘观："如何是无相道场？"缘观回避正面回答，指着壁上的画说：

[①]　缘观在《联灯会要》卷二十七、《五灯会元》卷十四有传，然而仅载其语录。

"此是吴处士画。"警玄正要说话,缘观急忙接过话去,问:"这个是有相,如何是无相底?"警玄听后立即领悟,朝缘观礼拜,并遵照缘观吩咐写偈表达自己的悟境,曰:

> 我昔初机学道迷,万水千山觅见知。明今辨古终难会,直说无心转更疑。蒙师点出秦时镜,照见父母未生时。如今觉了何所得,夜放乌鸡带雪飞。(《禅林僧宝传》卷十三〈警玄传〉)

偈中的"秦时镜",出自题为汉刘向著的《西京杂记》,传说秦时有神镜能够照见人的五脏六腑;"乌鸡"也许是指乌鸦。偈称自己出外行脚求道,一直没有入悟,即使听人讲"无心"("无念")的禅法,也未能消除疑惑,只是在听到缘观的清楚开示后,才得以彻悟人生的本原——"无相"的心性,精神顿感自由,如脱绳缚的乌鸦趁雪亮而远飞。缘观看后赞赏,对他振兴曹洞宗寄予希望。从此警玄在丛林逐渐出名。

警玄离开梁山寺,在宋真宗咸平三年(1000)至郢州(治今湖北钟祥)大阳寺参谒慧坚禅师。慧坚属洞山下三世,上承疏山匡仁—灵泉归仁的法系。[①] 慧坚当时可能已老,便欣然将大阳寺让给警玄住持,自己退居偏室。警玄传法情况,在《联灯会要》卷二十七、《五灯会元》卷十四的〈警玄传〉中记载他的部分语录。这里仅选录一段:

> 廓然去,肯重去,无所得心去,平等心去,离彼我心去,然后方可稳坐。所以古德云:牵牛向水东去,也不免官家徭税;牵牛向水西去,也不免官家徭税。不如随分纳些些,免被他家捞扰。作么生是随分纳些些底道理?但截断两头,圣凡情尽,体露真常,事理不二,即如如佛。若能如是,法法无依,平等大道,万有不系,随处碌碌地更有何事![②]

大意是讲修禅达到的精神境地:使自己的心境空廓清净、平实坦然,去掉一切有所得,有曲直,有你我的观念,不要执意地在选择修行方法上花费功夫,

---

① 慧坚,《五灯会元》卷十四仅载其语录,生平不详。
② 《联灯会要》卷二十七〈警延传〉,《禅林僧宝传》卷十三〈警延传〉所载字句稍异。

只要遵循中道不二的思想朝着断除执著有无、断常的"边见"的方向努力，就能够体悟理事圆融，达到自由解脱的境界。

警玄年八十岁时，感到门下弟子中没有可以继承曹洞禅法者。临济宗禅僧浮山法远来寺访问，便托他为自己寻找可靠的嗣法弟子，使曹洞宗得以延续下去。警玄于宋仁宗天圣五年（1027）去世。死前以偈寄侍郎王曙，说："吾年八十五，修因至于此。问我归何处，顶相终难睹。"（《禅林僧宝传》卷十三〈警玄传〉）王曙曾奉真宗之敕与杨亿共同参加对《景德传灯录》的最后修订。

警玄的主要弟子有郢州兴阳寺清剖、复州乾明寺机聪、襄阳府白马寺归春、潭州福岩寺审承、惠州罗浮山如禅师、西川云顶寺鹏禅师等人。法远受托为他找的舒州投子山义青也是他的嗣法弟子。然而从实际情况看，宋代曹洞宗的振兴应当说是从义青开始的。

浮山法远（991—1067），俗姓沈，郑州圃田（在今河南郑州市东）人。年十七岁时剃发出家，先参谒汾阳善昭，后师从善昭的弟子叶县归省，从其受法。① 宋真宗天禧（1017—1021）年间出游襄汉，至郢州大阳寺拜谒警玄，彼此机语相投。警玄感叹地告诉他："吾老矣。洞上一宗遂竟无人耶！"便将自己理解的曹洞"旨诀"向他传授，托他为自己物色后继传法人，并把常穿的直裰（上下身相连的僧衣）和皮履（皮制的鞋）交给他，请他转赠传法人作为嗣法信物。此外，还写赠偈一首作为代他传法的证明。偈曰："杨广山前草，凭君待价焞。异苗翻茂处，深密固灵根。"偈后附语："得法者，潜众十年，方可阐扬。"法远拜受承诺。

法远此后东下至滁州投到琅邪慧觉的门下，又先后应请住持舒州（治今安徽安庆市）太平兴国寺、姑苏（今苏州）天平寺、浮山（在今安徽枞阳县东北）寺②，老年退居浮山的会圣岩。在看东汉班固《汉书·艺文志》时，对班固将先秦学说分为"九流"的做法很感兴趣，受此启发，将佛法分为"九带"。在这里，"带"也许含有连带、场合的意思，与佛教常用的"法门"相类。他所提出

---

① 《禅林僧宝传》卷十七〈法远传〉原作俗姓王，年十九出家。此据南宋晓莹《云卧纪谈》卷上〈浮山圆鉴远禅师〉条记载改。

② 据《云卧纪谈》卷上〈圆鉴远〉条，法远在天圣（1023—1031）年间应淮南转远使（"漕"）许式之请住持舒州太平寺，庆历三年（癸未，1043）居天柱山月华庵，庆历六年（丙戌，1046）应翰林、知舒州吕济叔（名溱）之请住持浮山寺，皇祐三年（辛卯，1051）于寺西立庵，五年（癸巳，1053）应请赴姑苏住持天平寺，至和（1064—1067年）中回到浮山。

的"九带",据称是"叙佛祖教义,博采先德机语,参同印证",是既引证佛经教理语句,又引用以往禅宗流行的语句,作互相印证的。"九带"现已不存,详细情况如何已不得而知。现仅根据《禅林僧宝传·法远传》所载的名目作一些猜测。一是所谓"佛正法眼带",当是佛教的根本道理;二是"佛法藏带",当是引证经、律、论"三藏"的经文;三是"理贯带",当是讲真如、理、心法门的,相当华严宗的理法界;四是"事贯带",大概相当于事法界;五是"理事纵横带",也许相当于理事无碍法界;六是"屈曲带","屈曲"也许与曹洞宗讲的"回互"相近,是讲事事无碍法界的;七是"妙挟兼带";八是"金针双锁带";九是"平怀常实带",仅从名称不知所指。法远的"九带"曾在丛林流传,学人传诵,反映宋代重文字禅的风气。

法远常自称"柴石野人"。关于他的去世之年,《禅林僧宝传·法远传》无载,仅谓"殁时已七十余"。元代念常《佛祖历代通载》卷十八记载法远于宋仁宗皇祐元年(1049)。然而《云卧纪谈》卷上"圆鉴远公"条明确记载,"治平丁未,年七十有七,以仲春六日",挥笔写下遗语去世。据此,他于宋英宗治平四年(1067)年四月六日去世。

法远代警玄找的嗣法者是义青。然而他本人仍属于临济宗的禅师,有弟子开封净因禅院的道臻、庐州兴化寺的仁岳及潭州衡岳寺的奉能等人。他作为临济宗禅师而为曹洞宗代立嗣法者,是中国禅宗史上一段佳话,既反映了曹洞宗的极度不振,也反映出宋代不同禅派之间彼此和谐相处和交往的情况。

二 投子义青——宋代曹洞宗振兴的奠基人

关于投子义青,在《禅林僧宝传》卷十七、《联灯会要》卷二十八、《嘉泰普灯录》卷二及《五灯会元》卷十四皆有传录,另外有其弟子芙蓉道楷编的《舒州投子山妙续大师语录》(下简称《妙续语录》),书后丹霞子淳所写"跋曰"记述义青的小传;自觉重编《舒州投子山青禅师语录》(下简称《义青语录》)二卷,卷后附有义青的《行状》。

义青(1032—1083),"投子"是以山名为号;"妙续"是谥号。俗姓李,青社(此非具体地名,指东方齐地,此当今山东青州)人。七岁在本州妙相寺出家,十五岁通过试《法华经》正式剃度,翌年受具足戒。先跟师父学唯识《百法明门论》,经过研讨,认为法相唯识学主张经三阿僧祇才能成佛遥遥无期,修唯识之学是"自困无益"之事。后来听人讲唐译《华严经》，对于法界缘起圆融无碍的思想深有领会，甚至可以受主讲者之命自己向人开讲唐代澄观编撰的《华严经玄谈》，由此逐渐出名，被人称为"青华严"。后来看到唐译《华严经》偈颂中有"即心自性"的语句[①]，立即省悟到："法离文字，宁可讲乎？"于是出外游方参禅，先后参谒长芦福禅师、蒋山赞元之后，到达舒州浮山参谒法远。

当时法远因老从浮山寺退席居于会圣岩，对义青的表现十分赞赏，留下他三年。某日向他举丛林相传的公案："外道问佛：不问有言，不问无言"，问他当时佛以"默然"对待，应如何理解？他正要回答，却被法远用手捂着他的口，不让他说话。他由此开悟，即刻向法远礼拜，得到法远的印可。此后，义青在法远门下又度过三年参禅生活。法远常常向他传授曹洞宗旨，他皆能够契悟。在宋英宗治平元年（1064），法远感到他可信，便将当年大阳警玄托咐他代找嗣法弟子的事情向他提出，希望他绍继曹洞宗风，将警玄的顶相（画像）、皮履、直裰、偈颂等交给他，作为付法的证明，殷切地说："汝当续大阳宗风。吾住世不久，宜善护持，无留此间。"（《义青语录》后附《行状》）[②] 从此义青又再度游方参禅。

义青到达庐山，曾在慧日寺参谒云门宗雪窦下二世圆通法秀，并在此专心阅读大藏经。在宋神宗熙宁六年（1073）回到舒州，应知州之请住持白云山海会禅院八年，此后又应请住持投子山胜因禅院四年。投子山寺原由唐代石头下三世大同禅师（819—914，谥"慈济禅师"）所创，是唐宋著名禅寺之一。《义青语录》后附《行状》描述义青日常生活和修行情景是："唯破衲弊衣，寒槁冷默，忘缘寂照，坐卧如竹木，而家风萧条，无可趋向。"然而名声远扬，门下弟子很多，使长期处于沉寂局面的曹洞宗出现转机，并为曹洞宗在以后的传播奠定了基础。

从现存义青的说法语录来看，他在传法中经常发挥华严宗的法界缘起重重无尽，理事圆融的思想；对曹洞宗的门庭施设"偏正五位"、"君臣五位"等，在说法中也经常引述，然而并非严格从字面含义进行解释，正如宋代临济宗禅僧对待"三玄三要"、"四料简"、"四照用"等那样，只是根据场合加以发挥。现仅引几段语录稍作说明。

[①]《禅林僧宝传》卷十七〈义青传〉及《义青语录》后附《行状》皆谓《华严经》中"诸林菩萨偈"，经查应是唐实叉难陀译《华严经》卷十七〈梵行品第十六〉中法慧菩萨的语句。

[②] 并参考《禅林僧宝传·义青传》及《妙续语录》。

(一) 引述华严法界圆融的思想

某日上堂，有僧提出："作么生是大道心源之妙理？"在这个问话中已经蕴含有大道是心、是理的思想。义青引唐代玄觉《永嘉证道歌》中的"一月普含一切水，一切水月一月摄"的偈句回答，意为理体现于一切事（万物现象，包括佛法）中，事是理的显现。此僧接着问："怎么为同为别乎？"是问理与事是同是别。义青答："汝不见华严六相义耶？"此僧便顺势将"六义"一一点出，然后问："总、别、同、异、成、坏，是何所作？"如果义青顺着此问从正面加以解答，按照丛林参禅的惯例就算解"死句"。于是，义青便以模棱两可的语句回答："一圆相之中有一佛。"以圆相比喻真如、心或理、法身、佛性，暗示六相也在一真、佛性法界的缘起范围之内。此僧问："佛是何物？"他只答："讳不得。"却不加以解释。此僧立即理解，伏身礼拜。义青接着唱偈："同中有异异中同，总别坏成一树风。天下荫凉人悉在，何须熟处觅真宗？"然后下座。他的偈颂是说，华严六相圆融的道理，天下人人可以在任何地方、透过任何事物体悟得到。他还这样讲解六相，说："会此六相，唯是一相：总佛别心，同法异念，成僧坏情，全一佛之所印。"

他也说过："一法含多法，一佛印诸佛；一心合千心，一念超万念。"（以上皆据《妙续语录》）也是在运用华严宗"一即一切，一切即一"的理事圆融思想。

(二) 对曹洞宗"正偏"、"君臣五位"的发挥

唐代曹洞宗吸收华严宗教理，将世界万物分为"理"、"事"这两大范畴。所谓"理"是在不同意义上称谓的佛性、心、自性、本性、法身以及空、体、本、道、理、实相，等等，而所谓"事"是万有现象，在不同场合是指五蕴、十八界、四大、六道、三界、十二因缘、有、色、用、末、事、幻（有），甚至也包括大小乘佛法在内。洞山良价所传《君臣五位显诀》等以理作为正位（圆位）——君位，以事作为偏位——臣位，然后加以推演，借以从不同角度说明理事圆融，心为万物之源、解脱之本的思想。

义青从临济宗僧法远处代受曹洞宗禅法，对曹洞禅法已有相当了解。他在说法中也经常谈到正偏、圆偏、君臣的思想，然而，既谈不上严密，也不能说系统。他曾上堂对门下说："正正时非圆，圆中还有偏（按：原本误作'偏'，

下同);偏偏时不色,色里却存圆。更深催晓气,日阑洞晓天,两堼和融处,贵所得玄玄。"意为将"正"(理、心)看作是"正"时,还必须承认它并非是全正的"圆",因为其中还有"偏"(事、色);同样道理,将"偏"看作是"偏"时,其实它不是全偏的"色",其中还有"圆"。四句偈的意思是说,既然自然界夜昼相互贯通,天地阴阳("两堼")彼此和融,那么可以说只有体悟理事圆融之时才算达到最高玄妙境界。有僧站出来问:"圆中还有偏,色里却存圆,斯理如何?"义青答:"正不立玄,偏不附物。"意为玄妙的认识境界不是建立在"正"的一个方面,而所谓"偏"也不是就事物一方面讲的,言外之意是正与偏是相对立而存在,玄妙认识境界是建立在对二者会通的理解上。此僧进一步发挥,提出:"可谓暗中有明,明中有暗。"按照曹洞宗对君臣、偏正五位的图示,以黑(明)代表君、理、正,以白(明)代表臣、事、偏的做法,此僧问是否理中有事,事中有理?对此,义青也不作正面回答,而是让他自己思考这一问题。此僧也回避解释,只是说:"共难其讳。"(《妙续语录》)意为对这些道理毕竟也难以完全避而不谈。义青对此表示肯定。

此外,他还以偈颂表述洞山的"偏正五位"。他某日上堂对弟子讲:"吾今日向汝等举似洞山师翁五位,一一领览看:真中有伪正中偏,伪中有真偏中正,圆中有圆正中来,色中有色偏中至,妙中有妙兼中到。毕竟五位一位,一位五位。现空妙,显真真底(的)是什么物?"(《妙续语录》)这是从五个角度对理与事相互关系的表述,相当于洞山良价《五位君臣旨诀》中的"正中来"、"偏中至"、"正位"、"偏位"、"兼带";《人天眼目》卷三所载传为曹山本寂所作的《五位君臣图》中的"正中来"、"偏中至"、"正中偏"、"偏中至"、"兼中到"。对此,这里不拟展开解释。①

《义青语录》卷下还载有义青写的《五位颂并序》及《五位偏正谣》等,词句偏重于描景,也许有借物显理之意,然而究竟蕴含何义,笔者难测其妙。

义青的文字禅在中国禅宗史上也有一定地位。他向门下说法的语句富于文采,经常运用描述日月山川自然景物的诗偈。《义青语录》所载上堂说法的语录中穿插很多这方面的内容。他可能是希望弟子和参禅者通过听这些富有诗情画意的语句,感悟山川草木之美,宇宙自然的和谐,启示他们寄禅修于自然无为,领会"即心是道"、"不用求真,但须息见"及"执事元是迷,契理亦非悟"的

---

① 请参考拙著《唐五代禅宗史》第八章第三节之四相关部分,中国社会科学出版社1999年版。

道理。义青对唐宋丛林流行的一百则公案语录，撰写颂古百则加以赞赏和评论，被载录于《义青语录》下卷。元代曹洞宗僧万松行秀（1166—1246）依照宋代克勤《碧岩录》的体裁，对曹洞宗禅僧天童正觉的颂古百则加以评唱，撰《从容录》六卷；其弟子林泉从伦跟踵于后，对投子义青的颂古百则加以评唱，撰成《空谷集》六卷，皆为研究文字禅的重要资料。

义青于宋神宗元丰六年（1083）去世，年五十二岁。主要弟子有东京天宁寺芙蓉道楷、随州大洪山报恩及沂州洞山云禅师、长安福应寺文禅师等人，而以道楷、报恩二人最有名。道楷曾应诏到京城传法，报恩则应诏住持大洪山，为宋代曹洞宗的振兴贡献很大。

三　报恩奉诏在大洪山传法

随州（治今湖北随州市）西南的大洪山是宋代曹洞宗重要传法中心。

据载，最早到大洪山传法的是唐代马祖的弟子善信禅师。他在唐宪宗元和（806—820）年间来到此山，因祈雨灵验感动山民为其建寺。唐文宗赐寺额幽济禅院，五代后晋时改名奇峰寺。此寺逐渐远近闻名，受到十余州民众的虔诚供奉。北宋仁宗庆历七年（1047）因天旱派人到大洪山求雨应验，诏封善信以"慈忍灵济"大师之号。宋神宗元丰元年（1078）诏改此寺名灵峰寺。宋哲宗元祐二年（1087）诏将灵峰寺"革律为禅"，即从按传统戒律管理的寺院改为遵奉禅宗清规运营的禅寺。① 宋徽宗时又改寺名为崇宁保寿禅院。可以想见，大洪山灵峰寺在宋代具有非同一般寺院的地位。

宋哲宗绍圣元年（1094），投子义青的嗣法弟子报恩奉诏住持此寺。此后，道楷及其弟子子淳、子淳的弟子庆预；报恩的弟子守遂、守遂的弟子庆显，皆曾在大洪山住持传法，从而使大洪山成为曹洞宗振兴的重要基地。②

报恩（1058—1111），俗姓刘，卫州（治今河南省汲县）黎阳人。家世为

---

① 参考张商英《随州大洪山灵峰寺十方禅院记》，载宋净善重集《禅林宝训》卷十及清张仲炘辑《湖北金石志》卷十；《佛祖统纪》卷四十五，载《大正藏》卷49，第411页中。
② 日本石井修道教授对宋代曹洞宗作了比较周密的研究，著有《宋代禅宗史的研究》（东京大东出版社1987年出版）第三章及书后《资料篇》附有张商英撰《随州大洪山灵峰寺十方禅院记》、范域撰《随州大洪恩禅师塔铭》、王彬撰《随州大洪楷禅师塔铭》、韩韶撰《随州大洪山淳禅师塔铭》等。笔者参考了此书。

大儒并重武业①，信奉佛教。宋神宗熙宁九年（1076），报恩进京以奏献"方略"及第，被任命为官，调任北都（太原）。后因感叹为官不能了悟人生，并希望以修学佛法的功德报答君亲之恩，于是奏请朝廷允许他出家为僧。神宗不仅准许，而且特赐他法名报恩。他在北都福寿寺从智深剃度为僧，并受具足戒。

此后，报恩四处游方访师，听说舒州投子山义青的名望，便投到他的门下学禅。一日凌晨，义青问他："天明未？"他答已明。义青说："明则卷帘。"他随即将帘卷上。就在他卷帘之际忽然开悟，一时感到"心地洞然"。他立即将自己的悟境告诉义青，得到印可。他留在义青身边服侍多年，直到义青于宋神宗元丰六年（1083）去世才离开投子山。他到京城，先后参谒奉诏住持法云禅寺的圆通法秀，住持相国寺慧林禅院的圆照宗本。这二位禅师皆属云门宗，是云门下五世、雪窦下二世。②

宋哲宗元祐元年（1086）四月，宰相韩缜（1019—1097）以"才鄙望轻"和割地给契丹被罢相位，以光禄大夫、观文殿大学士知颍昌府、京西北路安抚使，经知永昌府，移治河南府（治今洛阳）③，礼聘报恩到嵩山少林寺担任住持。然而不久，绍圣二年（1095）经人举荐，并经知随州的前宰相范纯仁④的奏请，报恩受命住持大洪山灵峰寺。报恩在任九年期间，以应机说法和利益群生赢得远近僧俗信众的心悦诚服，以财力支持他扩建装修山寺，并且设立戒坛，从而使大洪山寺轮奂壮丽，一跃成为天下著名禅林。张商英（1043—1122）在宋徽宗建中靖国元年（1101）二月至十二月被贬出知随州，崇宁元年（1102）回京任吏部、刑部侍郎、翰林学士。此年正月，大概就在张商英即将回京赴任之际，报恩派人到州府请他为大洪山寺写记。他便撰写了《随州大洪山灵峰寺十方禅院记》，叙述大洪山寺兴盛经过和报恩到寺后扩建的概况，特别提到此寺"革律为禅"后，将原来住持之位由师徒相袭的"甲乙"寺改为选取十方贤僧住持的

---

① 宋范域撰，《湖北金石志》卷十所载《宋故随州大洪山十方崇宁保寿禅院第一代住持恩禅师塔铭并序》（下简称《报恩塔铭》），谓刘氏"世以武进"；然而，《嘉泰普灯录》卷三〈报恩章〉谓"刘氏世皆硕儒"。笔者据此推测刘氏家族既习儒又重武。

② 据《报恩塔铭》。

③ 参《宋史》卷三一五〈韩缜传〉并卷二一二〈宰辅表〉。

④ 范纯仁（1027—1101），范仲淹之子，在哲宗元祐三年—四年（1088—1089）、元祐八年—绍圣元年（1093—1094）两度拜相，绍圣二年（1095）曾以观文殿大学士知随州。参《宋史》卷三一四〈范纯仁传〉及卷二一二《宰辅表》、《续资治通鉴》卷八十四相关记事。范纯仁有《范忠宣公集》二十卷传世。

"十方"禅院的情况。张商英在徽宗大观四年至政和元年（1110—1111）拜相[①]，信奉佛教，倾心禅宗，曾参谒临济宗黄龙下二世兜率从悦的弟子。

宋徽宗崇宁二年（1103）应驸马都尉张敦礼的奏请，诏命报恩赴京住持法云禅寺。然而报恩在此寺不到一年，恳请归山，得到朝廷批准。报恩先巡礼嵩山，然后栖止郢州的大阳山寺。道楷继报恩之后在大洪山寺担任住持一年多，应诏赴京住持十方净因寺。此后一段时间大洪山没有住持。崇宁五年（1106）随州知州经奏请朝廷礼请报恩再度住持大洪山灵峰寺。报恩在传法的同时，继续增建寺院设施，门下弟子达三百余人。报恩平时严守戒律，并且崇尚节俭，对驸马都尉张敦礼一再表示为他奏请师号，皆予婉绝。

现存报恩说法的语录不多，在《嘉泰普灯录》卷三〈报恩章〉及《五灯会元》卷十四〈报恩传〉中有记载，后者几乎全是取自前者。

关于报恩的禅法思想，语录中记述甚少，而且没有特色。这里仅简要介绍他与张商英论佛儒思想差异的见解。大概在张商英知随州期间与报恩有较多接触，他多次以书信向报恩问"儒释大要"。有一次张商英写信问报恩：

> 《清凉疏》（按：唐清凉国师澄观《新华严经疏》）第三卷：西域邪见不出四见，此方儒道亦不出此四见。如庄老计自然为因，能生万物，即是邪因。《易》曰：太极生两仪。太极为因，亦是邪。若谓一阴一阳之谓道，能生万物，亦是邪因。若计一为虚无，则是无因。
>
> 今疑老子自然，与西天外道自然不同。何以言之？老子曰：常无，欲以观其妙；常有，欲以观其徼。无欲则常，有欲则已，入其道矣。谓之邪因，岂有说乎？《易》曰：一阴一阳之谓道，阴阳不测之谓神。神也者，妙万物而为言，寂然不动，感而遂通天下之故。今乃破阴阳变易之道为邪因，拨去不测之神，岂有说乎？

据查，澄观在《新华严经疏》卷三中说，西域的"邪见"虽统称有九十五种，然而加以归纳不出四种：数论主张"因中有果"，胜论主张"因中无果"，勒沙婆主张"亦有亦无"，若提子主张"非有非无"。他再进一步归纳认为不过

[①] 关于张商英知随州及拜相，见《宋史》卷三五一〈张商英传〉及《续资治通鉴》卷八十七有关记事。

二种：如果主张万物从"虚无自然"生，属于"无因"，其他概属"邪因"。他联系中国情况，认为儒道二家的主张也不出二种：或主张"无因"说，或主张"邪因"说。道家老庄主张"道法自然"，以自然为因能生万物，则为"邪因"；若以为"万物自然而生"，则属"无因"；儒家《周易》主张由"太极"或"一阴一阳"生天地万物，则属"邪因"；如果将"一"（"一阴一阳"、"道"）看作是"虚无自然"能生万物，则属于"无因"。[①]

张商英是概述澄观《华严疏》的相关内容，虽说儒道学说不出西域外道的"四见"，但实际只罗列了儒道二家的"邪因"、"无因"二见，没有提到"四见"中的"亦有亦无"、"非有非无"二见。并且他提出，老子的"自然"与西域外道的"自然"似乎是有区别的。老子的"自然"既包含"无"——"常无，欲以观其妙"；也包含"有"——"常有，欲以观其徼"，是其"道"的两个方面。[②] 澄观怎么也将它归之于"邪因"呢？他还提出，按照《周易》〈系辞〉、〈说卦〉篇所说，阴阳之道既有能生万物的方面，也具有无形"无为"的神妙作用的方面，是体、用兼备，动、静合一的，所谓"寂然不动，感而遂通天下"，怎么也被归入"邪因"呢？

可见，张商英虽然没有从正面对将儒道纳入"四见"和"邪因"、"无因"论的说法表示反对，然而同时却对将儒道学说简单地等同于西域外道的说法表示怀疑。

对此，报恩主要依据禅宗的心性学说进行解释。

（一）报恩依据禅宗以"心"为世界万物本原和本体的思想对所谓外道和"四见"进行解释。他说："不即以一心为道，则道非我有，故名外道。"将不承认以"心"为道的学说，一律称之为外道。又明确指出西域外道的四见是：有见、无见、亦有亦无见、非有非无见。他说因为他们不承认"诸法是心"、一切是心的显现，由此产生的见解皆是"邪见"。如果承认是"有"，则必然承认有"无"；承认"无"，必然承认无"有"，从而必然形成有见、无见。至于主张"亦有亦无"、"非有非无"的见解，也容易推知。他因此认为澄观以儒道学说或

[①] 请参见《大正藏》卷35，第521页上中。

[②] 任继愈著，上海古籍出版社1985年第二版《老子今译》将"常无，欲以观其妙；常有，欲以观其徼"解释为："经常从无形象处认识道（无名）的微妙，经常从有形象处来认识万物（有名）的终极。"从前后意思看，"其"字是指"道"。"道"同时包括无名、有名两个方面，相当于体与相、本质与现象。张商英所谓"入其道矣"即为将无、有两者包含在"道"内的意思。

是主张"邪因"论,或是属于"无因"论是正确的。

(二)报恩之所以认为"四见"错误,还依据禅宗特别提倡的中道"相即不二"的思想。他说,既然"三界唯心,万缘一致,心生故种种法生,心灭则种种法灭",世界万物皆是心的产物、心的显现,"俱是假名"。那么,世界普现的"万有"则非真有,世界终极的"寂灭"也非真无,进而,"非无亦非非无,非有亦非非有",所以"四见"难以成立,执著其中的任何一见,皆违背中道,皆属"邪见"。

(三)报恩深知中国奉儒家思想为正统,出于迎合宋朝上至皇帝下至普通儒者尊奉儒、道的现实,在信的最后提出三教一致的看法。他说,对于"万法唯心"、"以心为宗"的道理,"儒道圣人固非不知之,乃存而不论耳",或尚未明言,"或言之,犹不论也"。即使西域外道,也是"菩萨"的权宜现化,目的是从反面衬托,"以明佛法是为正道"。同样,中国在佛教传入之前,以孔子学说维系人心。现在既知"道的所归",就不应当"犹执权教"(指儒道)。然而紧接着笔锋一转说,"知权之为权,未必知权也;知权之为实,斯知权矣。是亦周孔老庄设教之本意,一大事因缘①之所成始、所成终也"。意为从中道的角度来看,西域外道和儒道既是权教,同时也是实教——正道,二者与儒道、佛教的根本旨意并不存在根本矛盾。他的结论是:"三教一心,同途异辙。究竟道宗,本无言说。"

当然,报恩是以禅宗的心性理论作为无须证明的推理前提,并没有对"心"何以是世界万物之源的道理进行论证,对于所谓"四见"、"邪因"、"无因"也没有进行严格的论证。

报恩于徽宗政和元年(1111)去世,年五十四。有亲度弟子宗言等131人,在各地寺院传法的嗣法弟子(任住持等重要僧职者)有庆旦、守遂等13人。守遂以注释所谓"佛祖三经"——《四十二章经》、《佛遗教经》、《沩山警策》著称,以后曾住持过大洪山寺。

报恩有语录三卷、集编《曹洞宗派录》三卷、《授菩提心戒文》一卷、《落发受戒仪文》一卷,皆已不传。②

---

① 《法华经·方便品》说佛"唯以一大事因缘故,出现于世",是为引导众生开、示、悟、入"佛之知见"。因此,这里的"一大事因缘"可以概指佛教。

② 宋范域撰,日本石井修道校释《随州大洪恩禅师塔铭》,载石井修道《宋代禅宗史研究》后附《资料四》;原文载清张仲炘辑《湖北金石志》卷十、《湖北通志》卷一〇二。

四 芙蓉道楷及曹洞宗的兴盛

道楷（1013—1118），俗姓崔，沂州（治今山东临沂）费县人①。自幼学神仙道术，曾修炼辟谷（停止进食），隐居于伊阳山中。游访京城，编籍于术台寺②，宋神宗熙宁六年（1073）经试《法华经》合格得以剃度，第二年受具足戒。

道楷离开京城出外游方访师，到舒州白云山海会寺参谒义青。他向义青问："佛祖言句如家常便饭，离此之外，别有为人言句也无？"意思是说，日常诵读的佛经、语录，已无奇特之处，除此之外还有能够引导人达到入悟解脱的语句没有？义青没有正面回答，而是反问他："汝道寰中天子敕，还假禹汤尧舜也无？"当代皇帝的诏命，岂需假借上古圣人的名义通行天下？言外之意大概是说，体悟自性是自己的事，岂需假借外在的言句？道楷正要开口应对，义青用拂子打他一下，并且斥责他说：你刚产生询问的想法时，就该打你二十棒了。据载，道楷立即入悟。此后义青让他担任寺院的典座，负责寺院日常斋粥事务。

宋神宗元丰五年（1082）道楷一度回到故乡，居马鞍山传法。此后二十多年里，应各地政府要员士大夫之请相继住持沂州仙洞寺、洛阳龙门招提寺、郢州大阳山寺、随州大洪山寺，逐渐声望远场，门下弟子日多，极大地推进了曹洞宗在更广泛地区传播。宋徽宗崇宁三年（1104）诏请道楷进东京（今河南开封）住持十方净因禅寺。此寺原是宋仁宗时建，属皇家寺院，第一代住持是云门下四世大觉怀琏（1009—1090）。道楷到此寺传法，开始将曹洞宗引进京城，标志着曹洞宗进入兴盛时期。四年后，宋徽宗大观元年（1107）诏命道楷住持东京天宁万寿寺。因为道楷一再推辞受命，竟被差官强行带到寺院让他就任。不久，经开封尹李孝寿的奏请，为表彰道楷的道行，徽宗特赐道楷以紫袈裟和"定照禅师"之号。然而道楷与其他禅僧不同，为人一向"刚劲孤硬"，不追逐名利。他在上堂焚香谢恩之后，立即上表婉绝，称自己"道力绵薄，常发誓愿，不受利名，坚持此意，积有岁年。庶几如此，传道后来，使人专意佛法。今虽蒙异恩，若遂忝冒，则臣自违素愿，何以教人？岂能称陛下所以命臣住持之意"？表示不敢接受皇帝的赏赐。徽宗开始认为他是出于谦让，让李孝寿亲自前

---

① 《禅林僧宝传》卷十七〈道楷传〉作"沂州沂水人"，但宋代王彬《随州大洪楷禅师塔铭》谓"沂州费县人"，此从之。沂水、费县为两个地方，皆在今山东省。

② 《道楷塔铭》作"述圣院"，也许是记述时间不同属同地而异名。

去当面说明朝廷嘉奖之意,然而道楷还是坚决不接受。徽宗听后大怒,将他押送大理寺监狱受审。此后他被迫改穿儒服,发配淄州(治今山东淄博)编管。他的这种表现受到僧俗的钦敬,跟随身边的学僧很多。翌年,敕令他自便,并派人归还其僧服。

刘奉世在宋哲宗元祐七年(1092)以宝文阁待制、权户部尚书除签书机枢密院事,后一再贬官,自崇宁(1102—1106)初以来被免官责居沂州、兖州。[①]他在淄州的芙蓉湖畔买田并建造草庵,请道楷入住传法。道楷住此庵时,门下常聚集几百人。他怕人多引来灾祸,规定每人只吃粥一碗,于是不少人难以忍受饥饿便离去,但剩下的仍有约百人。此前,芙蓉湖常发水灾。道楷向官府提议决湖之水入川,既可防止水患,又可增辟农田。官府接受了他的建议,组织人力开渠疏导,增加不少良田。周围农民感其德,或向寺院舍施田地,或施舍财物。徽宗政和七年(1117)赐道楷所居之庵以"华严禅寺"的之额。此后,道楷又在故乡的马鞍山建造寺院,僧众达到百余人。

在道楷住持郢州大阳山寺时,义青派人将当年从大阳警玄手中接过的皮履、直裰送给道楷。后来道楷又将这两种传法信物传给在襄州传法的弟子道徽,道徽辗转传法于筠州洞山及浙东,死于双林小寺。有人将皮履、直裰取走送至襄阳鹿门山,建"藏衣阁"收藏。

道楷于政和八年(1118)去世,年七十六。死前写偈曰:"吾年七十六,世缘今已足,生不爱天堂,死不怕地狱,撒手横身三界外,腾腾任运何拘束?"可以说对他的倔强性格和为人作了生动的写照。[②] 弟子很多,王彬《随州大洪楷禅师塔铭》记载:"度弟子九十三人,法嗣得骨髓出世者二十九人。"《嘉泰普灯录》卷五的目录载录18人,其中有传录者12人。弟子中著名的有邓州丹霞山子淳、东京净因寺法成、自觉等人。从此,曹洞宗迅速兴起。

道楷说法的语录在《嘉泰普灯录》卷三、《五灯会元》卷十四及《续古尊宿语要》卷二等中有记载。关于道楷的禅法,这里仅介绍两点。

(一) 在修行中贯彻空观,提倡所谓"直须旨外明宗,莫向言中取则"

道楷曾对门下说,"威音已前,不落诸位,燃灯之后,以心传心,诸祖递相

---

① 《宋史》卷一一九〈刘奉世传〉,并参考《宋史》卷二一二〈宰辅表三〉。
② 以上主要据《禅林僧宝传》卷十七〈道楷传〉。

继袭……"① 不管是佛成佛之始不说法，以及此后说法四十九年，还是到最后手持青莲花示众，启示大迦叶，付嘱以"正法眼藏"……他说这一切都是"似是而非"，没有实际意义，即使菩提达磨西来及至黄梅五祖传授禅法，也是"指鹿为马"，"将日作月"。他甚至说：

> 祖师已是错传，山僧已是错说。今日不免将错就错，曲为今时。从来向君道：真须旨外明宗，莫向言中取则。石人似汝，也解唱巴歌；汝若似石人，雪曲也应和。真饶唱得韵出青霄，和得宫商不犯，正是出世边事落在今时。且道未出世边事，作么生道？（良久云：）朕兆未生前荐取，春风飘摆缘杨垂。（《续古尊宿语要》卷二〈芙蓉楷禅师语〉）

道楷表示，佛教中的种种修行阶位，包括曹洞宗讲的"偏正五位"、"君臣五位"及"功勋五位"等中关于表示认识层次的说法，在空寂的远古是没有的，而在释迦牟尼佛出世后采取超越言教的"以心传心"的做法，借助种种言教传法的做法，以及后世历代祖师或以语或以默的传法，皆不能真正传授解脱之道，引人入悟。尽管如此，从现实情况出发，又离不开语言文字，只好"将错就错"说教传法。他接着将语锋一转，引导门下弟子"直须旨外明宗，莫向言中取则"，启示他们善于透过教旨、言语领会解脱的宗旨、要则，避免有所追求；并且以形象的语句提示他们效法无意识的"石人"，对高下曲调（阳春白雪、下里巴人）没有分别之心，应理解真正高妙的音乐是超越于音声之上的；出世与不出世彼此渗透，互相贯通。

他还教导弟子："法无彼此，道无凡圣，历劫坦然，离诸修证。得之者红焰生莲；失之者碧潭捉影。从来不得，盖为今时。如今善恶二念，与你一时扫却，直教尽处不为家，空处不为座，万行不为衣，行如鸟道，坐若虚空。"（《续古尊宿语要》卷二〈芙蓉楷禅师语〉）意为佛法真如、佛性（道），从本质上是超越于彼此、凡圣的，是永远不变，并且不能付诸修证的，正如想在火中生莲花，碧潭捞月影那样，是必然空无所得的。然而，在现实中说彼说

---

① 威音，《法华经·常不轻菩萨品》中所说的威音王佛，禅宗以此表示不可计算的远古时代，以"威音已前"比喻空寂之理、人本有清净心性或"本来面目"；燃灯，是《修行本起经》等经所说的燃灯佛，是过去佛之一，佛经说他是过去劫时给释迦牟尼佛授记（预言）未来成佛的佛。这里当指承燃灯佛——释迦牟尼佛之后。

此，说凡说圣，是出于不得已。他最后表示，对于修行者来说，应当断除一切善恶是非之心，彻底体认般若空观（"行如鸟道，坐若虚空"）[①]，对于修行过程达到的"尽"（断烦恼）、"空"（空寂之心）以及"万行"（种种修行）皆不执著，才是解脱境界。

将道楷这种种说法加以概括，不过自我表白自己"说道说禅"为不得已，是"曲为今时"，启发门下弟子和参禅者透过语言体悟自性。在这方面，他的禅法和其他禅派没有根本区别。

(二) 提倡"自休"、"自歇"，开启默照禅之源

宋代曹洞宗提倡所谓"默照禅"的代表人物虽然是道楷下二世的宏智正觉，然而从现在资料来看，是由芙蓉道楷开其源，丹霞子淳继其后，而由正觉继其大成的。

道楷教导门下说："出家者为厌弃尘劳，求脱生死，休心息念，断绝攀缘，故名出家。"要他们不要贪恋名利。他说："先圣教人，只要尽却今时，能尽今时，更有何事？若得心中无事，祖佛犹是冤家，一切世间自然冷淡；直须这边冷淡，方始那边相应。"（《续古尊宿语要》卷二〈芙蓉楷禅师语〉）既然是出家，就应断绝贪恋世间名利之心，将现时对一切物质的和精神的追求、观念统统舍弃，做到"休心息念"、心中"无事"，自然对一切感到冷淡；对外在的"祖佛"也会感到多余，才会与解脱之道相应。

道楷在某次小参中更明确地说：

> 劝汝诸人莫向经卷册子上寻求。设使言语文字中有个入处，譬如萤火之光，自救不了。你若向空劫时[②]悟明自己，譬如百千日月，光明无量，无边众生一时度脱。你若未明，直须退步就己始得，自休休去，自歇歇去，似古庙香炉去，一念万年去，似一息不来底人去。汝若能长年岁月如此，若不出道果，山僧妄语诳你诸人，自生陷地狱。（《续古尊宿语要》卷二

[①] 《祖堂集》卷六〈洞山传〉记载，唐代洞山良价常以"行鸟道"来引导弟子建立空观，以鸟在空中飞翔自由比喻空观可以断除一切执著。

[②] 佛教谓世界有成、住、坏、空四劫（四个久远时期），循环无穷。空劫，原意是指世界已经毁灭，唯存色界的时期。此处当泛指世界形成以前万物未生的时期，意思与禅宗所说"空劫以前"，乃至"威音那畔"、"威音已前"没有根本区别。

〈芙蓉楷禅师语〉〉

他说的主要有三个意思：第一，教导弟子不要指望从佛经、著作、语录中可以找到能够使自己达到彻底解脱的灵丹妙药，即使有某些语句对个人入悟具有启发意义，也毕竟"自救不了"。第二，如果紧紧扣住世界尚未形成以前的自己——所谓"本来面目"、"本地风光"进行参究，就会感到心地豁亮，终究达到解脱。第三，在没有达到入悟之前，应当彻底休歇身心，使自己的心绪空寂下来，心境如同寂静冷清的古庙，在平静中将当前的一念置于无限的时间长流之中，像个即将断气的人一样既无所求也无所舍。道楷甚至向弟子发誓，他说的修行方法绝对正确。引文中虽然没有明说，可以推测他是引导弟子在坐禅中默默地参究，以"悟明自己"——默照禅的"默照"。

我们从道楷所讲的这三点，已经可以看到以后曹洞宗默照禅的端倪。因此，笔者认为，在北宋曹洞宗默照禅的形成发展中，道楷是开其源者。

五　丹霞子淳及其禅法

在道楷弟子中，以丹霞子淳最有名。在南宋以提倡默照禅著名的宏智正觉、真歇清了、慧炤庆预都是他的弟子。

子淳（1054—1117），俗姓贾，剑州梓潼（今属四川省绵阳市）人。自幼于本县大安寺出家为童，二十七岁时剃度为僧。初参玉泉寺（在今湖北省当阳县）芳禅师，接着行脚到潭州（治今湖南长沙）大沩山参谒临济宗汾阳三世真如慕喆禅师，到南康军宝峰山参谒汾阳下二世真净克文禅师，到随州大洪山参谒报恩禅师。后来到郢州大阳山礼芙蓉道楷为师。道楷对他讲："退步就己，万不失一"，"空劫承当，佛未出世时体会"。他从中得悟。在道楷住持大洪山时，他跟随在他的身边。

宋徽宗崇宁三年（1104），应京西南路提点刑狱官王信玉之请，到南阳（在今河南）丹阳山天然寺任住持。走前，道楷问他对"佛祖传法偈"、"诸家宗旨因缘"的掌握情况。他应机巧妙回答，道楷才放心让他离开。天然寺原是唐代石头门下著名弟子天然开创的寺院。子淳到寺后，开垦土地，扩建寺院，重制清规，向僧俗弟子弘法，从而使寺院面貌发生很大变化。后来，他一度退居唐州的大乘山的西庵。政和五年（1115），随州知州特请他到大洪山保寿禅寺担任住持。因为此前此寺发生火灾，损坏严重，子淳便以极大力量着手修复，僧众常达五百余人。

子淳于政和七年（1115）去世，年五十四。死前写偈曰："来亦无言，去亦无说。无后无前，一轮明月。"① 著名弟子有后任大洪山住持的庆预、在天童寺担任住持的宏智正觉、在真州长芦崇福寺任住持的真歇清了等人。有语录、偈颂、颂古百则传世，元代曹洞宗僧万松行秀的弟子林泉从伦除评唱投子义青颂古百则撰《空谷集》外，又评唱丹霞子淳的颂古百则，撰《虚空集》六卷。

关于子淳的禅法，从现存语录来看，特色不很明显。他上堂说法有点像投子义青，经常讲一些描述时节或眼前景物的诗偈，然后穿插进某些含义模糊的禅语。尽管如此，从他的语录中某些语句可以发现他继道楷之后也提倡所谓"休歇"的禅法。他曾说：

> 欲识解脱道，诸法不相到，眼耳绝见闻，声色闹浩浩。诸人若也于斯委悉得去，可谓如龙得水，似虎依山。
>
> 今日是腊月三十日，还曾准备得今日事（按：此指命终之事）么？诸人莫作等闲，直得切切准备，莫是看阅经教为准备，莫是念禅策子为准备，莫是持机巧心为准备。正当怎么时，眼光落地，手脚忙乱，从前记得，一时忘了。到这里直须脚踏实地始得用，掠虚不得也。诸人，时中快须休歇去，准备他去，把今时事放尽去，向枯木堂（按：禅堂）中冷坐去，切须死一遍去。却从死里建立来，一切处谩你不得，一切处转你不得，一切处得自在去。（《丹霞子淳语录》卷上）

大意是：对于生死大事，要有充分准备。但这种准备不是读经、读语录，也不是依持善于应对的智巧，而是彻底休歇身心，到禅堂静静地坐禅（"枯木"是对坐而不卧的坐禅者的比喻），与外界隔绝并闭塞自己的见闻觉知，直到精神如同死去一般，然后才能向解脱自在境界飞跃。

可以认为，道楷、子淳二代相继提倡的"休歇"禅法，是以后曹洞宗默照禅的重要源头。在子淳的弟子中，虽然以宏智正觉弘传的"默照禅"最具代表意义，然而在现存真歇清了的禅法语录中，也有近似默照禅法的语录。

---

① 宋韩韶《随州大洪山十方崇宁保寿禅院第四代住休持淳禅师塔铭并序》，载《湖北金石志》卷十。

六 真歇清了及其"劫外"禅

（一）清了生平

真歇清了（1090—1151），真歇是号，俗姓雍，左绵安昌（在今四川绵阳市）人。十一岁时于当地圣果寺出家为童，七年后经试《法华经》剃度并受具足戒为僧，到成都大慈寺听习《圆觉经》、《金刚经》及《大乘起信论》等经论，此后登峨眉山巡礼普贤菩萨道场，东行出四川，途经沪南建崇宁寺暂时居住，然后东出瞿塘，沿江经今湖南、湖北，至邓州（治今河南邓县）丹霞山参谒曹洞宗子淳禅师。

某日，清了入室，子淳忽然问他："如何是空劫以前自己？"这里的"空劫"实际是指天地万物形成以前。子淳是问他出生以前的本来面貌是什么。他刚想回答，子淳斥责他："你闹，且去！"一日，清了登附近钵盂峰观景之际，忽然开悟。清了悟了什么，也许体悟对这类问题难以用语言文字表达。他立即回来礼见子淳，然后侍立。子淳忽然举手打他一巴掌，说："将谓你知有？"意为我还以为你知道了呢。清了听后不仅不恼，反而欣然礼拜。次日子淳上堂说偈："日照孤峰翠，月临溪水寒。祖师玄妙诀，莫向寸心安。"以偈描述日月照临山峰溪水，景色自然而幽静，并示意弟子对祖师的玄妙语句不要执著于心，说的是对语句的看法。清了听后，表示对此完全理解。[①]

清了在离开子淳后，先北上巡礼被奉为文殊菩萨道场的五台山，然后进入京城参访诸寺名师，又沿汴水南下，参谒在仪真长芦（在今江苏省六合县）崇福寺的祖照道和禅师。崇福寺是当时著名禅寺之一，长期来是云门宗的传法中心。道和是云门宗雪窦下三世法云善本的弟子，门下僧人达千人之多。道和一见清了十分赏识，请他担任侍者，翌年请他担任首座并分座说法。宋徽宗宣和四年（1122）道和年老退院，经官府批准出任长芦崇福寺住持。在第二年的开堂升座仪式上，拈香宣告自己嗣法丹霞子淳禅师，当时曾招致重病中的道和及其弟子的反对。南宋高宗建炎二年（1128），清了从长芦退院。此后曾婉绝几处寺院的聘任。

建炎三年至四年（1129—1130），在金兵渡江大举进犯江浙地区之际，

---

① 此据德初等人编《真州长芦了和尚劫外录》（下简称《劫外录》）卷上〈机缘〉。

不少僧人避地东南。建炎四年（1130）十月，清了在台州（治今浙江省临海市）天封寺接受聘请，前往福州雪峰寺担任住持，前后六年，名声远扬。绍兴五年（1135）退居东庵，第二年奉旨赴四明（明州，治今浙江宁波）任阿育王山广利寺（在今浙江鄞县）住持。据载，当时寺院旷败，寺众炊食不继，并且欠债达二十万。清了到寺之后，远近信众闻名前来，施舍日增，将债大部分还清。然而在翌年诏命清了改住蒋山寺（今在南京钟山），他以病力辞。绍兴八年（1138），温州的龙翔、兴庆二寺合并，改为禅寺。清了应诏前来担任住持，扩建寺院，并对环境进行整治，得到朝廷赐田千亩。绍兴十五年（1145）四月，他奉诏到临安径山能仁禅院担任住持，正值大慧宗杲被贬离开径山第四年。此时有寺僧千人，然而食粮不足，甚至要辅之以乞食。

慈宁太后韦氏是高宗的生母。靖康二年（1127）金兵掳宋徽宗、钦宗及后妃、皇子等北去，其中就有韦氏在内。绍兴十二年（1142）被迎归临安，《宋史》卷二四三〈韦贤妃传〉称她"好佛、老"。绍兴二十一年（1151）六月，高宗为她在西湖建崇先显孝禅院，诏清了任住持。当年，韦太后来寺礼佛，清了虽已抱病在身，仍坚持开堂说法。太后"垂箔听法"，与清了之间有"问答提唱"，赐清了以金襴袈裟银绢等物。清了从此地位显赫，受到皇室的尊崇。然而就在此年十月，清了去世，年六十二岁。[①] 敕赐"悟空禅师"之号，塔名"静照"。一生先后住持六所寺院，度弟子四百余人，嗣法出世（任住持者）者三十余人，著名的有在真州长芦崇福寺的慧悟、明州雪窦寺的宗珏、建康府移忠报慈寺的传卿等人。[②]

（二）关于《劫外录》

真歇清了的传法语录，现存由他的侍者德初、义初等人编的《真州长芦了和尚劫外录》（以下简称《劫外录》）。卷首载有宋代吴敏写的《真州长芦了禅师劫外录序》，此后载录清了的上堂语录、法要、机缘、偈颂十首、颂古四则、自

[①] 《劫外录》后附《崇先真歇了禅师塔铭》谓清了绍兴二十年卒，但没记岁数；《南宋元明僧宝传》作绍兴二十二年卒，六十二岁。陈垣《释氏疑年录》取前者之去世纪年、后者之岁数，生卒年作（1090—1151）。今从之。

[②] 真歇清了生平，主要据《劫外录》（详后）所附天童正觉《崇先真歇了禅师塔铭》，并参考日本石井修道《宋代禅宗史的研究·附录资料篇》之十一《崇先真歇了禅师塔铭》。

赞一首。① 从题目及吴敏序称清了为"长芦了禅师"、"说法于一苇江（按：传说菩提达磨从长芦搭乘小舟渡江入魏，因以'一苇江'称长芦）边"等来看，此书自然是记述自宣和五年至建炎二年（1123—1128）清了在住持长芦崇福寺期间的说法语录。"劫外"取自他思虑"空劫以前自己"的悟道因缘。

现国内常用的是日本《续藏经》收录的二卷本《劫外录》。这是日本江户时期明和四年（丁亥，1767）由曹洞宗学者面山端方校正、补遗的重刻本。第一卷除上述内容外，卷首有面山端方写的《校正重刻劫外录序》，此后所载吴敏的序，后署"绍兴二十八年正月旦，中桥居士吴敏序"。吴敏，《宋史》卷三五二有传，真州人，钦宗靖康元年（1126）一度为少宰兼中书侍郎（宰相），然而不久被罢，绍兴元年（1131）复观文殿大学士，为广西、湖南宣抚使，翌年十一月去世（据《建炎以来系年要录》卷六十）。据此，吴敏序后所署"绍兴二十八年正月旦"是后人妄加。② 在卷尾"真州长芦了和尚劫外录终"之后，附有南宋绍兴二十六年（1156）清了的师弟天童正觉撰写的《崇先真歇了禅师塔铭》（简称《真歇塔铭》）。此后是"附录"，载有从《禅门诸祖偈集》、《归元直指》、《莲宗宝鉴》等书辑出的《华严无尽灯记》、《戒杀文》、《净土宗要》等文，是端方面山"采辑散逸"所加的。第二卷是《真和尚拈古》，清了自称"寂庵"，集中对传为禅宗三祖僧璨所撰《信心铭》进行阐释与评述，借以表达自己的禅法主张。从所载八段"示众曰"文字来看，也许是清了分八次向弟子阐释《信心铭》的语录。这部分很明显不属于《劫外录》的内容。卷末有清了下四世、长翁如净的弟子无外义远写的跋，谓："当绍兴间，妙喜（按：大慧宗杲）正统东山（按：径山）诋訾默照，寂庵是

---

① 从1996年至2000年由俄罗斯科学院东方研究所圣彼得堡分所、中国社会科学院民族研究所、上海古籍出版社合作整理出版《俄藏黑水城文献（汉文部分）》六册，其中1996年出版的第三册所载宋本《劫外录》是最早刻本。黑水城，在中国内蒙古自治区阿拉善盟额济纳旗内。20世纪初俄国"探险队"在此挖掘掠取大量宋、西夏、金、元时期的写本和刻本，现藏于俄罗斯科学院东方研究所圣彼得堡分所。台湾慧达法师据黑水城本，参校现存其他诸本撰《新校黑水城本〈劫外录〉》，2002年发表于《中华佛学研究》第六期。大陆宗舜法师对此文献早有考察，读此校本后感到尚须改进完善，写出《新校黑水城本〈劫外录〉商榷》，又以黑水城本为底本，校之以其他各本，重作校勘，写出《真歇清了与黑水城本〈劫外录〉》，并附录《重校本〈劫外录〉》及《真歇塔铭》，尚未发表即传给笔者看。此文考证细密，无论在观点或是资料考辨校释方面具有新意。笔者写此段时参考了此文。

② 参考日本石井修道《宋代禅宗史的研究》第三章第三节关于真歇清了部分。另外，前注所引宗舜《真歇清了与黑水城本〈劫外录〉》对吴敏生平及日本面山本《劫外录》也有较详细考证。

举可谓入其室操其戈,取其矛,击其盾。"如果此跋可信,《信心铭》拈古应是清了住持径山时所作。

正觉《真歇塔铭》说清了有"语录两集行于世"。据学者考察认为,这两集语录中一种是前面介绍的《劫外录》,另一种是《一掌录》。然而《一掌录》现已不存,仅从宋代抗金派领袖李纲的文集《梁谿全集》卷一三七中所载撰于绍兴四年(1134)的《雪峰真歇了禅师一掌录序》可知曾有此录,是清了住持福建雪峰寺期间由其门徒所编。"一掌"是取自清了因受子淳一巴掌入悟的因缘。

此外,在南宋晦堂师明《续古尊宿语要》卷二载有《真歇清了语录》,在《嘉泰普灯录》卷九和《五灯会元》卷十四载有清了的传记。其中所载很多语录不见于清了在长芦的语录《劫外录》,有的地方清了自称"雪峰",也许录自清了在雪峰寺的说法语录《一掌录》及以后在其他地方的传法语录。

(三)清了的"劫外"禅

真歇清了因在丹霞子淳门下以参扣"空劫以前自己"得悟,印象深刻,以至于将自己最初在长芦说法的语录题名为《劫外录》。这里的所谓"空劫",已不是严格意义上的"四劫(成、住、坏、空)"之一的空劫,与源自"空劫以前"的"劫外"大体同义,是丛林间经常用来描述想象中的天地万物没有形成之前的空旷无际、寂寥混沌的状态,也借此表述自心无思无欲,没有是非、好恶、取舍等动机观念的自然无为的精神境界。清了以"劫外"来标榜自己的禅法是以引导学人体认自己的自性为目的的。

从现存清了的语录来看,他上堂说法很讲究遣词造句,常用四字句、五字句或穿插三字句、七字句,白话与偈颂并用,有点像义青、子淳说法的做法。然而他很少从正面清晰地表述自己对修行、入悟解脱的看法,经常借描述眼前的景色或引用一些公案语句,乃至运用十分含糊的语言来表达某种见解。尽管如此,从他的语录中仍可以窥测到他的禅法主张。这里仅介绍两点。

1. 所谓"劫外"禅——提倡"大休大歇"、"达本忘情"

清了在雪峰寺上堂示众说:

> 撒手便行,向甚么处去?不与万法为侣。见闻觉知,路子已断;明密密,佛眼也觑不见。大休大歇,只是及得尽,用得活,见得彻,明得透,

转处纯熟，无毫发许（按：原作"计"，据宗舜校黑水城本改）渗漏，口头更无佛法气味，命脉自断，光彩俱透，如万仞悬崖放身，廓忘依倚，便能坐断天下人舌头。机机隐密，触处混融，一念万年，真常体露。但行住坐卧，参到藏身不得处，躲避不及处，便乃全身担荷孤明历历，无段无形，万象光中，头出头没，便无欠少。祇（按：这）么见成，个点灵然，元无断续。怎么觑得内内外外，圆陀陀地，养得烂骨堆地，始得无过患。然后一时扫却，向乾坤那畔千圣万圣望不及处去，方知有向上事。（《劫外录·法要》）

先将其中部分语句稍作解释。"不与万法为侣"，是指真如佛性或称心、自性，被认为是世界万物的本原、本体，唐代庞蕴居士曾问马祖："不与万法为侣者是什么人？"马祖回避正面回答，说："待汝一口吸尽西江水，即向汝道。"（《景德传灯录》卷八〈庞居士章〉）"万仞悬崖放身，廓忘依倚"，当指修行者到此精神境界已经没有利害得失、安危的念头。"坐断"是宋代丛林常用之语，是指将某事做到极限，也有把持、嵌制得住等意思。"坐断天下人舌头"，当指使任何人难以开口，难以评说。"真常体露"，是自性（谓佛性真而永恒）显现，达到入悟解脱。"孤明历历，无段无形，万象光中，头出头没，便无欠少"，也是指真如自性。"孤明"，超越于万物并且无染明净。"觑得内内外外，圆陀陀地"，大概是指观想的意境，认识到内外融通联为一体。"养得烂骨堆地"，也许是自我消融，物我一体。"乾坤那畔千圣万圣望不及处去"，即空寂无际的所谓"空劫前"或"劫外"。"向上"是通往解脱成佛。

引文描述的对修行的最高境界的想象：放下眼前的一切，使自己的精神与真如佛性相契合。至此境界，不仅世俗的感觉思惟派不上用场，即使佛眼也难看到。身心已经完全休歇，然而却具有超乎一般的神妙作用——无所不到，无所不知，不再以语言宣述佛法，已经彻底摆脱轮回，永恒的自性清净光彩显彰，超脱任何利害得失、安危的念头，世人也无从评说。至此境界，虽功能作用非常人所知，然而却能随处随机融通于社会群生，在时间上会通古今，做到融一念于万年，真常自性得以显现。如何达到这一境界呢？应当在日常"行住坐卧"中，深入参究自己，直参究到超越于现实的身心之外——生前的本来面目时，才能感觉到自己的自性——唐代临济义玄所说的"孤明"、"无位真人"（灵魂、自性、佛性)①，明净圆满而且超越于万物。进而可以观想到自己与天地万物一体，内外融通。这样才得以理解怎样达到最高的解脱境界，体悟"劫前"的自我、本来面目——与真如佛性相契合的无思无欲，没有是非、好恶、取舍等动机观念的自然无为的精神境界。

清了有时还把真如、自性、心，称之为"一段光明"，说虚空大地完全是这"一段光明"的显现，本来"不落意句，亘尘沙劫，历恒沙界，廓无变异"，意为是超越于思想语言并且无边无际的。如果"一念究得源底明透，直截担荷，便与三世诸佛齐肩"，即达到佛的境界。然而这还不算最高境界，所谓"犹落阶级，未为向上"；更高的层次是："扫却玄微阶级、智境法尘，向未摇三寸（按：舌头、语言）已前，澄想已俱尽，照而无迹，明而无痕，混混密密，千圣亦摸索不着；只个摸索不着，亦非本有"，说的是超越于一切微妙差别、内智外境和语言，空旷无迹的，与所谓想象中"空劫前"的景象相一致的精神境界。

为此，要认真修行"休歇"禅法。他用不同的表述方法说：

> 未休休去，未歇歇去，豁然宝镜当台，无限清光满户。
>
> 参得快活，用得自在，便知有休歇底路子。骷髅前鉴顾业识，打得断梦影销落。彻顶彻底，明而无痕。尽虚空大地，一时脱落；上下四维混混，无把无捉。坐断佛祖言句，不被天下老和尚热瞒。
>
> 但忘教似枯木石头、墙壁瓦砾，绝知绝解，自然虚明历历，无一丝毫特地费心力处。
>
> 坐得脱，歇得到凝想俱尽，绝根株，明历历无可趣向，也须是个彻底放下死一遍了，蓦地苏醒，个些精彩，若明镜临台，丝毫不昧。便怎么横身，犹恐堕在绝点，纯清未透，真常流注……直须净尽，灰歇参教，稳密密地浑金璞玉去。
>
> 须是硬鱍鱍壁立千仞，一念怎么去，万事俱忘去，彻底剥了去，气息都无去，那边了却去，使行如鸟道（按：曹洞宗以"行鸟道"比喻修持空观），坐若虚空，空想亦无，个点灵〔明迥〕然，明密密地，任运卓尔，恒

---

① 义玄《临济录》中以所谓"目前孤明历历地听法者"、"无一个形段，历历孤明"、"听法底人，无形无相，无根无本，无住处，活泼泼地"，来表述与人的肉体同时存在的精神（心灵、灵魂）、也称"无位真人"，实际是对佛性、自性的另一种说法。详见杨曾文编校，中州古籍出版社2001年出版的《临济录》附编二《临济义玄和临济录》五之（二）。

无改变。①

离心意识，达本忘情。千圣顶页，拨开万象。根源彻透，当明隐照。（以上皆引自《劫外录》）

大意是说，通过彻底的休歇，断除思想中一切知解、观念，使自己的心识活动处于一种近乎休止空寂的状态，以至于好像死去一样，至此便"离心意识，达本忘情"、"根源彻透"，才达到与自己本性（"空劫已前自己"）相契合的解脱境界。

虽然清了说"但行住坐卧，参到藏身不得处"（前引《劫外录》），未明确地讲坐禅，甚至也批评"一向背六尘境，拨去万象，心住空寂，坐空劫中（按：此处当指长时间地没有间歇地），守枯木岩前，孤危死底，唤作休歇处，且喜没交涉"（《真和尚拈古》），然而从词句内容上看，他实际是提倡凝心坐禅。

清了虽没有用"默照"这个词语，然而他的禅法与其师弟正觉鲜明地提倡的默照禅在内容上是十分接近的。

2. 论理事圆融与净土法门

清了曾撰《华藏无尽灯记》，现存南宋子升等编录的《禅门诸祖师偈颂》卷三，日本面山端方将它收录在他重校正重刊的《劫外录》第一卷之后。

清了以一灯比喻"真心"、理（真如、佛性），以设在四周的十面镜子比喻"十法界"、事，以一灯光亮照射，十镜互相辉映，比喻心物融通，理事无碍，说："事事中有无尽理，惟一理也。以一理能成差别事故，则事事无碍"，借此论述佛与众生相融无间，众生"念念中与诸佛同出世，证菩提，转法轮（按：说法），入灭度，如镜与镜，如灯与灯"。

这显然是发挥华严宗的理事圆融的教理。清了将此思想贯彻到传教中，就是将禅宗的修行与受到普通信众欢迎的简单易行的阿弥陀佛净土法门会通。他所著《净土宗要》发挥《华严经》中的心、佛与众生"三无差别"的说法，说阿弥陀佛不离众生之心，极乐世界"遍在一切处"，如天帝释殿上的"千珠宝网"珠珠之间，光影互映互照，"弥陀净土即千佛之一，十万佛国，一佛国土，各千珠之一"，劝人专念阿弥陀佛，"见一佛即见十方佛，亦见九界

---

① 〔〕中的字，据南宋宗晓编《乐邦遗稿》卷下所引《真歇禅师示众文》校加。原文见《大正藏》卷47，第242页下。

众生"。

据元代天如惟著《净土或问》所引，清了曾著《劝修净土文》，谓禅僧"已悟不空不有之法，秉志孜孜于净业者，得非净业之见佛简易于宗门乎？"又说"乃佛乃祖，在教在禅，皆修净业，同归一源。入得此门，无量法门，悉皆能入"①。他根据的正是上面引述的佛与众生、理与事圆融无碍的思想。

禅净会通，禅净融合，在宋代中期之后处于迅速发展时期。清了的净土思想在中国净土思想发展中上占有一定地位，是早期禅宗内部主张禅净会通的代表人物之一，他的净土著述被南宋及以后的净土著作广泛引用。

（四）清了与大慧宗杲

据《大慧语录》卷十三记载，宗杲曾应清了之请到雪峰寺为僧众说法。他自称"云门"，说明是绍兴五年（1135）春应请到泉州小溪的云门寺担任住持之时。他在说法中称赞清了："尔看他真歇说禅，都不计较，据学人问处，信口便说，更无滞碍，自然如风吹水，只为他实见实说。"② 然而，对他的"劫外"的禅法提出含蓄的批评，说：

> 只如真歇，寻常见学者多认目前鉴觉，求知见觅解会，无有歇时，不得已教人向劫外承当。据实而论，这一句已是多了。此是一期方便，如指月示人，当须看月，莫认指头。如今人理会不得，将谓实有怎么事，祖师所谓错认何曾解方便，既不识方便语，便向燃灯佛肚里座（按：当指在与世隔绝处坐禅），黑山下鬼窟里不动，坐得骨臀生胝，口里水漉漉地，肚里依前黑漫漫地，驴年梦见么。③

在这里，宗杲一方面指出清了为引导学人不再执著知见、解会，提倡参究"劫外"自性，用意是值得肯定的；同时又指出他提出这种说法是多余的，使得不能从实质内容上理解这一说法的人产生新的执著，便将自己封闭起来一个劲地坐禅，直坐得好像身处黑山鬼窟里一样。类似"黑山下鬼窟"、"肚里依前黑漫漫地"等语句，正是宗杲一再使用批评默照禅的用语。

---

① 《大正藏》卷47，第293页下。
② 同上书，第863页中。
③ 同上书，第864页上。

尽管如此，笔者认为，宗杲所批评的"默照禅"未必是专门批评真歇清了及宏智正觉的，很可能是指仍遵循旧有修行传统而尚未了解、接受看话禅的禅师、学人。因为清了、正觉的禅法具有比较精细的禅法理论，并非如宗杲所批评的默照禅那样简单。他们在重视前人禅法语录具有启示作用，同时反对执著公案语句，要求参究自性等方面，与宗杲本人并无二致。从正觉为清了撰写的《真歇塔铭》来看，清了本人也主张"以悟为则，惟灯相应，心华自发，觉海元澄"的。应当说，清了的劫外禅、正觉的默照禅与宗杲的看话禅之间最大的区别是修不修参话头方面。

综上所述，宋代曹洞宗实际自警玄肇始，经临济宗法远代找的嗣法者义青，开始走向振兴之路，经报恩、道楷至子淳、清了及正觉，曹洞宗进入昌盛时期。在这个过程中，作为宋代曹洞宗禅法标志的默照禅逐渐地形成和发展起来，最后由正觉继其大成并发扬之。

曹洞宗传承世系略表之一

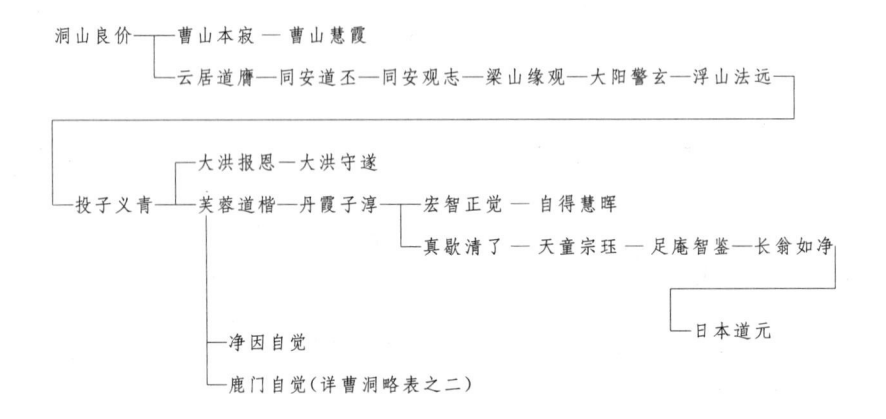

```
洞山良价——曹山本寂——曹山慧霞
         └─云居道膺——同安道丕——同安观志——梁山缘观——大阳警玄——浮山法远─┐
                                                                    │
         ┌──────────────────────────────────────────────────────────┘
         │  ┌大洪报恩——大洪守遂
         │  │                          ┌宏智正觉——自得慧晖
         └投子义青─芙蓉道楷─丹霞子淳─┤
            │                          └真歇清了——天童宗珏——足庵智鉴——长翁如净─┐
            │                                                                    │
            │                                                              ┌─────┘
            │                                                              └日本道元
            ├净因自觉
            └鹿门自觉（详曹洞略表之二）
```

第二节 宏智正觉及其默照禅

宋代曹洞宗自大阳警玄之后，经过投子义青、大洪报恩、芙蓉道楷等人几代的努力，逐渐走向振兴，至丹霞子淳、真歇清了及宏智正觉之时，开始进入昌盛时期。所谓"默照禅"正是由宏智正觉在继承以往曹洞宗的"休歇"禅法的基础上发扬光大起来的,成为宋代禅宗内部与临济宗大慧宗杲提倡的"看话禅"相对应两大禅法之一。

一 正觉的生平及其主要弟子

关于宏智正觉的传记资料,最有名的有:(1)南宋高宗绍兴二十八年(1158)左朝请郎、直龙图阁、知太平州军州事、提举学事兼管内劝农营田使阳羡周葵撰写的《宏智禅师妙光塔铭》(下简称《宏智塔铭》);(2)同年由皇叔庆远军承宣使、提举江州太平兴国宫、安定郡王赵令衿撰写的《敕谥宏智禅师后录序》(简称《宏智后序》);(3)孝宗乾道二年(1166)左朝奉大夫侍御史王伯庠撰写的《敕谥宏智禅师行业记》(简称《宏智行业记》)。[①] 另有《宗门联灯会要》卷二十九及《嘉泰普灯录》卷九、《五灯会元》卷十四的〈正觉章〉及明代《又续藏》所载净启重编《宏智禅师语录》四卷本后附主要据《宏智行业记》缩写的《行实》等。

宏智正觉(1091—1157),宏智是南宋高宗所赐谥号,俗姓李,隰州隰川(今山西隰县)人。祖李寂、父李宗道,皆虔诚奉佛,久参佛陀逊禅师。正觉十一岁时在本县净明寺从本宗出家为童,十四岁在晋州(治今山西临汾县)慈云寺从智琼受具足戒。从十八岁开始,出外游方,在嵩山少林寺坐夏,到汝州(治今河南汝州市)香山参谒枯木法成。法成是曹洞宗芙蓉道楷的弟子,对正觉十分器重。

正觉可能是接受法成的建议,到邓州(治今河南邓州)参谒芙蓉道楷的另一弟子丹霞子淳。一日子淳问他:"如何是空劫已前自己?"意为你在天地万物生成之前是什么样子?此语实际与"如何是父母生前面目"没有根本差别,过去子淳也以同样的语句问他的师兄真歇清了。正觉没有正面回答,只是说:"井底蛤蟆吞却月,三更不借夜明帘。"子淳不认可。正觉正要再答时,子淳用手中

[①] 《宏智禅师妙光塔铭》载《两浙金石志》卷九及明代《又续藏》本《宏智禅师语录》书后附录,《敕谥宏智禅师后录序》载《天童寺志》卷八,《敕谥宏智禅师行业记》载《大正藏》卷48《宏智禅师广录》书后附录。日本石井修道《宋代禅宗史的研究》(1987年东京大东出版社出版)第四章第一节将此三种传记(《敕谥宏智禅师行业记》用日本泉福寺本)及《嘉泰普灯录》卷九〈正觉章〉,加以校勘并对照刊印,为利用这些史传资料提供很大方便。笔者对正觉生平的介绍参考并综合吸收了石井校勘研究的成果。

的拂子打他一下说："又道不借。"大概是说用不着再说了。正觉听后得悟，立即向子淳礼拜。当时他二十三岁。

北宋徽宗政和四年（1114），子淳退居唐州（治今河南唐河县）大乘山的西庵之时，正觉也跟随前往，被任为立僧首座。政和五年（1115）子淳受命住持随县大洪山保寿禅院，正觉随往并担任他的记室。两年后子淳去世，由道楷的弟子慧照庆预继任大洪山住持。宋徽宗宣和三年（1121）正觉升任首座。翌年，他离开大洪山前往也是道楷弟子的阐提惟照住持庐山圆通寺，也任首座。宣和五年（1123）师兄真歇清了在真州长芦（在今江苏省六合县）崇福禅院担任住持，招请正觉前去担任首座。寺众七百人，真歇请他秉拂代训徒众。从此，正觉逐渐闻名于丛林。正觉能够频繁地往来于属于芙蓉道楷法系的寺院，可以说是曹洞宗正在迅速兴起的反映。

宣和六年（1124），正觉三十四岁，受泗州发运使向子諲邀请到泗州任大圣普照寺住持。普照寺是供奉唐代被看作是观世音菩萨化身的僧伽和尚（628—710）的寺院，远近有名。宋徽宗在宣和元年（1119）曾下诏贬斥佛教，改称比丘、比丘尼为德士、女德士，穿俗服，并下令各地建神霄宫。泗州官府割普照寺的一半用地建神霄宫。靖康元年（1126）正月，因金兵大举南侵，宋徽宗为避难南下至镇江，期间经过泗州时，正觉率门下千余人在道路左侧迎接，威仪十分齐整。宋徽宗曾接见正觉，并且应请命地方官将改作神霄宫的部分归还寺院。

此后，正觉在靖康二年（1127）住持舒州太平兴国禅院；南宋建炎元年（1127）住持江州庐山圆通崇胜禅院；建炎二年（1128）六月短期住持江州能仁禅寺，退院之际曾参访云居山真如禅院（在今江西永修县），当时正值临济宗圆悟克勤住持此寺。同年九月，经克勤与安定郡王赵令衿的推荐，正觉应请到真州长芦住持崇福禅院。①

北宋被金灭亡之后，北方战火连年并且向南方蔓延，不少僧人到江浙一带避乱。建炎三年（1129），正觉避地明州（治今浙江宁波），本想到普陀山参访师兄真歇清了。当时天童寺正缺住持，有人向州府推荐，州府请正觉住持天童寺。此后正觉在绍兴八年（1138）九月曾一度受请住持临安灵隐寺，然而在十

---

① 《宏智广录》诸卷开堂语录、《宏智行业记》并参照石井修道《宋代禅宗史的研究》第四章第一节第310页对正觉在这些寺院开堂年代的考证。

月又奉诏回到天童寺，直至正觉去世，住持天童寺近三十年。此寺原有僧人二百人，由于正觉的名望和善于经营，增至一千人以上。正觉规划着手建造临海堤堰，开垦海边荒田，岁入增加三倍，供应寺僧有余，同时扩建寺院，建造了巨大的能容一千二百人的卢舍那阁。他在此寺弘扬曹洞禅法，特别是经他发扬大成的默照禅。

绍兴二十六年（1156），临济宗禅僧大慧宗杲被赦从编管的梅州北归。经正觉向朝廷推荐，宗杲得以住持明州阿育王寺。在开堂仪式上，正觉亲自担任维那白椎。他与宗杲之间情谊很深，曾执著宗杲的手说："唯我二人，你唱我和，我歌你拍。苟一旦有先瞌，然则存者为主其事。"就在第二年绍兴二十七年（1157）十月八日，正觉在给宗杲写书嘱托后事之后，挥笔写偈曰："梦幻空花，六十七年，白鸟烟没，秋水连天。"①投笔去世，年六十七岁。宗杲如约前往天童寺为正觉主持丧葬仪式，并且推举他的弟子法为继任住持。

据《宏智塔铭》并参考《嘉泰普灯录》卷十三，正觉一生度弟子280人，其中著名的嗣法弟子有庆元府（原明州，治今浙江宁波）雪窦寺嗣宗、常州善权寺法智、真州长芦道琳、临安府净慈寺慧晖、庆元府瑞岩寺法恭、随州（治今湖北随县）大洪山法为、襄阳府（治今湖北省襄樊市）石门寺法真、庆元府光孝寺思彻，以及世钊、法润、信悟等二十多人。

中国曹洞宗在南宋传入日本。日本僧道元（1200—1253）在南宋嘉定十六年（1223）入宋求法，在明州（治今宁波）上岸后参访名师，在天童寺从正觉的师兄真歇清了下三世长翁如净（1163—1228）受曹洞默照禅法，于宝庆三年（1227）回国，创立日本曹洞宗。元代，宏智正觉下四世直翁德举的弟子东明慧日（1272—1340）于大德六年（1302）应日本镰仓幕府前执权北条贞时的邀请赴日传法。正觉下五世云外云岫的弟子东陵永屿（1285—1365）在至正十一年（1351）应室町幕府武将足利直义邀请赴日传法。他们二人所传属于宏智正觉法系的禅法，与道元所传曹洞禅法有所不同。然而他们的法系未能传至后世。②

---

① 《宏智行业记》，并参考《宏智后序》、《宏智塔铭》。
② 请参考拙著《日本佛教史》第三章第七节，浙江人民出版社1995年版；杨曾文、源了圆主编《中日文化交流史大系4·宗教卷》第三章之（五）〈曹洞宗的东传和演变〉（日本石井修道执笔），浙江人民出版社1996年版。

二 正觉的禅法语录

正觉的传法语录现存由其侍者集成、宗法、宗荣等16人参与编集的《宏智禅师广录》。

现有不同版本：日本大分县泉福寺所藏宋版《宏智禅师广录》六册（不分卷），1964年由日本名著普及会出版了由樱井秀雄监修，石井修道编辑的影印本；日本宝永五年（1708）据泉福寺本六册本改编的《宏智禅师广录》九卷九册，内有不少脱漏差误；日本宽政三年（1791）为复原宝永五年本而刊印的《宏智禅师广录》六卷六册，卷一增加所缺的富直柔的序和开堂法语；中国明代嘉兴《又续藏》本载录《明州天童景德禅寺宏智禅师语录》四卷，署名"武林苕溪凤山后学净启重编"，后附《行实》及周葵撰写的《塔铭》等；日本《续藏经》所载《宏智禅师广录》九卷，将明《又续藏》本《宏智语录》后附的《行实》、《塔铭》等置于卷末；《大正藏》卷四十八所载《宏智禅师广录》九卷是以驹泽大学所藏日本宽政三年本为底本，校之以日本宝永五年本而成。[①]

现国内常用的《宏智禅师广录》（下简称《宏智广录》）是《续藏经》本和《大正藏》本。

三 以心性为本的宇宙论和天地万物圆融论

正觉的禅法以"默照禅"著称。这一实修禅法的是以他的以心性为本——本原、本体，强调"天地同根，万物一体"的宇宙论为重要理论依据的。

下面参照他《宏智语录》对此作概要介绍。

（一）以心性为本原、本体的宇宙论

唐代石头希迁在读后秦僧肇的《涅槃无名论》中的"览万象以成己者，其唯圣人乎"（今本为"会万物以成己者，其唯圣人乎！"），感慨地说："圣人无己，靡所不己。法身无量，谁云自他？图镜虚鉴于其间，万象体玄而自现。境

[①] 参见石井修道《宋代禅宗史的研究》第四章第一节第295—296页介绍；《续藏经》本《宏智广录》载第一辑第二编甲第29套第四第五册；明《又续藏》本《宏智禅师语录》在蓝吉富编《禅宗全书》第四十四有载。

智真一，孰为去来?"(《祖堂集》卷四〈希迁传〉)认为体现法身的圣人的身心可以会通万有，圣人的智慧可以预见未来，洞察天地六合，达到内外相融，物我冥一的境界。在其《参同契》中以偈颂的形式发挥理与事、心性与万物之间彼此会通，圆融无碍的思想。此后，继承石头法系的曹洞宗以所谓君臣、偏正五位和所谓理事"回互"的形式进一步发挥这种思想。①

宏智的禅法理论仍大体遵循这一思想路线，将宇宙、身心统合一体来考虑人的生死和觉悟解脱的问题。可以认为，这与宋代学者重视"天地性命"，将宇宙本体与人性伦理统合起来进行探究的社会思潮是一致的。

从现存正觉上堂说法的语录来看，他经常以不同的语言或详或略地宣述心性是天地万物的本原、本体，人与自然之间、物物之间、心与物之间，彼此融通，借以论证佛与众生同根同源，皆有清净本性，众生在一切处一切时可以体悟自性达到解脱。因为他不是在一次说法中系统地谈这个问题，为了便于把握他的想法，现将他的几段说法集中摘录然后加以说明：

> 一切皆从心地生，除去一切生底（的），还是本来心地。者（这）个心地平等普遍，普遍无有不在，无有不满。既心地上生相，尽十方三世，无有一毫自外而来，俱从个里发现。便知道万法是心光，诸缘唯性晓。本无迷悟人，只要今日了。心无形影，对缘即照。所以假虚空，为森罗万象之体；假森罗万象，为虚空之用。一切诸法，皆是心地上妄想缘影。譬如湛水，因风成波；唯风灭故，动相随灭，非是水灭。尔心地上，存许多善恶等相，便是水上波浪，风休波灭，不是水灭。善恶相尽，不是心灭，本来一段事（按：此指心性）空不得。(《宏智广录》卷五)

> 性觉妙明，本觉明妙，与太虚等量，与物情同道，应色应声，随听随眺，入三世而非去来，混万缘而无正倒。(《宏智广录》卷一)

> 恍恍惚惚，其中有物；杳杳冥冥，其中有精。其中之精则无像，其中之物则无名，应繁兴而常寂，照空劫而独灵。悟之者，刹刹见佛；证之者，尘尘出经。门户开辟，也分而为三教；身心狭小，也局而为二乘。真境无涯兮，妙观玄览；大方无外兮，独立周行。(《宏智广录》卷一)

---

① 请参考拙著《唐五代禅宗史》第六章第三节、第八章第三节相关部分，中国社会科学出版社1999年版。

灭而不灭，与虚空合体而灵，生而不生，与森罗同用而妙。（《宏智广录》卷一）

众生及国土，皆同一法性。（《宏智广录》卷一）

一心万象，万象一心，不近不远，极浅极深，与乾坤同其覆载，与日月同其照临。（《宏智广录》卷四）

生灭去来，本如来藏，清净妙明，虚融通畅，六门（按：眼耳鼻舌身意六识）我绝攀缘，三界（按：欲界、色界和无色界）渠无身相。（《宏智广录》卷四）

三界唯心，唯心三界。一切法空观自在（按："观自在"即观音菩萨），处处光明处处身。（《宏智广录》卷四）

大而无外，小而无内，合虚空而无欠无余，混万象而成团成块，不出不在，不失不坏，我不与物争，物不为我碍。（《宏智广录》卷四）

法身无相，应物而形；般若无知，对缘而照。青青翠竹，郁郁黄花，信手拈来，随处显现，了无他自，谁作根尘，独露本身，自然转物，心无异心，而法无异法，法无异法，而心无异心。（《宏智广录》卷五）①

几段引文虽前后不太连贯，但所包含的意思是十分清楚的，概括起来有以下几点：

（1）世界万物（事），皆从所称之为"心地"、"如来藏"、"法性"、"心"、"性觉"或"本觉"的本原本体形成，当然也可以看作是"真如"、"佛性"和佛的"法身"、"理"的不同形象的显现，如引文所说"三界唯心，唯心三界"，"一心万象，万象一心"，甚至"众生及国土，皆同一法性"，连佛法的"三乘"（声闻、缘觉、菩萨）、"二乘"（按：三乘中的前二乘）也无非是心性的产物。

正觉所说的"恍恍惚惚，其中有物；杳杳冥冥，其中有精……"的语句，很明显是模仿《老子》第二十一章中对"道"是世界万物真实本原的描述："道之为物，惟恍惟惚。惚兮恍兮，其中有象；恍兮惚兮，其中有物。窈兮冥兮，其中有精；其精甚真，其中有信。"然而正觉将混沌恍惚中的"有物"解释为"无象"，将玄远渺茫中的"精"解释为"无名"，用以指真如法性、心。正觉在

---

① 以上语录分别载《大正藏》卷38，第66页中、第5页中、第10页下、第14页中、第17页上、第43页下、第44页中、第44页上中、第46页下、第71页中。

说法中经常引用《老子》、《庄子》的词语，汲取和发挥道家的宇宙论和相对主义的思想。

（2）真如法性、灵妙之心，"大而无外，小而无内，合虚空而无欠无余，混万象而成团成块"，虽可显现形成世界万物，然而若从般若"性空"的观点来看，它本来是无形无相的，也是无生无灭的，所显现的森罗万象皆虚妄不实，如引文所说"一切诸法，皆是心地上妄想缘影"，"假虚空，为森罗万象之体；假森罗万象，为虚空之用"。正觉告诉弟子，对世界上一切事物和现象是不应当看作是真实的而加以执著的。

（3）心性既有动、应缘显现万物功能，然而又始终保持空寂和清净的本性，所谓"其中之精则无象，其中之物则无名，应繁兴而常寂，照空劫而独灵"；"清净妙明，虚融通畅，六门我绝攀缘，三界渠无身相"。如同水那样，虽因风而出现波浪的动相，然而水本身寂静。同样，人的善恶和各种烦恼，也是因心而生，它们若灭，妙明之心却常在，此即"善恶相尽，不是心灭，本来一段事（按：此指心性）空不得"。

按照正觉这种说法，宇宙和世界上形形色色的一切事物、现象皆是心的现象、"万法是心光"，也皆是佛的法身显现，若能够体悟到这点，便是体悟自性，达到解脱，此即"悟之者，刹刹（按：此处可解释为处处）见佛；证之者，尘尘出经"。

（二）天地同根，物我同体的圆融论

正觉在确定真如法性、心是显现和形成世界万物的本原本体之后，在逻辑上必然要论证这个世界、万事万物与众生、现实的人有什么关系。按照他的思想，既然世界、万物与众生皆以心性为本原、本体或统一性的基础，那么，天地之间、物我之间，完全能够融通，借用华严宗的用语，可以表述为事事之间圆融无碍，彼此之间圆融无碍的。

让我们引证他的一部分语录：

> 照与照缘（按：主体与客体、心与物），混融不二。心与心法，吻合无差。（《宏智广录》卷一）
>
> 阿那是祖？位崇家谱，二仪（按：天与地）之根，万象之母。（《宏智广录》卷四）

结夏（按：夏安居结束）上堂：诸禅德，十方大地是我一个身，便能禁足。十方众生是我一个汉，方解护生。禁足也步步不妄行，护生也心心不妄动。（《宏智广录》卷四）

身心一如，物我同体，不用转山河大地归自己，亦不用将自己作山河大地，如珠发光，光还自照。（《宏智广录》卷四）

闹里分身，触处现前，无一点子外来境界，二仪同根，万象一体，顺变任化，都不被尘缘笼络，便是得大自在底（的）。风行月照，与物不相碍。（《宏智广录》卷六）

举南泉因陆亘大夫云：肇法师也甚奇怪，解道：天地同根，万物一体。①泉指庭前牡丹云：大夫，时人见此一株花，如梦相似。颂曰："照彻离微②造化根，纷纭出没见其门，游神劫外问何有？着眼身前知妙存……"（《宏智广录》卷二）

我此所现身，与一切法等。我与诸法，同出同没，同生同死。无一事不从个里出，无一法不从个里生。所以道：天地同根，万物一体。（《宏智广录》卷五）

圣人空洞其怀，万物无非我造。（卷一）③

上面的引文十分清楚地表明，正觉认为在这个世界上，不仅自然界的天地万物之间互相融通，统合为一个整体，就是天地万物与人之间也是和合为一体的，所谓"照与照缘，混融不二"，"身心一如，物我同体"，"十方大地是我一个身"，"二仪同根，万象一体"，"天地同根，万物一体"，"我与诸法，同出同没，同生同死"，大体都表达出这个意思。作为"二仪之根，万象之母"的，也就是佛祖。既然如此，永恒的法身佛、佛性，便普遍存在于一切场所、一切事

---

① 此取自后秦僧肇《肇论·涅槃无名论》的语句，原句是："所以天地与我同根。万物与我一体。"

② 离微，出自假托后秦僧肇所作的《宝藏论》，其〈离微体净品〉称"离者，体不与物合，亦不与物离"，也称之为"理"、"涅槃"、"空"；"微者，体妙无形，无色无相，应用万端"，也称之为"密"、"般若"、"有"等，其中有曰："无眼无耳谓之离，有见有闻谓之微；无我无造谓之离，有智有用谓之微；无心无意谓之离，有通有达谓之微。又离者涅槃，微者般若。般若故兴大用，涅槃故寂灭无余。无余故烦恼永尽，大用故圣化无穷。"（《大正藏》卷45，第147页上）禅宗一般借"离微"以表示"道"（法性）的体与用。

③ 分别载《大正藏》卷48，第4页中、第37页下、第45页上、第5页下、第51页中、第74页上、第26页下、第64页上、第9页中。

物之中；对于众生来说，也是与佛同体，平等不二的。

既然世界万物是法性、法身佛所显现的，时时有佛，处处有佛，那么，对于修行者来说，就可以在任何场所，在任何时候体悟自性，使自己的认识与真如佛性相契合，达到解脱。他说：

> 凡圣通同共一家，寂光田地看生涯，而今选佛心空去①，自有丘园开觉华。禁足九旬（按：指夏安居三个月），看未举步前处所。护生三月，体不触物底身心。多身在一身中安居，一身在多身中辨道。所以道：诸佛法身入我性，我性同共如来合。（《宏智广录》卷四）

> 岁朝坐禅，万事自然，心心绝待，佛佛现前。（《宏智广录》卷四）

> 情与无情共一体，处处皆同真法界。到怎么时，山是个时（按：此时）山，水是个时水。森罗万象，与尔地水火风，皆是个时建立，乃至长短大小方圆等相，更无有异。才起分别心，便成差别相；尔心无分别，平等与平等，更无平等者。彻表彻里，尽中尽边，纯是汝本真所见。（《宏智广录》卷五）

> 背尘合觉，即物契神。诸佛众生，本来平等。（《宏智广录》卷一）

> 释迦出世，以众生妄想迷封，而说种种法。达磨西来，以底事（按：此指自性）现成圆满，而传密密心。说种种法也，以楔出楔；传密密心也，以符合符。诸仁者，一段光明，烂烂月含霜夜。一壶（按：此喻宇宙）爽气，沉沉水与天秋。空而不空，廓然自照。有而不有，湛兮若存。法身圆极而无去来，物物难逃其外。佛眼洞鉴而一同异，尘尘但入其中。所以古人道：森罗及万象，一法（按：此指法性、心）之所印。若怎么会得，方知道一切处是尔自己，一切处是尔光明，一切处是尔坐道场，一切处是尔作佛事。（《宏智广录》卷一）

> 尔心地若空，更无东西南北，净裸裸赤洒洒，个时不以身为身，不以心为心。此心个时不立妄想，此身个时不立色聚，灵灵自知，湛湛常存。个时是甚么，还曾辨得么？一切法生属因缘，一切法灭属因缘。须知从本已来灵明廓彻，广大虚寂。三界九地，甚么处得来？天地与我同根，万物

---

① 唐代《庞居士语录》卷下有诗曰："十方同一会，各自学无为。此是选佛处，心空及第归。"意为体悟一切皆空才是出家人的"及第"，才有选佛资格。

与我一体。个时若么得破透得过，是三世诸佛师，六代祖师祖，是一切众生母。(《宏智广录》卷五)①

以上几段语录主要强调：

(1) 无论是有情的众生，还是无情的山河大地；无论是凡是圣，是佛是普通的人，都彼此平等，融会于一个共同体之中，如同一家，即所谓"情与无情共一体，处处皆同真法界"，"凡圣通同共一家"，"多身在一身中安居，一身在多身中辨"，"诸佛众生，本来平等"，"诸佛法身入我性，我性同共如来合"等。

(2) 既然一切为心、佛的显现，如引文所说"法身圆极而无去来，物物难逃其外。佛眼洞鉴而一同异，尘尘但入其中"，便到处有佛，到处可以与佛契合为一，到处是修行入悟的道场，所谓"一切处是尔自己，一切处是尔光明，一切处是尔坐道场，一切处是尔作佛事"。

(3) 入悟的关键是建立空观，认识一切皆空寂无实的道理，到达这个地步，才能使自性恢复本来的面目——"灵明廓彻，广大虚寂"，彻悟真如法性是世界万物之本，所谓"天地与我同根，万物与我一体"，从而达到解脱，由此甚至可称之为"三世诸佛师，六代祖师祖，是一切众生母"。

那么，具体地讲，通过怎样的修行方法可以入悟呢？正觉提出了"默照禅"，成为后世曹洞宗依照修持的重要禅法。

四　引导体悟"本来之性"，舍妄归真的"默照禅"

正觉在向弟子和参禅者的说法中，首先引导他们相信自己本有佛性可以解脱的道理，然后倡导他们通过"默照禅"的修持实践，体悟自性，达到最高觉悟境界。他倡导的默照禅并非消极的只是打坐的默默观想、观察，而且也包括在禅观中通过心理调适活动断除"妄想"执著和各种烦恼。

(一) 主张人人皆具"本来之性"，可通过"明心"自己成佛

正觉上承自唐以来禅宗的修证理论，也是以大乘佛教的佛性论为重要理论前提，主张人人生来具有清净佛性，也称之为"心"、"自心"，或"本来之性"、

---

① 分别载《大正藏》卷48，第48页中、第50页下、第63页上、第11页下、第68页上中。

"本觉"、"妙灵"①、"如来智能德相"，有时也称之为"吾家一片田地"等，认为不仅与作为宇宙万物的本原、本体的真如法性相通，而且也是个人达到觉悟解脱的内在依据。

正觉曾上堂对门下弟子说：

> 一切众生，具有如来智能德相，但以妄想执著而不证得。尔若离妄想离执著，即无一星事。如今认地水火风为自己，岂不是妄想执著？唤甚么作自己？只尔思惟分别底（的）是妄想，见闻觉知底（的）是妄想，直须歇得到空空无相，湛湛绝缘，普与法界虚空合，个时是尔本身。（《宏智广录》卷五）

> 吾家一片田地，清旷莹明，历历自照，虚无缘而灵，寂无思而觉，乃佛祖出没化现，诞生涅槃之本处也。妙哉，人人有之，而不能磨耷明净，昏昏不觉，为痴覆慧而流也。一念照得破，则超出尘劫，光明清白，三际（按：过去、现在、未来）不得转变，四相（按：生住异灭）不得流化，孤耀湛存，亘古今，混同异，为一切造化之母。底处发机，大千俱现，尽是个中（按：意为此中）影事。（《宏智广录》卷六）

> 三世诸佛、六代祖师，只是明心了事底（的）汉。阿尔诸人，还明得自己心也未？还了得自己事也未？尔若明得心，尔若了得事，更无毫发分外底（的），更无毫发欠少底（的）。净尽脱得了，通身怎么去，言语有所不到，是非有所不及，如热铁上泊蚊子不得，了无外因缘，了无他影像。照与照者，二俱寂灭。于寂灭中，能证寂灭者，是尔自己。若怎么桶底子脱去，地水火风、五蕴、十八界，扫尽无余。（《宏智广录》卷五）②

大意是说，人人生来具有如同佛一样的心性，本来清净明洁，具有灵妙的自知自觉的功能，是成佛成祖的内在依据，即引文中所说"清旷莹明，历历自照，虚无缘而灵，寂无思而觉，乃佛祖出没化现，诞生涅槃之本处"。然而由于受到"痴"（无明）、"妄想"等烦恼的污染遮蔽，使它不能本来的清净面目不能显现，才使人流转生死。如果能够破除各种妄想执著，通过建立空观，便可体

---

① 《宏智广录》卷一记载他曾说："水中盐味，色里胶青。体之有据，取之无形，用时密密，寂处惺惺，是诸佛之本觉，乃众生之妙灵，廓大千而为量，破微尘而出经。"载《大正藏》卷48，第4页中。

② 载《大正藏》卷48，第67页中、第77页下、第70页下。

悟本有之心性，回归于超越一切来自物质的、精神的局限，超越于三世的无形无象的法身——真正的"自己"，即引文中所描述的境界："湛湛绝缘，普与法界虚空合"，"超出尘劫，光明清白……孤耀湛存，亘古今，混同异，为一切造化之母"，"照与照者，二俱寂灭……地水火风、五蕴、十八界，扫尽无余"。

正觉在日常说法中经常提到这种解脱境界，他还说："净照而神，明见本来之性；虚通而妙，常观自在之身。卓卓无依，灵灵绝待。绵绵长存也，得名无量寿；如如持久也，故号不动尊……"(《宏智广录》卷四)① 意为明见本性，体悟自在之身之后就是成佛，因为永远摆脱生死，所以可称为"无量寿"佛，永恒保持自在，也可称为"不动尊"。

正觉特别强调明心见性就是自己成佛，在此境地，没有其他的佛、祖。他曾向弟子说："诸佛诸祖证处，便是衲僧证处。尔若头上有佛有祖，作么生得见自己底(的)？若见自己底(的)，个时(按：此时)立佛不得，立祖不得，立人不得，立法不得，直下廓然一切普遍。正放下时，纯是个自己，却为甚么唤作佛，唤作祖。祖不是第二人。佛是灵灵净觉底，个是衲僧真实自到时节。"(《宏智广录》卷五)② 参考他的其他语录③，这里讲的"自己"，是所称回归无形无象的"法性"、"法身"的"自己"，到此境地没有主体、客体，如前面引文所谓"亘古今，混同异"，"照与照者，二俱寂灭"，自然没有他佛他祖可立。

然而，这种想象的至高觉悟境界，对于现实的修行者来说具有什么意义呢？恐怕是为了向弟子和参禅者展现应当追求的目标，应当效法的榜样，不仅首先要确认自己本有佛性能够成佛，而且要通过实践默照禅法向回归本来"自己"，回归"空劫以前自己"——法性、法身的目标努力。

---

① 载《大正藏》卷48，第40页上。
② 同上书，第66页下。
③ 例如，在《宏智广录》卷五有这样一段话："万法是心光，诸缘唯性晓。若能在一切处一切时，不被诸缘笼络，是大智慧人，破尘出经卷，量等三千界。只是诸人妙净明心，在一切尘、一切刹，与法界等，清净如满月，妙明常照烛，于诸缘中，出一头地。……若能恁么去，闻声便悟道，见色便明心，到恁么时，不被一切法碍，物物皆自己，心心绝诸缘，何处不成等正觉，何处不转大法轮，何处不度脱众生，何处不入般涅槃。若论此事，不论僧俗，不在久近，若尔一念相应，照体独立，物我皆如，在一切时圆陀陀，明了了，净裸裸，赤洒洒，堂堂地现前，在一切时，成佛作祖。"(《大正藏》卷48，第66页上中) 这里所描述的解脱境界当为正觉理解的回归法性、法身的境界，可以看作是禅宗理想的"天人合一"的至高精神境界。

(二)"休歇"与默照禅

正觉的默照禅是在继承自芙蓉道楷、丹霞子淳到真歇清了倡导的"休歇"禅法的基础上建立发展起来的，成为后世曹洞宗修持的重要禅法。如果给默照禅下个定义，不妨可以这样概括：所谓默照禅是要求通过坐禅"休歇身心"，抑制和停止对内外的追求和思维分辨活动，以体悟先天本有的清净空寂之性的一种禅法。

正觉提倡的默照禅也经常使用"休歇"这个概念。他不仅将"休歇"当作修持默照禅的一个前提步骤，甚至也作为默照禅的代称。所谓"休歇"是休歇身心，一般要通过精神高度集中的禅定状态，进入观察、审虑的"默照"过程，体认清净空寂的真如佛性或自己"本来之性"所具有的世界万物本原本体的地位和作用。与此相伴，有一个确立诸法性空的理念，弃舍一切由"无明"（痴）、贪引起的"妄念"烦恼和区别彼此是非善恶等的观念，进行心理调适和清理的过程。

让我们摘引相关的一些语录来进行说明。

  如今一般汉，将禅册子上言语作道作理，作佛作法。几时得了去？尔但常自休歇，不将地水火风相随行，便常出生死。（《宏智广录》卷五）

  休歇也，如大海受百川相似，无不到这里一味。放行也，如长潮乘疾风相似，无不来这畔同行。岂不是达真源底里，岂不是得大用现前。（《宏智广录》卷六）

  兄弟此个田地（按：此指心性），亘彻古今，是尔诸人分上本有底（的）事。只为一念封迷，诸缘笼络，所以不得自在去。劳他先觉建立化门，也只劝尔诸人，自休自歇去！歇即菩提，胜净明心，不从人得。（《宏智广录》卷一）

  歇得尽处，无可歇者，即是菩提。胜净明心，不从人得。（《宏智广录》卷五）

  先佛遗范，禁足护生（按：此指夏安居）。只要诸人不妄行一步，不作众生想念，罢却机警，尽却攀缘，一味休歇，穷教到底去，打教彻头去，莫依倚，莫停留，直使无丝毫粘惹，方唤作解作活计底（的）人，解绍家业底人。（《宏智广录》卷一）

  佛佛说法，只成黄叶止啼。祖祖传宗，还是空拳相吓。到者（这）里直须自休歇，自悟自明。佛是已躬做成，法非别人付得。若能怎么，是大

丈夫汉。(《宏智广录》卷四)

休去歇去，绝言绝虑，廓无所依，妙无所住，转历历之机，运绵绵之步，神游方外灵台（按：用《庄子·庚桑楚篇》语，指心），道契环中（按：用《庄子·齐物论篇》语，谓超脱是非之境）虚处。怎么就也，藏身白云云外家；怎么回也，着脚青山山下路。宛转穷通，旁参回互，十成收得返魂香，一等来挝荼毒鼓。(《宏智广录》卷四)

默默自住，如如离缘，豁明无尘，直下透脱。元来到个处，不是今日新有底，从旧家旷大劫前，历历不昏，灵灵独耀。虽然怎么，不得不为。当怎么为时，直教一毫不生，一尘不翳，枯寒大休，廓彻明白。若休歇不尽，欲到个境界出生死，无有是处。直下打得透，了无思尘，净无缘虑，退步撒手，彻底了也。便能发光应世，物物相投。(《宏智广录》卷六)

默默照处，天宇澄秋。照无照功，光影斯断。个是全超真诣底（的）时节，源净体灵，枢虚机活，历历本明。其中发现，便提得出，在事事头上，恰恰具足，与二仪同，万象等，坦坦荡荡，纵纵横横，天同天，人同人，应其身现其相，而为说法，能如是体得十成，廓然亡所碍者。(《宏智广录》卷六)

学佛究宗家之妙，须清心潜神，默游内观，彻见法源，无芥蒂纤毫作障碍。廓然亡象，如水涵秋；皎然莹明，如月夺夜。正怎么也，昭昭不昏，湛湛无垢，本来如如，常寂常耀。其寂也，非断灭所因；其耀也，无影事所触。虚白圆净，旷劫不移，不动不昧，能默能知。(《宏智广录》卷六)[①]

首先试将所谓"休歇"的原意作简单解释。这个词语在唐代禅宗丛林间已被广泛使用。正觉所作一百首"颂古"中有一首援引唐代石头下三世石霜庆诸的语句曰："休去歇去，一念万年去，寒灰枯木去，一条白练去。"[②] 这段话在后

---

① 引文分别载《大正藏》卷48，第70页上、第76页下、第15页上、第60页上、第15页下、第50页中、第53页上、第74页下、第75页中、第75页下。

② 此据《宏智广录》卷二（《大正藏》卷48，第27页上）所引。宋代临济宗圆悟克勤在《圆悟语录》卷十四〈示吴教授〉中引过，弟子大慧宗杲在《大慧语录》中批评默照禅时也多次引过，然而没有讲是石霜的语句，却引过："石霜云：直须寒灰枯木去，一念万年去，函盖相应去，全清绝点去。"(《大慧语录》卷二十二，《大正藏》卷47，第905页上）至于从一般意义上用"休歇"这个词的更多，据《临济录》、《云门录》，临济义玄、云门文偃也用过此语。

世丛林间被多人引用。在他之前，芙蓉道楷在向弟子说法中曾说："自休休去，自歇歇去，似古庙香炉去，一念万年去。"(《续古尊宿语要》卷二〈芙蓉楷禅师语〉）但没有明讲是发挥石霜的话。在他之后的丹霞子淳、真歇清了皆用过"休歇"来阐释自己的禅法主张。

参照唐以来禅宗语录的相关语句，"休歇"有时与"无事"连用，一般是指离开喧闹多事的环境，到一个安静处所使自己的身心得到放松、休息，往往是采取让精神集中的禅定形式进行心理调适活动，抑制并断除困扰自己的各种欲望、冲动和追求，逐渐清除心中各种烦恼和借助语言概念表达的区分有无、古今、彼此、是非、善恶等的差别观念。既然旨在泯灭古与今的时间观念，故称"一念万年去"；要停止一切欲望追求，便称"寒灰枯木去"；要断除一切烦恼，便称"一条白练去"。

然后结合上面引文作简单解释。

（1）正觉与其他禅师一样，在普通场合也反对门下到处抄写语录，按照自己的意思随意解释语录，告诉别人如何修行，如何成佛等。他劝这种人快快休歇去，摆脱来自身体和环境的种种束缚。他以海纳百川比喻休歇是一切修行者达到明心解脱必须经过的最后关口，通过这个关口才能入悟解脱，所谓"达真源"，"得大用"。

（2）他说每人皆具永恒的清净本性（"吾家一片田地"、"田地"），由于被妄念烦恼遮蔽，使人"不得自在"流转生死之中。若要使心明净，必须休歇，以"自明自悟"。他强调，从觉悟必须经过休歇来说，可以说"歇得尽处，无可歇者，即是菩提"，甚至"歇即菩提"，休歇即为自己觉悟成佛。

（3）如果真正做到身心休歇，进入静默观察、审虑的"默照"的过程，意味着自己心灵世界达到带有某种玄妙神秘色彩的直观境界。这是一个体认本性空寂，舍弃语言概念和辨别思维（亦可谓"言语道断，心行处灭"），自性与真如佛性相契合，得到虽虚寂而无所不知的智慧，回归正觉常说的"劫前"灵明的自己，回归理想化的与法身合一过程。如引文所说在这一境界"绝言绝虑，廓无所依，妙无所住，转历历之机，运绵绵之步，神游方外灵台，道契环中虚处"，"源净体灵，枢虚机活，历历本明"，"清心潜神，默游内观，彻见法源"，"昭昭不昏，湛湛无垢，本来如如，常寂常耀"；回到"旧家旷大劫前，历历不昏，灵灵独耀"。回归法身，便意味着可"与二仪（天地）同，万象等"，在天同天（佛教所说的诸种天界的生命体），在人同人，可到处随机显化说法。

可见，正觉所想象和设计的这个休歇与默照的过程，就是净化提升自己心灵的过程，也是禅宗所说的明心见性（或"识心见性"）以成佛的过程。

(三) 默照也是断除妄念烦恼的过程

在正觉的禅法语录中，确实有一些自心本来清净从未污染的语句，容易给人形成默照禅是主张无须修行，无须灭妄，乃至如同来中国从真歇清了下三世长翁如净受法归国的日本曹洞宗创始人道元（1200—1253）所主张的那样也提倡"修证一如"（本来觉悟，修即是证）思想。然而仔细检视相关语录，并参照其他语录，可以发现并非如此。实际上正觉在讲述默照禅时也强调灭除妄念、烦恼，认为是达到觉悟的重要条件。

首先，我们引证正觉几段关于心性本来清净，无须修证的说法，然后加以分析。

> 名不得，象不得，从来清净，不受染污，本自圆成，不劳修证，销融万有，堂堂稳驭真乘，和合众缘，处处显扬兹事。（《宏智广录》卷一）

> 元不修持，不曾染污，无量劫中，本来具足，圆陀陀地，曾无一毫头许欠少，曾无一毫头许盈余。（《宏智广录》卷一）

> 渠非修证，本来具足，他不污染，彻底清净。正当具足清净处，着得个眼，照得彻，脱得尽，体得明，践得稳，生死元无根蒂，出没元无朕迹。本光照顶，其虚而灵。本智应缘，虽寂而耀。真到无中边，绝前后，始得成一片。（《宏智广录》卷六）

> 浩然遍域内，无私如阳春，个是（按：此是）万法之生缘也。灵照妙环中，离染而清净，个是众生之歇地也。（《宏智广录》卷一）[1]

仔细体味引文的意思，可以看出，这里所讲述的确实是自心或自己"本来之性"、佛性，然而绝不是现实中的人所具有的心性。当初正觉初参丹霞子淳，子淳问他："如何是空劫已前自己？"是问他生前本来的面目。引文所讲的"名不得，象不得，从来清净，不受染污"或"元不修持，不曾染污，无量劫中，本来具足"，"渠非修证，本来具足，他不污染，彻底清净"，正是所谓正觉本人

---

[1] 分别载《大正藏》卷48，第1页下、第17页下、第74页上、第3页下。

的，自然也是所有人的"空劫已前自己"或"劫前自己"。按照宋代曹洞宗的理论，此即是作为超越于彼此、生死、内外、有无的心性，是被看作是天地之根、世界万物本原和本体的真如佛性、法身。

按照正觉的逻辑，还应有一个"劫后"或现实中的自己。这个自己，从根本来说就是自己"本来之性"、"自心"，然而却是受到世俗情欲烦恼遮蔽污染的真如佛性或"如来智能德相"、"吾家一片田地"。前面曾引过的他的语句中有："一切众生，具有如来智能德相，但以妄想执著而不证得"，"吾家一片田地，清旷莹明……人人有之，而不能磨砻明净，昏昏不觉，为痴覆慧而流"。虽然在本质上与作为本原本体的真如佛性相通，一体不分，然而在丛林诸禅师的说法中还是加以区别的。他们认为，修行的目的就是清除遮蔽污染自心的妄念、烦恼，使其恢复明净。正觉在提倡门下修持默照禅时，要他们通过默照"明心"的同时，要断除各种妄念、烦恼。他曾说过：

以本际光，洗长夜暗。以法界智，破尘劫疑。（《宏智广录》卷四）

诸见若尽，自然一切时平平坦坦，巍巍堂堂。个是（按：此时）衲僧普周遍身，本具足眼，妙圆觉心。（《宏智广录》卷四）

冲虚净怕，寒淡纯真，怎么打叠了多生陈习。陈习垢尽，本光现前，照破髑髅，不容他物。荡然宽阔，如天水合秋，如雪月同色。个（按：此）田地无涯畛，绝方所，浩然一片无棱缝。（《宏智广录》卷六）

田地虚旷，是从来本所有者，当在净治揩磨，去诸妄缘幻习，自到清白圆明之处，空空无像，卓卓不倚，唯廓照本真，遗外境界。（《宏智广录》卷六）

枯寒身心，洗磨田地。尘纷净尽，一境虚明。……个时底处，超迈情缘，不限劫数，一念万年。（《宏智广录》卷六）

枯寒心念，休歇余缘，一味揩磨此一片田地。直是诛锄尽草莽，四至界畔了无一毫许污染，灵而明，廓而莹，照彻体前，直得光滑净洁，着不得一尘。……便是耕破劫空田地底。却怎么来，历历不昧，处处现成，一念万年，初无住相。（《宏智广录》卷六）

人人分上，具足圆满。于其中间有承当，有担荷，有省发，有明了。……若是个大丈夫汉做处，一扃便了，一呕便尽，中不留丝，间不容发。过去心不可得，未来心不可得，现在心不可得。亘十方是个心，尽三世是个法。何不便桶底子脱去。只为尔心地下纷纷地是思惟，搅搅地是架镂，于妄想中胶胶织织，安安排排，粘粘缀缀。什么时得洒落去！尔若向这里脱然放下，不见个身。不见个身，个时（按：此时）满虚空，遍法界，只是尔一个自己。三世诸佛出世也，在尔身中出世。一切众生颠倒也，在尔身中颠倒。乃至三界九地、大大小小、方方圆圆，皆是尔自己身中所现影像。（《宏智广录》卷五）

但直下排洗妄念尘垢。尘垢若净，廓然莹明，无涯畛，无中边，圞混混，光皎皎，照彻十方，坐断三际。一切因缘语言，到此着尘点不得。唯默默自知，灵灵独耀，与圣无异，于凡不减。元只是旧家一段事，何曾有分外得底，唤作真实田地。（《宏智广录》卷六）①

可以看出，语录中的"长夜暗"、"尘劫疑"、"诸见"、"陈习"、"妄缘幻习"、"尘"、"情缘"、"污染"、"妄想"、"妄念尘垢"以及比喻性的词语"草莽"等，都属于佛教所说的诸种妄念、妄想及常见、断见、边见、邪见和烦恼。这一切皆需在修持默照禅过程中借助自心本具的光明和智慧——"本际光"和"法界智"来加以破除，予以清除，称之为"净治揩磨"、"洗磨"、"揩磨"、"排洗"以及"桶底子脱去"、"诛锄"等，使自心清净，恢复本来面目——所谓"妙圆觉心"，"无涯畛，绝方所，浩然一片无棱缝"，"空空无像，卓卓不倚"，"一境虚明"，"一念万年"等，也就是回归"满虚空，遍法界"的"劫前"的"自己"，回归法身。

因此，正觉提倡的默照禅绝不是主张无须修行，无须灭妄，乃至"修证一如"，不仅主张修持默照，而且同时要求息灭妄念和断除各种烦恼。可以说这与当年菩提达磨在《二入四行论》中提出的"舍妄归真"的精神是一致的。

可以设想，如果默照禅主张现实中的人"元不修持，不曾染污"，不必息灭妄念和烦恼的话，不仅不能解释为什么人人具有清净佛性却流转于生死之中，也不能解释不断除妄念烦恼如何使自心清净，达到觉悟解脱的问题。如果这样，岂不是人人可以带着污染之心回归到所谓"劫前"的"自己"（真如佛性），回归清净无相的法身吗？

---

① 载《大正藏》卷48，第38页中、第56页上、第74页中、第73页下、第77页上中、第74页上、第65页下、第78页下。

正觉的默照禅正是由于坚持了入悟解脱必须息妄破迷和断除烦恼的思想，才受到丛林和社会上的很多信众认可，得到迅速的传播。也正是这一点上，正觉的默照禅能够与自唐代以来禅宗的各派，乃至禅宗以外的诸宗保持了基本一致。

（四）《坐禅箴》与《默照铭》

正觉对自己的默照禅是十分重视的，不仅在上堂、小参的说法中经常向门下弟子和参禅者宣讲，还在其他场合通过语言和书面文字向僧俗信众讲述。在《宏智广录》卷六〈法语〉中几乎全是以不同语句讲述默照禅的，乃至在卷七〈真赞〉、卷八〈偈颂赞铭〉中也有不少是涉及默照禅的内容的。下面想围绕〈偈颂赞铭〉中集中表述默照禅的《坐禅箴》和《默照铭》进行介绍。

《坐禅箴》篇幅不长，现将全文标点引述如下：

> 佛佛要机，祖祖机要，不触事而知，不对缘而照。不触事而知，其知自微；不对缘而照，其照自妙。其知自微，曾无分别之思；其照自妙，曾无毫忽之兆。曾无分别之思，其知无偶而奇；曾无毫匆之兆，其照无取而了。水清彻底兮，鱼行迟迟。空阔莫涯兮，鸟飞杳杳。（《宏智广录》卷八）①

现试以现代语翻译：佛佛祖祖传授的坐禅要旨是：不接触事物而认识，不面对外界而观察。不接触事物而认识，这种认识十分细微；不面对外界而观察，这种观察极为玄妙。认识细微，未经分辨思维；观察玄妙，未见丝毫朕兆。未经分辨思维，这种认识可谓无二而唯一；未见丝毫朕兆，这种观察不经摄取而了知。流水清澈见底，鱼游迟缓悠闲。天空辽阔无际，鸟飞杳无踪影。

从文字表述并参照正觉的禅法思想来分析，既然不面对外界万物而进行观察和认识，那么这是一种在进入禅定后所进行的直观。既然认识无须分辨思维，观察不见微小朕兆，那么所观察认识的是超越于具体现象之上的"二仪之根，万象之母"，是真如佛性、心。可见《坐禅箴》所表述的是默照禅的要旨：无须直接面对外界事物，通过默默地禅观，可以从根本上得到对世界万物本原——

---

① 《大正藏》卷48，第98页上中。

"心"的认识，获得至高无上的智慧。

《默照铭》是以偈颂的文体表述默照禅的宗旨。铭文共 72 句，每句四字，每四句为一组，隔行押韵。全文载《宏智广录》卷八①，现录之如下：

> 默默忘言，昭昭现前。鉴时廓尔，体处灵然。
> 灵然独照，照中还妙。露月星河，雪松云峤。
> 晦而弥明，隐而愈显。鹤梦烟寒，水含秋远。
> 浩劫空空，相与雷同。妙存默处，功忘照中。
> 妙存何存，惺惺破昏。默照之道，离微之根。
> 彻见离微，金梭玉机。正偏宛转，明暗因依。
> 依无能所，底时回互。饮善见药，樋涂毒鼓。
> 回互底时，杀活在我。门里出身，枝头结果。
> 默唯至言，照唯普应。应不堕功，言不涉听。
> 万象森罗，放光说法。彼彼证明，各各问答。
> 问答证明，恰恰相应。照中失默，便见侵凌。
> 证明问答，相应恰恰。默中失照，浑成剩法。
> 默照理圆，莲开梦觉。百川赴海，千峰向岳。
> 如鹅择乳，如蜂采花。默照至得，输我宗家。
> 宗家默照，透顶透底。舜若多身，母陀罗臂。
> 始终一揆，变态万差。和氏献璞，相如指瑕。
> 当机有准，大用不勤。寰中天子，塞外将军。
> 吾家底事，中规中矩。传去诸方，不要赚举。

先将其中几个词语略作解释。"离微"，前面已经介绍，出自托名后秦僧肇的《宝藏论》，谓是"道之要"，包含理与密（用）、涅槃等义，禅宗借"离微"表示心性的体与用。"善见药"，也称"善现药"，称出自晋译《华严经》卷三十六、卷五十九，谓是雪山的一种最好的药，能"灭一切众生诸烦恼病"。"涂毒鼓"②，传说有种涂有毒料的大鼓，若人闻其声即死，禅宗用以比喻机锋犀利的

---

① 《大正藏》卷 48，第 100 页上中。
② 请参考《景德传灯录》卷十六〈岩头全豁章〉。

禅语，意为听闻者可顿时断除迷妄而入悟。"舜若"是空的音译，"舜若多神"意为空神、虚空之神，体不可见。"母陀罗"，也称"目陀罗"，意为印相、契印，密教曼荼罗海会中诸尊各以手表示各种契印（手势）。"和氏献璞"，此典故原出《韩非子·和氏》，春秋时卞和向楚文王献内含美玉之璞，后剖制为璧（扁平，圆形，中间有孔的玉器），称"和氏璧"。"相如指瑕"，据《史记》卷八十一〈廉颇蔺相如列传〉记载，和氏璧后为赵惠文王所得，秦王知之，提出以十五城换此璧，赵王派蔺相如奉璧入秦献给秦王，见秦王失约不给赵城，乃诈称"璧有瑕"，要回此璧，暗派手下人归璧于赵。

下面将此铭译成现代文：

> 坐禅中默默地忘掉语言，心境清净犹如明镜。观照之时心中空廓，其体本来灵明。灵明而进行观照，所见极其微妙。如同露天的明月星河，雪中的青松云山。处晦暗而越明亮，在隐处而越显彰。仙鹤露宿云烟寒夜，秋水清冽而流远。旷古以来一切空寂，万物毕竟雷同。观照的奥妙在于静默，在专心观照中忘掉修持得来的深浅之功。静默的奥妙在于何处？原来能使心得以灵明而破除迷误。默照禅修的法门，是彻悟理与事、体与用圆融的根本途径。如果彻悟理事、体用融通的道理，如同巧手织匠有了金梭与玉机。正（心、理、空）与偏（色、事、有）本来无碍，明与暗自然相依。相依便无"能"（主体）、"所"（客体），二者相互融通。吃产自雪山的好药，岂怕令人闻声丧命的涂毒之鼓。体认理事融通，可杀可活的禅机在我。心以"六根"（眼耳鼻舌身意六种感觉和认识功能）为门而沟通内外，在现象世界开花结果。"默"意味"至言"，"照"则是普应一切。普应而不表现为功用，至言而无关听闻。心贯通于森罗万象之中，到处放光说法。事事可彼此证明，个个可作问作答。这些问答与证明，正是表明彼此相应。如果只照而不默，照必受到种种干扰。这些证明与问答，彼此正在相应。如果只默而不观照，默便显得多余。观照圆满地进行，必然莲开梦醒达到觉悟，如同百川归海，千峰面向五岳。鹅择乳而饮，蜂采花中之蜜。默照至妙禅法，传承于我曹洞之家。曹洞宗的默照之禅，可以普行天上人间。灵妙如虚空神之无形可寻，多能如密教的手结多种印契。虽标准始终为一，然而妙用无穷。和氏献给楚王可制玉璧之璞，赵国蔺相如在秦王前诈称

"有瑕"而完璧归赵。自性原与默照相应①，可发挥不尽的功用，正如宇内的天子，塞外的将军。默照禅属我曹洞家事，切要遵规蹈矩。如要传向各地，切要防止讹传。

根据笔者的理解，《默照铭》是正觉表述修持默照禅的方法和意义的文字。主要有以下四个要点：

（1）默照禅主张在坐禅中默默地休歇身心，调适心理，观察审视自己"劫前"的"本来之性"（也称"吾家一片田地"），体悟心本来清净，是贯通于天地万物之中的本原本体，并体悟心之体与用、理与事是互相融通无碍的道理，所谓"晦而弥明，隐而愈显"，"浩劫空空，相与雷同"，"万象森罗，放光说法"及"默照之道，离微之根"，"正偏宛转，明暗因依。依无能所，底时回互"等语句中就蕴含这个意思。

（2）默照禅特别重视忘言绝虑的"默默"、"默照"，不主张在行住坐卧"四威仪"中参公案的"话头"。在此铭文的七十二句中，出现"默照"有四次，出现"默默"或"默"字也有四次。其中还特别强调："妙存默处，功忘照中。妙存何存，惺惺破昏。"意为观照的奥妙在于静默，在专心观照中忘掉修持得来的深浅之功。静默的奥妙在于何处？原来能使心得以灵明而破除迷误。

（3）提醒修持默照禅的过程中，要做到默照并重，既不要只求静默而不观照，也不要只观照而不重静默，说："照中失默，便见侵凌"；"默中失照，浑成剩法"，意为只照而不默，照必受到种种干扰；如果只默而不观照，默便显得多余。他说："默照理圆，莲开梦觉"，意为观照圆满地进行，必然莲开梦醒达到觉悟。

（4）称此默照禅是曹洞宗自家传承的禅法，要求门下修持此禅切要遵规蹈矩，如要传向他人，应当防止讹传。

综上所述，正觉在继承自芙蓉道楷以来的强调"休歇"的禅法的基础上建立了系统的默照禅的理论。这一禅法在理论上主要以大乘的佛性论和解脱论为依据，提倡通过坐禅默默观察、审虑来体悟自心，并且通过心理调适活动以断除妄念烦恼来达到觉悟解脱，从未提倡以参看话头来引导信众入悟的看话禅。

---

① "当机有准"中的"机"，主体应是坐禅者。此当指自性。"有准"，是有标准、准则。据《宏智广录》卷五，正觉认为心性具有"虽空而妙，虽虚而灵，虽静而神，虽默而照"的特性。（《大正藏》卷48，第64页中）铭文此句可以理解为："默照"与自性是相契的。

第 七 章

宋代儒者士大夫和禅宗

第一节 宋代儒者士大夫与禅宗

宋代是中国古代封建文化高度发达的时代。在结束五代长达60多年的国家分裂局面之后，宋朝在政治、经济上取得新的发展的基础上，在思想文化方面也有长足的进步，表现于哲学、文学、史学、艺术等方面都取得前所未有的成就。从时代思潮来看，继续前代发展趋势的儒、释、道三教的会通和融合，对中国思想文化的创新发展影响极大。在这个思潮氛围中，形成了以阐释"性与天道"哲学为主旨，广泛涉及伦理、政治、教育等文化领域的道学（理学），从而将中国思想文化推进一个新的时期。在佛教方面，宋初由皇帝倡导设置译经院（传法院）组织翻译佛经，命大臣乃至宰相直接参与翻译佛经并为新经润文，以及其他扶持佛教的政策，有力地推动了佛教在社会上的传播。

禅宗在唐末五代迅速兴起，进入北宋之后逐渐发展成为中国佛教的主流派，不仅对佛教本身带来极大的影响，即使对于中国思想文化、理学也有多方面的影响。禅宗在宋代的兴起与皇帝、士大夫的赏识和支持是有密切关系的。在皇帝中，真宗、仁宗、高宗、孝宗皆曾亲近禅僧；朝臣士大夫中有不少人亲近或信奉禅宗。

本书除各章节提到的儒者士大夫外，这里集中介绍周敦颐、王安石、谢景温、徐禧、黄庭坚、张商英与禅宗僧人交游的事迹,然后设专节分别对杨亿、李遵勖和苏轼三人事迹进行介绍。

一 周敦颐与云门宗了元禅师

了元(1032—1098),俗姓林,字觉老,号佛印,嗣法于云门下三世善暹禅师,先后住持过江州承天寺、淮山斗方寺、庐山开先寺、归宗寺、丹阳的金山寺、焦山寺(皆在今镇江)、江西的大仰山寺,并且四次任南康军云居山真如寺(在今江西永修县)住持,声誉很高。[①]他与著名士大夫周敦颐和苏轼、苏辙兄弟、秦观等人都有密切交往。

周敦颐(1017—1073),字茂叔,道州营道(在今湖南道县西)人,历任南安军司理参军、桂阳和南昌知县、虔州通判、知郴州、广东转运判官、提点刑狱、知南康军等。著《太极图说》、《通书》,"推明阴阳五行之理,命于天而性于人者"(《宋史》卷四二七〈道学·周敦颐传〉),是道学创始人,程颢、程颐兄弟从其受业,两宋理学家承继其说并发扬之。

周敦颐大概在任南昌知县时因喜庐山风景优胜,环境幽静,在莲花峰下筑屋居家,将屋前之溪以故乡的濂溪之名称之,世人以此为其号。当时了元禅师正在庐山,地处鸾溪上游,二人往来密切,"相与讲道,为方外交"。周敦颐曾举《中庸》的语句问他:"天命之谓性,率性之谓道。禅门何谓无心是道?"了元以"满目青山一任看"作答,其意是触目是道,处处是道。周敦颐从中受到启悟,一日见窗前草生,自语"与自家意思一般",作偈呈了元。曰:

> 昔本不迷今不悟,心融境会豁幽潜。
> 草深窗外松当道,尽日令人看不厌。(明朱时恩辑《居士分灯录》卷下)

前两句蕴含禅宗的迷悟不二、心境融通的思想。他慕东晋慧远在庐山东林寺结白莲社邀集僧俗信众念佛之事,让了元成立并主持青松社,作为谈禅说法之所。

周敦颐在任虔州(今江西赣州)通判期间曾遭到谗告,然而,他处之泰然。

[①] 详见本书第三章第二节。

了元闻知此事，特作诗从庐山派人送给他。诗曰：

> 仕路风波尽可惊，唯君心地坦然平，
> 未谈世利眉先皱，才顾云山眼便明。
> 湖宅近分堤柳色，田斋新占石溪声，
> 青松已约为禅社，莫遣归时白发生。

诗称仕宦之途风险多，赞周敦颐心地坦然，不图名利，醉心山川景致，告诉他在庐山的旧居周围有青青堤柳，潺潺溪声，劝他早日归山，欢聚禅社。此后，了元又送诗给周敦颐劝他归山，其中有句："仙家丹药谁能致，佛国乾坤自可休，况有天池莲社（按：此当指阿弥陀佛西方净土）约，何时携手话峰头？"认为佛教自有使人安乐长生的妙义，盼望与他再次相聚禅社，共话庐峰胜景。（《云卧纪谈》卷上）

《居士分灯录》卷下还记载，周敦颐以前曾向临济宗黄龙派禅僧晦堂祖心（1025—1100）、东林常总（1025—1091）参问过"教外别传之旨"。祖心示意他"只消向你自家屋里打点"；常总劝他在契悟"实理"之"诚"上下功夫，并向他讲华严宗的理法界、事法界及"理事交彻"的道理。据称，这对他著《太极图说》有直接的影响。

宋代理学本来是在旧有儒学的基础上吸收佛、道二教的思想而发展起来的，不少理学家具有与佛僧、道士交往的经历。周敦颐与禅僧祖心、常总及了元的交游只不过是其中一个例子。

二 王安石与临济宗僧蒋山赞元、真净克文

赞元（？—1080），字万宗，号觉海，俗姓傅，嗣法于临济宗石霜楚圆，后到蒋山投止于同学保心住持的寺院，在保心去世后继任寺院住持。赞元在此后的传法生涯中与王安石的结识和交往非同一般。[①]

王安石（1021—1086），字介甫，抚州临川人，是北宋著名政治家、改革家，也是著名的文学家。他在宋仁宗晚年时举进士高第，从知鄞县、常州开始，

---

① 关于赞元生平，详见本书第四章第四节。

逐渐知名天下，在任知制诰官位时，因母去世辞官服丧，服除后，于英宗朝（1064—1067年）累召为官不赴。神宗即位（1007年），除知江宁府，召为翰林学士，不久任右谏议大夫、参知政事，受诏成立三司条例司，着手对政治、经济进行变法革新，熙宁三年（1070）拜礼部侍郎、同中书门下平章事（宰相）。王安石的变法虽对整顿弊政、富国强兵带来积极影响，然而同时也招致朝野强烈的反对。熙宁七年（1074），王安石避位知江宁府，第二年复为相，子雾死，悲伤不已，求解政务。九年（1076）罢为镇南节度使、同平章事、判江宁府，翌年封舒国公。元丰二年（1079）复拜尚书左仆射、观文殿大学士。三年加授特进，改封荆国公，退居金陵。哲宗即位，封司空，翌年，即元祐元年（1086）去世，年六十六，赐谥曰文。（《宋史》卷三百二十七并王偁《东都事略》卷七十九〈王安石传〉）

在王安石为母服丧期间，曾在蒋山读书，与赞元结识，彼此亲如兄弟。一天，王安石向赞元问禅宗的宗旨。赞元开始不予回答，然而在王安石的再三扣问的情况下，不得已答之。他说："公般若有障三，有近道之质一，一两生来，恐纯熟。"意思是王安石对接受大乘佛教的智慧（般若，这里特指禅宗宗旨），存在三个障碍，然而却具备一个接近佛道的品质。如果经过一二次的转生，就能够达到纯熟了。对此，王安石不理解，请他加以解释。赞元出于对他的观察和了解，说出如下一番话：

> 公受气刚大，世缘深。以刚大气，遭世深缘，必以身任天下之重。怀经济之志，用舍不能必，则心未平。以未平之心，持经世之志，何能一念万年哉？又多怒而学问，尚理于道，为所知愚，此其三也。特视名利如脱发，甘淡泊如头陀，此为近道。且当以教乘滋茂之可也。（《禅林僧宝传·赞元传》）

大意是说，王安石秉先天"刚大"之气而生，与世上的缘分很深，必然承受天下的重任。然而，第一，虽怀有济世治国的志向，但并非自己所要实行的要废止的都能如愿，这样必然使自己的心难以平静；第二，在心未平的情况下，就很难实现治理天下之志，如何能将自己的理念化为永久呢？第三，性格多怒，又好学问，崇尚理道，意谓他的天然的自性被这种世俗的知识迷惑。这就是前面赞元提到的"般若有障三"，认为他由此三点是不能接受禅宗的般若之智的。然而同时又指出，他不重名利，生活甘于淡泊，却是易于接近佛道的品质。赞元建议他先从"教乘"（指禅宗以外的佛教诸派）入手学习佛教。赞元的话可谓词意凝重，意味深长。据载，王安石再拜受教。

在王安石受到神宗赏识重用，为参知政事及拜相之后，几乎每月都给赞元书信，然而赞元从未打开来看。王安石曾为赞元奏请章服和禅师号。

赞元平时待人不讲客套，对周围事物充耳不闻，即使寺院起火，有僧被杀也漠然置之，任凭执事僧处理。王安石之弟王平甫，平时表现出豪纵之气，来拜见赞元，一再请问"佛法大意"。赞元不得已对他说：

> 佛祖无所异于人。所以异者，能自护心念耳。岑楼之木必有本，本于毫末。滔天之水必有原，原于滥觞。心中无故动念，危乎岌哉，甚于岑楼；浩然横肆，甚于滔天。其可动耶？佛祖更相付授，必丁宁之曰：善自护持。

是提醒王平甫行为应当善自检点，别逞意乱为，招致灾祸。王平甫听后不理解，问："佛法止于此乎？"赞元告诉他："至美不华，至言不烦"，关键在是否实行。（《禅林僧宝传·赞元传》）

元丰之初（1078）王安石南归金陵，舟至石头，夜进山拜父母坟，前来拜谒的士大夫的车骑塞满山谷。王安石到达寺院时已经二鼓。赞元出迎，一揖之后立即回方丈入寝。王安石对他并不怪罪。此后，王安石在定林隐居，往来山中，与赞元交往密切。他写诗给赞元，曰：

> 往来城府住山林，诸法翛然但一音。不与物违真道广，每随缘起自禅深。
> 舌根已净谁能坏，足迹如空我得寻。岁晚北窗聊寄傲，蒲萄零落半床阴。
> （《王安石集》卷十七〈北山三咏·觉海方丈〉）

其中既有对赞元无为随缘、六根清净的赞赏，也表达了自己离开都市退隐山林，能与赞元于林下交游的恬适心情。他还写了《白鹤吟示觉海元公》、《北山道人栽松》、《与北山道人》等诗。写的时间不好确定。①

赞元于元丰三年（1080）去世，王安石于九月三日设馔祭祀，致词曰："自我壮强，与公周旋，今皆老矣，公弃而先。逝孰云远，大方现前。馔陈告违，

---

① 《王安石集》卷二、卷二十八、卷三十等。

世礼则然。尚飨。"①王安石还为赞元的画像题词，曰：

> 贤哉人也！行厉而容寂，知言而能默。誉荣弗喜，辱毁不戚。弗矜弗克，人自称德。有缁有白，自南自北，弗句弗逆，弗抗弗抑。弗观汝华，唯食己食。孰其嗣之，我有遗则。②

寥寥数言，把一位严肃而和蔼，智慧而寡语，为人宽厚略带木讷，讲究实际的禅师的形象描绘于纸端。

真净克文（1025—1102），陕府（陕州，治今河南陕县）阌乡人，俗姓郑，以居处泐潭、云庵为号，真净是经王安石奏请神宗所赐的号。嗣法于黄龙慧南，属楚圆下二世，先后住持筠州（治今高安县）大愚寺、圣寿寺、洞山普和禅院。元丰八年（1085）克文到金陵（今南京），往钟山定林庵拜谒王安石。③

如前所述，王安石从熙宁七年（1074）以后在政治上逐渐失势，经常住在金陵，在宋哲宗元祐元年（1086）去世。王安石平生信奉佛教，对禅宗尤有兴趣，经常与禅僧往来。元丰七年（1084）王安石病，神宗派御医前来诊视。病愈之后，他上奏神宗，请求将他自己所居住的江宁府上元县的园屋改为寺院，"永远祝延圣寿"，并请皇帝赐名。神宗准其奏，赐名报宁寺。王安石为此寺置田庄、度僧。克文前来拜访他时，是他去世前一年，大概寺院刚建成不久。④

王安石从禅林早已听说克文之名，对他到来十分欢迎。在谈话中，王安石问他：各经的开头皆标佛说法的时间、处所，为什么只有《圆觉经》没有标出时处呢？对此，克文回答："顿乘所谈，直示众生日用现前，不属今古。只今老僧与相公同入大光明藏（按：一般解释为佛的法身所依持的国土，称常寂光土），游戏三昧，互为宾主，非关时处。"王安石是常读佛经的，他将自己发现的问题问克文。

---

① 王安石〈祭北山元长老文〉，载《王安石集》卷八十六，祭祀日期是元丰三年九月四日。九月四日虽不一定是赞元去世的日期，然而他去世于元丰三年应当是没有问题的。宋代惠洪《禅林僧宝传·赞元传》记载赞元死于元祐元年，误。王安石卒于此年。

② 〈蒋山觉海元公真赞〉，载《王安石集》卷三十八。《禅林僧宝传·赞元传》、《建中靖国续灯录》卷七〈赞元章〉亦有载，但个别字有异。

③ 克文生平，详见本书第四章第五节。

④ 《禅林僧宝传·克文传》及《云庵真净和尚行状》皆谓舍宅为寺在王安石接见克文之后，然而据清蔡上翔《王荆公年谱考略》，舍宅为寺是在元丰七年，而《行状》谓克文在"元丰之末"（即八年）东游，故接见克文时报宁寺已改建完成。

克文按照他的理解并结合当时的场合，回答王安石说：《圆觉经》所说属于顿教之法，通过一切众生的日用表现出来，超越于今古。好像我与您此时同入"大光明藏"（法身土，禅宗主张真俗不二，佛的三身不离自性，不离日用），游戏于禅的境界（禅宗主张禅无定相，"见本性不乱"为禅），互相是宾主，有什么时处可言？王安石对此回答十分满意，又问：《圆觉经》中有"一切众生，皆证圆觉"这句话，但圭峰宗密认为其中的"证"字是错译，主张改为"具"字，此义如何？克文以《维摩诘经》中的"亦不灭受而取证"为据，说：

> 夫不灭受蕴而取证，与皆证圆觉之义同。盖众生现行无明，即是如来大智。圭峰之言非是。[1]

认为《圆觉经》、《维摩诘经》两段经文意思一致，皆主张众生不灭无明烦恼而成佛，而不必如宗密理解的应是众生本具佛性，改"证"为"具"。王安石对他的回答十分满意，决定请他担任报宁寺住持，为"开山第一祖"。

王安石与其弟、担任尚书左丞的王安礼亲自写请疏，称赞克文"独受正传，历排戏论"，"夙悟真乘，久临清众"。[2] 此后，王安石又奏请皇帝赐克文以紫袈裟及"真净大师"之号。鉴于王安石、安礼兄弟的权势和克文的名望，在克文任住持后，前来参禅、听法的僧俗信众、士大夫很多，以致寺院狭窄难以容下。克文感到难以承受其劳，不久便辞别王安石回到高安，在九峰山下建投老庵居住，前来参学者很多。

《嘉泰普灯录》将王安石也作为真净克文的弟子。

三 谢景温、徐禧与临济宗僧黄龙祖心

黄龙祖心（1025—1100），嗣法于黄龙慧南，因继任黄龙山住持并在晚年退住晦堂，故也以黄龙、晦堂为号。弟子中以灵源惟清（？—1117）、死心悟新

---

[1] 惠洪《云庵真净和尚行状》。
[2] 《宋史》卷三百二十七〈王安石传〉、《王安石全集》卷四十三〈乞以所居园屋为僧寺赐额札子〉，并参考清蔡上翔《王荆公年谱考略》。另据王安石、王安礼的请疏，载于《嘉兴藏》本《云庵真净禅师语录》卷首。

（1043—1115）最有名。① 黄龙祖心与儒者士大夫谢景温、徐禧有密切的交往。

谢景温（1012—1088），字师直，中进士第，神宗初提点江西刑狱，历任京西、淮南转运使，其妹嫁王安石之弟王安礼，受到王安石重用，被擢入朝任侍御史知杂事，后任陕西都转运使、知邓襄澶三州、潭州，哲宗元祐初（1086）进宝文阁直学士、知开封府。（《宋史》卷二九五〈谢景温传〉）据《禅林僧宝传》有关传记，他喜好禅宗，在提点江西刑狱、知潭州（治今湖南长沙）时，与不少禅僧有密切交往，黄龙祖心是其中之一。

谢景温仰慕祖心其人，特地空出大沩山寺住持的席位请他前来就位，然而祖心却再三推辞不往。谢景温请江西转运判官彭汝器（1047—1095）问他何以不往的原因。他回复说：

> 愿见谢公，不愿领大沩也。马祖、百丈已前无住持事，道人相寻于空闲寂寞之滨而已。其后虽有住持，王臣尊礼为天人师。今则不然，挂名官府，如有户籍之民，直遣伍伯追呼之耳。此岂可复为也！（《禅林僧宝传·祖心传》）

是说在唐代马祖及其弟子怀海创立禅寺（怀海撰《禅门规式》）之前，没有住持，此后才有住持，朝廷官府很尊重他们，而今天不是这样，住持好像有户籍的平民一样，挂名于官府，连行政最下层的官吏（伍伯、伍长）也可以传唤他们。这段话是很有史料价值的。

谢景温对此表示理解，没有再强求他聘任住持，而是邀请他赴长沙向他问法。祖心到了长沙，向谢景温说，"三乘十二分教"（概指一切佛法）好像是用言语表述的食物，只是告诉人食品的味道，关键是要自己亲自吃，自己尝，然后才知道食物的真正味道。他接着就禅宗说道：

> 达磨西来，直指人心，见性成佛，亦复如是。真性既因文字而显，要在自己亲见。若能亲见，便能了知目前是真是妄，是生是死。既能了知真妄、生死，返观一切语言文字，皆是表显之说，都无实义。如今不了病在甚处。病在见闻觉知，为不如实知真际所诣，认此见闻觉知为自所见。殊

---

① 祖心及惟清、悟新的生平，请见本书第四章第五节。

不知此见闻觉知皆因前尘而有分别；若无前尘境界，即此见闻觉知，还同龟毛兔角，并无所归。(《禅林僧宝传·祖心传》)

大意是说，禅宗提倡的直指人心，见性是佛，是要人亲自体验参悟；做到这点，才能认识自己当前所处的境地和语言难以完全表述真实之义的局限。他表示，人们之所以受见闻觉知的困扰而不能超脱生死苦恼，是没有能够以空扫相，达到一切空寂的认识。在这里，他强调了亲自体悟自性和诸法空寂的思想。据载，谢景温对他的说法很感兴趣，好像"闻所未闻"。

《禅林僧宝传》还记载，谢景温在南昌任职期间，曾请嗣法黄龙慧南的圆玑禅师到洪州西山翠岩寺任住持；在知潭州时，曾请上承石霜楚圆—翠岩可真法系的慕喆到岳麓寺任住持，请慧南弟子守智住持道吾山、云盖山；又将湘西原为律寺的道林寺改为禅寺，请慧南弟子元祐任住持。[①] 可以说，他对楚圆—黄龙禅系在湘赣一带的迅速传播是起到推动作用的。

徐禧（？—1082），字德占，洪州分宁人。自幼好博览周游，不事科举，在宋神宗启用王安石实行变法时，他上《治策》二十四篇，受到皇帝赏识，曾出任荆湖北路转运副使、知谏院，元丰二年（1079）为右正言，直龙图阁，发遣渭州计议措置边防事，但因丁母忧不行。元丰五年（1082）四月服除，召试知制诰兼御史中丞，不久奉诏以给事中至鄜延谋划御西夏事，九月面对蜂拥而至的西夏兵而死守新巩的永乐城，城破被西夏兵所杀。[②]

在分宁县（今江西修水县）北有法昌寺，徐禧布衣时与这里的住持倚遇禅师常有往来。倚遇是云门下四世，嗣北禅智贤，对徐禧的学识才干十分赏识，彼此作林下之交，"法喜之游"。徐禧丁母忧回乡居丧的二年多的时间里，与黄龙山的祖心、惟清以及法昌寺的倚遇等人都有往来。倚遇临死前特地作偈送徐禧作别，偈曰："今年七十七，出行须择日，昨夜问龟哥，报道明朝吉。"意为第二日逝去。徐禧看后大惊，立即约请惟清赶到法昌寺探望，在他身边看着他安详地入寂。[③]

---

① 以上据《禅林僧宝传》卷三十、卷二十五诸传。卷三十称谢景温为"南昌帅"。宋代地方官简称"帅"者，一般是知州、知府兼安抚使者，称"帅守"。据《宋史·谢景温传》，谢景温只任过"提点江西刑狱"，应当简称"宪司"，未讲曾知洪州。
② 据《宋史》卷三三四〈徐禧传〉，并参考《续资治通鉴》卷七十四、卷七十七有关部分。
③ 《禅林僧宝传》卷二十八〈倚遇传〉。

此外，现有徐禧在元丰五年二月写的《请黄龙晦堂和尚开堂疏》，以禅语表述今昔丛林说禅风格，说：

法门中如此差殊，正见师岂易遭遇。昔人所以涉川游海，今者乃在我里我乡。得非千载一时，事当为众竭力。祖肩屈膝，愿唱诚于此会人天；挑屑拔钉，咸归命于晦堂和尚。①

按记载，此时祖心早已退居黄龙山的晦堂，他应请开堂的是何寺已不可考。就在此后不久，徐禧回京叙任，九月死于西边疆场。

徐禧之子徐俯（字师川）也信奉佛教，也经常与禅僧保持密切联系。

四　黄庭坚与黄龙祖心及其弟子惟清、悟新

黄庭坚（1045—1105），字鲁直，自称山谷道人，洪州分宁县（今江西修水县）人。自幼聪敏，读书善记，宋英宗治平四年（1067）举进士，任汝州叶县（在今河南）尉。熙宁元年（1068）中试学官，任北京大名府（今河北大名县东）国子监教授，曾受到文彦博的赏识，后知吉州太和县。哲宗元祐元年（1086）起任校书郎、著作佐郎、秘书丞、国史编修官，出知鄂州，翌年被贬为涪州别驾，黔州（治今四川彭水县）安置，又移戎州（治今四川宜宾市）。他对谪贬不以介意，泊然置之。徽宗即位后一度知太平州（治今安徽当涂县），崇宁二年（1103）再次遭贬除名，羁管永州（在今湖南），二年后去世，年六十一岁。

黄庭坚善作诗文，诗宗杜甫，精于书法，早年与张耒、晁补之、秦观得知于苏轼，被称为"苏门四学士"，为江西诗派创始人。② 后世有多种版本的文集行世③，现有刘琳等人以清光绪本《宋黄文节公全集》为底本校点，四川大学出版社2001年出版的《黄庭坚全集》，在原有〈正集〉、〈外集〉、〈别集〉、〈续集〉之外，又增〈补遗〉，收录齐全，最为适用。

---

① 《黄庭坚全集·补遗》卷十一，并见《罗湖野录》卷上。
② 《宋史》卷四百四〈黄庭坚传〉，并参考《山谷年谱》，载台湾商务印书馆影印《文渊阁四库全书》别集，第1113册。
③ 宋代洪炎等人编《豫章黄先生文集》三十卷（现有《四部丛刊》影印本）、李彤编《豫章黄先生外集》十四卷、黄𪫺编《豫章黄先生别集》十九卷、明代嘉靖刻本《山谷全书》九十七卷；清乾隆刻本《宋黄文节公全集》八十一卷，此集光绪刻本又增〈续集〉，共九十一卷。清《文渊阁四库全书》所收《山谷集》，包括《内集》、《外集》及《别集》，仅收诗词，另其孙黄𪫺撰《山谷年谱》。

黄庭坚虔信佛教，"痛戒酒色与肉食，但朝粥午饭，如浮屠法（按：佛法）"①。黄龙山寺在县城之西。他大概在出仕之前就常到山参访，对此比较熟悉。黄龙祖心辞任住持之后，曾由其弟子灵源惟清短期担任住持，不久他以病辞任，由其师弟死心悟新继任。据《山谷年谱》，黄庭坚在元祐七年（1092）正月回分宁为母治丧，到翌年七月居丧结束再仕，有一年半的时间。

在此期间，祖心虽已不任黄龙山的住持，但仍健在，退居住于西园晦堂之中。此时任住持的应是死心悟新。南宋晓莹《罗湖野录》卷上记载：

> 太史黄公鲁直，元祐间丁家艰，馆黄龙山，从晦堂和尚游，而与死心新老、灵源清老，尤笃方外契。

可见黄庭坚回乡居丧期间曾在黄龙山寺住过一个时期，与祖心和悟新、惟清结为方外之交，关系十分密切。

某日，祖心在和他讲话之中举《论语·述而章》所载孔子对弟子说："以吾为隐乎？吾无隐乎尔。吾无行而不与二三子者，是丘也。"孔子话的原意应是：你们以为我未全教你们，有所隐瞒，其实我不仅对你们没有任何隐瞒，并且我一切行事都是和你们在一起的。祖心请黄庭坚解释这段话。按说，这对熟读儒家经书的黄庭坚来说容易得很。然而祖心对他的一再解释皆不予认可。在这种情况下，黄庭坚虽怒形于色，然而却沉默不语，转而思索这位禅师寓于此语中的禅机。当时正值初秋，院中飘逸着木樨花香。祖心问他："闻木樨香乎？"他答闻到。于是祖心说："吾无隐乎尔。"他听后立即表示"领解"。这就是后世丛林所传著名的"晦堂木樨香"公案。

那么，黄庭坚从闻到木樨花香中领悟到什么？此与上引孔子说的"无隐乎尔"有什么关系呢？黄庭坚没有说明。对此，笔者试从两方面解释：一、祖心也许是借此表示，虽主动辞去住持职务退居晦堂，然而自己的禅法、门庭施设已传授弟子，并且自己的心时刻与弟子连在一起；二、从佛法上讲，心性（真如、佛性、理）浸润于宇宙万有之中，"物我一体"，人们可以取任何一个事物作为切入点契悟自性，达到解脱。

黄庭坚在外地得悉祖心去世，十分悲痛，写《为黄龙心禅师烧香颂》三首，以

---

① 《豫章先生传》，《黄庭坚全集》附录一。

表哀婉,其中有:"梦中沉却大法船,文殊顿足普贤哭。"对他的激烈禅风形容说:"一拳打破鬼门关,一笑吐却野狐涎。"他对祖心评价很高,在崇宁元年(1102)写的《跋心禅师与承天监院守瑰手诲》中称为:"法中龙象,末世人天正眼也"。①

黄庭坚在外地为官或遭贬谪流放当中与祖心的弟子灵源惟清联系最多,其次是死心悟新。据《黄庭坚全集》所载,他直接给惟清诗、书信有17件,在文章中或给别人的诗信中间接提到惟清有20次;直接给悟新的诗、书信5件,间接提到的8件。他对二人推奖有加,在《与周元翁别纸》中说:"有清、新二禅师,是心之门人,道眼明彻,自淮以北,未见此人。"在他得知分宁知县萧氏再请悟新住持云岩寺,并请体弱有病的惟清归黄龙西堂坐夏(过四月中至七月中的夏安居)时,致信赞称:"今江湖淮浙,莫居二禅之右者。"(《与分宁萧宰书》)②

黄庭坚把惟清当作自己的师友,在《题录清和尚书后与王周彦》中说惟清(因曾任舒州太平寺住持,称之为"太平")"具正法眼,儒术兼茂",自己"年将五十乃得友,与之居二年,浑金璞玉人也。久之,待以师友之礼"。这里所说与惟清相处二年是指回乡为母居丧的一年半多时间。他在给外甥徐俯的信中,甚至还劝他经常参谒惟清,请教禅法。他说:"太平清老,老夫之师友也,平生所见士大夫,人品未有出此公之右者。方吾甥宴居,不婴于王事,可数至太平研极此事,精于一而万事毕矣。"所谓"精于一"是指参扣"心地"之法,参悟自性。③ 从此这两封信可以想见他对惟清敬仰之深。

在黄庭坚遭编管谪居外地时,灵源惟清曾托人给他送去诗偈,曰:

> 昔日对面隔千里,如今万里弥相亲。
> 寂寥滋味同斋粥,快活谈谐契主宾。
> 室内许谁参化女,眼中休自觅瞳人。④
> 东西南北难藏处,金色头陀笑转新。⑤

---

① 分别载《黄庭坚全集》〈正集〉卷二十三、〈别集〉卷八。
② 分别载《黄庭坚全集》〈别集〉卷十八、卷十四。
③ 二信分别载《黄庭坚全集》〈外集〉卷二十三、〈续集〉卷五。
④ 化女,在大乘佛经中常见佛、菩萨为教化需要,以神通变现为女子,称化女或幻化女。瞳人,眼瞳中所现人像,如《景德传灯录》卷十二〈清化全付章〉:"眼里瞳人吹叫子。"(《大正藏》卷51,第97页中)两句是说参悟万物虚幻空寂的实相。
⑤ 金色头陀是指摩诃迦叶;新,当指悟新;笑转新,笑对悟新。此句戏谓禅宗一代祖师对悟新悟境印可。

全偈以轻松的笔调表达彼此想念之情,并以带有戏谑的口气对自己的师兄悟新参禅达到的境界表示赞许。

黄庭坚也以诗偈来和:

> 石工来斫鼻端尘,无手人来斧始新。①
> 白牯狸奴心即佛,龙睛虎眼主中宾。②
> 自携缶去酤村酒,却著衫来作主人。
> 万里相看常对面,死心寮里有清新。③

大概意为禅师引导人们自我直探心源,祛迷悟性,虽包括动物在内的一切众生皆有佛性,然而有意参扣也会陷于被动;知朋远来自应酤酒热情款待,即使相隔万里也如同对面相看,想必此时惟清、悟新二位禅师正在死心寮中谈禅吧。

因为惟清、悟新二人常住一起,相处融洽,黄庭坚在信或诗中常将二人并提。例如他在《代书寄翠岩新禅师》中说:"苦忆新老人,是我法梁栋……遥思灵源叟,分坐法席共。"④ 悟新为住持,灵源惟清为西堂,有时相携共席说法。

黄庭坚与死心悟新也有深交。在悟新应请到分宁县云岩寺担任住持时,请疏是他代写的。悟新信众支持下此寺建造了收藏佛经的房舍,名之为"转轮莲华经藏",黄庭坚应请为写《洪州分宁县云岩禅院经藏记》,称"江东西经藏凡十数,未有盛于云岩者也"。⑤ 在他谪官黔州安置时,在《与死心道人书》中充满情感地回忆说:

---

① 前句原出自《庄子·杂篇·徐无鬼篇》之"运斤成风",谓名石的巧匠以斧迅速去掉郢人鼻端的尘点而不伤其鼻。后句当指更高明者运斧无须用手,然而,禅宗境界更新,以引人自我断除心中无形的烦恼为旨。

② 主中宾,临济宗的四宾主之一,原为主看宾,意为禅师点出参禅学人的执著,学人仍不领悟的局面。此与曹洞宗的表示"体中用"的主中宾不同。

③ 以上引自南宋晓莹《罗湖野录》卷上。据《补禅林僧宝传·悟新传》,悟新自称死心叟,名自己的居处为"死心室"(有的称"死心寮")。

④ 《黄庭坚全集》〈正集〉卷三。

⑤ 《黄庭坚全集》〈别集〉卷十二〈云岩律院打作十方请新长老住持疏〉、〈正集〉卷十七。

往日常蒙苦口提撕（按：意犹指导），常如醉梦，依稀在光影中，今日昭然，明日昧然。盖疑情不尽，命根不断，故望涯而退耳。谪官在黔州，道中昼卧，觉来忽然廓尔。寻思平生被天下老和尚谩了多少。惟有死心道人不相背，乃是第一慈悲。①

所谓"往日"当在他丁母忧居黄龙山时，经常在悟新禅师的指导下参禅，然而当时没能断除疑情而入悟，直到谪遭遥远的黔州的途中才豁然有省，感到以往虽参谒很多禅师皆未得到明示，只有悟新禅师才引他入悟。此时他已是年已半百的老人，尽遭坎坷，在通往谪居黔州的路上"觉来忽然廓尔"，感悟到什么？是人生无常、苦、空？还是领悟到应以"无念"、"无心"来面对这一切？确实令人玩味。

黄庭坚作为北宋著名的诗人，如此信佛，倾心禅宗，自然对他写诗著文有重要影响。且不说他的以佛教、禅宗、寺院、僧人为题材的作品，即就其他诗文的遣词造句、意境来看，也随处可以看到受佛教禅宗影响的痕迹。他曾以信对自己的外甥徐俯表示，要作好诗不仅应多读书，而且应当有"妙手"。"所谓妙手者，殆非世智下聪所及，要须得之心地"。他自述说："老夫学道三十余年，三四年来方解古人语，平直无疑，读《周易》、《论语》、《老子》，皆亲睹其人也。"②从他的经历来看，所谓得于"心地"当是参究自性的结果。他接着向外甥介绍自己多年的"师友"惟清禅师（太平清老），劝他经常去参谒，"研极此事"。禅宗的重要特色正是重视心法，以"识心见性"为悟，认为心现万物，心通宇宙，物我一体。如果一个诗人以这种眼光观察周围环境、天下事物，便容易做到融情于物，并且赋予自然景色、人生现象以感情，写出的诗便会具有非凡的境界。

以上谢景温、徐禧二人及黄庭坚可以说都是临济宗黄龙派有力的"外护"，他们都与慧南下一世祖心及其弟子惟清、悟新等人有密切的关系。他们之间也是亲戚。黄庭坚的继妻是谢景温之兄谢景初的女儿，与谢景初自然熟悉，二人有书信往来。徐禧是黄庭坚的从妹夫。在徐禧死后，黄庭坚多次给其子徐俯写信，甚至劝他接近在黄龙山的惟清禅师，以便向他求教。由于他们的地位，应当说他们对黄龙山禅寺接近和支持所产生的影响是比较大的。

---

① 《黄庭坚全集》〈别集〉卷十七。
② 《黄庭坚全集》〈续集〉卷五《答徐甥师川》。

五　张商英与临济宗僧从悦

兜率从悦（1044—1091），俗姓熊，虔州（治今江西赣州）人，嗣法于真净克文，后应请到江西分宁县住持兜率寺。① 北宋政治家张商英与从悦的交往很富有喜剧色彩，是宋代士大夫爱好禅宗的突出事例之一。

张商英（1043—1122），字天觉，号无尽居士，蜀州新津（在今四川）人。进士出身，宋神宗熙宁年间经章惇（1035—1105）向王安石推荐，从检正中书礼房，擢升监察御史，后因事降监荆南商税，十年后乃得回朝任馆阁校勘、检正刑房，又因为婿请托，责检赤岸盐税。元丰八年（1085）哲宗十岁即位，祖母高太后垂帘听政。从元祐元年（1086）开始陆续重用司马光、吕公著、文彦博、范纯仁、吕大防等人，废除神宗朝由王安石等人制定的新政主要措施，贬斥相关官员。张商英时为开封府推官，曾上书反对，元祐二年（1087）五月被贬为河东提点刑狱，后转任河北、江南、淮南三路转运使。哲宗在绍圣元年（1094）亲政，以章惇为相，引用蔡京、蔡卞等人，恢复新政"青苗"、"免役"等法，排斥"元祐党人"，株连甚众。张商英被召为右正言、左司谏，上疏贬斥元祐之政，请夺已经去世的司马光、吕公著的谥号并贬谪其他当时受重用的大臣。绍圣二年（1095）徙左司员外郎，因事坐谪监江宁酒税，起知洪州，为江、淮发运副使。宋徽宗即位（1101）入朝为中书舍人，历翰林学士、尚书右丞、左丞，因与宰相蔡京不合，被贬知亳州（在今安徽），入"元祐党籍"。崇宁五年（1106）在蔡京罢相期间，曾知鄂州。翌年正月蔡京复相，张商英以散官被安置归、峡二州。大观三年（1110）蔡京再次被罢相，以张商英为龙图阁学士、知杭州。翌年二月为资政殿学士，拜中书侍郎，六月拜尚书右仆射（宰相），着手革除蔡京时弊政。政和元年（1111）八月蔡京党羽告他通过僧德洪（惠洪）、门下客彭几与方伎郭天信有语言往来，被贬知河南府，又改知邓州，不久谪贬衡州安置。宣和三年（1121）年七十九去世，赠少保。②

张商英原来不信奉佛教，并且站起儒者立场对佛教持怀疑和反对的态度。据《嘉泰普灯录》卷二十三〈张商英章〉记载，他曾入某寺，看到有位僧人正

---

① 从悦生平，详见本书第四章第五节。
② 《宋史》〈哲宗纪〉卷三五一〈张商英传〉、卷四六二〈郭天信传〉，并参考《续资治通鉴》卷九十一、张商英《续清凉传》卷上等。

在为收藏的佛经拂拭尘土，用来裹佛经的经夹装饰庄严而且标题为金字，心中十分不悦。自谓："吾孔圣之教，反不如胡人之书！"夜里独坐书室直到半夜，其妻向氏问他何不去睡，他答："正此著《无佛论》。"向氏说："既无佛，何用论之？"他于是便罢。然而后来访一同僚，看见在他家佛龛前摆着一部《维摩诘经》，出于好奇，拿起来翻阅，当读到"此病非地大，亦不离地大"[①] 时感到惊奇，说："胡人之语能尔耶！"便将此经借回家阅读。从此他开始对佛教发生兴趣，并特别留意禅宗。

张商英在元祐二年至四年（1087—1089）为河东提点刑狱时曾三度进五台山，怀着对文殊菩萨虔诚信仰的感情，写下据称自己在山中看到的白光、金灯、银灯、空中宫殿楼阁及文殊菩萨显化的事迹，此即被称为"清凉三传"之一、继唐慧祥《古清凉传》之后的《续清凉传》，有上下两卷。

元祐六年（1091），张商英赴任江南都转运使的途中，特地到庐山东林寺参谒临济宗黄龙慧南的弟子常总禅师，在谈论佛法中提出自己的见解请常总评断，据说得到印可。张商英最后问常总，他到南昌就任后可访哪位禅师讨论佛法。常总推荐自己的弟子、分宁县玉溪寺的绍慈（或作"喜"，绰号"慈古镜"）禅师和真净克文弟子兜率寺从悦禅师。

据《嘉泰普灯录》卷二十三〈张商英章〉并参考宗杲《大慧普觉禅师宗门武库》的记载，张商英巡视属下各县，某日到了分宁县，各禅寺方丈出来迎接。他将他们都请到云岩寺，然后升堂，让他们按次序登座说法，并且说偈曰：

　　五老机缘共一方，神锋名向袖中藏。
　　明朝老将登坛看，便请横戈战一场。

意为在分宁县一方传法的五位长老皆身藏神妙的禅机，他自称来自清明朝廷的"老将"，说今天要登坛看他们比赛各自机锋的高低。

从悦最后登座，他将前面诸师所讲的内容很自然地贯穿到自己的说法之中，受到张商英的赏识。他早听人说从悦善写文章，便问他是否如此。从悦诙谐地回答："运使（按：转运使）失却一只眼了也。从悦，临济九世孙，对运使论文章，

[①] 《维摩诘经》卷中〈文殊师利问疾品〉载，文殊到维摩诘菩萨处问疾，维摩诘告诉他："是病非地大，亦不离地大；水火风大亦复如是，而众生病从四大起，以其有病是故我病。"

政（正）如运使对从悦论禅也。"说自己在张商英面前不敢说会写文章，同时也提醒对方在禅师面前谈禅也是外行。当天晚上，张商英就随从悦到兜率寺住宿。

从悦对张商英的到来，事先已有精神准备，曾向寺的首座表示，如果张商英来寺，"吾当深锥痛札，若肯回头，则吾门幸事"。（《五灯会元》卷十八〈张商英章〉）想通过接近在朝为官的张商英，以利于禅宗的发展。宋朝禅宗高僧争取皇帝、大臣做"外护"的意识是十分明确的。

张商英一进入兜率寺，便开始了有趣的参禅过程。他走进寺后的拟瀑亭，看见竹筒接送泉水的灵巧装置，便问："此是甚处？"从悦答："拟瀑亭。"又问："捩转水筒，水归何处？"从悦没有正面答，却说："目前荐取。"告诉他眼前看见的就是。张商英不解其意，便站在当地仔细思索起来。从悦对他说："佛法不是这个道理。"提示他禅宗的悟境不是通过苦苦思索可以达到的。晚上，二人交谈。从悦告诉张商英，前天晚上曾梦见自己身立孤峰之顶，"有日轮出于东方，而公之来，岂东方慧轮乎"？（《嘉泰普灯录·张商英章》）借说梦境把张商英说成是刚升起的太阳，自然会进一步引起他对自己的好感，为向他传法营造和谐的气氛。从悦接着介绍自己从真净克文嗣法后，又跟楚圆的原侍者清素学法的经历，使他对自己有更多的了解。张商英用心听着，很感兴趣。然而在谈话中，张商英提起庐山东林常总禅师，称赏他的禅法见解。然而没有得到从悦的认可，于是他乃提笔以《寺后拟瀑亭》为题写了一首偈，其中有："不向庐山寻落处，象王（按：此喻指从悦）鼻孔谩辽天。"含有讥讽从悦竟不同意常总见解的意思。二人谈到深夜，张商英谈到禅宗公案。从悦问他对"佛祖言教"有没有疑问？张商英便举出唐代沩山灵祐的弟子香岩智闲的《独脚颂》和德山以托钵启示义存的因缘。[①] 从悦立即接过去说："既于此有疑，其余安得无疑耶！"问张商英，岩头全豁讲的"大小德山不会末后句"（意为德山与其门下不理解雪峰义存禅师末后句的含义）中的"末后句"是有呢，还是没有？张商英立即答："有。"

[①] 香岩智闲《独脚颂》，载《景德传灯录》卷二十九，曰："子啐母啄，子觉无殻。母子俱亡，应缘不错。同道唱和，妙云独脚。"（《大正藏》卷51，第452页下）德山托钵的事，载《景德传灯录》卷十六〈岩头全豁章〉，大意是义存在德山任饭头，一日饭迟，其师德山宣鉴托钵到法堂上。义存看见便说："这老汉，钟未鸣，鼓未响，托钵向什么处去！"德山便归方丈。义存将此事告诉岩头全豁。全豁说："大小德山不会末后句。"德山听说，便叫侍者唤全豁到方丈询问："尔不肯老僧耶？"全豁密告其意。德山至来日上堂与寻常不同。全豁便到僧堂前抚掌大笑说："且喜得老汉会末后句，他后天下人不奈何。虽然如此，也只得三年（按：原书夹注曰：德山果三年后示灭）。"（《大正藏》卷51，第326页上中）

从悦大笑，便归方丈。

这一下子把张商英难倒了，从悦为什么没有首肯呢？他为此彻夜未眠，五更时下床，不小心将尿盆踢翻，忽然省悟，便以偈颂表达自己的悟境，曰：

> 鼓寂钟沉托钵回，岩头一拶语如雷，
> 果然只得三年活，莫是遭他授记来？

大意是说，德山经义存一问，立即从法堂托钵回到方丈，后又被岩头全豁用语句一激，翌日说法语声如雷，然而，德山在此后只活了三年，难道是因为岩头预言的关系吗？

张商英的偈颂并没有明确回答从悦的问题——有末句无末句，只是含糊地叙述了事情的过程。那么，这里面果真含有什么禅机吗？张商英写完之后立即前往方丈扣门，大声喊："某已捉得贼了也！"从悦在方丈内问："赃物在甚么处？"张商英叩门三下，从悦叫他明天再谈。翌日，张商英将偈呈交从悦看，据说从悦当即给以印可，告诉他说："参禅只为命根不断，依语生解。如是之说，公已深悟，然至极微细处，使人不觉不知堕在区宇。"又作偈颂证之，曰：

> 等闲行处，步步皆如。虽居声色，宁滞有无？
> 一心靡异，万法非殊。休分体用，莫择精粗。
> 临机不碍，应物无拘。是非情尽，凡圣皆除。
> 谁得谁失，何亲何疏。拈头作尾，指实为虚。
> 翻身魔界，转脚邪途。了非逆顺，不犯工夫。

偈颂发挥大乘佛教的真如缘起和相即不二的观点，认为既然一切是真如本体的显现，从根本上来说，所有外在的差别都具有相对的意义，应当从彼此圆融无碍的观点来看待是非、凡圣、得失、亲疏、逆顺，等等，这样才能做到"临机不碍，应物无拘"，自由自在，否则将难以摆脱生死烦恼。

张商英对他所说心悦诚服，在到建昌县时邀请他同往，路上又再三向他请教禅法，作十颂加以记述，从悦也写十颂和之。

从悦于元祐六年（1091）十一月去世，年仅四十八。弟子按照遗嘱，准备将他的遗体火化后弃之江水之中。张商英特地派使者前来致祭，并且带话："老师于祖宗门下有大道力，不可使来者无所起敬。"于是，弟子便在龙安的乳峰建塔安葬其遗骨。张商英在大观四年（1110）被任为宰相，奏请皇帝赐从悦以"真寂"的谥号。政和元年（1111）二月特派使者到从悦塔致祭，祭词中有："盖其道行，实为丛林所宗尚，有光佛祖，有助化风，思有以发挥之。为特请于朝，蒙恩追谥真寂大师。呜呼，余惟与师神交道契，故不敢忘外护之志，虽其死生契阔之异，而被蒙天下之殊恩，则幸以共之。"① 可见张商英对从悦很尊敬，是有真切的感情的。

张商英后来与从悦的弟子惠洪以及杨岐派的圆悟克勤、大慧宗杲等人也有往来，谈论禅法。

前述宋代六位士大夫，其中王安石、张商英官至宰相，周敦颐是著名道学家，黄庭坚是文学家、诗人，谢景温长期担任地方高官，徐禧死于守边战争，虽地位不同，经历有别，然而皆是自幼深受孔孟思想熏陶的儒者，多数仕途并不平坦。他们为什么亲近禅宗，为什么愿意与禅僧交往甚至亲自参禅呢？综上所述，可以归纳出以下四点：

（1）禅宗的心性思想，特别是以真如、心、理为世界本源、本体的思想；禅师随时随地灵活发挥的触目是道、物我一体、"万法非殊"、佛与众生不二、迷悟不二、理事圆融或"理事交彻"等思想和生动活泼的表达方式、语句，对于他们具有很大的新鲜感和吸引力。宋代在中国思想史上是个划时期的时代，新儒学——道学或理学正在形成之中，佛教特别是禅宗的心性思想和参究入悟模式，与儒者经常考虑和研讨的天道（理）性命、理气、体用、性情的思想和哲学思辨有很多相似之处，为他们展现了很大可供参考和借鉴的空间，也提供了可以借用或发挥的例证和资料。

（2）禅宗的诸法空寂，以空扫相的思想，禅僧追求无我、无为、平常心、自然、宁静、恬适的情趣，对于仕途坎坷随时可能遭遇凶险的士大夫来说，也具有诱惑和吸引力。同时，在他们处于逆境乃至遭到贬官、谪居外地时，禅僧通过书信或派人探望给以慰藉，用随缘无求、淡泊名利等思想进行劝导，自然会使他们感到安慰，更加感到禅僧可以亲近。

（3）禅宗主张心通宇宙，山河大地无非心造的思想，可以给作为诗人、文

---

① 南宋晓莹《罗湖野录》卷上。原文致祭时间为"宣和辛卯岁"，据查宣和年间无辛卯岁，应为"宣"乃"政"之误，政和辛卯岁是政和元年（1111），二月张商英尚在相位。

学家的儒者以极大的心灵启示，借助"无"、"中道"、"不二"等思想，激发天人会通，融情于物的创作灵感和主题。

（4）禅宗很多寺院建筑傍山依水，景致崇尚幽雅自然，并且遵照清规管理得井井有条，日常修行和生活皆有秩序的情况，也容易受到崇尚礼乐的儒者士大夫的赞叹和推奖。

在以下对杨亿、李遵勖和苏轼的介绍中，对此将提供更多例证。可以说，正是这四个方面是禅宗在宋代受到儒者士大夫欢迎，在社会上得到迅速传播的重要原因。

第二节 北宋驸马都尉李遵勖和禅宗

李遵勖生活在真宗、仁宗二朝，常署的官衔是驸马都尉，与翰林学士杨亿为好友，都信奉禅宗，礼临济宗石门蕴聪禅师为师，热衷于参禅问法，经常奏请朝廷向著名高僧赐授紫衣或师号，并且继宋代第一部灯史《景德传灯录》之后编撰《天圣广灯录》。

鉴于李遵勖的特殊身份和在宋代禅宗史上的地位以及以往研究较少的情况，笔者对此作了考察和研究。现将李遵勖的生平，他所师事和交往的临济宗禅僧蕴聪、楚圆等人事迹，以及他所编撰的《天圣广灯录》等，略作介绍。

一 驸马都尉李遵勖

李遵勖（？—1038），祖籍潞州上党（今山西长治），祖李崇矩，是宋初功臣，太祖时曾任枢密使，太宗时官至右金吾街仗兼六军司事，虔信佛教。父李继昌，真宗时因入川平定王均之乱有功，授任奖州刺史，不久知青州，官至左神武军大将军。①

李遵勖年轻时好为文辞，举进士，在宋真宗大中祥符（1008—1016）年间召对便殿，娶真宗之妹万寿长公主为妻，授左龙武将军、驸马都尉，出为澄州刺史、泽州防御使、宣州观察使等。仁宗时官至宁国军、镇国军节度使。

---

① 《宋史》卷二五七〈李崇矩传〉、〈李继昌传〉。

仁宗即位时年仅十三岁，由章献皇太后垂帘听政。随着仁宗年龄的增长，朝臣要求太后还政的呼声越来越高。天圣（1023—1032）后期某日，太后私下问李遵勖朝臣有何言语，他回答："人言天子既冠（按：年二十），太后宜还政。"以此在仁宗时得到朝臣的好感。

李遵勖与当时蜚声文坛的"西昆体"领袖翰林学士杨亿（974—1020）和刘筠等一代名士皆信奉佛教，倾心禅宗，"为方外之交"。他正式礼临济宗禅僧石门蕴聪禅师为师，从他接受禅法，经常与禅僧往来，参加参禅问法的活动。他继宋初道原编撰并经杨亿等参与修订《景德传灯录》之后，编撰了另一部禅宗灯史《天圣广灯录》，景祐三年（1036）奏上，受到仁宗的嘉奖并为其作序。另外，著有《间宴集》、《外馆芳题》。[①]

其子李端懿、端愿也在朝为官，并且皆信奉禅宗，礼石门蕴聪的弟子金山昙颖为师。

二 李遵勖从石门蕴聪受临济宗禅法

北宋临济宗到风穴延沼的弟子汝州（在今河南省）首山省念（926—994）时，才开始呈现振兴的气象。省念的弟子中著名的有汾阳善昭、叶县归省、石门蕴聪、广慧元琏、三交智嵩等人。他们属于临济下五世，主要活动在宋真宗和仁宗初期。由于皇室和士大夫的有意提倡，禅宗发展迅速，其中以云门宗、临济宗最有影响。儒者士大夫拜禅僧为师，从学禅法，是宋代社会的常见现象。李遵勖师事石门蕴聪，继承属于南岳法系的临济宗禅法，从法系来说属于南岳下十世、临济下六世。

蕴聪（965—1032），号慈照，从省念受法后，在襄阳（治今湖北襄樊市）的石门寺传法十四年，后应请住持襄阳附近的谷隐山太平兴国禅院七年，在丛林间声望很高。

李遵勖早就对禅宗感到极大兴趣，经常与翰林学士杨亿、刘筠聚在一起切磋禅法，然而总感到不满足，自谓"虽心日证，而凡机会，口莫能言"，听闻襄州蕴聪在丛林间负有盛名，便产生仰慕之心。

[①] 据《宋史》卷四六四〈李遵勖传〉、《天圣广灯录》卷十七〈蕴聪章〉所载李遵勖〈先慈照聪禅师塔铭〉、并《景祐新修法宝录》卷十四。杨亿、刘筠之传，在《宋史》皆载于卷三〇五。

天圣四年（1026），李遵勖听说蕴聪从襄州谷隐山太平寺方丈席位辞退下来，便迅速派人前去迎接蕴聪入京，并在开封东边的神冈创建资国寺请他入住。他在公余之暇经常前来拜访，虔诚热心地参究禅法。①

蕴聪在一次说法中，引述唐代两则公案让李遵勖参究：

（1）房孺复②曾向牛头宗径山法钦（714—792）提问："禅可学乎？"法钦答："此大丈夫事，非将相之所为。"

（2）唐代百丈怀海师事马祖时，一日被马祖大声一喝，竟震得怀海"三日耳聋"③。

据李遵勖《先慈照聪禅师塔铭》记述，他听到这两则公案后立即开悟，好像处在一个被遮蔽的暗室里，立即见到光亮一样。宋代临济宗禅僧大慧宗杲（1089—1163）在《宗门武库》中记载了李遵勖描述自己悟境的偈颂及在当时士大夫间传阅的情况，饶有趣味。李遵勖最初写的偈颂只有两句：

> 学道须是铁汉，著手心头便判。

大意是只有意志坚强能够斩断感情名利绳网纠缠的"铁汉"才可学习禅道，一看到启示便能心领神会。

他将此偈寄给正在担任京畿东路水陆发运使的朱正辞④，朱正辞又将此偈转给负责淮南漕运的许式看，并约他共同作偈和之。许式，《宋史》无传，《嘉泰普灯录》卷二十二称他为"郎中"，说他从云门宗的洞山晓聪禅师（云门下三世）受法，《五灯会元》卷十五称他为"洪州太守"，也许担任过洪州知州，看

---

① 《天圣广灯录》〈蕴聪章〉及〈先慈照聪禅师塔铭〉。

② 《续藏经》本《天圣广灯录·蕴聪章》、《嘉泰普灯录》卷二十二〈李遵勖章〉及《大正藏》本《圆悟佛果禅师语录》卷十三所引，皆作"房孺"，从时代来看，当是房琯之子房孺复。他在唐德宗时先后任杭州、辰州、容州刺史。（《旧唐书》卷一一一〈房孺复传〉）《宋高僧传》卷九〈法钦传〉径山法钦在唐德宗建中之初（780年）曾离开径山到杭州龙兴寺。他与房孺复见面是可能的。《联灯会要》卷十三〈李遵勖章〉作"崔赵公参国一（按：法钦）禅师"，据《宋高僧传·法钦传》，宰相崔涣曾"执弟子礼"，然而旧、新《唐书》崔传皆无他封赵公的记载。

③ 百丈怀海的原话载《景德传灯录》卷六〈怀海章〉，他曾对弟子说："佛法不是小事，老僧昔再蒙马大师一喝，直得三日耳聋眼黑"，《大正藏》卷51，第249页下。

④ 原作"发运朱正辞"。"发运"是发运使，宋初置京畿东路水陆发运使，专掌淮、江、湖六路漕运，或兼茶盐钱政。朱正辞，在《宋史》无传，卷四三九〈朱昂传〉提到他的名字，谓是真宗时工部侍郎朱昂之子。

来对禅法是有所了解的。朱正辞所和之句是："雨催樵子还家。"许式和句是："风送渔舟到岸。"两句偈所讲的都是生活中常见的现象：下雨了樵夫赶紧回家，风舟借风力到岸，寓意菩提之道不离日用。

此后，他们又将此偈送给浮山法远（991—1067）看，请他和之。法远原是叶县归省（嗣法于省念）的弟子，按法系与李遵勖同辈，后来改嗣曹洞宗大阳警玄的门下，受嘱代传曹洞宗的法。他也是当时著名禅师之一。法远所和之句是：

> 学道须是铁汉，著手心头便判。
> 通身虽是眼睛，也待红炉再煅。
> 鉏麑触树迷封，豫让藏身吞炭。①
> 鹭飞影落秋江，风送芦花两岸。

将原来两句扩展为八句，加入新的内容。大意也许是说，只有铁汉才能学禅，稍有提示便可心领神会，然而即使是像千手千眼观音那样通身是眼，也须参究回炉再造，在修禅过程中既需正义品格，也需含辛茹苦的忍耐功夫，时机成熟便可达到超脱的境界。秋鹭江上高飞，芦花风吹两岸，当是借描述自然风景来比喻修禅达到的超脱境界。

这些偈颂最后都辗转传到李遵勖身边。他在看了之后，将原来前一句的"学道"改为"参禅"，并且将两句颂扩展为四句，曰：

> 参禅须是铁汉，著手心头便判。
> 直趣无上菩提，一切是非莫管。

后两句是说参禅可直达最高觉悟境界，然而整个过程是莫管一切是非，也就是遵奉无念禅法，从而突出了自慧能以来强调的顿教宗旨。② 一首偈颂从京城传到外地，在担任高官的士大夫和禅僧之间传阅，并且还写上和句，最后又传

---

① "鉏麑触树迷封"，出自《春秋左传·宣公二年》。春秋时期，赵灵公不道，大臣赵盾苦谏，赵灵公恨之，派力士鉏麑前往刺杀，鉏麑发现赵盾是位忠臣，不忍刺杀，自触槐树而死。"豫让藏身吞炭"，出自《战国策》卷十八。豫让是春秋末年晋国智伯之臣。赵襄子联合魏、韩灭晋，将智伯头颅制为饮器。豫让漆身毁容，吞炭使嗓音变哑，伺机刺杀赵襄子报仇，后失败被杀。
② 以上引文载《大正藏》卷47，第951页下至第952页上。

回京城，不能不看作是禅宗盛行社会的一个表现。

李遵勖自此正式对蕴聪叙弟子之礼，"或外馆开供，妙谈偈闻；旋请入都，留阁旬浃；或命驾香刹，时问轻安，服勤左右，六周岁籥（按：年末祭祀的音乐，此谓经过六年）"。① 在长达六年时间内，李遵勖有时将蕴聪请到外馆供养，与他谈论偈颂；有时请他进城住到自己的邸宅十天半月；他还经常乘车前往资国寺，向蕴聪请安。可见，李遵勖对蕴聪是十分信敬的。

蕴聪住入资圣寺后，与外界处于隔绝的状态，所谓"可得闻而不可见矣"。蕴聪曾多次提出归山的请求，皆被李遵勖借故婉留下来。天圣十年（1032）蕴聪在此寺去世，年六十八。死前作偈曰："故疾发动不多时，寅夜宾主且相依，六十八岁看云水，云散青天月满池。"

在蕴聪去世前，两宫（太后、皇帝）将驸马吴元扆的旧宅改建为慈孝寺，准备延请蕴聪入住担任住持。蕴聪虽已答应，然而不久去世。李遵勖主持将蕴聪遗体荼毗（火化）之后，把他的舍利（遗骨）分为两份，一份归谷隐山太平寺安葬，一份留资国寺建舍利塔安置，与绘有李遵勖侍立于蕴聪之旁的画像一起供养。李遵勖为蕴聪撰写的铭文仅两句："离四句，绝百非。"意为真如实相、解脱之道以及菩提悟境，绝非任何形式的语言或文字可以表达。

蕴聪的主要弟子有润州（治今江苏镇江）金山寺的昙颖、苏州洞庭翠峰寺的慧月、明州（治今浙江宁波）仗锡山的修己、唐州大乘山的德遵、安吉州（治今浙江安吉北）景清院的居素等人。

三　李遵勖与石霜楚圆

李遵勖还与汾阳善昭（947—1024）的弟子、按法系与他同辈的石霜楚圆为密友。他编的《天圣广灯录》对于临济宗首山省念法系禅师的记载，应当说更加详细和可信。

楚圆（986—1039），在善昭门下参学七年，然后辞别，前往并州（当今山西太原）投靠在唐明寺传法的智嵩禅师。② 此后，他到京城结识翰林学士杨亿，并由杨亿举荐认识驸马都尉李遵勖。此后南下，先后在袁州（治今江西宜春）

---

① 《天圣广灯录》〈蕴聪章〉及〈先慈照聪禅师塔铭〉。
② 以上据《禅林僧宝传·楚圆传》。

南原寺、潭州（治今湖南长沙）道吾山兴化禅院、潭州石霜山崇胜禅院、南岳福岩禅院担任住持。楚圆是临济宗在南方传播奠基人，弟子黄龙慧南的法系形成临济宗黄龙派，杨岐方会的法系形成临济宗杨岐派。

关于楚圆在京城开封拜谒杨亿和李遵勖的情景，惠洪《禅林僧宝传》卷二十一〈慈明禅师传〉有生动的记载。当杨亿得知楚圆是汾阳善昭的弟子，对他十分敬重。在与他的富有禅机的对谈中，对他的表现十分满意，并且郑重地把他介绍给驸马都尉李遵勖，说："近得一道人，真西河师子。"李遵勖从蕴聪受法，在教内与杨亿同辈。李遵勖向杨亿表示，自己拘于身份礼仪不便前往参谒，示意他代为斡旋相见。杨亿回去告诉楚圆，李遵勖是"佛法中人，闻道风远至，有愿见之心"。

于是，楚圆在第二天黎明主动到李府拜谒。

> 李公阅谒，使童子问：道得即与上座相见。公（按：楚圆）曰：今日特来相看。又令童子曰：碑文刊白字，当道种青松。公曰：不因今日节，余日定难逢。童子又出曰：都尉言，与幺则与上座相见去也。公曰：脚头脚底。李公乃出。坐定问曰：我闻西河有金毛师子是否？公曰：什么处得此消息？李公喝之。公曰：野犴鸣。李公又喝。公曰：恰是。李公大笑。
>
> 既辞去。问临行一句。公曰：好将息。李公曰：何异诸方？公曰：都尉又作么生？曰：放上座二十拄杖。公曰：专为流通。李公又喝。公曰：瞎！李公曰：好去。公曰：诺诺。

二人先是通过童子的传话，然后是当面答问，在这些话语中到底蕴含什么禅机？其中有正面表述，然而更多的是答非所问，并且辅之以吆喝，确实使人费解。现仅试释其中部分语句。

李遵勖让童子传语"碑文刊白字，当道种青松"中的"白字"，可能是指碑上刻的没有注解的正文，也可能是指碑、印章特用的阴文。这两句话大意是：你来访问，那么先问你对于用白字刊刻碑文，在当道（实际是路旁）种青松这种常见现象如何看？楚圆没有正面回答，却表示：如果在这个时节不相见，以后就没有机会相逢了。在李遵勖同意相见之后，他冒出的一句幽默的话是：以脚尖见还是脚底见。李遵勖所问西河（汾阳）的"金毛师（狮）子"是指楚圆之师善昭。楚圆将要辞别时，应李遵勖问"临行一句"时以"好将息（好好休息)"作答,也许是看到他身体虚弱,让他保重;从禅意来说是不要多事。二人其他的答问多是含糊语言及吆喝,李遵勖虽也讲"放上座二十拄杖",也只是喊喊而已。

从此楚圆经常出入杨亿与李遵勖之门,"以法为友"。他在开封住了一段时间后,要归河东唐明智嵩之寺。临行,杨亿要请他带一语给智嵩。楚圆说:"明月照见夜行人。"杨亿以为不恰当。他又说:"更深犹自可,午后更愁人。"杨亿也未认可,自己提出的语句:"开宝寺前金刚,近日因什么汗出?"楚圆表示已知。临行,杨亿请他赠语,他说:"重迭关山路。"杨亿表示要随他去,他以"嘘嘘"婉绝。杨亿称赞他是"真师子儿"。他回到河东之后,李遵勖派两僧携信前往问讯,他在信的后面画上双足,写上送信僧之名转给李遵勖。李遵勖见到后作偈曰:"黑毫千里余,金椁示双趺,人天浑莫测,珍重赤须胡。"① 对他效仿当年佛圆寂后从金棺伸出双足向大迦叶示意,画双足印的做法表示理解,并且告诉他时运人事难测,请他多多保重。"赤须胡"是对他的戏称。

李遵勖不仅理解禅宗,而且十分迷恋禅宗,甚至经常与禅僧一起相处,将参究禅语、比逗机锋引入日常生活之中。其妻是宋太宗的女儿,历封长寿大长公主、随国大长公主及越、宿、鄂、冀、魏等国大长公主,死后追封齐国、荆国大长公主。② 《嘉泰普灯录》卷二十二〈李遵勖章〉记载,李遵勖在"肃国大长公主"(从前后描述看应是其妻,"肃"字当误)诞辰时,为表示庆祝,特请蕴聪、楚圆、叶县归省三位禅师在第宅按禅宗仪式顺次登座说法。归省最后登座,他什么话也没有说,将手中的拄杖折断后便下座。这也许蕴含什么语言也不能表达菩萨之道的禅机。李遵勖不仅不怪罪他,反而为他叫好,称赞是"老作家手段"(作家,意为禅机敏锐善于应对的禅者)。③

有位被称为"坚上座"的禅僧,与他也有来往。一天李遵勖为他送行,说:

---

① 趺,脚背。"金椁示双趺",典故出自《长阿含经》卷四〈游行经第二〉,谓释迦佛去世时,大迦叶在外地,赶回来时佛身已入金棺,"于是佛身从重椁内双出两足"。(《大正藏》卷1,第28页下)东晋法显译《大般涅槃经》等因之。《景德传灯录》卷一〈迦叶传〉亦载此说,谓"佛于金棺内现双足"。(《大正藏》卷51,第206页上)"赤胡须"一语出自百丈怀海语录,《古尊宿语录》卷一〈怀海录〉载,黄檗希运问答错一语沦为"野狐"的禅话,怀海打他一掌,并且说:"将谓胡须赤,更有赤须胡。"其中"胡须赤"与"赤须胡"只是字的排列不同,意思全同。大概是暗示他,野狐的前世答错一语与你故意提问,同属一种错误。

② 《宋史》卷二四八〈荆国大长公主传〉。

③ 亦见宋文莹《湘山野录》卷下。

"近离上党,得届中都(治今山西永济县西南蒲州镇),方接塵谈,蓬回虎锡(借指他住锡之地),指云屏之翠峤,访雪岭之清流,未审此处彼处的的事作么生?"是怪他回去太早,并问他对此处和富有山水情趣的"彼处"有什么看法。这位坚上座以两句偈代答:"利剑拂开天地静,霜刀才动斗牛寒。"其中意蕴什么禅机,不好猜测,至少是用来回避正面回答。李遵勖报之以"恰值今日耳聩",也不作正面回应。坚上座说:"一箭落双雕。"李遵勖便以"上座为甚么著草鞋睡?"将话岔开。坚上座没开口,只是将衣袖一拂。于是,李遵勖便说:"今日可谓降伏也。"自以为占了上风。坚上座便以"普化出僧堂"[1]作答,意为好像唐代普化和尚"走出僧堂"没有输给义玄一样,并没有胜负可言。[2]

楚圆在外地寺院传法期间,与杨亿、李遵勖也保持联系。宋仁宗宝元元年(1038),楚圆移住潭州兴化寺时,李遵勖病重,特地派人携信邀请楚圆入京相见。信上说:海内法友,唯师与杨大年耳。大年弃我而先。仆近年来顿觉衰落,忍死以一见公。他还特地致书知潭州长官请予敦促。楚圆为之动情,与侍者乘舟入京,途中顺便访问在滁州(在今安徽省)琅邪山传法的慧觉,在此作《牧童歌》一首。到达京城,与李遵勖相处月余,李遵勖去世。死前作偈赠楚圆,曰:

> 世界无依,山河匪碍,大海微尘,须弥(按:须弥山)纳芥(按:芥子)。拈起幞头,解下腰带,若问死生,问取皮袋。

意为世界上大大小小的事物,彼此会通圆融,相即相入,对此我已无困惑;现在我已经取下幞头,解下腰带,随时作好死的准备,然而生死的道理如何呢?也许只有自己的肉体知道。

楚圆立即问他:"如何是本来佛性?"言下之意是他还没有体悟到菩提之道的根本。然而按照惯例,对此问题是不能从正面予以回答的。李便随意说了一句:"今日热如做日。"又请楚圆告诉他"临行一句"。楚圆告诉他:"本来无挂碍,随处任方圆。"李遵勖只是说了句:"晚来困倦。"再不答话。楚圆最后赠送

---

[1] 唐代普化和尚辅助临济义玄在河北传法。他经常在街市间疯癫癫地行走,一日义玄与河阳木塔长老议论他"是凡是圣"时,被他听到。他以手指云:"河阳新妇子,木塔老婆禅;临济小厮儿,却具一只眼。"义玄斥责他:"这贼。"普化说:"贼,贼!"便从僧堂出去。

[2] 《嘉泰普灯录》卷二十二〈李遵勖章〉。

他一句意味深长的话："无佛处作佛。"①

在李遵勖病危期间，身边有一位比丘尼道坚。她对李遵勖说："众生见（按：现）劫尽，大火所烧时，都尉切宜照顾主人翁。"意谓照顾好自性。他说："大师，与我煎一服药来！"她竟不回应。李遵勖埋怨说："这师姑，药也不会煎。"说完投枕而逝。②

可以说，即使在李遵勖病危直到去世期间，他与楚圆、尼道坚之间的谈话，也是含有某种禅机在内的，其中一个重要内容是对生死的豁达和对解脱的信心。

楚圆亲自为李遵勖送葬，然后才归山。③

四　编撰灯史《天圣广灯录》

中国早期的著名灯史有唐代惠炬所编《宝林传》、五代南唐静、筠二禅僧所编《祖堂集》。然而这两部书在社会上早已佚失，直到20世纪二三十年代才分别从中国山西与日本、朝鲜发现。长期以来，在社会上最流行的是宋道原所编《景德传灯录》。李遵勖继此书之后编撰《天圣广灯录》，此后相继出世的灯史有云门宗惟白编《建中靖国续灯录》、南宋临济宗悟明编《联灯会要》、云门宗正受编《嘉泰普灯录》，史称五灯；南宋普济将五灯删繁就简，编为《五灯会元》。禅宗灯史和其他佛教史书的大量编撰，从一个侧面反映了宋代史学的繁盛。

禅宗标榜直承佛、西土诸祖直至菩提达磨及中土列祖之法，师师相传，"以心传心"；灯能照暗，以法喻灯，谓代代传法如同传灯，故称这类史书为"灯史"；又因以记述语录为主，也可称之为"灯录"。这类史书与以往梁慧皎《高僧传》、唐道宣《续高僧传》和宋赞宁《宋高僧传》等分类编撰僧人传记体史书不同，一是只收编禅宗僧人的传记和语录；二是按照禅法世系编录，是以记言为主的语录体的禅宗史书。

李遵勖所编《天圣广灯录》，从题目看，应当是在进入宋仁宗天圣（1023—1031）年间之后开始陆续编撰的。据卷十六〈汾阳善昭章〉记善昭去世的事，虽未载年月，但按照元代念常《佛祖历代通载》卷十八的记载他是死于宋仁宗改元天圣之后的甲子年，即天圣二年（1024）；卷二十三〈洞山晓聪章〉载晓聪

---

① 《禅林僧宝传》卷二十一〈慈明禅师传〉。
② 《嘉泰普灯录》卷二十二〈李遵勖章〉。
③ 《禅林僧宝传》卷二十一〈慈明禅师传〉。

去世事，也未记年月，按宋惠洪《禅林僧宝传》卷十一是死于天圣八年（1030）六月；卷二十七所载杭州西山奉諲、卷二十九所载台州瑞岩义海皆于天圣三年（1025）去世；卷十七所载李遵勖之师蕴聪于天圣十年（此年十一月改元明道，公元1032年）三月去世；卷八〈第三十三祖惠能大师传〉最后之语："大师自唐先天二年癸丑入灭，至今景祐三年丙子岁，凡三百二十五年矣。"可见此书或是进入天圣年间后陆续编撰，或至迟在天圣十年（1032）开始编撰，而直到景祐三年（1036）才最后完成。

书成之后，李遵勖将此书缮写上呈仁宗，请赐序冠于篇首。仁宗即于此年四月赐序，其中有曰：

> 《天圣广灯录》者，镇国军节度使驸马都尉李遵勖之所编次也。遵勖承荣外馆，受律斋坛，靡恃贵而骄矜，颇澡心于恬旷，竭积顺之素志，趋求福之本因，洒六根（按：眼耳鼻舌身意）之情尘，则三乘（声闻乘、缘觉乘、菩萨乘）之归趣，迹其祖录，广彼宗风，采开士之迅机，集丛林之雅对，粗神于理，咸属之篇。……载念缚伽（伽陀，偈颂）之旨，谅有庇于生灵；近戚之家，又不婴于我慢，良亦可尚，因赐之题，岂徒然哉！

谓李遵勖荣尚公主为驸马（公主出嫁在宫外所居称外馆），奉持佛戒，富而不骄，致志于恬静，积顺以求福，清除身心的烦恼，尊奉佛教三乘之法，在继承"祖录"（当指《景德传灯录》）的基础上，推广其宗风，采集丛林间禅师富有禅机的语句，编撰成篇。对于李遵勖求赐序之举，表示既然所编撰之书有益于生民，身为国戚又离骄慢，值得嘉奖，故应其请赐之题与序。

全书三十卷，结构和内容特色如下：

卷一至卷五，记载自释迦牟尼佛、禅宗所传西土初祖摩诃迦叶至二十七祖般若多罗的传记。卷一开头说："……贤劫[①]次第，前有六佛，《景德传灯录》中，先已具载。今之编次，从因地以至传法来历，继自释迦佛以降。"可见此书是参考并继承《景德传灯录》的。既然《景德传灯录》已有对过去六佛的详细记载，此书仅从过去第七佛释迦牟尼佛传记写起。从内容看，对释迦牟尼佛、

[①] 佛教说的劫是个"久远"的时间概念，谓宇宙有成、住、异、灭四劫，住劫有千佛等贤圣出世救度众生，故称贤劫。因此，贤劫即指现在世、现在劫，与"过去庄严劫"、"未来星宿劫"合称三劫。

禅宗初祖摩诃迦叶的记述与《景德传灯录》相关记载有较大不同，在〈迦叶章〉增加释迦佛在灵山会上拈花示众，迦叶微笑的内容。其他各章大致是取自《景德传灯录》，只是在文字内容上有所节略。

卷六至卷七，记载自西土第二十八祖兼东土初祖的菩提达磨，经慧可、僧璨、道信、弘忍，至六祖慧能的传记。与《景德传灯录》大同，但文字有较大删略。

卷八至卷十八，记载自南岳怀让至南岳下十世共84人名字或传录（有的仅名载目录，没有传录，下同），皆属马祖法系，自卷十一以下皆是临济宗禅僧的传录。卷九所载百丈怀海的语录（广录）与卷十、卷十一所载临济义玄的语录（临济录）是《景德传灯录》所没有的，为后世《四家语录》中〈百丈广录〉、〈临济录〉所本。自南岳下五世（临济下一世）至南岳下八世（临济下四世），与《景德传灯录》差异不显著，但对南岳下九世（临济下五世）至南岳下十世（原书误为九世，临济下六世）诸禅师传录的记述，多为新增部分。例如《景德传灯录》卷十三仅载录首山省念法嗣汾阳善昭一人，且不足200字，《天圣广灯录》增为12人，篇幅也较大；至于南岳下十世各传录，则为《景德传灯录》所无。

卷十九至卷二十三，记载自青（原书作"清"）原行思下七世（云门下一世）至青原下九世（云门下三世）共101人（已除原目录多计算出的3人）名字或传录，皆属云门宗。在所载青原下七世（云门下一世）37人中，除10人在《景德传灯录》中有载外，皆为新增；青原下八世、九世（云门下二、三世）多为新增。

卷二十四至卷二十六前部，记载青原下七世（洞山下三世）至青原下九世（洞山下五世）属于曹洞宗的39人，南岳下七世、八世（沩山下四世、五世）属于沩仰宗的14人名字或传录，皆为新增。另有青原下七、八世，属于德山宣鉴下三、四世的禅师13人的传录。

卷二十六后部至卷三十，记载青原下十世（法眼下二世）至青原下十二世（法眼下四世）属于法眼宗的71人的名字或传录。

综上所述，《天圣广灯录》自卷八至卷三十记载南岳、青原两大法系，并且基本按临济宗、云门宗、曹洞宗、沩仰宗、法眼宗的次序记载禅门五宗309人，其中还载有青原—德山法系13人，共322位禅师的名字或传录。

在宋代五部灯史中，《天圣广灯录》是第二部，从中国佛教史来看，它的学术价值至少有三点：

（1）继承了《景德传灯录》的编纂体例，将中国禅宗通过唐代《六祖坛经》、《宝林传》所表述的由释迦牟尼佛传"心法"于西土二十八祖、东土六祖的"教外别传"的传法理念贯彻于史学之中，在六祖慧能之后再按南岳、青原两大法系和禅门五宗的系统代代传承的序列，编录历代禅师的传记和语录。由此将《景德传灯录》的以记言为主的谱录体的禅宗灯史体裁巩固下来，致使此后的三部灯史《建中靖国续灯录》、《联灯会要》、《嘉泰普灯录》也基本按照这种形式编撰。

（2）在五部灯史中，本书与《景德传灯录》、《建中靖国续灯录》、《嘉泰普灯录》都是经过宋朝皇帝钦定入藏的禅宗史书，《景德传灯录》是经真宗钦定，并且诏翰林学士杨亿等三人重加刊削裁定，前面有杨亿的序；本书编者身为勋贵外戚，由仁宗钦定并赐序；《建中靖国续灯录》由徽宗钦定并赐序；《嘉泰普灯录》由南宋宁宗钦定入藏。这是禅宗在宋代特别盛行的反映，而皇帝之序也是了解以皇帝为首的中央朝廷对佛教禅宗态度的重要资料。

（3）本书除临济宗早期部分与《景德传灯录》有较多重复外，绝大部分是加以扩充或新增加的，而这一部分又是记述宋初禅僧的传记和语录的。其中甚至记载了不少与李遵勖年龄相仿乃至稍后的同时代的禅僧、居士的情况，如临济宗的石门蕴聪、叶县归省、广慧元琏、杨亿、汾阳善昭及其弟子石霜楚圆；云门宗的洞山晓聪、崇胜光祚及其弟子雪窦重（冲）显等人。因此，《天圣广灯录》对研究宋初，特别是自宋太宗至真宗、仁宗早期的禅宗情况，具有很大参考价值。

总之，上述北宋驸马都尉李遵勖尊奉禅宗、与禅僧密切交往，并且编撰灯史《天圣广灯录》的事实，为我们了解宋代禅宗盛行、朝臣士大夫信奉佛教禅宗的情况，提供了生动的例证。

第三节　北宋文学家杨亿和禅宗

北宋承唐、五代之后，以皇帝为首的中央集权空前强大，虽经常受到来自北方的辽、西北的西夏的武装威胁和进犯，然而，以京城开封为政治中心的北方中原地区和广大江南地区却是长期处于比较稳定的局面，农业和手工业取得长足的进步，以运河为通贯南北重要动脉的社会经济相当繁荣。在此基础上，社会文化也有很大发展,无论在教育、哲学、文学、艺术等方面都有新的成果。占据正统地位的儒家在吸收佛教、道教思想的基础上形成以研究、阐释天道性命为中心的道学,将儒学推向新的阶段。在宗教方面,佛教、道教十分盛行,并且适应时代取得新的发展。

北宋虽承五代后周实行限制削弱佛教政策之后,然而从宋太祖开始,几乎历朝都是保护和支持佛教传播的。朝廷对佛教的发展影响较大的举措有两个:一是宋太宗下诏建立译经院(后改传法院)组织来自印度的学僧和中国的学僧翻译佛经,相继任命大臣乃至宰相担任润文官和译经使,从而有力地提高了佛教的社会地位,并且扩大了佛教在儒者士大夫中的影响;二是鼓励和扶持禅宗在京城和全国传播,对禅宗迅速发展成为宋代佛教的主流派起到了极大推动作用。

在这当中,北宋儒者士大夫中有很多人表现十分突出。文学家杨亿是其中影响较大的人物之一。杨亿是北宋初期文坛上所谓"西昆体"的主要代表人物,在中国文学史上占有重要地位,与佛教有着较深的关系,先是作为翰林学士奉诏参与修订著名的禅宗灯史《景德传灯录》,又为新译佛经润文,后来正式信奉正在迅速兴起的禅宗,经常参加参禅活动,并且与很多禅僧保持密切的往来。鉴于以往学术界对杨亿与佛教关系的专题没有进行系统深入的研究,本文对此试作较全面的考察和论述。

一 "一代之文豪"杨亿

杨亿(974—1020),字大年,建州浦城县(在今福建省)人。七岁能作诗文,被视为神童,有诗:"危楼高百尺,手可摘星辰。不敢高声语,恐惊天上人。"[①] 为世人传诵。

雍熙初(984),杨亿十一岁,宋太宗闻其名,诏江南转运使张去华面见杨亿测试诗文,所作诗中有"愿秉清忠节,终身立圣朝"[②] 的句子。他被送到京城,受到宋太宗召见,试诗赋五篇,下笔立成。太宗十分赏识,命内侍送杨亿到中书拜谒宰相,他当即赋诗一首,宰相也深为赞赏。据《宋史》卷二百一十

---

① 宋江少虞《宋朝事实类苑》卷三十四,上海古籍出版社1981年版,第430页。
② 《宋朝事实类苑》卷三十四,第430页。

〈宰辅表〉，当时的宰相是宋琪和李昉。宋琪以处理对辽事务见长，而李昉以史学、文学知名，《太平御览》、《太平广记》和《文苑英华》是他奉敕领衔编修的。在宰相见过杨亿的第二天，太宗下制称赞他"文字生知"，并对他深有期待，说"越景绝尘，一日千里，予有望于汝也"。授之以秘书省正字（官名，掌订正典籍讹误），特赐袍笏。不久杨亿父亲亡故，服除后往依知许州的从祖杨徽之。他勤于学习，常昼夜不息。

淳化（990—994）年间，杨亿进京献文，授任太常奉礼郎，后献《二京赋》，命试翰林，赐进士第，迁光禄寺丞。此后经常被太宗召至身边赋诗著文，先后命为直集贤院、著作佐郎。当时公卿的表疏多请杨亿撰写。宋真宗即位前，征他为府中幕僚之首，真宗即位拜为左正言，参与编纂《太宗实录》，真宗称其史学之才。不久判史馆，与王钦若辑编《册府元龟》。景德三年（1006）十一月七日召为翰林学士[1]。大中祥符初（1008）加兵部员外郎、户部郎中。杨亿身体羸弱，大中祥符五年（1012）有病，真宗派太医前往诊治。后因病请解官，授太常少卿，分司西京，许就居所医疗。大中祥符七年（1014）杨亿病愈，八月以秘书监知汝州（治今河南汝州市）。翌年应召回京，知礼仪院，判秘阁、太常寺，官至工部侍郎。

天禧四年（1020），宋真宗患中风，久居宫中不能正常视事，枢密使丁谓勾结刘皇后（死后谥"章献明肃"）擅权，宰相寇准与杨亿密议奏请皇太子监国，并让杨亿代草密诏，但因谋泄，寇准被罢相，由丁谓、曹利用代为宰相。据说因丁谓爱杨亿之才，没有降罪于他。然而杨亿就在此年十二月（已进入公元1021年）病逝，年仅四十七岁，仁宗即位后赐谥曰文。

杨亿在朝廷以善文史，"文格雄健，才思敏捷"著称，并且娴习典章制度，喜奖掖后进，重交游，尚名节，在朝野文士中声誉很高。北宋中期政治家、诗文革新运动的领袖欧阳修（1007—1072）所著《归田录》卷一称杨亿"有知人之鉴"，说官至兵部员外郎、天章阁待制的仲简，官至兵部员外郎的谢希深（名绛），最初皆得益于杨亿的赏识与提携。[2] 杨亿性耿直，在编书中唯与李维、路振、刁衎、陈越、刘筠友善。当时文士以得到他的褒奖为荣，而遭到他贬议者则多怨谤。他还"留心释典禅观之学"，曾奉诏为新译佛经润文，并且后来信奉

---

[1] 参李一飞《杨亿年谱》，上海古籍出版社2002年版。
[2] 《归田录》卷一，中华书局1981年版，第3页。原载《欧阳文忠集》卷一二六。另可参考《宋史》卷三〇四〈仲简传〉，卷二九五〈谢绛传〉。

禅宗，喜与禅僧交游。①

著作很多，现存者有：

（1）《武夷新集》二十卷。据杨亿序，景德三年（1006）十一月为翰林学士，翌年将十年来的诗文编为此集，其中诗（格律体）五卷，杂文（颂、记、序、碑、墓志、行状、策问、表状等）十五卷。

（2）《西昆酬唱集》二卷。杨亿在序中说，他在"景德中"（此当指从景德三年任翰林学士之后），"忝佐修书之作"（奉诏编修《册府元龟》和国史），闲暇经常与钱希圣（钱惟演）、刘子仪（刘筠）等人以诗交游，"更迭唱和，互相切劘"。他将参与唱和的15人（集中署名者实为17人）的250首诗（实248首）编为一集，取"玉山策府之名"（西昆仑）②，称之为《西昆酬唱集》。其中收录最多的是杨亿、刘筠、钱惟演的诗，此外有李宗谔、陈越、李维、晁迥等人，乃至丁谓的诗。

（3）《谈苑》，杨亿口述，由杨亿门下黄鉴笔录，宋庠整理，改称《杨文公谈苑》，分为二十一门，明清之际散佚，现有李裕民据群书的辑校本。涉及内容包罗万象，上起唐、五代，下迄宋初，以人事、诗文居多，旁及科学技术、宗教、艺术、典章制度，等等。③

另有《括苍集》、《颍阴集》、《韩城集》、《退居集》、《汝阳集》、《蓬山集》、《寇鳌集》、《刀笔集》、《别集》、《銮坡遗札》等，皆已不存。④

杨亿在北宋早期文坛上占有重要地位。杨亿作诗虽宗学唐朝李商隐，然而却在形式上过于追求词藻华丽，对仗工稳，音律谐婉，并且多用典故，缺乏反映现实生活的感受和内容，带有相当程度的浮靡色彩。因他编有诗集《西昆酬唱集》，这种诗体被称之为"西昆体"。刘筠（971—1031），《宋史》卷三百五有传，以文学知名，曾得到杨亿的识拔，深受杨亿诗文风格的影响。钱惟演（962—1034），《宋史》卷三百一十七有传，是五代吴越王钱俶之子，博学善文，文辞清丽，参与编《册府元龟》，奉诏与杨亿分为之序。他们二人是以诗与杨亿

---

① 以上除注明出处外，皆据《宋史》卷三〇五〈杨亿传〉，并参考《宋史》卷二八一〈寇准传〉及卷二四二〈章献明肃刘皇后传〉、苏辙《龙川别志》卷上等。

② 玉山是《山海经》卷二〈西山经〉中所载西王母所居之山；策府为《穆天子传》卷二中所说藏书之"群玉之山"，皆指昆仑山。

③ 《宋元笔记丛书·杨文公谈苑》，上海古籍出版社1993年版。

④ 台湾商务印书馆影印《四库全书》本《武夷新集》前的〈提要〉。

唱和最多的人。西昆体在北宋文坛曾风靡三四十年。

欧阳修提倡古文，对韩愈的诗文倍加赞赏，所著《六一诗话》称赞他的笔力"无施不可"，"叙人物，状物态，一寓于诗，而曲尽其妙"。在提到杨亿、刘筠代表的西昆体时作了如下介绍：

> 自杨、刘唱和，《西昆集》行，后进学者争效之，风雅一变，谓西昆体，由是唐贤诸诗集几废而不行。
>
> 杨大年与钱、刘诸公唱和，自《西昆集》出，时人争效之，诗体一变。而先生老辈患其多用故事，至于语僻难晓，殊不知自是学者之弊。

可见，以杨亿为代表的西昆体在北宋初期诗坛上影响之大。然而，欧阳修并不反对作诗用典，认为用典不用典不是造成诗句难懂的原因所在，问题出在作者本人身上。他还特地引述刘筠（子仪）用典与不用典的诗句加以说明，称其"雄文博学，笔力有余，故无施而不可"。[1] 欧阳修对杨亿、刘筠主要表现于诗歌方面的文风并没有加以完全否定，甚至说："先朝杨、刘风彩，耸动天下，至今使人倾想。"[2] 对杨亿才思敏捷，挥笔成文的表现十分赞赏，称他是"一代之文豪"。[3]

唐宋"八大家"之一的苏辙（1039—1112）在《汝州杨文公诗石记》中对杨亿也提出很高的评价：

> 公以文学鉴裁，独步咸平、祥符间，事业比唐燕、许无愧，所与交皆贤公相，一时名士多出其门。[4]

将杨亿看成是主持自宋真宗咸平（998—1003）至大中祥符（1008—1016）之间约20多年北宋文坛的领袖人物，认为可以与唐代文坛的"大手笔"燕国公张说、许国公苏颋相比，在朝野公卿文士中享有盛誉。

---

[1] 清何文焕辑《历代诗话·六一诗话》，中华书局1981年版，第270、266页。原载《欧阳文忠集》卷一二八。
[2]《欧阳文忠集·补遗·书简》〈与蔡君谟帖五〉。
[3]《归田录》卷一，第16页。
[4]《栾城后集》卷二十二。

然而，以杨亿、刘筠等人代表的具有形式主义倾向和浮艳色彩的西昆体文风，受到提倡"道统"，重视经义和实务的儒者的批评。在儒学史上被称为"宋初三先生"之一的石介（1005—1045），鼓吹韩愈《原道》提出的自尧舜禹汤文武周公至孔孟的道统和仁义之道，特别反对佛教、道教，同时还激烈批判杨亿的文风，提倡"文以载道"的古文。所著《怪说》将杨亿的文风与文武周公孔孟之道、儒家五经对立起来，说："今杨亿穷研极态，缀风月，弄花草，淫巧侈丽，浮华纂组，刓锼圣人之经，破碎圣人之言，离析圣人之意，蠹伤圣人之道，使天下不为《书》之典、谟、〈禹贡〉、〈洪范〉，《诗》之雅、颂，《春秋》之经，《易》之繇、十翼"，表示誓死反对。[①]

然而，这种批评失之于偏颇，不能看作是客观公正的评价。北宋承唐末五代之后，自然要受前代文化、社会风气的影响，杨亿的诗文中具有形式主义倾向和浮靡色彩是事实，然而并非他的一切文章著作皆是如此，例如，他通晓古今典章制度，参与编撰的《太宗实录》、《册府元龟》是史书，既不属"浮华"、"淫巧侈丽"之文，也不是反先王孔孟之道之书；他一生不离翰墨，"手集当世之述作，为《笔苑时文录》"，自然也不会是离经叛道的著作；至于他自己及代别人起草的大量奏章，自然是针对时局提出的种种对策，想必不是"缀风月，弄花草"的作品。

二 北宋的译经和杨亿为新译佛经润文

北宋朝廷效仿隋唐的做法，将佛经翻译作为国家的事业置于朝廷的直接管理下进行。宋太祖（960—975在位）派太监到益州（治今四川成都）雕造大藏经版，是宋代雕印大藏经事业的开创者。宋太宗（976—997在位）太平兴国七年（982）在开封太平兴国寺置译经院（后称传法院）组织翻译佛经，并继续雕印大藏经，雍熙三年（986）为新译佛经写《新译三藏圣教序》。宋真宗（997—1022在位）对儒、释、道三教都很尊崇，曾撰《崇释论》，将儒家的"五戒"比附儒家的"五常"，说二者"异迹而道同"[②]，咸平二年（999）继太宗之后作《继圣教序》。

[①] 《怪说》上中下三篇，载《徂徕集》卷五。
[②] 《佛祖统纪》卷四四，《大正藏》卷49，第402页上。

宋朝在组织翻译佛经初期只任命朝廷官员担任润文官，宋真宗晚年开始任命身居"宰辅"的高官担任"译经使兼润文"（或称"译经润文使"）的官职，以此显示译经的崇高神圣地位。杨亿从汝州回京城后的第六年，即天禧四年（1020），与丁谓相继被任为润文官。

北宋继承前代为译经编纂目录的传统，相继编修了《大中祥符法宝录》、《天圣释教总录》和《景祐新修法宝录》。[①]《大中祥符法宝录》记载北宋太宗、真宗两朝翻译的大小乘经律论和西方圣贤集传222部413卷的目录、译者、内容提要和翻译缘起等，还载录包括宋太宗、真宗等人著作在内的"东土圣贤著撰"的目录。由译经僧惟净等多人编于宋真宗大中祥符四年至八年（1011—1015），署名"奉敕编修"的是当时的兵部侍郎、译经润文官赵安仁和杨亿。杨亿当时的官衔是"翰林学士、通奉大夫、行尚书户部郎中、知制诰、同修国史、判史馆事"，未任润文官。[②]

按照《景祐新修法宝录·总录》的记载顺序，杨亿、丁谓二人所润文的新经目录应载于《景祐新修法宝录》卷五，然而，此卷已经不存，参照《天圣释教总录》最后所附的经录推测，当为《大乘宝要义论》1部10卷。杨亿就在此年十二月去世。

三　杨亿刊定《景德传灯录》后的参禅活动和《汝阳禅会集》

杨亿自幼博读儒家经史，然而对佛教却知之甚少。在朝廷为官不久，看见一位同僚在读《金刚经》，竟加以责怪，认为天下没有任何可以与孔孟之书相比的书。然而，他在拿到《金刚经》读了几页之后，不由得对佛教产生了"敬信"的念头。他在朝廷与尊奉禅宗的李维过往密切，受到李维不少影响。

大约在宋真宗景德元年（1004）或二年，法眼宗禅僧道原将《佛祖同参集》上献朝廷。真宗诏翰林学士左司谏知制诰杨亿、兵部员外郎知制诰李维、太常丞王曙同加刊削裁定，编为三十卷，署名《景德传灯录》，敕许刊印流传全国。

[①] 这些经录佚失多年，1933年在山西赵城广胜寺发现《金版大藏经》时，从中发现这三个经录的残卷。1935年上海影印宋版藏经会和北京三时学会影印的《宋藏遗珍》收有这三个经录。近年中华大藏经局编《中华大藏经》第72、73册分别收有这三个经录的影印本。

[②] 请见拙著《宋代的佛经翻译》，载杨曾文、方广锠编《佛教与历史文化》，宗教文化出版社2001年版。

杨亿为修订和推广《景德传灯录》都做出了重要贡献。在这期间，杨亿对禅宗历史和宗旨有了比较全面深入的认识。[①]

此后，杨亿在知汝州期间正式拜临济宗元琏禅师为师，与当地很多禅师交往甚密，经常参加参禅活动，回京以后又与虔诚信奉禅宗的士大夫保持密切往来。

(一) 嗣法于临济宗广慧元琏

大中祥符七年（1014），杨亿病愈之后，八月以秘书监的身份出知汝州。他到任不久，就尽早访问广慧寺，参谒临济宗元琏禅师。

元琏（951—1036），泉州晋江（在今福建）人，俗姓陈。嗣法于临济宗汝州首山省念禅师，宋真宗景德元年（1004）应请住持汝州广慧寺。[②] 宋代晓莹《罗湖野录》卷上〈广慧琏章〉介绍了元琏与王曙、许式、丁谓等士大夫交游的情况，评论说："景德（按：1004—1007年）间，宗师为高明士大夫歆艳者，广慧而已。"杨亿不仅是元琏的朋友，而且是他的正式嗣法弟子之一。

据《嘉泰普灯录》卷二十三〈杨亿章〉记载，杨亿初次参谒元琏便问："布鼓当轩击，谁是知音者？"意为来到贵寺，击响佛堂之前护栏内的法鼓，谁是知音呢？这是一种试探。元琏机智地回答："来风深辨。"表示已经知道来者的风采和用意了。杨亿再问："恁么则禅客相逢只弹指也。"元琏答："君子可入。""可入"二字，既可理解为可进入此门，也可理解为可入禅道。于是，杨亿连声答应（"公应喏喏"）。然而元琏却说："草贼大败！"按照丛林参禅的一般惯例，这是表示抓住了对方禅语或动作的漏洞时的用语，大概是对杨亿作出正面回应的反应。当天晚上二人交谈得十分投机。元琏问杨亿，过去曾与什么人谈过禅。他答，过去曾向"云岩谅监寺"问过："两个大虫（按：老虎）相咬时如何？"谅回答他："一合相。"意为二虎相争是二合一相。他请元琏谈谈对这一答语的见解，作"别一转语"。元琏表示自己不同意这一答语，在用手做出拽鼻子的姿势之后说："这畜生，更蹦跳在！"据载，杨亿听了以后"脱然无疑"，立即作偈表达自己的悟境，曰：

八角磨盘空里走，金毛师子变作狗。

[①] 关于杨亿奉诏刊定《景德传灯录》，请详见本书第二章第四节〈道原及其景德传灯录〉。
[②] 元琏的生平，详见本书第四章第二节。

拟欲将身北斗藏，应须合掌南辰后。

其中"将身北斗藏"的典故出自《云门语录》，五代时云门宗创始人文偃在有人问："如何是透法身句？"曾以"北斗里藏身"作答。[①] 杨亿的四句偈所述皆为不可能的事：石头制成的磨盘不可能在空中走，狮子也不能变成狗，到北斗藏身只是幻想，在南极星之后合掌也是想象。然而这种回答按照当时丛林参禅的风尚却属于"活句"，是能够给人更多想象空间和发挥余地的禅语。此后，杨亿便礼元琏为师，成为他的嗣法弟子。

翌年，杨亿特地写信给在京城的李维，叙述自己决定嗣法于元琏的缘由。《天圣广灯录》卷十八〈杨亿章〉及《禅林僧宝传》卷十六〈元琏传〉皆载此信。现将两者对照进行介绍。

（1）"病夫夙以顽蠢，获受奖顾，预闻南宗之旨，久陪上都之游，动静咨询，周旋策发，俾其刳心之有，诣墙面之无，惭者诚于席间床下矣。"杨亿因长年多病因而自谓"病夫"，说自己在京城时从李维处得知南宗禅的旨要，经常请教，受到启发，从而能够清除心中对"有"的执著而体悟空无的道理。因此，自己原本是受法于李维的。

（2）"又故安公大师，每垂诱导。自双林灭影，只履弗归，中心浩然，罔知所旨，仍岁沉痼，神虑迷恍。殆及小间，再辩方位。又得谅公大士，见顾蒿蓬。谅之旨趣，正与安公同辙，并自庐山归宗、云居而来，皆是法眼之流裔。"其中的"双林灭影"，原指释迦佛在双林入灭；"只履弗归"是指菩提达磨穿只履西归的传说。杨亿以两句借喻安禅师去世。这段话是说他又前后跟来自庐山归宗寺、云居寺的两位云门宗禅师学禅：一位是安禅师，然而他不久去世，使自己心中空虚，不知宗旨，再加上患病，精神恍惚。直到稍微痊愈，才又得以明辨行止方位；另一位是谅禅师，当即前面杨亿对元琏所说的"云岩（按：疑为'居'字）谅监寺"，他曾亲临杨亿的住所，为他说禅。

（3）"去年假守兹郡，适会广慧禅伯，实承嗣南院念，念嗣风穴，风穴嗣先南院，南院嗣兴化，兴化嗣临济，临济嗣黄檗，黄檗嗣先百丈海，海嗣马祖，马祖出让和尚，让即曹溪之长嫡也。"这是讲述广慧元琏的传承法系：曹溪慧能—南岳怀让—马祖道一—百丈怀海—黄檗希运—临济义玄—兴化存奖—南院

[①] 《大正藏》卷47，第546页上。

慧颙—风穴延沼—南院省念①—元琏。

（4）"斋中务简，退食多暇，或坐邀而至，或命驾从之，请叩无方，蒙滞顿释。半岁之后，旷然弗疑，如忘忽记，如睡忽觉，平昔碍膺之物，曝然自落；积劫未明之事，廓尔现前，因亦决择之洞分，应接之无蹇矣。"叙述自己在汝州与元琏交往及参禅得悟情况。谓自己的住处布置简朴，经常邀请元琏来访，有时驾车到其寺院参谒，经多次参禅叩问，迷执顿消，半年之后心中疑团皆无，"如忘忽记，如睡忽觉"，平常堵塞心胸的烦恼一下子就除去了，长期不明之事立即就明白了，从此能够清楚地明辨事理，灵便地应对事务。

（5）"重念先德，率多参寻，如雪峰九度上洞山，三度上投子，遂嗣德山；临济得法于大愚，终承黄檗；云岩多蒙道吾训诱，乃为药山之子；丹霞亲承马祖印可，而作石头之裔。在古多有，于理无嫌。病夫今继绍之缘，实属于广慧，而提激之自，良出于鳌峰也。"这是解释自己之所以决定嗣法于元琏的理由。他列举往古禅师虽行脚到各地参访很多禅师，然而最后只选择嗣法于其中一人，例如，雪峰义存在成名之前曾九次上江西洞山参谒师事良价，三次到舒州投子山参谒大同，然而最后决定嗣法于德山宣鉴；临济义玄虽受法于高安大愚，但最后选择嗣法黄檗希运；云岩昙晟从道吾圆智受教很多，最后却嗣法于药山惟俨；丹霞天然得到马祖印可，但却嗣法于石头希迁。杨亿表示，既然如此，自己虽在以前从云门宗的安、谅二位禅师受过禅法，但现在决意嗣法于元琏，然而最早启迪自己奉持禅法的却是身为翰林学士（"鳌峰"，翰林之喻，指李维）的您啊！

此信反映了宋代一位知名儒者信奉禅宗的心路历程和关于唐宋禅宗传承世系的情况，很有史料价值。在元代以后，此信也被编在《景德传灯录》的书后。

（二）参禅与说法

杨亿此后不仅礼师参禅，而且也向慕名前来的问道者谈论禅法。他的语录在《天圣广灯录》卷十八、《嘉泰普灯录》卷二十三的〈杨亿章〉有较多记载。这里仅择取几则介绍。

杨亿曾问元琏："寻常承和尚有言：一切罪业皆因财宝所生，劝人疏于财

---

① 省念，一般称首山省念。然而他是先住首山，再住广教寺，后住南院（即宝应寺），因此也称南院省念。

利。况南阎浮提众生以财为命,邦国以财聚人,教中有财法二施,何得劝人疏财?"①对于元琏常讲的劝人疏散财物的话提出质疑:人们生活离不开钱财,国家需靠钱财设官养兵,佛教所讲的施舍除"法施"(说法)之外尚有"财施",怎么可以劝人放弃自己财产呢?对此,元琏回避正面回答,而以偈句答之曰:"幡竿尖上铁龙头。"龙头虽在高处,却是铁的,又在幡竿之上,可能喻义有二:一谓此是因缘合会,是无常的;二谓龙非真龙,岂有自由可言,表示拥有财宝既不可靠,也必然带来精神烦恼。杨亿似乎已经理解,立即作答:"海坛马子似驴大。""海坛"不知所指,也许是在海边祭海之坛,"马子"当指铸造的马驹,虽是马,但长的个头却像驴。元琏又说:"楚鸡不是丹山凤。"是说楚人虽称鸡为凤但不是凤。②杨亿说:"佛灭二千岁,比丘少惭愧。"谓此时已进入"末法"(佛灭1500年以后)时代,比丘只是相似的比丘。这些偈句与杨亿开始的问话如何联系呢?也许是暗示有财而不疏财,不是真正的富;出家人爱财则为"末法"时代的假比丘。

杨亿也常向禅僧谈禅。曾对某僧说,"道不离人,人能弘道。大凡参学之人,十二时中长须照顾";又引马祖弟子南泉普愿"三十年看一头水牯牛"的话,表示修道过程如同在田野放牛,不可分心,又如母鸡孵小鸡那样不可须臾离开。他的某些禅话中也含有哲学的思考,曾说:

> 《肇论》云:会万物为己者,其唯圣人乎?③如今山河大地、树木人物纵地,是同是别?若道同去,是他头头物物,各各不同;若道别去,他古人又道:会万物为己。且怎生会?只如教中说:若有一人发真归源,十方虚空一时销殒。古德亦云:若人识得心,大地无寸土。此是甚道理?直下尽十方世界,是汝一只眼。一切诸佛、天、人、群生类,尽承汝威光建立。须是信得乃方得。(《天圣广灯录·杨亿章》)

---

① 《续藏经》本《天圣广灯录·杨亿章》的"因财宝"作"困贼宝";"南阎浮提"作"南阎",据《五灯会元》卷十二〈杨亿章〉改。"南阎浮提"是佛教讲的四大洲之一,原指印度,后也泛指现实人间。

② 宋延寿《万善同归集》卷上谓:"楚国愚人认鸡作凤,犹春池小儿执石为珠。"载《大正藏》卷48,第959页上。《禅林僧宝传》卷三十〈洪英传〉载,临济宗僧洪英说:"楚人以山鸡为凤,世传以为笑。"

③ 出自《肇论·涅槃无名论》。据影印宋嘉祐本《肇论中吴集解》,这段文字应是:"会万物以成己者,其唯圣人乎!"原文"树木人物纵地"中的"纵地"作"搅地",不可解。"纵地",意为并相存在。

在这里他借引述《肇论·涅槃无名论》中的话发挥世界万物彼此会通圆融的思想。大意是：世界上林林总总的种种事物，虽看起来各各不同，然而皆以贯通内外的心性（理）为本体、本原。因此天地同根，万物一体。从自己来说，一旦觉悟而回归法性（法身），十方虚空便不复存在；体悟自性，便能晓悟三界唯心所造。杨亿告诉禅僧应当建立这样的气概：十方世界在你眼下，一切众生不过是你心识的产物。

实际上，这是从大乘佛教的第一义谛的角度来讲的，以此强化禅僧对三界唯心和即心是佛、见性成佛的认识和信心。

(三) 编撰《汝阳禅会集》

杨亿在汝州期间，与叶县归省（也嗣法于省念）的弟子宝应寺的法昭也有密切交往，互有禅语问答。他将与元琏、法昭二人之间的参扣禅语，"随时疏录"。有人将此语录传到襄州，引起当地丛林禅师的极大兴趣，也有随之附合酬唱答对者。杨亿后来又搜集到多位禅师的语录，于是将原录加以扩充，合编为《汝阳禅会集》十三卷，自己写序。其中新增的有襄州谷隐寺绍远、玉泉寺守珍（二人嗣法石门慧彻，属曹洞宗），白马令岳（嗣法白马智伦，上承德山宣鉴法系），普宁寺归道（嗣法德山缘密，属云门宗），正庆寺惠英、鹿门山惠昭（二人嗣法云居道齐，属法眼宗）六人以及叶县归省等人的语录。杨亿在编集语录过程中，按语录的体例分为别语、代语、拈古、垂语、进语、辨语等项。① 可以想象，这是宋代正在兴起的文字禅的重要著作，可惜久已不存。

(四) 杨亿与汾阳善昭、慈明楚圆

临济宗首山省念的弟子中，以在汾州（治今山西汾阳）传法的善昭最有名。杨亿虽与善昭没有见面，然而在知汝州期间与他也有联系。

善昭（947—1024），俗姓俞，太原人。从省念受法后，大约在宋太宗至道元年（995）到达汾阳大中寺（后称太平寺）太子禅院，在此传法近三十年，名扬远近。杨亿参与修订的《景德传灯录》第十三卷于"前汝州首山省念禅师法嗣"之下，载有善昭上堂说法的语录，其中有"三玄三要"、"四照用"和"四宾主"等。大约在宋真宗下诏将此书编入大藏经的第二年，即大中祥符五年

---

① 据《罗湖野录》卷下〈杨亿章〉，所述禅师的法系，参考《五灯会元》有关章节。

(1012),此书已经刻印并且流传各地了。善昭看到此书,曾与汾阳信众一起举办盛大斋会庆祝,上堂说法。①

杨亿出知汝州并与禅僧密切交往的消息在丛林间迅速传播。善昭此时已六十八岁,得知这一消息后,便派弟子携带自己的书信到汝州杨亿处致意。《汾阳无德禅师语录》卷首所载杨亿的序作了这样的记述:

> 师(按:善昭)退遣清侣,躬裁尺讯,谓《广内集录》,载师之辞句,既参于刊缀;汝海答问,陪师之法属,且联其宗派。邈同风于千里,遽授书之一编。法兴、智深二上人,飞锡寔勤,巽床甚谨。述邑子之意,愿永南宗之旨,属图镂版,邀求冠篇……②

其中的"广内集录"不知所指,也许就是指《景德传灯录》,此书在道原原编的基础上有所增广修订,收有善昭的语录。"汝海"是当时人对汝阳的另一种称法。"汝海答问"当指杨亿在汝州期间与首山法系的广慧元琏、叶县归省及其弟子法昭等人之间的参禅答问,语录载于杨亿整理的《汝阳禅会集》。大意是说,善昭派弟子携信拜谒杨亿,说《广内集录》载有他的语句,已经刊载;在汝州与您一起参禅的禅师中有自己的同宗兄弟,并且赠送自己的语录集一部,请杨亿写序,以便刊印时置于卷首。这一语录集即现存的《汾阳无德禅师语录》,前面杨亿的序就是他在知汝州期间撰写的。

善昭弟子很多,最著名的是后在潭州(今湖南长沙)石霜山传法的楚圆(986—1039),其次有大愚守芝以及琅邪慧觉、法华全举等人。杨亿与楚圆也有交往。

杨亿与楚圆会见是在从汝州回到开封之后,当时他已经信奉禅宗,对禅宗通过含糊语言和动作传递禅机的做法有相当的了解。北宋惠洪《禅林僧宝传》卷二十一〈楚圆传〉记载,楚圆在善昭门下七年,后应请到并州(治今山西太原)智嵩住持的寺院。智嵩,或作唐明智嵩,或作三交智嵩。"唐明"、"三交"可能是他先后住持的寺院的名称。智嵩告诉楚圆:"杨大年内翰知见高,入道稳实,子不可不见。"于是,楚圆便到开封去参谒杨亿。《禅林僧宝传·楚圆传》

---

① 善昭的传记及语录,请参考宋惠洪《禅林僧宝传》卷三〈善昭传〉、晦翁悟明《联灯会要》卷十一〈善昭章〉及楚圆编《汾阳无德禅师语录》、赜藏主《古尊宿语录》卷十〈善昭语录〉等。

② 《大正藏》卷47,第595页中。

对楚圆初见杨亿的描述充满禅趣，不妨全录如下：

> 乃往见大年。大年曰：对面不相识，千里却同风。公（按：楚圆）曰：近奉山门请。大年曰：真个脱空。公曰：前月离唐明。大年曰：适来悔相问。公曰：作家！大年喝之。公曰：恰是。大年复喝。公以手画一画。大年吐舌曰：真是龙象。公曰：是何言欤？大年顾令别点茶，曰：原来是家里人。公曰：也不消得。良久又问：如何是圆上座为人句？公曰：切。大年曰：作家！作家！公曰：放内翰二十拄杖！曰：这里是什么处所？公拍掌曰：不得放过。大年大笑。
>
> 又问：记得唐明悟时因缘否？公曰：唐明问首山佛法大意①。首山曰：楚王城畔，汝水东流。大年曰：只如此，语意如何？公曰：水上挂灯球。大年曰：与么则辜负古人去。公曰：内翰疑则别参。大年曰：三脚蛤蟆跳上天。公曰：一任蹦跳。大年乃又笑。馆于斋中，日夕质疑智证。因闻前言往行，恨见之晚。

二人的问答蕴含什么奥妙的禅机？外人是难以确切知晓的。这里仅试猜其大意。在引文的前一段，楚圆听杨亿说彼此"千里同风"，便告诉他自己最近应请将去住持山寺。杨亿称赞此为超脱之事，楚圆补充说，他是在一月之前离开唐明智嵩的。杨亿表示悔于相问，楚圆便称赞他是位"作家"（禅机敏锐善于应对的禅者）。杨亿以大喝一声来表示不敢当。楚圆认可。杨亿又喝一声。楚圆用手比划了一下，杨亿从中晓悟出来了什么，便称赞他是"龙象"（比喻学德出众的高僧）。于是杨亿对楚圆表示认同，称之为"家里人"。当他问楚圆"为人"宗旨应是什么时，他只简单地答了个"切"字。杨亿连连称他"作家"。楚圆说要打他二十棒，即使在他的邸宅也不放过，惹杨亿大笑。

第二段引文中，杨亿所问的"唐明悟时因缘"是指：当年智嵩参谒首山省念时问什么是"佛法大意"，首念以"楚王城畔，汝水东流"作答，智嵩当下大悟。楚王城就是楚城，这里是特指汝州的襄城，为旧汝州城，城外有汝水日夜长流。省念以此自然景观启示智嵩，佛法不离自然，就在自然之中。楚圆所谓"水上挂灯球"，意为如果在水上挂灯笼，那么水上的灯笼与水中灯影便交彻辉

---

① 原文"唐明"下有"闻僧"二字，据《联灯会要》卷十二〈智嵩章〉，二字当衍。

映，以此暗示省念的话是一句双关，既讲自然景观，又喻禅理。当杨亿对此表示不以为然时，他便说如果怀疑，那就别参省了。"三脚蛤蟆跳上天"说的是不可能的事。杨亿大概借此表示对于什么是佛法之类的问题，本来是不能回答的。然而楚圆以"一任蹦跳"表示跳跳也无妨。最后二人关系融洽，杨亿不仅自己向他请教，并且郑重地把他介绍给同样尊奉禅宗的驸马都尉李遵勖。

（五）杨亿与驸马都尉李遵勖

杨亿与驸马都尉李遵勖皆信奉禅宗，彼此之间常有禅语交往。

李遵勖（？—1038），好为文辞，举进士，在宋真宗大中祥符（1008—1016）年间召对便殿，娶真宗妹万寿长公主为妻，授左龙武将军、驸马都尉，仁宗时官至宁国军、镇国军节度使。他远慕先后在襄州石门山、谷隐山传法的蕴聪禅师（965—1032）。在蕴聪晚年，特地派人把他接到京城，正式拜他为师，在他身边参禅学法前后约六年时间。蕴聪与杨亿之师元琏一样也是临济宗首山省念的弟子。因此，在临济宗内部，按辈数李遵勖与杨亿都是临济下六世，二人是叔伯兄弟。他与杨亿以及刘筠等名士因为皆倾心禅宗，成为"方外之交"。①他著有《间宴集》、《外馆芳题》，并继《景德传灯录》出世之后编撰禅宗灯史《天圣广灯录》三十卷，景祐三年（1036）奏上，受到仁宗的嘉奖并为其作序。②

一日，杨亿问李遵勖："释迦六年苦行，成得甚么事？"李遵勖答："担折知柴重。"他没有回答释迦牟尼认识到修苦行不能使人解脱，改而到尼连禅河边菩提树下坐禅悟道等事，而只是说看见担子折断可以推测所挑的柴太重了。杨亿又问："一盲引众盲时如何？"李遵勖答："盲！"似答而非答。杨亿说："灼然。"于是便结束彼此的禅谈。他们之间对话，都尽可能选择语意含糊的所谓"活句"，而避免使用问语与答语内容相应并且契合的"死句"。（以上据《天圣广灯录》卷十八〈杨亿章〉）

杨亿甚至在日常生活中也穿插着带有打诨色彩的禅机问答。他生病时，问在身边的环禅师："某今日违和，大师慈悲，如何医疗？"环禅师答："丁香汤一碗。"他便装出吐的样子。环禅师说："恩受成烦恼。"在为他煎药时，他大叫："有贼！"药煎好送到他面前时，他瞠目视之，并且喊："少丛林汉！"在病重时

---

① 《天圣广灯录》卷十七〈蕴聪章〉所载李遵勖〈先慈照聪禅师塔铭〉。
② 《宋史》卷四六四〈李遵勖传〉并《景祐新修法宝录》卷十四。

问:"某四大(按:地水火风,此指身体)将欲离散,大师如何相救?"环禅师没有回答,只是槌胸三下。他夸奖说:"赖遇作家!"环禅师立即说:"几年学佛法,俗气犹未除。"他说:"祸不单行。"环禅师作嘘嘘声。在这些对话和动作中,含有什么禅机呢?杨亿喊"有贼",也许是指有病魔缠身;环禅师槌胸三下,当是表示病已无可挽救;杨亿说"祸不单行",也许是表示自己已近死期;环禅师做出嘘嘘之声,大概是表示惋惜。到底如何,不敢确定。

杨亿仿效禅僧的做法,在去世前写偈一首,并特别嘱咐第二天送驸马李遵勖。偈曰:

沤生与沤灭,二法本来齐。
欲识真归处,赵州东院西。①

偈中的"沤"是水泡,《楞严经》以大海中流动的水泡(浮沤)比喻人生;"真",当指识神,即灵魂;"赵州东院"是唐代南泉弟子赵州从谂和尚所住的观音院。此偈的大意是:生与死本来无别,如果想知道我死后灵魂的归处,就在赵州和尚东院的西邻②。

通过对杨亿上述事迹的考察,我们不仅可以看到佛教在宋代的流行情况,也可以从中证实佛教特别是禅宗在宋代发展的重要社会原因之一是众多士大夫的尊崇和支持,并且可以从一个侧面加深我们对宋代士大夫的精神文化生活的了解。

第四节 苏轼与禅僧的交游

所谓"唐宋八大家"的说法始于明代。唐代韩愈、柳宗元、宋代欧阳修、曾巩、王安石、苏洵、苏轼、苏辙这八大家虽然不代表中国文学史上一个特定的文学流派,然而比较集中地反映了唐宋文学所达到的卓越成就。其中苏氏三人是一家人,苏洵与其二子苏轼、苏辙被称为"三苏",在中国文学史上具有特

---

① 《嘉泰普灯录·杨亿章》。
② 唐代赵州从谂(778—897)虽在赵州东院(观音院)住,却自称住在"东院西"。《景德传灯录》卷十〈赵州和尚章〉载:"师出院逢一婆子,问和尚住什么处?师云:赵州东院西。"见《大正藏》卷51,第277页中。可见,在这里,"赵州东院西"就是指东院。

殊的地位。

宋代皇帝尊崇佛教，太宗时开始设立译经院（后改传法院）翻译佛经，命朝廷高官担任润文官，真宗至神宗初曾命宰相任译经使兼润文官，新译佛经须经皇帝亲自审定后才能编入大藏经流行[1]，朝廷奖励译经高僧，并且采取措施扶持佛教传播，自真宗后又特别提倡禅宗。影响所及，儒者、士大夫多接近或信奉佛教，与禅僧密切交往。

苏氏父子三人也与佛教、禅宗有较密切的关系。苏洵写《彭州圆觉禅院记》，对于"自唐以来，天下士大夫争以排释老为言，故其徒之欲求知于吾士大夫之间者，往往自叛其师以求容于吾，而吾士大夫亦喜其来而接之以礼"的现象，颇不以为然，而对僧人中保持原来信仰而亲近自己者反而表示好感。（《苏洵集》卷十五）[2] 苏氏二兄弟，特别是苏轼，不仅信奉佛教，而且对佛禅有较深入的了解，与禅僧保持密切的交游。这种情况自然也反映到他的文学创作中，甚至他的很多诗文是直接以佛教、佛菩萨、禅宗、僧人、寺院等为题材的。

本书仅从禅宗史和文化史的角度，就苏轼对佛禅的态度、与几位比较有名禅僧的交游进行考察，以期从一个侧面为人们了解宋代禅宗传播情况和儒者士大夫精神世界提供一些情况和线索。

一 步入仕途多坎坷，贬谪南北少平静

苏轼（1037—1101），字子瞻，在谪居黄州期间筑室东坡，自此号东坡居士，眉州眉县（今属四川）人。

仁宗嘉祐元年（1056）举进士，翌年入京赴试礼部，馆于开封兴国寺浴室院。欧阳修主持考试。苏轼以《刑赏忠厚之至论》得第二名，又以《春秋》对义居于第一，通过殿试登进士乙科，自此步入仕途。此年母程氏去世，在家居丧三年。嘉祐五年（1060）授任河南府福昌县主簿，次年复举制科入第三等，授大理评事、凤翔府签判。英宗治平二年（1065）应召回京判登闻鼓院，试秘阁入三等，得直史馆。翌年丁父苏洵忧，扶柩回乡安葬并居丧三年。神宗熙宁

---

[1] 请参考拙著《宋代的佛经翻译》，载杨曾文、方广锠编，宗教文化出版社2001年出版的《佛教与历史文化》。

[2] 余冠英等人主编，国际文化出版公司1997年出版的《唐宋八大家全集》据四库全书《嘉祐新集》校勘本。苏洵这篇文章在佛教界引起很大反响，元代念常《佛祖历代通载》卷十九甚至将此全文收载。

二年（1069）还京，历任监官告院，兼判尚书祠部。

神宗朝是北宋政治变革最为剧烈的时期。王安石（1021—1086）得到神宗的赏识，于熙宁二年（1069）任参知政事，次年拜礼部侍郎、同中书门下平章事（宰相），受诏创置三司条例司，着手对政治、经济进行变法革新，以图发展农业生产，富国强兵。主要措施有：实施均输法，以减省运往京城物资的经费；推行农田水利法，按户等高下出资兴修水利；实行青苗法，在春夏贷钱粮给农民，夏秋归还并纳息，以防止豪强盘剥兼并；募役法，由州县政府出钱募人供差役，每年统一按户等收费，此外还有丈量清查土地的方田均税法，由官府监控和调节商贸的市易法，培训和选拔将官的将兵法，加强地方治安的保甲法等。还提出兴建学校，改革科举考试等措施。不难想象，在旧的官僚机构和政治体制下急剧地实施新政本来就存在阻力，再加上在实施新政过程中出现官吏从中作弊渔利等问题，因而招致来自朝野主张维持旧制和维护既得利益的各种势力的反对。熙宁七年、九年（1074、1076）王安石两次罢相，新法已渐不行。元丰八年（1085）神宗去世，哲宗即位，宣仁太后垂帘听政，任用司马光为相，全面废止新政。① 然而所谓新、旧两党之争却一直延续到北宋灭亡。

在主张变法和反对变法的两种势力的争论、斗争中，苏轼实际是站在了后者一边。熙宁四年（1071）苏轼对王安石的兴建学校"复古"，科举罢诗赋、明经，专以经义、论、策试取士的主张提出异议，面奏神宗"求治太急，听言太广，进人太锐"。为此，王安石对他不满，排斥他任开封府推官，"将困之以事"。苏轼此后又上书对王安石设置三司条例司，推行均输、青苗等新法提出批评，希望神宗"务崇道德而厚风俗，不愿陛下急于有功而贪富强"。王安石大怒，使人奏其过失。苏轼看到难以立于朝，便请求外职，熙宁五年（1072）授任杭州通判，三年后，先后知密州、徐州。在所任知州之地，兴利除害，受到民众爱戴。元丰二年（1079）移知湖州，在上皇帝谢表中以诗讽喻时事，御史劾其谤讪朝廷，被捕赴京入狱，十二月责授黄州团练副使本州安置不得金书公事。

黄州在今湖北省长江以北，治今黄州市。苏轼在元丰三年（1080）二月一日到此，住入定慧禅院，不久迁临皋亭。翌年，经朋友从州请得一块久已废弃

---

① 《宋史》卷十四至卷十八〈神宗纪〉、〈哲宗纪〉，卷三二七〈王安石传〉及《续资治通鉴》有关记载，并参考翦伯赞主编，人民出版社1995年出版的《中国史纲要》（修订本）第七章有关部分。

的营地，便以"东坡"命名，垦荒躬耕其中，并在其上建雪堂居住，从此自号东坡居士。元丰七年（1084）初，朝廷改授苏轼以汝州团练副使本州安置，于是离黄州。在到汝州（治今河南汝州）之前，先渡江游庐山，然后南下至筠州（治今江西高安县）探望弟苏辙，七月至金陵，走到泗州（治今江苏盱眙县）时，身边资金已尽，"无屋可居，无田可食，二十余口，不知所归"，因为在常州宜兴县有他置买的山地，上书朝廷准许他到常州居住，不到汝州。[①] 元丰八年（1085）初，他在得到朝廷准许之后便到常州居住。在经过金陵时，特地拜会已经失势养老在家的王安石。

不久，哲宗即位，恢复苏轼朝奉郎并任命他知登州（治今山东蓬莱市）军州事。苏轼到登州刚五日，朝廷便召他入京任礼部郎中、起居舍人。元祐元年（1086）迁中书舍人，对宰相司马光以旧差役法代替新政的募役法提出异议。此后任翰林学士兼侍读、权知礼部贡举，因论事常与当政者相左，恐不见容，请调外任。元祐四年（1089）七月以龙图阁学士出知杭州，在任期间抗旱赈饥，浚漕河，修西湖，筑堤凿井，致力于为民造福。六年应召回朝任吏部尚书，未至，改任翰林承旨，因有人进谗言，复请外任，当年以龙图阁学士出知颖州（治汝阴，今安徽阜阳市），翌年改知扬州，同年回京任兵部尚书侍郎兼侍读，不久以端明殿、翰林两学士兼礼部尚书。

元祐八年（1085）九月，宣仁太后去世，哲宗亲政，翌年改元绍圣，起用原来拥护新政的大臣，唱言恢复新法，排斥元祐年间废除新法的旧臣，甚至连死去的司马光、吕公著也不能幸免，夺去对他们的谥号，毁所立碑。苏轼在宣仁太后去世不久，即请求外任，得以端明、翰林侍读两学士出知定州（在今河北）。第二年四月有御史奏苏轼掌中书舍人时曾以词命"讥斥先朝"，诏以落两职，追一官，以承议郎知英州（治今广东英德县），未至，贬以宁远军节度副使，惠州（在今广东）安置。三年后，绍圣四年（1097）贬为琼州别驾，居昌化军（旧称儋州，治在今海南省昌江县西）。行前将家属安置于罗浮山下居住，独携子苏过前往。在昌化食住艰苦，缺少医药。此时苏轼已六十二岁，虽处逆境，备受艰辛，但常以著书写诗为乐。元符三年（1100）初，徽宗即位，五月降诏苏轼内移廉州（治今广西合浦县）安置，又改授舒州团练副使永州（在今湖南）安置，行至英州，又诏复朝奉郎、提举成都府玉局观，居地从便。自此

[①] 苏轼《乞常州居住表》，载孔凡礼点校，中华书局1988年出版《苏轼文集》卷二十三。

度岭北归，经广州、韶州、南安军、虔州、吉州、南昌，然后北上入江，乘水路东下，经江陵，五月行至真州（治今江苏仪征）时突发"瘴疠"（热带恶性疾病）重病，六月上表请以老致仕，七月二十八日于常州去世，年六十六岁，翌年葬于汝州郏城县。①

苏轼去世的消息一经传出，"吴越之民相与哭于市，其君子相与吊于家，讣闻四方，无贤愚皆咨嗟出涕，太学之士数百人，相率饭僧慧林佛舍（按：相国寺慧林禅院）"。② 苏轼为一代文豪，有不少后进文士慕名尊他为师。李廌是其中的一位，为"苏门六君子"之一，善诗文，有文集《济南集》行世。他在苏轼死后，写文祭之，其中有曰：

> 皇天后土，鉴一生忠义之心；
> 名山大川，还万古英灵之气。③

词语奇壮，读之令人心为之一震。

苏轼善著诗文，著述宏富，其《自评文》称："吾文如万斛泉源，不择地而出，在平地滔滔汩汩，虽一日千里无难；及其与山石曲折，随物赋形，而不可知也。所可知者，常行于所当行，常止于不可不止。"④ 主要有所谓《东坡七集》，包括：《东坡集》四十卷、《东坡后集》二十卷、《东坡奏议集》十五卷、《东坡外制集》三卷、《东坡内制集》十卷、《东坡应诏集》十卷，《东坡续集》十二卷。⑤ 另外有《东坡志林》五卷及《易传》、《书传》、《论语说》（已佚）、《广成子解》、《仇池笔记》。

---

① 以上主要据《宋史》卷九十七〈苏轼传〉、苏辙《东坡先生墓志铭》、四库备要本《东坡七集》后附王宗稷《东坡先生年谱》、中华书局《苏轼文集》卷二十三至二十四所载苏轼到各地后的谢上表状。
② 苏辙《亡兄子瞻端明墓志铭》，载《栾城后集》卷二十一。
③ "六君子"有秦观、黄庭坚、张耒、晁补之、陈师道及李廌。引文见《宋史》卷四四四〈李廌传〉。"鉴"原作"监"，此处二者相通。另，宋惠洪《石门文字禅》卷二十七〈跋李豸吊东坡文〉所载此文前有"道大难名，才高众忌"，句中"监一生"字作"知平生"；"万古"作"千载"。
④ 《苏轼文集》卷六十六。
⑤ 现有《四部备要》本《东坡七集》，据明成化四年本刊印。另有余冠英主编、国际文化出版公司1997年出版《唐宋八大家全集》所收简体字本《苏轼集》（以下称《唐宋八大家全集》本），是以《四库全书》所载清初蔡士英刊本《东坡全集》为底本，校之以他本，后面"补遗"收有苏轼的词。中华书局1982年出版孔凡礼点校清王文诰注《苏轼诗集》；1986年出版孔凡礼据明万历间茅维编《东坡先生全集》点校的《苏轼文集》（以下称中华书局校本）。

二 苏轼与佛教

苏轼是位受过正统儒家教育的儒者,是以履行仁义之道,忠君孝亲,为国为民建功立业为毕生志愿的,对于如何治国平天下有自己的主张和抱负,甚至也可以说带有一些理想色彩的。这从他的文集收录的大量论文中可以看出。他在应试礼部写的文章《刑赏忠厚之至论》,向往古代尧舜禹汤的"爱民之深"、"忧民之切"的仁义之道、忠厚之道,提倡以赏善罚恶以感化引导天下之人同奉"君子长者之道","归于仁"。在《礼义信足以成德论》、《形势不如德论》、《礼以养人为本论》等论文中,主张治国以"仁义为本",强调德治、礼治,明确社会等级秩序,"严君臣,笃父子,形忠孝而显仁义"。他在《韩非论》等论文中虽认为治国不能离开刑名、法制之术,然而却等而下之,说三代以后天下的衰败是由于申不害、韩非、商鞅之刑名法术之说。[①] 然而实际上,正如西汉宣帝所说:"汉家自有制度,本以霸、王道杂之,奈何纯任德教,用周政乎?"(《汉书》卷九〈元帝纪〉)历代封建王朝都是将儒家提倡的行施仁义的"王道"与实施刑名法制的"霸道"结合起来治理天下的。

从苏轼的经历来看,他开始虽受社会和家庭的影响对佛教抱有好感,然而并没有真正信奉佛教,只是在他步入仕途后一再遭遇挫折,特别是在他在神宗元丰二年(1079)四十四岁被贬为黄州团练副使闲居思过的时候,思想上才发生重大转变,开始以佛教的"中道"来反思自身,真正信奉佛教。从苏轼的诗文来看,在他此后的生涯中,不管是在官居高位的短暂顺境,还是在贬谪到偏远的岭南、海南之时的极端困顿的逆境,总是对佛教禅宗怀有真切的虔诚的感情,或是拜佛祈祷,或是读经写经,或是与僧人交游,或是书写表述佛教义理、禅悟的诗文,或是为寺院写记写铭,或是绘制佛像,直到从海南北归,一路所经过的佛寺几乎都留下他参拜的足迹。

因此,可以把苏轼对佛教的态度和与禅僧的交游,以贬官黄州为界分为前后两大阶段:前期从科举入仕到被贬官黄州团练副使之前,后期从被贬居黄州以后直至从海南被赦北归去世为止。

[①] 苏轼论文载中华书局校本《苏轼集》卷一至卷五。

（一）前期："不信"而亲近佛教

苏轼从二十一岁到四十四岁，即从宋仁宗嘉祐元年（1056）举进士，翌年应试礼部进入官场，从任福昌县主簿到任监官告院兼尚书祠部、杭州通判，再知密、徐、湖州诸州，直到元丰二年（1079）被诬谤讪朝廷被问罪，贬居黄州为止，虽受到王安石及其同党的猜忌，但基本上是比较顺利的。

苏轼在这20多年期间，正值青壮年，血气方刚，满怀忠君报国的鸿志步入官场，以其博学多识，才气横溢，在朝野士大夫中声名日著。他因为受家庭和社会的影响，像很多儒者一样对佛教怀有好感，在佛教界也有朋友。

在成都有座著名寺院，名中和胜相（禅）院，后改大圣慈寺。唐末爆发黄巢起义时，唐僖宗率文武群臣75人从长安到成都避难，曾到过此寺。在他们回到长安之后，寺院为唐僖宗及其从官画像，从而使此寺别具特色。苏轼年轻的时候每到成都常到此寺游览，与寺中的宝月惟简、文雅惟度过从密切，成为朋友。

惟简（1012—1095），俗姓苏，宝月是号，祖上与苏轼同宗，于辈为兄，并且又是同乡，后成为此寺的住持。苏洵曾称赞他有唐代华严宗僧澄观之才，"为僧亦无出其右者"。① 苏轼入仕之后，与宝月惟简联系很多，苏轼与他之间经常有书信往来，有很多诗文提到宝月惟简。治平四年（1067）九月，苏轼因丁父忧尚在眉县居丧，应惟简之请撰写《中和胜相院记》。② 在此记中，苏轼说佛道难成，僧人学道十分艰苦，"茹苦含辛，更百千万亿年而后成。其不能成者，犹弃绝骨肉，衣麻布，食草木之实。昼日力作，以给薪水粪除，暮夜持膏火薰香，事其师（按：指佛）如生"；有从身、口、意三方面制定的戒律，"其略十，其详无数"。苏轼提出：僧众摆脱了民众不得不从事的寒耕暑耘，也不为官府服劳役，"治其荒唐之说，摄衣升坐，问答自若，谓之长老"。苏轼对佛教是经过一番考察和研究的。他说：

> 吾尝究其语矣，大抵务为不可知，设械以应敌，匿形以备败，窘则推堕晃漾中，不可捕捉，如是而已矣。吾游四方，见辄反复折困之，度其所

---
① 明代明河《补续高僧传》卷二十三〈宝月大师传〉。
② 此记撰写时间从孔凡礼著《苏轼年谱》，中华书局1998年版。

从遁，而逆闭其涂。往往面颈发赤，然业已为是道，势不得以恶声相反，则笑曰：是外道魔人也。吾之于僧，慢悔不信如此。

苏轼在这里所说当指禅宗的说法和参禅的情景：禅师以含糊、笼统的词语说法，有时与参禅学人以语言乃至动作较量禅机。看来他也懂得此中奥妙，也曾以禅语向禅僧比试，有时甚至堵住对方的退路将其逼到难以应对的地步，对方便以笑骂他是"外道魔人"而收场。因此，他在惟简请他为寺院写记之时，一方面从情谊上不好拒绝，同时又表示自己既然不信佛教却又同意写记，"岂不谬哉"！不得已，"强为记之"。①

苏轼之父苏洵，在京城以霸州文安县主簿的官衔编纂太常礼书，书方成而于治平三年（1066）去世。生前嗜好书画，弟子常从各方购画以赠。唐代长安有唐明皇（玄宗）所建经龛，四面有门，吴道子在门的八板之上皆绘有菩萨、天王像。唐僖宗广明元年（880），黄巢起义军攻入长安，经龛被焚。有僧从火中将其四板抢救带到外地，180年后有人辗转买到赠给苏洵。苏洵去世后，苏轼与苏辙扶柩归乡安葬，也将此四板绘画带回。待苏轼免丧将要入京之际，他想为父向寺院作舍施，以尽孝道，听从成都大圣慈寺惟简的劝告，"舍施必以其甚爱与所不忍舍者"，于是便将此画板施与惟简，又舍钱若干。惟简在寺院建立大阁将此板画收藏，又画苏洵之像于阁上。②

杭州自六朝以来佛教兴盛，唐末五代又特别盛行天台、禅宗。苏轼通判杭州，在僧众中结识了很多朋友。后来，苏轼从知密州改知徐州，正赶上黄河决口，洪水即将漫东平县城，徐州城危。他听从一位名叫应言的禅僧的建议，凿清冷口引水北入废河道，并引东北入海，东平徐州得以安。在苏轼知湖州、自黄州迁汝州时都见过此僧，并为他住持的荐诚寺院所造五百罗汉像写记。苏轼在文章中对应言的才能大加赞赏，感慨地说："士以功名为贵，然论事易，作事难，作事易，成事难。使天下士皆如言，论必作，作必成者，其功名其少哉！"③

总之，苏轼在遭贬黄州之前，在京城或地方为官的过程中，越来越多地接触和了解佛教，在僧人中结交了很多朋友，然而他尚未表示已经信奉佛教，更未成为居士。

---

① 载中华书局校本《苏轼文集》卷十二。
② 苏轼《四菩萨阁记》，载中华书局校本《苏轼文集》卷十二。
③ 《荐诚禅院五百罗汉记》，载中华书局校本《苏轼文集》卷十二。

（二）后期：自称居士，是"归诚"佛教的儒者

苏轼在元丰二年（1079）从徐州移知湖州，因受诬讥讪朝廷被捕入京狱，同年九月责贬黄州团练副使本州安置五年，在哲宗朝被起用入京为翰林学士兼侍读，出知杭州，再应召入朝，官至端明殿、翰林两学士兼礼部尚书，达到他入仕以来的顶点，然而最后被贬至惠州、海南昌化达七年之久，经历了他一生最困苦的时期。

在这期间，他休闲、读书、思考和著述的时间最多。他在读儒家经典，撰写诸如《易传》、《书传》、《论语说》等之外，随兴书写了很多诗文，并且也深入阅读佛典，吸收佛教的中道、禅宗的心性学说来修身养性。他所到之处，参观佛寺，结交僧人，并且应请写了不少记述寺院、佛菩萨、高僧事迹的记、赞、铭、碑，等等。

苏轼在元丰三年（1080）二月到达黄州，虽有黄州团练副使的官衔，但因为"不得金书公事"，经常闭门反思自己以往的言行和遭遇。据苏轼元丰七年（1084）四月即将离开黄州时所写《黄州安国寺记》，他在黄州期间已经真心地"归诚"于佛教，定期到城南安国寺，以佛教的中道、一切皆空的思想指导打坐、静思，以消除心中的郁闷和烦恼，求得内心的清净。他说：

> 舍馆粗定，衣食稍给，闭门却扫，收召魂魄，退伏思念，求所以自新之方，反观从来举意动作，皆不中道，非独今之所以得罪者也。欲新其一，恐失其二。触类而求之，有不可胜悔者。于是，喟然叹曰：道不足以御气，性不足以胜智。不锄其本而耘其末，今虽改之，后必复作。盍归诚佛僧，求一洗之。得城南精舍曰安国寺，有茂林修竹，陂池亭树。间一二日辄往，焚香默坐，深自省察，则物我相忘，身心皆空，求罪垢所从生而不可得。一念清净，染污自落，表里翛然，无所附丽。私窃乐之。旦往而暮还者，五年于此矣。[①]

他在闭门思过中，对于自己以往所思所作皆不满意，认为皆未达到"中道"（从上下文看，已不完全是儒家的中庸），意识到要彻底改变这种情况，必须从

[①] 中华书局校本《苏轼文集》卷十二。

根本入手，既然自己旧有的道、性有所不足，便决定"归诚"佛教，以洗心革面，开创新的人生道路。于是每二三日到安国寺一次，在那里烧香打坐深思，从大乘佛教的般若性空、禅宗的"无念"修心理论中得到启迪，体悟到世上一切皆空，如果做到心体空净，自可超越于净垢、善恶之上。寺院住持继连为人谦和，少欲知足，对苏轼感触很深。知州徐君猷对苏轼也很好，每值春天约他来游此寺，饮酒于竹间亭。①

苏轼到黄州的第二年，开垦旧营地的东坡，躬耕其中，又在上面建数间草屋，因下雪时建，并且室内四壁绘雪，故名之为东坡雪堂。从此，他自号东坡居士，在不少诗文用此号署名。这一"居士"与欧阳修自称的不带有佛教意义的"六一居士"②中的"居士"不同，是已经"归诚佛僧"的居士。成都大圣慈寺于元丰三年（1080）建成供藏佛经的经藏，称之为"大宝藏"，住持宝月惟简派人到黄州请苏轼写记。苏轼以四字句撰写《胜相院经藏记》，时间当在建成雪堂之后。他在文章中自称居士，说：

> 有一居士，其先蜀人，与是比丘，有大因缘。去国流浪，在江淮间，闻是比丘，作是佛事，即欲随众，舍所爱习。周视其身，及其室庐，求可舍者，了无一物。……私自念言：我今惟有，无始以来，结习口业，妄言绮语，论说古今，是非成败。以是业故，所出言语，犹如钟磬，黼黻文章，悦可耳目。……自云是巧，不知是业。今舍此业，作宝藏偈。愿我今世，作是偈已，尽未来世，永断诸业，客尘妄想，及事理障。一切世间，无取无舍，无憎无爱，无可无不可。时此居士，稽首西望，而说偈言……③

表示自己清贫，已经无物可以施舍，可以舍施者唯有自己的言语文章，愿以撰写此偈，求得未来能够断除源自种种妄想烦恼的诸业，使自己的精神超越于取舍、憎爱等差别观念而达到解脱。在这里，我们看到是一位已经信奉佛教并且对佛教思想具有相当造诣的居士。

---

① 《遗爱亭记》，载中华书局校本《苏轼文集》卷十二。
② 据欧阳修《六一居士传》，所谓"六一"是指藏书一万卷、金石遗文一千卷、琴一张、棋一局、酒一壶及"吾一翁"，他自己为六中之一，故称六一居士。载《唐宋八大家全集》本《欧阳修集》卷四十四。
③ 载中华书局校本《苏轼文集》卷十二。

苏轼谪居惠州、昌化时，在心灵深处更加虔信佛教，并且因为已经读过很多佛经，在日常生活中常以佛教的空、禅宗特别提倡的"无思"（无念）理论来净化、规范自己的思想，在撰写文章中也能够熟练地引用佛教词语。他到惠州的行程中，曾到虔州（治今江西赣县）崇庆禅院参访，看到那里新建的经藏——"宝轮藏"。到达惠州后，撰写《虔州崇庆禅院新经藏记》，先对如来（佛）、舍利弗达到觉悟是"以无所得而得"①做了发挥，然后说：

> 吾非学佛者，不知其所自入。独闻孔子曰："《诗》三百，一言以蔽之，曰：思无邪。"夫有思皆邪也，善恶同而无思，则土木也。云何能使有思而无邪，无思而非土木乎？呜呼，吾老矣，安得数年之暇，托于佛僧之手，尽发其书，以无所思心会如来意。庶几于"无所得故而得"者。谪居惠州，终岁无事，宜若得行其志，而州之僧舍无所谓经藏者。独榜其所居室曰思无邪斋，而铭之致其志焉。②

按照佛教的般若理论，最高的觉悟是达到体悟毕竟空（真如、实相）的精神境界，然而这一境界是不能通过执意地（有为）修行达到的，也不是借助语言文字可以表述的，此谓"无所得而得"。禅宗认为自性本体空寂，主张通过实践"无念"（于念而不念，不是绝对地不念）禅法来领悟自性，达到体悟毕竟空的精神境界。对此，苏轼只是择取其中部分意思，并使之与孔子的"思无邪"会通，然而又想不通怎样做到无思而非土木，有思而无邪念。他想佛教经典对此一定会有解答，所以表示：可惜自己已老，否则真想花几年时间礼僧为师，尽读经典，以佛教的"无所思"的思想来领会佛的本意。

苏轼到惠州途中及从海南北归，都曾到禅宗的祖庭韶州曹溪南华寺参拜。苏轼常穿僧衣，但在与客人相见时在外面加穿官服。他对南华寺住持重辩说："里面着衲衣，外面着公服，大似厄良为贱。"意为以官衣压在僧衣上有点对佛僧的轻贱，言外之意是真不如出家算了。然而重辩立刻对他说："外护也少不

---

① 经查，此语出自《维摩诘经》卷中〈众生品〉，原文是："天曰：舍利弗，汝得阿罗汉道耶？曰无所得故而得。天曰：诸佛菩萨亦复如是，无所得故而得。"
② 中华书局校本《苏轼文集》卷十二。

得。"① 意为他以居士身份担当佛教的外护更有意义。

苏轼有一篇《雪堂记》,从文章后面的"吾不知五十九年之非而今日之是,又不知五十九年之是而今日之非"来看,应是著于五十九岁贬谪惠州之时作。其中借他在黄州东坡雪堂与"客"的对话,表达他对处世的基本态度。客对他住进雪堂,以安居雪堂和观赏室内绘雪之景自娱,颇不以为然,说他尚未超越于"藩"(藩篱)之外,不是"散人",仍是"拘人"(未完全自由);告诉他真正束缚人自由的"藩"是世间的"智"(世俗智慧、知识),它驱使人有言有行,"人之为患为以有身,身之为患以有心",然而身心皆不会因安娱于雪堂等外景而消解其患,"五官之为害,惟目为甚,故圣人不为"……所说道理近似于佛教,说的也是一种出世的道理。对此,苏轼借"苏子"以明自志说,以绘雪之近景达到"适意"、"寓情"的目的,"洗涤其烦郁"也就可以了,不敢有其他奢望,表示说:"子之所言也,上也;余之所言者,下也。我将能为子之所为,而子不能为我之为矣";"我以子为师,子以我为资,犹人之于衣食,缺一不可"。②

在这里,苏轼是以寓言的形式表达:他虽以出世为高,但并不想追求真正的出世,而愿保持在世的身份,遵守社会规范和尽力于社会义务("藩"之内)。由此也可以说,尽管苏轼在遭贬黄州之后奉佛相当虔诚,广读和书写佛经,参访寺院礼拜佛菩萨像,为佛菩萨罗汉写赞铭,诚心操办为已亡父母、妻妾的追荐法会,向其子苏过讲《金光明经》……然而他仍是位儒者,是位愿意以居士身份做佛教"外护"的儒者。

(三) 主张禅教和睦,彼此会通

唐末五代以来,禅宗在迅速兴起过程中,经常与禅宗外诸宗(所谓"教"、"律"、"讲"③)发生争论,彼此不和。苏轼对此逐渐有所认识。

苏轼认为诸教、禅宗都有不尽如人意处。他为怀琏写的《宸奎阁碑》说北方诸教"留于名相,囿于因果,以故士之聪明超轶者皆鄙其言,诋为蛮夷下俚

---

① 《记南华长老答问》,载中华书局校本《苏轼文集》卷七十二。另南宋晓莹《云卧丛谈》卷下也有稍详记载,可以参考。
② 载中华书局校本《苏轼文集》卷十二。
③ "教",是言教,因禅宗外诸教派强调依据经典,故称;重视讲经讲教义,有的场合也称为"讲";因以传统戒律管理寺院,寺称律寺,其教有时也被称之为"律"。

之说"，① 也可以看作是对诸教的批评。

同时，他也曾批评禅宗：

> 以为斋戒持律不如无心，讲诵其书不如无言，崇饰塔庙不如无为。其中无心，其口无言，其身无为，则饱食而嬉而已，是为在以欺佛者也。（《盐官大悲阁记》）

> 近岁学者各宗其师，务从简便，得一句一偈，自谓了证，至使妇人孺子，抵掌嬉笑，争谈禅悦，高者为名，下者为利，余波末流，无所不至，而佛法微矣。（《书楞伽经后》）②

应当说，他的批评还是抓住了要害，相当有分量的。

他尽管比较喜好禅宗，然而还是主张禅、教应当和睦相处，互相认同。他说：

> 孔、老异门，儒、释分宫。又于期间，禅、律相攻。我见大海，有北南东。江河虽殊，其至则同。虽大法师，自戒定通。律无持破，垢净皆空。讲无辩讷，事理皆融。如不动山，如常撞钟。如一月水，如万窍风。（《祭龙井辩才文》）

> 指衣冠以命儒，盖儒之衰；认禅、律以为佛，皆佛之粗。本来清净，何教为律？一切解脱，宁复有禅？而世之惑者，禅、律相殊，儒、佛相笑。不有正觉，谁开众迷。（《苏州请通长老疏》）③

苏轼读过《般若心经》、《金刚般若经》、《维摩诘经》及《楞伽经》、《圆觉经》等经，并读过禅宗《六祖坛经》、《景德传灯录》等，对大乘佛教的空义、中观、心性空寂清净等思想和禅宗要义比较了解。他这是站在诸法性空、终极实相或第一义谛的角度，提出孔与老、儒与佛、禅与教（律、讲）终究是超越彼此的差别，互相融通的，互相敌视和争论是不必要的。因此，他结交的朋友中，既有禅僧，也有诸教之僧。

---

① 载中华书局校本《苏轼文集》卷十七。
② 分别载中华书局校本《苏轼文集》卷十二、卷六十六。
③ 分别载中华书局校本《苏轼文集》卷六十三、卷六十二。

三 僧中多知交，往来情谊深

苏轼在佛教界有不少知心朋友，有的从年龄上看是他的前辈，也有的是他的同辈或后辈。其中以禅僧居多，著名的有云门宗的大觉怀琏及其弟子金山宝觉、径山维琳、道潜（参寥子），还有佛印了元、净慈法涌（善本）；临济宗的东林常总、南华重辩；曹洞宗的南华明禅师等。此外有天台宗的慧辩、南屏梵臻、辩才元净等人。苏轼与这些朋友之间形成深厚的感情，彼此间经常有书信、诗文往来。在他后来一再遭到贬谪，生活遇到困苦的时候，这些朋友给了他很大的安慰和帮助，有的甚至从远道前去探望他。

苏洵苏轼父子在京城与在十方净因禅寺的云门宗禅僧大觉怀琏禅师有密切交往。怀琏（1009—1090）嗣法于云门下三世泐潭怀澄，是应仁宗之召于皇祐二年（1050）入居此寺的，经常应请入宫传法，受到仁宗的钦敬，彼此有诗偈酬答。仁宗还亲手将自著诗偈十七篇赐他。怀琏虽多次请求归山，仁宗皆挽留，直到英宗治平三年（1066）才得以南归，诏许他可随意选择寺院住持。后来他到明州的阿育王山广利寺（在今宁波鄞县）担任住持，在寺建宸奎阁用以收藏仁宗赐给他的诗偈。

苏轼在知杭州时应怀琏弟子之请撰写了《宸奎阁碑》，称怀琏"独指其妙与孔老合者，其言文而真，其行峻而通，故一时士大夫喜从之游，遇休沐日，琏未盥漱而户外之履满矣。"是说怀琏所宣述的禅宗的"无念"与心性之说与儒、道有共通之处，他本人又持戒精严，因而受到士大夫的欢迎。苏轼对怀琏十分尊敬，在以后的生涯中经常想起和提到他。在他任杭州通判时，将父苏洵平生喜爱的一幅禅月贯休（832—912）所绘制的罗汉图施赠怀琏，在《与大觉禅师琏公书》信中解释施赠此画的理由时说："先君爱此画。私心以为，舍施莫若舍所甚爱，而先君所与深厚者，莫如公。"[1] 这与将苏洵的菩萨板画施舍给成都大圣慈寺一样，也是对父亲尽孝的表示。在怀琏八十二岁时，苏轼听说他处境困境，"几不安其居"，便托人带信给明州知州请予照顾。[2] 在怀琏去世之后，他写祭文悼念。[3] 可以说，怀琏是苏轼最早结识的著名禅师，并且通过他开始接触真正意义上的禅宗。

---

[1] 《与大觉禅师书》，载中华书局校本《苏轼文集》卷六十一。
[2] 《与赵德麟十七首》之一，载中华书局校本《苏轼文集》卷五十二。
[3] 《祭大觉禅师文》，载中华书局校本《苏轼文集》卷六十三。

宋代的通判，是州府的副职，简称倅，主管监察州府官吏，负责民政、财政及赋役等，有关政务文书须与正职知州或知府连署。苏轼任杭州通判期间的知州先后是沈立、陈襄。① 在任三年，此后又以龙图阁学士身份知杭州近三年。苏轼在杭州做出很多为民兴利除害的惠政。天台宗、禅宗、净土信仰在杭州都十分兴盛。苏轼与天台宗僧海月慧辩、南屏梵臻、辩才元净，禅宗云门宗的契嵩②、怀琏的弟子径山维琳、道潜（参寥子）都有交往。

海月慧辩，或作惠辩，海月是号，俗姓傅，是天台宗著名学僧遵式弟子，在杭州天竺寺传法。仁宗时知州沈遘任他为都僧正③，在僧官正副僧正下负责佛教的"簿帐案牒"等具体事务。熙宁六年（1073）去世。苏轼任通判时，与他接触较多，情谊很深。慧辩死后21年，苏轼贬官惠州，应其弟子之请写《海月辩公真赞》，回忆当年通判杭州时对他的印象，说他"神宇澄穆，不见愠喜，而缁素悦服"，赞词中有："人皆趋世，出世者谁？人皆遗世，世谁为之？爰有大士，处此两间，非浊非清，非律非禅，惟是海月，都师之式"。④ 是把慧辩看作是超越于世、出世和禅、律之上的高僧。

辩才元净（1011—1091），辩才是英宗赐号，俗姓徐，与慧辩一样也嗣法于遵式。先在杭州上天竺寺传法，后移至南山龙井，虽讲天台教义，然而尤重西方净土法门，与参寥子为友。⑤ 苏轼两次治杭，与他往来尤多，诗文中经常提到他。在《辩才大师真赞》中说"余顷年尝闻妙法于辩才老师"，可见曾从他听过佛法，也许听的正是天台宗教义。元净去世时，苏轼在知汝州任上，写了著名的《祭龙井辩才文》。⑥

梵臻，《佛祖统纪》卷十二有传，嗣法于四明知礼，以善《法华玄义》等天台教籍著称，居杭州南屏山传法。苏轼有《九日寻阇梨遂泛小舟至勤师院二首》，其中有"南屏老宿闲相过，东阁郎君懒重寻"之句。⑦

佛日契嵩（1007—1072），佛日是号，是与怀琏同辈的云门宗禅僧，住杭州

---

① 吴廷燮《北宋经抚年表》。
② 苏轼《祭龙井辩才文》谓："我初适吴，尚见五公，讲有辩、臻，禅有琏、嵩，后二十年，独余此翁。"中华书局校本《苏轼文集》卷六十二。
③ 《佛祖统纪》卷十一有〈慧辩传〉。据吴廷燮《北宋经抚年表》，沈遘任杭知州在嘉祐七年（1062）。
④ 中华书局校本《苏轼文集》卷二十二。
⑤ 《佛祖统纪》卷十一有其传，《大正藏》卷49，第211页。
⑥ 中华书局校本《苏轼文集》卷二十二、卷六十三。
⑦ 传载《大正藏》卷49，第214—215页。诗载《唐宋八大家全集》本《苏轼集》卷五。

灵隐寺，在仁宗嘉祐六年（1061）进京上仁宗皇帝书，乞将所著《传法正宗记》、《辅教篇》等编入大藏经，诏允准其请，并赐以"明教大师"号。① 苏轼通判杭州的第二年契嵩即去世，交往不会太多，然而由于契嵩的名望，对他十分敬重。苏轼在《书南华长老重辩师逸事》中回忆说："契嵩禅师常瞋，人未尝见其笑。海月慧辩师常喜，人未尝见其怒。予在钱塘（按：杭州），亲见二人皆跌坐而化。……乃知二人以瞋喜作佛事也。"②

径山维琳，号无畏，是怀琏弟子。宋惟白编《建中靖国续灯录》卷十一载其简单的语录，曾住持大明寺，后住径山传法。据苏轼《答径山维琳长老》的"与君同丙子，各已三万日"③，可知他与苏轼同岁，皆生于仁宗景祐二年丙子岁（1035），三万日是概数，不会是八十岁以上，应是超过二万日的说法，在六十岁以上时写。维琳所在径山禅寺按照"祖师之约"只许担任住持的师父直接传给徒弟，是所谓"甲乙住持"寺院（或称甲乙徒弟院）。然而苏轼知杭州时，废除此约，改为"十方丛林"，从十方僧中选拔优秀的人担任住持。维琳就是他参与选拔任径山寺住持的。④ 苏轼从海南北归，身患大病，住在置有田产的常州，写信给维琳说："某卧病五十日，日以增剧，已颓然待尽矣。……不审比来眠食何似？某扶行不过数步，亦不能久坐，老师能相对卧谈少顷否？"表明苏轼对维琳感情之厚，思念之深。在另一封信中说："某岭海万里不死，而归宿田里，遂有不起之忧，岂非命也夫？然死生亦细故尔，无足道者，惟为佛为法为众生自重。"在生死的最后关头，他既以"为佛为法为众生"自勉，也似乎是在勉励老友维琳。还有一封被认为是苏轼绝笔的信，说："昔鸠摩罗什病亟出西域神咒，三番令弟子诵以免难，不及事而终。"⑤ 从内容看，这三封信皆应写于建中靖国元年（1101）五月北归行至真州发病之后。苏轼于七月去世。因此，这三封信皆可看作是绝笔。

金山宝觉，《建中靖国续灯录》卷十一目录将他列入怀琏的法嗣，然而未载

---

① 宋惠洪《禅林僧宝传》卷二十七有传。请详见拙著《宋云门宗契嵩的著作及其两次上仁宗皇帝书》，载觉醒主编，商务印书馆2001年出版的《觉群·学术论文集》。
② 中华书局校本《苏轼文集》卷六十六。
③ 《唐宋八大家全集》本《苏轼集》卷二十五。
④ 《维琳》，载中华书局校本《苏轼文集》卷七十二。
⑤ 前两封信载中华书局校本《苏轼文集》卷六十一。后一封信，载同书《苏轼佚文拾遗》卷上，原载《东坡先生纪年录》建中靖国元年纪事。

其传录。金山寺在润州（治今镇江），是著名禅寺。苏轼的好友、云门宗禅僧佛印了元在他之后曾在此住持。在苏轼文集中有不少提及他的诗文。苏轼通判杭州时经常游金山寺，有诗《金山寺与柳子玉饮大醉卧宝觉禅榻夜分方醒书其壁》，其中有："诗翁气雄拔，禅老语清软。我醉都不知，但觉红绿眩。"在《金山宝觉师真赞》中，描述宝觉"望之俨然，即之也温。是惟宝觉，大士之像。因是识师，是则非师，因师识道，道亦非是"。[①] 颇蕴禅语意味。苏轼从杭州移知密州时，来不及面辞，宝觉竟先乘舟到江北为他饯行。苏轼到密州后，给宝觉写信，谓"东州僧无可与言者"，并赠自著《后杞菊赋》，答应为他写《至游堂记》。[②] 这都说明苏轼与宝觉的交谊是很深的。

善本（1035—1109），号法涌，俗姓董，嗣法于云门下五世宗本（1021—1100）。宗本应神宗的召请入京为相国寺慧林禅院住持，晚年归住苏州灵岩山寺。善本也曾从云门下五世法秀（1027—1090）受法。法秀经越国大长公主与驸马都尉张敦礼上奏神宗，应召入京住持他们建造的法云寺。善本原在杭州净慈寺传法，在法秀去世之后，张敦礼奏请哲宗礼请善本进京继任法云寺住持，后受赐大通禅师之号。《禅林僧宝传》卷二十九〈善本传〉记载："王公贵人施舍，日填门；厦屋万础，涂金镂碧，如地涌宝坊。"法云寺在名义上是为外戚所建，实际是准皇家寺院，受到王公贵族的巨资施舍是理所当然的事。善本在京城八年，告老退居杭州南山，徽宗大观三年（1109）去世，年七十五岁。[③]

苏轼在杭州作通判期间已经结识善本，后在知杭州期间正赶上驸马都尉张敦礼聘请善本入京。苏轼从中协助，写《请净慈法涌禅师入都疏》，其中说：

> 京都禅学之盛，发于本、秀（按：宗本、法秀）。本既还山，秀复入寂。驸马都尉张君予（按：张敦礼字）来聘法涌，继扬宗风，东坡居士适在钱塘，实为敦劝。……愿法涌广大慈悲，印宗仁得仁之侣；深严峻峙，诃未证谓证之人。[④]

---

① 引诗载《唐宋八大家全集》本《苏轼集》卷六，赞载中华书局校本《苏轼文集》卷二十二。
② 《与宝觉禅老三首》（密州），载中华书局校本《苏轼文集》卷六十一。其中第三首当是与赵德麟的信。
③ 以下主要据《禅林僧宝传》卷二十九〈善本传〉，并参考《建中靖国续灯录》卷十五〈善本章〉。
④ 中华书局校本《苏轼文集》卷六十二。

在把法涌送走之后，苏轼特地请原在越州（治今浙江绍兴）传法的楚明禅师来杭州继任净慈寺住持。苏轼此后奉敕入京任职期间，曾参加张敦礼请善本主持的水陆法会，应请撰写《水陆法会像赞并引》，为在法会上陈列的代表各类众生的十六尊位法像写赞。①

四 苏轼与佛印了元

了元（1032—1098），嗣法于云门下三世善暹禅师，曾住持庐山开先寺、归宗寺，丹阳的金山寺、焦山寺（皆在今镇江）、江西的大仰山寺等寺，四次出任南康军（治今江西星子县）云居山真如寺住持，在僧俗间声望很高。②

黄州与庐山隔江斜向相对。云门宗了元禅师任庐山归宗寺住持时，与谪居黄州的苏轼互有书信往来，在任润州金山寺住持后，得知苏轼将移汝州，又特地邀请他得便到金山访问。③苏轼离开黄州，首先南下到筠州探望弟苏辙，然后北上沿江东下，在经过瓜步（在今江苏六合县东南）时，给了元去信表示要前往金山寺访问，特地嘱咐说："不必出山，当学赵州上等接人。"④然而，了元接到信后却亲自出门迎接，苏轼问其原因，以诗答曰："赵州当日少谦光，不出三门见赵王，争（按：怎）似金山无量相，大千（按：大千世界）都是一禅床。"⑤苏轼抚掌称善。因苏轼自信前世是云门宗僧五祖山师戒（？—1036），常穿僧衣。⑥因此了元见到苏轼时特以僧穿之裙赠送，苏轼回赠以玉带并偈两首，第二首中有曰："锦袍错落尤相称，乞与伴狂老万回。"了元回赠二偈答谢。⑦

---

① 《楚明》，载中华书局校本《苏轼文集》卷七十二；《水陆法像赞并引》载卷二十二。
② 关于了元生平，详见本书第三章第二节。
③ 中华书局校本《苏轼文集》卷六十一载苏轼与佛印了元的短书十二封，其中前二封是写于此时；有一封信提到了元请他赴金山访问，但"方迫往筠州"。
④ 《禅林僧宝传》卷二十九〈了元传〉。唐代赵州从谂在赵王到寺时，不下禅床接待，而听说赵王部下人来，却出门迎接。他解释说："老僧这里，下等人来，出三门接；中等人来，下禅床接；上等人来，禅床上接。"（《古尊宿语录》卷十三）
⑤ 苏轼有《戏答佛印偈》曰："百千灯作一灯光，尽是恒沙妙法王，是故东坡不敢借，借君四大作禅床。"载《唐宋八大家全集》本《苏轼集》卷九十九。
⑥ 关于苏轼自认为是云门宗禅僧、五祖山师戒（？—1036）后身的传说，请见惠洪《冷斋夜话》卷七〈梦圆五祖戒禅师〉及《禅林僧宝传》卷二十九〈了元传〉。
⑦ 《禅林僧宝传》卷二十九〈了元传〉。万回，唐代僧，以"神异"著称，时人认为是神僧。参《宋高僧传》卷十八〈万回传〉。

哲宗即位，苏轼被召回朝任礼部郎中、中书舍人、翰林学士，元祐四年（1089）拜龙图阁学士，知杭州，经过金山时再谒了元，并在此小住。了元所居之方丈地势高峻，名妙高台。苏轼写诗赞美，其中有曰："我欲乘飞车，东访赤松子，蓬莱不可到，弱水三万里。不如金山去，清风半帆耳，中有妙高台，云峰自孤起"；"台中老比丘，碧眼照窗几，巉巉玉为骨，凛凛霜入齿，机锋不可触，千偈如翻水，何须寻德云，只此比丘是。长生未暇学，请学长不死"。① 既赞叹金山地势秀峻如东海蓬莱的仙山，又赞美了元风姿俊逸，禅机锐利，才德出众，表示自己想从他学"长不死"之术。

了元曾入京都，谒曹王（赵頵），曹王将其名上奏朝廷，皇帝赐予高丽所贡磨衲袈裟，苏轼当时在京，为之写《磨衲赞》一首并撰序记此事，首先记述了元发挥华严圆融思想说此袈裟每一针孔具有无量世界，佛的光明与"吾君圣德"广大无边，展转无尽，然后作赞戏之曰："匣而藏之，见衲而不见师；衣而不匣，见师而不见衲。惟师与衲，非一非两，眇而视之，虮虱龙象。"② 龙象比喻高僧大德。此赞以事事相即圆融思想表示袈裟与了元相即不二，又以"虮虱龙象"来戏称虮虱即龙象，俗人凡夫即高僧大德。③

苏轼在贬官安置惠州期间，了元曾致书慰问，对苏轼"三十年功名富贵，转盼成空"表示感慨，劝他将过去"一笔勾断"，"寻取自家本来面目"。④

了元于宋哲宗元符元年（1098）去世，年六十七岁。翰林学士蒋之奇（1031—1104）为他撰碑。弟子有临安府百丈庆寿院净悟、常州善权寺慧泰、饶州崇福寺德基等人。

五　苏轼参谒庐山东林寺常总

常总（1025—1091），广惠、照觉皆受自皇帝的赐号，俗姓施，嗣法于临济宗黄龙慧南，先后住持洪州靖安县（在今江西）泐潭禅寺，被信徒称之为"马祖再来"。宋神宗元丰三年（1080）降诏洪州将庐山原属律寺的东林寺改为禅寺，常总应请出任东林寺住持。元丰六年（1083）相国寺改建完成，诏赐在东

---

① 《唐宋八大家全集》本《苏轼集》卷十五亦载此诗，题《金山妙高台》。
② 《禅林僧宝传·了元传》，《磨纳赞》载中华书局校本《苏轼文集》卷二十二。
③ 上述了元与苏轼的往来事迹，主要据《禅林僧宝传·了元传》、《居士分灯录》卷上等。
④ 明朱时恩《居士分灯录》卷下。

侧的禅院为慧林禅院，西侧的为智海禅院，召请常总入京住持慧林禅院。然而常总以病坚辞不赴，朝廷没有强请，并赐给袈裟和"广惠"的师号。宋哲宗时又赐常总"照觉禅师"之号。常总在东林寺长达12年，寺院进行扩建，成为庐山最大一座规模宏伟的禅寺。①

元丰七年（1084）四月，苏轼离开黄州到筠州探望苏辙之前，先过江至庐山游玩十余日，见山谷奇秀，目不暇接，以为绝胜不可描述，山峦形胜之处有开先寺、栖贤寺、圆通寺、归宗寺等著名禅寺坐落其间。山间僧俗听闻苏轼到来皆表示欢迎。苏轼先参访开先寺，应住持之请作七言绝句一首，又作五言诗《开先漱玉亭》一首。苏轼之父苏洵（1009—1066）在庆历五年（1045）赴汴京举进士不中，回途经浔阳入庐山，曾参访圆通寺与云门宗禅僧居讷（1010—1071）谈论佛法。苏轼在此时也到圆通寺参访，特写《宝积献盖颂》诗赠给住持仙长老，其中有"此生初饮庐山水，他日徒参雪窦禅"。他又参访栖贤寺，写五言诗《栖贤三峡桥》一首。②

他在庐山期间最后参访东林寺，参谒常总，并在此住宿，夜间与常总禅师谈论禅法，对常总所说"无情说法"的道理进行参究，有所省悟。黎明，他将悟境以偈写出献给常总，曰：

溪声便是广长舌，山色岂非清净身。夜来八万四千偈，他日如何举似人。③

诗中的"广长舌"原是指佛的"三十二相"之一，谓佛之舌广而长，柔软红薄，能覆面至发际，也用以指佛开口说法的形象；"清净身"是指法身；"八万四千偈"是指无量的佛法，偈是佛经文体之一，一般有韵，佛经原典常用偈颂的多少计经文篇幅的大小，如说般若类经典"多者云有十万偈，少者六百偈"，《大涅槃经》的"胡本"有二万五千偈等④。苏轼的诗意为：既然无情能够

---

① 关于常总，详见本书第四章第五节。
② 苏洵访庐山，参考《佛祖统纪》卷四十五，《大正藏》卷49，第411页中；苏轼的诗载《唐宋八大家全集》本《苏轼集》卷十三。
③ 载《唐宋八大家全集》本《苏轼集》卷十三〈赠东林总长老〉，另见惠洪《冷斋夜话》卷七〈东坡庐山偈〉、南宋正受《嘉泰普灯录》卷二十三及明朱时恩《居士分灯录》卷下〈苏轼传〉等。
④ 参考梁僧祐《出三藏记集》卷八载僧睿《小品经序》、未详作者《大涅槃经记》，《大正藏》卷55，第55页上、第60页上。

说法，那么山峦秀色皆是佛的清净法身的显现，山间小溪潺潺的流水声也意味着是佛在说法，可是对昨夜山川宣说的无量佛法，以后如何向别人转述呢？

在常总陪他参访西林寺时，他在寺壁上题诗曰：

> 横看成岭侧成峰，到处看山了不同。
> 不识庐山真面目，只缘身在此山中。（《题西林壁》）①

身在庐山，看到的是庐山千姿万态的景色，然而若要真正看清庐山面目，还要走出庐山。诗中有画，诗中蕴含哲理：只有走出局部才能认识事物的整体，超越现象才能看清事物的本质。惠洪《冷斋夜话》卷七〈般若了无剩语〉载，黄庭坚看到此诗评论说："此老人于般若横说竖说，了无剩语，非其笔端有舌，安能吐此不传之妙哉！"按照般若空义，世界万有具有共同的本质，所谓"诸法一相，所谓无相"。无相是表述"空"的常用的概念。只有超越于万有之上才能把握空寂无相的"实相"。从这一点来说，苏轼此诗也许是受到佛教的影响。

古来禅宗史书皆将苏轼看作是常总的嗣法弟子，实际上未必如此。从他与禅僧的关系看，他与云门宗僧云居了元的情谊最深。然而他也确实对东林常总怀有很深的敬意。他在看了常总的画像后所写的《东林第一代广惠禅师真赞》中，对常总评价很高，说：

> 忠臣不畏死，故能立天下之大事；勇士不顾生，故能立天下之大名。是人于道亦未也，特以义重而身轻，然犹所立如此，而况于出三界，了万法，不生不老，不病不死，应物而无情者乎？
> 堂堂总公，僧中之龙，呼吸为云，嚏欠为风，且置是事，聊观其一。戏！盖将拊掌谈笑，不起于坐，而使庐山之下化为梵释龙天之宫。②

认为常总已经达到超离三界，了悟诸法真谛，超越于生死的局限，虽顺应

---

① 王松龄据1919年涵芬楼以明万历赵开美刊本为底本的校印本点校，中华书局1981年出版的《东坡志林》卷一。《四库全书》本《冷斋夜话》卷七〈般若了无剩语〉的第二句作"远近看山了不同"；《唐宋八大家全集》本《苏轼集》卷十三作"远近高低无一同"。

② 载中华书局校本《苏轼文集》卷二十二。

世间却又不受俗情制约的境界，是世间尚未入"道"（此实指佛道）的忠臣、勇士不能比的。他甚至把常总形象地比做僧中可以呼风唤雨的龙，将他主持扩建的东林寺比做天宫、龙宫。

苏轼入朝任官后，与常总也有书信往来。常总曾派人赠送给他茶，请他书写《东林寺碑》，并告诉他自己患臂痛。现存苏轼回复常总两封信，他在信中向常总介绍医治臂痛的药方，从信中语气看，他尚未动笔书写碑。①

元祐六年（1091）九月，常总令人鸣鼓集众，结跏趺坐说偈曰："北斗藏身未是真，泥牛入海何奇特，个中消息报君知，扑落虚空收不得。"② 言毕溘然去世，年六十七。弟子将他的全身安葬于雁门塔之东。

六 与曹溪南华重辩、明禅师

韶州曹溪南华寺（在今广东省曲江县），始建于南期梁，名宝林寺，隋末一度遭兵火被毁，禅宗六祖慧能（638—713）来此重行恢复并扩建。在唐中宗时一度改名中兴寺，后又敕重修，先后赐额为法泉寺、广果寺、建兴寺、国宁寺，宣宗改称南华寺。宋初平定南汉过程中，南汉残兵将寺塔焚毁，宋太祖命重修复，并赐南华禅寺之名，沿袭至今。随着禅宗的兴盛，曹溪宝林寺成为"岭南禅林之冠"，遥与嵩山少林寺成为中国禅宗在南北的两大祖庭。

南华寺在慧能以下二三代之后，因没有出色禅师住持，已经从禅寺变为普通的律寺。北宋真宗天禧四年（1020），韶州转运使陈绛上奏，建议从全国名山选任名师入住南华禅寺，使其"举扬宗旨，招来学徒"，得到批准。仁宗即位不久，南阳赐紫僧普遂应选，受诏入京，赐号智度，并赐以藏经、供器、金帛等物，回寺后建衣楼、藏殿收藏以示荣光。普遂是云门下三世，上承洞山守初—广济同禅师的法系。继普遂之后，经湖南按察使的推荐，敕任先后住持唐兴、南台、云盖三寺的云门宗僧宝缘禅师到曹溪担任住持，并赐袈裟、慈济师号。宝缘也是云门下三世，上承香林澄远—智门光祚的法系。他住持南华禅寺达十二年之久，扩建寺院，重建法堂，并且整顿寺规，上堂开示，从而使南华禅寺得以振兴，所谓"一音演说，四方流布，众中得法而去者多为人师。其机缘语

---

① 《与东林广惠禅师二首》，载中华书局校本《苏轼文集》卷六十一。
② 《建中靖国续灯录》卷十二〈常总章〉。

句，门人各著序录……教门崇建，规制鼎新，可谓祖堂中兴矣"。① 北宋惟白《建中靖国续灯录》卷五记载他有弟子十四人，其中有传录者十人。

苏轼被贬谪前往惠州的途中，曾行水路特地到曹溪参访南华禅寺，礼拜六祖真身坐像。当时南华寺的住持是重辩禅师。

重辩，上承临济宗禅僧叶县归省—浮山法远—玉泉谓芳的法系，属临济下八世。生平不详，《建中靖国续灯录》卷十四仅简单载其语录。有僧问："祖意西来（按：祖师西来意）即不问，最初一句请师宣。"重辩答："龙衔黑宝离沧海，鹤侧霜岭下玉阶。"……看来是继承禅宗南宗的说法传统，对于诸如何为佛、佛法、佛性及解脱之道、祖师西来意等问题，不作正面阐释的，至于所谓在"无始"之空、佛性之后"有始"的"最初一句"，同样是不可想象和描述的。

苏轼的到来，受到重辩热情周到地款待。在苏轼的表侄程德孺任广东转运使（漕使）之时，重辩在南华寺的南边专为他建造了一座庵，以供他来南华寺参拜时居住。苏轼与其子苏过来访，重辩便将他们安置到此庵住宿，并且请苏轼为庵作铭。苏轼为此庵起名叫"苏程庵"，作铭曰：

> 辩作庵，宝林南。程取之，不为贪。苏后到，住者三（按：程与苏轼父子）。苏既住，程且去。一弹指，三世具。如我说，无是处。百千灯，同一光。一尘中，两道场。齐说法，不相妨。本无通，安有碍。程不去，苏不在。各遍满，无杂坏。②

铭文富于法界圆融的思想，谓三世互融在一弹指间，空间（例如道场）互通无间隔，程去苏来互不妨碍。

从此，苏轼与南华重辩结下深厚友谊。在苏轼到达惠州住下以后，重辩多次派人到惠州给苏轼送去书信并食物、各种生活用品等。重辩知苏轼精于书法，特地请他书写唐代王维《六祖能禅师碑铭》、柳宗元《赐谥大鉴禅师碑》、刘禹锡《大鉴禅师碑》。然而苏轼认为王维、刘禹锡二人的碑"格力浅陋"，非柳宗

---

① 以上据：(1) 苏轼《南华长老题名记》说："南华自六祖大鉴示灭，其传法得眼者散而之四方，故南华为律寺。至吾宋天禧三年，始有诏以智度禅师普遂住持……"载中华书局校本《苏轼文集》卷十二。(2) 宋余靖《韶州曹溪宝林山南华禅寺重修法堂记》、《韶州南华禅寺慈济大师寿塔铭》，分别载《武溪集》卷八、卷九。降诏任普遂为住持之年，用余靖所记。

② 南宋晓莹《云卧纪谈》卷下〈苏轼衲衣〉。

元之碑可比，未予书写，只将柳宗元的碑写出，并写《书柳子厚大鉴禅师碑后》，说：

> 长老重辩师，道学纯备，以谓自唐至今，颂述祖师者多矣，未有通亮简正如子厚者。盖推本其言，与孟轲氏合，其不可不使学者昼见而夜诵之，故具石请予书其文。①

可见二人交往感情之深，重辩请苏轼书写柳宗元碑是为了在南华禅寺刻石立碑。顺便提到，重辩每次派人给苏轼往惠州送信礼物，"净人"（未出家在寺中做杂务的人）争着前往，"欲一见东坡翁，求数字终身藏之"。② 苏轼在当时名气之高，由此可见一斑。

苏轼在建中靖国元年（1101）正月从海南昌化北归经过曹溪时，重辩已去世两年多，接待他的是明禅师（"明公"）。据《嘉泰普灯录》卷十三的目录，南华明禅师是曹洞宗禅僧，上承洞山下七世芙蓉道楷—枯木法成—太平州吉祥法宣（隐静宣）的法系，是洞山下第十世，然而书中没载他的传记语录。据苏轼《南华长老题名记》，明禅师原"学于子思、孟子"，出家前是位儒者，是从智度普遂之后的第十一世住持。他对苏轼的到来表示欢迎，对苏轼说：

> 宰官行世间法，沙门行出世间法，世间即出世间，等无有二。今宰官传授，皆有题名壁记，而沙门独无有。矧吾道场，实补佛祖处，其可不严其传。子为我记之。

苏轼便应他之请撰写了这篇有名的《题名记》，"论儒释不谋而同者"。

在此记中，苏轼谈到儒、佛二教的相同点。他据《孟子·尽心下》所说："人能充无穿窬（或作'穿逾'，指穿洞逾墙偷盗）之心，而义不可胜用也。……士未可以言而言，是以言餂（按：意为试探）之也；可以言而不言，是以不言餂之也。是皆穿窬之类也。"然后进行发挥，说圣人之道始于不为"穿窬"，而以言与无言来对周围气候进行试探（违背于诚实），在性质上等同于穿

---

① 载中华书局校本《苏轼文集》卷六十一〈与南华辩老十三首〉；卷六十六〈书柳子厚大鉴禅师碑后〉。

② 《付龚行信一首》，载中华书局校本《苏轼文集》卷六十一。

窬偷盗的恶劣做法。然而人人皆有不为偷盗之心，如果以穿窬偷盗作为切入点作深入挖掘，其中也含有圣人之道（此为成圣人之易）。如果将以言与不言作试探看作等同于穿窬偷盗，那么，即使圣人也难以避免这种过错。从这一点讲，"贤人君子有时而为盗"（此为成圣人之难）。成圣与成佛，既难又有所不难，在这一方面佛教与儒家是一致的。①

苏轼这次到南华寺是携全家（包括迈、迨、过三子）同来。他带全家参拜六祖塔，并且特地设斋礼请寺院举办祈福祛灾法会。他写《南华寺六祖塔功德疏》说：

> 朝奉郎提举成都府玉局观苏轼，先于绍兴之初，谪往惠州，过南华寺，上谒六祖普觉大鉴禅师而后行。又谪居海南，遇赦放还。今蒙恩受前件官，再过祖师塔下。全家瞻礼，饭僧设浴，以致感恩念咎之意，为禳灾集福之因。具疏如后。
>
> 伏以窜流岭海，前后七年，契阔死生，丧亡九口。以前世罪业，应堕恶道，故一生忧患，常倍他人。今兹北还，粗有生望。伏愿六祖普觉真空大鉴禅师，示大慈悲，出普光明。怜幼稚之何辜，除其疾恙；念余年之无几，赐以安闲。轼敢不自求本心，永离诸障；期成道果，以报佛恩。②

认为由于自己前世的业因，使今世遭受种种磨难，而此次北归也许将给今后的生活带来新的转机，祈愿六祖保佑他家的幼小平安，自己安享晚年，表示自己将体悟本心，以报佛恩。词意恳切动人，发自于内心，读之令人感动。然而不幸，他就在此年七月于常州去世。

七 诗僧参寥子

在苏轼诗文中提到最多的僧人是位叫作参寥子的人。参寥子，在苏轼诗文中出现 36 次，有时称参寥，诗文中出现 110 次。那么，参寥或参寥子是谁呢？他的事迹如何呢？有关资料很少。现据苏轼有关诗文，并参考朱弁《续骫骳说》③、明代明河《补续高僧传》卷二十三、《四库全书》本《参寥子诗集》等资

---

① 载中华书局校本《苏轼文集》卷十二。
② 同上。
③ 宋代朱弁撰，孔凡礼点校《曲洧旧闻》附录一，中华书局 2002 年版。

料，对此略作考察。

参寥子是号，名道潜，号妙总。道潜本名昙潜，苏轼给改为道潜，俗姓王，或谓姓何，于潜（在今杭州）人。[①] 年龄比苏轼小七岁，当生于庆历二年（1042）。[②]

参寥子是属于哪个法系呢？苏轼为云门宗僧大觉怀琏写的《宸奎阁碑》中说："见参寥说，禅师出京日，英庙（按：英宗）赐手诏，其略云'任性逍遥'者……"又，苏轼《与参寥子二十一首》之二写于黄州，其中说："知非久往四明，琏老且为致区区。"当时怀琏住在四明育王寺，苏轼托参寥子见到怀琏时代为问候。[③] 这都说明参寥子与怀琏非同一般的关系，应是他的弟子。在《参寥子诗集》中也可找到佐证。卷七《都僧正慈大师挽词》后面的小注有："育王山大觉禅师，以罗汉木赠苏翰林，苏反以赠师。凡植二十年，叶间生青如比丘形，谓之罗汉木。师尝指此语余曰：吾不复见此罗汉之生也。故及之。"可见参寥子常在怀琏身边，与他关系之亲。前面提到，径山维琳是怀琏嗣法弟子。《参寥子诗集》卷一《送琳上人还杭》中有："少林真风今百纪，怅惜至此何萧条。喜君齐志早寂寞，同我十载沦刍樵。"看来维琳与参寥子是师兄弟，同属于云门下五世。

苏轼在任杭州通判时可能与参寥子已经彼此认识。[④] 元丰元年（1078）苏轼移知徐州（彭城，今江苏徐州），参寥子曾前往拜会，《参寥子诗集》卷三载有《访彭门太守苏子瞻学士》，诗中有称赞苏氏父子三人的句子："同时父子擅芳誉，芝兰玉树罗中庭，风流浩荡摇江海，粲若高汉悬明星"。从此与苏轼成为莫逆之交，往来十分密切。苏轼移知湖州时，参寥子曾与秦观（字太虚）一同前去探望。[⑤] 苏轼贬谪黄州时，参寥子曾不远千里前往，共同住于东坡，一起论诗书文章，游山观赏自然景色。当时，佛僧、道士都有到黄州去看望苏轼的。苏

---

① 宋张邦基撰《墨庄漫录》卷一。《续骩骳说》谓姓王，杭州钱塘人；《补续高僧传》谓姓何，于潜人。
② 苏轼元丰七年五月写《跋太虚辩才庐山题名》说当年他四十九，参寥四十二。载中华书局校本《苏轼文集》卷七十四。
③ 分别载中华书局校本《苏轼文集》卷十七、卷六十一。
④ 惠洪《冷斋夜话》卷六〈东坡称尝道潜诗〉载，道潜从姑苏归湖上，经临平，作诗曰："五月临平山下路，藕花无数满汀洲。"东坡"一见如旧，及坡移守东徐，潜往访之，馆于逍遥堂"。据此，苏轼通判杭州时彼此已经认识。孔凡礼《苏轼年谱》将此事载于熙宁四年（1071），然而认为此有传闻因素，二人正式相见应在元丰元年（1078）苏轼知徐州时。
⑤ 访湖州事，见《游惠山并叙》，载《唐宋八大家集》本《苏轼集》卷十。

轼在给参寥子的一封信中说：

> 仆罪大责轻，谪居以来，杜门念咎而已。平生亲识，亦断往还，理故宜尔。而释、老数公，乃复千里致问，情义之厚，有加于平日，以此知道德高风，果在世外也。①

这种情谊超越于世间政治忌讳和利害得失之上，显得十分真挚，令苏轼十分感动。

七年后，苏轼出知杭州时，道潜在地处西湖畔的智果院任住持。智果院有股从石缝之间流出的清洌泉水，甘冷宜茶。苏轼携客经常乘舟泛湖来此游玩，汲泉钻火以烹茶。某日在饮茶之余，苏轼若有所思，忽然忆起在黄州时梦中所作的诗"寒食清明都过了，石泉槐火一时新"的佳句。② 苏轼再次入朝为官后，曾为参寥子从朝廷得赐紫衣和师号的事进行活动，托知友、外戚王晋卿（王诜）帮助。直到他再次遭贬，元祐八年（1093）出知定州时经"吕丞相"（吕大防）上奏，参寥子才得以赐号"妙总"。③ 苏轼从此在诗文中常称参寥子为"妙总大师参寥子"、"妙总师参寥子"、"参寥子妙总"等。

苏轼贬居惠州、海南昌化时，参寥子受到牵连，以"度牒冒名"的罪名被迫还俗，"编管兖州（在今山东）"。④ 然而他与苏轼还保持书信往来，苏轼常将自己的生活情况向他诉说，也写诗文托人转给他。⑤ 宋徽宗建中靖国元年（1101），翰林学士曾肇（1047—1107）奏称参寥子无辜，诏复为僧。苏轼在被赦北归途中从朋友钱济明来信中得知参寥子重新为僧的消息，为之庆幸。参寥子得知苏轼北归已过岭北十分兴奋，写诗《次韵东坡居士过岭》，中有"造物定知还岭北，暮年宁许丧天南"，"他日相逢长夜语，残灯飞烬落毵毵"。苏轼回来后在重病中也不忘给参寥子写信。⑥

---

① 载中华书局校本《苏轼文集》卷六十一。
② 《书参寥诗》及《记游定惠院》，载中华书局校本《苏轼文集》卷六十八、卷七十一。
③ 《与参寥子二十一首》之六至八。载中华书局校本《苏轼文集》卷六十一。
④ 《墨庄漫录》卷一。
⑤ 《与参寥子二十一首》中后四封信皆发自惠州。苏轼《和归园田居》六首是从谪居惠州时寄给参寥子的。分别载中华书局校本《苏轼文集》卷六十一、《唐宋八大家集》本《苏轼集》卷三十一。
⑥ 苏轼的《与钱济明十六首》之九、《与参寥子二十一首》最后一首，分别载中华书局校本《苏轼文集》卷六十一、卷五十三。参寥子的诗，载《参寥子诗集》卷十。

苏轼与参寥子交友前后将近三十年的时间，对他十分了解。他曾写《参寥子赞》，对参寥子作了相当全面的评价，说："维参寥子，身寒而道富。辩于文而讷于口。外尪柔而中健武。与人无竞，而好刺讥朋友之过。枯形灰心，而喜为感时玩物不能忘情之语。此余所谓参寥子有不可晓者五也。"① 描述的是一个有长处，有短处，富有感情的活生生的诗僧形象。

参寥子对苏轼既有敬仰之情，也可以说有师生之谊。苏轼去世后，他写有感情悲切而深沉的《东坡先生挽词》，由诗十四首组成。其中的"经纶等伊吕，辞学过班杨"，"博学无前古，雄文冠两京，笔头千字落，词力九河倾"，是写苏轼旷世之才；"初复中原日，人争拜马蹄，梅花辞庾岭，甘溜酌曹溪"，写苏轼被赦北归受到世人欢迎和参访南华寺的情景；"当年吴会友名缁（大觉、海月、辩才），尽是人天大导师。拔俗高标元自悟，妙明真觉本何疑。篮舆行处依然在，莲社风流固已衰。他日西湖吊陈迹，断桥堤柳不胜悲"，写苏轼当年在杭州佛教界结交的尽是高僧大德，他自己本具超凡的悟性，而现在人去物在，必将使后人睹景伤情。②

在宋徽宗崇宁（1102—1106）末，参寥子归老于潜山。据宋陆游《老学庵笔记》卷七，参寥子于政和（1111—1117）年间"老矣，亦还俗而死，然不知其故。"

中国文化在发展中深受佛教的影响，文学艺术更是如此。苏轼平生遭遇坎坷不平，身心备受挫折，正如他在诗《自题金山画像》中所说："心似已灰之木，身如不系之舟。问汝平生功业，黄州惠州儋州。"③ 然而在这不安定的充满困苦的过程中，他在佛教丛林中却结交了很多超越于世间利害得失之上的知心朋友，促使他对佛教、禅宗有了更深入的钻研和了解；在与他们的相处中不仅在感情上经常得到安慰和鼓励，而且甚至在物质生活中也经常得到他们的援助。这种情况不能不深刻地影响了他的诗、文、书、画的创作。在他的诗文著作中不仅有相当数量的以佛教、禅宗为题材的作品，而且在创作风格、气势、情趣和意境等方面，都能找到深受佛教禅宗的心性空寂、无念无思、"不立文字"、物我一体等思想影响的成分。笔者以上对苏轼与禅僧的交游的考察，从几个不同的侧面作了论述，希望能对这个问题的研究提供一些有益的线索和帮助。

---

① 载中华书局校本《苏轼文集》卷二十二，另在卷七十二《妙总》中对参寥子也有评论，可以参考。
② 载《参寥子诗集》卷十一。
③ 载《唐宋八大家全集》本《苏轼集·补遗》。

第 八 章

元代的曹洞宗和临济宗

第一节 元初的临济宗——海云、子聪、妙高与祖钦、清茂、大欣

宋代，包括辽金与南宋南北分立时期，全国盛行佛教。在佛教诸宗中以禅宗最有影响，但比较而言，禅宗在南方比北方更加盛行，禅宗中的临济宗也是如此。

北宋时期，临济宗从汾阳善昭—石霜楚圆的法系形成两大禅系：一是黄龙慧南的黄龙派；另一支是杨岐方会的杨岐派。前者曾盛极一时，然而进入南宋后逐渐衰微，而杨岐派后来居上，发展为临济宗内的主流禅派。在宋末元初活跃于大江南北的临济宗禅僧，在社会上最有影响是出自杨岐派三世五祖山法演门下弟子的两个法系；一是天目山齐（或作"济"，全名不详）禅师的法系，二是圆悟克勤禅师的法系。天目齐禅师下五世有中和璋，在燕京传法，弟子海云印简曾受到蒙古朝廷的尊崇，在元定宗贵由、元宪宗蒙哥时两度受命主管佛教事务。在元初政治体制建设中发挥重要作用的刘秉忠曾长期保持僧人的身份，史书称之为"僧子聪"，曾在印简身边任侍者，在法系上属印简的再传弟子。在圆悟克勤的法系，最有影响是大慧宗杲和虎丘绍隆两大法系。大慧下四世有径山妙高，元初曾进京代表禅宗与教僧辩论；下五世有笑隐大欣，文宗时受封大中大夫，后加封"释教宗

主兼领五山寺",奉诏校正裁定《钦定百丈清规》。虎丘绍隆传应庵昙华,应庵传密庵咸杰,门下有松源崇岳,松源下三世有古林清茂,撰《宗门统要续集》。密庵咸杰的再传弟子中以无准师范最有名。无准的弟子中有雪岩祖钦,雪岩门下的高峰原妙和高峰的弟子中峰明本,都是元代活跃于江南的著名禅僧。松源和无准二法系中有不少人在宋末元初东渡日本传临济宗。

这里先对云简、刘秉忠、妙高、祖钦和清茂、大欣六人进行介绍,至于高峰原妙和中峰明本,将作专节介绍。

一 海云印简及其在元朝初期政教建制中的贡献

关于印简的传记资料,几种史书记载详略不同,最详细而且比较可信的是元念常所编《佛祖历代通载》卷二十一载录的传记,当是据印简的行状或年谱所写。清代自融撰,性磊补辑《南宋元明禅林僧宝传》卷八〈印简传〉、超永编《五灯全书》卷五十六〈印简传〉所记也稍详,然而所说印简去世年代皆误,前者谓在元世祖辛卯年(至元二十八年,1291)之后,后者谓在元仁宗延祐丁巳(按:延祐四年,1317),故也影响所载事迹的可信性。

印简(1202—1257),号海云,山西岚谷宁远(属金岢岚州,在今山西省西北五寨北)人,俗姓宋。父以行善闻名乡里,母王氏世代奉佛。印简自幼读《孝经》等儒书,以聪敏著称。父亲曾带他拜访一位称为"传戒颜公"的人(也许是一位姓颜的居士)。这位"颜公"为试探他的根机深浅,给他讲石头希迁的《草庵歌》,当讲到"坏与不坏主元在"时,印简忽然提问:"主在何处?"这位"颜公"被问得一时不知所云,说:"何主也?"印简说,就是你讲的"离坏与不坏者"的主呀?"颜公"说,这不是"主",应是"客",然而小小的印简坚持是"主"。如果按照大乘佛教学说,超越于万物坏与不坏之上,又不离坏与不坏事物之中的,只有被称为"真如"、"佛性"、"心"的世界本原、本体。此为"主",其他一切皆属于"客体",是它的显现。这段记述也许是来自印简出名之后的传说,至少可以看作是印简禅思路数的反映。

此后,印简礼"中观沼公"为师。从名字看,他名字最后一字是"沼",是武州宁远(当在今山西北部五寨县或神池县)中观寺的住持。印简十二岁时,沼禅师便允许他入堂参禅,教导他说:"汝所欲者,文字语言耳。向去皆止之。唯身心若枯木死灰，今时及尽，功用纯熟，悟解真实，大死一场，休有余气，到那时节，蓦然自肯，方与吾相见。"① 意为他以往理解并追求的禅悟，只是某种文字语言罢了，应当从此休止；教导他专心坐禅，使身心如"枯木死灰"，待功夫一到，会使人感到如同大死一场，此时没有其他追求意向，然后再来找他。唐代石头下三世石霜庆诸曾让门下弟子坐禅，说："休去歇去，一念万年去，寒灰枯木去，一条白练去。"② 宋代曹洞宗宏智正觉提倡默照禅，也有类似说法。实际上，这是禅宗兴盛后一直流传的禅法之一，源头可追溯到达磨的"壁观"禅法，通过凝心入定来"休歇"身心，抑制意念乃至断除情欲烦恼。印简曾按照中观沼禅师的要求认真地修持过这种禅法。

在印简十三岁时，即元太祖九年（1214），成吉思汗派出三路军大举攻掠金朝北方的大部分领土。右路军由皇子术赤、察合台、窝阔台率领循太行山南下攻掠今山西一带，攻占汾、石、岚、忻、代、武等州。（《元史》卷一〈太祖纪〉）印简所在的宁远属武州。据《佛祖历代通载》卷二十一记载，印简在宁远沦陷之后曾见过成吉思汗，成吉思汗劝他敛髻作俗人装束。印简没有同意，说："若从国仪，则失僧相也。"③ 据前述史实推测，他见的不可能是成吉思汗本人，或许是窝阔台（即位后为元太宗）。

元太祖成吉思汗十二年（1217）率兵西征，授部将木华黎（《佛祖历代通载》作"摩花理"）为太师，封国王，让他率军南征，连年攻陷山西诸州。元太祖十四年（1219），木华黎率兵围攻岚州首府岚谷。印简年已十八，当时正在寺院照顾师父中观沼禅师，在四众纷纷逃散之际，他处乱不惊。师让他逃生，他坚持留在师的身边护侍，说："因果无差，死生有命，安可离师而求脱免乎？纵或得脱，亦非仁子之心也。"沼禅师认为漠北于他们有缘，决定与他同到漠北弘法。在城的守将投降，蒙古兵进入城之后，蒙古军中的汉军"清乐军"的元帅史天泽④、"义州元帅"李七哥，入寺见印简"气宇非常"，言谈中富有机辩，十

---

① 《大正藏》卷49，第702页中下。
② 据《宏智广录》卷二（《大正藏》卷48，第27页上）所引。
③ 《大正藏》卷49，第702页下。
④ 史天泽（1202—1275），《元史》卷一五五有传，金永清（在今河北）人，随父史秉直降蒙古，继兄天倪之后统率汉人武装"清乐军"，为蒙古军军将，参加攻战金、宋，曾任真定、河间等五路万户，元宪宗时任河南经略使、宣抚使，元世祖时官至中书省右丞相、左丞相。

分赞赏，与他结交为友，礼沼禅师为师①，并且把他与其师父沼禅师一并推荐给"太师国王"木华黎。木华黎安排人把他们师徒直接送往北方的赤城（赤城站，在今河北赤城）安置，并且将此事报告远在西域的成吉思汗。成吉思汗对此很重视，派人传旨，其中有：

> 尔（按：此指木华黎）使人来说底老长老、小长老，实是告天的人，好与衣粮养活者，教作头儿，多收拾那般人在意，告天不拣阿谁，休欺负，交达里罕行者。②

所谓"达里罕"，亦即"答剌罕"，源于突厥语，意为"自在"，是蒙古、元所赠封号，享有九次免罪，自由选择牧地和免除赋役等优遇。成吉思汗称中观沼禅师为老长老，称印简为小长老，把他们看作如同是主持"告天"祭祀的巫觋一样的人，命木华黎在生活上好好照顾他们，并且授予"达里罕"的封号，也许是想让他们为蒙古朝廷祈祷祝福吧。木华黎奉诏对他们加以赏赐，请他们入住兴安香泉院，赠中观沼禅师以"慈云正觉大禅师"之号，赠印简以"寂照英悟大师"之号，此外给予种种优遇。翌年五月，沼禅师去世。临死前以谶语提示印简今后"贺八十去"。印简主持沼禅师遗体的火化，收舍利建塔供养。

不久，印简决定到燕京，在路过松铺这个地方时，宿在岩下，"因击火大悟"，"始知眉横鼻直，信道天下老和尚不寐语"，意为体悟到解脱之道未离日用自然，古今禅师所启示的非为梦话。印简辗转到达燕京后，得知此处有著名禅寺大庆寿寺，才理解了其师提示的"贺八十"的含义，"庆寿"与"贺八十"（八十岁，长寿）不是意相通吗？此时住持庆寿寺的是中和璋禅师。中和璋禅师在法系上属于临济宗杨岐派。杨岐方会下二世是五祖法演，法演著名弟子有圆

---

① 《佛祖历代通载》卷二十一载："明日城降，有清乐元帅史公天泽、义州元帅李公七哥者，见师气宇非常，问曰：尔是何人？师曰：我沙门也。史曰：食肉否？师曰：何肉？史曰：人肉。师曰：人非兽也，虎豹尚不相食，肉人乎？史曰：今日兵刃之下，尔亦能不伤乎？师曰：必仗其外护者。公喜甚。李帅问曰：尔既为僧，禅耶教耶？师曰：禅教乃僧之羽翼也，如国之用人，必须文武兼济。李曰：然则必也从何而住？师曰：二俱不住。李曰：尔何人也？师曰：佛师。复曰：吾亲教中观，亦在于此。二公见师年幼无所畏惧，应对不凡，即与住见中观。二公闻中观教海谆谆，乃大喜曰：果然有是父有是子也。于是礼中观为师，与师结为金石友。"载《大正藏》卷49，第702页下至第703页上。

② 《大正藏》卷49，第703页上。

悟克勤、佛鉴慧勤、佛眼清远，还有开福道宁及天目齐等人。圆悟的法系经大慧宗杲、虎丘绍隆两支而兴隆于全国，其他法系传播不广。天目齐的一支，经懒牛和—竹林宝—竹林安—容庵海，然后就是中和璋禅师。①

印简入大庆寿寺参谒中和璋禅师。在会见中用带有禅机的话问："某不来而来，作么生相见？"璋说："参须实参，悟须实悟，莫打野榾（按：榾，树桩）！"印简说自己因见击石出火得悟，璋对他"吾此处别"。他立即问："如何表信？"意为表示入悟的证明是什么。璋说："牙是一口骨，耳是两边皮。"表述的仍是自然日用的意思。印简立即表示，这也没有新意。璋说："错！"印简接过来说："草贼大败！"认为占了上风。自此，他在璋禅师身边参禅，探究公案语句中的宾主、体用机智等问题，彼此十分投机。②璋让他担任寺院的书记。《佛祖历代通载》卷二十一记载："自此中和（按：璋禅师）复以向上钳槌、差别关棙，种种辩验，师（按：印简）以无碍辩才，应答皆契，其悟解精明，度越前辈。"此后，璋正式对他的悟境表示印可，正式传授衣钵于他，说："汝今已到大安乐之地，宜善护持。吾有如来正法眼藏、祖师涅槃妙心，密付于汝，毋令湮没。"印简为表示自己不执著名相竟掩耳而出。璋特写"衣颂"赠印简以作为他悟道出世的证明，颂谓："天地同根无异殊，家山何处不逢渠，吾今付与空王印，万法光辉总一如。"（同上）意为真如自性为天地万物的本体，到处显现，我今付你"空王印"（证明你已得到般若空义的无上智慧），通晓万物不外真如的道理。

此后，由太师国王木华黎及蒙古朝廷重臣任命，印简先后住持兴州仁智寺，沬阳（按：处所不详）兴国寺、兴安寺、永庆寺，最后住持燕京大庆寿寺。元太宗（称"合罕"）三年（辛卯，1231），赐印简"称心自在行"。元太宗七年（乙未，1235），朝廷派侍读札忽笃选任负责僧道试经的人。曹洞宗万松行秀禅师乃约同禅、教高僧共议，请印简主持此事。印简对此提出具体试经传法，皆

---

① 参明道忞编《禅灯世谱》卷五。
② 《佛祖历代通载》卷二十一载："寿（按：璋禅师）举临济两堂首座齐下喝，僧问济：还有宾主也无？济曰：宾主历然，汝作么生会？师曰：打破秦时镜，磨尖上古锥，龙飞霄汉外，何劳更下槌。寿曰：汝只得其机，不得其用。师便掀禅床。寿曰：路途之乐，终未到家。师与一掌曰：精灵千载野狐魅，看破如今不直钱。寿打一拂子曰：汝只得其用，不得其体。师进前曰：青山耸寒色，月照一溪云。寿曰：汝只得其体，不得其智。师曰：流水自西东，落花无向背。寿曰：汝虽善言言三昧，要且没交涉。师竖起拳复拍一拍，当时丈室震动。寿曰：如是如是。"《大正藏》卷49，第703页中。

得到朝廷的同意。丞相厦里传"大官人"忽都护（大臣忽都虎）①的话，通过试经，凡证明识字者可为僧，不识字者一律还俗。对此，印简表示反对，竟自称"山僧不曾看经，一字不识"，甚至大胆地反问："大官人还识字也无？"他对此解释说：

> 若人了知此事，通明佛法，应知世法即是佛法，道情岂异人情？古之人亦有起于负贩者，立大功名于世，载于史册，千载之下凛然生气。况今圣明天子在上，如日月之照临，考试僧道如经童之举，岂可以贤良方正同科。国家宜以兴修万善，敬奉三宝，以奉上天，永延国祚可也。我等沙门之用舍，何足道哉！②

意为佛法与世法相通，既然古代有出身担夫商贩而建立非凡功名者，那么在不识字的僧人中未必就没有能建功立业者；对僧人道士试经，不应当等同于国家的科举取士，目的是借以提倡善业，兴隆佛法，以敬奉上天，祈祷国运长久，至于僧人个人进退是小事。厦里将他的话禀告"大官人"忽都护并进奏朝廷，结果采纳印简的意见，虽举行试经却没有让一个僧人道士还俗。这样，北方佛教教团在经历战争创伤刚获得喘息的时候，没有因为朝廷的试经而强制很多人还俗，从而使北方佛教能够较早提到恢复和发展。

元太宗八年（丙申，1236），朝廷有司决定在百姓臂上烙印以作识别标志，以防逃亡。印简知此后立即找"大官人"忽都护表示反对，说："人非马也，既归服国朝，天下之人，四海之广，纵复逃散，亦何所归？岂可同畜兽而印识哉！"他的意见被朝廷采纳，没有实行在民众臂上烙印的野蛮做法。

在元太宗朝始设中书省，中书令俗称丞相，一直由耶律楚材担任，他对蒙古王朝发展儒学，兴办文教事业贡献很大。据《元史》卷一四六〈耶律楚材传〉记载，在蒙古军攻陷开封（1233年）后，"楚材又请遣人入城，求孔子后，得五十一代孙元措，奏袭封衍圣公，付以林庙地。命收太常礼乐生，及召名儒梁陟、

---

① 元太宗三年（1231）始设中书省，中书令即丞相，至太宗去世，乃马真后临朝称制三年，一直由耶律楚材担任丞相。这里称"丞相"的厦里，恐怕是左丞相或右丞相。"大官人"忽都护当与《元史》卷一四六〈耶律楚材传〉中两次提到的"大臣"忽都虎是一个人。据《元史》卷一二三〈绍古儿传〉，他是元太祖得力部将绍古儿之孙，在元世祖时因战功，官至镇国上将军、浙西道宣慰使等。

② 《大正藏》卷49，第704页上。

王万庆、赵著等，使直释九经，进讲东宫。又率大臣子孙，执经解义，俾知圣人之道。置编修所于燕京、经籍所于平阳，由是文治兴焉。"

据《佛祖历代通载》卷二十一〈印简传〉，印简在这当中也发挥了积极作用，记载说：

> 初孔圣之后，袭封衍圣公。元措者渡河，复曲阜庙林之祀。时公（按：此指孔子五十一代孙元措）持东平严公书谒师，师以袭封事为言于大官人。师为其言曰：孔子善稽古典，以大中至正之道，三纲五常之礼性命祸福之原，君臣父子夫妇之道，治国齐家平天下，正心诚意之本，自孔子至此袭封御圣公，凡五十一代，凡有国者使之袭承，祀事未尝有缺。大官闻是言，乃大敬信，于是从师所言，命复袭其爵以继其祀事。师复以颜孟相传孔子之道，令其子孙不绝，及习周孔儒业者为言，亦皆获免其差役之赋，使之服勤其教，为国家之用。①

综合上引资料可以推测，在蒙古军攻下金南京开封后，中书令耶律楚材首先派人找到在开封避难的孔子五十一代孙孔元措，在朝廷对他尚未最后做出安置时，孔元措带着"东平严公"的信找到印简，请他出面向朝廷请求继续袭封衍圣公的事，于是印简面见"大官人"——大臣忽都护，向他讲述儒家纲常名教在治国安民中的巨大作用，并提出恢复发展儒学的建议。他的意见受到重视并被朝廷采纳。可以认为，在元建国初恢复和振兴儒家文教事业中，印简也是推动者之一。

印简的地位日益提高。元太宗九年（丁酉，1237），元太祖成吉思汗的二皇后赠印简以"光天镇国大士"之号，两年后再次住持燕京大庆寿寺。

忽必烈（后即位为元世祖）在即位前召集旧臣及四方谋士文人到藩邸问以治国之道。元太宗死后的第二年（壬寅，1242），乃马真皇后临朝称制。忽必烈召印简到和林（蒙古王朝前期国都，在今蒙古国鄂尔浑河上游的哈尔和林）藩邸，向他问"佛法大意"，请他授"菩提心戒"。印简告诉他，佛法中有"安天下之法"，"若论社稷安危，在生民之休戚，休戚安危，皆在乎政，亦在乎天，在天在人，皆不离心"，并且劝他访求天下"大贤硕儒"，问以古今治乱之事。

---

① 以上所引载《大正藏》卷49，第704页上。

当忽必烈问三教中何者为尊时，他答佛教最尊，叮咛他"恒念百姓不安，善抚绥，明赏罚，执政无私，任贤纳谏，一切时中，常行方便，皆佛法也"；"王者当以仁恕存心"。当时僧子聪在印简身边担任侍者，印简回燕京，子聪因受到忽必烈的赏识，被留在藩邸，后来成为他的著名谋士，此即刘秉忠。①

元定宗二年（1247），降诏命印简统管佛教事务，赐白金万两。印简在昊天寺主持大法会为国祈福，太子合赖察请印简到和林住持太平兴国禅寺。元宪宗蒙哥1251年（辛亥）即位，命印简继续掌佛教事务，同时又任命迦什弥尔（克什米尔）僧那摩担任国师，"授玉印，总天下释教"。二人有何分工，不得而知。得到忽必烈信任的刘秉忠推荐至温禅师到印简身边协助工作。至温曾是万松行秀的侍者，后受命总摄诸路僧尼事务。元朝重申按照旧例，僧人免除差役；另命全真道丘处机的弟子李志常（号真常真人）掌道教事务。②

印简在元宪宗七年（丁巳，1257）四月初四去世，年五十六岁。按照忽必烈亲王之令，在燕京大庆寿寺之旁建塔安葬印简的遗骨。印简得赐"佛日圆明大师"之谥号。

印简的弟子有可庵朗、龙宫玉、颐庵僽禅师。子聪（刘秉忠）即嗣法于可庵朗。在元宪宗时受命与全真道辩论的禅僧少林福裕、元世祖即位前后在他身边参与军政谋划的僧子聪，开始皆是由印简引荐接近蒙古朝廷上层，然后得以施展才能建功立业的。

二　在元初政制建设中建立功勋的刘秉忠——僧子聪

元初刘秉忠——僧子聪与明代辅佐明成祖取得皇位，建都北平（今北京），监修《明太祖实录》、《永乐大典》的姚广孝——道衍（1335—1418），是中国古代以僧人身份参与朝政的两大奇僧。然而情况有所不同，子聪长期辅佐元世祖，以奏建"大元"国号，参与立朝仪，建礼乐，兴儒学，推荐良吏，安定地方，建立城邑等，对推进元朝接吸收汉文化，减缓实施歧视、掠夺汉族及其他民族的暴政，恢复社会经济和文教事业的发展，做出了积极贡献。

关于刘秉忠的资料，在他的诗集《藏春集》卷六附有元世祖中统五年

---

① 《大正藏》卷49，第704页中。
② 参《元史》卷三〈宪宗纪〉、柯邵忞《新元史》卷六〈宪宗纪〉、《元史》卷一二五〈铁哥传〉及《释氏稽古略续集》卷一，载《大正藏》卷49，第904页上中。

(1264）拜刘秉忠领中书省事制文和至元十二年赠刘秉忠谥文贞的制文，及中书左丞张文谦撰《故光禄大夫太保赠太傅仪同三司谥文贞刘公行状》（简称《刘公行状》）、翰林学士王磐撰《故光禄大夫太保赠太傅仪同三司文贞刘公神道碑铭并序》（简称《刘公神道碑》）、翰林侍讲学士单公履撰《故光禄大夫太保刘公墓志铭》（简称《刘公墓志铭》）等。元念常编《佛祖历代通载》卷二十一载录王磐撰《刘公神道碑铭》及元世祖的两篇制文，然而文字有多处错讹。明宋濂《元史》卷一五七及近人柯劭忞《新元史》卷一百五十七〈刘秉忠传〉，对刘秉忠一生言行作了综合叙述。

刘秉忠（1216—1274），原名侃，字仲晦，自号藏春，出家法名子聪，元世祖赐名秉忠。祖籍瑞州（治今江西高安），祖先曾仕辽，为当时大族，曾祖在金初任邢州节度副使，后返归瑞州，留一子于邢州，此即刘秉忠的祖父刘泽。元太祖十五年（1220）"太师国王"木华黎率兵攻略河北一带，降伏邢州，立都元帅府，刘秉忠之父刘润被推为副都统，后来任顺德路（治今河北邢台）长官录事（负责民事治安等）。

刘秉忠八岁入学，因为父任顺德路录事，年十三便进入元帅府作为质子，有缘得到元帅优遇，能够专心读书。年十七为邢台节度使府的令史，从事文字等杂务。元太宗十年（1238）年二十三，感叹终日为"刀笔吏"，决定逃避世事，说："丈夫不得志于世间，当求出世间事！"（《刘公神道碑铭》）于是隐居于武安山，"与全真道者居"，可能信奉全真道。正在此时，清化天宁寺虚照禅师派弟子请他到寺，为他剃度，授法名子聪，从此正式为僧。

当年秋天遭遇蝗灾，民众食物匮乏，刘秉忠随师虚照逃荒到云中（治今山西大同），住进南堂寺。翌年，虚照返归邢台，刘秉忠仍留在南堂寺，在这里讲习天文、阴阳及卜筮方术"三式"（所谓"遁甲"、"太乙"和"六壬"）等学。据《元史》卷一六四〈郭守敬传〉，刘秉忠在邢台期间，曾与张文谦、张易、王恂等一起在城西的紫金山学习。另据《元史·刘秉忠传》记载，刘秉忠"于书无所不读，尤邃于《易》及邵氏《经世书》，至于天文、地理、律历、三式六壬遁甲之属，无不精通，论天下事如指诸掌"。所谓邵氏《经世书》是指北宋邵雍（1011—1077）所著十二卷《皇极经世书》，以《周易》六十四卦说明和推演自然变化和社会治乱、人生现象，广泛论及太极、天道、性、理等问题，构建了具有浓厚神秘色彩的"先天之学"的象数学体系。

乃马真皇后临朝称制元年（壬寅，1242），海云印简禅师应忽必烈亲王之请北赴和林，路经云中，见到刘秉忠，对他的非凡仪表和博学多能十分赏识，请他在身边担任侍者同到和林谒见忽必烈亲王。忽必烈经与刘秉忠对谈，感到投机，在印简回南归燕京之时，将刘秉忠留在藩邸，让他参与谋划军政机要。此后，除刘秉忠回邢台葬父前后两年时间外，刘秉忠一直在忽必烈藩邸，并且日见信任。

元定宗死后二年（庚戌，1250），因未确立皇位，朝野潜伏争夺皇位的内乱危机。此时，刘秉忠向忽必烈上"万言策"，据《元史·刘秉忠传》的载录，内容约有十几项，综合起来主要有：（一）应遵循古来相承的"典章、礼乐、法度、三纲五常之教"，使天下久安；（二）国之急务在选丞相，任百官、将帅，以至县宰，要求他们遵王法，应赏罚严明；（三）安民固本，减少税役，差农官以劝农桑，救济鳏寡孤独；"设条定罪"，禁止滥杀无辜；（四）选贤才，开设学校；（五）祭孔尊儒，遵照旧礼祭祀天地神；（六）广开言路，善用人才。忽必烈看后表示赞赏，说："诚如汝言，天下可不劳而治。"

翌年（1251），忽必烈之兄蒙哥即位，是为元宪宗，将漠南汉地军国政事交忽必烈全权处理。忽必烈接受刘秉忠的建议，任命良吏张耕等人治理邢州，行"存恤"之政，安抚流民，使邢州农业生产很快恢复，秩序安定，升邢州为顺德府。元宪宗二年（1252）忽必烈奉诏南征云南大理，刘秉忠随从左右，常"赞以天地之好生，王者之神武不杀"（《元史·刘秉忠传》）；告以"天地好生为德，佛氏以慈悲济物为心"（《刘公神道碑铭》），以谏止攻陷城池后对降兵平民的杀戮。元宪宗九年（己未，1259），忽必烈率兵进攻南宋，刘秉忠也常劝以不妄杀。不久，因元宪宗去世，忽必烈为争夺皇位，仓促接受南宋请和北归。

1260年（庚申岁）三月，忽必烈即位，是为元世祖，接受刘秉忠建议，建元"中统"，命刘秉忠与儒者许衡参照古今典章制度，设立中央与地方官职：朝廷设中书省总摄政务，枢密院掌管军务，御史台负责纠察百官善恶和政治得失，设置部司院局等机构分掌军政各类事务；地方设路、府、州、县等政府级别，任用蒙汉旧臣及儒者文武人才为各级官员。①

中统五年（1264）八月改元"至元"。刘秉忠在忽必烈身边参与谋划军政机要已长达二十多年。然而他一直保持僧人身份，不改僧服，时人称为"聪书记"。此年，翰林学士承旨王鹗奏请对刘秉忠的"忠勤劳绩"予以褒奖，称"秉

---

① 除前引资料外，请参考《元史》卷八十五〈百官志〉。

忠犹仍其野服散号，深所未安，宜正其衣冠，崇以显秩"。元世祖即日降诏拜刘秉忠为光禄大夫，位太保，参领中书省事，并诏以翰林侍读学士窦默之女嫁他为妻。(《元史·刘秉忠传》)

元建国前期，从元太宗七年（1235）建和林城，相继五朝皆以此为都。元宪宗六年（丙辰，1256）忽必烈命刘秉忠在桓州东、滦水北的龙岗建开平城（今内蒙古正蓝旗东闪电河北），三年完工，成为忽必烈的重要政治基地。中统元年（1260）忽必烈在开平即位为帝，并以此为都，至元元年（1264）称上都，称燕京为中都。四年（1267），又命刘秉忠在中都东北筑新城，始建宗庙宫室，然后迁都于此。八年（1271），接受刘秉忠奏议，取《周易》"乾元"之义，建国号"大元"，并改中都为大都。可见，刘秉忠在元朝建都城、建国号中也发挥重要作用。

刘秉忠善于识鉴和推荐人才，他在邢州期间的同学张文谦、王恂、张易都在元前期政治舞台上扮演重要角色。张文谦、王恂二人是刘秉忠直接推荐给忽必烈的。张文谦官至中书左丞、枢密副使；王恂官至国子祭酒，与姚枢、许衡等儒者在办太学，兴文教事业中贡献很大。张易官至平章政事。元世祖朝经刘秉忠推荐的人中，还有官至参知政事的贾居贞、安西行省左丞李德辉、中书平章政事尚文、礼部尚书王倚、太常丞田忠良等人。刘秉忠教过的学生中，有著名的水利、天文和历算学家郭守敬（1231—1316），作过都水监、太史令等官。刘秉忠最早提出辽、金以来沿用的《大明历》已经过时，建议另造新历。在朝廷主持下，由郭守敬参与完成此事，所制新历即著名的《授时历》。此外，在刘秉忠的学生中还有官至大司农的文谦、尚书礼部侍郎的赵秉温等人。[①]

至元十一年（1274），刘秉忠随元世祖到上都，八月于城南南屏山精舍端坐而逝，年五十九岁，还葬于大都，一切用费皆出自国库。至元十二年（1275），诏赠太傅，封赵国公，谥文贞；元成宗时，赠推诚协谋同德翊运功臣、太师、开府仪同三司、上柱国，谥文正；元仁宗时，又追封常山王。刘秉忠有文集十卷，现存诗集《藏春集》六卷。

关于刘秉忠在禅宗内的法系，度他为僧的清化天宁寺虚照禅师在现存佛教史书中无载，然而据《藏春集》卷六所附至元十一年（1274）吏部尚书徐世隆

---

① 详见《元史》卷一五〇、卷一五三、卷一五七、卷一六三、卷一六四、卷一七〇、卷一七六、卷二〇三等分别所载他们的传。

的祭文所说:"岩岩刘公,首出襄国,学际人天,道冠儒释,初冠章甫,潜心孔氏,又学保真,复参临济……"其中的"保真"当指他曾学全真道,"复参临济"自然是指参学临济禅,据此其师虚照禅师应属临济宗。另外,他作为临济宗禅僧海云印简禅师的"侍者"北上和林。据《临济录》卷首所载元代五峰普秀《临济慧照玄公大宗师语录序》,"海云传可庵朗、龙宫玉、颐庵僰。可庵传太傅刘文贞公(按:刘秉忠)、庆寿满",可见刘秉忠不仅是临济宗禅僧,而且是海云印简的再传弟子。

遭遇宋、金末年的战乱,在蒙古族夺取全国政权过程中实施民族压迫、歧视和杀戮政策的情况下,刘秉忠长期以僧人身份参与元世祖即位前后的军政机要,在力所能及的范围内以儒家的"仁义"、佛教的"慈悲济世"谏劝蒙古族最高统治者减缓暴政,保护民众,并且推进元朝廷吸收汉文化,参与制定元朝政制和典章,发展文教事业,致力社会稳定和发展,是应当给予崇高的评价的。这也许是在特殊情况下,对禅宗的"佛法中有出世法","世与出世不二"的一种实践。

三 径山妙高及其进京与教僧辩论

自从慧能创立的南宗成为禅宗主流以后,佛教内部禅宗与其他教派(禅宗称之为"教"、"教门")之间的争论一直不断。出于维护佛教内部的和谐与统一,唐代华严宗兼禅僧的宗密、五代末宋初的法眼宗僧延寿,都曾撰写文章或著作来会通禅、教,认为教所传是"佛语",禅所传是"佛心",二者之间没有根本的差别,应当彼此融合,不应互相排斥。然而在现实中,禅宗与教门不仅在传法中互相贬斥对方,甚至有时也进行辩论。元世祖时在大都宫廷进行的禅、教辩论,可以说是禅、教争论的集中反映。在这场由元世祖亲自主持的辩论中,代表禅宗与教门辩论的是来自径山的七十岁的老禅师妙高。

妙高(1219—1293),俗姓不详,号云峰,福州长溪(今福建霞浦)人,家世为儒。自幼好学,年未及二十北上至吴中(今江苏苏州),投云梦泽法师出家受具足戒。此后游历江浙,参谒名师。先参谒临济宗杨岐派虎丘下四世痴绝道冲,受到赞赏,称他"有冲霄之质"。然后参谒也属虎丘下四世的无准师范,受到器重。他决意"遍参诸方",又投到大慧宗杲下二世浙翁如琰的弟子世偃溪广闻的门下。

在广闻应请住持明州阿育王寺时，妙高相随，被任为掌管"藏钥"（仓库钥匙）。某日，广闻问他："牛过窗棂，头角、四蹄都过了，因甚尾巴过不得？"这是出于想象的一个蕴含禅机的问题，是不能用正常思维方式做出解答的。然而妙高开始不理解，用日常习惯的思维方式反复思考，先后做出种种回答，但皆未得到广闻的认可。他惭愧得汗流浃背。广闻见此，大声说："过也，过也！"是说牛的尾巴已过窗棂，提示他不要按照常理思虑下去。妙高一听立即醒悟，高兴地向广闻致礼，并以偈表达悟境说："鲸吞海水尽，露出珊瑚枝。"这也是出于一种想象，实际上鲸是不可能吞尽海水的。据载，广闻对他的悟境表示认可，说他今后有资格说禅了。广闻应请住持杭州南屏山寺时，他也随同前往。宜兴大芦寺住持虚席，经广闻推荐，当地信众迎请妙高前往担任住持。在他出发之际，广闻告诉他如琰先师的教诲，教导他谨言慎行，以使"大慧门风不滥"。

妙高住持宜兴大芦寺后，逐渐远近出名。此后，相继住持江阴劝忠寺、湖州何山寺，南宋理宗景定（1260—1264）年间，奉诏住持建康府的蒋山寺（地处今南京钟山），在此长达十三年，寺众增至五百人。

南宋度宗咸淳十年、元世祖至元十一年（1274），元军由中书右丞伯颜率领从襄阳分道东下伐宋。在宋恭帝德祐元年、元世祖至元十二年（1275）三月，元军攻陷建康，迅速占领江南大部地区。部分元军曾进入妙高住持的蒋山寺，有个元兵用刀在妙高面前比划着，向他索要金钱。妙高伸着头说："要杀便杀，吾头非汝砺刃处，即有金，乃十方物也，终不敢奉君以求生。"这个元兵看到妙高没有丝毫恐惧的样子，便怏怏地离去。后来伯颜在众武士簇拥下进入寺院，妙高不动声色安坐绳床。据载，伯颜不仅没有怪罪他，反而对他表示敬重，走时还特施舍给寺院牛及粮食。

元世祖至元十七年（庚辰，1280），妙高应请到余杭住持径山寺。宋代临济宗高僧大慧宗杲曾在此担任住持。妙高刚来，不幸寺院遭遇火灾，损失严重。妙高抱定"祖师基业依然犹在，衲僧活计何曾迁变"，率领四众弟子重建，经过九年寺院复旧。

元世祖至元二十五年（戊子，1288），有教门僧人上奏朝廷，批评禅宗"不合圣经"。妙高当时年已七十高龄，听说此事后，认为此关系"宗门大事"，邀集杭州灵隐寺净伏等同道想与教门僧人进行辩论。经江淮释教都总统杨辇真迦的组织与上奏，元世祖降旨召妙高等禅教僧人到大都入皇宫，在世祖亲自临场的情况下与代表教门的僧人展开辩论。代表教门进行辩论的是杭州上天竺寺一位精研《法华经》的法师（可能是天台宗僧）、被称为"百法论师"（当是主要研习法相唯识经宗的）仙林。①

关于这次禅教辩论，在《佛祖历代通载》卷二十二有两处记载，第一处载录在至元二十五年正月十九日的记事中，记述十分详细，元世祖不仅饶有兴趣地听教禅二教辩论，旁边有翻译，又有称为"泉总统"者（"总统"当是"释教总统"；"泉"也许是林泉从伦）代为传话和进行引导。妙高应元世祖的提问，对禅宗宗旨、东土西土祖师、六祖慧能受法南归、南岳怀让传法于马祖、临济义玄在黄檗门下问法三度遭棒打而在大愚启示下入悟、"临济喝，德山棒"的缘由、禅宗"不立文字，教外别传，直指人心，见性成佛"的意义等，都做了详细而富有趣味的表述，据载"皇情大悦"，表示赞许。

第二处在至元三十（1293）记事项中在记述妙高去世后对他生平的介绍中，文字简洁，现摘录如下：

> 上（按：元世祖忽必烈）问：禅以何为宗？师奏：净智妙圆，体本空寂，非见闻觉知、思虑分别所能到，（唯悟得证）②。
>
> 宣问再三，师历举西天四七、东土二三达磨诸祖、南能北秀、德山临济棒喝因缘。③大抵教是佛语，禅是佛心，正法眼藏，涅槃妙心，趣最上乘，孰过于禅。词指明辩，余二千言。
>
> 又宣进榻前，与仙林诸教徒返复论难。林问：禅宗得法几人？师云：从上佛祖、天下老和上，尽恒河沙，莫穷其数。
>
> 林云：只这是谁？师云：含元殿上，更觅长安。④
>
> 又问：如何是禅？师打一圆相。林不省。师曰：只这一圈透不过，说

---

① 以上据元念常《佛祖历代通载》卷二十二所载至元二十五年、至无三十年的记事，另参考清代自融撰，性磊补辑《南宋元明高僧传》卷八《径山妙高传》。"江淮释教都总统"、"杨辇真迦"，《元史》卷二〇二《释老传》分别作"江南释教总统"、"杨琏真加"。

② "唯悟得证"，是据《南宋元明高僧传》卷八《径山妙高传》补。

③ 所谓"西天四七"是指禅宗所说西土（印度）二十八祖；"东土二三达磨诸祖"，是指东土（中国）从菩提达磨（或作"摩"）至慧能前后相承六祖；"南能北秀"，是指禅宗北宗神秀，南宗慧能；"德山临济棒喝因缘"，据载德山宣鉴传法，动辄以棒打启示学人，而临济义玄则常以大声吆喝，所谓"德山棒，临济喝"。

④ 含元殿是在长安城中的宫殿之名，身在此殿却找长安，意为忘记自身所在。在此是说，站在你面前的就是"得法人"，还问什么。

甚千经万论。

林辞屈，上大悦。①

在《佛祖历代通载》卷二十二所载第一处的记载中还有一段文字：

仙林云：始从鹿野苑，终至跋提河，于是二中间未尝谈一字。既是不谈一字，五千余卷自何而来？② 答云：一代时教，如标月指，了知所标，毕竟非月。③

综合以上引文大意，有这样几点：

第一，元世祖对这次禅、教僧人之间的辩论十分重视，亲自坐镇听双方的论旨，而且还不时地亲自提问，似乎对禅宗表现出较大兴趣。

第二，教门批评禅宗背离佛教圣典，违背佛教教义的问题，是辩论中的中心问题。对此，妙高在对元世祖的"禅以何为宗"的回答中集中做了说明。他强调禅宗所传是超离语言文字的"佛心"，与传授"佛语"的教门并非完全对立，然而却是佛法中最优越的部分，所谓"趣最上乘，孰过于禅"。他所说的"正法眼藏，涅槃妙心"源自《宝林传》及其后的《景德传灯录》，说当年佛向大迦叶传授的就是"正法眼藏，涅槃妙心"，意为正确的观点的宝藏、灭尽烦恼的净妙之心，是"佛心"、"佛性"的不同说法。妙高在解释中，说从西土二十八祖到东土六祖，北宗与南宗，神秀与慧能，历代所传的正是此"佛心"；所谓"德山棒，临济喝"所启示学人的，也是此"佛心"；它"净智妙圆，体本空寂"，虽不能以语言文字完全表达，却可以通过入悟而得以证实（体现）。言下之意是：既然禅宗所传是源自佛、大迦叶以来的"佛心"，怎么可以说它违背佛教圣典和教义呢？

第三，从代表教门的仙林的提问可见，教门对禅宗批评最尖锐的问题有两点：一是禅宗既自称见性成佛，那么，到底古今有谁真正"得法"达到觉悟了

---

① 《大正藏》卷49，第721页下至第722页上。
② 禅宗主张"不立文字，教外别传"，称佛从在鹿野苑觉悟到最后在僧人在跋提河边入灭，没有说一个字。所据乃《楞伽经》卷三的经文："大慧复白佛言：如世尊所说，我从某夜得最正觉，乃至某夜入般涅槃，于其中间乃至不说一字，亦不已说当说，不说是佛说。"载《大正藏》卷16，第498页下。
③ 《大正藏》卷49，第721页上。

呢？二是禅宗以《楞伽经》中所说佛从成道到最后入灭没有说过一字为依据，强调"不立文字，教外别传"，那么，总数达到五千多卷的佛经难道不是佛说的吗？对前一问题，妙高回答说，从佛到历代丛林禅师皆属于"得法"觉悟者，其数量不可计算如恒河之沙；对后一问题，他并不正面加以否定，而以《楞严经》中指月之喻①来加以解释，称佛经文字好像是标月之指，佛心如同是月，既然看到月，体悟佛心，还必要执著标月之指吗？意为佛经文字只不过是借以悟道见性的手段或途径而已。

第四，妙高在与仙林的辩论中也运用教门所不熟悉的动作来代替语言，例如仙林问"如何是禅"？他不正面回答，却用手打一圆相，当对方一时回答不出来时，便被嘲讽："只这一圈透不过，说甚千经万论？"禅宗内部在参禅中，禅师常以圆相（○）代表佛心、佛性。按照丛林常见的做法，对此可用不相干的话来回答，也可以采取棒喝乃至沉默来回应，然而仙林不知道这一套，便只好认输。

对于此次辩论，只见于禅宗史书的记载。根据这些记载，元世祖实际是偏向于禅宗一方的。可以想象，元世祖以往在与临济宗僧海云印简、北少林福裕等禅僧的交往中，在任用刘秉忠三十多年的时间里，对禅宗已经有了相当多的了解，也许已经形成好感，因此在这次禅、教辩论过程中偏颇于禅宗一方是可以理解的。

妙高回到径山之后，径山寺院曾再次遭遇火灾，三年后修复。妙高因其名声，南北禅僧前来受法者很多。元世祖至元三十年（癸巳，1293）去世，年七十五岁。弟子有杭州中天竺寺一溪自如、江州东林寺古智喆、明州天童寺怪石奇、杭州径山寺本源善达等人。在四川夔府（在今四川奉节）断云寺传法，著有《禅宗决疑集》的智彻也是妙高的弟子。

四　雪岩祖钦及其禅法

元代临济宗杨岐派在江南著名的禅师中，出于雪岩祖钦门下的高峰原妙，及原妙的弟子中峰明本影响较大。为了叙述方便，这里先介绍雪岩祖钦。

记载雪岩祖钦传记与禅法的资料主要有明净柱辑《五灯会元续略》卷三、

---

①　《楞严经》卷二："如人以手指月示人，彼人因指当应看月。若复观指，以为月体，此人岂唯亡失月轮，亦亡其指。"载《大正藏》卷19，第111页上。

明通向编《续灯存稿》卷四、清超永编《五灯全书》卷四十九等所载〈祖钦传〉，另有祖钦弟子昭如等编《雪岩和尚语录》（下简称《雪岩录》）二卷。

（一）祖钦的生平

祖钦（约1218—1287），婺州（治今浙江金华市）人，五岁出家为童，十六岁剃发受具足戒，十八岁开始云游四方参访名师。

他最初到本州双林寺参谒"铁橛"（按：当是绰号）远和尚。这位远禅师属"洞下"（曹洞宗）尊宿，让他坐禅"看狗子无佛性话，只于杂识杂念起时，向鼻尖上轻轻举一个无字"[1]。祖钦在一年间日夜专心看一个"无"字，然而一日在"返观"的一念之间，忽然陷于"澄澄湛湛，不动不摇"，不知昼夜的"昏沉"状态。对此，远和尚不仅没给点破问题所在，反而加以赞扬。

祖钦在翌年离开此寺到了杭州，进灵隐寺参谒属于临济宗杨岐派大慧下二世的妙峰之善禅师，在之善禅师死后又师事继承其位的虎丘下四世石田法熏（1171—1245）禅师，应请担任知客。某日，一位来自处州属于松源崇岳下二世的禅师对他说，他原来修的禅法属于"死水，不济得事"，告诉他"参禅须是起疑情，大疑大悟，小疑小悟，不疑不悟，须是疑公案始得"。于是，他开始每天坐禅改参云门"狗屎橛"的话头[2]，"一味东疑西疑，横看竖看"，结果总是摆脱不了"昏沉散乱，胶胶扰扰"的状态。

他听说松源崇岳的弟子天目文礼和尚（1167—1250）在杭州住持净慈寺，便立到慈寺参谒。天目文礼和尚让他参扣当年临济义玄在黄檗希运门下问"佛法大意"，三度遭打的公案[3]。祖钦认为他没有针对自己困于"昏沉散乱处"的病况提出根治方法，心中很不高兴，便自己摸索着坐禅，但二年间仍摆脱不了"昏沉"与"散乱"，心里"如一块烂泥相似，要一须臾净洁不可得"。后来在此修行的一位被称为"修上座"的禅师告诉他说，如果能在高蒲团上集中整个身心坐禅参扣个"无"字，便可摆脱"昏沉散乱"。祖钦照着他说的去修行，曾一度出现"面前豁然一开，如地陷一般"的感觉，霎时感到天地间森罗

---

[1] 《古尊宿语录》〈赵州语录〉载："问：狗子还有佛性也无？师云：无。"临济宗大慧宗杲提倡看话禅，专心看此"无"字。据此，曹洞宗的禅僧也提倡看"无"字。

[2] 据《云门录》卷上记载，有人问云门文偃："如何是释迦身？"他答："干屎橛。"（《大正藏》卷47，第550页中）"干屎橛"也是看话禅常参扣的话头之一。

[3] 关于义玄向希运问"佛法的的大意"，"三度发问，三度被打"的公案，见《临济录》的〈行录〉。

万象与周围的一切、身上的"无明烦恼、昏沉散乱"皆从"自妙明真性中流出"。他在一时间执著这种似乎进入悟境的感觉，于是又陷于"昏沉"与"散乱"之中，所谓"见地不脱，碍正知见"。他断断续续保持这种状态竟达十年之久。

南宋理宗三年（丁亥，1227）[①]，祖钦到径山投到敬仰已久的虎丘下四世无准师范禅师（1177—1249）的门下，然而在长期间也未能破除"昏沉"或"散乱"对自己精神的束缚和障碍。后来他到浙东天童寺参谒虎丘下三世痴绝道冲禅师，一日在五凤楼前闲走，抬头间看见一棵古柏树，忽然感到"向来所得境界，和底一时颩下，碍膺之物，扑然而散"，由此彻底摆脱一向困惑自己的"昏沉散乱"。他回忆说，"自此不疑生，不疑死，不疑佛，不疑祖"，即达到被认为是入悟的境界。[②] 此外，他还参谒过大慧下三世笑翁妙堪、北涧居简及虎丘下五世石溪心月。然而他自己最后以无准师范作为自己嗣法之师。

祖钦此后在对弟子说法和给朋友的信中一再地提到自己当年参学的经历、修持的禅法和达到的境界。今天读来仍亲切感人，我们从中可以看到宋元时代禅师修行的方法和他们所追求达到的精神境界。

祖钦从南宋理宗宝祐元年（1253）八月应请出任潭州（治今湖南长沙）龙兴寺开始，先后住持过六所寺院，其他五所寺院是：湘西（在今湖南衡山）道林禅寺、处州（治今浙江丽水市）南明佛日禅寺、台州（治今浙江临海市）仙居护圣禅寺、湖州（在今浙江）光孝禅寺、袁州（治今江西宜春市）仰山禅寺。

祖钦一生经历了南宋的灭亡，元朝进兵统一江南的历史巨变。他于元世祖至元二十四年（丁亥，1287）去世，年七十多岁。去世前，将自己说法过程中使用的竹篦、尘拂和写有赞词的自己画像、"绿水青山，一同受记"的题词，一起寄送嗣法弟子原妙。赞词曰："上大今已无人，雪岩可知礼也，虚名塞破乾坤，分付原妙侍者"。[③] 其中"上大今已无人"中的"上大人"三字和"雪岩可

[①] 此据清纪荫《宗统纪年》卷二十五。
[②] 主要据《雪岩录》卷上〈普说〉中所载祖钦的自述，并参考《雪岩录》卷下〈上吴丞相〉及〈荆溪吴都过书〉中的自述部分。原书提到人名，皆是简称，也未说明他们在禅宗中的世系。此据相关资料补充。
[③] 《续灯存稿·祖钦传》。

知礼也"中的"可知礼也"皆取自唐宋以来的启蒙描红字帖上的文字[①]。全赞大概是说：居方丈上位者已去，为师一生知礼，空有虚名远扬，现将信物与法传授原妙侍者。原妙，即高峰原妙，在西天目山传法。

祖钦的主要弟子中除高峰原妙外，还有衢州鄞县桃源山灵云寺铁牛特定、杭州径山西白虎谷希陵、建昌府能仁寺天隐牧潜圆至、安吉州道场山及庵宗信、匡山（庐山）源、高丽国铁山琼等禅师。

（二）祖钦的禅法

唐宋禅宗著名禅师在向僧俗弟子说法中一般都要讲佛法并非远离现实，入悟不必脱离日常生活，佛与众生没有根本差别，此即强调"道在日用"，"即心是佛"等思想的真正用意。当然，他们每人说法的内容和着重点未必相同。概括说来，祖钦的禅法主要有两点：一是反复强调"道在日用"，引导门下确立对达到觉悟解脱的自信；二是提倡看话禅，即专心致志地看（提撕、参扣）赵州和尚"狗子无佛性"的"无"字。现据《祖钦录》作概要介绍。

1. "道在日用"，贵在建立自信

祖钦出家后虽经历过十分曲折、艰苦的修行，在说法中对门下弟子也讲过自己多年在坐禅、参扣中受到"昏沉"与"散乱"困扰的情况，然而他仍然要参学弟子不要将佛法和入悟看得太难，失去自信。他在上堂、小参、普说的说法中反复说过如下一类的语句：

> 佛法无多子（按：佛法没有多少东西），堂堂日用之间。只因信用不及，却于易处艰难。
>
> 道在日用，日用不知，饥只吃饭，寒只添衣。晴天爱日挂枯藜，点检溪头梅树，向阳偷放南枝。
>
> 父母未生前毕竟是什么？当体没踪由，求之即蹉过。不蹉过，南北东西岂非我。
>
> 晨朝吃粥，斋时吃饭，人人尽知。有开单展钵，拈匙放筯，一一不借他人手。因甚佛法二字，等闲问着，便千生万受。

[①] 原文是："上大人孔乙己，化三千、七十二。尔小生八九子佳，作仁，可知礼也。"参孙焕英《张冠李戴"孔乙己"》，载 2004 年 8 月 25 日《中华读书报》。

佛法世法，一彩两赛（按：原意当为两个赛事，只有一胜，可理解为并存），行住坐卧，折旋俯仰，着衣吃饭，坐禅打眠，总是现前三昧（按：眼前的定、禅定）。还信得及么？

大凡须是揩磨自己，明白拣别古今是非。明得自己不明古今，是你工（功）夫未到，田地未稳；明得古今不明自己，是你关键不透，眼目不明。当知自己即是古今，古今即是自己……到你穿凿解会，你才向这里起一念要去明他古今，会个自己，便被他一个明字与会字隔作两段去也。所以道：情生智隔，想变体殊。只如情未生时，隔个甚么？须向这里一咬百杂（按：应有"碎"字），不见有古今自己始得。（《祖钦录》卷上）

这些语句前后不很连贯，但如果稍加综合，意思还是清楚的。大致有这样四层意思：（1）佛法实际并不复杂，解脱之道也不玄妙，它就存在于吃饭、穿衣、行住坐卧等日常生活之中，只是人们对此不了解或不相信而已；（2）佛教所说的世界本原、实相，众生生来秉有的佛性，所谓"父母未生前本来面目"，就在自己身边，"南北东西岂非我"，关键能否参扣清楚；（3）真正做到体悟佛法要旨，达到解脱，必须从"揩磨"、参扣自己开始，明白什么是"古今是非"，什么是"自己"，搞清它们之间的关系；（4）对此，不可以一般的情识、知识来加以推测，而应以大乘佛教的般若空义和中观思想加以体认，既然一切不过是真如佛性的显现，所以宇宙万物、佛法与世法，一切都是彼此圆融，互相会通的，"自己"与"古今是非"等同，日常的生活、困扰自己的"昏沉散乱"等诸种烦恼与觉悟解脱，也是互相圆融不二的。有了这种认识，才算真正达到解脱，才会得到祖钦自述达到的那种"不疑生，不疑死，不疑佛，不疑祖"的精神境界。

祖钦的目的是教人确立自信，但他所讲的认识解脱之道就在日用之中并且达到如他所说的那种觉悟境界也并非容易。然而他坚信入悟途径是有的，就是参扣个"无"字。

2. 提倡参话头——赵州"狗子无佛性"的"无"字

从现在资料看，看话禅是由北宋临济宗僧大慧宗杲开始提倡的，在《大慧语录》的〈大慧普说〉、〈大慧法语〉和〈大慧书〉中有比较多的记述。虽然明藏本《宛陵录》后面载有唐代百丈弟子黄檗希运劝人"看个公案"："僧问赵州：狗子还有佛性也无？州云：无。"然而这段话在宋本《宛陵录》中无载，说看话禅始自黄檗希运是难以成立的。

看话禅也叫看话头、参话头，就是专心地参究一段禅宗公案语句，乃至语录中一个字，在参究中避免辨别原语句或字的任何含义，仅将它们当作一种没有任何意义的符号，用以牵制自心不作任何思虑活动，克服"妄念"，通向"无念"或"无心"境界的桥梁。

虽然祖钦关于看话禅的说法与大慧宗杲不完全一样，但基本宗旨是一致的。现据《祖钦语录》将他在不同场合提倡看"无"字的部分语录引述如下：

你辈后生晚进，不辨春秋，不分昼夜，被昏沉、散乱缚作一束，滞在无愧必死之乡也。道我参方问道，得不逢人。愧悚者哉！讨挂搭（按：请住进寺院时的手续，挂搭即挂单）时，无一人不道生死事大，无常迅速，才跨僧堂门，便不见有无常，不知有生死，但趁大队吃粥饭，屙屎送尿，随人上下而已，谁管你狗子佛性无、麻三斤、庭前柏树子？便佛出世，也只道是西天老比丘（按：此指释迦牟尼佛），可谓是丝毫无系直透大休大歇、大安乐田地矣。其奈依稀相似，端的不然。脚又痛，背又痛，坐一霎禅，吃一顿饭，两脚如槌打相似，也好恓遑，也好生受。兄弟，只这便是生死无常到来时节，只这便是父母未生本来面目现前时节。若能如是领略得去，不越一念，亲证如来清净法身；不动一尘，亲入如来宝明空海；历三大阿僧祇劫，不离当念；遍十方恒河沙世界，不离目前；演百千量妙法，总不离这个时节。还信得及么？若信不及，将此深心奉尘刹，是则名为报佛恩。竖起生铁脊梁（按：此指坐禅），提起一个无字，如一座须弥山顶在额角头。正恁么时，自然不见有昏沉，亦不见有散乱，脚也不痛，背也不痛，孜孜尔，念念尔，不觉不知，喷地一下亲见三世诸佛法报化（按：佛的法身、报身和化身）金刚正体，放光动地，照尘沙刹，尽是金光明世界……普度一切众生平等成佛。……提一个无字，如合眼跳黄河，尽命一跳，必有契悟底时节。但要宽着期限，急下手脚，以悟为则，不得将心待悟，便被一个悟字一碍碍住，直待弥勒下生，也无个悟底时节。

坐教直猛着力，提个狗子佛性无，万缘俱屏息，似银山，如铁壁，蓦然一拶粉碎，天地空，人境忘，瘖寐如死生一，万别千差俱空寂。（以上见《祖钦语录》卷上）

只这一个无字，便是断命根的刀子，开差别的钥匙。若谓果有与么事，又是节外生枝，翻成露布（按：当指公布于众的告示）。要得亲切，只消道个狗子还有佛性也无？无。……一大藏教与一千七百段陈烂葛藤（按：此指《景德传灯录》所载一千七百人的语录），向一个无字透得，如刀劈竹，迎刃而解。（《祖钦语录》卷下〈规上人〉）

道本一贯，用该万殊，去留无迹，如走盘之珠。达夫是者，方知从上一千七百野狐涎涕（按：《景德传灯录》一千七百人语录），只是一个狗子还有佛性也无？无。却须一咬百杂碎始得。忽若崖崩石裂，谓之客尘暂歇，急须翻身，只守住，未免提起便有，放下便无，十二时中依旧截作两橛，生死与瘖痖不能归一。要透这重关子，须是和座翻却。（《祖钦语录》卷下〈演上人〉）

只这个无字，便是剖牢关，断生死，破疑团的利刃。却须将一个无字放在额角上，如一座须弥山向万仞崖前独足而立，莫教失脚。和自家性命一时粉碎，便见崭新日月，特地乾坤。三世佛、历代祖，呼来喝去，尽皆在我。（《祖钦语录》〈义济上人〉）

道在日用，日用不知。知是妄觉，不知是无记（按：非善非恶无可记别）。……须是十二时中，四威仪内，无丝毫虚弃底工（功）夫，单单提着一个无字，竖起主铁脊梁，如一座须弥山在额角相似，莫教眨眼照顾不前，便见浑身粉碎。且喜一生事毕。（《祖钦录》卷下〈示选副寺〉）

综合以上引文，主要有这样几个意思：

（1）参学者因为修行方法不对头，经常受到昏沉和散乱的束缚，便注定得不到解脱，值得惭愧。

（2）应当看到，在修行疲惫，所谓"脚又痛，背又痛，坐一霎禅，吃一顿饭，两脚如槌打相似"之时，正是从生死烦恼过渡到觉悟解脱的关键时刻，是体悟自性，"亲证如来清净法身"，认识自己"父母未生本来面目"的时节，问题是自己有没有确立自信，能否越过当前的一念而达到顿悟。

（3）对前面一种情况，祖钦虽在理论上承认，然而却认为一般人达不到，只应坐下来全心贯注修看一个"无"字，所谓"竖起生铁脊梁，提起一个无字，如一座须弥山顶在额角头"，"坐教直猛着力，提个狗子佛性无，万缘俱屏息"，认为这样必将断除一切是非、善恶、生死、色空等差别观念、取舍念头和与此相随的烦恼，达到解脱，所谓"不见有昏沉，亦不见有散乱……喷地一下亲见三世诸佛法报化金刚正体，放光动地，照尘沙刹，尽是金光明世界"，"天地空，人境忘,瘆瘵如死生一,万别千差俱空寂","自家性命一时粉碎,便见崭新日月,特地乾坤"。

(4)在修持这种禅法过程中,虽然是以入悟为原则,然而却不可怀有追求、等待入悟的心态,否则将被这种执著之心困扰,妨碍入悟,所谓"以悟为则,不得将心待悟,便被一个悟字一碍碍住"。

(5)认为赵州和尚的"无"字实际包含了整部大藏经、以《景德传灯录》为代表的历代祖师说法的要旨,修持看"无"字的看话禅能够达到明心见性,从生死中解脱的目的。

祖钦在说法中对自己过去修持看话禅经历的讲述,亲切生动,容易为门下理解。他特别提醒说,为要摆脱"昏沉"与"散乱"而专心看"无"字,即使达到某种近似入悟的精神状态,例如,感觉"身与心,人与境,浑然一片",或感到眼前豁亮,"正如云开月朗,夜暗灯明,森罗万象,法法全彰,般若菩提,尘尘显露……一切是非得失、喜怒哀乐,移换底(的)元来尽是现前受用,更非他物",好像体悟到世界万物圆融一体(《祖钦语录》卷下〈上吴丞相〉),然而,如果此时对此感觉、"知见"加以执著,便会立即再度受到"昏沉"、"散乱"等烦恼的困惑束缚而得不到解脱。

祖钦对看"无"字看话禅的说明与大慧宗杲有所不同,很少提到如何超越"无"字原蕴含的意义和如何修持看"无"字的看话禅,而将着重点放在强调修持看话禅的重要性上来。这可能是认为丛林间对看话禅已经十分了解,不必再详加说明了。

(三)论儒佛二教一致

《祖钦语录》卷下载有《上吴丞相》、《王潜斋》、《荆溪吴都运书》共三封书信,其中的"吴丞相"当是南宋理宗淳祐七年(1247)与开庆元年(1259)两度拜相的吴潜(1196—1262),在《宋史》卷四一八有传,其他二人无考。他向这位吴丞相详细讲述禅宗的基本宗旨和如何入悟解脱,并且介绍自己修行经历。在另两封信中侧重论述他对儒佛二教一致的见解,虽论述不系统,然而很有特色。这里仅作简略介绍。

宋代的著名禅僧几乎都提倡儒佛会通或儒佛一致的思想,然而说法不尽一样。祖钦将禅宗特别崇奉的"道"、"心"与儒家的"道"、"理"等加以等同、会通。他在《王潜斋》书信中说:"道也者,弥纶乎三界,统御乎大千、天地、日月、阴阳、造化、风雨、晦明，未始不一一即此道而橐籥之。虚而异为圣为贤，为愚为蒙，为昆虫为禽兽；凝而分为山为岳，为江为海，为竹树为草菜，以至生死兴亡，迁流代谢，是皆根于此道。"这不外是说：道是宇宙万物的本原、本体，山河大地乃至一切众生，莫不是它的产物。此道不是别的，也就是儒书所说的易、理、性，相当于佛教的正法眼、大圆觉、毗卢印，乃至公案话头，也相当于儒家的皇极、中庸、大学以及孔子的忠恕、孟子的浩然之气……所谓：

> 道之为道，果何物也？即伏羲画未著（按：传说伏羲画八卦）以前之易耳。易之为体，果何寓也？即乾坤未位以前之理也。理之为用，果何归也？即万物未化以前之性耳。性之为性，荡荡乎周行，巍巍乎不动，亘十世穷十虚而不见其大，返一念逆一尘而不见其小。以释而言曰正法眼，曰大圆觉，曰毗卢印。通而变之，即赵州柏树子、云门干屎橛、德山棒、临济喝。卷而为玄关，为金锁；舒而为万别，为千差。以儒而言曰皇极，曰中庸，曰大学。会而归之，即孔氏之忠恕，孟氏之浩然，回也愚，曾子唯。① 著而为诗、书，为礼、乐；列而为三纲，为五常。由是而观，儒之与释，道之所在固一。

他没有作任何逻辑论证，只是提出论断，强调佛教与儒家所尊奉的最高真理的"道"是等同的，然而有千差万别的表现。

祖钦在《荆溪吴都运书》中谈"无极"这个概念时，认为，天地万物与天下治乱兴亡，属于事，皆由心生心定，而理即心，心即理，理即事，"事与理融，是为极也；极之为极，浩浩荡荡，杳杳冥冥，不可穷，不可尽，是为无极；无极之极，是为太极。太极乃中也；中也者，即天地万物、喜怒哀乐未具之前清虚之至理也"。他强调，此太极、中，也就是佛教的正法眼藏，孟子的浩然之气，孔子的一贯之道。他认为佛教与儒家所奉的根本宗旨是一致的，说"以是融会儒之与释，虽门户不同，道之所在只一也"。值得注意的是，他所提到的一些概念，如无极、太极、理、中等，虽然源自传统儒学，然而在宋代兴起的道学中已具有宇宙本体论和心性的新意义。可见他论儒佛一致，是带有一定的时

---

① "回也愚"，《论语·为政第二》：子曰："吾与回言终日，不违如愚。退儿省其私，亦足以发，回也不愚。""曾子唯"，《论语·里仁第四》："子曰：参乎！吾道一以贯之。曾子曰：唯。"

代特色的。

对于佛教以国家最高统治者和儒家士大夫为外护的问题，祖钦也有论及。他在《王潜斋》的信中说，佛教自古以来就以国君大臣为"外护"，在他们的扶持——"翼而扶之"之下才得以存在和发展。他依据《大涅槃经》的内容①说："吾佛付嘱国王、大臣为之外护，所以广被西乾（按：指印度），远流东土，绵绵二千余载而未泯者，实外护之赐也。"然而近世以来却遭遇"末运"，"宗社浇漓"，世风日下，佛教内部也忘掉佛道的根本。

他认为佛教与儒家虽然根本一致，然而教化和教制不同，所谓：

> 释之教以慈忍为化，以戒定为制，故夫人也或得玩而视之，近而易之；儒之教以诚明为化，以刑责为制，故夫人也崇而尚之，仰而畏之。仰而畏则惧生焉，近而易则慢生焉。今夫人也，果曰我慢，则其逸俗绝尘清冷之士扫踪灭迹，甘与流光俱化，曾何世相之有哉！故曰：不假王臣外护而翼扶之，则或不自立……（《祖钦语录》卷下〈王潜斋〉）

意为佛教以慈忍精神进行教化，以持戒修禅为教制，使世人感到容易亲近，没有畏惧的感觉；然而儒家提倡诚明之道的同时，还通过国家实施刑罚以赏功罚罪，所以世人对它既表示崇敬，又感到畏惧。正因为佛教能够被世人轻易亲近，所以也容易招致来自世人的轻慢或不敬，导致苟且和迎合低俗世风的现象，教内那些超俗高洁之士难以立足，佛教面临着危机。在这种情况下，如果没有儒家出来扶持，佛教也许将走向灭亡。从这里可以看出，祖钦对当时的佛教怀有深刻的危机感，而将扶持佛教振兴的希望寄托在儒家及朝廷方面。

五　古林清茂、笑隐大欣和《钦定百丈清规》

古林清茂（1262—1329），属于临济宗圆悟—虎丘法系，是松源崇岳下二世横川行珙的弟子。

俗姓林，字古林，号金刚幢，晚年称休居叟，温州乐清人。在行珙住持明

---

① 《大涅槃经》卷三〈寿命品〉的原文是："如来今以无上正法，付嘱诸王、大臣、宰相、比丘、比丘尼、优婆塞、优婆夷，是诸国王及四部众应当劝励诸学人等令得增上戒定智慧，若有不学是三品法，懈怠破戒毁正法者，王者大臣四部之众应当苦治。"载《大正藏》卷12，第381页上至第381页中。

州阿育王寺期间，他曾担任首座。此后应请住持平江府（治今江苏苏州市）天平山白云禅寺、开元禅寺。元仁宗皇庆二年（1313）经国公杨俺普的奏请，皇帝赐以"扶宗普觉佛性禅师"之号。延祐二年（1315）应请到饶州（治今江西鄱阳县）任永福禅寺住持，此后声名日著，门下弟子云集。晚年应请到建康住持凤台山保宁寺，在此八年。在这期间，元朝廷在金山寺（在今江苏镇江）举办盛大法会，请浙右僧众三宗（禅、教、律）高僧出席并说法。清茂虽不在浙右，也被官府召请代表禅宗参加此会。

元文宗天历二年十一月去世，年六十八岁。清茂富有文才，为弟子重评说宋代雪窦重显的《拈古百则》，弟子录编为《重拈雪窦举古一百则》（载《古林和尚语录》卷三），并在宋代宗永编集禅宗记言体史书《宗门统要》十卷的基础上增编二卷为《宗门统要续集》（现本分成二十二卷）。他的语录及部分著述载于元浩等人合编《古林和尚语录》五卷之中，另有日本僧海寿编录的《古林和尚拾遗偈颂》二卷行世。①

清茂的僧弟子达千人之多，其中有苏州灵禅寺岩南堂了庵清欲禅师、苏州定慧禅寺大方因禅师、明州瑞云山清凉禅寺实庵松隐茂禅师、温州仙岩禅寺仲谋猷禅师、越州龙华禅寺会翁海禅师等。另有弟子日本僧月林道皎、石室善玖、竺仙梵仙回到日本传法。②

笑隐大欣（1284—1344），是临济宗圆悟—大慧法系，是大慧宗杲下四世晦机元熙的弟子。

大欣（或写作"訢"），俗姓陈，字笑隐，祖籍九江，后徙居南昌，自幼丧父，母勤修净土念佛。大欣九岁依为僧的伯父法云出家，此后广读佛典，十七岁剃度受具足戒后，开始出外游方参访名师。先到庐山开先寺参谒大慧下四世一山了万，从学禅法，后受了万之命到百丈山（在今江西奉新县）参谒友晦机元熙。某日，元熙举百丈野狐因缘③探试大欣的禅机，大欣刚要开口说话，元熙

---

① 主要据《古林和尚语录》后附竺仙梵仙撰《古林和尚行实》、《古林和尚碑》，并参考《五灯会元续略》卷三上、《五灯全书》卷五十所载传记。

② 请详见拙著《日本佛教史》第三章第五至六节，浙江人民出版社1995年版。

③ 据传说，马祖弟子怀海居百丈山，"有一老人随众听法。众人退，老人亦退。忽一日不退。师问：面前立者何人？老人云：某甲非人也，过去迦叶佛时曾住此山，因学人问：大修行人还落因果也无？某甲对云：不落因果。五百生堕野狐身。今请和尚代一转语。遂逐前问。师云：不昧因果。老人言下大悟，作礼云：某甲已脱野狐身，住在山后，乞依亡僧事例。师令维那白槌云：食罢送亡僧。众皆怪讶云：又无人迁化，何得送亡僧？食罢，师领众，至山后岩下，以拄杖挑出一死狐，依法火葬"。（《联灯会要》卷四）

大喝一声，他当即豁然开悟。后作偈颂表述自己的悟境云："百丈野狐，野狐百丈，埋着一坑，伏惟尚享。"

大欣博学多闻，能文善辩，在元熙住持杭州净慈寺时担任书记。他有感于元熙说法文理清晰，对元机说：

> 昔雪窦、真净及我妙喜①以来，内自教务，旁及儒、老子、百家之言，深入要妙，故其文言浩乎如川至之不可御也。（虞集《笑隐欣公行道记》）

确实，禅宗高僧的禅语之所以能蕴含深刻的哲学智辩和富有文韵、妙趣，是来自他们具有深厚的佛学和传统文化素养，也得益于他们对佛教义理与儒、道、百家思想的巧妙会通。大欣在丛林间逐渐出名，与当时著名禅僧古林清茝、中峰明本及断江恩、一溪如、无言宣等禅师有着密切的交往。此外，他与著名儒者士大夫如吴兴赵孟頫、巴西邓文原、四明袁桷、"房山道人"袁彦敏、东阳胡长孺、钱塘仇远、莆城杨载、金华黄潜、京兆杜本等也有交往，彼此结为"文学之友"。

元武宗至大四年（1311），大欣应请住持湖州乌回禅寺。此后，元仁宗延祐七年（1320）住持杭州禅宗大报国寺，期间将属于寺院而被地方豪族侵占的田地收回。五年后，应江浙行省丞相兼"行政院事领东南浮图之教"的脱欢之请住持著名的杭州中天竺禅寺。元文宗为怀王时曾居住建康（今南京）四年，即位后降诏将他原居住邸宅改为大龙翔集庆寺，使居于江南寺院中最高地位。天历二年（1329）二月寺成，大欣被封为大中大夫，受赐"广智全悟大师"之号，受命任大龙翔集庆寺开山第一代住持。翌年，他应朝廷召请与金陵蒋山昙芳忠禅师入京城大都。京城禅僧出迎，对他说："国家尚教乘塔庙之建，为禅者寂然。禅刹兴于今者代，自师始。吾徒赖焉。"（虞集《笑隐欣公行道记》）此话大体反映了元代佛教的态势。大欣表示，律、教与禅三宗一致，说："遵其行之为律，宣其言之为教，传其心之为禅，有言有行皆所以明是心也。"实际是以禅宗为根本。他被召进奎章阁向文宗宣说禅法，受到丰厚赏赐。他回到龙翔集庆寺后，受到来自朝廷和地方官府的优厚待遇。元惠宗至元二年（1336）又受封

---

① 雪窦重显是北宋云门宗僧，真净克文是北宋临济宗黄龙慧南弟子，妙喜是大慧宗杲之号。

"释教宗主兼领五山寺"之号①。虽然这只是一种荣誉称号，然而他的地位由此更加显赫。

自唐代百丈怀海为禅宗寺院初制《清规》以来，各地禅寺对此《清规》体例内容多有改动，"增减不一"。元惠宗元统三年（1335），敕江西龙兴路百丈山（在今江西奉新县）大智寿圣禅寺住持德辉禅师在遵照唐代怀海所立《清规》体例的基础上加以重编，并命大欣负责组织"有本事的和尚"详加修改校正，最后将全书统编为九章。至元二年（1336）书成进上，惠宗下诏以《敕修百丈清规》的名目颁布全国，命各地寺院统一遵照执行。(《敕修百丈清规》卷首所载《圣旨》②，并虞集《笑隐欣公行道记》、黄溍《欣公塔铭》)

笑隐大欣于元惠宗至正四年（1344）五月去世，年六十一。前奎章阁侍书学士、翰林侍讲虞集撰写《元广智全悟大禅师大中大夫住大龙翔集庆寺释教宗主兼领五山寺笑隐欣公行道记》（简称《笑隐欣公行道记》），前中顺大夫秘书少监黄溍撰《元大中大夫广智全悟大禅师住持大龙翔集庆寺释教宗主兼领五山寺笑隐欣公塔铭》（简称《欣公塔铭》）。

大欣的嗣法弟子有：明代金陵天界寺觉原慧昙禅师、金陵天界寺善世全室宗泐禅师、杭州中天竺寺用彰懒翁庭俊禅师、杭州灵隐寺介庵用真辅良禅师、庐山圆通寺约之崇裕禅师、绍兴府宝相寺清远怀渭禅师等人。

大欣生前的说法语录及部分著述载于弟子廷俊、慧昙等人编《笑隐欣禅师语录》四卷之中，《续藏经》本的卷后附有虞集《笑隐欣公行道记》、黄溍《欣公塔铭》。另有文集《蒲室集》十五卷行世。③

从以上6人的介绍，大致可以了解从宋金末年及元朝初期临济宗的情况。印简、刘秉忠不仅对元朝前期吸收汉文化起到推动的作用，而且也对汉传佛教别是禅宗提供过保护，对汉传佛教在元朝的存在和发展有一定影响。至于妙高、

---

① 南宋宁宗在位期间（1195—1224）曾实行禅寺"五山十刹"制，据日本现存《扶桑五山记》（约著于1722—1723）卷一《大宋国诸寺位次》所载，五山是：径山万寿禅寺、临安灵隐禅寺、太白山天童禅寺、临安净慈禅寺、明州阿育王禅寺；十刹是：临安天竺寺、湖州道场寺、温州江心寺、金华双林寺、明州雪窦寺、台州国清寺、福州雪峰寺、建康灵谷寺、苏州万寿寺和虎丘寺。详见拙著《日本佛教史》第四章第二节，浙江人民出版社1995年版。

② 《大正藏》卷48，第1110—1111页上。

③ 以上主要据虞集《笑隐欣公行道记》、黄溍《欣公塔铭》，并参考《南宋元明禅林僧宝传》卷九、《五灯全书》卷五十五所载传记。

祖钦、清茂、大欣，都是江南著名禅师，通过他们的传法和培养弟子，直接促进临济宗在元代的传播，而祖钦—高峰原妙—中峰明本的法系，一直传到明清以后。

临济宗传承世系略表之七

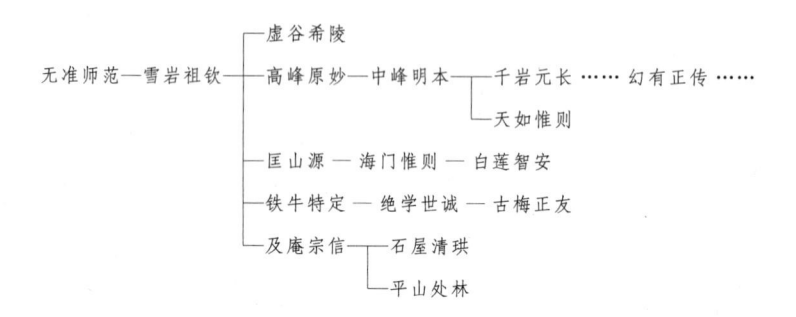

```
                    ┌─虚谷希陵
                    │
无准师范—雪岩祖钦─┼─高峰原妙—中峰明本─┬─千岩元长……幻有正传……
                    │                      └─天如惟则
                    │
                    ├─匡山源—海门惟则—白莲智安
                    │
                    ├─铁牛特定—绝学世诚—古梅正友
                    │
                    ├─及庵宗信—石屋清珙
                    │
                    └─平山处林
```

第二节　金末元初曹洞宗万松行秀及其禅法

在金、元两朝，禅宗在佛教诸宗中仍是最为活跃最有影响的宗派。在北方最有名的禅师是活跃于金末元初的曹洞宗的万松行秀禅师，在南方有临济宗的雪岩祖钦、高峰元妙、中峰明本等禅师。

这里先介绍万松行秀及其主要弟子。

一　行秀的生平

现在记载行秀的资料不多，主要有明代净柱辑《五灯会元续略》卷一和通问编定、施沛汇集《续灯存稿》卷十一、费隐通容编《五灯严统》卷十四、元贤《继灯录》卷一、清代性统《续灯正统》卷三十五、霁仑超永《五灯全书》卷六十一等所载行秀的传记，从内容字句看大体出于同一资料，然而取舍详略稍有不同，篇幅皆不长。

行秀（1166—1246），河内解梁（在今山西省临猗西南）人，俗姓蔡。幼年离别父母到邢州（治今河北邢台市）净土寺，从赞允①出家。受具足戒后，到达今北京一带（燕）访师参学，先到潭柘寺，后至庆寿寺，投到胜默光和尚②的门下。

当时丛林盛行参扣前代祖师、禅师得悟因缘（公案）或语录的做法。胜默光和尚让行秀参扣唐代长沙景岑"转自己归山河大地"的禅语③。景岑是马祖下二世、南泉普愿的弟子，曾在上堂说法中说十方世界、一切众生皆是"般若光"（实指真如佛性）的显现，意为天地同根，万物一体，然而对门下弟子所问："如何转得山河国土归自己去"却没有正面回答，而从反面质询："如何转得自己成山河国土去？"是启示他自己体会天地自我一体的道理。据载，行秀对景岑的禅语经半年之久没有参悟出其中的奥妙。光和尚见此，告诉他希望他晚些时候得悟。也许是希望他多得到一些参禅的磨炼吧。此后，行秀稍有所悟，光和尚又让他参扣唐末玄沙师备说灵云"因桃花悟道"为"未彻"之语④，却久未悟解其中的道理。

行秀离开庆寿寺，到了磁州（治今河北磁县）大明寺，礼雪岩满禅师为师。雪岩满属于宋代曹洞宗。宋代曹洞宗出自芙蓉道楷门下的弟子中，在后世最有影响的有丹霞子淳与鹿门自觉两个法系。丹霞下影响大的有天童正觉（或前冠"宏智"之号作"宏智正觉"）、真歇清了两支法系。在真歇清了之后有天童宗珏—雪窦智鉴—天童如净。鹿门自觉传普照一辨，然后是大明宝—王山体。行秀师事的雪岩满则是王山体禅师的嗣法弟子，属于芙蓉道楷下第五世。行秀从

---

① 赞允，各书多作"赞公"，此据《五灯全书》卷六十一、《续灯正统》卷三十五的〈行秀传〉。

② 胜默光，或称"胜默"、"胜默老人"，此据《从容录》卷一第十六则所引、《五灯全书》卷六十一〈行秀传〉。从禅宗史书用例看，"胜默"当是号，"光"是法名后一字，全名不详。

③ 景岑原句应为"转得自己成山河国土"。《景德传灯录》卷十〈景岑章〉载有他的相关语录："僧问：如何转得山河国土归自己去？师（按：景岑）云：如何转得自己成山河国土去？僧云：不会。师云：湖南城下好养民，米贱柴多足四邻。其僧无语。师有偈曰：谁问山河转，山河转向谁。圆通无两畔，法性本无归。"载《大正藏》卷51，第275页下。

④ "未彻"犹如"未悟"。唐灵云志勤禅师是灵祐的弟子，据载因看到桃花盛开而得悟，作偈示其悟境曰："三十来年寻剑客，几逢落叶几抽枝，自从一见桃华后，直至如今更不疑。"他将偈呈给灵祐看，灵祐表示认可，说："从缘悟达，永无退失。"此事传到福建玄沙师备那里，他认为志勤并没有真正得悟，称之为"未彻"。载《景德传灯录》卷十一〈灵云章〉，《大正藏》卷51，第285页上。此则公案，在行秀《从容录》卷三第三十九则中也有记载，见《大正藏》卷48，第252页下。

他受法，自然属芙蓉下第六世。然而明代以来对此传承存在不同的说法。①

关于行秀得悟因缘，各书记载不同。据清代纪荫《宗统纪年》卷二十三记载，行秀投到大明寺满禅师门下过了二十七日，感到以往掌握的修行方法已经用尽，不知以后怎么办（所谓"不觉伎俩已尽"）。于是，满禅师告诉他说：

> 你但行里坐里，心念未起时，猛提起觑，见即便见，不见且却抬放一边。怎么做工夫，休歇也不碍参学，参学也不碍休歇。

这是教导行秀在心理上应摆脱执著，以自然的心态来对待参学，在心念没有起伏的状态下参扣（一理、一事、一语等），不管遇到什么结果，皆以平常心对待，做到将"休歇"与"参学"融为一体。此后，满让他担任寺院的书记。有一天，潭柘寺的享禅师访问大明寺，行秀向他问何为"死句"、"活句"。享禅师告诉他："书记若会，死句也是活句；若不会，活句也是死句。"意为死句、活句本来没有固定的界线，关键在参扣者是否理解。行秀受到很大启发。据载，行秀某日看见鸡飞，忽然大悟，喊："今日不惟捉败沙老虎，亦乃捉败岑大虫也。"意为自己已经参透当年胜默光让的参扣的长沙景岑"转自己归山河大地"的禅语，悟境也超过他。他将悟境告诉满禅师，得到印可。二年后，满禅师授他袈裟和偈颂，承认他为嗣法弟子，勉励他弘扬禅法。行秀从此名扬"两河三晋"（今河南河北和山西一带）。

行秀回到当初出家之地邢州净土寺，建万松庵自住，后常以"万松"为号。应寺中长老和尚的请求，开始说法。此后，应请住持中都（今北京）万寿寺。当时金章宗在位，明昌四年（相当南宋光宗绍熙四年，1193），召请他入皇宫升座说法，听到满意，授以绵织袈裟。内宫贵戚也施以珍宝，请他建普度法会。

---

① 关于行秀是否上承自芙蓉道楷—鹿门自觉的法系，禅门史书有不同的记载，自《五灯会元续略》至《五灯全书》等，皆以鹿门自觉上承丹霞子淳……天童如净。对此，自古以来就有争论。清代纪荫《宗统编年》卷二十四引北京胜果寺荐明代《曹洞源流碑》谓："……芙蓉楷、鹿门觉、青州辨、大明宝、王山体、雪岩满、万松秀……"清代曹洞宗《蔗庵净范禅师语录》卷三十载《考定宗本说》，谓《鹿门塔铭》记载鹿门自觉嗣芙蓉道楷，从净因寺迁鹿门之事；又引青州普照寺一辨《自叙》，谓他从鹿门自觉受法后，曾参丹霞子淳，指出《五灯会元续略》作者远门净柱不知道丹霞子淳与鹿门自觉同嗣芙蓉道楷，属于"同门昆季"，从而将鹿门置于如净之下。请参考陈垣《清初僧诤记》卷一之三"《五灯全书》诤"，另参考日本忽滑谷快天著，朱谦之译，上海古籍出版社2002年出版的《中国禅学思想史》第五编第四章第十八节；石井修道著，东京大东出版社1987年出版的《宋代禅宗史的研究》第三章第四节的有关考证。

承安二年（1197）金章宗降诏任行秀住持大都仰山栖隐禅寺①。此后又住持报恩洪济寺。

金宣宗在贞祐二年（1214）为避蒙古的威胁，迁都开封。翌年，蒙古兵攻占中都。行秀仍留中都传法，元太宗（窝阔台）二年（1230），诏行秀再住持万寿寺。二年后，行秀退居于在报恩寺内所建的从容庵，弟子福裕受命住持万寿寺。②清代性统《续灯正统》卷三十五〈行秀传〉谓其："数迁钜刹，大振洞上之宗（按：曹洞宗），道化称极盛焉。"反映行秀在当时的影响是很大的。

行秀于元定宗（孛儿只斤贵由）元年（1246）四月去世，年八十一岁。死前挥笔书曰："八十一年，只此一语。珍重诸人，切莫错举。"弟子将其遗体火化后，收舍利造塔安葬。

据《五灯会元续略》卷一、《五灯全书》六十一等所载〈行秀传〉的记载，行秀对"孔老庄周百家之学，无不精通"，曾三次阅读大藏经，一生特别重视阅读和讲授《华严经》。重视《华严经》和华严宗，当是受金朝佛教界风气的影响。行秀有嗣法弟子120人，其中以和林北少林寺雪庭福裕、大都报恩寺林泉从伦等禅师，以及士大夫耶律楚材、李纯甫等居士最有名。

二　行秀的禅法著作

据《五灯全书》等禅宗史书记载，行秀前后在邢州净土寺、中都仰山隐栖寺、报恩洪济寺及万寿寺住持传法，皆有语录传世。然而现在仅从这些史书行秀传记中可以看到他一小部分语录，其他皆已不存。据载，他还著有《祖灯录》六十二卷及《释氏新闻》、《鸣道集》、《辨宗说》、《心经风鸣》、《禅悦法喜集》等，也皆已不存。

现仅将现存他的《从容录》、《请益录》略加介绍。

---

① 禅宗史书皆在"仰山栖隐寺"前冠以"大都"，实际金代无"大都"之称，此当用元代对"中都"的名称，即今北京。据日本野上俊静，京都平乐寺书店1953年出版的《辽金的佛教·金代篇》，据《顺天府志》卷十七的记载，金世宗在大定二十四年（1184）仰山建栖隐寺，玄冥为开山。明清的顺天府治今北京。忽滑骨快天《中国禅学史》第五编第四章误以此仰山所在的"大都"是金之"大定府"（治今内蒙古宁城西南）。

② 据清纪荫《宗统编年》卷二十五，行秀在壬辰之年（南宋宁宗五年，1232）退居从容庵，福裕补住万寿。

(一)《从容录》

全称《万松老人评唱天童和尚颂古从容庵录》，三卷或分作六卷。题目中的"评唱"，含有评述与提倡的意思。本书是行秀对曹洞宗天童正觉所作的颂古百则所作的阐释、评述和提倡。正觉颂古百则，原载于《宏智禅师广录》卷二。

北宋临济宗圆悟克勤曾对云门宗雪窦重显的百则颂古加以阐释和评述，撰成《碧岩录》十卷，由克勤作的"垂示"、雪窦选取（"举"）的一百则"本则"（公案、语录）、雪窦对本则所作的"颂古"（偈颂）、克勤对本则及雪窦颂古所加的"著语"（以夹注形式）、克勤对本则及雪窦颂古的"评唱"组成。行秀就是仿照克勤编《碧岩录》的做法编撰成《从容录》的。

现存《从容录》对正觉所选取的百则公案语录皆加上一个标题，如第一则"世尊升座"，第八主则"百丈野狐"等等。在结构上，包括"示众"，相当于《碧岩录》的"垂示"，是对后面本则宗旨的提示或总评；其次"本则"，以"举"字打头，是当初正觉所举前人参悟事例的公案语录（其中也有取自佛经）；"颂古"，以"颂云"开始，正觉对前引本则所作的偈颂；"评唱"，是对本则和颂古的解释和评述、发挥，分别置于本则及颂古之后，皆以"师云"开始；"著语"，在本则及颂古部分以夹注形式对语句所作的点评。

在《从容录》前载行秀在家弟子湛然居士耶律楚材（原作"移剌楚才"，此取《元史》通称）写的序及行秀寄赠耶律楚材《从容录》所附的信。耶律楚材在序中说：

> 吾宗有天童者颂古百篇，号为绝唱。予坚请万松评唱是颂，开发后学。前后九书，间关七年，方蒙见寄。予西域伶仃数载，忽受是书，如醉而醒，如死而苏，踊跃欢呼，东望稽颡，再四披绎，抚卷而叹曰：万松来西域矣！其片言只字，咸有指归，结□出眼。高冠今古，足为万世之模楷。非师范人天权衡造化者，孰能与于此哉。予与行官数友，旦夕游泳于是书，如登大宝山，入华藏海，互珍奇物，广大悉备，左逢而右遇，目富而心忲，岂可以世间语言形容其万一耶？予不敢独擅其美，思与天下共之，京城唯法弟从祥者，与仆为忘年交。谨致书，请刊行于世以贻来者。①

---

① 《大正藏》卷48，第226页下。

耶律楚材在序后所署的时间是"甲申中元日",应是元太祖成吉思汗十九年（南宋宁宗嘉定十七年,1224年）的七月十五日。写序的地点是西域阿里马城（今新疆霍城县克千山南麓阿尔泰古城遗址）。参考《元史》卷一〈元太祖纪〉及卷一四六〈耶律楚材传〉可知,从元太祖十四年至十九年（1219—1224）,耶律楚材随成吉思汗西征,写此序时正是成吉思汗从东印度回归之年。从元太祖西征到东归,首尾七年,耶律楚材先后给行秀写过七封信,劝他评唱正觉的颂古百则以启发后学,并将评唱书稿寄他一份。他接到书稿后,非常高兴,给予很高评价,不仅自己阅读,还让在元太祖行宫的朋友读,然后将书稿送给在京城（当是燕京）法弟从祥,托他刊印,以便在天下流行。

据行秀寄赠耶律楚材《从容录》书稿的附信,他收到耶律楚材索要书稿信的时间是"壬午岁杪",即元太祖十七年（南宋宁宗嘉定十五年,1222年）底。他给耶律楚材寄书稿及信的时间是第二年,即"癸未年上巳日",正是耶律楚材写序的前一年,是元太祖十八年（1223年）的三月初三日。他在信中说:

> 天童老师颂古,片言只字皆自佛祖渊源流出,学者罔测也。……万松昔尝评唱,兵革以来,废其祖稿,迩来退居燕京报恩,旋筑蜗舍,榜曰从容庵,图成旧绪,适值湛然居士劝请成之,老眼昏华,多出口占,门人笔受。其间繁载机缘事迹,一则旌天童学海波澜,附会巧便;二则省学人检讨之功;三则露万松述而不作,非臆断也。窃此佛果《碧岩集》,则篇篇皆有"示众"为备。窃比圆通《觉海录》,则句句未尝支离为完,至于着语出眼,笔削之际,亦临机不让。①

信中所说"兵革以来"当指1213年蒙古兵围攻中都到1215年攻陷燕京及其以后的一段时间。行秀说自己十分钦佩天童正觉禅师所作的百则颂古,认为字字句句符合佛祖原义,过去已作过评唱,然而,在蒙古占领燕京以后才停顿下来;自己退居于报恩洪济寺,在寺内构建"从容庵"居住,想再继续评唱,正在此时耶律楚材来信劝他将此事完成;他便讲述,由弟子笔录;在评唱中对正觉所举的公案所涉及的"机缘事迹"作了详细的记述和解释,为的是显示正觉

---

① 《大正藏》卷48,第227页上。

博学，并便于学人阅读，也为表示自己"述而不作"；依照圆悟《碧岩录》的体例，篇篇皆有"示众"；希望能如圆通《觉海录》（不详）那样，语句表达完整，而在注释、点评等方面要做得更好。

行秀在评唱部分对本则涉及的"机缘事迹"所作的记述和解释占了很大篇幅，然而为了贯彻自己所谓"述而不作"的意图，却极少集中地正面地论证禅法思想和表述自己禅法主张。在这一点上，与克勤的《碧岩录》形成鲜明的对照。

日本《大正藏》第四十八卷所收的《从容录》是取自东京驹泽大学所藏本，源自明代万历"丁未"（万历三十五年，1607）刻本，前有《从容录重刻四家语录序》①及《重刻四家评唱序》。前一标题中所谓"四家语录"应与后一标题的"四家评唱"是一个意思。从前序所说"天童、雪窦残唾，既苦不收；圜悟、万松梦语，又多不醒"来看，当是指雪窦重显的百则颂古、天童正觉的百则颂古以及分别对此加以评唱的圆悟《碧岩录》、《从容录》，也许不是在此二录之外加上万松弟子从伦的《空谷集》、《虚空集》之后的四家评唱②。

（二）《请益录》

全称《万松老人评唱天童觉和尚拈古请益录》，二卷，是行秀对天童正觉所作拈古九十九则所作的阐释、评述和提倡。正觉拈古取自《宏智禅师广录》卷三，虽原称"拈古一百则"，实际只有九十九则。

全书在结构上与前述《从容录》相似，然而没有其中的"示众"部分，包括"本则"、"拈古"、"著语"及"评唱"四部分。"本则"，以"举"字开始，是当初正觉说法中作为举例所引证的记述前人参悟机缘的公案语录（有少量是取自佛经），每则前面皆有小标题，如第三则前有"百丈上堂"，第九则"玄沙过患"等；"拈古"，紧接在本则之后，以"天童拈云"开始，是正觉对本则所作的带有品评、发挥意味的语句；"著语"，是行秀对本则及天童正觉的拈古所作的简短点评、批语；"评唱"，以"师云"开始，是行秀对本则和正觉的拈语所作的解释、评述和发挥。行秀引证的书很多，其中引证最多的是称作《无尽灯录》的。

---

① 题目《从容录重刻四家语录序》用现在标点表示，也许应写成《从容录·重刻四家语录序》比较合适。其中的"重刻四家语录序"，当是在重刻本《从容录》卷首所加的序。

② 既称"四家"，也不会是圆悟《碧岩录》、评唱雪窦拈古的《击节录》及万松《从容录》、评唱天童拈古的《请益录》。

卷首载有行秀写的序。据其中所说天童拈古百则出世百年之后，"湛然居士断送万松，再呈丑拙"，此《请益录》也是湛然居士耶律楚材劝请行秀作的。行秀还说："自庚寅九月旦请益，才廿七日"，可见，从他开讲到最后成书，是在"庚寅"（元太宗二年，1230年）的九月初一至二十八日之间。他正是在这一年奉敕住持燕京万寿寺的。

与《从容录》一样，在评唱中引述和解释部分占了很大篇幅，很少集中地正面论证禅法，阐述自己的禅法主张。

三 行秀的禅法思想

行秀虽是曹洞宗禅僧，然而从现存他传记中所记载的少量语录及《从容录》、《请益录》来看，在他的禅法思想中看不到鲜明的曹洞宗色彩，也不提倡自天童正觉以来特别倡导的所谓"默照禅"。他论述禅法思想的语句比较分散和零碎，然而从中也可以大体看出他对禅法的一些主张。

行秀在说法中比较重视提倡华严宗的圆融思想，认为物我一体，到处可以入悟，同时强调佛法在世间，僧人在行表规范、处世等大的方面与普通人没有根本差异。他虽然有较多禅法著作，但仍认为普通语言文字难以表达佛道的至高真理。

（一）在说法中经常运用和发挥华严宗的圆融思想

中国禅宗各派，特别是石头法系的曹洞宗、云门宗、法眼宗，都深受《华严经》和华严宗思想的影响，在阐释和传授禅法过程中吸收华严圆融思想，论述作为世界万物本原、本体的真如佛性（心、理、空性）与万事万物（色、事、万有）是彼此会通，相即圆融无碍的。所谓天地同根、物我一体、色心一如、一多相容等说法，皆出自这种思想。

行秀年轻时投到燕京庆寿寺胜默光和尚门下参禅，光和尚让行秀参扣唐代长沙景岑"转自己归山河大地"的禅语，他久久没有参透。这段禅语所包含的思想就是真如佛性（景岑称之为"般若光"）与世界万物是彼此会通，相即无碍的，物与我（自己）是相为一体的。

后来他在说法中也经常引述和发挥这种思想。他《请益录》卷下第六十五则"长沙转物"一则中，他在引述长沙景岑所说"……（般若）光未发时，尚

无佛无众生消息,何处得山河国土来"的一段禅话,然后说:

> 万松尝道:混沌未分时,还有天地人不?父母未生时,还有己身不?心念未起时,还有迷悟凡圣不?这僧问如何转得大地归自己去。一大藏教,只说个三界唯心,万法唯识。肇法师云:会万物为自己者,其唯圣人乎?《楞严经》道:若能转物,即同如来……

行秀在引文中虽没有直接地表达自己的见解,然而通过他提的问题和引述的语句是可以看出他的思想主张的:

(1) 所谓"天地混沌未分时"、"父母未生时"、"心念未起时",相当于景岑所说的"般若光未发时",亦即表示,没有所谓"般若之光"——真如佛性(理、心性、识)的作用,没有天地万物,也没有众生、贤圣与凡人。

(2) 既然天地万物、众生、贤圣与凡人,皆由真如佛性的作用"般若之光"而形成,所谓"三界唯心,万法唯识",那么天地万物、各种众生便皆以真如佛性为普遍性的基础,它们彼此是同根、同体,并且在理论上是可以互相会通、圆融的。

(3) 他们彼此可以圆融来说,理事是圆融的,事事也是圆融的,故我即山河大地,山河大地即我,物我从根本上是一体的。这便是后秦僧肇在《涅槃无名论》中所说的"会万物为自己"(原本应为"会万物以成己"),至此在认识上便达到圣人境界。

行秀在《从容录》卷五第六十七则"严经智慧"中,引《华严经》中"一切众生,具有如来智慧德相,但以妄想执著,而不证得"的经文,然后据唐代澄观《华严大疏》(《新华严经疏》)及《普贤行愿品疏》,或说此段经文是"开因性",或说是"开物性源",论证一切众生皆有如来智慧(佛性),但被"妄想执著"所覆盖而不自觉。在解释天童对本则所作的颂古时,又引"三界唯心,万法唯识"的话,说明世界是"打做一团,炼做一块,周法界,无边表"的;引所传是僧璨所作的《信心铭》说:"极小同大,忘绝境界;极大同小,不见边表。"他在本则"示众"中说:

> 一尘含万象,一念具三千,何况顶天地丈夫儿,道头知尾。

可以说是集中而清楚地表达了自己对此的见解，不外是华严宗的真如、心性显现为世界万物，事事物物彼此融通的道理。

既然真如佛性与世界万物、一切众生彼此融通无碍，那么在任何场所、做任何事情，皆不妨碍"识心见性"，皆可"见性成佛"。① 唐代雪峰义存曾说"尽乾坤是个解脱门"，意为觉悟解脱之门存在于天下处处事事之中，并非存在于日常生活之外。行秀在说法中也讲这种思想。在《五灯会元续略》卷一及其他多种史书所载行秀的传记中，某日小参，他十分形象地举了一个十分有趣的事例，然后加以评论。

小参：昔有跨驴人问众僧何往？僧曰：道场去。人曰：何处不是道场。僧以拳殴之曰：者（按：这）汉没道理，向道场里跨驴不下。其人无语。

师（按：指行秀）曰：人人尽道者汉有头无尾，能做不能当。殊不知却是者僧前言不副后语。汝既知举足下足皆是道场，何不悟骑驴跨马无非佛事。万松要断者不平公案，更与花判曰：

吃拳没兴汉，茅广（按：当指大寺院）杜禅和（按：即"杜撰禅和"，随意解释佛法的禅僧），早是不克己，那堪错怪他。道场惟有一，佛法本无多，留与阇黎道，护唵萨哩嚩（按：是咒语，意不明）。

行秀所举的事例大意是：一位骑驴人在路上看见众僧便问他们到什么地方去。僧人告诉他到道场去。他便根据自己对佛法的一知半解，贸然地说哪里不是道场？一僧便以此为口实上前打他，说他没有道理，为什么在道场里还不下驴！此人无语以对。对此，行秀评论说，人人都认为骑驴人"有头无尾"，不能据理应辩，然而实际此僧，对佛法没有真正全面理解，你既然知道处处在在皆是道场，怎么就不晓悟"骑驴跨马无非佛事"呢？他特地作偈颂评论此事，其中的"道场惟有一，佛法本无多"中也贯穿着事事圆融的思想——天下是一个大道场，此为一；佛法即真如心性，此为无多。

（二）佛法不离世间，衲僧"不异常途"

禅宗六祖慧能曾说："法元在世间，于世出世间，勿离世间上，外求出世间。

---

① "识心见性"是《六祖坛经》所载慧能之语；"见性成佛"，常与"直指人心"连用，是唐宋以来丛林间表达禅宗宗旨的常用之语，行秀在《从容录》卷三第四十三则"罗山起灭"的评唱中也引过此语。

邪见是世间，正见出世间，邪正悉打却，菩提性宛然。此但是顿教，亦名为大乘，迷来经累劫，悟即刹那间。"（敦煌本《六祖坛经》）说的是佛法在人间，修行应遵循自然，以中道的态度看待世俗的妄见、邪见和佛教的正见，应善于摆脱迷执，达到顿悟解脱。从总体上看，后世的禅宗也奉此为基本宗旨的。

行秀从传承上属于曹洞宗，他对门下弟子和参禅者说法的方法比较重视讲授和阐释前人的修行、入悟的事例，让他们从中得到启示。例如，上述评唱天童的颂古的《从容录》，评唱天童拈古的《请益录》，都是他向弟子讲授之后，由弟子笔录成书的。行秀在《从容录》中表示，如果是"从圣入凡"（佛菩萨入世教化众生），是"先悟后修"，然而对于普通人来说，应当是先修而后悟。他在《从容录》卷四第五十六则的评唱中说：

> 教中有性、修二门，洞上名借功名位，大抵因修而悟。①

因此，他似乎更多地引导弟子循序渐进，在指导参禅过程中不主张采用棒打、大声喊叫所谓"棒喝"的严厉手段传法。他曾经郑重地告诉门人："洞上（按：指曹洞宗）家风，不贵棒喝。"（《从容录》卷三第四十四则）②

他还告诉弟子："衲僧行履，不异常途。唯临生死、祸福、得失、是非之际，视死如生，受辱如荣，见其人矣。"（《请益录》卷下第八十则）意为出家为僧，在行表规范和为人处世等大的方面，与普通人没有根本差异，然而在对待生死、祸福、得失、是非等方面，表现出超乎常人的境界，因为体悟诸法无常和虚幻空寂，所以能做到视死如归，也不把荣辱祸福等放在心上。

行秀提出，不应当在所谓"世法"与"佛法"之间划上彼此不能逾越的界线。《从容录》卷三第五十一则的"示众"说：

> 世法里悟却多少人？佛法里迷却多少人？忽然打成一片，还著得迷悟也无？

这是说，即使生活在世间，也有能够很多人觉悟；相反，即使在生活在佛法之中，也有很多人处于迷惑的状态。那么，如果将世法与佛法的界线打破，

---

① 《大正藏》卷48，第262页下。
② 同上书，第255页下。

还有没有迷悟两种情况呢？他提出问题，却没有回答，实际是让人自己思考关键在于个人的道理。

那么，对于世俗的人，乃至出家修行尚未达到觉悟的人来说，总是具有程度不同的贪欲和其他烦恼的，此即佛教所称之为"妄念"、"妄心"。对此应当采取什么办法呢？在唐宋以来特别流行的《圆觉经》中有这样一段话："善男子，但诸菩萨及末世众生，居一切时，不起妄念；于诸妄心，亦不息灭；住妄想境，不加了知；于无了知，不辨真实。彼诸众生，闻是法门，信解受持，不生惊畏，是则名为随顺觉性。"① 据此经文，首先是不起妄念，其次即使有了妄念也不执意地加以断除，再其次对于已有的妄念既不加以了识，也不加以判断。据称这才符合佛性的要求。这里所表达的虽然也是"无念"的思想，然而却与自六祖慧能以来禅宗强调从中道不二角度把握的"无念"的宗旨不尽一致。

行秀对这段话不满意，为了让门下自己思考，特地在前四句话之后皆下一个"不"字，变成四句问话。为什么作这种改动呢？他解释说：

> 圭峰（按：唐代宗密）科此一段，谓之妄心顿证，又名忘心入觉。万松下四个不字，谓不起、不灭、不知、不辨，此四八三十二字，诸方皆为病，此处为药。且诸方病者：不起妄念，岂非焦芽败种？不灭妄心，岂非养病丧躯？不假了知，岂非暂时不在，如同死人？不辨真实，岂非颟顸佛性，笼桶（统）真如？

据认为，如果在四句下不加"不"字，便是四句正面判断句，就会给修行者以误导：一个在世间修行的人，怎么能没有妄念烦恼呢？如果没有，岂不是如同失去繁殖功能的"焦芽败种"；如果觉知自己有妄念而不加以断除，岂不是养病丧身？如果对妄念不进行了知，岂不是如同识神暂时离身的"死人"？如果不能分辨真伪，岂不是对真如佛性的道理含糊不清？如果在每句后面各加上一个"不"字，就从判断句变成疑问句，即："居一切时，不起妄念不？于诸妄心，亦不息灭不？住妄想境，不加了知不？于无了知，不辨真实不？"这样一来，每句皆含有正反两种意思，从而将中道不二的精神方便地贯彻进去，可以给修行者以更大的思考和选择的空间。可以认为，行秀的说法中贯穿着这样一种思想：在世间修行，但不

---

① 《大正藏》卷17，第917页中。

忘出世的追求和修行——致力不起、息灭妄念……虽追求出世解脱，然而又不离现实的世间——不可能没有妄念，完全息灭妄念……

全真道在蒙古正式建元之前及元初传播迅速。从行秀语录来看，他也与全真道有接触。有位全真道的道士登门向他求教。《五灯会元续略·行秀传》记载：

> 全真（按：全真道士）问：弟子三十余年，打叠妄心不下。师（按：行秀）曰：妄心有来多少时也？又曰：元来有妄心否？又曰：妄心作么生断？又曰：妄心断即是，不断即是。真礼拜而去。①

全真道士是问，自己三十年来想断除妄心，但是就是断除不了，请教行秀怎么做才好？对于此问，行秀没有正面回答，而是连续提出四问，也不知这位道士理解没有，立即作礼而去。

行秀的四问是说，对于妄心应当自然看待，不必执意地去加以辨别、断除。天童所举本则中提到，唐代有位卧轮禅师作偈称："卧轮有伎俩，能断百思想，对境心不起，菩提日日长。"六祖慧能听人念诵此偈，反其意而作偈曰："慧能没伎俩，不断百思想，对境心数起，菩提作么长。"② 慧能反对为不起世俗"妄心"而执意地避开世间外境，认为这是做不到的，而主张照常日常生活，以自然无为的"无念"为宗旨，"于念而不念"，"虽即见闻觉知，不染万境，而常自在"。（敦煌本《六祖坛经》语）行秀在评唱中认为，卧轮禅师的见解属于违背中道的"断见"。他认为应从中道不二的精神来把握"妄心"、"妄念"与菩提、涅槃的关系，他举宋初法眼宗永明延寿的话说："妄想兴而涅槃现，尘劳起而佛道成"。然而对其中的道理，他没有作进一步的解释。

正因为他主张佛法不离人间，修行不必远离社会，所以他反对当时佛教界所传一些关于"坐脱"的说法。《从容录》卷六第九十六则记载，有人妄传当年菩提达磨曾以"胎息传人"。所谓"胎息"本是道家借助调息以养生长寿之术。临济宗的大慧宗杲已经批驳过此说。然而据行秀说，当时仍有这种流传，认为修胎息法，可以"坐脱"，"以图长年及全身脱去"，希望延寿三五百岁。他反对这种做法，斥之为"妄想妄见"。

---

① 此亦载于《请益录》卷上第二则"卧轮伎俩"。
② 载《景德传灯录》卷五〈神会章〉之后，《大正藏》卷51，第244页中。后被载入元代宗宝本《六祖坛经》之中。

(三) 认为"至道不可形容",然而可以借助比喻、"曲说"表述

行秀是曹洞宗禅僧,对语言的见解自然受禅宗语言观的影响。他虽然写了很多文字著作,又讲解,让弟子记录整理出《从容录》、《请益录》,然而仍然认为,语言文字是难以完全表达佛教的最高真理的。《从容录》卷五第七十三则"曹山孝满"的评唱中说:

> 至道不可形容。古人近取诸身,远取诸物,比兴连类,以喻至道。①

所谓"至道",是指最高的真理,可以指真如、佛性、法性,也可以指空、第一义谛,乃至"菩萨之道"、"佛法"、"祖师西来意",等等。行秀认为对于这些概念、用语和义理,皆不能用语言正面表达清楚,只有借助自身动作、周围的事物来加以比喻,大致地表述它们的意思。在本则公案中举的僧问曹山:"灵衣(按:孝衣)不挂时如何?"曹山答:"曹山今日孝满。"僧又问:"孝满后如何?"答:"曹山爱颠酒(按:吃酒)。"从问答本身的语句来看,没有什么深意,然而在当时的场合,也许包含某种禅机在内,以上问答大概是属于"比兴连类"。在评唱中,行秀又举有人问洞山(此指宋代云门宗的洞山守初)"如何是佛",他答:"麻三斤。"其中的"如何是佛"属于所谓"至道",而"麻三斤"自然是比喻了,认为对于"如是佛"是难以用语言文字表达清楚的。

《从容录》卷二六五第六十一则"乾峰一画"的"示众"说:"曲说易会,一手分付;直说难会,十字打开。劝君不用分明语,语得分明出转难。"② 语句中的"一手分付"当指直接给予的意思,而"十字打开"也许原意是从包袱中取出东西需先将十字纽结解。行秀的意思是,对于佛教的真谛"至道"、禅法要旨,如果借助比喻、暗示、反诘语等"曲说"形式,也就是圆悟克勤在《碧岩录》卷一所说的"绕路说禅",可以让听法参禅者直接领会,而如果采取直接道破的方式,反而使人更难以理解。所以他劝人说法不用"分明语",如果用"分明语"会使人难以从迷执中解脱出来。

然而,行秀虽有这种见解,却不可能在自己传法生涯中贯彻到底。即使从

---

① 《大正藏》卷48,第273页中。
② 同上书,第265页上。

《从容录》、《请益录》来看，他反复引证古今丛林的公案语录，进行解释，虽然也运用不少含混不清、模棱两可的表述语句，但他行文的主流还是正面叙述，用"分明语"进行评论和引申发挥的。这是因为，他要在世间传法，要得到人们理解，就不能全用所谓"曲语"、比喻等方式进行表述，否则在现实社会就难以立足。

万松行秀是金朝末年和蒙古改称元之前最著名的曹洞宗高僧，在当时和以后在佛教界都有很大影响。他虽上承曹洞宗的法系，然而在禅法上并非局限于曹洞一系。他的在家弟子耶律楚材在《万松老人万寿语录序》中说："万松老人得大自在三昧（按：意为最自在最上乘之禅），决择玄徽，全曹洞之血脉；判断语缘，具云门之善巧；拈提公案，备临济之机锋；沩仰、法眼之炉鞴，兼而有之，使学人不堕于识情、莽卤、廉纤之病，真间世之宗师也。"① 这种说法也许有溢美之嫌，然而从行秀的禅法会通禅门五宗和吸收五宗的长处来说，不是没有根据的。

中国的曹洞宗正是通过万松行秀—弟子雪庭福裕—嵩山文泰这一支，一直传到明清以后。

曹洞宗传承世系略表之二

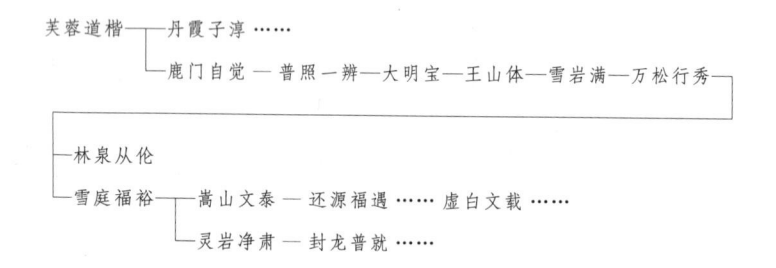

```
芙蓉道楷 ─┬─ 丹霞子淳 ……
          └─ 鹿门自觉 ─ 普照一辨 ─ 大明宝 ─ 王山体 ─ 雪岩满 ─ 万松行秀 ─┐
                                                                          │
          ┌─────────────────────────────────────────────────────────────┘
          ├─ 林泉从伦
          └─ 雪庭福裕 ─┬─ 嵩山文泰 ─ 还源福遇 …… 虚白文载 ……
                       └─ 灵岩净肃 ─ 封龙普就 ……
```

第三节　金朝护法居士李纯甫及其《鸣道集说》

万松行秀门下的在家儒者弟子中，除了在元太宗朝官至中书令的耶律楚材之

---

① 载《湛然居士文集》卷十三。

外,还有在金朝末年官至尚书左司都事,撰写《鸣道集说》的李纯甫比较有名。

这里对李纯甫的生平及其《鸣道集说》对宋朝道学的批评和三教会通思想进行介绍。

一 护法居士李纯甫的行履

李纯甫(1182—1231),字之纯,号屏山居士,弘州襄阴(在今河北阳原)人。祖、父皆儒者。自幼习词赋,后来因爱读《左传》,转而研修儒家经义学。金章宗承安二年(1197)为"经义进士"。作文好效法《庄子》、《列子》及《左传》、《战国策》,在金朝文坛很有影响。又喜兵法,曾向金章宗上疏谈用兵之策。当政因其才提拔他入翰林院。蒙古兴起,他曾向金朝廷上疏论时事,未被理睬。金宣宗为避蒙古围困,迁都开封,他随从南迁,再入翰林院,授任尚书左司都事。一度辞职,复职又入翰林院,主持贡举,后改任京兆府判官。金哀宗正大末年(1231),死于开封,年四十七。

李纯甫为人聪明,少负其才,认为功名易得,自比三国时的诸葛亮、前秦的王猛,爱上书论事,当政者以为他"迂阔",不予重视。好饮酒,言行常超出礼法之外,但何时也不忘著书。又好贤乐善,奖掖后进。[①]

李纯甫原来作为儒者不喜佛教,甚至曾作"排佛"之论,认为学佛必先坏身,再亡家败国;也不喜老庄,著"辨庄"之论,认为老庄不过是"杨墨之遗说"。后来在邢台偶然遇到曹洞宗万松行秀禅师,听到他的开示,受到很大启悟,便礼行秀为师。

万松行秀(1166—1246),河内解梁(在今山西省临猗西南)人,俗姓蔡,出家受具足戒后,行脚至今北京一带访师参学,先到潭柘寺(在今北京西部门头沟区),接着到燕京(今北京)庆寿寺投到胜默光和尚[②]的门下习禅,后到磁州(治今河北磁县)大明寺礼曹洞宗雪岩满禅师为师。宋代曹洞宗出自芙蓉道楷门下的弟子中,在后世最有影响的有丹霞子淳与鹿门自觉两个法系。在丹霞法系影响较大的有天童正觉(或前冠"宏智"之号作"宏智正觉")、真歇清了

[①] 主要据《金史》卷一二六、元代刘祈《归潜志》卷一〈李纯甫传〉。另,参考金朝元好问《中州集传》卷四〈李纯甫传〉。

[②] 胜默光,或称"胜默"、"胜默老人",此据《从容录》卷一第十六则所引、《五灯全书》卷六十一〈行秀传〉。从禅宗史书用例看,"胜默"当是号,"光"是法名后一字,全名不详。

两支系。在真歇清了之后有天童宗珏—雪窦智鉴—天童如净。鹿门自觉传普照一辨，然后是大明宝—王山体。行秀师事的雪岩满禅师则是王山体禅师的嗣法弟子，属于芙蓉道楷下第五世。行秀在雪岩满禅师门下受法得悟，自然属于曹洞宗芙蓉道楷下第六世。行秀出世后先回当初出家之地邢州（治今河北邢台）净土寺，建万松庵自住，便以"万松"为号。此后行秀先后应请住持中都（燕京，今北京）仰山隐栖寺、报恩洪济寺及万寿寺，并且曾应金章宗之请入皇宫升座说法，受到尊崇。门下弟子很多，在住持各个寺院期间皆有传法语录传世，然而现已不存，仅存他评唱宏智正觉颂古百则的《从容录》六卷和评唱宏智正觉拈古九十九则的《请益录》二卷。

李纯甫经常到行秀门下参禅，并且开始潜心阅读佛经及老庄道家著作，深入研究禅宗，经常与禅僧交往。他熟读《楞严经》、《圆觉经》及《维摩诘经》、《金刚经》、《华严经》等经，对《楞严经》中关于天地起源、人物生死及因果根源、心性及修行之说；《圆觉经》中的"居一切时，不起妄念；于诸妄心，亦不息灭；住妄想境，不加了知；于无了知，不辨真实"的所谓"随顺觉性"的说法；《维摩诘经》的"入不二法门"的思想；《华严经》中展示的有为与无为、世间与出世间、佛与众生相即不二等情节和思想，以及华严宗以阐释理事圆融为宗旨的"四法界"的思想，尤其感兴趣，从中受到极大启发，并且经常将这些思想贯彻到他的著作中。①

李纯甫仿照《庄子》内外篇，将自己论述性理及关于佛、老二家的著作称为"内稿"，将其他著述称为"外稿"。他广引儒家的《周易》、《论语》、《孟子》及道家的《老子》、《庄子》、《列子》等经书，注释发挥《楞严经》（也称《首楞严经》，全称《大佛顶如来密因修证了义诸菩萨万行首楞严经》）思想，著《楞严外解》，又取儒道二家之书注释《金刚经》，著《金刚经别解》，还注释《老子》、《庄子》，著有《中庸集解》、《鸣道集说》（也称《鸣道集解》），号称"中国心学，西方文教"。②

李纯甫的著作多已不存，其中的《楞严外解》及《金刚经别解》仅从耶律楚材《湛然居士文集》所载为他写的序可粗略了解一二。他最有影响的《鸣道集说》现在尚存，下面略加介绍。

---

① 《五灯全书》卷十八、《续指月录》卷八〈李纯甫传〉；李纯甫《鸣道集说》卷五〈杂说〉。
② 《金史》卷一二六、元代刘祁《归潜志》卷一〈李纯甫传〉。

二 《鸣道集说》对道学的批评及其儒释道三教会通论

在中国思想史上，宋代是划时期的时代，一直影响到明清的道学就是在这个时期形成的。道学，也称理学，以继承孔孟"道统"自任，探讨"天道"、"性命"之理，借助哲学思辨来论证儒家纲常伦理和名教的合理性，代表人物先后有周敦颐、张载、程颢、程颐、朱熹等人。李纯甫正生活在道学兴起并且向北方迅速传播的时代，他自己也尊奉、学习道学，如他在《鸣道集说》卷五论《安正忘筌》的一段话时所说："伊川之学（按：程颐，人称伊川先生；伊川之学实际是指道学），今自江东（按：南宋）浸淫而北矣，缙绅之士，负高明之资者，皆甘心焉。余亦出入其中几三十年。"

《鸣道集》目录及作者

书名	卷数	原署名号	作者姓名及字号	生卒年代
通书	一卷	濂溪	周敦颐，字茂叔，人称濂溪先生	1017—1073
通书	一卷	涑水	司马光，字君实，人称涑水先生	1019—1086
正蒙	一卷	横渠	张载，字子厚，人称横渠先生	1020—1077
经学理窟	五卷	横渠		
二程先生语录	二十七卷	明道 伊川	程颢，字伯淳，人称明道先生；程颐，字正叔，人称伊川先生	1032—1085；1033—1107
上蔡先生语录	三卷	上蔡	谢良佐，字显道，人称上蔡先生	1050—1103
元城先生语录	三卷	元城	刘安世，字器之，人称元城先生	1047—1124
元城谭录	一卷	元城		
元城道护录	一卷	元城		
心性说	一卷	江民表	江公望，字民表	11世纪后期至12世纪初
龟山语录	四卷	龟山	杨时，字中立，人称龟山先生	1053—1135
崇安圣传论	二卷		刘子翚，字彦冲，号病翁，人称屏山先生	1101—1147
横浦日新	二卷	横浦	张九成，字子韶，号横浦居士、无垢居士	1092—1159

南宋有人将道学家的部分著作或语录辑录成书，名之曰《鸣道集》。李纯甫《鸣道集说》卷首载有"诸儒鸣道集总目"。现用表格将此目录标出，并附上作者简介，以方便读者参考。

此书本是为弘扬道学而编，不知何时传到北方。李纯甫读到此书，对其中很多学者的观点不完全满意，便以自己会通儒佛道三教但以佛教为"指归"的观点，选择部分最具代表性的语句加以评述，写出《鸣道集说》五卷，临死前托付友人敬鼎臣转给"赏音者"。敬鼎臣听说耶律楚材正在购求李纯甫的书，便从开封徒步走到燕京，通过万松行秀将此书稿转送耶律楚材，最后由他雕印出版。耶律楚材在元太宗六年（1234）十月为此书写序，时任中书令。耶律楚材十分欣赏，说此书"会三圣人（按：是指三教圣人）理性蕴奥之妙要，终指归佛祖而已"。①

关于李纯甫《鸣道集说》，元代念常编《佛祖历代通载》记载：

> 屏山居士《鸣道集说》，凡二百一十七篇，今录一十九篇，盖彰其识见耳。（卷首〈凡例〉）
>
> 《诸儒鸣道集》，二百一十七种之见解，是皆迷真失性，执相循名，起斗诤之端，结惑业之咎，盖不达以法性融通者也。屏山居士深明至理，悯其瞖智眼于昏衢，析而论之，以救末学之蔽……姑录一十九篇，附于《通载》之左。（卷二十）②

原编者不明的《诸儒鸣道集》所汇编的著作、语录，是本应按卷数统计的。这里所谓的217种见解，当是李纯甫从中挑选出来的前面加有诸如"濂溪曰"、"迂叟曰"等的217段语句，然后对每段语句按以"屏山曰"加以评述，《佛祖历代通载》称之为217篇，在第二十卷仅选载其中19篇（每篇实际包括道学者语句与屏山相应之评）。

据日本学者常盘大定《中国佛教的研究》第二，20世纪30年代原北平图书馆藏有手抄本《鸣道集说》，由217篇组成，然而此书下落现在不明。笔者所用的是日本

---

① 载《鸣道集说》卷首，亦载《湛然居士文集》卷十四、《佛祖历代通载》卷二十，个别文句稍异。
② 分别载《大正藏》卷49，第478页上、第699页下。

中文出版社1977年据江户时期享保四年（1719）刻本影印的，由181篇组成。①卷首载有元至正十七年（1357）黄潜的序、湛然居士耶律楚材于甲午年（元太宗六年，1234）写的序、李纯甫自序、元好问《中州集传·屏山李先生纯甫》、"《鸣道集》诸儒姓氏"、"诸儒《鸣道集》总目"；卷五后面附有《杂说》、《心说》上下篇。

书中所评述的181段语句涉及的道学者及著作除前面表格中所列举者以外，道学者尚有东莱（吕祖谦，字伯恭，1137—1181）、南轩（张栻、字敬夫，1133—1180）、晦庵（朱熹，字元晦，1130—1200）等人，书有宋代潘植撰《安正忘筌论》。②

李纯甫对道学者语句的评述有这样几种情况，一是据孔孟儒学中某些语句或思想进行评述；二是以老庄道家的观点进行评述；三是以佛教思想为主旨的三教会通观点进行评述。笔者所说的"评述"有这样几种情况：或是正面肯定但有补充，或是简单否定，或是引证诸种经书语句或思想进行辩驳。

下面着重对李纯甫以佛教思想为主旨的三教会通观点进行评述的部分作概要介绍。

（一）认为道学是儒释道三教会通，特别是儒家吸收佛教思想而形成的

关于宋代道学或理学的形成，学术界早有大致相同的结论，概括地说就是儒家在长期与佛教、道教思想会通的基础上，适应时代的需要而逐渐形成的，无论在宇宙本体论、心性论、伦理论和修养论等方面都利用和吸收了佛道二教的思想乃至思辨方式。从唐代李翱的《复性书》，到宋代周敦颐的《太极图说》，张载的《正蒙》，二程、朱熹等人的理气、性情之说、"持敬"涵养论，从中皆可明显地看到道教的宇宙论、道气论和佛教的心性论、理事关系论、禅修方法的印记和巨大影响。③

---

① 载冈田武彦、荒木见悟主编，日本中文出版社1977年出版的《近世汉籍丛刊·思想三编》。笔者参考了卷首所载荒木见悟《鸣道集说解题》。其中提到的常盘大定《中国佛教研究》（原题《支那佛教の研究》）第二，1941年春秋社出版，其第442页对旧北平图书馆藏本有介绍。

② 日本享保本《鸣道集说》卷首所载"鸣道诸儒姓氏"中的还有：三山（林之奇，字少颖）、建安（游酢，字定夫）、尹焞（字彦明）、康节（邵雍，字尧夫）、邵伯温、止斋（陈傅良，字君举）、致堂（胡寅，字明仲），然而，书中181篇中没有他们的语句，也许这一部分在由217组成的原本中存在。

③ 笔者在介绍宋代道学过程中，参考了任继愈主编，人民出版社1964年出版的《中国哲学史》第三册；侯外庐、邱汉生、张岂之主编，人民出版社1984年出版的《宋明哲学史》上册；张立文著，中国人民大学出版社1985年出版的《宋明理学研究》；蒙培元著，福建人民出版社1998年第二版《理学的演变》、人民出版社1989年版，1998年第二次印刷的《理学范畴系统》的有关章节。

对此，李纯甫从自己信奉佛教又致力会通三教的视角，对道学的形成提出看法。他在《鸣道集说·序》中表示，天下有道，通过圣人体现出来。伏羲、神农、黄帝都是得道的大圣人，他们的心"见于诗、书"。然而在圣人未能"成王"的时候，"道术"发生分裂，出现老子、孔子、庄子、孟子，各体现道的一个侧面。老子"游方之外"，"高谈天地未生之前，而洗之以道德"；孔子"游方之内"，"切谈天地既生之后，而封之以仁义"。他们二人所说的道理虽难免有不协调的地方，然而毕竟体现了"玄圣、素王之志"。此后，他们的门下弟子见解分歧，学说有异。庄子"沿流而下，自大人至于圣人"；孟子"溯流而上，自善人至于神人"，彼此如左右券，于是"内圣外王之说备矣"。四人去世之后，先后出现的学者都不能真正体现"圣人之道"，列御寇"驳而失真"，荀子"杂而未醇"，杨雄和王通"僭而自圣"，韩愈和欧阳修"荡而为文"，于是"圣人之道如线而不传者一千五百年"。

李纯甫认为，只有佛教传来之后才开始改变这种情况。他说：

> 浮屠氏之书，从西方来，盖距中国数千万里。证之文字，诘曲侏离，重译而释之，至言妙理与吾古圣人之心魄然而合，顾其徒不能发明其趣耳。
>
> 岂万古之下，四海之外，圣人之迹，竟不能泯灭邪。诸儒阴取其说，以证吾书，自李翱始，至于近代，王介甫父子倡之于前，苏子瞻兄弟和之于后，《大易》、《诗》、《书》、《论》、《孟》、《老》、《庄》，皆有所解；濂溪、涑水、横渠、伊川之学，踵而兴焉；上蔡、元城、龟山、横浦之徒又从而翼之；东莱、南轩、晦庵之书，蔓衍四出，其言遂大。（《鸣道集说·序》）

他强调，佛教的教理与古圣人之道是吻然相合的，然而佛教信徒却未能理解和阐明佛教蕴含的深邃旨趣。在这种情况下，儒者在不动声色的情况下援引佛教的教理解释中国的儒道经典，从唐代李翱开始，进入近世，有王安石、王雱父子最先提倡这种做法，苏轼（子瞻）、苏辙（子由）兄弟响应于后，对儒家《易经》、《诗经》、《书经》、《论语》、《孟子》等经书，道家《老子》、《庄子》等书，进行诠释；相继涌现诸如周敦颐（濂溪）、司马光（涑水）、张载（横渠）、程颐（伊川）等人的学说，又有传承他们学说的谢良佐（上蔡）、刘安世（元城）、杨时（龟山）、张九成（横浦）等人出来辅助传播他们的学说；吕祖谦（东莱）、南轩（张栻）、朱熹（晦庵）著书发挥和弘扬他们的学说，于是道学的影响越来越大。

　　这里几乎涉及整个道学形成发展史，提到道学最具代表性的人物，蕴含的内容十分丰富，这里不可能详加说明。虽然李纯甫看问题的角度和得出来的结论具有自己的特色，然而有一点是正确的：宋代的道学以继承和发扬"圣人之道"为标榜，是吸收佛教思想重新诠释儒、道二教的重要经书和思想而形成的。

　　李纯甫在《鸣道集说》中评述、辩驳道学者的语句中，也多次提到类似的见解。例如卷一记载，张载（横渠）批评佛教所主张的达到觉悟才能摆脱轮回之说，又说佛教主张"圣人可不修而至，大道可不学而知"等，皆属于"诐淫邪遁之词"，宣称只有"精一自信，有大过人之才，可以正立其间，与之较是非，计得失"。他自己实际以这种人自许。李纯甫评述说：

> 自孔孟云亡，儒者不谈大道一千五百年矣，岂浮屠氏之罪耶？至于近代，始以佛书训释《老》、《庄》，浸及《语》、《孟》、《诗》、《书》、《大易》，岂非诸君子所悟之道，亦从此入乎？张子幡然为反噬之说，其亦弗仁甚矣。（《鸣道集说》卷一"屏山曰"）

　　是说儒者自己不提倡大道，并非佛教的罪过，近世以来正是因为吸取佛教的思想训释道家、儒家的经书，才启示儒者重新悟道，建立道学，对此不知感恩，反而怪罪，岂非不仁之至。他又有针对性的指出，真正称得上"有大过人之才者"不是张载，而正是最早提倡以佛教诠释儒道经典的王安石、王雱父子和苏轼、苏辙兄弟。

　　程颢、程颐兄弟，史称"二程"，援佛老思想诠释儒家经典，奠定宋代理学基础，影响很大。他们的理学思想通过谢良佐（上蔡）、杨时（龟山）、游酢（廌山、建安）、吕大临（兰田）所谓程门四大弟子的著作和讲学，把理学推向更大的范围。朱熹承程颐—杨时—罗从彦—李侗之后，集理学之大成，以至世称理学为"程朱理学"。正如耶律楚材在为《屏山居士鸣道集说序》中所说："江左道学倡于伊川昆季，和之者十有余家，涉猎佛老。"

　　二程虽大量吸收佛教思想讲天理气化、明道主敬，然而在著作和讲学中经常批判佛教"如淫声美色"等。对此，李纯甫在《鸣道集说》中多处进行驳斥，卷三载他针对程颐对佛教的批评，斥责他剽窃佛说以解经，竟"极口反噬诬之"；卷五〈杂说〉针对程颐贬斥佛教为"异端"的批评，在以大乘佛教的圆融理论进行辩解后，以激愤之情斥责说："程氏之学，出于佛书，何用故谤伤哉？又字字以诚教人，而自出此语。将以欺人则愚，将以自欺则狂。惜哉，穷性理之说既至于此，而胸中犹有此物，真病至膏肓者也夫。"

李纯甫既然从曹洞宗高僧万松行秀受法，热衷于禅宗研究，自然对禅宗有一种特殊的感情。从《鸣道集说》所载他的评述语句及现存相关资料，他在重视《华严经》和华严宗的理事圆融思想的同时，对禅宗的心性说也十分重视。据《五灯全书》卷十八〈李纯甫传〉记载，他作有《少室面壁庵记》，对菩提达磨来华及继承他的心性法门的禅宗在中国佛教和思想史上所产生的巨大影响，做了十分概括的论述。文字不长，现载录于后：

> 达磨大师西来，孤唱教外别传之旨，岂吾佛教外，复有所传乎？特不泥于名相耳。真传教者，非别传也。自师之至，其子孙遍天下，渐于义学沙门以及学士大夫，潜符密契，不可胜数。其著而成书者，清凉（按：唐代华严宗僧澄观）得之，以疏《华严》；圭峰（按：唐代华严宗僧宗密）得之，以钞《圆觉》；无尽（按：张商英）得之，以解《法华》；颍滨（按：苏辙）得之，以释《老子》；吉甫（按：王安石）得之，以论《周易》；伊川兄弟（按：程颢、程颐）得之，以训《诗》、《书》；东莱（按：吕祖谦）得之，以议《左氏》；无垢（按：张九成）得之，以说《语》、《孟》，使圣人之道，不堕于寂灭，不死于虚无，不缚于形器，相为表里，如符券然。虽狂夫愚妇，可以立悟。于便旋顾盼之间，如分余灯以烛冥室，顾不快哉。①

引文中所谓"教外别传之旨"，就是禅宗所标榜的超出已有经典言教之外，并且不是语言文字"名相"可以完全表达的，通过"以心传心"传授的"心地法门"、"佛心"或佛性。"其子孙遍天下"是指禅宗在全国兴起。李纯甫表示，自从达磨西来，特别是禅宗兴起以来，佛教学僧乃至儒者士大夫，很多人都接受达磨提倡的心性思想，并且运用这种思想诠释佛典和儒道经书，先后有著作出世。他提到九人，从唐代著《华严经疏》的澄观直到宋代的道学奠基人程颢、程颐兄弟等人，认为他们都深受禅宗心性论的影响，然后著书立说，从而使"圣人之道"焕发生气，发扬光大。由此可见，他所说的宋代道学受佛教影响而

---

① 此碑现存少林寺，其文亦载《续指月录》卷八〈李纯甫传〉。

形成，主要是受禅宗的影响。

李纯甫指出宋代道学或理学吸取了佛教的思想是符合事实的，然而历史上任何一种新学说的形成都必须利用或吸收社会上以往的学说或思想，然而一旦形成，便自然自成体系，对于以往的学说或思想未必完全赞同或容忍，进行争论乃至批判也是自然的。

（二）以佛教的心性思想评述道学的理气、心性之说

理气论、心性论是宋代道学或理学的重要内容。当然，从张载到二程、朱熹，具体的说法不尽一致，并且论证也逐渐深入细密，到朱熹时集其大成，形成更加系统的以理为本，以气为末，理气相互依存的宇宙本体论，并且构建了天人合一的心性论和道德修养论。

张载主张以气为本体的宇宙论，认为气为世界万物的本体甚至本原。太虚是气的本然状态，气之清者为天，浊者凝聚为地，人秉清气而生，物为浊气形成。"气化"造物过程有规有则，此为道；人经气化而生，具有自然的本质，此为性；人的本质与知觉结合，就是能思维之心。概括起来即所谓："由太虚，有天之名；由气化，有道之名；合虚与气有性之名；合性与知觉，有心之名。"人既有源自太虚之气的"天地之性"，又有气化为人之后形成的"气质之性"，所谓"饮食男女皆性也。"批评佛教的以"心法起灭天地"及生死轮回之说。……（《鸣道集说》卷一所引"横渠曰"）张载对道家的有生于无及佛教的心性论，一再提出批判。

对此，李纯甫主要依据佛教的心性学说并援引某些儒书、道书的语句进行评述和批驳。下面仅择取部分内容介绍。他说：

> 孔子云：易有太极，是生两仪；老子云：有物混成，先天地生；佛云：空生大觉中，如海一沤发。夫道生天地，以为气母；自根自本者，即此心也。张子之言如此，无乃异于三圣人乎？
>
> 孔子知易有太极，是生两仪；老子知有物混成，先天地生；庄子知道生天地；列子知浑沦之始，言天地空中之细物也。……孔子之太极，老子之混成，庄子之道，列子之浑沦，是何物耶？四子同在天地中，必非二物。学者溟涬一千五百年矣，佛书遂东。《首楞严》云：空生大觉中，如海一沤发。有漏微尘国，皆依真所生。然则其不出于此心乎。

张子又谓浮图以山河大地为见病之说，正佛之所谓真如之生灭者，俗谛之幻有；所谓真如之不生灭者，真谛之本空，张子不知也。张子所谓体虚空为性，本天道为用，正佛之所谓真如有体有用，空而不空，是名中道第一义谛。（《鸣道集说》卷一"屏山曰"）

李纯甫引的孔子、老子、佛、庄子、列子的话，分别出自《周易·系辞上》、《老子》、《楞严经》卷六、《庄子·大宗师篇》及《列子·天瑞篇》。[①] 他认为，孔子说的"太极"，老子所说"有物混成"、庄子所说的生成天地的"道"、列子所说的天地尚未形成之前混沌形态的"浑沦"、佛教《楞严经》说的"大觉"（法身、佛性），虽名称不同，但都指的是天地万物本原、本体。他说，张载讲的太虚或气，源自于道、太极，归根到底不过是佛教所说的佛性、真如、"根本第九白净无垢妙真如性"（旧译唯识经典所说的第九识——阿摩罗识，意译无垢识），或称之为心。真如之心有体有用，从具有的作用来说，可显现为天地万物，然而这不过是属于世俗人认知的假象，属于"俗谛"。他还说，显现宇宙外境的是"第六分离意识"（第六识——意识）。佛教所说世界、人生"幻妄"，正是指的是这个方面。如果从真如之心的本质、体性来说，它空寂无相，并且永恒没有变化，只有悟道者才可体认，属于"真谛"。他又表示，真如之心所具有的体用两个方面是同时存在的，虽空而显现万相，虽显现为万相而本性空寂，此为"中道第一义谛"。至于张载所说"饮食男女皆性也"，他也不同意，说这不是性，而是属于"气血之嗜欲"，意为肉体的欲望要求，如果说这就是性，就意味着把人与野兽等同看待，必将给后世带来无穷后患。

程颢、程颐兄弟主张理、天理为宇宙本体，并且提出"性即理"，又说："生之谓性。性即气，气即性。气秉有善恶，然不是性中元有此两物。有自幼而善，自幼而恶者，是气秉然也。善固性也，然恶不可不谓之性。盖人生而静，以上不容说，才说性时，便已不是性也。"（《鸣道集说》卷二"明道曰"）[②] 认为从人天生所秉有的"天理"之性来说，是纯净的，不分什么善恶，然而一旦经

---

① 《周易·系辞上》："是故易有太极，是生两仪，两仪生四象……"；《庄子·大宗师第六》："夫道，有情有信，无为无形……自本自根……神鬼神帝，生天生地"；《列子·天瑞第一》："有太易，有太初，有太始，有太素。……气形质具而未相离，故曰浑沦。浑沦者，言万物相浑沦而未相离也，视之不见，听之不闻……清轻者上为天，浊重者下为地，冲和气者为人；故天地含精，万物化生。"

② 这段引文，在现存《程氏遗书》卷一，但文字稍异。

气化为人，受情欲的影响，性便具有或善或恶的品质。程颐说"性即是理"，尧舜之性与一般人没有差别，但"才秉于气，气有清浊。秉其清者为贤，秉其浊者为愚"。（《鸣道集说》卷三"伊川曰"）朱熹发挥张载的性气说，提出人生来秉有的纯净之性是"天命之性"，带有或善或恶之性是"气质之性"，是"理与气杂"，能使人为善为恶。实际上，道学所谓的"理"、"性"，不过是用来概括在中国封建社会占正统地位的儒家纲常伦理仁义礼智信和忠孝等的根本属性而已。

李纯甫自称"出入"程颐之学达三十年之久，对二程的理学基本上是持赞成的态度，然而在一些问题上也有不同看法。因为二程在讲述理学过程中经常联系佛教进行批判，所以他对二程特别是程颢[①]，也有不少批驳。他对程颢性气和气秉之说批评得特别严厉，说：

> 言性而杂之以气，程氏膏肓之病也。孟子所谓浩然之气，即以志为帅，盖以心能使其气耳。程氏谓气秉自生而有善恶，而又能夺其性，非孟子意也。虽然，孟子之言性善，亦微异孔子。孔子之言，曰性相近也，初无善恶；习相远也，善恶分焉。……（《鸣道集说》卷三"屏山曰"）

这是援用孔孟的思想来批评程颢的"生之谓性"及"气秉有善恶"，有善恶之性时性"已不是性"的观点。他认为论性而夹杂着"气"说，是程颢心性论中的最败笔的地方。《孟子·公孙丑上》载孔孟曾说："夫志，气之帅也；气，体之充也。"又说："我善养吾浩然之气。"这种气是"配义与道"，"集义所生"，是以"志"统率的"至大至刚"之气，显然将"浩然之气"解释为一种具有道德涵养的主观精神。李纯甫用"志"、"心"统率气的思想反对程颢的以"气秉"决定心性善恶的观点，认为他违背了孟子的性善思想；并且也指出即使孟子的性善论也与孔子"性相近也，习相远也"的思想有差异。

李纯甫认为程颐的"才秉于气"，因秉气清浊而成贤愚的说法，违背了孟子的思想：一是论性而杂之以"气"；二是孟子已说过："若夫为不善，非才之罪也。"（语出《孟子·告子上》），哪里还有什么才（才能、品行）秉清气还是浊

[①] 《鸣道集说》卷二载李纯甫评程颢关于"必有事焉，必主于敬"时，曾说："明道之言，不及伊川远矣"。

气的道理呢。然而他认为这样讲还不够，进而指出孟子所说的性善之"性"不过是孔子讲的"习"而已，习"所由来远矣"。他进而以佛教的真如佛性论来加以解释，说：

> 《首楞严》之所谓：无始菩提涅盘（按：槃）元清净体，识精圆明，能生诸缘。缘所遗者，即此物也。其无始以来生死根本，用攀缘心以为自性，亦此物也。非一非二，非同非异，非即非离。程子能知此理哉？（《鸣道集说》卷三"屏山曰"）

他引的《楞严经》上文字载卷一，原文是：

> 佛告阿难，一切众生，从无始来种种颠倒，业种自然……皆由不知二种根本，错乱修习……云何二种？阿难，一者无始生死根本，则汝今者与诸众生，用攀缘心为自性者；二者无始菩提涅槃元清净体，则汝今者识精元明，能生诸缘，缘所遗者。由诸众生遗此本明，虽终日行而不自觉，枉入诸趣。[①]

经文中所说"两种根本"，简单说来，其一是造成一切众生永远轮回于生死之中的是"生死根本"，亦即所谓攀缘心，也可称之为"无明"之心，在"十二缘生"之中居于首位，在《大乘起信论》中称为"生灭心"的，具有思虑、判断是非善恶的功能，可以驱使人们取善弃恶，也能使人追逐名利、声色。其二是清净的"菩提涅槃元清净体"，即真如佛性，是众生觉悟成佛的内在基因或依据，既是觉知之心的本体，也被看作是形成宇宙万物的本体本原，然而经常为众生忽略、迷惑而不认识。

李纯甫在引证中将两者的次序故意颠倒，将"识精圆明"之心（佛性）放到前面，而将作为生死根本的"攀缘心"（无明之心）放到后面，意思是说前者相当于程颐所说的"性"，后者相当于孔子所说的"习"、程颐所说的"才"。然而他强调，二者是相即不二的，并且指出这正是程颐所不了解的。

李纯甫作为虔信佛教的儒者，对性的问题曾经过长期的思考。他在《鸣道

[①] 载《大正藏》卷19，第108页下。

集说》卷五《杂说》中叙述自己读书，知孟子为圣人，主张"性善"，此后又知荀子主张"性恶"，杨子（杨雄）"善恶混"，韩子（韩愈）"有性有情"，苏子（苏轼）"有性有才"，欧阳子（欧阳修）"性非学者之所急"。他说自己认从孟子性善论，然后据性善论逐项反驳其他人对性的见解。自从读《庄子》，知"和理出于性，和理生道德，道德生仁义，仁义生于礼乐"①，认为庄子"性善之说愈明"，对性的解释更进一步；后来读到佛书，才彻底地体悟性的问题。他说：

> 佛书以真如性为如来藏。从本以来惟有遇恒沙等诸净功德，一切烦恼染法，皆是妄有，性自本无。故曰：白净无垢识，为无明所熏习，一变而为含藏识，暗然无记，杨子之所谓"善恶混"者；再变而为执受识，我爱初生，荀子之所谓"恶"者；三变而为分别意识，好恶交作，韩子之所谓"情"也；四变而为支离五识，视听亦具，苏子之所谓"才"也。学道者复以真如熏习无明，转四识为四智，其一曰大圆镜，其二曰平等性，其三曰妙观察，其四曰成所作。初无增减，故号如来。特人昧其性耳，性何负于人哉！（《鸣道集说》卷五《杂说》）

他用大乘佛教唯识学派中的"九识"说来解释人性的问题，有这样几层意思：

（1）真如佛性是人的清净本性（如来藏自性清净心）。

（2）一切属于情欲烦恼的心理活动与精神现象皆污垢不净，覆盖本性使不得显现，然而它们皆为空寂的"妄有"。

（3）真如本性虽被烦恼覆盖染污，但众生通过修行可以通过断除烦恼，转识成智，使清净的本性显现。

（4）古来学者所说的性善性恶之说，皆是因为不了解佛教的心性之说而得出的片面解释，即：按照旧译唯识经典所说的"九识"分位说，清净无染的"无垢识"（第九识，即如来藏自性清净心，相当真如之心）②，是心识之体，此为人的最原初之性，相当孟子的"性善"；因受"无明"烦恼熏染而变为"含藏识"（旧音译阿梨耶识，第八识），它具有不能障碍圣道的"无覆无记"的性质，

---

① 此非引《庄子》原文，是据《庄子·缮性第十六》的"和理出其性。夫德，和也；道，理也。德无不容，仁也；道无不理，义也……体乎情而制文，礼也；顺乎容而饰节，乐也"的文字概括的。

② 音译"阿末罗识"或"阿摩罗识"，旧译作第九识。唐以玄奘为代表的新译经家将它作为第八识阿赖耶识的别名，是阿赖耶识的清净分位之称，不别立第九识。

是非善非恶的，故相当于扬雄的性"善恶混"；再变为"执受识"（第七末那识），因为它恒执第八阿赖耶识为"我"，与我痴、我见、我慢、我爱等四烦恼相应，故相当于荀子的"性恶"；三变而为"分别意识"（第六意识），具有认识、分别和取舍各种现象的作用，所谓"好恶交作"，故相当于韩愈所说"有性有情"中的"情"；四变是分别具有感受作用的五识（眼耳鼻舌身五识），能视能看能感觉，相当于苏轼所说的"有性有才"中的"才"。意思是说，如果以佛教的真如佛性为性的话，那么古来主张性善、性恶及善恶混的种种学说虽说都不全面，然而都有它的合理性。

他言下之意是，只有佛教的真如佛性思想最全面，最正确。他进而表示，如果学道者通过修行，以真如佛性（第九无垢识）来不断熏习并且断除无明烦恼，便可以转识成智，即转第八识为"大圆镜智"，转第七识为"平等性智"，转第六意识为"妙观察智"，转前五识为"成所作智"，便可觉悟成佛。这样一来，他便站到纯粹佛教的立场上来谈性，谈超凡入圣了。

朱熹在理气关系上作了系统的论证。他认为，理、气相依而同时存在，但理为本。然而在逻辑上理在气先，是理生气，气生万物。据称以此反对佛道的有生于无的观点。又说，物物皆有一理，天下万物之理的总体则是太极、道；万物之理皆"有对"，有对立的两个方面，"无无对者"，然而太极、道"无对"。（《鸣道集说》卷五"晦庵曰"等）从而为自己的理气说、"天地之间真无一物兀然无对而孤立者"的说法带来矛盾。

李纯甫看到朱熹说法中的矛盾，认为朱熹"未读佛书"，在《入楞伽经》中就提出了一百零八句"对待法"（相对概念和事物）①，岂止朱熹提到的诸如左右、上下及前后、多寡等对法。另外，如果说世上没有无对的"孤单法"，那么如何来理解佛教的"一入一切，一切入一，亦会归于一"的说法（意为"理"、"一"在作为万有之本的终极场合是孤单、唯一的）呢②。朱熹既然自称"理一气二"，那么所说"太极生两仪"中的太极尚未有气，又怎么说有二？既然承认

---

① 详见北魏菩提流支译《入楞伽经》卷一〈问答品第二〉，所谓对待法（见）是指"生见不生见、常见无常见、相见无相见……离自性见非离自性见……众生见非众生见……字见非字见"等一百零八句。

② 朱熹自己承认太极、道"无对"，不把作为形而上者之"道"与形而下者之"器"之对、太极与阴阳之对包括在内。应当说在这一点上与李纯甫所理解的"一"（真如、理、心）在终极的场合为"单一法"是一致的。实际上，大乘佛教，特别是中国佛教华严宗、禅宗，从来没有承认有绝对超越世界万有之上的真如、理、心，而是认为真如与万法、理与事彼此会通，圆融无碍的。

太极"生"两仪,自然就表示"自无而有之",这样与《老子》的"一生二"有何差别。他还对朱熹所批评的佛教"妄意"在天地日月人伦之外"别有一物、空虚之妙"进行反驳,说佛教主张"色即是空",并非主张在万有外"别有一物"。

李纯甫在评述道学的言论中,经常依据佛教的"圣教量",即认为凡是佛经上讲的皆正确无误,可以用来衡量一切见解的是非、真妄。平心而论,因为立场和推理前提不同,李纯甫所评述的古今学者即使都在他面前,也未必都同意他的观点。

(三) 对道学者批评佛教"自私"、"弃人伦"等的回应

宋代道学是儒家适应时代需要而发展起来的新形态,在对佛教看法上也继承了以往儒家对佛教的观点。主要集中在两方面:一是针对佛教提倡通过种种修行以超脱生死轮回,达到觉悟成佛的基本宗旨方面,批评佛教"自私";二是针对离开父母家庭剃发出家为僧的僧伽制度方面,批评佛教"弃人伦",不忠不孝。

《鸣道集说》载录的宋代道学者言论中也有不少这方面的批评。例如,程颢说:"佛学只以生死恐动人……圣贤以生死为本分事,无可惧,故不论生死。佛为怕生死,故只管说不休,本是利心上得来,故学者亦以利心信之。……道家之说,其害终小。唯学佛人人谈之,弥漫滔天,其害无准。"(《鸣道集说》卷二"明道曰")又说:"释氏本怖生死,为利,岂为公道";"圣人称公心,尽天地万物之理,各当其分。佛氏正为一己之私,是岂同乎?"(《鸣道集说》卷三"明道曰") 主要是说佛怕生死,教人追求解脱,所以佛教算不上"公道"。

李纯甫对此进行辩驳,归纳起来有以下几点:

第一,圣人完全知生死之说,也并非不论生死,"程子不论生死,正如小儿夜间不敢说鬼",又如病人讳死,是因为病征难医。

第二,佛教既不是如杨朱那样的"害人而利我者",也不是如同墨子"利人而害我者",而是无私而利人者。

第三,如果学道者既"利于我又利于人",又有什么不好呢?何况圣人"无一毫利心,岂无利物之心乎?此天理也"。他说的"圣人"不只是指佛,把孔孟老庄也包括在内,与程颢说的"圣人"将佛排斥在外不同。他表示,包括佛在内的圣人毫无利己之心,只有利人利物之心,体现的是天理。他进而又从三教

合一的角度表示："圣人之道，或出或处，或默或语，殊途而同归，百虑而一致，故并行而不相悖。程氏必欲八荒之外，尽圆冠而方履（按：儒者装束，指儒者）乎。"佛教与孔孟之道尽管在生死问题上见解不同，但仍同属圣人之道。（《鸣道集说》卷二"屏山曰"）

第四，按照《维摩经》、《法华经》等所说，菩萨之道是"不怖生死，不忧涅槃"的，并且相信"低头而成佛道，举足入道场"，可见修道从不间断，哪里有自私可言。

第五，《金刚经》记述，佛既"无我相"，"又无人相、无众生相、无寿者相"，哪里还有"一己之私呢"？（《鸣道集说》卷三"屏山曰"）佛教既然主张一切皆空，无人无我，那么道学者说佛教为"一己之私"的批评也是不可能成立的。

关于道学者说佛教出家是"弃人伦"的批评，《鸣道集说》卷二录有程颢一段话：

> 佛学大概是绝伦类，世上不容此理。又其言待要出世，出那里去？其迹须要出家，要脱世纲。学之者不过似佛。佛，一懒胡尔。他本是个枯槁山林，自私而已。若只如此，不过世上少这一个人，却又要周遍，决无此理。敢言世纲只为些秉彝（按："秉彝"出自《诗经》，义为执持常道，相当于"宜"、"义"），又殄灭不得。当忠孝仁义之际，处于不得已，只和这些秉彝却消煞得尽，然后为道，如人耳目口鼻既有此气，须有此识声色饮食，喜怒哀乐，性之自然，必尽绝为得天真，是丧天真也。若尽为佛，天下却都没个人去里。（《鸣道集说》卷二"明道曰"）

意为佛教教人出家、出世，是弃绝世间纲常伦理，说遵循伦理，实践忠孝仁义，如同人既有耳目口鼻就必然有喜怒哀乐，是出于自然之性，而弃亲出家则属于"丧天真"的做法。

对此，李纯甫答辩说，程氏只是听闻过小乘佛教之教，"不能尽信，略取其说而反攻之"，哪里知道还有大乘《维摩经》、《华严经》所说的"密旨"；把小乘果位的阿罗汉当成佛加以"诟骂"，而不知道大乘文殊、普贤菩萨的"秘行"，说：

> 圆教大士知众生本空而度脱众生，知国土本净而庄严国土，不以世间法碍出世法，不以出世法坏世间法，以出世法即世间法，八万四千尘劳烦

恼即八万四千清凉解脱,又岂止观音之三十二应,善财之五十三参耶[①]?众生念念,常有成正觉。仁者自生分别耳!但无我相、人相、众生相、寿者相,何妨居士身、长者身、宰官身乎?(《鸣道集说》卷二"屏山曰")

李纯甫主要是依据般若性空思想和中道不二法门,认为道学者看到佛教僧人出家的外相就加以批评,是属于远离实相的"自生分别",并不理解大乘佛教的真谛。他说,如果站在大乘菩萨的立场来说,世上空寂无相,众生空,国土亦空,然而出于兼顾普通民众的认识(俗谛),也承认众生国土的存在,但一切变幻无常。菩萨是修持真俗不二之道的,"知众生本空而度脱众生,知国土本净而庄严国土",将世间、出世二法融通。既然观音那样的菩萨,可以以不同身份出现于世间各个场合,那么能说在世上的长者、士大夫中就没有菩萨化身吗?出家为僧者就应当受到批评吗?他甚至说程氏如果不是佛教所说那种誓愿利他救济众生,然而自身终不能成佛的"实权大悲阐提"(阐提,原指恶人),就是"非利根"之人,因受到"世智辩聪"的障碍,将有下无间地狱的报应。

《鸣道集说》卷三载录程颐一段话,说佛教不能与"圣人之学"相比,"逃父出家,便绝人伦,自家独处于山林,乡里岂容此物","不惟非圣人之心,亦不可为君子之心"。对此,李纯甫的反驳十分简单,只举周的太伯逃到南方边远之地句吴(今江苏无锡苏州一带),商的伯夷为避周不食周粟而宁可饿死首阳山,然而孔子仍称二人为仁人,因此程氏不应抓住僧众居住山林而加以攻击。

道学者经常批评佛教是"异端"。程颐援引其兄程颢的话说:"昔之异端,乘其迷情;今之异端,因其高明。"(《鸣道集说》卷三"伊川曰")意为佛教与古代的异端(主要指杨朱、墨子等学派)不同,不是争取迷于事物道理者信仰,而是努力取得"高明"者(有学问,也许还指致力探求心性之道者)的信任,宣传佛教的性理之说。

对此,李纯甫既引儒道诸书,又发挥大乘佛教的真俗不二,事事圆融的思想加以回应。他说,读《周易》,看到"或出或处,或默或语","殊途而同归,

---

[①] "观音之三十二应",指《法华经·观世音菩萨普门品》中所说观音菩萨为度各种不同的众生,可以应现32种化身,包括以梵王身、宰官身、居士身等身形,前往说法超度。"善财五十三参",出自《华严经·入法界品》,谓善财童子为求得佛法诸种要义,历游110城先后参访53位善知识(师友),他们当中有菩萨、比丘、比丘尼、男女居士,甚至外道。

一致而百虑"①，知道"异端不足畏"；读《庄子》，看到"楂梨橘柚不同，味而同耳"及"耳目鼻口不相通而相用"②的说法，知道"异端皆可喜"；读《维摩经》，看到"谤佛毁法，乃可取食"，"外道天魔，皆吾侍者"③，知道所谓的异端并非异端；读《华严经》，看到其中所描述的婆须女的放荡，阿加龙王的残忍，胜热婆罗门修行的刻苦，大天神的怪异，众主夜神的幽暗，童男的嬉戏，"皆有清净解脱法门"，认识到"生死、涅槃同一法性，智慧、愚痴皆为般若，诸戒定慧及淫怒痴俱是梵行（意为清净之行）"，从而体悟"此法界中无复有异端事"。他针对程颐的话说，"但恐迷暗者未必迷暗，高明者未必高明"，意为被道学者看作迷暗者，未必真迷于道理；相反自认为高明者，也未必真的通晓事理。

应当说，李纯甫在驳辩中所说的道理十分平淡，既辩解二程所代表的道学者对佛教的批判不符合事实，又要表示佛教并非与儒家势不两立，而是同属"圣人之道"。然而，他在很多问题上用儒家未必理解的佛教思想，特别是大乘教理进行说明和反驳，是不太可能得到道学者认同的。这也意味着，儒佛二教之间的差异不可能通过彼此批评和辩论消除，然而二教是可以并存的。

（四）认为儒释道三教不可去一，提倡三教融合

宋代道学者中不少人与佛教僧人有过交往，有的对佛教经典、禅宗语录还相当熟悉。④甚至连经常批评佛教的程颢、程颐及朱熹，也都有过与僧交游的经历，从他们的著述或讲学可知对《楞严经》、《圆觉经》、《金刚经》等经及佛教宗派华严宗、禅宗相当了解。一般说来，宋代道学者虽然对佛教持批评态度，然而公开提出以行政手段排毁佛教的几乎没有，这与宋初以来以皇帝为首的朝廷重视译经，扶持佛教的总政策有关。⑤在这种大背景下，三教会通或三教合一

---

① 《周易》〈系辞〉上有："君子之道，或出或处，或默或语"；〈系辞〉下有："天下同归而殊途，一致而百虑"。

② 此取《庄子》文句之意。《庄子·天运第十四》有："譬三皇五帝之礼义法度，其犹楂梨橘柚，其味相反而皆可于口。"《庄子·天下第三十三》有："譬如耳目鼻口，皆有所明，不能相通。犹百家众技也，皆有所长，时有所用。"

③ 《维摩经·弟子品第三》载佛对须菩提说："谤诸佛毁于法不入众数，终不得灭度，汝若如是，乃可取食。"《维摩经·问疾品第五》有："一切众魔及诸外道皆吾侍也。"

④ 董群《论华严禅在佛学和理学之间的中介作用》可以参考，载《中国哲学史》2000年第2期。

⑤ 请参考杨曾文《宋代的佛经翻译》之一、二、四，载杨曾文、方广锠主编《佛教与历史文化》，宗教文化出版社2001年版。

的思潮十分流行，然而，在儒家、佛教及道教中对此的见解是不同的，当然具体解释也因人而异。

李纯甫作为一个在金朝信仰佛教的儒者，也主张三教会通融合，在论证上有他自己的特色。他在《鸣道集说》中选录了几位持有三教并存、会通观点的道学者的语录，然后加以评述，提出自己的见解。

刘安世（元城，1048—1125）曾从学司马光，宋哲宗朝官至左谏议大夫，在章惇为相后，连遭贬官，曾被安置英州、梅州，徽宗即位一度赦还，后历知衡、鼎、郓诸州。① 他在这期间，也读佛书。据《鸣道集说》卷四所引"元城曰"，谓孔子与佛之言，"相为终始"。孔子说"毋意、毋必、毋固、毋我"（出自《论语》）；佛说"无我、无人、无众生、寿者"（出自《金刚经》），"其言次第若出一人"。然而他又强调，孔子"以三纲五常为道"，所以很少讲色色空空之说，只是让人"自得"，所以"孔子之心，佛心也"。他解释说，如果天下没有三纲五常，必然发生祸乱，人将不成其为人，这难道是佛的心吗？他的结论是："儒释道，其心唯一，门庭施设不同耳。如州县官不事事，郡县大乱，礼佛、诵经、坐禅，以为学佛，可乎？"

对于此言，李纯甫首先表示赞同，说他所论"尽善"，然而又指出他缺乏"华严圆教"的观点。他解释说，如果按照华严圆教的观点来看，佛先以五戒、十善②之教开"人天乘"（说修五戒、十善可以再生为人，或死后生天界）；后以大乘六度③、万行教人修菩萨之道，"三纲五常，尽在其中矣"。在《华严经》所载的善财童子参学的五十三位善知识（师友）中就有很多位比丘，而在《法华经》所载观音菩萨为救度众生而示现的三十二应身中，也有宰官、居士、长者的形象，难道可"以出世法坏世间法"吗？当初菩提达磨见梁武帝，曾笑他以造寺、度僧为功德的见解。④ 求那跋摩曾对南朝宋文帝说："王者学佛不同匹夫，省刑罚，则民寿；薄税敛，则国富，其为斋戒不亦大乎？惜一禽之命，辍半日

---

① 《宋史》卷三四五〈刘安世传〉。
② 五戒：不杀生、不偷盗、不邪淫、不妄语、不饮酒；十善：不杀生、不偷盗、不邪淫、不妄语、不两舌、不恶口、不绮语、不贪、不嗔、不痴。
③ 六度：大乘佛教要旨，包括布施、持戒、忍辱、精进、禅定、般若（智慧）。
④ 从历史考察，菩提达磨见梁武帝是不可能的，但在禅宗史书《宝林传》卷八、《景德传灯录》卷三及宋圆悟克勤《碧岩录》卷一皆有记载，是属于禅宗丛林参禅中常用公案之一。

之餐，匹夫之斋戒耳。"① 他的意思是说，儒家的忠君孝亲的三纲五常固然重要，然而这在大乘佛教中已经存在，说佛教反对治理国政民事的说法也不符合事实，佛教并不主张以出世法来破坏和废除世间法，高僧菩提达磨、求那跋摩的见解就是证明。

刘安世曾表示，他反对古今儒者"论毁佛法"，说"儒佛弟子各主其教，犹鼎足也；今一足失，可乎则鼎必覆矣"，又认为禅是"佛究竟之法"，批评一些士大夫"以禅为戏"的做法。李纯甫对此表示赞赏，认为他的话"深中强项儒生之病矣"。然后说：

> 三圣人（按：佛、孔子、老子）同出于周，固如鼎足，然偏重且覆，乌可去其一乎？韩子（按：唐代韩愈）之时，佛法大振，于吾儒初无所损。今少林之传（按：指禅宗）将绝，而洙泗之道（按：儒学）亦如线矣。唇亡齿寒之忧，可立而待也。悲夫！（以上见《鸣道集说》卷四"元城曰"、"屏山曰"）

他接过刘安世的话，认为佛教与儒、道二教的关系确实如同鼎的三足，去其中任何一个都不可，并且佛教与儒学都已面临危机，更应当互相扶持。

对此，李纯甫在《鸣道集说》卷五的〈杂说〉中有进一步的说明。他在对"程颢论学于周敦颐曰：道之不明，异端害人也。……自谓之穷神知化，而不足以开物成务；名为无不周遍，而其实乖于伦理；虽云穷深极微，而不可以入尧舜之道。天下之学者非浅陋固滞，则必入于此"的一段话发表评论，说"诸儒排佛老之言，无如此说之深且痛也"。然后表示，如果按照《华严经·入法界品》所蕴含的圆融思想，世界上根本就没有异端，"道无古今，害岂有深浅"。他接着说：

> 三圣人者，同出于周，如日月星辰，合于扶桑之上；如江河淮汉，汇于尾闾（按：指海水归宿之处）之渊，非偶然也。其心则同，其迹则异；其道则一，其教则三。
>
> 孔子游方之内，其防民也深，恐其眩于太高之说，则荡而无所归，故

---

① 详见梁慧皎《高僧传》卷三〈求那跋摩传〉，李纯甫所引仅取其大意。

约之以名教。老子游方之外,其导世也切,恐其昧于至微之辞,则塞而无所入,故示之以真理,不无有少龃龉者,此其徒之所以支离而不合也。

吾佛之书既东,则不如此。大包天地而有余,细入秋毫而无间,假诸梦语戏此幻人。五戒十善,开人天道于鹿苑之中;四禅八定,建声闻乘于鹫峰之下;六度万行,种菩萨之因;三身四智,结如来之果。登正觉于一刹那间,度有情于阿僧祇劫(按:意为无量时间)。竖穷三界,横亘十方,转法轮于弹指顷,出经卷于微尘中。……阴补礼经,素王(按:指孔子)之所未制;径开道学,玄圣(按:指老子)之所难言。教之大行,谁不受赐。……翰墨文章,亦游戏三昧。道冠儒履,皆菩萨道场。(《鸣道集说》卷五的〈杂说〉)

大意是说,创立儒释道三教的圣人出生时间相同,都在周代。三教如同日月、江河,不可分离,虽然三教圣人出于一心,同遵一道,然而他们的行为和所传的教说(迹)有所不同,有三教之别。孔子周游"方内"(社会人群),创立儒家之教,贴近社会民生,以纲常"名教"规范民众。老子涉足"方外"(社会人群之外),创立道教,担心民众不知宇宙的微妙道理,以"真理"进行教示。佛教传到中国,以其小乘、大乘的博大精深无所不包的教法,传播于世间,教化济度民众。实际增礼仪经书之所缺,补孔子所未制;宣述道学,说老子之难言。从佛教的至高真谛——真如佛性来看,语言文章难以表达实相,三教的外在形式不能妨碍同遵一道的事实,即使道士、儒者,实际上也在修持菩萨之道。

杨时(龟山)是程门四大弟子之一,受佛教特别是禅宗影响较大。他曾说,儒佛二教相差极小,然而如果对儒学了解深入,就会看出佛教在其下面;可是现在的人却说儒学在佛教之下。这是因为"为佛者既不读儒书,儒者又自小",他感叹:"然则道何由明哉"?

李纯甫对此基本同意,说:

儒佛之轩轾(按:比较高低上下),不唯佛者不读儒书之过,亦儒者不读佛书之病也。吾读《首楞严经》,知儒在佛之下;又读《阿含经》,知佛似在儒之下;至读《华严经》,(知)无佛无儒,无大无小,能佛能儒,能大能小,存泯自在矣。(以上载《鸣道集说》卷五"龟山曰"、"屏山曰")

言下之意是希望儒者与佛教徒双方应当彼此读对方的经典，加强互相的了解。然而着重是劝儒者多读佛经，主要不是读小乘经典《阿含经》，而是读大乘经典《首楞严经》和《华严经》。他据自己的经验，说如果真的读了《华严经》，就会接受理事圆融的思想，体悟儒佛一如，相即无碍，大小高低的差别观念将不复存在。

不用说，这不仅是一厢情愿，而且是属于个人的想象，用这种方法是不可能消除儒佛二教的实实在在的差异和利害冲突的。

应当指出，金末李纯甫通过《鸣道集说》对道学的批评驳斥，可以看作是在道学形成之后佛教与儒家斗争进入一个新阶段的一个重要事例。李纯甫虽信奉佛教，同时又是个儒者，站在佛教立场对道学者的评述和反驳具有鲜明的时代特色：一是抓住道学是儒学吸收佛、道二教形成的事实，指出道学者没有资格再批评佛教；二是在批驳道学者对佛教的批评中，根据佛教的心性论思想来评析道学天道和性理论，指出自认为的漏洞和不足之处；三是虽反驳和批评道学，然而又表示三教应当和谐相处，并力图以华严圆融的思想来弥合乃至消融彼此的差异和矛盾；四是在评述道学者言论的过程中，一再表明自己也"出入其中"，并且一直以尊敬笔调对待孔孟等儒家圣人。

李纯甫在中国道学史上也有一定的地位。清初黄宗羲撰，黄百家、全祖望增修《宋元学案》第一百卷将李纯甫置于王安石的"荆公新学"、苏洵和苏轼、苏辙父子的"苏氏蜀学"之后，称"王苏余派"，表列其弟子有雷渊、宋九嘉、张毂、李经、王权等九人。全祖望所撰加的《屏山鸣道集说略》说：

> 关洛陷于完颜（按：指金朝），百年不闻学统，其亦可叹也。李屏山之雄文而溺于异端，敢为无忌惮之言，尽取涑水（按：司马光）以来大儒之书，恣其狂舌，可为齿冷，然亦不必辩也。略举其大旨，使后世学者见而嗤之。其时河北正学且起，不有狂风怪雾，无以见皎日之光明也。

全祖望虽以"王苏余派"的名目介绍李纯甫的《鸣道集说》，然而实际将他的学说看作是有别于正统儒学（"正学"）的"异端"，比之为"狂风怪雾"，然而又认为对正统儒学在北方的兴起也有推动作用，所谓"不有狂风怪雾，无以见皎日之光明"。

据前所述，金末元初曹洞宗著名禅僧万松行秀的在家弟子李纯甫通过《鸣道集说》对道学的批评和引述发挥，提倡三教融合思想，不仅对佛教界有重大影响，而且对北方学者接受和研究道学也有一定的推动作用。

第四节 雪庭福裕、林泉从伦和元前期的佛道之争

在蒙古建国号"大元"之前（1206—1271）及建国号的初期，佛教与以全真道为首的道教之间进行过激烈斗争，双方曾在朝廷的直接干预和主持下进行过辩论。在这个过程中，曹洞宗著名高僧万松行秀的两大弟子少林福裕、林泉从伦，都是佛教方面直接参与这一事件的重要人物。

一 少林雪庭福裕与佛道论争

关于记述福裕的资料，比较可信用的有元仁宗延祐元年（1314）程矩夫奉敕撰文，赵孟頫书写的《大元赠大司空开府仪同三司追封晋国公少林开山光宗正法大禅师裕公之碑》（下简称《元裕公禅师碑》)[①]和清超永编《五灯全书》卷六十一、《五灯会元续略》卷一〈福裕传〉等的记载。

福裕（1201—1275），字好问，号雪庭，因曾住持和林（也称上都，蒙古建国早期的国都，在今蒙古国鄂尔浑河上游的哈尔和林）北少林寺，晚年归隐住持嵩山少林寺，故曾称"和林上都北少林寺嗣祖雪庭"，也称"少林雪裕"，尊称"少林长老"。俗姓张，太原文水（在今山西）人，九岁入学，以聪明著称。

金宣宗贞祐元年（1213），蒙古军围攻金的中都（燕京，今北京）并攻占金朝原占据的河东、河北及山东等地；翌年，再次围攻并占领中都及其他地区，金宣宗被迫迁都开封。在这期间，福裕的父母死于战乱之中。他当时十四五岁，孤苦无依，某日路上碰到一位老比丘，劝他投身佛门，说如果"诵得一卷《法华经》，则一生事毕"。他反问，佛教除此之外还有其他"向上消息在否"？这位老比丘感到他与别的幼童不同，便带领他去"仙岩"参见休林和尚。休林接受

---

① 碑存少林寺。笔者所据碑文载无谷、刘志学编，书目出版社1982年出版的《少林寺资料集》，取自清叶封《嵩阳石刻集记》，另刘青藜《金石续录》等书亦有载，郑州文博网上有录文。

福裕为弟子，为他剃发授戒。福裕在休林身边学法和做杂务七年。(《五灯会元续略》卷一〈福裕传〉)

福裕后听人说燕京报恩寺行秀的名望，便独自北上参谒行秀。据清纪荫《宗统编年》卷二十五记载，福裕见行秀的时间是南宋嘉定十五年（元太祖十七年，壬午，1222）。行秀一见便许他为入室弟子，问他："子从何得个消息，便怎么来？"语中含有禅机。福裕没有从正面回答，却说："老老大大，向学人纳败阙（按：当是在学人面前败露）作么？"行秀立即问，自己错在什么处。他巧妙地答："学人且礼拜，暂为和尚盖覆却（按：意为为和尚掩盖过错）。"据载，行秀听后十分高兴，对于他的回答予以印可。福裕在行秀身边十年。金哀宗开兴元年（壬辰，1232），元军攻破金都开封，二年后亡。行秀退居报恩寺从容庵之后，福裕受命继任万寿寺住持。然而在战乱之际，寺院荒芜。

在元太宗窝阔台、元定宗贵由、元宪宗蒙哥三朝，临济宗僧海云印简受到重用，并在后两朝期间受命掌管释教事务。① 福裕经印简和万松行秀的推荐，出任少林寺住持。据《元裕公禅师碑》，当时正值少林寺遭遇火灾之后，他暂住缑氏县永庆寺，在主持少林寺复建的同时，还"训徒说法"，据称前来援助复建少林寺工程的施舍者多"如丘山"，归到他门下的徒众"如归市"，致使少林寺很快得以"金碧一新"。

元太宗死后，乃马真后临朝称制四年（乙巳，1245），福裕应请为尚未即位的忽必烈亲王（即位后为元世祖）在少林寺举行规模盛大的资戒法会。② 元定宗三年（戊申，1248）奉诏北上住持上都和林的兴国寺。元宪宗蒙哥即位（辛亥，1251年）后，曾召福裕至驻跸的帐殿问法，得到赞许，此后奉诏在和林建北少林寺。他此寺为中心传法，声望渐高，时人称他为"少林长老裕公"，他有时自称"和林上都北少林寺嗣祖雪庭"。

大约在元宪宗七年（丁巳，1257）四月印简去世以后③，福裕受任"僧都"，"总领释教"。在他统领下，从各地得到废寺237所，安置很多僧尼居住，得以

---

① 据《佛祖历代通载》卷二十一，印简于元定宗二年（1247）"颁诏命师统僧"；《元史》卷三〈宪宗纪〉记载，宪宗元年（1251）被任命掌管释教事，道士李志常掌道教事。

② 据《元裕公禅师碑》。

③ 元宪时印简主管佛教，因此福裕主管佛教理应在他之后。另据《辩伪录》卷三，元宪宗八年佛道论争时，奉命代表佛教的"头众"是福裕，代表道教的"头众"是张志敬，此当是福裕主管佛教的有力证明。

恢复修行和传法活动。

金末元初，道教除正一道之外，又兴起全真道。全真道是由金朝王嚞（字世雄，号重阳，自称害风，1112—1170）在宁海州（治今山东牟平）创立，主要弟子有马钰、谭处端、丘处机、刘处玄、王处一、郝大通、孙不二，称"七真"。全真道主张儒、释、道三教合一，不尚符箓和烧炼，也奉"无心"、"忘言"及"识心见性"等思想为宗旨，道士须过出家生活。丘处机（1148—1227），号长春真人，在元太祖十四年（1219）应成吉思汗召请，率弟子随同西征，劝成吉思汗"敬天爱民"、"清心寡欲"，受到赏识，十八年回燕京，受命掌管天下道门事。从此全真道迅速兴起，经常发生侵凌佛教事件。李志常（1193—1256），号真常真人，是丘处机的弟子，继丘处机、尹志平之后掌管道教，声势显赫，急于扩大教势，纵容道教在各地强占佛寺、山林、水土达482处，改寺为道观，毁佛菩萨像改立道教神像，甚至破坏儒家孔庙，并将最初由西晋道士王浮伪造《老子化胡经》及所谓《老子八十一化图》等雕版印行四处散发。

元宪宗五年（乙卯，1255）年八月，福裕看到以李志常为首的全真道教团将"谤讪佛门"的《老子化胡经》和《老子八十一化图》等道书大量雕印，在朝野广为散发，便通过学士安藏将道书上报阿里不哥大王（成吉思汗之孙），由他转奏蒙哥皇帝，告道教"破灭佛法，败伤风化"。蒙哥皇帝不详真伪，召少林福裕及道教掌教者李志常等入宫，与丞相、贵戚、大臣等当面听他们辩论。福裕抓住《老子八十一化图》中所说太上老君（老子）生于"五运"[①]等明显与史书不同的地方，指出道教"伪妄"，并且联系道教强占佛教寺院土地的事实进行控告。现据元代祥迈《辩伪录》卷三记载，将福裕斥责道教的部分言论摘引如下：

　　道士欺负国家，敢为不轨。今此图中说李老君生于五运之前，如此妄言从何而得？且《史记》老子与孔子同时出衰周之际。

　　道士欺谩朝廷辽远，倚着钱财壮盛，广买臣下取媚人情，恃方凶愎，占夺佛寺，损毁佛像，打碎石塔……占植寺家园果梨栗、水土田地。大略言之，知其名者可有五百余处。今对天子，悉要归还。

[①] 纬书《易钩命诀》中称在天地生成之前须经"太易、太初、太始、太素、太极"五种形态和阶段。

据载，当时李志常推说雕印《化胡经》、《八十一化图》等皆是"下面歹人做来"，自己并不知情，对于各地道教强占寺院土地的事，也表示愿意退还。最后，福裕向蒙哥皇帝提出："此《化胡》、《图》本是伪造，若不烧板，难塞邪源。"蒙哥表示：

> 我为皇帝，未登位时，旧来有底，依古行之；我登位后，先来无底，不宜添出。既是说谎道人新集，不可行之。

这是明确表示同意将道教的《老子八十一化图》等伪经书焚毁。对此，李志常不敢提出异议。

翌日，福裕自称"和林上都北少林寺嗣祖雪庭野人"，又上书蒙哥皇帝，主要内容有三点：

第一，简要介绍佛教的由来和教理，说佛教可以辅助教化民众，安定社会，所谓："学其道者，持五戒则备于五常；修十善则杜其十恶，存者安于王道，亡者托于人天，其大则顿息生死之源，独出圣凡之表也。"

第二，承认古代老子确有其人，对以往奉老子《道德经》的道家、道教给予基本肯定的评述，说："学其道者，虚心实腹，游于道德，黜于聪明，高蹈烟霞，迥出尘世，声利不能屈，刑势莫能移，虽二圣贤（按：指佛与老子）时有先后，教有浅深，观其圣贤之心，未尝有间也。"在正面肯定的同时，也蕴含佛教优于道教的观点。

第三，攻击的主要矛头指向全真道，说："自我皇朝圣祖开辟大统以来，兵烬之际，有学者兴肇起其门，是曰全真，冠伯阳（按：老子名李耳，字伯阳）之衣冠，称伯阳之徒党。弃伯阳之宗庙，悖伯阳之道德，浸漫四方，不可胜数。毁拆寺宇，摧灭圣像，伪兴图籍，妄设典章，肆其异端，以干时惑众，残贼圣人之道，辄以无稽之言，自雕入藏目之为经，良可笑也。"然后批判全真道新集的《老子八十一化图》、《化胡经》等的虚假伪妄，并抨击在许昌所建"三教碑"上的圣人像将老子像居中，佛与孔子像置于左右的做法。[1]

此后，蒙哥皇帝降旨对道教造伪经，毁坏佛菩萨像、改塑老子像者要治罪惩罚，并勒令退还佛教寺院37所，然而道士拒绝归还。

---

[1] 以上引文载《大正藏》卷52，第768—769页。

元宪宗八年（戊午，1258）七月，蒙哥皇帝命忽必烈召请各地僧、道两宗，并包括儒者在内所谓"九流名士"到上都和林的皇宫聚会，围绕道教的《老君八十一化图》、《化胡经》等进行辩论，命福裕代表为佛教方面的"头众"，全真道的"权教"张志敬（张真人）为道教方面的"头众"，佛道两方各出十七名代表进行辩论，参加集会的僧人三百多人，道士二百多人，担当"证义"的丞相、大臣及儒者共二百余人。在僧人当中有地位显赫的掌管佛教事务的那摩国师[①]、八思巴（拔合斯八，吐蕃僧）国师、西蕃国师等人。

代表佛教方面出面辩论的十七人是：燕京圆福寺长老从超、奉福寺长老德亨、药师院长老从伦、法宝寺长老圆胤、资圣寺统摄至温；大明府长老明津；蓟州甘泉山长老本琏、上方寺长老道云；滦州开觉寺长老祥迈；北京（在今内蒙古宁城西）传教寺讲主了询；大名府法华寺讲主庆规；龙门县杭讲主行育；大都延寿寺讲主道寿、仰山寺律主相叡、资福寺讲主善朗、绛州唯识讲主祖珪；蜀川讲主元一。其中燕京药师院长老从伦，是万松行秀的弟子，福裕的师弟；滦州开觉寺长老祥迈在元世祖二十八年（1291）奉敕编撰《辩伪录》，将元初的佛道冲突和论争作了详细记载。

道教方面参加辩论的十七名代表中有十二名来自燕京天长观（今北京白云观），其他来自真定府、西京（当为今山西大同）、平阳及代阳、抚州。

辩论由忽必烈亲自主持，他提议双方辩论围绕《老君八十一化图》、《化胡经》及其他"谤佛"道书进行，并提出如果僧人输了要留发当道士，道士输了要剃头为僧。在辩论中，僧人方面紧紧抓住《化胡经》是否老子所说？何为佛？老子有无到天竺"化胡成佛"？道士能否持咒做到"入火不烧，或白日上升，或摄人返魂，或驱妖断鬼，或服气不老，或固精久视"？让道士答辩。忽必烈、拔合斯八国师也亲自向道士提出质难，乃至辩论。据载，道士或"无答"，或"不曾闻得"，或"不敢持论"，最后表示认输。

于是，那摩大师命"西京明提领、燕京定僧判、玉田张提点、德兴府庞僧录及随路僧官"等人，将出面辩论的十七名道士押送燕京，将他们道冠、道服挂在长竿之上，让远近民众知晓。又命道教将所强占的佛教寺院、山林、土地四百八十二处，皆归还佛教；《老君八十一化图》等道经及雕版，皆令烧毁；相

[①] 《元史》卷一二五〈铁哥传〉记载，那摩是铁哥（世祖时官至中书平章政事）之叔，在宪宗时曾被尊为国师，授玉印，总天下释教。

关碑刻和塑画之像，予以清除。据载，由少林福裕提议，佛教方面仅将四百八十多处寺院山林土地中的二百零二处收回，其他皆让给道教方面。①

蒙哥皇帝、忽必烈虔信佛教，在辩论中的倾向十分明显，道教所持的《八十一化图》、《化胡经》破绽明显，漏洞百出，辩败是在意料之中的。

1260年元世祖忽必烈即位，称元"中统"，赐福裕以"光宗正法禅师"之号，命在他的故乡建报恩寺，赐给田地以供僧需。他又应请住持燕京万寿寺，并负责在和林、燕蓟、长安、太原、洛阳五地建立五少林寺。②元世祖至元八年（1271）春，诏全国佛僧入燕京会集，福裕法系的僧众竟达三分之一。

福裕熟读佛典，并博通群书，生前上堂说法，门下记录已达几十万言，然而他不许雕印，说此皆"一时游戏所发，安可以形迹为哉"。

福裕住持燕京大庆寿寺长达十四年，后因年老疲于接待，归隐于嵩山少林寺。由于他声望卓著，影响很大。《元裕公禅师碑》描述他归少林寺的情景是："如初祖师（按：菩提达磨）再出世，倡道垂教于天壤间，如鼓雷霆而揭日月"。福裕住持少林寺，对少林寺的恢复和发展、地位的提高，起到极大推动作用。因此，后世称福裕为"少林中兴之祖"是有道理的。

福裕于元世祖至元十二年（1275）七月病逝，年七十三。

福裕的弟子很多，分布在相当现在的河北、山西、山东、四川及蒙古国和林等地传法，其中有名的有西京嵩山灵隐寺文泰禅师、太原府报恩寺中林智泰禅师、泰安州灵岩寺足庵净肃禅师、成都昭觉仲庆禅师、和林北少林寺觉印禅师等人。③曹洞宗正是由少林福裕—嵩山文泰—还源福遇—淳拙文材的法系，传到明清以后的。

元仁宗皇庆元年（1312），福裕的弟子慧庆将福裕的撰述刻版印行，并向官府提出为师福裕立神道碑的请求，经集贤大学士、荣禄大夫陈颢的奏请，"封少林开山住持、光宗正法大禅师福裕制赠大司空、开府仪同三司，追封晋国公"之号，命翰林学士承旨、资善大夫、知制诰兼修国史程钜夫奉撰神道碑，集贤侍讲学士中奉大夫赵孟頫书，由福裕弟子慧庆、建宣、少林寺住持普就立石，耶律德思镌刻，于延祐元年（1314）刻完竖立。（《元裕公禅师碑》）

---

① 以上主要引自《辩伪录》卷三、卷四和卷五，载《大正藏》卷52，第767页下至第777页上。
② 如前所述，福裕在和林时已建北少林寺，此时在和林建少林寺也许只是扩建。
③ 以上除注明出处外，福裕的传记部分主要取自《五灯全书》卷六十一〈福裕传〉，参考《元裕公禅师碑》及《五灯会元续略》卷一上〈福裕传〉。

二　报恩林泉从伦

从伦，俗姓、籍贯及生卒年龄不详。从万松行秀受法，先后住持燕京万寿寺、药师院。元世祖至元九年（1272），是建国号为"大元"的第二年，从伦被召入大都（今北京）皇宫的内殿，世祖命他讲"禅"，帝师八思巴也在座。

八思巴（1235—1280），也作发思巴、拔合斯八、八合思八，藏传佛教萨迦派第五代祖师，元宪宗三年（1253）谒见尚未即位的世祖忽必烈，受到信任。世祖将他置在身边，从他受戒。忽必烈即位，尊八思巴为国师，授以玉印，任中原法主，统天下释教，至元元年（1264）领总制院（后改宣政院），掌管全国佛教及吐蕃地区事务。世祖六年（1269）颁布他奉命所制蒙古文字，升任八思巴为帝师、大宝法王。可见，从伦被召见世祖时，是八思巴受帝师号的第二年。

从伦引据唐代宗密《禅源诸诠集都序》作答，说："梵语禅那，此云思惟修，亦名静虑，皆定慧之通称也。禅为万德之源，故名法性。《华严经》说：亦是众生迷悟之源，故名如来藏。《楞伽经》说：亦是诸佛万德之源，故名佛性。"然后又引述说，禅有外道禅、凡夫禅、小乘禅、大乘禅、最上乘禅，亦名如来清净禅，"达磨以来，递代相传者，是如来清净禅也"。

元世祖听他说完之后，提出：过去向禅僧问禅，皆表示"无说"，为什么你却有说呢？从伦解释，"理本无说，今且约事而言"，好像吃蜜，蜜的颜色可说，而甜味不可描述，甜味相当"理"，颜色相当"事"。八思巴认为他所说的道理与教门中讲的"甚深般若"之理是一致的。此后，从伦又讲了一段六祖慧能当初到广州法性寺时对风动、幡动所说"非风幡动，仁者心动"的公案。帝师八思巴提出异议：实是风动、幡动，为什么说是心动？从伦巧妙地用藏传佛教也熟悉的心识理论加以解释，说："一切唯心，万法唯识，岂非心动耶？"据载，直到傍晚，从伦才结束说法。

元世祖至元十八年（1281），是灭南宋后的第二年。有人上告以往敕命焚毁道教的"伪经板本、化图，多隐匿未毁"。元世祖命枢密副使文谦、秘书监友直及释教总统合台萨哩、太常卿忽都于思等官员，到长春宫无极殿，命正一道天师张宗演、全真掌教祁志诚、真大道掌教李德和、杜福春等人，对道书进行考证，辨别真伪。据《辩伪录》卷五所载《圣旨焚毁诸路伪道藏经之碑》，最后的得出的结论是：

虽卷帙数千，究其本末，惟《道德》二篇为老子所着，余悉汉张道陵、后魏寇谦之、唐吴筠、杜光庭、宋王钦若辈，撰造演说。①

元世祖诏告天下："道家诸经，可留《道德》二篇，其余文字及版本化图，一切焚毁，隐匿者罪之。民间刊布诸子医药等书，不在禁限。今后道家者流，其一遵老子之法，如嗜佛者，削发为僧；不愿为僧道者，听其为民。"当年十月，集百官于燕京悯忠寺（今北京法源寺），将从各地收缴来的道藏"伪经、杂书"等，皆予焚烧。

从伦在元宪宗八年（1258）曾到和林参加与道教的辩论，是代表佛教方面的十七人之一。这次在悯忠寺焚道书，他与吉祥二人奉敕点火。从伦拈香举火谢恩，"祝延大元世主当今皇帝圣躬万岁万岁万万岁"，批评道教"造讹捏伪，盗窃释经言句，图谋贝叶题名，谤毁如来，贼诬先圣"，赞扬元世祖"辟邪归正，去伪存真"，最后用火炬打一圆相，说："诸人者只如三洞灵文还能证此火光三昧也无？若也于斯会得，家有北斗经，枉教人口不安宁。其或未然，从此灰飞烟灭后，任伊到处觅天尊，急着眼看！"②

元朝对道教的合法地位一直是承认的，在元世祖以后，佛教、道教关系逐渐缓和，道教进入新的发展时期。然而全真道在受到打击后日渐没落，而正一派在元朝扶持下迅速发展，此外，上清、茅山诸派也有发展，以倡导三教一致、明心见性为共同的时代特色。

从伦编撰《空谷集》和《虚堂集》，各六卷。《空谷集》，全名《林泉老人评唱投子青和尚颂古空谷集》，是对宋代曹洞宗僧投子义青所著颂古百则所作的评唱，据卷首由从伦口述，居士陆应阳所书之《总序》，此书应完成于至元乙酉（1285）中元日（七月十五日）。所谓"向空谷中刚要传声，于虚堂内强来习听，以无说之说而说，更不闻之闻而闻乎闻"，标明书名的缘由，表示"说"（形诸文字）是出于不得已，反映的是禅宗的语言观。《虚堂集》，全名《林泉老人评唱丹霞淳禅师颂古虚堂集》，是对宋代曹洞宗僧丹霞子淳的颂古百则所作的评唱，卷首有姜端礼撰写的序，内有"以解脱为门，法空为座，号曰虚堂，我林

---

① 《大正藏》卷52，第776页下。
② 同上书，第778页上中。

泉老师而居焉……指空话空,横说竖说",示意题目的含义。两者的结构与万松行秀的《从容录》一样,有"示众"、本则、颂古、著语、评唱,然而《空谷集》的著语是丹霞子淳作的。姜端礼的序标明的时间是元贞元年(1295)秋,既可以证明此书最后完成的时间,也可以证明从伦此时还在世。

从伦死年不详,弟子有顺天鞍山月泉同新禅师。

第五节　万松行秀的居士弟子耶律楚材

万松行秀门下的在家弟子中,以曾随从元太祖西征、《西游录》的作者、官至中书令(相当宰相)的耶律楚材最有名。这里仅对他的生平和他与行秀的交往、他对佛教的见解作概要进行介绍。

一　耶律楚材生平

耶律楚材(1190—1244),亦异译作移剌楚材,字晋卿,信奉佛教后,号湛然,法名从源,原是辽朝东丹王突欲的八世孙,父耶律履在金朝官至尚书左丞。耶律楚材自幼博读群书,学通天文、地理、律历、医学,乃至占卜术数,并且对佛教、道教也有很深的了解。因为父的官职相当宰相,被金朝廷任命为掾(文职属官),后任开州同知。自金宣宗贞祐元年(1213)开始,蒙古兵大举南下攻金,直至围困中都,金朝在第二年迁都南京(开封),命耶律楚材为留守燕京的尚书省左右司员外郎。元太祖成吉思汗十年(1215)攻陷燕京,耶律楚材投降,有相近三年的时间闲住在家。

元太祖十四年(1219),成吉思汗率兵西征西夏、西辽等地,命耶律楚材扈从。耶律楚材便从自己的家永安(今北京香山)出发,过居庸关,历武川(在今内蒙古),出云中(今山西大同),抵天山(此指阴山)之北,穿过大沙漠至元太祖行在。明年随军西征,夏过金山(今阿尔泰山),越瀚海(即哈密以东沙漠),经轮台县、和州、五端(今和田)、不列、阿里马(今新疆霍城县克千山南麓阿尔泰古城遗址)、虎司窝鲁朵、塔剌思(唐代的怛逻斯,在今哈萨克斯坦的江布尔)、讹打剌(在今锡尔河东岸的阿里斯河汇入处)、寻思干(今乌兹别克国的撒马尔罕)、蒲华(今乌兹别克斯坦的布哈拉)等地。元太祖十九年

（1224）从"东印度"班师东归，进攻西夏。①

耶律楚材他担任占星、司医等事，并且经常乘机提出省杀爱民的建议。在元太宗朝，他官至中书令（相当宰相之位），在制定规章制度了恢复社会生产、发展文教等方面，提出许多建议。主要有：（1）设立州县官吏"管理民事"，建立法制，制止纵兵将掠夺滥杀民众；（2）明定君臣上下礼仪；（3）反对有人提出的改中原农地为牧地的主张，提出发展农业与工商，设立燕京等十路课税使，后又设立民户和赋税制度，立钞法，定均输等，以稳定社会，增加财政收入；（4）对蒙古兵攻占城区"降民"及流民，采取宽抚政策，让他们归故里从事农业生产；（5）尊崇孔子，提倡儒学，发展文教，在燕京置编修所，平阳置经籍所，恢复考试取仕制度。耶律楚材受到元太宗的信任，上述建议皆得到采纳。

太宗死，乃马真后称制，耶律楚材虽受到冷落，然而仍坚持朝廷旧章。他在乃马真后三年甲辰（1244）去世，年五十五。② 著作现存《湛然居士文集》及记述随元太祖西征经历的《西游录》。

二 《西游录》及其对全真道、"糠禅"的批评

耶律楚材晚年虔诚信奉佛教，是万松行秀的在家弟子。据他撰写的《从容庵录序》，他在金朝时居住燕京，经常参谒圣安澄和尚，以前代禅门语录公案扣问，澄和尚有时对他的悟解表示出"许可"之意。在蒙古攻占燕京之后，耶律楚材求功名之心顿时淡泊，表现出强烈的求佛参禅的志趣，然而再登门参谒澄和尚，对他的悟境不再表示认可。他问是什么原因，澄和尚告诉他：

> 昔公位居要地，又儒者多不谛信佛书，惟搜摘语缘，以资谈柄，故予不敢苦加钻锤耳。今揣君之心，果为本分事以问予，予岂得犹袭前愆不为苦口乎？予老矣，素不通儒，不能教子，有万松老人者，儒释兼备，宗说精通，辩才无碍，君可见之。

---

① 参考耶律楚材《西游录》，向达校注，中华书局1981年出版的《中外交通史籍丛刊》所收；《元史》卷一〈太祖纪〉、卷一四六〈耶律楚材传〉；郭沫若主编，中国地图出版社1990年出版的《中国史稿地图集》下册，第59—60页。

② 以上除注明出处外，主要据《元史》卷一四六〈耶律楚材传〉。

是说当初看到耶律楚材原来是身居要职的士大夫，信佛谈禅，搜寻禅宗语录只是为了以资谈柄，所以对他不想按丛林传禅方法严格要求，知他现在想认真学法参禅了，就不能再对他敷衍了，说自己已老，建议他去参谒佛儒兼通的万松老人。

此后，耶律楚材便投到行秀的门下潜心学禅。当时他正在家赋闲，据说将近三年之间，"杜绝人迹，屏斥家务，虽祁寒大暑，无日不参，焚膏继晷，废寝忘餐者"，得行秀的印可，为他起法号"湛然"，法名"从源"。直到他在元太祖十三年（1218）奉诏西去随成吉思汗西征，才离开行秀。他在西域前后七年时间，给行秀写过九封信，多次劝行秀评唱宋代曹洞宗天童正觉的百则颂古，后行秀如约写出《从容录》。

耶律楚材随成吉思汗班师东归，在元太祖二十二年（丁亥，1227年）因奉诏"搜索经籍"一度回到燕京，翌年太祖去世，拖雷（元睿宗）以皇子监国，调耶律楚材回燕京办案，此后一直在燕京。因为总是有人向问西域之事，为省烦复，他便将自己随元太祖西征的见闻写出《西游录》。《西游录》二卷，成书于1228年，翌年刊印前加序一篇。卷一的主要内容如前面介绍耶律楚材随元太祖西征时所引，卷二篇幅相当卷一的一倍，首先表述自己的信仰，接着记述全真道教主丘处机在随元太祖西征途中对太祖的答语，他与丘处机之间的交往，重点是对丘处机及全真道的批评，特别指责全真道恃势强夺佛教寺院田地之事。下面对此略加介绍。

（1）他在《西游录》卷一借"客曰"的名义，说自己自幼学儒，晚年喜佛，"常谓以吾夫子之道治天下，以吾佛之教治一心，天下之能事毕矣"。他认为儒释道三教"皆有益于世"，老子《道德经》有益于治道，然而他在《西游录·序》中却明确表示，金元之际流行的全真道、真大道教派、混元道、太一道、"三张左道"（正一天师道），皆为"老氏之邪"。这样一来，便几乎将道教各派全部否定。

（2）表示自己与丘处机在元太祖身边西征期间虽彼此宾主相待，"联句和诗，焚香煮茗，春游邃园，夜话寒斋"，然而，实际上信仰见解不同，指出特别不赞成丘处机言行的地方有十点，其中最重要的是：丘处机故意隐瞒自己的年龄（门徒称已三百岁）；对太祖说宋徽宗梦游神霄宫之事，自称"圣贤提真性遨游异域"，爱梦境的事；奏请皇帝下蠲免"道人差役"，却故意将僧人排除在外[①]；上表乞符

[①] 据《西游录》卷下，丘处机从西域将归，派人奏请免除道人差役，正值皇帝身边主管典诰的人不在，"令道人自填，诏旨遂止书道士免役之语"。

印，自出师号，私给道观之额；门下弟子假借朝廷"符牌"企图"通管僧尼"，竟四处强占佛教寺院、田地，毁坏佛像，改寺为观，甚至在西京（今山西大同）天城连孔庙也拆毁改成道观。

耶律楚材写此书时，丘处机已在一年前去世，全真道正在最得势的时候，到处侵占佛教寺院、土地，佛道斗争十分尖锐。他在《西游录》中对全真道的批评，也是对佛教的声援。后来祥迈编《辩伪录》，在三处大段引用他在《西游录》中对全真道的揭露和批评。

此外，据耶律楚材《西游录·序》及其他文章，在金朝和元初北方一带盛行很多打着佛教旗号教派，有毗卢教、糠禅、瓢禅、白莲教、香会等，他一律称之为"释氏之邪"，意为佛教中的邪教。他特别对其中的所谓"糠禅"，也称之为"禅孽"① 进行严厉批判。

元太祖二十年（乙酉，1225），耶律楚材尚在高昌，朋友从燕京寄给他某位"讲主"（相对于禅僧的学僧）所著专批糠禅的《糠孽教民十无益论》，请他写序。他怕因此给那位讲主带来诽谤，没有写。然而他取过去万松行秀所写《糠禅赋》及《糠孽教民十无益论》的意趣和内容，以自己名义写了《辨邪论》。此论已佚，现仅存他写的序（载《湛然居士文集》卷八）。翌年（丙戌，1226），他在鄯善城时，燕京的朋友来信再次请他为《糠孽教民十无益论》写序，他不得已取此书的要旨写为序（载《湛然居士文集》卷十三）。此外，耶律楚材在《寄赵元帅书》中，批评著《头陀赋序》庇护糠禅的"儒者"赵君瑞"元帅"，并对糠禅进行批判。

那么，何为糠禅，或似乎带有贬义的"糠孽"呢？耶律楚材在上述著作中称其教为"释教之外道"、"异端"、"邪教"。在《寄赵元帅书》中，他说创此教派的是近百年前（相当于金初）的刘纸衣，其教"毁像谤法，斥僧灭教，弃布施之方，杜忏悔之路，不救疾苦，败坏孝风，实伤教化"。在行秀的《请益录》卷下第九十五则"布袋弥勒"中提到过耶律楚材的《辨邪论》，提到"糠孽之祖刘纸衣，自称弥勒下生"，耶律楚材据《弥勒上生经》及《弥勒下生经》所载弥勒下生当在"五十六亿万岁"之后，来批刘纸衣所说"弥勒下生"之伪；又说南朝梁的傅大士、五代的契此和尚（所谓大肚弥勒，憨皮袋），"亦不当为弥

---

① "糠孽"的"孽"，或作"薛"字下加"虫"字，GB及GBK字库中无此字。然而，在《湛然居士文集》卷十三所载《糠孽教民十无益论》中，皆作"糠孽"，笔者皆改用此词。

勒",说:"傅大士造像写经不可胜数,糠孽大毁经像;憨皮袋剃发披缁,饮啖无择,糠孽垂发白衣,米亦不食,若例二大士,甚不类也。"

在耶律楚材的笔下也许有夸大或失真走样的地方,然而通过他的描述大致可以了解,所谓糠禅、糠孽,是金朝初期由自称是"弥勒下生"的刘纸衣创立的新教派,尽管打着佛教旗号,然而教徒不剃头,头留垂发,穿着白衣,所到之处毁坏佛像佛经,排斥僧尼,在修行方面既弃舍忏悔,又反对施舍,并且拒绝吃米。据《糠孽教民十无益论序》,糠禅曾十分盛行,当时"市井工商之徒,信糠者十居四五",可见在民众中占有很大比例。《辩伪录》卷三记载,涿州行满寺观音殿原有座高三尺的白玉石观音菩萨像,"有糠禅任志坚,夜中打碎共十一块,并占讫寺院,改为永宁观住坐"[①],看来在全真道仗势强占佛教寺院土地的风潮中,有的糠禅教徒也加入其中。

综上所述,耶律楚材虽是儒者,同时又是虔诚信仰佛教的居士,尊奉曹洞宗万松行秀禅师为师,然而,也认为三教一致,主张以儒家之道治天下,以老子之道养性,以佛教之道修心,对于"异端"、"邪教"是采取坚决批判、攻击的态度的。

第六节 高峰原妙及其参"疑团"的禅法

自从北宋临济宗杨岐派大慧宗杲提倡参话头的看话禅,特别提倡参赵州和尚答语"狗子无佛性"中的"无"字以来,丛林间参"无"字的风气长盛不衰。当然,期间也有参其他话头的,例如,参赵州和尚的"柏树子"、"麻三斤"、"狗屎橛"及参"生从何来,死从何去"、"万法归一,一归何处"等等话头的。然而到元代雪岩祖钦弟子高峰原妙时,他在以往看话禅的基础上又有新的发展,特别提倡参扣所谓"疑团"的禅法,说修行者如能将全部意念集中到一个问句上连续地不间断地参扣下去,久而久之就能够摆脱并断除一切杂乱妄念,做到"人法双忘,心识俱灭",进入觉悟解脱的精神境界。他认为这种禅法比参"无"字等的禅法更加切实可行。这种禅法后来盛行于丛林,影响很大。

高峰原妙上承无准师范的法系,属于圆悟克勤下五世,虎丘绍隆下四世。

---

① 《大正藏》卷52,第767页中。

他的法系经弟子中峰明本……幻有正传，一直传到明清以后。

记载原妙的史料有宋末元初持正录，洪乔祖编的《高峰原妙禅师禅要》（下简称《高峰禅要》）、王柔等编的《高峰大师语录》（简称《高峰语录》），两者内容重叠之处很多，然而后者在卷末附有洪乔祖编撰的《高峰禅师行状》（简称《高峰行状》）、家之巽编撰《高峰禅师塔铭》（简称《高峰塔铭》）；另外，明末通问、施沛编集《续灯存稿》卷六、明末净柱编《五灯会元续略》卷五、清自融编撰、性磊补辑《南宋元明禅林僧宝传》卷八等皆载有原妙的传记，然而大抵皆取自上述资料。

现据上述资料将高峰原妙经历及其提倡的参扣疑团的禅法作概要介绍。

一　原妙参禅和传法的历程

原妙（1238—1296），号高峰，俗姓徐，吴江（在今苏州）人。十五岁那年，他在请得父母同意后出家，投止秀州（在今浙江嘉兴）嘉禾密印寺，拜法住为师学习佛法，翌年正式剃度为僧，年十七受具足戒，年十八学习天台宗教义。年二十，原妙到杭州入净慈寺，订立以三年为期的书状专心学修禅法。从此开始了他访师参禅的历程。原妙在后来向弟子说法中多次提到自己参禅入悟的因缘，在《高峰行状》及《高峰塔铭》中皆有比较详细的记述。

原妙入临安（今杭州市）净慈寺时，住持是临济宗虎丘下四世无准师范的弟子断桥妙伦（1201—1261）禅师。入寺二年后，原妙得以随众参禅，妙伦让他参扣"生从何来，死从何去"的语句。他自此日夜坐禅，"胁不至席，口体俱忘"，进入废寝忘食的状态。后来他听说雪岩祖钦寄住在净慈寺的北涧塔院，便前往参谒，然而一进门就被打出，他不灰心，连续往参，终被祖钦接纳。祖钦根据自己的经验，让他改参赵州狗子无佛性语句中的"无"字。他此后日夜参"无"字，祖钦曾多次突然向他发问："阿谁与你拖个死尸来？"往往是声未停就打他。

在祖钦到处州（治今浙江丽水市）住持南明佛日禅寺时，原妙到径山寺参禅，在半个月后某夜的梦中，忽然想起妙伦禅师在说法中所举有人问赵州和尚的话："万法归一，一归何处"，于是"疑情顿发"，三天三夜未曾入睡。在达磨忌日，他随众参加法事，抬头忽然看见前面挂着五祖法演和尚画像上面的赞语："百年三万六千朝，反复元来是遮（这）汉。"大意是：一年到头，行住坐卧四威仪中总也离不开自己，蕴含一切无非是自己的作用的思想。据载，妙高看了立即入悟，"打破死尸之疑"。此年二十四岁。

妙高此后便到处州南明佛日禅寺投奔祖钦。祖钦一见到他，又问"阿谁与你拖个死尸来"的禅话，他以大声吆喝应对。祖钦举棒要打，他急忙上前把住棒，说打他不得，拂袖出去。翌日，祖钦问他："万法归一，一归何处？"他答："狗舔热油铛。"大概以狗不可舔舐热油锅来喻示此句禅机峻峭，是难以以寻常语言回答的。祖钦问他在何处学得这样的"虚头"，他答：请和尚"疑着"。从此，原妙在参禅中表现出非常的机锋，在祖钦应请住持湖州（在今浙江）光孝禅寺时，他曾随侍服劳。①祖钦对他十分器重，曾几次想委任他担任僧职，他皆毅然谢绝。祖钦曾问他在白天、夜里睡梦中是否"作得主"？他皆答"作得主"，然而，当问在"正睡着时，无梦无想、无见无闻，主在甚么处"？他没能回答。祖钦便让他以后暂时不要学佛学法，也不要穷古穷今，只是每天"饥来吃饭，困来打眠"，在每天睡觉起来时先自问："我遮（这）一觉，主人公毕竟在甚么处安身立命？"从以上所述，可见祖钦从最早见到原妙让他参"无"字，又问"谁拖个死尸"，到让他参扣自己的能否"作得主"、"主人公"，大概是想让他通过参"无"以断除杂念，进而体悟自己的本性（主、主人公）。可以说，原妙参禅的经历，向我们提供了解宋末元初禅僧参禅修行情景的极为生动的资料。

南宋度宗咸淳二年（丙寅，1266），原妙二十九岁，他到临安龙须山寺，决心将"主人公"参扣明白。据载，五年后的某夜，他偶尔听到同宿道友推枕落地的声音而豁然大悟。他悟到什么呢？据他自述，好像是到泗州见到了被认为是观音菩萨化身的唐代僧伽和尚显化，又感觉自己好像是"远客还故乡，元来只是旧时人，不改旧时行履处"。大概是说体悟到自己的自性——所谓"本来面目"吧。此后他到山间一个偏僻地方，集柴为龛作为栖身之处，不论寒暑，坚持坐禅，每日仅以松汁搀米粥为食。他在龙须山居住修苦行共九年，咸淳十年（甲戌，1274）迁至北边武康县双髻峰继续修苦行，慕名投到他门下为徒者很多。南宋端宗景炎元年（丙子，1276），元兵攻占临安等地，门徒纷纷散去，原妙闭门坚坐参修。战乱一过，门下又聚集多人，简直应接不暇。

---

① 《高峰行状》等记载祖钦"挂牌于道场，开法于天宁，师皆随侍服劳"。据《雪岩和尚语录》，祖钦先后住持潭州龙兴寺、湘西道林寺、处州南明寺、台州仙居寺、湖州光孝寺、仰山禅寺，而如前所述，原妙二十四岁时从径山到南明寺参谒祖钦，此后才有更多的接触。湖州有道场山，也许道场寺就是湖州光孝寺。"开法于天宁"，当指应请赴天宁寺说法。此处之天宁寺也许是靠近湖州的常州天宁寺。

南宋灭亡之年（己卯，1279），原妙为静心修行，趁夜逃到天目山西峰的狮子岩，想在此度过余生。然而弟子法升等多人相继追寻而至，在此营造草庵。原妙在西峰山壁凿造石洞，并在洞内建纵深半丈的石室，名之为"死关"。在此修禅苦行，身边不置侍者、衣服用品，也不再剃发、洗澡，用半个瓮做烧饭的铛，一日一食。洞在山腰，只有登梯子才能上去。他设置"三关语"，只接引答语合他意者，否则闭目不理。因此弟子罕有见其面者。所谓"三关语"是：

> 大彻（按：大悟）底人，本脱生死，因甚命根不断（按：仍活在世上）？佛祖公案，只是一个道理，因甚有明与不明？大修行人，当遵佛行，因甚不守毗尼（按：毗尼是戒律）？（《高峰行状》）[1]

弟子们在洞附近建造狮子院——杭州西天目山狮子禅寺，作为居住和修行之所，远近乃至外国慕名来参学者很多。祖钦住持仰山寺时，曾一再邀原妙前往担任僧职，他皆拒不受请。祖钦决定让他做自己的嗣法弟子，在元至元二十四年（丁亥，1287）派人送来代表信物的竹篦、拂尘及自己的画像赞语等，原妙才公开露面举行开堂升座仪式。开堂法语在《高峰语要》及《高峰语录》中皆有记载，其中讲述了自己出家参禅的历程。此后，他每日独居"死关"石室，很少上堂说法，直到晚年病重体衰感到将不久人世，才不定时地上堂传法，以带有感情的语气激励弟子，"诲谆甚至，继以悲泣"。

两浙转运使瞿霆发对原妙早有敬仰之心，至元二十八年（辛卯，1291）特地进山拜谒，听他说法，"心领神悟"，看到禅僧居住无所，先后施献庄田二百余顷，又另买山田若干，以田地的岁收作建造寺院之资。经报请官府批准，原妙的弟子在天目山莲华峰另建"大觉禅寺"，历经五年建成，由原妙弟子祖雍暂管此寺。[2] 元成宗元贞元年（乙未岁）十一月底（已进入公元1296年）将后事嘱咐弟子祖雍、明初。十二月初一黎明，上堂辞众，说："西峰三十年，妄谈般若，罪犯弥天。末后有一句子，不敢累及平人，自领去也。大众还有知落处者么？"见没人回答，乃说："毫厘有差，天地悬隔。"众僧皆悲痛不已，午前说偈：

---

[1] 《高峰语录》称是"室中垂语"，尚有三语："杲日当空，无所不照，因甚被片云遮却？人人有个影子，寸步不离，因甚踏不着？尽大地是火坑，得何三昧，不被烧却？"

[2] 据元赵孟頫奉敕撰《天目山大觉正等禅寺记》（载其《松雪斋外集》），原妙去世后，元成宗在大德四年（1300）降旨作此寺"大护持"，又有扩建，至元武宗至大元年（1308）完成，成为著名大寺院。

"来不入死关，去不出死关，铁蛇钻入海，撞倒须弥山。"(《高峰行状》)然后去世，年五十八岁。所谓"死关"就是前面提到的在山洞造的石室。弟子依他的遗嘱，在死关内造塔安葬他的遗体。

原妙在辞众时说"西峰三十年"中的"西峰"是自谓，不是指他在西峰三十年，他实际在西峰有十七年。据上所述，从他从入龙须山修行至他去世，首尾正三十年。

居士洪乔祖，号直翁，是在原妙来天目山西峰后归依原妙的，每年参谒原妙十几次，对原妙比较了解。他所撰写的《高峰行状》说原妙自入西峰后未曾握笔写作，《高峰语录》中的偈赞及颂古等原是原妙在双髻峰时所写，有的是弟子偷偷地记录下来的。《高峰语录》载录原妙的拈古有三十则，是在引述佛经或前代丛林语录之后加以语意含蓄晦涩含有禅机的评论；颂古有三十一则，是在引述前代公案语录之后，以偈颂的形式加以赞颂或评论。尽管如此，通观《高峰禅要》和《高峰语录》，原妙在说法过程中很少引述佛经及前人语录，这也许与他重视修苦行，不提倡读经及公案语录有密切关系。

洪乔祖居士在《高峰行状》结尾处说原妙生前名声很大，"天下之人，若僧若俗，若智若愚，上而公卿士夫，下及走卒儿童，识与不识，知与不知，皆合手加额曰：高峰古佛，天下大善知识也！"

原妙有嗣法弟子百人，从他受戒及受教者达万人。著名弟子中有杭州天目中峰明本禅师、杭州西天目山断崖了义禅师、杭州天目山大觉寺布衲祖雍禅师、处州白云山空中以假禅师等人。其中，中峰明本最有影响，他的法系通过弟子千岩元长……幻有正传一系一直传到明清以后。

二 原妙参"疑团"的看话禅

从前述原妙参禅和传法的经历可以看到，他十分重视相当于传统佛教苦行的修行方法，然而更具特色的是特别提倡参"疑团"的禅法。这种禅法虽然源自以往的看话禅，然而有新的发展，在做法上与以往的看话禅存在显著的差别。以往的看话禅要求完全不理会或超越所参话头（公案语句或某个字）所蕴含的字面意义，在一切时间、一切场合集中精神连续不断地参究下去，而原妙的重参疑团的看话禅至少有两点在做法上不同：一是必须将一切心念集中到疑团——某个禅语问话上，所谓"起大疑情"；二是通过参扣疑团，使思想高度集中并逐渐使之转入空寂无差别的认识境界。尽管如此，二者在对最后所达到悟境的描述上却是基本一致的，即不外是体认心性空寂清净，宇宙万物彼此融会一体，从而断除世间种种基于差别观念的情欲烦恼而得到解脱。

下面根据原妙的语录对此作概要介绍。

（一）提倡参扣疑团，以达到"人法双忘"的境界

如上所述，高峰原妙在向弟子多次说法中讲述自己参禅入悟的经历，从中可以了解他所以提倡参扣疑团的原因、修持方法和所达到的精神境界。

他在进入西天目山住到"死关"石室后，平时很少出来与弟子见面说法。在接到师父祖钦派人送来的嗣法信物竹篦、画像及赞语等物之后，才在石室内为新建成的狮子禅院举行开堂拈香说法仪式。他在说法中回顾了自己的参禅经历，其中谈及：

> 山僧昔年在双径（按：余杭径山寺）归堂，未及一月，忽于睡中疑着"万法归一，一归何处"？自此疑情顿发，废寝忘餐，东西不辨，昼夜不分，开单展钵，屙屎放尿，至于一动一静，一语一默，总只是个"一归何处"，更无丝毫异念，亦要起丝毫异念了不可得，正如钉钉胶粘，撼摇不动。虽在稠人广众中，如无一人相似。从暮至朝，澄澄湛湛，卓卓巍巍，纯清绝点，一念万年，境寂人忘，如痴如兀。不觉至第六日，随众在三塔讽经次，抬头忽睹五祖演真赞（按：五祖山法演画像上的赞语，前面已引），蓦然触发日前仰山老和尚（按：祖钦）问拖死尸句子（按："阿谁与你拖个死尸来？"），直得虚空粉碎，大地平沉，物我俱忘，如镜照镜。……般若妙用，信不诬矣。

> 前所看"无"字，将近三载，除二时粥饭，不曾上蒲团，困时亦不倚靠，虽则昼夜东行西行，常与昏、散二魔辊在一团，做尽伎俩，打屏不去……成片自决（按：当指领悟物我一体，内外融会一片）之后，鞠其病源，别无他故，只为不在疑情上做工夫，一味只是举（按：当指不断举个"无"字来参），举时即有，不举便无。设要起疑，亦无下手处。设使下得手，疑得去，只顷刻间，又未免被昏散打作两橛。……"一归何处"却与"无"字不同，且是疑情易发，一举便有，不待反复思惟计较作意，才有疑情，稍稍成片，便无能为之心；既无能为之心，所思即忘，致使万缘不息

而自息，六窗（按：眼耳鼻舌身意六识）不静而自静，不犯纤尘，顿入无心三昧。（《高峰语录·杭州西天目山师子禅寺法语》，并参《高峰语要·开堂普说》）

原妙晚年在教示净修侍者时，又提到自己受断桥妙伦教诲参"万法归一，一归何处"疑团的往事，并且用不同的语言对如何修持参疑团的看话禅做了说明。他说：

先将六情六识、四大五蕴①、山河大地、万象森罗，总熔作一个疑团，顿在目前，不假一枪一旗，静悄悄地，便似个清平世界。如是行也只是个疑团，坐也只是个疑团，著衣吃饭也只是个疑团，屙屎放尿也只是个疑团，以至见闻觉知总只是个疑团，疑来疑去，疑至省力处，便是得力处，不疑自疑，不举自举，从朝至暮，粘头缀尾，打成一片，无丝毫缝罅，撼亦不动，趁亦不去，昭昭灵灵，常现在前，如顺水流舟，全不犯手。只此便是得力时节也。更须惫其正念，慎无二心，展转磨光，展转淘汰，穷玄尽奥，至极至微，向一毫头上安身，孤孤迥迥，卓卓巍巍，不动不摇，无来无去，一念不生，前后际断。从兹尘劳顿息，昏散剿除，行亦不知行，坐亦不知坐，寒亦不知寒，热亦不知热，吃茶不知茶，吃饭不知饭，终日呆蠢蠢地，恰似个泥塑木雕底，故谓墙壁无殊。才有遮（这）个境界现前，即是到家之消息也，决定去他不远也。巴得构（按：当指期待如愿）也，撮得著（按：当指取得成功，达到）也，只待时刻而已。又却不得见怎么说，起一念精进心求之，又却不得将心待之，又却不得要一念纵之，又却不得要一念弃之，直须坚凝正念，以悟为则。（《高峰语录·示净修侍者》）

他在教示信翁居士的法语中说：

发大信，起大疑，疑来疑去，一年万年，万年一年……能疑所疑，内心外境，双忘双泯，无无亦无……（《高峰禅要·示信翁居士》）

所谓"万法归一，一归何处"，本是唐代有僧问赵州和尚的话。据《古尊宿

---

① 六情指眼、耳、鼻、舌、身、意六根，是感觉器官和认识功能；或指喜、怒、哀、乐、爱、恶六种感情。六识指眼、耳、鼻、舌、身、意六种感觉或认识活动。四大是地、水、火、风，相当物质。五蕴是色、受、想、行、识，一般借指人身，包括肉体与精神。

语录》卷十三《赵州语录》载，有僧问赵州和尚："万法归一，一归何处？"问话中的"一"应是指真如佛性、心，被认为是世界万物的本源和最后归宿。既然万物最后回归于"一"，或说世界万物皆为它的显现，那么，这个一又将回归何处，或表现为什么呢？按照预设的逻辑，结论本来十分明显。然而赵州和尚回避正面回答，只用不相干的话支开，说："我在青州作一领布衫重七斤。"言外之意是对于此问是不能用语言表述的。原妙是接受断桥妙伦的教示开始参扣这个语句的，不仅自己潜心参扣这个语句，而且还教导弟子也参扣这个语句。

综合以上引文，大致可以归纳出如下几个要点：

（1）参扣疑团，比喻参扣原妙特别提倡参扣的"万法归一，一归何处"时，应当将全部心念集中到这个疑团上，日夜六时、行住坐卧，动静语默，不起任何异念，以至达到"废寝忘餐，东西不辨，昼夜不分"的地步，"一动一静，一语一默，总只是个'一归何处'"。可以说这是参疑团禅法的最基本的要求。

（2）通过以上参扣疑团的过程，便在心中逐渐形成一切皆空寂无相的认识，感到既无能思能为之心，也无被攀缘被思虑的外境，进入称之为"无心三昧"（无心，意同无念）的状态，所谓"虚空粉碎，大地平沉，物我俱忘，如镜照镜"；"内心外境，双忘双泯，无无亦无"。这也就是他所说的"人法（按：人我、法我，相当于主体与客体两方）两忘，心识俱灭"。（《高峰语录·补遗》）

这种禅观实际是以确立般若空观为前提的，只有体认一切自性空寂，才会相继产生与此相应的精神境界，也才能达到色与空、心与境、我与物等的圆融无碍的认识，在时间长短上达到"一年万年，万年一年"的圆融无碍的认识。因此，原妙对确立空观十分重视。他在西天目山禅寺开堂说法中对唐代庞蕴居士的诗偈"十方同聚会，个个学无为。此是选佛场，心空及第归"中的"心空及第归"特别加以发挥，说这不仅是庞居士的安身立命之处，也是"从上佛祖"安身立命之处，自己的安身立命之处。（《高峰禅要·开堂普说》）

（3）原妙多次谈到，达到这种悟境的学人，他的外在表现是："尘劳顿息，昏散剿除，行亦不知行，坐亦不知坐，寒亦不知寒，热亦不知热，吃茶不知茶，吃饭不知饭，终日呆蠢蠢地，恰似个泥塑木雕底"；《高峰语录·补遗》还说："形如槁木朽株，志若婴儿赤子"。这种人看起来简直是无思无欲，如痴如愚了。

按照这种描述，岂不是通过参禅将修行者的积极进取的精神完全消磨干净了吗？不过，他还有其他一些说法。他在一次上堂说法中在讲了修行者在达到上述境界之后说："到遮（这）里，蓦然脚蹉手跌，心华顿发，洞照四方，如杲日丽天，又如明镜当台，不越一念顿成正觉（按：顿悟成佛），非惟明此一大事，从上若佛若祖，一切差别因缘，悉皆透顶透底，佛法世法打成一片，腾腾任运，任运腾腾，洒洒落落，干干净净，做一个无为无事出格真道人也。"（《高峰禅要·示众》）这是说，一个人达到觉悟境界后，不仅无所不知，而且具备通达圆融世界一切事物的智慧，能将佛法与世间法打成一片，可以做到无为而无不为，任运而做任何事情。看来，他毕竟为修持参扣疑团的学人留出一个相当大的可以主动从事弘法、利益群生的解释空间。

（4）到底以修参看"无"字为主的看话禅与参扣"一归何处"疑团的看话禅有什么区别？据以上引文可以大致了解。原妙认为，如果参看"无"字，虽然夜以继日地参"无"想"无"，努力地想保持精神高度集中（入定状态），断除妄念和烦恼，然而却难以坚持下去，或是被"昏沉"（昏昏沉沉，精神迟钝、呆滞）困扰，或是被"散乱"（精神分散，甚至胡思乱想）困惑，用尽种种方法也难以摆脱这两种状态；即使想从"无"字提出疑问，设置疑团，也持久不下去，所谓"举时便有，不举便无"，"疑得去，只顷刻间，又未免被昏散打作两橛"。他认为，如果改参"万法归一，一归何处"，则"疑情易发，一举便有"，可以一直参扣下去，无须执意地思虑，控制身心，就能够自然而然地泯灭杂念及一切取舍之心，进入所谓"无心三昧"的解脱境界。看来他最看重的是参扣疑团省力易修。

（二）提出参禅三要——信、志与疑

原妙与唐宋以来丛林不少禅师回避正面说法不同，经常结合自己的修行体验向门下弟子或参禅者正面说法。他告诉弟子，参禅必须具备三个重要条件：一是信心，二是发愤立志，三是起大疑，否则不会成功。他说：

> 若谓着实参禅，决须具足三要：一要有大信根，明知此事，如靠一座须弥山[①]；二要有大愤志，如遇杀父冤仇，直欲便与一刀两段；三要有大疑情，如暗地做了一件极事，正在欲露而未露之时。十二时中，果能具此三要，管取克日功成，不怕瓮中走鳖，苟缺其一，譬如折足之鼎，终难成器。（《高峰禅要·示众》）

---

① 须弥山，佛教所说无数世界中的每一小世界中心的高山，周围有八山、八海环绕。

此外原妙在不同说法的场合对此"三要"也有论述。现分别对此"三要"作简单说明。

第一是信心。原妙称之为"信根",原是指接受佛法,断除烦恼和达到觉悟必须具备五种基本要素"五根"(信根、精进根、念根、定根、慧根)之一,即为对佛法的坚定信仰、信心、信念。原妙要求参禅者必须对修持参扣疑团的禅法抱有信心,如背靠须弥山一样坚定不移。他在致信翁居士的信中说:"大抵参禅不分缁素,但只要一个决定信字,若能直下信得及,把得定,作得主,不被五欲所撼,如个铁橛子相似,管取克日成功。"他在举了佛经的传说及前代禅宗祖师的事例之后,总结说:"若佛若祖,超登彼岸,转大法轮,接物利生,莫不由此一个信字中流出。故云:信是道元功德母,信是无上佛菩提,信能永断烦恼本,信能速证解脱门。"(《高峰禅要·示信翁居士》)由此可见原妙对信心的重视程度。

第二是发愤立志。原妙说参禅修行要达到解脱成佛,必须矢志不移,如同誓报杀父之仇那样志向坚定。他在一次上堂说法中表示,参禅若要克日成功,精神状态应如一个人掉进千尺深井相似,"从朝至暮,从暮至朝,千思想万思想,单单则是个求出之心,究竟决无二念,诚能如是施功,或三日,或五日,或七日,若不彻去,西峰(按:原妙自称)今日犯大妄语"。他主张参禅者只要坚持不懈地参扣下去,是可以在较短时间内达到觉悟的。他还说过,参禅如同登一座高山,如果三面有平缓好登的山路,一面有难以攀登的悬崖峭壁,那么真正的参禅者应立志"直向那一面悬崖峭壁无栖泊处,立超佛越祖之心办,久久无变志,不问上与不上,得与不得,今日也拼命跳,明日也拼命跳,跳来跳去,跳到人法俱忘,心识路绝,蓦然踏破虚空,元来山即自己,自己即山,山与自己犹是冤家。"[①] 所谓"人法俱忘,心识路绝"所描述的是最高觉悟的精神境界:既无对主体之我的执著,也无对客体事物的执著,心识不再缘虑、分别和取舍事物。若进入这一境界,便感到山乃至周围一切皆与自己融为一体,到此时,山与自己等建立在分别基础上的假名称谓也已经是多余的了。

第三是"有大疑情",即选定话头,例如原妙特别提倡参扣的"万法归一,一归何处",然后对它产生疑问,一个劲地参扣下去,直到全部身心集中投入,

---

① 此段引文皆见《高峰语录·补遗》。

乃至将自己观察和感觉、意识到的周围一切的现象皆搀杂到这个疑情之中。他在一次普说中教导弟子，"看个'万法归一，一归何处'公案，看时须是发大疑情，世间一切万法总归一法，毕竟归在何处？向行住坐卧处、著衣吃饭处、屙屎放尿处，抖擞精神，急下手脚，但怎么疑，毕竟一归何处？决定要讨个分晓。不可捉在无事界里，不可胡思乱想，须要绵绵密密，打成一片，直教如大病一般，吃饭不知饭味，吃茶不知茶味，如痴如呆，东西不辨，南北不分，工夫做到遮里，管取心华发明，悟彻本来面目。"（《高峰语录·普说》）参扣"万法归一，一归何处"公案，不是如同以往看话禅参扣"无"字等等话头那样超越它们的字面意义，而是要从思虑"毕竟一归何处"等的道理，一个劲地参扣下去，决心"讨个分晓"，然而，在这个过程中不可使精神陷在"无事"停滞的状态，直参到全神投入，废寝忘食，日夜不分，感到内外"打成一片"，才能彻悟自性——"本来面目"。

重视信心、立志，可以说与历代禅师的要求并无二致，然而要求参禅入悟必须先选择公案语句作为疑问对象，"起大疑情"，确实是原妙禅法的重要特色。从此，当年大慧宗杲提出的"大疑之下，必有大悟"[①]便有了新的意义。

（三）对当时丛林某些禅风的批评

随着禅宗的兴盛，在丛林逐渐滋长某些违背禅宗宗旨，迷执文字公案，乃至不守戒律的现象，是可以想象得到的。从原妙的说法语录来看，在南宋末至元初这种现象相当普遍。前所引述他的所谓"三关语"的第三句是：

> 大修行人，当遵佛行，因甚不守毗尼？

反映即使被看作"大修行人"的著名禅师，也有不遵守佛教戒律的。

此外，原妙在上堂说法中也曾说批评过：

> 往往学道之士，忘却出家本志，一向随邪逐恶，不求正悟，妄将佛祖机缘、古人公案，从头穿凿，递相传授，密密珍藏，以为极则，便乃不守毗尼，拨无因果，人我（按：迷执主体之我真实）愈见峥嵘，三毒（按：

---

① 此语出自《大慧语录》卷十七，载《大正藏》卷47，第886页上。

贪嗔痴）倍加炽盛，如斯之辈，不免堕于魔外（按：魔道、外道），永作他家眷属……（《高峰禅要·示众》）

原妙所批评的是当时丛林间不少修行者不在"识心见性"上下功夫，而是注重搜集记载佛、前代祖师入悟经历、传说或公案语录的文字资料秘密收藏，并且加以钻研发挥，认为是可以引导修行者达到觉悟解脱的至高准则，甚至不守戒规，否认作为佛教基本教理的因果报应思想，迷执"我见"，贪欲等烦恼严重，堕落为魔道、外道，成为他们的同伙。

这一批评是相当严厉的。原妙身体力行和大力提倡的带有出世倾向的禅法，也许就是针对丛林间的这种禅风的。

原妙生活在宋末元初，出家后曾参谒过当时丛林间不少著名禅师，通过自己的参禅经历，在继承以往提倡参"无"字的看话禅的基础上，特别提倡参扣"万法归一，一归何处"的参疑团的禅法，这虽然没有超出看话禅的范畴，然而毕竟将看话禅推到一个新的阶段。通观现存记载原妙生平和传法的资料，可以看到，原妙的禅法带有明显的避世、出世的倾向，这也许与元初蒙古族统治者实行歧视汉族特别是江南汉族的民族压迫政策的政治背景，以及佛教界存在相当严重的违背戒律、过于偏重文字而忽视修行和内心觉悟的情况有关。

第七节　临济宗中峰明本及其禅法理论

元代禅宗界声望最高影响最大的禅师当推中峰明本。明本嗣法于高峰原妙，属于临济义玄下第十七世，圆悟克勤下第八世。他上承原妙的看话参疑团的禅法，同时也站在"唯心净土，自性弥陀"的立场上提倡念佛。他在天目山师子正宗禅院及在各地临时构建的"幻住庵"传法，从他受法者既有来自各地乃至外国的僧人、普通民众，也有声势显赫的王公大臣。元朝皇帝仁宗、英宗在他生前曾派使者进山上香、赐以师号和金襕袈裟。在他死后，明宗赐以谥号，惠宗准奏将他的语录入藏刊印流通并赐国师之号，可谓推崇之至。中国明清之后流传于世的临济宗主要出自他的法系。

现将明本的生平及禅法思想作概要介绍。

一 明本的生平和著作

现存记载明本的资料，重要的有元泰定元年（1324）明本的弟子祖顺撰录的《元故天目山佛慧圆照广慧禅师中峰和尚行录》（以下简称《中峰行录》）、元天历二年（1329）奎章阁学士院侍书学士翰林直学士中奉大夫知制诰同修国史兼经筵官虞集奉敕撰《有元敕赐智觉禅师法云塔铭》（简称《智觉塔铭》）、元统二年（1334）集贤直学士太中大夫兼经筵官兼国子祭酒宋本撰《有元普应国师道行碑》（简称《普应道行碑》），皆附录于《中峰广录》卷后。此外，元念常编《佛祖历代通载》卷第二十二、明净柱编《五灯会元续略》卷三下、清超永编《五灯全书》卷五十一等皆详略不同地载有明本的传记。

中峰明本（1263—1323），中峰是号，"佛慧圆照广慧"是元仁宗所赐禅师之号，"智觉"是明宗所赐的谥号，"普应"是明本去世十二年元明宗所赐的国师号。俗姓孙，杭州钱塘人，九岁丧母，读《论语》、《孟子》尚未终卷而辍学，年十五决心出家，于是礼佛燃臂以示供养，坚守五戒，每日读《法华经》、《圆觉经》、《金刚经》等佛经，并且学修坐禅。年二十，读《传灯录》（?），当读到庵摩女问曼殊菩萨："明知生是不生之理，为什么却被生死之所流转？"[①]感到疑惑不解，便产生寻求名师的念头。经人介绍，到天目山想参谒高峰原妙禅师。当时原妙住进山洞中的"死关"石室中，平时很少接见外人。然而，他一见到明本，便很喜欢，劝明本立即在师子禅院剃发出家。当时明本因为没有征得父亲同意，没有立即答应。

元世祖至元二十三年（1286），明本二十四岁，一天读《金刚经》至如果有人能读诵《金刚经》并能向人宣说，"如是人等则为荷担如来阿耨多罗三藐三菩提（意为至高觉悟）"时，"恍然开解"，自此读其他教内外典籍也能顺利地理解其义。翌年，他到西天目山，礼原妙为师正式剃度出家，次年受具足戒，从此便在原妙身边担任侍者。"日作夜坐，胁不沾席，励精勤苦，谘决无怠"。某日看到流泉淙淙，自认为得悟，立即求原妙印证，被原妙用棒打出。当时民间流

---

① 此语句不见于《景德传灯录》及其他灯录，当是引自《宗镜录》卷三，原文是："《庵提遮女经》云：尔时文殊师利又问曰：颇有明知生而不生相，为生所留者不：答曰：有，虽自明见，其力未充。"（《大正藏》卷48，第429页上）《庵提遮女经》载《大正藏》卷14。《景德传灯录》卷二十四〈洪进章〉所引是"师问修山主曰：明知生是不生之性，为什么为生之所留"。（《大正藏》卷51，第400页上）

言官府到处选童男女。他将此事问原妙："忽有人来问和尚讨童男女时如何？"原妙答，我只给他竹篦子。他听后大悟，当即彻悟万物的本原（"彻法源底"）。看来原妙是将明本的问话当作禅语来回答的，借以启发明本。若据《金刚经》中的"凡所有相皆是虚妄"，"众生无复我相、人相、众生相、寿者相"，从第一义谛来说，自然也无男女相。既然你要童男女，我便给你竹篦子，从诸法之相空寂、虚妄的角度可以成立。明本大概从中领悟了般若性空的道理。他此后在原妙身边艰苦修行达十年之久，后出任寺院维那之职。原妙门下上足弟子有监院明初、首座祖雍、了义等人，然而原妙唯独赏识明本一人，称他是"竿上林新篁，他日成材，未易量也"。原妙将自己的画像（"真"）赠他，上面题赞曰："我相不思议，佛祖莫能视，独许不肖儿，见得半边鼻。"实际是把明本看作传承他禅法的最得意的嗣法弟子。

元世祖至元二十九年（1292），两浙转运使瞿霆发施舍给原妙用作建筑寺院的田地二百七十顷，在天目山莲华峰建大觉正等禅寺。原妙在元成宗元贞元年十一月底（已进入公元1296年）去世前，曾打算将大觉寺交明本住持，然而明本坚辞不受，让给首座祖雍。

此后，明本先后游历皖山、庐山、金陵等地，逐渐远近闻名，不仅各地僧俗信众慕名投到他的门下，也得到元朝士大夫乃至朝廷的尊崇和优遇。元成宗大德二年（戊戌，1298），他在庐州（治今安徽合肥）弁山建庵居住修行，学人辐辏而至。大德四年（1300），明本在平江（治今苏州）名叫雁荡的地方结庵，又有不少徒众聚集到他的门下受法。期间两浙转运使瞿霆发虽请他住持大觉禅寺，他力辞不赴。

元代名儒赵孟頫（1254—1322），湖州人，字子昂，号松雪道人，属宋皇室后裔，元世祖至元二十四年（1287）入朝任兵部郎中，历集贤殿直学士、同知济南路总管府事、知汾州、江浙儒学提举等官，元仁宗延祐三年（1316）官至翰林学士承旨、荣禄大夫，是著名书画家，博学多识，"旁通佛老之旨"，仁宗将他比为唐代李白、宋代苏轼，有《松雪斋集》及《松雪斋外集》行世。（《元史》卷一百七十二〈赵孟頫传〉）

元成宗大德八年（甲辰，1304），赵孟頫在提举江浙儒学期间曾请明本到杭州官舍问法，明本应请向他讲"防情复性"的道理。他说佛教属"出世"之教，主张"复性"；儒学属"世间"之教，旨在"防情"，然而二者可以会通。（载《中峰杂录》卷下）赵孟頫入朝任翰林承旨之后，延祐三年（1316）派人向明本问《金刚般若经》大意，明本特写《金刚般若略义》回答（载《中峰广录》卷十五）。赵孟頫对他十分信敬，多次将他的文章亲自书写，又画他的像以赠同参友人。赵孟頫去世之后，明本特地前往吊唁，在他灵前举行"小参"说法。（法语载《中峰广录》卷二）

大德九年（1305）明本回到西天目山，先住高峰塔，后应请再住持师子院。元武宗至大元年（1308），当时仁宗尚在东宫，闻明本之名，赐他"法慧禅师"之号。此后，明本离山辗转游历传法于今苏杭、开封（汴）、合肥一带地方，到处受到僧俗信众的欢迎，人称"江南古佛"，所住之地常以"幻住庵"称之，遂成传法道场。江浙行省（行中书省简称，地方官署名）中书平章请明本住持杭州灵隐寺，他辞而不受，说担当住持应当具备道（道体，指道德名望）力、缘（缘分）力和智力三者，表示自己条件不够，不敢就任此职。后因病归山住师子禅院。元仁宗在延祐三年（1316）派宣政院使者到江南"整治释教"。使者到达杭州时曾打算进山拜谒明本，明本知讯逃避至镇江。第二年，他应请住入蒋均在丹阳所建的大同庵。次年他又应门下之请归山。元仁宗下诏赐他以"佛慈圆照广慧禅师"之号，赐以金襕袈裟，命杭州路对他"优礼外护，俾安心禅教"；同时诏改师子禅院为师子正宗禅院，命赵孟頫撰碑，并追赐高峰原妙禅师以"佛日普明广济禅师"之号。

王璋（1275—1325），初名謜，是高丽忠烈王王昛与元世祖之女所生，以高丽王世子的身份长期宿卫于大都。因娶晋王甘麻剌女为妻，称驸马太尉。元成宗大德二年（1298）受父禅位继任第二十六世高丽国王，同年因罪被废，再入大都"宿卫"。元成宗死后，至大元年（1308）因参与拥戴元武宗即位有功，受封沈阳王，当年因父死归国再继为高丽王。然而他不久将国事嘱咐大臣，再入大都，至大三年（1310）进封沈王。三年后让位于次子，长期寓留大都，元英宗即位后因参与宫廷斗争得罪，曾被流放吐蕃三年。[①]

王璋虔信佛教，元仁宗延祐六年（1319）九月，因慕明本之名，特地奉御香南下，在江浙官员簇拥之下先到普陀山朝拜观音菩萨，然后到天目山参访明本，请他升座为众普说，并请得法名"胜光"、别名"真际"，为此特在山下建亭记事。（《中峰广录》卷一等）此后他与明本之间保持书信往来。《中峰广录》

[①] 《元史》卷二〇八〈高丽传〉及《续资治通鉴》第二〇二等卷相关部分，并参考上海辞书出版社《中国历史大辞典·辽夏金元史》"王璋"辞条。

卷五之上载有明本的〈示海印居士〉，卷六载〈答沈王书〉、〈与嗣沈王〉，可以参考。

元政府曾请明本住持径山寺，然而他没有接受。元英宗即位后，特降旨进香，赐明本以金襕袈裟。江浙行省右平章、后入朝任丞相的答剌罕脱欢曾派人向明本乞法语，中书参知政事敬俨也与他通书问法。

元英宗至治三年（1323）春，明本向弟子自叙出家经历，预告他将在秋天与大众作别，嘱咐葬事从简，不得套用世俗之礼，又诫示在寺弟子在他死后要以"放下，节俭，克究初心，慎守开山明训，令法久住"为事；对于修行，特地叮咛说："佛法无汝会处，生死无汝脱处……只向不得处，一捱捱住，亦莫问三十年、二十年，忽向不得处蓦尔掆透，始信余言不相诬矣。"八月十三日，他向护法士大夫及信众写书偈告别，翌日晨写偈曰："我有一句，分付大众，更问如何，无本可据。"（《中峰行录》）然后置笔安坐而逝，年六十一岁。

中峰明本与其师高峰原妙很少动笔撰述，甚至连上堂说法都很少的情况不同，留下了篇幅甚巨的著述及语录、法语、偈颂等：有《楞严征心辩见或问》、《信心铭辟义解》、《山房夜话》、《幻住家训》各一卷及《拟寒山诗》百首，五种总称《一华五叶集》；又撰有《金刚般若略义》、《别传觉心》、《东语西话》各一卷；弟子集录他说法的文字和语录有：《东语西话续集》二卷、《中峰语录》十卷、《中峰别录》十卷，皆曾盛传于世，后被统编为《天目中峰明本和尚广录》（下简称《中峰广录》），元惠宗元统二年（1334）由弟子杭州南山大普庆寺住持善达密的理（慧寂）进奉朝廷，"乞赐入大藏与经律论并传"，惠宗敕准并赐明本"普应国师"之号。[①] 此外，还有日本《续藏经》所载原编者不详的《天目明本禅师杂录》（下简称《中峰杂录》）三卷，后附有金泰定二年（1325）临济宗僧古林清茂撰写的后序及诗偈、泰定三年（1326）前集贤待制冯子振的后序，从内容看皆是应请为所谓《一花五叶集》写的。也许此录原载录在《一花五叶集》之内，后被析出作单本刊行。本录所收主要是法语、诗偈，卷末附有《怀净土诗》一百零八首，并附载《和冯海粟梅花诗百咏》。

明本弟子很多，著名者有婺州乌伤伏龙山圣寿寺无明千岩元长禅师、苏州师子林天如惟则禅师、云南苍山念庵圆护禅师、安宁太华山无照玄鉴首座、晋宁盘龙寺莲峰崇照禅师等人。其中圆护、玄鉴、崇照三人皆来自云南。云南原

---

① 以上主要据祖顺《中峰行录》，并参考虞集《智觉塔铭》及宋本《普应道行碑》。

盛行教观诸宗（天台宗等），是他们将禅宗开始传到云南。玄鉴最为有名，从明本得法后本想归云南弘传禅法，然而死于中吴（今苏州），弟子普福等人绘制其像奉归云南中庆城（今昆明市），僧俗四众举行隆重仪式迎像入城，尊奉玄鉴为云南禅宗第一祖，从此在云南兴起禅宗。

明本弟子中还有来自日本的印原禅师。印原（1291—1370），也作印元，号古先，出身于日本相模（今神奈川县）贵族藤原氏，元仁宗延祐五年（1318）入元，先参五台山华顶峰的无见禅师，后到天目山参谒明本，在明本身边任侍者，受印可后，又遍参江浙名刹，先后参谒雪岩弟子虚谷希陵、松源下三世古林清茂、大慧下五世笑隐大䜣、月江印、东屿海、了庵欲等禅师，于元泰定二年（1325）随应邀赴日传法的松江（今苏州一带）真净寺住持清拙澄（1274—1339）禅师一起回到日本，应幕府及地方将军之请住持镰仓建长寺、长寿寺、圆觉寺等八寺，是在日本传播中国临济宗的著名禅师之一。①

二 明本的禅法理论

明本生活在元统一中国后不久，并且处在受到蒙古族统治者严密控制的江南地区。南方原在南宋统治下的汉人及西南各民族被称为"南人"，在社会上处在蒙古人、色目人（西夏、回回等）、汉人（契丹、女真及北方原在金统治下的汉人）之后的最下层，受到极为不公正的歧视和残酷的压迫。可以想象，对于具有深厚的中国传统文化修养和系统的佛学积累的明本来说，有一个如何适应社会环境，如何传法的问题。他在离开其师高峰原妙之后曾一再地谢绝住持天目山大觉正等禅寺、杭州灵隐寺等大寺，而辗转江浙各地自建"幻住"草庵居住传法。他在这一个过程中对当时社会各阶层的民众当有更深刻的了解。从现存他的著述和传法语录来看，他对元朝皇帝、朝廷王公大臣是采取恭顺、赞颂的态度，适应他们的要求讲述佛法，希望他们作为外护，扶持佛教顺利传播。

中峰明本在其著述、语录、法语等中，对佛性与般若等义理问题、如何修持看话禅、教禅关系、禅宗与净土法门的关系乃至儒佛关系等都有详略不同的论述。当然，他作为高峰原妙的弟子，在传法中把提倡看话禅放到最重要的地

---

① 据《五灯全书》卷五十八〈印原传〉，并参考日本师蛮《本朝高僧传》卷三十二〈印元传〉（载日本佛书刊行会《大日本佛教全书》第102册，第442—443页）。

位，有关论述也最多，不仅对南方丛林影响较大，对北方丛林乃至远在高昌的回鹘族僧人及原来没有信奉禅宗的云南地区也有影响，他甚至也向日本僧人传授看话禅。

这里主要依据《中峰广录》、《中峰杂录》所载语录、撰述，先介绍他禅法理论的一部分内容，至于他对看话禅的提倡及对佛、儒二教关系的看法，将在下节介绍。

（一）佛、佛法在自身，修行不离现实人间

禅宗，在唐末五代以后以六祖慧能创立的南宗为主流，认为人人生来具有佛性，也常称之为自性、本性、心等。六祖慧能说佛在自性，"佛是自性作，莫向身外求"，马祖说"即心是佛"，临济义玄说人人自身具有一个"无位真人"……历代禅宗祖师高僧也从不同的角度运用不同的语句和方式表述佛在自性，人人可以成佛的道理，目的不外是为了引导信众确立自信，通过自修达到自悟。

明本向门下弟子及在家信众、儒者士大夫传法中经常宣述佛与众生在本性上没有根本差别，众生生来具有清净的佛性，有时称之为"灵明之性"、"本来面目"、"万法归一，一归何处"的"一"，甚至用道教的词汇称之为"本命元辰"[①] 等，只是由于被情欲、知见等"烦恼"污染，才被业力牵引轮回生死之中，得不到解脱。现引几段他的语录，然后加以说明：

> 当知三世诸佛与大地众生于空王劫[②]前，各各具一面大圆宝镜（按：此指真如佛性），初无欠剩，无端众生于净白光中瞥生异见，昧却本来，便于宝镜光中妄认影像以为实有，因生有见，即起无明。无明伏心，动成三毒（按：贪嗔痴）。三毒因缘，引起诸业（按：各种行为、业因），由业所系，受此四大（按：地水火风——相当物质因素）。从四大中结成五蕴（按：色受想行识——人的身心、生命）。六根（按：眼耳鼻舌身意六根——人的感觉及思惟器官）、诸尘（按：色声音味触法）互相涉入，内自见闻觉知，外

---

① 古代人们将与自己生日相同的干支日称为"本命日"，道教称之为"本命元辰"。
② 此指《法华经·常不轻菩萨品》中所说不可计算的久远之前（不可思议阿僧祇劫）天地万物尚未形成的"威音王"之时。禅宗常称"威音王"为"空王"，用此时的空寂无相来指本体本原的佛性、人的"本来面目"。

及山河大地，皆镜之景像耳。所以《大般若》中谓：色不异空，空不异色，色即是空，空即是色，受想行识亦复如是。(《中峰广录》卷四之下〈示普喜上人问五蕴生死〉)

自己一片灵明之性，觌体与三世诸佛平等。(《中峰广录》卷五之上〈示海印居士〉)

谓信者何？最初要信自心是佛，惟佛即心，旷大劫来本来成就。(同上，〈示容斋居士〉)

离众生心外无般若体（按：智慧体——佛性），波尽水还源；离般若体无众生心，水生波自起。(《中峰广录》卷五之下〈示郑廉访〉)

圆常之道非佛一人独有之，众生各各具足而不自悟也。(同上，〈示主一居士〉)

第一段引文是据大乘佛教般若性空的思想从整体上对世界万物和生命的起源作说明的，诸佛与众生于无始以来皆本具清净无染的真如佛性，即所谓"大圆宝镜"，只是因为有妄自分别是非善恶的"异见"产生，便导致认为一切实有的见解，清净的本性于是受到染污，由此形成贪嗔痴三种根本烦恼，从而引起诸业，通过轮回形成身体生命，在世间进行各种感觉、思惟和活动，执著自己的认识、周围有山河大地皆真实存在。然而，从般若性空的观点来看，一切皆不过是空幻无实的假象，五蕴皆空，一切皆空。

然而，从他所说佛与众生皆具有空寂无相的真如佛性——"大圆宝镜"来说，也是佛教解脱论的根据，人人具有佛性，人人可以成佛。明本在后面还说，如果真正通过禅修断除"异见"、"妄念"而达到觉悟，便可从世界万有的幻象中看到自己的本性——"大圆宝镜"，原来"大圆宝镜"与色受想行识、与山河大地是不一不异的。

其他四段引文皆是明本在儒者士大夫说法中首先强调的内容：佛在自心，即心是佛，佛心与众生心相即不二，目的是引导他们确立信奉佛教，修持看话禅以达到觉悟的信心。

明本还进一步表示，不仅佛在自性、自心，佛不离众生，一切佛法也不离众生自心。他说："一切佛法是自心具足，心外别无佛法可求。纵使求得亦非谛当，皆是妄想情识非究竟法也。当知自心无圣凡，离圣凡之量则与自心相应；自心无憎爱，离憎爱之分则与自心相应；自心无取舍，离取舍之情则与自心相应；自心乃至无一切善恶动静造作等，能一切俱离则与自心相应。"(《中峰广录》卷五之上〈示同庵居士〉)他这里所说的自心，并非等同于人在一般情况下的心、意识，而是相当于唐代马祖所说的"无造作，无是非，无取舍"的"平常心"，人的精神只有"离圣凡之量"、"离憎爱之分"、"离取舍之情"、"无一切善恶动静造作"才能与此心相应。他所谓佛法在自心具足，正是在这种境界的自心当中。

然而在不少场合，也许是为了强调佛法没有远离人间而就在现实生活之中，明本又特别指出：人在普通情况下的意识、精神——识，乃至情欲烦恼——"尘劳"，与佛性、佛法是会通在一起的。他说："心与识，一体而异名。悟则会识归心，迷则转心为识。何谓心？灵知不昧之谓也。何谓识？依灵知而妄起分别之谓也。今之学者极其玄辨，多认识神，而不自知灵知之心体。"(《中峰广录》卷五之下〈示郑廉访〉)意为无论是称为心，或是称为识，实际两者是相即不二的整体，如果达到觉悟，则识转变为心；如果迷惑，则心表现为识。他解释说，所谓心是"灵知不昧"的，大概是说它相当于《大乘起信论》中的清净的真如之心，是心之本体；所谓识是以心体为依托不断进行分别思惟活动产生妄念的意识，也许相当《大乘起信论》中的"生灭之心"，属于心的相与用。他有时将二者的关系比喻为水与冰、金与金器的关系，两者是不一不异的。他说学者虽然善于对玄妙深奥的道理进行思辨，然而只了解"识神"（意识、灵魂），却不了解心识的本体——真如佛性。

那么，如何使自己的心识彻底摆脱污染心体的妄念烦恼，达到与上述的"自心"相应而"会识归心"呢？他认为必须修持看话禅。

禅宗主张佛法在人间，修行解脱是不应远离世间的。明本在《山房夜话》下卷（载《中峰广录》卷十一之下）中有一段论"尘劳"的文字，专门论及这个问题。首先，什么是所谓"尘劳"呢？在佛教语汇中，尘劳实际是烦恼的异名，说世间的情欲烦恼能劳累（劳）和污染身心（尘），所以称为尘劳。例如，隋代净影慧远《无量寿经义疏》卷上说："五欲境界，有能尘坌，劳乱众生，名曰尘劳。"[①] 对此，明本从因、义两个方面作了解释，说尘劳"以妄为因，以染污为义"。他进而解释，"谓迷妄者，以迷自心故，不达一切法无自性；谓无自性者，性本空寂，无知见故。以不达无自性而引起妄情，论一切法为实有，既堕有海，则其取舍顺逆之念，皆自我起，顺之则爱，逆之则憎，爱则取受，憎

[①] 《大正藏》卷37，第96页下。

则舍离,展转迁流,顺爱生喜,逆爱生怒,微细微细,潜伏识田",无论是众生中的"六凡"(天、人、修罗、畜生、饿鬼、地狱),还是"四圣"(声闻、缘觉、菩萨、佛),无论是处于悟境,还是迷境,皆离不开尘劳。可以说,他说的尘劳是众生认为世界万物"实有"的认识和能够分辨顺逆境遇,产生爱憎、取舍、喜怒的精神功能和感情。他说包括佛、菩萨在内的"四圣"也没有摆脱尘劳的影响,是他的一种独特说法。

明本接着对有人想彻底脱离现实尘劳而提出自己的看法。他说:

> 今之学人,概言动作施为皆是尘劳,直欲置身于一物不侵之域。或少事役其情,微务于其虑,谓消道力,必欲掉臂径去,不肯回顾,其志亦苦矣,而返堕迷中之倍人(按:背理之人),不可与之论道也。何则?盖不能返照尘劳之所起仍根于迷妄,非出于事务也。若出于事务,则饥不当食,寒不当衣,居不当屋庐,行不当道路。审如是,则死无日矣。……使各各俱不涉事而历务,则资身之具何所从而得耶?(《中峰广录》卷十一之下〈山房夜话下〉)

他说这种人想在一个没有世俗烦恼的清净场所修行,认为从事任何世俗事务而劳神操劳便会影响修行效果,于是便逃避了事。他批评他们不了解尘劳毕竟是由心的"迷妄"造成的,而不是因具体事务造成的;如果尘劳是因事务造成的,要逃避就应拒绝衣食住行;也就不必从事耕种、织布、盖房等事,如果"各各俱不涉事而历务",则维持生存的衣食物资从何而来?

他认为关键是要正确认为世间尘劳,要"了悟自心",彻悟一切皆空的道理,便可转尘劳为"佛事",如《永嘉证道歌》所说:"不见一法即如来,方得名为观自在。"并且要如《华严经》上所说,菩萨借助世间尘劳之事"行菩萨道,修菩萨行,以至庄严佛净土"。他的结论是:

> 离尘劳无六度(按:菩萨道的布施、持戒、忍辱、精进、禅定、智慧),舍尘劳无四心(按:慈、悲、喜、舍四无量心),虚尘劳无圣贤,尽尘劳无解脱。盖尘劳是三世佛祖、十方开士(按:菩萨)、无边善知识、一切戒定慧、恒沙善功德之胎孕,苟不有尘劳,则圣贤事业无出生之理。(《中峰广录》卷十一之下〈山房夜话下〉)

这与《维摩诘经·佛道品》所说"一切烦恼皆是佛种"、"烦恼泥中乃有众生起佛法"是一致的。明本这样讲的目的是强调佛法不离现实人间，从改变心识着手，通过以空扫相的禅修，以明悟自性，达到解脱。

（二）论禅与教——有文字为教，离文字为禅

自唐代中期禅宗奉慧能创立的南宗为主体之后，至元朝初期已经有六百多年。在这期间丛林间标榜"不立文字，教外别传"的禅师经常与依据佛教经论诠释发挥教理的天台、法相诸宗的学僧进行争论。元世祖至元二十五年（1288）甚至召江南禅、教僧人入京城皇宫在皇帝面前进行辩论，反映禅教之间的矛盾仍然存在，争论远没有结束。

据明本的著述和语录来看，他虽然站在禅宗优越的立场教对禅、教进行比较，然而他的倾向是谐调和会通二者的关系的。首先让我们引几段他论禅教的文字：

> 有文字相是谓教，离文字相是谓禅。（《中峰广录》卷六〈答沈王书〉）
>
> 达磨远继西天二十七祖，以如来圆极心宗之为禅也。此禅含多名，又名最上乘禅，亦名第一义禅，与二乘（按：此当指声闻、缘觉；从称禅宗是最上乘来看，也许指一般所说的大小乘）、外道四禅八定之禅，实天渊之间也。当知是禅不依一切经法所诠，不依一切修证所得，不依一切见闻所解，不依一切门路所入，所以云教外别传者也。
>
> 四宗共传一佛之旨，不可阙一也。……各擅专门之别，非别一佛乘也。譬如四序成一岁之功，而春夏秋冬之令不容不别也。……密宗，春也；天台、贤首（按：华严宗）、慈恩（按：法相宗）等宗，夏也；南山律宗，秋也；少林单传之宗（按：禅宗）冬也。就理言之，但知禅为诸宗之别传，而不知诸宗亦禅之别传也。会而归之，密宗乃宣一佛大悲拔济之心也；教宗乃阐一佛大智开示之心也；律宗乃持一佛大行庄严之心也；禅宗乃传一佛大觉圆满之心也。……诸宗皆从门而入，由学而成，惟禅内不涉思惟计度之情，外不加学问修证之功。
>
> 达磨门下只贵悟明自心，此心既明，于六度万行，无修与不修之过。或修之，则无能修所修之执；或不修，则无任情失念之差。苟此心未了，则修与不修俱名虚妄。禅者宜以明心为要，万行可以次之矣。

达磨只论见性成佛，自余身土、地位（按：身指佛身，如法、报、应三身；土指佛土，如天台宗提出的凡圣同居土、方便有余土、实报庄严土、常寂光土；地位指修行阶位，如菩萨十地)、因果等，俱略而不言者，盖达磨之禅乃诸佛心宗，独为圆顿上乘之机而设，说个成佛已背真诠。何则？以正法眼藏观无量众生，各各成佛，又何待指其见性而后成邪？佛尚无可成，何十地之复论哉？（《中峰广录》卷十一之上〈山房夜话〉）

　　如一佛之垂化，观万法惟一心，一心即万法，所以彰万法为教，标一心为禅，名常异而体常同。教即文字，而禅离文字也。究其所以，特不过破情执之迷妄混入一心之灵源而已。以即文字、离文字之执未化，而教与禅宛如冰炭，盖有离、即之二也。至若教非教，禅非禅，虽圣人亦不能不敛衽而退缩矣。（《中峰广录》卷十八之下〈东语西话下〉）

综合以上引文，可以将明本的观点概括出如下几点：

（1）禅宗与诸教宗皆是佛法、"佛乘"、"一佛之旨"，也可以说皆传佛心：密宗传"一佛大悲拔济之心"；天台、华严、法相诸宗传"一佛大智开示之心"；律宗传"一佛大行庄严之心"，而禅宗传"一佛大觉圆满之心"。说它们正如一年有四季，虽功能不同，但互相补充，不可缺一的。

（2）然而称禅宗所奉之禅不同于普通所说的"四禅八定"（四禅、四无色定）的"禅"，是以"如来圆极心"为宗，是脱离文字语言，"教外别传"的，最根本的宗旨是明心见性，据称是"不依一切经法所诠，不依一切修证所得，不依一切见闻所解，不依一切门路所入"的，而教宗依托语言文字经典，主张修六度万行，是不离见闻觉知，"皆从门而入，由学而成"。

（3）对于未达到觉悟，即未能明心见性之前的人来说，有所谓离文字禅与即文字之教、心与万法之别，然而，如果达到觉悟境界，就再也看不到禅、教的差别，所谓"教非教，禅非禅"、禅教不二，既可修六度万行，也可不修万行，达到无可无不可，无分别的精神境界。如何达到这种境界？明本认为只有通过"做工夫"的禅修，修看话禅。

明本说禅宗自成立以来先后形成五宗，然而到他那个时候，五宗中惟有临济宗血脉尚存，其他已经"绝嗣"（此不确，至少曹洞宗尚有传承）。他说丛林中存在种种禅法，在《中峰广录》卷四之下〈示嗣禅上人〉提出有十三种禅，皆不予认可。

(1)"以枯形死志，冥心壁观之谓禅"。这也许是指传统禅法，或是指大慧宗杲批评的默照禅。

(2)"以教外别传，不立文字之谓禅"。这是禅宗盛行后的自我定义。

(3)"微尘法界，明暗色空，动植纤洪，飞摇蠢蠕，当机不昧，觌体全真之谓禅"。意谓大小融通的宇宙，有情无情的万物，皆具有灵明不昧的佛性，皆是真如本体的显现。这种禅法深受华严宗圆融思想的影响，也许就是华严禅。

(4)"拨开万象，透过色声，坐断有无，不立凡圣之谓禅"。这种禅法突显般若空义，唐代以后不少禅师在说法中常有类似说法。

(5)"向四大、五蕴中认个昭昭灵灵、闻见知觉之谓禅"。意为世界上无论是四大（地水火风）组成的无情识的山河大地万物，还是五蕴（色受想行识）和合的有情众生，皆有佛性，皆有灵知、神明。关于前者，禅宗中有"无情说法"及"青青翠竹尽是法身，郁郁黄花无非般若"的说法。至于后者，早在南北朝时期佛教界在对"正因佛性"争论中，就有人主张以"神明"或"真神"（心识）为佛性，梁武帝《立神明成佛义记》是反映这种观点的代表著作之一。[①]在马祖道一论"心"、临济义玄讲"无位真人"的禅法中，也含有这种观点。[②]

(6)"或有放下身心，休歇万事，一念不动，六情不摇之谓禅"。此为丛林间常用传统禅法之一，也许是特指曹洞宗，特别是指自真歇清了以后至宏智正觉提倡的通过坐禅彻底"休歇身心"的默照禅。《中峰杂录》卷中〈示无地立禅人〉说："如今有等痴人，静僻处收视听，绝见闻，如木石相似，唤作回光返照。似怎么照得三十年，念念要脱他生死不得。"似乎批评的也是默照禅。

(7)"有以临济一喝、德山一棒、灵山拈花、少林得髓，繁兴大用，举必全真之谓禅"。丛林中说法传禅方式有多种，或仿临济之喝，或效德山之棒，或摹仿当年佛以拈花示众默传心法，或以当年慧可对菩提达磨之问应之以无言[③]，认为皆可昭示禅旨，传授圆满的心法。

[①] 参见任继愈主编《中国佛教史》第三卷第三章第二节、第一章第二节相关章节，中国社会科学出版社1993年版。

[②] 拙著《唐五代禅宗史》第七章第一节之二（第317页）、第八章第一节四之二（第448页），中国社会科学出版社1999年版。

[③] 《景德传灯录》卷三〈菩提达磨传〉载，达磨某日"命门人曰：时将至矣，汝等盍各言所得乎。时门人道副对曰：如我所见，不执文字，不离文字而为道用。师曰：汝得吾皮。尼总持曰：我今所解如庆喜见阿閦佛国，一见更不再见。师曰：汝得吾肉。道育曰：四大本空，五阴非有，而我见处无一法可得。师曰：汝得吾骨。最后慧可，礼拜后依位而立。师曰：汝得吾髓。"《大正藏》卷51，第219页中下。

(8)"有以德山托钵、云门话堕、赵州勘婆、洞山三顿棒①等，谓之向上一关、末后一句，樾转面皮，露出牙爪，活路生机不容近傍者谓之禅。"有人在说法中经常运用包括这四个公案在内的种种公案，认为是引导学人最后达到顿悟的玄关妙句，禅锋锐利无比，可以用来断除各种知见烦恼。

(9)"所以垂手教人处：或令人祛乱散，敌睡魔，遣尘劳，远喧闹，起精进，发勇猛，竖目撑眉，握拳咬齿。"前面所述八种说法侧重禅法理论，自"所以垂手教人处"以下侧重讲具体修行或坐禅方法。这里所说是教学人在静处坐禅，克服心绪散乱和睡意，遣除烦恼，然而却要求采取睁着眼睛，握拳咬牙的姿态。

(10)"有异于是者，则教人随缘任性，不纵不拘，吃饭著衣，一切如旧，但不做作，理自天然，乃引古人依本分，放下著，莫妄想，莫管他等语为证。"这是教人寄修行坐禅于日常生活之中，以自然而然为最高准则。

(11)"或有教人一味歇心，全身放下，才起一念，便与铲除，心如太虚，情同木石，久之不休，待其自契。"这是教人坐禅歇心，时时断除一切情念思绪，以等待自然入悟。

(12)"或有教人立个主宰，勿为境摄，勿随物转，如握太阿（按：古名剑名）在手，佛来也斩，魔来也斩，谓之坐镇家庭，把断要津，横行一路。"这是教人在坐禅中选定一个观想的目标，坚定不移地看下去。传统禅法慈悲观、因缘观、念佛观等已含有此种意思，然而这里恐怕是特指禅宗的禅法，包括观心、观想一个字，乃至参究话头的看话禅等。明本自己是提倡参究话头的，为什么将此也列入他不表认可的禅法之中，也许是从反对执著这种禅法的角度讲的。

(13)"或有教人兼修白业（按：做善事）以助正因（按：此指禅宗见性宗旨）；不尔则便乃不拘律仪，任情毁犯。"也有教人修持教门主张的积累善业功德来辅助以见性为宗旨的禅修；甚至也有不守戒规，任意胡来者。

明本对这十三种禅法皆不表示赞成，认为它们皆"情存取舍，意涉所依，用为机关，堕为窠臼"，皆是陈旧的没能摆脱知见、取舍之心的修行套数。然而如果有人否定以上禅法，对修行采取随意态度，或"随语生解"，认为"不存窠臼"便是与心性"相应"，他也持批评态度，称之为"邪知异解"。

---

① "德山托钵"，岩头全豁在德山参禅，听义存对他讲德山在未开饭时便捧着钵盂到法堂，便体悟其意；"云门话堕"，是说云门文偃经常斥责弟子问法是"话堕"（自语有错、有破绽）；"赵州勘婆"，赵州从谂听说五台山下有位老太婆经向者示路后常改示他路，便亲自去核实；"洞山三顿棒"，宋代洞山守初参云门文偃时，云门对他说"放汝三顿棒"。

此外，明本还对古来的禅法归纳为所谓"如来禅、祖师禅、平实禅、杜撰禅、文字禅、海蠡禅、外道禅、声闻禅、凡夫禅、五味禅、棒喝禅、拍盲禅、道者禅、葛藤禅，更有脱略机境，不受差排者，唤作向上禅"。（同上）他所说的这种种禅到底主张如何，是否真正存在过，这里可以不论，只想指出，他这样罗列的目的是为了让人摆脱对这些禅法的执著，摆脱"知见"对修行的影响，以弘扬自己大力提倡的参究话头、断除诸种知见和烦恼的看话禅。

他对禅法的总体主张，可从《中峰广录》卷二十七上所载〈坐禅箴并序〉得到了解。现摘录部分语句，然后稍作解释。

其序谓：

> 夫非禅不坐，非坐不禅，惟禅惟坐，而坐而禅。禅即坐之异名，坐乃禅之别称。盖一念不动为坐，万法归源为禅。或云戒定是坐义，智慧即禅意。非妄情之可诠，岂动静之能间。故知不离四威仪，而不即四威仪。

禅与坐既有区别，又相互融通。从融通的角度来说，禅与坐是相即不二的。"坐"无坐相，"一念不动为坐"；"禅"非单纯的静虑，体悟"万法归源为禅"。也有人说三学中的戒、定属"坐"，而慧属"禅"。实际上，禅不可用语言表述，也不可说它有动有静，它既没有离开行、住、坐、卧四威仪，也没有附着于四威仪之中。到底禅是什么？大概是引导学人从坐与不坐（不外四威仪）辩证关系中，从通过日常生活体悟万物本源的心性上把握禅的真义。

箴曰：

> 参禅贵要明死生，死生不了徒营营，至理不存元字脚，有何所说为箴铭。

谓参禅的目的是明悟生死真谛之理，然而此理本来非文字[①]可以言表。那么，写此箴铭又是为了什么呢？

[①] "元字脚"，宋元禅师说法虽常用，然而皆是不作解释。从前后意思看，是语言文字的代称，例如，宋代圆悟克勤《碧岩录》卷三"著语"有："记得个元字脚在心，入地狱如箭。"《大正藏》卷48，第168页下。《大慧语录》卷十六载宗杲语："若记著一个元字脚，便是生死根本也。"载《大正藏》卷47，第881页下。此处"至理不存元字脚"中的"元字脚"，也是语言文字的意思。

> 或谓参禅须打坐，孤硬脊梁如铁作，如一人与万人敌，散乱昏沉休放过。或谓参禅不须坐，动静何曾有两个，杨岐（按：杨岐方会）十载打尘劳，险绝祖关俱透过。

这是两种对坐禅形式的见解，或主张参禅必须挺胸打坐，通过抑制精神分散和昏沉来入定；或主张动静不二，参禅不必打坐，据称杨岐曾在十年间克服烦恼，参透祖师公案。两者虽各有千秋不能偏执，关键是了脱生死的意志是否坚定，如果"坐而不坐心外驰"，虽有打坐的姿态却心志不专，那是难以达到解脱——如庞居士诗所说"心空及第归"的；如果"不坐而坐志还坚"，即未取坐姿而意念却坚执于坐，这样也难以清除蔽塞自心的烦恼——"寸怀鲠鲠难教撇"。

那么，应当怎样看待和修持坐禅呢？《坐禅箴》说：

> 如是坐，如是禅，不劳直指与单传，宽着肚皮只（按：这）么守，谁管人间三十年。如是禅，如是坐，蒲团七个从教破，拍盲（按：眼盲）志气无转移，肯把身心沉懒惰（按：努力抑制身心怠惰）。禅即是坐，坐即禅，是一是二俱弃捐，话头一个把教定，休将识凿并情穿。坐禅只要坐得心念死，今日明朝只如此。若是真诚大丈夫，一踏直教亲到底。……莫把聪明遮智慧，千七百则（按：指《景德传灯录》所载一千七百则公案）烂葛藤，何用将心求解会。坐到坐忘禅亦空，吐词凌灭少林宗（按：禅宗所奉少林达磨的宗旨）。

明本从中道的角度来表述对坐禅的看法，认为坐与禅是相即不二的，坐禅无须师父与徒弟相传，坐禅者需下定决心，抑制怠惰，一天两天乃至十年三十年地坚持下去，守定话头，不要卖弄聪明作穿凿探究，直坐到心念息灭、物我两忘的空寂境界，才有可能明了生死，达到觉悟。这正是明本提倡的参究话头的看话禅。

（三）对丛林禅风和丑恶现象的批评

元代禅宗承两宋盛行文字禅之后，有人热衷抄录公案语录并以自己"知见"

加以穿凿附会，有人爱套用五宗"门庭施设"的"四料简"、"五位"等来故弄玄虚，也有人装腔作势摹仿前人来说法传禅……如此种种风气在丛林间十分盛行。同时，随着禅宗的普及，搜集禅门异闻奇语"以资谈柄"的现象在士大夫中也很普遍。

明本基于他对禅法的理解和出于弘扬看话禅的动机，对丛林某些禅风提出尖锐批评。《中峰广录》卷一之上记载，明本在平江路雁荡幻住庵一次示众中举出丛林中有六种人违背"自参实悟"的原则：

第一种人"向册子（按：主要指禅宗语录）上论量，经教中引喻，不待悟明，自立知见"。他称这样做是自障入悟之门，"杂毒入心，佛亦难救"。

第二种人自认为"根器狭劣"，难以明心自悟，便按照教门发菩提心，兼修善业功德。他称此种人是"辜负己灵，埋没先德"。

第三种人认为"道无言而不显，体无用而不彰"，于是便渔猎见闻，博求胜解。他称此种人是"痴狂外边走"，意为远离入悟之道。

第四种人以为昏沉散乱难以从心中屏除，便"枯心死志，坐在蒲团上如一堆朽木相似"，以忘掉"四大"、"六情"为最高目标，指的当是默照禅。他称这样做无异"解脱深坑，死水里浸"。

第五种人认定"昭昭灵灵鉴觉者"（自性、心）是自己的"法身"，于是认为山河大地、明暗色空等，原非他物，皆是自心。他称此为"唤驴鞍桥（按：马鞍）作阿爷下颔"，意为似是而大谬。

第六种人是妄加穿凿和附会古人接引学人的手段、语句，称"一句是半提（按：语原出《云门录》，'提'意为表述、表白），两句是全提，揣按不行（按：当指既无语又不动）处唤作向上机，坐脱立亡（按：在坐禅中死去或立着死亡）唤作末后句"，带有明显的神秘色彩；或对古人语句详加注解，到处传播。

明本称这六种人的做法皆不能使人了脱生死，把他们皆贬为如同"西天九十六种"外道那样的"异端"。

唐末五代以来禅门五宗在传法中形成的所谓"门庭施设"在两宋时期特别流行，从现存语录可以看到，各地禅师说法经常套用诸如"四料简"、"五位君臣"之类的语句。然而可能受到所谓"要活句，不要死句"的影响，在他们所说的"门庭施设"的语句中已经失去它们原来所蕴含的意蕴，不仅语句五花八门，而且语意笼统含混，也很少作正面解释。这种做法进一步助长了丛林间说法中的效颦和故弄玄虚、空洞无物的形式主义之风。明本虽为临济宗禅僧，但

他敢于从根本上对五宗"门庭施设"予以否定,对后人套用五宗"门庭施设"也进行批评。他在平江路雁荡幻住庵对弟子说:

> 达磨西来谓之单传直指,初无委曲。后来法久成弊,生出异端,或五位君臣、四种料简、三关、九带、十智同真,各立门庭,互相提倡。
>
> 虽则一期建立,却不思赚他后代儿孙。一个个浑身堕在参天荆棘中,枝上攀枝,蔓上引蔓,但见葛藤遍地,无有出期,逗到头白齿黄,忽然命根子于欲断未断之际,返思从前知解,毫发无灵,甘赴死门,悔将昊及!
>
> 近代丛林如此,参学者波荡风靡,十人而九矣。于戏!望他法社之兴,丛席之盛,其可得也!(《中峰广录》卷一之上)

他说按照初祖菩提达磨"单传直指"[①]的宗旨,师资之间直接传承佛心,是"不立文字"、"直指人心"的。然而,在后来长期传法过程中,产生种种"异端"。他提到的"门庭施设"有临济宗的"四种料简"、曹洞宗的"五位君臣"、云门宗的"三关"、宋代临济宗禅僧汾阳善昭的"十智同真"、临济宗禅僧而代曹洞宗传法的浮山法远的"九带"[②]。对于这些从不同角度阐述空与有、理与事、本与末、体与用、动与静等关系的说法或表述方式,明本一律予以否定,认为皆有违达磨宗旨,严重贻误后人,使得他们无终止地陷于"知解"、语句"葛藤"、"荆棘"之中,难以达到解脱,并且招致近代以来宗门的衰颓。明本的批评是相当严厉的,在他上堂说法中避免套用五宗的门庭施设,自然是出于这种见解的。

当时丛林中有人为了吸收更多参学者投到自己门下,装腔作势地讲些他们喜欢的前人的语句,诸如唐代瑞岩师彦禅师常自称"主人公"、临济义玄所说的"无位真人",以及"即心是佛"、"他是阿谁"等等,不顾他们"立脚未稳",为了引导他们知解,提示什么:"参底(的)是谁?学底是谁?要见本性底是谁?"害得他们"如油入面,不得出头",不知自己心中本有"圆净湛然"之心。(《中峰广录》卷一上)明本哀叹,参学之人皆"以聪慧之资,依文解义",虽能说一

---

① "单传"是指在六祖慧能之前每代只传一人为嗣法弟子的方式;"直指"当是禅宗"不立文字,教外别传,直指人心,见性成佛"宗旨的省略语。

② 关于这些"门庭施设",这里不拟解释,请看《临济录》、《洞山录》、《云门录》及《禅林僧宝传》卷十七〈法远传〉、《汾阳无德禅师语录》。

套,然而却"滞识滞情,转增迷妄"。(《中峰广录》卷二十五〈真际说〉)

对于丛林参禅中盛行的种种"棒喝"的做法,明本也提出批评。他在对日本空禅师开示中说,"棒头领旨,喝下明宗,已是第一等不唧留底(按:意为不好的)钝汉",胡乱棒喝这种"臭气"流传丛林,致使"或指一喝为宾,为主,为照,为用;或指一棒为全提,为正令,为机用,为门庭;又谓之击石火,闪电光,摩尼珠、金刚剑。……又谓临济三百六十骨节,只是这一喝;德山八万四千毛孔,不出这一棒"。他认为这些禅师并不了解古人当初行棒用喝的用意,只能误导学人接受"邪知曲解",妨碍明悟自己的"真正面目"。(《中峰广录》卷四之上)

由于佛教得到朝廷和官僚士大夫的支持,在城乡十分兴盛,佛教内部也滋生很多腐败现象。禅宗作为宋代以后最盛行的宗派自然也不例外。这主要表现为一些禅师不守戒律,用不正当手段兼并土地,为使自己门裔繁盛而不择手段强求嗣法弟子等。[①] 明本从维护佛教和禅宗正常发展的整体利益出发,对此种种丑恶现象进行严厉斥责。

第八节 明本的看话禅及其禅净双修、佛儒关系论

明本禅法理论的中心内容是提倡看话禅,在他的语录中对看话禅的论述占有最大的篇幅。他对看话禅的起源、看话禅对明心入悟的意义、修看话禅的要求、常用的话头、修看话禅的过程和应注意的问题、修看话禅可以达到的悟境等等,皆有论述。因为明代以后在临济宗中最兴盛的是高峰原妙—中峰明本……幻有正传的法系,所以他的禅法对后世影响很大。

[①] 明本提到违犯戒律的情况有两种:一种是错误地理解真如佛性的道理,行为随便,所谓"颠顶佛性,儱侗真如,日用遇一切境界,只作一个道理,硬自排遣,乃至破律仪,犯禁戒,皆无忌惮"(《中峰广录》卷一之上);二种是错误地解释禅宗"单传、直指"及"不立文字"的宗旨,不遵守戒律,丛林饮酒成风,"自上而下,荡而忘返,无所避忌"。(《山房夜话》中,载《中峰广录》卷十一之中)对于掠夺土地的情况,明本说有的比丘"动背至理,惟务恶求,如片地之不获,或多财以压之,或重势以临之,或构罪以恐之,或挟术以胜之。虽成就于一时,皆烦恼业根"。明本指出,有人"急于求嗣",不惜"以势利相倾,名位相诱,物欲相胜,情妄相欺",认为有害于理。(《山房夜话》下,载《中峰广录》卷十一之下)

一 明本大力提倡看话禅

(一) 论看话禅的起源

从现存包括语录在内的禅宗史书来看，唐五代尚未兴起参话头之说，只是到了宋代临济宗大慧宗杲提倡参话头之后，看话禅才逐渐在临济宗禅僧之间传播推广开来，而到元初高峰原妙之后又有所发展。

在《中峰广录》卷一之下的"除夜示众"中，明本假借有人（"或谓"）对看话禅提出质疑，说：

> 或谓《传灯录》一千七百单一人（按：此指《景德传灯录》所载1701人传记与语录），皆是言外知归，迎刃而解，初不闻有做工夫看话头之说。在此自年朝至岁暮，其叨叨不绝口，惟是说看话头做工夫，不但远背先宗，无乃以实法（按：相对于空法、心法的执著"有"的见解或做法）缀系于人乎？

既然在载录前代祖师修悟范例的《景德传灯录》中没有修看话禅的先例，而现在您一年到头老絮絮叨叨教人看话头，做工夫（功夫），这不是有违先祖的禅旨，让人执著于"有"及语言文字不得解脱吗？应当说，质问尖锐有力。

明本在解答中并不完全否认这种看法，说：

> 你说得也是。一则老僧不具此驱耕夺食（按：取自《临济录》中"照用同时，驱耕夫之牛，夺饥人之食"，意为机锋峻烈，引导有力），换斗移星之辣手。其奈诸方不观人之根性，速于求人，多是钻腋插羽，急于其高飞远举，奈何画虎不成反类狗也。此事大难。其人谓看话头、做工夫，固是不契直指单传之旨，然亦不曾赚人落草，最是立脚稳当，悟处亲切。纵使此心不悟，但信心不退不转，一生两生，更无不获开悟者。

明本承认自己不具备前人那种机锋峻烈，因人巧妙启示的手段，如果不顾时人的根性，照搬前人"言外"悟性的做法，是好高骛远，毕竟不能成功；看话禅虽然不符合禅宗"直指人心"、"教外别传"的宗旨，然而容易为一般人理解接受，并且能够引导人们早晚达到觉悟。

明本在《中峰杂录》卷中〈示海东渊首座〉中也提到看话禅的起源。他说：

> 在前古人，也不曾去看话头，参公案，上蒲团，做模样，只是切切于生死大事上疑着，三千里五千里撞见个人，未脱草鞋，便蓦直问我生死事大，无常迅速。千人万人都是如此出家，如此行脚，如此求人，如此学道，初不为第二件事。设有，亦不为也。
>
> 后代以来，宗门下不合有许多露布葛藤（按：指语录公案、门庭施设），往往脚未跨门，便被此一等语言引诱将去，堕在葛藤窠臼中，唤作佛法，唤作禅道，流入知解罗网中，不得出头，惟益多闻，乃所知障，于道实不曾有交涉。
>
> 于是近代（按：此指宋代）尊宿，眼不耐见丛林中有此一病弊，待你未开口时，但只把一则无意味话头撇在学人面前，只要你放舍一切身心、世间诸缘杂念，并禅道、佛法、语言文字等，只教你向此话头上起大疑情，参取去。正当参时，也不是要明佛法了参，也不是要会禅道了参，也不是要求一切知解了参。其所用心参者，单单只是不奈自己有个生死无常大事何？所以参到话头破处，则生死大事与之俱破；生死大事明处，则一切语言文字与之俱明。离生死外，别无话头；离话头外，别无生死。虽则从上古人只疑生死了悟道，今之人只疑话头了悟道，其所疑之事似或有异，其悟之道其实无古无今，无杂无异也。

明本所说，从主要情节上看是符合事实的，然而也有不准确的地方。他说的第一阶段大致是指唐中后期禅宗刚刚兴起的时候，丛林间尚未形成看话头及参公案的风气，虽然禅宗诸师不提倡坐禅，然而坐蒲团坐禅的现象还是普遍地存在的，学人参禅的目的是求解脱生死。第二阶段大致指五代及进入北宋以后，逐渐兴起文字禅，各地寺院的禅僧和行脚云游各地的禅师竞相抄写语录，参究公案、语句，堆砌词藻表述知解，穿凿和模仿五宗的门庭施设，此即明本批评的"堕在葛藤窠臼中"、"益多闻"，认为只是增加"所知障"，远离真正的解脱之道。第三个阶段当是指宋及元初，一些长老禅师为革除迷执文字禅的弊病，提倡看话禅，引导学人专心致志参究一些剔除内涵的话头，在参究过程中舍弃和断除种种杂世间情欲杂念,以达到解脱。

明本通过这种论述,将看话禅说成是应时救弊的产物,认为与前代禅宗以参扣生死疑情领悟自性的禅法有异曲同工之妙。

(二) 论修看话禅的意义

禅宗主张"识心见性"或"明心见性"、"见性成佛",那么,修看话禅到底在通向解脱的道路上有怎样的宗教意义呢？明本在这方面有很多论述,现仅举一部分加以说明。

> 吾佛祖谓本来具足（按：此指佛性、"佛境界"）,犹古镜之有光,奈何失于护念,其爱憎尘习不觉蒙蔽,况是积生累劫,未经磨治,徒称具足之有光,终于鉴照之无补。一个所参话头,即是磨镜之良具,政（正）当磨时,只知朝也磨,暮也磨,不必问镜上之尘何日破除,镜内之光何时发现。苟存此等待之心,则愈障矣。（《中峰广录》卷二〈为赵承旨孟𫖯对灵小参〉）

> 如今有一服起膏肓必死之灵丹,重为拈出：昔僧问赵州：万法归一,一归何处？州云：我在青州做一领布衫重七斤。（按：此为看话禅常用话头。载《中峰广录》卷四之下〈示月禅人病中〉）

> 雪山大医王（按：指佛）……四十九年三百余会尘说刹说（按：谓佛说法的次数场所难以计算）,今结集为一大藏教,是治此病（按：谓人通身是病,遍世间是病）之医方。今日所参底（的）一个无意味话头,是方中所秘传之神药。要起此必死之病,常以一念不退转之汤,使向一切时中送此神药。然此药之治此病,百发百中。（《中峰广录》卷四之下〈示琳上人病中〉）

上面引文是说,人生来秉有清净的佛性、"佛境界",好像古镜本来光亮,然而由于日久受到贪爱情欲等烦恼的污染便失去光亮,不能照物；要此镜需焕发光亮就必须加以磨治。同样,要使自性显现清净的本来面貌,必须清除污染掩蔽它的情欲烦恼,而专心致志地修看话禅便是唯一的方法和途径,它具有磨镜器具一样的功效。明本也将参话头比喻成灵丹妙药,认为可以治愈各种致死的难症。

可见，明本将看话禅几乎看作是通往觉悟解脱之道的唯一可行的修行方法。

（三）要求对参禅抱有正确认识，修看话禅必须确立坚定意志和信心

明本告诉门下学人，对参禅必须抱有正确的认识，然后才能正确地参禅，才能修看话禅。他在《示萨的迷的理长老》中要求学人对"禅那"（禅、静虑）从八个方面具备正确认识，可称之为八个"正思惟"：一是认识生死事大，无常迅速；二是认识众生"本来成佛"，只是后被"迷妄所蔽"而不能开悟；三是认识自性本来清净，然而"迷妄无状而生"，无时无刻"念念攀缘"，使人自缠自缚；四是认识佛祖"垂言立象"，以种种方便引导众生入悟，然而由于众生"痴想杂乱"，不能翻然自觉；五应认识"三界万法、色空明暗"皆是"菩提妙明元心"（佛性、自性）的显现，然而在人们没有真正悟理之前，对理的认识只是停留在"观听"的地步；六应认识如果不是超凡的"神悟"，那么"纵有多闻，惟增见病"，仍不脱离贪爱烦恼的束缚；七应认识史书所载前人"言前领旨，句外超宗"，达到顿悟，"此皆累生熏习，积世磨炼，不期而然，无作而作"，后人不可勉强效仿；八应认识"功不尽则事不臻，诚不极则物不感"，要达到最高觉悟，如果"不忘形毕命，与寝食寒暑俱废"，仅靠记诵是难以达到解脱的。（《中峰广录》卷四之上）

明本认为学人具备这种认识之后，要坚持不懈地参禅悟道，必须确立意志，坚定信心。他在湖州弁山幻住庵对门下说：

参须实参，悟须实悟。然而生死习气，大都是无量劫中熏陶成熟，不同小小，若非真参实悟，焉得有彻头彻尾底时节？……诸仁者，你若真实要洞明此一段大事，直须发大心，立大志，将平生见闻情解、虚妄觉知之心，拈向一壁。待他胸次中空牢牢无依倚时，蓦提起个"昆仑骑象舞三台"（按：当是个所参的话头）是甚么道理？这里须是把做一件无大极大底一等大事，猛着精神与之厮揌，昼夜六时不得放舍。

然参禅要具三种心：第一具大信心；第二具了生死心；第三具不退转心。信得及则始终不惑，生死切则用心必至，不退转则决定成就。三心既具，则十二时中无虚弃底工夫。既不虚弃，则念念尔，心心尔，尘尘尔，刹刹尔，忽然向用心不及处、着力不得时，和个信得及底、了生死底、不退转底，一时打失，当体洞明，如十日并照，间不容发，说什么"昆仑骑

象舞三台",纵饶一千七百则葛藤,不真(值)一笑而冰释矣。即此便是真参实悟底时节。(《中峰广录》卷一之下)

"参须实参,悟须实悟"是明本在说法中经常重复的话。他认为,要彻底断除导致生死轮回的烦恼("生死尽气"),必须立志发心,摆脱种种所谓"见闻情解、虚妄觉知之心",通过坚持不断的参究话头,才能办到。他进而提出建立三种心:一是信心,二是急切的了悟和超脱生死轮回之心,三是不半途退缩之心,说具备这三心才能坚持参究话头,在参究中确立空观,消除各种分别执著之心,达到觉悟解脱。

所谓信心,虽然是指对修持看话禅的信心,然而最重要的是对"自心是佛",能够成佛的信心。他在《示容斋居士》中说:"心非妙悟而莫知,悟非情尽而不了,情非工夫而莫忘,工夫非正信而不立。盖学道以正信为根本也。谓信者何?最初要信自心是佛,惟佛即心,旷大劫来本来成就,今更不假再成也。"(《中峰广录》卷五之上)相信"自心是佛",以此作为正信,作为根本。这正是禅宗的基本宗旨。

(四)明本提倡看话禅常用的话头

据《中峰广录》、《中峰杂录》,明本上堂说法、法语、书信及个别开示参禅学人引导修看话禅的场合,经常提到的话头有:"万法归一,一归何处","父母未生时,那个是我本来面目","不思善,不思恶,正恁么时,那个是你本来面目","死了烧了,那个是我性","四大分散时[①],向何处安身立命","一念不起,还有过也无","赵州因甚道无字"等,皆是疑问句。有时也以"生死事大,无常迅速"为话头。然而此句前面也可加"因甚"、"何谓",变成疑问句。这些话头皆可引起参禅者的所谓"疑情",以吸引凝聚他的全部注意力,夜以继日地持续不断地参究下去。

从这里可以看出,明本直接继承其师高峰原妙的禅法,也不怎么提倡参究赵州和尚对"狗子还有佛性也无"问语所答"无"字的话头。这是看话禅的一个发展。

---

① "四大"是地、水、火、风,此指由"四大"为因素组成的人身;"四大分散时"指人死亡。

(五) 论修看话禅的过程和应注意的问题

如何修看话禅？过程如何？在明本语录中记述最多，特别是《中峰杂录》卷中、卷下的〈法语〉中，几乎在篇篇开示学人的语法中皆谈修看话禅的问题。修看话禅的过程大致包括选好话头引起疑情，坚持不懈地一直参究下去，泯除各种知见，忘掉原来对佛法禅法的理解，断除情思、杂念和一切分别之心，最后体认空观，才能达到不可形诸语言文字的解脱境界。

现仅择取部分语录，然后加以说明。

> 有真参实悟底尊宿……于第二门头（按：指俗谛，谓借助文字、参禅修行以入悟的做法），别开一路，将个无意味话头放在伊八识田（按：原特指阿赖耶识，此指一般意义上的心、识）中，只待伊奋起根本无明（按：痴，此实指"情意识"），发大疑情，猛利无间，纵使丧身失命亦不放舍，久久纯熟，自然人法空，心境寂，能所忘，情识尽，和个话头一时忘记，蓦尔向不知不觉处，蹉（错）口一咬，百碎粉碎。转得身来信口道，信步行，觌体纯真，初无拣择，全生杀于一茎草上，空古今于三寸舌头。（《中峰广录》卷一之上〈平江路雁荡幻住禅庵示众〉）

> 参禅只要信得及，便就话头上参去，都不要将意识向一与万上卜度。你若卜度道一是何物？万是何物？直饶你指点得明明白白，政（正）是痴狂外边走，永劫不与道相应。你若信得及，处也不要问：一是何处之一，万是何处之万。你只管一便只是一，万便只是万，但向一归何处下立脚头，一念万年参将去，参到心空及第（按：唐代庞蕴居士诗句："此是选佛处，心空及第归"），大悟彻时，即一而万，惟万而一；不是万，万不是一，了然于心中矣。（《中峰杂录》卷中〈示妙然禅人〉）

> 父母未生前，那个是我本来面目？有志要决了大事者，切不得向意根下卜度，又不得将相似语言配合，但拼取一生，脚踏实地，壁立万仞参取，但心无异缘，意绝虚妄，久远不退，不愁不会祖师西来意也。（《中峰杂录》卷中〈示柏西庭禅人〉）

> 参无字，只要向无字上起疑情，参道：赵州因甚道个无字？十二时中只与么参。正当参时，不问有思量分别，无思量分别。有思量、无思量，属妄想。如今只要你单单向所参话上起疑情，乃至总不要一切境缘上作分

别想，但离却所参话外别起一念，不问是佛念、法念，俱是非正念，皆生死种子。（《中峰杂录》卷中〈示因道人〉）

古人深知过患，但只撒个无意味话头，教你发起大信心，直下不起第二念，单单于话头上奋起大疑情，与之一念万年做将去。你但心不随缘，意不逐物，识不拘境，意不染尘，三十年二十年首尾连贯，不觉自然有个入处矣。所言不起第二念者，于政（正）扣己而参处，卒急不相应时，蓦忽瞥生一念，谓我莫是根器劣么？是第二念；谓我莫是罪障深么，是第二念；莫别有方便么？是第二念；谓此工夫实是难做，也是第二念；是易做，也是第二念。……（《中峰广录》卷四之上〈示高丽收枢空昭聪五长老〉）

凡做工夫（按：参究话头）不灵验者，往往只是偷心未死，所以虚延岁月……何谓偷心？但离却个所参底（的）话外，则见有个自己，是偷心；于所见之自己外，别见有人有我是偷心；做得纯熟时，知道纯熟是偷心；做不纯熟时，知道不纯熟是偷心……但是看话头时，瞥生一念子，不管是凡是圣，是真是伪，总言之偷心也。（《中峰杂录》卷上〈示众〉）

工夫上说起疑情，当知疑情初无指授，亦无体段，亦无知觉，亦无把柄，亦无趋向，亦无方便，亦无做作、安排等事，更无别有道理可以排遣，得教你起疑。其所谓疑者，但只是你为自己躬下一段生死大事未曾明了，单单只是疑此生死大事，因甚么远从无量劫来流转迨今，是甚么巴鼻（按：什么来由、道理）？又因甚么从今日流入尽未来际，决定有甚了期？只这个便是疑处。从上佛祖皆从此疑，疑之不已，自然心路绝，情妄消，知解泯，能所忘，不觉忽然相应，便是疑情破底时节也。（《中峰杂录》卷中〈示海东渊首座〉）

举起个所参话头，凛凛如一人与万人敌相似，政（正）与么时，转步不得，畏怯不得，思算不得，指点不得，乃至种种俱不得，惟有一味拚性命，向前迎敌。便是佛来，也与之一刀两段，胸中更无一点顾虑，更说甚么茱萸、茶黄、栗棕，常住办也得，不办也得，一念子空荡荡，虚寂寂，冷冰冰，气忿忿，只有个生死无常与所参话，未能透脱，安有闲情妄随异念耶？（《中峰广录》卷一之上〈重阳示众〉）

先师高峰（按：高峰原妙）和尚三十年影不出山，每以一个"万法归一，一归何处"话教人极力参究，不问年深岁远，但以了悟为期，俾日用处单提此话，蕴于胸中，孜孜而参，密密而究，譬之如撒手悬崖，比之如

竿头进步，喻之如一人与万人敌，方之如两木相钻而觅火……（《中峰广录》卷五之上〈示海印居士〉）

据上引文，明本对修看话禅提出如下要求：

（1）选定话头，确立对通过参究此话头以达到解脱的信心，然后从话头引起疑问，在坐禅或其他场合专心致志地参究下去，"纵使丧身失命亦不放舍"，极力抑制自己身心，做到"心不随缘，意不逐物，识不拘境，意不染尘，三十年二十年首尾连贯"，如此才有入悟的希望。

（2）对所参话头，应超越他们的字面意义，例如，参究"万法归一，一归何处"，不可对其中的"一"与"万"作所具体辨析，只要求将它们作为参究的目标（境缘），说一旦入悟便会达到超越一与万、空与有差别的圆融境界。在参究中，既不运用语言作道理推断，也不问参禅过程是有思量分别还是无思量分别，只是一个劲地"孜孜而参，密密而究"下去。

（3）参究过程应当防止出现"第二念"，例如，怀疑自己根器低劣，对参究话头这种做法抱有疑问，心想"我莫是根器劣么？""莫别有方便么？""此工夫实是难做"等。任何脱离话头的想法、判断、意念，皆属"偷心"，皆不是"正念"，即使想佛想法也属于虚妄的"偷心"，皆应及时排除。

（4）应认识疑情在本质上是空寂无相、无知无为、无来无去的，所谓"无指授，亦无体段，亦无知觉，亦无把柄，亦无趋向，亦无方便，亦无做作、安排等"，不可加以执著；顺着疑情参究，中心是参究"生死大事"，生死因何从无始而来，又往何无穷未来而去？人生本来面目如何？只要连续疑问下去，参究下去，意志坚定，"尽形毕世不改变，不放逸，不外求，不间断，乃至不隔一念，做向前去"（《中峰杂录》卷下〈示无隐晦禅人〉），据说在"不知不觉"中，自然而然地迎来"疑情破"，"豁尔洞明"的大悟时节。

（六）论修看话禅可以达到的悟境

前面对此已经提到，例如，引文中的"人法空，心境寂，能所忘，情识尽，和个话头一时忘记，瞥尔向不知不觉处，蹉（错）口一咬，百碎粉碎"；"参到心空及第，大悟彻时，即一而万，惟万而一；不是万，万不是一，了然于心中"；"心路绝，情妄消，知解泯，能所忘"等语句，皆是对所谓参究话头悟境的描述。在《中峰杂录》卷中〈示海东空上人〉中，明本还说：

> 提起个"四大分散时,向何处安身立命"?只就此话下逼起疑情,决定要知安身立命处着落。……单单只要决了生死无常,久久纯熟,不觉不知打成一片,等闲豁开正眼,洞见本源(按:指佛性或称心、自性),方知佛法不待会而会,见闻知觉不待忘而忘,虚妄情识不待断而断,生死无常不待了而了矣。即此谓之参学事毕,撒手到家时节。

综合上述,用现代话表述看话禅达到的悟境当是:在对世界、人生的总体认识上,确立与大乘佛教的真如佛性相契合的一切皆空的观点,消除一切内外、是非、主客(能与所)、空有、好恶等差别观念和执著见闻知觉的"虚妄情识"、"知解",能以平等的圆融无碍眼光看待世界及生活中的一切现象。

可以想象,进入这种精神境界绝非一般人可以达到的。实际上,明本在说法中,著作中,常将此境界当作引导学人修看话禅的努力方向,并且一再强调,如果非要问何时自己达到这种见解,也是一种执著(属于所谓"第二念"、"偷心"),要求学人一直参究下去,二十年不行就三十年,这辈子不行就下一辈子[①]。

二 所谓《永明四料简》与明本的禅、净双修论

禅宗自慧能以来基本上是主张"佛是自性作"或"即心是佛"的,对此心此佛并没有特别标明方位、所居何种净土的。慧能曾说:"若悟无生顿法,见西方只在刹那;不悟顿教大乘,念佛往生路远,如何得达?"(敦煌本《六祖坛经》)只要做到"识心见性",西方净土就在自己面前。他的再传弟子马祖道一说"立处即真",石头希迁曾用"谁垢汝"的反诘语回答弟子"如何是净土"的问话[②],表明他们是主张"唯心净土"的。马祖弟子慧海表示:"若心清净,所在之处皆为净土"。[③] 五代宋初,法眼宗永明延寿在《万善同归集》中虽主张

---

① 参考《中峰杂录》卷中〈示定林了一上人〉、卷下〈示柏西庭禅人〉等。
② 参见《景德传灯录》卷二十八〈道一禅师语〉、卷十四〈石头传〉(分别载《大正藏》卷51,第440页上、第309页中)
③ 参见《景德传灯录》卷二十八〈道一禅师语〉、卷十四〈石头传〉、卷二十八〈慧海和尚语〉,分别载《大正藏》卷51,第440页上、第309页中、第443页下。

"唯心念佛"、"唯心净土",但也开始提倡净土念佛思想,说"上根"人可以修唯心"实相"念佛,"中、下根"("信心初具,忍力未圆"或"初心菩萨")的普通人可修净土念佛法门以往生西方"极乐"世界。此后,一些禅师和居士也提倡念佛,然而同时强调禅宗"唯心净土,自性弥陀"的立场。临济宗大慧宗杲在说法中曾说:"伏愿了唯心之净土,见自性之弥陀";在为王日休(以籍贯龙舒为号,称王龙舒)《龙舒增广净土文》所写的跋中说:"若见自性之弥陀,即了唯心之净土"。另外,南宋宋晓编《乐邦文类》卷二载北宋提刑杨杰居士(奉云门宗天衣义怀为师)为王古所编《直指净土决疑集》写的序中说:"众生注念,定见弥陀;弥陀来迎,极乐不远";"唯心净土,自性弥陀"。①

大约进入南宋末年和元朝初期,随着弥陀净土信仰的迅速普及和影响的扩大,禅宗内有更多的禅师接受净土念佛思想,从而推进了禅、净二宗思想的会通与融合。由于永明延寿禅师曾提倡净土念佛思想,有人假借他的名义撰写了所谓《永明料简》(或称《永明四料简》)的偈颂,全文是:

一曰:有禅无净土,十人九蹉路,阴境若现前,瞥尔随他去。
二曰:无禅有净土,万修万人去,但得见弥陀,何愁不开悟。
三曰:有禅有净土,犹如戴角虎,现世为人师,来生作佛祖。
四曰:无禅无净土,铁床并铜柱,万劫与千生,没个人依怙。②

这是从四个不同角度说明既修禅法又修净土法门的道理。第一偈"有禅无净土",说如果只修禅法而不修净土法门,不仅只能使少数人达到解脱,而且有的人可能受禅观中出现的幻象迷惑而不能自拔;第二偈"无禅有净土",说如果不修禅法,只修持净土法门,却可以凭借佛力而往生净土,迟早必定开悟;第

---

① 分别见《大慧语录》卷三,载《大正藏》卷47,第821页上;《大正藏》卷47,第172页下、第283页中;《大正藏》卷47,第172页中。
② 日本《续藏经》第二编甲·第十三套第一册载南明代大佑集《净土指归集》卷上。每偈后有编者加的释文。一偈释文:"谓单明理性,不愿往生,流转娑婆,则有退堕之患。阴境者,于禅定中阴康发现也。如《楞严》所明,于五阴境起五十种魔事,其人初不觉知魔著,亦言自得无上涅槃,迷惑无知,堕无间地狱者是也。"二偈释文:"谓未明理性,但愿往生,乘佛力故,速登不退。"三偈释文:"既深达佛法,故可为人天师;又发愿往生,速登不退。腰缠十万贯,骑鹤上扬州。"四偈释文:"既不明佛理,又不愿往生,永劫沉沦,何由出离?"清代彭希涑编《净土圣贤录》初编卷三〈延寿传〉载有《四料简》偈颂。

三偈"有禅有净土",推崇禅、净双修,谓既可使人得悟现世为师,又能往生净土,来生成佛;第四偈"无禅无净土",如果既不修禅又不修净土,将在死后下地狱而永无超脱之期。从"有禅无净土"、"无禅有净土"的表述中,不难看出是带有贬抑禅宗褒扬净土法门的意图的。

日本学者柴田泰在《中国净土教中唯心净土思想的研究》一文中,参照延寿的禅法思想,认为此偈颂绝非延寿所作,当是进入13世纪以后别人假借他的名义伪造的,反映了佛教界兴起禅、净双修的动向。他指出,此偈不仅在现存延寿著作中没有载录,而且在思想上与延寿的思想也是极端不一致的:(1)此偈只讲禅与净土二门,提倡禅、净双修,而无视延寿尚主张禅与天台、华严、唯识诸宗融合,"万善同归",没有全面反映延寿的思想。(2)仅就净土思想来说:其一,延寿著作中论述最多的是禅宗,谈净土的分量极少,说他主张禅、净双修,从资料上来看是不均等的,是难以成立的。其二,延寿主张具备"上根"的人应修禅宗,念佛是"实相"念佛,只对中下根机的人才劝修"西方"净土念佛法门,是不可能将不同根机的人混同来谈"有禅有净土"的。如果说"有禅有净土"是延寿的话,仅就上等根机的人来说,就意味着禅是禅宗"正禅",净土是"唯心净土"。如果净土是指"西方净土","有净土"在延寿那里只是对中下根机者讲的,上根机者是无须修西方净土法门的。因此,"有禅有净土"是不能成立的。所谓"无禅有净土,万修万人去",自然是指往生西方净土,这与延寿的总体思想是明显矛盾的。[①] 对这一看法,笔者是同意的。

《永明四料简》在元代丛林间相当流行,明本在说法中也曾一再地提到《四料简》。明本虽然对延寿是《四料简》作者的说法没有提出质疑,然而却依据"唯心净土,自性弥陀"的思想提出他自己的禅净一致、禅净合一的主张。让我们引述他的几段语录。

明本在《示吴居士》的法语中说:

> 禅即净土之禅,净土乃禅之净土。昔永明和尚离净土与禅为四料简。由是学者不识建立之旨,反相矛盾,谓禅自禅,净土自净土也。殊不知参

[①] 柴田泰此文发表在1990年3月日本《札幌大谷短期大学纪要》第22号。1991年10月他到北京出席中日第四次佛教学术会议,赠给笔者此文抽印本。他在会议上发表《宋代的净土思想》,对延寿"唯心净土"思想有所介绍。此文载杨曾文、镰田茂雄编,中国社会科学出版社1997年出版的《中日佛教学术会议论文集》。

> 禅要了生死，而念佛亦要了生死。原夫生死无根，由迷本性而生焉。若洞见本性，则生死不待荡而遣矣。生死既遣，则禅云乎哉？净土云乎哉？……今二宗之学者，何所见而独悖之耶？予反复求之，遂得其悖之之源，试略言之。盖二宗学者不本乎生死大事耳。以不痛心于生死，禅则耕空言以自高；净土则常作为而自足。由是是非倒见杂然前陈，若非古佛（按：此指古来祖师）愿行冥符，则二宗或几乎息矣。
>
> 居士（按：指吴居士）久亲净土之学，复慕少林直指之道（按：禅宗），直以"父母未生前，那个是我本来面目"话，置之念佛心中，念念不得放舍，孜孜不可弃离，工夫纯熟，识见愈精明，道力益坚密，一日于忘能所，绝气息处，豁然顿悟。（《中峰广录》卷五之下）

有位号"西归子"的人登门造访，对他说：念阿弥陀佛以求"透脱生死"似乎比参禅容易达到，因为有"阿弥陀佛愿力"暗中帮助，而参禅却得不到"圣力冥资"，只对那些"大根利器，一悟千悟"者才有用。此人还引用所谓《永明四料简》中的"有禅无净土，十人九蹉路"来证明自己的见解。对此，明本不予认可，质问"净土外别有禅耶"？他说：

> 永明拣禅、净土为四句，乃刍狗[1]机宜，特方便抑扬耳。盖教中所谓于一乘道分别说三[2]之意也。如长芦、北涧、真歇、天目诸师[3]，作净土章句，皆寄谈即心自性之禅，初无异致。……净土，心也，禅亦心也，体一而名二也。迷者执其名以昧其体，悟者达其体以会其名。岂特净土然，如教中

---

[1] 古代用草结扎成的狗，供祭祀时用，用后随意弃掉。《老子》中有"天地不仁，以万物为刍狗；圣人不仁，以百姓为刍狗"之句。原作"曲狗"，当误。

[2] 《法华经·方便品》有"诸佛以方便力，于一佛乘分别说三"之句，意为佛权宜地将"一佛乘"（主张人人可以成佛的教法）分为声闻、缘觉和菩萨三乘教法，教化不同根机的众生，然而终归引导他们接受一乘佛法，即所谓"会三归一"。

[3] 长芦，是宋代云门宗雪窦下第三世真州慈觉宗颐，曾作《劝参禅人兼修净土》（见《龙舒增广净土文》卷十一）；北涧，是临济宗大慧下二世居简；真歇，是曹洞宗芙蓉道楷下二世清了；天目，是临济宗松源崇岳门下文礼。明本弟子编《净土或问》谓："北涧简禅师、天目礼禅师等诸大老，皆是禅门宗匠，究其密修显化，发扬净土之旨。"清了曾作《示众文》及《净土或问》劝人修净土法门。（见《乐邦遗稿》卷下、《庐山莲宗宝鉴》卷三）。分别载《大正藏》卷47，第283页下、第293页下、第243页中、第318页下。

谓，知一切法即心自性；又云：森罗万象，一法之所印。但悟自心之禅，即其三界万法混入灵源（按：心），举必全真，初无拣择。既无东、西两土之殊，安有净、秽二邦之异？（《中峰广录》卷十一之上）

明本在《次鲁庵怀净土十首》的序中引述了所谓《永明四料简》中每首偈颂的前一句，然而次序与前面引证不同。他说：

永明和尚以禅与净土拣为四句，谓：有禅有净土，无禅无净土，有禅无净土，无禅有净土。特辟而辨之，乃多于净土也。致业单传者，不能无惑焉。（按：谓永明延寿对禅、净土的辨析说明中，意向偏重于净土，引起禅宗方面的疑惑）或谓：禅即净土，净土即禅，离禅外安有净土可归，离净土岂有禅门可入。审如前说，则似以一法岐而为二矣。不然，教中有于一乘道分别说三。永明之意在焉。

在他作的诗偈中有"惟禅惟净土，非下亦非高，谩尔章群品，何曾间一毫"，"有心皆是佛，无地不名坤"，"弥陀即释迦，拟心犹捕影"，"西天并此土，元不间纤毫"。（皆见《中峰广录》卷二十八）

稍加分析便可看出：

（1）明本对假托延寿之名的《四料简》没有得出异议，意味着他同意禅、净双修的做法，然而他反对据此作出"禅自禅，净土自净土"的解释。这表明他的见解与《四料简》的思想是有距离的，因为《四料简》中"有禅无净土"、"无禅有净土"是将禅与净土明显区别开的。

（2）根据"净土，心也，禅亦心"和"一切法即心自性"的见解，提出禅宗与净土法门不仅彼此一致，而且没有高低之分，彼此是"体一而名二"，相即不二的关系，说"禅即净土，净土即禅"，还援引《法华经》中将一佛乘"分别说三"的说法来加以比附。

（3）他说参禅与净土念佛皆是为了彻悟超脱（了）生死，而生死之根是迷于本性，一旦体悟本性便可解脱生死；达到这种境地时哪里还有禅、净之分？因此禅与净土是一致的，乃至互相为本，彼此为用，所谓"禅即净土之禅，净土乃禅之净土"，"离禅外安有净土可归，离净土岂有禅门可入"。

（4）从他所谓"净土，心也，禅亦心"，"即心自性之禅"，"既无东、西两土之殊，安有净、秽二邦之异"，"既无东、西两土之殊，安有净、秽二邦之异"等语句和"有心皆是佛"，"弥陀即释迦，拟心犹捕影"，"西天并此土，元不间纤毫"等偈句来看，他基本上仍站在禅宗"唯心净土，自性弥陀"的立场来理解和提倡禅、净双修的。

上面提到的那位吴居士是净土宗信奉者，明本劝他在念佛过程中参究话头，表明他主张的念佛并未脱离他一贯提倡看话禅的立场。据此可以认为，既念佛，又参话头，便是明本所提倡的禅、净双修。明本撰写的《劝念阿弥陀佛》、《怀净土》和一百零八首《怀净土诗》，所表述的皆是这种思想。现引证一部分：

> 是心是佛是心作佛，三世诸佛证此心佛。
> 六道众生本来是佛，只因迷妄不肯信佛。
> 智者觉悟见性成佛，释迦世尊开示念佛。
> 弥陀有愿接引念佛，观音菩萨头顶戴佛。
> 势至菩萨摄受念佛，清净海众皆因念佛。
> 六方诸佛总赞念佛，祖师起教劝人念佛。
> 捷径法门惟有念佛，一代宗师个个念佛。
> 古今名贤人人念佛，我今有缘得遇念佛。
> 念佛念心念心念佛，口常念佛心常敬佛。
> ……
> 念念是佛心心是佛，无常到来正好念佛。
> 撒手便行归家见佛，一道圆光即性空佛。
> 了此一念是名为佛，常住不灭无量寿佛。
> 法报化身同一体佛，千佛万佛皆同一佛。
> ……
> 回向西方发愿念佛，临命终时亲睹化佛。
> 九品莲台礼弥陀佛，得无碍眼见十方佛。
> （《劝念阿弥陀佛》，载《中峰杂录》卷上）
> 终朝合掌念弥陀，举念之间蹉过多。
> 和个念头都扬却，全机独脱苦婆婆。
> （《怀净土》，载《中峰杂录》卷上）

禅外不曾谈净土，须知净土外无禅。
两重公案都拈却，熊耳峰开五叶莲。①
……
十万余程②不隔尘，休将迷悟自疏亲。
刹那念尽恒沙佛，共是莲华国里人。
……
自性弥陀不用参，五千余卷是司南。
不于当处求真脱，拟逐文言落二三。
世界何缘称极乐，只因众苦不相侵。
道人若要寻归路，但向尘中自了心。
自心无住云何了，系念慈尊六字名，
和念等闲都打破，西天此土不争多。
……
跳出娑婆即是家，不须特地觅莲华。
娑婆不异莲华土，自是从前见处差。
……
弥陀西住祖西来，念佛参禅共体裁。
积劫疑团如打破，心花同是一般开。
……
一般平等惟心土，贵贱贤愚没两途。
漆桶要教连底脱，大家齐用著工夫。
（《中峰和尚怀净土诗》，载《中峰杂录》卷末）

从这些诗偈句子中，不难看出明本是站在"即心是佛"和"唯心净土，自性弥陀"的立场上提倡念佛的。他明确地表示，无论是法身佛、报身佛还是化身佛，包括被看作是报身佛的阿弥陀佛，都是"一体"之佛，都在自性、自心，"念念是佛心心是佛"；西方净土也不在心外，不离现实人间，所谓"一般平等惟心土"，"娑婆（现实世界）不异莲华土（西方弥陀极乐世界）"；禅与净土相

---

① 熊耳峰即熊耳山，在今河南省三门峡市陕县李村乡，菩提达磨遗骨安葬于此处的宝相寺（原定林寺）。一花五叶原指达磨下五世，后人将五叶解释为禅门五宗。
② 《阿弥陀经》谓阿弥陀佛的极乐世界在西方"十万亿佛土"。

即不二，念佛与参禅、看话头破疑团的修行，可以同时进行，以达到觉悟解脱，所谓"弥陀西住祖（按：指达磨）西来，念佛参禅共体裁。积劫疑团如打破，心花同是一般开"。

三 论佛、儒二教的关系

中国自汉武帝之后儒家被历代朝廷奉为正统思想，在社会文化思想中居于支配地位。历代有远见的佛教高僧都十分注意处理与儒家的关系，认清佛教在现实中应处的位置，以利取得统治者的支持，使佛教得以正常传播和发展。一般来说，佛教对于儒家在世间政治、伦理中的指导地位表示承认和尊重，然而，在对三世因果报应、明心成佛等玄远问题的解释和在世间从事教化，"以佛法正心"（宋代契嵩《辅教编》语）等问题上，是当仁不让的，认为在这方面佛教有比儒家高明的地方。

明本虽生活在蒙古族贵族占据最高统治地位的元代前期，然而他受到从中央到地方不少军政官员及儒者的尊崇，与他们有密切往来。他在向这些人和门下弟子的说法中，也经常讲述他对佛教与儒家关系的看法，所表达的大抵是上述内容。

有位廉访使，也许就是江南浙西道杭州路的肃政廉访司的廉访使[①]，名郑云翼，大概与明本经常保持联系。《中峰广录》卷五之下〈示郑廉访〉中有明本给他的十二段开示法语，在第十一段法语中，明本向他讲述了对儒、佛二教的看法。他说：

> 儒之道，治心者也，修心者也。佛之道，明心者也，悟心者也。治与修，渐之之谓也；明与悟，顿之之者也。心，一也；顿渐之途不可以一者，盖世间、出世间之异也。使吾佛言入世间之道，亦不能忘"正心诚意"之说也。使孔子言出世之道，则逆知其不能外吾"心空圆觉"之旨也。……
>
> 治世间书，道德仁义、礼乐刑政八者，皆不能外吾一心之妙用也。心通之谓道，心正之谓德，心慈之谓仁，心平之谓义，心中之谓礼，心和之

[①] 原作"郑廉访"，注谓"云翼字鹏南"。"廉访"，元代官名。据《元史》卷八十六〈百官志〉，至元二十八年改诸道的提刑按察司为肃政廉访司，负责地方监察，设肃政廉访后的道后增至二十二道，其中江南有十道，天目山地属浙西道杭州路。

谓乐，心直之谓刑，心明之谓政，以至百千善行，凡有利天下而泽斯民者，未有不因吾一心妙用之所著也。凡夫反是，而失其妙用，则颠倒错乱由之而生焉。故圣人不得不设教以裁之也。……

从来至道与心亲，学到无心道即真。心道有无俱泯绝，大千沙界一闲身。
万物性情皆有德，惟人之德与心通。自从识得这些子，语默昭昭合至公。
圣贤垂教几千般，化育钧陶宇宙宽。我欲仁兮仁即至，不须心外觅毫端。

据此，明本力图以他理解的"心"来会通儒、佛二教的思想。他说儒道以治心修心为务，而佛教（禅宗）致力于明心与悟心，前者属于渐悟之教，后者属于顿悟之教，然而所依据的"心"是一样的，只是致悟的方法不同罢了。他提出假设，如果佛与孔子彼此对换角色考虑世与出世的问题，所得出的结论应当是一样的。他不外是说，无论对佛教宣述的心性空寂（"圆觉"与心、真如佛性具有同等含义）的思想，还是对儒家主张的"正心诚意"的学说，皆应承认它的合理性。

他进一步论证，儒家用来指导治世之书，讲的不外是道德仁义、礼乐刑政，然而从内容来分析，它们不过是"一心"的不同"妙用"或表现，例如心通达是道，心正直是德，心仁爱是慈，心公平是义，心中正无邪是礼，心和谐是乐，心正直无偏是刑，心清明是政，凡是有利于民众的举措，皆是发挥心的功能。因此，道与心、德与心、教与心、仁与心，皆是密切相通的，前者只不过是后者的体现。如果人们不能自觉地运用自心，就会有种种偏差错乱出现，在这种情况下，借助言教进行教导就是必要的了。

问题是，明本所理解的"心"及其对儒家名教、刑政等的解释是否会得到儒者的同意呢？至少可以认为，对于那些信奉佛教并且倾心禅宗的儒者士大夫来说，他们不仅可以理解，也许不会提出反对意见，并且会将他的表述看作是对儒家亲近的表示。

元代著名儒者、书画名家赵孟頫与明本有着深厚情谊，往来密切。元成宗大德八年（1304），赵孟頫在杭州提举江浙儒学，明本应请到他官舍讲"防情复性"的道理。宋元时期道学兴盛，儒者热衷探讨天道性命之说。明本据大乘佛教佛性理论，特别是禅宗所阐释的心性思想，对所谓"世间之学"儒学和"出世之学"佛教在性、情问题上的不同见解做了说明。他的观点是：儒学是"防情"之学，而佛教属"复性"之教。他说：

性起为情，情生为业，业感为物。夫万物由情业之所钟，当处出生，随处灭尽，荣枯祸福，等一梦幻。此吾佛之教，之所以示群生。虽一本乎性，而有世间、出世之殊。世间之学，防情之谓也；出世之学，复性之谓也。（《中峰杂录》卷下〈防情复性〉）

明本所说的"性"是大乘佛教所说的如来藏自性清净心，或真如佛性、法性，被认为是产生包括众生在内的世界万物的本源。参照《大乘起信论》，真如佛性演化万物大致途径是：真如清净之性受到"无明"妄情染污（"无明风动"），形成"业"（原指行为、作用，指具有引发后起果报的潜在功能）因，然后导致世间万物形成，因为是随缘生灭的，所以空幻无实。虽然世间的儒学与出世的佛教皆以"性"说为基础，然而儒学只不过是防止"情"（情欲、各种世间追求与由此带来的烦恼）得以放纵（保障道德修养）的学说，而佛教却是以复归本性达到解脱为宗旨的。他认为，《中庸》中关于"天命之谓性；率性之谓道；修道之谓教"，"喜怒哀乐之未发谓之中"，及"中庸"之道是天地万物之本等思想，体现儒学"防情"之论的最高水平，然而与佛教建立在心性理论基础上的"复性"之说却是"不可同日而语"的。

尽管如此，明本对当年大慧宗杲（妙喜）以佛教的"复性"之学来会通儒家的"防情"之教，苏辙在《注老子序》中以"防情"之教来融会"复性"之学的做法，表示理解，说他们是为了融会儒佛二家使"不本悖"。同时表示，他们所说的道理并不正确，对此加以说明是必要的。

"孝"是儒家的道德规范之一。以往儒者批评佛教的一个重要理由是说僧人离开父母出家是不孝。明本对于孝道也提出自己的看法。他在《警孝》中说，对父母尽孝是要报答父母对自己的养育和慈爱之恩，最高尚的表现莫过于对父母扶养与敬爱。然而对父母的养与爱，有在家与出家两种。在家人守在父母身边，"食以膏粱，衣以裘葛"，属于"色身（生身）"之养；早晚省视问候，属于"有形之爱"。二者表现为遵循人间伦理的世间之孝。出家人"律以清禁，修以福善"，是"法性"（心、生命本源）之养；"行而参，坐而究"，终生为求悟道，是对父母的"无形之爱"。这表现为契合"天理"的出世之孝。明本说，世间之孝容易做到，只在父母在世的有限期间；出世之孝却是难以做到的。因为从生死轮回角度考虑，自己的生命是从无数前生转生来的，"所谓形生之本者充塞宇宙，遍入寰区"，可以想象前世父母也难以计算，对此靠世间之孝是难以报答的，只有靠出家之孝才有可能挽救无数前世父母摆脱轮回之苦，真正尽到孝道。（载《中峰杂录》卷上）这不外是说，佛教的出世之孝是优越于儒家世间之孝的，然而并没有否定儒家的孝道。

明本作为禅僧，是以追求最高觉悟为理想的。他认为，世间有讲"王道"、仁义的儒家；讲"皇道"、无为的道教；有"杂入霸道"，追求功利的百家，还有探究"性理"、"一念不生"的佛教，主张各有不同。然而，对于达到自悟的人来说，便不会有诸教分别之想，"洞见三教圣人握手于言象之表，而不有出世、世间之间"。（《中峰广录》卷十一之中载《山房夜话中》）从当时情况考虑，这种说法比简单地宣称佛教优越更有利于减少儒、道二教的人对佛教的敌视和阻力。

综上所述，中峰明本是生活在元前期的一位影响很大的著名禅僧，著作和语录数量较多。他在著作和说法中对禅、教的区别和各自的特点做了比较说明。他按照自己的观点对以往丛林流行的各种禅法做了比较全面的批判性的总结，在此基础上大力提倡看话禅。他对看话禅的起源、看话禅的意义、修看话禅的要求、过程等问题做了详细论述。他提倡的看话禅源自其师高峰原妙，以参究带有疑问意味的话头为特色，并且将参究这种话头看作是达到入悟解脱的唯一可行的做法。明本继承禅宗"唯心净土，自性弥陀"的思想，虽也提倡禅、净双修，然而，不再像延寿那样只劝"中下根"者修念佛法门，这在客观上对当时佛、净融合潮流和僧俗信众盛修净土念佛之风有很大推动作用。他以佛教心性思想解释和会通佛、儒二教的做法，对争取儒者士大夫对佛教的理解和支持是有利的。

第九节 天如惟则的"念佛禅"

在中峰明本的弟子中，天如惟则继承并发展他的"唯心净土，自性弥陀"和禅净双修思想，提倡修持各种念佛法门，特别是专修口称念佛的"念佛禅"，影响较大。

一 天如惟则的简历

天如惟则的简短传记及部分语录载于明净柱辑《五灯会元续略》卷第三下、

费隐通容、百痴行元合撰《五灯严统》卷第二十三、清超永编《五灯全书》卷第五十八等之中，此外在弟子善遇编的九卷《师子林天如和尚语录》中，记载惟则示众、普说、升座、小参的语录及法语及诗偈、书、铭等著述。

天如惟则（？—1354），俗姓谭，吉安府庐陵的永新县（在今江西吉安县西）人，曾受业于禾山，后到天目山师事中峰明本，从受禅法。长期在吴淞一带地方传法，在丛林间逐渐出名，也得到地方军政官员的支持。元惠宗至正二年（1342），他的弟子在苏州城内置地按丛林规制建寺，因地上立有很多形似狮子的山石，故称此地为"师子林"，元朝帝师为寺命名"菩提正宗寺"。

惟则平时不担任寺院僧职，然而经常在寺中接引弟子和各地来的学人，随机予以开导。一些地方官员也前来问法，执弟子礼。他在菩提正宗寺居住传法长达十三年，声名日著，于元惠宗至正十四年（1354）逝世。元朝帝师赐以"佛心普济文慧大辨禅师"之号，并赐金襕法衣。弟子为建塔于苏州的水西原。

二 惟则提倡的净土思想和念佛禅

据惟则弟子善遇所编录的《师子林天如和尚语录》（简称《天如语录》）及上述记载惟则传记的资料，惟则在禅法上继承中峰明本的思想与风格，平时仍提倡看话禅，引导参禅者从所参话头上起疑情，说："参禅须是起疑情，大疑大悟，小疑小悟，不疑不悟"；说通过参究话头可以断除妄念知见，了悟生死，谓："离话头外无生死，离生死外无话头，话头既透，生死亦明"。然而，同时他沿着明本禅净双修的路数对净土念佛法门做了较大发挥，在"唯心净土，自性弥陀"的思想前提下容纳包括专修口称念佛在内的各种弥陀净土念佛法门，从而将融会禅净二宗的"念佛禅"推到一个新的起点。

惟则除在平时向门下说法、开示中讲过他对弥陀净土法门看法外，还以宾主答问方式撰写了《净土或问》一书，系统论述他净土念佛法门的主张。

中国的净土宗只是一种尊奉西方阿弥陀佛和修持净土念佛法门的净土信仰，主要依据《无量寿经》、《阿弥陀经》、《观无量寿经》及《往生论》（《无量寿经优婆提舍愿生偈》）。隋唐以来虽有专奉弥陀净土教门的僧人，例如，道绰、善导等人弘传以称名念佛为主的净土法门，然而他们在佛教界的影响与其他诸宗相比较小，甚至他们的主要著作在流传不久后竟在中国本土消失，直到近代才从日本倒流回来。从隋唐到宋元，所谓净土宗一般是作为弥陀净土信仰寓于各宗之中的。天台宗、法相宗、华严宗乃至禅宗中皆有信奉和修持净土法门的人，也有不少这方面的文章、诗偈、注疏、著述。宋元时期出现的专弘净土法门的著作，如宗晓《乐邦文类》、《乐邦遗稿》、王日休《龙舒增广净土文》、怀则《净土境观要门》、普度《庐山莲宗宝鉴》等中对这些著作有大量引述，有的还为这些著述的作者和某些净土法门修持者立有小传，是净土信仰和念佛法门在社会上盛行的反映。

惟则《净土或问》只是这类著作中的一种，然而主要是按禅宗传承的心性思想加以诠释的净土著作。中心是：净土、阿弥陀佛与佛性或本性、自性是什么关系，既然"即心是佛"，那么弥陀净土是有方位的西方吗？阿弥陀佛是在心性之外吗？阿弥陀佛与一般意义上的佛、与等同佛性的法身佛是什么关系？惟则基本是上承宋初法眼宗永明延寿以来禅宗高僧的"唯心净土，自性弥陀"的思路来加以诠释的。由此引出的问题是，既然承认"唯心净土，自性弥陀"，那么是否可以接受各种净土念佛法门，特别是专修口称念佛法门呢？正是在这一点上，惟则有所突破，他将包括称名念佛在内的一切净土法门吸收到禅宗之内，并且又特别提倡专修口称念佛。

（一）称净土教门"广大简易"，说《永明四料简》"深有功于宗、教"

大约南宋末年以后，佛教界盛传假借宋初法眼宗永明延寿的名义所作的《永明四料简》，大意是说修持禅法仅能使极少人达到解脱，而修持净土法门却可以使一切人往生净土，最后达到觉悟。据明代大佑集《净土指归集》及清代彭希涑编《净土圣贤录》初编卷三〈延寿传〉所引，所谓《四料简》的全文是：

> 一曰：有禅无净土，十人九蹉路，阴境若现前，瞥尔随他去。
> 二曰：无禅有净土，万修万人去，但得见弥陀，何愁不开悟。
> 三曰：有禅有净土，犹如戴角虎，现世为人师，来生作佛祖。
> 四曰：无禅无净土，铁床并铜柱，万劫与千生，没个人依怙。[1]

所谓"有禅无净土"，是说如果修禅而不修净土法门，只能使少数人解

---

[1] 日本《续藏经》第二编甲·第十三套第一册载南明代大佑集《净土指归集》卷上。原书每偈后皆有编者加的释文，现皆略去。另，清代彭希涑编《净土圣贤录》初编卷三〈延寿传〉载有《四料简》偈颂。

脱，更多的人可能被禅观中出现的幻象迷惑而难以从中摆脱；"无禅有净土"，是说如果不修禅而只修持净土法门，却可以往生净土，必定达到觉悟；"有禅有净土"，禅、净双修既可使人现世为师，又能在来世做佛祖；"无禅无净土"是说如果既不修禅又不修净土，死后必定下地狱而永无超脱之期。从这四首偈颂的表述中，不难看出是带有贬抑禅宗而褒扬净土法门的意图的。

对此《四料简》，中峰明本虽对作者没有提出异议，然而却依据"唯心净土，自性弥陀"的思想，反对在禅之外另有净土的说法，说禅净二宗相即不二，是"体一而名二"的，甚至说"禅即净土之禅，净土乃禅之净土"，主张可以同时进行念佛与参禅看话头的修行。

对禅、教（禅宗外其他宗派）的关系，惟则认为从根本上来说二者是一致的，说：

> 即文字之谓教，离文字之谓禅。禅非外教而禅，教非外禅而教。教乃有文字之禅，禅乃无文字之教。曰禅曰教，名异实同，盖同一治心之善权方便耳。（《天如语录》卷三〈示蜀中果讲主〉）

惟则所说的禅教一致、二者本质相同的见解与其师明本的观点并无二致，是直接继承自明本"有文字相是谓教，离文字相是谓禅"（《中峰广录》卷六〈答沈王书〉）等思想。可以认为，这种观点正是他主张禅、净一致，全面吸收净土念佛法门的理论根据。

同样，惟则对禅净二宗的看法也基本继承明本的思想。他说："参禅、念佛不同而同也。参禅为了生死，念佛亦为了生死。参禅者，直指人心，见性成佛；念佛者，达唯心净土，见本性弥陀。既曰本性弥陀，唯心净土，岂有不同者哉？"然而他不同意一个人同时兼修参禅与念佛两种法门，说："参禅者，单单只是参禅；念佛者，单单只是念佛，若是话分两头，彼此都无成就。"（《天如语录》卷二〈慧庆禅寺普说〉）

惟则在《净土或问》中假借某位"禅上人"之口提问说：永明和尚作《四料简偈》，其中有："有禅无净土，十人九蹉路；无禅有净土，万修万人去"，主张净土法门，岂不是"自屈其禅而过赞净土耶"？他在答语中对所谓《四料简》是延寿作的说法也没有提出异议，而且表示："当知永明非过赞也，深有功于宗、教者也"。① 意为说延寿并没有贬抑禅宗而过于赞扬净土,甚至说此偈颂对于禅宗、诸教是有功的。

为什么呢?他接着对净土法门从总体上作了评价。他说,净土教门极为广大,不仅能够容摄机根高的佛、菩萨等圣贤,而且也容摄"下而至于愚夫愚妇,与夫五逆十恶无知之徒",只要他们在临死前能够归心净土,念佛悔过,皆能在死后往生极乐世界。同时,净土教门的修行方法极其简易,"初无艰难劳苦之行,又无迷误差别之缘,但持阿弥陀佛四字名号",就能脱离充满苦难的现实世界,"得生极乐,得不退转,直至成佛而后已"。② 然而由于净土教门容摄广而简单易修,自然招致不少有智之士对它产生怀疑。惟则强调说,在这种情况下永明禅师撰《四料简》推广净土教门,不仅无过,而且是有功的。

惟则进而表示,任何人,也包括禅宗中所谓"悟达之士",皆应当归依并修持净土教门。他列举大乘佛经中提到的龙树、马鸣、普贤、文殊等菩萨等皆发愿往生弥陀净土,并且举出东晋慧远的白莲结社、隋唐的天台智𫖮、贤首法藏也归心净土法门;又举宋代临济宗禅僧死心悟新曾作《劝修净土文》,曹洞宗禅僧真歇了禅师作《净土说》,皆劝人修持净土念佛法门;南北朝时南岳慧思禅师、梁朝道珍、北周静霭禅师,唐代净土宗道绰、天台怀玉、法照等人,宋代云门宗天衣义怀、圆照宗本、大通善本(净慈善本)、慈受怀深禅师、临济宗北涧居简、天目文礼禅师,情况不明的毗陵法真、姑苏守讷禅师等人,虽是"禅门宗匠",但皆"发扬净土之旨";百丈怀海禅师所制《清规》中有为病僧念佛的内容③,以此劝禅僧不要嫌弃净土之教,而应该归心并修持净土念佛法门。

我们从他列举唐宋禅宗僧人中有很多人修持净土法门的情况,可以看到禅净会通与融会早已经展开的事实。

(二)以禅宗的心性理论诠释净土教门,所谓"唯心净土,本性弥陀"

禅宗僧人信奉"佛自自性作"、"即心是佛"的教理,对于"唯心净土,本性弥陀"或"唯心净土,自性弥陀"的说法容易接受,然而,看到《阿弥陀经》、《无量寿经》上所说西方弥陀净土在离现实世界有"十万亿佛土",感到不好理解,如此则阿弥陀佛及其净土岂不在"唯心、本性"之外吗?这也是一些

---

① 《大正藏》卷47,第292页中。
② 同上书,第292页中至第292页下。
③ 请参考宋代宗赜编《禅苑清规》卷七〈亡僧·病僧前念诵〉。

禅僧不愿意信奉净土教门的原因。

对此，惟则在《净土或问》作详细论证，主旨是说明阿弥陀佛及其西方净土（极乐世界或安乐世界）皆在众生自性中、心中。他的论证既借助天台宗的佛国论和一心三观的教理，也借助华严宗理事圆融的理论，反映了宋元时代诸宗深入融合的时代思潮。

首先，惟则以禅宗尊奉的大乘佛教心性论为前提，所谓"色身外洎山河虚空大地，咸是妙明真心中物"，"诸法所生，惟心所现"（直接引自《楞严经》卷二、卷一），然后反问"安有佛土而不在吾心者哉"？结论是包括弥陀净土的一切佛国净土皆在自性之中。①

其次，他引用天台宗的佛国净土论，说净土不外乎四种：凡圣同居土、方便有余土、实报无障碍土、常寂光土。他的论证结论是："一心具四种土。"因为他的论证涉及大量专门术语，这里仅十分简要地、通俗地介绍。

（1）"凡圣同居土"有两种：其一是"同居秽土"，指佛教所说的充满苦难的"娑婆世界"（现实世界），也有两种：一是"凡居土"，既有"四恶众生"（阿修罗、畜生、地狱、饿鬼）所居土，又有"善众生"的人、天；二是"圣居土"，既有作为"实圣"的大小乘得道圣贤，又有在此土"为利有缘，应生同居"（权宜）从事教化的大乘得道"权圣"，有菩萨及佛。二是"同居净土"，虽是净土，但往生者未必皆得道。西方阿弥陀佛净土属于"同居净土"。

（2）"方便有余土"，是指按照天台宗的教理，修空、假二观，断除见思惑、尘沙惑②的得道的菩萨所居。

（3）"实报无障碍土"，是观悟中道之理，破除根本无明之惑，体认空、假、中三谛圆融无碍的佛菩萨所居。

（4）"常寂光土"，亦称"法性土"，是法界之理，即真如佛性，非身非土，亦身亦土。③

惟则认为，一切佛国净土、一切佛皆源自一心，并且以《华严经》的"心、佛、众生三无差别"，天台宗的"十界互具"，华严宗的法界缘起，圆融无尽的

---

① 《大正藏》卷47，第294页上至第294页中。
② 天台宗所说三惑中，见思惑是迷于缘起诸法"性空"本质的认识和烦恼，须用空观对治；尘沙惑是迷于对缘起万法"假有"诸法的认识和烦恼，须用假观对治；无明惑是迷于对空有相即不二的"中道"的认识和烦恼，须用中道观对治。由对治三惑证三种智：一切智、道种智、一切种智。
③ 《大正藏》卷47，第294页中下。

思想进行解释。他说：

> 十方微尘国土者，惟吾心中之土也。三世恒沙诸佛者，惟吾心中之佛也。知此，则知无一土不依吾心而建立，无一佛不由吾性而发现。然则十万亿外之极乐，独非惟心之净土乎？极乐国中之教主，独非本性之弥陀乎？
>
> 极乐遍在一切处，举一而全收也，如帝释殿上千珠宝网、千珠光影咸入一珠；一珠光影，遍入千珠。虽珠珠互遍，此珠不可为彼；彼珠不可为此，参而不杂，离亦不分，一一遍彰，亦无所在。极乐净土即千珠之一，十万亿国，亦各千珠之一。至若三乘人天，下至地狱、饿鬼、畜生、修罗，一一无非千珠之一。阿弥陀佛亦千珠直示一珠，见一佛即见十方诸佛，亦见十方九界众生，微尘刹海、十世古今，一印顿圆，无馀法矣。如上所引，皆佛祖圣贤递相发扬之明训也。知此，则知诸刹诸尘尘尘，皆唯心之极乐也。一尘一佛佛佛，皆本性之弥陀也。①

惟则以此说明自己虽然提倡修持净土法门，然而并不否认禅宗"唯心净土，本性弥陀"的传统主张。确实，仅从这点来看，他与其师中峰明本乃至以前一些禅宗高僧的主张是没有根本差别的。

（三）提倡包括称名念佛在内的一切净土法门

禅宗强调"唯心净土，本性弥陀"，是要求修行者在体悟自性，清净自心上下功夫，认为明悟自性，所在即为净土。慧能曾说"西方去此不远，心起不净之心，念佛往生难到"，"若悟无生顿法，见西方只在刹那"，意为达到觉悟（"心净"），所在就是净土。惟则在《净土或问》中说"净秽融通，尘尘极乐"，然而"凡夫业感，即净而秽。佛眼所观，即秽如净"，意为虽然净土就在现实人间，就在自性，然而只有对于"心净"入悟成佛者来说，才能够看到和感受到自己所在地方就是净土。他引《维摩经》所说："欲得净土，当净其心，随其心净，则佛土净。"那么如何使人们的心净起来呢？他要求人们修"净土之修法"。

在惟则的解释中，所谓"净土之修法"包括三项：一是观想，二是忆念，三是众行。

---

① 《大正藏》卷47，第294页下至第295页上。

(1) 所谓观想，惟则依照《观无量寿经》，教人修持观想无量寿佛和西方净土的"十六观"，说心观佛时，"是心作佛，是心是佛"。他又引隋天台智𫖮《观无量寿佛经疏》及宋知礼《观无量寿佛经疏妙宗钞》，教人由此修天台宗的空谛、假谛、中谛的三观，说"一心三观能破三惑"，以此达到净心，感生净土。①

(2) 忆念，既包括"理念"和"事相念"。"理念"与前面的天台宗观三谛，破三惑禅观相同。此外，也可按照禅宗的修持作法，将"阿弥陀佛四字做个话头，二六时中直下提撕，不以有心念，不以无心念，不以亦有亦无心念，不以非有非无心念，前后际断，一念不生，不涉阶梯，径超佛地"（据称是引曹洞宗真歇清了的话）。然而惟则认为这种"理念"只有"上上根"的人可修。②

所谓"事相念"是一切人可以修持的净土念佛法门，主要是称名念佛。他说：

> 如诸经所说，或一生系念，或三月系念，或晨朝十念，或七七日念，或十日十夜六时中念，或一日一夜不断专念，加以深信之力、净愿之力、佛加被力，皆生极乐。又下而至逆恶凡夫，临终十念亦许得生。此摄中根及下下根也。③

惟则所说的"诸经"主要指《无量寿经》和《阿弥陀经》，二经中有口称念佛可以往生净土的语句。所谓"称名念佛"就是一心念诵阿弥陀佛的名号，心想与口念结合，甚至说即使一生造下深重恶业的人，只要死前能念诵十句弥陀名号，死后可以借助佛的"他力"、"护念"而往生西方极乐世界。因此，他同意所谓"带业往生"之说。④ 他同时也指出，一切念佛之人死后皆可往生，但往生情况不同，有九品（上中下，再各再分三等）之别。

(3) 所谓众行，是泛指包括净土法门在内的一切修行，包括礼佛、赞佛、供养、忏悔、做各种善业功德，也包括孝养父母，奉事师长，慈心不杀，修十善业，持戒，发菩提心，深信因果，读诵大乘经典，建塔造像，奉持斋戒，烧香散华，等等。

---

① 《大正藏》卷47，第295页。
② 同上书，第295页中。
③ 同上书，第296页中下。
④ 同上书，第299页中。

可见，惟则的净土念佛思想虽以"唯心净土，本性弥陀"为理论根据，然而具体修持方法已经包括一切净土念佛法门了。对于出家者，他认为可根据自己的情况在这三门之中任取一种，也可兼修。然而他对"忆念"门中的口称念佛最为重视，论证最多，也特别提倡。

（四）倡导口称念佛的"净土禅"——念佛禅

在净土念佛法门中，口称念佛在中国佛教界早已流行。北魏昙鸾（476—542）在《往生论注》中已经开始提倡。唐代道绰（562—645）继之，所著《安乐集》对口称念佛有进一步的论述。此后善导（618—681）特别提倡口称念佛，所著四卷《观无量寿经疏》将一切净土教门称为"正行"，其他佛法则为"杂行"；又进而将"正行"分为二门：口称念佛是"正定之业"，修持读经、观佛、礼佛等净土法门属于"助业"，认为只有专修口称念佛的法门才能济度一切众生，包括所谓"罪恶凡夫"在内得到往生。[①]

惟则特别提倡口称念佛这种修持方法。他称赞提倡"专修"念佛和"无间"念佛的善导，说："善导和上者，天竺传中称为弥陀化身也。观其专修、无间之说，要紧只在念念相续。"所谓"专修"，即一心专念阿弥陀佛名号；"无间修"是专礼拜阿弥陀佛，不拜其他佛；口专称阿弥陀佛号，不称其他佛号；专诵净土经；意须专想阿弥陀佛，这样不间断地一直修下去。此外，他还介绍每日清晨念佛十声的"十念"和一心归命阿弥陀佛的"回向发愿"的念佛法门。

惟则为了打消一些人对念佛往生的疑虑，针对不同的情况给予解释，希望社会上各种不同的人都称名念佛。例如，禅宗内有人怀疑往生净土之说违背诸法"无生之理"，他用"生而无生，无生而生"，"净土之生，惟心所生，无生而生"的道理进行解释；又有人担心极乐净土遥远，临终时难以到达，他解释说"十万亿国在我心中，其实甚近，何远之有？命终生时，生我心中，其实甚易，何难之有"？对有人怀疑生前造下众多恶业的人，念佛是否也能往生，他说念佛可以消除"八十亿劫生死之罪"，凭借阿弥陀佛的他力、愿力，临终时"一念顷即得往生极乐世界"；对于那些提出平时不想念佛，只想在临终时念佛的人，他劝他们对修持念佛法门不可懈怠，说：

[①] 参见拙著《道绰、善导和唐代净土宗》，载蓝吉富编《中印佛学泛论》，台湾东大图书公司1993年；《净土教：中日佛教交流形态的新发展》，载杨曾文、源了圆主编《中日文化交流史大系4·宗教卷》第三章之三，浙江人民出版社1997年版。

当思人生在世，能有几时，石火电光，眨眼便过。趁此未老未病之前，抖搜身心，拨弃世事，得一日光景，念一日佛名，得一时工夫修一时净业，由他临命终时，好死恶死，我之盘缠预办了也，我之前程稳稳当当了也。①

惟则在这里的口气完全像一个专弘净土教门的人，而不像一个动辄讲"即心是佛"或问东答西的禅僧。

惟则表示，为了防止出家修行者由于杂念或世事而干扰"专修无间"的念佛，要求他们从报恩、决志和求验三个方面鞭策自己，坚定专修念佛的信念。

报恩是指报佛恩、国恩等，特别强调报父母养育之恩，说如果"念念间断，净土不成；净土不成，自救不了；自救不了，如何救他？既不能相救，尔是忘恩负义，大不孝人"。在这里，他把能否坚持专修念佛提高到能否自救解脱，超脱父母，是否尽孝的高度。

所谓决志是坚定专修口称念佛的志向，永不动摇。他质问说："尔一生参禅，禅既不悟；及乎看教，教又不明。弄到如今，念头未死，又要说几句禅，又要说几句教，又要写几个字，又要做几首诗，情挂两头，念分四路……"他说在专修念佛中，只要产生"一念间断之心"便等于犯下重罪，将遭到下地狱、成饿鬼的报应。

所谓求验，是让念佛者从古代修持专修念佛的高僧事例中取得信心。他举出东晋慧远、唐代怀感、少康等人念佛的事迹，然后说："尔若心无间断，见佛不难；间断心生，决不见佛。既不见佛，与佛无缘；既无佛缘，难生净土。净土不生，必堕恶道。"②

由此可见惟则对专修口称念佛的重视。十分清楚，惟则说这些话是有意淡化禅宗的"唯心净土，本性弥陀"的理论色彩，几乎全是引述大乘净土经典、历代宣扬净土教法的高僧的语句。

惟则在《净土或问》中假设对一位禅僧"禅上人"的提问一一作出解答的，因此他讲的净土念佛的道理首先是面向禅僧的。他对所谓《永明四料简》中的"有禅有净土"是同意的，说如果有人能够坚持专修口称念佛，不仅将在禅定中

---

① 以上见《大正藏》卷47，第298页至第300页。
② 以均上见《大正藏》卷47，第302页上中。

既见到阿弥陀佛，也见到十方诸佛，见到自性佛，并且有机会乘愿出世教化众生。他说：

> 当自痛鞭，使其念不离佛，佛不离念，感应道交，现前见佛。既见乐邦之佛，即见十方诸佛；既见十方诸佛，即见自性天真之佛；既见自性天真之佛，即得大用现前。然后推其悲愿，广化一切众生，此名净土禅，亦名禅净土也。然则永明所谓：有禅有净土，犹如带角虎，现世为人师，来生作佛祖。①

他称自己这种兼弘净土念佛法门的禅为"净土禅"或"禅净土"。笔者为了便于人们理解，将他的这种禅法称之为"念佛禅"，意为提倡念佛的禅法。

然而，进一步分析《净土或问》的内容可以看到：惟则希望通过自己的书，同时也希望通过接受他禅净会通的思想的禅僧，将他提倡的念佛法门传布到社会上去，让信奉佛教的儒者士大夫和普通民众能够信奉净土念佛法门，特别是专修口称念佛法门。因为在他看来，佛教内外能够通过修持禅宗达到"见性成佛"的"上根"人很少，而一般人皆属于"中下根机"，最适合修持弥陀净土法门，特别是专修口称念佛法门，以通过往生净土才能有可能达到解脱。

他针对世人每日忙于生活杂务，无暇持续专修念佛的情况，提出：

> 世网中人，若是痛念无常，用心真切者，不问苦乐逆顺，静闹间忙，一任公私干办，迎宾待客，万缘交扰，八面应酬，与他念佛，两不相妨。不见古人道：朝也阿弥陀，暮也阿弥陀，假饶忙似箭，不离阿弥陀。又云：竹（按：原误作"作"字）密不妨流水过，山高岂碍白云飞？

> 其有世缘稍重，力量稍轻者，亦须忙里偷闲，闹中取静，每日或念三万声、一万声、三千声、一千声，定为日课，不容一日放过。又有冗忙之极，顷刻无闲者，每日晨朝，必须十念，积久功成，亦不虚弃。念佛之外，或念经，礼佛，忏悔，发愿，种种结缘，种种作福，随力布施，修诸善功以助之，凡一毫之善皆须回向西方。如此用功，非惟决定往生，亦且增高

---

① 《大正藏》卷47，第302页中下。

品位矣。①

他劝说社会民众根据自己的情况，在不影响公私事务、工作和社会应酬的情况下，可以修持口称念佛，或每日清晨念佛十声，或每日念佛千声、万声或几万声，同时也可以修念经、礼佛、布施等其他法门，认为这既能导致死后往生极乐净土，又可提高自己的人格品位。

这样一来，虽然惟则强调西方净土之教是以"唯心净土，本性弥陀"的思想为前提的，然而他倡导的专修口称念佛法门，却是既好理解，又实实在在的可以在现实生活中实践的宗教修行方法。正是在这一点上构成了惟则净土念佛思想的显著特色。

惟则的净土念佛思想对当时和后世都有较大影响。他的《净土或问》的内容，在明代袁宏道编《西方合论》、袾宏编《往生集》、清代彭希涑编《净土圣贤录》等净土类的著作中都有或多或少的介绍或载录。他的净土禅或念佛禅，标志着进入宋代以后不断发展着的禅、净融合已经进入新的阶段。从此，早已在社会上广泛流行的专修口称念佛的做法已经被禅宗吸收，禅宗虽仍以"唯心净土，本性弥陀"的说法为标榜，然而若仅从口称念佛的做法来看，它的净土念佛主张与佛教界早已流行的专修口称念佛没有重大差别。

---

① 《大正藏》卷47，第301页上。

参考书目

《中国史纲要》（修订本），翦伯赞主编，人民出版社 1995 年第二版
《中国史稿》第五册，中国史稿编写组著，人民出版社 1983 年版
《中国史籍概论》，陈垣著，中华书局 1962 年版
《中国佛教史》卷一至卷三，任继愈主编，中国社会科学出版社 1982 年至 1988 年版
《中国佛学源流略讲》，吕澂著，中华书局 1979 年版
《新·中国佛教史》，镰田茂雄著，大东出版社 2001 年版
《隋唐佛教史稿》，汤用彤著，中华书局 1979 年版
《中国禅宗史》，印顺著，台北正闻出版社 1983 年版
《中国禅学思想史》，日本忽滑骨快天著，朱谦之译，上海古籍出版社 1994 版
《中国禅宗史的研究》，日本阿部肇一著，研文出版社 1986 年版
《中国禅宗通史》，杜继文、魏道儒著，江苏古籍出版社 1993 年版
《唐五代禅宗史》，铃木哲雄著，山喜房佛书林 1985 年版
《唐五代禅宗史》，杨曾文著，中国社会科学出版社 1999 年版
《宋代禅宗史的研究》，日本石井修道著，大东出版社 1987 年版
《北宋佛教论稿》，黄启江著，台湾商务印书馆 1997 年版
《宋代佛教史的研究》，日本高雄义坚著，百华苑 1975 年版
《西夏佛教史略》，史金波著，宁夏人民出版社 1988 年版
《辽金的佛教》，日本野上俊静著，日本平乐寺书店 1952 年版
《元史释老传的研究》，日本野上俊静著，野上俊静博士颂寿纪念刊行会 1978 年版
《宋儒与佛教》，蒋义斌著，台湾东大图书公司 1997 年版
《宋元佛教文化史研究》，日本竺沙雅章著，汲古书院 2000 年版

《宋代禅宗的社会影响》，日本铃木哲雄编，2002年版

《禅家语录》II，西谷启治、柳田圣山编，筑摩书房1974年版

《语录的历史》，柳田圣山著，京都大学人文科学研究所《东方学报》1985年第57册

《宗密教学的思想史研究》，镰田茂雄著，东京大学出版会1975年版

《新版敦煌新本·六祖坛经》，杨曾文校写，宗教文化出版社2001年版

《神会和尚禅话录》，杨曾文编校，中华书局1996年版

《禅源诸诠集都序》，唐宗密著，《大正藏》本

《中华传心地禅门师资承袭图》，唐裴休问，宗密答，载《续藏经》本

《圆觉经大疏钞》，宗密著，《续藏经》本

《大藏经》，日本大藏经会编，百华苑1964年版

《高僧传》，梁慧皎著

《续高僧传》，唐道宣著

《宋高僧传》，宋赞宁撰，范祥雍点校，中华书局1987年版

《大明高僧传》，明如惺编，《大正藏》本

《补续高僧传》，明明河编，《续藏经》本

《祖堂集》，五代南唐招庆寺静、筠二禅德编著，日本中文出版社1974年再版

《祖堂集》，吴福祥、顾之川点校，岳麓书社1996年版

《景德传灯录》，宋道原编著，《大正藏》本

《天圣广灯录》，宋李遵勖撰，《续藏经》本

《建中靖国续灯录》，宋惟白撰，《续藏经》本

《联灯会要》，宋悟明撰，《续藏经》本

《嘉泰普灯录》，宋正受撰，《续藏经》本

《续传灯录》，明圆极居顶撰，《大正藏》本

《古尊宿语要》，宋赜藏主编，柳田圣山主编《禅宗丛书之一》，日本中文出版社1973年版

《古尊宿语录》，宋赜藏主编，萧萐父、吕有祥校点，中华书局1994年版

《五灯会元》，宋普济著，苏渊雷点校，中华书局1984年版

《五灯会元续略》，明净柱辑，《续藏经》本

《禅林僧宝传》，宋惠洪撰，江苏广陵古籍刻印社1992年据清光绪年间常熟

刻经处重刻本影印

《僧宝正续传》，宋祖琇编，《续藏经》本

《南宋元明禅林僧宝传》，清自融撰，《续藏经》本

《居士分灯录》，明朱时恩辑，《续藏经》本

《续灯存稿》，明通问编，《续藏经》本

《继灯录》，清元贤辑，《续藏经》本

《五灯严统》，明代费隐通容、百痴行元合撰，《续藏经》本

《五灯全书》，清超永编，《续藏经》本

《续灯正统》，清性统编，《续藏经》本

《宗统编年》，清纪荫撰，《续藏经》本

《林间录》，宋惠洪著，《续藏经》本

《林间后录》，宋惠洪著，《续藏经》本

《罗湖野录》，宋晓莹著，《续藏经》本

《云卧丛谈》，宋晓莹著，《续藏经》本

《释门正统》，宋宗鉴著，《新纂续藏经》本

《释氏通鉴》，宋本觉著，《新纂续藏经》本

《佛祖统纪》，宋志磐著，《大正藏》本

《佛祖历代通载》，元念常著，《大正藏》本

《释氏稽古略》，元觉岸编，《大正藏》本

《释鉴稽古略续集》，明幻轮编，《大正藏》本

《禅家语录》II，西谷启治、柳田圣山编，筑摩书房1974年版

《语录的历史》，柳田圣山著，京都大学人文科学研究所《东方学报》1985年第57册

《宋藏遗珍》，上海影印宋版藏经会1935年版

《大正新修大藏经》（《大正藏》），日本大正一切经刊行会1924年至1934年版

《新纂大日本续藏经》，日本西义雄、玉城康四郎监修，国书刊行会1980年至1989年版

《禅宗全书》一百册，蓝吉富主编，台湾文殊出版社1990版

《二十二种大藏经通检》，童玮编，中华书局1997年版

《旧唐书》（标点本），后晋刘昫等撰，中华书局1975年版

《新唐书》（标点本），宋欧阳修、宋祈等撰，中华书局1975年版

《旧五代史》（标点本），宋薛居正等撰，中华书局1976年版
《新五代史》（标点本），宋欧阳修撰，中华书局1974年版
《宋史》（标点本），元脱脱等撰，中华书局1977年版
《辽史》（标点本），元脱脱等撰，中华书局1974年版
《金史》（标点本），元脱脱等撰，中华书局1975年版
《元史》（标点本），明宋濂等撰，中华书局1976年版
《资治通鉴》（标点本），宋司马光编著，元胡三省音注，中华书局1956年版
《续资治通鉴》（标点本），清毕沅编，中华书局1957年版
《续资治通鉴长编》（标点本），宋李焘撰，中华书局1979年版
《宋元学案》，清初黄宗羲撰，黄百家、全祖望增修，《万有文库》本
《文献通考》，元马端临编，中华书局1986年版
《宋会要辑稿》，清徐松辑，中华书局1957年版
《中国佛寺史志汇刊》，台湾明文书局1980年版
《释氏疑年录》，陈垣著，台北鼎文书局1977年翻印本
《宋人传记资料索引》，昌彼得等编，中华书局1988年影印台湾鼎文书局本
《宋代郡守通考》十册，李之亮撰，巴蜀书社2001年版
《中国历史大辞典·宋史》，上海辞书出版社1984年版
《中国历史大辞典·辽夏金元史》，上海辞书出版社1986年版
《中国历史大辞典·历史地理》，上海辞书出版社1996年版
《中国历史地名大辞典》，史为东主编，中国社会科学出版社2005年版
《禅学大辞典》，日本驹泽大学禅学大辞典编纂所编，大修馆书店1978年版
《望月佛教大辞典》，日本望月信亨等编，1973年第八版